Kulturbuch-Verlag GmbH · Berlin

Sören Kirchner

Die Gesetze über die Berliner Verwaltung

Mit ausgewählten Gesetzen und Verordnungen des Berliner Landesrechts sowie ausgewähltem Bundesrecht und der EU-Datenschutz-Grundverordnung

Textausgabe für Praxis und Studium mit Verweisungen und Sachregister

Stand: 1. August 2018 – 69. Auflage 2018

Klimaneutral
Druckprodukt
ClimatePartner.com/53170-1808-1001

Die Ausgabe dieses Buches wurde klimaneutral hergestellt.
Das heißt, dass die bei der Produktion unvermeidbaren
Treibhausgasemissionen ermittelt und durch entsprechende
Investitionen in hochwertige Klimaschutzprojekte ausgeglichen wurden.

Printed in Germany
ISBN 978-3-88961-369-1

Inhaltsverzeichnis

Inhaltsverzeichnis

Verfassung von Berlin

Vom 23. November 1995 (GVBl. S. 779),
zuletzt geändert durch Gesetz vom 22. März 2016
(GVBl. S. 114)

VORSPRUCH

In dem Willen,

Freiheit und Recht jedes einzelnen zu schützen, Gemeinschaft und Wirtschaft demokratisch zu ordnen und dem Geist des sozialen Fortschritts und des Friedens zu dienen,

hat sich Berlin, die Hauptstadt des vereinten Deutschlands, diese Verfassung gegeben:

ABSCHNITT I
Die Grundlagen

Artikel 1

(1) Berlin ist ein deutsches Land und zugleich eine Stadt.[1)]

(2) Berlin ist ein Land der Bundesrepublik Deutschland.

(3) Grundgesetz und Gesetze der Bundesrepublik Deutschland sind für Berlin bindend.

Artikel 2

Träger der öffentlichen Gewalt ist die Gesamtheit der Deutschen, die in Berlin ihren Wohnsitz haben. Sie üben nach dieser Verfassung ihren Willen unmittelbar durch Wahl zu der Volksvertretung und durch Abstimmung[2)], mittelbar durch die Volksvertretung aus. Die Vorschriften dieser Verfassung, die auch anderen Einwohnern Berlins eine Beteiligung an der staatlichen Willensbildung einräumen, bleiben unberührt.[3)]

Artikel 3

(1) Die gesetzgebende Gewalt wird durch Volksabstimmungen, Volksentscheide und durch die Volksvertretung ausgeübt, die vollziehende Gewalt durch die Regierung und die Verwaltung sowie in den Bezirken im Wege von Bürgerentscheiden[4)]. Die richterliche Gewalt liegt in den Händen unabhängiger Gerichte.

(2) Volksvertretung, Regierung und Verwaltung einschließlich der Bezirksverwaltungen nehmen die Aufgaben Berlins als Gemeinde, Gemeindeverband und Land wahr.[5)]

Artikel 4

(1) Berlin gliedert sich in zwölf Bezirke. Diese umfassen die bisherigen Bezirke

1. Mitte, Tiergarten und Wedding,
2. Friedrichshain und Kreuzberg,
3. Prenzlauer Berg, Weißensee und Pankow,
4. Charlottenburg und Wilmersdorf,
5. Spandau,
6. Zehlendorf und Steglitz,
7. Schöneberg und Tempelhof,

---

1) Vgl. § 1 AZG (3).
2) Vgl. Artikel 54 Abs. 3, Artikel 62, 63, 97 Abs. 2, Artikel 100 Satz 2.
3) Vgl. Artikel 61 und 70 Abs. 1 Satz 3.
4) Vgl. Artikel 72 Abs. 2, §§ 45 bis 47b BezVG (7).
5) Vgl. § 1 AZG (3).

8. Neukölln,
9. Treptow und Köpenick,
10. Marzahn und Hellersdorf,
11. Lichtenberg und Hohenschönhausen,
12. Reinickendorf.

(2) Jede Änderung seines Gebietes bedarf der Zustimmung der Volksvertretung. Eine Änderung der Grenzen der Bezirke kann nur durch Gesetz vorgenommen werden. Für Grenzänderungen von geringerer Bedeutung, denen die beteiligten Bezirke zustimmen, kann durch Gesetz Abweichendes bestimmt werden.[1)]

Artikel 5

Berlin führt Flagge, Wappen und Siegel mit dem Bären, die Flagge mit den Farben Weiß-Rot.[2)]

ABSCHNITT II
Grundrechte, Staatsziele

Artikel 6

Die Würde des Menschen ist unantastbar. Sie zu achten und zu schützen ist Verpflichtung aller staatlichen Gewalt.

Artikel 7

Jeder hat das Recht auf freie Entfaltung seiner Persönlichkeit, soweit er nicht die Rechte anderer verletzt und nicht gegen die verfassungsmäßige Ordnung oder das Sittengesetz verstößt.

Artikel 8

(1) Jeder hat das Recht auf Leben und körperliche Unversehrtheit. Die Freiheit der Person ist unverletzlich. In diese Rechte darf nur auf Grund eines Gesetzes eingegriffen werden.

(2) Jeder Verhaftete oder Festgenommene ist binnen 24 Stunden darüber in Kenntnis zu setzen, von welcher Stelle und aus welchem Grunde die Entziehung der Freiheit angeordnet wurde. Die nächsten Angehörigen haben das Recht auf Auskunft über die Freiheitsentziehung. Auf Verlangen des Verhafteten oder Festgenommenen ist auch anderen Personen unverzüglich von der Verhaftung oder Festnahme Kenntnis zu geben.

(3) Jeder Verhaftete oder Festgenommene ist binnen 48 Stunden dem zuständigen Richter zur Entscheidung über die Haft oder Festnahme vorzuführen.

Artikel 9

(1) Ein Beschuldigter kann sich in jeder Lage des Verfahrens des Beistandes eines Verteidigers bedienen.

(2) Ein Beschuldigter gilt nicht als schuldig, solange er nicht von einem Gericht verurteilt ist.

---

1) Vgl. §§ 1 und 12 Abs. 2 Nr. 5 BezVG (7).

2) Vgl. Gesetz über die Hoheitszeichen des Landes Berlin vom 22. Oktober 2007 (GVBl. S. 549), Landessiegelverordnung vom 28. Oktober 1954 (GVBl. S. 622), zuletzt geändert durch § 7 Abs. 2 des Gesetzes vom 22. Oktober 2007 (GVBl. S. 549), Beflaggungsverordnung vom 24. Februar 2003 (GVBl. S. 121), zuletzt geändert durch Verordnung vom 26. Mai 2015 (GVBl. S. 259), Ausführungsvorschriften zum Gesetz über die Hoheitszeichen des Landes Berlin vom 12. Dezember 2007 (ABl. S. 3393).

Artikel 10

(1) Alle Menschen sind vor dem Gesetz gleich.

(2) Niemand darf wegen seines Geschlechts, seiner Abstammung, seiner Rasse, seiner Sprache, seiner Heimat und Herkunft,[1] seines Glaubens, seiner religiösen oder politischen Anschauungen oder seiner sexuellen Identität[2] benachteiligt oder bevorzugt werden.

(3) Frauen und Männer sind gleichberechtigt. Das Land ist verpflichtet, die Gleichstellung[3] und die gleichberechtigte Teilhabe von Frauen und Männern auf allen Gebieten des gesellschaftlichen Lebens herzustellen und zu sichern. Zum Ausgleich bestehender Ungleichheiten sind Maßnahmen zur Förderung zulässig.

Artikel 11

Menschen mit Behinderungen dürfen nicht benachteiligt werden. Das Land ist verpflichtet, für die gleichwertigen Lebensbedingungen von Menschen mit und ohne Behinderung zu sorgen.[4]

Artikel 12

(1) Ehe und Familie stehen unter dem besonderen Schutz der staatlichen Ordnung.

(2) Andere auf Dauer angelegte Lebensgemeinschaften haben Anspruch auf Schutz vor Diskriminierung.

(3) Pflege und Erziehung der Kinder sind das natürliche Recht der Eltern und die zuvörderst ihnen obliegende Pflicht.

(4) Gegen den Willen der Erziehungsberechtigten dürfen Kinder nur auf Grund eines Gesetzes von der Familie getrennt werden, wenn die Erziehungsberechtigten ihrem Erziehungsauftrag nicht nachkommen.

(5) Wer in häuslicher Gemeinschaft Kinder erzieht oder für andere sorgt, verdient Förderung.

(6) Jede Mutter hat Anspruch auf den Schutz und die Fürsorge der Gemeinschaft.

(7) Frauen und Männern ist es zu ermöglichen, Kindererziehung und häusliche Pflegetätigkeit mit der Erwerbstätigkeit und der Teilnahme am öffentlichen Leben zu vereinbaren. Alleinerziehende Frauen und Männer, Frauen während der Schwangerschaft und nach der Geburt haben Anspruch auf besonderen Schutz im Arbeitsverhältnis.

Artikel 13

(1) Jedes Kind hat ein Recht auf Entwicklung und Entfaltung seiner Persönlichkeit, auf gewaltfreie Erziehung und auf den besonderen Schutz der Gemeinschaft vor Gewalt, Vernachlässigung und Ausbeutung. Die staatliche Gemeinschaft achtet, schützt und fördert die Rechte des Kindes als eigenständiger Persönlichkeit und trägt Sorge für kindgerechte Lebensbedingungen.

(2) Den nichtehelichen Kindern sind durch die Gesetzgebung die gleichen Bedingungen für ihre leibliche und seelische Entwicklung und ihre Stellung in der Gesellschaft zu schaffen wie den ehelichen Kindern.

Artikel 14

(1) Jedermann hat das Recht, innerhalb der Gesetze seine Meinung frei und öffentlich zu äußern, solange er die durch die Verfassung gewährleistete Freiheit nicht bedroht oder verletzt.

---

1) S. Partizipations- und Integrationsgesetz des Landes Berlin (PartIntG) vom 15. Dezember 2010 (GVBl. S. 560).
2) S. Gesetz zur Gleichberechtigung von Menschen unterschiedlicher sexueller Identität vom 24. Juni 2004 (GVBl. S. 256).
3) S. Landesgleichstellungsgesetz (LGG) (28).
4) S. Landesgleichberechtigungsgesetz in der Fassung vom 28. September 2006 (GVBl. S. 957), zuletzt geändert durch Artikel 2 des Gesetzes vom 19. Dezember 2017 (GVBl. S. 695).

(2) Jedermann hat das Recht, sich über die Meinung anderer, insbesondere auch anderer Völker, durch die Presse oder Nachrichtenmittel aller Art zu unterrichten.
(3) Eine Zensur ist nicht statthaft.

Artikel 15

(1) Vor Gericht hat jedermann Anspruch auf rechtliches Gehör.
(2) Eine Tat kann nur bestraft werden, wenn die Strafbarkeit gesetzlich bestimmt war, bevor die Tat begangen wurde.
(3) Niemand darf wegen derselben Tat auf Grund der allgemeinen Strafgesetze mehrmals bestraft werden.
(4) Wird jemand durch die öffentliche Gewalt in seinen Rechten verletzt, so steht ihm der Rechtsweg offen. Soweit eine andere Zuständigkeit nicht begründet ist, ist der ordentliche Rechtsweg gegeben. Artikel 10 Abs. 2 Satz 2 des Grundgesetzes bleibt unberührt.
(5) Ausnahmegerichte sind unstatthaft. Niemand darf seinem gesetzlichen Richter entzogen werden.

Artikel 16

Das Briefgeheimnis sowie das Post- und Fernmeldegeheimnis sind unverletzlich.[1)]

Artikel 17

Das Recht der Freizügigkeit, insbesondere die freie Wahl des Wohnsitzes, des Berufes und des Arbeitsplatzes, ist gewährleistet, findet aber seine Grenze in der Verpflichtung, bei Überwindung öffentlicher Notstände mitzuhelfen.

Artikel 18

Alle haben das Recht auf Arbeit. Dieses Recht zu schützen und zu fördern ist Aufgabe des Landes. Das Land trägt zur Schaffung und Erhaltung von Arbeitsplätzen bei und sichert im Rahmen des gesamtwirtschaftlichen Gleichgewichts einen hohen Beschäftigungsstand. Wenn Arbeit nicht nachgewiesen werden kann, besteht Anspruch auf Unterhalt aus öffentlichen Mitteln.

Artikel 19

(1) Niemand darf im Rahmen der geltenden Gesetze an der Wahrnehmung staatsbürgerlicher Rechte oder öffentlicher Ehrenämter gehindert werden, insbesondere nicht durch sein Arbeitsverhältnis.
(2) Der Zugang zu allen öffentlichen Ämtern steht jedem ohne Unterschied der Herkunft, des Geschlechts, der Partei und des religiösen Bekenntnisses offen, wenn er die nötige Eignung besitzt.

Artikel 20

(1) Jeder Mensch hat das Recht auf Bildung. Das Land ermöglicht und fördert nach Maßgabe der Gesetze den Zugang eines jeden Menschen zu den öffentlichen Bildungseinrichtungen, insbesondere ist die berufliche Erstausbildung zu fördern.
(2) Das Land schützt und fördert das kulturelle Leben.

Artikel 21

Kunst und Wissenschaft, Forschung und Lehre sind frei. Die Freiheit der Lehre entbindet nicht von der Treue zur Verfassung.

---

1) Vgl. Gesetz zur Beschränkung des Brief-, Post- und Fernmeldegeheimnisses (Artikel 10 Gesetz – G10) vom 26. Juni 2001 (BGBl. I S. 1254, 2298), zuletzt geändert durch Artikel 12 des Gesetzes vom 14. August 2017 (BGBl. I S. 3202), und Gesetz zur Ausführung des Artikel 10-Gesetzes (AG G10) in der Fassung vom 25. Juni 2001 (GVBl. S. 251), zuletzt geändert durch Gesetz vom 5. Dezember 2003 (GVBl. S. 571).

Artikel 22

(1) Das Land ist verpflichtet, im Rahmen seiner Kräfte die soziale Sicherung zu verwirklichen. Soziale Sicherung soll eine menschenwürdige und eigenverantwortliche Lebensgestaltung ermöglichen.

(2) Die Errichtung und Unterhaltung von Einrichtungen für die Beratung, Betreuung und Pflege im Alter, bei Krankheit, Behinderung, Invalidität und Pflegebedürftigkeit sowie für andere soziale und karitative Zwecke sind staatlich zu fördern, unabhängig von ihrer Trägerschaft.

Artikel 23

(1) Das Eigentum wird gewährleistet. Sein Inhalt und seine Schranken ergeben sich aus den Gesetzen.

(2) Eine Enteignung kann nur zum Wohle der Allgemeinheit auf gesetzlicher Grundlage vorgenommen werden.

Artikel 24

Jeder Mißbrauch wirtschaftlicher Macht ist widerrechtlich. Insbesondere stellen alle auf Produktions- und Marktbeherrschung gerichteten privaten Monopolorganisationen einen Mißbrauch wirtschaftlicher Macht dar und sind verboten.

Artikel 25

Das Mitbestimmungsrecht der Arbeiter und Angestellten in Wirtschaft und Verwaltung ist durch Gesetz zu gewährleisten.

Artikel 26

Alle Männer und Frauen haben das Recht, sich zu gesetzlich zulässigen Zwecken friedlich und unbewaffnet zu versammeln. Für Versammlungen unter freiem Himmel kann dieses Recht durch Gesetz oder auf Grund eines Gesetzes beschränkt werden.

Artikel 27

(1) Alle Männer und Frauen haben das Recht, Vereinigungen und Gesellschaften zu bilden. Vereinigungen dürfen keine Zwecke verfolgen oder Maßnahmen treffen, durch welche die Erfüllung von Aufgaben verfassungsmäßiger Organe und öffentlich-rechtlicher Verwaltungskörper gefährdet wird.

(2) Das Streikrecht wird gewährleistet.

Artikel 28

(1) Jeder Mensch hat das Recht auf angemessenen Wohnraum. Das Land fördert die Schaffung und Erhaltung von angemessenem Wohnraum, insbesondere für Menschen mit geringem Einkommen, sowie die Bildung von Wohnungseigentum.

(2) Der Wohnraum ist unverletzlich. Eine Durchsuchung darf nur auf richterliche Anordnung erfolgen oder bei Verfolgung auf frischer Tat durch die Polizei, deren Maßnahmen jedoch binnen 48 Stunden der richterlichen Genehmigung bedürfen.

Artikel 29[1)]

(1) Die Freiheit des Glaubens, des Gewissens und die Freiheit des religiösen und weltanschaulichen Bekenntnisses sind unverletzlich. Die ungestörte Religionsausübung wird gewährleistet.

---

1) Gesetz zu Artikel 29 der Verfassung von Berlin vom 27. Januar 2005 (GVBl. S. 92).

(2) Rassenhetze und Bekundung nationalen oder religiösen Hasses widersprechen dem Geist der Verfassung und sind unter Strafe zu stellen.

Artikel 30

(1) Handlungen, die geeignet sind, das friedliche Zusammenleben der Völker zu stören, widersprechen dem Geist der Verfassung und sind unter Strafe zu stellen.

(2) Jedermann hat das Recht, Kriegsdienste zu verweigern, ohne daß ihm Nachteile entstehen dürfen.

Artikel 31

(1) Die Umwelt und die natürlichen Lebensgrundlagen stehen unter dem besonderen Schutz des Landes.

(2) Tiere sind als Lebewesen zu achten und vor vermeidbarem Leiden zu schützen.

Artikel 32

Sport ist ein förderungs- und schützenswerter Teil des Lebens. Die Teilnahme am Sport ist den Angehörigen aller Bevölkerungsgruppen zu ermöglichen.

Artikel 33[1)]

Das Recht des einzelnen, grundsätzlich selbst über die Preisgabe und Verwendung seiner persönlichen Daten zu bestimmen, wird gewährleistet. Einschränkungen dieses Rechts bedürfen eines Gesetzes. Sie sind nur im überwiegenden Allgemeininteresse zulässig.

Artikel 34

Jeder hat das Recht, sich einzeln oder in Gemeinschaft mit anderen mit schriftlichen Anträgen, Anregungen oder Beschwerden an die zuständigen Stellen, insbesondere an das Abgeordnetenhaus, den Senat, die Bezirksverordnetenversammlungen oder die Bezirksämter, zu wenden.

Artikel 35

(1) Der Sonntag und die gesetzlichen Feiertage sind als Tage der Arbeitsruhe geschützt.

(2) Der 1. Mai ist gesetzlicher Feiertag.

Artikel 36

(1) Die durch die Verfassung gewährleisteten Grundrechte sind für Gesetzgebung, Verwaltung und Rechtsprechung verbindlich.

(2) Einschränkungen der Grundrechte sind durch Gesetz nur insoweit zulässig, als sie nicht den Grundgedanken dieser Rechte verletzen.

(3) Werden die in der Verfassung festgelegten Grundrechte offensichtlich verletzt, so ist jedermann zum Widerstand berechtigt.

Artikel 37

Auf die Artikel 14, 26 und 27 darf sich nicht berufen, wer die Grundrechte angreift oder gefährdet, insbesondere wer nationalsozialistische oder andere totalitäre oder kriegerische Ziele verfolgt.

---

1) Vgl. Berliner Datenschutzgesetz (25).

ABSCHNITT III
Die Volksvertretung

Artikel 38

(1) Das Abgeordnetenhaus ist die von den wahlberechtigten Deutschen gewählte Volksvertretung.
(2) Das Abgeordnetenhaus besteht aus mindestens 130 Abgeordneten.
(3) Die Opposition ist notwendiger Bestandteil der parlamentarischen Demokratie. Sie hat das Recht auf politische Chancengleichheit.
(4) Die Abgeordneten sind Vertreter aller Berliner. Sie sind an Aufträge und Weisungen nicht gebunden und nur ihrem Gewissen unterworfen.

Artikel 39

(1) Die Abgeordneten werden in allgemeiner, gleicher, geheimer und direkter Wahl gewählt.
(2) Parteien, für die im Gebiet von Berlin insgesamt weniger als fünf vom Hundert der Stimmen abgegeben werden, erhalten keine Sitze zugeteilt, es sei denn, daß ein Bewerber der Partei einen Sitz in einem Wahlkreis errungen hat.
(3) Wahlberechtigt sind alle Deutschen, die am Tage der Wahl das 18. Lebensjahr vollendet und seit mindestens drei Monaten in Berlin ihren Wohnsitz haben.
(4) Wählbar sind alle Wahlberechtigten, die am Tage der Wahl das 18. Lebensjahr vollendet haben.
(5) Alles Nähere, insbesondere über den Ausschluß vom Wahlrecht und von der Wählbarkeit sowie über das Ruhen des Wahlrechts, wird durch das Wahlgesetz geregelt.[1)]

Artikel 40

(1) Eine Vereinigung von mindestens fünf vom Hundert der verfassungsmäßigen Mindestzahl der Abgeordneten bildet eine Fraktion.[2)] Das Nähere regelt die Geschäftsordnung.
(2) Fraktionen nehmen unmittelbar Verfassungsaufgaben wahr, indem sie mit eigenen Rechten und Pflichten als selbständige und unabhängige Gliederungen der Volksvertretung an deren Arbeit mitwirken und die parlamentarische Willensbildung unterstützen. Insofern haben sie Anspruch auf angemessene Ausstattung. Das Nähere über die Rechtsstellung und Organisation sowie die Rechte und Pflichten der Fraktionen werden durch Gesetz bestimmt.[3)]

Artikel 41

(1) Das Abgeordnetenhaus gibt sich selbst eine Geschäftsordnung.[4)]
(2) Das Abgeordnetenhaus wählt für die Dauer der Wahlperiode aus seiner Mitte den Präsidenten und zwei Vizepräsidenten des Abgeordnetenhauses sowie die übrigen Mitglieder des Präsidiums. Für die Wahl des Präsidenten und der Vizepräsidenten haben die Fraktionen das Vorschlagsrecht in der Reihenfolge ihrer Stärke. Für die Wahl der übrigen Mitglieder des Präsidiums hat jede Fraktion das Vorschlagsrecht für ein Mitglied und für so viele weitere Mitglieder, wie nach ihrer Stärke auf die Fraktionen entfallen. Für die Wahl des gesamten Präsidiums wird die Stärke der Fraktionen nach dem d'Hondtschen Höchstzahlverfahren berechnet.

---

1) Landeswahlgesetz vom 25. September 1987 (GVBl. S. 2370), zuletzt geändert durch Artikel 3 Nummer 1 des Gesetzes vom 7. Juli 2016 (GVBl. S. 430), Landeswahlordnung in der Fassung vom 9. März 2006 (GVBl. S. 224), zuletzt geändert durch Verordnung vom 5. Juli 2016 (GVBl. S. 458).
2) Personelle Zusammensetzungen der Fraktionen des Abgeordnetenhauses von Berlin s. Bekanntmachung vom 15. September 2017 (ABl. S. 4660).
3) Gesetz über die Rechtsstellung der Fraktionen des Abgeordnetenhauses von Berlin (Fraktionsgesetz – FraktG) vom 8. Dezember 1993 (GVBl. S. 591), zuletzt geändert durch Artikel 2 des Gesetzes vom 7. April 2017 (GVBl. S. 294).
4) Geschäftsordnung des Abgeordnetenhauses von Berlin in der Fassung vom 27. Oktober 2016 (GVBl. S. 841).

(3) Der Präsident, die Vizepräsidenten und die übrigen Mitglieder des Präsidiums können durch Beschluss des Abgeordnetenhauses abberufen werden. Der Beschluss setzt einen Antrag der Mehrheit der Mitglieder des Abgeordnetenhauses voraus. Er bedarf der Zustimmung einer Mehrheit von zwei Dritteln der Mitglieder des Abgeordnetenhauses.

(4) Der Präsident übt das Hausrecht und die Polizeigewalt im Sitzungsgebäude aus. Ohne seine Zustimmung darf im Sitzungsgebäude keine Durchsuchung oder Beschlagnahme stattfinden.

(5) Der Präsident verwaltet die wirtschaftlichen Angelegenheiten des Abgeordnetenhauses nach Maßgabe des Haushaltsgesetzes. Er vertritt das Abgeordnetenhaus in allen Angelegenheiten. Ihm steht die Ernennung, Einstellung und Entlassung der Beamten, Angestellten und Arbeiter zu.

Artikel 42

(1) Das Abgeordnetenhaus wird durch den Präsidenten einberufen.

(2) Auf Antrag eines Fünftels seiner Mitglieder oder des Senats muß das Abgeordnetenhaus unverzüglich einberufen werden.

(3) Die Verhandlungen des Abgeordnetenhauses sind öffentlich.

(4) Wenn ein Fünftel der Abgeordneten oder der Senat es beantragt, kann die Öffentlichkeit ausgeschlossen werden. Über den Antrag ist in geheimer Sitzung zu beraten und abzustimmen.

Artikel 43

(1) Das Abgeordnetenhaus ist beschlußfähig, wenn mehr als die Hälfte der gewählten Abgeordneten anwesend ist.

(2) Das Abgeordnetenhaus beschließt mit einfacher Stimmenmehrheit, falls die Verfassung nicht ein anderes Stimmenverhältnis vorschreibt. Stimmengleichheit bedeutet Ablehnung. Für die vom Abgeordnetenhaus vorzunehmenden Wahlen kann durch Gesetz oder durch die Geschäftsordnung eine andere Mehrheit vorgeschrieben werden.

Artikel 44

(1) Das Abgeordnetenhaus setzt nach Bedarf Ausschüsse aus seiner Mitte ein. Die Ausschüsse tagen grundsätzlich öffentlich.

(2) Die Zusammensetzung der Ausschüsse sowie die Besetzung der Vorsitze richten sich nach der Stärke der Fraktionen (Artikel 41 Abs. 2 Satz 4). Die Fraktionen benennen dem Präsidenten die auf sie entfallenden Mitglieder. Fraktionslose Abgeordnete haben das Recht, in den Ausschüssen ohne Stimmrecht mitzuarbeiten.

(3) Das Abgeordnetenhaus hat das Recht und auf Antrag eines Viertels seiner Mitglieder die Pflicht, zur Vorbereitung von Entscheidungen über umfangreiche oder bedeutsame Sachverhalte in einem Lebensbereich Enquete-Kommissionen einzusetzen. Diesen gehören auch vom Präsidenten des Abgeordnetenhauses auf Vorschlag der Fraktionen berufene sachverständige Personen an, die nicht Mitglieder des Abgeordnetenhauses sind.

(4) Das Abgeordnetenhaus, die Ausschüsse und die Enquete-Kommissionen können vom Senat Auskünfte verlangen und Berichte anfordern.

(5) Alles Nähere regelt die Geschäftsordnung des Abgeordnetenhauses.[1)]

Artikel 45

(1) Das Recht des Abgeordneten, sich im Abgeordnetenhaus und in den Ausschüssen durch Rede, Anfragen und Anträge an der Willensbildung und Entscheidungsfindung zu beteiligen, darf nicht ausgeschlossen werden. Die Rechte der einzelnen Abgeordneten kön-

1) S. Fußnote 4 zu Artikel 41.

nen nur insoweit beschränkt werden, wie es für die gemeinschaftliche Ausübung der Mitgliedschaft im Parlament notwendig ist. Das Fragerecht wird durch schriftliche Anfragen und spontane Fragen ausgeübt. Schriftliche Anfragen sind durch den Senat grundsätzlich innerhalb von drei Wochen schriftlich zu beantworten und dürfen nicht allein wegen ihres Umfangs zurückgewiesen werden. Das Nähere regelt die Geschäftsordnung des Abgeordnetenhauses.[1)]

(2) Jeder Abgeordnete hat das Recht, Einsicht in Akten und sonstige amtliche Unterlagen der Verwaltung zu nehmen. Die Einsichtnahme darf abgelehnt werden, soweit überwiegende öffentliche Interessen einschließlich des Kernbereichs exekutiver Eigenverantwortung oder überwiegende private Interessen an der Geheimhaltung dies zwingend erfordern. Die Entscheidung ist dem Abgeordneten schriftlich mitzuteilen und zu begründen. Das Einsichtsrecht in Akten oder sonstige amtliche Unterlagen der Verfassungsschutzbehörde bleibt den Mitgliedern der für die Kontrolle der Verfassungsschutzbehörde zuständigen Gremien nach Maßgabe der gesetzlichen Vorschriften vorbehalten.

Artikel 46

Zum Schutz der Rechte der Bürger wird ein Ausschuß des Abgeordnetenhauses eingerichtet, der über Petitionen entscheidet, sofern nicht das Abgeordnetenhaus selbst entscheidet. Der Ausschuß kann auch tätig werden, wenn ihm auf andere Weise Umstände bekannt werden. Der Senat und alle ihm unterstellten oder von ihm beaufsichtigten Behörden und Einrichtungen sowie die Gerichte haben Auskunftshilfe zu leisten. Die gleichen Verpflichtungen treffen juristische Personen des Privatrechts, nichtrechtsfähige Vereinigungen und natürliche Personen, soweit sie unter maßgeblichem Einfluss des Landes öffentliche Aufgaben wahrnehmen. Der Ausschuß kann Zeugen und Sachverständige vernehmen und vereidigen. Das Nähere regelt ein Gesetz.[2)]

Artikel 46a

Das Abgeordnetenhaus wählt aus seiner Mitte einen Ausschuß für Verfassungsschutz. Für die Wahl der Mitglieder steht den Fraktionen das Vorschlagsrecht in entsprechender Anwendung des Artikels 44 Abs. 2 Satz 1 zu.

Artikel 47

(1) Zur Wahrung des Rechts auf informationelle Selbstbestimmung wählt das Abgeordnetenhaus einen Datenschutzbeauftragten. Er wird vom Präsidenten des Abgeordnetenhauses ernannt und unterliegt dessen Dienstaufsicht.

(2) Das Nähere regelt ein Gesetz.[3)]

Artikel 48

(1) Das Abgeordnetenhaus hat das Recht und auf Antrag eines Viertels seiner Mitglieder die Pflicht, einen Untersuchungsausschuß einzusetzen.

(2) Die Untersuchungsausschüsse haben das Recht, Beweise zu erheben. Sie sind dazu verpflichtet, wenn dies von den Antragstellern oder einem Fünftel der Ausschußmitglieder beantragt wird. Die Beweiserhebung ist unzulässig, wenn sie nicht im Rahmen des Untersuchungsauftrages liegt.

(3) Jeder ist verpflichtet, den Aufforderungen des Untersuchungsausschusses zum Zwecke der Beweiserhebung Folge zu leisten. Gerichte und Behörden sind zur Rechts- und Amtshilfe verpflichtet; sie haben auf Verlangen Akten vorzulegen und ihren Dienstkräften

1) S. Fußnote 4 zu Artikel 41.
2) Gesetz über die Behandlung von Petitionen an das Abgeordnetenhaus von Berlin (Petitionsgesetz) vom 25. November 1969 (GVBl. S. 2511), zuletzt geändert durch Gesetz vom 6. Juli 2006 (GVBl. 710).
3) §§ 7 bis 13 des Berliner Datenschutzgesetzes (25).

Aussagegenehmigungen zu erteilen, soweit nicht Gründe der Sicherheit des Bundes oder eines deutschen Landes entgegenstehen.

(4) Berichte der Untersuchungsausschüsse sind der richterlichen Nachprüfung entzogen.

(5) Der Untersuchungsausschuß kann durch Beschluß den Mitgliedern des Senats und ihren Beauftragten die Anwesenheit in den Sitzungen des Untersuchungsausschusses gestatten.

(6) Alles Nähere, auch die Bestimmung der Mitglieder des Untersuchungsausschusses, wird durch Gesetz geregelt.[1)]

Artikel 49

(1) Das Abgeordnetenhaus und seine Ausschüsse können die Anwesenheit der Mitglieder des Senats fordern.

(2) Der Senat ist zu den Sitzungen des Abgeordnetenhauses und seiner Ausschüsse einzuladen. Den Mitgliedern des Senats ist auf Verlangen zur Tagesordnung das Wort zu erteilen.

(3) Der Regierende Bürgermeister oder sein Vertreter kann vor Eintritt in die Tagesordnung unabhängig von den Gegenständen der Beratung das Wort ergreifen. Das Nähere wird durch die Geschäftsordnung des Abgeordnetenhauses[2)] geregelt.

(4) In den Fällen der Absätze 2 und 3 hat die Opposition das Recht der ersten Erwiderung.

(5) Die Mitglieder des Senats unterstehen in den Sitzungen der Ordnungsgewalt des Präsidenten des Abgeordnetenhauses oder des Vorsitzenden des Ausschusses.

Artikel 49a

(1) Das Abgeordnetenhaus und die jeweils zuständigen Ausschüsse können von den auf Veranlassung des Abgeordnetenhauses oder des Senats entsandten oder gewählten Vertretern des Landes Berlin in Aufsichts- oder sonstigen zur Kontrolle der Geschäftsführung berufenen Organen einer juristischen Person des öffentlichen Rechts oder einer juristischen Person des Privatrechts, die unter maßgeblichem Einfluss des Landes Berlin öffentliche Aufgaben wahrnimmt, Auskünfte verlangen und Berichte anfordern.

(2) Die Unterrichtung über vertrauliche oder geheimhaltungsbedürftige Angaben ist gegenüber dem jeweils zuständigen Ausschuss des Abgeordnetenhauses vorzunehmen. Der Ausschuss muss die Gewähr für die Vertraulichkeit oder die Geheimhaltung der ihm anvertrauten Informationen, namentlich der Betriebs- und Geschäftsgeheimnisse, bieten.

(3) Alles Nähere regelt die Geschäftsordnung des Abgeordnetenhauses.[2)]

Artikel 50

(1) Der Senat unterrichtet das Abgeordnetenhaus frühzeitig und vollständig über alle in seine Zuständigkeit fallenden Vorhaben von grundsätzlicher Bedeutung. Dies betrifft auch Angelegenheiten der Europäischen Union, soweit das Land Berlin daran beteiligt ist. Staatsverträge sind vor ihrer Unterzeichnung durch den Senat dem Abgeordnetenhaus zur Kenntnis zu geben. Der Abschluß von Staatsverträgen bedarf der Zustimmung des Abgeordnetenhauses.

(2) Der Senat unterrichtet das Abgeordnetenhaus über Gesetzesvorhaben des Bundes und über die Angelegenheiten der Europäischen Union, soweit er an ihnen mitwirkt.

Artikel 51

(1) Kein Abgeordneter darf zu irgendeiner Zeit wegen seiner Abstimmung oder wegen Äußerungen in Ausübung seines Mandats gerichtlich oder dienstlich oder sonst außerhalb

---

1) Gesetz über die Untersuchungsausschüsse des Abgeordnetenhauses von Berlin (Untersuchungsausschussgesetz – UntAG) vom 13. Juli 2011 (GVBl. S. 330), geändert durch Artikel 2 Nr. 2 des Gesetzes vom 4. April 2016 (GVBl. S. 150).

2) S. Fußnote 4 zu Artikel 41.

des Abgeordnetenhauses zur Verantwortung gezogen werden. Dies gilt nicht für verleumderische Beleidigungen.

(2) Jeder Abgeordnete hat das Recht, Angaben über Personen, die ihm in seiner Eigenschaft als Abgeordneter Mitteilung gemacht haben, und die Herausgabe von Schriftstücken zu verweigern, die ihm in seiner Eigenschaft als Abgeordneter übergeben wurden.

(3) Kein Abgeordneter darf ohne Genehmigung des Abgeordnetenhauses zur Untersuchung gezogen oder verhaftet werden, es sei denn, daß er bei Ausübung der Tat festgenommen wird.[1)]

(4) Jede Haft oder sonstige Beschränkung der persönlichen Freiheit eines Abgeordneten ist auf Verlangen des Abgeordnetenhauses aufzuheben.

Artikel 52

Niemand darf wegen wahrheitsgetreuer Berichte über die öffentlichen Verhandlungen des Abgeordnetenhauses und seiner Ausschüsse zur Verantwortung gezogen werden.

Artikel 53

Die Abgeordneten erhalten eine angemessene Entschädigung. Alles Nähere wird durch Gesetz geregelt.[2)]

Artikel 54

(1) Das Abgeordnetenhaus wird unbeschadet der Vorschrift des Absatzes 5 für fünf Jahre gewählt. Die Wahlperiode beginnt mit dem ersten Zusammentritt des Abgeordnetenhauses. Die Neuwahl findet frühestens 56 Monate und spätestens 59 Monate nach dem Beginn der Wahlperiode des Abgeordnetenhauses statt.

(2) Das Abgeordnetenhaus kann mit einer Mehrheit von zwei Dritteln seiner Mitglieder beschließen, die Wahlperiode vorzeitig zu beenden.

(3) Die Wahlperiode kann auch durch Volksentscheid vorzeitig beendet werden.[3)]

(4) Im Falle der vorzeitigen Beendigung der Wahlperiode findet die Neuwahl spätestens acht Wochen nach dem Beschluß des Abgeordnetenhauses oder der Bekanntgabe des Volksentscheides statt.

(5) Die Wahlperiode endet mit dem Zusammentritt des neugewählten Abgeordnetenhauses. Das Abgeordnetenhaus tritt spätestens sechs Wochen nach der Wahl unter dem Vorsitz des ältesten Abgeordneten zusammen.

ABSCHNITT IV
Die Regierung

Artikel 55

(1) Die Regierung wird durch den Senat ausgeübt.

(2) Der Senat besteht aus dem Regierenden Bürgermeister und bis zu zehn Senatoren.[4)]

Artikel 56

(1) Der Regierende Bürgermeister wird mit der Mehrheit der Mitglieder des Abgeordnetenhauses gewählt. Kommt eine Wahl nach Satz 1 nicht zustande, so findet ein zweiter

---

1) Vgl. Richtlinien in Immunitätsangelegenheiten, Anlage 2 und 5 zur Geschäftsordnung des Abgeordnetenhauses von Berlin (Fußnote 4 zu Artikel 41).

2) Gesetz über die Rechtverhältnisse der Mitglieder des Abgeordnetenhauses von Berlin (Landesabgeordnetengesetz – LAbG) vom 21. Juli 1978 (GVBl. S. 1497), zuletzt geändert durch Artikel 1 des Gesetzes vom 7. April 2017 (GVBl. S. 294); s.a. Bekanntmachung über die Anpassung von Leistungen an Abgeordnete nach dem Landesabgeordnetengesetz vom 8. Dezember 2017 (GVBl. S. 735).

3) Vgl. Artikel 62 Abs. 6 und Artikel 63 Abs. 3 sowie Gesetz über Volksinitiative, Volksbegehren und Volksentscheid (Abstimmungsgesetz – Abst G) vom 11. Juni 1997 (GVBl. S. 304), zuletzt geändert durch Artikel 20 des Gesetzes vom 2. Februar 2018 (GVBl. S. 160), und Abstimmungsordnung vom 3. November 1997 (GVBl. S. 583), geändert durch Artikel 3 des Gesetzes vom 14. März 2016 (GVBl. S. 90).

4) Vgl. Gesetz über die Rechtsverhältnisse der Mitglieder des Senats (Senatorengesetz – SenG) in der Fassung vom 6. Januar 2000 (GVBl. S. 221), zuletzt geändert durch Artikel 2 des Gesetzes vom 17. Juni 2016 (GVBl. S. 334).

Wahlgang statt. Kommt die Wahl auch in diesem Wahlgang nicht zustande, so ist gewählt, wer in einem weiteren Wahlgang die meisten Stimmen erhält.

(2) Die Senatoren werden vom Regierenden Bürgermeister ernannt und entlassen. Er ernennt zwei Senatoren zu seinen Stellvertretern (Bürgermeister).

(3) Die Mitglieder des Senats können jederzeit von ihrem Amt zurücktreten. Mit der Beendigung des Amtes des Regierenden Bürgermeisters endet auch die Amtszeit der übrigen Senatsmitglieder. Der Regierende Bürgermeister und auf sein Ersuchen die übrigen Senatsmitglieder sind verpflichtet, die Amtsgeschäfte bis zum Amtsantritt ihrer Nachfolger fortzuführen.

Artikel 57

(1) Der Regierende Bürgermeister bedarf des Vertrauens des Abgeordnetenhauses.

(2) Das Abgeordnetenhaus kann dem Regierenden Bürgermeister das Vertrauen entziehen. Die namentliche Abstimmung darf frühestens 48 Stunden nach der Bekanntgabe des Mißtrauensantrages im Abgeordnetenhaus erfolgen.

(3) Der Beschluß über einen Mißtrauensantrag bedarf der Zustimmung der Mehrheit der gewählten Mitglieder des Abgeordnetenhauses. Bei Annahme eines Mißtrauensantrages hat der Regierende Bürgermeister sofort zurückzutreten. Das Mißtrauensvotum verliert seine Wirksamkeit, wenn nicht binnen 21 Tagen eine Neuwahl erfolgt ist.

Artikel 58

(1) Der Regierende Bürgermeister vertritt Berlin nach außen[1)]. Er führt den Vorsitz im Senat und leitet seine Sitzungen. Bei Stimmengleichheit gibt seine Stimme den Ausschlag.

(2) Der Regierende Bürgermeister bestimmt die Richtlinien der Regierungspolitik. Sie bedürfen der Billigung des Abgeordnetenhauses.

(3) Der Regierende Bürgermeister überwacht die Einhaltung der Richtlinien der Regierungspolitik; er hat das Recht, über alle Amtsgeschäfte Auskunft zu verlangen.

(4) Der Senat gibt sich seine Geschäftsordnung[2)].

(5) Jedes Mitglied des Senats leitet seinen Geschäftsbereich[3)] selbständig und in eigener Verantwortung innerhalb der Richtlinien der Regierungspolitik. Bei Meinungsverschiedenheiten oder auf Antrag des Regierenden Bürgermeisters entscheidet der Senat.

ABSCHNITT V
Die Gesetzgebung

Artikel 59

(1) Die für alle verbindlichen Gebote und Verbote müssen auf Gesetz beruhen.

(2) Gesetzesvorlagen können aus der Mitte des Abgeordnetenhauses, durch den Senat oder im Wege des Volksbegehrens eingebracht werden.

(3) Die Öffentlichkeit ist über Gesetzesvorhaben zu informieren. Gesetzentwürfe des Senats sind spätestens zu dem Zeitpunkt, zu dem betroffene Kreise unterrichtet werden, auch dem Abgeordnetenhaus zuzuleiten.

(4) Jedes Gesetz muß in mindestens zwei Lesungen im Abgeordnetenhaus beraten werden. Zwischen beiden Lesungen soll im allgemeinen eine Vorberatung in dem zuständigen Ausschuß erfolgen.

(5) Auf Verlangen des Präsidenten des Abgeordnetenhauses oder des Senats hat eine dritte Lesung stattzufinden.

---

1) Vgl. § 20 Abs. 1 AZG (3).
2) Geschäftsordnung des Senats von Berlin (GO Sen) vom 26. September 2006 (ABl. S. 3830), zuletzt geändert am 3. Februar 2015 (ABl. S. 226).
3) Siehe Geschäftsverteilung des Senats von Berlin vom 21. April 2017 (ABl. S. 2031).

Artikel 60

(1) Gesetze werden vom Abgeordnetenhaus mit einfacher Mehrheit beschlossen, soweit die Verfassung nichts anderes bestimmt.

(2) Gesetze sind vom Präsidenten des Abgeordnetenhauses unverzüglich auszufertigen und sodann binnen zwei Wochen vom Regierenden Bürgermeister zu verkünden.[1)]

(3) Jedes Gesetz und jede Rechtsverordnung soll den Tag des Inkrafttretens bestimmen. Fehlt eine solche Bestimmung, so treten sie mit dem 14. Tage nach Ablauf des Tages in Kraft, an dem sie verkündet worden sind.

Artikel 61

(1) Alle Einwohner Berlins haben das Recht, das Abgeordnetenhaus im Rahmen seiner Entscheidungszuständigkeiten mit bestimmten Gegenständen der politischen Willensbildung, die Berlin betreffen, zu befassen. Die Initiative muss von 20 000 Einwohnern Berlins, die mindestens 16 Jahre alt sind, unterzeichnet sein. Ihre Vertreter haben das Recht auf Anhörung in den zuständigen Ausschüssen.

(2) Das Nähere regelt ein Gesetz.[2)]

Artikel 62

(1) Volksbegehren können darauf gerichtet werden, Gesetze zu erlassen, zu ändern oder aufzuheben, soweit das Land Berlin die Gesetzgebungskompetenz hat. Sie können darüber hinaus darauf gerichtet werden, im Rahmen der Entscheidungszuständigkeit des Abgeordnetenhauses zu Gegenständen der politischen Willensbildung, die Berlin betreffen, sonstige Beschlüsse zu fassen. Sie sind innerhalb einer Wahlperiode zu einem Thema nur einmal zulässig.

(2) Volksbegehren zum Landeshaushaltsgesetz, zu Dienst- und Versorgungsbezügen, Abgaben, Tarifen der öffentlichen Unternehmen sowie zu Personalentscheidungen sind unzulässig.

(3) Der dem Volksbegehren zugrundeliegende Entwurf eines Gesetzes oder eines sonstigen Beschlusses ist vom Senat unter Darlegung seines Standpunktes dem Abgeordnetenhaus zu unterbreiten, sobald der Nachweis der Unterstützung des Volksbegehrens erbracht ist. Auf Verlangen der Vertreter des Volksbegehrens ist das Volksbegehren durchzuführen, wenn das Abgeordnetenhaus den begehrten Entwurf eines Gesetzes oder eines sonstigen Beschlusses nicht innerhalb von vier Monaten inhaltlich in seinem wesentlichen Bestand unverändert annimmt.

(4) Ist ein Volksbegehren zustande gekommen, so muss innerhalb von vier Monaten ein Volksentscheid herbeigeführt werden. Die Frist kann auf bis zu acht Monate verlängert werden, wenn dadurch der Volksentscheid gemeinsam mit Wahlen oder mit anderen Volksentscheiden durchgeführt werden kann. Das Abgeordnetenhaus kann einen eigenen Entwurf eines Gesetzes oder eines sonstigen Beschlusses zur gleichzeitigen Abstimmung stellen. Der Volksentscheid unterbleibt, wenn das Abgeordnetenhaus den begehrten Entwurf eines Gesetzes oder eines sonstigen Beschlusses inhaltlich in seinem wesentlichen Bestand unverändert annimmt.

(5) Der Präsident des Abgeordnetenhauses fertigt das durch Volksentscheid zustande gekommene Gesetz aus; der Regierende Bürgermeister verkündet es im Gesetz- und Verordnungsblatt für Berlin.[3)]

(6) Volksbegehren können auch auf die vorzeitige Beendigung der Wahlperiode des Abgeordnetenhauses gerichtet werden.

---

1) Vgl. Gesetz über die Verkündung von Gesetzen und Rechtsverordnungen vom 29. Januar 1953 (GVBl. S. 106), zuletzt geändert durch Artikel V des Gesetzes vom 9. November 1995 (GVBl. S. 764).
2) Vgl. Fußnote zu Artikel 54 Abs. 3.
3) Vgl. Fußnote zu Artikel 60 Abs. 2.

Artikel 63

(1) Ein Volksbegehren, das einen Gesetzentwurf oder einen sonstigen Beschluss nach Artikel 62 Abs. 1 zum Gegenstand hat, bedarf zum Nachweis der Unterstützung der Unterschriften von mindestens 20 000 der zum Abgeordnetenhaus Wahlberechtigten. Es kommt zustande, wenn mindestens 7 vom Hundert der zum Abgeordnetenhaus Wahlberechtigten innerhalb von vier Monaten dem Volksbegehren zustimmt. Ein Gesetz oder ein sonstiger Beschluss nach Artikel 62 Abs. 1 ist durch Volksentscheid angenommen, wenn eine Mehrheit der Teilnehmer und zugleich mindestens ein Viertel der zum Abgeordnetenhaus Wahlberechtigten zustimmt.

(2) Ein Volksbegehren, das einen die Verfassung von Berlin ändernden Gesetzentwurf zum Gegenstand hat, bedarf zum Nachweis der Unterstützung der Unterschriften von mindestens 50 000 der zum Abgeordnetenhaus Wahlberechtigten. Es kommt zustande, wenn mindestens ein Fünftel der zum Abgeordnetenhaus Wahlberechtigten innerhalb von vier Monaten dem Volksbegehren zustimmt. Ein die Verfassung von Berlin änderndes Gesetz ist durch Volksentscheid angenommen, wenn eine Mehrheit von mindestens zwei Dritteln der Teilnehmer und zugleich mindestens die Hälfte der zum Abgeordnetenhaus Wahlberechtigten zustimmt.

(3) Ein Volksbegehren, das die vorzeitige Beendigung der Wahlperiode des Abgeordnetenhauses zum Gegenstand hat, bedarf zum Nachweis der Unterstützung der Unterschriften von mindestens 50 000 der zum Abgeordnetenhaus Wahlberechtigten. Es kommt zustande, wenn mindestens ein Fünftel der zum Abgeordnetenhaus Wahlberechtigten innerhalb von vier Monaten dem Volksbegehren zustimmt. Der Volksentscheid wird nur wirksam, wenn sich mindestens die Hälfte der Wahlberechtigten daran beteiligt und die Mehrheit der Teilnehmer zustimmt.

(4) Das Nähere zum Volksbegehren und zum Volksentscheid, einschließlich der Veröffentlichung des dem Volksentscheid zugrunde liegenden Vorschlags, wird durch Gesetz geregelt.[1)]

Artikel 64

(1) Durch Gesetz kann der Senat oder ein Mitglied des Senats ermächtigt werden, Rechtsverordnungen zu erlassen. Inhalt, Zweck und Ausmaß der erteilten Ermächtigung müssen im Gesetz bestimmt werden. Die Rechtsgrundlage ist in der Rechtsverordnung anzugeben.

(2) Zur Festsetzung von Bebauungsplänen und Landschaftsplänen können die Bezirke durch Gesetz ermächtigt werden, Rechtsverordnungen zu erlassen. Die Ermächtigung kann sich auch auf andere baurechtliche Akte, die nach Bundesrecht durch Satzung zu regeln sind, sowie auf naturschutzrechtliche Veränderungsverbote erstrecken. Dies gilt nicht für Gebiete mit außergewöhnlicher stadtpolitischer Bedeutung. Das Nähere regelt ein Gesetz.[2)]

(3) Die Rechtsverordnungen nach Absatz 1 sind dem Abgeordnetenhaus unverzüglich zur Kenntnisnahme vorzulegen. Verwaltungsvorschriften sind dem Abgeordnetenhaus auf Verlangen vorzulegen.

Artikel 65

(1) Parallel zur Herstellung einheitlicher Lebensverhältnisse in Berlin sollen Rechtsvorschriften, die bisher nur in Teilen des Landes Berlin galten, durch Rechtsvorschriften ersetzt werden, die im ganzen Land gelten.

(2) Soweit in überlieferten Rechtsvorschriften Zuständigkeiten angesprochen sind, die nicht ohne weiteres einem Verfassungsorgan zugeordnet werden können, gehen sie auf den Senat über; das Abgeordnetenhaus kann anderes beschließen.

---

1) Vgl. Fußnote zu Artikel 54 Abs. 3.
2) Vgl. AGBauGB (12) und Berliner Naturschutzgesetz vom 29. Mai 2013 (GVBl. S. 140).

ABSCHNITT VI
Die Verwaltung

Artikel 66

(1) Die Verwaltung ist bürgernah im demokratischen und sozialen Geist nach der Verfassung und den Gesetzen zu führen.

(2) Die Bezirke erfüllen ihre Aufgaben nach den Grundsätzen der Selbstverwaltung[1]. Sie nehmen regelmäßig die örtlichen Verwaltungsaufgaben wahr.

Artikel 67[2]

(1) Der Senat nimmt durch die Hauptverwaltung die Aufgaben von gesamtstädtischer Bedeutung wahr. Dazu gehören:
1. die Leitungsaufgaben (Planung, Grundsatzangelegenheiten, Steuerung, Aufsicht),
2. die Polizei-, Justiz- und Steuerverwaltung,
3. einzelne andere Aufgabenbereiche, die wegen ihrer Eigenart zwingend einer Durchführung in unmittelbarer Regierungsverantwortung bedürfen.

Die Ausgestaltung der Aufsicht wird durch Gesetz geregelt. Es kann an Stelle der Fachaufsicht für einzelne Aufgabenbereiche der Bezirke ein Eingriffsrecht für alle Aufgabenbereiche der Bezirke für den Fall vorsehen, daß dringende Gesamtinteressen Berlins beeinträchtigt werden.

(2) Die Bezirke nehmen alle anderen Aufgaben der Verwaltung wahr. Der Senat kann Grundsätze und allgemeine Verwaltungsvorschriften für die Tätigkeit der Bezirke erlassen. Er übt auch die Aufsicht darüber aus, daß diese eingehalten werden und die Rechtmäßigkeit der Verwaltung gewahrt bleibt.

(3) Die Aufgaben des Senats außerhalb der Leitungsaufgaben werden im einzelnen durch Gesetz mit zusammenfassendem Zuständigkeitskatalog bestimmt. Im Vorgriff auf eine Katalogänderung kann der Senat durch Rechtsverordnung einzelne Aufgaben der Hauptverwaltung den Bezirken zuweisen.

(4) Zur Ausübung der Schulaufsicht können Beamte in den Bezirksverwaltungen herangezogen werden.

(5) Einzelne Aufgaben der Bezirke können durch einen Bezirk oder mehrere Bezirke wahrgenommen werden. Im Einvernehmen mit den Bezirken legt der Senat die örtliche Zuständigkeit durch Rechtsverordnung fest.[3]

Artikel 68

(1) Den Bezirken ist die Möglichkeit zu geben, zu den grundsätzlichen Fragen der Verwaltung und Gesetzgebung Stellung zu nehmen.

(2) Zu diesem Zweck finden regelmäßig mindestens einmal monatlich gemeinsame Besprechungen des Regierenden Bürgermeisters und des Bürgermeisters mit den Bezirksbürgermeistern oder den stellvertretenden Bezirksbürgermeistern als Vertretern des Bezirksamts statt (Rat der Bürgermeister).

(3) Alles Nähere wird durch Gesetz geregelt.[4]

Artikel 69

In jedem Bezirk wird eine Bezirksverordnetenversammlung gewählt. Sie wählt die Mitglieder des Bezirksamts. Das Nähere wird durch Gesetz geregelt.[5]

---
1) Vgl. § 2 Abs. 1 BezVG (7).
2) Vgl. AZG (3, 3.1), ASOG Bln (4, 4.1).
3) Vgl. § 3 Abs. 3 AZG (3) und Fußnote 7 dazu.
4) Vgl. §§ 14 bis 19 AZG (3).
5) Vgl. §§ 5, 16 und 35 BezVG (7).

Artikel 70

(1) Die Bezirksverordnetenversammlung wird in allgemeiner, gleicher, geheimer und direkter Wahl zur gleichen Zeit wie das Abgeordnetenhaus gewählt. Wahlberechtigt sind alle Deutschen, die am Tage der Wahl das 16. Lebensjahr vollendet und im Bezirk ihren Wohnsitz haben, sofern ihr Wohnsitz in Berlin seit mindestens drei Monaten besteht. Wahlberechtigt und wählbar sind unter den gleichen Voraussetzungen wie Deutsche auch Personen, die die Staatsangehörigkeit eines Mitgliedstaates der Europäischen Union besitzen. Alles Nähere regelt das Wahlgesetz.[1)]

(2) Die Bezirksverordnetenversammlung besteht aus 55 Mitgliedern. Auf Bezirkswahlvorschläge, für die weniger als drei vom Hundert der Stimmen abgegeben werden, entfallen keine Sitze.

Artikel 71

Mit dem Ende der Wahlperiode des Abgeordnetenhauses endet auch die Wahlperiode der Bezirksverordnetenversammlungen.

Artikel 72

(1) Die Bezirksverordnetenversammlung ist Organ der bezirklichen Selbstverwaltung; sie übt die Kontrolle über die Verwaltung des Bezirks aus, beschließt den Bezirkshaushaltsplan und entscheidet in den ihr zugewiesenen Angelegenheiten.[2)]

(2) An die Stelle von Beschlüssen der Bezirksverordnetenversammlung können im Rahmen der Zuständigkeit der Bezirksverordnetenversammlung Bürgerentscheide der zur Bezirksverordnetenversammlung Wahlberechtigten treten. Das Nähere wird durch Gesetz geregelt[3)].

Artikel 73

(1) Die Bezirksverordnetenversammlung setzt zur Mitwirkung bei der Erfüllung ihrer Aufgaben Ausschüsse ein.

(2) Nach näherer Bestimmung durch Gesetz können den Ausschüssen neben Mitgliedern der Bezirksverordnetenversammlung auch Bürgerdeputierte angehören. Die Bürgerdeputierten werden von der Bezirksverordnetenversammlung gewählt; sie sind Inhaber von Ehrenämtern.[4)]

Artikel 74

(1) Das Bezirksamt besteht aus dem Bezirksbürgermeister und den Bezirksstadträten, von denen einer zugleich zum stellvertretenden Bezirksbürgermeister gewählt wird. Das Bezirksamt soll auf Grund der Wahlvorschläge der Fraktionen entsprechend ihrem nach dem Höchstzahlverfahren (d'Hondt) berechneten Stärkeverhältnis in der Bezirksverordnetenversammlung gebildet werden. Gemeinsame Wahlvorschläge von mehreren Fraktionen werden bei der Wahl des Bezirksbürgermeisters unbeschadet der Gesamtzusammensetzung des Bezirksamts wie Wahlvorschläge einer Fraktion angesehen. Das Nähere wird durch Gesetz geregelt.[5)]

(2) Das Bezirksamt ist die Verwaltungsbehörde des Bezirks; es vertritt Berlin in Angelegenheiten seines Bezirks.[6)]

1) S. Fußnote zu Artikel 39 Abs. 5 VvB (1).
2) Vgl. § 12 BezVG (7).
3) Vgl. §§ 45 bis 47b BezVG (7).
4) Vgl. §§ 9, 20 bis 25 BezVG (7).
5) Vgl. § 35 Abs. 2 BezVG (7).
6) Vgl. § 2 Abs. 2, §§ 34 bis 39 BezVG (7), § 25 AZG (3).

Artikel 75

(1) Die Organisation der Bezirksverwaltung wird durch Gesetz geregelt.[1)]

(2) Der Bezirksbürgermeister untersteht der Dienstaufsicht des Regierenden Bürgermeisters. Der Bezirksbürgermeister hat die Dienstaufsicht über die Mitglieder des Bezirksamts[2)]. Jedes Mitglied des Bezirksamts leitet seinen Geschäftsbereich in eigener Verantwortung. Bei Meinungsverschiedenheiten zwischen Mitgliedern des Bezirksamts entscheidet das Bezirksamt.

Artikel 76

Die Bezirksverordnetenversammlung kann mit Zweidrittelmehrheit der Bezirksverordneten ein Mitglied des Bezirksamts vor Beendigung der Amtszeit abberufen. Das Nähere wird durch Gesetz geregelt.[3)]

Artikel 77

(1) Alle Einstellungen, Versetzungen und Entlassungen im öffentlichen Dienst erfolgen durch den Senat[4)]. Für die Bezirke wird dieses Recht den Bezirksämtern übertragen.

(2) Über Versetzungen aus einem Bezirk in einen anderen, aus der Hauptverwaltung in einen Bezirk oder umgekehrt entscheidet, wenn die Beteiligten sich nicht einigen können, der Senat nach Anhörung der Beteiligten. Zum allgemeinen Personalausgleich in der Berliner Verwaltung kann der Senat auch entgegen einer Einigung der Beteiligten nach deren Anhörung entscheiden.

ABSCHNITT VII
Die Rechtspflege

Artikel 78

Die Rechtspflege ist im Geist dieser Verfassung und des sozialen Verständnisses auszuüben.

Artikel 79

(1) Die richterliche Gewalt wird durch unabhängige, nur dem Gesetz unterworfene Gerichte im Namen des Volkes ausgeübt.

(2) An der Rechtspflege sind Männer und Frauen aller Volksschichten nach Maßgabe der gesetzlichen Bestimmungen zu beteiligen.

Artikel 80

Die Richter sind an die Gesetze gebunden.

Artikel 81

Das Recht der Begnadigung übt der Senat aus. Er hat in den gesetzlich vorzusehenden Fällen den vom Abgeordnetenhaus zu wählenden Ausschuß für Gnadensachen zu hören[5)]. Der Senat kann seine Befugnis auf das jeweils zuständige Mitglied des Senats übertragen.[6)]

---

1) Vgl. § 2 Abs. 3 AZG (3) und BezVG (7).
2) Vgl. § 39 Abs. 2 BezVG (7) und § 2 des Gesetzes über die Rechtsverhältnisse der Bezirksamtsmitglieder (8).
3) Vgl. § 35 Abs. 3 BezVG (7) und § 4 des Gesetzes über die Rechtsverhältnisse der Bezirksamtsmitglieder (8).
4) Vgl. § 12 LBG (21), Anordnung über die Auswahl und die Ernennung der Richterinnen und Richter und der Beamtinnen und Beamten der Hauptverwaltung vom 9. Juni 2015 (ABl. S. 1302), § 10 Nr. 18 und 19 GO Sen (Fußnote zu Artikel 58 Abs. 4); Ausführungsvorschriften über die Ernennung, Vereidigung und Verabschiedung der Beamtinnen und Beamten (AV Ernennung) vom 7. Juli 2010 (ABl. S. 1111), geändert durch Verwaltungsvorschriften vom 13. Januar 2011 (ABl. S. 128).
5) Gesetz über den Ausschuß für Gnadensachen vom 19. Dezember 1968 (GVBl. S. 1767), zuletzt geändert durch Gesetz vom 25. März 2004 (GVBl. S. 137).
6) Vgl. Anordnung über die Ausübung des Begnadigungsrechts vom 10. Oktober 2017 (ABl. S. 5235).
Zum Verfahren im Geschäftsbereich der Senatsverwaltung für Justiz und Verbraucherschutz s. Gnadenordnung vom 21. Mai 2014 (ABl. S. 1162).

Artikel 82

(1) Die Berufsrichter[1] werden vom Senat ernannt, wenn sie nach ihrer Persönlichkeit und ihrer bisherigen Tätigkeit in der Rechtspflege die Gewähr dafür bieten, daß sie ihr Richteramt im Geist der Verfassung und sozialen Gerechtigkeit ausüben werden. Die gewählten höchsten Richter haben ein Vorschlagsrecht für ihren Amtsbereich.

(2) Die Präsidenten der oberen Landesgerichte werden auf Vorschlag des Senats vom Abgeordnetenhaus mit der Mehrheit seiner Mitglieder gewählt und vom Senat ernannt.

(3) Für gemeinsame Gerichte des Landes Berlin mit anderen Ländern können durch Staatsvertrag Zuständigkeiten und Verfahren abweichend von den Absätzen 1 und 2 bestimmt werden.

Artikel 83

(aufgehoben)

Artikel 84

(1) Es wird ein Verfassungsgerichtshof gebildet, der aus neun Mitgliedern besteht (einem Präsidenten, einem Vizepräsidenten und sieben Verfassungsrichtern), von denen drei zum Zeitpunkt ihrer Wahl Berufsrichter sind und drei weitere die Befähigung zum Richteramt haben. Die Mitglieder des Verfassungsgerichtshofes werden durch das Abgeordnetenhaus mit Zweidrittelmehrheit gewählt.

(2) Der Verfassungsgerichtshof entscheidet

1. über die Auslegung der Verfassung von Berlin aus Anlaß von Streitigkeiten über den Umfang der Rechte und Pflichten eines obersten Landesorgans oder anderer Beteiligter, die durch die Verfassung von Berlin oder durch die Geschäftsordnung des Abgeordnetenhauses mit eigenen Rechten ausgestattet sind,
2. bei Meinungsverschiedenheiten oder Zweifeln über die förmliche oder sachliche Vereinbarkeit von Landesrecht mit derVerfassung von Berlin auf Antrag des Senats oder eines Viertels der Mitglieder des Abgeordnetenhauses,
3. bei Meinungsverschiedenheiten oder Zweifeln über die Vereinbarkeit der im Gesetz geregelten Abgrenzung der Zuständigskeitsbereiche zwischen der Hauptverwaltung und den Bezirken mit der Verfassung von Berlin auf Antrag eines Bezirks,
4. in den nach Artikel 100 Abs.1 des Grundgesetzes für die Bundesrepublik Deutschland der Zuständigkeit der Landesverfassungsgerichte zugewiesenen Fällen,
5. über Verfassungsbeschwerden, soweit nicht Verfassungsbeschwerde zum Bundesverfassungsgericht erhoben ist oder wird,
6. in den ihm sonst durch Gesetz zugewiesenen Fällen.

(3) Das Nähere wird durch ein Gesetz über den Verfassungsgerichtshof bestimmt.[2]

ABSCHNITT VIII
Das Finanzwesen[3]

Artikel 85

(1) Alle Einnahmen und Ausgaben müssen für jedes Rechnungsjahr in dem Haushaltsplan veranschlagt werden; er wird durch ein Gesetz festgestellt (Haushaltsgesetz). Durch Gesetz kann eine Veranschlagung und Feststellung für einen längeren Zeitabschnitt und in

1) Vgl. Berliner Richtergesetz vom 9. Juni 2011 (GVBl. S. 238) und Anordnung über die Auswahl und die Ernennung der Richterinnen und Richter und der Beamtinnen und Beamten der Hauptverwaltung (s. Fußnote zu Artikel 77), s.a. Geschäftsordnung des Richterwahlausschusses vom 16. Mai 2017 (ABl. S. 2795).
2) Gesetz über den Verfassungsgerichtshof (2).
3) S. auch LHO (27).

(3) Der Rechnungshof prüft die Rechnungen (Artikel 94) sowie die Wirtschaftlichkeit und Ordnungsmäßigkeit der gesamten Haushalts- und Wirtschaftsführung Berlins. Er berichtet darüber jährlich dem Abgeordnetenhaus und unterrichtet gleichzeitig den Senat.

(4) Das Abgeordnetenhaus und der Senat können den Rechnungshof ersuchen, Angelegenheiten von besonderer Bedeutung zu untersuchen und darüber zu berichten.

(5) Das Nähere wird durch Gesetz geregelt.[1)]

ABSCHNITT IX
Übergangs- und Schlußbestimmungen

Artikel 96

Zwischen Berlin und anderen Ländern können gemeinsame Behörden, Gerichte und Körperschaften, Anstalten und Stiftungen des öffentlichen Rechts gebildet werden. Die Vereinbarung bedarf der Zustimmung des Abgeordnetenhauses. Mit dem Land Brandenburg oder einzelnen seiner Gebietskörperschaften können gemeinsame Behörden und Gremien geschaffen werden, auf die durch Gesetz einzelne Befugnisse zur Raumplanung und Flächennutzungsplanung übertragen werden können. Die Bestimmungen des Baugesetzbuches und des Raumordnungsgesetzes bleiben unberührt.

Artikel 97[2)]

(1) Das Land Berlin kann ein gemeinsames Land mit dem Land Brandenburg bilden.

(2) Ein Staatsvertrag der Länder Berlin und Brandenburg über die Bildung eines gemeinsamen Bundeslandes bedarf der Zustimmung einer Mehrheit von zwei Dritteln der Mitglieder des Abgeordnetenhauses sowie der Zustimmung durch Volksabstimmung nach Maßgabe dieses Staatsvertrages.

(3) Der Staatsvertrag kann vorsehen, daß

1. einzelne Befugnisse des Abgeordnetenhauses und des Senats auf gemeinsame Ausschüsse und Gremien der beiden Länder übertragen werden,
2. die Wahlperiode des Abgeordnetenhauses und die Amtszeit des Senats mit der Bildung des gemeinsamen Landes enden.

(4) Die Rechte des Abgeordnetenhauses bleiben unberührt.

(5) Das Nähere zur Regelung der Volksabstimmung bestimmt ein Staatsvertrag.

Artikel 98

Die zur Befreiung vom Nationalsozialismus und Militarismus und zur Beseitigung ihrer Folgen erlassenen Rechtsvorschriften werden von den Bestimmungen dieser Verfassung nicht berührt.

Artikel 99
(aufgehoben)

Artikel 99 a
(überholte Vorschriften)

---

1) Gesetz über den Rechnungshof von Berlin (Rechnungshofgesetz – RHG) in der Fassung vom 1. Januar 1980 (GVBl. S. 2), zuletzt geändert durch Artikel III § 3 des Gesetzes vom 9. Juni 2011 (GVBl. S. 238).

2) Der Staatsvertrag der Länder Berlin und Brandenburg über die Bildung eines gemeinsamen Bundeslandes (Neugliederungs-Vertrag) vom 27. April 1995, dem beide Landesparlamente zugestimmt hatten, hat in den Volksabstimmungen am 5. Mai 1996 im Land Brandenburg nicht die erforderliche Zustimmung gefunden (vgl. für Berlin Gesetz vom 18. Juli 1995 [GVBl. S. 490] sowie Bekanntmachungen vom 12. August 1995 [GVBl. S. 554] und vom 15. Mai 1996 [GVBl. S. 181]).

Artikel 100

Änderungen der Verfassung erfordern vorbehaltlich der Regelungen in den Artikeln 62 und 63 eine Mehrheit von zwei Dritteln der gewählten Mitglieder des Abgeordnetenhauses. Ist die Verfassungsänderung auf eine Änderung der Artikel 62 und 63 gerichtet, so bedarf es zusätzlich einer Volksabstimmung.

Artikel 101

(1) Diese Verfassung tritt, soweit in Absatz 2 nichts anderes bestimmt ist, nach Zustimmung in einer Volksabstimmung[1)] am Tage nach der Verkündung im Gesetz- und Verordnungsblatt für Berlin in Kraft. Gleichzeitig tritt die Verfassung von Berlin vom 1. September 1950 (VOBl. I S. 433), zuletzt geändert durch Gesetz vom 8. Juni 1995 (GVBl. S. 339), außer Kraft.

(2) (überholt)

(3) (überholt)

1) Die Verfassung hat in der Volksabstimmung am 22. Oktober 1995 Zustimmung gefunden (Bekanntmachung vom 9. November 1995 [GVBl. S. 719]).

Gesetz über den Verfassungsgerichtshof (VerfGHG)

Vom 8. November 1990 (GVBl. S. 2246),
zuletzt geändert durch Artikel 2 des Gesetzes vom 21. April 2016
(GVBl. S. 221)

INHALTSÜBERSICHT

I. TEIL
Verfassung, Organisation und Zuständigkeit

§ 1
Zusammensetzung

(1) Der Verfassungsgerichtshof ist ein den übrigen Verfassungsorganen des Landes Berlin gegenüber selbständiger und unabhängiger Gerichtshof.

(2) Der Verfassungsgerichtshof besteht aus dem Präsidenten, dem Vizepräsidenten sowie sieben weiteren Verfassungsrichtern. Die nachfolgenden Vorschriften gelten, soweit nichts anderes bestimmt ist, für sämtliche Richter des Verfassungsgerichtshofes.

(3) Männer und Frauen müssen jeweils mindestens drei der Verfassungsrichter stellen.

§ 2
Wahl des Präsidenten, des Vizepräsidenten und der weiteren Verfassungsrichter

(1) Der Präsident, der Vizepräsident sowie die weiteren Richter des Verfassungsgerichtshofes werden vom Abgeordnetenhaus in geheimer Wahl ohne Aussprache mit Zweidrittelmehrheit auf die Dauer von sieben Jahren gewählt. Eine Wiederwahl ist nicht zulässig. Die Wahl eines amtierenden Mitgliedes des Verfassungsgerichtshofes zum Präsidenten oder Vizepräsidenten für die Dauer der dem Mitglied verbleibenden Amtszeit ist zulässig.

(2) Von den bei der ersten Wahl gewählten Mitgliedern scheiden der Vizepräsident sowie drei der weiteren Mitglieder, die unmittelbar nach ihrer Wahl vom Präsidenten des Abgeordnetenhauses durch das Los bestimmt sind, nach einer Amtszeit von fünf Jahren aus.

§ 3
Voraussetzungen der Wählbarkeit

(1) Zum Richter des Verfassungsgerichtshofes kann nur gewählt werden, wer das 35. Lebensjahr vollendet hat und zum Deutschen Bundestag wählbar ist.

(2) Mitglieder einer gesetzgebenden Körperschaft oder einer Regierung können nicht Mitglieder des Verfassungsgerichtshofes sein. Das gleiche gilt für Angehörige des öffentlichen Dienstes mit Ausnahme der Richter und der Professoren an einer deutschen Hochschule.

(3) Die Verfassungsrichter sind ehrenamtlich tätig. Drei von ihnen werden aus dem Kreis der Berufsrichter gewählt, drei weitere müssen die Befähigung zum Richteramt haben. § 13 Abs. 3 bleibt unberührt.

§ 4
Ernennung

Der Präsident des Abgeordnetenhauses ernennt die gewählten Richter. Sie erhalten eine Urkunde über die Art und Dauer ihres Amtes.

§ 5
Richtereid

Die Richter des Verfassungsgerichtshofes leisten, bevor sie ihr Amt antreten, vor dem Abgeordnetenhaus den für Berufsrichter des Landes Berlin vorgesehenen Eid.

§ 6
Recht auf jederzeitige Entlassung

(1) Jeder Richter des Verfassungsgerichtshofes kann jederzeit seine Entlassung aus dem Amt als Verfassungsrichter beantragen.

(2) Der Präsident des Abgeordnetenhauses hat die Entlassung unverzüglich auszusprechen.

§ 7
Ausscheiden aus dem Amt

(1) Mit Ablauf der Amtszeit scheiden die Richter des Verfassungsgerichtshofes aus.

(2) Nach Ablauf der Amtszeit gemäß Absatz 1 führen die Verfassungsrichter ihre Amtsgeschäfte bis zur Ernennung des Nachfolgers fort.

(3) Verfassungsrichter, bei denen Voraussetzungen der Wählbarkeit nach § 3 Abs. 2 entfallen, scheiden aus dem Verfassungsgerichtshof aus.

§ 8
Abberufung

(1) Die Richter unterliegen in ihrer Eigenschaft als Verfassungsrichter nicht den disziplinarrechtlichen Vorschriften für Richter.

(2) Der Verfassungsgerichtshof kann einen Verfassungsrichter aus seinem Amt abberufen, wenn er

1. dauernd dienstunfähig ist oder
2. zu einer Freiheitsstrafe von mehr als sechs Monaten rechtskräftig verurteilt worden ist.

Über die Einleitung des Verfahrens entscheidet der Verfassungsgerichtshof.

(3) Der Verfassungsgerichtshof entscheidet durch Beschluß über die Abberufung aus dem Amt. Der Beschluß bedarf der Zustimmung von sechs Verfassungsrichtern. Im übrigen gelten die allgemeinen Verfahrensvorschriften entsprechend.

(4) Nach Einleitung des Verfahrens gemäß Absatz 2 kann der Verfassungsgerichtshof den Verfassungsrichter vorläufig seines Amtes entheben. Das gleiche gilt, wenn gegen den Verfassungsrichter wegen einer Straftat das Hauptverfahren eröffnet worden ist. Absatz 3 Satz 2 gilt entsprechend.

(5) Andere von dem Richter des Verfassungsgerichtshofes bekleidete Ämter werden durch das Verfahren nach Absatz 2 und Absatz 4 nicht berührt.

§ 9
Wahl bei vorzeitigem Ausscheiden aus dem Amt

Endet das Amt eines Richters des Verfassungsgerichtshofes vorzeitig, so wird ein Nachfolger für eine volle Amtszeit gewählt.

§ 10
Präsident

(1) Der Präsident führt den Vorsitz und die allgemeine Verwaltung des Verfassungsgerichtshofes. Er vertritt den Verfassungsgerichtshof insbesondere gegenüber den anderen Verfassungsorganen. Er wird durch den Vizepräsidenten vertreten.

(2) Sind der Präsident und der Vizepräsident verhindert, so nimmt der dienstälteste Berufsrichter die Befugnisse des Präsidenten wahr.

§ 11
Beschlußfähigkeit

(1) Der Verfassungsgerichtshof ist beschlußfähig, wenn mindestens sechs Verfassungsrichter anwesend sind. Die Zahl ermäßigt sich um die gemäß § 16 ausgeschlossenen und gemäß § 17 abgelehnten Verfassungsrichter sowie um die ausgeschiedenen Verfassungsrichter, für die noch keine Nachfolger ernannt sind.

(2) Es entscheidet die einfache Mehrheit der an der Entscheidung mitwirkenden Verfassungsrichter, soweit nicht gesetzlich etwas anderes bestimmt ist. Stimmengleichheit bedeutet Ablehnung.

§ 12
Geschäftsstelle, Geschäftsordnung, wissenschaftliche Hilfskräfte

(1) Der Verfassungsgerichtshof kann sich der Geschäftsstelle und der Geschäftseinrichtungen des Kammergerichts bedienen.

(2) Der Verfassungsgerichtshof gibt sich eine Geschäftsordnung. Sie ist im Gesetz- und Verordnungsblatt für Berlin zu veröffentlichen.[1)]

(3) Soweit es der Geschäftsanfall als erforderlich erscheinen läßt, kann sich der Verfassungsgerichtshof der Hilfe von wissenschaftlichen Mitarbeitern bedienen.

§ 13
Entschädigung der Richter des Verfassungsgerichtshofes

(1) Der Präsident des Verfassungsgerichtshofes erhält eine monatliche Grundentschädigung von 399 €, für den Vizepräsidenten beträgt diese 337 € und für die übrigen Verfassungsrichter 276 € monatlich.

(2) Neben der Grundentschädigung erhalten die Verfassungsrichter pro Fall eine Aufwandsentschädigung. Die Aufwandsentschädigung beträgt 61 € bei Beschlüssen und 245 € bei schriftlich begründeten Sachentscheidungen; der Berichterstatter erhält jeweils das Doppelte.

(3) Verfassungsrichter, die ihr Einkommen ganz oder überwiegend aus öffentlichen Mitteln beziehen, erhalten jeweils die Hälfte der in Absatz 1 genannten Beträge.

(4) Sofern der Geschäftsanfall des Verfassungsgerichtshofes es als erforderlich erscheinen läßt, können auf Vorschlag des Gerichts bis zu vier Verfassungsrichter für die Dauer ihrer Amtszeit zu hauptamtlichen Verfassungsrichtern ernannt werden. Die Ernennung erfolgt durch den Präsidenten des Abgeordnetenhauses auf Grund eines mit Zweidrittelmehrheit gefaßten Beschlusses des Abgeordnetenhauses. Hauptamtliche Verfassungsrichter müssen die Befähigung zum Richteramt haben. Im Falle ihrer Ernennung werden Präsident und Vizepräsident wie Präsident und Vizepräsident des Kammergerichts, weitere hauptamtliche Verfassungsrichter wie Vorsitzende Richter am Kammergericht besoldet. Die Dauer ihrer Amtszeit wird dadurch nicht verlängert.

§ 14
Zuständigkeiten

Der Verfassungsgerichtshof entscheidet

1. über die Auslegung der Verfassung von Berlin aus Anlaß von Streitigkeiten über den Umfang der Rechte und Pflichten eines obersten Landesorgans oder anderer Beteiligter, die durch die Verfassung von Berlin oder durch die Geschäftsordnung des Abgeordnetenhauses mit eigenen Rechten ausgestattet sind,
2. über Einsprüche gegen die Gültigkeit der Wahlen zum Abgeordnetenhaus und zu den Bezirksverordnetenversammlungen,
3. über Einsprüche gegen Entscheidungen über den Erwerb und den Verlust eines Sitzes im Abgeordnetenhaus oder in einer Bezirksverordnetenversammlung,
4. bei Meinungsverschiedenheiten oder Zweifeln über die förmliche oder sachliche Vereinbarkeit von Landesrecht mit der Verfassung von Berlin auf Antrag des Senats oder eines Viertels der Mitglieder des Abgeordnetenhauses,
5. in den nach Artikel 100 Abs. 1 des Grundgesetzes für die Bundesrepublik Deutschland der Zuständigkeit der Landesverfassungsgerichte zugewiesenen Fällen,
6. über Verfassungsbeschwerden, soweit nicht Verfassungsbeschwerde zum Bundesverfassungsgericht erhoben ist oder wird,
7. über Vorlagen nach § 17 Absatz 6 und Einsprüche nach § 41 des Abstimmungsgesetzes,

---
1) Geschäftsordnung des Verfassungsgerichthofes des Landes Berlin vom 22. Januar 2016 (GVBl. S. 53).

8. (aufgehoben)
9. bei Meinungsverschiedenheiten oder Zweifeln über die Vereinbarkeit der im Gesetz geregelten Abgrenzung der Zuständigkeitsbereiche zwischen der Hauptverwaltung und den Bezirken mit der Verfassung von Berlin auf Antrag eines Bezirks,
10. über Verzögerungsbeschwerden,
11. in den ihm sonst durch Gesetz zugewiesenen Fällen.

II. TEIL
Allgemeine Verfahrensvorschriften

§ 15
Anwendung des Gerichtsverfassungsgesetzes

Soweit in diesem Gesetz nichts anderes bestimmt ist, sind hinsichtlich der Öffentlichkeit, der Sitzungspolizei, der Gerichtssprache, der Beratung und der Abstimmung die Vorschriften der Titel 14 bis 16 des Gerichtsverfassungsgesetzes entsprechend anzuwenden.

§ 16
Ausschließung vom Richteramt

(1) Ein Mitglied des Verfassungsgerichtshofes ist von der Ausübung seines Richteramtes ausgeschlossen, wenn es
1. an der Sache beteiligt oder mit einem Beteiligten verheiratet ist oder war oder eine Lebenspartnerschaft begründet hat oder hatte, in gerader Linie verwandt oder verschwägert oder in der Seitenlinie bis zum dritten Grade verwandt oder bis zum zweiten Grade verschwägert ist oder
2. in derselben Sache bereits von Amts oder Berufs wegen tätig gewesen ist
3. mit einem Dritten, der nach den Nummern 1 oder 2 von der Ausübung des Richteramtes ausgeschlossen wäre, eine Bürogemeinschaft oder Sozietät betreibt.

(2) Beteiligt ist nicht, wer auf Grund seines Familienstandes, seines Berufes, seiner Abstammung, seiner Zugehörigkeit zu einer politischen Partei oder aus einem ähnlich allgemeinen Gesichtspunkt am Ausgang des Verfahrens interessiert ist.

(3) Als Tätigkeit im Sinne des Absatzes 1 Nr. 2 gilt nicht
1. die Mitwirkung im Gesetzgebungsverfahren,
2. die Äußerung einer wissenschaftlichen Meinung zu einer Rechtsfrage, die für das Verfahren bedeutsam sein kann.

§ 17
Ablehnung wegen Besorgnis der Befangenheit

(1) Wird ein Mitglied des Verfassungsgerichtshofes wegen Besorgnis der Befangenheit abgelehnt, so entscheidet das Gericht unter Ausschluß des Abgelehnten; bei Stimmengleichheit gibt die Stimme des Vorsitzenden den Ausschlag.

(2) Die Ablehnung ist zu begründen. Der Abgelehnte hat sich dazu zu äußern. Ein Beteiligter kann ein Mitglied des Verfassungsgerichtshofes wegen Besorgnis der Befangenheit nicht mehr ablehnen, wenn er sich, ohne den ihm bekannten Ablehnungsgrund geltend gemacht zu haben, in eine Verhandlung eingelassen hat.

(3) Erklärt sich ein Mitglied, das nicht abgelehnt ist, selbst für befangen, so gilt Absatz 1 entsprechend.

§ 18
Akteneinsicht

Die Beteiligten haben das Recht der Akteneinsicht.

§ 18a
Auskunft über personenbezogene Daten

Betreffen außerhalb des Verfahrens gestellte Anträge auf Auskunft aus oder Einsicht in Akten des Verfassungsgerichtshofs personenbezogene Daten, so gelten die Vorschriften des Berliner Datenschutzgesetzes, soweit die nachfolgenden Bestimmungen keine abweichende Regelung treffen.

§ 18b
Zur Einsicht Berechtigte; Auskunft aus beigezogenen Akten; Versendung von Akten

(1) Auskunft aus oder Einsicht in Akten des Verfassungsgerichtshofs kann gewährt werden

1. öffentlichen Stellen, soweit
   a) dies für Zwecke der Rechtspflege erforderlich ist oder
   b) Angaben des Betroffenen überprüft werden müssen, weil tatsächliche Anhaltspunkte für deren Unrichtigkeit bestehen, oder
   c) es zur Abwehr erheblicher Nachteile für das Gemeinwohl oder einer Gefahr für die öffentliche Sicherheit oder zur Wahrung erheblicher Belange des Gemeinwohls erforderlich ist oder
   d) es zur Verfolgung von Straftaten oder Ordnungswidrigkeiten, zur Vollstreckung oder zum Vollzug von Strafen oder Maßnahmen im Sinne des § 11 Absatz 1 Nummer 8 des Strafgesetzbuchs oder von Erziehungsmaßregeln oder Zuchtmitteln im Sinne des Jugendgerichtsgesetzes oder zur Vollstreckung von Bußgeldentscheidungen erforderlich ist oder
   e) es zur Abwehr einer schwerwiegenden Beeinträchtigung der Rechte einer anderen Person erforderlich ist oder
   f) es zur Durchführung wissenschaftlicher Forschung erforderlich ist, das wissenschaftliche Interesse an der Durchführung des Forschungsvorhabens das Interesse des Betroffenen an dem Ausschluss der Zweckänderung erheblich überwiegt und der Zweck der Forschung auf andere Weise nicht oder nur mit unverhältnismäßigem Aufwand erreicht werden kann,
2. Privatpersonen und anderen nicht-öffentlichen Stellen, soweit sie hierfür ein berechtigtes Interesse darlegen; Auskunft und Akteneinsicht sind zu versagen, wenn der Betroffene ein schutzwürdiges Interesse an der Versagung hat. Die Erteilung der Auskunft und die Gewährung der Akteneinsicht sind in der Akte zu vermerken.

Auskunft oder Akteneinsicht kann auch gewährt werden, soweit der Betroffene eingewilligt hat.

(2) Akteneinsicht kann nur gewährt werden, wenn unter Angabe von Gründen dargelegt wird, dass die Erteilung einer Auskunft zur Erfüllung der Aufgaben der die Akteneinsicht begehrenden öffentlichen Stelle (Absatz 1 Nummer 1) oder zur Wahrnehmung des berechtigten Interesses der die Akteneinsicht begehrenden Privatperson oder anderen nicht-öffentlichen Stellen (Absatz 1 Nummer 2) nicht ausreichen würde oder die Erteilung einer Auskunft einen unverhältnismäßigen Aufwand erfordern würde.

(3) Aus beigezogenen Akten, die nicht Aktenbestandteil sind, dürfen Auskünfte nur erteilt werden, wenn der Antragsteller die Zustimmung der Stelle nachweist, um deren Akten es sich handelt; gleiches gilt für die Akteneinsicht.

(4) Die Akten des Verfassungsgerichtshofs werden nicht übersandt. An öffentliche Stellen können sie übersandt werden, wenn diesen gemäß Absatz 2 Akteneinsicht gewährt werden kann oder wenn einer Privatperson auf Grund besonderer Umstände dort Akteneinsicht gewährt werden soll.

(5) Das Recht auf Akteneinsicht oder Aktenauskunft besteht nicht, soweit sich Akten auf die Beratung des Verfassungsgerichtshofs sowie deren Vorbereitung beziehen.

§ 18c
Nutzung personenbezogener Daten für andere Verfahren

Der Verfassungsgerichtshof darf in einem verfassungsgerichtlichen Verfahren zu den Akten gelangte personenbezogene Daten für ein anderes verfassungsgerichtliches Verfahren nutzen.

§ 19
Beauftragte von Personengruppen

Wenn das Verfahren von einer Personengruppe oder gegen eine Personengruppe beantragt wird, kann der Verfassungsgerichtshof anordnen, daß sie ihre Rechte, insbesondere das Recht auf Anwesenheit im Termin, durch einen Beauftragten oder mehrere Beauftragte wahrnehmen läßt.

§ 20
Bevollmächtigte

(1) Die Beteiligten können sich in jeder Lage des Verfahrens durch einen Rechtsanwalt oder einen Rechtslehrer an einer staatlichen oder staatlich anerkannten Hochschule eines Mitgliedstaates der Europäischen Union, eines anderen Vertragsstaates des Abkommens über den Europäischen Wirtschaftsraum oder der Schweiz als Bevollmächtigten vertreten lassen.

(2) Das Abgeordnetenhaus oder Teile von diesem, die in der Verfassung von Berlin oder in der Geschäftsordnung des Abgeordnetenhauses mit eigenen Rechten ausgestattet sind, können sich auch durch ihre Mitglieder vertreten lassen.

(3) Das Land Berlin und seine Verfassungsorgane können sich außerdem durch ihre Beamten vertreten lassen, soweit diese die Befähigung zum Richteramt besitzen oder auf Grund der vorgeschriebenen Staatsprüfungen die Befähigung zum höheren Verwaltungsdienst erworben haben.

(4) Der Verfassungsgerichtshof kann auch eine andere Person als Beistand eines Beteiligten zulassen.

(5) Die Vollmacht ist schriftlich zu erteilen. Sie muß sich ausdrücklich auf das Verfahren beziehen.

(6) Ist ein Bevollmächtigter bestellt, so sind alle Mitteilungen des Gerichts an ihn zu richten.

§ 21
Einleitung des Verfahrens

(1) Anträge, die das Verfahren einleiten, sind schriftlich beim Verfassungsgerichtshof einzureichen. Sie sind zu begründen; die erforderlichen Beweismittel sind anzugeben.

(2) Der Präsident stellt den Antrag dem Antragsgegner und den übrigen Beteiligten unverzüglich mit der Aufforderung zu, sich binnen einer zu bestimmenden Frist zu äußern.

(3) Der Präsident kann jedem Beteiligten aufgeben, binnen einer zu bestimmenden Frist die erforderliche Zahl von Abschriften seiner Schriftsätze für das Gericht und die übrigen Beteiligten nachzureichen.

§ 22
Verbindung und Trennung von Verfahren

Der Verfassungsgerichtshof kann anhängige Verfahren verbinden und verbundene trennen.

§ 23
Verwerfung von Anträgen

Unzulässige oder offensichtlich unbegründete Anträge können durch einstimmigen Beschluß des Gerichts verworfen werden. Der Beschluß bedarf keiner weiteren Begründung, wenn der Antragsteller vorher auf die Bedenken gegen die Zulässigkeit oder Begründetheit seines Antrages hingewiesen worden ist.

§ 24
Mündliche Verhandlung, Form der Entscheidung

(1) Der Verfassungsgerichtshof entscheidet, soweit nichts anderes bestimmt ist, auf Grund mündlicher Verhandlung, es sei denn, daß alle Beteiligten ausdrücklich oder der Verfassungsgerichtshof einstimmig auf sie verzichten.

(2) Die Entscheidung auf Grund mündlicher Verhandlung ergeht als Urteil, die Entscheidung ohne mündliche Verhandlung als Beschluß.

(3) Teil- und Zwischenentscheidungen sind zulässig.

(4) Die Entscheidungen des Verfassungsgerichtshofes ergehen im Namen des Volkes.

§ 25
Beweiserhebung

(1) Der Verfassungsgerichtshof erhebt den zur Erforschung der Wahrheit erforderlichen Beweis. Er kann damit außerhalb der mündlichen Verhandlung ein Mitglied des Gerichts beauftragen oder mit Begrenzung auf bestimmte Tatsachen und Personen ein anderes Gericht darum ersuchen.

(2) Auf Grund eines Beschlusses mit einer Mehrheit von zwei Dritteln der Stimmen des Gerichts kann die Beiziehung einzelner Urkunden unterbleiben, wenn ihre Verwendung mit der Sicherheit des Bundes oder eines Landes unvereinbar ist.

§ 26
Rechts- und Amtshilfe

Alle Gerichte und Verwaltungsbehörden leisten dem Verfassungsgerichtshof Rechts- und Amtshilfe. Sie legen ihm Akten und Urkunden über ihre oberste Dienstbehörde vor.

§ 26a
Stellungnahme durch sachkundige Dritte

Der Verfassungsgerichtshof kann sachkundigen Dritten Gelegenheit zur Stellungnahme geben.

§ 27
Vernehmung von Zeugen und Sachverständigen

(1) Für die Vernehmung von Zeugen und Sachverständigen gelten die Vorschriften der Zivilprozeßordnung entsprechend.

(2) Soweit ein Zeuge oder Sachverständiger nur mit Genehmigung einer vorgesetzten Stelle vernommen werden darf, kann diese Genehmigung nur verweigert werden, wenn es die Sicherheit des Bundes oder eines Landes erfordert. Der Zeuge oder Sachverständige kann sich nicht auf seine Schweigepflicht berufen, wenn der Verfassungsgerichtshof mit einer Mehrheit von zwei Dritteln der Stimmen die Verweigerung der Aussagegenehmigung für unbegründet erklärt.

§ 28
Beweistermin

Die Beteiligten werden von allen Beweisterminen benachrichtigt und können der Beweisaufnahme beiwohnen. Sie können an Zeugen und Sachverständige Fragen richten. Wird eine Frage beanstandet, so entscheidet das Gericht.

§ 29
Entscheidung und Verkündung

(1) Der Verfassungsgerichtshof entscheidet in geheimer Beratung nach seiner freien, aus dem Inhalt der Verhandlung und dem Ergebnis der Beweisaufnahme geschöpften Überzeugung. Die Entscheidung ist schriftlich abzufassen, zu begründen und von den Richtern, die bei ihr mitgewirkt haben, zu unterzeichnen. Sie ist sodann, wenn eine mündliche Verhandlung stattgefunden hat, unter Mitteilung der wesentlichen Entscheidungsgründe öffentlich zu verkünden. Der Termin zur Verkündung einer Entscheidung kann in der mündlichen Verhandlung bekanntgegeben oder nach Abschluß der Beratungen festgelegt werden; in diesem Fall ist er den Beteiligten unverzüglich mitzuteilen. Zwischen dem Abschluß der mündlichen Verhandlung und der Verkündung der Entscheidung sollen nicht mehr als drei Monate liegen. Der Termin kann durch Beschluß des Verfassungsgerichtshofes verlegt werden.

(2) Jedes Mitglied kann seine in der Beratung vertretene abweichende Meinung zu der Entscheidung oder zu deren Begründung in einem Sondervotum niederlegen; das Sondervotum ist der Entscheidung anzuschließen. Das Stimmenverhältnis kann in der Entscheidung mitgeteilt werden.

(3) Alle Entscheidungen sind den Beteiligten zuzustellen sowie dem Abgeordnetenhaus und dem Senat mitzuteilen.

§ 30
Wirkungen der Entscheidung

(1) Die Entscheidungen des Verfassungsgerichtshofes binden die Verfassungsorgane sowie alle Gerichte und Behörden des Landes Berlin.

(2) In den Fällen des § 14 Nr. 4 und 5 hat die Entscheidung des Verfassungsgerichtshofes Gesetzeskraft. Das gilt auch in den Fällen des § 14 Nr. 6, wenn der Verfassungsgerichtshof ein Gesetz als mit der Verfassung von Berlin vereinbar oder unvereinbar oder für nichtig erklärt. Soweit ein Gesetz als mit der Verfassung von Berlin vereinbar oder unvereinbar oder für nichtig erklärt wird, ist die Entscheidungsformel im Gesetz- und Verordnungsblatt für Berlin zu veröffentlichen.

§ 31
Einstweilige Anordnung

(1) Der Verfassungsgerichtshof kann im Streitfall einen Zustand durch einstweilige Anordnung vorläufig regeln, wenn dies zur Abwehr schwerer Nachteile, zur Verhinderung drohender Gewalt oder aus einem anderen wichtigen Grund zum gemeinen Wohl dringend geboten ist.

(2) Die einstweilige Anordnung kann ohne mündliche Verhandlung ergehen. Bei besonderer Dringlichkeit kann der Verfassungsgerichtshof davon absehen, den am Verfahren zur Hauptsache Beteiligten, zum Beitritt Berechtigten oder Äußerungsberechtigten Gelegenheit zur Stellungnahme zu geben.

(3) Wird die einstweilige Anordnung durch Beschluß erlassen oder abgelehnt, so kann Widerspruch erhoben werden. Das gilt nicht für den Beschwerdeführer im Verfahren der Verfassungsbeschwerde. Über den Widerspruch entscheidet der Verfassungsgerichtshof nach mündlicher Verhandlung. Diese muß binnen zweier Wochen nach dem Eingang der Begründung des Widerspruchs stattfinden.

(4) Der Widerspruch gegen die einstweilige Anordnung hat keine aufschiebende Wirkung. Der Verfassungsgerichtshof kann die Vollziehung der einstweiligen Anordnung aussetzen.

(5) Die einstweilige Anordnung tritt nach sechs Monaten außer Kraft. Sie kann mit einer Mehrheit von zwei Dritteln der Stimmen wiederholt werden.

(6) Ist der Verfassungsgerichtshof nicht beschlußfähig, so kann die einstweilige Anordnung bei besonderer Dringlichkeit erlassen werden, wenn mindestens drei Richter anwesend sind und der Beschluß einstimmig gefaßt wird. Sie tritt nach einem Monat außer Kraft. Wird sie durch den Verfassungsgerichtshof bestätigt, so tritt sie sechs Monate nach ihrem Erlaß außer Kraft.

§ 32
Aussetzung des Verfahrens

(1) Der Verfassungsgerichtshof kann sein Verfahren bis zur Erledigung eines bei einem anderen Gericht anhängigen Verfahrens aussetzen, wenn für seine Entscheidung die Feststellungen oder die Entscheidung dieses anderen Gerichts von Bedeutung sein können.

(2) Der Verfassungsgerichtshof kann seiner Entscheidung die tatsächlichen Feststellungen eines rechtskräftigen Urteils zugrunde legen, das in einem Verfahren ergangen ist, in dem die Wahrheit von Amts wegen zu erforschen ist.

§ 33
Kosten

(1) Das Verfahren vor dem Verfassungsgerichtshof ist kostenfrei.

(2) Wird eine Verfassungsbeschwerde oder ein Einspruch nach § 14 Nr. 2, 3 und 7 verworfen (§ 23), so kann der Verfassungsgerichtshof dem Beschwerdeführer eine Gebühr bis zu 500 Euro auferlegen. Die Entscheidung über die Gebühr und über ihre Höhe ist unter Berücksichtigung aller Umstände, insbesondere des Gewichts der geltend gemachten Gründe, der Bedeutung des Verfahrens für den Beschwerdeführer und seiner Vermögens- und Einkommensverhältnisse zu treffen. Der Verfassungsgerichtshof kann dem Antragsteller nach Maßgabe der Sätze 1 und 2 eine Gebühr auferlegen, wenn er einen Antrag auf Erlaß einer einstweiligen Anordnung zurückweist.

(3) Von der Auferlegung einer Gebühr ist abzusehen, wenn sie unbillig wäre.

(4) Der Verfassungsgerichtshof kann eine erhöhte Gebühr bis zu 2500 Euro auferlegen, wenn die Einlegung der Verfassungsbeschwerde oder des Einspruchs nach § 14 Nr. 2 und 3 einen Mißbrauch darstellt oder wenn ein Antrag auf Erlaß einer einstweiligen Anordnung mißbräuchlich gestellt ist.

(5) Für die Einziehung der Gebühren gilt § 59 Abs. 1 der Landeshaushaltsordnung entsprechend.

(6) Der Berichterstatter kann dem Beschwerdeführer aufgeben, binnen eines Monats einen Vorschuß auf die Gebühr nach Absatz 2 Satz 1 zu zahlen. Der Berichterstatter hebt die Anordnung auf oder ändert sie ab, wenn der Beschwerdeführer nachweist, daß er den Vorschuß nach seinen persönlichen und wirtschaftlichen Verhältnissen nicht, nur zum Teil oder nur in Raten aufbringen kann. Die Anordnungen des Berichterstatters sind unanfechtbar.

§ 34
Auslagenerstattung

(1) Erweist sich eine Verfassungsbeschwerde als begründet, so sind dem Beschwerdeführer die notwendigen Auslagen ganz oder teilweise zu erstatten.

(2) In den übrigen Fällen kann der Verfassungsgerichtshof volle oder teilweise Erstattung der Auslagen anordnen.

§ 35
Vollstreckung

Der Verfassungsgerichtshof kann in seiner Entscheidung bestimmen, wer sie vollstreckt; er kann auch im Einzelfall die Art und Weise der Vollstreckung regeln.

III. TEIL
Besondere Verfahrensvorschriften

ERSTER ABSCHNITT
Verfahren in den Fällen des § 14 Nr. 1 (Organstreitigkeiten)

§ 36
Antragsteller und Antragsgegner

Antragsteller und Antragsgegner können nur die in § 14 Nr. 1 genannten Beteiligten sein.

§ 37
Zulässigkeit des Antrags

(1) Der Antrag ist nur zulässig, wenn der Antragsteller geltend macht, daß er oder das Organ, dem er angehört, durch eine Maßnahme oder Unterlassung des Antragsgegners in seinen ihm durch die Verfassung von Berlin übertragenen Rechten und Pflichten verletzt oder unmittelbar gefährdet ist.

(2) Im Antrag ist die Bestimmung der Verfassung von Berlin zu bezeichnen, gegen die durch die beanstandete Maßnahme oder Unterlassung des Antragsgegners verstoßen wird.

(3) Der Antrag muß binnen sechs Monaten, nachdem die beanstandete Maßnahme oder Unterlassung dem Antragsteller bekanntgeworden ist, gestellt werden.

§ 38
Beitritt zum Verfahren

(1) Dem Antragsteller und dem Antragsgegner können in jeder Lage des Verfahrens andere in § 14 Nr. 1 genannte Antragsberechtigte beitreten, wenn die Entscheidung auch für die Abgrenzung ihrer Zuständigkeiten von Bedeutung ist.

(2) Der Verfassungsgerichtshof gibt von der Einleitung des Verfahrens dem Abgeordnetenhaus und dem Senat Kenntnis.

§ 39
Entscheidung

Der Verfassungsgerichtshof stellt in seiner Entscheidung fest, ob die beanstandete Maßnahme oder Unterlassung des Antragsgegners gegen eine Bestimmung der Verfassung von Berlin verstößt. Die Bestimmung ist zu bezeichnen. Der Verfassungsgerichtshof kann in der Entscheidungsformel zugleich eine für die Auslegung der Bestimmung der Verfassung von Berlin erhebliche Rechtsfrage entscheiden, von der die Feststellung nach Satz 1 abhängt.

ZWEITER ABSCHNITT
Verfahren in den Fällen des § 14 Nr. 2 und 3 (Wahlprüfung)

§ 40
Voraussetzung der Wahlprüfung, Zulässigkeit des Einspruchs

(1) Die Wahlprüfung erfolgt nur auf Grund eines Einspruchs.

(2) Der Einspruch kann nur darauf gestützt werden, daß

1. ein Wahlvorschlag oder ein Bewerber zu Unrecht nicht zugelassen worden sei,

1a. der Landeswahlausschuss zu Unrecht festgestellt hat, dass sich eine Vereinigung weder an der letzten Wahl zum Abgeordnetenhaus noch an der letzten Wahl zum

Deutschen Bundestag in Berlin mit einem eigenen Wahlvorschlag beteiligt hat oder zu Unrecht festgestellt hat, dass dieser Vereinigung die Parteieigenschaft fehlt,
2. das Wahlergebnis rechnerisch unrichtig festgestellt worden sei,
3. gültige Stimmen für ungültig oder ungültige Stimmen für gültig erklärt worden seien in einem Umfang, daß dadurch die Verteilung der Sitze beeinflußt worden sei,
4. ein Abgeordneter oder Bezirksverordneter die Voraussetzungen der Wählbarkeit nicht erfülle,
5. ein Bewerber zu Unrecht berufen oder nicht berufen worden sei,
6. der Verlust des Sitzes eines Abgeordneten oder eines Bezirksverordneten nach § 6 Absatz 3 Nummer 1, 2 und 5 des Landeswahlgesetzes zu Unrecht festgestellt worden sei,
7. Personen zu Unrecht in das Wahlverzeichnis eingetragen oder nicht eingetragen worden seien oder zu Unrecht einen Wahlschein erhalten oder keinen Wahlschein erhalten hätten und dadurch die Verteilung der Sitze beeinflußt worden sei,
8. sonst Vorschriften des Grundgesetzes, der Verfassung von Berlin, des Landeswahlgesetzes und der Landeswahlordnung bei der Vorbereitung oder der Durchführung der Wahlen oder bei der Ermittlung des Wahlergebnisses in einer Weise verletzt worden seien, daß dadurch die Verteilung der Sitze beeinflußt worden sei. Der Einspruch kann nicht darauf gestützt werden, daß ein Wahlkreisvorschlag, eine Liste oder ein Bezirkswahlvorschlag zu Unrecht zugelassen worden sei.

(3) Der Einspruch kann eingelegt werden
1. in den Fällen des Absatzes 2 Nr. 1, 5 und 6 von der Vertrauensperson des Wahlvorschlages, dem betroffenen Bewerber, Abgeordneten oder Bezirksverordneten und, wenn der Einspruch darauf gestützt wird, daß ein Bewerber zu Unrecht berufen worden sei, auch von der Senatsverwaltung für Inneres, dem Landeswahlleiter, dem zuständigen Bezirkswahlleiter, dem Präsidenten des Abgeordnetenhauses, dem zuständigen Bezirksverordnetenvorsteher und den Fraktionen des Abgeordnetenhauses oder der betreffenden Bezirksverordnetenversammlung,
2. in den Fällen des Absatzes 2 Nr. 7 von den betroffenen Wahlberechtigten und, wenn der Einspruch darauf gestützt wird, daß Personen zu Unrecht in das Wahlverzeichnis eingetragen worden seien oder zu Unrecht einen Wahlschein erhalten hätten, auch von den Parteien, Wählergemeinschaften und Einzelbewerbern, die sich an der Wahl zum Abgeordnetenhaus oder zur Bezirksverordnetenversammlung in dem Bezirk, in dem die betroffenen Personen in das Wahlverzeichnis eingetragen worden sind oder einen Wahlschein erhalten haben, beteiligen,
3. in allen anderen Fällen von Parteien, Vereinigungen, Wählergemeinschaften und Einzelbewerbern, die von der angefochtenen Entscheidung betroffen sind, sowie in amtlicher Eigenschaft von der Senatsverwaltung für Inneres, dem Landeswahlleiter, dem zuständigen Bezirkswahlleiter, dem Präsidenten des Abgeordnetenhauses und dem zuständigen Bezirksverordnetenvorsteher.

(4) Der Einspruch ist in den Fällen des Absatzes 2 Nummer 1 und 2 bis 8 innerhalb eines Monats nach der Bekanntmachung des Wahlergebnisses im Amtsblatt für Berlin schriftlich beim Verfassungsgerichtshof einzulegen und zugleich zu begründen. Der Einspruch ist in den Fällen des Absatzes 2 Nummer 1a innerhalb von vier Tagen nach Bekanntgabe der Entscheidung des Landeswahlausschusses nach § 10 Absatz 2 Satz 3 des Landeswahlgesetzes zu erheben und zugleich zu begründen. Bei gemeinschaftlichen Einsprüchen muß ein Bevollmächtigter benannt sein. Der Einspruch kann jederzeit zurückgenommen werden. Für den Präsidenten des Abgeordnetenhauses und die Bezirksverordnetenvorsteher beginnt die Frist mit ihrer Wahl. Beim späteren Erwerb eines Sitzes und in den Fällen des Absatzes 2 Nr. 5 beginnt der Lauf der Frist mit der Bekanntmachung im Amtsblatt für Berlin, beim Verlust des Sitzes mit der Zustellung der Entscheidung nach § 6 Abs. 3 des Landeswahlgesetzes.

(5) Im Falle des Absatzes 2 Nr. 4 kann der Präsident des Abgeordnetenhauses oder der Vorsteher der Bezirksverordnetenversammlung auch nach Ablauf der Frist Einspruch einlegen. Er ist hierzu verpflichtet, wenn mindestens ein Fünftel der gewählten Abgeordneten oder Bezirksverordneten es verlangt.

§ 41
Beteiligte

Am Wahlprüfungsverfahren sind beteiligt

1. der Einsprechende,
2. die betroffenen Bewerber, Abgeordneten, Bezirksverordneten, Vertrauensmänner oder Fraktionen,
3. der Präsident des Abgeordnetenhauses oder der zuständige Vorsteher der Bezirksverordnetenversammlung,
4. die Senatsverwaltung für Inneres,
5. der Landeswahlleiter,
6. der zuständige Bezirkswahlleiter.

Die Beteiligten sind spätestens eine Woche vor dem Verhandlungstermin zu laden. Sie haben ein selbständiges Antragsrecht.

§ 42
Entscheidung

(1) Die Entscheidung des Verfassungsgerichtshofes kann nur lauten auf Zurückweisung des Einspruchs oder

1. im Falle des § 40 Abs. 2 Nr. 1 auf Ungültigkeit der Wahl im Wahlgebiet, Bezirk (Wahlkreisverband) oder im Wahlkreis und auf Anordnung der Zulassung des Wahlvorschlages oder des Bewerbers unter Streichung des bisherigen Bewerbers,

1a. im Falle des § 40 Absatz 2 Nummer 1a auf Feststellung, dass sich die Vereinigung an der letzten Wahl zum Abgeordnetenhaus oder an der letzten Wahl zum Deutschen Bundestag in Berlin mit einem eigenen Wahlvorschlag beteiligt hat, oder auf Feststellung der Parteieigenschaft,

2. im Falle des § 40 Abs. 2 Nr. 2 auf rechnerische Richtigstellung und Anordnung der Neufeststellung des Wahlergebnisses der Wahl zum Abgeordnetenhaus durch den Landeswahlausschuß oder der Wahl zur Bezirksverordnetenversammlung durch den Bezirkswahlausschuß,
3. im Falle des § 40 Abs. 2 Nr. 3 auf Erklärung der Gültigkeit oder Ungültigkeit einer bestimmten Anzahl von Stimmen und auf Anordnung der Neufeststellung des Wahlergebnisses der Wahl zum Abgeordnetenhaus durch den Landeswahlausschuß oder der Wahl zur Bezirksverordnetenversammlung durch den Bezirkswahlausschuß,
4. im Falle des § 40 Abs. 2 Nr. 4 auf Feststellung, daß der Abgeordnete oder Bezirksverordnete die Voraussetzungen der Wählbarkeit nicht erfüllt und daher seinen Sitz verloren hat,
5. im Falle des § 40 Abs. 2 Nr. 5 auf Feststellung des Verlustes des Sitzes des zu Unrecht berufenen Bewerbers und auf Anordnung der Berufung des berechtigten Bewerbers oder auf Feststellung, daß der Sitz unbesetzt bleibt,
6. im Falle des § 40 Abs. 2 Nr. 6 auf Aufhebung der Entscheidung des Präsidenten oder des Präsidiums des Abgeordnetenhauses oder des Vorstehers oder des Vorstandes der Bezirksverordnetenversammlung,
7. im Falle des § 40 Abs. 2 Nr. 7 und 8 auf Ungültigkeit der Wahl im Wahlgebiet, Bezirk (Wahlkreisverband) oder Wahlkreis oder auf Richtigstellung und Anordnung der Neufeststellung des Wahlergebnisses einschließlich der Sitzverteilung.

(2) Über einen Einspruch nach § 40 Absatz 2 Nummer 1a entscheidet der Verfassungsgerichtshof bis zum 65. Tag vor der Wahl. Er kann seine Entscheidung ohne Begründung bekanntgeben. In diesem Fall ist die schriftliche Begründung den Beteiligten gesondert zu übermitteln.

§ 42a
Einstweilige Anordnung im Einspruchsverfahren

Auf Antrag kann der Verfassungsgerichtshof schon vor der Durchführung der Wahlen eine Entscheidung durch einstweilige Anordnung treffen, wenn wegen des geltend gemachten Verstoßes zu erwarten ist, dass die Wahlen ganz oder teilweise für ungültig erklärt werden und der Verstoß noch vor den Wahlen beseitigt werden kann. Dies gilt nicht für den Einspruch nach § 40 Absatz 2 Nummer 1a.

DRITTER ABSCHNITT
Verfahren in den Fällen des § 14 Nr. 4 (Abstrakte Normenkontrolle)

§ 43
Zulässigkeit des Antrags

Der Antrag des Senats oder eines Viertels der Mitglieder des Abgeordnetenhauses ist nur zulässig, wenn einer der Antragsberechtigten Landesrecht

1. wegen seiner förmlichen oder sachlichen Unvereinbarkeit mit der Verfassung von Berlin für nichtig hält oder
2. für gültig hält, nachdem ein Gericht, eine Verwaltungsbehörde oder ein Organ des Landes Berlin das Recht als unvereinbar mit der Verfassung von Berlin nicht angewendet hat.

§ 44
Anhörung

Der Verfassungsgerichtshof hat dem Abgeordnetenhaus und dem Senat, sofern sie den Antrag nicht selbst gestellt haben, Gelegenheit zur Äußerung binnen einer zu bestimmenden Frist zu geben.

§ 45
Entscheidung

Kommt der Verfassungsgerichtshof zu der Überzeugung, daß Recht der Verfassung von Berlin widerspricht, so erklärt er es für nichtig oder mit der Verfassung unvereinbar. Widersprechen weitere Bestimmungen der gleichen Rechtsvorschrift aus denselben Gründen der Verfassung von Berlin, so kann die Entscheidung auf diese Bestimmungen erstreckt werden.

VIERTER ABSCHNITT
Verfahren in den Fällen des § 14 Nr. 5 (Konkrete Normenkontrolle)

§ 46
Vorlage

(1) Hält ein Gericht ein Gesetz, auf dessen Gültigkeit es bei der Entscheidung ankommt, mit der Verfassung von Berlin für unvereinbar, so hat es das Verfahren auszusetzen und unmittelbar die Entscheidung des Verfassungsgerichtshofes einzuholen.

(2) Das Gericht muß angeben, inwiefern von der Gültigkeit des Gesetzes seine Entscheidung abhängt und mit welcher Vorschrift der Verfassung von Berlin dieses Gesetz unvereinbar sein soll. Die Akten sind beizufügen.

(3) Der Antrag des Gerichts ist unabhängig von der Rüge der Nichtigkeit der Rechtsvorschrift durch einen Prozeßbeteiligten.

§ 47
Verfahren

(1) Der Verfassungsgerichtshof hat dem Abgeordnetenhaus und dem Senat Gelegenheit zur Äußerung binnen einer zu bestimmenden Frist zu geben. Sie können dem Verfahren jederzeit beitreten.

(2) Der Verfassungsgerichtshof gibt auch denjenigen, die an dem Verfahren des antragstellenden Gerichts beteiligt sind, Gelegenheit zur Äußerung; er lädt sie zur mündlichen Verhandlung und erteilt den anwesenden Bevollmächtigten das Wort.

§ 48
Entscheidung

(1) Der Verfassungsgerichtshof entscheidet nur über die Rechtsfrage.

(2) Die Vorschrift des § 45 gilt entsprechend.

FÜNFTER ABSCHNITT
Verfahren in den Fällen des § 14 Nr. 6 (Verfassungsbeschwerde)

§ 49
Aktivlegitimation

(1) Jedermann kann mit der Behauptung, durch die öffentliche Gewalt des Landes Berlin in einem seiner in der Verfassung von Berlin enthaltenen Rechte verletzt zu sein, die Verfassungsbeschwerde zum Verfassungsgerichtshof erheben, soweit nicht Verfassungsbeschwerde zum Bundesverfassungsgericht erhoben ist oder wird.

(2) Ist gegen die behauptete Verletzung der Rechtsweg zulässig, so kann die Verfassungsbeschwerde erst nach Erschöpfung des Rechtsweges erhoben werden. Der Verfassungsgerichtshof kann jedoch über eine vor Erschöpfung des Rechtsweges eingelegte Verfassungsbeschwerde sofort entscheiden, wenn sie von allgemeiner Bedeutung ist oder wenn dem Beschwerdeführer ein schwerer und unabwendbarer Nachteil entstünde, falls er zunächst auf den Rechtsweg verwiesen würde.

§ 50
Begründung der Beschwerde

In der Begründung der Beschwerde sind das Recht, das verletzt sein soll, und die Handlung oder Unterlassung des Organs oder der Behörde, durch die der Beschwerdeführer sich verletzt fühlt, zu bezeichnen.

§ 51
Fristen

(1) Die Verfassungsbeschwerde ist binnen zweier Monate zu erheben. Die Frist beginnt mit der Zustellung oder formlosen Mitteilung der in vollständiger Form abgefaßten Entscheidung, wenn diese nach den maßgebenden verfahrensrechtlichen Vorschriften von Amts wegen vorzunehmen ist. In anderen Fällen beginnt die Frist mit der Verkündung der

Entscheidung oder, wenn diese nicht zu verkünden ist, mit der sonstigen Bekanntgabe an den Beschwerdeführer; wird dabei dem Beschwerdeführer eine Abschrift der Entscheidung in vollständiger Form nicht erteilt, so wird die Frist des Satzes 1 dadurch unterbrochen, daß der Beschwerdeführer schriftlich oder zu Protokoll der Geschäftsstelle die Erteilung einer in vollständiger Form abgefaßten Entscheidung beantragt. Die Unterbrechung dauert fort, bis die Entscheidung in vollständiger Form dem Beschwerdeführer von dem Gericht erteilt oder von Amts wegen oder von einem an dem Verfahren Beteiligten zugestellt wird.

(2) War ein Beschwerdeführer ohne Verschulden verhindert, diese Frist einzuhalten, so ist ihm auf Antrag Wiedereinsetzung in den vorigen Stand zu gewähren. Der Antrag ist binnen zwei Wochen nach Wegfall des Hindernisses zu stellen. Die Tatsachen zur Begründung des Antrags sind bei der Antragstellung oder im Verfahren über den Antrag glaubhaft zu machen. Innerhalb der Antragsfrist ist die versäumte Rechtshandlung nachzuholen; ist dies geschehen, so kann die Wiedereinsetzung auch ohne Antrag gewährt werden. Nach einem Jahr seit dem Ende der versäumten Frist ist der Antrag unzulässig. Das Verschulden des Bevollmächtigten steht dem Verschulden eines Beschwerdeführers gleich.

(3) Richtet sich die Verfassungsbeschwerde gegen eine Rechtsvorschrift oder gegen einen sonstigen Hoheitsakt, gegen den ein Rechtsweg nicht offensteht, so kann die Verfassungsbeschwerde nur binnen eines Jahres seit dem Inkrafttreten der Rechtsvorschrift oder dem Erlaß des Hoheitsaktes erhoben werden.

§ 52
Prozeßkostenhilfe

Dem Beschwerdeführer einer Verfassungsbeschwerde kann nach Maßgabe der Vorschriften der Zivilprozeßordnung Prozeßkostenhilfe bewilligt werden. Die Fristen des § 51 werden durch das Gesuch um Bewilligung von Prozeßkostenhilfe nicht gehemmt.

§ 53
Anhörung

(1) Der Verfassungsgerichtshof gibt dem Organ oder der Behörde des Landes Berlin, deren Handlung oder Unterlassung in der Verfassungsbeschwerde beanstandet wird, Gelegenheit, sich binnen einer zu bestimmenden Frist zu äußern.

(2) Richtet sich die Verfassungsbeschwerde gegen eine gerichtliche Entscheidung, so gibt der Verfassungsgerichtshof auch dem durch die Entscheidung Begünstigten Gelegenheit zur Äußerung.

(3) Richtet sich die Verfassungsbeschwerde unmittelbar oder mittelbar gegen ein Gesetz, so ist § 44 entsprechend anzuwenden.

(4) Die nach den Absätzen 1 und 3 zu beteiligenden Organe können dem Verfahren beitreten, der Senat auch dann, wenn eine Handlung oder Unterlassung einer Behörde des Landes Berlin beanstandet wird.

(5) Eine Anhörung nach den Absätzen 1 bis 3 ist in den Fällen des § 23 nicht erforderlich.

§ 54
Entscheidung

(1) Über die Verfassungsbeschwerde entscheidet der Verfassungsgerichtshof durch schriftlichen Beschluß. Der Präsident des Verfassungsgerichtshofes oder dieser selbst kann mündliche Verhandlung anordnen. In diesem Fall wird die Entscheidung verkündet und sofort, im übrigen mit der Zustellung an den Beschwerdeführer rechtswirksam.

(2) Wird der Verfassungsbeschwerde stattgegeben, so ist in der Entscheidung festzustellen, welche Bestimmung der Verfassung von Berlin und durch welche Handlung oder Un-

terlassung sie verletzt wurde. Der Verfassungsgerichtshof kann zugleich aussprechen, daß auch jede Wiederholung der beanstandeten Maßnahme die Verfassung von Berlin verletzt.

(3) Wird der Verfassungsbeschwerde gegen eine Entscheidung stattgegeben, so hebt der Verfassungsgerichtshof die Entscheidung auf; in den Fällen des § 49 Absatz 2 Satz 1 verweist er die Sache an ein zuständiges Gericht zurück.

(4) Wird der Verfassungsbeschwerde gegen eine Rechtsvorschrift stattgegeben, so erklärt der Verfassungsgerichtshof sie für nichtig oder mit der Verfassung von Berlin unvereinbar. Das gleiche gilt, wenn der Verfassungsbeschwerde gemäß Absatz 3 stattgegeben wird, weil die aufgehobene Entscheidung auf einer verfassungswidrigen Rechtsvorschrift beruht.

SECHSTER ABSCHNITT
Verfahren in den Fällen des § 14 Nr. 7 (Volksinitiative, Volksbegehren, Volksentscheid)

§ 55
Verfahren bei Vorlagen und Einsprüchen, Entscheidung

(1) Das Verfahren vor dem Verfassungsgerichtshof auf Grund von Vorlagen und Einsprüchen bei Volksinitiative, Volksbegehren und Volksentscheid richtet sich nach den Allgemeinen Verfahrensvorschriften dieses Gesetzes sowie nach dem Abstimmungsgesetz.

(2) Der Verfassungsgerichtshof stellt auf Grund der Vorlage fest, dass der Antrag auf Einleitung des Volksbegehrens zulässig ist, wenn die gesetzlichen Anforderungen für die Einleitung erfüllt sind. Im Übrigen erkennt der Verfassungsgerichtshof auf Grund von Einsprüchen auf Zurückweisung des Einspruchs oder auf Aufhebung der angegriffenen Entscheidung. Ist der Einspruch gegen die Entscheidung des Senats nach § 17 Absatz 5 des Abstimmungsgesetzes erhoben worden, wird der Einspruch auch dann zurückgewiesen, wenn das Volksbegehren den Anforderungen der §§ 11 oder 12 des Abstimmungsgesetzes nicht entspricht.

(3) § 42a gilt entsprechend.

SIEBENTER ABSCHNITT
(aufgehoben)

ACHTER ABSCHNITT
Verfahren in den Fällen des § 14 Nr. 9 (Normenkontrolle der Zuständigkeitsabgrenzung)

§ 57
Zulässigkeit des Antrags, Entscheidung

(1) Der Antrag eines Bezirks ist nur zulässig, wenn ein betroffener Bezirk die im Gesetz geregelte Abgrenzung der Zuständigkeitsbereiche zwischen der Hauptverwaltung und den Bezirken wegen ihrer Unvereinbarkeit mit der Verfassung von Berlin für nichtig hält und geltend macht, durch das Gesetz in seinen Rechten aus Artikel 67 der Verfassung von Berlin verletzt zu sein.

(2) Der Antrag muß binnen sechs Monaten nach Inkrafttreten des Gesetzes gestellt werden.

(3) Die Vorschriften der §§ 44 und 45 gelten entsprechend.

NEUNTER ABSCHNITT
Verfahren in den Fällen des § 14 Nr. 10
(Verzögerungsbeschwerde)

§ 58
Angemessenheit der Verfahrensdauer

(1) Wer infolge unangemessener Dauer eines Verfahrens vor dem Verfassungsgerichtshof als Verfahrensbeteiligter oder als Beteiligter in einem zur Herbeiführung einer Entscheidung des Verfassungsgerichtshofs ausgesetzten Verfahren einen Nachteil erleidet, wird angemessen entschädigt. Die Angemessenheit der Verfahrensdauer richtet sich nach den Umständen des Einzelfalles unter Berücksichtigung der Aufgaben und der Stellung des Verfassungsgerichtshofs.

(2) Ein Nachteil, der nicht Vermögensnachteil ist, wird vermutet, wenn ein Verfahren vor dem Verfassungsgerichtshof unangemessen lange gedauert hat. Hierfür kann Entschädigung nur beansprucht werden, soweit nicht nach den Umständen des Einzelfalles Wiedergutmachung auf andere Weise, insbesondere durch die Feststellung der Unangemessenheit der Verfahrensdauer, ausreichend ist. Die Entschädigung gemäß Satz 2 beträgt 1 200 Euro für jedes Jahr der Verzögerung. Ist der Betrag gemäß Satz 3 nach den Umständen des Einzelfalles unbillig, so kann der Verfassungsgerichtshof einen höheren oder niedrigeren Betrag festsetzen.

§ 58a
Verzögerungsbeschwerde, Verzögerungsrüge

(1) Über Entschädigung und Wiedergutmachung wird auf Grund einer Beschwerde zum Verfassungsgerichtshof entschieden (Verzögerungsbeschwerde). Die Verzögerungsbeschwerde ist nur zulässig, wenn der Beschwerdeführer beim Verfassungsgerichtshof die Dauer des Verfahrens gerügt hat (Verzögerungsrüge). Die Verzögerungsrüge ist schriftlich und unter Darlegung der Umstände, die die Unangemessenheit der Verfahrensdauer begründen, einzulegen. Sie ist frühestens zwölf Monate nach Eingang des Verfahrens beim Verfassungsgerichtshof zulässig. Einer Bescheidung der Verzögerungsrüge bedarf es nicht.

(2) Die Verzögerungsbeschwerde kann frühestens sechs Monate nach Erheben einer Verzögerungsrüge erhoben werden; ist eine Entscheidung des Verfassungsgerichtshofs ergangen oder das Verfahren anderweitig erledigt worden, so ist die Verzögerungsbeschwerde binnen drei Monaten zu erheben. Sie ist schriftlich einzulegen und gleichzeitig zu begründen. Bis zur rechtskräftigen Entscheidung über die Verzögerungsbeschwerde ist der Anspruch nicht übertragbar.

§ 58b
Zuständigkeit

(1) Über die Verzögerungsbeschwerde entscheidet der Verfassungsgerichtshof unter Ausschluss der Berichterstatterin oder des Berichterstatters des beanstandeten Verfahrens.

(2) Das Nähere regelt die Geschäftsordnung des Verfassungsgerichtshofs.

§ 58c
Stellungnahme

(1) Die Berichterstatterin oder der Berichterstatter des beanstandeten Verfahrens soll binnen eines Monats nach Eingang der Begründung der Verzögerungsbeschwerde eine Stellungnahme vorlegen.

(2) Der Verfassungsgerichtshof entscheidet mit Mehrheit. Bei Stimmengleichheit gilt die Verzögerungsbeschwerde als zurückgewiesen. Der Verfassungsgerichtshof entscheidet

ohne mündliche Verhandlung. Der Beschluss über die Verzögerungsbeschwerde bedarf keiner Begründung.

(3) Die Entscheidung ist unanfechtbar.

§ 58d
Übergangsregelung

Die §§ 58 bis 58c gelten auch für Verfahren, die am 30. September 2015 bereits anhängig waren, sowie für abgeschlossene Verfahren, deren Dauer am 30. September 2015 Gegenstand einer Beschwerde beim Europäischen Gerichtshof für Menschenrechte ist oder noch werden kann. Für abgeschlossene Verfahren nach Satz 1 gilt § 58a Absatz 1 Satz 2 bis 5 nicht; § 58a Absatz 2 gilt mit der Maßgabe, dass die Verzögerungsbeschwerde sofort erhoben werden kann und spätestens am 30. Dezember 2015 erhoben werden muss.

IV. TEIL
Übergangs- und Schlußvorschriften

§ 59
(Änderungsvorschrift)

§ 60
(Inkrafttreten)

Gesetz über die Zuständigkeiten in der allgemeinen Berliner Verwaltung (Allgemeines Zuständigkeitsgesetz – AZG)

In der Fassung vom 22. Juli 1996 (GVBl. S. 302, 472),
zuletzt geändert durch Artikel 4 des Gesetzes vom 16. März 2018
(GVBl. S. 186)[1)]

1. ABSCHNITT
Gliederung und Aufgaben der Berliner Verwaltung

§ 1
Einheit der Berliner Verwaltung

In Berlin werden staatliche und gemeindliche Tätigkeit nicht getrennt.[2)]

§ 2
Gliederung der Berliner Verwaltung

(1) Die Berliner Verwaltung wird vom Senat (der Hauptverwaltung) und von den Bezirksverwaltungen wahrgenommen.[3)]

(2) Die Hauptverwaltung umfasst die Senatsverwaltungen, die ihnen nachgeordneten Behörden (Sonderbehörden) und nicht rechtsfähigen Anstalten und die unter ihrer Aufsicht stehenden Eigenbetriebe.[4)]

(3) Die Bezirksverwaltungen[5)] umfassen auch die ihnen nachgeordneten nicht rechtsfähigen Anstalten und die unter ihrer Aufsicht stehenden Eigenbetriebe.[4)]

§ 3
Aufgaben der Hauptverwaltung und der Bezirksverwaltungen[6)]

(1) Die Hauptverwaltung nimmt die Aufgaben von gesamtstädtischer Bedeutung wahr. Dazu gehören:

1. die Leitungsaufgaben (Planung, Grundsatzangelegenheiten, Steuerung, Aufsicht),
2. die Polizei-, Justiz- und Steuerverwaltung,
3. einzelne andere Aufgabenbereiche, die wegen ihrer Eigenart zwingend einer Durchführung in unmittelbarer Regierungsverantwortung bedürfen.

(2) Die Bezirksverwaltungen nehmen alle anderen Aufgaben der Verwaltung wahr.

(3) Einzelne Aufgaben der Bezirke können durch einen Bezirk oder mehrere Bezirke wahrgenommen werden. Im Einvernehmen mit den Bezirken legt der Senat die örtliche Zuständigkeit durch Rechtsverordnung fest.[7)]

---

1) Die Änderung durch Art. 2 des Gesetzes vom 17. Juni 2016 (GVBl. S. 331) tritt erst am 1. Januar 2020 in Kraft; vgl. Fußnote 1) zu § 13a.
2) Vgl. Art. 1 Abs. 1, Art. 3 Abs. 2 VvB (1).
3) Vgl. Art. 67 VvB (1).
4) S. Fußnote zu Artikel 92 VvB (1).
5) Über die Organe der Bezirksverwaltungen vgl. § 2 Abs. 2, §§ 5 ff. und 34 ff. BezVG (7).
6) Vgl. Art. 67 VvB (1).
7) Die Vorschrift entspricht Artikel 67 Abs. 5 VvB (1). Siehe dazu
– GD ZustVO (10.1),
– BAföGZustVO (10.2),
– ZustVOSoz (10.3),
– ZustVO Bezirksaufgaben (10.4).

(4) Senatsverwaltungen, Bezirksämter, Sonderbehörden und nichtrechtsfähige Anstalten unterrichten sich gegenseitig von allen wichtigen Ereignissen, Entwicklungen und Vorhaben, die auch für die anderen zur Erfüllung ihrer Aufgaben von Bedeutung sind (Informationspflicht). Sind mehrere Verwaltungsstellen zuständig, so wirken sie zügig und erfolggerichtet zusammen. Die federführende Verwaltungsstelle holt die Mitentscheidungen der anderen regelmäßig in einem Zuge ein, also in gemeinsamem Gespräch und nicht schriftlich nacheinander.

§ 4
Zuständigkeitsverteilung

(1) Die Aufgaben der Hauptverwaltung außerhalb der Leitungsaufgaben werden im einzelnen durch die Anlage zu diesem Gesetz (Allgemeiner Zuständigkeitskatalog) bestimmt. Alle dort nicht aufgeführten Aufgaben sind Aufgaben der Bezirke. Im Vorgriff auf eine Katalogänderung kann der Senat durch Rechtsverordnung einzelne Aufgaben der Hauptverwaltung den Bezirken zuweisen.

(2) Die Zuständigkeiten bei Polizeiaufgaben und Ordnungsaufgaben werden durch besonderes Gesetz mit zusammenfassendem Zuständigkeitskatalog geregelt.[1] Die Vorschriften der §§ 9 bis 13a über Bezirksaufsicht und Eingriffsrecht gelten auch für Ordnungsaufgaben der Bezirksverwaltungen.

§ 4a
Änderung der Geschäftsbereiche der Senatsverwaltungen

(1) Werden Geschäftsbereiche der Senatsverwaltungen neu festgelegt, gehen die in Gesetzen und Rechtsverordnungen einer Senatsverwaltung zugewiesenen Zuständigkeiten auf die nach der Neufestlegung zuständige Senatsverwaltung über. Der Regierende Bürgermeister weist hierauf sowie auf den Zeitpunkt des Übergangs im Gesetz- und Verordnungsblatt für Berlin hin.

(2) Der Senat wird ermächtigt, bei einer Neufestlegung der Geschäftsbereiche von Senatsverwaltungen, durch Rechtsverordnung in Gesetzen und Rechtsverordnungen die Bezeichnung der bisher zuständigen Senatsverwaltung durch die Bezeichnung der neu zuständigen Senatsverwaltung zu ersetzen und etwaige weitere durch den Zuständigkeitsübergang veranlasste Anpassungen des Wortlauts der Vorschriften vorzunehmen.

§ 5
Durchführung bundesrechtlich geregelter Aufgaben

(1) Werden der Berliner Verwaltung durch Bundesrecht neue Aufgaben zugewiesen, so gelten, sofern nichts anderes vorgeschrieben wird,

a) staatliche Aufgaben, die, soweit sie nicht Sonderbehörden zugewiesen sind, von der unteren Verwaltungsbehörde oder der Gemeindebehörde wahrzunehmen sind, und Selbstverwaltungsaufgaben der Gemeinden und Gemeindeverbände als Aufgaben der Bezirke;

b) andere staatliche Aufgaben als Aufgaben der Hauptverwaltung.

(2) Enthält das Bundesrecht keine Zuständigkeitsbestimmungen, so findet § 4 Anwendung.

§ 6
Allgemeine Verwaltungsvorschriften[2]

(1) Verwaltungsvorschriften zur Ausführung von Gesetzen (Ausführungsvorschriften) und andere allgemeine Verwaltungsvorschriften für die Behörden und nicht rechtsfähigen Anstalten der Berliner Verwaltung erläßt der Senat.[3]

1) Vgl. 4 und 4.1.
2) Vgl. Artikel 64 Abs. 3 Satz 2 und Artikel 67 Abs. 2 Satz 2 VvB (1); ferner § 35.
3) S. z. B. Verwaltungsvorschriften über Werbung, Handel, Sammlungen und politische Betätigung in und mit Einrichtungen des Landes Berlin (VV Werbung) vom 11. Januar 2011 (ABl. S. 126).

(2) Die zuständige Senatsverwaltung kann erlassen

a) Ausführungsvorschriften, soweit sie in einem Gesetz dazu ermächtigt ist;
b) Verwaltungsvorschriften für die ihr nachgeordneten Sonderbehörden und nicht rechtsfähigen Anstalten der Hauptverwaltung;
c) Verwaltungsvorschriften für die Bezirksverwaltungen, sofern sie im wesentlichen Verfahrensabläufe oder technische Einzelheiten regeln;
d) Verwaltungsvorschriften in Personalangelegenheiten der Dienstkräfte und Versorgungsempfänger sowie der zu Aus- und Fortbildungszwecken beschäftigten Personen;
e) zur Gewährleistung der inneren Sicherheit gemeinsame Verwaltungsvorschriften für die Dienstkräfte des Landes Berlin und der landesunmittelbaren Körperschaften, Anstalten und Stiftungen des öffentlichen Rechts.

(3) Verwaltungsvorschriften sind auf das zwingend gebotene Mindestmaß zu beschränken. Sie sollen nur erlassen werden, soweit sich die Beteiligten nicht auf den wesentlichen Regelungsgehalt verständigen können. Sie dürfen die ausführenden Verwaltungsstellen nicht hindern, im Rahmen der geltenden Rechtsvorschriften der Lebenswirklichkeit in den unterschiedlichsten Einzelfällen gerecht zu werden.

(4) Beim Erlaß von Verwaltungsvorschriften mit Wirkung auf die Bezirke hat die Senatsverwaltung für Inneres als Bezirksaufsichtsbehörde für die Einhaltung des Absatzes 3 und dafür zu sorgen, daß die verfassungsmäßig gewährleistete Mitwirkung der Bezirke an der Verwaltung gefördert und geschützt und die Entschlußkraft und Verantwortungsfreudigkeit der bezirklichen Organe nicht beeinträchtigt wird.

(5) Verwaltungsvorschriften sollen eine Begrenzung ihrer Geltungsdauer enthalten. Die Geltungsdauer darf nicht über fünf Jahre, bei Verwaltungsvorschriften des Senats nicht über zehn Jahre hinaus erstreckt werden. Ist die Geltungsdauer von Verwaltungsvorschriften nicht begrenzt, so treten sie fünf Jahre, solche des Senats zehn Jahre nach Ablauf des Jahres außer Kraft, in dem sie erlassen worden sind.

(6) Sind Verwaltungsvorschriften über die Erhebung von Einnahmen oder die Leistung von Ausgaben mit Wirkung auf die Bezirke geboten, so sollen sie nur Bandbreiten vorgeben.

§ 7
Durchführung der Bezirksaufgaben

(1) Die Bezirksverwaltungen sind in der Durchführung ihrer Aufgaben an Rechts- und Verwaltungsvorschriften gebunden.

(2) Die zuständigen Senatsverwaltungen können zur Erfüllung ihrer Aufgaben von den Bezirksverwaltungen erforderlichenfalls Auskünfte, Berichte, die Vorlage von Akten und sonstigen Unterlagen fordern.

§ 8
Fachaufsicht

(1) Sonderbehörden und nicht rechtsfähige Anstalten der Hauptverwaltung unterliegen der Fachaufsicht der zuständigen Senatsverwaltung. Nicht rechtsfähige Anstalten der Bezirksverwaltungen unterliegen der Fachaufsicht des zuständigen Mitglieds des Bezirkamts.

(2) Die Fachaufsicht erstreckt sich auf die recht- und ordnungsmäßige Erledigung der Aufgaben und auf die zweckentsprechende Handhabung des Verwaltungsermessens.

(3) In Ausübung der Fachaufsicht kann der Aufsichtsführende erforderlichenfalls

a) Auskünfte, Berichte, die Vorlage von Akten und sonstigen Unterlagen fordern und Prüfungen anordnen (Informationsrecht);
b) Einzelweisungen erteilen (Weisungsrecht);
c) eine Angelegenheit an sich ziehen, wenn eine erteilte Einzelweisung nicht befolgt wird (Eintrittsrecht).

§ 8a
Übertragung von Aufgaben auf das Landesverwaltungsamt; Übertragung von Personalangelegenheiten auf das Landesverwaltungsamt und andere Behörden

(1) Das Landesverwaltungsamt ist eine der für Finanzen zuständigen Senatsverwaltung nachgeordnete Behörde. Es erledigt Verwaltungsaufgaben, die ihm übertragen oder durch Gesetz oder Rechtsverordnung zugewiesen werden. Es kann mit Zustimmung der für Finanzen zuständigen Senatsverwaltung auch Dienstleistungen für andere Behörden erbringen.

(2) Die für Finanzen zuständigen Senatsverwaltung kann dem Landesverwaltungsamt Verwaltungsaufgaben übertragen. Mit Zustimmung der für Finanzen zuständigen Senatsverwaltung können auch andere Senatsverwaltungen oder landesunmittelbare Körperschaften, Anstalten und Stiftungen des öffentlichen Rechts einzelne Verwaltungsaufgaben auf das Landesverwaltungsamt übertragen. Die Übertragung erfolgt durch eine im Amtsblatt für Berlin zu veröffentlichende Anordnung.

(3) Die Personalstellen können mit Zustimmung ihrer Aufsichtsbehörde einzelne Personalbefugnisse auf das Landesverwaltungsamt oder andere Behörden übertragen. Die Übertragung auf das Landesverwaltungsamt bedarf des Einvernehmens der für Finanzen zuständigen Senatsverwaltung, die Übertragung auf andere Behörden der für sie zuständigen Aufsichtsbehörde. Die Übertragung erfolgt durch eine im Amtsblatt für Berlin zu veröffentlichende Anordnung. Für die Personalangelegenheiten der Beamten gelten die §§ 4, 94 und 113 des Landesbeamtengesetzes.[1)]

(4) Das Landesverwaltungsamt kann auch für juristische Personen des privaten Rechts, bei denen dem Bund, dem Land Berlin oder einer landesunmittelbaren Körperschaft, Anstalt oder Stiftung des öffentlichen Rechts die Mehrheit der Anteile gehört oder die Mehrheit der Stimmen zusteht, Angelegenheiten der Personalverwaltung erledigen. Die Übernahme der Aufgaben bedarf der Zustimmung der für Finanzen zuständigen Senatsverwaltung.

(5) Soweit dem Landesverwaltungsamt Aufgaben der Personalverwaltung übertragen werden, führt die für Finanzen zuständigen Senatsverwaltung die Fachaufsicht nach § 8. Soweit anderen Behörden Aufgaben der Personalverwaltung übertragen werden, führt die für diese Behörde zuständige Aufsichtsbehörde die Fachaufsicht. In allen übrigen Fällen führt die Fachaufsicht die Senatsverwaltung, aus deren Geschäftsbereich die Aufgabe übertragen wird.

2. ABSCHNITT
Bezirksaufsicht, Eingriffsrecht[2)]

§ 9
Grundsätze der Bezirksaufsicht

(1) Bei der Erfüllung ihrer Aufgaben unterliegen die Bezirksverwaltungen der allgemeinen Aufsicht (Bezirksaufsicht). Diese wird nach den §§ 11 bis 13 vom Senat, im übrigen von der Senatsverwaltung für Inneres als Bezirksaufsichtsbehörde geführt.

(2) Die Bezirksaufsicht hat die verfassungsmäßig gewährleistete Mitwirkung der Bezirke an der Verwaltung zu fördern und zu schützen.

(3) Die Bezirksaufsicht hat sicherzustellen, daß die Rechtmäßigkeit der Verwaltung gewahrt bleibt und Verwaltungsvorschriften eingehalten werden. Sie darf dabei die Entschlußkraft und Verantwortungsfreudigkeit der bezirklichen Organe nicht beeinträchtigen.

---
1) Vgl. 21.
2) Vgl. Artikel 67 VvB (1).

§ 10
Informationsrecht

Zur Erfüllung ihrer Aufgaben kann die Aufsichtsbehörde von den Bezirken Auskünfte, Berichte und die Vorlage von Akten und sonstigen Unterlagen fordern. Sie kann im Einvernehmen mit dem fachlich zuständigen Mitglied des Senats Prüfungen anordnen.

§ 11
Aufhebungsrecht

Der Senat kann Beschlüsse und Anordnungen bezirklicher Organe, die das bestehende Recht verletzen oder gegen Verwaltungsvorschriften verstoßen, aufheben und verlangen, daß Maßnahmen, die auf Grund derartiger Beschlüsse und Anordnungen getroffen sind, rückgängig gemacht werden. Bereits entstandene Rechte Dritter bleiben unberührt.

§ 12
Anweisungsrecht

Unterläßt es das zuständige bezirkliche Organ, Beschlüsse zu fassen oder Anordnungen zu treffen, die zur Erfüllung rechtlicher Verpflichtungen oder zur Einhaltung von Verwaltungsvorschriften erforderlich sind, kann der Senat ihm aufgeben, innerhalb bestimmter Frist die erforderlichen Beschlüsse zu fassen oder die erforderlichen Anordnungen zu treffen.

§ 13
Ersatzbeschlußfassungsrecht, Ersatzvornahme

Weigert sich das zuständige bezirkliche Organ, Maßnahmen rückgängig zu machen, die auf Grund eines aufgehobenen Beschlusses getroffen sind, oder die nach § 12 aufgegebenen Beschlüsse zu fassen oder Anordnungen zu treffen, kann der Senat die Maßnahmen rückgängig machen, die Beschlüsse fassen oder die Anordnungen treffen und, sofern die Anordnung nicht befolgt wird, diese durch einen Beauftragten durchführen lassen.

§ 13a
Eingriffsrecht[1)]

(1) Beeinträchtigt ein Handeln oder Unterlassen eines Bezirksamts im Einzelfall dringende Gesamtinteressen Berlins, so kann das zuständige Mitglied des Senats nach vorheriger Information der Bezirksaufsichtsbehörde in diesem Einzelfall Befugnisse nach § 8 Absatz 3 ausüben (Eingriff), wenn mit dem Bezirksamt nach Fristsetzung keine Verständigung zu erzielen ist. Dringende Gesamtinteressen Berlins sind auch gegeben bei

1. Belangen Berlins als Bundeshauptstadt,
2. Ausübung von Befugnissen des Senats nach Bundesrecht, europäischem Recht oder Staatsverträgen,
3. Befolgung von Weisungen der Bundesregierung nach Artikel 84 Absatz 5 oder Artikel 85 Absatz 3 des Grundgesetzes.

Im Falle eines Eingriffs sind Bezirksaufsichtsmaßnahmen nach den §§ 10 bis 13 und nach Absatz 2 ausgeschlossen.

(2) Liegen die Voraussetzungen für Bezirksaufsichtsmaßnahmen vor und können dringend gebotene Maßnahmen nicht rechtzeitig wirksam werden, so kann die Bezirksaufsichtsbehörde einen Eingriff nach Absatz 1 vornehmen.

(3) In einem Fall von grundsätzlicher Bedeutung bedarf ein Eingriff eines Beschlusses des Senats. Er darf nachträglich eingeholt werden, wenn der Eingriff zwingend keinen Auf-

1) Die Fassung von Absatz 1 ist befristet bis zum 31. Dezember 2019, s. Artikel 3 des Gesetzes vom 17. Juni 2016 (GVBl. S. 331); danach gilt wieder die Textfassung, die bis zum 28. Juni 2016 galt.

schub verträgt. Stimmt der Senat nachträglich dem Eingriff nicht zu, so bleiben bereits entstandene Rechte Dritter unberührt.

(4) Bei einer Eingriffsentscheidung nach den Absätzen 1 bis 3 hat die Bezirksaufsichtsbehörde dafür zu sorgen, daß die verfassungsmäßig gewährleistete Mitwirkung der Bezirke an der Verwaltung gefördert und geschützt und die Entschlußkraft und Verantwortungsfreudigkeit der bezirklichen Organe nicht beeinträchtigt wird. Mißt die Bezirksaufsichtsbehörde einem Fall grundsätzliche Bedeutung bei, so wirkt sie auf einen Beschluß des Senats hin.

3. ABSCHNITT
Rat der Bürgermeister[1)]

§ 14
Aufgaben

(1) Im Rat der Bürgermeister ist den Bezirksverwaltungen Gelegenheit zu geben, zu den grundsätzlichen Fragen der Gesetzgebung und Verwaltung Stellung zu nehmen. Dies gilt auch für Gesetzesanträge aus der Mitte des Abgeordnetenhauses.

(2) Der Rat der Bürgermeister kann dem Senat Vorschläge für Rechts- und Verwaltungsvorschriften unterbreiten, die von Organen Berlins erlassen werden können und den Aufgabenbereich der Bezirksverwaltungen betreffen.

(3) Der Rat der Bürgermeister ist über eine Maßnahme der Bezirksaufsicht (§§ 11 bis 13) oder eine Eingriffsentscheidung (§ 13a) zu unterrichten. Er kann dazu das Verlangen nach § 16a Abs. 1 stellen.

§ 15

(1) Der Rat der Bürgermeister besteht aus dem Regierenden Bürgermeister, dem Bürgermeister und den Bezirksbürgermeistern.

(2) Die Bezirksbürgermeister können sich im Einzelfall durch die stellvertretenden Bezirksbürgermeister vertreten lassen.

§ 16
Teilnahme der Mitglieder des Senats und ihrer Beauftragten

(1) Die Mitglieder des Senats können, soweit sie nicht Mitglieder des Rats der Bürgermeister sind, mit beratender Stimme an seinen Sitzungen teilnehmen.

(2) Die Mitglieder des Senats können Beauftragte in die Sitzungen des Rats der Bürgermeister entsenden.

(3) Der Rat der Bürgermeister kann zu einzelnen Verhandlungsgegenständen die Anwesenheit von Beauftragten der zuständigen Mitglieder des Senats verlangen und Sachverständige hinzuziehen.

§ 16a
Zusammenwirken mit Senat und Abgeordnetenhaus

(1) Ist ein Bezirk oder sind mehrere Bezirke durch eine beabsichtigte oder getroffene Entscheidung des Senats oder eines Mitglieds des Senats besonders berührt oder wirken Meinungsverschiedenheiten von Bezirken mit Senatsverwaltungen hemmend, so kann der Rat der Bürgermeister oder der Senat mit dem Ziel der Verständigung, auch für ähnliche künftige Fälle, verlangen, daß Beauftragte des Rats der Bürgermeister beratend an der

1) Vgl. Artikel 68 VvB (1).

Erörterung und Beschlußfassung des Senats teilnehmen oder eine gemeinsame Sitzung von Senat und Rat der Bürgermeister einberufen wird.

(2) Stellungnahmen des Rats der Bürgermeister zu Senatsvorlagen sind den Vorlagen des Senats an das Abgeordnetenhaus beizufügen.

(3) Das Recht und die Pflicht von Beauftragten des Rats der Bürgermeister, an den Sitzungen des Abgeordnetenhauses und seiner Ausschüsse bei Gegenständen, die für die Bezirke von Bedeutung sind, mit beratender Stimme teilzunehmen, regelt sich nach der Geschäftsordnung des Abgeordnetenhauses[1].

§ 17
Einberufung

(1) Der Vorsitzende beruft den Rat der Bürgermeister regelmäßig mindestens einmal im Monat ein[2].

(2) Er ist zur unverzüglichen Einberufung verpflichtet, wenn der Senat oder ein Drittel der Mitglieder des Rats der Bürgermeister es verlangt.

§ 18
Vorlagen

Vorlagen an den Rat der Bürgermeister können von jedem Mitglied des Senats und von jedem Bezirksbürgermeister eingebracht werden.

§ 19
Verfahren

(1) Der Rat der Bürgermeister ist beschlußfähig, wenn mehr als die Hälfte der Bezirksbürgermeister oder ihrer Stellvertreter anwesend ist.

(2) Ist eine Angelegenheit wegen Beschlußunfähigkeit zurückgestellt worden und tritt der Rat der Bürgermeister über denselben Gegenstand zum zweiten Male zusammen, so ist er in dieser Angelegenheit ohne Rücksicht auf die Zahl der Erschienenen beschlußfähig. In der Einladung zur zweiten Sitzung, die frühestens nach drei Tagen stattfinden kann, muß auf diese Vorschrift hingewiesen werden.

(3) Im übrigen regelt der Rat der Bürgermeister sein Verfahren durch eine Geschäftsordnung[3].

4. ABSCHNITT
Vertretung Berlins

§ 20
Staatsrechtliche Vertretung; Verwaltungsvereinbarungen

(1) Der Regierende Bürgermeister vertritt Berlin staatsrechtlich[4]. Verträge Berlins mit der Bundesrepublik Deutschland oder mit deutschen Ländern bedürfen, soweit sie nicht der Zustimmung des Abgeordnetenhauses unterliegen, der Zustimmung des Senats.

(2) Verwaltungsvereinbarungen mit Behörden der Bundesrepublik Deutschland oder deutscher Länder werden von der zuständigen Senatsverwaltung abgeschlossen. Sie bedürfen, soweit nicht die Senatsverwaltung zum Erlaß von Verwaltungsvorschriften befugt ist (§ 6 Abs. 2), der Zustimmung des Senats.

---

1) Vgl. Fußnote 4 zu Artikel 41 VvB (1).
2) Vgl. Artikel 68 Abs. 2 VvB (1).
3) Geschäftsordnung vom 19. April 2007 (ABl. S. 1230), geändert durch Beschluss vom 22. August 2013 (ABl. S. 2398), eine weitere Änderung vom 15.8.18 wurde noch nicht veröffentlicht.
4) Vgl. Artikel 58 Abs. 1 Satz 1 VvB (1).

§ 21
Rechtsgeschäftliche Vertretung in Angelegenheiten des Abgeordnetenhauses, der Hauptverwaltung und des Rechnungshofs

Zur rechtsgeschäftlichen Vertretung Berlins sind zuständig

1. der Präsident des Abgeordnetenhauses in Angelegenheiten des Abgeordnetenhauses;
2. jedes Mitglied des Senats in seinem Geschäftsbereich;
3. der Präsident des Rechnungshofs in Angelegenheiten des Rechnungshofs;
4. in Angelegenheiten, die zur Zuständigkeit einer Sonderverwaltung oder einer der Hauptverwaltung unterstellten nicht rechtsfähigen Anstalt gehören, deren Leiter;
5. in Angelegenheiten eines zur Hauptverwaltung gehörenden Eigenbetriebs die Geschäftsleitung nach Maßgabe des Eigenbetriebsgesetzes[1]; die §§ 22 bis 24 finden auf Eigenbetriebe keine Anwendung.

§ 22
Übertragung der rechtsgeschäftlichen Vertretungsmacht

(1) An Stelle der nach § 21 zuständigen Personen können ihre allgemeinen Vertreter Berlin rechtsgeschäftlich vertreten.

(2) Darüber hinaus können die nach § 21 zuständigen Personen durch schriftliche Anordnung Beamten oder Angestellten ihrer Verwaltung die Befugnis zur rechtsgeschäftlichen Vertretung Berlins übertragen. Die Übertragung kann auf bestimmte Beträge, auf bestimmte Ausgabenbereiche oder in anderer Weise beschränkt werden.

§ 23
Abgabe von Verpflichtungserklärungen

Verpflichtungserklärungen bedürfen der Schriftform. Sie müssen die Behörde oder die Anstalt bezeichnen, in deren Geschäftsbereich sie abgegeben werden, mit dem Dienstsiegel und der Amts- oder Dienstbezeichnung des Unterzeichners versehen sein und die Unterschrift der nach § 21 oder § 22 bestimmten Person tragen.

§ 24
Laufende Geschäfte

Die Vorschriften des § 23 finden keine Anwendung auf Geschäfte der laufenden Verwaltung. Geschäfte der laufenden Verwaltung sind ständig wiederkehrende Geschäfte oder Geschäfte von geldlich unerheblicher Bedeutung.

§ 25
Rechtsgeschäftliche Vertretung in Aufgaben der Bezirke

(1) Die rechtsgeschäftliche Vertretung in Angelegenheiten der Bezirksverwaltungen obliegt dem zuständigen Mitglied des Bezirksamts[2], in Angelegenheiten eines zur Bezirksverwaltung gehörenden Eigenbetriebs der Geschäftsleitung nach Maßgabe des Eigenbetriebsgesetzes.[3]

(2) Die Vorschriften der §§ 22 bis 24 finden entsprechende Anwendung, jedoch nicht auf Eigenbetriebe.

---

1) Fundstelle s. Fußnote zu Artikel 92 (VvB (1).
2) Vgl. Artikel 74 Abs. 2 VvB (1).
3) Fundstelle s. Fußnote zu Artikel 92 VvB (1).

5. ABSCHNITT
Widerspruchsverfahren

§ 26
Zulässigkeit des Widerspruchs

(1) Gegen einen der Anfechtung unterliegenden Verwaltungsakt einer Behörde oder Anstalt, die einer Senatsverwaltung unterstellt ist, sowie gegen einen der Anfechtung unterliegenden Verwaltungsakt einer Bezirksverwaltung ist der Widerspruch nach den §§ 68 ff. der Verwaltungsgerichtsordnung[1] zulässig. Dies gilt auch für berufsbezogene Prüfungsentscheidungen einer Senatsverwaltung sowie eines Prüfungsausschusses bei einer Senatsverwaltung.

(2) In Hochschulangelegenheiten ist der Widerspruch nicht gegeben[2]. Das Gegenvorstellungsverfahren wird in den Prüfungsordnungen geregelt.

(3) Absatz 2 Satz 1 gilt entsprechend für anfechtbare Entscheidungen der Bezirksverordnetenversammlung und des Bezirksverordnetenvorstehers in eigenen Angelegenheiten und für solche Verwaltungsakte des Bezirksamtes, die sich als Vollzug einer verbindlichen Einzelentscheidung der Bezirksverordnetenversammlung darstellen.

(4) In beamtenrechtlichen Angelegenheiten gilt § 54 des Beamtenstatusgesetzes und § 93 des Landesbeamtengesetzes.[3]

(5) In Angelegenheiten der Rechtsanwälte ist der Widerspruch nicht gegeben. Absatz 1 Satz 2 bleibt unberührt.

(6) In Angelegenheiten der Notare ist der Widerspruch nicht gegeben. Dies gilt auch für die Verhängung von Verweisen und Geldbußen nach § 97 Absatz 1 Satz 1 der Bundesnotarordnung.

§ 27
Zuständigkeit zum Erlaß des Widerspruchsbescheides

(1) Den Widerspruchbescheid erläßt,

a) wenn sich der Widerspruch gegen einen Verwaltungsakt einer Sonderbehörde oder nichtrechtsfähigen Anstalt der Hauptverwaltung richtet, deren Leiter oder eine von ihm dafür bestimmte, ihm unmittelbar zugeordnete Stelle, bei Widersprüchen gegen Verwaltungsakte der Schulen in inneren Schulangelegenheiten die für das Schulwesen zuständige Senatsverwaltung;

b) wenn sich der Widerspruch gegen einen Verwaltungsakt einer Bezirksverwaltung richtet, das Bezirksamt oder das von ihm dafür bestimmte Mitglied, sofern dieses Mitglied nicht selbst den Verwaltungsakt erlassen hat;[4), 5]

c) wenn sich der Widerspruch gegen eine Prüfungsentscheidung richtet, die Behörde, die die Prüfungsentscheidung getroffen hat; bei Prüfungsentscheidungen der Schulen, der Kolloquiumskommissionen nach § 6 des Erziehergesetzes, der Meisterprüfungsausschüsse nach der Handwerksordnung, für die landeseinheitlichen beruflichen Lehrgänge an Volkshochschulen sowie von Prüfungsausschüssen bei einer Senatsverwaltung entscheidet die zuständige Senatsverwaltung.

(2) Vorschriften über die Anhörung von Beiräten, Kammern oder sonstigen Stellen bleiben unberührt.

---

1) Vgl. 19.
2) Vgl. § 68 Abs. 1 Satz 2 VwGO (19).
3) S. auch § 113 LBG (21) und dazu Fußnote 1.
4) Zum Widerspruchsverfahren in Sozialhilfeangelegenheiten siehe auch § 34.
5) S. auch § 35 AGBauGB (12), § 26 Abs. 2 BerlStrG (23) und § 88 BauO (24).

6. ABSCHNITT
Landesunmittelbare Körperschaften, Anstalten und Stiftungen des öffentlichen Rechts

§ 28
Staatsaufsicht

(1) Die landesunmittelbaren Körperschaften, Anstalten und Stiftungen des öffentlichen Rechts unterliegen der Staatsaufsicht Berlins.

(2) Landesunmittelbar sind alle Körperschaften, Anstalten und Stiftungen des öffentlichen Rechts, die

a) auf Landesrecht beruhen oder

b) auf Bundesrecht beruhen, ohne daß dem Bund die Aufsicht über sie zusteht, oder

c) durch Staatsvertrag oder Verwaltungsvereinbarung der Aufsicht Berlins unterstellt sind.

(3) Die Staatsaufsicht hat sicherzustellen, daß die Rechtmäßigkeit der Verwaltung gewahrt bleibt.

(4) Die Aufsicht führt die zuständige Senatsverwaltung oder, wenn es in der Rechtsgrundlage bestimmt ist, das zuständige Bezirksamt. Die Aufsichtsbehörde kann sich der Aufsichtsmittel der §§ 10 bis 13 bedienen.

(5) Wenn und solange die Aufsichtsmittel der §§ 10 bis 13 nicht ausreichen, kann die Aufsichtsbehörde Beauftragte bestellen, die einzelne oder alle Befugnisse der Organe der Körperschaft, Anstalt oder Stiftung ausüben.

(6) Rechtsvorschriften über weitergehende Aufsichtsmittel gegenüber Körperschaften, Anstalten und Stiftungen des öffentlichen Rechts bleiben unberührt.

(7) Ist durch Rechtsvorschrift eine Fachaufsicht über eine Körperschaft, Anstalt oder Stiftung des öffentlichen Rechts begründet, so findet § 8 Abs. 2 und 3 entsprechende Anwendung.

§ 29
Rechtsgeschäftliche Vertretung

Die rechtsgeschäftliche Vertretung einer landesunmittelbaren Körperschaft, Anstalt oder Stiftung des öffentlichen Rechts obliegt dem durch Gesetz, Rechtsverordnung oder Satzung dazu bestimmten Organ. Ist nichts anderes bestimmt, so finden die §§ 22 bis 24 entsprechende Anwendung.

§ 30
Widerspruchsverfahren

(1) Gegen einen der Anfechtung unterliegenden Verwaltungsakt einer landesunmittelbaren Körperschaft, Anstalt oder Stiftung des öffentlichen Rechts ist der Widerspruch nach den §§ 68 ff. der Verwaltungsgerichtsordnung[1)] zulässig. § 26 Absatz 2, Absatz 4, Absatz 5 Satz 1 und Absatz 6 Satz 1 gilt entsprechend.

(2) Soweit gesetzlich nichts anderes bestimmt ist, erläßt den Widerspruchsbescheid

a) in Angelegenheiten, die der Fachaufsicht (§ 28 Abs. 7) unterliegen, die Aufsichtsbehörde;

b) im übrigen das durch Gesetz, Rechtsverordnung oder Satzung bestimmte Organ, in Ermangelung eines solchen der Vorstand.

---

1) S. 19.

7. ABSCHNITT
Übergangs- und Schlußvorschriften

§ 31
Ortssatzungen

(1) Ortssatzungen, die auf Grund von Ermächtigungen in inzwischen aufgehobenen oder überholten Gesetzen erlassen worden sind, sind Landesgesetze.

(2) Ortssatzungen, die auf Grund von Ermächtigungen in fortgeltenden Gesetzen erlassen worden sind, gelten als Rechtsverordnungen fort. In fortgeltenden Gesetzen enthaltene Ermächtigungen zum Erlaß von Ortssatzungen gelten als Ermächtigungen für den Senat zum Erlaß von Rechtsverordnungen.

§ 32
Wahrnehmung von Aufgaben weggefallener Reichs- oder preußischer Behörden

Die Wahrnehmung von Verwaltungsaufgaben, die vor dem 8. Mai 1945 für das Gebiet Berlins von solchen Organen oder Verwaltungsbehörden des Reiches oder des Landes Preußen erfüllt worden sind, die durch die Änderung der staatsrechtlichen Verhältnisse weggefallen sind, steht, soweit die Aufgaben nach dem 7. Mai 1945 von Organen oder Behörden Berlins zu erfüllen sind und gesetzlich nichts anderes bestimmt ist, zu

1. der Hauptverwaltung, soweit die Befugnisse der Reichsregierung, dem Reichsrat, dem Preußischen Staatsministerium, einem einzelnen Reichs- oder preußischen Minister, einer sonstigen obersten Reichs- oder Landesbehörde, dem Oberpräsidenten, dem Stadtpräsidenten, dem Regierungspräsidenten, der höheren Verwaltungsbehörde, der Aufsichtsbehörde oder sonstigen mit Rechtsetzungs-, Verwaltungs- oder Zwangsbefugnissen ausgestatteten Behörden zugewiesen waren;
2. den Bezirksverwaltungen, soweit die Befugnisse der unteren Verwaltungsbehörde zugewiesen waren.

§ 33
Einschränkungen des Anwendungsbereichs

(1) Dieses Gesetz findet keine Anwendung auf

1. die Kirchen und Religionsgesellschaften,
2. die Sozialversicherungsträger.

(2) Es findet ferner keine Anwendung auf

1. die Behörden der Justizverwaltung und der Verwaltung der übrigen Gerichtszweige,
2. die Behörden der Steuerverwaltung.[1)]

Hiervon sind die Angelegenheiten der Personalverwaltung und für den Bereich der Steuerverwaltung die Angelegenheiten der Verwaltung von Dienstgebäuden und -räumen ausgenommen.

(3) Auf die Verwaltung des Rechnungshofs findet dieses Gesetz, außer in Angelegenheiten der Personalverwaltung, nur insoweit Anwendung, als es ausdrücklich vorgesehen ist.

§ 34
Beirat in Sozialhilfeangelegenheiten

(1) Zur Mitwirkung im Widerspruchsverfahren in Sozialhilfeangelegenheiten[2)] wird für jeden Bezirk ein Beirat gebildet.

---

1) Wegen der Finanzämter s. Finanzämter-Zuständigkeitsverordnung vom 21. Dezember 2017 (GVBl. S. 724).
2) S. dazu § 116 Abs. 2 SGB XII.

(2) Will die Bezirksverwaltung[1] einem Widerspruch gegen die Ablehnung der Sozialhilfe oder gegen die Festsetzung ihrer Art und Höhe nicht abhelfen, so hat sie den Beirat zu hören.

(3) Der Beirat besteht aus

a) drei Bezirksverordneten;
b) einem Vertreter der Gewerkschaften;
c) drei Vertretern von Vereinigungen, die Bedürftige betreuen;
d) zwei Vertretern von Organisationen, die sich für Belange der sozialhilfeberechtigten Menschen mit Migrationshintergrund im Sinne des § 2 des Partizipations- und Integrationsgesetzes einsetzen und zwar vorrangig von Migrantenverbänden.

(4) Die Mitglieder werden von der Bezirksverordnetenversammlung auf die Dauer einer Wahlperiode gewählt.

(5) Das zuständige Mitglied des Bezirksamtes leitet die Verhandlungen des Beirats.

§ 35
Ausführungsvorschriften

Die Ausführungsvorschriften zu diesem Gesetz erläßt

a) die Senatsverwaltung für Inneres im Einvernehmen mit der zuständigen Senatsverwaltung, wenn die Vorschriften nicht nur den Geschäftsbereich einer Senatsverwaltung betreffen,
b) die zuständige Senatsverwaltung im Einvernehmen mit der Senatsverwaltung für Inneres, wenn die Vorschriften nur den Geschäftsbereich einer Senatsverwaltung betreffen.

§ 36
Inkrafttreten

(1) (Ursprüngliches Inkrafttreten des Gesetzes)

(2) (überholt)

1) S. dazu § 27 Abs. 1 Buchst. b.

Anlage zum Allgemeinen Zuständigkeitsgesetz

Allgemeiner Zuständigkeitskatalog – ZustKat AZG
(zu § 4 Abs. 1 Satz 1)

Aufgaben der Hauptverwaltung außerhalb der Leitungsaufgaben (Planung, Grundsatzangelegenheiten, Steuerung, Aufsicht)

Nr. 1
Allgemeines

(1) Verwaltung der Einrichtungen der Hauptverwaltung einschließlich der Ressourcenverantwortung; Serviceleistungen für die Berliner Verwaltung; finanzielle Förderungen auf Landesebene.

(2) Förderung der Gleichstellung von Frauen und Männern auf Landesebene.

(3) Verfahrens-, datenschutz- und gebührenrechtliche Entscheidungen, Bußgeldverfahren und Rechtsstreitigkeiten in Aufgaben der Hauptverwaltung; Entscheidung der Aufsichtsbehörde über die örtliche Zuständigkeit im Verwaltungsverfahren (§ 3 des Verwaltungsverfahrensgesetzes, § 2 des Zehnten Buchs Sozialgesetzbuch – Verwaltungsverfahren).

(4) Festlegungen gemäß dem Abschnitt 3 des E-Government-Gesetzes Berlin.

(5) Aus-, Fort- und Weiterbildung auf Landesebene; staatliche Prüfungen, Anerkennungen und Berufserlaubnisse; Bestellung von Sachverständigen.

(6) Verkehr mit den Verfassungsorganen des Bundes und der Länder; Gewährleistung von Betätigungen der Verfassungsorgane des Bundes; Bestellung von Mitgliedern und Beisitzern in Gremien auf Bundes- und Länderebene; Mitgliedschaft und Vertretung Berlins in Organisationen und Einrichtungen auf Landesebene; Anerkennung und Förderung von Einrichtungen, Verbänden und freien Trägern auf Landesebene.

Nr. 2
Rechtswesen; Wiedergutmachung nationalsozialistischen Unrechts

(1) Ausübung des Gnadenrechts.

(2) Schiedsamtsangelegenheiten[1] mit Ausnahme der Abgrenzung der Schiedsamtsbezirke, der Wahl von Schiedspersonen, der Gebührenabrechnung und der Erstattung der sachlichen Kosten.

(3) Abschluß der Entnazifizierung.

(4) Anerkennung und Versorgung der politisch, rassisch und religiös Verfolgten.

(5) Entschädigung der Opfer des Nationalsozialismus.

(6) Rückerstattung feststellbarer Vermögenswerte.

(7) Soziale Dienste der Justiz (Bewährungshilfe für Erwachsene, Gerichtshilfe), Führungsaufsicht.

Nr. 3
Staatshoheitsangelegenheiten, Verfassungsschutz, Statistik, Wahlen

(1) Grenzangelegenheiten.

(2) Staatsangehörigkeitsangelegenheiten mit Ausnahme der Vorbereitungsarbeiten und der Anspruchseinbürgerungen; Entscheidungen mit Wiedergutmachungsgehalt.

1) Dazu Berliner Schiedsamtsgesetz vom 7. April 1994 (GVBl. S. 109), zuletzt geändert durch Artikel 3 des Gesetzes vom 17. März 2014 (GVBl. S. 70), Ausführungsvorschriften zum Berliner Schiedsamtsgesetz (AV BlnSchAG) vom 2. Mai 2016 (ABl. S. 1222).

(3) Auswanderungsangelegenheiten mit Ausnahme der Unterstützung mittelloser Auswanderer; Verbindungsstelle zum Zwischenstaatlichen Komitee für Auswanderung.
(4) Auslieferungen.
(5) Aufgaben der zuständigen Verwaltungsbehörde, der Aufsichtsbehörde und der obersten Landesbehörde im Sinne des Personenstandsgesetzes; Standesamt I in Berlin.
(6) Verleihung von Bezirkswappen und des Rechts zur Führung der Wappenfigur durch Körperschaften, Anstalten und Stiftungen in Siegeln und Amtsschildern; Gestattung der Führung von Hoheitszeichen im Einzelfall und von Abweichungen von den Hoheitszeichenmustern.
(7) Anordnung allgemeiner Beflaggungen.
(8) Verleihung von Titeln, Orden und Ehrenzeichen des Landes Berlin, mit Ausnahme der Schaffung und Verleihung bezirklicher Ehrenzeichen; staatliche Anerkennung für Rettungstaten mit Ausnahme der öffentlichen Belobigung, der Aushändigung der Rettungsmedaillen, der Erinnerungsmedaillen und der Geldbelohnungen; Vorschläge zur Verleihung des Verdienstordens der Bundesrepublik.
(9) Verleihung des Ehrenbürgerrechts und der Ehrenbezeichnung „Stadtältester von Berlin" im Einvernehmen mit dem Abgeordnetenhaus; Bewilligung von Ehrenversorgung und von Leistungen an Ehrenbürger und Stadtälteste.
(10) Ausstellung von Berechtigungsausweisen nach den §§ 13 ff. der Verordnung über den Besitznachweis für Orden und Ehrenzeichen und den Nachweis von Verwundungen und Beschädigungen.
(11) Genehmigung des Erwerbs von Grundstücken durch ausländische juristische Personen; Genehmigung von Schenkungen und Zuwendungen von Todes wegen an ausländische juristische Personen.
(12) Vereinsangelegenheiten nach den §§ 22, 33 Abs. 2 und § 43 des Bürgerlichen Gesetzbuchs sowie Artikel 5 § 1 Abs. 2, 3 des Ausführungsgesetzes zum Bürgerlichen Gesetzbuch.
(13) Aufsicht über rechtsfähige Stiftungen des bürgerlichen Rechts.
(14) Deutsche Dienststelle für die Benachrichtigung der nächsten Angehörigen von Gefallenen der ehemaligen deutschen Wehrmacht (WASt).
(15) Beglaubigungen nach § 1 Abs. 2 des Gesetzes über das Verfahren der Berliner Verwaltung, soweit nicht die Bezirksverwaltungen in Anspruch genommen werden; Beglaubigung von Urkunden für den Gebrauch im Ausland.
(16) Verfassungsschutz.
(17) Planung und Durchführung von statistischen Erhebungen[1)] mit Ausnahme der Geschäftsstatistiken der Bezirksverwaltungen; Auswertung und Veröffentlichung der Ergebnisse von statistischen Erhebungen[1)].
(18) Vorbereitung und Durchführung der allgemeinen Wahlen, Volksinitiativen, Volksbegehren und Volksentscheide, soweit nicht durch Rechtsvorschrift den Wahl- oder Abstimmungsleitern, den Wahlausschüssen oder den Bezirken[2)] zugewiesen.

Nr. 4
Personalangelegenheiten

(1) Oberste Dienstbehörde und zentrale Arbeitgeberfunktionen; Tarifvertragsangelegenheiten; oberste Verwaltungsbehörde nach sozialversicherungsrechtlichen Vorschriften; Aufgaben der Vormerkstelle nach dem Soldatenversorgungsgesetz.
(2) Einzelpersonalangelegenheiten der Bezirksbürgermeister.
(3) Einzelpersonalangelegenheiten der Dienstkräfte der Bezirke:

1) Siehe Staatsvertrag über die Errichtung eines Amtes für Statistik Berlin-Brandenburg vom 13. Dezember 2005 (Berlin: GVBl. 2006 S. 302) und Satzung des Amtes vom 27. Juni 2007 (Berlin: ABl. S. 2261).
2) Zur örtlichen Zuständigkeit s. § 4 VwVfG Bln (13).

a) Zustimmung zu außer- und übertariflichen Regelungen;
b) Zustimmung zu Arbeitsverträgen mit Arbeitnehmern, für die keine Tarifverträge oder sonstige allgemeine Regelungen bestehen;
c) Entscheidung über Versetzungen nach Artikel 77 Abs. 2 der Verfassung von Berlin;
d) Versorgungsbezüge mit Ausnahme der von der Dienstbehörde zu gewährenden Leistungen;
e) Entscheidungen über Versorgungszusicherungen sowie Auskünfte über Versorgungsausgleich für Arbeitnehmer.

(4) Beamten- und arbeitsrechtliche Rechtsstreitigkeiten der Bezirke von grundsätzlicher oder übergeordneter Bedeutung.

(5) Ausbildungsbehörde für den höheren Dienst; zuständige Stelle nach dem Berufsbildungsgesetz für den Bereich des öffentlichen Dienstes des Landes Berlin.

(6) Gesamtbeschäftigungsquote nach dem Schwerbehindertengesetz.

(7) Sicherung der Gleichmäßigkeit der Bewertung von Arbeitsgebieten von Beamten bei gleichartigen Arbeitsgebieten in gleichartigen Arbeitsbereichen; Einhaltung der Obergrenzen.

Nr. 5
Haushaltswesen; betriebswirtschaftliche Instrumente; öffentlich-rechtliche Forderungen; offene Vermögensfragen; Lastenausgleich; Verteidigungslasten

(1) Vorgabe von Globalsummen und Grundsätze für die Aufstellung der Entwürfe der Bezirkshaushaltspläne.

(2) Maßnahmen zur Steuerung der Haushalts- und Wirtschaftsführung, soweit Rechtsvorschriften dies vorsehen.

(3) Prüfungsersuchen an den Rechnungshof.

(4) Prüfung der Planungsunterlagen der Bezirke für Baumaßnahmen in Fällen der Überschreitung von Standard- und Gesamtkostenansätzen.

(5) Vorbereitung der Ausgabe der Lohnsteuerkarten durch die Bezirke.

(6) Beitreibung von Abgaben aller Art und der sonstigen öffentlich-rechtlichen Forderungen.

(7) Angelegenheiten Berlins als Abgabenschuldner, soweit Aufgabe der Hauptverwaltung.

(8) Durchführung des Vermögensgesetzes und des Lastenausgleichsgesetzes mit ihren Nebengesetzen.[1)]

(9) Verteidigungslasten.

Nr. 6
Vermögen und Schulden

(1) Finanzvermögen mit Ausnahme von nicht auf Liegenschaftsfonds übertragenen Grundstücken; Bildung und Verwaltung von Liegenschaftsfonds einschließlich Bestückung mit Grundstücken.

(2) Dingliche Grundstücksgeschäfte sowie Ausübung des Heimfallrechts gegenüber dem Bund (Reich), einem Sondervermögen des Bundes (Reiches), einer bundesunmittelbaren Körperschaft, Anstalt oder Stiftung des öffentlichen Rechts oder deren Rechtsnachfolger, den Bundesländern oder einem ausländischen Staat; Entscheidung über dingliche Grundstücksgeschäfte in Erfüllung besonderer Aufgaben von gesamtstädtischer Bedeu-

---

1) S. auch Verordnung zur Übertragung von Zuständigkeiten nach dem Vermögensgesetz, dem Entschädigungsgesetz und dem Ausgleichsleistungsgesetz auf das Landesamt zur Regelung offener Vermögensfragen/Landesausgleichsamt vom 5. Oktober 1999 (GVBl. S. 540), Verordnung zur Übertragung der Aufgaben der zuständigen Behörde nach §11 b Abs. 1 des Vermögensgesetzes auf die Bezirke vom 25. Februar 2003 (GVBl. S. 122).

tung und für die Gewerbe- und Industrieansiedlung von gesamtstädtischer Bedeutung; Entscheidung über wesentliche Abweichungen vom Verkehrswert und den üblichen Vertragsbedingungen bei dinglichen Grundstücksgeschäften; Einwilligung in den Fällen, die nach § 64 der Landeshaushaltsordnung der Einwilligung des Abgeordnetenhauses bedürfen.

(3) Einwilligung bei Enteignungen im Auftrag des Bundes zu den im Enteignungsverfahren zu treffenden Maßnahmen; gerichtliche Nachprüfungsverfahren.

(4) Angelegenheiten nach den Artikeln 134 und 135 des Grundgesetzes, Abgeltung von Wertausgleichsansprüchen nach dem Wertausgleichsgesetz.

(5) Übertragung und Überlassung von Grundstücken innerhalb der Verwaltung[1] mit Ausnahme der innerhalb eines Bezirks bleibenden Fälle.

(6) Aufnahme oder Übernahme von Darlehen und sonstigen Schuldverbindlichkeiten einschließlich der Übernahme von Bürgschaften, Verpflichtungen aus Gewährverträgen und Bestellung anderer Sicherheiten.

(7) Verwaltung der Schulden mit Ausnahme der Verwaltung und Verwertung der Grundpfandrechte und der Sicherungsgrundpfandrechte einschließlich der sich daraus ergebenden Belastungen an Grundstücken, die zum Vermögen des Bezirks gehören.

(8) Anfall von Erbschaften und anderen Vermögen, soweit nicht einem Bezirk zugewendet.

(9) Schlichtung vermögensrechtlicher Streitigkeiten.

(10) Eigenbetriebe der Hauptverwaltung; Beteiligungen der Hauptverwaltung an wirtschaftlichen Unternehmen.

(11) Aufgaben nach dem Vermögenszuordnungsgesetz mit Ausnahme der Anmeldung von Ansprüchen, der Ermittlung der anspruchsbegründenden Tatsachen und der Erarbeitung der Antragsunterlagen und Nachweise.

(12) Aufgaben Berlins in gerichtlichen Nachprüfungsverfahren im Zusammenhang mit gesetzlichen Vorkaufsrechten.

(13) Rechtsstreitigkeiten der Bezirke, sofern von grundsätzlicher oder übergeordneter Bedeutung.

Nr. 7
Wirtschaft; Entwicklungszusammenarbeit; Preisbildung

(1) Wirtschaft einschließlich Ernährungs- und Landwirtschaft[2] mit Ausnahme der Durchführung des Grundstückverkehrsgesetzes und des Landpachtverkehrsgesetzes; Geheimschutz; Geld-, Kredit- und Versicherungswesen; Aufgaben nach dem Börsengesetz.

(2) Zulassung des Abschlusses oder der Übermittlung von Spielverträgen für eine in Berlin nicht zugelassene Lotterie.

(3) Aufgaben der Flurbereinigungsbehörde und der oberen Flurbereinigungsbehörde nach dem Flurbereinigungsgesetz sowie der Flurneuordnungsbehörde nach dem Landwirtschaftsgesetz mit Ausnahme der Aufgaben der Siedlungsbehörde nach dem Reichssiedlungsgesetz und dem Bundesvertriebenengesetz.

(4) Erteilung von Ausnahmebewilligungen zur Eintragung in die Handwerksrolle[3]; Landeskartellbehörde.

(5) Förderung der Wirtschaft mit Ausnahme der bezirklichen Wirtschaftsförderung.

(6) Prüfung, Bestellung und Beaufsichtigung von Wirtschaftsprüfern und vereidigten Buchprüfern.

---

1) S. dazu Gesetz über die Errichtung eines Sondervermögens Immobilien des Landes Berlin (SILB ErrichtungsG) vom 4. Dezember 2002 (GVBl. S. 357), zuletzt geändert durch Gesetz vom 14. Juli 2006 (GVBl. S. 832), und Veröffentlichungen zum Bestand des Sondervermögens Immobilien des Landes Berlin (s. zuletzt GVBl. 2017 S. 573).

2) Zur Übertragung von Zuständigkeiten auf dem Gebiet der Landwirtschaft und der Entwicklung des ländlichen Raumes auf Behörden des Landes Brandenburg s. Landwirtschaftsstaatsvertrag vom 17. Dezember 2003 (Berlin: GVBl. 2004 S. 138).

3) Mit Verordnung vom 9. Januar 2007 (GVBl. S. 6) ist die Zuständigkeit für die Erteilung von Ausübungsberechtigungen nach §§ 7a und 7b sowie von Ausnahmebewilligungen nach §§ 8 und 9 der Handwerksordnung auf die Handwerkskammer Berlin übertragen worden.

(7) Meß- und Eichwesen; Materialprüfung.

(8) Aufgaben der Energieaufsichtsbehörde; Aufgaben der Landesregulierungsbehörde nach dem Energiewirtschaftsgesetz[1]; Ausübung der Befugnisse nach dem Atomgesetz und dem Strahlenschutzvorsorgegesetz.

(9) Bewirtschaftungs- und Lenkungsmaßnahmen nach dem Wirtschaftssicherstellungsgesetz, dem Energiesicherungsgesetz, dem Ernährungssicherstellungsgesetz und dem Ernährungsvorsorgegesetz mit Ausnahme

a) der Erteilung von Bezugsscheinen und Versorgungskarten an Privatpersonen nach dem Wirtschaftssicherstellungsrecht;
b) der Bewilligungen und Bescheinigungen von Bezugsrechten sowie Referenzmengen von leichtem Heizöl nach dem Energiesicherungsrecht;
c) der Errichtung von Ernährungsämtern sowie der Zuteilung und Ausgabe von Verbraucherkarten und Bezugs- und Berechtigungsscheinen sowie der Einrichtung von Kartenausgabestellen nach dem Ernährungssicherstellungs- und Ernährungsvorsorgerecht.

(10) Entwicklungszusammenarbeit auf Landesebene.

(11) Preisprüfung für Strompreise und öffentliche Aufträge; Krankenhauspflegesätze.

(12) Aufgaben des Einheitlichen Ansprechpartners nach dem Gesetz über den Einheitlichen Ansprechpartner für das Land Berlin.

(13) Aufgaben als IMI-Koordinatorin und als Verbindungsstelle des Landes Berlin nach den §§ 1 und 2 des Binnenmarktinformationsgesetzes.

Nr. 8
Raumordnung; städtebauliche Planung und ihre Durchführung; Enteignung; Vermessung

(1) Raumordnung und Landesplanung.[2]

(2) Flächennutzungsplan; Bebauungsplanverfahren, vorhabenbezogene Bebauungspläne, Veränderungssperren für Gebiete von außergewöhnlicher stadtpolitischer Bedeutung (einschließlich der Hauptstadtplanung) oder für Industrie- und Gewerbeansiedlung von außergewöhnlicher stadtpolitischer Bedeutung, Bebauungsplanverfahren für die Verwirklichung von Erfordernissen der Verfassungsorgane des Bundes zur Wahrnehmung ihrer Aufgaben.

(3) Weitere Aufgaben nach dem Baugesetzbuch:

a) Umlegung im Geltungsbereich von Bebauungsplänen für die Verwirklichung von Erfordernissen der Verfassungsorgane des Bundes zur Wahrnehmung ihrer Aufgaben; Grenzregelungen im Bereich von Grundstücken, die den Verfassungsorganen des Bundes zur Wahrnehmung ihrer Aufgaben dienen oder dazu bestimmt sind;
b) Entschädigungen, soweit Aufgaben der Hauptverwaltung betroffen sind; Festsetzung von Geldentschädigungen in Planungsschadenangelegenheiten;
c) Aufgaben des Besonderen Städtebaurechts des Baugesetzbuchs, die das Ausführungsgesetz der Hauptverwaltung zuweist; Verträge nach §157 des Baugesetzbuchs, soweit zur städtebaulichen oder finanziellen Gesamtsteuerung städtebaulicher Sanierungsmaßnahmen erforderlich; Finanzierung der der Hauptverwaltung zugewiesenen Aufgaben mit Ausnahme der Maßnahmen nach § 147 Satz 1 Nr. 2 bis 5 des Baugesetzbuchs; Förderung von Baumaßnahmen nach § 148 Abs. 2 Nr. 1, 2 und 4 des Baugesetzbuchs; Erhaltungsverordnungen in Gebieten von außergewöhnlicher stadtpolitischer Bedeutung;

---

1) Dazu Ausführungsgesetz vom 6. März 2006 (GVBl. S. 250), geändert durch Gesetz vom 7. April 2015 (GVBl. S. 68), und Verwaltungsabkommen vom 25. Oktober 2005/17. Dezember 2005 (ABl. 2006 S. 976), nach dem die Aufgaben der Landesregulierungsbehörde von der Bundesnetzagentur für Elektrizität, Gas, Telekommunikation, Post und Eisenbahnen wahrgenommen werden.

2) Dazu Landesplanungsvertrag zwischen den Ländern Berlin und Brandenburg in der Fassung vom 1. November 2011 (Berlin: GVBl. 2012 S. 2) und Landesentwicklungsprogramm 2007 (Anlage zum Staatsvertrag vom 10. Oktober 2007 [Berlin: GVBl. S. 629]), Verordnung über den Landesentwicklungsplan Berlin-Brandenburg (LEP B-B) vom 31. März 2009 (GVBl. S. 182), Gemeinsame Raumordnungsverfahrensverordnung vom 28. Juni 2010 (GVBl. S. 406).

d) vorhabenbezogene Bebauungspläne zur Verwirklichung von Erfordernissen der Verfassungsorgane des Bundes zur Wahrnehmung ihrer Aufgaben;
e) städtebauliche Verträge und Erschließungsverträge von außergewöhnlicher stadtpolitischer Bedeutung sowie in Entwicklungs- und Anpassungsgebieten;
f) Aufgaben der höheren Verwaltungsbehörde, der zuständigen Landesbehörde, der nach Landesrecht zuständigen Behörde und der obersten Landesbehörde.

(4) Städtebauliche Wettbewerbe und Bauwettbewerbe für Flächen von besonderer städtebaulicher Bedeutung.

(5) Bauträger- und Investorenwettbewerbe für landeseigene Grundstücke von besonderer städtebaulicher und finanzieller Bedeutung.

(6) Enteignungsbehörde; Behörde nach § 9 Satz 2 des Wertausgleichsgesetzes.

(7) Erstellung und Weiterentwicklung eines Baulandkatasters für Berlin; geodätisches Landesbezugssystem, Landesinformationssystem; Abgabe von Liegenschaftskatasterangaben und Erteilung von Erlaubnissen zum Abruf von Liegenschaftskatasterangaben, wenn das Gebiet mehrerer Bezirke betroffen ist; Zulassung von Ausnahmen von der Verpflichtung, für den Empfang von Eigentümerangaben aus dem Liegenschaftskataster das berechtigte Interesse im Einzelfall darzulegen.

(8) Wertermittlungen in Angelegenheiten von hauptstädtischer Bedeutung auf besondere Anforderung der Senatsverwaltung für Finanzen; Vermessungen für den Verkehrswegebau der Hauptverwaltung; Luftbildvermessung.

(9) Geschäftsstelle des oberen Umlegungsausschusses; Geschäftsstelle des Gutachterausschusses für Grundstückswerte; Bestellung von öffentlich bestellten Vermessungsingenieuren; Aufsicht über die öffentlich bestellten Vermessungsingenieure.

Nr. 9
Bauwirtschaft; Wohnen, Wohnungswirtschaft

(1) Führung des Unternehmer- und Lieferantenverzeichnisses für Bauaufträge; Vergabeprüfstelle für Bau- und Dienstleistungsaufträge nach § 57 b des Haushaltsgrundsätzegesetzes.

(2) Förderung der Modernisierung und Instandsetzung von Wohngebäuden mit Ausnahme der Entscheidung über bezirkliche Förderungsränge.

(3) Landesweite Verträge zur Wohnungsbindung.

(4) Fachaufsicht und Genehmigung des Wirtschaftsplans für das „Sondervermögen Wohnraumförderfonds Berlin".

Nr. 10
Hoch- und Tiefbau; Wasserwirtschaft; Verkehr

(1) Bauten und Unterhaltungsmaßnahmen für Polizei, Feuerwehr, Justiz, Theater und Museen; Bauherreneigenschaft und Haushaltsmittel für alle Bauten der Hauptverwaltung.

(2) Aufgaben der Hauptverwaltung nach den §§ 22 bis 22b des Berliner Straßengesetzes; Planungsvorgaben für Ortsdurchfahrten der Bundesstraßen sowie für Straßen innerhalb des zentralen Bereichs, in dem sich die Parlaments- und Regierungseinrichtungen des Bundes befinden (der zentrale Bereich wird umgrenzt durch die Invalidenstraße, Brunnenstraße, Rosenthaler Platz, Torstraße, Mollstraße, Platz der Vereinten Nationen, Lichtenberger Straße, Holzmarktstraße, Brückenstraße, Heinrich-Heine-Straße, Moritzplatz, Oranienstraße, Rudi-Dutschke-Straße, Kochstraße, Wilhelmstraße, Anhalter Straße, Askanischer Platz, Schöneberger Straße, Schöneberger Ufer, Lützowufer, Lützowplatz, Klingelhöferstraße, Hofjägerallee, Großer Stern, Spreeweg, Paulstraße, Alt-Moabit unter Einbeziehung der genannten Straßen und Plätze); Planung und Bau vorgenannter Straßen sowie der Ortsdurchfahrten der Bundesstraßen, soweit es sich um einen Neubau, eine grundhafte Erneuerung des gesamten Querschnitts eines zusammenhängenden Streckenabschnittes

(mindestens zwischen zwei Knotenpunkten) oder eine sonstige wesentliche Änderung handelt; Planungsvorgaben für Straßen im Zuge von Straßenbahnlinien.

(3) Bundesautobahnen; Bundesstraßen außerhalb der Ortsdurchfahrten ohne Unterhaltung des Begleitgrüns.

(4) Planungsvorgaben für Straßen in Gebieten von außergewöhnlicher stadtpolitischer Bedeutung sowie Straßen für Industrie- und Gewerbeansiedlungen von außergewöhnlicher stadtpolitischer Bedeutung; Planungsvorgaben für Hauptverkehrsstraßen mit vorwiegend überbezirklicher Funktion und andere Straßen von besonderer Bedeutung.

(5) Verkehrslenkungsanlagen; Lichtzeichenanlagen, soweit sie in Verkehrsleitsysteme oder Zentralsteuerungen eingebunden werden oder sich auf Verkehrsflächen von gesamtstädtischer oder überbezirklicher Bedeutung befinden, einschließlich der Planung straßenbaulicher Veränderungen im Zusammenhang mit dem Bau dieser Lichtzeichenanlagen.

(6) Ingenieurbauwerke, die zu öffentlichen Straßen nach dem Berliner Straßengesetz oder zu Wegen in öffentlichen Grün- und Erholungsanlagen nach dem Grünanlagengesetz gehören (Brücken und Durchlässe ab 2 Meter lichter Weite, Verkehrszeichenbrücken, Tunnel, Trogbauwerke, Stützbauwerke ab 1,50 Meter sichtbarer Höhe, Lärmschutzbauwerke ab 2 Meter sichtbarer Höhe und sonstige Ingenieurbauwerke, für die ein Einzelstandsicherheitsnachweis erforderlich ist); keine Ingenieurbauwerke in diesem Sinn sind bauliche Anlagen, die nach der Bauordnung für Berlin errichtet worden sind, Rohr- und Peitschenmasten, Entwässerungsanlagen, Steilwälle, Erdbauwerke, Gabionen sowie die Fahrbahn- und Gehbahnbeläge, die nicht in unmittelbarer Verbindung mit der Abdichtung des Ingenieurbauwerks stehen.

(7) Anordnung und Auswertung von Versuchen und Untersuchungen neuer Baustoffe und Bauarten bei Straßenbauten und deren Einführung; Durchführung von Versuchen grundsätzlicher Bedeutung.

(8) Aufgaben der kommunalen Aufsichtsbehörde nach dem Verkehrswegeplanungsbeschleunigungsgesetz.

(9) Straßenaufsicht bei Baumaßnahmen und über Bauten und Anlagen der Hauptverwaltung nach Absatz 3, 6 und 7; allgemeine Zulassung von Sondernutzungen, die in allen Bezirken einheitlich ausgeübt werden; Informations- und Koordinierungsaufgaben bei Baumaßnahmen im übergeordneten Straßennetz nach § 11 Abs. 3 des Berliner Straßengesetzes.

(10) Schiffahrt, Wasserstraßen und Häfen, Luftverkehr, Magnetschwebebahnen, Eisenbahnen einschließlich S-Bahnen und Straßenbahnen einschließlich U-Bahnen sowie die Entscheidung über die Benutzung der öffentlichen Straßen durch Bahnen.

(11) Gewässer erster und fließende Gewässer zweiter Ordnung einschließlich Uferanlagen, Häfen, Umschlags- und Liegestellen mit Ausnahme der Sportbootsstege.

(12) Kreuzungsrechtliche Vereinbarungen für Kreuzungen von Verkehrswegen.

(13) Verkehrsuntersuchungen einschließlich Verkehrszählungen.

(14) Öffentliche Beleuchtung einschließlich der beleuchteten Verkehrszeichen und -einrichtungen.

(15) Touristische Wegweiser und Informationsstelen, soweit sich diese auf durch die touristischen Wegweiser ausgewiesene Objekte beziehen; Fahrradwegweisung der Radfernwege, des Fahrradroutenhauptnetzes und des Ergänzungsnetzes.

Nr. 11
Umweltschutz und Naturschutz, Grünanlagen, Forsten, Kleingärten, Denkmalschutz und Denkmalpflege, Bodenschutz, Krematorien

(1) Stadtpolitisch herausragende Projekte der Freiraumgestaltung.

(2) Landschaftsprogramm; Landschaftsplanverfahren einschließlich Veränderungsverbote für Gebiete von außergewöhnlicher stadtpolitischer Bedeutung.

(3) Anerkennung von Vereinigungen nach § 3 des Umwelt-Rechtsbehelfsgesetzes.

(4) Durchführung der Wassergesetze, der Abwasserabgabengesetze, des Wasserverbandsgesetzes und des Lagerstättengesetzes.

(5) Durchführung des Pflanzenschutzgesetzes.

(6) Aufgaben des Landesforstamts.

(7) Angelegenheiten nach dem Gräbergesetz, nach Artikel 18 des deutsch-sowjetischen Vertrages über die Erhaltung der sowjetischen Gedenkstätten und Kriegsgräber sowie nach den sonstigen internationalen Kriegsgräberabkommen mit Ausnahme der Unterhaltung und Pflege der Gräber nach dem Gräbergesetz auf landeseigenen Friedhöfen.

(8) Forst, Jagd, Fischerei.

(9) Denkmalerfassung und Denkmalliste; Erhalt von Denkmalen herausragender Bedeutung.

(10) Durchführung des Bundes-Bodenschutzgesetzes, des Berliner Bodenschutzgesetzes sowie der auf diesen Gesetzen beruhenden Rechtsverordnungen.

(11) Angelegenheiten der Krematorien.

(12) Durchführung des Gesetzes zur Ausführung des Protokolls über Schadstofffreisetzungs- und -verbringungsregister vom 21. Mai 2003 sowie zur Durchführung der Verordnung (EG) Nr. 166/2006.

(13) Durchführung des Berliner Energiewendegesetzes, soweit danach nicht die Bezirke zuständig sind.

Nr. 12
Arbeitsmarktfragen, Lohn-, Tarif- und Schlichtungswesen; Berufsbildung, Ausbildungsförderung

(1) Angelegenheiten des Arbeitsmarktes und der Arbeitsförderung; arbeitsmarktpolitische Angelegenheiten des Landes Berlin im Zusammenhang mit der Arbeitsmarktpolitik des Bundes, insbesondere nach dem Zweiten und Dritten Buch Sozialgesetzbuch; Allgemeinverbindlichkeitserklärung von Tarifverträgen, Schlichtungswesen.

(2) Aufgaben der zuständigen Senatsverwaltung und obersten Landesbehörde nach dem Gesetz zur Ausführung des Zweiten Buches Sozialgesetzbuch; arbeitsmarkt- und berufsbildungspolitische Angelegenheiten des Bund-Länder-Ausschusses nach § 18c des Zweiten Buches Sozialgesetzbuch; Erklärung der Verbindlichkeit der Abstimmungen und Vereinbarungen im Kooperationsausschuss für die gemeinsamen Einrichtungen im Land Berlin im Einvernehmen mit den fachlich zuständigen Senatsverwaltungen.

(3) Berufliche Bildung, Aufgaben der zuständigen Behörde und der obersten Landesbehörde nach dem Berufsbildungsgesetz, dem Aufstiegsfortbildungsförderungsgesetz[1)] und der Handwerksordnung; Anerkennung von Bildungsveranstaltungen.

(4) Grundsatzangelegenheiten der Ausbildungsförderung nach dem Bundesausbildungsförderungsgesetz[2)] sowie Aufgaben nach § 2 Absatz 2 und § 3 Absatz 4 des Bundesausbildungsförderungsgesetzes.

(5) Aufgaben des Sekretariats der Ständigen Konferenz der Kultusminister nach dem Gesetz über das Sekretariat der Ständigen Konferenz der Kultusminister der Länder in der Bundesrepublik Deutschland.

Nr. 13
Gesundheitswesen

(1) Einbringung von Krankenhausbetrieben des Landes Berlin in eine private Rechtsform, Beteiligung des Landes Berlin an Krankenhausbetrieben in privater Rechtsform, Krankenhausplan, Programme zur Durchführung des Krankenhausbaues.

---

1) S. dazu § 1 ZustVOSoz (10.3).
2) Wegen der Ämter für Ausbildungsförderung s. BAföG ZustVO (10.2).

(2) Rettungsdienst einschließlich Krankentransport, Melde- und Aufnahmeverfahren sowie Bettenvermittlung; Noteinweisungen in Zeiten erhöhter Inanspruchnahme.

(3) Vereinbarungen mit Tierkörperbeseitigungsanstalten im Rahmen der Beseitigungspflicht.

(4) Landesinstitut für gerichtliche und soziale Medizin, Gemeinsames Krebsregister der Länder Berlin, Brandenburg, Mecklenburg-Vorpommern, Sachsen, Sachsen-Anhalt und Thüringen.

(5) Arbeitsmedizin.

(6) Aufgaben der obersten Landesgesundheitsbehörde, der Landesveterinärbehörden sowie der Landesregierung nach Seuchenrecht; amts- und vertrauensärztliche Untersuchungen und Begutachtungen mit Ausnahme von amts- und vertrauensärztlichen Untersuchungen und Begutachtungen im Rahmen des Achten Buches, des Neunten Buches, des Elften Buches und des Zwölften Buches Sozialgesetzbuch, der Schuleingangsuntersuchungen und der Untersuchungen nach dem Kindertagesförderungsgesetz.

(7) Sicherstellung überbezirklicher Versorgungsangebote für besondere Patientengruppen; Versorgung der psychisch kranken Rechtsbrecher im Maßregelvollzug.

(8) Aufgaben der Landesärzte nach dem Neunten Buch Sozialgesetzbuch.

(9) Grundsatzangelegenheiten der Leistungen des kommunalen Trägers nach § 16a des Zweiten Buches Sozialgesetzbuch im Rahmen des Verantwortungsbereichs der für Gesundheit zuständigen Senatsverwaltung.

(10) Durchführung des Transfusionsgesetzes.

(11) Durchführung des Transplantationsgesetzes.

(12) Sicherstellung der klinischen Krebsregistrierung nach § 65c des Fünften Buches Sozialgesetzbuch.

Nr. 14
Sozialwesen

(1) Allgemeine Angelegenheiten des örtlichen und überörtlichen Trägers der Sozialhilfe.

(2) Festsetzung der Zahl der Ausbildungsplätze für Sozialarbeiter-Praktikanten in Zusammenarbeit mit den Bezirken.

(3) Landespflegeplanung nach dem Elften Buch Sozialgesetzbuch (Soziale Pflegeversicherung); Programme zur Durchführung des Baus von Pflegeeinrichtungen.

(4) Vereinbarungen über Leistungen an Hilfebedürftige; Vereinbarungen mit Einrichtungen im Sinne des § 75 Abs. 3 des Zwölften Buches Sozialgesetzbuch.

(5) Feststellung der Behinderung und ihres Grades nach dem Schwerbehindertengesetz sowie Erteilung von Ausweisen.

(6) Aufgaben der Hauptfürsorgestelle nach dem Schwerbehindertengesetz.

(7) Versorgung und Kriegsopferfürsorge nach dem Bundesversorgungsgesetz sowie nach Gesetzen, die das Bundesversorgungsgesetz für anwendbar erklären.

(8) Leistungen nach dem Unterstützungsabschlußgesetz.

(9) Gewährung von Kriegsgefangenenentschädigung nach dem Kriegsgefangenenentschädigungsgesetz; Zulassung von Ausnahmen nach § 54 a des Kriegsgefangenenentschädigungsgesetzes.

(10) Häftlingshilfemaßnahmen nach §§ 9 a bis 9 c, 10 Abs. 4 und 5 des Häftlingshilfegesetzes; Härteausgleich nach § 12 des Häftlingshilfegesetzes.

(11) Landesflüchtlingsverwaltung; Erstaufnahme von Spätaussiedlern sowie deren Ehegatten und Abkömmlingen gemäß § 8 Absatz 1 des Bundesvertriebenengesetzes, insbesondere durch Unterbringung in Gemeinschaftsunterkünften.

(12) Gewährung von Kapitalentschädigung nach §§ 17, 19 und 25 Abs. 2 sowie Erstattung von Leistungen nach § 6 des Strafrechtlichen Rehabilitierungsgesetzes; Aufgaben der

Rehabilitierungsbehörde nach § 12 des Verwaltungsrechtlichen Rehabilitierungsgesetzes und § 17 des Beruflichen Rehabilitierungsgesetzes.

(13) Anerkennung von Betreuungsvereinen nach §§ 1908 f. des Bürgerlichen Gesetzbuchs.

(14) Integration von ethnischen Minderheiten und Zuwanderern auf Landesebene.

(15) Rückkehrhilfe für einkommensschwache ausländische Arbeitnehmer und ehemalige Asylbewerber; Beratung sowie Hilfen zur freiwilligen Rückkehr und Weiterwanderung von in Berlin aufenthältlichen volljährigen Ausländerinnen und Ausländern und Familienangehörigen nach den bundesweit aufgelegten humanitären Hilfsprogrammen der International Organization for Migration (IOM).

(16) Errichtung, Betrieb, Belegung und Schließung von Erstaufnahmeeinrichtungen und Gemeinschaftsunterkünften sowie Beschaffung von Heim- und Wohnplätzen für Asylbewerberinnen und Asylbewerber sowie Ausländerinnen und Ausländer, die nach den §§ 15a, 22, 23 oder § 24 des Aufenthaltsgesetzes aufgenommen worden sind, durch Verträge mit Dritten; Leistungen an den Personenkreis nach den §§ 22, 23 oder § 24 des Aufenthaltsgesetzes im Rahmen der Erstversorgung; Leistungen an Asylbewerberinnen und Asylbewerber[1]; Leistungen an ehemalige Asylbewerberinnen und Asylbewerber nach rechtskräftiger Ablehnung des Asylantrags während einer Übergangszeit; Leistungen an Ausländerinnen und Ausländer, die nach § 15 a des Aufenthaltsgesetzes zu verteilen sind, bis zur Umsetzung der Verteilentscheidung; Leistungen nach dem Asylbewerberleistungsgesetz an Personen, die sich in Abschiebungshaft befinden; Leistungen nach dem Asylbewerberleistungsgesetz an Opfer der in § 25 Absatz 4a und 4b des Aufenthaltsgesetzes genannten Straftaten während der Ausreisefrist nach § 59 Absatz 7 des Aufenthaltsgesetzes bis zur Erteilung einer Aufenthaltserlaubnis, sowie gegebenenfalls an die mit ihnen in häuslicher Gemeinschaft lebenden minderjährigen Kinder.

(17) Beratungsstelle für jüdische Zuwanderer, sowie deren Unterbringung in Gemeinschaftsunterkünften, soweit erforderlich.

(18) Unterhaltssicherungsgesetz mit Ausnahme der Einzelleistungen.

(19) Angelegenheiten des örtlichen und überörtlichen Trägers der Sozialhilfe nach dem Elften Buch Sozialgesetzbuch (Soziale Pflegeversicherung); Aufgaben nach § 82 Abs. 3 Satz 3 und Abs. 4 des Elften Buchs Sozialgesetzbuch.

(20) Anerkennung der Berechtigung und Gewährung der einmaligen Zuwendung nach dem Vertriebenenzuwendungsgesetz.

(21) Aufgaben der obersten Landesbehörde in Angelegenheiten des Garantiefonds; Ausschreibungen zur Gewinnung geeigneter Bildungsträger.

(22) Grundsatzangelegenheiten der Leistungen des kommunalen Trägers nach § 22, § 24 Absatz 3 Satz 1 Nummer 1 und 2, § 27 Absatz 3 und § 28 des Zweiten Buches Sozialgesetzbuch sowie nach § 16a des Zweiten Buches Sozialgesetzbuch im Rahmen des Verantwortungsbereichs der für Soziales zuständigen Senatsverwaltung; sozialpolitische Angelegenheiten im Bund-Länder-Ausschuss nach § 18c des Zweiten Buches Sozialgesetzbuch.

(23) Ärztliche Begutachtung für Entscheidungen nach dem Landespflegegeldgesetz.

(24) Sozialversicherung; Wahrnehmung der Aufgaben der obersten Verwaltungsbehörde und des Versicherungsamtes.[2]

(25) Aufgaben der obersten Landesbehörde in Angelegenheiten des Trägers der Grundsicherung im Alter und bei Erwerbsminderung nach dem Vierten Kapitel des Zwölften Buches Sozialgesetzbuch.

---

1) Ausführungsvorschriften über die Zuständigkeit für die Leistungsgewährung nach dem Asylbewerberleistungsgesetz (AV ZustAsylbLG) vom 10. Dezember 2016 (ABl. S. 191), Gesetz zur Ausführung des Asylbewerberleistungsgesetzes vom 10. Juni 1998 (GVBl. S. 129), zuletzt geändert durch Artikel VI des Gesetzes vom 13. Juli 2011 (GVBl. S. 344).

2) Siehe Staatsvertrag über die Bestimmung der Aufsicht über die Deutsche Rentenversicherung Berlin-Brandenburg vom 13. Dezember 2005 (GVBl. Berlin 2006 S. 272).

Nr. 15
Familienförderung; Jugendhilfe; Sport

(1) Aufgaben der obersten Landesjugendbehörde und des Landesjugendamtes nach dem Achten Buch Sozialgesetzbuch, nach dem Gesetz zur Ausführung des Kinder- und Jugendhilfegesetzes, dem Kindertagesförderungsgesetz und dem Tagesbetreuungskostenbeteiligungsgesetz.

(2) Festsetzung der Zahl der Praktikantenplätze sozialpädagogischer Ausbildungsgänge in Zusammenarbeit mit den Bezirken.

(3) Familienförderung einschließlich der Zentralen Vormundschafts- und Unterhaltsvorschusskasse (ZVK/UVK) mit Ausnahme des Erziehungs- und Familiengeldes, der Leistungen nach dem Bundeselterngeld- und Elternzeitgesetz und der Leistungen von Unterhaltsvorschuss und Unterhaltssicherung nach Bundesrecht.

(4) Bestimmung von Stellplätzen zur vorübergehenden Nutzung für Wohnwagen durchreisender Sinti und Roma.

(5) Olympia-Stadion, Sportforum Hohenschönhausen, Sportanlage Paul-Heyse-Straße, Friedrich-Ludwig-Jahn-Stadion, Max-Schmeling-Halle, Velodrom.

(6) Bewährungshilfe für Jugendliche und Heranwachsende.

(7) Rechenzentrum zur Betreuung der IT-Fachverfahren der Berliner Jugendämter.

(8) Sportmedizinische Angelegenheiten.

(9) Grundsatzangelegenheiten der Leistungen des kommunalen Trägers nach § 16a des Zweiten Buches Sozialgesetzbuch im Rahmen des Verantwortungsbereichs der für Jugend zuständigen Senatsverwaltung.

(10) Fachliche und rechtliche Vorgaben der Erbringung von Leistungen für Bildung und Teilhabe nach § 28 des Zweiten Buches Sozialgesetzbuch, § 34 des Zwölften Buches Sozialgesetzbuch und § 6b des Bundeskindergeldgesetzes, soweit nicht ein Aufgabenbereich des Schulwesens vorliegt.

Nr. 16
Schulen, Volkshochschulen

(1) Schulaufsicht; Genehmigung von Betreuungsangeboten, die von Trägern der freien Jugendhilfe im Rahmen der ergänzenden Betreuung an Schulen erbracht werden; Festsetzung und Verteilung der für diese Betreuungsangebote zur Verfügung stehenden Mittel auf die Bezirke einschließlich der Mittel für die Kosten, die in der Zeit der verlässlichen Halbtagsgrundschule für außerunterrichtliche Betreuung und Förderung durch Träger der freien Jugendhilfe entstehen; fachliche und rechtliche Vorgaben der Erbringung von Leistungen für Bildung und Teilhabe nach § 28 des Zweiten Buches Sozialgesetzbuch, § 34 des Zwölften Buches Sozialgesetzbuch und § 6b des Bundeskindergeldgesetzes im Bereich Schule, Bewirtschaftung der für ergänzende Lernförderung (im Rahmen der Bildungs- und Teilhabeleistungen) erforderlichen Mittel für öffentliche Schulen; innere Schulangelegenheiten; Befreiung von der Schulpflicht; Entscheidung über Aufnahme von Schülern in die gymnasiale Oberstufe bei Wechsel von anderen Schularten, anderen Bundesländern, aus dem Ausland oder nach Unterbrechung des Schulbesuchs; Entscheidung über die Aufnahme von Schülerinnen und Schülern mit sonderpädagogischem Förderbedarf bei Überschreitung der Aufnahmekapazität und nach § 37 Abs. 3 Satz 4 des Schulgesetzes.

(2) Berufliche Schulen, Staatliche Ballettschule und Schule für Artistik, Schulfarm Insel Scharfenberg, Musikgymnasium Carl Philipp Emanuel Bach, Abendgymnasium Prenzlauer Berg, Eliteschulen des Sports sowie Staatliche Internationale Schulen.

(3) Schulorganisation, Schulpraktische Seminare, Schulpsychologischer Dienst, Prüfungsamt für Lehramtsprüfungen Berlin, Staatliches Prüfungsamt für Übersetzer Berlin, Lehrkräfte und sonstiges schulisches Personal, ausgenommen Hausmeisterinnen und Hausmeister an nicht zentral verwalteten Schulen.

(4) Durchführung der schulgesetzlichen Regelungen über die Schulen in freier Trägerschaft mit Ausnahme der Zuwendungen nach § 101 Abs. 8 des Schulgesetzes; Finanzierung der Betreuungsangebote im Rahmen der ergänzenden Betreuung an Schulen in freier Trägerschaft und der Kosten, die in der Zeit der verlässlichen Halbtagsgrundschule für außerunterrichtliche Betreuung und Förderung entstehen.

(5) Schulaufsicht über die Lehrgänge an Volkshochschulen nach § 40 Abs. 1 des Schulgesetzes; Auftrag zur Abnahme von Prüfungen durch Volkshochschulen sowie Festlegungen der Prüfungsanforderungen.

(6) Qualitative Weiterentwicklung von Schule und Weiterbildung[1]; örtliche Aufgaben der Fort- und Weiterbildung der Lehrkräfte; Stadtmedienstelle; Lernwerkstatt.

(7) Rahmenvereinbarungen über Leistungen von Trägern der freien Jugendhilfe im Zusammenhang mit der ergänzenden Betreuung an Schulen und die Finanzierung der Kosten, die in der Zeit der verlässlichen Halbtagsgrundschule für außerunterrichtliche Betreuung und Förderung durch Träger der freien Jugendhilfe entstehen.

(8) Datenübermittlung aus einer automatisierten Schülerdatei nach § 64a des Schulgesetzes an andere Behörden, unbeschadet der Übermittlungsbefugnisse der Schulen; Rechenzentrum zur Betreuung der IT-Fachverfahren für das Berliner Schulwesen, soweit diese Aufgabe nicht vom IT-Dienstleistungszentrum Berlin wahrgenommen wird; Vorgaben für eine einheitliche IT-Ausstattung und die technische Anbindung der Schulen und bezirklichen Schulämter an zentrale IT-Fachverfahren für das Berliner Schulwesen.

Nr. 17
Wissenschaft, Forschung; Kunst und Kultur; kirchliche Angelegenheiten

(1) Wissenschaft und Forschung; Landesbibliotheken[2] und -archive.

(2) Landesangelegenheiten der Kunst, der Theater, der Orchester, des Films und der Museen.

(3) Schutz des Kulturgutes gegen Abwanderung.

(4) Angelegenheiten der Religions- und Weltanschauungsgemeinschaften einschließlich der Genehmigung von Abgabebeschlüssen.

1) Vgl. Staatsvertrag zwischen den Ländern Berlin und Brandenburg über die Errichtung eines gemeinsamen Landesinstituts für Schule und Medien Berlin-Brandenburg vom 22. Mai 2006 (Berlin: GVBl. S. 813).
2) Benutzungs- und Entgeltordnung für die Öffentlichen Bibliotheken des Landes Berlin (BÖBB) vom 24. April 2018 (ABl. S. 3174).

Allgemeines Gesetz zum Schutz der öffentlichen Sicherheit und Ordnung in Berlin (Allgemeines Sicherheits- und Ordnungsgesetz – ASOG Bln)

In der Fassung vom 11. Oktober 2006 (GVBl. S. 930),
zuletzt geändert durch Artikel 5 des Gesetzes vom 16. März 2018 (GVBl. S. 186)

INHALTSÜBERSICHT

ERSTER ABSCHNITT
Aufgaben, Zuständigkeiten und allgemeine Vorschriften

ZWEITER ABSCHNITT
Befugnisse der Ordnungsbehörden und der Polizei

Erster Unterabschnitt
Allgemeine und besondere Befugnisse

FÜNFTER ABSCHNITT
Schadensausgleich, Erstattungs- und Ersatzansprüche

SECHSTER ABSCHNITT
Übergangs- und Schlußbestimmungen

ERSTER ABSCHNITT
Aufgaben, Zuständigkeiten und allgemeine Vorschriften

§ 1
Aufgaben der Ordnungsbehörden und der Polizei

(1) [1]Die Ordnungsbehörden und die Polizei haben die Aufgabe, Gefahren für die öffentliche Sicherheit oder Ordnung abzuwehren (Gefahrenabwehr)[1)]. [2]Sie haben im Rahmen dieser Aufgabe auch die erforderlichen Vorbereitungen für die Hilfeleistung und das Handeln in Gefahrenfällen zu treffen.

(2) Die Ordnungsbehörden und die Polizei haben ferner die Aufgaben zu erfüllen, die ihnen durch andere Rechtsvorschriften übertragen sind.

(3) Die Polizei hat im Rahmen der Gefahrenabwehr auch Straftaten zu verhüten sowie für die Verfolgung von Straftaten vorzusorgen (vorbeugende Bekämpfung von Straftaten).

(4) Der Schutz privater Rechte obliegt der Polizei nach diesem Gesetz nur dann, wenn gerichtlicher Schutz nicht rechtzeitig zu erlangen ist und wenn ohne polizeiliche Hilfe die Verwirklichung des Rechts vereitelt oder wesentlich erschwert würde.

(5) Die Polizei leistet anderen Behörden und sonstigen öffentlichen Stellen Vollzugshilfe (§§ 52 bis 54).

§ 2
Sachliche Zuständigkeit der Ordnungsbehörden

(1) Für die Gefahrenabwehr sind die Ordnungsbehörden zuständig (Ordnungsaufgaben).

(2) Ordnungsbehörden sind die Senatsverwaltungen und die Bezirksämter.

1) Zur Gefahrenabwehr bei Katastrophen s. Katastrophenschutzgesetz vom 11. Februar 1999 (GVBl. S. 78), zuletzt geändert durch Artikel 3 des Gesetzes vom 9. Mai 2016 (GVBl. S. 240).

(3) Nachgeordnete Ordnungsbehörden sind die Sonderbehörden der Hauptverwaltung, die für Ordnungsaufgaben zuständig sind.

(4) [1]Die Zuständigkeit der Ordnungsbehörden wird im Einzelnen durch die Anlage zu diesem Gesetz (Zuständigkeitskatalog Ordnungsaufgaben) bestimmt. [2]Im Vorgriff auf eine Katalogänderung kann der Senat durch Rechtsverordnung einzelne der Hauptverwaltung vorbehaltene Ordnungsaufgaben den Bezirken zuweisen.

(5) Bei Gefahr im Verzug kann die zuständige Senatsverwaltung die Befugnisse einer nachgeordneten Ordnungsbehörde wahrnehmen.

(6) [1]Der Senat kann durch Rechtsverordnung1) bestimmen, dass die den bezirklichen Ordnungsbehörden durch dieses Gesetz und andere Gesetze zugewiesenen Aufgaben und Befugnisse für die Dienstkräfte im Außendienst einheitlich geregelt und beschränkt werden. [2]Durch die Rechtsverordnung können unterschiedliche Regelungen für Dienstkräfte im Parkraumüberwachungsdienst, für Dienstkräfte im Rahmen des Verkehrsüberwachungsdienstes und für Dienstkräfte im Rahmen des allgemeinen Ordnungsdienstes getroffen werden. [3]Durch die Rechtsverordnung ist ferner die Ausrüstung der Dienstkräfte entsprechend den ihnen zugewiesenen Aufgaben und Befugnissen einheitlich zu regeln. [4]In der Rechtsverordnung ist der Gebrauch bestimmter Ausrüstungsgegenstände für Notwehr und Nothilfe auf Grund des § 32 des Strafgesetzbuches und des § 227 des Bürgerlichen Gesetzbuches für die Dienstkräfte im Rahmen des Verkehrsüberwachungsdienstes sowie die Dienstkräfte im Rahmen des allgemeinen Ordnungsdienstes der bezirklichen Ordnungsämter zu begrenzen.

§ 3
Hilfszuständigkeit der Berliner Feuerwehr2)

(1) [1]Die Berliner Feuerwehr wird im Rahmen der Gefahrenabwehr hilfsweise tätig, soweit im Zusammenhang mit den ihr obliegenden Aufgaben eine Gefahr abzuwehren ist, deren Abwehr durch eine andere Behörde nicht oder nicht rechtzeitig möglich erscheint. [2]Sie unterrichtet die zuständige Behörde unverzüglich von allen diese betreffenden Vorgängen; § 44 bleibt unberührt.

(2) Die Berliner Feuerwehr leistet anderen Behörden und sonstigen öffentlichen Stellen Vollzugshilfe (§§ 52 bis 54).

§ 4
Verhältnis der Polizei zu den Ordnungsbehörden

(1) [1]Die Polizei wird im Rahmen der Gefahrenabwehr mit Ausnahme der Fälle des § 1 Abs. 1 Satz 2 und Abs. 3 in eigener Zuständigkeit nur tätig, soweit die Abwehr der Gefahr durch eine andere Behörde nicht oder nicht rechtzeitig möglich erscheint. [2]Sie unterrichtet die zuständige Behörde unverzüglich von allen diese betreffenden Vorgängen; § 44 bleibt unberührt.

(2) [1]Die Bezirksämter stellen dem Polizeipräsidenten in Berlin auf dessen Ersuchen im Wege der Amtshilfe die ihnen zugeordneten Dienstkräfte im Verkehrsüberwachungsdienst zur Verfügung. [2]Die Dienstkräfte werden hierbei im Rahmen der ihnen allgemein eingeräumten Befugnisse tätig.

§ 5
Dienstkräfte der Polizei

(1) Polizei im Sinne dieses Gesetzes ist der Polizeipräsident in Berlin.

---

1) Ordnungsdienstverordnung vom 1. September 2004 (GVBl. S. 364), zuletzt geändert durch Verordnung vom 12. Januar 2010 (GVBl. S. 10).

2) Vgl. Feuerwehrgesetz vom 23. September 2003 (GVBl. S. 457), zuletzt geändert durch Artikel 1 des Gesetzes vom 9. Mai 2016 (GVBl. S. 240).

(2) [1]Mit der Wahrnehmung bestimmter polizeilicher Aufgaben kann der Senat durch Rechtsverordnung[1)] Dienstkräfte der Polizei, die nicht Polizeivollzugsbeamte sind, betrauen, soweit dafür ein Bedürfnis besteht. [2]Die Rechtsverordnung bestimmt die ihnen zur Erfüllung ihrer Aufgaben zugewiesenen polizeilichen Befugnisse nach diesem Gesetz.

(3) Der Senat kann sonstigen Personen durch Rechtsverordnung bestimmte polizeiliche Befugnisse nur übertragen, wenn sie damit einverstanden sind und ihre Heranziehung zu polizeilichen Aufgaben gesetzlich vorgesehen ist.

§ 6
Örtliche Zuständigkeit der Polizei

Die Dienstkräfte der Polizei sind befugt, Amtshandlungen im gesamten Land Berlin vorzunehmen.

§ 7
Amtshandlungen von Polizeidienstkräften außerhalb des Landes Berlin

(1) [1]Polizeidienstkräfte des Landes Berlin dürfen im Zuständigkeitsbereich eines anderen Landes oder des Bundes nur in den Fällen des § 8 Abs. 1 und des Artikels 91 Abs. 2 des Grundgesetzes und nur dann tätig werden, wenn das jeweilige Landesrecht oder das Bundesrecht es vorsieht. [2]Außerhalb der Bundesrepublik Deutschland dürfen Polizeidienstkräfte des Landes Berlin im Zuständigkeitsbereich eines anderen Staates Amtshandlungen vornehmen, soweit völkerrechtliche Verträge oder Rechtsakte der Europäischen Union dies vorsehen, oder soweit die für Inneres zuständige Senatsverwaltung im Einvernehmen mit den zuständigen Stellen des anderen Staates einer Tätigkeit von Berliner Polizeidienstkräften im Ausland allgemein oder im Einzelfall zustimmt.

(2) Einer Anforderung von Polizeidienstkräften durch ein anderes Land oder den Bund ist zu entsprechen, soweit nicht die Verwendung der Polizei im eigenen Lande dringender ist als die Unterstützung der Polizei des anderen Landes oder des Bundes, sofern die Anforderung alle für die Entscheidung wesentlichen Merkmale des Einsatzauftrages enthält.

§ 8
Amtshandlungen von Polizeidienstkräften anderer Länder, des Bundes sowie ausländischer Staaten in Berlin

(1) [1]Polizeidienstkräfte eines anderen Landes oder des Bundes können im Land Berlin Amtshandlungen vornehmen

1. auf Anforderung oder mit Zustimmung des Polizeipräsidenten in Berlin,
2. in den Fällen des Artikels 35 Abs. 2 und 3 und des Artikels 91 Abs. 1 des Grundgesetzes,
3. zur Abwehr einer gegenwärtigen erheblichen Gefahr, zur Verfolgung von Straftaten auf frischer Tat sowie zur Verfolgung und Wiederergreifung Entwichener, wenn der Polizeipräsident in Berlin die erforderlichen Maßnahmen nicht rechtzeitig treffen kann,
4. zur Erfüllung polizeilicher Aufgaben bei Gefangenentransporten,
5. zur Verfolgung von Straftaten und Ordnungswidrigkeiten und zur Gefahrenabwehr in den in Verwaltungsabkommen mit anderen Ländern oder mit dem Bund geregelten Fällen.

---

1) Verordnung über die Wahrnehmung bestimmter polizeilicher Aufgaben durch Dienstkräfte der Polizei vom 17. Februar 1993 (GVBl. S. 98), zuletzt geändert durch Artikel V des Gesetzes vom 24. Juni 2004 (GVBl. S. 253).

[2]In den Fällen der Nummern 3 bis 5 ist der Polizeipräsident in Berlin unverzüglich zu unterrichten.

(2) [1]Werden Polizeidienstkräfte eines anderen Landes oder des Bundes nach Absatz 1 tätig, haben sie die gleichen Befugnisse wie die des Landes Berlin. [2]Ihre Maßnahmen gelten als Maßnahmen des Polizeipräsidenten in Berlin; sie unterliegen insoweit dessen Weisungen.

(3) Die Absätze 1 und 2 gelten entsprechend für Bedienstete ausländischer Staaten mit polizeilichen Aufgaben, soweit völkerrechtliche Verträge oder Rechtsakte der Europäischen Union dies vorsehen oder die für Inneres zuständige Senatsverwaltung Amtshandlungen dieser Bediensteten allgemein oder im Einzelfall zustimmt.

§ 9
Aufsichtsbehörden; Eingriffsrecht

(1) [1]Die Dienst- und Fachaufsicht über die nachgeordneten Ordnungsbehörden führen die Senatsverwaltungen innerhalb ihrer Zuständigkeitsbereiche. [2]Die Vorschriften der §§ 9 bis 13 a des Allgemeinen Zuständigkeitsgesetzes gelten auch für Ordnungsaufgaben der Bezirksverwaltungen.

(2) Die Dienst- und Fachaufsicht über das Landesamt für Bürger- und Ordnungsangelegenheiten und die Polizei führt die für Inneres zuständige Senatsverwaltung; soweit dem Landesamt für Bürger- und Ordnungsangelegenheiten und der Polizei nach § 2 Abs. 4 Ordnungsaufgaben zugewiesen sind, führen die Senatsverwaltungen die Fachaufsicht innerhalb ihrer Zuständigkeitsbereiche.

(3) Die Aufsichtsbehörden können innerhalb ihrer Zuständigkeitsbereiche Verwaltungsvorschriften erlassen.

(4) Bei bezirklichen Ordnungsaufgaben des Einwohnerwesens kann auch das Landesamt für Bürger- und Ordnungsangelegenheiten einen Eingriff nach § 13 a Abs. 1 des Allgemeinen Zuständigkeitsgesetzes vornehmen.

§ 10
Informationspflicht; Fachaufsicht

(1) Ordnungsbehörden, nachgeordnete Ordnungsbehörden, Polizei und zuständige Aufsichtsbehörden unterrichten sich gegenseitig von allen wichtigen Wahrnehmungen auf dem Gebiet der Gefahrenabwehr (Informationspflicht).

(2) Die Fachaufsicht erstreckt sich auf die recht- und ordnungsmäßige Erledigung der Aufgaben der nachgeordneten Ordnungsbehörden und der Polizei und auf die zweckentsprechende Handhabung des Verwaltungsermessens.

(3) In Ausübung der Fachaufsicht kann die Aufsichtsbehörde

1. Auskünfte, Berichte, die Vorlage von Akten und sonstigen Unterlagen fordern und Prüfungen anordnen (Informationsrecht),
2. Einzelweisungen erteilen (Weisungsrecht),
3. eine Angelegenheit an sich ziehen, wenn eine erteilte Einzelweisung nicht befolgt wird (Eintrittsrecht).

§ 11
Grundsatz der Verhältnismäßigkeit

(1) Von mehreren möglichen und geeigneten Maßnahmen haben die Ordnungsbehörden und die Polizei diejenige zu treffen, die den Einzelnen und die Allgemeinheit voraussichtlich am wenigsten beeinträchtigt.

(2) Eine Maßnahme darf nicht zu einem Nachteil führen, der zu dem erstrebten Erfolg erkennbar außer Verhältnis steht.

(3) Eine Maßnahme ist nur solange zulässig, bis ihr Zweck erreicht ist oder sich zeigt, dass er nicht erreicht werden kann.

§ 12
Ermessen, Wahl der Mittel

(1) Die Ordnungsbehörden und die Polizei treffen ihre Maßnahmen nach pflichtgemäßem Ermessen.

(2) [1]Kommen zur Abwehr einer Gefahr mehrere Mittel in Betracht, so genügt es, wenn eines davon bestimmt wird. [2]Der betroffenen Person ist auf Antrag zu gestatten, ein anderes ebenso wirksames Mittel anzuwenden, sofern die Allgemeinheit dadurch nicht stärker beeinträchtigt wird.

§ 13
Verantwortlichkeit für das Verhalten einer Person

(1) Verursacht eine Person eine Gefahr, so sind die Maßnahmen gegen diese Person zu richten.

(2) [1]Ist diese Person noch nicht 14 Jahre alt, so können die Maßnahmen auch gegen die Person gerichtet werden, die zur Aufsicht über sie verpflichtet ist. [2]Ist für die Person ein Betreuer bestellt, so können die Maßnahmen auch gegen den Betreuer im Rahmen seines Aufgabenbereichs gerichtet werden.

(3) Verursacht eine Person, die zu einer Verrichtung bestellt ist, die Gefahr in Ausübung der Verrichtung, so können Maßnahmen auch gegen die Person gerichtet werden, die die andere Person zu der Verrichtung bestellt hat.

(4) Die Absätze 1 bis 3 sind nicht anzuwenden, soweit andere Vorschriften dieses Gesetzes oder andere Rechtsvorschriften abschließend bestimmen, gegen wen eine Maßnahme zu richten ist.

§ 14
Verantwortlichkeit für Tiere oder den Zustand einer Sache

(1) Geht von einem Tier oder von einer Sache eine Gefahr aus, so sind die Maßnahmen gegen den Inhaber der tatsächlichen Gewalt zu richten.

(2) Die Vorschriften dieses Gesetzes, die sich auf Sachen beziehen, sind auch auf Tiere anzuwenden.

(3) [1]Maßnahmen können auch gegen den Eigentümer oder einen anderen Berechtigten gerichtet werden. [2]Das gilt nicht, wenn der Inhaber der tatsächlichen Gewalt sie ohne den Willen des Eigentümers oder Berechtigten ausübt.

(4) Geht die Gefahr von einer herrenlosen Sache aus, so können die Maßnahmen auch gegen denjenigen gerichtet werden, der das Eigentum an der Sache aufgegeben hat.

(5) Die Absätze 1 bis 4 sind nicht anzuwenden, soweit andere Vorschriften dieses Gesetzes oder andere Rechtsvorschriften abschließend bestimmen, gegen wen eine Maßnahme zu richten ist.

§ 15
Unmittelbare Ausführung einer Maßnahme

(1) [1]Die Ordnungsbehörden und die Polizei können eine Maßnahme selbst oder durch einen Beauftragten unmittelbar ausführen, wenn der Zweck der Maßnahme durch Inanspruchnahme der nach den §§ 13 oder 14 Verantwortlichen nicht oder nicht rechtzeitig erreicht werden kann. [2]Die von der Maßnahme betroffene Person ist unverzüglich zu unterrichten.

(2) [1]Die durch die unmittelbare Ausführung einer Maßnahme entstehenden Kosten werden von den nach den §§ 13 oder 14 Verantwortlichen erhoben. [2]Mehrere Verantwortliche

haften als Gesamtschuldner. [3]Die Kosten können im Verwaltungsvollstreckungsverfahren beigetrieben werden. [4]Die Erhebung von Kosten nach dem Gesetz über Gebühren und Beiträge bleibt unberührt.

(3) [1]Wird eine Maßnahme durch einen Beauftragten ausgeführt, so bestehen die Kosten in dem Betrag, der an den Beauftragten zu zahlen ist. [2]Wird eine Maßnahme durch die Ordnungsbehörde oder die Polizei selbst ausgeführt, so bestehen die Kosten in ihren durch die Maßnahme unmittelbar entstehenden zusätzlichen personellen und sächlichen Aufwendungen.

§ 16
Inanspruchnahme von nicht verantwortlichen und nicht verdächtigen Personen

(1) Die Ordnungsbehörden und die Polizei können Maßnahmen auch gegen andere Personen als die nach den §§ 13 oder 14 Verantwortlichen richten, wenn

1. eine gegenwärtige erhebliche Gefahr abzuwehren ist,
2. Maßnahmen gegen die nach den §§ 13 oder 14 Verantwortlichen nicht oder nicht rechtzeitig möglich sind oder keinen Erfolg versprechen,
3. sie die Gefahr nicht oder nicht rechtzeitig selbst oder durch Beauftragte abwehren können und
4. die Personen ohne erhebliche eigene Gefährdung und ohne Verletzung höherwertiger Pflichten in Anspruch genommen werden können.

(2) Die Maßnahmen nach Absatz 1 dürfen nur aufrecht erhalten werden, solange die Abwehr der Gefahr nicht auf andere Weise möglich ist.

(3) Maßnahmen zur vorbeugenden Bekämpfung von Straftaten, insbesondere die Verarbeitung personenbezogener Daten, sind grundsätzlich nur gegen Personen zu richten, bei denen Tatsachen die Annahme rechtfertigen, dass sie Straftaten begehen werden; zu berücksichtigen ist dabei vor allem der Verdacht, dass sie bereits Straftaten begangen haben sowie die Art und Begehensweise dieser Straftaten.

(4) Die Absätze 1 bis 3 sind nicht anzuwenden, soweit andere Vorschriften dieses Gesetzes oder andere Rechtsvorschriften abschließend bestimmen, gegen wen eine Maßnahme zu richten ist.

ZWEITER ABSCHNITT
Befugnisse der Ordnungsbehörden und der Polizei

Erster Unterabschnitt
Allgemeine und besondere Befugnisse

§ 17
Allgemeine Befugnisse, Begriff der Straftat von erheblicher Bedeutung

(1) Die Ordnungsbehörden und die Polizei können die notwendigen Maßnahmen treffen, um eine im einzelnen Falle bestehende Gefahr für die öffentliche Sicherheit oder Ordnung (Gefahr) abzuwehren, soweit nicht die §§ 18 bis 51 ihre Befugnisse besonders regeln.

(2) [1]Zur Erfüllung der Aufgaben, die den Ordnungsbehörden und der Polizei durch andere Rechtsvorschriften übertragen sind (§ 1 Abs. 2), haben sie die dort vorgesehenen Befugnisse. [2]Soweit solche Rechtsvorschriften Befugnisse der Ordnungsbehörden und der Polizei nicht abschließend regeln, haben sie die Befugnisse, die ihnen nach diesem Gesetz zustehen.

(3) Straftaten von erheblicher Bedeutung sind

1. alle Verbrechen und alle weiteren in § 100 a der Strafprozessordnung aufgeführten Straftaten,
2. Straftaten nach den §§ 176, 224, 232 Abs. 1, §§ 233 und 233 a Abs. 2 des Strafgesetzbuches,
3. Straftaten nach den §§ 243 und 244 Abs. 1 Nr. 1 und 3 des Strafgesetzbuches, soweit sie organisiert, insbesondere banden-, gewerbs- oder serienmäßig begangen werden.

(4) Straftaten, die sich auf eine Schädigung der Umwelt oder auf gemeinschaftswidrige Wirtschaftsformen, insbesondere illegale Beschäftigung beziehen und geeignet sind, die Sicherheit der Bevölkerung zu beeinträchtigen, stehen Straftaten von erheblicher Bedeutung im Sinne des Absatzes 3 gleich.

§ 18
Ermittlungen, Befragungen, Datenerhebungen

(1) [1]Die Ordnungsbehörden und die Polizei können zur Klärung des Sachverhalts in einer bestimmten ordnungsbehördlichen oder polizeilichen Angelegenheit Ermittlungen anstellen, insbesondere Befragungen nach Absatz 3 und 4 durchführen. [2]Sie können in diesem Zusammenhang personenbezogene Daten über die in den §§ 13, 14 und 16 genannten und andere Personen erheben, wenn das zur Abwehr einer Gefahr oder zur Erfüllung der ihnen durch andere Rechtsvorschriften übertragenen Aufgaben erforderlich ist. [3]Die Polizei kann ferner personenbezogene Daten erheben, wenn das

1. zur vorbeugenden Bekämpfung von Straftaten von erheblicher Bedeutung,
2. zur vorbeugenden Bekämpfung von sonstigen Straftaten, die organisiert, insbesondere banden-, gewerbs- oder serienmäßig begangen werden und mit einer Höchststrafe von mehr als drei Jahren bedroht sind,
3. zum Schutz privater Rechte oder
4. zur Leistung von Vollzugshilfe

erforderlich ist.

(2) [1]Ermittlungen sind offen durchzuführen. [2]Verdeckt dürfen sie außer in den in diesem Gesetz zugelassenen Fällen nur durchgeführt werden, wenn ohne diese Maßnahme die Erfüllung der Aufgaben gefährdet wäre oder wenn anzunehmen ist, dass dies dem überwiegenden Interesse der betroffenen Person entspricht.

(3) [1]Die Ordnungsbehörden und die Polizei können eine Person befragen, wenn Tatsachen die Annahme rechtfertigen, dass die Person sachdienliche Angaben machen kann, die für die Erfüllung einer bestimmten ordnungsbehördlichen oder polizeilichen Aufgabe erforderlich sind. [2]Für die Dauer der Befragung kann der Befragte angehalten werden. [3]Der Befragte ist verpflichtet, Namen, Vornamen, Tag und Ort der Geburt und Wohnungsanschrift anzugeben. [4]Zu weiteren Auskünften ist er nur verpflichtet, soweit für ihn gesetzliche Handlungspflichten bestehen.

(4) Befragungen sind grundsätzlich an die betroffene Person zu richten; ohne deren Kenntnis können Dritte befragt werden, wenn die Befragung der betroffenen Person

1. nicht oder nicht rechtzeitig möglich ist,
2. einen unverhältnismäßig hohen Aufwand erfordern würde und schutzwürdige Belange der betroffenen Person nicht entgegenstehen,
3. die Erfüllung der Aufgaben gefährden würde.

(5) [1]Der Befragte ist in geeigneter Weise auf

1. die Rechtsgrundlagen der Befragung,
2. eine bestehende Auskunftspflicht oder die Freiwilligkeit der Auskunft

hinzuweisen. [2]Der Hinweis kann unterbleiben, wenn hierdurch die Erfüllung der ordnungsbehördlichen oder polizeilichen Aufgaben erheblich erschwert oder gefährdet würde.

(6) Die §§ 52 bis 55 und 136 a der Strafprozessordnung gelten entsprechend.

§ 19
Erhebung von Daten zur Vorbereitung für die Hilfeleistung in Gefahrenfällen

[1]Die Ordnungsbehörden und die Polizei können über
1. Personen, deren Kenntnisse oder Fähigkeiten zur Gefahrenabwehr benötigt werden,
2. Verantwortliche für Anlagen oder Einrichtungen, von denen eine erhebliche Gefahr ausgehen kann,
3. Verantwortliche für gefährdete Anlagen oder Einrichtungen,
4. Verantwortliche für Veranstaltungen in der Öffentlichkeit, die nicht dem Versammlungsgesetz unterliegen,

Namen, Vornamen, akademische Grade, Anschriften, Telefonnummern und andere Daten über die Erreichbarkeit sowie nähere Angaben über die Zugehörigkeit zu einer der genannten Personengruppen erheben, soweit das zur Vorbereitung für die Hilfeleistung und das Handeln in Gefahrenfällen erforderlich ist. [2]Eine verdeckte Datenerhebung ist unzulässig. [3]Sind die Daten nicht bei der betroffenen Person erhoben worden, ist ihr dies sowie der Zweck der beabsichtigten Nutzung mitzuteilen. [4]Gegen die Datenerhebung nach Satz 1 ist der Widerspruch zulässig.

§ 19a
Videoüberwachung zur Eigensicherung

(1) [1]Die Polizei kann bei Personen- oder Fahrzeugkontrollen im öffentlichen Verkehrsraum Bildaufzeichnungen durch den Einsatz optisch-elektronischer Mittel in Fahrzeugen der Polizei anfertigen, wenn dies nach den Umständen zum Schutz der Polizeivollzugsbeamtinnen und -beamten oder Dritter gegen eine Gefahr für Leib oder Leben erforderlich ist. [2]Dabei dürfen auch personenbezogene Daten über Dritte erhoben werden, soweit dies unvermeidbar ist, um die Maßnahme nach Satz 1 durchführen zu können.

(2) Der Einsatz der optisch-elektronischen Mittel ist durch geeignete Maßnahmen erkennbar zu machen oder der betroffenen Person mitzuteilen, wenn er nicht offenkundig ist.

(3) Die Bildaufzeichnungen sind unverzüglich, spätestens aber am Tage nach dem Anfertigen zu löschen, soweit sie nicht zur Verfolgung von Straftaten benötigt werden.

(4) § 42 Abs. 4 bleibt unberührt.

§ 20
Vorladung

(1) Die Ordnungsbehörden und die Polizei können eine Person schriftlich, elektronisch oder mündlich vorladen, wenn
1. Tatsachen die Annahme rechtfertigen, dass die Person sachdienliche Angaben machen kann, die für die Erfüllung einer bestimmten ordnungsbehördlichen oder polizeilichen Aufgabe erforderlich sind,
2. das zur Durchführung erkennungsdienstlicher Maßnahmen erforderlich ist.

(2) [1]Bei der Vorladung soll deren Grund und die Art der beabsichtigten erkennungsdienstlichen Maßnahmen angegeben werden. [2]Bei der Festsetzung des Zeitpunkts soll auf den Beruf und die sonstigen Lebensverhältnisse der betroffenen Person Rücksicht genommen werden.

(3) Leistet eine betroffene Person der Vorladung ohne hinreichenden Grund keine Folge, so kann sie von der Polizei zwangsweise durchgesetzt werden,
1. wenn die Angaben zur Abwehr einer Gefahr für Leib, Leben oder Freiheit einer Person erforderlich sind,
2. zur Durchführung erkennungsdienstlicher Maßnahmen.

(4) Für die Entschädigung von Personen, die auf Vorladung als Zeugen erscheinen oder die als Sachverständige herangezogen werden, gilt das Justizvergütungs- und -entschädigungsgesetz[1)] entsprechend.

§ 21
Identitätsfeststellung

(1) Die Ordnungsbehörden und die Polizei können die Identität einer Person feststellen, wenn das zur Abwehr einer Gefahr oder zur Erfüllung der ihnen durch andere Rechtsvorschriften übertragenen Aufgaben (§ 1 Abs. 2) erforderlich ist.

(2) Die Polizei kann ferner die Identität einer Person feststellen,

1. wenn die Person sich an einem Ort aufhält,
   a) von dem Tatsachen die Annahme rechtfertigen, dass
      aa) dort Personen Straftaten von erheblicher Bedeutung verabreden, vorbereiten oder verüben,
      bb) sich dort Personen treffen, die gegen aufenthaltsrechtliche Strafvorschriften verstoßen,
      cc) sich dort gesuchte Straftäter verbergen,
   b) an dem Personen der Prostitution nachgehen,
2. wenn das zum Schutz privater Rechte (§ 1 Abs. 4) oder zur Leistung von Vollzugshilfe (§ 1 Abs. 5) erforderlich ist,
3. wenn sie sich in einer Verkehrs- oder Versorgungsanlage oder -einrichtung, einem öffentlichen Verkehrsmittel, Amtsgebäude oder einem anderen besonders gefährdeten Objekt oder in dessen unmittelbarer Nähe aufhält und Tatsachen die Annahme rechtfertigen, dass in oder an einem Objekt dieser Art Straftaten begangen werden sollen, durch die Personen oder dieses Objekt gefährdet sind, und die Identitätsfeststellung auf Grund der Gefährdungslage oder personenbezogener Anhaltspunkte erforderlich ist,
4. wenn sie an einer Kontrollstelle angetroffen wird, die von der Polizei eingerichtet worden ist, um eine Straftat nach § 129a des Strafgesetzbuches, eine der in dieser Vorschrift genannten Straftaten oder eine Straftat nach § 250 Abs. 1 Nr. 1 oder 2 oder nach § 255 des Strafgesetzbuches in Verbindung mit der vorgenannten Straftat zu verhüten, und Tatsachen die Annahme rechtfertigen, dass solche Straftaten begangen werden sollen. Die Einrichtung der Kontrollstelle ist außer bei Gefahr im Verzug nur mit Zustimmung der für Inneres zuständigen Senatsverwaltung zulässig. Die Polizei kann mitgeführte Sachen in Augenschein nehmen.

(3) [1]Die Ordnungsbehörden und die Polizei können die zur Feststellung der Identität erforderlichen Maßnahmen treffen. [2]Sie können die Person insbesondere anhalten, sie nach ihren Personalien befragen und verlangen, dass sie Angaben zur Feststellung ihrer Identität macht und mitgeführte Ausweispapiere zur Prüfung aushändigt. [3]Die Polizei kann die Person festhalten und zur Dienststelle bringen, wenn die Identität auf andere Weise nicht oder nur unter erheblichen Schwierigkeiten festgestellt werden kann. [4]Unter den Voraussetzungen des Satzes 3 können die Person und die von ihr mitgeführten Sachen durchsucht werden.

§ 21a
Medizinische und molekulargenetische Untersuchungen

(1) [1]Die Polizei kann medizinische Untersuchungen anordnen, wenn eine nach § 21 zulässige Identitätsfeststellung einer Person, die

1. verstorben ist oder
2. sich erkennbar in einem die freie Willensbestimmung ausschließenden Zustand oder sich sonst in hilfloser Lage befindet,

---

1) Gesetz vom 5. Mai 2004 (BGBl. I S. 718, 776), zuletzt geändert durch Artikel 5 Absatz 2 des Gesetzes vom 11. Oktober 2016 (BGBl. I S. 2222).

auf andere Weise nicht oder nur unter erheblichen Schwierigkeiten möglich ist. [2]§ 81a Abs. 1 Satz 2 der Strafprozessordnung gilt entsprechend.

(2) [1]An dem durch Maßnahmen nach Absatz 1 erlangten Material sowie am aufgefundenen Spurenmaterial von Vermissten dürfen zum Zwecke der Identitätsfeststellung molekulargenetische Untersuchungen durchgeführt sowie die gewonnenen DNA-Identifizierungsmuster in einer Datei gespeichert werden. [2]Die DNA-Identifizierungsmuster sind unverzüglich zu löschen, wenn der Zweck der Maßnahme nach Absatz 1 erreicht ist. [3]§ 81g Abs. 2 der Strafprozessordnung gilt entsprechend.

(3) [1]Molekulargenetische Untersuchungen bedürfen der richterlichen Anordnung. [2]Zuständig ist das Amtsgericht Tiergarten. [3]§ 25 Abs. 5 Satz 14 dieses Gesetzes sowie § 81f Abs. 2 der Strafprozessordnung gelten entsprechend.

§ 22
Prüfung von Berechtigungsscheinen

Die Ordnungsbehörden und die Polizei können verlangen, dass ein Berechtigungsschein zur Prüfung ausgehändigt wird, wenn die Person auf Grund einer Rechtsvorschrift oder einer vollziehbaren Auflage in einem Erlaubnisbescheid verpflichtet ist, diesen Berechtigungsschein mitzuführen.

§ 23
Erkennungsdienstliche Maßnahmen

(1) Die Polizei kann erkennungsdienstliche Maßnahmen vornehmen, wenn
1. eine nach § 21 zulässige Identitätsfeststellung auf andere Weise nicht oder nur unter erheblichen Schwierigkeiten möglich ist,
2. das zur vorbeugenden Bekämpfung von Straftaten erforderlich ist, weil die betroffene Person verdächtig ist, eine Straftat begangen zu haben, und wegen der Art oder Begehensweise der Tat die Gefahr der Begehung weiterer Straftaten besteht.

(2) Ist die Identität festgestellt, so sind in den Fällen des Absatzes 1 Nr. 1 die im Zusammenhang mit der Feststellung angefallenen erkennungsdienstlichen Unterlagen zu vernichten, es sei denn, ihre weitere Aufbewahrung ist zu Zwecken des Absatzes 1 Nr. 2 oder nach anderen Rechtsvorschriften zulässig.

(3) Erkennungsdienstliche Maßnahmen sind insbesondere
1. die Abnahme von Finger- und Handflächenabdrücken,
2. die Aufnahme von Lichtbildern,
3. Messungen und die Feststellung anderer äußerer körperlicher Merkmale.

(4) Eingriffe in die körperliche Unversehrtheit sind unzulässig.

§ 24
Datenerhebung bei öffentlichen Veranstaltungen und Ansammlungen

(1) [1]Die Polizei kann bei oder im Zusammenhang mit öffentlichen, nicht dem Versammlungsgesetz unterliegenden Veranstaltungen oder Ansammlungen personenbezogene Daten durch Ermittlungen oder durch den Einsatz technischer Mittel zur Anfertigung von Bild- und Tonaufzeichnungen von Teilnehmern erheben, wenn Tatsachen die Annahme rechtfertigen, dass dabei Straftaten begangen werden. [2]Dabei dürfen auch personenbezogene Daten über Dritte erhoben werden, soweit das unvermeidbar ist, um eine Datenerhebung nach Satz 1 durchführen zu können. [3]Verdeckte Bild- und Tonaufzeichnungen sind unzulässig.

(2) Bild- und Tonaufzeichnungen, daraus sowie bei Ermittlungen nach Absatz 1 gewonnene personenbezogene Daten sind spätestens zwei Monate nach der Datenerhebung zu löschen oder zu vernichten, soweit diese nicht zur Verfolgung von Straftaten oder Ord-

nungswidrigkeiten benötigt werden oder Tatsachen die Annahme rechtfertigen, dass die Person künftig Straftaten von erheblicher Bedeutung begehen wird.

(3) § 42 Abs. 4 sowie § 48 Abs. 6 und 7 bleiben unberührt.

(4) [1]Bei oder im Zusammenhang mit öffentlichen, nicht dem Versammlungsgesetz unterliegenden Großveranstaltungen, die im Rahmen einer vom übrigen Straßenland sichtbar abgegrenzten Sondernutzung durchgeführt werden, dürfen Polizei und Rettungsdienstkräfte zur Erfüllung ihrer jeweiligen Aufgaben die Bildaufnahmen verarbeiten, die von der Veranstalterin oder dem Veranstalter gemäß § 31b des Berliner Datenschutzgesetzes oder § 6b des Bundesdatenschutzgesetzes zur ordnungsgemäßen Durchführung der Veranstaltung gefertigt werden. [2]Großveranstaltungen sind Veranstaltungen, die nach Art und Größe die Annahme rechtfertigen, dass erhebliche Gefahren für die öffentliche Sicherheit entstehen können.

§ 24a
Datenerhebung an gefährdeten Objekten

(1) Zur Erfüllung ihrer Aufgaben nach § 1 Abs. 3 kann die Polizei an einem gefährdeten Objekt, insbesondere an einem Gebäude oder einem sonstigen Bauwerk von öffentlichem Interesse, einer Religionsstätte, einem Denkmal oder einem Friedhof, oder, soweit zur Zweckerreichung zwingend erforderlich, den unmittelbar im Zusammenhang mit dem Objekt stehenden Grün- oder Straßenflächen personenbezogene Daten durch Anfertigung von Bildaufnahmen erheben und die Bilder zur Beobachtung übertragen und aufzeichnen, wenn tatsächliche Anhaltspunkte die Annahme rechtfertigen, dass an oder in einem Objekt dieser Art Straftaten drohen.

(2) Der Umstand der Beobachtung und Aufzeichnung und die datenverarbeitende Stelle sind durch Beschilderung erkennbar zu machen.

(3) Bildaufzeichnungen sind unverzüglich zu vernichten oder zu löschen, soweit sie nicht zur Verfolgung von Straftaten benötigt werden.

(4) Werden durch die Videoüberwachung erhobene Daten einer bestimmten Person zugeordnet, so ist diese entsprechend § 10 Abs. 5 des Berliner Datenschutzgesetzes über eine Verarbeitung zu benachrichtigen, soweit die Daten nicht entsprechend Absatz 3 unverzüglich gelöscht oder vernichtet werden.

§ 24b
Datenerhebung in öffentlichen Verkehrseinrichtungen

(1) Zur Abwehr und zum Erkennen von Straftaten von erheblicher Bedeutung kann die Polizei in öffentlich zugänglichen Räumen des öffentlichen Personennahverkehrs personenbezogene Daten durch Anfertigung von Bildaufnahmen erheben und die Bilder zur Beobachtung übertragen und speichern, wenn sich aus einer nachvollziehbar dokumentierten Lagebeurteilung ein hinreichender Anlass für die Datenerhebung ergibt.

(2) § 24a Abs. 2 bis 4 gilt entsprechend.

§ 24c
Anlassbezogene automatische Kennzeichenfahndung

(1) Die Polizei kann die Kennzeichen von Fahrzeugen ohne Wissen der Person durch den Einsatz technischer Mittel automatisiert erheben, wenn

1. dies zur Abwehr einer gegenwärtigen Gefahr für Leib oder Leben einer Person erforderlich ist,
2. dies zur Abwehr einer gegenwärtigen Gefahr erforderlich ist und die Voraussetzungen für eine Identitätsfeststellung nach § 21 Absatz 2 Nummer 1 Buchstabe a Doppelbuchstabe aa, Nummer 3 oder Nummer 4 vorliegen oder

3. eine Person oder ein Fahrzeug nach § 27 Absatz 1 und 2 polizeilich ausgeschrieben wurde und Tatsachen die Annahme rechtfertigen, dass die für die Ausschreibung relevante Begehung von Straftaten von erheblicher Bedeutung unmittelbar bevorsteht.

(2) [1]Die erhobenen Daten können mit zur Abwehr der Gefahr nach Absatz 1 gespeicherten polizeilichen Daten automatisch abgeglichen werden. [2]Im Trefferfall ist unverzüglich die Datenübereinstimmung zu überprüfen. [3]Bei Datenübereinstimmung können die Daten polizeilich verarbeitet und im Falle des Absatzes 1 Nummer 3 zusammen mit den gewonnenen Erkenntnissen an die ausschreibende Stelle übermittelt werden. [4]Andernfalls sind sie sofort zu löschen.

(3) [1]Der Senat unterrichtet das Abgeordnetenhaus von Berlin jährlich über die nach den Absätzen 1 und 2 getroffenen Maßnahmen. [2]Der Bericht enthält Angaben über Anlass, Ort und Dauer der Maßnahmen.

§ 25
Datenerhebung durch längerfristige Observation und Einsatz technischer Mittel

(1) [1]Die Polizei kann personenbezogene Daten durch

1. eine planmäßig angelegte Beobachtung einer Person, die durchgehend länger als 24 Stunden oder an mehr als zwei Tagen durchgeführt werden soll (längerfristige Observation),
2. einen verdeckten Einsatz technischer Mittel, insbesondere zur Anfertigung von Bildaufnahmen oder -aufzeichnungen sowie zum Abhören oder Aufzeichnen des nicht öffentlich gesprochenen Wortes,

nur erheben, wenn Tatsachen die Annahme rechtfertigen, dass eine Straftat von erheblicher Bedeutung begangen werden soll. [2]Die Maßnahmen sind nur zulässig, wenn die vorbeugende Bekämpfung der Straftat auf andere Weise aussichtslos erscheint und die Maßnahme nicht außer Verhältnis zur Bedeutung des aufzuklärenden Sachverhalts steht.

(2) [1]Maßnahmen nach Absatz 1 können sich richten gegen

1. Personen, wenn Tatsachen die Annahme rechtfertigen, dass sie Straftaten von erheblicher Bedeutung begehen werden,
2. andere Personen, wenn die Maßnahme zur vorbeugenden Bekämpfung von Straftaten unerlässlich ist; dies ist anzunehmen, wenn eine in Nummer 1 genannte Person sich dieser Personen zu den in Nummer 1 genannten Zwecken bedienen will,
3. jede Person, wenn das zur Abwehr einer gegenwärtigen Gefahr für Leib, Leben oder Freiheit einer Person erforderlich ist.

[2]Dabei dürfen auch personenbezogene Daten über Dritte erhoben werden, soweit das unvermeidbar ist, um eine Datenerhebung nach Absatz 1 durchführen zu können.

(3) [1]Maßnahmen nach Absatz 1 werden durch die Behördenleitung beziehungsweise ihre Vertretung im Amt angeordnet, soweit nicht nach Absatz 5 eine richterliche Anordnung erforderlich ist. [2]Die Behördenleitung kann ihre Anordnungsbefugnis auf die Leitung des Landeskriminalamtes und ihre Vertretung im Amt sowie die Leitungen der Direktionen und ihre Vertretungen im Amt übertragen. [3]Erforderlichkeit und Zweck der Maßnahmen sind durch die anordnende Person zu dokumentieren.

(4) [1]In oder aus Wohnungen kann die Polizei ohne Kenntnis der betroffenen Personen Daten nur erheben, wenn das zur Abwehr einer gegenwärtigen Gefahr für Leib, Leben oder Freiheit einer Person unerlässlich ist. [2]§ 36 Abs. 5 gilt entsprechend, soweit die Datenerhebung nicht mit technischen Mitteln erfolgt.

(4a) [1]Das Abhören oder Aufzeichnen des nicht öffentlich gesprochenen Wortes durch den Einsatz technischer Mittel darf in oder aus Wohnungen nur angeordnet werden, soweit auf Grund tatsächlicher Anhaltspunkte, insbesondere zu der Art der zu überwachenden Räumlichkeiten und dem Verhältnis der zu überwachenden Personen zueinander, anzunehmen ist, dass durch die Überwachung Äußerungen, die dem Kernbereich privater

Lebensgestaltung zuzurechnen sind, nicht erfasst werden. [2]Gespräche in Betriebs- oder Geschäftsräumen sind in der Regel nicht dem Kernbereich privater Lebensgestaltung zuzurechnen. [3]Das Gleiche gilt für Gespräche über begangene Straftaten und Verabredungen oder Aufforderungen zu Straftaten. [4]Das Abhören und Aufzeichnen ist unverzüglich zu unterbrechen, soweit sich während der Überwachung Anhaltspunkte dafür ergeben, dass Äußerungen, die dem Kernbereich privater Lebensgestaltung zuzurechnen sind, erfasst werden. [5]Ist das Abhören und Aufzeichnen unterbrochen worden, darf diese Maßnahme unter den Voraussetzungen des Satzes 1 fortgeführt werden. [6]Die Datenerhebung, die in den Kernbereich privater Lebensgestaltung eingreift, ist unzulässig. [7]Die erhobenen Daten sind unverzüglich zu löschen. [8]Erkenntnisse über solche Daten dürfen nicht verwertet werden. [9]Die Tatsache der Erfassung der Daten und ihrer Löschung sind zu dokumentieren. [10]Die Datenerhebung nach Satz 1 ist unzulässig, soweit durch sie in ein durch ein Amts- oder Berufsgeheimnis geschütztes Vertrauensverhältnis im Sinne der §§ 53 und 53 a der Strafprozessordnung eingegriffen wird.

(5) [1]Maßnahmen nach den Absätzen 4 und 4 a sowie das Abhören oder Aufzeichnen des nicht öffentlich gesprochenen Wortes außerhalb von Wohnungen durch den Einsatz technischer Mittel dürfen außer bei Gefahr im Verzug nur durch den Richter angeordnet werden. [2]Zuständig ist das Amtsgericht Tiergarten. [3]Hat die Polizei bei Gefahr im Verzug die Anordnung getroffen, so beantragt sie unverzüglich die richterliche Bestätigung der Anordnung; dies gilt auch, wenn die Maßnahme bereits beendet ist. [4]Die Anordnung tritt außer Kraft, wenn sie nicht binnen drei Tagen von dem Richter bestätigt wird. [5]Die Anordnung des Richters bedarf der Schriftform. [6]In dieser schriftlichen Anordnung sind insbesondere

1. die Voraussetzungen und wesentliche Abwägungsgesichtspunkte,
2. soweit bekannt Name und Anschrift des Betroffenen, gegen den sich die Maßnahme richtet,
3. Art, Umfang und Dauer der Maßnahme,
4. die Wohnung oder Räume, in oder aus denen die Daten erhoben werden sollen, und
5. die Art der durch die Maßnahme zu erhebenden Daten

zu bestimmen. [7]Sie ist auf höchstens drei Monate zu befristen. [8]Verlängerungen um jeweils nicht mehr als drei weitere Monate sind auf Antrag zulässig, soweit die Voraussetzungen der Anordnung fortbestehen. [9]Liegen die Voraussetzungen der Anordnung nicht mehr vor, ist die Maßnahme unverzüglich zu beenden. [10]Das anordnende Gericht ist fortlaufend über den Verlauf, die Ergebnisse und die darauf beruhenden Maßnahmen zu unterrichten. [11]Liegen die Voraussetzungen der Anordnung nicht mehr vor, so ordnet es die Aufhebung der Datenerhebung an. [12]Polizeiliche Maßnahmen nach Absatz 4 a können durch das anordnende Gericht jederzeit aufgehoben, geändert oder angeordnet werden. [13]Soweit ein Verwertungsverbot nach Absatz 4 a Satz 8 in Betracht kommt, hat die Polizei unverzüglich eine Entscheidung des anordnenden Gerichts über die Verwertbarkeit der erlangten Erkenntnisse herbeizuführen. [14]Für das Verfahren gelten die Vorschriften des Gesetzes über das Verfahren in Familiensachen und in den Angelegenheiten der freiwilligen Gerichtsbarkeit entsprechend.

(5 a) [1]Nach den Absätzen 4 und 4 a erlangte personenbezogene Daten sind besonders zu kennzeichnen. [2]Nach einer Übermittlung ist die Kennzeichnung durch die Empfänger aufrechtzuerhalten. [3]Solche Daten dürfen für einen anderen Zweck verwendet werden, soweit dies

1. zur Verfolgung von besonders schweren Straftaten, die nach der Strafprozessordnung die Wohnraumüberwachung rechtfertigen, oder
2. zur Abwehr einer gegenwärtigen Gefahr im Sinne des Absatzes 4 erforderlich ist. [4]Die Zweckänderung muss im Einzelfall festgestellt und dokumentiert werden.

(6) [1]Die Absätze 2 bis 5 gelten nicht für das Abhören und Aufzeichnen, wenn das technische Mittel ausschließlich zum Schutz der bei einem polizeilichen Einsatz tätigen Per-

sonen mitgeführt oder verwendet wird. [2]Das Abhören und Aufzeichnen in oder aus Wohnungen wird durch einen Beamten des höheren Dienstes angeordnet. [3]Aufzeichnungen sind unverzüglich nach Beendigung des Einsatzes zu löschen, es sei denn, sie werden zur Abwehr einer Gefahr oder zur Strafverfolgung benötigt. [4]Die erlangten Erkenntnisse dürfen außer bei Gefahr im Verzug nur verwendet werden, wenn zuvor die Rechtmäßigkeit der Maßnahme richterlich festgestellt worden ist; bei Gefahr im Verzug ist die richterliche Entscheidung unverzüglich nachzuholen, § 37 Abs. 1 Satz 2 und 3 gilt entsprechend.

(7) [1]Nach Abschluss einer Maßnahme nach den Absätzen 4 und 4a ist die betroffene Person von dem Überwachungsvorgang zu benachrichtigen. [2]Bei einer Person nach § 25 Abs. 2 Satz 1 Nr. 2 unterbleibt die Benachrichtigung, wenn sie nur mit unverhältnismäßigen Ermittlungen möglich wäre oder überwiegende schutzwürdige Belange anderer Betroffener entgegenstehen. [3]Gegenüber solchen Personen, die sich als Gast oder sonst zufällig in der überwachten Wohnung aufgehalten haben, kann die Benachrichtigung auch unterbleiben, wenn die Überwachung keine verwertbaren Ergebnisse erbracht hat. [4]Im Übrigen erfolgt die Benachrichtigung, sobald dies ohne Gefährdung des Maßnahmezwecks oder von Gesundheit, Leben oder Freiheit einer Person oder von bedeutenden Vermögenswerten geschehen kann. [5]Auf die Möglichkeit nachträglichen Rechtsschutzes ist hinzuweisen. [6]Erfolgt die Benachrichtigung nicht innerhalb von sechs Monaten nach Beendigung der Maßnahme, bedarf die weitere Zurückstellung der Benachrichtigung der richterlichen Zustimmung. [7]Entsprechendes gilt nach Ablauf von jeweils weiteren sechs Monaten. [8]Ist wegen des die Wohnraumüberwachung auslösenden Sachverhalts ein strafrechtliches Ermittlungsverfahren gegen einen Betroffenen eingeleitet worden, ist die Benachrichtigung in Abstimmung mit der Staatsanwaltschaft nachzuholen, sobald dies der Stand des Ermittlungsverfahrens zulässt. [9]In diesem Fall gelten die Regelungen der Strafprozessordnung; im Übrigen gilt für die gerichtliche Zuständigkeit und das Verfahren Absatz 5 Satz 3 und 13 entsprechend.

(7a) [1]Nach Abschluss einer Maßnahme nach Absatz 1 Satz 1 Nr. 2, die keine Maßnahme nach Absatz 4 oder Absatz 4a darstellt, ist die betroffene Person von dem Überwachungsvorgang zu benachrichtigen, sobald dies ohne Gefährdung des Maßnahmezwecks geschehen kann. [2]Die Benachrichtigung ist dann nicht geboten, wenn keine Aufzeichnungen mit personenbezogenen Daten erstellt wurden. [3]Wenn sich an den auslösenden Sachverhalt ein strafrechtliches Ermittlungsverfahren gegen die betroffene Person anschließt, entscheidet die Staatsanwaltschaft über den Zeitpunkt der Benachrichtigung.

(8) [1]Sind Unterlagen, die durch Maßnahmen der in Absatz 5 und 6 genannten Art erlangt worden sind, für den der Anordnung zugrunde liegenden Zweck, zur Strafverfolgung oder zur Strafvollstreckung nicht mehr erforderlich, so sind sie zu vernichten. [2]Das gilt auch für Unterlagen, deren Rechtmäßigkeit nicht richterlich bestätigt worden ist. [3]Sind die Unterlagen für Zwecke der Strafverfolgung oder der Strafvollstreckung verwendet worden, so ist vor ihrer Vernichtung die Zustimmung der Staatsanwaltschaft herbeizuführen. [4]Über die Vernichtung ist eine Niederschrift anzufertigen. [5]Eine Verwendung für andere Zwecke ist unzulässig.

(9) Bild- und Tonaufzeichnungen, die mit einem selbsttätigen Aufzeichnungsgerät angefertigt wurden und ausschließlich Personen betreffen, gegen die sich die Datenerhebungen nicht richteten, sind unverzüglich, sofern technisch möglich, automatisch zu vernichten, soweit sie nicht zur Strafverfolgung benötigt werden.

(10) [1]Der Senat unterrichtet das Abgeordnetenhaus von Berlin jährlich über die nach den Absätzen 4 und 4a und, soweit richterlich überprüfungsbedürftig, nach Absatz 6 getroffenen Maßnahmen. [2]Die parlamentarische Kontrolle wird auf der Grundlage dieses Berichts von einem Kontrollgremium ausgeübt. [3]Die Vorschriften des Fünften Abschnitts des Verfassungsschutzgesetzes Berlin[1)] gelten entsprechend.

1) Gesetz in der Fassung vom 25. Juni 2001 (GVBl. S. 235), zuletzt geändert durch Artikel 2 des Gesetzes vom 13. Juni 2018 (GVBl. S. 418).

§ 25a
Standortermittlung bei Telekommunikationsendgeräten

(1) [1]Zur Abwehr einer gegenwärtigen Gefahr für Leib oder Leben einer Person können Polizei und Feuerwehr von jedem, der geschäftsmäßig Telekommunikationsdienste erbringt oder daran mitwirkt (Diensteanbieter), Auskunft über den Standort eines Telekommunikationsendgerätes der gefährdeten Person verlangen, wenn die Ermittlung des Aufenthaltsortes einer vermissten, suizidgefährdeten oder einen Notruf auslösenden gefährdeten hilflosen Person auf andere Weise aussichtslos oder wesentlich erschwert wäre. [2]Die Daten sind der Polizei und der Feuerwehr unverzüglich zu übermitteln. [3]Dritten dürfen die Daten nur mit Zustimmung der betroffenen Person zugänglich gemacht werden. [4]§ 108 Abs. 1 des Telekommunikationsgesetzes vom 22. Juni 2004 (BGBl. I S. 1190), das zuletzt durch Artikel 3 des Gesetzes vom 18. Februar 2007 (BGBl. I S. 106) geändert worden ist, bleibt unberührt.

(2) Unter den Voraussetzungen des Absatzes 1 können Polizei und Feuerwehr technische Mittel einsetzen, um den Standort eines von der vermissten, suizidgefährdeten oder einen Notruf auslösenden gefährdeten hilflosen Person mitgeführten Telekommunikationsendgerätes zu ermitteln.

(3) [1]Bei Maßnahmen nach Absatz 1 oder Absatz 2 dürfen personenbezogene Daten Dritter nur erhoben werden, wenn dies aus technischen Gründen unvermeidbar ist. [2]Sämtliche nach Absatz 1 oder Absatz 2 erhobenen personenbezogenen Daten sind nach Beendigung der Maßnahme unverzüglich zu löschen.

(4) [1]Maßnahmen nach Absatz 1 werden durch eine Beamtin oder einen Beamten des höheren Dienstes angeordnet. [2]Erforderlichkeit und Zweck der Maßnahme sind durch die anordnende Beamtin oder den anordnenden Beamten zu dokumentieren.

(5) Für die Entschädigung der Diensteanbieter ist § 23 des Justizvergütungs- und -entschädigungsgesetzes entsprechend anzuwenden.

§ 26
Datenerhebung durch Einsatz von Personen, deren Zusammenarbeit mit der Polizei Dritten nicht bekannt ist und durch Einsatz Verdeckter Ermittler

(1) Die Polizei kann personenbezogene Daten durch

1. Personen, deren Zusammenarbeit mit ihr Dritten nicht bekannt ist (V-Personen),
2. Polizeivollzugsbeamte, die unter einer Legende eingesetzt werden (Verdeckte Ermittler),

erheben über die in § 25 Abs. 2 Satz 1 Nr. 1 und 2 genannten Personen, wenn Tatsachen die Annahme rechtfertigen, dass eine Straftat von erheblicher Bedeutung begangen werden soll, und dies zur vorbeugenden Bekämpfung dieser Straftaten erforderlich ist.

(2) [1]Soweit es für den Aufbau oder zur Aufrechterhaltung der Legende unerlässlich ist, dürfen entsprechende Urkunden hergestellt oder verändert werden. [2]Verdeckte Ermittler dürfen unter der Legende zur Erfüllung ihres Auftrages am Rechtsverkehr teilnehmen.

(3) [1]Verdeckte Ermittler dürfen unter ihrer Legende mit Einwilligung der berechtigten Person deren Wohnung betreten. [2]Die Einwilligung darf nicht durch ein über die Nutzung der Legende hinausgehendes Vortäuschen eines Zutrittsrechts herbeigeführt werden. [3]Eine heimliche Durchsuchung ist unzulässig. [4]Im Übrigen richten sich die Befugnisse Verdeckter Ermittler nach diesem Gesetz oder anderen Rechtsvorschriften.

(4) Der Einsatz von V-Personen darf nur durch einen Beamten des höheren Dienstes, der Einsatz von Verdeckten Ermittlern nur durch den Polizeipräsidenten oder seinen Vertreter im Amt angeordnet werden.

(5) [1]§ 25 Abs. 7a und 8 gilt entsprechend. [2]Eine Unterrichtung ist auch dann nicht geboten, wenn dadurch der weitere Einsatz der V-Personen, der Verdeckten Ermittler oder Leib oder Leben von Personen gefährdet wird.

§ 27
Polizeiliche Beobachtung

(1) Die Polizei kann die Personalien einer Person, das amtliche Kennzeichen und sonstige Merkmale des von ihr benutzten oder eingesetzten Kraftfahrzeugs, Wasserfahrzeugs, Luftfahrzeugs oder Containers sowie den Anlass der Beobachtung in einer als Teil des polizeilichen Fahndungsbestandes geführten Datei zur Polizeilichen Beobachtung speichern (Ausschreibung zur Polizeilichen Beobachtung), damit andere Polizeibehörden sowie, soweit sie Aufgaben der Grenzkontrolle wahrnehmen, die Zollbehörden das Antreffen der Person, des Fahrzeugs oder des Containers melden können, wenn das bei Gelegenheit einer Überprüfung aus anderem Anlass festgestellt wird.

(2) Die Ausschreibung zur Polizeilichen Beobachtung ist zulässig, wenn

1. die Person auf Grund einer Gesamtwürdigung und ihrer bisherigen Straftaten als gefährlicher Intensivtäter anzusehen und zu erwarten ist, dass sie auch künftig Straftaten von erheblicher Bedeutung begehen wird,
2. die Voraussetzungen für die Anordnung einer längerfristigen Observation (§ 25 Abs. 1 und Abs. 2 Satz 1 Nr. 1) gegeben sind

und Tatsachen die Annahme rechtfertigen, dass die auf Grund der Ausschreibung gemeldeten Erkenntnisse über Ort und Zeit des Antreffens der Person, etwaiger Begleitpersonen, des Fahrzeugs, des Containers und des Führers des Fahrzeugs oder des Containers sowie über mitgeführte Sachen, Verhalten, Vorhaben und sonstige Umstände des Antreffens für die vorbeugende Bekämpfung von Straftaten von erheblicher Bedeutung erforderlich sind.

(3) [1]Die Ausschreibung darf nur durch den Polizeipräsidenten oder seinen Vertreter im Amt angeordnet werden. [2]Die Anordnung ergeht schriftlich oder elektronisch und ist auf höchstens zwölf Monate zu befristen. [3]Eine Verlängerung um nicht mehr als jeweils zwölf Monate ist zulässig, soweit die Voraussetzungen weiterhin vorliegen. [4]Spätestens nach Ablauf von jeweils sechs Monaten ist zu prüfen, ob die Voraussetzungen für die Anordnung noch bestehen. [5]Das Ergebnis dieser Prüfung ist aktenkundig zu machen.

(4) Liegen die Voraussetzungen für die Anordnung nicht mehr vor, ist der Zweck der Maßnahme erreicht oder zeigt sich, dass er nicht erreicht werden kann, ist die Ausschreibung zur Polizeilichen Beobachtung unverzüglich zu löschen.

(5) § 25 Abs. 7a und 8 gilt entsprechend.

§ 28
Datenabfragen, Datenabgleich

(1) [1]Die Ordnungsbehörden und die Polizei können personenbezogene Daten in einer von ihnen automatisiert geführten Datei abfragen und mit deren Inhalt abgleichen, wenn Tatsachen die Annahme rechtfertigen, dass dies für die Erfüllung einer bestimmten ordnungsbehördlichen oder polizeilichen Aufgabe im Rahmen der Zweckbestimmung dieser Datei erforderlich ist. [2]Die Polizei kann ferner im Rahmen ihrer Aufgabenerfüllung rechtmäßig erlangte personenbezogene Daten im Fahndungsbestand abfragen und mit dessen Inhalt abgleichen, wenn die Annahme gerechtfertigt ist, dass die Abfrage oder der Abgleich sachdienliche Hinweise erwarten lässt. [3]Die betroffene Person kann für die Dauer der Abfrage und des Abgleichs angehalten werden. [4]§ 21 bleibt unberührt.

(2) Besondere Rechtsvorschriften über den Datenabgleich bleiben unberührt.

§ 29
Platzverweisung; Aufenthaltsverbot

(1) [1]Die Ordnungsbehörden und die Polizei können zur Abwehr einer Gefahr eine Person vorübergehend von einem Ort verweisen oder ihr vorübergehend das Betreten eines Ortes verbieten. [2]Die Platzverweisung kann ferner gegen eine Person angeordnet werden, die den Einsatz der Polizei, der Feuerwehr oder von Hilfs- oder Rettungsdiensten behindert.

(2) [1]Die Polizei kann zur Verhütung von Straftaten einer Person untersagen, ein bestimmtes Gebiet innerhalb von Berlin zu betreten oder sich dort aufzuhalten, wenn Tatsachen die Annahme rechtfertigen, dass diese Person dort eine Straftat begehen wird (Aufenthaltsverbot). [2]Das Verbot ist zeitlich und örtlich auf den zur Verhütung der Straftat erforderlichen Umfang zu beschränken. [3]Es darf räumlich nicht den berechtigten Zugang zur Wohnung der betroffenen Person umfassen. [4]Die Vorschriften des Versammlungsrechts bleiben unberührt.

§ 29a
Wegweisung und Betretungsverbot zum Schutz bei Gewalttaten und Nachstellungen

(1) [1]Die Polizei kann eine Person aus ihrer Wohnung und dem unmittelbar angrenzenden Bereich verweisen, wenn Tatsachen, insbesondere ein von ihr begangener tätlicher Angriff, die Annahme rechtfertigen, dass diese Maßnahme zur Abwehr einer von der wegzuweisenden Person ausgehenden Gefahr für Körper, Gesundheit oder Freiheit von Bewohnerinnen und Bewohnern derselben Wohnung erforderlich ist. [2]Unter den gleichen Voraussetzungen kann die Polizei ein Betretungsverbot für diese Wohnung, die Wohnung, in der die verletzte oder gefährdete Person wohnt, den jeweils unmittelbar angrenzenden Bereich, die Arbeitsstätte oder die Ausbildungsstätte, die Schule oder bestimmte andere Orte, an denen sich die verletzte oder gefährdete Person regelmäßig aufhalten muss, anordnen. [3]Ergänzend können Maßnahmen zur Durchsetzung der Wegweisung oder des Betretungsverbots verfügt werden.

(2) [1]Die Polizei hat die von einem Betretungsverbot betroffene Person aufzufordern, eine Anschrift oder eine zustellungsbevollmächtigte Person zum Zwecke von Zustellungen behördlicher oder gerichtlicher Entscheidungen, die zur Abwehr einer Gefahr im Sinne des Absatzes 1 ergehen, zu benennen. [2]Die Polizei hat der verletzten Person die Angaben zu übermitteln.

(3) [1]Das Betretungsverbot endet spätestens 14 Tage nach seiner Anordnung, in jedem Fall jedoch bereits mit einer ablehnenden Entscheidung über einen zivilrechtlichen Antrag auf Erlass einer einstweiligen Anordnung auf Überlassung der gemeinsam genutzten Wohnung zur alleinigen Benutzung. [2]Das Zivilgericht unterrichtet die Polizei unverzüglich von seiner Entscheidung.

§ 29b
Blockierung des Mobilfunkverkehrs

Bei einer dringenden Gefahr für Leib oder Leben kann die Polizei im Nahbereich einer Sprengvorrichtung zur Entschärfung den Mobilfunkverkehr blockieren.

§ 30
Gewahrsam

(1) Die Polizei kann eine Person in Gewahrsam nehmen, wenn

1. das zum Schutz der Person gegen eine Gefahr für Leib oder Leben unerlässlich ist, insbesondere weil die Person sich erkennbar in einem die freie Willensbestimmung ausschließenden Zustand oder sonst in hilfloser Lage befindet,
2. das unerlässlich ist, um die unmittelbar bevorstehende Begehung oder Fortsetzung einer Ordnungswidrigkeit von erheblicher Bedeutung für die Allgemeinheit oder einer Straftat zu verhindern,
3. das unerlässlich ist, um eine Platzverweisung oder ein Aufenthaltsverbot nach § 29 oder eine Wegweisung oder ein Betretungsverbot nach § 29a durchzusetzen,

4. das unerlässlich ist, um private Rechte zu schützen, und eine Festnahme oder Vorführung der Person nach den §§ 229, 230 Abs. 3 des Bürgerlichen Gesetzbuches zulässig ist.

(2) Die Polizei kann Minderjährige, die sich der Obhut der Sorgeberechtigten entzogen haben, in Gewahrsam nehmen, um sie den Sorgeberechtigten oder dem Jugendamt zuzuführen.

(3) Die Polizei kann eine Person, die aus dem Vollzug von Untersuchungshaft, Freiheitsstrafen oder freiheitsentziehenden Maßregeln der Besserung und Sicherung entwichen ist oder sich sonst ohne Erlaubnis außerhalb der Justizvollzugsanstalt aufhält, in Gewahrsam nehmen und in die Anstalt zurückbringen.

§ 31
Richterliche Entscheidung

(1) [1]Wird eine Person auf Grund von § 20 Abs. 3, § 21 Abs. 3 Satz 3 oder § 30 festgehalten, hat die Polizei unverzüglich eine richterliche Entscheidung über Zulässigkeit und Fortdauer der Freiheitsentziehung herbeizuführen. [2]Der Herbeiführung der richterlichen Entscheidung bedarf es nicht, wenn anzunehmen ist, dass die Entscheidung des Richters erst nach Wegfall des Grundes der polizeilichen Maßnahmen ergehen würde.

(2) Ist die Freiheitsentziehung vor Erlass einer gerichtlichen Entscheidung beendet, kann die festgehaltene Person innerhalb eines Monats nach Beendigung der Freiheitsentziehung die Feststellung beantragen, dass die Freiheitsentziehung rechtswidrig gewesen ist, wenn hierfür ein berechtigtes Interesse besteht.

(3) [1]Für Entscheidungen nach den Absätzen 1 und 2 ist das Amtsgericht Tiergarten zuständig. [2]Das Verfahren richtet sich nach den Vorschriften des Buches 7 des Gesetzes über das Verfahren in Familiensachen und in den Angelegenheiten der freiwilligen Gerichtsbarkeit. [3]In Fällen des Absatzes 2 ist die Rechtsbeschwerde gegen die Entscheidung des Landgerichts über eine Beschwerde nur statthaft, wenn das Landgericht sie wegen der grundsätzlichen Bedeutung der zur Entscheidung stehenden Frage zulässt. [4]Für die Gerichtskosten gelten die Vorschriften über die Kostenerhebung in Angelegenheiten der freiwilligen Gerichtsbarkeit entsprechend. [5]Gebühren werden nur für die Entscheidung, die die Freiheitsentziehung für zulässig erklärt, sowie das Beschwerdeverfahren erhoben.

§ 32
Behandlung festgehaltener Personen

(1) [1]Wird eine Person auf Grund von § 20 Abs. 3, § 21 Abs. 3 Satz 3 oder § 30 festgehalten, ist ihr unverzüglich der Grund bekanntzugeben. [2]Sie ist über die zulässigen Rechtsbehelfe zu belehren. [3]Zu der Belehrung gehört der Hinweis, dass eine etwaige Aussage freiwillig erfolgt.

(2) [1]Der festgehaltenen Person ist unverzüglich Gelegenheit zu geben, einen Angehörigen oder eine Person ihres Vertrauens zu benachrichtigen, soweit dadurch der Zweck der Freiheitsentziehung nicht gefährdet wird. [2]Unberührt bleibt die Benachrichtigungspflicht bei einer richterlichen Freiheitsentziehung. [3]Die Polizei soll die Benachrichtigung übernehmen, wenn die festgehaltene Person nicht in der Lage ist, von dem Recht nach Satz 1 Gebrauch zu machen, und die Benachrichtigung ihrem mutmaßlichen Willen nicht widerspricht. [4]Ist die festgehaltene Person minderjährig oder ist ein Betreuer für sie bestellt, so ist in jedem Falle unverzüglich derjenige zu benachrichtigen, dem die Sorge für die Person oder die Betreuung der Person nach dem ihm übertragenen Aufgabengebiet obliegt.

(3) [1]Die festgehaltene Person soll gesondert, insbesondere ohne ihre Einwilligung nicht in demselben Raum mit Straf- oder Untersuchungsgefangenen untergebracht werden. [2]Männer und Frauen sollen getrennt untergebracht werden. [3]Der festgehaltenen Person

dürfen nur solche Beschränkungen auferlegt werden, die der Zweck der Freiheitsentziehung oder die Ordnung im Gewahrsam erfordert.

§ 33
Dauer der Freiheitsentziehung

(1) Die festgehaltene Person ist zu entlassen,

1. sobald der Grund für die Maßnahme weggefallen ist,
2. wenn die Fortdauer der Freiheitsentziehung durch richterliche Entscheidung für unzulässig erklärt wird,
3. in jedem Falle spätestens bis zum Ende des Tages nach dem Ergreifen, wenn nicht vorher die Fortdauer der Freiheitsentziehung auf Grund des § 30 Absatz 1 Nummer 2 oder auf Grund eines anderen Gesetzes durch richterliche Entscheidung angeordnet ist; über das Ende des Tages nach dem Ergreifen hinaus kann die Fortdauer der Freiheitsentziehung auf Grund von § 30 Absatz 1 Nummer 2 durch richterliche Entscheidung nur angeordnet werden, wenn Anhaltspunkte dafür vorliegen, dass der oder die Betroffene Straftaten gegen Leib oder Leben oder Straftaten nach den §§ 125, 125a, 306 bis 306c, 306f und 308 des Strafgesetzbuches oder nach § 27 des Versammlungsgesetzes begehen oder sich hieran beteiligen wird; in der Entscheidung ist die höchstzulässige Dauer der Freiheitsentziehung zu bestimmen; die Dauer der Freiheitsentziehung auf Grund von § 30 Absatz 1 Nummer 2 darf in diesen Fällen vier Tage nicht überschreiten.

(2) Eine Freiheitsentziehung zum Zwecke der Feststellung der Identität darf die Dauer von insgesamt zwölf Stunden nicht überschreiten.

§ 34
Durchsuchung von Personen

(1) Die Ordnungsbehörden und die Polizei können eine Person durchsuchen, wenn

1. Tatsachen die Annahme rechtfertigen, dass sie Sachen mit sich führt, die sichergestellt werden dürfen,
2. sie sich erkennbar in einem die freie Willensbestimmung ausschließenden Zustand oder sonst in hilfloser Lage befindet.

(2) Die Polizei kann außer in den Fällen des § 21 Abs. 3 Satz 4 eine Person durchsuchen, wenn

1. sie nach diesem Gesetz oder anderen Rechtsvorschriften festgehalten werden kann,
2. sie sich an einem der in § 21 Abs. 2 Nr. 1 genannten Orte aufhält,
3. sie sich in einem Objekt im Sinne des § 21 Abs. 2 Nr. 3 oder in dessen unmittelbarer Nähe aufhält und Tatsachen die Annahme rechtfertigen, dass in oder an einem Objekt dieser Art Straftaten begangen werden sollen, durch die Personen oder dieses Objekt gefährdet sind,
4. sie an einer Kontrollstelle nach § 21 Abs. 2 Nr. 4 angetroffen wird und Tatsachen die Annahme rechtfertigen, dass Straftaten der in § 21 Abs. 2 Nr. 4 genannten Art begangen werden sollen.

(3) [1]Die Polizei kann eine Person, deren Identität nach diesem Gesetz oder anderen Rechtsvorschriften festgestellt werden soll, nach Waffen, anderen gefährlichen Werkzeugen und Explosivmitteln durchsuchen, wenn das nach den Umständen zum Schutz des Polizeivollzugsbeamten oder eines Dritten gegen eine Gefahr für Leib oder Leben erforderlich ist. [2]Dasselbe gilt, wenn eine Person vorgeführt oder zur Durchführung einer Maßnahme an einen anderen Ort gebracht werden soll.

(4) Personen dürfen nur von Personen gleichen Geschlechts oder Ärzten durchsucht werden; das gilt nicht, wenn die sofortige Durchsuchung zum Schutz gegen eine Gefahr für Leib oder Leben erforderlich ist.

§ 35
Durchsuchung von Sachen

(1) Die Ordnungsbehörden und die Polizei können eine Sache durchsuchen, wenn
1. sie von einer Person mitgeführt wird, die nach § 34 durchsucht werden darf,
2. Tatsachen die Annahme rechtfertigen, dass sich in ihr eine Person befindet, die widerrechtlich festgehalten wird oder hilflos ist,
3. Tatsachen die Annahme rechtfertigen, dass sich in ihr eine andere Sache befindet, die sichergestellt werden darf.

(2) Die Polizei kann außer in den Fällen des § 21 Abs. 3 Satz 4 eine Sache durchsuchen, wenn
1. Tatsachen die Annahme rechtfertigen, dass sich in ihr eine Person befindet, die in Gewahrsam genommen werden darf,
2. sie sich an einem der in § 21 Abs. 2 Nr. 1 genannten Orte befindet,
3. sie sich in einem Objekt im Sinne des § 21 Abs. 2 Nr. 3 oder in dessen unmittelbarer Nähe befindet und Tatsachen die Annahme rechtfertigen, dass in oder an einem Objekt dieser Art Straftaten begangen werden sollen, durch die Personen oder dieses Objekt gefährdet sind,
4. es sich um ein Land-, Wasser- oder Luftfahrzeug handelt, in dem sich eine Person befindet, deren Identität nach § 21 Abs. 2 Nr. 4 festgestellt werden darf; die Durchsuchung kann sich auch auf die in dem Fahrzeug enthaltenen Sachen erstrecken.

(3) [1]Bei der Durchsuchung von Sachen hat der Inhaber der tatsächlichen Gewalt das Recht, anwesend zu sein. [2]Ist er abwesend, so soll sein Vertreter oder ein anderer Zeuge hinzugezogen werden. [3]Dem Inhaber der tatsächlichen Gewalt ist auf Verlangen eine Bescheinigung über die Durchsuchung und ihren Grund zu erteilen.

§ 36
Betreten und Durchsuchung von Wohnungen

(1) [1]Die Ordnungsbehörden und die Polizei können eine Wohnung ohne Einwilligung des Inhabers betreten und durchsuchen, wenn
1. Tatsachen die Annahme rechtfertigen, dass sich in ihr eine Sache befindet, die nach § 38 Nr. 1 sichergestellt werden darf,
2. von der Wohnung Emissionen ausgehen, die nach Art, Ausmaß oder Dauer zu einer erheblichen Belästigung der Nachbarschaft führen,
3. das zur Abwehr einer gegenwärtigen Gefahr für Leib, Leben oder Freiheit einer Person oder für Sachen von bedeutendem Wert erforderlich ist.

[2]Die Wohnung umfasst die Wohn- und Nebenräume, Arbeits-, Betriebs- und Geschäftsräume sowie anderes befriedetes Besitztum.

(2) Die Polizei kann eine Wohnung ohne Einwilligung des Inhabers betreten und durchsuchen, wenn Tatsachen die Annahme rechtfertigen, dass sich in ihr eine Person befindet, die nach § 20 Abs. 3 vorgeführt oder nach § 30 in Gewahrsam genommen werden darf.

(3) Während der Nachtzeit (§ 104 Abs. 3 der Strafprozessordnung) ist das Betreten und Durchsuchen einer Wohnung nur in den Fällen des Absatzes 1 Nr. 2 und 3 zulässig.

(4) Wohnungen können jedoch zur Abwehr dringender Gefahren jederzeit betreten werden, wenn
1. Tatsachen die Annahme rechtfertigen, dass
   a) dort Personen Straftaten von erheblicher Bedeutung verabreden, vorbereiten oder verüben,
   b) sich dort Personen treffen, die gegen aufenthaltsrechtliche Strafvorschriften verstoßen,
   c) sich dort gesuchte Straftäter verbergen,
2. sie der Prostitution dienen.

(5) Arbeits-, Betriebs- und Geschäftsräume sowie andere Räume und Grundstücke, die der Öffentlichkeit zugänglich sind oder zugänglich waren und den Anwesenden zum weiteren Aufenthalt zur Verfügung stehen, können zum Zwecke der Gefahrenabwehr (§ 1 Abs. 1) während der Arbeits-, Geschäfts- oder Aufenthaltszeit betreten werden.

§ 37
Verfahren bei der Durchsuchung von Wohnungen

(1) [1]Durchsuchungen dürfen außer bei Gefahr im Verzug nur durch den Richter angeordnet werden. [2]Zuständig ist das Amtsgericht Tiergarten. [3]Für das Verfahren gelten die Vorschriften des Gesetzes über das Verfahren in Familiensachen und in den Angelegenheiten der freiwilligen Gerichtsbarkeit entsprechend.

(2) [1]Bei der Durchsuchung einer Wohnung hat der Wohnungsinhaber das Recht, anwesend zu sein. [2]Ist er abwesend, so ist, wenn möglich, sein Vertreter oder ein erwachsener Angehöriger, Hausgenosse oder Nachbar zuzuziehen.

(3) Dem Wohnungsinhaber oder seinem Vertreter ist der Grund der Durchsuchung unverzüglich bekanntzugeben, soweit dadurch der Zweck der Maßnahme nicht gefährdet wird.

(4) [1]Über die Durchsuchung ist eine Niederschrift zu fertigen. [2]Sie muss die verantwortliche Stelle, Grund, Zeit und Ort der Durchsuchung und das Ergebnis der Durchsuchung enthalten. [3]Die Niederschrift ist von einem durchsuchenden Beamten und dem Wohnungsinhaber oder der zugezogenen Person zu unterzeichnen. [4]Wird die Unterschrift verweigert, so ist hierüber ein Vermerk aufzunehmen. [5]Dem Wohnungsinhaber oder seinem Vertreter ist auf Verlangen eine Abschrift der Niederschrift auszuhändigen.

(5) Ist die Anfertigung der Niederschrift oder die Aushändigung einer Abschrift nach den besonderen Umständen des Falles nicht möglich oder würde sie den Zweck der Durchsuchung gefährden, so sind der betroffenen Person lediglich die Durchsuchung unter Angabe der verantwortlichen Ordnungsbehörde oder Polizei sowie Zeit und Ort der Durchsuchung schriftlich oder elektronisch zu bestätigen.

§ 38
Sicherstellung

Die Ordnungsbehörden und die Polizei können eine Sache sicherstellen,

1. um eine gegenwärtige Gefahr abzuwehren,
2. um den Eigentümer oder den rechtmäßigen Inhaber der tatsächlichen Gewalt vor Verlust oder Beschädigung einer Sache zu schützen,
3. wenn sie von einer Person mitgeführt wird, die nach diesem Gesetz oder anderen Rechtsvorschriften festgehalten wird, vorgeführt oder zur Durchführung einer Maßnahme an einen anderen Ort gebracht werden soll und die Sache verwendet werden kann, um
   a) sich zu töten oder zu verletzen,
   b) Leben oder Gesundheit anderer zu schädigen,
   c) fremde Sachen zu beschädigen,
   d) die Flucht zu ermöglichen oder zu erleichtern.

§ 39
Verwahrung

(1) [1]Sichergestellte Sachen sind in Verwahrung zu nehmen. [2]Lässt die Beschaffenheit der Sachen das nicht zu oder erscheint die Verwahrung bei der Ordnungsbehörde oder der Polizei unzweckmäßig, sind die Sachen auf andere geeignete Weise aufzubewahren oder zu sichern. [3]In diesem Falle kann die Verwahrung auch einem Dritten übertragen werden.

(2) [1]Der betroffenen Person ist eine Bescheinigung auszustellen, die den Grund der Sicherstellung erkennen lässt und die sichergestellten Sachen bezeichnet. [2]Kann nach den Umständen des Falles eine Bescheinigung nicht ausgestellt werden, so ist über die Sicherstellung eine Niederschrift aufzunehmen, die auch erkennen lässt, warum eine Bescheinigung nicht ausgestellt worden ist. [3]Der Eigentümer oder der rechtmäßige Inhaber der tatsächlichen Gewalt ist unverzüglich zu unterrichten.

(3) [1]Wird eine sichergestellte Sache verwahrt, so ist nach Möglichkeit Wertminderungen vorzubeugen. [2]Das gilt nicht, wenn die Sache durch den Dritten auf Verlangen eines Berechtigten verwahrt wird.

(4) Die verwahrten Sachen sind zu verzeichnen und so zu kennzeichnen, dass Verwechslungen vermieden werden.

§ 40
Verwertung, Vernichtung, Einziehung

(1) Die Verwertung einer sichergestellten Sache ist zulässig, wenn
1. ihr Verderb oder eine wesentliche Wertminderung droht,
2. ihre Verwahrung, Pflege oder Erhaltung mit unverhältnismäßig hohen Kosten oder Schwierigkeiten verbunden ist,
3. sie infolge ihrer Beschaffenheit nicht so verwahrt werden kann, dass weitere Gefahren für die öffentliche Sicherheit oder Ordnung ausgeschlossen sind,
4. sie nach einer Frist von einem Jahr nicht an einen Berechtigten herausgegeben werden kann, ohne dass die Voraussetzungen der Sicherstellung erneut eintreten würden,
5. der Berechtigte sie nicht innerhalb einer ausreichend bemessenen Frist abholt, obwohl ihm eine Mitteilung über die Frist mit dem Hinweis zugestellt worden ist, dass die Sache verwertet wird, wenn sie nicht innerhalb der Frist abgeholt wird.

(2) [1]Die betroffene Person, der Eigentümer und andere Personen, denen ein Recht an der Sache zusteht, sollen vor der Verwertung gehört werden. [2]Die Anordnung sowie Zeit und Ort der Verwertung sind ihnen mitzuteilen, soweit die Umstände und der Zweck der Maßnahmen es erlauben.

(3) [1]Die Sache wird durch öffentliche Versteigerung verwertet; § 979 Abs. 1 des Bürgerlichen Gesetzbuches gilt entsprechend. [2]Bleibt die Versteigerung erfolglos, erscheint sie von vornherein aussichtslos oder würden die Kosten der Versteigerung voraussichtlich den zu erwartenden Erlös übersteigen, so kann die Sache freihändig verkauft werden. [3]Der Erlös tritt an die Stelle der verwerteten Sache. [4]Lässt sich innerhalb angemessener Frist kein Käufer finden, so kann die Sache einem gemeinnützigen Zweck zugeführt werden.

(4) [1]Sichergestellte Sachen können unbrauchbar gemacht, vernichtet oder eingezogen werden, wenn
1. im Falle einer Verwertung die Gründe, die zu ihrer Sicherstellung berechtigten, fortbestehen oder Sicherstellungsgründe erneut entstehen würden,
2. die Verwertung aus anderen Gründen nicht möglich ist.

[2]Absatz 2 gilt entsprechend.

§ 41
Herausgabe sichergestellter Sachen oder des Erlöses, Kosten

(1) [1]Sobald die Voraussetzungen für die Sicherstellung weggefallen sind, sind die Sachen an diejenige Person herauszugeben, bei der sie sichergestellt worden sind. [2]Ist die Herausgabe an sie nicht möglich, können sie an eine andere Person herausgegeben werden, die ihre Berechtigung glaubhaft macht. [3]Die Herausgabe ist ausgeschlossen, wenn dadurch erneut die Voraussetzungen für eine Sicherstellung eintreten würden.

(2) [1]Sind die Sachen verwertet worden, ist der Erlös herauszugeben. [2]Ist eine berechtigte Person nicht vorhanden oder nicht zu ermitteln, ist der Erlös nach den Vorschriften des

Bürgerlichen Gesetzbuches zu hinterlegen. [3]Der Anspruch auf Herausgabe des Erlöses erlischt drei Jahre nach Ablauf des Jahres, in dem die Sache verwertet worden ist.

(3) [1]Die Kosten der Sicherstellung und Verwahrung fallen den nach den §§ 13 oder 14 Verantwortlichen zur Last. [2]Mehrere Verantwortliche haften als Gesamtschuldner. [3]Die Herausgabe der Sache kann von der Zahlung der Kosten abhängig gemacht werden. [4]Ist eine Sache verwertet worden, können die Kosten aus dem Erlös gedeckt werden. [5]Die Kosten können im Verwaltungsvollstreckungsverfahren beigetrieben werden. [6]Die Erhebung von Kosten nach dem Gesetz über Gebühren und Beiträge bleibt unberührt.

(4) § 983 des Bürgerlichen Gesetzbuches bleibt unberührt.

Zweiter Unterabschnitt
Befugnisse für die weitere Datenverarbeitung

§ 42
Allgemeine Regeln über die Datenspeicherung, -veränderung und -nutzung

(1) [1]Die Ordnungsbehörden und die Polizei können rechtmäßig erhobene personenbezogene Daten in Akten oder Dateien speichern, verändern und nutzen, soweit das zur Erfüllung ihrer Aufgaben, zu einer zeitlich befristeten Dokumentation oder zur Vorgangsverwaltung erforderlich ist. [2]Dies gilt auch für personenbezogene Daten, die die Ordnungsbehörden und die Polizei unaufgefordert durch Dritte erlangt haben.

(2) [1]Die Ordnungsbehörden und die Polizei dürfen personenbezogene Daten nur zu dem Zweck speichern, verändern und nutzen, zu dem sie die Daten erlangt haben. [2]Die Nutzung sowie die weitere Speicherung und Veränderung zu einem anderen ordnungsbehördlichen oder polizeilichen Zweck ist zulässig, soweit die Ordnungsbehörden und die Polizei die Daten auch zu diesem Zweck hätten erheben und nutzen dürfen. [3]Eine Verarbeitung zu anderen Zwecken liegt nicht vor, wenn sie der Wahrnehmung von Aufsichts- und Kontrollbefugnissen, der Rechnungsprüfung oder der Durchführung von Organisationsuntersuchungen dient. [4]Der Zugriff auf personenbezogene Daten ist insoweit nur zulässig, als er für die Ausübung dieser Befugnisse unverzichtbar ist.

(3) Die Polizei kann, soweit Bestimmungen der Strafprozessordnung oder andere gesetzliche Regelungen nicht entgegenstehen, personenbezogene Daten, die sie im Rahmen von strafrechtlichen Ermittlungen gewonnen hat, speichern, verändern und nutzen, soweit das zur Gefahrenabwehr, insbesondere zur vorbeugenden Bekämpfung von Straftaten (§ 1 Abs. 3) erforderlich ist.

(4) Die Ordnungsbehörden und die Polizei können personenbezogene Daten über die zulässige Speicherungsdauer hinaus zur Aus- oder Fortbildung oder zu statistischen Zwecken in anonymisierter Form nutzen.

(5) [1]Werden personenbezogene Daten von Kindern, die ohne Kenntnis der Sorgeberechtigten erhoben worden sind, gespeichert, sind die Sorgeberechtigten zu unterrichten, soweit die Aufgabenerfüllung dadurch nicht mehr gefährdet wird. [2]Von der Unterrichtung kann abgesehen werden, solange zu besorgen ist, dass die Unterrichtung zu erheblichen Nachteilen für das Kind führt.

§ 43
Besondere Regeln für die Speicherung, Veränderung und Nutzung von Daten in Dateien

(1) [1]Die Polizei kann zur vorbeugenden Bekämpfung von Straftaten personenbezogene Daten über die in § 25 Abs. 2 Satz 1 Nr. 2 genannten Personen sowie über Zeugen, Hinweisgeber und sonstige Auskunftspersonen in Dateien nur speichern, verändern und nut-

zen, soweit das zur vorbeugenden Bekämpfung von Straftaten von erheblicher Bedeutung oder zur vorbeugenden Bekämpfung von sonstigen Straftaten, die organisiert, insbesondere banden-, gewerbs- oder serienmäßig begangen werden und mit einer Höchststrafe von mehr als drei Jahren bedroht sind, erforderlich ist. [2]Die Speicherungsdauer darf drei Jahre nicht überschreiten. [3]Nach jeweils einem Jahr, gerechnet vom Zeitpunkt der letzten Speicherung, ist zu prüfen, ob die Voraussetzungen nach Satz 1 noch vorliegen.

(2) Werden wertende Angaben über eine Person in Dateien gespeichert, muss feststellbar sein, bei welcher Stelle die den Angaben zugrunde liegenden Informationen vorhanden sind.

§ 44
Datenübermittlung innerhalb des öffentlichen Bereichs

(1) [1]Zwischen den Ordnungsbehörden sowie zwischen den Ordnungsbehörden und der Polizei können personenbezogene Daten übermittelt werden, soweit das zur Erfüllung ordnungsbehördlicher oder polizeilicher Aufgaben erforderlich ist; dies gilt auch für die Übermittlung von Daten an Gefahrenabwehr- oder Polizeibehörden eines anderen Landes oder des Bundes. [2]§ 42 Abs. 2 gilt entsprechend. [3]Datenübermittlung im Sinne dieses Gesetzes ist auch die Weitergabe personenbezogener Daten innerhalb einer Behörde zwischen Stellen, die unterschiedliche gesetzliche Aufgaben wahrnehmen.

(2) Im Übrigen können die Ordnungsbehörden und die Polizei personenbezogene Daten an Behörden oder sonstige öffentliche Stellen übermitteln, soweit das

1. zur Erfüllung ordnungsbehördlicher oder polizeilicher Aufgaben,
2. zur Abwehr einer Gefahr für oder durch den Empfänger,
3. zur Abwehr erheblicher Nachteile für das Gemeinwohl,
4. zur Abwehr einer schwerwiegenden Beeinträchtigung der Rechte einer Person

erforderlich ist.

(3) [1]Die Ordnungsbehörden und die Polizei können personenbezogene Daten an ausländische öffentliche Stellen sowie an über- und zwischenstaatliche Stellen übermitteln, soweit das

1. zur Erfüllung einer Aufgabe der Ordnungsbehörde oder der Polizei,
2. zur Abwehr einer erheblichen Gefahr für oder durch den Empfänger

erforderlich ist oder

3. sie hierzu auf Grund über- oder zwischenstaatlicher Vereinbarungen über Datenübermittlungen berechtigt oder verpflichtet sind.

[2]Die Übermittlung unterbleibt, soweit Grund zu der Annahme besteht, dass dadurch gegen den Zweck eines deutschen Gesetzes verstoßen würde oder schutzwürdige Belange der betroffenen Personen beeinträchtigt würden. [3]Der Empfänger ist darauf hinzuweisen, dass die übermittelten Daten nur zu dem Zweck genutzt werden dürfen, zu dessen Erfüllung sie ihm übermittelt wurden.

(4) [1]Personenbezogene Daten über die in § 25 Abs. 2 Satz 1 Nr. 2 genannten Personen, Zeugen, Hinweisgeber und sonstige Auskunftspersonen sowie wertende Angaben dürfen nur an andere Ordnungsbehörden und Polizeibehörden übermittelt werden. [2]Die Übermittlung dieser Daten ist ferner zulässig an die zur Aufklärung oder Bekämpfung des internationalen Terrorismus zuständigen, im Antiterrordateigesetz vom 22. Dezember 2006 (BGBl. I S. 3409), das zuletzt durch Artikel 1 des Gesetzes vom 18. Dezember 2014 (BGBl. I S. 2318) geändert worden ist, genannten Behörden sowie an die zur Aufklärung oder Bekämpfung des gewaltbezogenen Rechtsextremismus zuständigen, im Rechtsextremismus-Datei-Gesetz vom 20. August 2012 (BGBl. I S. 1798), das durch Artikel 2 des Gesetzes vom 18. Dezember 2014 (BGBl. I S. 2318) geändert worden ist, genannten Behörden, soweit dies zur Durchführung der genannten Gesetze in ihrer jeweils geltenden Fassung erforderlich ist.

(5) [1]Die übermittelnde Stelle hat die Zulässigkeit der Übermittlung zu prüfen. [2]Erfolgt die Übermittlung auf Grund eines Ersuchens, hat die übermittelnde Stelle nur zu prüfen, ob das Übermittlungsersuchen im Rahmen der Aufgaben des Empfängers liegt. [3]Im Übrigen hat sie die Zulässigkeit der Übermittlung nur zu prüfen, wenn Zweifel an der Rechtmäßigkeit der Nutzung durch den Empfänger bestehen. [4]Der Empfänger hat der übermittelnden Stelle die erforderlichen Angaben zu machen.

(6) Der Empfänger darf die übermittelten personenbezogenen Daten, soweit gesetzlich nichts anderes bestimmt ist, nur zu dem Zweck nutzen, zu dem sie ihm übermittelt worden sind.

(7) [1]Andere Behörden und sonstige öffentliche Stellen können personenbezogene Daten an die Ordnungsbehörden und die Polizei übermitteln, soweit das zur Erfüllung ordnungsbehördlicher oder polizeilicher Aufgaben erforderlich erscheint und die von der übermittelnden Stelle zu beachtenden Rechtsvorschriften nicht entgegenstehen. [2]Sie sind zur Übermittlung verpflichtet, wenn es zur Abwehr einer Gefahr für Leib, Leben oder Freiheit einer Person erforderlich ist.

(8) Andere Rechtsvorschriften für die Datenübermittlung bleiben unberührt.

§ 45
Datenübermittlung an Personen oder Stellen außerhalb des öffentlichen Bereichs

(1) Die Ordnungsbehörden und die Polizei können personenbezogene Daten an Personen oder Stellen außerhalb des öffentlichen Bereichs übermitteln, soweit das

1. zur Erfüllung ordnungsbehördlicher oder polizeilicher Aufgaben,
2. zur Abwehr erheblicher Nachteile für das Gemeinwohl,
3. zur Abwehr einer schwerwiegenden Beeinträchtigung der Rechte einer Person

erforderlich ist oder

4. der Auskunftsbegehrende ein rechtliches Interesse an der Kenntnis der zu übermittelnden Daten glaubhaft macht und die schutzwürdigen Interessen der betroffenen Person nicht überwiegen,
5. der Auskunftsbegehrende ein berechtigtes Interesse geltend macht und offensichtlich ist, dass die Datenübermittlung im Interesse der betroffenen Person liegt, die betroffene Person eingewilligt hat oder in Kenntnis der Sachlage ihre Einwilligung hierzu erteilen würde.

(2) § 44 Abs. 5 und 6 gilt entsprechend.

(3) Der Empfänger ist darauf hinzuweisen, dass die übermittelten Daten nur zu dem Zweck genutzt werden dürfen, zu dessen Erfüllung sie ihm übermittelt wurden.

§ 45a
Datenübermittlung zum Zweck der Zuverlässigkeitsüberprüfung bei Großveranstaltungen

(1) Soweit eine Zuverlässigkeitsüberprüfung wegen besonderer Gefahren bei Großveranstaltungen erforderlich ist, kann die Polizei personenbezogene Daten an öffentliche und nicht öffentliche Stellen übermitteln, wenn die Betroffenen schriftlich eingewilligt haben und die Übermittlung im Hinblick auf den Anlass der Überprüfung, insbesondere den Zugang des Betroffenen zu der Veranstaltung im Hinblick auf ein berechtigtes Sicherheitsinteresse des Empfängers sowie wegen der Art und des Umfanges der Erkenntnisse über den Betroffenen angemessen ist. Die Übermittlung beschränkt sich auf die Auskunft zum Vorliegen von Sicherheitsbedenken. Die Polizei hat die Betroffenen vor der schriftlichen Einwilligung über den konkreten Inhalt der Übermittlung und die Empfänger zu informieren, soweit diese nicht auf andere Weise Kenntnis hiervon erhalten haben. Eine Datenüber-

mittlung nach Satz 1 über die in § 53 Absatz 1 Satz 1 Nummer 5 der Strafprozessordnung genannten Personen findet nicht statt, soweit diese innerhalb der letzten zwölf Monate von einer anderen Polizeibehörde des Bundes oder eines Landes zuverlässigkeitsüberprüft wurden.

(2) Der Empfänger darf die übermittelten Daten nur zu Zwecken der Zuverlässigkeitsüberprüfung verarbeiten. Die Polizei hat den Empfänger schriftlich oder elektronisch zur Einhaltung dieser Zweckbestimmung zu verpflichten.

(3) Der Berliner Beauftragte für Datenschutz und Informationsfreiheit ist zu unterrichten, wenn eine Datenübermittlung wegen einer Veranstaltung nach Absatz 1 beabsichtigt ist.

§ 46
Automatisiertes Abrufverfahren

(1) [1]Die Einrichtung eines automatisierten Verfahrens, das die Übermittlung personenbezogener Daten aus einer von der Polizei geführten Datei durch Abruf ermöglicht, ist zulässig, soweit diese Form der Datenübermittlung unter Berücksichtigung der schutzwürdigen Belange der betroffenen Personen und der Erfüllung polizeilicher Aufgaben angemessen ist. [2]Der Abruf darf nur anderen Polizeibehörden gestattet werden.

(2) Die nach § 5 des Berliner Datenschutzgesetzes erforderlichen technischen und organisatorischen Maßnahmen sind schriftlich oder elektronisch festzulegen.

(3) Die speichernde Stelle hat zu gewährleisten, dass die Übermittlung zumindest durch geeignete Stichprobenverfahren festgestellt und überprüft werden kann.

(4) [1]Der Senat bestimmt durch Rechtsverordnung die Einzelheiten der Einrichtung automatisierter Abrufverfahren. [2]Der Berliner Beauftragte für Datenschutz und Informationsfreiheit ist vorher zu hören. [3]Die Rechtsverordnung hat den Datenempfänger, die Datenart und den Zweck des Abrufs festzulegen. [4]Sie hat Maßnahmen zur Datensicherung und zur Kontrolle vorzusehen, die in einem angemessenen Verhältnis zu dem angestrebten Schutzzweck stehen.

(5) Die Polizei kann mit anderen Ländern und dem Bund einen Datenverbund vereinbaren, der eine automatisierte Datenübermittlung ermöglicht.

§ 46 a
Aufzeichnung von Anrufen

[1]Die Polizei und die Ordnungsbehörden können Anrufe über Notrufeinrichtungen auf Tonträger aufzeichnen. [2]Eine Aufzeichnung von Anrufen im Übrigen ist nur zulässig, soweit die Aufzeichnung im Einzelfall zur Erfüllung ihrer Aufgaben erforderlich ist. [3]Die Aufzeichnungen sind spätestens nach drei Monaten zu löschen, es sei denn, sie werden zur Verfolgung von Straftaten benötigt oder Tatsachen rechtfertigen die Annahme, dass die anrufende Person Straftaten begehen wird und die Aufbewahrung zur vorbeugenden Bekämpfung von Straftaten von erheblicher Bedeutung erforderlich ist.

§ 47
Besondere Formen des Datenabgleichs

(1) [1]Die Polizei kann von öffentlichen Stellen oder Stellen außerhalb des öffentlichen Bereichs zur Abwehr einer durch Tatsachen belegten gegenwärtigen Gefahr für den Bestand oder die Sicherheit des Bundes oder eines Landes oder für Leib, Leben oder Freiheit einer Person die Übermittlung von zulässig speicherbaren personenbezogenen Daten bestimmter Personengruppen aus bestimmbaren Dateien zum Zwecke des Abgleichs mit anderen Datenbeständen verlangen, soweit Tatsachen die Annahme rechtfertigen, dass das zur Abwehr der Gefahr erforderlich ist. [2]Die ersuchte Stelle hat dem Verlangen zu entsprechen. [3]Rechtsvorschriften über ein Berufs- oder besonderes Amtsgeheimnis bleiben unberührt.

(2) [1]Das Übermittlungsersuchen ist auf Namen, Anschriften, Tag und Ort der Geburt sowie auf im einzelnen Falle festzulegende Merkmale zu beschränken. [2]Werden wegen tech-

nischer Schwierigkeiten, die mit angemessenem Zeit- oder Kostenaufwand nicht beseitigt werden können, weitere Daten übermittelt, dürfen diese nicht verwertet werden.

(3) [1]Ist der Zweck der Maßnahme erreicht oder zeigt sich, dass er nicht erreicht werden kann, sind die übermittelten und im Zusammenhang mit der Maßnahme zusätzlich angefallenen Daten auf dem Datenträger zu löschen und die Unterlagen, soweit sie nicht für ein mit dem Sachverhalt zusammenhängendes Verfahren erforderlich sind, unverzüglich zu vernichten. [2]Über die getroffenen Maßnahmen ist eine Niederschrift anzufertigen. [3]Diese Niederschrift ist gesondert aufzubewahren, durch technische und organisatorische Maßnahmen zu sichern und am Ende des Kalenderjahres, das dem Jahr der Vernichtung der Unterlagen nach Satz 1 folgt, zu vernichten.

(4) [1]Die Maßnahme darf nur durch den Richter angeordnet werden. [2]Zuständig ist das Amtsgericht Tiergarten. [3]Die Anordnung muss den zur Übermittlung Verpflichteten sowie alle benötigten Daten und Merkmale bezeichnen. [4]Antragsberechtigt ist der Polizeipräsident oder sein Vertreter im Amt. [5]Dem Antrag sind die Errichtungsanordnung nach § 49 dieses Gesetzes, das Datensicherheitskonzept und die Risikoanalyse nach § 5 Abs. 3 des Berliner Datenschutzgesetzes und die Maßnahmen zur Gewährleistung von Datensicherheit der erhobenen Daten beizufügen. [6]Das Vorliegen der Voraussetzungen nach § 9 Abs. 1 des Berliner Datenschutzgesetzes ist im Antrag nachzuweisen. [7]Für das Verfahren gelten die Vorschriften des Gesetzes über das Verfahren in Familiensachen und in den Angelegenheiten der freiwilligen Gerichtsbarkeit entsprechend. [8]Wird eine Anordnung unanfechtbar aufgehoben, sind bereits erhobene Daten zu löschen. [9]Andere Behörden sind von der Unzulässigkeit der Speicherung und Verwertung der Daten zu unterrichten. [10]§ 48 Abs. 6 gilt nicht. [11]Der Berliner Beauftragte für Datenschutz und Informationsfreiheit ist durch die Polizei fortlaufend über die Maßnahmen zu unterrichten.

§ 48
Berichtigung, Löschung und Sperrung von Daten

(1) [1]In Dateien gespeicherte personenbezogene Daten sind zu berichtigen, wenn sie unrichtig sind. [2]Wird festgestellt, dass in Akten gespeicherte personenbezogene Daten unrichtig sind, ist das in der Akte zu vermerken oder auf sonstige Weise festzuhalten.

(2) [1]In Dateien gespeicherte personenbezogene Daten sind zu löschen und die dazugehörigen Unterlagen sind zu vernichten, wenn

1. ihre Speicherung unzulässig ist,
2. bei der nach bestimmten Fristen vorzunehmenden Überprüfung oder aus Anlass einer Einzelfallbearbeitung festgestellt wird, dass ihre Kenntnis für die speichernde Stelle zur Erfüllung der in ihrer Zuständigkeit liegenden Aufgaben nicht mehr erforderlich ist.

[2]War die Speicherung von Anfang an unzulässig, ist die betroffene Person vor der Löschung zu hören. [3]Ist eine Löschung wegen der besonderen Art der Speicherung nicht oder nur mit unverhältnismäßig hohem Aufwand möglich, kann an die Stelle der Löschung die Sperrung treten.

(3) [1]Sind personenbezogene Daten in Akten gespeichert, sind sie im Falle des Absatzes 2 Satz 1 Nr. 1 durch Anbringung eines entsprechenden Vermerks zu sperren. [2]Im Falle des Absatzes 2 Satz 1 Nr. 2 sind die Akten spätestens zu vernichten, wenn die gesamte Akte zur Erfüllung der in der Zuständigkeit der speichernden Stelle liegenden Aufgaben nicht mehr erforderlich ist.

(4) [1]Der Senat wird ermächtigt, durch Rechtsverordnung die Fristen zu regeln, nach deren Ablauf zu prüfen ist, ob die weitere Speicherung der Daten zur Aufgabenerfüllung erforderlich ist.[1)] [2]Bei Daten, die in Dateien oder in personenbezogen geführten Akten gespeichert sind, dürfen die Fristen regelmäßig

---
1) Prüffristenverordnung vom 22. Februar 1993 (GVBl. S. 103).

a) bei Erwachsenen zehn Jahre,
b) bei Jugendlichen fünf Jahre und
c) bei Kindern zwei Jahre

nicht überschreiten, wobei nach Art und Zweck der Speicherung sowie Art und Bedeutung des Anlasses zu unterscheiden ist. [3]Die Frist beginnt regelmäßig mit dem letzten Anlass der Speicherung, jedoch nicht vor Entlassung der betroffenen Person aus einer Justizvollzugsanstalt oder Beendigung einer mit Freiheitsentziehung verbundenen Maßregel der Besserung oder Sicherung.

(5) [1]Stellt die Ordnungsbehörde oder die Polizei fest, dass unrichtige oder nach Absatz 2 Satz 1 Nr. 1 zu löschende oder nach Absatz 3 Satz 1 zu sperrende Daten übermittelt worden sind, ist dem Empfänger die Berichtigung, Löschung oder Sperrung mitzuteilen. [2]Die Mitteilung kann unterbleiben, wenn sie einen unverhältnismäßigen Aufwand erfordern würde und keine Anhaltspunkte bestehen, dass dadurch schutzwürdige Belange der betroffenen Person beeinträchtigt werden können.

(6) [1]Löschung und Vernichtung unterbleiben, wenn

1. Grund zu der Annahme besteht, dass schutzwürdige Belange der betroffenen Person beeinträchtigt würden,
2. die Daten zur Behebung einer bestehenden Beweisnot unerlässlich sind,
3. die Nutzung der Daten, die zum frühestmöglichen Zeitpunkt zu anonymisieren sind, zu wissenschaftlichen Zwecken erforderlich ist.

[2]In diesen Fällen sind die Daten zu sperren und mit einem Sperrvermerk zu versehen. [3]Sie dürfen nur zu den in Satz 1 genannten Zwecken oder sonst mit Einwilligung der betroffenen Person genutzt werden.

(7) Anstelle der Löschung oder Vernichtung nach Absatz 2 Satz 1 Nr. 2 oder Absatz 3 Satz 2 können die Daten an ein öffentliches Archiv abgegeben werden, soweit besondere archivrechtliche Regelungen das vorsehen.

§ 49
Errichtungsanordnung

(1) [1]Für jede bei der Polizei nach diesem Gesetz geführte automatisierte Datei über personenbezogene Daten und solche nicht automatisierten Dateien über personenbezogene Daten, aus denen personenbezogene Daten an andere Stellen übermittelt werden, ist jeweils eine Errichtungsanordnung zu erlassen. [2]Ihr Inhalt bestimmt sich nach § 19 Abs. 2 Nr. 1 bis 4 sowie Nr. 6 und 7 des Berliner Datenschutzgesetzes. [3]Sie hat außerdem Prüffristen nach § 48 Abs. 2 Satz 1 Nr. 2 zu enthalten. [4]Die Errichtungsanordnung tritt an die Stelle der Dateibeschreibung nach § 19 Abs. 2 des Berliner Datenschutzgesetzes.

(2) [1]Die für Inneres zuständige Senatsverwaltung regelt das Nähere durch Verwaltungsvorschrift[1)]. [2]Sie übersendet die Errichtungsanordnung dem Berliner Beauftragten für Datenschutz und Informationsfreiheit.

(3) [1]Die Speicherung personenbezogener Daten in Dateien ist auf das erforderliche Maß zu beschränken. [2]Die Notwendigkeit der Weiterführung oder Änderung der Dateien ist in angemessenen Abständen zu überprüfen.

§ 50
Auskunftsrecht

(1) [1]Die Ordnungsbehörden und die Polizei haben der betroffenen Person auf Antrag gebührenfrei Auskunft über die zu ihrer Person gespeicherten Daten zu erteilen. [2]In dem Antrag soll die Art der Daten, über die Auskunft erteilt werden soll, näher bezeichnet werden. [3]Bei einem Antrag auf Auskunft aus Akten kann erforderlichenfalls verlangt werden, dass

1) Ausführungsvorschriften (Dateienrichtlinien) vom 2. Februar 2013 (ABl. S. 348).

Angaben gemacht werden, die das Auffinden der Daten ohne einen Aufwand ermöglichen, der außer Verhältnis zu dem von der betroffenen Person geltend gemachten Informationsinteresse steht. [4]Kommt die betroffene Person dem Verlangen nicht nach, kann der Antrag abgelehnt werden.

(2) Eine Verpflichtung zur Auskunftserteilung besteht nicht, soweit eine Abwägung ergibt, dass die schutzwürdigen Belange der betroffenen Person hinter dem öffentlichen Interesse an der Geheimhaltung oder einem überwiegenden Geheimhaltungsinteresse Dritter zurücktreten müssen.

(3) Die Ablehnung der Auskunftserteilung bedarf einer Begründung insoweit nicht, als durch die Mitteilung der Gründe, auf die die Entscheidung gestützt wird, der mit der Auskunftsverweigerung verfolgte Zweck gefährdet würde.

(4) [1]Wird Auskunft nicht gewährt, ist die betroffene Person darauf hinzuweisen, dass sie sich an den Berliner Beauftragten für Datenschutz und Informationsfreiheit wenden kann; dies gilt nicht in den Fällen des Absatzes 1 Satz 4. [2]Dem Berliner Beauftragten für Datenschutz und Informationsfreiheit sind die Gründe der Auskunftsverweigerung darzulegen. [3]Die Mitteilung des Berliner Beauftragten für Datenschutz und Informationsfreiheit an die betroffene Person darf keine Rückschlüsse auf den Erkenntnisstand der speichernden Stelle zulassen, sofern sie nicht einer weitergehenden Auskunft zustimmt.

(5) Sind die personenbezogenen Daten in ein anhängiges Strafverfahren eingeführt, so ist vor Erteilung der Auskunft die Zustimmung der Staatsanwaltschaft herbeizuführen.

(6) Statt einer Auskunft über Daten in Akten können die Ordnungsbehörden und die Polizei unbeschadet des Absatzes 2 der betroffenen Person Akteneinsicht gewähren.

§ 51
Anwendung des Berliner Datenschutzgesetzes

Die Vorschriften der §§ 6 a, 9 Abs. 2 und der §§ 10 bis 17 des Berliner Datenschutzgesetzes in der jeweils geltenden Fassung finden bei Erfüllung der Aufgaben nach diesem Gesetz keine Anwendung.

DRITTER ABSCHNITT
Vollzugshilfe

§ 52
Vollzugshilfe

(1) Die Polizei leistet Behörden und sonstigen öffentlichen Stellen auf Ersuchen Vollzugshilfe, wenn unmittelbarer Zwang gegen Personen anzuwenden ist und die anderen Behörden oder Stellen nicht über die hierzu erforderlichen Dienstkräfte verfügen oder ihre Maßnahmen nicht auf andere Weise selbst durchsetzen können.

(2) Die Berliner Feuerwehr leistet nach Absatz 1 Vollzugshilfe, soweit diese im Zusammenhang mit den ihr obliegenden Aufgaben steht.

(3) [1]Die Polizei und die Berliner Feuerwehr sind nur für die Art und Weise der Durchführung verantwortlich. [2]Im Übrigen gelten die Grundsätze der Amtshilfe entsprechend.

(4) Die Verpflichtung zur Amtshilfe bleibt unberührt.

§ 53
Verfahren

(1) [1]Vollzugshilfeersuchen sind schriftlich oder elektronisch zu stellen. [2]Sie haben den Grund und die Rechtsgrundlage der Maßnahme anzugeben.

(2) [1]In Eilfällen kann das Ersuchen formlos gestellt werden. [2]Es ist jedoch auf Verlangen unverzüglich schriftlich oder elektronisch zu bestätigen.

(3) Die ersuchende Behörde ist von der Ausführung des Ersuchens zu verständigen.

§ 54
Vollzugshilfe bei Freiheitsentziehung

(1) Hat das Vollzugshilfeersuchen eine Freiheitsentziehung zum Inhalt, so ist auch die richterliche Entscheidung über die Zulässigkeit der Freiheitsentziehung vorzulegen oder in dem Ersuchen zu bezeichnen.

(2) Ist eine vorherige richterliche Entscheidung nicht ergangen, so hat die Polizei die festgehaltene Person zu entlassen, wenn die ersuchende Behörde diese nicht übernimmt oder die richterliche Entscheidung nicht unverzüglich nachträglich beantragt.

(3) Die §§ 32 und 33 gelten entsprechend.

VIERTER ABSCHNITT
Verordnungen zur Gefahrenabwehr

§ 55
Ermächtigung

Der Senat kann Rechtsverordnungen zur Abwehr von Gefahren für die öffentliche Sicherheit oder Ordnung (§ 1 Abs. 1) erlassen.[1)]

§ 56
Inhalt

(1) [1]Verordnungen zur Gefahrenabwehr dürfen nicht lediglich den Zweck haben, die den zuständigen Behörden obliegende Aufsicht zu erleichtern. [2]Von mehreren möglichen und geeigneten allgemeinen Geboten oder Verboten sind diejenigen zu wählen, die den Einzelnen oder die Allgemeinheit am wenigsten beeinträchtigen. [3]Eine Verordnung zur Gefahrenabwehr darf nicht zu einem Nachteil führen, der zu dem angestrebten Erfolg erkennbar außer Verhältnis steht.

(2) [1]Verordnungen zur Gefahrenabwehr müssen in ihrem Inhalt bestimmt sein. [2]Hinweise auf Anordnungen außerhalb von Verordnungen zur Gefahrenabwehr sind unzulässig, soweit diese Anordnungen Gebote oder Verbote von unbeschränkter Dauer enthalten. [3]In Verordnungen zur Gefahrenabwehr, die überwachungsbedürftige oder sonstige Anlagen betreffen, an die bestimmte technische Anforderungen zu stellen sind, kann hinsichtlich der technischen Vorschriften auf Bekanntmachungen besonderer sachverständiger Stellen unter Angabe der Fundstelle verwiesen werden.

§ 57
Zuwiderhandlungen gegen Verordnungen

In Verordnungen zur Gefahrenabwehr können für den Fall einer vorsätzlichen oder fahrlässigen Zuwiderhandlung Geldbußen bis zu fünfzigtausend Euro und die Einziehung der Gegenstände, auf die sich die Ordnungswidrigkeit bezieht oder die zu ihrer Vorbereitung oder Begehung verwendet worden sind, angedroht werden, soweit die Verordnung für einen bestimmten Tatbestand auf diese Bußgeldvorschrift verweist.

§ 58
Geltungsdauer

[1]Verordnungen zur Gefahrenabwehr sollen eine Beschränkung ihrer Geltungsdauer enthalten. [2]Die Geltungsdauer darf nicht über zehn Jahre hinaus erstreckt werden. [3]Verord-

---

1) Z. B. Verordnung über das Halten gefährlicher Tiere wildlebender Arten vom 10. Januar 2017 (GVBl. S. 183), Kampfmittelverordnung vom 17. Juli 2018 (GVBl. S. 495), Verordnung über das Verbot des Bettelns von Kindern und in Begleitung von Kindern vom 22. Dezember 2015 (GVBl. 2016 S. 2).

nungen zur Gefahrenabwehr, die keine Beschränkung der Geltungsdauer enthalten, treten zehn Jahre nach ihrem Inkrafttreten außer Kraft. [4]Eine Verlängerung lediglich der Geltungsdauer ist unzulässig.

FÜNFTER ABSCHNITT
Schadensausgleich, Erstattungs- und Ersatzansprüche

§ 59
Zum Schadensausgleich verpflichtende Tatbestände

(1) Erleidet jemand

1. infolge einer rechtmäßigen Inanspruchnahme nach § 16,
2. als unbeteiligter Dritter durch eine rechtmäßige Maßnahme der Ordnungsbehörde oder der Polizei,
3. bei der Erfüllung einer ihm nach § 323 c des Strafgesetzbuches obliegenden Verpflichtung zur Hilfeleistung

einen Schaden, ist ihm ein angemessener Ausgleich zu gewähren.

(2) Das Gleiche gilt, wenn jemand durch eine rechtswidrige Maßnahme einen Schaden erleidet.

(3) Der Ausgleich ist auch Personen zu gewähren, die mit Zustimmung der Ordnungsbehörden oder der Polizei bei der Wahrnehmung von Aufgaben dieser Behörden freiwillig mitgewirkt oder Sachen zur Verfügung gestellt und dadurch einen Schaden erlitten haben.

(4) Weitergehende Ersatzansprüche, insbesondere aus Amtspflichtverletzung, bleiben unberührt.

§ 60
Inhalt, Art und Umfang des Schadensausgleichs

(1) [1]Der Ausgleich nach § 59 wird grundsätzlich nur für Vermögensschaden gewährt. [2]Für entgangenen Gewinn, der über den Ausfall des gewöhnlichen Verdienstes oder Nutzungsentgeltes hinausgeht, und für Nachteile, die nicht in unmittelbarem Zusammenhang mit der Maßnahme der Ordnungsbehörde oder der Polizei stehen, ist ein Ausgleich zu gewähren, wenn und soweit dies zur Abwendung unbilliger Härten geboten erscheint.

(2) Bei einer Verletzung des Körpers oder der Gesundheit oder bei einer Freiheitsentziehung ist auch der Schaden, der nicht Vermögensschaden ist, angemessen auszugleichen; dieser Anspruch ist nicht übertragbar und nicht vererblich, es sei denn, dass er rechtshängig geworden oder durch Vertrag anerkannt worden ist.

(3) [1]Der Ausgleich wird in Geld gewährt. [2]Hat die zum Ausgleich verpflichtende Maßnahme die Aufhebung oder Minderung der Erwerbsfähigkeit oder eine Vermehrung der Bedürfnisse oder den Verlust oder die Beeinträchtigung eines Rechts auf Unterhalt zur Folge, so ist der Ausgleich durch Entrichtung einer Rente zu gewähren. [3]§ 760 des Bürgerlichen Gesetzbuches ist anzuwenden. [4]Statt der Rente kann eine Abfindung in Kapital verlangt werden, wenn ein wichtiger Grund vorliegt. [5]Der Anspruch wird nicht dadurch ausgeschlossen, dass ein anderer dem Geschädigten Unterhalt zu gewähren hat.

(4) Stehen dem Geschädigten Ansprüche gegen Dritte zu, so ist, soweit diese Ansprüche nach Inhalt und Umfang dem Ausgleichsanspruch entsprechen, der Ausgleich nur gegen Abtretung dieser Ansprüche zu gewähren.

(5) [1]Bei der Bemessung des Ausgleichs sind alle Umstände zu berücksichtigen, insbesondere Art und Vorhersehbarkeit des Schadens und ob der Geschädigte oder sein Vermögen durch die Maßnahme der Ordnungsbehörde oder der Polizei geschützt worden ist. [2]Haben Umstände, die der Geschädigte zu vertreten hat, auf die Entstehung oder Ausweitung

des Schadens eingewirkt, so hängt die Verpflichtung zum Ausgleich sowie der Umfang des Ausgleichs insbesondere davon ab, inwieweit der Schaden vorwiegend von dem Geschädigten oder durch die Ordnungsbehörde oder die Polizei verursacht worden ist.

§ 61
Ansprüche mittelbar Geschädigter

(1) Im Falle der Tötung sind im Rahmen des § 60 Abs. 5 die Kosten der Bestattung demjenigen auszugleichen, dem die Verpflichtung obliegt, diese Kosten zu tragen.

(2) [1]Stand der Getötete zur Zeit der Verletzung zu einem Dritten in einem Verhältnis, auf Grund dessen er diesem gegenüber kraft Gesetzes unterhaltspflichtig war oder unterhaltspflichtig werden konnte, und ist dem Dritten infolge der Tötung das Recht auf Unterhalt entzogen, so kann der Dritte im Rahmen des § 60 Abs. 5 insoweit einen angemessenen Ausgleich verlangen, als der Getötete während der mutmaßlichen Dauer seines Lebens zur Gewährung des Unterhalts verpflichtet gewesen wäre. [2]§ 60 Abs. 3 Satz 3 bis 5 ist entsprechend anzuwenden. [3]Der Ausgleich kann auch dann verlangt werden, wenn der Dritte zur Zeit der Verletzung gezeugt, aber noch nicht geboren war.

§ 62
Verjährung des Ausgleichsanspruchs

Der Anspruch auf den Ausgleich verjährt in drei Jahren von dem Zeitpunkt an, in welchem der Geschädigte, im Falle des § 61 der Anspruchsberechtigte, von dem Schaden und dem zum Ausgleich Verpflichteten Kenntnis erlangt, ohne Rücksicht auf diese Kenntnis in dreißig Jahren von dem Eintritt des schädigenden Ereignisses an.

§ 63
Ausgleichspflichtiger, Erstattungsansprüche

(1) Ausgleichspflichtig ist die Körperschaft, in deren Dienst derjenige steht, der die Maßnahme getroffen hat (Anstellungskörperschaft).

(2) Hat der Bedienstete für die Behörde einer anderen Körperschaft gehandelt, so ist die andere Körperschaft ausgleichspflichtig.

(3) Ist in den Fällen des Absatzes 2 ein Ausgleich nur wegen der Art und Weise der Durchführung der Maßnahme zu gewähren, so kann die ausgleichspflichtige Körperschaft von der Anstellungskörperschaft Erstattung ihrer Aufwendungen verlangen, es sei denn, dass sie selbst die Verantwortung für die Art und Weise der Durchführung trägt.

§ 64
Rückgriff gegen den Verantwortlichen

(1) Die nach § 63 ausgleichspflichtige Körperschaft kann von den nach den §§ 13 oder 14 Verantwortlichen Ersatz ihrer Aufwendungen verlangen, wenn sie aufgrund des § 59 Abs. 1 oder Abs. 3 einen Ausgleich gewährt hat.

(2) Sind mehrere Personen nebeneinander verantwortlich, so haften sie als Gesamtschuldner.

§ 65
Rechtsweg

Für Ansprüche auf Schadensausgleich ist der ordentliche Rechtsweg, für die Ansprüche auf Erstattung und Ersatz von Aufwendungen nach § 63 oder § 64 der Verwaltungsrechtsweg gegeben.

SECHSTER ABSCHNITT
Übergangs- und Schlussbestimmungen

§ 66
Einschränkung von Grundrechten

Durch dieses Gesetz werden die Grundrechte auf Freiheit der Person (Artikel 2 Abs. 2 Satz 2 des Grundgesetzes), Freizügigkeit (Artikel 11 des Grundgesetzes) und Unverletzlichkeit der Wohnung (Artikel 13 des Grundgesetzes) eingeschränkt.

§ 67
Zuständigkeit für den Erlass des Widerspruchsbescheides

[1]Über den Widerspruch gegen einen der Anfechtung nach den §§ 68 ff. der Verwaltungsgerichtsordnung unterliegenden Verwaltungsakt einer Sonderbehörde oder der Polizei entscheidet deren Leiter oder eine von ihm dafür bestimmte, ihm unmittelbar zugeordnete Stelle. [2]Über den Widerspruch gegen einen Verwaltungsakt der Bezirksverwaltung entscheidet das Bezirksamt oder das von ihm dafür bestimmte Mitglied, sofern dieses Mitglied nicht selbst den Verwaltungsakt erlassen hat.

§ 68
Zuständigkeit zum Erlass von Verwaltungsvorschriften

[1]Die Verwaltungsvorschriften zur Ausführung dieses Gesetzes erlässt die für Inneres zuständige Senatsverwaltung im Einvernehmen mit den zuständigen Senatsverwaltungen, wenn die Vorschriften den Geschäftsbereich mehrerer Senatsverwaltungen betreffen. [2]Die Verwaltungsvorschriften zur Ausführung dieses Gesetzes erlässt die zuständige Senatsverwaltung im Einvernehmen mit der für Inneres zuständigen Senatsverwaltung, wenn die Vorschriften nur den Geschäftsbereich der zuständigen Senatsverwaltung betreffen.

§ 69
Übergangsregelung

Waren zum Zeitpunkt des Inkrafttretens dieses Gesetzes personenbezogene Daten in automatisierten Dateien oder waren Bewertungen in Dateien gespeichert, ist § 43 Abs. 2 nicht anzuwenden.

§ 70
Evaluation

[1]Über die nach den §§ 19a (Videoüberwachung zur Eigensicherung), 21a (Medizinische und molekulargenetische Untersuchungen), 24b (Datenerhebung in öffentlichen Verkehrseinrichtungen) sowie 25a (Standortermittlung bei Telekommunikationsendgeräten) vorgenommenen Maßnahmen ist ein Evaluationsbericht zu erstellen, der dem Abgeordnetenhaus von Berlin bis zum 31. Januar 2010 vorzulegen ist. [2]Der Bericht soll Aufschluss über Art und Umfang sowie den Erfolg der jeweiligen Maßnahmen geben.

§ 71
Inkrafttreten und Außerkrafttreten von Vorschriften

(1) Dieses Gesetz tritt am Tage nach der Verkündung im Gesetz- und Verordnungsblatt für Berlin in Kraft.*)

(2) (überholt)

*) Die Vorschrift betrifft das Inkrafttreten des Gesetzes in der ursprünglichen Fassung des Gesetzes vom 14. April 1992 (GVBl. 119).

(3) Soweit in anderen Rechtsvorschriften auf Vorschriften des nach Absatz 2 außer Kraft tretenden Gesetzes verwiesen wird, treten an die Stelle der aufgeführten Vorschriften die entsprechenden Vorschriften dieses Gesetzes.

Anlage zum Allgemeinen Sicherheits- und Ordnungsgesetz

Zuständigkeitskatalog Ordnungsaufgaben – ZustKat Ord[1)]
(zu § 2 Absatz 4 Satz 1)

ERSTER ABSCHNITT
Ordnungsaufgaben der Senatsverwaltungen

Nummer 1
Bau- und Wohnungswesen

Zu den Ordnungsaufgaben der für Bau- und Wohnungswesen zuständigen Senatsverwaltung gehören:

(1) die Bauaufsicht und die Feuersicherheitsaufsicht, soweit sie betreffen

a) die Zustimmung im Einzelfall zur Verwendung oder Anwendung neuer Baustoffe, Bauteile, Einrichtungen und Bauarten,
b) die Anerkennung von Prüfingenieurinnen und Prüfingenieuren für Standsicherheit und Brandschutz,
c) die Prüfung schwieriger statischer Berechnungen und nicht allgemein gebräuchlicher einschließlich der konstruktiven Bauüberwachung,
d) folgende überbezirkliche Anlagen, soweit Baugenehmigungsverfahren, vereinfachte Baugenehmigungsverfahren, Genehmigungsfreistellungen, Entscheidungen nach § 68 der Bauordnung für Berlin, Teilbaugenehmigungen, Vorbescheide oder planungsrechtliche Bescheide betroffen sind, bis zur Aufnahme der Nutzung:
   aa) Anlagen des Bundes einschließlich der Verfassungsorgane und die Anlagen der Länder mit Ausnahme der Anlagen der Berliner Bezirksverwaltungen, soweit nicht einer der Fälle des § 76 der Bauordnung für Berlin gegeben ist,
   bb) Anlagen im Zusammenhang mit Botschaften und Konsulaten,
   cc) Anlagen der Hochschulen, auf die das Berliner Hochschulgesetz Anwendung findet, mit einer Geschossfläche von mehr als 1500 m^2,
   dd) Anlagen der Stiftung Preußischer Kulturbesitz und der Stiftung Preußische Schlösser und Gärten Berlin-Brandenburg, jeweils mit einer Geschossfläche von mehr als 1500 m^2,

---

1) Wegen der Übertragung von Zuständigkeiten auf die für Landwirtschaft zuständige oberste Landesbehörde des Landes Brandenburg s. Artikel 6 des Landwirtschaftsstaatsvertrages vom 17. Dezember 2003 (GVBl. 2004 S. 138):

„Artikel 6
Ordnungsaufgaben

Die für Landwirtschaft zuständige oberste Landesbehörde des Landes Brandenburg ist im Land Berlin zuständig für die Aufgaben auf Grund der folgenden Bestimmungen:
1. Saatgutverkehrsgesetz,
2. Sortenschutzgesetz,
3. Düngemittelgesetz,
4. Milch- und Fettgesetz,
5. Milch- und Margarinegesetz,
6. Vieh- und Fleischgesetz,
7. Tierzuchtgesetz,
8. Flurbereinigungsgesetz,
9. Landwirtschaftsanpassungsgesetz,
10. Verordnung (EWG) Nr. 2092/91 (EG-Öko-Verordnung)

sowie für die Aufgaben nach den auf Grund dieser Bestimmungen erlassenen Rechtsverordnungen. Satz 1 gilt nicht für die den Berliner Bezirken zum Zeitpunkt der Unterzeichnung dieses Staaatsvertrages zugewiesenen Aufgaben."

Nach Artikel 7 kann „die Durchführung der mit diesem Staatsvertrag für das Land Berlin übernommenen Aufgaben" durch Rechtsverordnung auf andere Behörden des Landes Brandenburg übertragen werden.

ee) Anlagen der Stiftung „Deutsches Historisches Museum", der Stiftung „Stadtmuseum Berlin – Landesmuseum für Kultur und Geschichte Berlins", der Stiftung „Deutsches Technikmuseum Berlin", der Stiftung „Berliner Philharmoniker", der in der „Stiftung Oper in Berlin" erfassten Opernhäuser und Gebäude der „Messe Berlin GmbH", jeweils mit einer Geschossfläche von mehr als 1500 m^2,

ff) Anlagen zur Unterbringung von Flüchtlingen, Asylbegehrenden und Obdachlosen der Berlinovo Immobilien Gesellschaft mbH, einer vom Land Berlin benannten Landesgesellschaft zur Errichtung modularer Unterkünfte für Flüchtlinge und landeseigener Wohnungsbauunternehmen,

e) die Anerkennung von Prüfsachverständigen für technische Anlagen und Einrichtungen und Prüfsachverständigen für den Erd- und Grundbau,

f) die Prüfung der Standsicherheit für bauliche Anlagen oder Bauteile, die in gleicher Ausführung an mehreren Stellen errichtet oder verwendet werden (Typenprüfung);

(2) die Aufgaben der Marktüberwachungsbehörde des Landes Berlin nach dem Marktüberwachungsverordnungs-Durchführungsgesetz für Bauprodukte.

(3) die Ordnungsaufgaben nach dem Wohnungsbindungsgesetz, soweit sie die Mietpreisbildung und Mietpreisüberwachung sowie die Sicherung des zur Zweckbestimmung des Wohnraums erforderlichen baulichen Zustandes betreffen;

(4) die Ordnungsaufgaben nach dem Wohnraumförderungsgesetz, soweit sie die Mietpreisbildung und Mietpreisüberwachung betreffen.

Nummer 2
Finanzen

Zu den Ordnungsaufgaben der für Finanzen zuständigen Senatsverwaltung gehören: die Aufgaben der Vollzugsbehörde nach dem Dritten Abschnitt des Vereinsgesetzes nach Eintritt der Unanfechtbarkeit von Verboten und Einziehungsanordnungen.

Nummer 3
Gesundheitswesen

Zu den Ordnungsaufgaben der für Gesundheitswesen zuständigen Senatsverwaltung gehören:

(1) die gesundheitsaufsichtlichen Aufgaben der obersten Landesgesundheitsbehörde hinsichtlich

a) des Infektionsschutzgesetzes, der Trinkwasserverordnung sowie der Badegewässerverordnung,

b) der internationalen Gesundheitsvorschriften,

c) der europäischen Verordnungen und Richtlinien hinsichtlich des Gesundheitsschutzes der Bevölkerung in den Bereichen Luft, Wasser, Boden, Geräusche, Erschütterungen, Licht, Strahlen, Chemikalien und andere Stoffe;

(2) die Zivilschutzvorkehrungen im Gesundheitswesen;

(3) die Anerkennung von Beratungsstellen und beratenden Ärztinnen und Ärzten nach den §§ 9 und 10 des Schwangerschaftskonfliktgesetzes;[1)]

(4) die Benennung von benannten Stellen nach § 15 Absatz 1 Satz 2 des Medizinproduktegesetzes, die Anerkennung von Mindestkriterien nach § 15 Absatz 5 des Medizinproduktegesetzes und die Benennung von Konformitätsbewertungsstellen für Drittstaaten nach § 15a Absatz 2 und 3 des Medizinproduktegesetzes.

1) S. dazu Schwangerenberatungsstellengesetz vom 25. Februar 2004 (GVBl. S. 96), geändert durch Artikel 16 des Gesetzes vom 2. Februar 2018 (GVBl. S. 160).

Nummer 4
Naturschutz

Zu den Ordnungsaufgaben der für Naturschutz zuständigen Senatsverwaltung gehören:

(1) die Ordnungsaufgaben der obersten Behörde für Naturschutz und Landschaftspflege einschließlich solcher, die aus dem Vollzug internationaler Übereinkommen und Rechtsvereinbarungen über den Natur- und Artenschutz resultieren, soweit nicht die Bezirksämter (Nummer 18 Absatz 11) zuständig sind, sowie die Ordnungsaufgaben der Behörden für Naturschutz und Landschaftspflege, soweit diese Ordnungsaufgaben ein Vorhaben eines Verfassungsorgans des Bundes zur Wahrnehmung seiner Aufgaben betreffen;

(2) die Ordnungsaufgaben nach den Rechtsvorschriften über das Jagdwesen, soweit nicht der Polizeipräsident in Berlin (Nummer 23 Absatz 8) oder die Berliner Forsten (Nummer 27 Absatz 2 und 3) zuständig sind;

(3) die Ordnungsaufgaben nach dem Forstvermehrungsgutgesetz und den auf Grund des Forstvermehrungsgutgesetzes erlassenen Rechtsverordnungen.

Nummer 5
Inneres

Zu den Ordnungsaufgaben der für Inneres zuständigen Senatsverwaltung gehören:

(1) die Aufgaben der Verbotsbehörde und der Vollzugsbehörde nach dem Vereinsgesetz, soweit nicht die für Finanzen zuständige Senatsverwaltung (Nummer 2) zuständig ist;

(2) die Ordnungsaufgaben nach dem Rettungsdienstgesetz, soweit nicht die Berliner Feuerwehr (Nummer 25 Absatz 2) oder das Landesamt für Bürger- und Ordnungsangelegenheiten (Nummer 33 Absatz 7) zuständig sind;

(3) die Erteilung von Zustimmungen zur Mitwirkung privater Hilfsorganisationen beim Katastrophenschutz nach § 12 Absatz 2 Satz 1 des Katastrophenschutzgesetzes[1];

(4) die Ordnungsaufgaben bei der Veranstaltung, Vermittlung und Bewerbung von öffentlichen Glücksspielen, einschließlich der Aufgaben nach dem Ausführungsgesetz zum Glücksspielstaatsvertrag und nach dem Glücksspielstaatsvertrag (Glücksspielaufsicht),

a) in Angelegenheiten, die ländereinheitliche, länderübergreifende oder gebündelte Verfahren, Veranstaltungen oder Aktivitäten zum Gegenstand haben, mit Ausnahme des Verfahrens nach § 9 Absatz 1 Satz 4 und 5 des Glücksspielstaatsvertrages und der Gewinnsparvereine,

b) für die vom Land Berlin oder unter Beteiligung des Landes Berlin veranstalteten Glücksspiele, mit Ausnahme der Genehmigung, der Beaufsichtigung und der Kontrolle von Annahmestellen;

(5) die Glücksspielaufsicht und die Ordnungsaufgaben nach dem Gesetz über die Deutsche Klassenlotterie Berlin und die Stiftung Deutsche Klassenlotterie Berlin und nach dem Spielbankengesetz einschließlich der Staatsaufsicht über die Deutsche Klassenlotterie Berlin sowie über die Spielbanken einschließlich der Aufsicht über letztere nach dem Geldwäschegesetz.

Nummer 6
Jugend und Familie

Zu den Ordnungsaufgaben der für Jugend und Familie zuständigen Senatsverwaltung gehören:

(1) die Inobhutnahme (§ 42 des Achten Buches Sozialgesetzbuch) von unerlaubt neu eingereisten allein stehenden minderjährigen Ausländerinnen und Ausländern mit tatsächlichem Aufenthalt in Berlin und von minderjährigen Asylsuchenden für eine Höchstdauer von bis zu drei Monaten;

---

1) Katastrophenschutzgesetz vom 11. Februar 1999 (GVBl. S. 78), zuletzt geändert durch Artikel 3 des Gesetzes vom 9. Mai 2016 (GVBl. S. 240).

(2) die Inobhutnahme von neu eingereisten alleinstehenden minderjährigen Ausländerinnen und Ausländern nach § 23 Absatz 2 oder § 24 des Aufenthaltsgesetzes bis zu drei Monaten;

(3) die Inobhutnahme von Kindern und Jugendlichen, die keinen gewöhnlichen Aufenthalt in Berlin haben, sowie von Kindern und Jugendlichen mit gewöhnlichem Aufenthalt in Berlin außerhalb der Geschäftszeiten der bezirklichen Jugendämter;

(4) die Sicherung des Betriebs von Unterkünften für die inden Absätzen 1 bis 3 genannten Personenkreise;

(5) die Erteilung, der Widerruf und die Rücknahme der Erlaubnis für den Betrieb einer Einrichtung sowie die Erteilung nachträglicher Auflagen und die damit verbundenen Aufgaben (§§ 45 bis 47, 48a des Achten Buches Sozialgesetzbuch);

(6) die Tätigkeitsuntersagung (§§ 48, 48a des Achten Buches Sozialgesetzbuch);

(7) die Erteilung, der Widerruf und die Rücknahme der Erlaubnis zur Übernahme von Vereinsvormundschaften (§ 54 des Achten Buches Sozialgesetzbuch);

(8) die Warnung vor Gefahren durch konfliktträchtige Angebote auf dem Lebenshilfemarkt.

Nummer 7
Kulturelle Angelegenheiten

Zu den Ordnungsaufgaben der für Kulturelle Angelegenheiten zuständigen Senatsverwaltung gehören:

(1) die Untersagung der unberechtigten Führung von Ehrentiteln für Künstlerinnen und Künstler;

(2) der Kulturgutschutz im Rahmen des Zivilschutzes;

(3) die Ordnungsaufgaben nach § 6 Absatz 5 Satz 3 des Denkmalschutzgesetzes Berlin.

Nummer 8
Schulwesen

Zu den Ordnungsaufgaben der für Schulwesen zuständigen Senatsverwaltung gehören:

(1) die Maßnahmen zur Sicherung des Schulbesuchs und zur Verhütung und Beseitigung von außen kommender Störungen des Schulbetriebs an zentral verwalteten Schulen;

(2) die Ordnungsaufgaben in Bezug auf Schulen in freier Trägerschaft (§ 102 Absatz 4, § 104 Absatz 4 und § 126 Absatz 1 Nummer 2 bis 4 des Schulgesetzes).

Nummer 9
Berufsbildung

Zu den Ordnungsaufgaben der für Berufsbildung zuständigen Senatsverwaltung gehören: die Wahrnehmung der Aufgaben nach § 27 Absatz 2 des Jugendarbeitsschutzgesetzes, § 33 Absatz 1 und 2 des Berufsbildungsgesetzes und § 24 Absatz 1 und 2 der Handwerksordnung.

Nummer 10
Umweltschutz

Zu den Ordnungsaufgaben der für Umweltschutz zuständigen Senatsverwaltung gehören:

(1) die Ordnungsaufgaben auf dem Gebiet der Reinhaltung der Luft unbeschadet der Zuständigkeit der für Gesundheitswesen zuständigen Senatsverwaltung (Nummer 3 Absatz 1), der Bezirksämter (Nummer 16 Absatz 1 Buchstabe a und Nummer 18 Absatz 1) und des Landesamtes für Arbeitsschutz, Gesundheitsschutz und technische Sicherheit Berlin (Nummer 24 Absatz 3);

(2) die Lärmbekämpfung, soweit nicht die Bezirksämter (Nummer 16 Absatz 1 Buchstabe a und Nummer 18 Absatz 1 und 2) zuständig sind oder Rechtsvorschriften die Zuständigkeit anderer Verwaltungen begründen;

(3) die Ordnungsaufgaben nach dem Bundes-Immissionsschutzgesetz und dem Landes-Immissionsschutzgesetz Berlin, soweit nicht die Bezirksämter (Nummer 15 Absatz 1 Buchstabe c und Nummer 18 Absatz 1 und 2) oder das Landesamt für Arbeitsschutz, Gesundheitsschutz und technische Sicherheit Berlin (Nummer 24 Absatz 3) zuständig sind; dazu gehören insbesondere die Bekanntgabe nach § 29b des Bundes-Immissionsschutzgesetzes von Stellen im Sinne von § 26 des Bundes-Immissionsschutzgesetzes und Sachverständigen im Sinne des § 29a des Bundes-Immissionsschutzgesetzes sowie von Messgeräteprüfstellen nach § 13 Absatz 3 der Ersten Verordnung zur Durchführung des Bundes-Immissionsschutzgesetzes (1. BImSchV);

(4) die Ordnungsaufgaben nach dem Kreislaufwirtschaftsgesetz und den dazu erlassenen Rechtsverordnungen, nach der europäischen Abfallverbringungsverordnung, nach dem Abfallverbringungsgesetz und nach dem Kreislaufwirtschafts- und Abfallgesetz Berlin und den dazu erlassenen Verordnungen, soweit nicht die Bezirksämter (Nummer 18 Absatz 3 bis 5) zuständig sind, und nach § 3 Absatz 4, den §§ 5 bis 16 und nach § 18 des Batteriegesetzes einschließlich der dazu erforderlichen Verfolgung von Ordnungswidrigkeiten nach § 22 des Batteriegesetzes und der entsprechenden Anordnungen und Überwachungen nach den §§ 62 und 47 des Kreislaufwirtschaftsgesetzes;

(5) die Ordnungsaufgaben nach dem Bundes-Bodenschutzgesetz und dem Berliner Bodenschutzgesetz in der jeweils geltenden Fassung sowie den darauf gestützen Rechtsverordnungen auf Grundstücken in Trinkwasserschutzgebieten, nachdem auf Grund einer gemäß § 9 Absatz 2 des Bundes-Bodenschutzgesetzes durchgeführten Gefährdungsabschätzung eine Gefahr für das Grundwasser festgestellt wurde, sowie außerhalb von Trinkwasserschutzgebieten nach Nachweis einer Grundwassergefährdung in einem angrenzenden Trinkwasserschutzgebiet sowie bei landeseigenen Altablagerungen mit überwiegend Hausmüll, die Ordnungsaufgaben bei Grundwasserschäden, wenn kein Schadstoffeintrag über den Pfad Boden nachweisbar ist, sowie auf Grundstücken, bei denen ein Freistellungsverfahren nach dem Umweltrahmengesetz anhängig ist, und die Freistellungsverfahren nach dem Umweltrahmengesetz;

(6) die sonstigen Ordnungsaufgaben zur Ermittlung und Abwehr von schädlichen Umwelteinwirkungen, soweit nicht die für Gesundheitswesen zuständige Senatsverwaltung (Nummer 3 Absatz 1) oder die Bezirksämter (Nummer 18 Absatz 1 bis 7) zuständig sind oder Rechtsvorschriften die Zuständigkeit anderer Verwaltungen begründen;

(7) die Ordnungsaufgaben nach dem Wasserhaushaltsgesetz, dem Abwasserabgabengesetz, dem Berliner Wassergesetz und sonstigen wasserrechtlichen Vorschriften (Gewässeraufsicht einschließlich Eisaufsicht), soweit nicht die für Verkehr zuständige Senatsverwaltung (Nummer 11 Buchstabe k) oder die Bezirksämter (Nummer 18 Absatz 7 bis 10 und 14) zuständig sind, die Ordnungsaufgaben nach dem Wasserverbandsgesetz und dem Wassersicherstellungsgesetz;

(8) die von den Ländern wahrzunehmenden Ordnungsaufgaben bei der Genehmigung von und der Aufsicht über Anlagen im Sinne von § 7 Absatz 1 des Atomgesetzes und im Zusammenhang mit Kernbrennstoffen im Sinne von § 2 Absatz 1 des Atomgesetzes, der Strahlenschutz im Zusammenhang mit ionisierender Strahlung, soweit es sich um die Anerkennung von Sachverständigen und die Bestimmung von Messstellen und sonstigen Stellen nach der Strahlenschutz- und der Röntgenverordnung handelt und sonstige Ordnungsaufgaben, die der obersten Landesbehörde im Strahlenschutz durch Bundesgesetz zugewiesen werden, sowie die Ordnungsaufgaben im Bereich der Umweltradioaktivitätsbestimmung nach § 3 des Strahlenschutzvorsorgegesetzes;

(9) die Ordnungsaufgaben nach dem Gentechnikgesetz und den auf Grund des Gentechnikgesetzes erlassenen Rechtsverordnungen, soweit nicht das Pflanzenschutzamt (Nummer 29 Absatz 2) zuständig ist,

a) bei gentechnischen Anlagen und gentechnischen Arbeiten, soweit ein gemeinsamer Anlagenteil mit einer nach dem Bundes-Immissionsschutzgesetz genehmigungsbedürftigen Anlage vorliegt,
b) beim Inverkehrbringen und bei den Freisetzungen gentechnisch veränderter Organismen, die in den unter Buchstabe a genannten Anlagen erzeugt wurden;

(10) die Einteilung, Auflösung sowie Ausschreibung der Schornsteinfeger-Kehrbezirke, die Auswahl, die Bestellung und die Aufhebung der Bestellung zur bevollmächtigten Bezirksschornsteinfegerin oder zum bevollmächtigten Bezirksschornsteinfeger für einen Kehrbezirk sowie die hiermit zusammenhängenden Ordnungsaufgaben und die Durchführung von Bußgeldverfahren nach § 24 Absatz 1 Nummer 6 des Schornsteinfeger-Handwerksgesetzes.

Nummer 11
Verkehr

Zu den Ordnungsaufgaben der für Verkehr zuständigen Senatsverwaltung gehören:
die Ordnungsaufgaben der obersten und höheren Landesbehörde, der Anerkennungsbehörde, der Genehmigungsbehörde, der Anordnungsbehörde, der fachlichen und technischen Aufsichtsbehörde, der Anhörungsbehörde, der Planfeststellungsbehörde und der Tilgungsbehörde

a) nach dem Straßenverkehrsgesetz, dem Berliner Straßengesetz und dem Vierten Teil des Bundes-Immissionsschutzgesetzes,
b) nach dem Kraftfahrsachverständigengesetz,
c) nach dem Fahrlehrergesetz,
d) nach dem Personenbeförderungsgesetz sowie nach europäischen und internationalen Vorschriften über die Beförderung von Personen mit Straßenbahnen, Oberleitungsbussen und Kraftfahrzeugen,
e) nach dem Güterkraftverkehrsgesetz,
f) nach dem Gesetz über die Beförderung gefährlicher Güter sowie dem Gesetz zu dem Europäischen Übereinkommen über die internationale Beförderung gefährlicher Güter auf der Straße,
g) nach dem Übereinkommen über internationale Beförderungen leicht verderblicher Lebensmittel und über die besonderen Beförderungsmittel, die für diese Beförderungen zu verwenden sind,
h) nach dem Gesetz zu dem Übereinkommen über sichere Container,
i) nach dem Allgemeinen Eisenbahngesetz, nach dem Gesetz über Kleinbahnen und Privatanschlussbahnen, nach dem Eisenbahnkreuzungsgesetz sowie bei sonstigen Ordnungsaufgaben in Angelegenheiten des Eisenbahnverkehrs,
j) nach dem Luftverkehrsgesetz und dem Luftsicherheitsgesetz,
k) nach § 28 des Berliner Wassergesetzes in Schifffahrts- und Hafenangelegenheiten,
l) nach dem Verkehrssicherstellungsgesetz,
m) nach dem Bundesleistungsgesetz,
n) nach dem Berufskraftfahrer-Qualifikations-Gesetz,
o) die Ermittlung und Bergung nicht-chemischer Kampfmittel sowie die Ermittlung und Beseitigung ehemaliger Kampf- und Schutzanlagen,
p) die Ordnungsaufgaben nach dem Bundesfernstraßengesetz,
q) die Ordnungsaufgaben nach dem Berliner Straßengesetz, soweit Bauten und Anlagen der Hauptverwaltung betroffen sind,

soweit nicht der Polizeipräsident in Berlin (Nummer 23 Absatz 5), das Landesamt für Gesundheit und Soziales Berlin (Nummer 32), das Landesamt für Bürger- und Ordnungsangelegenheiten (Nummer 33 Absatz 8 bis 10), die Verkehrslenkung Berlin (Nummer 35) oder die Gemeinsame Obere Luftfahrtbehörde Berlin-Brandenburg (Nummer 36) zuständig sind.

Nummer 12
Wirtschaft

Zu den Ordnungsaufgaben der für Wirtschaft zuständigen Senatsverwaltung gehören:

(1) die Zulassung von Totalisatorunternehmen, Buchmacherinnen und Buchmachern sowie Buchmachergehilfinnen und Buchmachergehilfen für Pferderennen;

(2) die Vereidigung und öffentliche Bestellung von Versteigerinnen und Versteigerern;

(3) die Ordnungsaufgaben zur Durchführung des personellen Geheim- und Sabotageschutzes nach dem Berliner Sicherheitsüberprüfungsgesetz bei nicht-öffentlichen Stellen;

(4) die allgemeine Verlängerung, Verkürzung oder Aufhebung der Sperrzeit für öffentliche Vergnügungsstätten und Schank- und Speisewirtschaften;

(5) die Ordnungsaufgaben der Kartellbehörde, soweit sie der obersten Landesbehörde zugewiesen sind;

(6) die Verfolgung und Ahndung von Ordnungswidrigkeiten nach dem Gesetz zur Regelung der Wohnungsvermittlung;

(7) die Ordnungsaufgaben auf den Gebieten der Preisbildung und der Preisüberwachung, soweit sie nicht der für Bau- und Wohnungswesen zuständigen Senatsverwaltung (Nummer 1 Absatz 3 und 4) zugewiesen sind;

(8) die Ordnungsaufgaben nach dem Energiewirtschaftsgesetz;

(9) die Ordnungsaufgaben der obersten Bergbehörde;

(10) die Durchführung des Geldwäschegesetzes, soweit sie den Landesbehörden übertragen ist und nicht die für Inneres zuständige Senatsverwaltung (Nummer 5 Absatz 5) zuständig ist oder die Zuständigkeit einer anderen Verwaltung gemäß einer auf Grund von § 19 Absatz 2 des Rechtsdienstleistungsgesetzes erlassenen Verordnung begründet worden ist;

(11) die Ordnungsaufgaben der obersten Landesbehörde gemäß § 7 Absatz 2 des Energieverbrauchsrelevante-Produkte-Gesetzes;

(12) die Ordnungsaufgaben der obersten Landesbehörde nach dem Energieverbrauchskennzeichnungsgesetz.

Nummer 13
Wissenschaft

Zu den Ordnungsaufgaben der für Wissenschaft zuständigen Senatsverwaltung gehören:

(1) die Untersagung der unberechtigten Führung von in- und ausländischen Hochschulgraden, Hochschultitel- und Hochschultätigkeitsbezeichnungen, Professorentiteln sowie von entsprechenden ehrenhalber verliehenen Bezeichnungen;

(2) die Ordnungsaufgaben nach § 125 des Berliner Hochschulgesetzes.

Nummer 14
Arbeit

Zu den Ordnungsaufgaben der für Arbeit zuständigen Senatsverwaltung gehören:

(1) der Schutz der in Heimarbeit Beschäftigten, soweit die Zuständigkeit der obersten Landesbehörden gegeben ist;

(2) die Aufgaben der obersten Landesbehörde hinsichtlich des europäischen und nationalen Rechts im Arbeitsschutz und der technischen Sicherheit. Dazu gehören

a) die Zulassung von Ausnahmen nach § 6 Absatz 1 des Berliner Ladenöffnungsgesetzes,
b) die Zulassung von Ausnahmen durch Rechtsverordnung nach § 13 Absatz 2 des Arbeitszeitgesetzes,
c) die Genehmigung von Unfallverhütungsvorschriften nach § 15 Absatz 4 Satz 3 des Siebten Buches Sozialgesetzbuch,
d) die Zulassung von Bauarten nach § 17 Absatz 4 und 5 des Sprengstoffgesetzes.

Nummer 14a
Verbraucherschutz

Zu den Ordnungsaufgaben der für Verbraucherschutz zuständigen Senatsverwaltung gehören:

(1) die Aufgaben der obersten Landesbehörde hinsichtlich des europäischen und nationalen Rechts in den Bereichen

a) Lebensmittel, kosmetische Mittel und sonstige Bedarfsgegenstände sowie Tabakerzeugnisse,
b) Futtermittel,
c) Tierseuchen,
d) Tierschutz und
e) Beseitigung tierischer Nebenprodukte;

(2) die Ordnungsaufgaben der obersten Landesbehörde zur Durchführung des europäischen Milchrechts, des Milch- und Margarinegesetzes;

(3) die Ordnungsaufgaben der obersten Landesbehörde zur Durchführung des Fleischgesetzes;

(4) die Beauftragung von Stellen nach dem Tierseuchenrecht.

ZWEITER ABSCHNITT
Ordnungsaufgaben der Bezirksämter

Nummer 15
Bau- und Wohnungswesen

Zu den Ordnungsaufgaben der Bezirksämter gehören auf dem Gebiet des Bau- und Wohnungswesens:

(1) die Bauaufsicht und die Feuersicherheitsaufsicht, soweit nicht die für Bau- und Wohnungswesen zuständige Senatsverwaltung (Nummer 1 Absatz 1) oder die für Umweltschutz zuständige Senatsverwaltung (Nummer 10 Absatz 10) zuständig ist, einschließlich

a) der Bauaufsicht hinsichtlich der Wasserversorgung und Entwässerung von Grundstücken,
b) der Bauaufsicht bei elektrischen und Aufzugsanlagen,
c) der Ordnungsaufgaben für nicht genehmigungsbedürftige Feuerungsanlagen im Sinne der §§ 22 ff. des Bundes-Immissionsschutzgesetzes, sofern sie nicht Teile von überwachungsbedürftigen Anlagen im Sinne des § 2 Nummer 30 des Produktsicherheitsgesetzes sind,
d) der Brandsicherheitsschau und der Betriebsüberwachung,
e) der Genehmigung von ortsfesten Behältern für brennbare oder sonstige schädliche Flüssigkeiten, soweit nicht das Landesamt für Bergbau, Geologie und Rohstoffe Brandenburg (Nummer 30 Absatz 2) zuständig ist,
f) der Schutzmaßnahmen bei Ausführung der nach der Bauordnung genehmigungspflichtigen Bauten in bautechnischer Hinsicht,
g) des Schutzes gegen Verunstaltung,
h) der Ordnungsaufgaben nach dem Schornsteinfeger-Handwerksgesetz, insbesondere der Aufsicht über die für einen Bezirk bestellte Schornsteinfegerin oder den für einen Bezirk bestellten Schornsteinfeger einschließlich des Erlasses der Widerspruchsbescheide bezüglich der Feuerstättenbescheide,
i) der Zulassung von Ausnahmen von Bauverboten nach dem Gesetz zum Schutz gegen Fluglärm,
j) der Ordnungsaufgaben auf Grund des Energieeinsparungsgesetzes sowie der hierzu erlassenen Rechtsverordnungen, soweit nicht Rechtsvorschriften eine andere Zuständigkeit begründen,

k) der Ausstellung von Bescheinigungen nach dem Wohnungseigentumsgesetz,
l) der Ordnungsaufgaben auf Grund des Erneuerbare-Energien-Wärmegesetzes sowie der hierzu erlassenen Rechtsverordnungen;

(2) die Ordnungsaufgaben nach dem Berliner Straßengesetz, soweit keine Zuständigkeit der Hauptverwaltung besteht;

(3) die Wohnungsaufsicht einschließlich der Aufsicht über Gemeinschaftsunterkünfte, die Arbeitgeberinnen und Arbeitgeber den bei ihnen beschäftigten Arbeitnehmerinnen und Arbeitnehmern selbst oder auf Grund eines Rechtsverhältnisses mit Dritten durch diese zum Gebrauch überlassen;

(4) die Ordnungsaufgaben nach dem Gesetz über das Vermessungswesen in Berlin, soweit keine Zuständigkeit der Hauptverwaltung besteht, und der Verordnung über die Grundstücksnummerierung;

(5) die Verwaltung und Unterhaltung öffentlicher Schutzbauten;

(6) die Ordnungsaufgaben nach dem Wohnungsbindungsgesetz[1], dem Wohnraumförderungsgesetz sowie dem Zweckentfremdungsverbot-Gesetz, soweit nicht die für das Bau- und Wohnungswesen zuständige Senatsverwaltung (Nummer 1 Absatz 3 und 4) zuständig ist.

Nummer 16
Gesundheitswesen

Zu den Ordnungsaufgaben der Bezirksämter gehören auf dem Gebiet des Gesundheitswesens:

(1)

a) die gesundheitsaufsichtlichen Aufgaben zur Durchführung des Gesundheitsschutzes nach dem Infektionsschutzgesetz, der Trinkwasserverordnung, den internationalen Gesundheitsvorschriften, den europäischen Verordnungen und Richtlinien in den Bereichen Luft, Wasser, Boden, Geräusche, Erschütterungen, Licht, Strahlen, Chemikalien und andere Stoffe, soweit nicht der für das Gesundheitswesen zuständigen Senatsverwaltung (Nummer 3 Absatz 1) oder dem Landesamt für Gesundheit und Soziales Berlin (Nummer 32 Absatz 14) zugewiesen,
b) die Einleitung von Maßnahmen zur Unterbringung von psychisch erkrankten Personen sowie die Aufsicht über die Durchführung der Unterbringung zur Gefahrenabwehr gemäß § 20 des Gesetzes über Hilfen und Schutzmaßnahmen bei psychischen Krankheiten;

(2) die Überwachung des Einzelhandels mit frei verkäuflichen Arzneimitteln außerhalb der Apotheken und außerhalb der tierärztlichen Hausapotheken;

(3) die Durchführung der Schädlingsbekämpfung und die Überwachung der Anwendung von Schädlingsbekämpfungsmitteln;

(4) die Besichtigung von Krankenhäusern, die Anordnung zur Beseitigung von Mängeln in diesen Einrichtungen, soweit nicht Betriebs- oder Teilbetriebseinstellungen, bauliche Veränderungen, Nutzungsänderungen von Räumen oder Bettensperren erforderlich werden;

(5) die Ordnungsaufgaben in Angelegenheiten des Leichen- und Bestattungswesens[2];

(6) die Ordnungsaufgaben bei Überlastung der Einrichtungen des Gesundheitswesens durch Schadensereignisse;

(7) der Erlass von Badeverboten in stehenden Gewässern aus hygienischen Gründen.

---

1) Wegen der von der Investitionsbank wahrzunehmenden Ordnungsaufgaben s. § 3 Absatz 4 des Investitionsbankgesetzes vom 25. Mai 2004 (GVBl. S. 226, 227), zuletzt geändert durch Artikel 6 des Gesetzes vom 24. November 2015 (GVBl. S. 422).

2) Wegen der örtlichen Zuständigkeit siehe
- Nummer 2 der Ausführungsvorschriften über ordnungsbehördliche Bestattungen nach § 16 Absatz 3 des Bestattungsgesetzes (AV-Ord-Bestattung) vom 13. Juli 2007 (ABl. S. 2096), zuletzt geändert durch Verwaltungsvorschriften vom 19. Juni 2017 (ABl. S. 3368).
- § 1 Nummer 6 ZustVO Bezirksaufgaben (10.4).

Nummer 16a
Verbraucherschutz

Zu den Ordnungsaufgaben der Bezirksämter gehören auf dem Gebiet des Verbraucherschutzes:

(1)

a) die Aufsicht über den Verkehr mit Lebensmitteln, Tabakerzeugnissen, kosmetischen Mitteln und sonstigen Bedarfsgegenständen sowie Futtermitteln einschließlich der Entnahme von Proben und die Durchführung des Nationalen Kontrollprogramms gemäß Artikel 22 der Richtlinie 95/53/EG,

b) die Überwachung der Einhaltung der vorgeschriebenen allgemeinen und spezifischen lebensmittelhygienerechtlichen Anforderungen sowie der futtermittelrechtlichen Anforderungen in den Betrieben,

c) die gesundheits- und veterinäraufsichtlichen Aufgaben der Ortspolizeibehörde zur Durchführung des Milch- und Margarinegesetzes,

d) die Registrierung von Betrieben nach dem EU-Lebensmittelrecht sowie die Anerkennung, Registrierung und Zulassung von Betrieben nach dem Futtermittelrecht;

(2) die Aufgaben der Veterinär-Grenzkontrollstelle;

(3) die Überwachung der Einhaltung der Handelsklassenverordnungen;

(4) die Veterinäraufsicht, soweit nicht dem Landesamt für Gesundheit und Soziales Berlin (Nummer 32 Absatz 8 Buchstabe e) zugewiesen, die Überwachung der Beseitigung tierischer Nebenprodukte und der Tierschutz, soweit nicht dem Landesamt für Gesundheit und Soziales Berlin (Nummer 32 Absatz 9) zugewiesen;

(5) die Erlaubnis zum Arbeiten und zum Verkehr mit Krankheitserregern sowie Tierseuchenerregern, die Untersagung des Arbeitens mit Krankheitserregern sowie Tierseuchenerregern und ihrer Aufbewahrung;

(6) der Hunde- und Katzenfang[1];

(7) die Durchführung und Überwachung der Einhaltung des Gesetzes über das Halten und Führen von Hunden in Berlin.

Nummer 17
Jugend und Familie

Zu den Ordnungsaufgaben der Bezirksämter gehören auf dem Gebiet von Jugend und Familie:

(1) die Durchführung des Jugendschutzgesetzes;

(2) (aufgehoben)

(3) die Inobhutnahme von Kindern und Jugendlichen (§ 42 des Achten Buches Sozialgesetzbuch), sofern nicht die für Jugend und Familie zuständige Senatsverwaltung (Nummer 6) zuständig ist;

(4) die Erteilung, der Widerruf und die Rücknahme der Erlaubnis zur Kindertagespflege (§ 43 des Achten Buches Sozialgesetzbuch);

(5) die Erteilung, der Widerruf und die Rücknahme der Pflegeerlaubnis (§ 44 des Achten Buches Sozialgesetzbuch).

Nummer 18
Umweltschutz

Zu den Ordnungsaufgaben der Bezirksämter gehören auf dem Gebiet des Umweltschutzes:

---

1) S. dazu § 6 Nr. 4 der GDZustVO (10.1).

(1)

a) die Ordnungsaufgaben nach dem Bundes-Immissionsschutzgesetz und nach dem Landes-Immissionsschutzgesetz Berlin für nicht genehmigungsbedürftige Anlagen mit Ausnahme von Anlagen in dem Zeitraum, in dem sie für Veranstaltungen im Freien von gesamtstädtischer Bedeutung benutzt werden, von Anlagen in Betriebsbereichen, die aus genehmigungsbedürftigen und nicht genehmigungsbedürftigen Anlagen bestehen, und von Baustellen und Baumaschinen im Sinne der Allgemeinen Verwaltungsvorschrift zum Schutz gegen Baulärm – Geräuschimmissionen – vom 19. August 1970 sowie mit Ausnahme der durch das Landesamt für Arbeitsschutz, Gesundheitsschutz und technische Sicherheit Berlin (Nummer 24 Absatz 3 Buchstabe a) oder durch das Landesamt für Bergbau, Geologie und Rohstoffe Brandenburg (Nummer 30 Absatz 2) zu überwachenden Anlagen,

b) die fachliche Begleitung bei der Erstellung und die Prüfung von Ausgangszustandsberichten im Sinne des § 10 Absatz 1a des Bundes-Immissionsschutzgesetzes in Genehmigungs- und Änderungsgenehmigungsverfahren,

c) die Ordnungsaufgaben nach dem Gefahrenbeherrschungsgesetz;

(2) die Bekämpfung verhaltensbedingten Lärms, soweit der Lärm nicht von Veranstaltungen im Freien von gesamtstädtischer Bedeutung ausgeht oder auf Baustellen oder im Zusammenhang mit der Verwendung von Baumaschinen im Sinne der Allgemeinen Verwaltungsvorschrift zum Schutz gegen Baulärm – Geräuschimmissionen – vom 19. August 1970 erzeugt wird;

(3) die Ordnungsaufgaben nach § 28 Absatz 1 des Kreislaufwirtschaftsgesetzes, mit Ausnahme von Maßnahmen gegen Betreiberinnen und Betreiber von Anlagen, die nach dem Bundes-Immissionsschutzgesetz oder dem Kreislaufwirtschaftsgesetz einer Genehmigung oder Planfeststellung bedürfen, die Überwachung der Getrennthaltung von gewerblichen Siedlungsabfällen gemäß §§ 3, 4 und 7 der Gewerbeabfallverordnung, mit Ausnahme von Maßnahmen gegen Betreiberinnen und Betreiber von Anlagen, die nach dem Bundes-Immissionsschutzgesetz oder dem Kreislaufwirtschaftsgesetz einer Genehmigung oder Planfeststellung bedürfen, die Überwachung der Rücknahmepflicht für Umverpackungen gemäß § 5 der Verpackungsverordnung und die Überwachung der Pfanderhebungspflicht für Einweggetränkeverpackungen gemäß § 9 der Verpackungsverordnung;

(4) die ordnungsgemäße Straßenreinigung, die Beseitigung und Verwertung von Fahrzeugen ohne gültige amtliche Kennzeichen nach § 14 des Berliner Straßengesetzes sowie die Entsorgung von Altfahrzeugen nach den §§ 3 und 20 Absatz 3 des Kreislaufwirtschaftsgesetzes;

(5) die Beseitigung unzulässig gelagerter oder abgelagerter Abfälle auf öffentlichen Straßen und Privatstraßen sowie auf öffentlichen Grünflächen;

(6) die sonstigen Ordnungsaufgaben zur Ermittlung und Abwehr von schädlichen Umwelteinwirkungen im Rahmen von Erstermittlungen zur Feststellung des Verursachers bei unbekannten Quellen, soweit nicht Rechtsvorschriften die Zuständigkeiten anderer Verwaltungen begründen;

(7) die Ordnungsaufgaben nach dem Bundes-Bodenschutzgesetz und dem Berliner Bodenschutzgesetz in den jeweils geltenden Fassungen sowie den auf Grund dieser Gesetze ergangenen Rechtsverordnungen, sofern nicht die für Umweltschutz zuständige Senatsverwaltung (Nummer 10 Absatz 5) zuständig ist, sowie die Ordnungsaufgaben nach dem Wasserhaushaltsgesetz und den auf Grund dieses Gesetzes ergangenen Rechtsvorschriften bei Boden- und Grundwasserverunreinigungen von örtlicher Bedeutung, die Entgegennahme von Meldungen nach dem Berliner Bodenschutzgesetz;

(8) die Ordnungsaufgaben nach der Verordnung über Anlagen zum Umgang mit wassergefährdenden Stoffen und über Fachbetriebe, sofern nicht die für Umweltschutz zuständige Senatsverwaltung (Nummer 10 Absatz 7) oder das Landesamt für Bergbau, Geologie und Rohstoffe Brandenburg (Nummer 30 Absatz 2) zuständig sind;

(9) die Ordnungsaufgaben hinsichtlich der Genehmigung und Überwachung des Einleitens von Abwässern in öffentliche Abwasseranlagen sowie von Abwasserbehandlungsanlagen zum Einleiten von Abwasser in öffentliche Abwasseranlagen;

(10) Sportbootsstege an Gewässern;

(11) die Ordnungsaufgaben der unteren Behörde für Naturschutz und Landschaftspflege, soweit nicht die für Naturschutz zuständige Senatsverwaltung (Nummer 4 Absatz 1) zuständig ist, sowie Kontroll- und Überwachungsaufgaben, die aus dem Vollzug internationaler Übereinkommen und Rechtsvereinbarungen über den Natur- und Artenschutz resultieren;

(12) die Ordnungsaufgaben nach dem Grünanlagengesetz;

(13) die Genehmigung zur Anlegung und Erweiterung sowie die Erklärung des Einvernehmens zur Widmung, Schließung und Aufhebung öffentlicher Friedhöfe; die Beleihung mit dem hoheitlichen Bestattungsrecht nach § 3 Absatz 2 des Friedhofsgesetzes; die Genehmigung von Erdbestattungen und von Urnenbeisetzungen außerhalb öffentlicher Friedhöfe;

(14) die Gewässeraufsicht und die Eisaufsicht (jeweils Ordnungsaufgaben und technische Aufsicht) für die stehenden Gewässer zweiter Ordnung, soweit nicht die für Verkehr zuständige Senatsverwaltung (Nummer 11 Buchstabe k) zuständig ist.

Nummer 19
Sozialwesen

Zu den Ordnungsaufgaben der Bezirksämter gehören auf dem Gebiet des Sozialwesens:

(1) die Ordnungsaufgaben bei Obdachlosigkeit, soweit nicht das Landesamt für Gesundheit und Soziales Berlin (Nummer 32 Absatz 1) oder die für Jugend und Familie zuständige Senatsverwaltung (Nummer 6) zuständig ist;

(2) die Ordnungsaufgaben, die durch Wegfall des notwendigen Lebensunterhalts infolge von Schadensereignissen entstehen;

(3)

a) der Schutz der Sonn- und Feiertage und die Erteilung von Ausnahmen von den zum Schutz der Sonn- und Feiertage erlassenen Verboten nach der Feiertagsschutzverordnung,

b) die Bewilligung von Ausnahmen vom Verbot der Beschäftigung an Sonn- und Feiertagen nach § 13 Absatz 3 Nummer 2 des Arbeitszeitgesetzes,

c) die Überwachung der Einhaltung des Berliner Ladenöffnungsgesetzes, soweit nicht das Landesamt für Arbeitsschutz, Gesundheitsschutz und technische Sicherheit Berlin (Nummer 24 Absatz 1 Buchstabe b) zuständig ist,

d) die Überwachung der Einhaltung des Verbots der Beschäftigung von Personen unter 18 Jahren mit sittlich gefährdenden Tätigkeiten;

(4) die Überwachung von Schankanlagen;

(5) die Ordnungsaufgaben nach dem Sprengstoffgesetz, soweit sie betreffen

a) den nichtgewerblichen Umgang und nichtgewerblichen Verkehr mit pyrotechnischen Gegenständen, mit Ausnahme der Erteilung von Erlaubnissen nach § 27 des Sprengstoffgesetzes,

b) die gewerbliche Überlassung pyrotechnischer Gegenstände an Andere zum nichtgewerblichen Umgang.

Nummer 20
Schulwesen

Zu den Ordnungsaufgaben der Bezirksämter gehören auf dem Gebiet des Schulwesens: die Maßnahmen zur Sicherung des Schulbesuchs, der Teilnahme an der Sprachstandsfeststellung und vorschulischen Sprachförderung und zur Verhütung und Beseitigung von außen kommender Störungen des Schulbetriebs, soweit nicht die für Schulwesen zuständige Senatsverwaltung (Nummer 8) zuständig ist.

Nummer 21
Wirtschaft

Zu den Ordnungsaufgaben der Bezirksämter gehören auf dem Gebiet der Wirtschaft: die Ordnungsaufgaben in Gewerbeangelegenheiten, soweit nicht die Zuständigkeit einer anderen Behörde begründet ist, insbesondere

a) die Entgegennahme von Anzeigen über den Beginn, die Aufgabe und die Veränderung von Gewerbebetrieben und gewerblichen Tätigkeiten, soweit nicht der Polizeipräsident in Berlin (Nummer 23 Absatz 6) zuständig ist,
b) die Erteilung gewerberechtlicher Erlaubnisse, die Untersagung von Gewerbebetrieben und gewerblichen Tätigkeiten mit Ausnahme der in Nummer 11 Buchstabe a bis i, Nummer 12 Absatz 3, Nummer 23 Absatz 1 und 5, Nummer 32 Absatz 2, 4 und 7 und Nummer 33 Absatz 8 bis 10 bezeichneten Aufgaben,
c) die Erteilung der Erlaubnis für gewerbsmäßig veranstaltete Schaustellungen von Personen mit nicht überwiegend künstlerischem, sportlichem, akrobatischem oder ähnlichem Charakter sowie die Hergabe von Räumen für derartige Veranstaltungen,
d) die Erteilung der Erlaubnis zur Aufstellung von Spielgeräten und zur Veranstaltung anderer Spiele mit Gewinnmöglichkeit, ausgenommen Glücksspiele und Ausspielungen, die nicht Bestandteile von Volksbelustigungsveranstaltungen sind, und Lotterien, sowie zum Betrieb von Spielhallen, Spielkasinos und ähnlichen ausschließlich oder überwiegend dem Spielbetrieb dienenden Unternehmen mit Ausnahme von Spielbanken,
e) die Ordnungsaufgaben nach dem Gaststättengesetz und der Gaststättenverordnung, soweit nicht die für Wirtschaft zuständige Senatsverwaltung (Nummer 12 Absatz 6) oder der Polizeipräsident in Berlin (Nummer 23 Absatz 6) zuständig sind; die ortspolizeilichen Aufgaben zur Durchführung des Milch- und Margarinegesetzes,
f) die Ausstellung von Gewerbelegitimationspapieren aller Art,
g) die Festsetzung von Messen, Ausstellungen, Großmärkten, Wochenmärkten, Spezialmärkten, Jahrmärkten und Volksfesten; die Untersagung der Teilnahme von Ausstellerinnen und Ausstellern sowie Anbieterinnen und Anbietern an diesen Veranstaltungen; die Aufsicht auf den Wochenmärkten,
h) die Verlängerung der Fristen zur Verwertung von Pfändern und zur Abführung von Überschüssen aus Pfandverwertungen sowie die Entgegennahme der Überschüsse,
i) die Zulassung von Ausnahmen von dem Erfordernis der Reisegewerbekarte für besondere Verkaufsveranstaltungen; die Zulassung von Ausnahmen im Einzelfall nach § 56 Absatz 2 Satz 3 der Gewerbeordnung,
j) die Entgegennahme von Anträgen auf Auskunft aus dem Gewerbezentralregister über juristische Personen und Personenvereinigungen sowie über natürliche Personen,
k) die Überwachung der Einhaltung von Preisauszeichnungsvorschriften,
l) die Überwachung der gewerblichen Verwendung pyrotechnischer Gegenstände außerhalb ständiger Betriebsstätten mit Ausnahme der Aufgaben nach § 23 Absatz 6 und 7 der Ersten Verordnung zum Sprengstoffgesetz sowie die Überwachung des Lagerns pyrotechnischer Gegenstände in Verbindung mit offenen Verkaufsstellen.

Nummer 22
Denkmalschutz

Zu den Ordnungsaufgaben der Bezirksämter gehören auf dem Gebiet des Denkmalschutzes:

die Ordnungsaufgaben nach dem Denkmalschutzgesetz Berlin, soweit nicht das Landesdenkmalamt Berlin (Nummer 34) zuständig ist.

Nummer 22a
Einwohnerwesen

Zu den Ordnungsaufgaben der Bezirksämter[1)] gehören auf dem Gebiet des Einwohnerwesens:

(1) die Aufgaben des Melde-, Pass- und Personalausweiswesens, soweit nicht das Landesamt für Bürger- und Ordnungsangelegenheiten (Nummer 33 Absatz 1 bis 3) zuständig ist; die Bezirksämter beauftragen das Landesamt für Bürger- und Ordnungsangelegenheiten

a) mit der Erteilung von Melderegisterauskünften nach den §§ 44 und 45 und von Auskünften nach § 50 Absatz 4 des Bundesmeldegesetzes in den Einzelfällen, in denen beim Landesamt für Bürger- und Ordnungsangelegenheiten der Anlass für die Amtshandlung entsteht sowie

b) den Übermittlungen nach § 10 Absatz 5 Nummer 2 des Personalausweisgesetzes in den Einzelfällen, in denen beim Landesamt für Bürger- und Ordnungsangelegenheiten der Anlass für die Amtshandlung entsteht sowie

c) mit der Wahrnehmung der Informationspflichten nach § 11 Absatz 5 Halbsatz 1 des Personalausweisgesetzes gegenüber den Polizeibehörden;

(2) von den Aufgaben der Ausländerbehörde nach ausländerrechtlichen Bestimmungen:

a) die Entgegennahme von Aufenthaltsanzeigen und die Ausstellung von Freizügigkeitsbescheinigungen,

b) die Erteilung von Aufenthaltstiteln für im Bundesgebiet geborene Kinder von Amts wegen, wenn zum Zeitpunkt der Geburt beide Elternteile oder der allein personensorgeberechtigte Elternteil im Besitz eines vom Landesamt für Bürger- und Ordnungsangelegenheiten erteilten Aufenthaltstitels als eigenständiges Dokument mit elektronischem Speicher- und Verarbeitungsmedium (elektronischer Aufenthaltstitel) und nach einem einheitlichen Vordruckmuster sind,

c) die Ausstellung von Aufenthaltstiteln als elektronischer Aufenthaltstitel und nach einem einheitlichen Vordruckmuster für vom Landesamt für Bürger- und Ordnungsangelegenheiten ausgestellte und noch gültige Aufenthaltstitel bei Ablauf des bisherigen Passes oder Passersatzpapiers und Vorlage eines neu ausgestellten oder verlängerten Passes oder Passersatzpapiers, im Falle des Verlusts oder der Beschädigung des elektronischen Aufenthaltstitels und bei Ablauf von dessen Gültigkeit aufgrund der Überschreitung der maximalen Geltungsdauer von zehn Jahren,

d) die Bescheinigung des Aufenthaltsrechts bei Inhaberinnen und Inhabern von Aufenthaltstiteln, sofern die Aufenthaltstitel vom Landesamt für Bürger- und Ordnungsangelegenheiten erteilt oder verlängert wurden;

e) die Änderung der Wohnanschrift auf dem elektronischen Speicher- und Verarbeitungsmedium des elektronischen Aufenthaltstitels und auf dem Kartenkörper im Falle einer An- oder Ummeldung,

f) die Aktivierung und Deaktivierung, Sperrung und Entsperrung der Funktion der elektronischen Identität (eIDFunktion) des elektronischen Aufenthaltstitels und die Änderung der persönlichen Identifikationsnummer (PIN);

die Bezirksämter beauftragen das Landesamt für Bürger- und Ordnungsangelegenheiten mit der Wahrnehmung der unter den Buchstaben a bis f genannten Aufgaben in den Einzelfällen, in denen beim Landesamt für Bürger- und Ordnungsangelegenheiten der Anlass für die Amtshandlung entsteht

1) Zur örtlichen Zuständigkeit s. § 4 VwVfG Bln (13).

Nummer 22b
Verkehr

Zu den Ordnungsaufgaben der Bezirksämter gehören auf dem Gebiet des Verkehrswesens:

(1)

a) die Außerbetriebsetzung von Fahrzeugen,
b) die Eintragung von Adressenänderungen in Zulassungsbescheinigungen Teil I,
c) die Entgegennahme von Anträgen auf Neuausstellung von Zulassungsbescheinigungen Teil I nach Verlust oder Diebstahl;

(2)

a) die Entgegennahme von Anträgen auf Erteilung, Erweiterung und Verlängerung der Fahrerlaubnis und der Fahrerlaubnis zur Fahrgastbeförderung,
b) die Entgegennahme von Anträgen auf Neuerteilung der Fahrerlaubnis und der Fahrerlaubnis zur Fahrgastbeförderung,
c) die Entgegennahme von Anträgen auf Umschreibung der Fahrerlaubnis,
d) die Entgegennahme von Anträgen auf Umstellung der Fahrerlaubnis,
e) die Entgegennahme von Anträgen auf Ausstellung eines Ersatzführerscheins (Umtausch, Verlust oder Diebstahl),
f) die Ausstellung von internationalen Führerscheinen,
g) die Aushändigung aufgefundener Führerscheine;

(3) die straßenverkehrsbehördlichen Maßnahmen im untergeordneten Straßennetz, soweit nicht die Verkehrslenkung Berlin (Nummer 35 Absatz 3) zuständig ist;

(4) im übergeordneten Straßennetz die Anordnung von

a) Haltverboten für Lieferzwecke, Umzüge und ähnliche Bedürfnisse,
b) Überholverboten,
c) Sicherungsmaßnahmen an Brücken,
d) Parkraumbewirtschaftungsgebieten,
e) Fußgängerzonen,
f) Taxenständen,
g) Maßnahmen für den ruhenden Verkehr einschließlich Behindertenparkplätzen,
h) Maßnahmen zur Sicherung von Ein- und Ausfahrten, abgesenkten Gehwegen oder Parkflächen,
i) Maßnahmen zum Gewässerschutz und aus Gründen des Arten- und Biotopschutzes,
j) Straßennamensschildern

sowie die Durchführung von Verkehrsschauen für diese Anordnungen;

(5) im übergeordneten Straßennetz die Ausgabe von Bewohnerparkausweisen nach § 45 Absatz 1 b Nummer 2 a Straßenverkehrs-Ordnung;

(6) im übergeordneten Straßennetz die Erteilung von Erlaubnissen sowie Genehmigung von Ausnahmen

a) nach § 29 Absatz 2 Straßenverkehrs-Ordnung für Veranstaltungen auf Gehwegen ohne Auswirkungen auf den Fahrzeugverkehr,
b) nach § 46 Absatz 1 Nummer 1, 3, 4, 4 a, 4 b, 5, 5 a, 5 b, 6, 8, 9, 10 und 12 der Straßenverkehrs- Ordnung sowie nach dem Bundes-Immissionsschutzgesetz,
c) nach § 46 Absatz 1 Nummer 7 der Straßenverkehrs-Ordnung und nach der Ferienreiseverordnung, soweit sie nicht Großveranstaltungen nach § 29 Absatz 2 oder den Großraum- und Schwerverkehr nach § 29 Absatz 3 der Straßenverkehrs-Ordnung betreffen,
d) nach § 46 Absatz 1 Nummer 11 der Straßenverkehrs-Ordnung, soweit sie nicht Bussonderfahrstreifen betreffen;

(7) im übergeordneten Straßennetz Anordnungen zur Sicherung von Arbeitsstellen nach § 45 Absatz 6 der Straßenverkehrs-Ordnung in Ergänzungsstraßen entsprechend ihrer Festlegung im Stadtentwicklungsplan Verkehr.
Die Bezirksämter beauftragen das Landesamt für Bürger- und Ordnungsangelegenheiten mit der Wahrnehmung der in den Absätzen 1 und 2 genannten Aufgaben in den Einzelfällen, in denen beim Landesamt für Bürger- und Ordnungsangelegenheiten der Anlass für die Amtshandlung entsteht.

Nummer 22c
Fundwesen

Zu den Ordnungsaufgaben der Bezirksämter gehören auf dem Gebiet des Fundwesens: die Ordnungsaufgaben der zuständigen Behörde nach den §§ 965 ff. des Bürgerlichen Gesetzbuches und den sonstigen in diesem Zusammenhang ergangenen Rechtsvorschriften.

DRITTER ABSCHNITT
Ordnungsaufgaben der Sonderbehörden

Nummer 23
Polizeipräsident in Berlin

Zu den Ordnungsaufgaben des Polizeipräsidenten in Berlin gehören:
Aus dem Bereich Inneres:
(1) die Ordnungsaufgaben in Angelegenheiten des Waffenrechts und nach § 9 Absatz 1 des Beschussgesetzes sowie den in diesem Zusammenhang ergangenen Rechtsvorschriften, soweit nicht nach Waffen- oder Beschussrecht anderen Behörden zugewiesen;
(2) die Versammlungsaufsicht; die Aufgaben der Anmeldebehörde nach der Verordnung zur Durchführung des Vereinsgesetzes;
(3) die presserechtlichen Ordnungsaufgaben;
(4) die Ermittlung, Bergung und Beseitigung von abgelagerten chemischen Kampfmitteln sowie die Beseitigung von nichtchemischen Kampfmitteln.[1]
Aus dem Bereich Verkehr:
(5) die Durchführung von
a) Verkehrskontrollen und die Erstellung von Kontrollberichten nach den §§ 4, 5 und 6 der Verordnung über technische Kontrollen von Nutzfahrzeugen auf der Straße,
b) Kontrollen nach den Unterabschnitten 1.8.1.1 und 1.8.1.4 zum Europäischen Übereinkommen über die internationale Beförderung von gefährlichen Gütern auf Binnengewässern (ADN) in Verbindung mit § 1 Absatz 1 Nummer 3 und Absatz 3 Nummer 3 der Gefahrgutverordnung Straße, Eisenbahn und Binnenschifffahrt.
Aus dem Bereich Wirtschaft:
(6) die Überwachung von Gewerbebetrieben und gewerblichen Tätigkeiten, soweit sie nicht dem Landesamt für Arbeitsschutz, Gesundheitsschutz und technische Sicherheit Berlin (Nummer 24), dem Landesamt für Bergbau, Geologie und Rohstoffe Brandenburg (Nummer 30) oder dem Landesamt für Gesundheit und Soziales Berlin (Nummer 32) obliegt;
(7) die Entgegennahme von Anzeigen über Schusswaffengebrauch im Bewachungsgewerbe.
Aus dem Bereich Naturschutz:
(8) die Erteilung, die Ungültigkeitserklärung und die Einziehung von Jagdscheinen sowie die Festsetzung einer Sperrfrist für die Wiedererteilung von Jagdscheinen und das Verbot der Jagd wegen Störung der öffentlichen Sicherheit und Ordnung oder wegen Gefährdung von Menschen.

---
1) S. hierzu auch die Kampfmittelverordnung vom 17. Juli 2018 (GVBl. S. 495).

Nummer 24
Landesamt für Arbeitsschutz, Gesundheitsschutz und technische Sicherheit Berlin[1]

Zu den Ordnungsaufgaben des Landesamtes für Arbeitsschutz, Gesundheitsschutz und technische Sicherheit Berlin gehören:

(1)

a) die Ordnungsaufgaben nach dem Arbeitsschutzgesetz, dem Gesetz über Betriebsärzte, Sicherheitsingenieure und andere Fachkräfte für Arbeitssicherheit, dem Jugendarbeitsschutzgesetz, dem Mutterschutzgesetz, dem Arbeitszeitgesetz, dem Heimarbeitsgesetz und den aufgrund dieser Gesetze erlassenen Rechtsverordnungen, insbesondere der Betriebssicherheitsverordnung, soweit nicht die für Arbeit zuständige Senatsverwaltung (Nummer 14 Absatz 2), die Bezirksämter (Nummer 18 Absatz 1 und Nummer 19 Absatz 3) oder das Landesamt für Bergbau, Geologie und Rohstoffe Brandenburg (Nummer 30 Absatz 2) zuständig sind,

b) die Überwachung der Pflichten nach § 7 des Berliner Ladenöffnungsgesetzes,

c) die Zulässigkeitserklärung von Kündigungen nach § 18 des Bundeselterngeld- und Elternzeitgesetzes, nach § 5 Absatz 2 des Pflegezeitgesetzes sowie nach § 9 Absatz 3 des Familienpflegezeitgesetzes,

d) die Ordnungsaufgaben nach der Eisenbahn-Fahrpersonalverordnung für den in § 1 Absatz 1 Nummer 1 dieser Verordnung genannten Personenkreis;

(2)

a) die Ordnungsaufgaben bei überwachungsbedürftigen Anlagen im Sinne des § 2 Nummer 30 des Produktsicherheitsgesetzes und nach § 1 Absatz 2 der Betriebssicherheitsverordnung sowie bei Anlagen nach § 4 Absatz 1 der Verordnung über den Betrieb von baulichen Anlagen des Landes Berlin, soweit nicht die Bauaufsichtsbehörden (Nummer 1 Absatz 1 und Nummer 15 Absatz 1) oder das Landesamt für Bergbau, Geologie und Rohstoffe Brandenburg (Nummer 30 Absatz 2) zuständig sind,

b) die Ordnungsaufgaben nach dem Produktsicherheitsgesetz in Verbindung mit den nur aufgrund des Produktsicherheitsgesetzes erlassenen Rechtsverordnungen, die der nach § 24 Absatz 1 Satz 1 des Produktsicherheitsgesetzes zuständigen Behörde obliegen, sofern nicht gemäß § 24 Absatz 1 Satz 2 oder Satz 3 des Produktsicherheitsgesetzes eine durch andere Rechtsvorschriften begründete Zuständigkeit gegeben ist,

c) der Vollzug des Abschnitts 2 der 32. Verordnung zur Durchführung des Bundes-Immissionsschutzgesetzes (Geräte- und Maschinenlärmschutzverordnung);

(3) die Ordnungsaufgaben nach dem Bundes-Immissionsschutzgesetz

a) bei Anlagen im Sinne der §§ 4 und 22 Absatz 1 des Bundes-Immissionsschutzgesetzes, sofern sie Teile von überwachungsbedürftigen Anlagen im Sinne von § 2 Nummer 30 Buchstabe a des Produktsicherheitsgesetzes sind und soweit nicht das Landesamt für Bergbau, Geologie und Rohstoffe Brandenburg (Nummer 30 Absatz 2) zuständig ist,

b) bei Anlagen im Sinne der Vierten Verordnung zur Durchführung des Bundes-Immissionsschutzgesetzes (Verordnung über genehmigungsbedürftige Anlagen), sofern sie auf einem Kraftwerksgelände betrieben werden;

(4) die Ordnungsaufgaben nach dem Sprengstoffgesetz, soweit nicht die für Arbeit zuständige Senatsverwaltung (Nummer 14 Absatz 2 Buchstabe e), die Bezirksämter (Nummer 19 Absatz 5 und Nummer 21 Buchstabe n) oder das Landesamt für Bergbau, Geologie und Rohstoffe Brandenburg (Nummer 30 Absatz 2) zuständig sind;

(5) der Strahlenschutz bei ionisierender Strahlung, soweit nicht die für Umweltschutz zuständige Senatsverwaltung (Nummer 10 Absatz 8) zuständig ist;

---

1) S. auch Errichtungsgesetz vom 12. November 1997 (GVBl. S. 596), geändert durch Artikel 2 des Gesetzes vom 14. März 2016 (GVBl. S. 93).

(6) die Durchführung der Sozialvorschriften im Straßenverkehr und des Europäischen Übereinkommens über die Arbeit des im internationalen Straßenverkehr beschäftigten Fahrpersonals (AETR),

(7) die Ordnungsaufgaben nach Europäischen Verordnungen und Richtlinien über gefährliche Stoffe, auf die in Arbeitsschutzvorschriften und im Chemikaliengesetz verwiesen wird, sowie nach dem Chemikaliengesetz und den aufgrund des Chemikaliengesetzes erlassenen Rechtsverordnungen, die dem Schutz von Personen (Beschäftigte und Andere) dienen und die nicht ausschließlich zum Zweck des Umweltschutzes erlassen wurden, soweit nicht das Landesamt für Bergbau, Geologie und Rohstoffe Brandenburg (Nummer 30 Absatz 2) zuständig ist;

(8) die Ordnungsaufgaben nach der Chemikalien-Ozonschichtverordnung, der Chemikalien-Klimaschutzverordnung, der Chemikalienrechtlichen Verordnung zur Begrenzung der Emissionen flüchtiger organischer Verbindungen (VOC) durch Beschränkung des Inverkehrbringens lösemittelhaltiger Farben und Lacke und nach Europäischen Verordnungen und Richtlinien, auf die in diesen drei Verordnungen verwiesen wird, soweit es nicht Ordnungsaufgaben nach dem Kreislaufwirtschafts- und Abfallrecht sind;

(9) die Ordnungsaufgaben nach dem Energieverbrauchskennzeichnungsgesetz, der Energieverbrauchskennzeichnungsverordnung, der Pkw-Energieverbrauchskennzeichnungsverordnung und der Verordnung (EG) Nummer 1222/2009 des Europäischen Parlaments und des Rates vom 25. November 2009 über die Kennzeichnung von Reifen in Bezug auf die Kraftstoffeffizienz und andere wesentliche Parameter, soweit nicht Rechtsvorschriften die Zuständigkeit anderer Behörden begründen;

(10) die Ordnungsaufgaben nach dem Energieverbrauchsrelevante-Produkte-Gesetz, mit Ausnahme der in § 7 Absatz 2 des Energieverbrauchsrelevante-Produkte-Gesetzes dargestellten Aufgaben der obersten Landesbehörde;

(11) die Ordnungsaufgaben nach dem Gesetz zum Schutz vor nichtionisierender Strahlung bei der Anwendung am Menschen sowie den aufgrund dieses Gesetzes erlassenen Rechtsverordnungen.

Nummer 25
Berliner Feuerwehr

Zu den Ordnungsaufgaben der Berliner Feuerwehr gehören:

(1) die Abwehr von Gefahren, die durch Brände, Explosionen, Überschwemmungen, Unfälle und ähnliche Ereignisse entstehen;

(2) der Notfallrettungsdienst;

(3) die Mitwirkung bei der Brandsicherheitsschau;

(4) die Aufgaben der Katastrophenschutzbehörde nach § 15 Satz 2 bis 4 des Zivilschutz- und Katastrophenhilfegesetzes;

(5) die Aufgaben der zuständigen Behörde nach § 13 a des Wehrpflichtgesetzes und § 14 des Zivildienstgesetzes.

Nummer 26
Landesamt für das Mess- und Eichwesen Berlin-Brandenburg[1)]

Zu den Ordnungsaufgaben des Landesamtes für das Mess- und Eichwesen Berlin-Brandenburg gehören:

(1) die Ordnungsaufgaben nach dem Gesetz über Einheiten im Messwesen;

(2) die Ordnungsaufgaben nach dem Eichgesetz;

(3) die Ordnungsaufgaben nach dem Medizinproduktegesetz und den auf Grund dieses Gesetzes erlassenen Rechtsverordnungen, soweit Belange der Messgenauigkeit und der Messbeständigkeit der Medizinprodukte betroffen sind.

---

1) S. Staatsvertrag der Länder Berlin und Brandenburg über die Errichtung des Landesamtes für Mess- und Eichwesen Berlin-Brandenburg vom 11. März 2004 (GVBl. S. 238).

Nummer 27
Berliner Forsten

Zu den Ordnungsaufgaben der Berliner Forsten gehören:
(1) der Forstschutz;
(2) der Jagdschutz;
(3) die Aufgaben nach § 5 Absatz 3 des Landesjagdgesetzes Berlin.

Nummer 28
Fischereiamt

Zu den Ordnungsaufgaben des Fischereiamtes gehören:
die Ordnungsaufgaben nach den Rechtsvorschriften über die Fischerei.

Nummer 29
Pflanzenschutzamt

Zu den Ordnungsaufgaben des Pflanzenschutzamtes gehören:

(1) die Ordnungsaufgaben nach dem Pflanzenschutzgesetz und den auf Grund dieses Gesetzes erlassenen Rechtsverordnungen;

(2) die von den Ländern wahrzunehmenden Ordnungsaufgaben bei Freisetzung gentechnisch veränderter Pflanzen nach dem Gentechnikgesetz und den auf Grund des Gentechnikgesetzes erlassenen Rechtsverordnungen.

Nummer 30
Landesamt für Bergbau, Geologie und Rohstoffe Brandenburg[1]

Zu den Ordnungsaufgaben des Landesamtes für Bergbau, Geologie und Rohstoffe Brandenburg gehören:

(1) die Bergaufsicht;

(2) die Ordnungsaufgaben nach Nummer 15 Absatz 1 Buchstabe e, Nummer 18 Absatz 1 und 8, Nummer 23 Absatz 6, Nummer 24 Absatz 1 Buchstabe a, Absatz 2 Buchstabe a, Absatz 3 Buchstabe a, Absatz 4 und 7 in den der Bergaufsicht unterstehenden Betrieben;

(3) die Ordnungsaufgaben nach § 10 Absatz 3 Satz 5 der Gesundheitsschutz-Bergverordnung;

(4) die Ordnungsaufgaben nach der Markscheider-Bergverordnung.

Nummer 31
Landesamt für Flüchtlingsangelegenheiten[2]

Zu den Ordnungsaufgaben des Landesamtes für Flüchtlingsangelegenheiten Berlin gehören:

die Ordnungsaufgaben der Zentralen Aufnahmeeinrichtung für Asylbewerberinnen und Asylbewerber nach dem Asylgesetz, die Ordnungsaufgaben der Zentralen Aufnahmeeinrichtung für unerlaubt eingereiste Ausländerinnen und Ausländer nach dem Aufenthaltsgesetz, die Ordnungsaufgaben nach dem Aufenthaltsgesetz bei Aufnahme von Ausländerinnen und Ausländern nach § 23 Absatz 2 oder § 24 des Aufenthaltsgesetzes, die Ordnungsaufgaben bei Obdachlosigkeit von Asylbewerberinnen und Asylbewerbern sowie nach den §§ 15a, 22, 23 oder 24 des Aufenthaltsgesetzes aufgenommenen Ausländerinnen und Ausländern; die Ordnungsaufgaben bei Obdachlosigkeit von Opfern der in § 25 Ab-

1) Siehe Staatsvertrag zwischen dem Land Berlin und dem Land Brandenburg über die Bergbehörde und energieaufsichtliche Zuständigkeiten vom 17./23. März 2006 (Berlin: GVBl. S. 881).
2) S. auch Errichtungsgesetz vom 14. März 2016 (GVBl. S. 93).

satz 4a und 4b des Aufenthaltsgesetzes genannten Straftaten während der Ausreisefrist nach § 59 Absatz 7 des Aufenthaltsgesetzes bis zur Erteilung einer Aufenthaltserlaubnis, sowie gegebenenfalls von den mit ihnen in häuslicher Gemeinschaft lebenden minderjährigen Kindern; die Ordnungsaufgaben zur Sicherung des Betriebs von Unterkünften für die vorstehend genannten Personenkreise, soweit nicht die für Jugend und Familie zuständige Senatsverwaltung (Nummer 6) zuständig ist.

Nummer 32
Landesamt für Gesundheit und Soziales Berlin[1]

Zu den Ordnungsaufgaben des Landesamtes für Gesundheit und Soziales Berlin gehören:

(1) die Überwachung der Anzeigepflicht für Angehörige der Berufe und Einrichtungen des Gesundheitswesens, die Rücknahme und der Widerruf der Berufserlaubnis, der Erlaubnis zur Führung einer gesetzlich geschützten Berufsbezeichnung und der staatlichen Anerkennung sowie der Heilpraktikererlaubnis, die Anordnung des Ruhens der Approbation, das vorläufige Verbot der Berufsausübung und die Feststellung mangelnder Eignung oder Zuverlässigkeit für Ärztinnen und Ärzte, Zahnärztinnen und Zahnärzte, Psychologische Psychotherapeutinnen und Psychotherapeuten und Kinder- und Jugendlichenpsychotherapeutinnen und -psychotherapeuten, Medizinalfachpersonal, Tierärztinnen und Tierärzte und Veterinärfachpersonal sowie Apothekerinnen und Apotheker und pharmazeutisches Fachpersonal sowie staatlich geprüfte Lebensmittelchemikerinnen und Lebensmittelchemiker;

(2) die Untersagung der unberechtigten Führung einer gesetzlich geschützten Berufsbezeichnung auf den Gebieten des Gesundheits-, Pharmazie- und Veterinärwesens und der Lebensmittelchemie sowie einer gesetzlich geschützten Weiterbildungsbezeichnung in den Medizinalfachberufen;

(3) die Erteilung der Konzession zum Betrieb von Krankenhäusern sowie die Aufsicht über diese Einrichtungen, soweit nicht die Bezirksämter (Nummer 16 Absatz 7) zuständig sind;

(4) die staatliche Anerkennung von Ausbildungsstätten für Psychologische Psychotherapeutinnen und Psychotherapeuten und Kinder- und Jugendlichenpsychotherapeutinnen und -therapeuten nach § 6 des Psychotherapeutengesetzes;

(5) die Ordnungsaufgaben nach dem Wohnteilhabegesetz[2] und den auf Grund des Wohnteilhabegesetzes erlassenen Rechtsverordnungen;

(6) die Erteilung der Erlaubnis zum Betrieb von Apotheken und Krankenhausapotheken einschließlich der Genehmigung der Versorgungsverträge, die Erteilung der Genehmigung zur Verwaltung von Apotheken, die Erteilung der Erlaubnis zum Versand von apothekenpflichtigen Arzneimitteln, die Schließung und Abnahme von Apotheken und Krankenhausapotheken sowie die Apothekenaufsicht;

(7)

a) die Erteilung der Erlaubnis zur Herstellung und zur Einfuhr von Arzneimitteln, Testsera oder Testantigenen oder Wirkstoffen, die menschlicher, tierischer oder mikrobieller Herkunft sind oder auf gentechnischem Wege hergestellt werden, sowie anderen zur Arzneimittelherstellung bestimmten Stoffen menschlicher Herkunft und die entsprechende Überwachung der Herstellung und der Einfuhr,
b) die Überwachung der Werbung auf dem Gebiet des Heilwesens im Rahmen seiner Zuständigkeiten,
c) die Überwachung des Verkehrs mit Arzneimitteln und Betäubungsmitteln, soweit nicht die Bezirksämter (Nummer 16 Absatz 2) zuständig sind,

1) S. auch Errichtungsgesetz vom 12. November 1997 (GVBl. S. 596), geändert durch Artikel 2 des Gesetzes vom 14. März 2016 (GVBl. S. 93).
2) S. dazu Nummer 1 der Anlage zu § 1 FörmVfVO (14).

d) die Erteilung der Erlaubnis zum Großhandel mit Arzneimitteln, Testsera oder Testantigenen und die entsprechende Überwachung des Großhandels,

e) die Erteilung der Erlaubnis zur Herstellung und zur Einfuhr von Sera, Impfstoffen und Antigenen im Sinne des § 17c Absatz 1 Satz 1 des Tierseuchengesetzes zum Zwecke der Abgabe an andere, und die entsprechende Überwachung der Herstellung und der Einfuhr; Anordnungen nach § 17c Absatz 5 des Tierseuchengesetzes bezüglich Mittel, die von im Land Berlin ansässigen pharmazeutischen Unternehmen in Verkehr gebracht werden; Aufgaben der zuständigen Behörde beim Erfassen und Auswerten von Risiken und bei der Rücknahme der Freigabe nach den §§ 30 und 34 der Tierimpfstoffverordnung für Mittel, die von im Land Berlin ansässigen pharmazeutischen Unternehmen in Verkehr gebracht werden;

(8) die Erteilung der Erlaubnis nach Artikel 4 Absatz 2 des Übereinkommens über internationale Beförderungen leichtverderblicher Lebensmittel und über die besonderen Beförderungsmittel, die für diese Beförderungen zu verwenden sind;

(9)

a) die Entgegennahme von Anzeigen und Meldungen über Versuche an lebenden Tieren sowie die Erteilung entsprechender Genehmigungen, die Anordnung der Einstellung von Tierversuchen, die Erteilung der Erlaubnis zur Zucht und Haltung von Wirbeltieren zu Versuchszwecken sowie deren Untersagung, die Überwachung der Einrichtungen, in denen Tierversuche durchgeführt werden, sowie die tierschutzrechtliche Aufsicht über Versuchstierzuchten und Versuchstierhaltungen, die Genehmigung des Imports von Versuchstieren aus Drittländern nach § 11a des Tierschutzgesetzes,

b) die Erteilung von Ausnahmegenehmigungen für das Schlachten von Tieren ohne Betäubung, die Zulassung von Ausnahmen für die Betäubung bei Eingriffen an warmblütigen Tieren;

(10) die hygienische Überwachung der Badegewässer und der Erlass von Badeverboten in fließenden Gewässern; weitere Aufgaben als „benannte Stelle" im Sinne der Badegewässerverordnung;

(11) die Ordnungsaufgaben nach dem Gentechnikgesetz und den auf Grund des Gentechnikgesetzes erlassenen Rechtsverordnungen, soweit nicht die für Umweltschutz zuständige Senatsverwaltung (Nummer 10 Absatz 9) oder das Pflanzenschutzamt (Nummer 29 Absatz 2) zuständig sind;

(12) die Zulassung von Betrieben nach dem Lebensmittel- und Futtermittelrecht und dem EU-Lebensmittelrecht;

(13)

a) die Überwachung von Wasserversorgungsanlagen nach der Trinkwasserverordnung, soweit sie Teil der zentralen Trinkwasserversorgung sind,

b) die Überprüfung der Untersuchungsstellen nach § 15 Absatz 4 und 5 der Trinkwasserverordnung;

(14) die Ordnungsaufgaben nach dem Transfusionsgesetz;

(15) die Ordnungsaufgaben nach dem Medizinproduktegesetz und den nur auf Grund des Medizinproduktegesetzes erlassenen Rechtsverordnungen, soweit nicht die für Gesundheitswesen zuständige Senatsverwaltung (Nummer 3 Absatz 4) oder das Landesamt für Mess- und Eichwesen Berlin-Brandenburg (Nummer 26 Absatz 3) zuständig sind;

(16) die Ordnungsaufgaben nach dem Transplantationsgesetz;

(17) die Zulassung von Zentren zur Durchführung der Präimplantationsdiagnostik nach § 3a Absatz 3 des Embryonenschutzgesetzes in Verbindung mit § 3 der Präimplantationsdiagnostikverordnung;

(18) die Erteilung von Genehmigungen zur Durchführung künstlicher Befruchtungen nach § 121a des Fünften Buches Sozialgesetzbuch.

Nummer 33
Landesamt für Bürger- und Ordnungsangelegenheiten

Zu den Ordnungsaufgaben des Landesamtes für Bürger- und Ordnungsangelegenheiten gehören:

Aus dem Bereich Inneres:

(1)

a) die IT-Verfahrensverantwortung für das zentrale elektronische Melderegister nach § 1 Absatz 3 des Berliner Ausführungsgesetzes zum Bundesmeldegesetz,
b) die Bereitstellung der Verfahren des automatisierten Abrufs nach den §§ 39 und 49 des Bundesmeldegesetzes,
c) die Wahrnehmung der Aufgaben als zentrale Stelle für das Land Berlin im Zusammenhang mit allen Anfragen nach § 38 sowie nach § 49 des Bundesmeldegesetzes (Portalanbieter),
d) die Errichtung, Überwachung und Ablehnung von Auskunftssperren nach § 51 Absatz 1 und Absatz 5 des Bundesmeldegesetzes,
e) Datenübermittlungen nach den §§ 33 bis 36, 42 und 43 des Bundesmeldegesetzes und das Erteilen von Melderegisterauskünften nach den §§ 46, 50 Absatz 1 bis 3 und §§ 51, 52 Absatz 2 des Bundesmeldegesetzes; das Landesamt für Bürger- und Ordnungsangelegenheiten beauftragt die Bezirksämter mit der Wahrnehmung der Aufgaben in den Einzelfällen nach den §§ 34, 35 und 42 des Bundesmeldegesetzes, in denen bei den Bezirksämtern der Anlass für die Amtshandlung entsteht und kein Fall nach den §§ 51 und 52 des Bundesmeldegesetzes vorliegt,
f) die Aufgaben der Wehrerfassungsbehörde nach § 15 des Wehrpflichtgesetzes;

(2)

a) die IT-Verfahrensverantwortung für das zentrale elektronische Passregister nach § 21 des Passgesetzes,
b) die Aufgaben der Passbehörde für in Berlin nicht gemeldete Personen,
c) die Versagung und Entziehung von Pässen nach den §§ 7 und 8 des Passgesetzes,
d) die Erteilung von Ermächtigungen nach § 19 Absatz 4 des Passgesetzes,
e) die Ausstellung von Reisepässen in Fällen von besonderem öffentlichen Interesse,
f) Datenübermittlungen aus dem automatisiert geführten Passregister nach § 22 Absatz 2 des Passgesetzes; das Landesamt für Bürger- und Ordnungsangelegenheiten beauftragt die Bezirksämter mit der Wahrnehmung dieser Aufgaben in den Einzelfällen, in denen bei den Bezirksämtern der Anlass für die Amtshandlung entsteht;

(3)

a) die IT-Verfahrensverantwortung für das zentrale elektronische Personalausweisregister nach § 23 des Personalausweisgesetzes,
b) die Aufgaben der Ausweisbehörde für in Berlin nicht gemeldete Personen,
c) Anordnungen von Ausweisbeschränkungen nach § 6 Absatz 7 und § 6a des Personalausweisgesetzes,
d) die Ausstellung von Personalausweisen in Fällen von besonderem öffentlichen Interesse,
e) die Datenübermittlungen aus dem elektronisch geführten Personalausweisregister nach § 24 Absatz 2 des Personalausweisgesetzes; das Landesamt für Bürger- und Ordnungsangelegenheiten beauftragt die Bezirksämter mit der Wahrnehmung dieser Aufgabe in den Einzelfällen, in denen bei den Bezirksämtern der Anlass für die Amtshandlung entsteht;

(4) Aufgaben der Ausländerbehörde nach ausländerrechtlichen Bestimmungen, soweit nicht die Bezirksämter (Nummer 22a Absatz 2) zuständig sind;

(5) die Ordnungsaufgaben bei der Veranstaltung, Vermittlung und Bewerbung von Lotterien, Ausspielungen, Toto, Sportwetten und Pokerspielen, die nicht von den Spielbanken

veranstaltet werden, einschließlich der Aufgaben nach dem Ausführungsgesetz zum Glücksspielstaatsvertrag und nach dem Glücksspielstaatsvertrag, soweit diese dort nicht ausschließlich anderen Behörden zugewiesen und soweit nicht die für Inneres zuständige Senatsverwaltung (Nummer 5 Absatz 4) oder die Bezirksämter (Nummer 21 Buchstabe d) zuständig sind;

(6) die Untersagung der unberechtigten Führung eines Namens oder einer gesetzlich geschützten Berufsbezeichnung, soweit nicht die für Kulturelle Angelegenheiten (Nummer 7 Absatz 1) oder für Wissenschaft (Nummer 13 Absatz 2) zuständige Senatsverwaltung oder das Landesamt für Gesundheit und Soziales Berlin (Nummer 32 Absatz 3) zuständig sind;

(7) die Ordnungsaufgaben auf dem Gebiet des Rettungsdienstes mit Krankenkraftwagen nach dem Rettungsdienstgesetz.

Aus dem Bereich Verkehr:

(8)

a) die Aufgaben der höheren und der unteren Verwaltungsbehörde nach der Straßenverkehrs-Zulassungs-Ordnung und der Fahrzeug-Zulassungsverordnung, soweit nicht die Bezirksämter (Nummer 22b Absatz 1) zuständig sind, einschließlich der Wahrnehmung des Weisungsrechts entsprechend § 44 Absatz 1 Satz 2 der Straßenverkehrs-Ordnung und § 46 Absatz 1 Satz 2 der Fahrzeug-Zulassungsverordnung,
b) die Aufgaben nach § 70 Absatz 1 Nummer 2 und Absatz 1a der Straßenverkehrs-Zulassungs-Ordnung, nach § 47 Absatz 1 Nummer 1 der Fahrzeug-Zulassungsverordnung, der Anerkennung und Aufsicht über Kraftfahrzeugwerkstätten, Schulungsstätten und Schulungen sowie die Aufsicht über das Anerkennungsverfahren, über die Durchführung der Abgasuntersuchungen und der Schulungen nach den Anlagen VIIIc, XVII, XVIIa und XVIIId der Straßenverkehrs-Zulassungs-Ordnung, der Genehmigungsbehörde nach § 2 Absatz 2 der Verordnung über die EG-Genehmigung für Kraftfahrzeuge und ihre Anhänger sowie für Systeme, Bauteile und selbstständige technische Einheiten für diese Fahrzeuge,
c) die Aufgaben der höheren Verwaltungsbehörde und der Fahrerlaubnisbehörde nach § 73 der Fahrerlaubnis-Verordnung, soweit nicht die Bezirksämter (Nummer 22b Absatz 2) zuständig sind, einschließlich der Wahrnehmung des Weisungsrechts,
d) die Aufgaben der sperrenden Behörde nach § 43 der Fahrzeug-Zulassungsverordnung,
e) die Führung der Fahrzeugregister nach § 32 Absatz 1 Nummer 4 des Straßenverkehrsgesetzes in Verbindung mit § 31 der Fahrzeug-Zulassungsverordnung,
f) die Datenübermittlungen nach § 28 Absatz 5 und den §§ 59 und 64 des Straßenverkehrsgesetzes,
g) die Maßnahmen nach § 7 der Verordnung über technische Kontrollen von Nutzfahrzeugen auf der Straße,
h) die Bearbeitung von Anträgen und die Ausgabe von Fahrer-, Werkstatt- und Unternehmenskarten nach § 4a des Fahrpersonalgesetzes,
i) die Anerkennung, der Widerruf der Anerkennung und die Überwachung von Ausbildungsstätten nach § 7 Absatz 2 bis 4 des Berufskraftfahrer-Qualifikations-Gesetzes sowie die Erteilung der Bescheinigung nach § 5 Absatz 4 Satz 4 der Berufskraftfahrer-Qualifikations-Verordnung;

(9) die Aufgaben der höheren und unteren Verwaltungsbehörde

a) nach dem Fahrlehrergesetz,
b) nach dem Güterkraftverkehrsgesetz,
c) nach dem Verkehrssicherstellungsgesetz,
d) nach dem Bundesleistungsgesetz,
e) nach dem Gefahrgutbeförderungsgesetz sowie dem Gesetz zu dem Europäischen Übereinkommen über die internationale Beförderung gefährlicher Güter auf der Straße,
f) nach dem Gesetz zu dem Übereinkommen über sichere Container,

g) nach dem Übereinkommen über internationale Beförderung leicht verderblicher Lebensmittel und über die besonderen Beförderungsbedingungen, die für diese Beförderung zu verwenden sind;

(10) der Vollzug des Personenbeförderungsgesetzes und der auf Grund dieses Gesetzes erlassenen Rechtsverordnungen sowie der europäischen und internationalen Vorschriften über die Beförderung von Personen mit Kraftfahrzeugen, mit Ausnahme der Aufgaben im Zusammenhang mit Straßenbahnen, der Genehmigung für Tarife und Beförderungsbedingungen für den ÖPNV sowie der Ermächtigung zum Erlass von Rechtsverordnungen.

Nummer 34
Landesdenkmalamt Berlin

Zu den Ordnungsaufgaben des Landesdenkmalamtes Berlin gehören:
die Ordnungsaufgaben nach dem Denkmalschutzgesetz Berlin, soweit es sich um Aufgaben von hauptstädtischer Bedeutung handelt.

Nummer 35
Verkehrslenkung Berlin

Zu den Ordnungsaufgaben der Verkehrslenkung Berlin gehören:

(1) die Aufgaben der höheren Verwaltungsbehörde nach der Straßenverkehrs-Ordnung einschließlich der Wahrnehmung des Weisungsrechts und der sonstigen Rechte nach § 44 Absatz 1 Satz 2 der Straßenverkehrs-Ordnung;

(2) die Aufgaben der Straßenverkehrsbehörde im übergeordneten Straßennetz, soweit nicht die Bezirksämter (Nummer 22b Absatz 4 bis 7) zuständig sind;

(3) die Aufgaben der Straßenverkehrsbehörde im untergeordneten Straßennetz bei Maßnahmen mit Auswirkungen auf das übergeordnete Netz sowie bei

a) verkehrlichen Maßnahmen nach § 45 der Straßenverkehrs-Ordnung im Zusammenhang mit obersten Bundesbehörden, parlamentarischen Einrichtungen, diplomatischen und konsularischen Vertretungen und besonders gefährdeten Objekten,
b) Maßnahmen zur Beschleunigung des ÖPNV und des Wirtschaftsverkehrs sowie bei Maßnahmen im Zusammenhang mit Straßenbahnen und der Linienführung des ÖPNV einschließlich der dafür erforderlichen Anordnungen,
c) Maßnahmen für überörtliche Radwegeführungen,
d) Maßnahmen im Zusammenhang mit der Wegweisung und Wegeleitsystemen mit Ausnahme der Anordnung von Straßennamensschildern,
e) Maßnahmen zur Erforschung des Unfallgeschehens, des Verkehrsverhaltens, der Verkehrsabläufe sowie zur Erprobung geplanter verkehrssichernder oder verkehrsregelnder Maßnahmen,
f) Verkehrsbeeinflussungsanlagen einschließlich der Parkleitsysteme,
g) der Anordnung von Lichtzeichenanlagen sowie von lichtsignaltechnischen Maßnahmen einschließlich der flankierenden Maßnahmen,
h) der Erteilung von Anordnungen, Erlaubnissen und Ausnahmegenehmigungen im Zusammenhang mit Filmdreharbeiten;

(4) die Bestimmung des Fahrweges für den Militärverkehr und nach § 7 der Gefahrgutverordnung Straße und Eisenbahn;

(5) Verkehrsbeschränkungen und -verbote nach dem Bundes-Immissionsschutzgesetz sowie dem Energiesicherungs- und dem Bundesleistungsgesetz;

(6) die Aufgaben zur Steuerung und Lenkung des Straßenverkehrs, insbesondere durch Lichtzeichen und Verkehrsbeeinflussungsanlagen (Verkehrsregelungszentrale);

(7) die Aufgaben der Landesmeldestelle für Verkehrswarndienst;

(8) die Erteilung von Ausnahmegenehmigungen nach § 46 Absatz 2 Satz 1 der Straßenverkehrs-Ordnung in Bezug auf Halt- und Parkverbote (§ 12 der Straßenverkehrs-Ord-

nung) und in Bezug auf die Verwendung von blauem und gelbem Blinklicht (§ 38 der Straßenverkehrs-Ordnung);

(9) die Erteilung von Erlaubnissen nach § 29 Absatz 2 und § 30 Absatz 2 der Straßenverkehrs-Ordnung für Veranstaltungen, die sich über das Land Berlin hinaus erstrecken oder mehrere Länder berühren.

Nummer 36
Gemeinsame Obere Luftfahrtbehörde Berlin-Brandenburg[1)]

Zu den Ordnungsaufgaben der Gemeinsamen Oberen Luftfahrtbehörde Berlin-Brandenburg gehören:

(1) die Bauschutzangelegenheiten außerhalb der Flughäfen, für die der Bund gemäß § 27 d Absatz 1 des Luftverkehrsgesetzes einen Bedarf aus Gründen der Sicherheit und aus verkehrspolitischen Interessen anerkennt, mit Ausnahme der Flughäfen Berlin-Tempelhof und Berlin-Tegel;

(2) die Ordnungsaufgaben der Anhörungsbehörde für alle Flugplätze;

(3) die Zulassungen nach § 22 a Absatz 2 Luftverkehrs-Ordnung;

(4) die Flugplatzangelegenheiten – mit Ausnahme der Flughäfen, für die der Bund gemäß § 27 d Absatz 1 des Luftverkehrsgesetzes einen Bedarf aus Gründen der Sicherheit und aus verkehrspolitischen Interessen anerkennt;

(5) die Luftaufsicht gemäß § 29 des Luftverkehrsgesetzes;

(6) die Erlaubnisse für die besondere Benutzung des Luftraums mit Ausnahme der Erlaubnisse, die von der für die Flugsicherung zuständigen Stelle erteilt werden;

(7) die Genehmigung von Luftfahrtveranstaltungen, soweit diese nicht auf Flughäfen stattfinden, für die der Bund gemäß § 27 d Absatz 1 des Luftverkehrsgesetzes einen Bedarf aus Gründen der Sicherheit und aus verkehrspolitischen Interessen anerkennt;

(8) die allgemeinen Aufgaben nach § 2 Satz 1 des Luftsicherheitsgesetzes außerhalb der Verkehrsflughäfen Berlin-Tegel, Berlin-Tempelhof und Berlin-Schönefeld;

(9) die Zuverlässigkeitsüberprüfungen gemäß § 7 des Luftsicherheitsgesetzes;

(10) sämtliche Aufgaben im Zusammenhang mit der Ausbildung, Schulung und Prüfung von Personal nach § 8 Absatz 1 Nummer 6 des Luftsicherheitsgesetzes;

(11) die Durchführung von Inspektionen, Tests und Erhebungen zur Kontrolle der Eigensicherungsmaßnahmen der Flughafenunternehmer gemäß Artikel 7 in Verbindung mit Artikel 2 Nummer 2, 5, 10 und 11 der Verordnung (EG) 1217/2003 der Kommission vom 4. Juli 2003 zur Festlegung gemeinsamer Spezifikationen für nationale Qualitätskontrollprogramme für die Sicherheit der Zivilluftfahrt im Rahmen der Durchführung des nationalen Qualitätssicherungsprogramms gemäß Artikel 7 Absatz 1 der Verordnung (EG) Nummer 2320/ 2002 des Europäischen Parlaments und des Rates vom 16. Dezember 2002 zur Festlegung gemeinsamer Vorschriften für die Sicherheit in der Zivilluftfahrt;

(12) die übrigen Luftsicherheitsangelegenheiten, die nicht im Zusammenhang mit Flughäfen stehen, für die der Bund einen Bedarf gemäß § 27 d Absatz 1 des Luftverkehrsgesetzes anerkennt;

(13) die Luftfahrtpersonalangelegenheiten;

(14) die Angelegenheiten der Luftfahrerschulen und die Ausbildungserlaubnisse;

(15) die Angelegenheiten der Luftfahrtunternehmen und die Betriebsgenehmigungen gemäß § 20 Absatz 1 des Luftverkehrsgesetzes;

(16) die Zulassung von Luftsicherheitsplänen nach § 8 des Luftsicherheitsgesetzes mit Ausnahme der Flughäfen, für die der Bund gemäß § 27 d Absatz 1 des Luftverkehrsgesetzes einen Bedarf aus Gründen der Sicherheit und aus verkehrspolitischen Interessen anerkennt;

1) Dazu Luftfahrtstaatsvertrag zwischen den Ländern Berlin und Brandenburg vom 3./4. Mai 2006 (Berlin: GVBl. S. 750).

(17) die Hindernisangelegenheiten außerhalb von Flugplatzbauschutzbereichen im Land Brandenburg;

(18) die Regelung des Flugplatzverkehrs gemäß § 21 a der Luftverkehrs-Ordnung;

(19) die Angelegenheiten der Einrichtungen zur Kommunikation, Navigation und Überwachung (CNS) sowie die Ordnungsaufgaben nach den auf Grund der vorgenannten Bestimmungen erlassenen Rechtsverordnungen.

VIERTER ABSCHNITT
Schlussbestimmungen

Nummer 37
Sonstige Ordnungsaufgaben

Für die Erledigung der in den Nummern 1 bis 36 nicht genannten Ordnungsaufgaben sind zuständig:

(1) die fachlich zuständige Senatsverwaltung, soweit die Aufgaben in Rechtsvorschriften des Reichs, des Bundes oder Landes der obersten Reichs- oder Landesbehörde, der obersten Landesbaubehörde, dem Regierungspräsidenten, der Landespolizeibehörde, der höheren Baupolizeibehörde, der Polizeiaufsichtsbehörde, der höheren Verwaltungsbehörde oder an Stelle einer dieser Behörden dem Polizeipräsidenten in Berlin zugewiesen sind;

(2) die Bezirksämter, soweit die Aufgaben in Rechtsvorschriften des Reichs, des Bundes oder Landes der unteren Verwaltungsbehörde, der Kreis- oder Ortspolizeibehörde übertragen sind, und in allen übrigen Fällen.

Gesetz über Aufnahmen und Aufzeichnungen von Bild und Ton bei Versammlungen unter freiem Himmel und Aufzügen (VersammlG Bln)

Vom 23. April 2013
(GVBl. S. 103)

§ 1
Anfertigung von Bild- und Tonaufnahmen

(1) Die Polizei darf Bild- und Tonaufnahmen von Teilnehmerinnen und Teilnehmern bei oder im Zusammenhang mit öffentlichen Versammlungen unter freiem Himmel und Aufzügen nur anfertigen, wenn tatsächliche Anhaltspunkte die Annahme rechtfertigen, dass von ihnen erhebliche Gefahren für die öffentliche Sicherheit oder Ordnung ausgehen. Die Maßnahmen dürfen auch durchgeführt werden, wenn Dritte unvermeidbar betroffen werden.

(2) Die Unterlagen sind nach Beendigung der öffentlichen Versammlung oder zeitlich und sachlich damit unmittelbar im Zusammenhang stehender Ereignisse unverzüglich zu vernichten, soweit sie nicht benötigt werden

1. für die Verfolgung von Straftaten von Teilnehmerinnen und Teilnehmern oder
2. im Einzelfall zur Gefahrenabwehr, weil die betroffene Person verdächtigt ist, Straftaten bei oder im Zusammenhang mit der öffentlichen Versammlung vorbereitet oder begangen zu haben, und deshalb zu besorgen ist, dass von ihr erhebliche Gefahren für künftige öffentliche Versammlungen oder Aufzüge ausgehen.

Unterlagen, die aus den in Satz 1 Nummer 2 aufgeführten Gründen nicht vernichtet wurden, sind in jedem Fall spätestens nach Ablauf von drei Jahren seit ihrer Entstehung zu vernichten, es sei denn, sie würden inzwischen zu dem in Satz 1 Nummer 1 aufgeführten Zweck benötigt.

(3) Im Übrigen darf die Polizei Übersichtsaufnahmen von Versammlungen unter freiem Himmel und Aufzügen sowie ihrem Umfeld nur anfertigen, wenn dies wegen der Größe oder Unübersichtlichkeit der Versammlung oder des Aufzuges im Einzelfall zur Lenkung und Leitung des Polizeieinsatzes erforderlich ist. Die Übersichtsaufnahmen sind offen anzufertigen und dürfen weder aufgezeichnet noch zur Identifikation der Teilnehmerinnen und Teilnehmer genutzt werden. Die Versammlungsleitung ist unverzüglich über die Anfertigung von Übersichtsaufnahmen in Kenntnis zu setzen.

§ 2
Einschränkung des Grundrechts der Versammlungsfreiheit

Dieses Gesetz schränkt das Grundrecht der Versammlungsfreiheit (Artikel 8 des Grundgesetzes) ein.

§ 3
Ersetzung des Versammlungsgesetzes

Dieses Gesetz ersetzt § 19a des Versammlungsgesetzes.

§ 4
Inkrafttreten

Dieses Gesetz tritt am Tage nach der Verkündung im Gesetz- und Verordnungsblatt für Berlin in Kraft.

Gesetz über die Befriedung des Tagungsortes des Abgeordnetenhauses von Berlin (Berliner Bannmeilengesetz)

Vom 17. März 1983 (GVBl. S. 482),
zuletzt geändert durch Gesetz vom 16. Februar 1998
(GVBl. S. 18)

§ 1
Bannkreis

(1) Der befriedete Bannkreis des Tagungsortes des Abgeordnetenhauses von Berlin wird durch folgende Straßen begrenzt:
Leipziger Platz und Leipziger Straße
vom Potsdamer Platz bis zur ehemaligen Otto-Grotewohl-Straße,
Straßenzug ehemalige Otto-Grotewohl-Straße und Wilhelmstraße von der Leipziger Straße bis zur Anhalter Straße,
Anhalter Straße
von der Wilhelmstraße bis zur Stresemannstraße,
Stresemannstraße
von der Anhalter Straße bis zum Potsdamer Platz.

(2) Die Gehwege und die Fahrbahn der Stresemannstraße zwischen Köthener und Dessauer Straße gehören zum Bannkreis. Die Gehwege und Fahrbahnen der übrigen in Absatz 1 genannten Straßen und Plätze gehören nicht zum Bannkreis.

§ 2
Versammlungsverbot

(1) Innerhalb des befriedeten Bannkreises (§ 1) sind nach § 16 Abs. 1 des Versammlungsgesetzes in der Fassung der Bekanntmachung vom 15. November 1978 (BGBl. I S. 1789/GVBl. S. 2274) öffentliche Versammlungen unter freiem Himmel und Aufzüge verboten.

(2) Ausnahmen von dem Verbot kann der Präsident des Abgeordnetenhauses im Einvernehmen mit dem Senator für Inneres zulassen. Sie sind an den Tagen zuzulassen, an denen keine Sitzungen des Abgeordnetenhauses oder seiner Organe und Ausschüsse stattfinden.

(3) Der Präsident unterrichtet den Ältestenrat unverzüglich über die Zulassung und Ablehnung von Ausnahmen nach Absatz 2.

§ 3
Allgemeine Anordnungen

Allgemeine Anordnungen über das Betreten des Abgeordnetenhauses von Berlin erläßt der Präsident des Abgeordnetenhauses.

§ 4
Inkrafttreten

Dieses Gesetz tritt am Tage nach der Verkündung im Gesetz- und Verordnungsblatt für Berlin in Kraft; gleichzeitig treten das Gesetz über die Befriedung des Tagungsortes des Abgeordnetenhauses von Berlin in der Fassung vom 30. Oktober 1952 (GVBl. S. 1064) und die Verordnung über den befriedeten Bannkreis des Abgeordnetenhauses von Berlin (Bannkreisverordnung) vom 22. Juni 1970 (GVBl. S. 941, 1402) außer Kraft.

Verordnung über sachliche Zuständigkeiten für die Verfolgung und Ahndung von Ordnungswidrigkeiten (ZustVO-OWiG)

Vom 29. Februar 2000 (GVBl. S. 249),
zuletzt geändert durch Verordnung vom 5. Mai 2015
(GVBl. S. 107)

Auf Grund des § 36 Abs. 2 des Gesetzes über Ordnungswidrigkeiten (OWiG) in der Fassung vom 19. Februar 1987 (BGBl. I S. 602), zuletzt geändert durch Artikel 3 des Gesetzes vom 25. August 1998 (BGBl. I S. 2432), und des § 26 Abs. 1 Satz 1 des Straßenverkehrsgesetzes in der im Bundesgesetzblatt Teil III, Gliederungsnummer 9231-1, veröffentlichten bereinigten Fassung, zuletzt geändert durch Gesetz vom 28. April 1998 (BGBl. I S. 810), wird verordnet:

§ 1

Zuständige Verwaltungsbehörde für die Verfolgung und Ahndung von Ordnungswidrigkeiten sind für die Fälle, in denen die zuständige Verwaltungsbehörde nicht durch Gesetz[1] bestimmt ist,

1. die Bezirksämter
   a) in allen den Bezirksverwaltungen zugewiesenen Aufgaben,
   b) in Angelegenheiten des Rundfunkgebührenwesens und des Rundfunkbeitragswesens,
   c) für die Verfolgung von Ordnungswidrigkeiten nach § 24 des Straßenverkehrsgesetzes, die im ruhenden Verkehr festgestellt werden, sowie durch den fließenden Verkehr auf Gehwegen und in Fußgängerbereichen und deren Ahndung durch Verwarnungen,
   d) für Ordnungswidrigkeiten nach § 16 des Telemediengesetzes vom 26. Februar 2007 (BGBl. I S. 179), das zuletzt durch Artikel 2 Absatz 16 des Gesetzes vom 1. April 2015 (BGBl. I S. 434) geändert worden ist, in der jeweils geltenden Fassung,
2. der Polizeipräsident in Berlin
   a) für die ihm zugewiesenen Ordnungsaufgaben, jedoch für die Ordnungsaufgabe der Gewerbeüberwachung beschränkt auf die Verfolgung der Ordnungswidrigkeiten,
   b) für Ordnungswidrigkeiten nach § 113 OWiG,
   c) für Ordnungswidrigkeiten nach §§ 23, 24, 24a, 24c des Straßenverkehrsgesetzes,
   d) für die Verfolgung von Ordnungswidrigkeiten nach § 28 des Jugendschutzgesetzes vom 23. Juli 2002 (BGBl. I S. 2730), zuletzt geändert durch Artikel 2 des Gesetzes vom 23. Juli 2004 (BGBl. I S. 1857), in der jeweils geltenden Fassung,
3. das Landesamt für Arbeitsschutz, Gesundheitsschutz und technische Sicherheit Berlin für die ihm zugewiesenen Ordnungsaufgaben,
4. die Berliner Feuerwehr für die ihr zugewiesenen Ordnungsaufgaben,

---

1) S. z.B. wegen der Zuständigkeit der Investitionsbank für die Verfolgung und Ahndung von Ordnungswidrigkeiten gemäß § 26 Abs. 1 Nr. 4 des Wohnungsbindungsgesetzes und § 52 Abs. 1 Nr. 4 und 5 des Wohnraumförderungsgesetzes § 3 Abs. 5 des Investitionsbankgesetzes vom 25. Mai 2004 (GVBl. S. 226, 227), zuletzt geändert durch Artikel 6 des Gesetzes vom 24. November 2015 (GVBl. S. 422).

5. das Landesamt für Mess- und Eichwesen für die ihm zugewiesenen Ordnungsaufgaben,
6. das Pflanzenschutzamt für die ihm zugewiesenen Ordnungsaufgaben,
7. das Oberbergamt und das Bergamt für die ihnen zugewiesenen Ordnungsaufgaben,
8. das Landesamt für Gesundheit und Soziales Berlin
   a) für die ihm zugewiesenen Ordnungsaufgaben,
   b) für Ordnungswidrigkeiten nach § 8 Absatz 1 Nummer 1 Buchstabe c sowie § 8 Absatz 1 Nummer 2 in Verbindung mit § 8 Absatz 1 Nummer 1 Buchstabe c des Schwarzarbeitsbekämpfungsgesetzes vom 23. Juli 2004 (BGBl. I S. 1842), das zuletzt durch Artikel 2 des Gesetzes vom 2. Dezember 2014 (BGBl. I S. 1922) geändert worden ist, in der jeweils geltenden Fassung, soweit es zuständige Behörde nach § 8a des Asylbewerberleistungsgesetzes in der Fassung der Bekanntmachung vom 5. August 1997 (BGBl. I S. 2022), das zuletzt durch Artikel 3 des Gesetzes vom 23. Dezember 2014 (BGBl. I S. 2439) geändert worden ist, in der jeweils geltenden Fassung, ist,
   c) für Ordnungswidrigkeiten nach § 121 Abs. 1 Nr. 1, 5 und 6 des Elften Buches Sozialgesetzbuch vom 26. Mai 1994 (BGBl. I S. 1014), zuletzt geändert durch Artikel 1 des Gesetzes vom 21. Juli 1999 (BGBl. I S. 1656), in der jeweils geltenden Fassung,
9. das Landesamt für Bürger- und Ordnungsangelegenheiten
   a) für die ihm zugewiesenen Ordnungsaufgaben,
   b) für Ordnungswidrigkeiten nach §§ 111, 115, 118, 119, 120, 124, 125, 127 und 128 OWiG, soweit nicht § 131 Abs. 1 OWiG eine andere Regelung trifft,
   c) für Ordnungswidrigkeiten nach dem Bundesnichtraucherschutzgesetz vom 20. Juli 2007 (BGBl. I S. 1595), die in den in § 2 Nr. 2 Buchstabe b dieses Gesetzes genannten Verkehrsmitteln mit Ausnahme der Straßenbahnen und Oberleitungsomnibusse begangen werden,
10. das Amt für Statistik Berlin-Brandenburg für die von ihm auf Grund von Rechtsvorschriften durchzuführenden statistischen Aufgaben,
11. die Staatsanwaltschaft Berlin für Ordnungswidrigkeiten nach § 20 des Rechtsdienstleistungsgesetzes vom 12. Dezember 2007 (BGBl. I S. 2840) in der jeweils geltenden Fassung.
12. die Rechtsanwaltskammer Berlin
    für Ordnungswidrigkeiten von Rechtsanwältinnen und Rechtsanwälten und verkammerten Rechtsbeiständen nach § 17 des Geldwäschegesetzes vom 13. August 2008 (BGBl. I S. 1690), das zuletzt durch Artikel 4 Absatz 9 des Gesetzes vom 30. Juli 2009 (BGBl. I S. 2437) geändert worden ist, in der jeweils geltenden Fassung,
13. die Präsidentin oder der Präsident des Landgerichts
    für Ordnungswidrigkeiten von Notarinnen und Notaren nach § 17 des Geldwäschegesetzes in der jeweils geltenden Fassung.

§ 2

Im Übrigen wird die Ermächtigung des § 36 Abs. 2 Satz 1 OWiG auf die jeweils zuständige oberste Landesbehörde übertragen.

§ 3
(Inkrafttreten, Außerkrafttreten)

Drittes Gesetz zur Reform der Berliner Verwaltung (Verwaltungsreform-Grundsätze-Gesetz – VGG)

In der Fassung vom 21. Dezember 2005 (GVBl. 2006 S. 10), zuletzt geändert durch Artikel 9 Absatz 1 Nummer 1 und 2 des Gesetzes vom 30.Mai 2016 (GVBl. S. 282)

§ 5[1)]

Führungsaufgaben mit Ergebnisverantwortung

(1) Führungsaufgaben mit Ergebnisverantwortung im Sinne dieses Gesetzes sind

1. in den Senatsverwaltungen: die Leitung einer Abteilung als Leistungs- und Verantwortungszentrum und die Leitung einer selbständigen Serviceeinheit,
2. in nachgeordneten Behörden der Hauptverwaltung: die Leitung der Behörde, die Leitung einer Abteilung als Leistungs- und Verantwortungszentrum und die Leitung einer selbständigen Serviceeinheit,
3. in den Bezirksverwaltungen: die Leitung eines Amtes oder einer nicht rechtsfähigen Anstalt als Leistungs- und Verantwortungszentrum und die Leitung einer selbständigen Serviceeinheit.

(2) Führungskräfte, die Führungsaufgaben mit Ergebnisverantwortung wahrnehmen, entscheiden im Rahmen der für ihre Organisationseinheit geltenden Ziel- oder Servicevereinbarungen eigenständig über die fachliche Leistungserbringung und den Einsatz der dafür zur Verfügung stehenden personellen und sächlichen Mittel. Sie sind für die Erfüllung der Aufgaben und die Qualität und Wirtschaftlichkeit der Arbeitsergebnisse ihrer Organisationseinheit verantwortlich. Die Zuständigkeit und Verantwortlichkeit der Leitung von Senats- und Bezirksverwaltungen bleiben unberührt.

(3) Führungsaufgaben mit Ergebnisverantwortung und die Leitung des Steuerungsdienstes werden zunächst befristet übertragen; dies gilt nicht für Ämter nach § 46 Absatz 1 des Landesbeamtengesetzes. Die Gestaltung der persönlichen Rechtsstellung richtet sich nach Beamten- oder Arbeitsrecht.

§ 6[1)]

Personalmanagement

(1) Alle Behörden bedienen sich einer Personalplanung. Sie unterstützt die bedarfs-, anforderungs- und eignungsgerechte Beschäftigung des Personals und eine gezielte Personalentwicklung.

(2) Ein Instrument gezielter Personalentwicklung ist der geplante Wechsel auf verschiedene, gleichwertige Aufgabengebiete (Rotation). Er findet grundsätzlich alle fünf bis zehn Jahre statt. Rotation in mehreren Aufgabengebieten ist regelmäßig Voraussetzung für die Übertragung von Führungsaufgaben mit Ergebnisverantwortung sowie für die Übertragung der Leitung des Steuerungsdienstes.

(3) Die für den erfolgreichen Einsatz in einem Aufgabengebiet erforderlichen wesentlichen Fähigkeiten, Kenntnisse, Fertigkeiten und sonstigen Eigenschaften, auch soziale, interkulturelle und methodische Kompetenz, werden in einem Anforderungsprofil zusam-

1) Die §§ 5 und 6 treten am 1. Januar 2021 außer Kraft, s. Artikel 9 Absatz 1 Nummer 2 und Artikel 10 Absatz 5 Satz 2 des Gesetzes vom 30. Mai 2016 (GVBl. S. 282); die übrigen Paragraphen sind am 1. September 2016 außer Kraft getreten.

mengefasst. Es bildet die Grundlage für die dienstliche Beurteilung, eine Ausschreibung und das Auswahlverfahren nach Absatz 4.

(4) Die Auswahl bei Personalentscheidungen ist unter Zugrundelegung des beruflichen Werdegangs in geeigneten Auswahlverfahren (Auswahlinterviews, strukturierten Auswahlgesprächen oder gruppenbezogenen Auswahlverfahren) zu treffen und schlüssig und nachvollziehbar zu dokumentieren. Zu Auswahlverfahren für Führungsaufgaben im Sinne von § 5 Abs. 1 soll auch eine fachkundige Person hinzugezogen werden, die nicht in der auswählenden Dienststelle beschäftigt ist.

(5) Die Beschäftigten jedes Beurteilungsbereiches werden mindestens alle fünf Jahre beurteilt. Bei den Beurteilungen sind alle Leistungsstufen der Bewertungsskala zu berücksichtigen; Zwischenbewertungen oder Binnendifferenzierungen sind zulässig.

(6) Mitarbeiterbefragungen und Mitarbeiter- und Vorgesetztengespräche sind regelmäßig, mindestens jedoch alle drei Jahre durchzuführen, während des Zeitraumes der befristeten Übertragung von Führungsaufgaben mit Ergebnisverantwortung im Sinne von § 5 Abs. 1 mindestens jedes Jahr. Befragungen der Beschäftigten zum Führungskräfteverhalten (Führungskräfte-Feedback) finden mindestens alle zwei Jahre statt.

(7) Führungskräfte sind verpflichtet, regelmäßig, mindestens jedoch alle zwei Jahre in Abstimmung mit der für Personalentwicklung zuständigen Stelle der Behörde an Maßnahmen zur Führungskräftequalifizierung teilzunehmen, insbesondere für das Feld der sozialen Kompetenz und des Führungsverhaltens.

(8) Das Personalmanagement berücksichtigt die Belange der Frauenförderung nach dem Landesgleichstellungsgesetz.

Gesetz zur Förderung des E-Government (E-Government-Gesetz Berlin – EGovG Bln)[1)]

Vom 30. Mai 2016 (GVBl. S. 282)

ABSCHNITT 1
Grundlagen

§ 1
Geltungsbereich

(1) Dieses Gesetz gilt für die öffentlich-rechtliche Verwaltungstätigkeit der Berliner Verwaltung (§ 2 des Allgemeinen Zuständigkeitsgesetzes), soweit nicht Rechtsvorschriften des Landes Berlin inhaltsgleiche oder entgegenstehende Bestimmungen enthalten.

(2) Für die Tätigkeit der Gerichtsverwaltungen und der Behörden der Justizverwaltung gilt dieses Gesetz nur, soweit die Tätigkeit der Nachprüfung durch die Gerichte der Verwaltungsgerichtsbarkeit oder der Nachprüfung durch die in verwaltungsrechtlichen Anwalts-, Patentanwalts- und Notarsachen zuständigen Gerichte unterliegt.

(3) Für die Tätigkeit der Steuerverwaltung gilt dieses Gesetz nur, soweit nicht § 20 des Finanzverwaltungsgesetzes entgegensteht.

§ 2
Ziel und Zweck

(1) E-Government umfasst alle geschäftlichen Prozesse, die im Zusammenhang mit Regieren und Verwalten (Government) mit Hilfe der Informations- und Kommunikationstechniken (IT) über elektronische Medien abgewickelt werden. Ziel des Gesetzes ist es, die Verwaltungsverfahren und -strukturen aller Verwaltungsebenen und -bereiche der Berliner Verwaltung unter Nutzung der Möglichkeiten der Informations- und Kommunikationstechnik auf E-Government umzustellen.

(2) Das Gesetz soll Transparenz, Wirtschaftlichkeit, Sicherheit, Bürgerfreundlichkeit, Unternehmensfreundlichkeit und Benutzerfreundlichkeit einschließlich der barrierefreien Zugänglichkeit und Nutzbarkeit der Verwaltungsprozesse gewährleisten. Allgemeine Partizipationsmöglichkeiten sollen verbessert und der Standort Berlin soll gefördert werden.

(3) Die Zusammenarbeit der Verwaltungsebenen und -bereiche der Berliner Verwaltung ist durch medienbruchfreie Prozesse und die gemeinsame Nutzung von zentralen informations- und kommunikationstechnischen Strukturen und Organisationen sowie von Informationen und Ressourcen sicherzustellen.

(4) Fähigkeiten und Kompetenzen der Dienstkräfte, die der Zielerreichung förderlich sind, sind durch besondere Qualifikationsmaßnahmen zentral und dezentral zu fördern. Bei Einführung und wesentlicher Veränderung informationstechnisch gestützter Verwaltungsverfahren sind die Rechte und Interessen der Beschäftigten frühzeitig zu beachten, insbesondere werden IT-Prozesse und Arbeitsmethoden unter Beachtung der Arbeits- und Gesundheitsschutzgrundsätze gestaltet und eingeführt. Die Verfahren zur elektronischen Vorgangsbearbeitung und Aktenführung sind technisch so zu gestalten, dass sie auch von Menschen mit Behinderungen grundsätzlich uneingeschränkt genutzt werden können; dies ist bereits bei der Planung, Entwicklung, Ausschreibung und Beschaffung zu berücksichtigen.

---

1) Verkündet als Artikel 1 des Berliner E-Government-Gesetzes vom 30. Mai 2016 (GVBl. S. 282); die besonderen Inkrafttretungszeitpunkte von §§ 4, 5 und 10 Absaz 1, § 17 und § 24 Absatz 2 Satz 2 sind zu beachten.

§ 3
Datenschutz

Die Regelungen des Berliner Datenschutzgesetzes und spezialgesetzlich bestehende Bestimmungen zum Datenschutz bleiben durch dieses Gesetz unberührt.

ABSCHNITT 2
Verwaltungshandeln im E-Government

§ 4[1)]
Elektronische Kommunikation

(1) Jede Behörde ist verpflichtet, auch einen Zugang für die Übermittlung elektronischer Dokumente, auch soweit sie mit einer qualifizierten elektronischen Signatur versehen sind, zu eröffnen.

(2) Jede Behörde ist verpflichtet, auch eine De-Mail-Adresse im Sinne des De-Mail-Gesetzes sowie einen E-Mail-Zugang mit einer gängigen Ende-zu-Ende-Verschlüsselung, zum Beispiel PGP-Standard, zu eröffnen.

(3) Jede Behörde ist verpflichtet, auch Zugänge durch von ihr bereitgestellte elektronische Formulare für unmittelbar abzugebende Erklärungen zu eröffnen, wenn damit wiederkehrende Vorgänge mit Hilfe eines IT-Verfahrens bearbeitet werden und die rechtlich festgelegten Formanforderungen erfüllt werden können.

(4) Jede Behörde ist verpflichtet, neben den Zugängen gemäß den Absätzen 1 bis 3 auch Zugänge durch sonstige sichere Verfahren zu eröffnen, mit denen rechtlich festgelegte Schriftformanforderungen nach bundesrechtlichen Vorschriften erfüllt werden können.

(5) Jede Behörde ist verpflichtet, in Verwaltungsverfahren, in denen sie die Identität einer Person aufgrund einer Rechtsvorschrift festzustellen hat oder aus anderen Gründen eine Identifizierung für notwendig erachtet, einen sicheren elektronischen Identitätsnachweis gemäß § 18 des Personalausweisgesetzes oder § 78 Absatz 5 des Aufenthaltsgesetzes anzubieten.

(6) Verwaltungsverfahren sind unbeschadet des Absatzes 7 in elektronischer Form abzuwickeln, soweit nicht Rechtsvorschriften entgegenstehen.

(7) Die nicht-elektronische Kommunikation und die Annahme von Erklärungen in schriftlicher Form, zur Niederschrift oder auf anderem Wege dürfen nicht unter Hinweis auf die elektronischen Zugangsmöglichkeiten abgelehnt werden.

§ 5
Elektronische Bezahlmöglichkeiten

Fallen im Rahmen eines elektronisch durchgeführten Verwaltungsverfahrens Gebühren oder sonstige Forderungen an, muss jede Behörde der Berliner Verwaltung die Einzahlung dieser Gebühren oder die Begleichung dieser sonstigen Forderungen durch Nutzung mindestens einer gängigen, zumutbaren und hinreichend sicheren elektronischen Zahlungsmöglichkeit gewährleisten. Für die Nutzung des Zahlungsweges erhebt die Behörde keine Gebühren.

§ 6
Nachweise

(1) Wird ein Verwaltungsverfahren elektronisch durchgeführt, können die vorzulegenden Nachweise elektronisch eingereicht werden, es sei denn, dass durch Rechtsvorschrift etwas anderes bestimmt ist oder die Behörde für bestimmte Verfahren oder im Einzelfall die Vorlage eines Originals verlangt. Die Behörde entscheidet nach pflichtgemäßem Er-

1) § 4 Absatz 6 tritt am 1. Januar 2020 in Kraft.

messen, welche Art der elektronischen Einreichung zur Ermittlung des Sachverhalts zulässig ist.

(2) Die zuständige Behörde kann erforderliche Nachweise, die von einer deutschen öffentlichen Stelle stammen, mit der Einwilligung des Verfahrensbeteiligten direkt bei der ausstellenden öffentlichen Stelle elektronisch einholen. Zu diesem Zweck dürfen die anfordernde Behörde und die abgebende öffentliche Stelle die erforderlichen personenbezogenen Daten erheben, verarbeiten und nutzen.

(3) Sofern gesetzlich nichts anderes bestimmt ist, kann die Einwilligung nach Absatz 2 elektronisch erklärt werden. Dabei ist über die Anforderungen nach § 6 des Berliner Datenschutzgesetzes hinaus durch die Behörde sicherzustellen, dass die oder der Betroffene den Inhalt der Einwilligung jederzeit abrufen kann. Die Einwilligung ist zu protokollieren.

§ 7
Elektronische Akten

(1) Die Berliner Verwaltung führt ihre Akten spätestens ab dem 1. Januar 2023 elektronisch. Hierbei ist durch geeignete technisch-organisatorische Maßnahmen nach dem Stand der Technik sicherzustellen, dass die Grundsätze ordnungsgemäßer Aktenführung und die für die Berliner Verwaltung geltenden Standards, auch im Hinblick auf Datenschutz und Datensicherheit, eingehalten werden. Die Behörden der Berliner Verwaltung nutzen den landeseinheitlichen IKT-Dienst für die elektronische Aktenführung, soweit nicht andere IKT-Systeme für konkrete Aufgaben zur Aktenführung eingesetzt werden müssen oder bei Inkrafttreten dieser Vorschrift schon eingesetzt waren.

(2) Zwischen Behörden, die die elektronische Vorgangsbearbeitung und Aktenführung nutzen, werden Akten und sonstige Unterlagen elektronisch übermittelt oder der elektronische Zugriff ermöglicht; dies gilt nicht für geheimhaltungswürdige Akten, insbesondere Verschlusssachen. Dabei ist eine sichere, dem Stand der Technik Rechnung tragende Kommunikationsinfrastruktur einzusetzen. Diese erfordert den Schutz der übermittelten Daten vor Einsichtnahme durch Unbefugte sowie vor Veränderung.

(3) Für die Archivierung elektronischer Akten gelten die Bestimmungen des Archivgesetzes des Landes Berlin vom 14. März 2016 (GVBl. S. 96) in der jeweils geltenden Fassung.

(4) Die Verfahren zur elektronischen Vorgangsbearbeitung und Aktenführung sind schrittweise technisch so zu gestalten, dass sie auch von Menschen mit Behinderungen grundsätzlich uneingeschränkt genutzt werden.

§ 8
Übertragen und Vernichten des Originals

(1) Die Berliner Verwaltung soll, soweit sie Akten elektronisch führt, an Stelle von Papierdokumenten deren elektronische Wiedergabe in der elektronischen Akte aufbewahren. Bei der Übertragung in elektronische Dokumente ist nach dem Stand der Technik sicherzustellen, dass die elektronischen Dokumente mit den Papierdokumenten bildlich und inhaltlich übereinstimmen, wenn sie lesbar gemacht werden. Von der Übertragung der Papierdokumente in elektronische Dokumente kann abgesehen werden, wenn die Übertragung unverhältnismäßigen Aufwand erfordert.

(2) Papierdokumente nach Absatz 1 sollen nach der Übertragung in elektronische Dokumente vernichtet oder zurückgegeben werden, sobald eine weitere Aufbewahrung nicht mehr aus rechtlichen Gründen oder zur Qualitätssicherung des Übertragungsvorgangs erforderlich ist.

§ 9
Akteneinsicht

Soweit ein Recht auf Akteneinsicht besteht, können Behörden, die Akten elektronisch führen, Akteneinsicht dadurch gewähren, dass sie

1. einen Aktenausdruck zur Verfügung stellen,
2. die elektronischen Dokumente auf einem Bildschirm wiedergeben,
3. elektronische Dokumente übermitteln oder
4. den elektronischen Zugriff auf den Inhalt der Akten gestatten.

§ 10
Optimierung von Verwaltungsabläufen und Information zum Verfahrensstand

(1) Die internen Verwaltungsabläufe sind in elektronischer Form abzuwickeln und in entsprechender Form zu gestalten, soweit nicht Rechtsvorschriften entgegenstehen.[1]

(2) Die Behörden der Berliner Verwaltung sollen Verwaltungsabläufe, die erstmals zu wesentlichen Teilen elektronisch unterstützt werden, vor Einführung der informationstechnischen Systeme unter Nutzung gängiger Methoden dokumentieren, analysieren und optimieren. Dabei sollen sie im Interesse der Verfahrensbeteiligten die Abläufe so gestalten, dass Informationen zum Verfahrensstand und zum weiteren Verfahren sowie die Kontaktinformationen der zum Zeitpunkt der Anfrage zuständigen Ansprechstelle auf elektronischem Wege abgerufen werden können. Der Zugang zu den Informationen zum Verfahrensstand soll über ein zentrales Serviceportal als Bestandteil des elektronischen Stadtinformationssystems für das Land Berlin erfolgen.

(3) Von den Maßnahmen nach den Absätzen 1 und 2 kann abgesehen werden, soweit diese einen nicht vertretbaren wirtschaftlichen Mehraufwand bedeuten würden oder sonstige zwingende Gründe entgegenstehen. Von den Maßnahmen nach Absatz 2 Satz 2 kann zudem abgesehen werden, wenn diese dem Zweck des Verfahrens entgegenstehen oder eine gesetzliche Schutznorm verletzen. Die Gründe nach den Sätzen 1 und 2 sind zu dokumentieren.

(4) Die Absätze 2 und 3 gelten entsprechend bei allen wesentlichen Änderungen der Verwaltungsabläufe oder der eingesetzten informationstechnischen Systeme.

§ 11
Information zu Behörden und über ihre Verfahren in öffentlich zugänglichen Netzen

(1) Jede Behörde stellt über öffentlich zugängliche Netze in allgemein verständlicher Sprache Informationen über ihre aktuellen Aufgaben, Organigramme, Anschrift, Geschäftszeiten sowie postalische, telefonische und elektronische Erreichbarkeiten zur Verfügung.

(2) Jede Behörde stellt über öffentlich zugängliche Netze in allgemein verständlicher Sprache Informationen über ihre nach außen wirkende öffentlich-rechtliche Tätigkeit, damit verbundene Gebühren, beizubringende Unterlagen und die zuständige Ansprechstelle und ihre Erreichbarkeit dar und stellt erforderliche Formulare elektronisch bereit. Die Bereitstellung der Informationen sowie der Nachweis der erforderlichen Formulare erfolgen mittels einer zentralen Dienstleistungsdatenbank und werden über ein zentrales Portal zugänglich gemacht.

(3) Die Veröffentlichungen und Bereitstellungen nach den Absätzen 1 und 2 erfolgen nach einheitlichen Kriterien als Bestandteil des Stadtinformationssystems für das Land Berlin.

§ 12
Elektronische Formulare

(1) Ist durch Rechtsvorschrift des Landes Berlin die Verwendung eines bestimmten Formulars vorgeschrieben, das ein Unterschriftsfeld vorsieht, wird allein dadurch nicht die

1) § 10 Absatz 1 tritt am 1. Januar 2020 in Kraft.

Anordnung der Schriftform bewirkt. Bei einer für die elektronische Versendung an die Behörde bestimmten Fassung des Formulars entfällt das Unterschriftsfeld.

(2) Alle Formulare der Berliner Verwaltung sind über ein einheitliches Portal grundsätzlich elektronisch und zur interaktiven Verwendung zur Verfügung zu stellen und müssen allgemein zugänglich sein.

(3) Elektronische Formulare sind entsprechend § 191a Absatz 3 des Gerichtsverfassungsgesetzes barrierefrei zugänglich zu machen.

§ 13
Bereitstellen allgemein zugänglicher Datenbestände, Verordnungsermächtigung

(1) Die Behörden der Berliner Verwaltung stellen in einem zentralen Datenportal Informationen bereit, die sie in Erfüllung ihres öffentlichen Auftrags im Rahmen ihrer jeweiligen Zuständigkeit erstellt haben und die in maschinenlesbaren Formaten darstellbar sind. Das zentrale Datenportal ist Bestandteil des elektronischen Stadtinformationssystems für das Land Berlin. Wenn Informationen in anderen Datenportalen maschinenlesbar bereitgestellt werden, wird in dem zentralen Datenportal ein Verweis auf diese Informationen eingerichtet. Regelungen in anderen Rechtsvorschriften über technische Formate, in denen Daten verfügbar zu machen sind, bleiben unberührt.

(2) Der Senat wird ermächtigt, durch Rechtsverordnung Bestimmungen festzulegen, wie die Informationen gemäß Absatz 1 bereitgestellt und genutzt werden. Die Festlegungen zur Bereitstellung sollen das Verfahren für die Bereitstellung sowie die Art, den Umfang, die Form und die Formate der Daten bestimmen. Die Informationen sind in einem maschinenlesbaren Format bereitzustellen. Die Bestimmungen zur Nutzung decken die kommerzielle und nichtkommerzielle Nutzung ab. Sie regeln insbesondere den Umfang der Nutzung, Nutzungsbedingungen sowie Gewährleistungs- und Haftungsausschlüsse.

§ 14
Elektronische Beteiligungsverfahren

(1) Die Berliner Verwaltung kann Möglichkeiten für elektronische Beteiligungsverfahren eröffnen. Dies gilt nicht für Verwaltungsverfahren, es sei denn, ein Beteiligungsverfahren ist dort ausdrücklich vorgesehen. Durch andere Gesetze geregelte Beteiligungsverfahren bleiben unberührt.

(2) Die Ergebnisse durchgeführter Beteiligungsverfahren sind bekannt zu geben. Der Zugang zu den elektronischen Beteiligungsverfahren und die Bereitstellung der Ergebnisse erfolgen als Bestandteil des elektronischen Stadtinformationssystems für das Land Berlin.

§ 15
Gestaltung informationstechnischer Angebote

Informationstechnische Angebote der Berliner Verwaltung sind allgemein und barrierefrei zugänglich zu gestalten. Dabei sollen das Corporate Design des Landes Berlin sowie die für das elektronische Stadtinformationssystem jeweils geltenden Gestaltungsrichtlinien angewendet werden.

§ 16
Öffentliche IT-Zugänge

Die Berliner Verwaltung stellt bei öffentlichen Stellen des Landes Berlin öffentliche Zugänge zu allen ihren informationstechnischen Angeboten über angemessen ausgestattete und barrierefrei zugängliche informationstechnische Ein- und Ausgabegeräte bereit.

§ 17
Georeferenzierung

(1) Wird ein elektronisches Register, welches Angaben mit Bezug zu inländischen Grundstücken enthält, neu aufgebaut oder überarbeitet, hat die Behörde in das Register eine bundesweit einheitlich festgelegte direkte Georeferenzierung (Koordinate) zu dem jeweiligen Flurstück, dem Gebäude oder zu einem in einer Rechtsvorschrift definierten Gebiet aufzunehmen, auf welches sich die Angaben beziehen.

(2) Register im Sinne dieses Gesetzes sind solche, für die Daten aufgrund von Rechtsvorschriften des Bundes oder des Landes Berlin erhoben oder gespeichert werden ; dies können öffentliche und nichtöffentliche Register sein.

§ 18
Amtliche Mitteilungs- und Verkündungsblätter

(1) Eine durch Rechtsvorschrift des Landes bestimmte Pflicht zur Publikation in einem amtlichen Mitteilungs- oder Verkündungsblatt des Landes ist zusätzlich oder ausschließlich durch eine elektronische Ausgabe zu erfüllen. Das Gesetz über die Verkündung von Gesetzen und Rechtsverordnungen des Landes Berlin bleibt unberührt. Die elektronische Ausgabe und Bereitstellung erfolgt als Bestandteil des Stadtinformationssystems für das Land Berlin.

(2) Jede Person muss einen angemessenen Zugang zu der Publikation haben, insbesondere durch die Möglichkeit, Ausdrucke zu bestellen oder in öffentlichen Einrichtungen auf die Publikation zuzugreifen. Es muss die Möglichkeit bestehen, die Publikation zu abonnieren oder elektronisch einen Hinweis auf neue Publikationen zu erhalten. Gibt es nur eine elektronische Ausgabe, ist dies auf geeignete Weise bekannt zu machen. Es ist sicherzustellen, dass die publizierten Inhalte allgemein und dauerhaft sowie kosten- und barrierefrei zugänglich sind und eine Veränderung des Inhalts ausgeschlossen ist. Bei gleichzeitiger Publikation in elektronischer und papiergebundener Form hat die herausgebende Stelle eine Regelung zu treffen, welche Form als die authentische anzusehen ist.

§ 19
Öffentliche Bekanntmachung im Internet

Bekanntmachungen, die durch Rechtsvorschrift angeordnet sind und die im Internet veröffentlicht werden, erfolgen als Bestandteil des Stadtinformationssystems für das Land Berlin.

ABSCHNITT 3
IKT-Steuerung

§ 20
Grundsatz

(1) Der Einsatz der Informations- und Kommunikationstechnik (IKT) in der Berliner Verwaltung wird, unbeschadet des § 3 des Allgemeinen Zuständigkeitsgesetzes, nach den Vorschriften dieses Abschnitts gesteuert. Unbeschadet zwingender spezialgesetzlicher Regelungen haben Justizbehörden sowie Finanzbehörden ihre IKT-Verfahren und -Vorhaben mit den übrigen verfahrensunabhängigen und verfahrensübergreifenden IKT- und E-Government-Maßnahmen der Berliner Verwaltung nach den Maßgaben dieses Abschnitts abzustimmen.

(2) Die IKT-Steuerung gewährleistet durch Koordination und Festsetzen von verbindlichen Grundsätzen, Standards und Regelungen

1. die Leistungsfähigkeit und Sicherheit der IKT,
2. die Wirtschaftlichkeit des IKT-Einsatzes,
3. die Wirtschaftlichkeit für die verfahrensunabhängige IKT und Kommunikationsinfrastruktur durch zentrale Mittelbemessung,
4. die Interoperabilität der eingesetzten IKT-Komponenten,
5. die fachlichkeitsübergreifende und medienbruchfreie Abwicklung von Verwaltungsverfahren einschließlich der Schriftgutaussonderung und -archivierung,
6. die geordnete Einführung und Weiterentwicklung von IT-Fachverfahren einschließlich deren Ausrichtung an den Zielstellungen des § 2,
7. die behördenübergreifende elektronische Kommunikation und Informationsbereitstellung,
8. die Benutzerfreundlichkeit sowie die barrierefreie Zugänglichkeit und Nutzbarkeit der Informationstechnik.

(3) Der Einsatz der Fachverfahren wird von den fachlich zuständigen Behörden verantwortet. Wird ein IT-Fachverfahren neu entwickelt oder ein bereits betriebenes IT-Fachverfahren überarbeitet, angepasst oder in anderer Weise verändert, so hat die zuständige Behörde die Vorgaben der zentralen IKT-Steuerung einzuhalten. Der IKT-Staatssekretär oder die IKT-Staatssekretärin ist frühzeitig zu informieren und ihm oder ihr auf Verlangen umfassend Auskunft zu erteilen. Abweichungen von den Vorgaben der zentralen IKT-Steuerung bedürfen der Zustimmung des IKT-Staatssekretärs oder der IKT-Staatssekretärin.

§ 21
IKT-Staatssekretär oder IKT-Staatssekretärin

(1) Der IKT-Staatssekretär oder die IKT-Staatssekretärin ist der zuständige Staatssekretär oder die zuständige Staatssekretärin aus der für die Grundsatzangelegenheiten der Informations- und Kommunikationstechnik zuständigen Senatsverwaltung. Der Senat kann eine andere Zuständigkeit festlegen. Der IKT-Staatssekretär oder die IKT-Staatssekretärin leitet die Organisationseinheit mit den Aufgaben der IKT-Steuerung gemäß den Bestimmungen dieses Gesetzes.

(2) Der IKT-Staatssekretär oder die IKT-Staatssekretärin ist zuständig für die alle Verwaltungsebenen und -bereiche umfassende Förderung, Weiterentwicklung und flächendeckende Einführung von E-Government und Informations- und Kommunikationstechnologie in der Berliner Verwaltung und für Verwaltungsmodernisierung im Sinne des § 2. Seine oder ihre Aufgaben sind:

1. die E-Government-Entwicklung, die Nutzung der IKT und die Verwaltungsmodernisierung ressort- und verwaltungsebenen übergreifend im Land Berlin voranzutreiben und zu steuern,
2. auf den Vorrang elektronischer Kommunikation mit der Berliner Verwaltung und der medienbruchfreien Vorgangsbearbeitung hinzuwirken,
3. Festsetzung und Überwachung der Einführung der Standards für einen sicheren, wirtschaftlichen, benutzerfreundlichen und medienbruchfreien IKT-Einsatz, für eine einheitliche verfahrensunabhängige IKT-Ausstattung, für die barrierefreie Zugänglichkeit und Nutzung der IKT in der Berliner Verwaltung und Festsetzung und fortlaufende Weiterentwicklung der zentralen IKT-Architektur,
4. fortlaufende Weiterentwicklung und Festsetzung der zentralen IKT-Sicherheitsarchitektur und der Standards für die IKT-Sicherheit in der Berliner Verwaltung und deren Unterstützung und Überwachung bei der Umsetzung der IKT-Sicherheits-Standards; der IKT-Staatssekretär oder die IKT-Staatssekretärin kann diese Aufgaben an einen Bevollmächtigten oder eine Bevollmächtigte aus seiner oder ihrer Organisationseinheit übertragen,

5. auf die barrierefreie Zugänglichkeit und Nutzung der IKT sowie die Einhaltung ergonomischer Standards nach dem Stand der Technik und gesicherter arbeitswissenschaftlicher Erkenntnisse bei IKT-Einsatz hinzuwirken,
6. auf die freie Verfügbarkeit und Nutzbarkeit von öffentlichen Daten in maschinenlesbaren Formaten hinzuwirken,
7. eine an einheitlichen Grundsätzen ausgerichtete und herstellerunabhängige Fortentwicklung der IKT-Ausstattung der Berliner Verwaltung zu fördern,
8. auf die Optimierung und Standardisierung der Prozesse und der Ablauforganisation hinzuwirken, insbesondere in der ressort- und verwaltungsebenen übergreifenden Zusammenarbeit in der Berliner Verwaltung,
9. in enger Zusammenarbeit mit der jeweils zuständigen Fachverwaltung die Rahmenbedingungen für die verfahrensabhängige IKT zu definieren, insbesondere Technologien, Schnittstellen, IKT-Sicherheitsanforderungen,
10. Bewirtschaftung der verfahrens- und verbrauchsunabhängigen zentralen IKT-Haushaltsmittel,
11. zentrale Verwaltung der verfahrensunabhängigen Softwarelizenzen in der Berliner Verwaltung,
12. Aufsicht über den zentralen IKT-Dienstleister des Landes Berlin,
13. Vertretung des Landes Berlin im IT-Planungsrat und in anderen auf Staatssekretärsebene stattfindenden nationalen und internationalen Gremien,
14. Förderung der geordneten Einführung und Weiterentwicklung von IKT-Fachverfahren einschließlich deren Ausrichtung an den Zielstellungen des § 2,
15. die Berliner Verwaltung über die Beschlüsse, die Tagesordnung und die Vorhaben des IT-Planungsrats zu informieren,
16. auf die Umsetzung der Beschlüsse des Planungsrats für die IT-Zusammenarbeit der öffentlichen Verwaltung zwischen Bund und Ländern (IT-Planungsrat) über fachunabhängige und fachübergreifende IT-Interoperabilitäts- und IT-Sicherheitsstandards gemäß § 1 Absatz 1 Satz 1 Nummer 2 und § 3 des Vertrages über die Errichtung des IT-Planungsrats und über die Grundlagen der Zusammenarbeit beim Einsatz der Informationstechnologie in den Verwaltungen von Bund und Ländern hinzuwirken.

(3) Die verfahrensunabhängigen IKT-Haushaltsmittel für die Berliner Verwaltung werden in einem gesonderten Einzelplan geführt. Über die Verwendung der Haushaltsmittel dieses Einzelplanes entscheidet der IKT-Staatssekretär oder die IKT-Staatssekretärin; die Fach- und Dienstaufsicht der zuständigen Senatsverwaltung bleibt davon unberührt. Der IKT-Staatssekretär oder die IKT-Staatssekretärin führt eigene Projektmittel zur Finanzierung von Projekten im Bereich der Weiterentwicklung von Standardisierungen der IKT, insbesondere in den Bereichen der IKT-Sicherheit, Wirtschaftlichkeit, Benutzerfreundlichkeit und Medienbruchfreiheit. Über den Mitteleinsatz erstattet der IKT-Staatssekretär oder die IKT-Staatssekretärin dem Lenkungsrat für IKT, E-Government und Verwaltungsmodernisierung halbjährlich Bericht.

(4) Der IKT-Staatssekretär oder die IKT-Staatssekretärin ist bei der Vorbereitung von Gesetzentwürfen, Rechtsverordnungen oder Verwaltungsvorschriften, die Regelungen zum Einsatz von Informations- und Kommunikationstechnik enthalten, frühzeitig zu beteiligen.

§ 22
Lenkungsrat für IKT, E-Government und Verwaltungsmodernisierung

(1) Der Lenkungsrat für IKT, E-Government und Verwaltungsmodernisierung (IKT-Lenkungsrat) berät den IKT-Staatssekretär oder die IKT-Staatssekretärin zu strategischen und ressort- und verwaltungsebenen übergreifenden Angelegenheiten des IKT-Einsatzes und des E-Government in der Berliner Verwaltung sowie der Verwaltungsmodernisierung. Soweit die Regelungskompetenz des Senats nach § 25 gegeben ist, kann der IKT-Len-

kungsrat auf Vorschlag des IKT-Staatssekretärs oder der IKT-Staatssekretärin dem Senat Vorlagen zur Beschlussfassung unterbreiten. In allen übrigen Fällen kann er auf Vorschlag des IKT-Staatssekretärs oder der IKT-Staatssekretärin Empfehlungen für den IKT-Einsatz in der Berliner Verwaltung beschließen und über die Förderung von Projekten zur Entwicklung der IKT, zum E-Government und zur Verwaltungsmodernisierung entscheiden.

(2) Dem IKT-Lenkungsrat für IKT gehören als Mitglieder an:

1. der IKT-Staatssekretär oder die IKT-Staatssekretärin,
2. der Chef oder die Chefin der Senatskanzlei,
3. je ein Staatssekretär oder eine Staatssekretärin aus jeder weiteren Senatsverwaltung,

sowie mit einer halben Stimme:

4. jeweils ein Bezirksamtsmitglied pro Bezirk,

sowie mit beratender Stimme:

5. ein Mitglied des Hauptpersonalrats der Behörden, Gerichte und nichtrechtsfähigen Anstalten des Landes Berlin.

Der IKT-Lenkungsrat kann befristet weitere beratende Mitglieder hinzuziehen.

(3) Den Vorsitz führt der IKT-Staatssekretär oder die IKT-Staatssekretärin.

(4) Der IKT-Lenkungsrat gibt sich eine Geschäftsordnung.

(5) Für Vorhaben, die vom IKT-Lenkungsrat zur Umsetzung empfohlen werden, ist abweichend von den entsprechenden Regelungen des Personalvertretungsgesetzes für die Beteiligungsverfahren zu den für deren Umsetzung erforderlichen Maßnahmen allein der Hauptpersonalrat für die Beschäftigten, Gerichte und nichtselbständigen Anstalten des Landes Berlin zuständig. Die Beteiligungen werden von der zuständigen obersten Dienstbehörde durchgeführt.

§ 23
IKT-Sicherheit

(1) Alle Behörden der Berliner Verwaltung sind verpflichtet, ein Informations-Sicherheits-Management-System (ISMS) gemäß den Standards des Bundesamtes für die Sicherheit in der Informationstechnik (BSI) auf Grundlage des BSI-Gesetzes vom 14. August 2009 (BGBl. I S. 2821), das zuletzt durch Artikel 3 des Gesetzes vom 21. Dezember 2015 (BGBl. I S. 2408) geändert worden ist, aufzubauen und weiterzuentwickeln.

(2) Der zentrale IKT-Dienstleister betreibt zur Unterstützung und Beratung der Behörden der Berliner Verwaltung bei sicherheitsrelevanten Vorfällen in IKT-Systemen ein Computersicherheits-Ereignis- und Reaktionsteam (Berlin-CERT). Die an das Berliner Landesnetzwerk angeschlossenen Behörden und Einrichtungen haben dem Berlin-CERT sicherheitsrelevante Vorfälle unverzüglich zu melden. Das Berlin-CERT sammelt und bewertet die zur Abwehr von Gefahren für die Sicherheit der Informationstechnik erforderlichen Daten, insbesondere zu Sicherheitslücken, Schadprogrammen, erfolgten oder versuchten Angriffen auf die Sicherheit in der Informationstechnik und der dabei angewandten Vorgehensweise und spricht Warnungen und Handlungsempfehlungen aus. Personenbezogene Daten dürfen für die in diesem Absatz genannten Zwecke erhoben, gespeichert, verarbeitet und genutzt werden, soweit und solange dies im Einzelfall für die Aufklärung eines Vorfalls erforderlich ist.

§ 24
IKT-Dienstleister

(1) Zentraler Dienstleister für die IKT der Berliner Verwaltung ist das IT-Dienstleistungszentrum Berlin (ITDZ). Das ITDZ nimmt seine Aufgaben gemäß dem Gesetz über die Anstalt des öffentlichen Rechts IT-Dienstleistungszentrum Berlin vom 19. November 2004 (GVBl. S. 459), das durch Nummer 7 der Anlage zu Artikel I § 1 des Gesetzes vom 22. Oktober 2008 (GVBl. S. 294) geändert worden ist, wahr.

(2) Das ITDZ stellt allen Behörden und Einrichtungen der Berliner Verwaltung die verfahrensunabhängige IKT sowie IT-Basisdienste zur Verfügung und unterstützt die Behörden bei der laufenden Anpassung der IT-Fachverfahren an die Basisdienste und betreibt die dafür notwendigen Infrastrukturen. Die Behörden und Einrichtungen sind für die Durchführung ihrer Aufgaben zur Abnahme dieser Leistungen des ITDZ verpflichtet.

(3) Das ITDZ ist verpflichtet, seine Leistungen zu marktüblichen Preisen anzubieten. Für die Preisbildung gilt § 2 Absatz 4 des Gesetzes über die Anstalt des öffentlichen Rechts IT-Dienstleistungszentrum Berlin. Die Marktüblichkeit ist anhand eines externen IKT-Benchmarking mindestens einmal jährlich zu ermitteln.

(4) Kann das ITDZ die Leistung nicht innerhalb angemessener Frist oder nicht zu marktüblichen Preisen liefern oder bestehen andere dringende Sachgründe, kann der IKT-Staatssekretär oder die IKT-Staatssekretärin Ausnahmen von der Abnahmepflicht gestatten.

§ 25
Erlass von Verwaltungsvorschriften

(1) Der Senat kann Verwaltungsvorschriften erlassen über

1. Grundsätze und allgemeine Regelungen zur Planung, Entwicklung, Beschaffung und Finanzierung von Komponenten der IKT sowie zu Betrieb und Nutzung der verfahrensunabhängigen IKT-Infrastruktur, -Dienste und der IT-Fachverfahren,
2. Standards für den Einsatz der IKT und Festlegung zur Interoperabilität der IKT-Komponenten,
3. Umfang und Gestaltung öffentlicher IKT-Zugänge (§ 16) sowie
4. über Methode, Umfang und Form von Wirtschaftlichkeitsbetrachtungen zu herausgehobenen E-Government-Projekten mit erheblichen finanziellen Auswirkungen sowie Festlegungen, an welche Stellen die Wirtschaftlichkeitsbetrachtungen zu übermitteln sind.

(2) Die Verwaltungsvorschriften können vorsehen, dass für die IT-gestützte Aufgabenerfüllung bestimmte Basiskomponenten von der Berliner Verwaltung genutzt werden müssen. Vor der Festlegung einer solchen Nutzungsverpflichtung sind deren Notwendigkeit, gesamtstädtische Bedeutung und Wirtschaftlichkeit darzustellen.

(3) Die für Grundsatzangelegenheiten der IKT zuständige Senatsverwaltung erlässt die sonstigen, für die Ausführung des Gesetzes notwendigen Ausführungsvorschriften nach Beratung mit dem Lenkungsrat.

(4) § 6 Absatz 3 bis 6 des Allgemeinen Zuständigkeitsgesetzes bleibt unberührt.

ABSCHNITT 4
Schlussvorschriften

§ 26
Evaluierung

Der Senat evaluiert dieses Gesetz und legt dem Abgeordnetenhaus vier Jahre nach Inkrafttreten des Gesetzes einen Erfahrungsbericht vor.

Bezirksverwaltungsgesetz

In der Fassung vom 10. November 2011 (GVBl. S. 692),
zuletzt geändert durch Artikel 22 des Gesetzes vom 2. Februar 2018
(GVBl. S. 160)

1. ABSCHNITT
Grundlagen der Bezirksverwaltung

§ 1
Bezirkseinteilung

(1) Das Gebiet von Berlin umfasst die bisherigen Bezirke

1. Mitte, Tiergarten und Wedding,
2. Friedrichshain und Kreuzberg,
3. Prenzlauer Berg, Weißensee und Pankow,
4. Charlottenburg und Wilmersdorf,
5. Spandau,
6. Zehlendorf und Steglitz,
7. Schöneberg und Tempelhof,
8. Neukölln,
9. Treptow und Köpenick,
10. Marzahn und Hellersdorf,
11. Lichtenberg und Hohenschönhausen,
12. Reinickendorf.

(2) Eine Änderung der Zahl und der Grenzen[1] der Bezirke kann nur durch Gesetz vorgenommen werden. Grenzänderungen von geringer Bedeutung können durch Rechtsverordnung des Senats vorgenommen werden, wenn die beteiligten Bezirke zustimmen.

§ 2
Allgemeine Rechtsstellung und Organe der Bezirke

(1) Die Bezirke sind Selbstverwaltungseinheiten Berlins ohne Rechtspersönlichkeit[2].

(2) Organe der Bezirke sind die Bezirksverordnetenversammlungen und die Bezirksämter.

§ 3
Bezirksaufgaben

(1) Die Bezirke nehmen ihre Aufgaben unter Beteiligung ehrenamtlich tätiger Bürger[3] wahr.

(2) Das Gesetz über die Zuständigkeiten in der allgemeinen Berliner Verwaltung (Allgemeines Zuständigkeitsgesetz – AZG)[4] bestimmt,

a) welche Aufgaben Bezirksaufgaben sind;
b) inwieweit die Bezirke bei der Erfüllung ihrer Aufgaben an Verwaltungsvorschriften und an eine Eingriffsentscheidung des Senats oder der zuständigen Mitglieder des Senats gebunden sind[5];
c) in welcher Weise die Bezirke zu den grundsätzlichen Fragen der Verwaltung und der Gesetzgebung Stellung nehmen[6].

---

1) Bekanntmachung der Bezirksgrenzen vom 12. April 2001 (GVBl. S. 103): Letzte Änderung: Dreizehnte Verordnung zur Änderung der Bezirksgrenzen vom 21. Februar 2017 (GVBl. S. 225). Siehe auch § 12 Abs. 2 Nr. 5.
2) Vgl. Art. 1 Abs. 1, Artikel 3 Abs. 2, Artikel 66 Abs. 2 und Artikel 67 Abs. 2 VvB (1).
3) Vgl. § 9 Abs. 1, §§ 20 bis 25.
4) Vgl. 3 und 3.1.
5) Vgl. §§ 6 und 7 sowie 13a in Verbindung mit § 8 Abs. 3 AZG (3).
6) Vgl. Artikel 68 VvB (1), §§ 14 bis 19 AZG (3).

§ 4
Haushaltsführung des Bezirks[1]

(1) Dem Bezirk wird für den Bezirkshaushaltsplan eine Globalsumme zur Erfüllung seiner Aufgaben im Rahmen des Haushaltsgesetzes zugewiesen.

(2) Für die Ausführung des Bezirkshaushaltsplans ist der Bezirk im Rahmen der geltenden Rechts- und Verwaltungsvorschriften verantwortlich.

(3) Nach Schluss des Rechnungsjahres wird eine Bezirkshaushaltsrechnung aufgestellt. Das erwirtschaftete Abschlussergebnis wird auf die Globalsumme für den nächsten aufzustellenden Bezirkshaushaltsplan vorgetragen.

2. ABSCHNITT
Die Bezirksverordnetenversammlung

§ 5
Mitgliederzahl, Wahl und Auflösung der Bezirksververordnetenversammlung[2]

(1) Die Bezirksverordnetenversammlung besteht aus 55 Mitgliedern. Sie wird zu der gleichen Zeit und für die gleiche Wahlperiode wie das Abgeordnetenhaus von den Wahlberechtigten des Bezirks gewählt. Das Nähere bestimmen Wahlgesetz und Wahlordnung[3].

(2) Die Bezirksverordnetenversammlung kann weder durch eigenen Beschluss noch durch Volksentscheid aufgelöst werden. Die Wahlperiode der Bezirksverordnetenversammlung endet mit der Wahlperiode des Abgeordnetenhauses, auch bei deren vorzeitigem Ende.

(3) Eine Fraktion besteht aus mindestens drei Mitgliedern der Bezirksverordnetenversammlung, die derselben Partei oder Wählergemeinschaft angehören oder auf demselben Wahlvorschlag gewählt worden sind.

§ 6
Einberufung der Bezirksverordnetenversammlung

(1) Die Bezirksverordnetenversammlung tritt frühestens mit dem ersten Zusammentritt des Abgeordnetenhauses[4] und spätestens sechs Wochen nach der Wahl unter dem Vorsitz des ältesten Bezirksverordneten zusammen.

(2) Die Bezirksverordnetenversammlung ist von dem Bezirksverordnetenvorsteher nach Bedarf, mindestens aber in jedem zweiten Monat einzuberufen.

(3) Der Bezirksverordnetenvorsteher ist zur unverzüglichen Einberufung verpflichtet, wenn ein Fünftel der Bezirksverordneten oder das Bezirksamt es fordert.

§ 7
Bezirksverordnetenvorsteher; Vorstand der Bezirksverordnetenversammlung

(1) Die Bezirksverordnetenversammlung wählt für die Dauer der Wahlperiode aus ihrer Mitte den Bezirksverordnetenvorsteher, seinen Stellvertreter und die übrigen Mitglieder des Vorstands.

(2) Der Bezirksverordnetenvorsteher vertritt die Bezirksverordnetenversammlung in allen Angelegenheiten und übt das Hausrecht in den Räumen der Bezirksverordnetenversammlung aus. Er verpflichtet die Bezirksverordneten auf die gewissenhafte Erfüllung ihrer Obliegenheiten; er selbst wird von seinem Stellvertreter verpflichtet.

---

1) Vgl. Artikel 85 Abs. 2 VvB (1).
2) Vgl. Artikel 69 bis 71 VvB (1), zu Absatz 2 auch Artikel 54 VvB (1).
3) Vgl. Fußnote 1 zu Artikel 39 Abs. 5 VvB (1).
4) Vgl. Artikel 54 Abs. 5 VvB (1).

(3) Der Bezirksverordnetenvorsteher führt die Geschäfte bis zum Zusammentritt der neugewählten Bezirksverordnetenversammlung fort.

§ 8
Geschäftsführung der Bezirksverordnetenversammlung

(1) Die Bezirksverordnetenversammlung gibt sich eine Geschäftsordnung, an die auch die Mitglieder des Bezirksamts hinsichtlich ihrer Teilnahme an den Sitzungen der Bezirksverordnetenversammlung und deren Ausschüsse sowie der Beantwortung von Anfragen gebunden sind. Die Geschäftsordnung bestimmt, unter welchen Voraussetzungen anderen Personen in der öffentlichen Sitzung das Wort erteilt werden kann.

(2) Die Bezirksverordnetenversammlung ist beschlussfähig, wenn mehr als die Hälfte ihrer Mitglieder anwesend ist. Die Beschlussfähigkeit gilt als gegeben, bis das Gegenteil auf Antrag festgestellt wird.

(3) Ist eine Angelegenheit wegen Beschlussunfähigkeit der Bezirksverordnetenversammlung zurückgestellt worden und tritt die Bezirksverordnetenversammlung zur Verhandlung über denselben Gegenstand zum zweiten Male zusammen, so ist sie in dieser Angelegenheit ohne Rücksicht auf die Zahl der Erschienenen beschlussfähig. In der Einladung zur zweiten Sitzung, die frühestens nach drei Tagen stattfinden kann, muss auf diese Bestimmung ausdrücklich hingewiesen werden.

(4) Die Bezirksverordnetenversammlung beschließt mit einfacher Stimmenmehrheit, falls Verfassung oder Gesetz nicht ein anderes Stimmenverhältnis vorschreiben. Sie kann mit der Mehrheit von zwei Dritteln ihrer Mitglieder beschließen, dass über die Geschäftsordnung und über Änderungen der Geschäftsordnung ebenfalls nur mit der Mehrheit von zwei Dritteln ihrer Mitglieder entschieden wird. Bei Stimmengleichheit gilt ein Antrag als abgelehnt.

(5) Stimmenthaltungen werden bei der Feststellung der Beschlussfähigkeit, nicht aber bei der Ermittlung der Stimmenmehrheit berücksichtigt.

(6) Die Verhandlungen der Bezirksverordnetenversammlung sind öffentlich. Wenn ein Fünftel der Bezirksverordneten, eine Fraktion oder das Bezirksamt es beantragen, kann die Öffentlichkeit ausgeschlossen werden. Über den Antrag ist in nichtöffentlicher Sitzung zu beraten und abzustimmen.

§ 9
Ältestenrat und Ausschüsse

(1) Die Bezirksverordnetenversammlung bildet aus ihrer Mitte den Ältestenrat, den Integrationsausschuss (§ 32) und die weiteren Ausschüsse. Sie wählt für den Integrationsausschuss mindestens vier bis höchstens sieben Bürgerdeputierte (§ 20) hinzu; die Bezirksverordneten müssen die Mehrheit bilden. Die Größe des Integrationsausschusses soll regelmäßig 15 Mitglieder nicht überschreiten. Die Bezirksverordnetenversammlung kann für die weiteren Ausschüsse, in denen Bürgerdeputierte mitwirken sollen, bis zu vier Bürgerdeputierte hinzuwählen; die Bezirksverordneten müssen die Mehrheit bilden. Die Größe der weiteren Ausschüsse soll regelmäßig auf höchstens 13 Bezirksverordnete, bei Zuwahl von Bürgerdeputierten auf höchstens elf Bezirksverordnete begrenzt werden. Gesetzliche Sonderregelungen für den Jugendhilfeausschuss (§ 33) bleiben unberührt.

(2) In den Ausschüssen erhält jede Fraktion mindestens einen Sitz. Die Verteilung der Ausschusssitze einschließlich der Sitze der Bürgerdeputierten wird insgesamt zwischen den Fraktionen nach den Mehrheits- und Stärkeverhältnissen in der Bezirksverordnetenversammlung vereinbart; kommt eine Vereinbarung nicht zustande, entscheidet die Bezirksverordnetenversammlung nach den vorstehenden Grundsätzen.

(3) Für den Ältestenrat und die Ausschüsse gilt die Geschäftsordnung der Bezirksverordnetenversammlung sinngemäß; die Fraktionen erhalten einen ihrer Stärke entsprechenden Anteil an den Stellen jeweils des Vorstands der Bezirksverordnetenversammlung und

der Vorstände der Ausschüsse. Ausschüsse tagen öffentlich, soweit nicht die Geschäftsordnung für bestimmte Ausschüsse wegen der Besonderheit ihrer Aufgaben etwas Abweichendes bestimmt und soweit nicht ein Ausschuss wegen des Vorliegens besonderer Umstände für eine bestimmte Sitzung oder für Teile einer Sitzung die Öffentlichkeit ausschließt. Die Ausschüsse können auch ohne besonderen Auftrag tätig werden und ihre Beratungsergebnisse der Bezirksverordnetenversammlung zuleiten.

(4) Die Ausschüsse können sachkundige Personen und Betroffene hinzuziehen. Das Anhören von Sachverständigen ist nur durch Beschluss des Ausschusses mit Zustimmung des Bezirksverordnetenvorstehers zulässig.

(5) Jeder Bezirksverordnete ist berechtigt, an den Ausschusssitzungen als Gast teilzunehmen. Mit Zustimmung des Ausschusses kann ihm das Wort erteilt werden.

(6) Fraktionslose Bezirksverordnete sind berechtigt, in mindestens einem Ausschuss ihrer Wahl mit Rede- und Antragsrecht, jedoch ohne Stimmrecht teilzunehmen; dies gilt nicht für den Jugendhilfeausschuss (§ 33). Das Nähere regelt die Geschäftsordnung.

§ 10
Verbot der Entlassung

Die Entlassung eines Beamten oder die Kündigung eines Angestellten oder Arbeiters wegen der Tätigkeit als Bezirksverordneter ist auch nach Beendigung der Mitgliedschaft in einer Bezirksverordnetenversammlung unzulässig.

§ 11
Rechte und Pflichten der Bezirksverordneten

(1) Jedes Mitglied der Bezirksverordnetenversammlung hat das Recht, Anträge zu stellen und Anfragen an das Bezirksamt zu richten. Das Bezirksamt ist verpflichtet, jede Anfrage zu beantworten.

(2) Jedem Mitglied der Bezirksverordnetenversammlung ist vom Bezirksamt Einsicht in die Akten zu gewähren. § 17 Absatz 2 bleibt unberührt. Die Einsicht in die Akten darf nur verweigert werden, wenn der Akteneinsicht schutzwürdige Belange Dritter oder ein dringendes öffentliches Interesse entgegenstehen. Die Verweigerung der Akteneinsicht ist schriftlich zu begründen. Einem Mitglied der Bezirksverordnetenversammlung, bei dem ein Ausschließungsgrund nach Absatz 3 vorliegt, darf die Akteneinsicht nicht gewährt werden.

(3) Bezirksverordnete dürfen an Beratungen und Entscheidungen nicht mitwirken, wenn Gründe vorliegen, die zum Ausschluss vom Verwaltungsverfahren nach dem Verwaltungsverfahrensgesetz führen würden. Gleiches gilt für Bezirksverordnete in Angelegenheiten, in denen sie als Dienstkräfte einer Senatsverwaltung vorbereitend oder entscheidend unmittelbar Aufgaben der Bezirksaufsicht oder einer möglichen Eingriffsentscheidung (§ 3 Absatz 2 Buchstabe b) gegenüber der Bezirksverwaltung wahrnehmen oder wahrgenommen haben.

(4) Die Bezirksverordneten erhalten Aufwandsentschädigung und Erstattung der Reisekosten. Das Nähere regelt das Gesetz über die Entschädigung der Mitglieder der Bezirksverordnetenversammlungen, der Bürgerdeputierten und sonstiger ehrenamtlich tätiger Personen.[1)]

§ 12
Zuständigkeit der Bezirksverordnetenversammlung

(1) Die Bezirksverordnetenversammlung bestimmt die Grundlinien der Verwaltungspolitik des Bezirkes im Rahmen der Rechtsvorschriften und der vom Senat oder den ein-

1) Gesetz vom 29. November 1978 (GVBl. S. 2214), zuletzt geändert durch Gesetz vom 5. Juli 2018 (GVBl. S. 463), vgl. dazu Verordnung zur Durchführung des Gesetzes über die Entschädigung der Mitglieder der Bezirksverordnetenversammlungen, der Bürgerdeputierten und sonstiger ehrenamtlich tätiger Personen in der Fassung vom 29. Mai 1979 (GVBl. S. 826), zuletzt geändert durch Verordnung vom 8. März 2011 (GVBl. S. 87).

zelnen Mitgliedern des Senats erlassenen Verwaltungsvorschriften. Sie regt Verwaltungshandeln an durch Empfehlungen und Ersuchen[1], kontrolliert die Führung der Geschäfte des Bezirksamts, entscheidet in den ihr vorbehaltenen Angelegenheiten und nimmt die in diesem Gesetz vorgesehenen Wahlen[2], Abberufungen und Feststellungen vor. Sie kann über alle Angelegenheiten vom Bezirksamt jederzeit Auskünfte verlangen.

(2) Die Bezirksverordnetenversammlung entscheidet über

1. den Bezirkshaushaltsplan (§ 4 Absatz 1) und die Genehmigung von über- und außerplanmäßigen Ausgaben[3];
2. die Verwendung von Sondermitteln der Bezirksverordnetenversammlung;
3. die Genehmigung der Bezirkshaushaltsrechnung (§ 4 Absatz 3) unbeschadet der Entlastung durch das Abgeordnetenhaus auf Grund der Haushalts- und Vermögensrechnung;
4. Rechtsverordnungen zur Festsetzung von Bebauungsplänen, Landschaftsplänen und anderen baurechtlichen Akten, die nach Bundesrecht durch Satzung zu regeln sind, sowie von naturschutzrechtlichen Veränderungsverboten, soweit gesetzlich nichts anderes bestimmt ist[4];
5. die Zustimmung zu Grenzberichtigungen (§ 1 Absatz 2)[5];
6. die Zustimmung zu Betriebssatzungen der Eigenbetriebe (§ 2 Absatz 1 Satz 2 des Eigenbetriebsgesetzes);
7. die Zustimmung zum Erwerb und zur Veräußerung von Beteiligungen an privatrechtlichen Unternehmen (§ 65 Absatz 7 der Landeshaushaltsordnung);
8. die bezirkliche Anmeldung zur Investitionsplanung;
9. eine Bereichsentwicklungsplanung nach dem Gesetz zur Ausführung des Baugesetzbuchs, Anträge des Bezirks zur Änderung der Flächennutzungsplanung;
10. die Errichtung, Übernahme und Auflösung bezirklicher Einrichtungen oder ihre Übertragung an andere Träger;
11. Angelegenheiten, die der Bezirksverordnetenversammlung durch besondere Rechtsvorschrift zugewiesen sind.

(3) Die Bezirksverordnetenversammlung kann nach voraufgegangener Kontrolle (§ 17) oder im Falle des § 13 Absatz 2 Entscheidungen des Bezirksamts aufheben und selbst entscheiden; bereits entstandene Rechte Dritter bleiben unberührt. Ausgenommen sind

1. Einzelpersonalangelegenheiten;
2. der Erwerb und die Veräußerung von Grundstücken;
3. die ärztlich, zahnärztlich und tierärztlich bestimmten Tätigkeiten;
4. die Durchführung und Sicherung der Erfüllung der Schulpflicht;
5. Ordnungsangelegenheiten[6].

§ 13
Empfehlungen und Ersuchen der Bezirksverordnetenversammlung

(1) Hat die Bezirksverordnetenversammlung eine Empfehlung oder ein Ersuchen an das Bezirksamt gerichtet, so hat das Bezirksamt seine Maßnahmen der Bezirksverordnetenversammlung unverzüglich zur Kenntnis zu bringen. Soweit dem angeregten Verwaltungshandeln nicht entsprochen wird, hat das Bezirksamt die Gründe dafür mitzuteilen. In Einzelpersonalangelegenheiten sind Empfehlungen und Ersuchen ausgeschlossen.

(2) Maßnahmen, die dem angeregten Verwaltungshandeln nicht voll entsprechen, sind nicht vor Kenntnisnahme durch die Bezirksverordnetenversammlung zu vollziehen. Das

1) Nicht in Einzelpersonalangelegenheiten (§ 13 Abs. 1 Satz 3).
2) Die Bezirksverordnetenversammlung wählt auch auf Vorschlag des Bezirksamts einen Bezirksbeauftragten für Menschen mit Behinderung (§ 7 des Landesgleichberechtigungsgesetzes in der Fassung vom 28. September 2006 [GVBl. S. 957], zuletzt geändert durch Artikel 2 des Gesetzes vom 19. Dezember 2017 [GVBl. S. 695]).
3) Vgl. Artikel 72, 85 Abs. 2, Artikel 88 Abs. 4 VvB (1), § 13 Abs. 1, § 26a, § 37 Abs. 7 LHO (27).
4) S. dazu Gesetz zur Ausführung des Baugesetzbuches (AGBauGB) – 12 – und Berliner Naturschutzgesetz vom 29. Mai 2013 (GVBl. S. 140).
5) Vgl. Artikel 4 Abs. 2 Satz 3 VvB (1), § 1 Abs. 2 Satz 2.
6) Vgl. Nr. 15 bis 22c ZustKat Ord (4.1).

gilt nicht in Fällen, die keinen Aufschub zulassen oder soweit gemäß § 12 Absatz 3 Satz 2 eine Entscheidung der Bezirksverordnetenversammlung ausgeschlossen ist.

(3) In allen Angelegenheiten, die für den Bezirk von Bedeutung sind, deren Erledigung aber nicht in die bezirkliche Zuständigkeit fällt, kann die Bezirksverordnetenversammlung Empfehlungen aussprechen; dazu können die Bezirksverordnetenversammlung oder ihre Ausschüsse von den zuständigen Stellen die erforderlichen Auskünfte verlangen. Das Bezirksamt setzt sich bei den zuständigen Stellen für die Verwirklichung der Empfehlung ein und unterrichtet die Bezirksverordnetenversammlung über das Ergebnis.

§ 14
Teilnahme des Bezirksamts

(1) Das Bezirksamt ist zu den Sitzungen der Bezirksverordnetenversammlung und ihrer Ausschüsse einzuladen.

(2) Die Bezirksverordnetenversammlung und ihre Ausschüsse können die Anwesenheit der Mitglieder des Bezirksamts fordern.

(3) Der Bezirksbürgermeister oder sein Vertreter können vor Eintritt in die Tagesordnung unabhängig von den Gegenständen der Beratung das Wort ergreifen. Den Mitgliedern des Bezirksamts ist auf Verlangen jederzeit zu den Punkten der Tagesordnung das Wort zu erteilen.

(4) Die Mitglieder des Bezirksamtes unterstehen in den Sitzungen der Ordnungsgewalt des Bezirksverordnetenvorstehers oder des Vorsitzenden des Ausschusses.

§ 15
Unterrichtung der Bezirksverordnetenversammlung

Das Bezirksamt unterrichtet die Bezirksverordnetenversammlung rechtzeitig und umfassend über die Führung der Geschäfte und die künftigen Vorhaben. Dazu gehören auch abzuschließende Ziel- und Servicevereinbarungen.

§ 16
Wahlen und Abberufungen durch die Bezirksverordnetenversammlung

(1) Die Bezirksverordnetenversammlung wählt

a) die Mitglieder des Bezirksamts (§ 35 Absatz 1),
b) die Bürgerdeputierten (§ 21),
c) alle ehrenamtlich tätigen Bürger, soweit ihre Wahl den Bezirken zusteht und Rechtsvorschriften nichts Abweichendes bestimmen,
d) die Vertreter und deren Stellvertreter im Verwaltungsrat von Eigenbetrieben (§ 6 Absatz 2 Satz 1 Nr. 2 und Absatz 5 Satz 2 des Eigenbetriebsgesetzes),
e) den Patientenfürsprecher (§ 30 Absatz 1 des Landeskrankenhausgesetzes)[1].

(2) Die Bezirksverordnetenversammlung kann vorzeitig abberufen

a) die Mitglieder des Bezirksamts (§ 35 Absatz 3),
b) die Bürgerdeputierten (§ 24 Absatz 3),
c) die sonstigen von ihr gewählten ehrenamtlich tätigen Bürger nach Maßgabe der dafür geltenden Rechtsvorschriften,
d) die Vertreter und deren Stellvertreter im Verwaltungsrat von Eigenbetrieben (§ 6 Absatz 5 Satz 3 des Eigenbetriebsgesetzes),
e) den Patientenfürsprecher (§ 30 Absatz 1 des Landeskrankenhausgesetzes)[1].

1) Landeskrankenhausgesetz vom 18. September 2011 (GVBl. S. 483), zuletzt geändert durch Artikel 15 des Gesetzes vom 2. Februar 2018 (GVBl. S. 160).

§ 17
Kontrolle durch die Bezirksverordnetenversammlung

(1) In Ausübung der Kontrolle kann die Bezirksverordnetenversammlung feststellen, ob gegen die Führung der Geschäfte Einwendungen zu erheben sind.

(2) Einem Ausschuss ist auf Verlangen vom Bezirksamt Auskunft zu erteilen und Einsicht in die Akten zu gewähren. Das Bezirksamt darf die Einsichtnahme verweigern, wenn es durch Beschluss feststellt, dass das Bekanntwerden der Akten dem Wohle des Bundes oder eines deutschen Landes erhebliche Nachteile bereiten würde; es hat dies vor dem Ausschuss schlüssig zu begründen.

(3) Der Ausschuss für Eingaben und Beschwerden ist berechtigt,

a) den Petenten und andere Personen anzuhören,

b) Auskünfte von Behörden, Anstalten, Eigenbetrieben und juristischen Personen des öffentlichen Rechts des Landes Berlin zu verlangen, wenn es der Gesamtzusammenhang der Angelegenheit erfordert,

c) Ortsbesichtigungen vorzunehmen.

Der Ausschuss entscheidet über die der Bezirksverordnetenversammlung zugeleiteten Eingaben und Beschwerden nach pflichtgemäßem Ermessen und unterrichtet die Petenten darüber. Näheres regelt die Geschäftsordnung der Bezirksverordnetenversammlung in Anlehnung an das Gesetz über die Behandlung von Petitionen an das Abgeordnetenhaus von Berlin (Petitionsgesetz)[1].

(4) Der Ausschuss für Eingaben und Beschwerden befindet auch über Petitionen, die ihm der Petitionsausschuss des Abgeordnetenhauses zuweist, weil sie in den Zuständigkeitsbereich der Bezirksverwaltung fallen. Eingaben und Beschwerden, die nicht in den Zuständigkeitsbereich der Bezirksverwaltung fallen, kann der Ausschuss an den Petitionsausschuss des Abgeordnetenhauses abgeben.

§ 18
Beanstandung von Beschlüssen der Bezirksverordnetenversammlung

Verstößt ein Beschluss der Bezirksverordnetenversammlung gegen Rechts- oder Verwaltungsvorschriften oder gegen eine Eingriffsentscheidung (§ 3 Absatz 2 Buchstabe b), so hat das Bezirksamt binnen zwei Wochen den Beschluss unter Angabe der Gründe mit aufschiebender Wirkung zu beanstanden. Gegen die Beanstandung kann die Bezirksverordnetenversammlung über das Bezirksamt binnen eines Monats die Entscheidung der Bezirksaufsichtsbehörde[2] beantragen. Die Entscheidung ergeht nach Anhörung beider Seiten.

3. ABSCHNITT
Die Bürgerdeputierten

§ 19
(aufgehoben)

§ 20
Bürgerdeputierte[3]

Bürgerdeputierte sind sachkundige Bürgerinnen und Bürger, die stimmberechtigt an der Arbeit der Ausschüsse der Bezirksverordnetenversammlung teilnehmen. Auch Personen, die nicht Deutsche im Sinne des Artikels 116 Absatz 1 des Grundgesetzes sind, können

1) S. Fußnote 1 zu Artikel 46 VvB (1).
2) Senatsverwaltung für Inneres und Sport, vgl. § 9 Abs. 1 S. 2 AZG (3).
3) Vgl. Artikel 73 Abs. 2 VvB (1).

Bürgerdeputierte werden. Bei den in den Integrationsausschuss zu wählenden Bürgerdeputierten sollen insbesondere Bürgerinnen und Bürger mit Migrationshintergrund im Sinne des § 2 des Partizipations- und Integrationsgesetzes berücksichtigt werden.

§ 21
Wahl der Bürgerdeputierten

(1) Die Bürgerdeputierten werden auf Grund von Wahlvorschlägen der Fraktionen gewählt. Die Vorschläge sollen mindestens doppelt soviel Bewerber enthalten, wie auf die einzelnen Fraktionen Sitze entfallen. Insbesondere Verbände, die in die nach § 6 Absatz 4 des Partizipations- und Integrationsgesetzes von der für Integration zuständigen Senatsverwaltung zu führende Liste eingetragen sind, können den Fraktionen Vorschläge für die Wahl der Bürgerdeputierten für den Integrationsausschuss unterbreiten. Stellvertreter der gewählten Bürgerdeputierten sind die auf demselben Wahlvorschlag an nächster Stelle stehenden Personen. Scheidet ein Bürgerdeputierter aus, so tritt an seine Stelle der nächste Stellvertreter. Ist der Wahlvorschlag erschöpft, haben seine Unterzeichner ihn mindestens in dem für das Nachrücken erforderlichen Umfang zu ergänzen.

(2) Die Wahl erfolgt für die Wahlperiode der Bezirksverordnetenversammlung.

§ 22
Voraussetzungen für Bürgerdeputierte

Bürgerdeputierter oder Stellvertreter kann nur werden, wer

a) das 18. Lebensjahr vollendet hat,
b) seine Hauptwohnung in Berlin hat,
c) nicht dem Abgeordnetenhaus oder einer Bezirksverordnetenversammlung angehört,
d) nicht in derselben Bezirksverwaltung als Beamter oder Angestellter tätig ist,
e) nicht Mitglied oder Prüfer des Rechnungshofs ist.

§ 23
Entschädigung der Bürgerdeputierten

Die Bürgerdeputierten und ihre Stellvertreter erhalten eine Aufwandsentschädigung nach Maßgabe des Gesetzes über die Entschädigung der Mitglieder der Bezirksverordnetenversammlungen, der Bürgerdeputierten und sonstiger ehrenamtlich tätiger Personen[1)].

§ 24
Vorzeitige Beendigung des Amts als Bürgerdeputierter

(1) Das Amt als Bürgerdeputierter oder Stellvertreter endet vorzeitig

a) durch Verzicht,
b) mit Verlust des Wahlrechts, bei Ausländern mit Eintritt von Gründen, nach denen ein Wahlberechtigter vom Wahlrecht ausgeschlossen wäre,
c) mit dem Wegfall der Voraussetzungen (§ 22),
d) mit der Aufhebung eines Ausschusses durch die Bezirksverordnetenversammlung.

(2) Das Amt als Bürgerdeputierter oder Stellvertreter endet ferner, wenn nachträglich festgestellt wird, dass die Voraussetzungen nicht vorgelegen hatten oder weggefallen waren, und zwar vom Zeitpunkt der Feststellung an.

(3) Die Bezirksverordnetenversammlung kann mit einer Mehrheit von zwei Dritteln ihrer verfassungsmäßigen Mitgliederzahl einen Bürgerdeputierten oder Stellvertreter vor Beendigung der Amtszeit abberufen.

1) Vgl. Fußnote 1 zu § 11 Abs. 4.

§ 25
Verfahren bei der Feststellung der vorzeitigen Beendigung und beim Verzicht

(1) Die Feststellung, dass und zu welchem Zeitpunkt das Amt eines Bürgerdeputierten oder Stellvertreters beendet ist, trifft die Bezirksverordnetenversammlung.

(2) Gegen die Feststellung gemäß Absatz 1 steht dem Betroffenen die Klage im Verwaltungsstreitverfahren zu.

(3) Der Verzicht (§ 24 Absatz 1 Buchstabe a) ist dem Vorstand der Bezirksverordnetenversammlung schriftlich zu erklären. Er kann nicht widerrufen werden.

§§ 26 bis 31
(aufgehoben)

§ 32
Integrationsausschuss

Der Integrationsausschuss ist zuständig für Angelegenheiten, die nicht nur unerhebliche Auswirkungen auf die Integration der Menschen mit Migrationshintergrund im Sinne des § 2 des Partizipations- und Integrationsgesetzes haben. Das Nähere regelt die Bezirksverordnetenversammlung in ihrer Geschäftsordnung.

§ 33
Jugendhilfeausschuss[1)]

Der Jugendhilfeausschuss ist zugleich der Ausschuss der Bezirksverordnetenversammlung für den Geschäftsbereich Jugend des Bezirksamts.

4. ABSCHNITT
Das Bezirksamt[2)]

§ 34
Zusammensetzung des Bezirksamts

(1) Das Bezirksamt besteht aus dem Bezirksbürgermeister und vier Bezirksstadträten, von denen einer zugleich zum stellvertretenden Bezirksbürgermeister gewählt wird. Die Amtszeit des neugewählten Bezirksamtes beginnt, sobald der Bezirksbürgermeister und mindestens zwei weitere Bezirksamtsmitglieder gewählt und ernannt sind; die fehlenden Mitglieder sind unverzüglich nachzuwählen.

(2) Die Mitglieder des Bezirksamts sind hauptamtlich tätig. Ihre Rechtsstellung wird durch Gesetz geregelt[3)].

(3) An den Sitzungen des Bezirksamts nehmen der Leiter des Rechtsamts oder sein Stellvertreter und der Leiter des Steuerungsdienstes oder sein Stellvertreter mit beratender Stimme teil. Der Vertreter des Rechtsamts muss die Befähigung zum Richteramt nach dem Deutschen Richtergesetz[4)] besitzen[5)].

§ 35
Wahl und Abberufung der Bezirksamtsmitglieder

(1) Die Bezirksverordnetenversammlung wählt die Mitglieder des Bezirksamts für die Dauer der Wahlperiode (§ 5).

1) Vgl. § 35 AG KJHG (11).
2) Vgl. Artikel 69, 74 bis 77 VvB (1).
3) Gesetz über die Rechtsverhältnisse der Bezirksamtsmitglieder (8).
4) Gesetz in der Fassung vom 19. April 1972 (BGBl. I S. 713), zuletzt geändert durch Artikel 9 des Gesetzes vom 8. Juni 2017 (BGBl. I S. 1570).
5) S. auch § 48.

(2) Das Bezirksamt soll aufgrund der Wahlvorschläge der Fraktionen entsprechend ihrem nach dem Höchstzahlverfahren (d'Hondt) berechneten Stärkeverhältnis in der Bezirksverordnetenversammlung gebildet werden. Bei der Wahl des Bezirksbürgermeisters gelten gemeinsame Wahlvorschläge von mehreren Fraktionen als Wahlvorschläge einer Fraktion; diese sind auf die Wahlvorschlagsrechte der an dem gemeinsamen Wahlvorschlag beteiligten Fraktionen anzurechnen. Bei Gleichheit der Höchstzahlen entscheidet das auf der Grundlage der erzielten Wählerstimmen nach dem Höchstzahlverfahren (d'Hondt) berechnete Stärkeverhältnis. Ergeben sich danach erneut gleiche Höchstzahlen, so entscheidet das Los.

(3)[1] Die Bezirksverordnetenversammlung kann mit einer Mehrheit von zwei Dritteln ihrer verfassungsmäßigen Mitgliederzahl ein Mitglied des Bezirksamts vor Beendigung seiner Amtszeit abberufen. Über die Abberufung ist nach zweimaliger Beratung abzustimmen. Die zweite Beratung darf frühestens zwei Wochen nach der ersten erfolgen.

§ 36
Aufgaben des Bezirksamts

(1) Das Bezirksamt ist die Verwaltungsbehörde des Bezirks. Es gibt sich eine Geschäftsordnung.

(2) Dem Bezirksamt obliegt insbesondere

a) die Vertretung des Landes Berlin in Angelegenheiten des Bezirks;
b) die Einbringung von Vorlagen[2] bei der Bezirksverordnetenversammlung (§§ 12, 13, 15, 16);
c) die Festsetzung von Bebauungsplänen, Landschaftsplänen und anderen baurechtlichen Akten, die nach Bundesrecht durch Satzung zu regeln sind, sowie von naturschutzrechtlichen Veränderungsverboten, soweit gesetzlich nichts anderes bestimmt ist[3];
d) die Bestellung und Abberufung von Vertretern und ihren Stellvertretern im Verwaltungsrat von Eigenbetrieben (§ 6 Absatz 2 Satz 1 Nr. 1 und Absatz 5 Satz 2 und 3 des Eigenbetriebsgesetzes);
e) die Durchführung der Beschlüsse der Bezirksverordnetenversammlung (§§ 12 und 13);
f) die rechtzeitige und umfassende Unterrichtung der Bezirksverordnetenversammlung über die Führung der Geschäfte und die künftigen Vorhaben einschließlich der abzuschließenden Ziel- und Servicevereinbarungen (§ 15);
g) die Beanstandung von Beschlüssen der Bezirksverordnetenversammlung (§ 18);
h) die Wahrnehmung der Angelegenheiten, für die nicht die Zuständigkeit der Bezirksverordnetenversammlung begründet ist;
i) die Aufgaben der Dienstbehörde für die Beamten, Angestellten und Arbeiter des Bezirks; die Stellungnahme zur Versetzung von Beamten, Angestellten und Arbeitern der Bezirksverwaltung in die Hauptverwaltung oder eine andere Bezirksverwaltung und umgekehrt;
k) die Verteilung der Geschäftsbereiche unter die Mitglieder des Bezirksamts (§ 38 Absatz 1);
l) die Entscheidung über Meinungsverschiedenheiten zwischen Mitgliedern des Bezirksamts;
m) die Wahrnehmung der Angelegenheiten, die dem Bezirksamt durch besondere Rechtsvorschrift zugewiesen sind;
n) die Organisation des Bezirksamtes.

1) Vgl. Artikel 76 VvB (1).
2) Nach § 21 Abs. 5 des Landesgleichstellungsgesetzes (28) kann die bezirkliche Frauen- oder Gleichstellungsbeauftragte über das Bezirksamt Vorlagen zur Kenntnisnahme in die Bezirksverordnetenversammlung einbringen.
3) Siehe § 12 Abs. 2 Nr. 4 und angefügte Fußnote.

(3) In den Angelegenheiten nach Absatz 2 Buchstabe b, c, g, k, l und n beschließt das Bezirksamt; im Übrigen richtet sich die Führung der Geschäfte nach § 38 Abs. 2.

§ 37
Organisation[1]; Geschäftsverteilung des Bezirksamts

(1) Die Gliederung des Bezirksamts ergibt sich aus der Anlage[2] zu diesem Gesetz. Der Senat wird ermächtigt, nach Beratung mit dem Rat der Bürgermeister die Gliederung des Bezirksamts durch Rechtsverordnung[3] abweichend von der Anlage zu Satz 1 zu regeln. Zur Steigerung der Effizienz oder bei der Reduzierung von Aufgaben können verschiedene Serviceeinheiten innerhalb eines Bezirks zusammengelegt werden.

(2) Die Bürgerämter werden als zentrale Anlaufstellen für alle Anliegen der Bürgerinnen und Bürger entwickelt. Dort sollen die in der Bezirksverwaltung nachgefragten Dienstleistungen zusammengefasst und abschließend bearbeitet werden. Zusätzliche Behördengänge sollen vermieden werden. Der Senat kann durch Verwaltungsvorschriften die in jedem Bürgeramt mindestens zu erledigenden Aufgaben bestimmen. Die Verarbeitung personenbezogener Daten ist zulässig, soweit dies zur Wahrnehmung der Aufgaben durch das Bürgeramt erforderlich ist. Der Umfang der zu verarbeitenden Daten richtet sich nach den für die jeweilige Aufgabe geltenden Befugnisregelungen.

(3) Die in jedem Bezirk bestehende Organisationseinheit für Wirtschaftsförderung berät in wirtschaftsrelevanten Angelegenheiten insbesondere Unternehmen und Existenzgründer und fördert wirtschaftlich bedeutsame Vorhaben im Bezirk. Sie ist an allen wirtschaftlich bedeutsamen Planungen von den zuständigen bezirklichen Stellen von Amts wegen zu beteiligen. Die Organisationseinheit für Wirtschaftsförderung ist bezirkliche Anlauf- und Koordinierungsstelle für Unternehmen und Investoren. Sie begleitet Unternehmen in wirtschaftlich bedeutsamen bezirklichen Genehmigungs- und sonstigen Zulassungsverfahren und wird hierbei von den zuständigen bezirklichen Stellen unterstützt. Zur Erfüllung der Aufgaben nach Satz 4 ist sie insbesondere berechtigt,

1. von den zuständigen bezirklichen Stellen die erforderlichen Informationen und Auskünfte einzuholen und personenbezogene Daten zu verarbeiten, soweit dies zur Aufgabenerledigung erforderlich ist,
2. bestehende Bearbeitungsfristen zu überwachen und interne Fristen zur Bearbeitung und Stellungnahme zu setzen sowie
3. Einigungskonferenzen einzuberufen und durchzuführen.

Wenn eine Verständigung zwischen den betroffenen Bezirksamtsmitgliedern nicht zustande kommt, bringt das für die Organisationseinheit für Wirtschaftsförderung zuständige Mitglied des Bezirksamts den Vorgang in das Bezirksamt zur Entscheidung ein.

(4) Für Angelegenheiten, bei denen in der Regel ordnungsrechtliche Genehmigungen von mehreren Stellen eingeholt werden müssen, wird eine zentrale Anlauf- und Beratungsstelle eingerichtet, die auch die zügige und widerspruchsfreie Bearbeitung fördert und die Einhaltung der Bearbeitungsfristen überwacht. Absatz 3 Satz 5 und 6 gilt entsprechend.

(5) Der Steuerungsdienst berät und unterstützt das Bezirksamt und jedes seiner Mitglieder.

(6) Das Bezirksamt bildet aus den Fachämtern und Serviceeinheiten fünf Geschäftsbereiche (Abteilungen), denen auch die sonstigen Organisationseinheiten und Beauftragten zugeordnet werden. Der Steuerungsdienst und das Rechtsamt werden dem Geschäftsbereich des Bezirksbürgermeisters zugeordnet.

(7) Zielvereinbarungen schließt das für das jeweilige Amt zuständige Mitglied des Bezirksamtes entsprechend § 38 Absatz 2 ab.

---

1) Vgl. Artikel 75 Abs. 1 VvB (1).
2) S. Anlage zu § 37 Absatz 1 Satz 1 abgedruckt im Anschluss an § 50; siehe aber Fußnote 3.
3) S. Verordnung über die Gliederung des Bezirksamtes vom 10. April 2018 (GVBl. S. 216); im Anschluss an § 50 ist die Anlage nach Satz 1 unter Berücksichtigung der abweichenden Regelungen nach dieser Verordnung abgedruckt.

§ 38
Geschäftsverteilung und Aufgaben der Mitglieder des Bezirksamts

(1) Das Bezirksamt überträgt jedem Mitglied die Leitung eines Geschäftsbereichs.

(2) In ihrem Geschäftsbereich führen die Mitglieder des Bezirksamts die Geschäfte im Namen des Bezirksamts. Das Bezirksamt kann sich die Erledigung einzelner Geschäfte oder einzelner Gruppen von Geschäften vorbehalten.

§ 39
Aufgaben des Bezirksbürgermeisters

(1) Der Bezirksbürgermeister führt den Vorsitz im Bezirksamt. Bei Stimmengleichheit gibt seine Stimme den Ausschlag.

(2) Der Bezirksbürgermeister übt die Dienstaufsicht[1)] über die Bezirksstadträte aus[2)].

(3) Der Bezirksbürgermeister ist Mitglied des Rats der Bürgermeister[3)].

(4) Verstößt ein Beschluss des Bezirksamts gegen Rechts- oder Verwaltungsvorschriften oder gegen eine Eingriffsentscheidung (§ 3 Absatz 2 Buchstabe b), so hat der Bezirksbürgermeister binnen zwei Wochen den Beschluss unter Angabe der Gründe mit aufschiebender Wirkung zu beanstanden. Gegen die Beanstandung kann das Bezirksamt binnen zwei Wochen die Entscheidung der Bezirksaufsichtsbehörde[4)] beantragen. Die Entscheidung ergeht nach Anhörung beider Seiten.

5. ABSCHNITT
Wahrnehmung und Kontrolle einzelner Aufgaben durch einen oder mehrere Bezirke

§ 39 a
Beteiligung der Bezirksverordnetenversammlungen und der Bezirksämter

(1) Bei der Wahrnehmung einzelner Aufgaben durch einen Bezirk oder mehrere Bezirke soll die örtlich zuständige Bezirksverordnetenversammlung die Kontrolle über die Führung der Geschäfte durch das Bezirksamt im Benehmen mit den Bezirksverordnetenversammlungen der Bezirke ausüben, deren Einwohner von der Geschäftsführung betroffen werden.

(2) Die beteiligten Bezirksämter unterrichten sich gegenseitig über die Wahrnehmung dieser Angelegenheiten.

6. ABSCHNITT
Mitwirkung der Einwohnerschaft

§ 40
Mitwirkung der Einwohnerschaft

Die Mitwirkung der Einwohnerinnen und Einwohner ist ein Prinzip der Selbstverwaltung der Bezirke. Die Bezirksverordnetenversammlung und das Bezirksamt fördern die Mitwirkung der Einwohnerschaft an der Wahrnehmung der bezirklichen Aufgaben.

§ 41
Unterrichtung der Einwohnerschaft

(1) Die Bezirksverordnetenversammlung und das Bezirksamt sind verpflichtet, die Einwohnerinnen und Einwohner über die allgemein bedeutsamen Angelegenheiten des Be-

---

1) Der Bezirksbürgermeister übt auch die Dienstaufsicht über die bezirkliche Frauen- oder Gleichstellungsbeauftragte aus [§ 21 Abs. 1 Satz 3 des Landesgleichstellungsgesetzes (28).
2) Vgl. Artikel 75 Abs. 2 Satz 2 VvB (1).
3) Vgl. Artikel 68 VvB (1) und §§ 14 bis 19 AZG (3).
4) Senatsverwaltung für Inneres und Sport, vgl. § 9 Abs. 1 S. 2 AZG (3).

zirks, über städtische Angelegenheiten, soweit sie den Bezirk betreffen, und über ihre Mitwirkungsrechte zu unterrichten.

(2) Bei wichtigen Planungen und Vorhaben des Bezirks, die das wirtschaftliche, soziale und kulturelle Wohl der Einwohnerinnen und Einwohner nachhaltig berühren, insbesondere beim Haushaltsplan und bei mittel- und längerfristigen Entwicklungskonzeptionen oder -plänen, unterrichtet das Bezirksamt die Einwohnerschaft rechtzeitig und in geeigneter Form über die Grundlagen sowie Ziele, Zwecke und Auswirkungen. Den Einwohnerinnen und Einwohnern soll Gelegenheit zur Äußerung gegeben werden. Die Vorschriften über eine förmliche Beteiligung oder Anhörung bleiben unberührt.

(3) Zeit, Ort und Tagesordnung der Sitzungen der Bezirksverordnetenversammlung sowie der öffentlich tagenden Ausschüsse sind rechtzeitig öffentlich bekannt, die Beschlussvorlagen und die gefassten Beschlüsse der Bezirksverordnetenversammlung sowie die Mitteilungen des Bezirksamts an die Bezirksverordnetenversammlung über deren Umsetzung einsehbar zu machen. Das Nähere regelt die Geschäftsordnung.

§ 42
Einwohnerversammlung

Zur Erörterung von wichtigen Bezirksangelegenheiten können mit der betroffenen Einwohnerschaft Einwohnerversammlungen durchgeführt werden. Einwohnerversammlungen werden von der Vorsteherin oder dem Vorsteher der Bezirksverordnetenversammlung einberufen, wenn die Bezirksverordnetenversammlung dies verlangt oder der Antrag einer Einwohnerin oder eines Einwohners auf Durchführung einer Einwohnerversammlung von einem Drittel der Mitglieder der Bezirksverordnetenversammlung unterstützt wird. Das Bezirksamt kann ebenfalls Einwohnerversammlungen einberufen.

§ 43
Einwohnerfragestunde

In jeder ordentlichen Sitzung der Bezirksverordnetenversammlung soll eine Einwohnerfragestunde eingerichtet werden. Das Bezirksamt ist verpflichtet, in der Einwohnerfragestunde Stellung zu nehmen. Die Einwohnerfragestunde ist Bestandteil der öffentlichen Sitzung der Bezirksverordnetenversammlung. Das Nähere regelt die Geschäftsordnung.

§ 44
Einwohnerantrag

(1) In allen Angelegenheiten, zu denen die Bezirksverordnetenversammlung nach den §§ 12 und 13 Beschlüsse fassen kann, haben die Einwohnerinnen und Einwohner des Bezirks, die das 16. Lebensjahr vollendet haben, das Recht, Empfehlungen an die Bezirksverordnetenversammlung zu richten (Einwohnerantrag).

(2) Der Antrag ist unter Bezeichnung von drei Vertrauenspersonen schriftlich bei der Bezirksverordnetenversammlung einzureichen und zu begründen. Erklärungen der Vertrauenspersonen sind nur verbindlich, wenn sie von mindestens zwei Vertrauenspersonen abgegeben werden. Das Bezirksamt prüft im Auftrag der Bezirksverordnetenversammlung unverzüglich die Einhaltung der formalen Zulässigkeitsvoraussetzungen. Zur Behebung festgestellter Zulässigkeitsmängel ist von der Vorsteherin oder dem Vorsteher eine angemessene Frist zu setzen, soweit diese nicht die Zahl der einzureichenden Unterschriften betrifft und wenn dies ohne eine Änderung des Gegenstandes des Antrags möglich ist. Nach Abschluss der Prüfung ist das Ergebnis der Bezirksverordnetenversammlung vorzulegen. Die Vorsteherin oder der Vorsteher stellt die Zulässigkeit des Antrags fest oder weist ihn zurück. Bis zu dieser Entscheidung kann der Antrag zurückgenommen werden.

(3) Der Einwohnerantrag ist zulässig, wenn er von mindestens 1000 Einwohnerinnen und Einwohnern des Bezirks im Sinne von Absatz 1 unterschrieben ist.

(4) Neben der eigenhändigen Unterschrift müssen folgende Daten der unterzeichnenden Person handschriftlich angegeben sein:
1. Familienname,
2. Vorname,
3. Geburtsdatum,
4. Anschrift der alleinigen Wohnung oder Hauptwohnung,
5. Tag der Unterschriftsleistung.

Fehlt die handschriftliche Angabe des Geburtsdatums oder ist diese unvollständig, fehlerhaft oder unleserlich, so gilt die Unterschrift als ungültig. Die Unterschrift gilt zudem als ungültig, wenn sich die Person anhand der Eintragungen nicht zweifelsfrei erkennen lässt oder sich nicht zweifelsfrei feststellen lässt, ob die unterzeichnende Person am Tag der Unterschriftsleistung teilnahmeberechtigt war. Enthalten die Eintragungen Zusätze oder Vorbehalte, sind sie nicht handschriftlich erfolgt oder wurden sie mit Telefax oder elektronisch übermittelt, so gilt die Unterschrift ebenfalls als ungültig.

(5) Über einen zulässigen Einwohnerantrag entscheidet die Bezirksverordnetenversammlung unverzüglich, spätestens jedoch innerhalb von zwei Monaten nach Eingang des Antrags. Die Vertrauenspersonen der Antragsteller haben das Recht auf Anhörung in der Bezirksverordnetenversammlung und in ihren Ausschüssen.

7. ABSCHNITT
Bürgerbegehren und Bürgerentscheid

§ 45
Bürgerbegehren

(1) Die wahlberechtigten Bürgerinnen und Bürger eines Bezirks können in allen Angelegenheiten, in denen die Bezirksverordnetenversammlung nach den §§ 12 und 13 Beschlüsse fassen kann, einen Bürgerentscheid beantragen (Bürgerbegehren). In den Angelegenheiten des § 12 Absatz 2 Nummer 1 und 2 sind ausschließlich Anträge mit empfehlender oder ersuchender Wirkung entsprechend den §§ 13 und 47 Absatz 3 zulässig. In Angelegenheiten des § 12 Absatz 2 Nummer 4 sind ausschließlich Anträge mit empfehlender oder ersuchender Wirkung zulässig, soweit die Entscheidung über den Gegenstand mittels Bürgerentscheid gegen Bundes- oder Landesgesetze verstößt. Unzulässig sind Bürgerbegehren und Bürgerentscheide, soweit Anträge Rechts- oder Verwaltungsvorschriften oder einer Eingriffsentscheidung (§ 3 Absatz 2 Buchstabe b) widersprechen. Im Fall von Anträgen mit empfehlender oder ersuchender Wirkung darf das verfolgte Anliegen Rechts- oder Verwaltungsvorschriften oder einer Eingriffsentscheidung nicht widersprechen; Satz 3 bleibt unberührt. Bürgerbegehren und Bürgerentscheide sind nicht deswegen unzulässig, weil sie finanzwirksam sind.

(2) Bürgerinnen und Bürger, die beabsichtigen, ein Bürgerbegehren durchzuführen, teilen dies dem Bezirksamt mit. Sie haben Anspruch auf angemessene Beratung über die Zulassungsvoraussetzungen und über die Bindungswirkung eines entsprechenden Bürgerentscheids durch das Bezirksamt.

(3) Das Bürgerbegehren muss eine mit „Ja“ oder „Nein“ zu entscheidende Fragestellung enthalten und drei Vertrauenspersonen benennen, die berechtigt sind, die Unterzeichnenden zu vertreten. Erklärungen der Vertrauenspersonen sind nur verbindlich, wenn sie von mindestens zwei Vertrauenspersonen abgegeben werden. Rechtliche Bedenken sind den Vertrauenspersonen unabhängig von Zeitpunkt und Inanspruchnahme der Beratung unverzüglich mitzuteilen.

(4) Die Vertrauenspersonen zeigen dem Bezirksamt das beabsichtigte Bürgerbegehren schriftlich unter Einreichung eines vorläufigen Musterbogens an. Das Bezirksamt leitet diese Anzeige nachrichtlich an die Bezirksverordnetenversammlung und die für Inneres zuständige Senatsverwaltung weiter; es entscheidet innerhalb eines Monats über die Zu-

lässigkeit, stellt die Bindungswirkung eines entsprechenden Bürgerentscheids fest und gibt eine Einschätzung der Kosten, die sich aus der Verwirklichung des mit dem Bürgerbegehren verfolgten Anliegens ergeben würden.

(5) Über seine Entscheidung nach Absatz 4 unterrichtet das Bezirksamt zunächst die für Inneres zuständige Senatsverwaltung. Macht der Senat nicht innerhalb eines Monats von seinen Bezirksaufsichtsrechten Gebrauch, so unterrichtet das Bezirksamt unverzüglich die Vertrauenspersonen und die Bezirksverordnetenversammlung. Gegen die Entscheidung über die Unzulässigkeit eines Bürgerbegehrens können die Vertrauenspersonen Klage vor dem Verwaltungsgericht erheben.

(6) Die Einschätzung des Bezirksamts über die Kosten und die Bindungswirkung des angestrebten Bürgerentscheids nach Absatz 4 sind auf der Unterschriftsliste oder dem Unterschriftsbogen voranzustellen. Neben der eigeneigenhändigen Unterschrift müssen folgende Daten der unterzeichnenden Person handschriftlich angegeben sein:

1. Familienname,
2. Vorname,
3. Geburtsdatum,
4. Anschrift der alleinigen Wohnung oder Hauptwohnung,
5. Tag der Unterschriftsleistung.

Fehlt die handschriftliche Angabe des Geburtsdatums oder ist diese unvollständig, fehlerhaft oder unleserlich, so gilt die Unterschrift als ungültig. Die Unterschrift gilt zudem als ungültig, wenn sich die Person anhand der Eintragungen nicht zweifelsfrei erkennen lässt oder sich nicht zweifelsfrei feststellen lässt, ob die Unterschrift fristgerecht erfolgt ist oder die unterzeichnende Person am Tag der Unterschriftsleistung teilnahmeberechtigt war. Enthalten die Eintragungen Zusätze oder Vorbehalte, sind sie nicht handschriftlich oder nicht fristgerecht erfolgt oder wurden sie mit Telefax oder elektronisch übermittelt, so gilt die Unterschrift ebenfalls als ungültig.

(7) Ein Bürgerbegehren ist zustande gekommen, wenn es spätestens bis sechs Monate nach der Unterrichtung der Vertrauenspersonen über die Entscheidung des Bezirksamts über die Zulässigkeit von 3 Prozent der bei der letzten Wahl zur Bezirksverordnetenversammlung festgestellten Zahl der Wahlberechtigten unterstützt wurde. Unterschriftsberechtigt sind die Wahlberechtigten, die zum Zeitpunkt der Unterschrift das Wahlrecht zur Bezirksverordnetenversammlung besitzen.

(8) Über das Zustandekommen eines Bürgerbegehrens entscheidet das Bezirksamt innerhalb eines Monats nach Einreichung der für das Bürgerbegehren erforderlichen Unterschriften und unterrichtet unmittelbar die Bezirksverordnetenversammlung. Stellt das Bezirksamt fest, dass das Bürgerbegehren nicht zustande gekommen ist, so können die Vertrauenspersonen Klage vor dem Verwaltungsgericht erheben.

(9) Ist das Zustandekommen eines Bürgerbegehrens festgestellt, so dürfen die Organe des Bezirks bis zur Durchführung des Bürgerentscheids weder eine dem Bürgerbegehren entgegenstehende Entscheidung treffen noch mit dem Vollzug einer solchen Entscheidung beginnen, es sei denn, hierzu besteht eine rechtliche Verpflichtung. § 13 Absatz 2 gilt entsprechend.

(10) Gebühren und Auslagen werden nicht erhoben.

§ 46
Bürgerentscheid

(1) Spätestens vier Monate nach der Entscheidung über das Zustandekommen eines Bürgerbegehrens wird über den Gegenstand des Bürgerbegehrens ein Bürgerentscheid durchgeführt, sofern die Bezirksverordnetenversammlung dem Anliegen des Bürgerbegehrens nicht innerhalb von zwei Monaten unverändert oder in einer Form, die von den benannten Vertrauenspersonen gebilligt wird, zustimmt. Die Bezirksverordnetenversamm-

lung kann im Rahmen des Bürgerentscheids eine konkurrierende Vorlage zur Abstimmung unterbreiten.

(2) Das Bezirksamt setzt den Abstimmungstermin auf einen Sonn- oder Feiertag fest. Die wahlberechtigten Bürgerinnen und Bürger des Bezirks werden durch das Bezirksamt über den Termin des Bürgerentscheids informiert. Sie erhalten eine Information in Form einer amtlichen Mitteilung, in der die Argumente der Initiatorinnen oder Initiatoren und der Bezirksverordnetenversammlung im gleichen Umfang darzulegen sind und in der auf weitere Informationsmöglichkeiten hingewiesen wird. Die Mitteilung enthält zudem Angaben über die Bindungswirkung des Bürgerentscheids und der geschätzten Kosten nach § 45 Absatz 4.

(3) Beim Bürgerentscheid ist jede zur Bezirksverordnetenversammlung wahlberechtigte Person stimmberechtigt. Über ein Begehren kann nur mit „Ja" oder „Nein" entschieden werden. Soll über mehrere Gegenstände am gleichen Abstimmungstag entschieden werden, so ist die Verbindung zu einer Vorlage unzulässig. Auch bei konkurrierenden Vorlagen zum gleichen Gegenstand können die Abstimmungsberechtigten jede Vorlage einzeln annehmen oder ablehnen. Die Möglichkeit der brieflichen Abstimmung ist zu gewährleisten.

(4) Die Bezirksverordnetenversammlung kann mit einer Mehrheit von zwei Dritteln ihrer Mitglieder beschließen, dass über eine Angelegenheit im Sinne von § 45 Absatz 1 ein Bürgerentscheid stattfindet.

(5) Die Bestimmungen des Landeswahlgesetzes und der Landeswahlordnung über das Wahlrecht, die Ausübung des Wahlrechts, die Wahlbenachrichtigung, die Ausgabe von Wahlscheinen, die Bezirkswahlleiter, die Wahlverzeichnisse, die Stimmbezirke, die Wahllokale, den Ablauf der Wahl, die Briefwahl, die in den Wahllokalen ehrenamtlich tätigen Personen sowie über die Nachwahl und Wiederholungswahl gelten für den Bürgerentscheid entsprechend. Das Nähere regelt der Senat durch Rechtsverordnung.[1] Dabei kann die Zahl der Stimmbezirke und die Zahl der Mitglieder der Abstimmungsvorstände verringert werden.

§ 47
Ergebnis des Bürgerentscheids

(1) Eine Vorlage ist angenommen, wenn sie von einer Mehrheit der Teilnehmerinnen und Teilnehmer und zugleich von mindestens 10 Prozent der bei der letzten Wahl zur Bezirksverordnetenversammlung festgestellten Zahl der für die Wahlen zur Bezirksverordnetenversammlung Wahlberechtigten angenommen wurde. Bei Stimmengleichheit gilt die Vorlage als abgelehnt.

(2) Sind konkurrierende Vorlagen erfolgreich im Sinne des Absatzes 1, so gilt die Vorlage als angenommen, die die höhere Anzahl an „Ja"-Stimmen erhalten hat. Ist die Zahl der „Ja"-Stimmen gleich, so ist diejenige angenommen, die nach Abzug der auf sie entfallenden „Nein"-Stimmen die größte Zahl der „Ja"-Stimmen auf sich vereinigt. Sind die so gebildeten Differenzen gleich, gelten beide Vorlagen als abgelehnt.

(3) War ein Bürgerentscheid erfolgreich, so hat sein Ergebnis im Rahmen des § 45 Absatz 1 die Rechtswirkung (Entscheidung, Empfehlung oder Ersuchen) eines Beschlusses der Bezirksverordnetenversammlung.

§ 47a
Mitteilung von Einzelspenden

(1) Geld- oder Sachspenden an die Vertrauenspersonen eines Bürgerbegehrens, die in ihrem Gesamtwert die Höhe von 5000 Euro übersteigen, sind dem Bezirksamt unter An-

1) Verordnung über die Geltung des Landeswahlrechts für den Bürgerentscheid (Bürgerentscheidsverordnung) vom 31. Januar 2006 (GVBl. S. 115), geändert durch Artikel IV des Gesetzes vom 20. Februar 2008 (GVBl. S. 22).

gabe des Namens und der Anschrift des Spenders und der Gesamthöhe der Spenden unverzüglich anzuzeigen. Für Sachspenden ist der marktübliche Preis maßgebend.

(2) Die Vertrauenspersonen versichern mit dem Antrag auf ein Bürgerbegehren nach § 45 Absatz 1 sowie 15 Tage vor dem Abstimmungstermin eines Bürgerentscheids an Eides statt, dass der Anzeigepflicht vollständig und richtig nachgekommen worden ist.

(3) Die Geldspenden sind von den Vertrauenspersonen gesondert auf einem Konto unter Angabe des Spenders und des gespendeten Betrages zu verwalten. Sachspenden sind in einem Protokoll zu verzeichnen, in dem der Spender, der Gegenstand der Sachspende und der marktübliche Wert ausgewiesen werden. Das Bezirksamt kann bei Vorliegen tatsächlicher Anhaltspunkte für eine unvollständige Anzeige nach Absatz 1 anordnen, dass die Vertrauenspersonen Unterlagen über Spenden vorlegen und ihr kontoführendes Geldinstitut ermächtigen, dem Bezirksamt Auskunft über die Einzelspenden sowie Name und Anschrift der Spender zu erteilen. Die Anordnung kann im Wege der Verwaltungsvollstreckung durchgesetzt werden.

(4) Das Bezirksamt veröffentlicht die Angaben nach Absatz 1 mit Ausnahme der Anschrift des Spenders fortlaufend in geeigneter Form, insbesondere im Amtsblatt und im Internet.

§ 47b
Spendenverbot

Eine Vertrauensperson eines Bürgerbegehrens darf keine Geld- oder Sachspenden annehmen von

1. Parlamentsfraktionen und -gruppen sowie von Fraktionen und Gruppen der Bezirksverordnetenversammlungen,
2. Unternehmen, die ganz oder teilweise im Eigentum der öffentlichen Hand stehen oder die von ihr verwaltet oder betrieben werden, sofern die direkte Beteiligung der öffentlichen Hand 25 Prozent übersteigt.

8. ABSCHNITT
Schlussbestimmungen

§ 48
Ausnahme für Diplomjuristen

Diplomjuristen im höheren Dienst des Landes Berlin, die am 3. Oktober 1990 in einem Rechtsamt tätig waren, können abweichend von § 34 Absatz 3 Satz 2 die Aufgaben des Leiters des Rechtsamts oder dessen Stellvertreters wahrnehmen.

§ 49
Übergangsregelung

Auf Bürgerbegehren, die bis zum Inkrafttreten des Zehnten Gesetzes zur Änderung des Bezirksverwaltungsgesetzes vom 24. Februar 2011 (GVBl. S. 58) beantragt worden sind, ist das Bezirksverwaltungsgesetz in der bis dahin geltenden Fassung weiter anzuwenden.

§ 50
Inkrafttreten; Aufhebung des Deputationsgesetzes

(1) (Ursprüngliches Inkrafttreten des Gesetzes)

(2) (überholt)

Anlage
(zu § 37 Abs. 1 Satz 1)[1]

Das Bezirksamt gliedert sich unterhalb der Ebene der Geschäftsbereiche (Abteilungen) in die nachfolgend genannten Organisationseinheiten.

I. Fachämter:
   1. „Amt für Bürgerdienste“ mit den Aufgabenstellungen:
      - Bürgerämter (einschließlich der straßenverkehrsbehördlichen Aufgabe der Ausgabe von Bewohnerparkausweisen und Ausnahmegenehmigungen für Gäste im Rahmen der Berliner Parkraumbewirtschaftung)
      - Standesamt
      - Staatsangehörigkeitsangelegenheiten
      - Wohnungsamt
      - Wahlen
   2. „Jugendamt“ mit den Aufgabenstellungen:
      - Aufgaben des Jugendamtes (Fachberatung, allgemeine Förderung von jungen Menschen und ihren Familien, familienunterstützende Hilfen, fachbereichsübergreifende Jugendhilfe)
      - Kindertagesbetreuung (einschließlich Kita-Eigenbetrieb)
   3. „Amt für Soziales“ mit den Aufgabenstellungen:
      - Betreuungsbehörde und Soziale Dienste
      - Materielle Hilfen
      - Durchführung der Leistungen des kommunalen Trägers gemäß SGB II und AG-SGB II (JobCenter)
   4. „Amt für Weiterbildung und Kultur“ mit den Aufgabenstellungen:
      - Volkshochschule
      - Musikschule
      - Bibliotheken
      - Kultur
      - Heimatmuseum
   5. „Stadtentwicklungsamt“ mit den Aufgabenstellungen:
      - Stadtplanung
      - Bau- und Wohnungsaufsicht
      - Vermessung (einschließlich Liegenschaftskataster und Wertermittlung)
      - Denkmalschutz
      - Quartiersmanagement
   6. „Straßen- und Grünflächenamt“ mit den Aufgabenstellungen:
      - Tiefbau (Straßenplanung, Straßenneubau, Straßenunterhaltung, Straßenaufsicht)
      - Straßenverwaltung
      - Straßenverkehrsbehörde (mit Ausnahme der den Ämtern für Bürgerdienste zugewiesenen Aufgaben)
      - Unterhaltung und Neubau von Grün- und Freiflächen einschließlich Friedhöfe und Kleingärten
      - Landschaftsplanung

1) Die Anlage ist unter Berücksichtigung der Verordnung über die Gliederung des Bezirksamtes vom 10. April 2018 (GVBl. S. 216) abgedruckt; die Verordnung enthält abweichende Regelungen nach § 37 Absatz 1 Satz 2 BezVG.

7. „Ordnungsamt“ mit den Aufgabenstellungen:
   - Ordnung im öffentlichen Raum (einschließlich verhaltensbedingten Lärms und Parkraumbewirtschaftung und -überwachung)
   - Gewerbe (Wirtschaftsordnung, einschließlich Märkte)
   - Veterinär- und Lebensmittelaufsicht
   - Zentrale Anlauf- und Beratungsstelle nach § 37 Absatz 4
8. „Gesundheitsamt“ mit den Aufgabenstellungen:
   - Gesundheitsschutz und -aufsicht
   - Gesundheitsschutz und -förderung für Erwachsene
   - Gesundheitsschutz und -förderung für Kinder
   - Spezielle gesundheitliche Hilfen für Menschen mit Behinderungen
9. „Umwelt- und Naturschutzamt“ mit den Aufgabenstellungen:
   - Umweltplanung, -beratung und -information
   - Umweltordnungsaufgaben (ohne verhaltensbedingten Lärm)
   - Natur- und Artenschutz
10. „Schul- und Sportamt“ mit den Aufgabenstellungen:
   - Schulträgerschaft
   - Förderung des Sports

II. Serviceeinheiten:
1. „Serviceeinheit Finanzen“ mit den Aufgabenstellungen:
   - Haushalts- und Stellenplanung und -wirtschaft
   - Kassenwesen
2. „Serviceeinheit Personal“ mit den Aufgabenstellungen:
   - Personalverwaltungsservice
   - Personalentwicklungsservice
3. „Serviceeinheit Facility Management“ mit den Aufgabenstellungen:
   - Kaufmännische und technische Immobilien- und Gebäudeverwaltung
   - Hochbauservice
   - Innere Dienste (Dienstpost, Vervielfältigungen, Fernmeldeangelegenheiten, Beschaffungen, Anlagenbuchhaltung)
   - IT-Service

III. Sonstige Organisationseinheiten:
1. „Rechtsamt“
2. „Steuerungsdienst (einschließlich Geschäftsprozessmanagement und Digitalisierung)“
3. „Sozialraumorientierte Planungskoordination“
4. „Qualitätsentwicklung, Planung und Koordination des öffentlichen Gesundheitsdienstes“
5. „Pressestelle“
6. „Wirtschaftsförderung“ nach § 37 Absatz 3

IV. Beauftragte:
1. „Datenschutzbeauftragte“ oder „Datenschutzbeauftragter“
2. „Behindertenbeauftragte“ oder „Behindertenbeauftragter“
3. „Integrationsbeauftragte“ oder „Integrationsbeauftragter“
4. „Frauen- und Gleichstellungsbeauftragte“
5. „EU-Beauftragte“ oder „EU-Beauftragter“
6. „Beauftragte für Partnerschaften“ oder „Beauftragter für Partnerschaften“

Gesetz über die Rechtsverhältnisse der Bezirksamtsmitglieder (Bezirksamtsmitgliedergesetz – BAMG)

In der Fassung vom 1. April 1985 (GVBl. S. 958), zuletzt geändert durch Gesetz vom 13. Oktober 2010 (GVBl. S. 464)

§ 1

(1) Die Mitglieder eines Bezirksamtes werden von der Bezirksverordnetenversammlung gewählt (§ 35 Abs. 1 des Bezirksverwaltungsgesetzes)[1]. Sie erfüllen politische Selbstverwaltungsaufgaben und bedürfen des Vertrauens der Bezirksverordnetenversammlung. Unverzüglich nach ihrer Wahl werden sie zu Beamtinnen auf Zeit und Beamten auf Zeit für die Zeit bis zum Ende des 55. Monats nach dem ersten Zusammentritt des Abgeordnetenhauses (Artikel 54 Abs. 1 Satz 2 der Verfassung von Berlin) oder, wenn im Zeitpunkt der Wahl eines Bezirksamtsmitgliedes ein Fall der vorzeitigen Beendigung der Wahlperiode vorliegt (Artikel 54 Abs. 2 und 3 der Verfassung von Berlin), bis zum Ende des vierten Monats nach dem Beschluß des Abgeordnetenhauses oder der Bekanntgabe des Volksentscheides ernannt; gesetzliche Vorschriften, nach denen das Beamtenverhältnis vor Ablauf der Amtszeit endet, bleiben unberührt. Hat bei Ablauf der Zeit, für die die Bezirksamtmitglieder ernannt sind, die Amtszeit des neuen Bezirksamts noch nicht begonnen, nehmen die Bezirksamtsmitglieder ihre Aufgaben mit gleichen Rechten und Pflichten weiter wahr; ihre Amtszeit verlängert sich bis zum Beginn der Amtszeit des neuen Bezirksamtes. Mit Beginn der Amtszeit des neuen Bezirksamtes ist ein nicht wiedergewähltes Bezirksamtsmitglied bis zum Ablauf der Amtszeit von der Amtsausübung entbunden. Bei der Wahrnehmung der ihnen übertragenen Aufgaben sind die Mitglieder eines Bezirksamtes der Bezirksverordnetenversammlung nach Maßgabe der Gesetze verantwortlich.

(2) Die Mitglieder eines Bezirksamtes werden außerhalb einer regelmäßigen Dienstlaufbahn berufen. Wegen der besonderen Rechtsstellung der Bezirksamtsmitglieder finden die beamtenrechtlichen Vorschriften nur insoweit Anwendung, als sie der Eigenart des Dienstverhältnisses der Bezirksamtsmitglieder nicht entgegenstehen. Die §§ 9, 14, 15, 20 und 35 des Beamtenstatusgesetzes und § 8 Absatz 1, §§ 27, 28, 38 Absatz 2 und § 95 Absatz 4 des Landesbeamtengesetzes[2] finden keine Anwendung; § 39 Absatz 3 des Landesbeamtengesetzes findet Anwendung, wenn das Mitglied eines Bezirksamtes die in § 3 a Absatz 2 geforderte Amtszeit zurückgelegt hat. Die politische Verantwortlichkeit der Bezirksamtsmitglieder wird durch Dienstaufsichts- oder Disziplinarmaßnahmen nicht berührt.

(3) Zum Mitglied eines Bezirksamtes darf nur gewählt werden, wer die erforderliche Sachkunde und allgemeine Berufserfahrung vorweist und das 27. Lebensjahr vollendet hat.

§ 2

(1) Die Regierende Bürgermeisterin oder der Regierende Bürgermeister ist oberste Dienstbehörde und Dienstbehörde für die Bezirksbürgermeisterinnen und Bezirksbürgermeister; § 3 Absatz 2 des Landesbeamtengesetzes bleibt unberührt. Die Bezirksbürgermeisterin oder der Bezirksbürgermeister ist Dienstbehörde für die Bezirksstadträtinnen und Bezirksstadträte. Die Aufgaben und Befugnisse, die nach dem Landesbeamtengesetz

1) Vgl. 7.
2) Vgl. 21.

Dienstvorgesetzten übertragen sind oder übertragen werden können, werden von der Dienstbehörde wahrgenommen.

(2) Die Bezirksverordnetenvorsteherin oder der Bezirksverordnetenvorsteher händigt den gewählten Mitgliedern des Bezirksamtes (§ 35 Absatz 1 des Bezirksverwaltungsgesetzes) die Ernennungsurkunde aus und vereidigt sie.

§ 3

(1) Wird eine Beamtin, ein Beamter, eine Arbeitnehmerin oder ein Arbeitnehmer aus dem Landesdienst oder dem Dienst einer der Aufsicht des Landes unterstehenden Körperschaft, Anstalt oder Stiftung des öffentlichen Rechts als Mitglied eines Bezirksamtes ernannt, so ist sie oder er mit der Ernennung aus dem bisherigen Dienstverhältnis entlassen.

(2) Richterinnen oder Richter können als Mitglied eines Bezirksamtes nur ernannt werden, wenn sie nachweisen, dass sie ihre Entlassung aus dem Richterverhältnis mit Wirkung ihrer Ernennung zum Bezirksamtsmitglied beantragt und auf die Zurücknahme des Antrages verzichtet haben.

(3) Ein Mitglied eines Bezirksamtes, das mit seiner Wahl zum Mitglied des Senats aus seinem Amt ausgeschieden ist (§ 22 Abs. 1 des Senatorengesetzes)[1], tritt in den Ruhestand, wenn die Zeit, für die es ernannt ist, während seiner Zugehörigkeit zum Senat abläuft. Sind die Voraussetzungen des § 4 Abs. 1 des Beamtenversorgungsgesetzes für die Gewährung von Ruhegehalt nicht erfüllt, so endet das Beamtenverhältnis statt durch Eintritt in den Ruhestand durch Entlassung.

(4) Ein Mitglied eines Bezirksamtes, dessen Rechte und Pflichten mit seiner Wahl in den Deutschen Bundestag ruhen (§ 5 des Abgeordnetengesetzes), tritt in den Ruhestand, wenn die Zeit, für die es ernannt ist, während seiner Mitgliedschaft im Deutschen Bundestag abläuft; sind die Voraussetzungen des § 4 Abs. 1 des Beamtenversorgungsgesetzes für die Gewährung von Ruhegehalt nicht erfüllt, so endet das Beamtenverhältnis statt durch Eintritt in den Ruhestand durch Entlassung. Endet die Mitgliedschaft im Deutschen Bundestag während der Zeit, für die das Bezirksamtsmitglied ernannt ist, findet § 4 entsprechende Anwendung.

§ 3a

(1) Ist die Amtszeit eines Mitgliedes eines Bezirksamtes bei Vollendung seines fünfundsechzigsten Lebensjahres noch nicht beendet, kann die Bezirksverordnetenversammlung beschließen, daß die Dienstbehörde den Eintritt in den Ruhestand wegen Erreichens der Altersgrenze bis zum Ablauf der Amtszeit hinausschiebt.

(2) Ein Mitglied eines Bezirksamtes tritt mit dem Ablauf der Amtszeit in den Ruhestand, wenn es einem Bezirksamt acht Jahre angehört hat, sofern es nicht im Anschluss an seine Amtszeit in mindestens der gleichen Rechtsstellung erneut in ein Bezirksamt gewählt wird.

(3) Tritt ein Mitglied eines Bezirksamtes mit dem Ablauf der Amtszeit nicht in den Ruhestand, ist es mit diesem Zeitpunkt entlassen; dies gilt nicht, wenn es im Anschluß an seine Amtszeit in mindestens der gleichen Rechtsstellung erneut zur Beamtin auf Zeit oder zum Beamten auf Zeit ernannt wird.

§ 3b

(1) Ein Mitglied eines Bezirksamtes, das bei seiner Ernennung Landesbeamtin oder Landesbeamter mit Dienstbezügen war und während der Amtszeit auf eigenen Antrag entlassen wird oder nach Ablauf der Amtszeit nicht in den Ruhestand tritt, ist auf einen inner-

1) S. Fußnote 4 zu Artikel 55 Abs. 2 VvB (1).

halb eines Monats nach dem Ende der Amtszeit zu stellenden Antrag von der früheren Dienstbehörde wieder in das Beamtenverhältnis zu übernehmen, wenn es die Voraussetzungen hierfür noch erfüllt. Das zu verleihende Amt muß mindestens dem vor der Ernennung zum Mitglied eines Bezirksamtes bekleideten Amt entsprechen; Änderungen des früheren Amtes durch veränderte Einreihung in die Gruppen der Besoldungsordnung oder durch Hebung im Stellenplan sind zu berücksichtigen. Bei der Verleihung eines höheren Amtes rechnet die Amtszeit als Mitglied eines Bezirksamtes als Bewährungs-, Dienst- und Einführungszeit im Sinne laufbahnrechtlicher Vorschriften; hierbei können Ämter übersprungen werden. Satz 1 gilt nicht, wenn das Bezirksamtsmitglied im Anschluß an seine Amtszeit erneut zum Mitglied eines Bezirksamtes ernannt wird.

(2) Absatz 1 gilt entsprechend für Mitglieder eines Bezirksamtes, die vor ihrer Ernennung Richterin oder Richter im Dienst des Landes Berlin (§ 3 Absatz 2) waren, und sinngemäß für Mitglieder eines Bezirksamtes, die bei ihrer Ernennung Arbeitnehmerin oder Arbeitnehmer (§ 3 Absatz 1) waren.

§ 4

(1) Ein Mitglied eines Bezirksamtes erhält mit Ablauf des Tages, an dem nach vorzeitiger Beendigung der Wahlperiode (§ 5 Abs. 2 Satz 2 des Bezirksverwaltungsgesetzes) die neu gewählte Bezirksverordnetenversammlung das Bezirksamt wählt, bis zum Ablauf seiner Amtszeit als Versorgung ein Ruhegehalt von 75 vom Hundert der ruhegehaltfähigen Dienstbezüge aus der Besoldungsgruppe, aus der das Bezirksamtsmitglied zuletzt Dienstbezüge erhalten hat. Mit dem Ablauf der Zeit, für die das Bezirksamtsmitglied ernannt ist, tritt das Bezirksamtsmitglied in den Ruhestand, wenn es bei Verbleiben im Amt nach § 3 a Abs. 2 in den Ruhestand getreten wäre; es gilt als entlassen, wenn es bei Verbleiben im Amt nach § 3 a Abs. 3 entlassen wäre. Dabei wird die Zeit, für die nach Satz 1 ein Ruhegehalt gewährt wird, in die nach § 3 a Abs. 2 geforderte Zeit eingerechnet.

(2) Wird ein Mitglied eines Bezirksamtes nach § 35 Abs. 3 des Bezirksverwaltungsgesetzes vor Beendigung seiner Amtszeit abberufen, so gilt § 66 Abs. 6 Satz 1 des Beamtenversorgungsgesetzes entsprechend. Die Zeit, für die eine Versorgung gewährt wird, wird nicht in die nach § 3 a Abs. 2 geforderte Amtszeit eingerechnet.

§§ 4a bis 11
(weggefallen)

§ 12

(1) (Ursprüngliches Inkrafttreten des Gesetzes).
(2) (überholt)

Auszug aus dem Gesetz über den öffentlichen Gesundheitsdienst (Gesundheitsdienst-Gesetz – GDG)

Vom 25. Mai 2006 (GVBl. S. 450),
zuletzt geändert durch Artikel 2 Absatz 1 des Gesetzes
vom 17. Juni 2016 (GVBl. S. 336)

. . .

§ 1
Aufgabenstellung

. . .

(3) Der öffentliche Gesundheitsdienst stellt insbesondere die Wahrnehmung folgender Kernaufgaben sicher:

1. Qualitätsentwicklung, Planung und Koordination:
   a) Gesundheits- und Sozialberichterstattung,
   b) sozialindikative Gesundheitsplanung,
   c) Koordination, Planung und Steuerung der psychiatrischen Versorgung und der Suchthilfe,
   d) Initiierung und Koordination von Maßnahmen der Gesundheitsförderung sowie Stärkung des bürgerschaftlichen Engagements,
   e) Erarbeitung und Weiterentwicklung fachlicher Standards zur Sicherung von Qualität und Nachhaltigkeit der Leistungen des Gesundheitssystems, soweit es dem öffentlichen Gesundheitsdienst obliegt;
2. Prävention, Gesundheitsförderung, Gesundheitshilfe und Schutz der Gesundheit für Kinder und Jugendliche:
   a) Initiierung und Durchführung von Maßnahmen der Gesundheitsförderung,
   b) Aufklärung und Beratung zu Gesundheitsthemen,
   c) kinder- und jugendärztliche sowie kinder- und jugendpsychiatrische Diagnostik, Beratung, Vermittlung von Betreuung und Hilfsangeboten, einschließlich der kinder- und jugendpsychiatrischen Krisenintervention, sowie Sicherstellung der vorbeugenden und nachgehenden Gesundheitshilfe, einschließlich der Anordnung therapeutischer Leistungen mit deren Verlaufsbeobachtung und Qualitätssicherung,
   d) Prävention von zivilisationsbedingten Krankheiten,
   e) zahnmedizinische Vorsorge und Beratung in Kindertagesstätten und Schulen,
   f) ambulante therapeutische Versorgung behinderter und schwer behinderter Kinder und Jugendlicher insbesondere im Schulbereich, soweit diese nicht anders gewährleistet wird;
3. Prävention, Gesundheitsförderung und Gesundheitshilfe für Erwachsene:
   a) Prävention von zivilisationsbedingten Krankheiten einschließlich Alterskrankheiten,
   b) Beratung, psychosoziale Unterstützung und Hilfevermittlung sowie Sicherstellung der vorbeugenden und nachgehenden Gesundheitshilfe,
   c) Hilfen und Schutzmaßnahmen nach dem Gesetz über Hilfen und Schutzmaßnahmen bei psychischen Krankheiten,

   d) Beratung und Betreuung von Menschen mit Behinderung einschließlich psychisch erkrankter Personen, Abhängigkeitskranker sowie von Behinderung bedrohter Menschen oder durch psychische Erkrankungen oder Abhängigkeitserkrankungen Gefährdeter,
   e) Aufklärung und Beratung zu Gesundheitsthemen;
   f) Leistungen der sozialmedizinischen und -pädagogischen Nachschau;
4. Infektionsschutz, umweltbezogener Gesundheitsschutz und Katastrophenschutz:
   a) Schutz der Bevölkerung vor Infektionskrankheiten, Epidemien und Pandemien, Überwachung der Anforderungen der Hygiene, Erkennung, Verhütung und Bekämpfung von auf den Menschen übertragbaren Erkrankungen,
   b) Schutz vor gesundheitsbeeinträchtigenden und krank machenden Umwelteinflüssen, Ermitteln und Bewerten der Ursachen von Gesundheitsrisiken aus der Umwelt und Hinwirken auf deren Beseitigung,
   c) Schutz der Bevölkerung im Rahmen des Zivil- und Katastrophenschutzes;
5. Aufsicht über die Berufe und die Einrichtungen des Gesundheitswesens;
6. gesundheitlicher Verbraucherschutz:
   a) Schutz der Bevölkerung im Verkehr mit Lebensmitteln, Tabakerzeugnissen, kosmetischen Mitteln und sonstigen Bedarfsgegenständen,
   b) Überwachung des Verkehrs mit Futtermitteln,
   c) Tierseuchenüberwachung und -bekämpfung,
   d) Tierkörperbeseitigung,
   e) Tierschutz,
   f) Abwehr von Gefahren, die von Tieren ausgehen;
7. Überwachung des Verkehrs mit Arzneimitteln einschließlich Überwachung des Verkehrs mit frei verkäuflichen Arzneimitteln außerhalb von Apotheken.

(4) Soweit es sich nicht um Aufgaben handelt, die als Pflichtaufgaben auf anderen Landesgesetzen, auf Bundesrecht oder auf dem Recht der Europäischen Union beruhen, erfolgt die Wahrnehmung der in § 1 Abs. 3 im Einzelnen beschriebenen Aufgaben nach Maßgabe der mit dem Haushaltsplan zur Verfügung gestellten Mittel. Soweit es sich um Gewährleistungsaufgaben handelt, wird eine Überleitung an Dritte angestrebt, falls nicht eine hoheitliche Tätigkeit erforderlich ist oder ein übergeordnetes Interesse besteht.

§ 2
Zuständigkeiten

(1) Die Aufgaben des öffentlichen Gesundheitsdienstes nach § 1 werden von
1. der für das Gesundheitswesen zuständigen Senatsverwaltung und den ihr nachgeordneten Behörden (Sonderbehörden) und nicht rechtsfähigen Anstalten,
2. den zuständigen Ämtern der Bezirke und
3. den gesonderten Organisationseinheiten für Qualitätsentwicklung, Planung und Koordination der Bezirksämter

wahrgenommen.

(2) Aufgaben der für das Gesundheitswesen zuständigen Senatsverwaltung im Sinne des § 3 Abs. 1 Nr. 1 des Allgemeinen Zuständigkeitsgesetzes sind insbesondere die Strukturierung sowie die Festlegung von Leistungsinhalten und -umfang und Verfahrensweisen der Einrichtungen des öffentlichen Gesundheitsdienstes sowie sportmedizinische Grundsatzangelegenheiten.

(3) Die für das Gesundheitswesen zuständige Senatsverwaltung wird ermächtigt, Verwaltungsvorschriften für die Wahrnehmung der Aufgaben nach Absatz 2 zu erlassen.

(4) Allen Bezirksämtern obliegt die Wahrnehmung der Aufgaben nach § 1, soweit durch Gesetz nichts anderes bestimmt ist.

(5) Der Senat wird ermächtigt, durch Rechtsverordnung Aufgaben zu bestimmen, die nicht von allen Bezirken wahrgenommen werden sollen, und die Anzahl der Bezirke festzulegen, die für die übrigen Bezirke Aufgaben wahrzunehmen haben.

(6) Die Aufgaben einer Zentralen medizinischen Gutachtenstelle werden durch eine Sonderbehörde wahrgenommen.

§ 3
Organisation

(1) Die Gesundheitsämter der Bezirksämter und deren Aufgliederung in Fachbereiche sind einheitlich strukturiert. Die Leitung des Gesundheitsamtes, die Leitungen der Fachbereiche und die Leitung der gesonderten Organisationseinheit nach Absatz 3 müssen über Kenntnisse in Gesundheits- und Wirtschaftswissenschaften verfügen.

(2) Der Amtsarzt oder die Amtsärztin und deren Vertretungen müssen eine fachärztliche Weiterbildung für Öffentliches Gesundheitswesen absolviert haben. Der Amtstierarzt oder die Amtstierärztin und deren Vertretungen müssen eine fachtierärztliche Weiterbildung für Öffentliches Veterinärwesen besitzen. Sie werden von der jeweils zuständigen Behörde in diese Position berufen.

(3) In jedem Bezirk wird das für das Gesundheitswesen zuständige Mitglied des Bezirksamtes durch eine gesonderte Organisationseinheit für Qualitätsentwicklung, Planung und Koordination bei der Erfüllung der Aufgaben nach §1 unterstützt. Der gesonderten Organisationseinheit gehören ein Psychiatriekoordinator oder eine Psychiatriekoordinatorin sowie ein Drogen- und Suchthilfekoordinator oder eine Drogen- und Suchthilfekoordinatorin an.

. . .

§ 4
Steuerung

(1) Zur Unterstützung der ergebnisorientierten Arbeit des Berliner öffentlichen Gesundheitsdienstes wird in Verantwortung der für das Gesundheitswesen zuständigen Senatsverwaltung ein verbindliches System zur Planung und Steuerung über Fach- und Finanzziele auf Basis der zugewiesenen Globalsumme sowie über Indikatoren und Sollgrößen eingeführt. Das System soll die Berücksichtigung sozialräumlicher Problemlagen ermöglichen und die Wirksamkeit von Maßnahmen des öffentlichen Gesundheitsdienstes in Berlin bewerten.

. . .

Gesundheitsdienst-Zuständigkeitsverordnung (GDZustVO)

Vom 11. Dezember 2007 (GVBl. S. 675),
zuletzt geändert durch Artikel 2 der Verordnung vom 12. Dezember 2017
(GVBl. S. 709)

Auf Grund des § 2 Abs. 5 des Gesundheitsdienst-Gesetzes vom 25. Mai 2006 (GVBl. S. 450) in Verbindung mit § 3 Abs. 3 des Allgemeinen Zuständigkeitsgesetzes in der Fassung vom 22. Juli 1996 (GVBl. S. 302, 472), zuletzt geändert durch Artikel II des Gesetzes vom 11. Juli 2006 (GVBl. S. 812), wird im Einvernehmen mit den Bezirken verordnet:

§ 1
Zentrum für sexuelle Gesundheit und Familienplanung

Die Aufgaben des Sozialmedizinischen Dienstes und die Aufgaben der Beratungsstelle für sexuell übertragbare Krankheiten sowie Aids werden unter der Bezeichnung „Zentrum für sexuelle Gesundheit und Familienplanung“ für alle Bezirke wahrgenommen von den Bezirken:

1. Charlottenburg-Wilmersdorf,
2. Friedrichshain-Kreuzberg,
3. Marzahn-Hellersdorf,
4. Mitte an den vom Bezirk festgelegten Standorten
   Mitte (außer Aufgaben der Beratung in Fragen sexuell übertragbarer Erkrankungen sowie Aids)
   und Tempelhof-Schöneberg (außer Aufgaben der Beratung in sozialmedizinischen Fragen),
5. Steglitz-Zehlendorf (außer Aufgaben der Beratung in Fragen sexuell übertragbarer Erkrankungen sowie Aids).

§ 2
Zentrum für tuberkulosekranke und -gefährdete Menschen

Die Aufgaben der Tuberkulose-Fürsorge und Schirmbildstelle werden unter der Bezeichnung „Zentrum für tuberkulosekranke und -gefährdete Menschen“ für alle Bezirke von dem Bezirk Lichtenberg wahrgenommen.

§ 3
Zentrum für sinnesbehinderte Menschen

Von den Aufgaben der Beratungsstellen für Hör-, Sprach- und Sehbehinderte werden unter der Bezeichnung „Zentrum für sinnesbehinderte Menschen“ für alle Bezirke wahrgenommen

von dem Bezirk	die Aufgaben
1. Mitte	der Beratungsstelle für sehbehinderte Menschen,
2. Friedrichshain-Kreuzberg	der Beratungsstelle für hörbehinderte Menschen an den vom Bezirk festgelegten Standorten (Friedrichshain-Kreuzberg und Neukölln),
3. Reinickendorf	der Beratungsstelle für sprachbehinderte Menschen.

§ 4
Heilpraktikerinnen und Heilpraktiker

Die Aufgabe der Erteilung von Erlaubnissen für Heilpraktikerinnen und Heilpraktiker wird wahrgenommen

von dem Bezirk	für die Bezirke
1. Tempelhof-Schöneberg	Charlottenburg-Wilmersdorf, Steglitz-Zehlendorf, Tempelhof-Schöneberg, Neukölln, Treptow-Köpenick, Marzahn-Hellersdorf,
2. Lichtenberg	Mitte, Friedrichshain-Kreuzberg, Pankow, Spandau, Lichtenberg, Reinickendorf.

§ 5
Lebensmittelpersonal-Beratung

Die Aufgabe der Lebensmittelpersonal-Beratung wird wahrgenommen

von dem Bezirk	für die Bezirke
1. Mitte	Mitte, Friedrichshain-Kreuzberg, Pankow, Reinickendorf,
2. Charlottenburg-Wilmersdorf	Charlottenburg-Wilmersdorf, Spandau, Steglitz-Zehlendorf, Tempelhof-Schöneberg,
3. Lichtenberg	Neukölln, Treptow-Köpenick, Marzahn-Hellersdorf, Lichtenberg.

§ 6
Veterinär- und Lebensmittelaufsicht

Von den Aufgaben im Bereich der Veterinär- und Lebensmittelaufsicht werden für alle Bezirke wahrgenommen

von dem Bezirk	die Aufgaben
1. Charlottenburg-Wilmersdorf	der Weinkontrolle,
2. Steglitz-Zehlendorf	a) der Zulassung der Ausnahmen nach § 69 Satz 1 und 2 des Lebensmittel-, Bedarfsgegenstände- und Futtermittelgesetzbuches, b) der Zulassung von Betrieben nach Artikel 10 der Verordnung (EG) Nr. 183/2005 sowie von den in § 28 Abs. 1 und 2 genannten Betrieben nach § 29 der Futtermittelverordnung,
3. Marzahn-Hellersdorf	a) der Entnahme der Planproben von Lebensmitteln, Tabakerzeugnissen, kosmetischen Mitteln und sonstigen Bedarfsgegenständen einschließlich der Planung und Koordinierung, b) der Anerkennung und Erteilung von Nutzungsgenehmigungen für natürliche Mineralwasser nach der Mineral- und Tafelwasser-Verordnung, c) der Zulassung von Ausnahmen nach § 68 Abs. 2 Nr. 4 des Lebensmittel-, Bedarfsgegenstände- und Futtermittelgesetzbuches, d) der Erteilung von Registriernummern für Bestandteile kosmetischer Mittel gemäß § 5a Abs. 5 der Kosmetik-Verordnung, e) der Ausstellung von Zertifikaten für kosmetische Mittel, die für die Ausfuhr in Drittländer bestimmt sind, wenn ein Drittland nur eine Zertifizierungsstelle je Land zulässt, f) der Registrierungen nach der Kosmetik-Verordnung,
4. Lichtenberg	des Hunde- und Katzenfangs,
5. Reinickendorf	a) der Veterinär-Grenzkontrollstelle, b) der Erteilung von Ausnahmegenehmigungen für Messen, Ausstellungen oder ähnliche Veranstaltungen nach § 15 der Lebensmitteleinfuhr-Verordnung.

§ 7[1)]

Zentralarchiv für Leichenschauscheine der Gesundheitsämter

Die Aufgaben des Zentralarchivs für Leichenschauscheine der Gesundheitsämter werden für alle Bezirke von dem Bezirk Reinickendorf wahrgenommen.

§ 8

Gesundheitliche Beratung für Prostituierte

Die Aufgabe der gesundheitlichen Beratung nach § 10 des Prostituiertenschutzgesetzes wird für alle Bezirke von dem Bezirk Tempelhof-Schöneberg wahrgenommen.

1) Inkrafttreten von § 7 am 1. Oktober 2014.

Verordnung über die regionalisierte Wahrnehmung der Aufgaben der nach § 45 Abs. 1 und 2 des Bundesausbildungsförderungsgesetzes (BAföG) zuständigen Ämter für Ausbildungsförderung durch einzelne Bezirke (Ausbildungsförderungs-Zuständigkeitsverordnung – BAföGZustVO)

Vom 11. Februar 1997 (GVBl. S. 47),
geändert durch Artikel I der Verordnung vom 3. Dezember 2013
(GVBl. S. 894)

Auf Grund des § 3 Abs. 3 Satz 2 des Allgemeinen Zuständigkeitsgesetzes in der Fassung vom 22. Juli 1996 (GVBl. S. 302, 472) wird im Einvernehmen mit den Bezirken verordnet:

§ 1

(1) Der Bezirk Charlottenburg-Wilmersdorf nimmt die Aufgaben des nach § 45 Absatz 1 und 2 des Bundesausbildungsförderungsgesetzes in der Fassung der Bekanntmachung vom 7. Dezember 2010 (BGBl. I S. 1952, 2012 I S. 197), das zuletzt durch Artikel 5 des Gesetzes vom 29. August 2013 (BGBl. I S. 3484) geändert worden ist, in der jeweils geltenden Fassung zuständigen Amtes für Ausbildungsförderung für die Bezirke Mitte, Friedrichshain-Kreuzberg, Charlottenburg-Wilmersdorf, Spandau, Steglitz-Zehlendorf und Tempelhof-Schöneberg wahr.

(2) Der Bezirk Lichtenberg nimmt die Aufgaben des nach § 45 Absatz 1 und 2 des Bundesausbildungsförderungsgesetzes zuständigen Amtes für Ausbildungsförderung für die Bezirke Neukölln, Treptow-Köpenick, Marzahn-Hellersdorf und Lichtenberg wahr.

(3) Der Bezirk Pankow nimmt die Aufgaben des nach § 45 Absatz 1 und 2 des Bundesausbildungsförderungsgesetzes zuständigen Amtes für Ausbildungsförderung für die Bezirke Pankow und Reinickendorf wahr.

(4) Abweichend von Absatz 1 und 2 nimmt der Bezirk Charlottenburg- Wilmersdorf die Aufgaben nach § 45 Absatz 1 und 2 des Bundesausbildungsförderungsgesetzes für Bewilligungszeiträume, die vor dem 1. August 2013 begonnen haben, auch für den Bezirk Neukölln wahr.

§ 2

Diese Verordnung tritt am Tage nach der Verkündung im Gesetz- und Verordnungsblatt für Berlin in Kraft.

Verordnung über die Zuständigkeit für die Wahrnehmung von einzelnen Bezirksaufgaben durch einen Bezirk oder mehrere Bezirke im Bereich der Aufstiegsfortbildungsförderung, der Sozialhilfe sowie der Unterhaltssicherung (ZustVOSoz)

Vom 18. März 2003 (GVBl. S. 147),
geändert durch Artikel II der Verordnung vom 3. Dezember 2013
(GVBl. S. 894)

Auf Grund des § 3 Abs. 3 Satz 2 des Allgemeinen Zuständigkeitsgesetzes in der Fassung vom 22. Juli 1996 (GVBl. S. 302, 472), zuletzt geändert durch Artikel XVIII des Gesetzes vom 19. Juli 2002 (GVBl. S. 199), wird im Einvernehmen mit den Bezirken verordnet:

§ 1
Aufstiegsfortbildungsförderung[1)]

(1) Der Bezirk Charlottenburg-Wilmersdorf nimmt die Aufgaben der zuständigen Behörde nach § 19 des Aufstiegsfortbildungsförderungsgesetzes in der Fassung der Bekanntmachung vom 8. Oktober 2012 (BGBl. I S. 2126) in der jeweils geltenden Fassung für die Bezirke Mitte, Friedrichshain-Kreuzberg, Charlottenburg- Wilmersdorf, Spandau, Steglitz-Zehlendorf, Tempelhof-Schöneberg und Reinickendorf wahr.

(2) Der Bezirk Lichtenberg nimmt die Aufgaben der zuständigen Behörde nach § 19 des Aufstiegsfortbildungsförderungsgesetzes für die Bezirke Pankow, Neukölln, Treptow-Köpenick, Marzahn-Hellersdorf und Lichtenberg wahr.

§ 2
Sozialhilfe für in Einrichtungen und in Formen ambulanter betreuter Wohnmöglichkeiten außerhalb Berlins untergebrachte Personen

Der Bezirk Lichtenberg nimmt, soweit das Land Berlin als Träger der Sozialhilfe gemäß § 98 Abs. 2 und 5 des Zwölften Buches Sozialgesetzbuch für die Sozialhilfe örtlich zuständig ist, für Leistungsberechtigte, die Leistungen nach dem Sechsten oder Siebten Kapitel des Zwölften Buches Sozialgesetzbuch in stationären Einrichtungen oder in Formen ambulanter betreuter Wohnmöglichkeiten im Zuständigkeitsbereich der Träger der Sozialhilfe außerhalb Berlins erhalten, die Aufgaben der Leistungserbringung nach dem Zwölften Buch Sozialgesetzbuch für alle Bezirke, Geschäftsbereich Soziales, wahr.

§ 3
Unterhaltssicherung

(1) Der Bezirk Charlottenburg-Wilmersdorf führt das Unterhaltssicherungsgesetz durch für die Bezirke Kreuzberg-Friedrichshain, Charlottenburg-Wilmersdorf, Spandau, Steglitz-Zehlendorf, Tempelhof-Schöneberg und Neukölln.

1) S. auch Nr. 12 ZustKat AZG (3.1).

(2) Der Bezirk Pankow führt das Unterhaltssicherungsgesetz durch für die Bezirke Mitte, Pankow und Reinickendorf.

(3) Der Bezirk Lichtenberg führt das Unterhaltssicherungsgesetz durch für die Bezirke Treptow-Köpenick, Marzahn-Hellersdorf und Lichtenberg.

§ 4
Inkrafttreten, Außerkrafttreten

Verordnung über die Zuständigkeit für einzelne Bezirksaufgaben (ZustVO Bezirksaufgaben)

Vom 5. Dezember 2000 (GVBl. S. 513), zuletzt geändert durch Artikel 6 des Gesetzes vom 16. März 2018 (GVBl. S. 186)

Auf Grund des § 3 Abs. 3 Satz 2 des Allgemeinen Zuständigkeitsgesetzes in der Fassung vom 22. Juli 1996 (GVBl. S. 302, 472), das zuletzt durch Artikel II § 8 des Gesetzes vom 20. April 2000 (GVBl. S. 286) geändert worden ist, wird im Einvernehmen mit den Bezirken verordnet:

§ 1
Wahrnehmung von Aufgaben aller Bezirke

Zuständiger Bezirk zur Wahrnehmung der Aufgaben aller Bezirke ist

1. der Bezirk Mitte für die öffentliche Beleuchtung einschließlich der beleuchteten Verkehrszeichen und -einrichtungen,
2. der Bezirk Friedrichshain-Kreuzberg für die Ermittlung von Personenstandsurkunden,
3. (aufgehoben)
4. der Bezirk Zehlendorf-Steglitz für
   a) die Wahrnehmung der Belegungsrechte für die mit Arbeitgeber- oder Familienheimdarlehen des Landes Berlin oder aus ERP-Mitteln geförderten Wohnungen,
   b) die Vormundschaften und Pflegschaften für minderjährige Ausländerinnen und Ausländer, die keinem Staat der Europäischen Union angehören, ohne ihre Personensorgeberechtigten in Deutschland Schutz suchen und ihren gewöhnlichen oder tatsächlichen Aufenthalt im Land Berlin haben,
   c) die Ordnungsaufgaben nach dem Gefahrenbeherrschungsgesetz,
5. der Bezirk Tempelhof-Schöneberg für
   a) das Fundbüro für Berlin,
   b) die Zentrale Vormundschaftskasse und die Unterhaltsvorschusskasse,
   c) die Wahrnehmung der Aufgaben der zuständigen Behörde nach den §§ 3 bis 9 des Prostituiertenschutzgesetzes,
6. der Bezirk Treptow-Köpenick für
   die Genehmigung zur Anlegung und Erweiterung öffentlicher Friedhöfe, die Erklärung des Einvernehmens zur Widmung, Schließung und Aufhebung öffentlicher Friedhöfe, die Beleihung gemeinnütziger Religionsgesellschaften und Weltanschauungsgemeinschaften, die nicht Körperschaften des öffentlichen Rechts sind, mit dem hoheitlichen Bestattungsrecht sowie die Bearbeitung von Anträgen auf Ausnahmegenehmigung vom Friedhofszwang (Seebeisetzungen; Erdbestattungen und Urnenbeisetzungen außerhalb öffentlicher Friedhöfe im Land Berlin),
7. (aufgehoben)
8. der Bezirk Lichtenberg für
   a) (aufgehoben)
   b) die ordnungsmäßige Straßenreinigung mit Ausnahme der Erfassung und Festsetzung der besonderen Gefahrenstellen im Sinne des § 3 Abs. 5 des Straßenreinigungsgesetzes, der Zuständigkeiten nach den §§ 8 und 9 des Straßenreinigungsgesetzes und der Anordnung von Ersatzvornahmen,

c) die Wahrnehmung der Aufgaben, die sich bezüglich der Beseitigung und Verwertung von Fahrzeugen ohne gültige amtliche Kennzeichen nach § 14 des Berliner Straßengesetzes sowie bezüglich der Entsorgung von Altfahrzeugen nach den §§ 3 und 15 Abs. 4 des Kreislaufwirtschafts- und Abfallgesetzes ergeben,
d) die Abräumung von öffentlichen Baugrundstücken,
e) die Aufsicht über den Verkehr mit sehr giftigen Stoffen,

9. der Bezirk Pankow für
a) die Kostenerstattung nach § 4 Satz 1 des Gesetzes zur Hilfe für Frauen bei Schwangerschaftsabbrüchen in besonderen Fällen,
b) die Kontrolle der Qualität des Mittagessens an den Ganztagsschulen der Primarstufe nach § 109 Absatz 1 Satz 2 des Schulgesetzes,
c) die Ahndung von Ordnungswidrigkeiten nach § 8 Absatz 1 Nummer 1 Buchstabe d und e sowie § 8 Absatz 1 Nummer 2 in Verbindung mit Nummer 1 Buchstabe d und e des Schwarzarbeitsbekämpfungsgesetzes,
d) die Ahndung von Ordnungswidrigkeiten nach § 117 Absatz 1 Nummer 1 der Handwerksordnung sowie nach § 145 Absatz 1 Nummer 1 und § 146 Absatz 2 Nummer 2 Buchstabe b der Gewerbeordnung, soweit entsprechende Ordnungswidrigkeiten von Betroffenen in mehr als einem Bezirk begangen wurden.

10. der Bezirk Neukölln für
die fachliche Begleitung bei der Erstellung und die Prüfung von Ausgangszustandsberichten im Sinne des § 10 Absatz 1a des Bundes-Immissionsschutzgesetzes in Genehmigungs- und Änderungsgenehmigungsverfahren.

§ 2
Inkrafttreten

Diese Verordnung tritt am 1. Januar 2001 in Kraft.

Auszug aus dem Gesetz zur Ausführung des Kinder- und Jugendhilfegesetzes (AG KJHG)

In der Fassung vom 27. April 2001 (GVBl. S. 134),
zuletzt geändert durch Artikel XII des Gesetzes vom 15. Dezember 2010
(GVBl. S. 560)

. . .

ACHTER ABSCHNITT
Träger der Jugendhilfe

§ 33
Örtlicher und überörtlicher Träger der öffentlichen Jugendhilfe

(1) Örtlicher und überörtlicher Träger der öffentlichen Jugendhilfe im Sinne des § 69 Abs. 1 des Achten Buches Sozialgesetzbuch ist das Land Berlin. Die Jugendämter der Bezirke nehmen die Aufgaben des örtlichen Trägers nach § 85 Abs. 1 des Achten Buches Sozialgesetzbuch und die für Jugend und Familie zuständige Senatsverwaltung (Landesjugendamt) nimmt die Aufgaben des überörtlichen Trägers nach § 85 Abs. 2 des Achten Buches Sozialgesetzbuch wahr.

(2) Für die örtliche Zuständigkeit der Jugendämter der Bezirke gelten die Vorschriften über die örtliche Zuständigkeit des örtlichen Trägers nach dem Achten Buch Sozialgesetzbuch entsprechend, soweit in diesem Gesetz oder in von der für Jugend und Familie zuständigen Senatsverwaltung zu erlassenden Verwaltungsvorschriften[1)] nichts anderes bestimmt ist. Die für Jugend und Familie zuständige Senatsverwaltung kann abweichende Regelungen im Sinne von Satz 1 durch Rechtsverordnung treffen.

§ 34
Jugendamt

(1) In jedem Bezirk ist ein Jugendamt zu errichten, das sich aus dem Jugendhilfeausschuss und der Verwaltung zusammensetzt. Die Verwaltung des Jugendamts wird in der für den Geschäftsbereich Jugend zuständigen Abteilung des Bezirksamts eingerichtet. Das Jugendamt ist mit den Personal- und Sachmitteln auszustatten, die für die Erfüllung seiner Aufgaben nach dem Achten Buch Sozialgesetzbuch und nach diesem Gesetz erforderlich sind.

(2) Die Verwaltung des Jugendamts wird in Organisationseinheiten gegliedert. Dabei ist die Zusammenfassung von Aufgabenbereichen und die Einrichtung dezentraler Dienste unter Berücksichtigung der regionalen Bedingungen und Erfordernisse in der jeweiligen Wohnregion der Bürger anzustreben. Das Nähere wird in Organisationsrichtlinien der für Jugend und Familie zuständigen Senatsverwaltung geregelt.

(3) Die Leitung der Verwaltung des Jugendamts darf nur einer persönlich geeigneten und in der Jugendhilfe erfahrenen Fachkraft übertragen werden; der Jugendhilfeausschuss ist vorher zu hören.

---

1) Ausführungsvorschriften über die Zuständigkeit der Jugendämter auf dem Gebiet der Kinder- und Jugendhilfe vom 16. Dezember 2017 (ABl. 2018 S. 155).

§ 35
Jugendhilfeausschuss[1)]

(1) Der Jugendhilfeausschuss ist zugleich der Ausschuss der Bezirksverordnetenversammlung für den Geschäftsbereich Jugend des Bezirksamts (§ 33 des Bezirksverwaltungsgesetzes). Die für Ausschüsse geltenden Vorschriften des Bezirksverwaltungsgesetzes finden Anwendung, soweit im Folgenden nichts anderes bestimmt ist.

(2) Der Jugendhilfeausschuss befasst sich mit allen Aufgaben der Jugendhilfe im Bezirk, insbesondere mit den in § 71 Abs. 2 Nr. 1 bis 3 des Achten Buches Sozialgesetzbuch genannten Angelegenheiten. Der Jugendhilfeausschuss beschließt im Rahmen der verfügbaren Haushaltsmittel des Geschäftsbereichs Jugend und nach Maßgabe der von der Bezirksverordnetenversammlung gefassten Beschlüsse über die Angelegenheiten der Jugendhilfe.

(3) Der Jugendhilfeausschuss wird für die jeweilige Wahlperiode der Bezirksverordnetenversammlung gebildet. Er übt nach Beendigung der Wahlperiode die Tätigkeit solange weiter aus, bis der neue Ausschuss gebildet ist. Dieser soll innerhalb von drei Monaten nach Beginn der Wahlperiode gebildet werden.

(4) Die Mitglieder des Jugendhilfeausschusses üben ihre Tätigkeit im Rahmen des Gesetzes nach ihrer freien, nur durch die Rücksicht auf das Gemeinwohl bestimmten Gewissensüberzeugung aus. Sie sind an Aufträge und Weisungen nicht gebunden.

(5) Dem Jugendhilfeausschuss gehören als stimmberechtigte Mitglieder an:
1. neun Bezirksverordnete und
2. sechs Bürgerdeputierte (§ 20 des Bezirksverwaltungsgesetzes), davon mindestens drei Personen aus dem Bereich der freien Träger der Jugendarbeit.

(6) Die Bürgerdeputierten werden auf Vorschlag der im Bezirk des Jugendamts wirkenden anerkannten Träger der freien Jugendhilfe von der Bezirksverordnetenversammlung gewählt. Die freien Träger sollen je mindestens die doppelte Anzahl der auf sie als Mitglieder und stellvertretende Mitglieder insgesamt entfallenden Personen vorschlagen. Bei der Wahl sind die Vorschläge der Jugendverbände und der Wohlfahrtsverbände angemessen zu berücksichtigen. Scheidet ein gewähltes Mitglied vorzeitig aus, so sollen die Träger für die Ersatzwahl mindestens zwei Personen vorschlagen.

(7) Dem Jugendhilfeausschuss gehören als beratende Mitglieder an:
1. das für den Geschäftsbereich Jugend zuständige Mitglied des Bezirksamts,
2. der Leiter oder die Leiterin der Verwaltung des Jugendamts,
3. eine in der Mädchenarbeit erfahrene Frau,
4. eine in der Arbeit mit behinderten Kindern und Jugendlichen erfahrene Person,
5. eine Person zur Vertretung des Bezirkselternausschusses der Kindertagesstätten,
6. eine Person zur Vertretung des Bezirksschulbeirats,
7. je eine Person zur Vertretung der Evangelischen Kirche, der Katholischen Kirche, der Jüdischen Gemeinde und der freigeistigen Verbände,
8. eine Vertreterin oder ein Vertreter des Integrationsausschusses der Bezirksverordnetenversammlung und
9. bis zu drei weitere Personen aus der Jugendhilfe sachverwandten Bereichen.

(8) Die in Absatz 7 Nummer 3, 4 und 5 genannten Personen werden von dem für den Geschäftsbereich Jugend zuständigen Mitglied des Bezirksamts, die in Nummer 6 genannte Person vom Bezirksschulbeirat, die in Nummer 7 genannten Personen von ihrer Religions- oder Weltanschauungsgemeinschaft, die in Nummer 8 genannte Person vom Integrationsausschuss und die in Nummer 9 genannten Personen durch den Ausschuss selbst für jeweils eine Amtsperiode benannt und von der Bezirksverordnetenversammlung berufen. Welche Weltanschauungsgemeinschaft die Person zur Vertretung der freigeistigen

1) Zum Jugendhilfeausschuss s. § 71 des Achten Buches Sozialgesetzbuch.

Verbände benennt, entscheidet das für den Geschäftsbereich Jugend zuständige Mitglied des Bezirksamts.

(9) Die Benennung der Mitglieder nach den Absätzen 5, 6 und 8 soll gleichmäßig nach Frauen und Männern erfolgen. Für jedes Mitglied ist ein stellvertretendes Mitglied zu bestimmen.

(10) Ein am Tage des Inkrafttretens dieses Gesetzes bestehender Jugendhilfeausschuss bleibt bis zu seiner Neuwahl nach den Vorschriften dieses Gesetzes im Amt.

§ 36
Oberste Landesjugendbehörde, Landesjugendamt

Die für Jugend und Familie zuständige Senatsverwaltung ist oberste Landesjugendbehörde im Sinne des Achten Buches Sozialgesetzbuch und nimmt zugleich die gesamtstädtischen Aufgaben des örtlichen Trägers der öffentlichen Jugendhilfe (Leitungsaufgaben) sowie die Aufgaben der Verwaltung des Landesjugendamts wahr.

Gesetz zur Ausführung des Baugesetzbuchs (AGBauGB)

In der Fassung vom 7. November 1999 (GVBl. S. 578),
zuletzt geändert durch Artikel 1 des Gesetzes vom 6. Dezember 2017 (GVBl. S. 664)

§ 1
Wahrnehmung von Aufgaben der Gemeinde

Angelegenheiten, für die nach dem Baugesetzbuch die Gemeinde zuständig ist, werden von den Bezirken wahrgenommen, soweit nichts anderes bestimmt ist.

§ 2
Aufstellung des Flächennutzungsplans[1)]

(1) Den Beschluss, den Flächennutzungsplan aufzustellen, fasst das für die vorbereitende Bauleitplanung zuständige Mitglied des Senats. Der Beschluss ist im Amtsblatt für Berlin bekanntzumachen.

(2) Das für die vorbereitende Bauleitplanung zuständige Mitglied des Senats stellt den Entwurf des Flächennutzungsplans unter Mitwirkung der anderen betroffenen Mitglieder des Senats und der Bezirksämter auf. Es beteiligt die Behörden und sonstigen Träger öffentlicher Belange (§ 4 des Baugesetzbuchs) sowie die Öffentlichkeit (§ 3 Abs. 1 des Baugesetzbuchs) und legt den Entwurf öffentlich aus (§ 3 Abs. 2 des Baugesetzbuchs). Es legt den Entwurf mit einer Äußerung zu den nicht berücksichtigten Stellungnahmen dem Senat zur Beschlussfassung vor. 12

(3) Der vom Senat beschlossene Flächennutzungsplan ist dem Abgeordnetenhaus zur Zustimmung zuzuleiten. Das für die vorbereitende Bauleitplanung zuständige Mitglied des Senats gibt die Zustimmung im Amtsblatt für Berlin bekannt. Bei der Bekanntmachung des Flächennutzungsplans ist auf die Voraussetzungen für die Geltendmachung der Verletzung von Verfahrens- oder Formvorschriften und von Mängeln der Abwägung sowie auf die Rechtsfolgen (§ 215 Abs. 2 des Baugesetzbuchs, § 32 Abs. 1 dieses Gesetzes) hinzuweisen. Die Verletzung ist bei dem für die vorbereitende Bauleitplanung zuständigen Mitglied des Senats geltend zu machen.

§ 3
Regionalplanerische Festlegungen

(1) Die für die vorbereitende Bauleitplanung zuständige Senatsverwaltung bestimmt im Einvernehmen mit der für die Raumordnung zuständigen Senatsverwaltung, welche Darstellungen des Flächennutzungsplans zugleich regionalplanerische Festlegungen sind.

(2) Die Festlegungen sind mit den Regionalplänen im Land Brandenburg sowie den raumbedeutsamen Planungen und Maßnahmen öffentlicher Stellen und Personen des Privatrechts im Sinne des § 4 Absatz 1 Satz 2 des Raumordnungsgesetzes abzustimmen und im Amtsblatt für Berlin bekanntzumachen. Die Bezirke sind zu beteiligen.

(3) Die in Absatz 2 genannten Stellen haben als Ziele gekennzeichnete Festlegungen zu beachten.

§ 4
Stadtentwicklungsplanung, Bereichsentwicklungsplanung

(1) Stadtentwicklungspläne werden für die räumliche Entwicklung des gesamten Stadtgebietes erarbeitet. In ihnen werden Maßnahmenarten, -räume und gegebenenfalls zeitli-

1) Dazu Ausführungsvorschriften (AV – FNP) i.d.F. vom 29. Juni 2016 (ABl. S. 2109).

che Stufungen dargestellt. Sie können Nutzungen wie Wohnen, Gewerbe, Gemeinbedarf, Verkehr und Freiflächen, aber auch besondere Aspekte wie Gestaltung und Umweltschutz umfassen. Stadtentwicklungsplanung hat grundsätzlich Empfehlungscharakter für alle an der Planung beteiligten Stellen. Stadtentwicklungspläne sind Grundlagen für alle weiteren Planungen.

(2) Die Bereichsentwicklungsplanung dient der teilräumlichen Entwicklung. Darin werden die Zielvorstellungen für Teilbereiche aufgezeigt und mit Trägern öffentlicher Belange aufeinander abgestimmt. Die Bereichsentwicklungsplanung enthält Aussagen über die anzustrebende Nutzungsverteilung, über Stadtgestaltung und Schutz- und Entwicklungsvorstellungen sowie über die Priorität von Maßnahmen. Das Ergebnis der Bereichsentwicklungsplanung ist verwaltungsintern bindend; es ist in der verbindlichen Bauleitplanung bei der Abwägung zu berücksichtigen.[1)]

§ 5
Mitteilung der Planungsabsicht[2)]

Haben die Bezirke die Absicht, einen Bebauungsplan aufzustellen, teilen sie dies der für die vorbereitende Bauleitplanung und das Bauwesen zuständigen Senatsverwaltung unter allgemeiner Angabe ihrer Planungsabsichten mit. Äußert sich die zuständige Senatsverwaltung nicht innerhalb von einem Monat seit Zugang der Mitteilung, so kann der Bezirk davon ausgehen, dass Bedenken insoweit nicht erhoben werden. In der Äußerung wird auch angegeben, ob durch die Aufstellung des Bebauungsplans dringende Gesamtinteressen Berlins nach § 7 berührt sind.

§ 6
Aufstellung und Festsetzung von Bebauungsplänen[3)]

(1) Nach Durchführung des Verfahrens nach § 5 fasst das Bezirksamt den Beschluss, einen Bebauungsplan aufzustellen, und gibt ihn im Amtsblatt für Berlin bekannt. Das Bezirksamt entwirft den Bebauungsplan und führt das weitere Bebauungsplanverfahren durch. Das Bezirksamt wägt die Stellungnahmen aus der Beteiligung der Öffentlichkeit sowie der Beteiligung der Behörden und sonstigen Träger öffentlicher Belange ab, beschließt den sich aus der Abwägung ergebenden Entwurf des Bebauungsplans und legt diesen der Bezirksverordnetenversammlung zur Beschlussfassung vor.

(2) Berührt der Entwurf des Bebauungsplans dringende Gesamtinteressen Berlins nach § 7 Absatz 1 Satz 1 und 3, so zeigt das Bezirksamt nach seiner Beschlussfassung den Entwurf des Bebauungsplans der für die verbindliche Bauleitplanung zuständigen Senatsverwaltung an. Sofern der Bebauungsplan dringende Gesamtinteressen Berlins beeinträchtigt, nicht ordnungsgemäß zustande gekommen ist oder Rechtsvorschriften widerspricht, ist dies von der zuständigen Senatsverwaltung innerhalb von zwei Monaten nach Eingang der Anzeige gegenüber dem Bezirksamt schriftlich zu beanstanden. Die Vorlage des Entwurfs des Bebauungsplans an die Bezirksverordnetenversammlung erfolgt, wenn die zuständige Senatsverwaltung erklärt, dass sie keine Beanstandungen erhebt, oder die dafür nach Satz 2 eingeräumte Frist verstrichen ist. Ändert das Bezirksamt nach der Anzeige, insbesondere aufgrund einer Beanstandung der Senatsverwaltung oder eines Beschlusses der Bezirksverordnetenversammlung den Entwurf des Bebauungsplans, so ist dieser erneut anzuzeigen.

(3) Sobald die Bezirksverordnetenversammlung den Bebauungsplan beschlossen hat, setzt ihn das Bezirksamt als Rechtsverordnung fest. Der Bebauungsplan ist Bestandteil der Rechtsverordnung. Bei ihrer Verkündung bedarf es der Wiedergabe des Bebauungsplans nicht, jedoch ist anzugeben, wo er eingesehen werden kann. In der Rechtsverordnung ist auf die Vorschriften über Fälligkeit und Erlöschen von Entschädigungsansprüchen (§ 44

1) Dazu Ausführungsvorschriften (AV-BEP) vom 6. Februar 2017 (ABl. S. 1772).
2) Ausführungsvorschriften zu § 5 AGBauGB (AV Mitteilung) vom 6. April 2016 (ABl. S. 1170).
3) Ausführungsvorschriften zu § 6 AGBauGB (AV Anzeigeverfahren) vom 6. April 2016 (ABl. S. 1171).

Absatz 5 des Baugesetzbuchs) und auf die Voraussetzungen für die Geltendmachung der Verletzung von Verfahrens- oder Formvorschriften und von Mängeln der Abwägung sowie die Rechtsfolgen (§ 215 Absatz 2 des Baugesetzbuchs, § 32 Absatz 2 dieses Gesetzes) hinzuweisen. Die Verletzung ist bei dem Bezirksamt, das den Bebauungsplan festgesetzt hat, geltend zu machen.

§ 7
Dringendes Gesamtinteresse Berlins bei Bebauungsplänen[1)]

(1) Beeinträchtigt der Entwurf eines Bebauungsplans dringende Gesamtinteressen Berlins oder ist im dringenden Gesamtinteresse Berlins ein Bebauungsplan erforderlich, so kann das zuständige Mitglied des Senats abweichend von dem in § 6 geregelten Verfahren einen Eingriff nach § 13a Abs. 1 des Allgemeinen Zuständigkeitsgesetzes vornehmen. Einer Information der Senatsverwaltung für Inneres als Bezirksaufsichtsbehörde bedarf es jedoch nicht; § 13a Abs. 2 bis 4 des Allgemeinen Zuständigkeitsgesetzes findet keine Anwendung. Ein dringendes Gesamtinteresse Berlins kann insbesondere vorliegen bei
1. Anlagen der Ver- und Entsorgung mit gesamtstädtischer Bedeutung,
2. überbezirklichen Verkehrsplanungen,
3. übergeordneten Standorten des Gemeinbedarfs,
4. Vorhaben, die die Belange Berlins als Bundeshauptstadt berühren,
5. Wohnungsbauvorhaben, die wegen ihrer Größe (ab 200 Wohneinheiten) oder Eigenart von besonderer Bedeutung für den Berliner Wohnungsmarkt sind,
6. städtebaulichen Entwicklungsbereichen,
7. Vorhaben, die die Zentrenstruktur des Flächennutzungsplans berühren,
8. überbezirklichen naturschutzrechtlichen Ausgleichsmaßnahmen.

Das zuständige Mitglied des Senats kann insbesondere das Verfahren der Aufstellung und Festsetzung des Bebauungsplans an sich ziehen, wenn das Bezirksamt eine erteilte Einzelweisung nicht in der dafür gesetzten Frist befolgt oder wenn die Bezirksverordnetenversammlung den Bebauungsplan nicht innerhalb von vier Monaten nach Vorlage des Entwurfs beschließt.

(2) Zieht die zuständige Senatsverwaltung das Verfahren nach Absatz 1 Satz 4 an sich, so tritt die Zustimmung des Abgeordnetenhauses an die Stelle der Beschlussfassung der Bezirksverordnetenversammlung. Die Festsetzung des Bebauungsplans als Rechtsverordnung sowie etwa notwendige sonst dem Bezirksamt obliegende vorbereitende Schritte obliegen der zuständigen Senatsverwaltung.

(3) In den Fällen des Absatzes 2 gilt für die Festsetzung des Bebauungsplans § 6 Absatz 3 mit der Maßgabe entsprechend, dass die Verletzung von Verfahrens- oder Formvorschriften und Mängel der Abwägung bei der zuständigen Senatsverwaltung geltend zu machen sind.

§ 8
Aufstellung und Festsetzung von Bebauungsplänen zur Verwirklichung von Erfordernissen der Verfassungsorgane des Bundes

(1) Dient die Aufstellung des Bebauungsplans der Verwirklichung von Erfordernissen der Verfassungsorgane des Bundes zur Wahrnehmung ihrer Aufgaben, werden die Aufgaben nach § 6 von der zuständigen Senatsverwaltung wahrgenommen; an die Stelle der Beschlussfassung der Bezirksverordnetenversammlung tritt die Zustimmung des Abgeordnetenhauses.

(2) Für die Festsetzung des Bebauungsplans gilt § 6 Absatz 3 mit der Maßgabe entsprechend, dass die Verletzung von Verfahrens- oder Formvorschriften und Mängel der Abwägung bei der zuständigen Senatsverwaltung geltend zu machen sind.

---
1) Ausführungsvorschriften zu § 7 Absatz 1 AGBauGB (AV Unterrichtung) vom 6. April 2016 (ABl. S. 1172).

§ 9
Aufstellung und Festsetzung von Bebauungsplänen von außergewöhnlicher stadtpolitischer Bedeutung

(1) Der Senat kann im Benehmen mit dem Rat der Bürgermeister durch Beschluss feststellen, dass ein bestimmtes Gebiet
1. von außergewöhnlicher stadtpolitischer Bedeutung ist oder
2. für Industrie- und Gewerbeansiedlungen von derartiger Bedeutung wesentlich ist.

Widerspricht der Rat der Bürgermeister mit einer Mehrheit von drei Vierteln seiner Mitglieder, bedarf der Beschluss des Senats der Zustimmung des Abgeordnetenhauses.

(2) Äußert sich der Rat der Bürgermeister nicht innerhalb einer Frist von zwei Monaten, darf der Senat davon ausgehen, dass Einvernehmen mit dem Rat der Bürgermeister besteht.

(3) In den Fällen des Absatzes 1 gilt für das weitere Verfahren § 8 entsprechend.

(4) Der Senat kann im Benehmen mit dem Rat der Bürgermeister den Beschluss nach Absatz 1 aufheben. Widerspricht der Rat der Bürgermeister mit einer Mehrheit von drei Vierteln seiner Mitglieder, so bedarf der Beschluss des Senats der Zustimmung des Abgeordnetenhauses. Äußert sich der Rat der Bürgermeister nicht innerhalb einer Frist von zwei Monaten, so darf der Senat davon ausgehen, dass Einvernehmen mit dem Rat der Bürgermeister besteht.

§ 10
Anpassungspflicht der Bezirke, Planungsgebot

(1) Die für das Bauwesen zuständige Senatsverwaltung kann verlangen, dass die Bezirke binnen angemessener Frist bestimmte festgesetzte Bebauungspläne den Zielen der Raumordnung, dem Flächennutzungsplan sowie nach Maßgabe des § 4 der Stadtentwicklungs- und Bereichsentwicklungsplanung anpassen.

(2) Die für das Bauwesen zuständige Senatsverwaltung kann verlangen, dass die Bezirke binnen angemessener Frist bestimmte Bebauungspläne entsprechend den Zielen der Raumordnung, dem Flächennutzungsplan sowie nach Maßgabe der Stadtentwicklungs- und Bereichsentwicklungsplanung aufstellen.

(3) Kommt der Bezirk einem Planungsgebot nach Absatz1 oder 2 binnen der gesetzten Frist nicht nach, gilt für die Ausübung des Eingriffsrechts § 7 Abs. 1 Satz 2 und 4 entsprechend.

(4) Die für die vorbereitende Bauleitplanung zuständige Senatsverwaltung kann durch Ausübung des Eingriffsrechts den Bezirken die Aufstellung eines Bebauungsplans untersagen, wenn zu befürchten ist, dass dieser einer bereits eingeleiteten Änderung oder Ergänzung des Flächennutzungsplans widerspricht.

(5) Die zuständige Senatsverwaltung hat, bevor sie Entscheidungen nach Absatz 3 oder 4 gegenüber einem Bezirk trifft, den Rat der Bürgermeister darüber zu unterrichten.

(6) Die Bezirke unterrichten die für die vorbereitende Bauleitplanung zuständige Senatsverwaltung über Anträge auf Erteilung einer Baugenehmigung oder eines Vorbescheids, wenn das beabsichtigte Vorhaben den Darstellungen des Flächennutzungsplans widersprechen kann und nicht im Rahmen des § 5 mitgeteilt worden ist oder mitgeteilt wird. Äußert sich die Senatsverwaltung nicht innerhalb von sechs Wochen seit der Unterrichtung, kann der Bezirk davon ausgehen, dass insoweit keine Bedenken erhoben werden.

§ 11
Änderung, Ergänzung, Aufhebung und Berichtigung der Bauleitpläne

(1) Die Vorschriften der §§ 2, 3, 5 bis 10 gelten sinngemäß, wenn ein Bauleitplan geändert, ergänzt oder aufgehoben wird.

(2) Änderungen oder Ergänzungen des Flächennutzungsplans, die die Grundzüge der Planung nicht berühren (§ 13 des Baugesetzbuchs), bedürfen nicht der Zustimmung des Abgeordnetenhauses nach § 2 Abs. 3. Das für die vorbereitende Bauleitplanung zuständige Mitglied des Senats gibt in diesem Falle den Beschluss des Senats im Amtsblatt für Berlin bekannt.

(3) Bebauungspläne der Innenentwicklung nach § 13a des Baugesetzbuchs, die zur Anpassung des Flächennutzungsplans im Wege der Berichtigung führen, bedürfen vor ihrer Festsetzung des Beschlusses des Senats und der Zustimmung des Abgeordnetenhauses. Berührt die Anpassung nicht die Grundzüge der Planung (§ 13 des Baugesetzbuchs), so ist die Zustimmung des Abgeordnetenhauses nicht erforderlich.

§ 12
Besondere Gestaltungsanforderungen

(1) Bei besonderem Gestaltungsbedarf können durch Rechtsverordnung oder nach § 9 Abs. 4 des Baugesetzbuchs im Bebauungsplan besondere Anforderungen an die äußere Gestaltung von baulichen Anlagen sowie von Werbeanlagen und Warenautomaten gestellt werden; Werbeanlagen und Warenautomaten können auch beschränkt oder ausgeschlossen werden.

(2) Werden die Festsetzungen nach Absatz 1 in einem Bebauungsplan getroffen, sind die Vorschriften des Baugesetzbuchs über die Aufstellung der Bauleitpläne, Veränderungssperren, die Zurückstellung von Baugesuchen, die Zulässigkeit von Vorhaben sowie die Planerhaltung anzuwenden.

(3) Rechtsverordnungen außerhalb eines Bebauungsplans erlässt die für das Bauwesen zuständige Senatsverwaltung.

§ 13
Veränderungssperre

(1) An die Stelle der Satzung nach § 16 Abs. 1 des Baugesetzbuchs tritt eine Rechtsverordnung des Bezirksamts. In den Fällen des § 7 ist die zuständige Senatsverwaltung vor Erlass der Veränderungssperre zu unterrichten; die Senatsverwaltung kann den Erlass untersagen. Zieht die zuständige Senatsverwaltung das Verfahren nach § 7 Abs. 1 Satz 4 an sich, erlässt sie die Veränderungssperre als Rechtsverordnung; eine zuvor vom Bezirksamt erlassene Veränderungssperre bleibt unberührt. In den Fällen der §§ 8 und 9 wird die Veränderungssperre durch die zuständige Senatsverwaltung als Rechtsverordnung erlassen.

(2) Mit dem Inkrafttreten der Verordnung wird die Veränderungssperre rechtsverbindlich. § 16 Abs. 2 des Baugesetzbuchs findet keine Anwendung. In der Rechtsverordnung ist auf die Vorschriften über die Fälligkeit von Entschädigungsansprüchen (§ 18 Abs. 2 Satz 2 und 3 des Baugesetzbuchs) und auf die Voraussetzungen für die Geltendmachung der Verletzung von Verfahrens- oder Formvorschriften und von Mängeln der Abwägung sowie die Rechtsfolgen (§ 215 Abs. 2 des Baugesetzbuchs, § 32 Abs. 2 dieses Gesetzes) hinzuweisen. Die Verletzung ist bei dem Bezirksamt, das die Veränderungssperre erlassen hat, in den Fällen des Absatzes 1 Satz 3 und 4 bei der zuständigen Senatsverwaltung geltend zu machen.

(3) Will das Bezirksamt eine Ausnahme von der Veränderungssperre zulassen (§ 14 Abs. 2 des Baugesetzbuchs), so bedarf es in den Fällen der §§ 7 bis 9 der Zustimmung der zuständigen Senatsverwaltung.

§ 14
(aufgehoben)

§ 15
Sicherung von Gebieten mit Fremdenverkehrsfunktionen

An die Stelle der Satzung nach § 22 Abs. 1 des Baugesetzbuchs tritt eine Rechtsverordnung des Senats. Mit dem Inkrafttreten der Rechtsverordnung wird der Genehmigungsvorbehalt wirksam. In der Rechtsverordnung ist auf die Voraussetzungen für die Geltendmachung der Verletzung von Verfahrens- oder Formvorschriften und von Mängeln der Abwägung sowie die Rechtsfolgen (§ 215 Abs. 2 des Baugesetzbuchs, § 32 Abs. 2 dieses Gesetzes) hinzuweisen. Die Verletzung ist bei dem für die Stadtentwicklung zuständigen Mitglied des Senats geltend zu machen.

§ 16
Vorkaufsrecht

An die Stelle der Satzungen nach § 25 Abs. 1 Satz 1 Nr. 1 und 2 des Baugesetzbuchs treten Rechtsverordnungen des Senats. § 16 Abs. 2 des Baugesetzbuchs findet keine Anwendung. In der Rechtsverordnung ist auf die Voraussetzungen für die Geltendmachung der Verletzung von Verfahrens- oder Formvorschriften und von Mängeln der Abwägung sowie auf die Rechtsfolgen (§ 215 Abs. 2 des Baugesetzbuchs, § 32 Abs. 2 dieses Gesetzes) hinzuweisen. Die Verletzung ist bei der Senatsverwaltung für Finanzen geltend zu machen.

§ 17
Informationspflicht, Eingriffsrecht

Bei einer Entscheidung über

1. Vorhaben im Geltungsbereich von Bebauungsplänen nach den §§ 8 und 9,
2. Einkaufszentren, großflächige Einzelhandelsbetriebe und sonstige großflächige Handelsbetriebe im Sinne von § 11 Abs. 3 der Baunutzungsverordnung außerhalb der im Flächennutzungsplan dargestellten Einzelhandelskonzentration,
3. großflächige Vergnügungsstätten sowie Anlagen für sportliche und kulturelle Zwecke mit einer Bruttogrundfläche von mehr als 2500 Quadratmetern und vergleichbare Vorhaben,
4. sonstige Vorhaben von dringenden Gesamtinteressen Berlins

ist im bauaufsichtlichen Verfahren die für das Bauwesen zuständige Senatsverwaltung innerhalb von zwei Wochen nach Eingang der Bauvorlagen zu unterrichten. Äußert sich die Senatsverwaltung nicht innerhalb von einem Monat seit der Unterrichtung, so kann der Bezirk davon ausgehen, dass dringende Gesamtinteressen Berlins nicht beeinträchtigt sind. Falls wegen einer Beeinträchtigung dringender Gesamtinteressen Berlins ein Eingriffsrecht ausgeübt werden soll, gilt § 7 Abs. 1 Satz 2 und 4 sinngemäß. Die Beurteilung dringender Gesamtinteressen Berlins erfolgt im Einvernehmen mit der für die vorbereitende Bauleitplanung zuständigen Senatsverwaltung.

§ 18
Im Zusammenhang bebaute Ortsteile, bebaute Bereiche im Außenbereich

An die Stelle der Satzungen nach § 34 Abs. 4 und § 35 Abs. 6 des Baugesetzbuchs treten Rechtsverordnungen des zuständigen Bezirksamts. Sie sind einen Monat vor Erlass der für das Bauwesen zuständigen Senatsverwaltung anzuzeigen. Für die Ausübung des Eingriffsrechts gilt § 7 Abs. 1 Satz 2 und 4 sinngemäß. Mit dem Inkrafttreten der Rechtsverordnung wird die Festlegung der im Zusammenhang bebauten Ortsteile oder die Regelung über die Zulässigkeit von Vorhaben in bebauten Bereichen des Außenbereichs rechtsverbindlich. § 10 Abs. 3 des Baugesetzbuchs findet keine Anwendung. In der Rechtsverordnung ist auf die Voraussetzungen für die Geltendmachung der Verletzung von Verfahrens- oder Formvorschriften und von Mängeln der Abwägung sowie auf die Rechtsfolgen (§ 215 Abs. 2 des Baugesetzbuchs, § 32 Abs. 2 dieses Gesetzes) hinzuweisen. Die Verletzung ist bei dem Bezirksamt geltend zu machen.

§ 19
Bodenordnung

Geschäfte und Verhandlungen, die der Durchführung oder Vermeidung der Umlegung dienen, einschließlich der Berichtigung der öffentlichen Bücher, sind frei von Gebühren, ähnlichen nicht steuerlichen Abgaben und Auslagen, die auf landesrechtlichen Vorschriften beruhen. § 79 Abs. 2 des Baugesetzbuchs gilt entsprechend.

§ 20
Enteignung

Die Rechte und Pflichten Berlins als Antragsteller im Enteignungsverfahren nach dem Baugesetzbuch nimmt die Senatsverwaltung für Finanzen wahr. Sie kann ihre Aufgaben auf die Bezirksämter übertragen.

§ 21
(aufgehoben)

§ 22
Erschließungsbeitrag

(1) An die Stelle der Satzung nach § 132 des Baugesetzbuchs tritt ein besonderes Landesgesetz (Erschließungsbeitragsgesetz).

(2) Die Ablösung des Erschließungsbeitrags im Ganzen vor Entstehung der Beitragspflicht (§ 133 Abs. 3 Satz 5 des Baugesetzbuchs) regelt der Senat durch Verwaltungsvorschriften.

§ 23
Kostenerstattung

An die Stelle der Satzung nach § 135c des Baugesetzbuchs tritt eine Rechtsverordnung der für das Bauwesen zuständigen Senatsverwaltung. Auf die Kostenerstattung sind die Verfahrensvorschriften des Dritten Abschnitts des Erschließungsbeitragsgesetzes in der jeweils geltenden Fassung anzuwenden. Der Kostenerstattungsbetrag wird von den Bezirken erhoben.

§ 24
Festlegung von Sanierungsgebieten

(1) An die Stelle von Satzungen nach § 142 Abs. 3 und § 162 Abs. 2 Satz 1 des Baugesetzbuchs treten Rechtsverordnungen des Senats. Mit dem Inkrafttreten der Rechtsverordnung werden die förmliche Festlegung des Sanierungsgebiets oder deren Aufhebung rechtsverbindlich. § 143 Abs. 1 Satz 1, 2, 3 Halbsatz 1 und Satz 4 sowie § 162 Abs. 2 Satz 3 und 4 des Baugesetzbuchs finden keine Anwendung.

(2) In der Rechtsverordnung ist – außer im vereinfachten Verfahren – auf die besonderen sanierungsrechtlichen Vorschriften (§ 143 Abs. 1 Satz 3 Halbsatz 2 des Baugesetzbuchs) und auf die Voraussetzungen für die Geltendmachung der Verletzung von Verfahrens- oder Formvorschriften und von Mängeln der Abwägung sowie auf die Rechtsfolgen (§ 215 Abs. 2 des Baugesetzbuchs, § 32 Abs. 2 dieses Gesetzes) hinzuweisen. Die Verletzung ist bei dem für städtebauliche Sanierungsmaßnahmen zuständigen Mitglied des Senats geltend zu machen.

§ 25
Landesprogramme zum Erwirken von Bundesfinanzhilfen

(1) Die Landesprogramme zum Erwirken von Bundesfinanzhilfen der Städtebauförderung nach den §§ 164a, 164b des Baugesetzbuchs sind von der zuständigen Senatsverwaltung aufzustellen sowie förderungstechnisch abzuwickeln und abzurechnen.

(2) Aufgaben der Bezirke, soweit sie Gegenstand der Finanzierung städtebaulicher Gesamtmaßnahmen nach § 164b des Baugesetzbuchs sind, unterliegen dem Eingriffsrecht nach § 13a des Allgemeinen Zuständigkeitsgesetzes.

§ 26
Vorbereitung und Durchführung von Sanierungs und Entwicklungsmaßnahmen

(1) Der Senat beschließt über den Beginn der vorbereitenden Untersuchungen nach § 141 Abs. 3 Satz 1 und nach § 165 Abs. 4 Satz 1 und § 170 des Baugesetzbuchs. Die zuständige Senatsverwaltung führt die entsprechenden Untersuchungen durch und bestimmt die grundsätzlichen Sanierungs- und Entwicklungsziele. Die Bezirke sind zu beteiligen. Einzelne Aufgaben können auf die Bezirke übertragen werden.

(2) Die zuständige Senatsverwaltung entscheidet über die Änderung von Sanierungszielen grundsätzlicher oder gesamtstädtischer Bedeutung, über die Förderung von Maßnahmen nach § 140 Nr. 7 des Baugesetzbuchs sowie bei Geboten nach § 177 des Baugesetzbuchs.

(3) An die Stelle der Satzung nach § 154 Absatz 2a des Baugesetzbuchs tritt eine Rechtsverordnung des Senats.

§ 27
Städtebauliche Entwicklungsbereiche

(1) An die Stelle von Satzungen nach § 165 Abs. 6 und nach § 169 Abs. 1 Nr. 8 in Verbindung mit § 162 Abs. 2 Satz 1 des Baugesetzbuchs treten Rechtsverordnungen des Senats. Mit dem Inkrafttreten der Rechtsverordnung werden die förmliche Festlegung des städtebaulichen Entwicklungsbereichs oder deren Aufhebung rechtsverbindlich. § 162 Abs. 2 Satz 3 und 4 des Baugesetzbuchs findet keine Anwendung. In der Rechtsverordnung ist auf die Voraussetzungen für die Geltendmachung der Verletzung von Verfahrens- oder Formvorschriften und von Mängeln der Abwägung sowie die Rechtsfolgen (§ 215 Abs. 2 des Baugesetzbuchs, § 32 Abs. 2 dieses Gesetzes) hinzuweisen. Die Verletzung ist bei der für städtebauliche Entwicklungsmaßnahmen zuständigen Senatsverwaltung geltend zu machen. In der Rechtsverordnung, die den städtebaulichen Entwicklungsbereich förmlich festlegt, ist auch auf die Genehmigungspflicht nach den §§ 144, 145 und 153 Abs. 2 des Baugesetzbuchs hinzuweisen.

(2) Die Entwicklungsmaßnahme ist vorzusehen für Bereiche, deren erstmalige Entwicklung oder Umstrukturierung einer integrierten Gesamtmaßnahme bedarf, zügig durchgeführt werden muss und eine besondere Bedeutung für die städtebauliche Entwicklung Berlins hat.

(3) Die Vorbereitung und Durchführung von städtebaulichen Entwicklungsmaßnahmen (§§ 165 bis 171 des Baugesetzbuchs) wird von der für das Bauwesen zuständigen Senatsverwaltung wahrgenommen. Die Bezirke sind zu beteiligen. Einzelne Aufgaben können auf die Bezirke übertragen werden.

(4) Die entwicklungsrechtliche Entscheidung nach § 169 Abs. 1 Nr. 3 des Baugesetzbuchs trifft die für das Bauwesen zuständige Senatsverwaltung unabhängig von der Zuständigkeit für den Erlass des Verwaltungsakts.

§ 28
Städtebauliche Verträge, Erschließungsverträge

Städtebauliche Verträge nach § 11 des Baugesetzbuchs und Erschließungsverträge nach § 124 des Baugesetzbuchs, soweit sie Belange von außergewöhnlicher stadtpolitischer Bedeutung oder Belange zur Verwirklichung von Erfordernissen der Verfassungsorgane des Bundes betreffen, sowie in Entwicklungsbereichen und Anpassungsgebieten schließt die für das Bauwesen zuständige Senatsverwaltung. Die Bezirke sind zu beteiligen. Soweit Belange des bezirklichen Haushalts berührt sind, darf der Senat den Vertrag nicht gegen den Willen des Bezirks abschließen.

§ 29
Auskunftsanspruch

Auskunft nach § 138 Abs. 1 und § 159 Abs. 1 Satz 3 des Baugesetzbuchs kann jede für die Durchführung von städtebaulichen Sanierungsmaßnahmen zuständige Behörde verlangen.

§ 29a
Stadtumbau

(1) Über die Festlegung von Gebieten des Stadtumbaus nach § 171 b Abs. 1 des Baugesetzbuchs beschließt der Senat.

(2) Die für das Bauwesen zuständige Senatsverwaltung stellt in Abstimmung mit den Bezirken das städtebauliche Entwicklungskonzept nach § 171b Abs. 2 des Baugesetzbuchs auf und bestimmt die grundsätzlichen Ziele und Maßnahmen des Stadtumbaus.

(3) Stadtumbauverträge nach § 171c des Baugesetzbuchs werden von der für das Bauwesen zuständigen Senatsverwaltung geschlossen. Sie kann diese Aufgabe auf die Bezirke übertragen.

(4) An die Stelle der Satzung nach § 171d Abs. 1 des Baugesetzbuchs tritt eine Rechtsverordnung des Senats.

§ 29b
Soziale Stadt

(1) Über die Festlegung von Gebieten der Sozialen Stadt nach § 171e Abs. 3 des Baugesetzbuchs beschließt der Senat.

(2) Die für das Bauwesen zuständige Senatsverwaltung stellt in Abstimmung mit den Bezirken das Entwicklungskonzept nach § 171e Abs. 4 des Baugesetzbuchs auf und bestimmt die grundsätzlichen Ziele und Maßnahmen der Sozialen Stadt. Die fachlich betroffenen Senatsverwaltungen sind zu beteiligen.

(3) Die Maßnahmen nach § 171e Abs. 5 des Baugesetzbuchs obliegen der für das Bauwesen zuständigen Senatsverwaltung. Sie kann die Aufgaben auf die Bezirke übertragen.

§ 30
Erhaltung baulicher Anlagen

(1) An die Stelle der Satzung nach § 172 Absatz 1 des Baugesetzbuchs tritt eine Rechtsverordnung des Bezirksamts. Sie ist einen Monat vor Erlass der zuständigen Senatsverwaltung anzuzeigen. Für die Ausübung des Eingriffsrechts gilt § 7 Absatz 1 Satz 2 und 4 sinngemäß. Zieht die zuständige Senatsverwaltung das Verfahren nach § 7 Absatz 1 Satz 4 an sich, erlässt sie die Rechtsverordnung. Im Falle des § 9 Absatz 1 wird die Rechtsverordnung durch die zuständige Senatsverwaltung erlassen.

(2) Mit dem Inkrafttreten der Rechtsverordnung wird die Festlegung der Gebiete rechtsverbindlich. § 16 Absatz 2 des Baugesetzbuchs findet keine Anwendung. In der Rechtsver-

ordnung ist auf die Voraussetzungen für die Geltendmachung der Verletzung von Verfahrens- oder Formvorschriften und Mängeln der Abwägung sowie auf die Rechtsfolgen (§ 215 Absatz 2 des Baugesetzbuchs, § 32 Absatz 2 dieses Gesetzes) hinzuweisen. Die Verletzung ist bei dem Bezirksamt, das die Rechtsverordnung erlassen hat, in den Fällen des Absatzes 1 Satz 4 und 5 bei der zuständigen Senatsverwaltung geltend zu machen.

§ 30a
Automatisiertes Abrufverfahren

Für Auskünfte aus der Kaufpreissammlung nach § 195 Abs. 3 des Baugesetzbuchs dürfen automatisierte Abrufverfahren eingesetzt werden. Die Einzelheiten regelt eine Rechtsverordnung nach § 15 Abs. 2 des Berliner Datenschutzgesetzes.

§ 30b
Baulandkataster

Die für die Stadtentwicklung zuständige Senatsverwaltung leitet die Erstellung und Weiterentwicklung eines Baulandkatasters für Berlin (§ 200 Absatz 3 des Baugesetzbuchs) und ist für seine Veröffentlichung verantwortlich. Die Veröffentlichung kann in einem automatisierten Datenabrufverfahren erfolgen, das die Angaben zu bebaubaren Flächen auch mit anderen für die Bebauung maßgeblichen und veröffentlichten Daten (Stadtplanungsdaten) verknüpft.

§ 31
Planungsverbände

Die Befugnisse der Gemeinde nach § 205 des Baugesetzbuchs nehmen die für die vorbereitende Bauleitplanung sowie für die verbindliche Bauleitplanung zuständigen Mitglieder des Senats wahr.

§ 32
Geltendmachung von Verfahrens- und Formmängeln

(1) Die Verletzung von Verfahrens- und Formvorschriften dieses Gesetzes wird für die Wirksamkeit des Flächennutzungsplans unbeachtlich, wenn sie nicht innerhalb von einem Jahr seit der Bekanntmachung der Zustimmung des Abgeordnetenhauses zum Flächennutzungsplan geltend gemacht worden ist. Der Sachverhalt, der die Verletzung begründen soll, ist darzulegen.

(2) Die Verletzung von Verfahrens- und Formvorschriften dieses Gesetzes wird für die Rechtswirksamkeit der Rechtsverordnungen unbeachtlich, wenn sie nicht innerhalb von einem Jahr seit der Verkündung der Rechtsverordnung schriftlich geltend gemacht worden ist. Der Sachverhalt, der die Verletzung begründen soll, ist darzulegen.

(3) Die Absätze 1 und 2 gelten nicht, wenn die für die Bekanntmachung oder die Verkündung geltenden Vorschriften verletzt worden sind.

§ 33
Erlass von Ausführungsvorschriften

Verwaltungsvorschriften zur Ausführung des Baugesetzbuchs und dieses Ausführungsgesetzes erlassen die zuständigen Mitglieder des Senats. Die Befugnisse der Senatsverwaltung für Finanzen auf Grund der Landeshaushaltsordnung (LHO) bleiben unberührt.

§ 34
(aufgehoben)

§ 35
Zuständigkeit für den Erlass des Widerspruchsbescheides

Die für das Bauwesen zuständige Senatsverwaltung entscheidet über den Widerspruch gegen einen Verwaltungsakt einer Bezirksverwaltung und damit verbundene Maßnahmen der Verwaltungsvollstreckung, wenn der Verwaltungsakt auf § 169 Abs. 1 Nr. 3 des Baugesetzbuchs gestützt wird.

§ 36
Überleitungsvorschrift

Soweit nach den Überleitungsvorschriften der §§ 233 bis 245 des Baugesetzbuchs die Vorschriften des Bundesbaugesetzes und des Städtebauförderungsgesetzes weiter anzuwenden sind, sind auch die Vorschriften des Gesetzes zur Ausführung des Bundesbaugesetzes (AGBBauG) in der Fassung vom 23. Januar 1979 (GVBl. S. 321), zuletzt geändert durch Gesetz vom 17. Dezember 1984 (GVBl. S. 1730), und des Gesetzes zur Ausführung des Städtebauförderungsgesetzes (AGStBauFG) vom 9. Mai 1972 (GVBl. S. 884), geändert durch Gesetz vom 24. März 1983 (GVBl. S. 582), weiter anzuwenden.

§ 37
Inkrafttreten

Dieses Gesetz tritt am Tage nach der Verkündung im Gesetz- und Verordnungsblatt für Berlin in Kraft …

Gesetz über das Verfahren der Berliner Verwaltung

Vom 21. April 2016 (GVBl. S. 218),
zuletzt geändert durch Artikel 1 des Gesetzes vom 5. Juli 2018
(GVBl. S. 462)

§ 1
Anwendungsbereich

(1) Für die öffentlich-rechtliche Verwaltungstätigkeit der Behörden Berlins gilt das Verwaltungsverfahrensgesetz[1] in der Fassung der Bekanntmachung vom 23. Januar 2003 (BGBl. I S. 102), das zuletzt durch Artikel 1 des Gesetzes vom 20. November 2015 (BGBl. I S. 2010) geändert worden ist, in der jeweils geltenden Fassung, soweit nicht in den §§ 2 bis 6 dieses Gesetzes etwas anderes bestimmt ist.

(2) Das Landesamt für Bürger- und Ordnungsangelegenheiten, die Bezirksämter und die landesunmittelbaren Träger der gesetzlichen Krankenversicherung und deren Landesverbände nehmen amtliche Beglaubigungen nach § 33 Absatz 1 Satz 2 und Absatz 4, § 34 Absatz 1 und 4 des Verwaltungsverfahrensgesetzes sowie § 29 Absatz 1 Satz 2 und Absatz 4, § 30 Absatz 1 und 4 des Zehnten Buches Sozialgesetzbuch vor.[2]

§ 2
Ausnahmen vom Anwendungsbereich

(1) Die Ausnahmen vom Anwendungsbereich nach § 2 Absatz 3 Nummer 2 des Verwaltungsverfahrensgesetzes gelten auch für alle sonstigen Leistungs- und Eignungsbewertungen im Bereich des Schul-, Hochschul-, Fachhochschul- und Volkshochschulwesens (Bildungsbereich).

(2) Im Übrigen gelten für den Bildungsbereich nur die §§ 3a bis 13, 20 bis 36, 37 Absatz 1 bis 5, §§ 38 bis 52, 79, 80 und 96 des Verwaltungsverfahrensgesetzes. Für Schulzeugnisse sowie für Prüfungszeugnisse und Anerkennungsbescheinigungen in den Bereichen schulische Bildung, Lehrerbildung und Übersetzerprüfung ist die elektronische Form ausgeschlossen.

(3) Die für das Schulwesen zuständige Senatsverwaltung wird ermächtigt, durch Rechtsverordnung für ihren Geschäftsbereich festzulegen, unter welchen Voraussetzungen für ausländische Beteiligte und zur Sicherung der Ausbildung Ausnahmen von § 20 Absatz 1 Nummer 2 des Verwaltungsverfahrensgesetzes in unabweisbaren Einzelfällen zugelassen werden können.

(4) Das Verwaltungsverfahrensgesetz gilt nicht für die Tätigkeit des Rundfunks Berlin-Brandenburg.

§ 3
Personenbezogene Daten, Betriebs- und Geschäftsgeheimnisse

(1) Die Behörden dürfen Angaben über persönliche und sachliche Verhältnisse einer natürlichen Person und Betriebs- und Geschäftsgeheimnisse nicht unbefugt offenbaren. Sie unterliegen, soweit sie personenbezogene Daten verarbeiten, den Vorschriften des Berliner Datenschutzgesetzes.

---

1) S. 15.
2) Vgl. §§ 33f VwVfG (15).

(2) § 26 Absatz 2 Satz 3 des Verwaltungsverfahrensgesetzes findet mit der Maßgabe Anwendung, dass auch eine Pflicht zur Angabe von personenbezogenen Daten oder von Betriebs- und Geschäftsgeheimnissen nur besteht, soweit sie durch Rechtsvorschrift besonders vorgesehen ist. Die Beteiligten können die Auskunft auf solche Fragen, zu denen sie durch Rechtsvorschrift verpflichtet sind, verweigern, wenn eine Beantwortung sie selbst oder in § 383 Absatz 1 Nummer 1 bis 3 der Zivilprozessordnung bezeichnete Angehörige der Gefahr strafgerichtlicher Verfolgung oder eines Verfahrens nach dem Gesetz über Ordnungswidrigkeiten aussetzen würde.

§ 4
Örtliche Zuständigkeit und Datenverarbeitung im Einwohnerwesen

In Angelegenheiten nach Nummer 3 Absatz 18 der Anlage zu § 4 Absatz 1 Satz 1 des Allgemeinen Zuständigkeitsgesetzes, soweit die Bezirke dafür zuständig sind, und in Angelegenheiten nach Nummer 21 Buchstabe k und den Nummern 22a und 22b Absatz 1 und 2 der Anlage zu § 2 Absatz 4 Satz 1 des Allgemeinen Sicherheits- und Ordnungsgesetzes ist der Bezirk zuständig, bei dem ein Antrag gestellt wird oder der Anlass für die Amtshandlung entstanden ist. Insoweit sind diese Behörden datenverarbeitende Stellen nach § 4 Absatz 3 Nummer 1 des Berliner Datenschutzgesetzes.

§ 5
Förmliches Verfahren

Das förmliche Verfahren findet statt

a) in den Angelegenheiten, die vom Senat durch Rechtsverordnung[1] oder sonst durch Rechtsvorschrift bestimmt werden,

b) in den sonstigen Angelegenheiten, in denen durch Rechtsvorschrift die Durchführung einer mündlichen Verhandlung vorgeschrieben ist.

§ 6
Akteneinsicht durch Beteiligte

(1) Die Behörde hat den Beteiligten Einsicht in die das Verfahren betreffenden Akten zu gestatten. Bis zum Abschluss des Verwaltungsverfahrens gilt Satz 1 nicht für Entwürfe zu Entscheidungen sowie für die Arbeiten zu ihrer unmittelbaren Vorbereitung.

(2) Die Regelungen der §§ 5 bis 12 des Berliner Informationsfreiheitsgesetzes gelten entsprechend.

(3) Die Akteneinsicht erfolgt bei der Behörde, die die Akten führt.

(4) Für Nichtbeteiligte gilt das Berliner Informationsfreiheitsgesetz.

(5) § 72 Absatz 1 des Verwaltungsverfahrensgesetzes ist mit der Maßgabe anzuwenden, dass die Regelungen des Berliner Informationsfreiheitsgesetzes uneingeschränkt auch im Planfeststellungsverfahren gelten.

§ 7
Zustellung

Für das Zustellungsverfahren der Behörden Berlins gilt das Verwaltungszustellungsgesetz[2] vom 12. August 2005 (BGBl. I S. 2354), das zuletzt durch Artikel 17 des Gesetzes vom 10. Oktober 2013 (BGBl. I S. 3786) geändert worden ist, in der jeweils geltenden Fassung.

---
1) S. 14.
2) S. 16.

§ 8
Vollstreckung

(1) Für das Vollstreckungsverfahren der Behörden Berlins gilt das Verwaltungs-Vollstreckungsgesetz[1] in der im Bundesgesetzblatt Teil III, Gliederungsnummer 201-4, veröffentlichten bereinigten Fassung, das zuletzt durch Artikel 1 des Gesetzes vom 25. November 2014 (BGBl. I S. 1770) geändert worden ist, in der jeweils geltenden Fassung. § 11 Absatz 3 des Verwaltungs-Vollstreckungsgesetzes gilt mit der Maßgabe, dass die Höhe des Zwangsgeldes höchstens 50 000 Euro beträgt. § 7 des Verwaltungs-Vollstreckungsgesetzes gilt mit der Maßgabe, dass für Maßnahmen im Straßenverkehr auch der Polizeipräsident in Berlin, die Bezirksämter von Berlin und die Berliner Verkehrsbetriebe (BVG) Vollzugsbehörden sind. § 19 Absatz 1 des Verwaltungs-Vollstreckungsgesetzes gilt mit der Maßgabe, dass für Amtshandlungen im Zusammenhang mit Vollstreckungsmaßnahmen nach § 10 des Verwaltungs-Vollstreckungsgesetzes zur Deckung des Verwaltungsaufwands Gebühren nach den Vorschriften des Gesetzes über Gebühren und Beiträge vom 22. Mai 1957 (GVBl. S. 516), das zuletzt durch Artikel IV des Gesetzes vom 18. November 2009 (GVBl. S. 674) geändert worden ist, in der jeweils geltenden Fassung erhoben werden.

(2) Landesunmittelbare Körperschaften und Anstalten des öffentlichen Rechts, die den Vollstreckungsbehörden des Landes Berlin im Sinne von § 4 Buchstabe b des Verwaltungs-Vollstreckungsgesetzes Vollstreckungsanordnungen übermitteln, sind verpflichtet, für jede übermittelte Vollstreckungsanordnung einen Pauschalbetrag für den nicht durch vereinnahmte Gebühren und Auslagen gedeckten Verwaltungsaufwand (Vollstreckungspauschale) zu zahlen. Die Vollstreckungspauschale wird für ab dem 1. Januar 2016 übermittelte Vollstreckungsanordnungen erhoben.

(3) Die Vollstreckungspauschale bemisst sich nach dem um den Gesamtbetrag der im Berechnungszeitraum aufgrund von Vollstreckungsanordnungen vereinnahmten Gebühren und Auslagen geminderten Verwaltungsaufwand, der den Vollstreckungsbehörden für die Vollstreckung der Vollstreckungsanordnungen der juristischen Personen nach Absatz 2 entsteht, geteilt durch die Anzahl aller in diesem Zeitraum von diesen Anordnungsbehörden übermittelten Vollstreckungsanordnungen.

(4) Die für Finanzen zuständige Senatsverwaltung wird ermächtigt, im Einvernehmen mit den für Rundfunkangelegenheiten, für Wirtschaft sowie für Hochschulen zuständigen Senatsverwaltungen durch Rechtsverordnung[2] die Höhe der Vollstreckungspauschale zu bestimmen sowie den Berechnungszeitraum, die Entstehung und die Fälligkeit der Vollstreckungspauschale, den Abrechnungszeitraum, das Abrechnungsverfahren und die abrechnende Stelle zu regeln.

(5) Die Höhe der Vollstreckungspauschale ist durch die für Finanzen zuständige Senatsverwaltung nach Maßgabe des Absatzes 3 alle drei Jahre zu überprüfen. Sie ist durch Rechtsverordnung nach Absatz 4 anzupassen, wenn die nach Maßgabe des Absatzes 3 berechnete Vollstreckungspauschale mehr als 20 Prozent von der Vollstreckungspauschale in der geltenden Fassung abweicht.

(6) Die juristischen Personen nach Absatz 2 sind nicht berechtigt, die Vollstreckungsschuldnerin oder den Vollstreckungsschuldner mit der Vollstreckungspauschale zu belasten.

(7) Die Vollstreckungspauschale nach Absatz 2 ist auch im Falle der Vollstreckungshilfe auf Ersuchen einer Vollstreckungsbehörde des Bundes oder anderer Bundesländer von diesen zu erheben, sofern die ersuchende Behörde nicht ihrerseits auf die Erhebung von Kosten für uneinbringliche Gebühren und Auslagen sowie für den entstehenden, durch Kosten der Vollstreckung nicht gedeckten Verwaltungsaufwand verzichtet.

---

1) S. 17.
2) S. Verordnung über die Höhe und das Verfahren zur Erhebung einer Vollstreckungspauschale bei Inanspruchnahme von Behörden der Landesfinanzverwaltung für die Vollstreckung öffentlich-rechtlicher Geldforderungen vom 13. Juni 2016 (GVBl. S. 466).

§ 9
Vollstreckung privatrechtlicher Geldforderungen

(1) Die Bestimmungen über die Vollstreckung öffentlicher Geldforderungen gelten entsprechend für die Vollstreckung von Forderungen, die aufgrund von § 7 des Unterhaltsvorschussgesetzes auf das Land Berlin übergegangen sind. An die Stelle des Leistungsbescheids tritt die Zahlungsaufforderung.

(2) Die Vollstreckung ist einzustellen, sobald die Vollstreckungsschuldnerin oder der Vollstreckungsschuldner bei der Vollstreckungsbehörde gegen die Forderung als solche schriftlich oder zur Niederschrift Einwendungen erhebt. Die Vollstreckungsschuldnerin oder der Vollstreckungsschuldner ist über dieses Recht bei Androhung der Vollstreckung zu belehren. Bereits getroffene Vollstreckungsmaßnahmen sind unverzüglich aufzuheben, wenn

1. die Gläubigerin oder der Gläubiger nicht binnen eines Monats nach Geltendmachung der Einwendungen wegen ihrer oder seiner Ansprüche vor den ordentlichen Gerichten Klage erhoben oder den Erlass eines Mahnbescheids beantragt hat oder
2. die Gläubigerin oder der Gläubiger mit der Klage rechtskräftig abgewiesen worden ist.

Ist die Vollstreckung eingestellt worden, so kann sie nur nach Maßgabe der Zivilprozessordnung fortgesetzt werden.

§ 10
Länderübergreifende Forderungspfändung

(1) Die Vollstreckungsbehörde kann Pfändungs- und Einziehungsverfügungen auch dann erlassen und durch die Post zustellen lassen, wenn die Vollstreckungsschuldnerin oder der Vollstreckungsschuldner oder die Drittschuldnerin oder der Drittschuldner ihren oder seinen Wohnsitz, Sitz oder gewöhnlichen Aufenthalt außerhalb des Geltungsbereichs dieses Gesetzes, jedoch im Geltungsbereich des Grundgesetzes hat, sofern das dort geltende Landesrecht dies zulässt.

(2) Vollstreckungsbehörden im Geltungsbereich des Grundgesetzes, die diesem Gesetz nicht unterliegen, können gegenüber Vollstreckungsschuldnerinnen oder Vollstreckungsschuldnern und Drittschuldnerinnen oder Drittschuldnern, die ihren Wohnsitz, Sitz oder gewöhnlichen Aufenthalt im Geltungsbereich dieses Gesetzes haben, Pfändungs- und Einziehungsverfügungen erlassen und durch die Post zustellen lassen.

§ 11
Änderung von Rechtsvorschriften

§ 12
Inkrafttreten, Außerkrafttreten

Dieses Gesetz tritt am Tage nach der Verkündung im Gesetz- und Verordnungsblatt für Berlin in Kraft. Gleichzeitig tritt das Gesetz über das Verfahren der Berliner Verwaltung vom 8. Dezember 1976 (GVBl. S. 2735, 2898), das zuletzt durch Artikel I § 14 des Gesetzes vom 19. Juni 2006 (GVBl. S. 573) geändert worden ist, außer Kraft.

Verordnung über das förmliche Verwaltungsverfahren (FörmVfVO)

Vom 14. Mai 1980 (GVBl. S. 991),
zuletzt geändert durch Verordnung vom 30. Juni 2015
(GVBl. S. 318)

Auf Grund des § 4 Abs. 1 Buchst. a des Gesetzes über das Verfahren der Berliner Verwaltung vom 8. Dezember 1976 (GVBl. S. 2735), zuletzt geändert durch Gesetz vom 30. Oktober 1984 (GVBl. S. 1541)[1] wird verordnet:

§ 1

Das förmliche Verfahren findet in den Verwaltungsangelegenheiten statt, die in der Anlage zu dieser Verordnung bestimmt sind.

§ 2

Die in der Anlage aufgeführten Rechtsvorschriften sind in der jeweils geltenden Fassung anzuwenden.

§ 3

Diese Verordnung tritt am Tage nach der Verkündung im Gesetz- und Verordnungsblatt für Berlin in Kraft. Zum selben Zeitpunkt tritt die Verordnung zur Durchführung des Verwaltungsverfahrensgesetzes (DVO-VwVerfG) in der Fassung vom 2. August 1973 (GVBl. S. 1392) außer Kraft.

1) Vgl. 13.

Anlage zu § 1

1. § 25 Absatz 1 bis 3 des Wohnteilhabegesetzes	Untersagung des Betriebs einer stationären Einrichtung
2. § 35 der Gewerbeordnung	Untersagung der Ausübung eines Gewerbes bei Unzuverlässigkeit
3. § 51 der Gewerbeordnung	Untersagung der Benutzung einer gewerblichen Anlage wegen überwiegender Nachteile und Gefahren für das Gemeinwohl
4. §§ 48 und 49 des Verwaltungsverfahrensgesetzes in Verbindung mit § 1 des Gesetzes über das Verfahren der Berliner Verwaltung	Rücknahme und Widerruf der in den §§ 30, 33c Absatz 1, §§ 33i, 34, 34a, 34b, 34c und 36 der Gewerbeordnung bezeichneten Konzessionen, Erlaubnisse und Bestellungen sowie Reisegewerbekarten nach § 55 der Gewerbeordnung und von Gewerbelegitimationen nach § 55b Absatz 2 der Gewerbeordnung
5. §§ 48 und 49 des Verwaltungsverfahrensgesetzes in Verbindung mit § 1 des Gesetzes über das Verfahren der Berliner Verwaltung	Rücknahme und Widerruf der Erlaubnis zur Führung der Berufsbezeichnung a) Diätassistentin, Diätassistent nach § 2 des Diätassistentengesetzes; b) Masseurin und medizinische Bademeisterin, Masseur und medizinischer Bademeister, Physiotherapeutin, Physiotherapeut, Masseurin, Masseur, Krankengymnastin, Krankengymnast nach §§ 2, 16 Absatz 3 und 4 des Masseur- und Physiotherapeutengesetzes; c) Medizinisch-technische Laboratoriumsassistentin, Medizinisch-technischer Laboratoriumsassistent, Medizinisch-technische Radiologieassistentin, Medizinisch-technischer Radiologieassistent, Medizinisch-technische Assistentin für Funktionsdiagnostik, Medizinisch-technischer Assistent für Funktionsdiagnostik, Veterinärmedizinisch-technische Assistentin, Veterinärmedizinisch-technischer Assistent nach § 2 des MTA-Gesetzes; d) Notfallsanitäterin, Notfallsanitäter nach § 2 des Notfallsanitätergesetzes
6. § 76 der Handwerksordnung	Auflösung einer Handwerksinnung

7. § 15 des Gaststättengesetzes	Rücknahme und Widerruf der Erlaubnis zum Betrieb eines Gaststättengewerbes sowie Rücknahme und Widerruf der Stellvertretungserlaubnis
8. § 12 Absatz 1 des Schornsteinfeger-Handwerksgesetzes	Aufhebung der Bestellung eines bevollmächtigten Bezirksschornsteinfegers
9. Artikel 13 Absatz 3 des Ausführungsgesetzes zum Bürgerlichen Gesetzbuch	Rücknahme von Ermächtigungen zu Käufen und Verkäufen, deren Handelsmakler nach den §§ 385, 1221 und 1235 des Bürgerlichen Gesetzbuches, nach den §§ 373, 376, 388 und 389 des Handelsgesetzbuches bedürfen
10. § 45 Absatz 1 Nummer 2 des Energiewirtschaftsgesetzes	Zulassung der Enteignung für Vorhaben zum Zwecke der Energieversorgung
11. §§ 5 und 6 Absatz 1 der Bundesärzteordnung	Rücknahme, Widerruf und Anordnung des Ruhens der Approbation als Arzt
12. §§ 4 und 5 Absatz 1 des Gesetzes über die Ausübung der Zahnheilkunde	Rücknahme, Widerruf und Anordnung des Ruhens der Approbation als Zahnarzt
13. §§ 4, 9 Absatz 4 und § 14 Absatz 2 des Apothekengesetzes	Rücknahme und Widerruf der Erlaubnis zum Betrieb einer Apotheke oder Krankenhausapotheke
14. §§ 6, 7 und 8 Absatz 1 der Bundes-Apothekerordnung	Rücknahme, Widerruf und Anordnung des Ruhens der Approbation als Apotheker
15. § 3 Absatz 1 bis 3 des Psychotherapeutengesetzes	Rücknahme, Widerruf und Anordnung des Ruhens der Approbation als Psychologische Psychotherapeutin, Psychologischer Psychotherapeut oder als Kinder- und Jugendlichenpsychotherapeutin, Kinder- und Jugendlichenpsychotherapeut
16. § 7 Absatz 1 der Ersten Durchführungsverordnung zum Heilpraktikergesetz	Rücknahme der Heilpraktikererlaubnis
17. §§ 6, 7 und § 8 Absatz 1 der Bundes-Tierärzteordnung	Rücknahme, Widerruf und Anordnung des Ruhens der Approbation als Tierarzt
18. § 2 Absatz 2 des Krankenpflegegesetzes	Rücknahme und Widerruf der Erlaubnis zur Führung der Berufsbezeichnung Gesundheits- und Krankenpflegerin, Gesundheits- und Krankenpfleger oder Gesundheits- und Kinderkrankenpflegerin, Gesundheits- und Kinderkrankenpfleger

19.	§ 3 des Ergotherapeutengesetzes	Rücknahme und Widerruf der Erlaubnis zur Ausübung einer Tätigkeit unter der Berufsbezeichnung Ergotherapeutin, Ergotherapeut
20.	§ 3 des Hebammengesetzes	Rücknahme und Widerruf der Erlaubnis zur Führung der Berufsbezeichnung Hebamme oder Entbindungspfleger
21.	§ 2 Absatz 1 des Gesetzes über die Rechtsstellung vorgeprüfter Apothekeranwärter	Untersagung der Befugnis zur Führung der Berufsbezeichnung Apothekerassistentin, Apothekerassistent oder zur Ausübung pharmazeutischer Tätigkeiten
22.	§ 48 des Infektionsschutzgesetzes	Rücknahme und Widerruf der Erlaubnis für Tätigkeiten mit Krankheitserregern
23.	§ 18 Absatz 1 des Arzneimittelgesetzes	Rücknahme, Widerruf und Anordnung des Ruhens der Erlaubnis zur Herstellung von Arzneimitteln
24.	§ 3 des Gesetzes über den Beruf des pharmazeutisch-technischen Assistenten	Rücknahme und Widerruf der Erlaubnis zur Ausübung einer Tätigkeit unter der Berufsbezeichnung pharmazeutisch-technische Assistentin, pharmazeutisch-technischer Assistent
25.	§ 7 Absatz 1 des Hufbeschlaggesetzes	Widerruf der staatlichen Anerkennung als Hufbeschlagschmiedin, Hufbeschlagschmied
26.	§ 3 des Gesetzes über den Beruf des Logopäden	Rücknahme und Widerruf der Erlaubnis zur Ausübung einer Tätigkeit unter der Berufsbezeichnung Logopädin, Logopäde
27.	§ 3 Absatz 1 des Gesetzes über die Berufsbezeichnung „Staatlich geprüfte Lebensmittelchemikerin" und „Staatlich geprüfter Lebensmittelchemiker"	Rücknahme der Erlaubnis zur Führung der Berufsbezeichnung „Staatlich geprüfte Lebensmittelchemikerin", „Staatlich geprüfter Lebensmittelchemiker"
28.	§ 7 Absatz 2 und 3 der Bautechnischen Prüfungsverordnung	Rücknahme und Widerruf der Anerkennung als Prüfingenieurin, Prüfingenieur oder als Prüfsachverständige, Prüfsachverständiger
29.	§ 43 des Bürgerlichen Gesetzbuches	Entziehung der Rechtsfähigkeit von Vereinen.

Verwaltungsverfahrensgesetz (VwVfG)[1)]

In der Fassung der Bekanntmachung vom 23. Januar 2003 (BGBl. I S. 102), zuletzt geändert durch Artikel 11 Absatz 2 des Gesetzes vom 18. Juli 2017 (BGBl. I S. 2745)

INHALTSÜBERSICHT

TEIL I
Anwendungsbereich, örtliche Zuständigkeit, elektronische Kommunikation, Amtshilfe, europäische Verwaltungszusammenarbeit

ABSCHNITT 1
Anwendungsbereich, örtliche Zuständigkeit, elektronische Kommunikation

ABSCHNITT 2
Amtshilfe

15

ABSCHNITT 3
Europäische Verwaltungszusammenarbeit

TEIL II
Allgemeine Vorschriften über das Verwaltungsverfahren

ABSCHNITT 1
Verfahrensgrundsätze

1) Für die öffentlich-rechtliche Verwaltungstätigkeit der Behörden Berlins gilt das Verwaltungsverfahrensgesetz (VwVfG) nach § 1 des Gesetzes über das Verfahren der Berliner Verwaltung (13), soweit nicht in den §§ 2 bis 4a dieses Gesetzes etwas anderes bestimmt ist.

ABSCHNITT 2

Planfeststellungsverfahren

TEIL VI

Rechtsbehelfsverfahren

TEIL VII

Ehrenamtliche Tätigkeit, Ausschüsse

ABSCHNITT 1

Ehrenamtliche Tätigkeit

ABSCHNITT 2

Ausschüsse

TEIL VIII

Schlussvorschriften

TEIL I
Anwendungsbereich, örtliche Zuständigkeit, elektronische Kommunikation, Amtshilfe, europäische Verwaltungszusammenarbeit

ABSCHNITT 1
Anwendungsbereich, örtliche Zuständigkeit, elektronische Kommunikation

§ 1
Anwendungsbereich

(1) Dieses Gesetz gilt für die öffentlich-rechtliche Verwaltungstätigkeit der Behörden
1. des Bundes, der bundesunmittelbaren Körperschaften, Anstalten und Stiftungen des öffentlichen Rechts,
2. der Länder, der Gemeinden und Gemeindeverbände, der sonstigen der Aufsicht des Landes unterstehenden juristischen Personen des öffentlichen Rechts, wenn sie Bundesrecht im Auftrag des Bundes ausführen,

soweit nicht Rechtsvorschriften des Bundes inhaltsgleiche oder entgegenstehende Bestimmungen enthalten.

(2) Dieses Gesetz gilt auch für die öffentlich-rechtliche Verwaltungstätigkeit der in Absatz 1 Nr. 2 bezeichneten Behörden, wenn die Länder Bundesrecht, das Gegenstände der ausschließlichen oder konkurrierenden Gesetzgebung des Bundes betrifft, als eigene Angelegenheit ausführen, soweit nicht Rechtsvorschriften des Bundes inhaltsgleiche oder entgegenstehende Bestimmungen enthalten. Für die Ausführung von Bundesgesetzen, die nach Inkrafttreten dieses Gesetzes erlassen werden, gilt dies nur, soweit die Bundesgesetze mit Zustimmung des Bundesrates dieses Gesetz für anwendbar erklären.

(3) Für die Ausführung von Bundesrecht durch die Länder gilt dieses Gesetz nicht, soweit die öffentlich-rechtliche Verwaltungstätigkeit der Behörden landesrechtlich durch ein Verwaltungsverfahrensgesetz geregelt ist.

(4) Behörde im Sinne dieses Gesetzes ist jede Stelle, die Aufgaben der öffentlichen Verwaltung wahrnimmt.

§ 2
Ausnahmen vom Anwendungsbereich

(1) Dieses Gesetz gilt nicht für die Tätigkeit der Kirchen, der Religionsgesellschaften und Weltanschauungsgemeinschaften sowie ihrer Verbände und Einrichtungen.

(2) Dieses Gesetz gilt ferner nicht für
1. Verfahren der Bundes- oder Landesfinanzbehörden nach der Abgabenordnung,
2. die Strafverfolgung, die Verfolgung und Ahndung von Ordnungswidrigkeiten, die Rechtshilfe für das Ausland in Straf- und Zivilsachen und, unbeschadet des § 80 Abs. 4, für Maßnahmen des Richterdienstrechts,
3. Verfahren vor dem Deutschen Patent- und Markenamt und den bei diesem errichteten Schiedsstellen,
4. Verfahren nach dem Sozialgesetzbuch,
5. das Recht des Lastenausgleichs,
6. das Recht der Wiedergutmachung.

(3) Für die Tätigkeit
1. der Gerichtsverwaltungen und der Behörden der Justizverwaltung einschließlich der ihrer Aufsicht unterliegenden Körperschaften des öffentlichen Rechts gilt dieses Gesetz nur, soweit die Tätigkeit der Nachprüfung durch die Gerichte der Verwaltungsgerichtsbarkeit oder durch die in verwaltungsrechtlichen Anwalts-, Patentanwalts- und Notarsachen zuständigen Gerichte unterliegt;

2. der Behörden bei Leistungs-, Eignungs- und ähnlichen Prüfungen von Personen gelten nur die §§ 3a bis 13, 20 bis 27, 29 bis 38, 40 bis 52, 79, 80 und 96;
3. der Vertretungen des Bundes im Ausland gilt dieses Gesetz nicht.

§ 3
Örtliche Zuständigkeit[1)]

(1) Örtlich zuständig ist

1. in Angelegenheiten, die sich auf unbewegliches Vermögen oder ein ortsgebundenes Recht oder Rechtsverhältnis beziehen, die Behörde, in deren Bezirk das Vermögen oder der Ort liegt;
2. in Angelegenheiten, die sich auf den Betrieb eines Unternehmens oder einer seiner Betriebsstätten, auf die Ausübung eines Berufes oder auf eine andere dauernde Tätigkeit beziehen, die Behörde, in deren Bezirk das Unternehmen oder die Betriebsstätte betrieben oder der Beruf oder die Tätigkeit ausgeübt wird oder werden soll;
3. in anderen Angelegenheiten, die
   a) eine natürliche Person betreffen, die Behörde, in deren Bezirk die natürliche Person ihren gewöhnlichen Aufenthalt hat oder zuletzt hatte,
   b) eine juristische Person oder eine Vereinigung betreffen, die Behörde, in deren Bezirk die juristische Person oder die Vereinigung ihren Sitz hat oder zuletzt hatte;
4. in Angelegenheiten, bei denen sich die Zuständigkeit nicht aus den Nummern 1 bis 3 ergibt, die Behörde, in deren Bezirk der Anlass für die Amtshandlung hervortritt.

(2) Sind nach Absatz 1 mehrere Behörden zuständig, so entscheidet die Behörde, die zuerst mit der Sache befasst worden ist, es sei denn, die gemeinsame fachlich zuständige Aufsichtsbehörde bestimmt, dass eine andere örtlich zuständige Behörde zu entscheiden hat. Sie kann in den Fällen, in denen eine gleiche Angelegenheit sich auf mehrere Betriebsstätten eines Betriebes oder Unternehmens bezieht, eine der nach Absatz 1 Nr. 2 zuständigen Behörden als gemeinsame zuständige Behörde bestimmen, wenn dies unter Wahrung der Interessen der Beteiligten zur einheitlichen Entscheidung geboten ist. Diese Aufsichtsbehörde entscheidet ferner über die örtliche Zuständigkeit, wenn sich mehrere Behörden für zuständig oder für unzuständig halten oder wenn die Zuständigkeit aus anderen Gründen zweifelhaft ist. Fehlt eine gemeinsame Aufsichtsbehörde, so treffen die fachlich zuständigen Aufsichtsbehörden die Entscheidung gemeinsam.

(3) Ändern sich im Lauf des Verwaltungsverfahrens die die Zuständigkeit begründenden Umstände, so kann die bisher zuständige Behörde das Verwaltungsverfahren fortführen, wenn dies unter Wahrung der Interessen der Beteiligten der einfachen und zweckmäßigen Durchführung des Verfahrens dient und die nunmehr zuständige Behörde zustimmt.

(4) Bei Gefahr im Verzug ist für unaufschiebbare Maßnahmen jede Behörde örtlich zuständig, in deren Bezirk der Anlass für die Amtshandlung hervortritt. Die nach Absatz 1 Nr. 1 bis 3 örtlich zuständige Behörde ist unverzüglich zu unterrichten.

§ 3a
Elektronische Kommunikation

(1) Die Übermittlung elektronischer Dokumente ist zulässig, soweit der Empfänger hierfür einen Zugang eröffnet.

(2) Eine durch Rechtsvorschrift angeordnete Schriftform kann, soweit nicht durch Rechtsvorschrift etwas anderes bestimmt ist, durch die elektronische Form ersetzt werden.

---

1) Siehe auch
- Nr. 1 Abs. 3 ZustKat AZG (3.1),
- Rechtsverordnungen über Bezirksaufgaben, die von einzelnen Bezirken wahrgenommen werden (10.1 bis 10.5),
- § 33 Abs. 2 AG KJHG (11) und Fußnote 1 dazu.

Zur Abgrenzung der örtlichen Zuständigkeit für die Leistungen der Sozialhilfe Ausführungsvorschriften vom 19. April 2012 (ABl. S. 702).

Der elektronischen Form genügt ein elektronisches Dokument, das mit einer qualifizierten elektronischen Signatur versehen ist. Die Signierung mit einem Pseudonym, das die Identifizierung der Person des Signaturschlüsselinhabers nicht unmittelbar durch die Behörde ermöglicht, ist nicht zulässig. Die Schriftform kann auch ersetzt werden

1. durch unmittelbare Abgabe der Erklärung in einem elektronischen Formular, das von der Behörde in einem Eingabegerät oder über öffentlich zugängliche Netze zur Verfügung gestellt wird;
2. bei Anträgen und Anzeigen durch Versendung eines elektronischen Dokuments an die Behörde mit der Versandart nach § 5 Absatz 5 des De-Mail-Gesetzes;
3. bei elektronischen Verwaltungsakten oder sonstigen elektronischen Dokumenten der Behörden durch Versendung einer De-Mail-Nachricht nach § 5 Absatz 5 des De-Mail-Gesetzes, bei der die Bestätigung des akkreditierten Diensteanbieters die erlassende Behörde als Nutzer des De-Mail-Kontos erkennen lässt;
4. durch sonstige sichere Verfahren, die durch Rechtsverordnung der Bundesregierung mit Zustimmung des Bundesrates festgelegt werden, welche den Datenübermittler (Absender der Daten) authentifizieren und die Integrität des elektronisch übermittelten Datensatzes sowie die Barrierefreiheit gewährleisten; der IT-Planungsrat gibt Empfehlungen zu geeigneten Verfahren ab.

In den Fällen des Satzes 4 Nummer 1 muss bei einer Eingabe über öffentlich zugängliche Netze ein sicherer Identitätsnachweis nach § 18 des Personalausweisgesetzes oder nach § 78 Absatz 5 des Aufenthaltsgesetzes erfolgen.

(3) Ist ein der Behörde übermitteltes elektronisches Dokument für sie zur Bearbeitung nicht geeignet, teilt sie dies dem Absender unter Angabe der für sie geltenden technischen Rahmenbedingungen unverzüglich mit. Macht ein Empfänger geltend, er könne das von der Behörde übermittelte elektronische Dokument nicht bearbeiten, hat sie es ihm erneut in einem geeigneten elektronischen Format oder als Schriftstück zu übermitteln.

ABSCHNITT 2
Amtshilfe

§ 4
Amtshilfepflicht

(1) Jede Behörde leistet anderen Behörden auf Ersuchen ergänzende Hilfe (Amtshilfe)[1].

(2) Amtshilfe liegt nicht vor, wenn

1. Behörden einander innerhalb eines bestehenden Weisungsverhältnisses Hilfe leisten;
2. die Hilfeleistung in Handlungen besteht, die der ersuchten Behörde als eigene Aufgabe obliegen.

§ 5
Voraussetzungen und Grenzen der Amtshilfe

(1) Eine Behörde kann um Amtshilfe insbesondere dann ersuchen, wenn sie

1. aus rechtlichen Gründen die Amtshandlung nicht selbst vornehmen kann;
2. aus tatsächlichen Gründen, besonders weil die zur Vornahme der Amtshandlung erforderlichen Dienstkräfte oder Einrichtungen fehlen, die Amtshandlung nicht selbst vornehmen kann;
3. zur Durchführung ihrer Aufgaben auf die Kenntnis von Tatsachen angewiesen ist, die ihr unbekannt sind und die sie selbst nicht ermitteln kann;

---

1) Wegen der Vollzugshilfe der Polizei und der Berliner Feuerwehr vgl. § 1 Abs. 5, § 3 Abs. 2 und §§ 52 bis 54 ASOG Bln (4).

4. zur Durchführung ihrer Aufgaben Urkunden oder sonstige Beweismittel benötigt, die sich im Besitz der ersuchten Behörde befinden;
5. die Amtshandlung nur mit wesentlich größerem Aufwand vornehmen könnte als die ersuchte Behörde.

(2) Die ersuchte Behörde darf Hilfe nicht leisten, wenn
1. sie hierzu aus rechtlichen Gründen nicht in der Lage ist;
2. durch die Hilfeleistung dem Wohl des Bundes oder eines Landes erhebliche Nachteile bereitet würden.

Die ersuchte Behörde ist insbesondere zur Vorlage von Urkunden oder Akten sowie zur Erteilung von Auskünften nicht verpflichtet, wenn die Vorgänge nach einem Gesetz oder ihrem Wesen nach geheimgehalten werden müssen.

(3) Die ersuchte Behörde braucht Hilfe nicht zu leisten, wenn
1. eine andere Behörde die Hilfe wesentlich einfacher oder mit wesentlich geringerem Aufwand leisten kann;
2. sie die Hilfe nur mit unverhältnismäßig großem Aufwand leisten könnte;
3. sie unter Berücksichtigung der Aufgaben der ersuchenden Behörde durch die Hilfeleistung die Erfüllung ihrer eigenen Aufgaben ernstlich gefährden würde.

(4) Die ersuchte Behörde darf die Hilfe nicht deshalb verweigern, weil sie das Ersuchen aus anderen als den in Absatz 3 genannten Gründen oder weil sie die mit der Amtshilfe zu verwirklichende Maßnahme für unzweckmäßig hält.

(5) Hält die ersuchte Behörde sich zur Hilfe nicht für verpflichtet, so teilt sie der ersuchenden Behörde ihre Auffassung mit. Besteht diese auf der Amtshilfe, so entscheidet über die Verpflichtung zur Amtshilfe die gemeinsame fachlich zuständige Aufsichtsbehörde oder, sofern eine solche nicht besteht, die für die ersuchte Behörde fachlich zuständige Aufsichtsbehörde.

§ 6
Auswahl der Behörde

Kommen für die Amtshilfe mehrere Behörden in Betracht, so soll nach Möglichkeit eine Behörde der untersten Verwaltungsstufe des Verwaltungszweiges ersucht werden, dem die ersuchende Behörde angehört.

§ 7
Durchführung der Amtshilfe

(1) Die Zulässigkeit der Maßnahme, die durch die Amtshilfe verwirklicht werden soll, richtet sich nach dem für die ersuchende Behörde, die Durchführung der Amtshilfe nach dem für die ersuchte Behörde geltenden Recht.

(2) Die ersuchende Behörde trägt gegenüber der ersuchten Behörde die Verantwortung für die Rechtmäßigkeit der zu treffenden Maßnahme. Die ersuchte Behörde ist für die Durchführung der Amtshilfe verantwortlich.

§ 8
Kosten der Amtshilfe

(1) Die ersuchende Behörde hat der ersuchten Behörde für die Amtshilfe keine Verwaltungsgebühr zu entrichten. Auslagen hat sie der ersuchten Behörde auf Anforderung zu erstatten, wenn sie im Einzelfall 35 Euro übersteigen. Leisten Behörden desselben Rechtsträgers einander Amtshilfe, so werden die Auslagen nicht erstattet.

(2) Nimmt die ersuchte Behörde zur Durchführung der Amtshilfe eine kostenpflichtige Amtshandlung vor, so stehen ihr die von einem Dritten hierfür geschuldeten Kosten (Verwaltungsgebühren, Benutzungsgebühren und Auslagen) zu.

ABSCHNITT 3

Europäische Verwaltungszusammenarbeit

§ 8a
Grundsätze der Hilfeleistung

(1) Jede Behörde leistet Behörden anderer Mitgliedstaaten der Europäischen Union auf Ersuchen Hilfe, soweit dies nach Maßgabe von Rechtsakten der Europäischen Gemeinschaft geboten ist.

(2) Behörden anderer Mitgliedstaaten der Europäischen Union können um Hilfe ersucht werden, soweit dies nach Maßgabe von Rechtsakten der Europäischen Gemeinschaft zugelassen ist. Um Hilfe ist zu ersuchen, soweit dies nach Maßgabe von Rechtsakten der Europäischen Gemeinschaft geboten ist.

(3) Die §§ 5, 7 und 8 Absatz 2 sind entsprechend anzuwenden, soweit Rechtsakte der Europäischen Gemeinschaft nicht entgegenstehen.

§ 8b
Form und Behandlung der Ersuchen

(1) Ersuchen sind in deutscher Sprache an Behörden anderer Mitgliedstaaten der Europäischen Union zu richten; soweit erforderlich, ist eine Übersetzung beizufügen. Die Ersuchen sind gemäß den gemeinschaftsrechtlichen Vorgaben und unter Angabe des maßgeblichen Rechtsakts zu begründen.

(2) Ersuchen von Behörden anderer Mitgliedstaaten der Europäischen Union dürfen nur erledigt werden, wenn sich ihr Inhalt in deutscher Sprache aus den Akten ergibt. Soweit erforderlich, soll bei Ersuchen in einer anderen Sprache von der ersuchenden Behörde eine Übersetzung verlangt werden.

(3) Ersuchen von Behörden anderer Mitgliedstaaten der Europäischen Union können abgelehnt werden, wenn sie nicht ordnungsgemäß und unter Angabe des maßgeblichen Rechtsakts begründet sind und die erforderliche Begründung nach Aufforderung nicht nachgereicht wird.

(4) Einrichtungen und Hilfsmittel der Kommission zur Behandlung von Ersuchen sollen genutzt werden. Informationen sollen elektronisch übermittelt werden. 15

§ 8c
Kosten der Hilfeleistung

Ersuchende Behörden anderer Mitgliedstaaten der Europäischen Union haben Verwaltungsgebühren oder Auslagen nur zu erstatten, soweit dies nach Maßgabe von Rechtsakten der Europäischen Gemeinschaft verlangt werden kann.

§ 8d
Mitteilungen von Amts wegen

(1) Die zuständige Behörde teilt den Behörden anderer Mitgliedstaaten der Europäischen Union und der Kommission Angaben über Sachverhalte und Personen mit, soweit dies nach Maßgabe von Rechtsakten der Europäischen Gemeinschaft geboten ist. Dabei sollen die hierzu eingerichteten Informationsnetze genutzt werden.

(2) Übermittelt eine Behörde Angaben nach Absatz 1 an die Behörde eines anderen Mitgliedstaats der Europäischen Union, unterrichtet sie den Betroffenen über die Tatsache der Übermittlung, soweit Rechtsakte der Europäischen Gemeinschaft dies vorsehen; dabei ist auf die Art der Angaben sowie auf die Zweckbestimmung und die Rechtsgrundlage der Übermittlung hinzuweisen.

§ 8e
Anwendbarkeit

Die Regelungen dieses Abschnitts sind mit Inkrafttreten des jeweiligen Rechtsaktes der Europäischen Gemeinschaft, wenn dieser unmittelbare Wirkung entfaltet, im Übrigen mit

Ablauf der jeweiligen Umsetzungsfrist anzuwenden. Sie gelten auch im Verhältnis zu den anderen Vertragsstaaten des Abkommens über den Europäischen Wirtschaftsraum, soweit Rechtsakte der Europäischen Gemeinschaft auch auf diese Staaten anzuwenden sind.

TEIL II
Allgemeine Vorschriften über das Verwaltungsverfahren

ABSCHNITT 1
Verfahrensgrundsätze

§ 9
Begriff des Verwaltungsverfahrens

Das Verwaltungsverfahren im Sinne dieses Gesetzes ist die nach außen wirkende Tätigkeit der Behörden, die auf die Prüfung der Voraussetzungen, die Vorbereitung und den Erlass eines Verwaltungsaktes oder auf den Abschluss eines öffentlich-rechtlichen Vertrages gerichtet ist; es schließt den Erlass des Verwaltungsaktes oder den Abschluss des öffentlich-rechtlichen Vertrags ein.

§ 10
Nichtförmlichkeit des Verwaltungsverfahrens

Das Verwaltungsverfahren ist an bestimmte Formen nicht gebunden, soweit keine besonderen Rechtsvorschriften für die Form des Verfahrens bestehen. Es ist einfach, zweckmäßig und zügig durchzuführen.

§ 11
Beteiligungsfähigkeit

Fähig, am Verfahren beteiligt zu sein, sind

1. natürliche und juristische Personen,
2. Vereinigungen, soweit ihnen ein Recht zustehen kann,
3. Behörden.

§ 12
Handlungsfähigkeit

(1) Fähig zur Vornahme von Verfahrenshandlungen sind

1. natürliche Personen, die nach bürgerlichem Recht geschäftsfähig sind,
2. natürliche Personen, die nach bürgerlichem Recht in der Geschäftsfähigkeit beschränkt sind, soweit sie für den Gegenstand des Verfahrens durch Vorschriften des bürgerlichen Rechts als geschäftsfähig oder durch Vorschriften des öffentlichen Rechts als handlungsfähig anerkannt sind,
3. juristische Personen und Vereinigungen (§ 11 Nr. 2) durch ihre gesetzlichen Vertreter oder durch besonders Beauftragte,
4. Behörden durch ihre Leiter, deren Vertreter oder Beauftragte.

(2) Betrifft ein Einwilligungsvorbehalt nach § 1903 des Bürgerlichen Gesetzbuchs den Gegenstand des Verfahrens, so ist ein geschäftsfähiger Betreuter nur insoweit zur Vornahme von Verfahrenshandlungen fähig, als er nach den Vorschriften des bürgerlichen Rechts ohne Einwilligung des Betreuers handeln kann oder durch Vorschriften des öffentlichen Rechts als handlungsfähig anerkannt ist.

(3) Die §§ 53 und 55 der Zivilprozessordnung gelten entsprechend.

§ 13
Beteiligte

(1) Beteiligte sind
1. Antragsteller und Antragsgegner,
2. diejenigen, an die die Behörde den Verwaltungsakt richten will oder gerichtet hat,
3. diejenigen, mit denen die Behörde einen öffentlich-rechtlichen Vertrag schließen will oder geschlossen hat,
4. diejenigen, die nach Absatz 2 von der Behörde zu dem Verfahren hinzugezogen worden sind.

(2) Die Behörde kann von Amts wegen oder auf Antrag diejenigen, deren rechtliche Interessen durch den Ausgang des Verfahrens berührt werden können, als Beteiligte hinzuziehen. Hat der Ausgang des Verfahrens rechtsgestaltende Wirkung für einen Dritten, so ist dieser auf Antrag als Beteiligter zu dem Verfahren hinzuzuziehen; soweit er der Behörde bekannt ist, hat diese ihn von der Einleitung des Verfahrens zu benachrichtigen.

(3) Wer anzuhören ist, ohne dass die Voraussetzungen des Absatzes 1 vorliegen, wird dadurch nicht Beteiligter.

§ 14
Bevollmächtigte und Beistände

(1) Ein Beteiligter kann sich durch einen Bevollmächtigten vertreten lassen. Die Vollmacht ermächtigt zu allen das Verwaltungsverfahren betreffenden Verfahrenshandlungen, sofern sich aus ihrem Inhalt nicht etwas anderes ergibt. Der Bevollmächtigte hat auf Verlangen seine Vollmacht schriftlich nachzuweisen. Ein Widerruf der Vollmacht wird der Behörde gegenüber erst wirksam, wenn er ihr zugeht.

(2) Die Vollmacht wird weder durch den Tod des Vollmachtgebers noch durch eine Veränderung in seiner Handlungsfähigkeit oder seiner gesetzlichen Vertretung aufgehoben; der Bevollmächtigte hat jedoch, wenn er für den Rechtsnachfolger im Verwaltungverfahren auftritt, dessen Vollmacht auf Verlangen schriftlich beizubringen.

(3) Ist für das Verfahren ein Bevollmächtigter bestellt, so soll sich die Behörde an ihn wenden. Sie kann sich an den Beteiligten selbst wenden, soweit er zur Mitwirkung verpflichtet ist. Wendet sich die Behörde an den Beteiligten, so soll der Bevollmächtigte verständigt werden. Vorschriften über die Zustellung an Bevollmächtigte bleiben unberührt.

(4) Ein Beteiligter kann zu Verhandlungen und Besprechungen mit einem Beistand erscheinen. Das von dem Beistand Vorgetragene gilt als von dem Beteiligten vorgebracht, soweit dieser nicht unverzüglich widerspricht.

(5) Bevollmächtigte und Beistände sind zurückzuweisen, wenn sie entgegen § 3 des Rechtsdienstleistungsgesetzes Rechtsdienstleistungen erbringen.

(6) Bevollmächtigte und Beistände können vom Vortrag zurückgewiesen werden, wenn sie hierzu ungeeignet sind; vom mündlichen Vortrag können sie nur zurückgewiesen werden, wenn sie zum sachgemäßen Vortrag nicht fähig sind. Nicht zurückgewiesen werden können Personen, die nach § 67 Abs. 2 Satz 1 und 2 Nr. 3 bis 7 der Verwaltungsgerichtsordnung zur Vertretung im verwaltungsgerichtlichen Verfahren befugt sind.

(7) Die Zurückweisung nach den Absätzen 5 und 6 ist auch dem Beteiligten, dessen Bevollmächtigter oder Beistand zurückgewiesen wird, mitzuteilen. Verfahrenshandlungen des zurückgewiesenen Bevollmächtigten oder Beistands, die dieser nach der Zurückweisung vornimmt, sind unwirksam.

§ 15
Bestellung eines Empfangsbevollmächtigten

Ein Beteiligter ohne Wohnsitz oder gewöhnlichen Aufenthalt, Sitz oder Geschäftsleitung im Inland hat der Behörde auf Verlangen innerhalb einer angemessenen Frist einen Empfangsbevollmächtigten im Inland zu benennen. Unterlässt er dies, gilt ein an ihn gerichtetes Schriftstück am siebenten Tage nach der Aufgabe zur Post und ein elektronisch übermitteltes Dokument am dritten Tage nach der Absendung als zugegangen. Dies gilt nicht, wenn feststeht, dass das Dokument den Empfänger nicht oder zu einem späteren Zeitpunkt erreicht hat. Auf die Rechtsfolgen der Unterlassung ist der Beteiligte hinzuweisen.

§ 16
Bestellung eines Vertreters von Amts wegen

(1) Ist ein Vertreter nicht vorhanden, so hat das Betreuungsgericht, für einen minderjährigen Beteiligten das Familiengericht auf Ersuchen der Behörde einen geeigneten Vertreter zu bestellen

1. für einen Beteiligten, dessen Person unbekannt ist;
2. für einen abwesenden Beteiligten, dessen Aufenthalt unbekannt ist oder der an der Besorgung seiner Angelegenheiten verhindert ist;
3. für einen Beteiligten ohne Aufenthalt im Inland, wenn er der Aufforderung der Behörde, einen Vertreter zu bestellen, innerhalb der ihm gesetzten Frist nicht nachgekommen ist;
4. für einen Beteiligten, der infolge einer psychischen Krankheit oder körperlichen, geistigen oder seelischen Behinderung nicht in der Lage ist, in dem Verwaltungsverfahren selbst tätig zu werden;
5. bei herrenlosen Sachen, auf die sich das Verfahren bezieht, zur Wahrung der sich in bezug auf die Sache ergebenden Rechte und Pflichten.

(2) Für die Bestellung des Vertreters ist in den Fällen des Absatzes 1 Nr. 4 das Gericht zuständig, in dessen Bezirk der Beteiligte seinen gewöhnlichen Aufenthalt hat; im Übrigen ist das Gericht zuständig, in dessen Bezirk die ersuchte Behörde ihren Sitz hat.

(3) Der Vertreter hat gegen den Rechtsträger der Behörde, die um seine Bestellung ersucht hat, Anspruch auf eine angemessene Vergütung und auf die Erstattung seiner baren Auslagen. Die Behörde kann von dem Vertretenen Ersatz ihrer Aufwendungen verlangen. Sie bestimmt die Vergütung und stellt die Auslagen und Aufwendungen fest.

(4) Im Übrigen gelten für die Bestellung und für das Amt des Vertreters in den Fällen des Absatzes 1 Nr. 4 die Vorschriften über die Betreuung, in den übrigen Fällen die Vorschriften über die Pflegschaft entsprechend.

§ 17
Vertreter bei gleichförmigen Eingaben

(1) Bei Anträgen und Eingaben, die in einem Verwaltungsverfahren von mehr als 50 Personen auf Unterschriftslisten unterzeichnet oder in Form vervielfältigter gleichlautender Texte eingereicht worden sind (gleichförmige Eingaben), gilt für das Verfahren derjenige Unterzeichner als Vertreter der übrigen Unterzeichner, der darin mit seinem Namen, seinem Beruf und seiner Anschrift als Vertreter bezeichnet ist, soweit er nicht von ihnen als Bevollmächtigter bestellt worden ist. Vertreter kann nur eine natürliche Person sein.

(2) Die Behörde kann gleichförmige Eingaben, die die Angaben nach Absatz 1 Satz 1 nicht deutlich sichtbar auf jeder mit einer Unterschrift versehenen Seite enthalten oder dem Erfordernis des Absatzes 1 Satz 2 nicht entsprechen, unberücksichtigt lassen. Will die Behörde so verfahren, so hat sie dies durch ortsübliche Bekanntmachung mitzuteilen. Die Behörde kann ferner gleichförmige Eingaben insoweit unberücksichtigt lassen, als Unterzeichner ihren Namen oder ihre Anschrift nicht oder unleserlich angegeben haben.

(3) Die Vertretungsmacht erlischt, sobald der Vertreter oder der Vertretene dies der Behörde schriftlich erklärt; der Vertreter kann eine solche Erklärung nur hinsichtlich aller Vertretenen abgeben. Gibt der Vertretene eine solche Erklärung ab, so soll er der Behörde zugleich mitteilen, ob er seine Eingabe aufrechterhält und ob er einen Bevollmächtigten bestellt hat.

(4) Endet die Vertretungsmacht des Vertreters, so kann die Behörde die nicht mehr Vertretenen auffordern, innerhalb einer angemessenen Frist einen gemeinsamen Vertreter zu bestellen. Sind mehr als 50 Personen aufzufordern, so kann die Behörde die Aufforderung ortsüblich bekannt machen. Wird der Aufforderung nicht fristgemäß entsprochen, so kann die Behörde von Amts wegen einen gemeinsamen Vertreter bestellen.

§ 18
Vertreter für Beteiligte bei gleichem Interesse

(1) Sind an einem Verwaltungsverfahren mehr als 50 Personen im gleichen Interesse beteiligt, ohne vertreten zu sein, so kann die Behörde sie auffordern, innerhalb einer angemessenen Frist einen gemeinsamen Vertreter zu bestellen, wenn sonst die ordnungsmäßige Durchführung des Verwaltungsverfahrens beeinträchtigt wäre. Kommen sie der Aufforderung nicht fristgemäß nach, so kann die Behörde von Amts wegen einen gemeinsamen Vertreter bestellen. Vertreter kann nur eine natürliche Person sein.

(2) Die Vertretungsmacht erlischt, sobald der Vertreter oder der Vertretene dies der Behörde schriftlich erklärt; der Vertreter kann eine solche Erklärung nur hinsichtlich aller Vertretenen abgeben. Gibt der Vertretene eine solche Erklärung ab, so soll er der Behörde zugleich mitteilen, ob er seine Eingabe aufrechterhält und ob er einen Bevollmächtigten bestellt hat.

§ 19
Gemeinsame Vorschriften für Vertreter bei gleichförmigen Eingaben und bei gleichem Interesse

(1) Der Vertreter hat die Interessen der Vertretenen sorgfältig wahrzunehmen. Er kann alle das Verwaltungsverfahren betreffenden Verfahrenshandlungen vornehmen. An Weisungen ist er nicht gebunden.

(2) § 14 Abs. 5 bis 7 gilt entsprechend.

(3) Der von der Behörde bestellte Vertreter hat gegen deren Rechtsträger Anspruch auf angemessene Vergütung und auf Erstattung seiner baren Auslagen. Die Behörde kann von den Vertretenen zu gleichen Anteilen Ersatz ihrer Aufwendungen verlangen. Sie bestimmt die Vergütung und stellt die Auslagen und Aufwendungen fest.

§ 20
Ausgeschlossene Personen

(1) In einem Verwaltungsverfahren darf für eine Behörde nicht tätig werden,

1. wer selbst Beteiligter ist;
2. wer Angehöriger eines Beteiligten ist;
3. wer einen Beteiligten kraft Gesetzes oder Vollmacht allgemein oder in diesem Verwaltungsverfahren vertritt;
4. wer Angehöriger einer Person ist, die einen Beteiligten in diesem Verfahren vertritt;
5. wer bei einem Beteiligten gegen Entgelt beschäftigt ist oder bei ihm als Mitglied des Vorstands, des Aufsichtsrates oder eines gleichartigen Organs tätig ist; dies gilt nicht für den, dessen Anstellungskörperschaft Beteiligte ist;
6. wer außerhalb seiner amtlichen Eigenschaft in der Angelegenheit ein Gutachten abgegeben hat oder sonst tätig geworden ist.

Dem Beteiligten steht gleich, wer durch die Tätigkeit oder durch die Entscheidung einen unmittelbaren Vorteil oder Nachteil erlangen kann. Dies gilt nicht, wenn der Vor- oder Nachteil nur darauf beruht, dass jemand einer Berufs- oder Bevölkerungsgruppe angehört, deren gemeinsame Interessen durch die Angelegenheit berührt werden.

(2) Absatz 1 gilt nicht für Wahlen zu einer ehrenamtlichen Tätigkeit und für die Abberufung von ehrenamtlich Tätigen.

(3) Wer nach Absatz 1 ausgeschlossen ist, darf bei Gefahr im Verzug unaufschiebbare Maßnahmen treffen.

(4) Hält sich ein Mitglied eines Ausschusses (§ 88) für ausgeschlossen oder bestehen Zweifel, ob die Voraussetzungen des Absatzes 1 gegeben sind, ist dies dem Vorsitzenden des Ausschusses mitzuteilen. Der Ausschuss entscheidet über den Ausschluss. Der Betroffene darf an dieser Entscheidung nicht mitwirken. Das ausgeschlossene Mitglied darf bei der weiteren Beratung und Beschlussfassung nicht zugegen sein.

(5) Angehörige im Sinne des Absatzes 1 Nr. 2 und 4 sind:

1. der Verlobte, auch im Sinne des Lebenspartnerschaftsgesetzes,
2. der Ehegatte,
2a. der Lebenspartner,
3. Verwandte und Verschwägerte gerader Linie,
4. Geschwister,
5. Kinder der Geschwister,
6. Ehegatten der Geschwister und Geschwister der Ehegatten,
6a. Lebenspartner der Geschwister und Geschwister der Lebenspartner,
7. Geschwister der Eltern,
8. Personen, die durch ein auf längere Dauer angelegtes Pflegeverhältnis mit häuslicher Gemeinschaft wie Eltern und Kind miteinander verbunden sind (Pflegeeltern und Pflegekinder).

Angehörige sind die in Satz 1 aufgeführten Personen auch dann, wenn

1. in den Fällen der Nummern 2, 3 und 6 die die Beziehung begründende Ehe nicht mehr besteht;
1a. in den Fällen der Nummern 2a, 3 und 6a die die Beziehung begründende Lebenspartnerschaft nicht mehr besteht;
2. in den Fällen der Nummern 3 bis 7 die Verwandtschaft oder Schwägerschaft durch Annahme als Kind erloschen ist;
3. im Falle der Nummer 8 die häusliche Gemeinschaft nicht mehr besteht, sofern die Personen weiterhin wie Eltern und Kind miteinander verbunden sind.

§ 21
Besorgnis der Befangenheit

(1) Liegt ein Grund vor, der geeignet ist, Misstrauen gegen eine unparteiische Amtsausübung zu rechtfertigen, oder wird von einem Beteiligten das Vorliegen eines solchen Grundes behauptet, so hat, wer in einem Verwaltungsverfahren für eine Behörde tätig werden soll, den Leiter der Behörde oder den von diesem Beauftragten zu unterrichten und sich auf dessen Anordnung der Mitwirkung zu enthalten. Betrifft die Besorgnis der Befangenheit den Leiter der Behörde, so trifft diese Anordnung die Aufsichtsbehörde, sofern sich der Behördenleiter nicht selbst einer Mitwirkung enthält.

(2) Für Mitglieder eines Ausschusses (§ 88) gilt § 20 Abs. 4 entsprechend.

§ 22
Beginn des Verfahrens

Die Behörde entscheidet nach pflichtgemäßem Ermessen, ob und wann sie ein Verwaltungsverfahren durchführt. Dies gilt nicht, wenn die Behörde auf Grund von Rechtsvorschriften

1. von Amts wegen oder auf Antrag tätig werden muss;
2. nur auf Antrag tätig werden darf und ein Antrag nicht vorliegt.

§ 23
Amtssprache

(1) Die Amtssprache ist deutsch.

(2) Werden bei einer Behörde in einer fremden Sprache Anträge gestellt oder Eingaben, Belege, Urkunden oder sonstige Dokumente vorgelegt, soll die Behörde unverzüglich die Vorlage einer Übersetzung verlangen. In begründeten Fällen kann die Vorlage einer beglaubigten oder von einem öffentlich bestellten oder beeidigten Dolmetscher oder Übersetzer angefertigten Übersetzung verlangt werden. Wird die verlangte Übersetzung nicht unverzüglich vorgelegt, so kann die Behörde auf Kosten des Beteiligten selbst eine Übersetzung beschaffen. Hat die Behörde Dolmetscher oder Übersetzer herangezogen, erhalten diese in entsprechender Anwendung des Justizvergütungs- und -entschädigungsgesetzes[1)] eine Vergütung.

(3) Soll durch eine Anzeige, einen Antrag oder die Abgabe einer Willenserklärung eine Frist in Lauf gesetzt werden, innerhalb deren die Behörde in einer bestimmten Weise tätig werden muss, und gehen diese in einer fremden Sprache ein, so beginnt der Lauf der Frist erst mit dem Zeitpunkt, in dem der Behörde eine Übersetzung vorliegt.

(4) Soll durch eine Anzeige, einen Antrag oder eine Willenserklärung, die in fremder Sprache eingehen, zugunsten eines Beteiligten eine Frist gegenüber der Behörde gewahrt, ein öffentlich-rechtlicher Anspruch geltend gemacht oder eine Leistung begehrt werden, so gelten die Anzeige, der Antrag oder die Willenserklärung als zum Zeitpunkt des Eingangs bei der Behörde abgegeben, wenn auf Verlangen der Behörde innerhalb einer von dieser zu setzenden angemessenen Frist eine Übersetzung vorgelegt wird. Andernfalls ist der Zeitpunkt des Eingangs der Übersetzung maßgebend, soweit sich nicht aus zwischenstaatlichen Vereinbarungen etwas anderes ergibt. Auf diese Rechtsfolge ist bei der Fristsetzung hinzuweisen.

§ 24
Untersuchungsgrundsatz

(1) Die Behörde ermittelt den Sachverhalt von Amts wegen. Sie bestimmt Art und Umfang der Ermittlungen; an das Vorbringen und an die Beweisanträge der Beteiligten ist sie nicht gebunden. Setzt die Behörde automatische Einrichtungen zum Erlass von Verwaltungsakten ein, muss sie für den Einzelfall bedeutsame tatsächliche Angaben des Beteiligten berücksichtigen, die im automatischen Verfahren nicht ermittelt würden.

(2) Die Behörde hat alle für den Einzelfall bedeutsamen, auch die für die Beteiligten günstigen Umstände zu berücksichtigen.

(3) Die Behörde darf die Entgegennahme von Erklärungen oder Anträgen, die in ihren Zuständigkeitsbereich fallen, nicht deshalb verweigern, weil sie die Erklärung oder den Antrag in der Sache für unzulässig oder unbegründet hält.

§ 25
Beratung, Auskunft, frühe Öffentlichkeitsbeteiligung

(1) Die Behörde soll die Abgabe von Erklärungen, die Stellung von Anträgen oder die Berichtigung von Erklärungen oder Anträgen anregen, wenn diese offensichtlich nur versehentlich oder aus Unkenntnis unterblieben oder unrichtig abgegeben oder gestellt worden sind. Sie erteilt, soweit erforderlich, Auskunft über die den Beteiligten im Verwaltungsverfahren zustehenden Rechte und die ihnen obliegenden Pflichten.

(2) Die Behörde erörtert, soweit erforderlich, bereits vor Stellung eines Antrags mit dem zukünftigen Antragsteller, welche Nachweise und Unterlagen von ihm zu erbringen sind

1) Fundstelle des Gesetzes siehe Fußnote 1 zu § 20 Abs. 4 ASOG Bln (4).

und in welcher Weise das Verfahren beschleunigt werden kann. Soweit es der Verfahrensbeschleunigung dient, soll sie dem Antragsteller nach Eingang des Antrags unverzüglich Auskunft über die voraussichtliche Verfahrensdauer und die Vollständigkeit der Antragsunterlagen geben.

(3) Die Behörde wirkt darauf hin, dass der Träger bei der Planung von Vorhaben, die nicht nur unwesentliche Auswirkungen auf die Belange einer größeren Zahl von Dritten haben können, die betroffene Öffentlichkeit frühzeitig über die Ziele des Vorhabens, die Mittel, es zu verwirklichen, und die voraussichtlichen Auswirkungen des Vorhabens unterrichtet (frühe Öffentlichkeitsbeteiligung). Die frühe Öffentlichkeitsbeteiligung soll möglichst bereits vor Stellung eines Antrags stattfinden. Der betroffenen Öffentlichkeit soll Gelegenheit zur Äußerung und zur Erörterung gegeben werden. Das Ergebnis der vor Antragstellung durchgeführten frühen Öffentlichkeitsbeteiligung soll der betroffenen Öffentlichkeit und der Behörde spätestens mit der Antragstellung, im Übrigen unverzüglich mitgeteilt werden. Satz 1 gilt nicht, soweit die betroffene Öffentlichkeit bereits nach anderen Rechtsvorschriften vor der Antragstellung zu beteiligen ist. Beteiligungsrechte nach anderen Rechtsvorschriften bleiben unberührt.

§ 26
Beweismittel

(1) Die Behörde bedient sich der Beweismittel, die sie nach pflichtgemäßem Ermessen zur Emittlung des Sachverhalts für erforderlich hält. Sie kann insbesondere

1. Auskünfte jeder Art einholen,
2. Beteiligte anhören, Zeugen und Sachverständige vernehmen oder die schriftliche oder elektronische Äußerung von Beteiligten, Sachverständigen und Zeugen einholen,
3. Urkunden und Akten beiziehen,
4. den Augenschein einnehmen.

(2) Die Beteiligten sollen bei der Ermittlung des Sachverhalts mitwirken. Sie sollen insbesondere ihnen bekannte Tatsachen und Beweismittel angeben. Eine weitergehende Pflicht, bei der Ermittlung des Sachverhalts mitzuwirken, insbesondere eine Pflicht zum persönlichen Erscheinen oder zur Aussage, besteht nur, soweit sie durch Rechtsvorschrift besonders vorgesehen ist.

(3) Für Zeugen und Sachverständige besteht eine Pflicht zur Aussage oder zur Erstattung von Gutachten, wenn sie durch Rechtsvorschrift vorgesehen ist. Falls die Behörde Zeugen und Sachverständige herangezogen hat, erhalten sie auf Antrag in entsprechender Anwendung des Justizvergütungs- und -entschädigungsgesetzes[1] eine Vergütung.

§ 27
Versicherung an Eides statt

(1) Die Behörde darf bei der Ermittlung des Sachverhalts eine Versicherung an Eides statt nur verlangen und abnehmen, wenn die Abnahme der Versicherung über den betreffenden Gegenstand und in dem betreffenden Verfahren durch Gesetz oder Rechtsverordnung vorgesehen und die Behörde durch Rechtsvorschrift für zuständig erklärt worden ist. Eine Versicherung an Eides statt soll nur gefordert werden, wenn andere Mittel zur Erforschung der Wahrheit nicht vorhanden sind, zu keinem Ergebnis geführt haben oder einen unverhältnismäßigen Aufwand erfordern. Von eidesunfähigen Personen im Sinne des § 393 der Zivilprozessordnung darf eine eidesstattliche Versicherung nicht verlangt werden.

(2) Wird die Versicherung an Eides statt von einer Behörde zur Niederschrift aufgenommen, so sind zur Aufnahme nur der Behördenleiter, sein allgemeiner Vertreter sowie An-

1) Fundstelle des Gesetzes siehe Fußnote 1 zu § 20 Abs. 4 ASOG Bln (4).

gehörige des öffentlichen Dienstes befugt, welche die Befähigung zum Richteramt haben oder die Voraussetzungen des § 110 Satz 1 des Deutschen Richtergesetzes erfüllen. Andere Angehörige des öffentlichen Dienstes kann der Behördenleiter oder sein allgemeiner Vertreter hierzu allgemein oder im Einzelfall schriftlich ermächtigen.

(3) Die Versicherung besteht darin, dass der Versichernde die Richtigkeit seiner Erklärung über den betreffenden Gegenstand bestätigt und erklärt: „Ich versichere an Eides statt, dass ich nach bestem Wissen die reine Wahrheit gesagt und nichts verschwiegen habe.“ Bevollmächtigte und Beistände sind berechtigt, an der Aufnahme der Versicherung an Eides statt teilzunehmen.

(4) Vor der Aufnahme der Versicherung an Eides statt ist der Versichernde über die Bedeutung der eidesstattlichen Versicherung und die strafrechtlichen Folgen einer unrichtigen oder unvollständigen eidesstattlichen Versicherung zu belehren. Die Belehrung ist in der Niederschrift zu vermerken.

(5) Die Niederschrift hat ferner die Namen der anwesenden Personen sowie den Ort und den Tag der Niederschrift zu enthalten. Die Niederschrift ist demjenigen, der die eidesstattliche Versicherung abgibt, zur Genehmigung vorzulesen oder auf Verlangen zur Durchsicht vorzulegen. Die erteilte Genehmigung ist zu vermerken und von dem Versichernden zu unterschreiben. Die Niederschrift ist sodann von demjenigen, der die Versicherung an Eides statt aufgenommen hat, sowie von dem Schriftführer zu unterschreiben.

§ 27a
Öffentliche Bekanntmachung im Internet

(1) Ist durch Rechtsvorschrift eine öffentliche oder ortsübliche Bekanntmachung angeordnet, soll die Behörde deren Inhalt zusätzlich im Internet veröffentlichen. Dies wird dadurch bewirkt, dass der Inhalt der Bekanntmachung auf einer Internetseite der Behörde oder ihres Verwaltungsträgers zugänglich gemacht wird. Bezieht sich die Bekanntmachung auf zur Einsicht auszulegende Unterlagen, sollen auch diese über das Internet zugänglich gemacht werden. Soweit durch Rechtsvorschrift nichts anderes geregelt ist, ist der Inhalt der zur Einsicht ausgelegten Unterlagen maßgeblich.

(2) In der öffentlichen oder ortsüblichen Bekanntmachung ist die Internetseite anzugeben.

§ 28
Anhörung Beteiligter

(1) Bevor ein Verwaltungsakt erlassen wird, der in Rechte eines Beteiligten eingreift, ist diesem Gelegenheit zu geben, sich zu den für die Entscheidung erheblichen Tatsachen zu äußern.

(2) Von der Anhörung kann abgesehen werden, wenn sie nach den Umständen des Einzelfalles nicht geboten ist, insbesondere wenn

1. eine sofortige Entscheidung wegen Gefahr im Verzug oder im öffentlichen Interesse notwendig erscheint;
2. durch Anhörung die Einhaltung einer für die Entscheidung maßgeblichen Frist in Frage gestellt würde;
3. von den tatsächlichen Angaben eines Beteiligten, die dieser in einem Antrag oder einer Erklärung gemacht hat, nicht zu seinen Ungunsten abgewichen werden soll;
4. die Behörde eine Allgemeinverfügung oder gleichartige Verwaltungsakte in größerer Zahl oder Verwaltungsakte mit Hilfe automatischer Einrichtungen erlassen will;
5. Maßnahmen in der Verwaltungsvollstreckung getroffen werden sollen.

(3) Eine Anhörung unterbleibt, wenn ihr ein zwingendes öffentliches Interesse entgegensteht.

§ 29
Akteneinsicht durch Beteiligte

(1) Die Behörde hat den Beteiligten Einsicht in die das Verfahren betreffenden Akten zu gestatten, soweit deren Kenntnis zur Geltendmachung oder Verteidigung ihrer rechtlichen Interessen erforderlich ist. Satz 1 gilt bis zum Abschluss des Verwaltungsverfahrens nicht für Entwürfe zu Entscheidungen sowie die Arbeiten zu ihrer unmittelbaren Vorbereitung. Soweit nach den §§ 17 und 18 eine Vertretung stattfindet, haben nur die Vertreter Anspruch auf Akteneinsicht.

(2) Die Behörde ist zur Gestattung der Akteneinsicht nicht verpflichtet, soweit durch sie die ordnungsgemäße Erfüllung der Aufgaben der Behörde beeinträchtigt, das Bekanntwerden des Inhalts der Akten dem Wohle des Bundes oder eines Landes Nachteile bereiten würde oder soweit die Vorgänge nach einem Gesetz oder ihrem Wesen nach, namentlich wegen der berechtigten Interessen der Beteiligten oder dritter Personen, geheimgehalten werden müssen.

(3) Die Akteneinsicht erfolgt bei der Behörde, die die Akten führt. Im Einzelfall kann die Einsicht auch bei einer anderen Behörde oder bei einer diplomatischen oder berufskonsularischen Vertretung der Bundesrepublik Deutschland im Ausland erfolgen; weitere Ausnahmen kann die Behörde, die die Akten führt, gestatten.

§ 30
Geheimhaltung

Die Beteiligten haben Anspruch darauf, dass ihre Geheimnisse, insbesondere die zum persönlichen Lebensbereich gehörenden Geheimnisse sowie die Betriebs- und Geschäftsgeheimnisse, von der Behörde nicht unbefugt offenbart werden.

ABSCHNITT 2
Fristen, Termine, Wiedereinsetzung

§ 31
Fristen und Termine

(1) Für die Berechnung von Fristen und für die Bestimmung von Terminen gelten die §§ 187 bis 193 des Bürgerlichen Gesetzbuches entsprechend, soweit nicht durch die Absätze 2 bis 5 etwas anderes bestimmt ist.

(2) Der Lauf einer Frist, die von einer Behörde gesetzt wird, beginnt mit dem Tag, der auf die Bekanntgabe der Frist folgt, außer wenn dem Betroffenen etwas anderes mitgeteilt wird.

(3) Fällt das Ende einer Frist auf einen Sonntag, einen gesetzlichen Feiertag oder einen Sonnabend, so endet die Frist mit dem Ablauf des nächstfolgenden Werktags. Dies gilt nicht, wenn dem Betroffenen unter Hinweis auf diese Vorschrift ein bestimmter Tag als Ende der Frist mitgeteilt worden ist.

(4) Hat eine Behörde Leistungen nur für einen bestimmten Zeitraum zu erbringen, so endet dieser Zeitraum auch dann mit dem Ablauf seines letzten Tages, wenn dieser auf einen Sonntag, einen gesetzlichen Feiertag oder einen Sonnabend fällt.

(5) Der von einer Behörde gesetzte Termin ist auch dann einzuhalten, wenn er auf einen Sonntag, gesetzlichen Feiertag oder Sonnabend fällt.

(6) Ist eine Frist nach Stunden bestimmt, so werden Sonntage, gesetzliche Feiertage oder Sonnabende mitgerechnet.

(7) Fristen, die von einer Behörde gesetzt sind, können verlängert werden. Sind solche Fristen bereits abgelaufen, so können sie rückwirkend verlängert werden, insbesondere wenn es unbillig wäre, die durch den Fristablauf eingetretenen Rechtsfolgen bestehen zu lassen. Die Behörde kann die Verlängerung der Frist nach § 36 mit einer Nebenbestimmung verbinden.

§ 32
Wiedereinsetzung in den vorigen Stand

(1) War jemand ohne Verschulden verhindert, eine gesetzliche Frist einzuhalten, so ist ihm auf Antrag Wiedereinsetzung in den vorigen Stand zu gewähren. Das Verschulden eines Vertreters ist dem Vertretenen zuzurechnen.

(2) Der Antrag ist innerhalb von zwei Wochen nach Wegfall des Hindernisses zu stellen. Die Tatsachen zur Begründung des Antrages sind bei der Antragstellung oder im Verfahren über den Antrag glaubhaft zu machen. Innerhalb der Antragsfrist ist die versäumte Handlung nachzuholen. Ist dies geschehen, so kann Wiedereinsetzung auch ohne Antrag gewährt werden.

(3) Nach einem Jahr seit dem Ende der versäumten Frist kann die Wiedereinsetzung nicht mehr beantragt oder die versäumte Handlung nicht mehr nachgeholt werden, außer wenn dies vor Ablauf der Jahresfrist infolge höherer Gewalt unmöglich war.

(4) Über den Antrag auf Wiedereinsetzung entscheidet die Behörde, die über die versäumte Handlung zu befinden hat.

(5) Die Wiedereinsetzung ist unzulässig, wenn sich aus einer Rechtsvorschrift ergibt, dass sie ausgeschlossen ist.

ABSCHNITT 3
Amtliche Beglaubigung

§ 33
Beglaubigung von Dokumenten[1]

(1) Jede Behörde ist befugt, Abschriften von Urkunden, die sie selbst ausgestellt hat, zu beglaubigen. Darüber hinaus sind die von der Bundesregierung durch Rechtsverordnung[2] bestimmten Behörden im Sinne des § 1 Abs. 1 Nr. 1 und die nach Landesrecht zuständigen Behörden befugt, Abschriften zu beglaubigen, wenn die Urschrift von einer Behörde ausgestellt ist oder die Abschrift zur Vorlage bei einer Behörde benötigt wird, sofern nicht durch Rechtsvorschrift die Erteilung beglaubigter Abschriften aus amtlichen Registern und Archiven anderen Behörden ausschließlich vorbehalten ist; die Rechtsverordnung bedarf nicht der Zustimmung des Bundesrates.

(2) Abschriften dürfen nicht beglaubigt werden, wenn Umstände zu der Annahme berechtigen, dass der ursprüngliche Inhalt des Schriftstückes, dessen Abschrift beglaubigt werden soll, geändert worden ist, insbesondere wenn dieses Schriftstück Lücken, Durchstreichungen, Einschaltungen, Änderungen, unleserliche Wörter, Zahlen oder Zeichen, Spuren der Beseitigung von Wörtern, Zahlen und Zeichen enthält oder wenn der Zusammenhang eines aus mehreren Blättern bestehenden Schriftstücks aufgehoben ist

(3) Eine Abschrift wird beglaubigt durch einen Beglaubigungsvermerk, der unter die Abschrift zu setzen ist. Der Vermerk muss enthalten

1. die genaue Bezeichnung des Schriftstücks, dessen Abschrift beglaubigt wird,
2. die Feststellung, dass die beglaubigte Abschrift mit dem vorgelegten Schriftstück übereinstimmt,
3. den Hinweis, dass die beglaubigte Abschrift nur zur Vorlage bei der angegebenen Behörde erteilt wird, wenn die Urschrift nicht von einer Behörde ausgestellt worden ist,
4. den Ort und den Tag der Beglaubigung, die Unterschrift des für die Beglaubigung zuständigen Bediensteten und das Dienstsiegel.

(4) Die Absätze 1 bis 3 gelten entsprechend für die Beglaubigung von

1. Ablichtungen, Lichtdrucken und ähnlichen in technischen Verfahren hergestellten Vervielfältigungen,

---

1) Vgl. Nr. 3 Abs. 15 ZustKat AZG (3.1), § 1 Abs. 2 VwVfG Bln (13).
2) Beglaubigungsverordnung vom 13. März 2003 (BGBl. I S. 361).

2. auf fototechnischem Wege von Schriftstücken hergestellten Negativen, die bei einer Behörde aufbewahrt werden,
3. Ausdrucken elektronischer Dokumente,
4. elektronischen Dokumenten,
   a) die zur Abbildung eines Schriftstücks hergestellt wurden,
   b) die ein anderes technisches Format als das mit einer qualifizierten elektronischen Signatur verbundene Ausgangsdokument erhalten haben.

(5) Der Beglaubigungsvermerk muss zusätzlich zu den Angaben nach Absatz 3 Satz 2 bei der Beglaubigung

1. des Ausdrucks eines elektronischen Dokuments, das mit einer qualifizierten elektronischen Signatur verbunden ist, die Feststellungen enthalten,
   a) wen die Signaturprüfung als Inhaber der Signatur ausweist,
   b) welchen Zeitpunkt die Signaturprüfung für die Anbringung der Signatur ausweist und
   c) welche Zertifikate mit welchen Daten dieser Signatur zugrunde lagen;
2. eines elektronischen Dokuments den Namen des für die Beglaubigung zuständigen Bediensteten und die Bezeichnung der Behörde, die die Beglaubigung vornimmt, enthalten; die Unterschrift des für die Beglaubigung zuständigen Bediensteten und das Dienstsiegel nach Absatz 3 Satz 2 Nr. 4 werden durch eine dauerhaft überprüfbare qualifizierte elektronische Signatur ersetzt.

Wird ein elektronisches Dokument, das ein anderes technisches Format als das mit einer qualifizierten elektronischen Signatur verbundene Ausgangsdokument erhalten hat, nach Satz 1 Nr. 2 beglaubigt, muss der Beglaubigungsvermerk zusätzlich die Feststellungen nach Satz 1 Nr. 1 für das Ausgangsdokument enthalten.

(6) Die nach Absatz 4 hergestellten Dokumente stehen, sofern sie beglaubigt sind, beglaubigten Abschriften gleich.

(7) Jede Behörde soll von Urkunden, die sie selbst ausgestellt hat, auf Verlangen ein elektronisches Dokument nach Absatz 4 Nummer 4 Buchstabe a oder eine elektronische Abschrift fertigen und beglaubigen.

§ 34
Beglaubigung von Unterschriften[1)]

(1) Die von der Bundesregierung durch Rechtsverordnung[2)] bestimmten Behörden im Sinne des § 1 Abs. 1 Nr. 1 und die nach Landesrecht zuständigen Behörden sind befugt, Unterschriften zu beglaubigen, wenn das unterzeichnete Schriftstück zur Vorlage bei einer Behörde oder bei einer sonstigen Stelle, der auf Grund einer Rechtsvorschrift das unterzeichnete Schriftstück vorzulegen ist, benötigt wird.

Dies gilt nicht für

1. Unterschriften ohne zugehörigen Text,
2. Unterschriften, die der öffentlichen Beglaubigung (§ 129 des Bürgerlichen Gesetzbuches) bedürfen.

(2) Eine Unterschrift soll nur beglaubigt werden, wenn sie in Gegenwart des beglaubigenden Bediensteten vollzogen oder anerkannt wird.

(3) Der Beglaubigungsvermerk ist unmittelbar bei der Unterschrift, die beglaubigt werden soll, anzubringen. Er muss enthalten

1. die Bestätigung, dass die Unterschrift echt ist,
2. die genaue Bezeichnung desjenigen, dessen Unterschrift beglaubigt wird, sowie die Angabe, ob sich der für die Beglaubigung zuständige Bedienstete Gewissheit über diese Person verschafft hat und ob die Unterschrift in seiner Gegenwart vollzogen oder anerkannt worden ist,

1) Vgl. Fußnote 1 zu § 33.
2) Vgl. Fußnote 2 zu § 33.

3. den Hinweis, dass die Beglaubigung nur zur Vorlage bei der angegebenen Behörde oder Stelle bestimmt ist,
4. den Ort und den Tag der Beglaubigung, die Unterschrift des für die Beglaubigung zuständigen Bediensteten und das Dienstsiegel.

(4) Die Absätze 1 bis 3 gelten für die Beglaubigung von Handzeichen entsprechend.

(5) Die Rechtsverordnungen nach Absatz 1 und 4 bedürfen nicht der Zustimmung des Bundesrates.

TEIL III
Verwaltungsakt

ABSCHNITT 1
Zustandekommen des Verwaltungsaktes

§ 35
Begriff des Verwaltungsaktes

Verwaltungsakt ist jede Verfügung, Entscheidung oder andere hoheitliche Maßnahme, die eine Behörde zur Regelung eines Einzelfalles auf dem Gebiet des öffentlichen Rechts trifft und die auf unmittelbare Rechtswirkung nach außen gerichtet ist. Allgemeinverfügung ist ein Verwaltungsakt, der sich an einen nach allgemeinen Merkmalen bestimmten oder bestimmbaren Personenkreis richtet oder die öffentlich-rechtliche Eigenschaft einer Sache oder ihre Benutzung durch die Allgemeinheit betrifft.

§ 35a
Vollständig automatisierter Erlass eines Verwaltungsaktes

Ein Verwaltungsakt kann vollständig durch automatische Einrichtungen erlassen werden, sofern dies durch Rechtsvorschrift zugelassen ist und weder ein Ermessen noch ein Beurteilungsspielraum besteht.

§ 36
Nebenbestimmungen zum Verwaltungsakt

(1) Ein Verwaltungsakt, auf den ein Anspruch besteht, darf mit einer Nebenbestimmung nur versehen werden, wenn sie durch Rechtsvorschrift zugelassen ist oder wenn sie sicherstellen soll, dass die gesetzlichen Voraussetzungen des Verwaltungsaktes erfüllt werden.

(2) Unbeschadet des Absatzes 1 darf ein Verwaltungsakt nach pflichtgemäßem Ermessen erlassen werden mit

1. einer Bestimmung, nach der eine Vergünstigung oder Belastung zu einem bestimmten Zeitpunkt beginnt, endet oder für einen bestimmten Zeitraum gilt (Befristung);
2. einer Bestimmung, nach der der Eintritt oder der Wegfall einer Vergünstigung oder einer Belastung von dem ungewissen Eintritt eines zukünftigen Ereignisses abhängt (Bedingung);
3. einem Vorbehalt des Widerrufs

oder verbunden werden mit

4. einer Bestimmung, durch die dem Begünstigten ein Tun, Dulden oder Unterlassen vorgeschrieben wird (Auflage);
5. einem Vorbehalt der nachträglichen Aufnahme, Änderung oder Ergänzung einer Auflage.

(3) Eine Nebenbestimmung darf dem Zweck des Verwaltungsaktes nicht zuwiderlaufen.

§ 37
Bestimmtheit und Form des Verwaltungsaktes; Rechtsbehelfsbelehrung

(1) Ein Verwaltungsakt muss inhaltlich hinreichend bestimmt sein.

(2) Ein Verwaltungsakt kann schriftlich, elektronisch, mündlich oder in anderer Weise erlassen werden. Ein mündlicher Verwaltungsakt ist schriftlich oder elektronisch zu bestätigen, wenn hieran ein berechtigtes Interesse besteht und der Betroffene dies unverzüglich verlangt. Ein elektronischer Verwaltungsakt ist unter denselben Voraussetzungen schriftlich zu bestätigen; § 3a Abs. 2 findet insoweit keine Anwendung.

(3) Ein schriftlicher oder elektronischer Verwaltungsakt muss die erlassende Behörde erkennen lassen und die Unterschrift oder die Namenswiedergabe des Behördenleiters, seines Vertreters oder seines Beauftragten enthalten. Wird für einen Verwaltungsakt, für den durch Rechtsvorschrift die Schriftform angeordnet ist, die elektronische Form verwendet, muss auch das der Signatur zugrunde liegende qualifizierte Zertifikat oder ein zugehöriges qualifiziertes Attributzertifikat die erlassende Behörde erkennen lassen. Im Fall des § 3a Absatz 2 Satz 4 Nummer 3 muss die Bestätigung nach § 5 Absatz 5 des De-Mail-Gesetzes die erlassende Behörde als Nutzer des De-Mail-Kontos erkennen lassen.

(4) Für einen Verwaltungsakt kann für die nach § 3a Abs. 2 erforderliche Signatur durch Rechtsvorschrift die dauerhafte Überprüfbarkeit vorgeschrieben werden.

(5) Bei einem schriftlichen Verwaltungsakt, der mit Hilfe automatischer Einrichtungen erlassen wird, können abweichend von Absatz 3 Unterschrift und Namenswiedergabe fehlen. Zur Inhaltsangabe können Schlüsselzeichen verwendet werden, wenn derjenige, für den der Verwaltungakt bestimmt ist oder der von ihm betroffen wird, auf Grund der dazu gegebenen Erläuterungen den Inhalt des Verwaltungsaktes eindeutig erkennen kann.

(6) Einem schriftlichen oder elektronischen Verwaltungsakt, der der Anfechtung unterliegt, ist eine Erklärung beizufügen, durch die der Beteiligte über den Rechtsbehelf, der gegen den Verwaltungsakt gegeben ist, über die Behörde oder das Gericht, bei denen der Rechtsbehelf einzulegen ist, den Sitz und über die einzuhaltende Frist belehrt wird (Rechtsbehelfsbelehrung). Die Rechtsbehelfsbelehrung ist auch der schriftlichen oder elektronischen Bestätigung eines Verwaltungsaktes und der Bescheinigung nach § 42a Absatz 3 beizufügen.

§ 38
Zusicherung

(1) Eine von der zuständigen Behörde erteilte Zusage, einen bestimmten Verwaltungsakt später zu erlassen oder zu unterlassen (Zusicherung), bedarf zu ihrer Wirksamkeit der schriftlichen Form. Ist vor dem Erlass des zugesicherten Verwaltungsaktes die Anhörung Beteiligter oder die Mitwirkung einer anderen Behörde oder eines Ausschusses auf Grund einer Rechtsvorschrift erforderlich, so darf die Zusicherung erst nach Anhörung der Beteiligten oder nach Mitwirkung dieser Behörde oder des Ausschusses gegeben werden.

(2) Auf die Unwirksamkeit der Zusicherung finden, unbeschadet des Absatzes 1 Satz 1, § 44, auf die Heilung von Mängeln bei der Anhörung Beteiligter und der Mitwirkung anderer Behörden oder Ausschüsse § 45 Abs. 1 Nr. 3 bis 5 sowie Abs. 2, auf die Rücknahme § 48, auf den Widerruf, unbeschadet des Absatzes 3, § 49 entsprechende Anwendung.

(3) Ändert sich nach Abgabe der Zusicherung die Sach- oder Rechtslage derart, dass die Behörde bei Kenntnis der nachträglich eingetretenen Änderung die Zusicherung nicht gegeben hätte oder aus rechtlichen Gründen nicht hätte geben dürfen, ist die Behörde an die Zusicherung nicht mehr gebunden.

§ 39
Begründung des Verwaltungsaktes

(1) Ein schriftlicher oder elektronischer sowie ein schriftlich oder elektronisch bestätigter Verwaltungsakt ist mit einer Begründung zu versehen. In der Begründung sind die we-

sentlichen tatsächlichen und rechtlichen Gründe mitzuteilen, die die Behörde zu ihrer Entscheidung bewogen haben. Die Begründung von Ermessensentscheidungen soll auch die Gesichspunkte erkennen lassen, von denen die Behörde bei der Ausübung ihres Ermessens ausgegangen ist.

(2) Einer Begründung bedarf es nicht,

1. soweit die Behörde einem Antrag entspricht oder einer Erklärung folgt und der Verwaltungsakt nicht in Rechte eines anderen eingreift;
2. soweit demjenigen, für den der Verwaltungsakt bestimmt ist oder der von ihm betroffen wird, die Auffassung der Behörde über die Sach- und Rechtslage bereits bekannt oder auch ohne Begründung für ihn ohne weiteres erkennbar ist;
3. wenn die Behörde gleichartige Verwaltungsakte in größerer Zahl oder Verwaltungsakte mit Hilfe automatischer Einrichtungen erlässt und die Begründung nach den Umständen des Einzelfalles nicht geboten ist;
4. wenn sich dies aus einer Rechtsvorschrift ergibt;
5. wenn eine Allgemeinverfügung öffentlich bekannt gegeben wird.

§ 40
Ermessen

Ist die Behörde ermächtigt, nach ihrem Ermessen zu handeln, hat sie ihr Ermessen entsprechend dem Zweck der Ermächtigung auszuüben und die gesetzlichen Grenzen des Ermessens einzuhalten.

§ 41
Bekanntgabe des Verwaltungsaktes

(1) Ein Verwaltungsakt ist demjenigen Beteiligten bekannt zu geben, für den er bestimmt ist oder der von ihm betroffen wird. Ist ein Bevollmächtigter bestellt, so kann die Bekanntgabe ihm gegenüber vorgenommen werden.

(2) Ein schriftlicher Verwaltungsakt, der im Inland durch die Post übermittelt wird, gilt am dritten Tag nach der Aufgabe zur Post als bekannt gegeben. Ein Verwaltungsakt, der im Inland oder in das Ausland elektronisch übermittelt wird, gilt am dritten Tag nach der Absendung als bekannt gegeben. Dies gilt nicht, wenn der Verwaltungsakt nicht oder zu einem späteren Zeitpunkt zugegangen ist; im Zweifel hat die Behörde den Zugang des Verwaltungsaktes und den Zeitpunkt des Zugangs nachzuweisen.

(2a) Mit Einwilligung des Beteiligten kann ein elektronischer Verwaltungsakt dadurch bekannt gegeben werden, dass er vom Beteiligten oder von seinem Bevollmächtigten über öffentlich zugängliche Netze abgerufen wird. Die Behörde hat zu gewährleisten, dass der Abruf nur nach Authentifizierung der berechtigten Person möglich ist und der elektronische Verwaltungsakt von ihr gespeichert werden kann. Der Verwaltungsakt gilt am Tag nach dem Abruf als bekannt gegeben. Wird der Verwaltungsakt nicht innerhalb von zehn Tagen nach Absendung einer Benachrichtigung über die Bereitstellung abgerufen, wird diese beendet. In diesem Fall ist die Bekanntgabe nicht bewirkt; die Möglichkeit einer erneuten Bereitstellung zum Abruf oder der Bekanntgabe auf andere Weise bleibt unberührt.

(3) Ein Verwaltungsakt darf öffentlich bekannt gegeben werden, wenn dies durch Rechtsvorschrift zugelassen ist. Eine Allgemeinverfügung darf auch dann öffentlich bekannt gegeben werden, wenn eine Bekanntgabe an die Beteiligten untunlich ist.

(4) Die öffentliche Bekanntgabe eines schriftlichen oder elektronischen Verwaltungsaktes wird dadurch bewirkt, dass sein verfügender Teil ortsüblich bekannt gemacht wird. In der ortsüblichen Bekanntmachung ist anzugeben, wo der Verwaltungsakt und seine Begründung eingesehen werden können. Der Verwaltungsakt gilt zwei Wochen nach der orts-

üblichen Bekanntmachung als bekannt gegeben. In einer Allgemeinverfügung kann ein hiervon abweichender Tag, jedoch frühestens der auf die Bekanntmachung folgende Tag bestimmt werden.

(5) Vorschriften über die Bekanntgabe eines Verwaltungsaktes mittels Zustellung bleiben unberührt.

§ 42
Offenbare Unrichtigkeiten im Verwaltungsakt

Die Behörde kann Schreibfehler, Rechenfehler und ähnliche offenbare Unrichtigkeiten in einem Verwaltungsakt jederzeit berichtigen. Bei berechtigtem Interesse des Beteiligten ist zu berichtigen. Die Behörde ist berechtigt, die Vorlage des Dokuments zu verlangen, das berichtigt werden soll.

§ 42a
Genehmigungsfiktion

(1) Eine beantragte Genehmigung gilt nach Ablauf einer für die Entscheidung festgelegten Frist als erteilt (Genehmigungsfiktion), wenn dies durch Rechtsvorschrift angeordnet und der Antrag hinreichend bestimmt ist. Die Vorschriften über die Bestandskraft von Verwaltungsakten und über das Rechtsbehelfsverfahren gelten entsprechend.

(2) Die Frist nach Absatz 1 Satz 1 beträgt drei Monate, soweit durch Rechtsvorschrift nichts Abweichendes bestimmt ist. Die Frist beginnt mit Eingang der vollständigen Unterlagen. Sie kann einmal angemessen verlängert werden, wenn dies wegen der Schwierigkeit der Angelegenheit gerechtfertigt ist. Die Fristverlängerung ist zu begründen und rechtzeitig mitzuteilen.

(3) Auf Verlangen ist demjenigen, dem der Verwaltungsakt nach § 41 Abs. 1 hätte bekannt gegeben werden müssen, der Eintritt der Genehmigungsfiktion schriftlich zu bescheinigen.

ABSCHNITT 2
Bestandskraft des Verwaltungsaktes

§ 43
Wirksamkeit des Verwaltungsaktes

(1) Ein Verwaltungsakt wird gegenüber demjenigen, für den er bestimmt ist oder der von ihm betroffen wird, in dem Zeitpunkt wirksam, in dem er ihm bekannt gegeben wird. Der Verwaltungsakt wird mit dem Inhalt wirksam, mit dem er bekannt gegeben wird.

(2) Ein Verwaltungsakt bleibt wirksam, solange und soweit er nicht zurückgenommen, widerrufen, anderweitig aufgehoben oder durch Zeitablauf oder auf andere Weise erledigt ist.

(3) Ein nichtiger Verwaltungsakt ist unwirksam.

§ 44
Nichtigkeit des Verwaltungsaktes

(1) Ein Verwaltungsakt ist nichtig, soweit er an einem besonders schwerwiegenden Fehler leidet und dies bei verständiger Würdigung aller in Betracht kommenden Umstände offensichtlich ist.

(2) Ohne Rücksicht auf das Vorliegen der Voraussetzungen des Absatzes 1 ist ein Verwaltungsakt nichtig,

1. der schriftlich oder elektronisch erlassen worden ist, die erlassende Behörde aber nicht erkennen lässt;
2. der nach einer Rechtsvorschrift nur durch die Aushändigung einer Urkunde erlassen werden kann, aber dieser Form nicht genügt;

3. den eine Behörde außerhalb ihrer durch § 3 Abs. 1 Nr. 1 begründeten Zuständigkeit erlassen hat, ohne dazu ermächtigt zu sein;
4. den aus tatsächlichen Gründen niemand ausführen kann;
5. der die Begehung einer rechtswidrigen Tat verlangt, die einen Straf- oder Bußgeldtatbestand verwirklicht;
6. der gegen die guten Sitten verstößt.

(3) Ein Verwaltungsakt ist nicht schon deshalb nichtig, weil
1. Vorschriften über die örtliche Zuständigkeit nicht eingehalten worden sind, außer wenn ein Fall des Absatzes 2 Nr. 3 vorliegt;
2. eine nach § 20 Abs. 1 Satz 1 Nr. 2 bis 6 ausgeschlossene Person mitgewirkt hat;
3. ein durch Rechtsvorschrift zur Mitwirkung berufener Ausschuss den für den Erlass des Verwaltungsaktes vorgeschriebenen Beschluss nicht gefasst hat oder nicht beschlussfähig war;
4. die nach einer Rechtsvorschrift erforderliche Mitwirkung einer anderen Behörde unterblieben ist.

(4) Betrifft die Nichtigkeit nur einen Teil des Verwaltungsaktes, so ist er im Ganzen nichtig, wenn der nichtige Teil so wesentlich ist, dass die Behörde den Verwaltungsakt ohne den nichtigen Teil nicht erlassen hätte.

(5) Die Behörde kann die Nichtigkeit jederzeit von Amts wegen feststellen; auf Antrag ist sie festzustellen, wenn der Antragsteller hieran ein berechtigtes Interesse hat.

§ 45
Heilung von Verfahrens- und Formfehlern

(1) Eine Verletzung von Verfahrens- oder Formvorschriften, die nicht den Verwaltungsakt nach § 44 nichtig macht, ist unbeachtlich, wenn
1. der für den Erlass des Verwaltungsaktes erforderliche Antrag nachträglich gestellt wird;
2. die erforderliche Begründung nachträglich gegeben wird;
3. die erforderliche Anhörung eines Beteiligten nachgeholt wird;
4. der Beschluss eines Ausschusses, dessen Mitwirkung für den Erlass des Verwaltungsaktes erforderlich ist, nachträglich gefasst wird; 15
5. die erforderliche Mitwirkung einer anderen Behörde nachgeholt wird.

(2) Handlungen nach Absatz 1 können bis zum Abschluss der letzten Tatsacheninstanz eines verwaltungsgerichtlichen Verfahrens nachgeholt werden.

(3) Fehlt einem Verwaltungsakt die erforderliche Begründung oder ist die erforderliche Anhörung eines Beteiligten vor Erlass des Verwaltungsaktes unterblieben und ist dadurch die rechtzeitige Anfechtung des Verwaltungsaktes versäumt worden, so gilt die Versäumung der Rechtsbehelfsfrist als nicht verschuldet. Das für die Wiedereinsetzungsfrist nach § 32 Abs. 2 maßgebende Ereignis tritt im Zeitpunkt der Nachholung der unterlassenen Verfahrenshandlung ein.

§ 46
Folgen von Verfahrens- und Formfehlern

Die Aufhebung eines Verwaltungsaktes, der nicht nach § 44 nichtig ist, kann nicht allein deshalb beansprucht werden, weil er unter Verletzung von Vorschriften über das Verfahren, die Form oder die örtliche Zuständigkeit zustande gekommen ist, wenn offensichtlich ist, dass die Verletzung die Entscheidung in der Sache nicht beeinflusst hat.

§ 47
Umdeutung eines fehlerhaften Verwaltungsaktes

(1) Ein fehlerhafter Verwaltungsakt kann in einen anderen Verwaltungsakt umgedeutet werden, wenn er auf das gleiche Ziel gerichtet ist, von der erlassenden Behörde in der ge-

schehenen Verfahrensweise und Form rechtmäßig hätte erlassen werden können und wenn die Voraussetzungen für dessen Erlass erfüllt sind.

(2) Absatz 1 gilt nicht, wenn der Verwaltungsakt, in den der fehlerhafte Verwaltungsakt umzudeuten wäre, der erkennbaren Absicht der erlassenden Behörde widerspräche oder seine Rechtsfolgen für den Betroffenen ungünstiger wären als die des fehlerhaften Verwaltungsaktes. Eine Umdeutung ist ferner unzulässig, wenn der fehlerhafte Verwaltungsakt nicht zurückgenommen werden dürfte.

(3) Eine Entscheidung, die nur als gesetzlich gebundene Entscheidung ergehen kann, kann nicht in eine Ermessensentscheidung umgedeutet werden.

(4) § 28 ist entsprechend anzuwenden.

§ 48
Rücknahme eines rechtswidrigen Verwaltungsaktes

(1) Ein rechtswidriger Verwaltungsakt kann, auch nachdem er unanfechtbar geworden ist, ganz oder teilweise mit Wirkung für die Zukunft oder für die Vergangenheit zurückgenommen werden. Ein Verwaltungsakt, der ein Recht oder einen rechtlich erheblichen Vorteil begründet oder bestätigt hat (begünstigender Verwaltungsakt), darf nur unter den Einschränkungen der Absätze 2 bis 4 zurückgenommen werden.

(2) Ein rechtswidriger Verwaltungsakt, der eine einmalige oder laufende Geldleistung oder teilbare Sachleistung gewährt oder hierfür Voraussetzung ist, darf nicht zurückgenommen werden, soweit der Begünstigte auf den Bestand des Verwaltungsaktes vertraut hat und sein Vertrauen unter Abwägung mit dem öffentlichen Interesse an einer Rücknahme schutzwürdig ist. Das Vertrauen ist in der Regel schutzwürdig, wenn der Begünstigte gewährte Leistungen verbraucht oder eine Vermögensdisposition getroffen hat, die er nicht mehr oder nur unter unzumutbaren Nachteilen rückgängig machen kann. Auf Vertrauen kann sich der Begünstigte nicht berufen, wenn er

1. den Verwaltungsakt durch arglistige Täuschung, Drohung oder Bestechung erwirkt hat;
2. den Verwaltungsakt durch Angaben erwirkt hat, die in wesentlicher Beziehung unrichtig oder unvollständig waren;
3. die Rechtswidrigkeit des Verwaltungsaktes kannte oder infolge grober Fahrlässigkeit nicht kannte.

In den Fällen des Satzes 3 wird der Verwaltungsakt in der Regel mit Wirkung für die Vergangenheit zurückgenommen.

(3) Wird ein rechtswidriger Verwaltungsakt, der nicht unter Absatz 2 fällt, zurückgenommen, so hat die Behörde dem Betroffenen auf Antrag den Vermögensnachteil auszugleichen, den dieser dadurch erleidet, dass er auf den Bestand des Verwaltungsaktes vertraut hat, soweit sein Vertrauen unter Abwägung mit dem öffentlichen Interesse schutzwürdig ist. Absatz 2 Satz 3 ist anzuwenden. Der Vermögensnachteil ist jedoch nicht über den Betrag des Interesses hinaus zu ersetzen, das der Betroffene an dem Bestand des Verwaltungsaktes hat. Der auszugleichende Vermögensnachteil wird durch die Behörde festgesetzt. Der Anspruch kann nur innerhalb eines Jahres geltend gemacht werden; die Frist beginnt, sobald die Behörde den Betroffenen auf sie hingewiesen hat.

(4) Erhält die Behörde von Tatsachen Kenntnis, welche die Rücknahme eines rechtswidrigen Verwaltungsaktes rechtfertigen, so ist die Rücknahme nur innerhalb eines Jahres seit dem Zeitpunkt der Kenntnisnahme zulässig. Dies gilt nicht im Falle des Absatzes 2 Satz 3 Nr. 1.

(5) Über die Rücknahme entscheidet nach Unanfechtbarkeit des Verwaltungsaktes die nach § 3 zuständige Behörde; dies gilt auch dann, wenn der zurückzunehmende Verwaltungsakt von einer anderen Behörde erlassen worden ist.

§ 49
Widerruf eines rechtmäßigen Verwaltungsaktes

(1) Ein rechtmäßiger nicht begünstigender Verwaltungakt kann, auch nachdem er unanfechtbar geworden ist, ganz oder teilweise mit Wirkung für die Zukunft widerrufen werden, außer wenn ein Verwaltungsakt gleichen Inhalts erneut erlassen werden müsste oder aus anderen Gründen ein Widerruf unzulässig ist.

(2) Ein rechtmäßiger begünstigender Verwaltungsakt darf, auch nachdem er unanfechtbar geworden ist, ganz oder teilweise mit Wirkung für die Zukunft nur widerrufen werden,

1. wenn der Widerruf durch Rechtsvorschrift zugelassen oder im Verwaltungsakt vorbehalten ist;
2. wenn mit dem Verwaltungsakt eine Auflage verbunden ist und der Begünstigte diese nicht oder nicht innerhalb einer ihm gesetzten Frist erfüllt hat;
3. wenn die Behörde auf Grund nachträglich eingetretener Tatsachen berechtigt wäre, den Verwaltungsakt nicht zu erlassen, und wenn ohne den Widerruf das öffentliche Interesse gefährdet würde;
4. wenn die Behörde auf Grund einer geänderten Rechtsvorschrift berechtigt wäre, den Verwaltungsakt nicht zu erlassen, soweit der Begünstigte von der Vergünstigung noch keinen Gebrauch gemacht oder auf Grund des Verwaltungsaktes noch keine Leistungen empfangen hat, und wenn ohne den Widerruf das öffentliche Interesse gefährdet würde;
5. um schwere Nachteile für das Gemeinwohl zu verhüten oder zu beseitigen.

§ 48 Abs. 4 gilt entsprechend.

(3) Ein rechtmäßiger Verwaltungsakt, der eine einmalige oder laufende Geldleistung oder teilbare Sachleistung zur Erfüllung eines bestimmten Zweckes gewährt oder hierfür Voraussetzung ist, kann, auch nachdem er unanfechtbar geworden ist, ganz oder teilweise auch mit Wirkung für die Vergangenheit widerrufen werden,

1. wenn die Leistung nicht, nicht alsbald nach der Erbringung oder nicht mehr für den in dem Verwaltungsakt bestimmten Zweck verwendet wird;
2. wenn mit dem Verwaltungsakt eine Auflage verbunden ist und der Begünstigte diese nicht oder nicht innerhalb einer ihm gesetzten Frist erfüllt hat.

§ 48 Abs. 4 gilt entsprechend.

(4) Der widerrufene Verwaltungsakt wird mit dem Wirksamwerden des Widerrufs unwirksam, wenn die Behörde keinen anderen Zeitpunkt bestimmt.

(5) Über den Widerruf entscheidet nach Unanfechtbarkeit des Verwaltungsaktes die nach § 3 zuständige Behörde; dies gilt auch dann, wenn der zu widerrufende Verwaltungsakt von einer anderen Behörde erlassen worden ist.

(6) Wird ein begünstigender Verwaltungsakt in den Fällen des Absatzes 2 Nr. 3 bis 5 widerrufen, so hat die Behörde den Betroffenen auf Antrag für den Vermögensnachteil zu entschädigen, den dieser dadurch erleidet, dass er auf den Bestand des Verwaltungsaktes vertraut hat, soweit sein Vertrauen schutzwürdig ist. § 48 Abs. 3 Satz 3 bis 5 gilt entsprechend. Für Streitigkeiten über die Entschädigung ist der ordentliche Rechtsweg gegeben.

§ 49a
Erstattung, Verzinsung

(1) Soweit ein Verwaltungsakt mit Wirkung für die Vergangenheit zurückgenommen oder widerrufen worden oder infolge Eintritts einer auflösenden Bedingung unwirksam geworden ist, sind bereits erbrachte Leistungen zu erstatten. Die zu erstattende Leistung ist durch schriftlichen Verwaltungsakt festzusetzen.

(2) Für den Umfang der Erstattung mit Ausnahme der Verzinsung gelten die Vorschriften des Bürgerlichen Gesetzbuchs über die Herausgabe einer ungerechtfertigten Bereiche-

rung entsprechend. Auf den Wegfall der Bereicherung kann sich der Begünstigte nicht berufen, soweit er die Umstände kannte oder infolge grober Fahrlässigkeit nicht kannte, die zur Rücknahme, zum Widerruf oder zur Unwirksamkeit des Verwaltungsaktes geführt haben.

(3) Der zu erstattende Betrag ist vom Eintritt der Unwirksamkeit des Verwaltungsaktes an mit fünf Prozentpunkten über dem Basiszinssatz jährlich zu verzinsen. Von der Geltendmachung des Zinsanspruchs kann insbesondere dann abgesehen werden, wenn der Begünstigte die Umstände, die zur Rücknahme, zum Widerruf oder zur Unwirksamkeit des Verwaltungsaktes geführt haben, nicht zu vertreten hat und den zu erstattenden Betrag innerhalb der von der Behörde festgesetzten Frist leistet.

(4) Wird eine Leistung nicht alsbald nach der Auszahlung für den bestimmten Zweck verwendet, so können für die Zeit bis zur zweckentsprechenden Verwendung Zinsen nach Absatz 3 Satz 1 verlangt werden. Entsprechendes gilt, soweit eine Leistung in Anspruch genommen wird, obwohl andere Mittel anteilig oder vorrangig einzusetzen sind. § 49 Abs. 3 Satz 1 Nr. 1 bleibt unberührt.

§ 50
Rücknahme und Widerruf im Rechtsbehelfsverfahren

§ 48 Abs. 1 Satz 2 und Abs. 2 bis 4 sowie § 49 Abs. 2 bis 4 und 6 gelten nicht, wenn ein begünstigender Verwaltungsakt, der von einem Dritten angefochten worden ist, während des Vorverfahrens oder während des verwaltungsgerichtlichen Verfahrens aufgehoben wird, soweit dadurch dem Widerspruch oder der Klage abgeholfen wird.

§ 51
Wiederaufgreifen des Verfahrens

(1) Die Behörde hat auf Antrag des Betroffenen über die Aufhebung oder Änderung eines unanfechtbaren Verwaltungsaktes zu entscheiden, wenn

1. sich die dem Verwaltungsakt zugrunde liegende Sach- oder Rechtslage nachträglich zugunsten des Betroffenen geändert hat;
2. neue Beweismittel vorliegen, die eine dem Betroffenen günstigere Entscheidung herbeigeführt haben würden;
3. Wiederaufnahmegründe entsprechend § 580 der Zivilprozessordnung gegeben sind.

(2) Der Antrag ist nur zulässig, wenn der Betroffene ohne grobes Verschulden außerstande war, den Grund für das Wiederaufgreifen in dem früheren Verfahren, insbesondere durch Rechtsbehelf, geltend zu machen.

(3) Der Antrag muss binnen drei Monaten gestellt werden. Die Frist beginnt mit dem Tage, an dem der Betroffene von dem Grund für das Wiederaufgreifen Kenntnis erhalten hat.

(4) Über den Antrag entscheidet die nach § 3 zuständige Behörde; dies gilt auch dann, wenn der Verwaltungsakt, dessen Aufhebung oder Änderung begehrt wird, von einer anderen Behörde erlassen worden ist.

(5) Die Vorschriften des § 48 Abs. 1 Satz 1 und des § 49 Abs. 1 bleiben unberührt.

§ 52
Rückgabe von Urkunden und Sachen

Ist ein Verwaltungsakt unanfechtbar widerrufen oder zurückgenommen oder ist seine Wirksamkeit aus einem anderen Grunde nicht oder nicht mehr gegeben, so kann die Behörde die auf Grund dieses Verwaltungsaktes erteilten Urkunden oder Sachen, die zum Nachweis der Rechte aus dem Verwaltungsakt oder zu deren Ausübung bestimmt sind, zurückfordern. Der Inhaber und, sofern er nicht der Besitzer ist, auch der Besitzer dieser

Urkunden oder Sachen sind zu ihrer Herausgabe verpflichtet. Der Inhaber oder der Besitzer kann jedoch verlangen, dass ihm die Urkunden oder Sachen wieder ausgehändigt werden, nachdem sie von der Behörde als ungültig gekennzeichnet sind; dies gilt nicht bei Sachen, bei denen eine solche Kennzeichnung nicht oder nicht mit der erforderlichen Offensichtlichkeit oder Dauerhaftigkeit möglich ist.

ABSCHNITT 3
Verjährungsrechtliche Wirkungen des Verwaltungsaktes

§ 53
Hemmung der Verjährung durch Verwaltungsakt

(1) Ein Verwaltungsakt, der zur Feststellung oder Durchsetzung des Anspruchs eines öffentlich-rechtlichen Rechtsträgers erlassen wird, hemmt die Verjährung dieses Anspruchs. Die Hemmung endet mit Eintritt der Unanfechtbarkeit des Verwaltungsakts oder sechs Monate nach seiner anderweitigen Erledigung.

(2) Ist ein Verwaltungsakt im Sinne des Absatzes1 unanfechtbar geworden, beträgt die Verjährungfrist 30 Jahre. Soweit der Verwaltungsakt einen Anspruch auf künftig fällig werdende regelmäßig wiederkehrende Leistungen zum Inhalt hat, bleibt es bei der für diesen Anspruch geltenden Verjährungsfrist.

TEIL IV
Öffentlich-rechtlicher Vertrag

§ 54
Zulässigkeit des öffentlich-rechtlichen Vertrags

Ein Rechtsverhältnis auf dem Gebiet des öffentlichen Rechts kann durch Vertrag begründet, geändert oder aufgehoben werden (öffentlich-rechtlicher Vertrag), soweit Rechtsvorschriften nicht entgegenstehen. Insbesondere kann die Behörde, anstatt einen Verwaltungsakt zu erlassen, einen öffentlich-rechtlichen Vertrag mit demjenigen schließen, an den sie sonst den Verwaltungsakt richten würde.

§ 55
Vergleichsvertrag

Ein öffentlich-rechtlicher Vertrag im Sinne des § 54 Satz 2, durch den eine bei verständiger Würdigung des Sachverhalts oder der Rechtslage bestehende Ungewissheit durch gegenseitiges Nachgeben beseitigt wird (Vergleich), kann geschlossen werden, wenn die Behörde den Abschluss des Vergleichs zur Beseitigung der Ungewissheit nach pflichtgemäßem Ermessen für zweckmäßig hält.

§ 56
Austauschvertrag

(1) Ein öffentlich-rechtlicher Vertrag im Sinne des § 54 Satz 2, in dem sich der Vertragspartner der Behörde zu einer Gegenleistung verpflichtet, kann geschlossen werden, wenn die Gegenleistung für einen bestimmten Zweck im Vertrag vereinbart wird und der Behörde zur Erfüllung ihrer öffentlichen Aufgaben dient. Die Gegenleistung muss den gesamten Umständen nach angemessen sein und im sachlichen Zusammenhang mit der vertraglichen Leistung der Behörde stehen.

(2) Besteht auf die Leistung der Behörde ein Anspruch, so kann nur eine solche Gegenleistung vereinbart werden, die bei Erlass eines Verwaltungsaktes Inhalt einer Nebenbestimmung nach § 36 sein könnte.

§ 57
Schriftform

Ein öffentlich-rechtlicher Vertrag ist schriftlich zu schließen, soweit nicht durch Rechtsvorschrift eine andere Form vorgeschrieben ist.

§ 58
Zustimmung von Dritten und Behörden

(1) Ein öffentlich-rechtlicher Vertrag, der in Rechte eines Dritten eingreift, wird erst wirksam, wenn der Dritte schriftlich zustimmt.

(2) Wird anstatt eines Verwaltungsaktes, bei dessen Erlass nach einer Rechtsvorschrift die Genehmigung, die Zustimmung oder das Einvernehmen einer anderen Behörde erforderlich ist, ein Vertrag geschlossen, so wird dieser erst wirksam, nachdem die andere Behörde in der vorgeschriebenen Form mitgewirkt hat.

§ 59
Nichtigkeit des öffentlich-rechtlichen Vertrags

(1) Ein öffentlich-rechtlicher Vertrag ist nichtig, wenn sich die Nichtigkeit aus der entsprechenden Anwendung von Vorschriften des Bürgerlichen Gesetzbuches ergibt.

(2) Ein Vertrag im Sinne des § 54 Satz 2 ist ferner nichtig, wenn

1. ein Verwaltungsakt mit entsprechendem Inhalt nichtig wäre;
2. ein Verwaltungsakt mit entsprechendem Inhalt nicht nur wegen eines Verfahrens- oder Formfehlers im Sinne des § 46 rechtswidrig wäre und dies den Vertragschließenden bekannt war;
3. die Voraussetzungen zum Abschluss eines Vergleichsvertrages nicht vorlagen und ein Verwaltungsakt mit entsprechendem Inhalt nicht nur wegen eines Verfahrens- oder Formfehlers im Sinne des § 46 rechtswidrig wäre;
4. sich die Behörde eine nach § 56 unzulässige Gegenleistung versprechen lässt.

(3) Betrifft die Nichtigkeit nur einen Teil des Vertrags, so ist er im Ganzen nichtig, wenn nicht anzunehmen ist, dass er auch ohne den nichtigen Teil geschlossen worden wäre.

§ 60
Anpassung und Kündigung in besonderen Fällen

(1) Haben die Verhältnisse, die für die Festsetzung des Vertragsinhalts maßgebend gewesen sind, sich seit Abschluss des Vertrages so wesentlich geändert, dass einer Vertragspartei das Festhalten an der ursprünglichen vertraglichen Regelung nicht zuzumuten ist, so kann diese Vertragspartei eine Anpassung des Vertragsinhalts an die geänderten Verhältnisse verlangen oder, sofern eine Anpassung nicht möglich oder einer Vertragspartei nicht zuzumuten ist, den Vertrag kündigen. Die Behörde kann den Vertrag auch kündigen, um schwere Nachteile für das Gemeinwohl zu verhüten oder zu beseitigen.

(2) Die Kündigung bedarf der Schriftform, soweit nicht durch Rechtsvorschrift eine andere Form vorgeschrieben ist. Sie soll begründet werden.

§ 61
Unterwerfung unter die sofortige Vollstreckung

(1) Jeder Vertragschließende kann sich der sofortigen Vollstreckung aus einem öffentlich-rechtlichen Vertrag im Sinne des § 54 Satz 2 unterwerfen. Die Behörde muss hierbei von dem Behördenleiter, seinem allgemeinen Vertreter oder einem Angehörigen des öffentlichen Dienstes, der die Befähigung zum Richteramt hat oder die Voraussetzungen des § 110 Satz 1 des Deutschen Richtergesetzes erfüllt, vertreten werden.

(2) Auf öffentlich-rechtliche Verträge im Sinne des Absatzes 1 Satz 1 ist das Verwaltungs-Vollstreckungsgesetz des Bundes entsprechend anzuwenden, wenn Vertragschließender eine Behörde im Sinne des § 1 Abs. 1 Nr. 1 ist. Will eine natürliche oder juristische Person des Privatrechts oder eine nichtrechtsfähige Vereinigung die Vollstreckung wegen einer Geldforderung betreiben, so ist § 170 Abs. 1 bis 3 der Verwaltungsgerichtsordnung[1] entsprechend anzuwenden. Richtet sich die Vollstreckung wegen der Erzwingung einer Handlung, Duldung oder Unterlassung gegen eine Behörde im Sinne des § 1 Abs. 1 Nr. 2, so ist § 172 der Verwaltungsgerichtsordnung[1] entsprechend anzuwenden.

§ 62
Ergänzende Anwendung von Vorschriften

Soweit sich aus den §§ 54 bis 61 nichts Abweichendes ergibt, gelten die übrigen Vorschriften dieses Gesetzes. Ergänzend gelten die Vorschriften des Bürgerlichen Gesetzbuches entsprechend.

TEIL V
Besondere Verfahrensarten

ABSCHNITT 1
Förmliches Verwaltungsverfahren

§ 63
Anwendung der Vorschriften über das förmliche Verwaltungsverfahren

(1) Das förmliche Verwaltungsverfahren nach diesem Gesetz findet statt, wenn es durch Rechtsvorschrift angeordnet ist[2].

(2) Für das förmliche Verwaltungsverfahren gelten die §§ 64 bis 71 und, soweit sich aus ihnen nichts Abweichendes ergibt, die übrigen Vorschriften dieses Gesetzes. 15

(3) Die Mitteilung nach § 17 Abs. 2 Satz 2 und die Aufforderung nach § 17 Abs. 4 Satz 2 sind im förmlichen Verwaltungsverfahren öffentlich bekannt zu machen. Die öffentliche Bekanntmachung wird dadurch bewirkt, dass die Behörde die Mitteilung oder die Aufforderung in ihrem amtlichen Veröffentlichungsblatt und außerdem in örtlichen Tageszeitungen, die in dem Bereich verbreitet sind, in dem sich die Entscheidung voraussichtlich auswirken wird, bekannt macht.

§ 64
Form des Antrags

Setzt das förmliche Verwaltungsverfahren einen Antrag voraus, so ist er schriftlich oder zur Niederschrift bei der Behörde zu stellen.

§ 65
Mitwirkung von Zeugen und Sachverständigen

(1) Im förmlichen Verwaltungsverfahren sind Zeugen zur Aussage und Sachverständige zur Erstattung von Gutachten verpflichtet. Die Vorschriften der Zivilprozessordnung über die Pflicht, als Zeuge auszusagen oder als Sachverständiger ein Gutachten zu erstatten, über die Ablehnung von Sachverständigen sowie über die Vernehmung von Angehörigen des öffentlichen Dienstes als Zeugen oder Sachverständige gelten entsprechend.

1) Vgl. 19.
2) Vgl. § 4 des Gesetzes über das Verfahren der Berliner Verwaltung (13) und FörmVfVO (14).

(2) Verweigern Zeugen oder Sachverständige ohne Vorliegen eines der in den §§ 376, 383 bis 385 und 408 der Zivilprozessordnung bezeichneten Gründe die Aussage oder die Erstattung des Gutachtens, so kann die Behörde das für den Wohnsitz oder den Aufenthaltsort des Zeugen oder des Sachverständigen zuständige Verwaltungsgericht um die Vernehmung ersuchen. Befindet sich der Wohnsitz oder der Aufenthaltsort des Zeugen oder des Sachverständigen nicht am Sitz eines Verwaltungsgerichts oder einer besonders errichteten Kammer, so kann auch das zuständige Amtsgericht um die Vernehmung ersucht werden. In dem Ersuchen hat die Behörde den Gegenstand der Vernehmung darzulegen sowie die Namen und Anschriften der Beteiligten anzugeben. Das Gericht hat die Beteiligten von den Beweisterminen zu benachrichtigen.

(3) Hält die Behörde mit Rücksicht auf die Bedeutung der Aussage eines Zeugen oder des Gutachtens eines Sachverständigen oder zur Herbeiführung einer wahrheitsgemäßen Aussage die Beeidigung für geboten, so kann sie das nach Absatz 2 zuständige Gericht um die eidliche Vernehmung ersuchen.

(4) Das Gericht entscheidet über die Rechtmäßigkeit einer Verweigerung des Zeugnisses, des Gutachtens oder der Eidesleistung.

(5) Ein Ersuchen nach Absatz 2 oder 3 an das Gericht darf nur von dem Behördenleiter, seinem allgemeinen Vertreter oder einem Angehörigen des öffentlichen Dienstes gestellt werden, der die Befähigung zum Richteramt hat oder die Voraussetzungen des § 110 Satz 1 des Deutschen Richtergesetzes erfüllt.

§ 66
Verpflichtung zur Anhörung von Beteiligten

(1) Im förmlichen Verwaltungsverfahren ist den Beteiligten Gelegenheit zu geben, sich vor der Entscheidung zu äußern.

(2) Den Beteiligten ist Gelegenheit zu geben, der Vernehmung von Zeugen und Sachverständigen und der Einnahme des Augenscheins beizuwohnen und hierbei sachdienliche Fragen zu stellen; ein schriftlich oder elektronisch vorliegendes Gutachten soll ihnen zugänglich gemacht werden.

§ 67
Erfordernis der mündlichen Verhandlung

(1) Die Behörde entscheidet nach mündlicher Verhandlung. Hierzu sind die Beteiligten mit angemessener Frist schriftlich zu laden. Bei der Ladung ist darauf hinzuweisen, dass bei Ausbleiben eines Beteiligten auch ohne ihn verhandelt und entschieden werden kann. Sind mehr als 50 Ladungen vorzunehmen, so können sie durch öffentliche Bekanntmachung ersetzt werden. Die öffentliche Bekanntmachung wird dadurch bewirkt, dass der Verhandlungstermin mindestens zwei Wochen vorher im amtlichen Veröffentlichungsblatt der Behörde und außerdem in örtlichen Tageszeitungen, die in dem Bereich verbreitet sind, in dem sich die Entscheidung voraussichtlich auswirken wird, mit dem Hinweis nach Satz 3 bekannt gemacht wird. Maßgebend für die Frist nach Satz 5 ist die Bekanntgabe im amtlichen Veröffentlichungsblatt.

(2) Die Behörde kann ohne mündliche Verhandlung entscheiden, wenn

1. einem Antrag im Einvernehmen mit allen Beteiligten in vollem Umfang entsprochen wird;
2. kein Beteiligter innerhalb einer hierfür gesetzten Frist Einwendungen gegen die vorgesehene Maßnahme erhoben hat;
3. die Behörde den Beteiligten mitgeteilt hat, dass sie beabsichtige, ohne mündliche Verhandlung zu entscheiden, und kein Beteiligter innerhalb einer hierfür gesetzten Frist Einwendungen dagegen erhoben hat;
4. alle Beteiligten auf sie verzichtet haben;
5. wegen Gefahr im Verzug eine sofortige Entscheidung notwendig ist.

(3) Die Behörde soll das Verfahren so fördern, dass es möglichst in einem Verhandlungstermin erledigt werden kann.

§ 68
Verlauf der mündlichen Verhandlung

(1) Die mündliche Verhandlung ist nicht öffentlich. An ihr können Vertreter der Aufsichtsbehörden und Personen, die bei der Behörde zur Ausbildung beschäftigt sind, teilnehmen. Anderen Personen kann der Verhandlungsleiter die Anwesenheit gestatten, wenn kein Beteiligter widerspricht.

(2) Der Verhandlungsleiter hat die Sache mit den Beteiligten zu erörtern. Er hat darauf hinzuwirken, dass unklare Anträge erläutert, sachdienliche Anträge gestellt, ungenügende Angaben ergänzt sowie alle für die Feststellung des Sachverhalts wesentlichen Erklärungen abgegeben werden.

(3) Der Verhandlungsleiter ist für die Ordnung verantwortlich. Er kann Personen, die seine Anordnungen nicht befolgen, entfernen lassen. Die Verhandlung kann ohne diese Personen fortgesetzt werden.

(4) Über die mündliche Verhandlung ist eine Niederschrift zu fertigen. Die Niederschrift muss Angaben enthalten über

1. den Ort und den Tag der Verhandlung,
2. die Namen des Verhandlungsleiters, der erschienenen Beteiligten, Zeugen und Sachverständigen,
3. den behandelten Verfahrensgegenstand und die gestellten Anträge,
4. den wesentlichen Inhalt der Aussagen der Zeugen und Sachverständigen,
5. das Ergebnis eines Augenscheines.

Die Niederschrift ist von dem Verhandlungsleiter und, soweit ein Schriftführer hinzugezogen worden ist, auch von diesem zu unterzeichnen. Der Aufnahme in die Verhandlungsniederschrift steht die Aufnahme in eine Schrift gleich, die ihr als Anlage beigefügt und als solche bezeichnet ist; auf die Anlage ist in der Verhandlungsniederschrift hinzuweisen.

§ 69
Entscheidung

(1) Die Behörde entscheidet unter Würdigung des Gesamtergebnisses des Verfahrens.

(2) Verwaltungsakte, die das förmliche Verfahren abschließen, sind schriftlich zu erlassen, schriftlich zu begründen und den Beteiligten zuzustellen; in den Fällen des § 39 Abs. 2 Nr. 1 und 3 bedarf es einer Begründung nicht. Ein elektronischer Verwaltungsakt nach Satz 1 ist mit einer dauerhaft überprüfbaren qualifizierten elektronischen Signatur zu versehen. Sind mehr als 50 Zustellungen vorzunehmen, so können sie durch öffentliche Bekanntmachung ersetzt werden. Die öffentliche Bekanntmachung wird dadurch bewirkt, dass der verfügende Teil des Verwaltungsaktes und die Rechtsbehelfsbelehrung im amtlichen Veröffentlichungsblatt der Behörde und außerdem in örtlichen Tageszeitungen bekannt gemacht werden, die in dem Bereich verbreitet sind, in dem sich die Entscheidung voraussichtlich auswirken wird. Der Verwaltungsakt gilt mit dem Tage als zugestellt, an dem seit dem Tage der Bekanntmachung in dem amtlichen Veröffentlichungsblatt zwei Wochen verstrichen sind; hierauf ist in der Bekanntmachung hinzuweisen. Nach der öffentlichen Bekanntmachung kann der Verwaltungsakt bis zum Ablauf der Rechtsbehelfsfrist von den Beteiligten schriftlich oder elektronisch angefordert werden; hierauf ist in der Bekanntmachung gleichfalls hinzuweisen.

(3) Wird das förmliche Verwaltungsverfahren auf andere Weise abgeschlossen, so sind die Beteiligten hiervon zu benachrichtigen. Sind mehr als 50 Benachrichtigungen vorzunehmen, so können sie durch öffentliche Bekanntmachung ersetzt werden; Absatz 2 Satz 4 gilt entsprechend.

§ 70
Anfechtung der Entscheidung

Vor Erhebung einer verwaltungsgerichtlichen Klage, die einen im förmlichen Verwaltungsverfahren erlassenen Verwaltungsakt zum Gegenstand hat, bedarf es keiner Nachprüfung in einem Vorverfahren.

§ 71
Besondere Vorschriften für das förmliche Verfahren vor Ausschüssen

(1) Findet das förmliche Verwaltungsverfahren vor einem Ausschuss (§ 88) statt, so hat jedes Mitglied das Recht, sachdienliche Fragen zu stellen. Wird eine Frage von einem Beteiligten beanstandet, so entscheidet der Ausschuss über ihre Zulässigkeit.

(2) Bei der Beratung und Abstimmung dürfen nur Ausschussmitglieder zugegen sein, die an der mündlichen Verhandlung teilgenommen haben. Ferner dürfen Personen zugegen sein, die bei der Behörde, bei der der Ausschuss gebildet ist, zur Ausbildung beschäftigt sind, soweit der Vorsitzende ihre Anwesenheit gestattet. Die Abstimmungsergebnisse sind festzuhalten.

(3) Jeder Beteiligte kann ein Mitglied des Ausschusses ablehnen, das in diesem Verwaltungsverfahren nicht tätig werden darf (§ 20) oder bei dem die Besorgnis der Befangenheit besteht (§ 21). Eine Ablehnung vor der mündlichen Verhandlung ist schriftlich oder zur Niederschrift zu erklären. Die Erklärung ist unzulässig, wenn sich der Beteiligte, ohne den ihm bekannten Ablehnungsgrund geltend zu machen, in die mündliche Verhandlung eingelassen hat. Für die Entscheidung über die Ablehnung gilt § 20 Abs. 4 Satz 2 bis 4.

ABSCHNITT 1a
Verfahren über eine einheitliche Stelle

§ 71a
Anwendbarkeit

(1) Ist durch Rechtsvorschrift angeordnet, dass ein Verwaltungsverfahren über eine einheitliche Stelle abgewickelt werden kann, so gelten die Vorschriften dieses Abschnitts und, soweit sich aus ihnen nichts Abweichendes ergibt, die übrigen Vorschriften dieses Gesetzes.

(2) Der zuständigen Behörde obliegen die Pflichten aus § 71b Abs. 3, 4 und 6, § 71c Abs. 2 und § 71e auch dann, wenn sich der Antragsteller oder Anzeigepflichtige unmittelbar an die zuständige Behörde wendet.

§ 71b
Verfahren

(1) Die einheitliche Stelle nimmt Anzeigen, Anträge, Willenserklärungen und Unterlagen entgegen und leitet sie unverzüglich an die zuständigen Behörden weiter.

(2) Anzeigen, Anträge, Willenserklärungen und Unterlagen gelten am dritten Tag nach Eingang bei der einheitlichen Stelle als bei der zuständigen Behörde eingegangen. Fristen werden mit Eingang bei der einheitlichen Stelle gewahrt.

(3) Soll durch die Anzeige, den Antrag oder die Abgabe einer Willenserklärung eine Frist in Lauf gesetzt werden, innerhalb deren die zuständige Behörde tätig werden muss, stellt die zuständige Behörde eine Empfangsbestätigung aus. In der Empfangsbestätigung ist das Datum des Eingangs bei der einheitlichen Stelle mitzuteilen und auf die Frist, die Voraussetzungen für den Beginn des Fristlaufs und auf eine an den Fristablauf geknüpfte Rechtsfolge sowie auf die verfügbaren Rechtsbehelfe hinzuweisen.

(4) Ist die Anzeige oder der Antrag unvollständig, teilt die zuständige Behörde unverzüglich mit, welche Unterlagen nachzureichen sind. Die Mitteilung enthält den Hinweis, dass der Lauf der Frist nach Absatz 3 erst mit Eingang der vollständigen Unterlagen beginnt. Das Datum des Eingangs der nachgereichten Unterlagen bei der einheitlichen Stelle ist mitzuteilen.

(5) Soweit die einheitliche Stelle zur Verfahrensabwicklung in Anspruch genommen wird, sollen Mitteilungen der zuständigen Behörde an den Antragsteller oder Anzeigepflichtigen über sie weitergegeben werden. Verwaltungsakte werden auf Verlangen desjenigen, an den sich der Verwaltungsakt richtet, von der zuständigen Behörde unmittelbar bekannt gegeben.

(6) Ein schriftlicher Verwaltungsakt, der durch die Post in das Ausland übermittelt wird, gilt einen Monat nach Aufgabe zur Post als bekannt gegeben. § 41 Abs. 2 Satz 3 gilt entsprechend. Von dem Antragsteller oder Anzeigepflichtigen kann nicht nach § 15 verlangt werden, einen Empfangsbevollmächtigten zu bestellen.

§ 71c
Informationspflichten

(1) Die einheitliche Stelle erteilt auf Anfrage unverzüglich Auskunft über die maßgeblichen Vorschriften, die zuständigen Behörden, den Zugang zu den öffentlichen Registern und Datenbanken, die zustehenden Verfahrensrechte und die Einrichtungen, die den Antragsteller oder Anzeigepflichtigen bei der Aufnahme oder Ausübung seiner Tätigkeit unterstützen. Sie teilt unverzüglich mit, wenn eine Anfrage zu unbestimmt ist.

(2) Die zuständigen Behörden erteilen auf Anfrage unverzüglich Auskunft über die maßgeblichen Vorschriften und deren gewöhnliche Auslegung. Nach § 25 erforderliche Anregungen und Auskünfte werden unverzüglich gegeben.

§ 71d
Gegenseitige Unterstützung

Die einheitliche Stelle und die zuständigen Behörden wirken gemeinsam auf eine ordnungsgemäße und zügige Verfahrensabwicklung hin; alle einheitlichen Stellen und zuständigen Behörden sind hierbei zu unterstützen. Die zuständigen Behörden stellen der einheitlichen Stelle insbesondere die erforderlichen Informationen zum Verfahrensstand zur Verfügung.

§ 71e
Elektronisches Verfahren

Das Verfahren nach diesem Abschnitt wird auf Verlangen in elektronischer Form abgewickelt. § 3a Abs. 2 Satz 2 und 3 und Abs. 3 bleibt unberührt.

ABSCHNITT 2
Planfeststellungsverfahren

§ 72
Anwendung der Vorschriften über das Planfeststellungsverfahren

(1) Ist ein Planfeststellungsverfahren durch Rechtsvorschrift angeordnet, so gelten hierfür die §§ 73 bis 78 und, soweit sich aus ihnen nichts Abweichendes ergibt, die übrigen Vorschriften dieses Gesetzes; die §§ 51 und 71a bis 71e sind nicht anzuwenden, § 29 ist mit der Maßgabe anzuwenden, dass Akteneinsicht nach pflichtgemäßem Ermessen zu gewähren ist.

(2) Die Mitteilung nach § 17 Abs. 2 Satz 2 und die Aufforderung nach § 17 Abs. 4 Satz 2 sind im Planfeststellungsverfahren öffentlich bekannt zu machen. Die öffentliche Bekannt-

machung wird dadurch bewirkt, dass die Behörde die Mitteilung oder die Aufforderung in ihrem amtlichen Veröffentlichungsblatt und außerdem in örtlichen Tageszeitungen, die in dem Bereich verbreitet sind, in dem sich das Vorhaben voraussichtlich auswirken wird, bekannt macht.

§ 73
Anhörungsverfahren

(1) Der Träger des Vorhabens hat den Plan der Anhörungsbehörde zur Durchführung des Anhörungsverfahrens einzureichen. Der Plan besteht aus den Zeichnungen und Erläuterungen, die das Vorhaben, seinen Anlass und die von dem Vorhaben betroffenen Grundstücke und Anlagen erkennen lassen.

(2) Innerhalb eines Monats nach Zugang des vollständigen Plans fordert die Anhörungsbehörde die Behörden, deren Aufgabenbereich durch das Vorhaben berührt wird, zur Stellungnahme auf und veranlasst, dass der Plan in den Gemeinden, in denen sich das Vorhaben voraussichtlich auswirken wird, ausgelegt wird.

(3) Die Gemeinden nach Absatz 2 haben den Plan innerhalb von drei Wochen nach Zugang für die Dauer eines Monats zur Einsicht auszulegen. Auf eine Auslegung kann verzichtet werden, wenn der Kreis der Betroffenen und die Vereinigungen nach Absatz 4 Satz 5 bekannt sind und ihnen innerhalb angemessener Frist Gelegenheit gegeben wird, den Plan einzusehen.

(3a) Die Behörden nach Absatz 2 haben ihre Stellungnahme innerhalb einer von der Anhörungsbehörde zu setzenden Frist abzugeben, die drei Monate nicht überschreiten darf. Stellungnahmen, die nach Ablauf der Frist nach Satz 1 eingehen, sind zu berücksichtigen, wenn der Planfeststellungsbehörde die vorgebrachten Belange bekannt sind oder hätten bekannt sein müssen oder für die Rechtmäßigkeit der Entscheidung von Bedeutung sind; im Übrigen können sie berücksichtigt werden.

(4) Jeder, dessen Belange durch das Vorhaben berührt werden, kann bis zwei Wochen nach Ablauf der Auslegungsfrist schriftlich oder zur Niederschrift bei der Anhörungsbehörde oder bei der Gemeinde Einwendungen gegen den Plan erheben. Im Falle des Absatzes 3 Satz 2 bestimmt die Anhörungsbehörde die Einwendungsfrist. Mit Ablauf der Einwendungsfrist sind alle Einwendungen ausgeschlossen, die nicht auf besonderen privatrechtlichen Titeln beruhen. Hierauf ist in der Bekanntmachung der Auslegung oder bei der Bekanntgabe der Einwendungsfrist hinzuweisen. Vereinigungen, die auf Grund einer Anerkennung nach anderen Rechtsvorschriften befugt sind, Rechtsbehelfe nach der Verwaltungsgerichtsordnung gegen die Entscheidung nach § 74 einzulegen, können innerhalb der Frist nach Satz 1 Stellungnahmen zu dem Plan abgeben. Die Sätze 2 bis 4 gelten entsprechend.

(5) Die Gemeinden, in denen der Plan auszulegen ist, haben die Auslegung vorher ortsüblich bekannt zu machen. In der Bekanntmachung ist darauf hinzuweisen,

1. wo und in welchem Zeitraum der Plan zur Einsicht ausgelegt ist;
2. dass etwaige Einwendungen oder Stellungnahmen von Vereinigungen nach Absatz 4 Satz 5 bei den in der Bekanntmachung zu bezeichnenden Stellen innerhalb der Einwendungsfrist vorzubringen sind;
3. dass bei Ausbleiben eines Beteiligten in dem Erörterungstermin auch ohne ihn verhandelt werden kann;
4. dass
   a) die Personen, die Einwendungen erhoben haben, oder die Vereinigungen, die Stellungnahmen abgegeben haben, von dem Erörterungstermin durch öffentliche Bekanntmachung benachrichtigt werden können,
   b) die Zustellung der Entscheidung über die Einwendungen durch öffentliche Bekanntmachung ersetzt werden kann,

   wenn mehr als 50 Benachrichtigungen oder Zustellungen vorzunehmen sind.

Nicht ortsansässige Betroffene, deren Person und Aufenthalt bekannt sind oder sich innerhalb angemessener Frist ermitteln lassen, sollen auf Veranlassung der Anhörungsbehörde von der Auslegung mit dem Hinweis nach Satz 2 benachrichtigt werden.

(6) Nach Ablauf der Einwendungsfrist hat die Anhörungsbehörde die rechtzeitig gegen den Plan erhobenen Einwendungen, die rechtzeitig abgegebenen Stellungnahmen von Vereinigungen nach Absatz 4 Satz 5 sowie die Stellungnahmen der Behörden zu dem Plan mit dem Träger des Vorhabens, den Behörden, den Betroffenen sowie denjenigen, die Einwendungen erhoben oder Stellungnahmen abgegeben haben, zu erörtern. Der Erörterungstermin ist mindestens eine Woche vorher ortsüblich bekannt zu machen. Die Behörden, der Träger des Vorhabens und diejenigen, die Einwendungen erhoben oder Stellungnahmen abgegeben haben, sind von dem Erörterungstermin zu benachrichtigen. Sind außer der Benachrichtigung der Behörden und des Trägers des Vorhabens mehr als 50 Benachrichtigungen vorzunehmen, so können diese Benachrichtigungen durch öffentliche Bekanntmachung ersetzt werden. Die öffentliche Bekanntmachung wird dadurch bewirkt, dass abweichend von Satz 2 der Erörterungstermin im amtlichen Veröffentlichungsblatt der Anhörungsbehörde und außerdem in örtlichen Tageszeitungen bekannt gemacht wird, die in dem Bereich verbreitet sind, in dem sich das Vorhaben voraussichtlich auswirken wird; maßgebend für die Frist nach Satz 2 ist die Bekanntgabe im amtlichen Veröffentlichungsblatt. Im Übrigen gelten für die Erörterung die Vorschriften über die mündliche Verhandlung im förmlichen Verwaltungsverfahren (§ 67 Abs. 1 Satz 3, Abs. 2 Nr. 1 und 4 und Abs. 3, § 68) entsprechend. Die Anhörungsbehörde schließt die Erörterung innerhalb von drei Monaten nach Ablauf der Einwendungsfrist ab.

(7) Abweichend von den Vorschriften des Absatzes 6 Satz 2 bis 5 kann der Erörterungstermin bereits in der Bekanntmachung nach Absatz 5 Satz 2 bestimmt werden.

(8) Soll ein ausgelegter Plan geändert werden und werden dadurch der Aufgabenbereich einer Behörde oder einer Vereinigung nach Absatz 4 Satz 5 oder Belange Dritter erstmals oder stärker als bisher berührt, so ist diesen die Änderung mitzuteilen und ihnen Gelegenheit zu Stellungnahmen und Einwendungen innerhalb von zwei Wochen zu geben; Absatz 4 Satz 3 bis 6 gilt entsprechend. Wird sich die Änderung voraussichtlich auf das Gebiet einer anderen Gemeinde auswirken, so ist der geänderte Plan in dieser Gemeinde auszulegen; die Absätze 2 bis 6 gelten entsprechend.

(9) Die Anhörungsbehörde gibt zum Ergebnis des Anhörungsverfahrens eine Stellungnahme ab und leitet diese der Planfeststellungsbehörde innerhalb eines Monats nach Abschluss der Erörterung mit dem Plan, den Stellungnahmen der Behörden und der Vereinigungen nach Absatz 4 Satz 5 sowie den nicht erledigten Einwendungen zu.

§ 74
Planfeststellungsbeschluss, Plangenehmigung

(1) Die Planfeststellungsbehörde stellt den Plan fest (Planfeststellungsbeschluss). Die Vorschriften über die Entscheidung und die Anfechtung der Entscheidung im förmlichen Verwaltungsverfahren (§§ 69 und 70) sind anzuwenden.

(2) Im Planfeststellungsbeschluss entscheidet die Planfeststellungsbehörde über die Einwendungen, über die bei der Erörterung vor der Anhörungsbehörde keine Einigung erzielt worden ist. Sie hat dem Träger des Vorhabens Vorkehrungen oder die Errichtung und Unterhaltung von Anlagen aufzuerlegen, die zum Wohl der Allgemeinheit oder zur Vermeidung nachteiliger Wirkungen auf Rechte anderer erforderlich sind. Sind solche Vorkehrungen oder Anlagen untunlich oder mit dem Vorhaben unvereinbar, so hat der Betroffene Anspruch auf angemessene Entschädigung in Geld.

(3) Soweit eine abschließende Entscheidung noch nicht möglich ist, ist diese im Planfeststellungsbeschluss vorzubehalten; dem Träger des Vorhabens ist dabei aufzugeben, noch fehlende oder von der Planfeststellungsbehörde bestimmte Unterlagen rechtzeitig vorzulegen.

(4) Der Planfeststellungsbeschluss ist dem Träger des Vorhabens, denjenigen, über deren Einwendungen entschieden worden ist, und den Vereinigungen, über deren Stellungnahmen entschieden worden ist, zuzustellen. Eine Ausfertigung des Beschlusses ist mit einer Rechtsbehelfsbelehrung und einer Ausfertigung des festgestellten Plans in den Gemeinden zwei Wochen zur Einsicht auszulegen; der Ort und die Zeit der Auslegung sind ortsüblich bekannt zu machen. Mit dem Ende der Auslegungsfrist gilt der Beschluss gegenüber den übrigen Betroffenen als zugestellt; darauf ist in der Bekanntmachung hinzuweisen.

(5) Sind außer an den Träger des Vorhabens mehr als 50 Zustellungen nach Absatz 4 vorzunehmen, so können diese Zustellungen durch öffentliche Bekanntmachung ersetzt werden. Die öffentliche Bekanntmachung wird dadurch bewirkt, dass der verfügende Teil des Planfeststellungsbeschlusses, die Rechtsbehelfsbelehrung und ein Hinweis auf die Auslegung nach Absatz 4 Satz 2 im amtlichen Veröffentlichungsblatt der zuständigen Behörde und außerdem in örtlichen Tageszeitungen bekannt gemacht werden, die in dem Bereich verbreitet sind, in dem sich das Vorhaben voraussichtlich auswirken wird; auf Auflagen ist hinzuweisen. Mit dem Ende der Auslegungsfrist gilt der Beschluss den Betroffenen und denjenigen gegenüber, die Einwendungen erhoben haben, als zugestellt; hierauf ist in der Bekanntmachung hinzuweisen. Nach der öffentlichen Bekanntmachung kann der Planfeststellungsbeschluss bis zum Ablauf der Rechtsbehelfsfrist von den Betroffenen und von denjenigen, die Einwendungen erhoben haben, schriftlich oder elektronisch angefordert werden; hierauf ist in der Bekanntmachung gleichfalls hinzuweisen.

(6) An Stelle eines Planfeststellungsbeschlusses kann eine Plangenehmigung erteilt werden, wenn

1. Rechte anderer nicht oder nur unwesentlich beeinträchtigt werden oder die Betroffenen sich mit der Inanspruchnahme ihres Eigentums oder eines anderen Rechts schriftlich einverstanden erklärt haben,
2. mit den Trägern öffentlicher Belange, deren Aufgabenbereich berührt wird, das Benehmen hergestellt worden ist und
3. nicht andere Rechtsvorschriften eine Öffentlichkeitsbeteiligung vorschreiben, die den Anforderungen des § 73 Absatz 3 Satz 1 und Absatz 4 bis 7 entsprechen muss.

Die Plangenehmigung hat die Rechtswirkungen der Planfeststellung; auf ihre Erteilung sind die Vorschriften über das Planfeststellungsverfahren nicht anzuwenden; davon ausgenommen sind Absatz 4 Satz 1 und Absatz 5, die entsprechend anzuwenden sind. Vor Erhebung einer verwaltungsgerichtlichen Klage bedarf es keiner Nachprüfung in einem Vorverfahren. § 75 Abs. 4 gilt entsprechend.

(7) Planfeststellung und Plangenehmigung entfallen in Fällen von unwesentlicher Bedeutung. Diese liegen vor, wenn

1. andere öffentliche Belange nicht berührt sind oder die erforderlichen behördlichen Entscheidungen vorliegen und sie dem Plan nicht entgegenstehen,
2. Rechte anderer nicht beeinflusst werden oder mit den vom Plan Betroffenen entsprechende Vereinbarungen getroffen worden sind und
3. nicht andere Rechtsvorschriften eine Öffentlichkeitsbeteiligung vorschreiben, die den Anforderungen des § 73 Absatz 3 Satz 1 und Absatz 4 bis 7 entsprechen muss.

§ 75
Rechtswirkungen der Planfeststellung

(1) Durch die Planfeststellung wird die Zulässigkeit des Vorhabens einschließlich der notwendigen Folgemaßnahmen an anderen Anlagen im Hinblick auf alle von ihm berührten öffentlichen Belange festgestellt; neben der Planfeststellung sind andere behördliche Entscheidungen, insbesondere öffentlich-rechtliche Genehmigungen, Verleihungen, Erlaubnisse, Bewilligungen, Zustimmungen und Planfeststellungen nicht erforderlich. Durch die Planfeststellung werden alle öffentlich-rechtlichen Beziehungen zwischen dem Träger des Vorhabens und den durch den Plan Betroffenen rechtsgestaltend geregelt.

(1a) Mängel bei der Abwägung der von dem Vorhaben berührten öffentlichen und privaten Belange sind nur erheblich, wenn sie offensichtlich und auf das Abwägungsergebnis von Einfluss gewesen sind. Erhebliche Mängel bei der Abwägung oder eine Verletzung von Verfahrens- oder Formvorschriften führen nur dann zur Aufhebung des Planfeststellungsbeschlusses oder der Plangenehmigung, wenn sie nicht durch Planergänzung oder durch ein ergänzendes Verfahren behoben werden können; die §§ 45 und 46 bleiben unberührt.

(2) Ist der Planfeststellungsbeschluss unanfechtbar geworden, so sind Ansprüche auf Unterlassung des Vorhabens, auf Beseitigung oder Änderung der Anlagen oder auf Unterlassung ihrer Benutzung ausgeschlossen. Treten nicht voraussehbare Wirkungen des Vorhabens oder der dem festgestellten Plan entsprechenden Anlagen auf das Recht eines anderen erst nach Unanfechtbarkeit des Planes auf, so kann der Betroffene Vorkehrungen oder die Errichtung und Unterhaltung von Anlagen verlangen, welche die nachteiligen Wirkungen ausschließen. Sie sind dem Träger des Vorhabens durch Beschluss der Planfeststellungsbehörde aufzuerlegen. Sind solche Vorkehrungen oder Anlagen untunlich oder mit dem Vorhaben unvereinbar, so richtet sich der Anspruch auf angemessene Entschädigung in Geld. Werden Vorkehrungen oder Anlagen im Sinne des Satzes 2 notwendig, weil nach Abschluss des Planfeststellungsverfahrens auf einem benachbarten Grundstück Veränderungen eingetreten sind, so hat die hierdurch entstehenden Kosten der Eigentümer des benachbarten Grundstücks zu tragen, es sei denn, dass die Veränderungen durch natürliche Ereignisse oder höhere Gewalt verursacht worden sind; Satz 4 ist nicht anzuwenden.

(3) Anträge, mit denen Ansprüche auf Herstellung von Einrichtungen oder auf angemessene Entschädigung nach Absatz 2 Satz 2 und 4 geltend gemacht werden, sind schriftlich an die Planfeststellungsbehörde zu richten. Sie sind nur innerhalb von drei Jahren nach dem Zeitpunkt zulässig, zu dem der Betroffene von den nachteiligen Wirkungen des dem unanfechtbar festgestellten Plan entsprechenden Vorhabens oder der Anlage Kenntnis erhalten hat; sie sind ausgeschlossen, wenn nach Herstellung des dem Plan entsprechenden Zustandes dreißig Jahre verstrichen sind.

(4) Wird mit der Durchführung des Plans nicht innerhalb von fünf Jahren nach Eintritt der Unanfechtbarkeit begonnen, so tritt er außer Kraft. Als Beginn der Durchführung des Plans gilt jede erstmals nach außen erkennbare Tätigkeit von mehr als nur geringfügiger Bedeutung zur plangemäßen Verwirklichung des Vorhabens; eine spätere Unterbrechung der Verwirklichung des Vorhabens berührt den Beginn der Durchführung nicht.

§ 76
Planänderungen vor Fertigstellung des Vorhabens

(1) Soll vor Fertigstellung des Vorhabens der festgestellte Plan geändert werden, bedarf es eines neuen Planfeststellungsverfahrens.

(2) Bei Planänderungen von unwesentlicher Bedeutung kann die Planfeststellungsbehörde von einem neuen Planfeststellungsverfahren absehen, wenn die Belange anderer nicht berührt werden oder wenn die Betroffenen der Änderung zugestimmt haben.

(3) Führt die Planfeststellungsbehörde in den Fällen des Absatzes 2 oder in anderen Fällen einer Planänderung von unwesentlicher Bedeutung ein Planfeststellungsverfahren durch, so bedarf es keines Anhörungsverfahrens und keiner öffentlichen Bekanntgabe des Planfeststellungsbeschlusses.

§ 77
Aufhebung des Planfeststellungsbeschlusses

Wird ein Vorhaben, mit dessen Durchführung begonnen worden ist, endgültig aufgegeben, so hat die Planfeststellungsbehörde den Planfeststellungsbeschluss aufzuheben. In dem Aufhebungsbeschluss sind dem Träger des Vorhabens die Wiederherstellung des früheren Zustandes oder geeignete andere Maßnahmen aufzuerlegen, soweit dies zum Wohl der Allgemeinheit oder zur Vermeidung nachteiliger Wirkungen auf Rechte anderer erforderlich ist. Werden solche Maßnahmen notwendig, weil nach Abschluss des Planfeststellungsverfahrens auf einem benachbarten Grundstück Veränderungen eingetreten sind, so kann der Träger des Vorhabens durch Beschluss der Planfeststellungsbehörde zu geeigneten Vorkehrungen verpflichtet werden; die hierdurch entstehenden Kosten hat jedoch der Eigentümer des benachbarten Grundstücks zu tragen, es sei denn, dass die Veränderungen durch natürliche Ereignisse oder höhere Gewalt verursacht worden sind.

§ 78
Zusammentreffen mehrerer Vorhaben

(1) Treffen mehrere selbstständige Vorhaben, für deren Durchführung Planfeststellungsverfahren vorgeschrieben sind, derart zusammen, dass für diese Vorhaben oder für Teile von ihnen nur eine einheitliche Entscheidung möglich ist, und ist mindestens eines der Planfeststellungsverfahren bundesrechtlich geregelt, so findet für diese Vorhaben oder für deren Teile nur ein Planfeststellungsverfahren statt.

(2) Zuständigkeiten und Verfahren richten sich nach den Rechtsvorschriften über das Planfeststellungsverfahren, das für diejenige Anlage vorgeschrieben ist, die einen größeren Kreis öffentlich-rechtlicher Beziehungen berührt. Bestehen Zweifel, welche Rechtsvorschrift anzuwenden ist, so entscheidet, falls nach den in Betracht kommenden Rechtsvorschriften mehrere Bundesbehörden in den Geschäftsbereichen mehrerer oberster Bundesbehörden zuständig sind, die Bundesregierung, sonst die zuständige oberste Bundesbehörde. Bestehen Zweifel, welche Rechtsvorschrift anzuwenden ist, und sind nach den in Betracht kommenden Rechtsvorschriften eine Bundesbehörde und eine Landesbehörde zuständig, so führen, falls sich die obersten Bundes- und Landesbehörden nicht einigen, die Bundesregierung und die Landesregierung das Einvernehmen darüber herbei, welche Rechtsvorschrift anzuwenden ist.

TEIL VI
Rechtsbehelfsverfahren

§ 79
Rechtsbehelfe gegen Verwaltungsakte

Für förmliche Rechtsbehelfe gegen Verwaltungsakte gelten die Verwaltungsgerichtsordnung und die zu ihrer Ausführung ergangenen Rechtsvorschriften, soweit nicht durch Gesetz etwas anderes bestimmt ist; im Übrigen gelten die Vorschriften dieses Gesetzes.

§ 80
Erstattung von Kosten im Vorverfahren

(1) Soweit der Widerspruch erfolgreich ist, hat der Rechtsträger, dessen Behörde den angefochtenen Verwaltungsakt erlassen hat, demjenigen, der Widerspruch erhoben hat, die zur zweckentsprechenden Rechtsverfolgung oder Rechtsverteidigung notwendigen Aufwendungen zu erstatten. Dies gilt auch, wenn der Widerspruch nur deshalb keinen Erfolg hat, weil die Verletzung einer Verfahrens- oder Formvorschrift nach § 45 unbeachtlich ist. Soweit der Widerspruch erfolglos geblieben ist, hat derjenige, der den Widerspruch eingelegt hat, die zur zweckentsprechenden Rechtsverfolgung oder Rechtsverteidigung notwendigen Aufwendungen der Behörde, die den angefochtenen Verwaltungsakt erlassen hat, zu erstatten; dies gilt nicht, wenn der Widerspruch gegen einen Verwaltungsakt eingelegt wird, der ihm Rahmen

1. eines bestehenden oder früheren öffentlich-rechtlichen Dienst- oder Amtsverhältnisses oder

2. einer bestehenden oder früheren gesetzlichen Dienstpflicht oder einer Tätigkeit, die an Stelle der gesetzlichen Dienstpflicht geleistet werden kann,

erlassen wurde. Aufwendungen, die durch das Verschulden eines Erstattungsberechtigten entstanden sind, hat dieser selbst zu tragen; das Verschulden eines Vertreters ist dem Vertretenen zuzurechnen.

(2) Die Gebühren und Auslagen eines Rechtsanwalts oder eines sonstigen Bevollmächtigten im Vorverfahren sind erstattungsfähig, wenn die Zuziehung eines Bevollmächtigten notwendig war.

(3) Die Behörde, die die Kostenentscheidung getroffen hat, setzt auf Antrag den Betrag der zu erstattenden Aufwendungen fest; hat ein Ausschuss oder Beirat (§ 73 Abs. 2 der Verwaltungsgerichtsordnung) die Kostenentscheidung getroffen, so obliegt die Kostenfestsetzung der Behörde, bei der der Ausschuss oder Beirat gebildet ist. Die Kostenentscheidung bestimmt auch, ob die Zuziehung eines Rechtsanwalts oder eines sonstigen Bevollmächtigten notwendig war.

(4) Die Absätze 1 bis 3 gelten auch für Vorverfahren bei Maßnahmen des Richterdienstrechts.

TEIL VII
Ehrenamtliche Tätigkeit, Ausschüsse

ABSCHNITT 1
Ehrenamtliche Tätigkeit

§ 81
Anwendung der Vorschriften über die ehrenamtliche Tätigkeit

Für die ehrenamtliche Tätigkeit im Verwaltungsverfahren gelten die §§ 82 bis 87, soweit Rechtsvorschriften nichts Abweichendes bestimmen.

§ 82
Pflicht zu ehrenamtlicher Tätigkeit

Eine Pflicht zur Übernahme ehrenamtlicher Tätigkeit besteht nur, wenn sie durch Rechtsvorschrift vorgesehen ist.

15

§ 83
Ausübung ehrenamtlicher Tätigkeit

(1) Der ehrenamtlich Tätige hat seine Tätigkeit gewissenhaft und unparteiisch auszuüben.

(2) Bei Übernahme seiner Aufgaben ist er zur gewissenhaften und unparteiischen Tätigkeit und zur Verschwiegenheit besonders zu verpflichten. Die Verpflichtung ist aktenkundig zu machen.

§ 84
Verschwiegenheitspflicht

(1) Der ehrenamtlich Tätige hat, auch nach Beendigung seiner ehrenamtlichen Tätigkeit, über die ihm dabei bekannt gewordenen Angelegenheiten Verschwiegenheit zu wahren. Dies gilt nicht für Mitteilungen im dienstlichen Verkehr oder über Tatsachen, die offenkundig sind oder ihrer Bedeutung nach keiner Geheimhaltung bedürfen.

(2) Der ehrenamtlich Tätige darf ohne Genehmigung über Angelegenheiten, über die er Verschwiegenheit zu wahren hat, weder vor Gericht noch außergerichtlich aussagen oder Erklärungen abgeben.

(3) Die Genehmigung, als Zeuge auszusagen, darf nur versagt werden, wenn die Aussage dem Wohle des Bundes oder eines Landes Nachteile bereiten oder die Erfüllung öffentlicher Aufgaben ernstlich gefährden oder erheblich erschweren würde.

(4) Ist der ehrenamtlich Tätige Beteiligter in einem gerichtlichen Verfahren oder soll sein Vorbringen der Wahrnehmung seiner berechtigten Interessen dienen, so darf die Genehmigung auch dann, wenn die Voraussetzungen des Absatzes 3 erfüllt sind, nur versagt werden, wenn ein zwingendes öffentliches Interesse dies erfordert. Wird sie versagt, so ist dem ehrenamtlich Tätigen der Schutz zu gewähren, den die öffentlichen Interessen zulassen.

(5) Die Genehmigung nach den Absätzen 2 bis 4 erteilt die fachlich zuständige Aufsichtsbehörde der Stelle, die den ehrenamtlich Tätigen berufen hat.

§ 85
Entschädigung

Der ehrenamtlich Tätige hat Anspruch auf Ersatz seiner notwendigen Auslagen und seines Verdienstausfalles.

§ 86
Abberufung

Personen, die zu ehrenamtlicher Tätigkeit herangezogen worden sind, können von der Stelle, die sie berufen hat, abberufen werden, wenn ein wichtiger Grund vorliegt. Ein wichtiger Grund liegt insbesondere vor, wenn der ehrenamtlich Tätige

1. seine Pflicht gröblich verletzt oder sich als unwürdig erwiesen hat,
2. seine Tätigkeit nicht mehr ordnungsgemäß ausüben kann.

§ 87
Ordnungswidrigkeiten

(1) Ordnungswidrig handelt, wer

1. eine ehrenamtliche Tätigkeit nicht übernimmt, obwohl er zur Übernahme verpflichtet ist,
2. eine ehrenamtliche Tätigkeit, zu deren Übernahme er verpflichtet war, ohne anerkennenswerten Grund niederlegt.

(2) Die Ordnungswidrigkeit kann mit einer Geldbuße geahndet werden.

ABSCHNITT 2
Ausschüsse

§ 88
Anwendung der Vorschriften über Ausschüsse

Für Ausschüsse, Beiräte und andere kollegiale Einrichtungen (Ausschüsse) gelten, wenn sie in einem Verwaltungsverfahren tätig werden, die §§ 89 bis 93, soweit Rechtsvorschriften nichts Abweichendes bestimmen.

§ 89
Ordnung in den Sitzungen

Der Vorsitzende eröffnet, leitet und schließt die Sitzungen; er ist für die Ordnung verantwortlich.

§ 90
Beschlussfähigkeit

(1) Ausschüsse sind beschlussfähig, wenn alle Mitglieder geladen und mehr als die Hälfte, mindestens aber drei der stimmberechtigten Mitglieder anwesend sind. Beschlüsse können auch im schriftlichen Verfahren gefasst werden, wenn kein Mitglied widerspricht.

(2) Ist eine Angelegenheit wegen Beschlussunfähigkeit zurückgestellt worden und wird der Ausschuss zur Behandlung desselben Gegenstandes erneut geladen, so ist er ohne Rücksicht auf die Zahl der Erschienenen beschlussfähig, wenn darauf in dieser Ladung hingewiesen worden ist.

§ 91
Beschlussfassung

Beschlüsse werden mit Stimmenmehrheit gefasst. Bei Stimmengleichheit entscheidet die Stimme des Vorsitzenden, wenn er stimmberechtigt ist; sonst gilt Stimmengleichheit als Ablehnung.

§ 92
Wahlen durch Ausschüsse

(1) Gewählt wird, wenn kein Mitglied des Ausschusses widerspricht, durch Zuruf oder Zeichen, sonst durch Stimmzettel. Auf Verlangen eines Mitgliedes ist geheim zu wählen.

(2) Gewählt ist, wer von den abgegebenen Stimmen die meisten erhalten hat. Bei Stimmengleichheit entscheidet das vom Leiter der Wahl zu ziehende Los.

(3) Sind mehrere gleichartige Wahlstellen zu besetzen, so ist nach dem Höchstzahlverfahren d'Hondt zu wählen, außer wenn einstimmig etwas anderes beschlossen worden ist. Über die Zuteilung der letzten Wahlstelle entscheidet bei gleicher Höchstzahl das vom Leiter der Wahl zu ziehende Los.

§ 93
Niederschrift

Über die Sitzung ist eine Niederschrift zu fertigen. Die Niederschrift muss Angaben enthalten über

1 den Ort und den Tag der Sitzung,
2. die Namen des Vorsitzenden und der anwesenden Ausschussmitglieder,
3. den behandelten Gegenstand und die gestellten Anträge,
4. die gefassten Beschlüsse,
5. das Ergebnis von Wahlen.

Die Niederschrift ist von dem Vorsitzenden und, soweit ein Schriftführer hinzugezogen worden ist, auch von diesem zu unterzeichnen.

TEIL VIII
Schlussvorschriften

§ 94
Übertragung gemeindlicher Aufgaben

Die Landesregierungen können durch Rechtsverordnung die nach den §§ 73 und 74 dieses Gesetzes den Gemeinden obliegenden Aufgaben auf eine andere kommunale Gebietskörperschaft oder eine Verwaltungsgemeinschaft übertragen. Rechtsvorschriften der Länder, die entsprechende Regelungen bereits enthalten, bleiben unberührt.

§ 95
Sonderregelung für Verteidigungsangelegenheiten

Nach Feststellung des Verteidigungsfalles oder des Spannungsfalles kann in Verteidigungsangelegenheiten von der Anhörung Beteiligter (§ 28 Abs. 1), von der schriftlichen Bestätigung (§ 37 Abs. 2 Satz 2) und von der schriftlichen Begründung eines Verwaltungsaktes (§ 39 Abs. 1) abgesehen werden; in diesen Fällen gilt ein Verwaltungsakt abweichend von § 41 Abs. 4 Satz 3 mit dem auf die Bekanntmachung folgenden Tag als bekannt gegeben. Dasselbe gilt für die sonstigen gemäß Artikel 80a des Grundgesetzes anzuwendenden Rechtsvorschriften.

§ 96
Überleitung von Verfahren

(1) Bereits begonnene Verfahren sind nach den Vorschriften dieses Gesetzes zu Ende zu führen.

(2) Die Zulässigkeit eines Rechtsbehelfs gegen die vor Inkrafttreten dieses Gesetzes ergangenen Entscheidungen richtet sich nach den bisher geltenden Vorschriften.

(3) Fristen, deren Lauf vor Inkrafttreten dieses Gesetzes begonnen hat, werden nach den bisher geltenden Rechtsvorschriften berechnet.

(4) Für die Erstattung von Kosten im Vorverfahren gelten die Vorschriften dieses Gesetzes, wenn das Vorverfahren vor Inkrafttreten dieses Gesetzes noch nicht abgeschlossen worden ist.

§ 97
(weggefallen)

§ 98
(weggefallen)

§ 99
(weggefallen)

§ 100
Landesgesetzliche Regelungen

Die Länder können durch Gesetz

1. eine dem § 16 entsprechende Regelung treffen;
2. bestimmen, dass für Planfeststellungen, die auf Grund landesrechtlicher Vorschriften durchgeführt werden, die Rechtswirkungen des § 75 Abs. 1 Satz 1 auch gegenüber nach Bundesrecht notwendigen Entscheidungen gelten.

§ 101
Stadtstaatenklausel

Die Senate der Länder Berlin, Bremen und Hamburg werden ermächtigt, die örtliche Zuständigkeit abweichend von § 3 dem besonderen Verwaltungsaufbau ihrer Länder entsprechend zu regeln.

§ 102
Übergangsvorschrift zu § 53

Artikel 229 § 6 Abs. 1 bis 4 des Einführungsgesetzes zum Bürgerlichen Gesetzbuch gilt entsprechend bei der Anwendung des § 53 in der seit dem 1. Januar 2002 geltenden Fassung.

§ 103
(Inkrafttreten)

Verwaltungszustellungsgesetz (VwZG)

Vom 12. August 2005 (BGBl. I S. 2354),
zuletzt geändert durch Artikel 11 Absatz 3 des Gesetzes vom 18. Juli 2017
(BGBl. I S. 2745)[1)]

§ 1
Anwendungsbereich

(1) Die Vorschriften dieses Gesetzes gelten für das Zustellungsverfahren der Bundesbehörden, der bundesunmittelbaren Körperschaften, Anstalten und Stiftungen des öffentlichen Rechts und der Landesfinanzbehörden.

(2) Zugestellt wird, soweit dies durch Rechtsvorschrift oder behördliche Anordnung bestimmt ist.

§ 2
Allgemeines

(1) Zustellung ist die Bekanntgabe eines schriftlichen oder elektronischen Dokuments in der in diesem Gesetz bestimmten Form.

(2) Die Zustellung wird durch einen Erbringer von Postdienstleistungen (Post), einen nach § 17 des De-Mail-Gesetzes akkreditierten Diensteanbieter oder durch die Behörde ausgeführt. Daneben gelten die in den §§ 9 und 10 geregelten Sonderarten der Zustellung.

(3) Die Behörde hat die Wahl zwischen den einzelnen Zustellungsarten. § 5 Absatz 5 Satz 2 bleibt unberührt.

§ 3
Zustellung durch die Post mit Zustellungsurkunde

(1) Soll durch die Post mit Zustellungsurkunde zugestellt werden, übergibt die Behörde der Post den Zustellungsauftrag, das zuzustellende Dokument in einem verschlossenen Umschlag und einen vorbereiteten Vordruck einer Zustellungsurkunde.

(2) Für die Ausführung der Zustellung gelten die §§ 177 bis 182 der Zivilprozessordnung entsprechend. Im Fall des § 181 Abs. 1 der Zivilprozessordnung kann das zuzustellende Dokument bei einer von der Post dafür bestimmten Stelle am Ort der Zustellung oder am Ort des Amtsgerichts, in dessen Bezirk der Ort der Zustellung liegt, niedergelegt werden oder bei der Behörde, die den Zustellungsauftrag erteilt hat, wenn sie ihren Sitz an einem der vorbezeichneten Orte hat. Für die Zustellungsurkunde, den Zustellungsauftrag, den verschlossenen Umschlag nach Absatz 1 und die schriftliche Mitteilung nach § 181 Abs. 1 Satz 3 der Zivilprozessordnung sind die Vordrucke nach der Zustellungsvordruckverordnung zu verwenden.

§ 4
Zustellung durch die Post mittels Einschreiben

(1) Ein Dokument kann durch die Post mittels Einschreiben durch Übergabe oder mittels Einschreiben mit Rückschein zugestellt werden.

(2) Zum Nachweis der Zustellung genügt der Rückschein. Im Übrigen gilt das Dokument am dritten Tag nach der Aufgabe zur Post als zugestellt, es sei denn, dass es nicht oder zu einem späteren Zeitpunkt zugegangen ist. Im Zweifel hat die Behörde den Zugang und dessen Zeitpunkt nachzuweisen. Der Tag der Aufgabe zur Post ist in den Akten zu vermerken.

---

1) Das Gesetz gilt nach § 7 des Gesetzes über das Verfahren der Berliner Verwaltung (13) auch für das Zustellungsverfahren der Behörden Berlins.

§5
Zustellung durch die Behörde gegen Empfangsbekenntnis; elektronische Zustellung

(1) Bei der Zustellung durch die Behörde händigt der zustellende Bedienstete das Dokument dem Empfänger in einem verschlossenen Umschlag aus. Das Dokument kann auch offen ausgehändigt werden, wenn keine schutzwürdigen Interessen des Empfängers entgegenstehen. Der Empfänger hat ein mit dem Datum der Aushändigung versehenes Empfangsbekenntnis zu unterschreiben. Der Bedienstete vermerkt das Datum der Zustellung auf dem Umschlag des auszuhändigenden Dokuments oder bei offener Aushändigung auf dem Dokument selbst.

(2) Die §§ 177 bis 181 der Zivilprozessordnung sind anzuwenden. Zum Nachweis der Zustellung ist in den Akten zu vermerken:

1. im Fall der Ersatzzustellung in der Wohnung, in Geschäftsräumen und Einrichtungen nach § 178 der Zivilprozessordnung der Grund, der diese Art der Zustellung rechtfertigt,
2. im Fall der Zustellung bei verweigerter Annahme nach § 179 der Zivilprozessordnung, wer die Annahme verweigert hat und dass das Dokument am Ort der Zustellung zurückgelassen oder an den Absender zurückgesandt wurde sowie der Zeitpunkt und der Ort der verweigerten Annahme,
3. in den Fällen der Ersatzzustellung nach den §§ 180 und 181 der Zivilprozessordnung der Grund der Ersatzzustellung sowie wann und wo das Dokument in einen Briefkasten eingelegt oder sonst niedergelegt und in welcher Weise die Niederlegung schriftlich mitgeteilt wurde.

Im Fall des § 181 Abs. 1 der Zivilprozessordnung kann das zuzustellende Dokument bei der Behörde, die den Zustellungsauftrag erteilt hat, niedergelegt werden, wenn diese Behörde ihren Sitz am Ort der Zustellung oder am Ort des Amtsgerichts hat, in dessen Bezirk der Ort der Zustellung liegt.

(3) Zur Nachtzeit, an Sonntagen und allgemeinen Feiertagen darf nach den Absätzen 1 und 2 im Inland nur mit schriftlicher oder elektronischer Erlaubnis des Behördenleiters zugestellt werden. Die Nachtzeit umfasst die Stunden von 21 bis 6 Uhr. Die Erlaubnis ist bei der Zustellung abschriftlich mitzuteilen. Eine Zustellung, bei der diese Vorschriften nicht beachtet sind, ist wirksam, wenn die Annahme nicht verweigert wird.

(4) Das Dokument kann an Behörden, Körperschaften, Anstalten und Stiftungen des öffentlichen Rechts, an Rechtsanwälte, Patentanwälte, Notare, Steuerberater, Steuerbevollmächtigte, Wirtschaftsprüfer, vereidigte Buchprüfer, Steuerberatungsgesellschaften, Wirtschaftsprüfungsgesellschaften und Buchprüfungsgesellschaften auch auf andere Weise, auch elektronisch, gegen Empfangsbekenntnis zugestellt werden.

(5) Ein elektronisches Dokument kann im Übrigen unbeschadet des Absatzes 4 elektronisch zugestellt werden, soweit der Empfänger hierfür einen Zugang eröffnet. Es ist elektronisch zuzustellen, wenn auf Grund einer Rechtsvorschrift ein Verfahren auf Verlangen des Empfängers in elektronischer Form abgewickelt wird. Für die Übermittlung ist das Dokument mit einer qualifizierten elektronischen Signatur zu versehen und gegen unbefugte Kenntnisnahme Dritter zu schützen.

(6) Bei der elektronischen Zustellung ist die Übermittlung mit dem Hinweis „Zustellung gegen Empfangsbekenntnis" einzuleiten. Die Übermittlung muss die absendende Behörde, den Namen und die Anschrift des Zustellungsadressaten sowie den Namen des Bediensteten erkennen lassen, der das Dokument zur Übermittlung aufgegeben hat.

(7) Zum Nachweis der Zustellung nach den Absätzen 4 und 5 genügt das mit Datum und Unterschrift versehene Empfangsbekenntnis, das an die Behörde durch die Post oder elektronisch zurückzusenden ist. Ein elektronisches Dokument gilt in den Fällen des Absatzes 5 Satz 2 am dritten Tag nach der Absendung an den vom Empfänger hierfür eröffneten

Zugang als zugestellt, wenn der Behörde nicht spätestens an diesem Tag ein Empfangsbekenntnis nach Satz 1 zugeht. Satz 2 gilt nicht, wenn der Empfänger nachweist, dass das Dokument nicht oder zu einem späteren Zeitpunkt zugegangen ist. Der Empfänger ist in den Fällen des Absatzes 5 Satz 2 vor der Übermittlung über die Rechtsfolgen nach den Sätzen 2 und 3 zu belehren. Zum Nachweis der Zustellung ist von der absendenden Behörde in den Akten zu vermerken, zu welchem Zeitpunkt und an welchen Zugang das Dokument gesendet wurde. Der Empfänger ist über den Eintritt der Zustellungsfiktion nach Satz 2 zu benachrichtigen.

§ 5a
Elektronische Zustellung gegen Abholbestätigung über De-Mail-Dienste

(1) Die elektronische Zustellung kann unbeschadet des § 5 Absatz 4 und 5 Satz 1 und 2 durch Übermittlung der nach § 17 des De-Mail-Gesetzes akkreditierten Diensteanbieter gegen Abholbestätigung nach § 5 Absatz 9 des De-Mail-Gesetzes an das De-Mail-Postfach des Empfängers erfolgen. Für die Zustellung nach Satz 1 ist § 5 Absatz 4 und 6 mit der Maßgabe anzuwenden, dass an die Stelle des Empfangsbekenntnisses die Abholbestätigung tritt.

(2) Der nach § 17 des De-Mail-Gesetzes akkreditierte Diensteanbieter hat eine Versandbestätigung nach § 5 Absatz 7 des De-Mail-Gesetzes und eine Abholbestätigung nach § 5 Absatz 9 des De-Mail- Gesetzes zu erzeugen. Er hat diese Bestätigungen unverzüglich der absendenden Behörde zu übermitteln.

(3) Zum Nachweis der elektronischen Zustellung genügt die Abholbestätigung nach § 5 Absatz 9 des De-Mail-Gesetzes. Für diese gelten § 371 Absatz 1 Satz 2 und § 371a Absatz 3 der Zivilprozessordnung.

(4) Ein elektronisches Dokument gilt in den Fällen des § 5 Absatz 5 Satz 2 am dritten Tag nach der Absendung an das De-Mail-Postfach des Empfängers als zugestellt, wenn er dieses Postfach als Zugang eröffnet hat und der Behörde nicht spätestens an diesem Tag eine elektronische Abholbestätigung nach § 5 Absatz 9 des De-Mail-Gesetzes zugeht. Satz 1 gilt nicht, wenn der Empfänger nachweist, dass das Dokument nicht oder zu einem späteren Zeitpunkt zugegangen ist. Der Empfänger ist in den Fällen des § 5 Absatz 5 Satz 2 vor der Übermittlung über die Rechtsfolgen nach den Sätzen 1 und 2 zu belehren. Als Nachweis der Zustellung nach Satz 1 dient die Versandbestätigung nach § 5 Absatz 7 des De-Mail-Gesetzes oder ein Vermerk der absendenden Behörde in den Akten, zu welchem Zeitpunkt und an welches De-Mail-Postfach das Dokument gesendet wurde. Der Empfänger ist über den Eintritt der Zustellungsfiktion nach Satz 1 elektronisch zu benachrichtigen.

§ 6
Zustellung an gesetzliche Vertreter

(1) Bei Geschäftsunfähigen oder beschränkt Geschäftsfähigen ist an ihre gesetzlichen Vertreter zuzustellen. Gleiches gilt bei Personen, für die ein Betreuer bestellt ist, soweit der Aufgabenkreis des Betreuers reicht.

(2) Bei Behörden wird an den Behördenleiter, bei juristischen Personen, nicht rechtsfähigen Personenvereinigungen und Zweckvermögen an ihre gesetzlichen Vertreter zugestellt. § 34 Abs. 2 der Abgabenordnung bleibt unberührt.

(3) Bei mehreren gesetzlichen Vertretern oder Behördenleitern genügt die Zustellung an einen von ihnen.

(4) Der zustellende Bedienstete braucht nicht zu prüfen, ob die Anschrift den Vorschriften der Absätze 1 bis 3 entspricht.

§ 7
Zustellung an Bevollmächtigte

(1) Zustellungen können an den allgemeinen oder für bestimmte Angelegenheiten bestellten Bevollmächtigten gerichtet werden. Sie sind an ihn zu richten, wenn er schriftliche Vollmacht vorgelegt hat. Ist ein Bevollmächtigter für mehrere Beteiligte bestellt, so genügt die Zustellung eines Dokuments an ihn für alle Beteiligten.

(2) Einem Zustellungsbevollmächtigten mehrerer Beteiligter sind so viele Ausfertigungen oder Abschriften zuzustellen, als Beteiligte vorhanden sind.

(3) Auf § 180 Abs. 2 der Abgabenordnung beruhende Regelungen und § 183 der Abgabenordnung bleiben unberührt.

§ 8
Heilung von Zustellungsmängeln

Lässt sich die formgerechte Zustellung eines Dokuments nicht nachweisen oder ist es unter Verletzung zwingender Zustellungsvorschriften zugegangen, gilt es als in dem Zeitpunkt zugestellt, in dem es dem Empfangsberechtigten tatsächlich zugegangen ist, im Fall des § 5 Abs. 5 in dem Zeitpunkt, in dem der Empfänger das Empfangsbekenntnis zurückgesendet hat.

§ 9
Zustellung im Ausland

(1) Eine Zustellung im Ausland erfolgt

1. durch Einschreiben mit Rückschein, soweit die Zustellung von Dokumenten unmittelbar durch die Post völkerrechtlich zulässig ist,
2. auf Ersuchen der Behörde durch die Behörden des fremden Staates oder durch die zuständige diplomatische oder konsularische Vertretung der Bundesrepublik Deutschland,
3. auf Ersuchen der Behörde durch das Auswärtige Amt an eine Person, die das Recht der Immunität genießt und zu einer Vertretung der Bundesrepublik Deutschland im Ausland gehört, sowie an Familienangehörige einer solchen Person, wenn diese das Recht der Immunität genießen, oder
4. durch Übermittlung elektronischer Dokumente, soweit dies völkerrechtlich zulässig ist.

(2) Zum Nachweis der Zustellung nach Absatz 1 Nr. 1 genügt der Rückschein. Die Zustellung nach Absatz 1 Nr. 2 und 3 wird durch das Zeugnis der ersuchten Behörde nachgewiesen. Der Nachweis der Zustellung gemäß Absatz 1 Nr. 4 richtet sich nach § 5 Abs. 7 Satz 1 bis 3 und 5 sowie nach § 5a Absatz 3 und 4 Satz 1, 2 und 4.

(3) Die Behörde kann bei der Zustellung nach Absatz 1 Nr. 2 und 3 anordnen, dass die Person, an die zugestellt werden soll, innerhalb einer angemessenen Frist einen Zustellungsbevollmächtigten benennt, der im Inland wohnt oder dort einen Geschäftsraum hat. Wird kein Zustellungsbevollmächtigter benannt, können spätere Zustellungen bis zur nachträglichen Benennung dadurch bewirkt werden, dass das Dokument unter der Anschrift der Person, an die zugestellt werden soll, zur Post gegeben wird. Das Dokument gilt am siebenten Tag nach Aufgabe zur Post als zugestellt, wenn nicht feststeht, dass es den Empfänger nicht oder zu einem späteren Zeitpunkt erreicht hat. Die Behörde kann eine längere Frist bestimmen. In der Anordnung nach Satz 1 ist auf diese Rechtsfolgen hinzuweisen. Zum Nachweis der Zustellung ist in den Akten zu vermerken, zu welcher Zeit und unter welcher Anschrift das Dokument zur Post gegeben wurde. Ist durch Rechtsvorschrift angeordnet, dass ein Verwaltungsverfahren über eine einheitliche Stelle nach den Vorschriften des Verwaltungsverfahrensgesetzes abgewickelt werden kann, finden die Sätze 1 bis 6 keine Anwendung.

§ 10
Öffentliche Zustellung

(1) Die Zustellung kann durch öffentliche Bekanntmachung erfolgen, wenn
1. der Aufenthaltsort des Empfängers unbekannt ist und eine Zustellung an einen Vertreter oder Zustellungsbevollmächtigten nicht möglich ist,
2. bei juristischen Personen, die zur Anmeldung einer inländischen Geschäftsanschrift zum Handelsregister verpflichtet sind, eine Zustellung weder unter der eingetragenen Anschrift noch unter einer im Handelsregister eingetragenen Anschrift einer für Zustellungen empfangsberechtigten Person oder einer ohne Ermittlungen bekannten anderen inländischen Anschrift möglich ist oder
3. sie im Fall des § 9 nicht möglich ist oder keinen Erfolg verspricht.

Die Anordnung über die öffentliche Zustellung trifft ein zeichnungsberechtigter Bediensteter.

(2) Die öffentliche Zustellung erfolgt durch Bekanntmachung einer Benachrichtigung an der Stelle, die von der Behörde hierfür allgemein bestimmt ist, oder durch Veröffentlichung einer Benachrichtigung im Bundesanzeiger. Die Benachrichtigung muss
1. die Behörde, für die zugestellt wird,
2. den Namen und die letzte bekannte Anschrift des Zustellungsadressaten,
3. das Datum und das Aktenzeichen des Dokuments sowie
4. die Stelle, wo das Dokument eingesehen werden kann,

erkennen lassen. Die Benachrichtigung muss den Hinweis enthalten, dass das Dokument öffentlich zugestellt wird und Fristen in Gang gesetzt werden können, nach deren Ablauf Rechtsverluste drohen können. Bei der Zustellung einer Ladung muss die Benachrichtigung den Hinweis enthalten, dass das Dokument eine Ladung zu einem Termin enthält, dessen Versäumung Rechtsnachteile zur Folge haben kann. In den Akten ist zu vermerken, wann und wie die Benachrichtigung bekannt gemacht wurde. Das Dokument gilt als zugestellt, wenn seit dem Tag der Bekanntmachung der Benachrichtigung zwei Wochen vergangen sind.

Verwaltungs-Vollstreckungsgesetz (VwVG)

In der im Bundesgesetzblatt Teil III, Gliederungsnummer 201-4, veröffentlichten bereinigten Fassung, zuletzt geändert durch Artikel 1 des Gesetzes vom 30. Juni 2017 (BGBl. I S. 2094)[1)]

ERSTER ABSCHNITT
Vollstreckung wegen Geldforderungen

§ 1
Vollstreckbare Geldforderungen

(1) Die öffentlich-rechtlichen Geldforderungen des Bundes und der bundesunmittelbaren juristischen Personen des öffentlichen Rechts werden nach den Bestimmungen dieses Gesetzes im Verwaltungswege vollstreckt.

(2) Ausgenommen sind solche öffentlich-rechtlichen Geldforderungen, die im Wege des Parteistreites vor den Verwaltungsgerichten verfolgt werden oder für die ein anderer Rechtsweg als der Verwaltungsrechtsweg begründet ist.

(3) Die Vorschriften der Abgabenordnung, des Sozialversicherungsrechts einschließlich der Arbeitslosenversicherung und der Justizbeitreibungsgesetzes bleiben unberührt.

§ 2
Vollstreckungsschuldner

(1) Als Vollstreckungsschuldner kann in Anspruch genommen werden,

a) wer eine Leistung als Selbstschuldner schuldet;

b) wer für die Leistung, die ein anderer schuldet, persönlich haftet.

(2) Wer zur Duldung der Zwangsvollstreckung verpflichtet ist, wird dem Vollstreckungsschuldner gleichgestellt, soweit die Duldungspflicht reicht.

§ 3
Vollstreckungsanordnung

(1) Die Vollstreckung wird gegen den Vollstreckungsschuldner durch Vollstreckungsanordnung eingeleitet; eines vollstreckbaren Titels bedarf es nicht.

(2) Voraussetzungen für die Einleitung der Vollstreckung sind:

a) der Leistungsbescheid, durch den der Schuldner zur Leistung aufgefordert worden ist;

b) die Fälligkeit der Leistung;

c) der Ablauf einer Frist von einer Woche seit Bekanntgabe des Leistungsbescheides oder, wenn die Leistung erst danach fällig wird, der Ablauf einer Frist von einer Woche nach Eintritt der Fälligkeit.

(3) Vor Anordnung der Vollstreckung soll der Schuldner ferner mit einer Zahlungsfrist von einer weiteren Woche besonders gemahnt werden.

(4) Die Vollstreckungsanordnung wird von der Behörde erlassen, die den Anspruch geltend machen darf.

§ 4
Vollstreckungsbehörden

Vollstreckungsbehörden sind:

1) Zur Geltung für das Vollstreckungsverfahren der Behörden Berlins siehe § 8 des Gesetzes über das Verfahren der Berliner Verwaltung (13).

a) die von einer obersten Bundesbehörde im Einvernehmen mit dem Bundesminister des Innern bestimmten Behörden des betreffenden Verwaltungszweiges;
b) die Vollstreckungsbehörden der Bundesfinanzverwaltung, wenn eine Bestimmung nach Buchstabe a nicht getroffen worden ist.

§ 5
Anzuwendende Vollstreckungsvorschriften

(1) Das Verwaltungszwangsverfahren und der Vollstreckungsschutz richten sich im Falle des § 4 nach den Vorschriften der Abgabenordnung (§§ 77, 249 bis 258, 260, 262 bis 267, 281 bis 317, 318 Abs. 1 bis 4, §§ 319 bis 327).

(2) Wird die Vollstreckung im Wege der Amtshilfe von Organen der Länder vorgenommen, so ist sie nach landesrechtlichen Bestimmungen durchzuführen.

§ 5a
Ermittlung des Aufenthaltsorts des Vollstreckungsschuldners

(1) Ist der Wohnsitz oder der gewöhnliche Aufenthaltsort des Vollstreckungsschuldners nicht durch Anfrage bei der Meldebehörde zu ermitteln, so darf die Vollstreckungsbehörde folgende Angaben erheben:
1. beim Ausländerzentralregister die Angaben zur aktenführenden Ausländerbehörde und die Angaben zum Zuzug oder Fortzug des Vollstreckungsschuldners und bei der Ausländerbehörde, die nach der Auskunft aus dem Ausländerzentralregister aktenführend ist, den Aufenthaltsort des Vollstreckungsschuldners,
2. bei den Trägern der gesetzlichen Rentenversicherung die dort bekannte derzeitige Anschrift und den derzeitigen oder zukünftigen Aufenthaltsort des Vollstreckungsschuldners sowie
3. beim Kraftfahrt-Bundesamt die Halterdaten nach § 35 Absatz 4c Nummer 2 des Straßenverkehrsgesetzes.

(2) Die Vollstreckungsbehörde darf die gegenwärtigen Anschriften, den Ort der Hauptniederlassung oder den Sitz des Vollstreckungsschuldners erheben
1. durch Einsicht in das Handels-, Genossenschafts-, Partnerschafts-, Unternehmens- oder Vereinsregister oder
2. durch Einholung der Anschrift bei den nach Landesrecht für die Durchführung der Aufgaben nach § 14 Absatz 1 der Gewerbeordnung zuständigen Behörden.

(3) Nach Absatz 1 Nummer 2 und Absatz 2 erhobene Daten, die innerhalb der letzten drei Monate bei der Vollstreckungsbehörde eingegangen sind, dürfen von der Vollstreckungsbehörde auch einer weiteren Vollstreckungsbehörde übermittelt werden, wenn die Voraussetzungen für die Datenerhebung auch bei der weiteren Vollstreckungsbehörde vorliegen.

(4) Ist der Vollstreckungsschuldner Unionsbürger, so darf die Vollstreckungsbehörde die Daten nach Absatz 1 Nummer 1 nur erheben, wenn ihr tatsächliche Anhaltspunkte für die Vermutung vorliegen, dass bei der betroffenen Person das Nichtbestehen oder der Verlust des Freizügigkeitsrechts festgestellt worden ist. Eine Übermittlung der Daten nach Absatz 1 Nummer 1 an die Vollstreckungsbehörde ist ausgeschlossen, wenn der Vollstreckungsschuldner ein Unionsbürger ist, für den eine Feststellung des Nichtbestehens oder des Verlusts des Freizügigkeitsrechts nicht vorliegt.

§ 5b
Auskunftsrechte der Vollstreckungsbehörde

(1) Kommt der Vollstreckungsschuldner seiner Pflicht, eine Vermögensauskunft nach § 5 Absatz 1 dieses Gesetzes in Verbindung mit § 284 Absatz 1 der Abgabenordnung zu erteilen, nicht nach oder ist bei einer Vollstreckung in die in der Vermögensauskunft ange-

führten Vermögensgegenstände eine vollständige Befriedigung der Forderung, wegen der die Vermögensauskunft verlangt wird, voraussichtlich nicht zu erwarten, so darf die Vollstreckungsbehörde

1. bei den Trägern der gesetzlichen Rentenversicherung den Namen und die Vornamen oder die Firma sowie die Anschriften der derzeitigen Arbeitgeber eines versicherungspflichtigen Beschäftigungsverhältnisses des Vollstreckungsschuldners erheben und
2. beim Kraftfahrt-Bundesamt die Fahrzeug- und Halterdaten nach § 35 Absatz 1 Nummer 17 des Straßenverkehrsgesetzes.

(2) Nach Absatz 1 erhobene Daten, die innerhalb der letzten drei Monate bei der Vollstreckungsbehörde eingegangen sind, dürfen von der Vollstreckungsbehörde auch einer weiteren Vollstreckungsbehörde übermittelt werden, wenn die Voraussetzungen für die Datenerhebung auch bei der weiteren Vollstreckungsbehörde vorliegen.

ZWEITER ABSCHNITT
Erzwingung von Handlungen, Duldungen oder Unterlassungen

§ 6
Zulässigkeit des Verwaltungszwanges

(1) Der Verwaltungsakt, der auf die Herausgabe einer Sache oder auf die Vornahme einer Handlung oder auf Duldung oder Unterlassung gerichtet ist, kann mit den Zwangsmitteln nach § 9 durchgesetzt werden, wenn er unanfechtbar ist oder wenn sein sofortiger Vollzug[1] angeordnet oder wenn dem Rechtsmittel keine aufschiebende Wirkung beigelegt ist.

(2) Der Verwaltungszwang kann ohne vorausgehenden Verwaltungsakt angewendet werden, wenn der sofortige Vollzug zur Verhinderung einer rechtswidrigen Tat, die einen Straf- oder Bußgeldtatbestand verwirklicht, oder zur Abwendung einer drohenden Gefahr notwendig ist und die Behörde hierbei innerhalb ihrer gesetzlichen Befugnisse handelt.

§ 7
Vollzugsbehörden

(1) Ein Verwaltungsakt wird von der Behörde vollzogen, die ihn erlassen hat; sie vollzieht auch Beschwerdeentscheidungen.

(2) Die Behörde der unteren Verwaltungsstufe kann für den Einzelfall oder allgemein mit dem Vollzug beauftragt werden.

§ 8
Örtliche Zuständigkeit

Muß eine Zwangsmaßnahme außerhalb des Bezirks der Vollzugsbehörde ausgeführt werden, so hat die entsprechende Bundesbehörde des Bezirks, in dem sie ausgeführt werden soll, auf Ersuchen der Vollzugsbehörde den Verwaltungszwang durchzuführen.

§ 9
Zwangsmittel

(1) Zwangsmittel sind:

a) Ersatzvornahme (§ 10),
b) Zwangsgeld (§ 11),
c) unmittelbarer Zwang (§ 12).

1) Gemeint ist „sofortige Vollziehung" nach § 80 Abs. 2 Nr. 4 VwGO (19).

(2) Das Zwangsmittel muß in einem angemessenen Verhältnis zu seinem Zweck stehen. Dabei ist das Zwangsmittel möglichst so zu bestimmen, daß der Betroffene und die Allgemeinheit am wenigsten beeinträchtigt werden.

§ 10
Ersatzvornahme

Wird die Verpflichtung, eine Handlung vorzunehmen, deren Vornahme durch einen anderen möglich ist (vertretbare Handlung), nicht erfüllt, so kann die Vollzugsbehörde einen anderen mit der Vornahme der Handlung auf Kosten des Pflichtigen beauftragen.

§ 11
Zwangsgeld

(1) Kann eine Handlung durch einen anderen nicht vorgenommen werden und hängt sie nur vom Willen des Pflichtigen ab, so kann der Pflichtige zur Vornahme der Handlung durch ein Zwangsgeld angehalten werden. Bei vertretbaren Handlungen kann es verhängt werden, wenn die Ersatzvornahme untunlich ist, besonders, wenn der Pflichtige außerstande ist, die Kosten zu tragen, die aus der Ausführung durch einen anderen entstehen.

(2) Das Zwangsgeld ist auch zulässig, wenn der Pflichtige der Verpflichtung zuwiderhandelt, eine Handlung zu dulden oder zu unterlassen,

(3) Die Höhe des Zwangsgeldes beträgt bis zu 25 000 Euro.[1)]

§ 12
Unmittelbarer Zwang[2)]

Führt die Ersatzvornahme oder das Zwangsgeld nicht zum Ziel oder sind sie untunlich, so kann die Vollzugsbehörde den Pflichtigen zur Handlung, Duldung oder Unterlassung zwingen oder die Handlung selbst vornehmen.

§ 13
Androhung der Zwangsmittel

(1) Die Zwangsmittel müssen, wenn sie nicht sofort angewendet werden können (§ 6 Abs. 2), schriftlich angedroht werden. Hierbei ist für die Erfüllung der Verpflichtung eine Frist zu bestimmen, innerhalb der der Vollzug dem Pflichtigen billigerweise zugemutet werden kann.

(2) Die Androhung kann mit dem Verwaltungsakt verbunden werden, durch den die Handlung, Duldung oder Unterlassung aufgegeben wird. Sie soll mit ihm verbunden werden, wenn der sofortige Vollzug[3)] angeordnet oder den Rechtsmitteln keine aufschiebende Wirkung beigelegt ist.

(3) Die Androhung muß sich auf ein bestimmtes Zwangsmittel beziehen. Unzulässig ist die gleichzeitige Androhung mehrerer Zwangsmittel und die Androhung, mit der sich die Vollzugsbehörde die Wahl zwischen mehreren Zwangsmitteln vorbehält.

(4) Soll die Handlung auf Kosten des Pflichtigen (Ersatzvornahme) ausgeführt werden, so ist in der Androhung der Kostenbetrag vorläufig zu veranschlagen. Das Recht auf Nachforderung bleibt unberührt, wenn die Ersatzvornahme einen höheren Kostenaufwand verursacht.

(5) Der Betrag des Zwangsgeldes ist in bestimmter Höhe anzudrohen.

---

1) Siehe § 5a VwVfG Bln (13).
2) Vgl. dazu Gesetz über die Anwendung unmittelbaren Zwanges bei der Ausübung öffentlicher Gewalt durch Vollstreckungsbeamte des Landes Berlin (UZwGBln) (18).
3) Gemeint ist „sofortige Vollziehung“ nach § 80 Abs. 2 Nr. 4 VwGO (19).

(6) Die Zwangsmittel können auch neben einer Strafe oder Geldbuße angedroht und so oft wiederholt und hierbei jeweils erhöht oder gewechselt werden, bis die Verpflichtung erfüllt ist. Eine neue Androhung ist erst dann zulässig, wenn das zunächst angedrohte Zwangsmittel erfolglos ist.

(7) Die Androhung ist zuzustellen. Dies gilt auch dann, wenn sie mit dem zugrunde liegenden Verwaltungsakt verbunden ist und für ihn keine Zustellung vorgeschrieben ist.

§ 14
Festsetzung der Zwangsmittel

Wird die Verpflichtung innerhalb der Frist, die in der Androhung bestimmt ist, nicht erfüllt, so setzt die Vollzugsbehörde das Zwangsmittel fest. Bei sofortigem Vollzug (§ 6 Abs. 2) fällt die Festsetzung weg.

§ 15
Anwendung der Zwangsmittel

(1) Das Zwangsmittel wird der Festsetzung gemäß angewendet.

(2) Leistet der Pflichtige bei der Ersatzvornahme oder bei unmittelbarem Zwang Widerstand, so kann dieser mit Gewalt gebrochen werden. Die Polizei hat auf Verlangen der Vollzugsbehörde Amtshilfe zu leisten.

(3) Der Vollzug ist einzustellen, sobald sein Zweck ereicht ist.

§ 16
Ersatzzwangshaft

(1) Ist das Zwangsgeld uneinbringlich, so kann das Verwaltungsgericht auf Antrag der Vollzugsbehörde nach Anhörung des Pflichtigen durch Beschluß Ersatzzwangshaft anordnen, wenn bei Androhung des Zwangsgeldes hierauf hingewiesen worden ist. Das Grundrecht des Artikels 2 Abs. 2 Satz 2 des Grundgesetzes wird insoweit eingeschränkt.

(2) Die Ersatzzwangshaft beträgt mindestens einen Tag, höchstens zwei Wochen.

(3) Die Ersatzzwangshaft ist auf Antrag der Vollzugsbehörde von der Justizverwaltung nach den Bestimmungen der §§ 802g, 802h und 802j Abs. 2 der Zivilprozeßordnung zu vollstrecken.

§ 17
Vollzug gegen Behörden

Gegen Behörden und juristische Personen des öffentlichen Rechts sind Zwangsmittel unzulässig, soweit nicht etwas anderes bestimmt ist.

§ 18
Rechtsmittel[1)]

(1) Gegen die Androhung eines Zwangsmittels sind die Rechtsmittel gegeben, die gegen den Verwaltungsakt zulässig sind, dessen Durchsetzung erzwungen werden soll. Ist die Androhung mit dem zugrunde liegenden Verwaltungsakt verbunden, so erstreckt sich das Rechtsmittel zugleich auf den Verwaltungsakt, soweit er nicht bereits Gegenstand eines Rechtsmittel- oder gerichtlichen Verfahrens ist. Ist die Androhung nicht mit dem zugrunde liegenden Verwaltungsakt verbunden und ist dieser unanfechtbar geworden, so kann die Androhung nur insoweit angefochten werden, als eine Rechtsverletzung durch die Androhung selbst behauptet wird.

(2) Wird ein Zwangsmittel ohne vorausgehenden Verwaltungsakt angewendet (§ 6 Abs. 2), so sind hiergegen die Rechtsmittel zulässig, die gegen Verwaltungsakte allgemein gegeben sind.

1) Siehe dazu § 4 des Gesetzes zur Ausführung der Verwaltungsgerichtsordnung (20).

DRITTER ABSCHNITT
Kosten

§ 19
Kosten

(1) Für Amtshandlungen nach diesem Gesetz werden Kosten (Gebühren und Auslagen) gemäß § 337 Abs. 1, §§ 338 bis 346 der Abgabenordnung erhoben. Für die Gewährung einer Entschädigung an Auskunftspflichtige, Sachverständige und Treuhänder gelten §§ 107 und 318 Abs. 5 der Abgabenordnung.

(2) Für die Mahnung nach § 3 Abs. 3 wird eine Mahngebühr erhoben. Sie beträgt ein halbes Prozent des Mahnbetrages, mindestens jedoch 5 Euro und höchstens 150 Euro. Die Mahngebühr wird auf volle Euro aufgerundet.

(3) Soweit die Bundespolizei nach diesem Gesetz tätig wird, werden Gebühren und Auslagen nach dem Bundesgebührengesetz erhoben.

§ 19a
Vollstreckungspauschale, Verordnungsermächtigung

(1) Bundesunmittelbare Körperschaften und Anstalten des öffentlichen Rechts, die den Vollstreckungsbehörden der Bundesfinanzverwaltung nach § 4 Buchstabe b Vollstreckungsanordnungen übermitteln, sind verpflichtet, für jede ab dem 1. Juli 2014 übermittelte Vollstreckungsanordnung einen Pauschalbetrag für bei den Vollstreckungsschuldnern uneinbringliche Gebühren und Auslagen (Vollstreckungspauschale) zu zahlen. Dies gilt nicht für Vollstreckungsanordnungen wegen Geldforderungen nach dem Bundeskindergeldgesetz.

(2) Die Vollstreckungspauschale bemisst sich nach dem Gesamtbetrag der im Berechnungszeitraum auf Grund von Vollstreckungsanordnungen der juristischen Personen nach Absatz 1 festgesetzten Gebühren und Auslagen, die bei den Vollstreckungsschuldnern nicht beigetrieben werden konnten, geteilt durch die Anzahl aller in diesem Zeitraum von diesen Anordnungsbehörden übermittelten Vollstreckungsanordnungen.

(3) Das Bundesministerium der Finanzen wird ermächtigt, im Einvernehmen mit dem Bundesministerium für Arbeit und Soziales und dem Bundesministerium für Gesundheit durch Rechtsverordnung, die nicht der Zustimmung des Bundesrates bedarf, die Höhe der Vollstreckungspauschale zu bestimmen sowie den Berechnungszeitraum, die Entstehung und die Fälligkeit der Vollstreckungspauschale, den Abrechnungszeitraum, das Abrechnungsverfahren und die abrechnende Stelle zu regeln.

(4) Die Höhe der Vollstreckungspauschale ist durch das Bundesministerium der Finanzen nach Maßgabe des Absatzes 2 alle drei Jahre zu überprüfen und durch Rechtsverordnung nach Absatz 3 anzupassen, wenn die nach Maßgabe des Absatzes 2 berechnete Vollstreckungspauschale um mehr als 20 Prozent von der Vollstreckungspauschale in der geltenden Fassung abweicht.

(5) Die juristischen Personen nach Absatz 1 sind nicht berechtigt, den Vollstreckungsschuldner mit der Vollstreckungspauschale zu belasten.

VIERTER ABSCHNITT
Übergangs- und Schlußvorschriften

§§ 20 bis 22
(Hier nicht abgedruckt)

Gesetz über die Anwendung unmittelbaren Zwanges bei der Ausübung öffentlicher Gewalt durch Vollzugsbeamte des Landes Berlin (UZwG Bln)

Vom 22. Juni 1970 (GVBl. S. 921),
zuletzt geändert durch Artikel 2 des Gesetzes vom 5. Juli 2018
(GVBl. S. 462)

ÜBERSICHT

FÜNFTER ABSCHNITT
Schlußvorschriften

ERSTER ABSCHNITT
Allgemeine Vorschriften

§ 1
Zulässigkeit der Anwendung unmittelbaren Zwanges

(1) Die Vollzugsbeamten des Landes Berlin dürfen in rechtmäßiger Ausübung ihres Dienstes unmittelbaren Zwang anwenden, soweit die Anwendung gesetzlich, insbesondere durch § 8 Absatz 1 des Gesetzes über das Verfahren der Berliner Verwaltung vom 21. April 2016 (GVBl. S. 218) in der jeweils geltenden Fassung[1)] zugelassen ist.

(2) Die Art und Weise der Anwendung unmittelbaren Zwanges richtet sich nach den Vorschriften dieses Gesetzes.

(3) Soweit andere Gesetze Vorschriften über die Art und Weise der Anwendung unmittelbaren Zwanges enthalten, bleiben sie unberührt.

§ 2
Begriffsbestimmungen

(1) Unmittelbarer Zwang ist die Einwirkung auf Personen oder Sachen durch körperliche Gewalt, durch Hilfsmittel der körperlichen Gewalt und durch Waffen.

(2) Körperliche Gewalt ist jede unmittelbare körperliche Einwirkung auf Personen oder Sachen.

(3) Hilfsmittel der körperlichen Gewalt sind insbesondere Fesseln, Reiz- und Betäubungsstoffe, Diensthunde, Dienstpferde, Dienstfahrzeuge, Wasserwerfer und technische Sperren sowie zum Sprengen bestimmte explosionsfähige Stoffe (Sprengmittel).

(4) Waffen sind dienstlich zugelassene Schusswaffen (Pistolen, Revolver, Gewehre, Maschinenpistolen) und Hiebwaffen (Schlagstöcke).

§ 3
Vollzugsbeamte des Landes Berlin

Vollzugsbeamte des Landes Berlin im Sinne dieses Gesetzes sind

1. die Polizeivollzugsbeamten,
2. die Bediensteten im Justizvollzugsdienst mit Ausnahme der im Jugendstrafvollzug tätigen Bediensteten,
3. die Justizwachtmeister,
4. die Hilfsbeamten der Staatsanwaltschaft, soweit nicht für sie das Gesetz über den unmittelbaren Zwang bei Ausübung öffentlicher Gewalt durch Vollzugsbeamte des Bundes gilt,
5. die Bediensteten oder Gruppen von Bediensteten anderer Berliner Behörden, die der Senat mit bestimmten Befugnissen der Polizeibehörde ausgestattet hat,
6. die sonstigen Bediensteten, insbesondere die Dienstkräfte im Rahmen des allgemeinen Ordnungs- und Verkehrsüberwachungsdienstes der bezirklichen Ordnungsämter, die mit der Anwendung des Verwaltungszwanges beauftragt sind,

1) VwVfG Bln (13).

7. die verkehrsrechtlich besonders ausgebildeten Beschäftigten der Berliner Verkehrsbetriebe (BVG) im Sinne des § 23 des Berliner Mobilitätsgesetzes vom 5. Juli 2018 (GVBl. S. 464) in der jeweils geltenden Fassung.

§ 4
Grundsatz der Verhältnismäßigkeit

(1) Bei der Anwendung unmittelbaren Zwanges sind von den möglichen und geeigneten Maßnahmen diejenigen zu treffen, die den einzelnen und die Allgemeinheit am wenigsten beeinträchtigen. Jede Maßnahme darf nur so lange und so weit durchgeführt werden, wie ihr Zweck es erfordert.

(2) Eine Maßnahme des unmittelbaren Zwanges darf nicht durchgeführt werden, wenn der durch sie zu erwartende Schaden erkennbar außer Verhältnis zu dem beabsichtigten Erfolg steht.

§ 5
Hilfeleistung für Verletzte

Den bei der Anwendung unmittelbaren Zwanges Verletzten ist Beistand zu leisten und ärztliche Hilfe zu verschaffen, sobald es die Lage zuläßt.

§ 6
Handeln auf Anordnung

(1) Die Vollzugsbeamten sind verpflichtet, unmittelbaren Zwang so anzuwenden, wie er im Vollzugsdienst von den Vorgesetzten oder von sonst dazu befugten Personen angeordnet wird. Dies gilt nicht, wenn die Anordnung die Menschenwürde verletzt oder nicht zu dienstlichen Zwecken erteilt worden ist.

(2) Eine Anordnung darf nicht befolgt werden, wenn dadurch eine Straftat begangen werden würde. Hat der Vollzugsbeamte eine solche Anordnung trotzdem befolgt, so trifft ihn eine Schuld nur, wenn er erkannt hat oder wenn es nach den ihm bekannten Umständen offensichtlich gewesen ist, daß er durch die Befolgung eine Straftat begehen werde.

(3) Bedenken gegen die Rechtmäßigkeit der Anordnung hat der Vollzugsbeamte den Anordnenden gegenüber vorzubringen, soweit ihm dies nach den Umständen möglich ist.

(4) § 36 Absatz 2 und 3 des Beamtenstatusgesetzes ist nicht anzuwenden.

§ 7
Einschränkung von Grundrechten

Durch dieses Gesetz werden die Grundrechte der körperlichen Unversehrtheit (Artikel 2 Abs. 2 Satz 1 des Grundgesetzes, Artikel 8 Abs. 1 Satz 1 der Verfassung von Berlin), der Freiheit der Person (Artikel 2 Abs. 2 Satz 2 des Grundgesetzes, Artikel 8 Abs. 1 Satz 2 der Verfassung von Berlin) und der Unverletzlichkeit der Wohnung (Artikel 13 Abs. 1 des Grundgesetzes, Artikel 28 Abs. 2 Satz 1 der Verfassung von Berlin) eingeschränkt.

ZWEITER ABSCHNITT
Vorschriften über den Gebrauch der Schußwaffen

§ 8
Befugnis zum Gebrauch der Schußwaffen

(1) Der Gebrauch der Schußwaffen ist nur den Vollzugsbeamtem gestattet, die dienstlich damit ausgerüstet sind.

(2) Der Gebrauch der Schußwaffen ist nur unter den besonderen Voraussetzungen der §§ 9 bis 16 zulässig.

(3) Das Recht zum Gebrauch von Schußwaffen auf Grund anderer gesetzlicher Vorschriften bleibt unberührt.

§ 9
Allgemeine Vorschriften für den Schußwaffengebrauch

(1) Schußwaffen dürfen nur gebraucht werden, wenn andere Maßnahmen des unmittelbaren Zwanges erfolglos angewendet sind oder offensichtlich keinen Erfolg versprechen. Gegen Personen ist ihr Gebrauch nur zulässig, wenn der Zweck nicht durch Waffeneinwirkung auf Sachen erreicht wird.

(2) Zweck des Schußwaffengebrauchs darf nur sein, angriffs- oder fluchtunfähig zu machen. Der Schußwaffengebrauch ist unzulässig, wenn dadurch erkennbar Unbeteiligte mit hoher Wahrscheinlichkeit gefährdet werden; dies gilt nicht, wenn sich deren Gefährdung beim Einschreiten gegen eine Menschenmenge (§ 16) oder eine bewaffnete Gruppe nicht vermeiden läßt.

(3) Gegen Personen, die sich dem äußeren Eindruck nach im Kindesalter befinden, dürfen Schußwaffen nicht gebraucht werden.

(4) Das Recht zum Gebrauch von Schusswaffen durch einzelne Polizeivollzugsbeamte in den Fällen der Notwehr und des Notstands bleibt unberührt. Verletzt ein Polizeivollzugsbeamter in diesen Fällen die ihm einem Dritten gegenüber obliegende Amtspflicht, so trifft die Verantwortlichkeit nach den Vorschriften der Amtshaftung das Land Berlin.

§ 10
Androhung

Der Gebrauch von Schußwaffen ist anzudrohen. Als Androhung gilt auch die Abgabe eines Warnschusses.

§ 11
Schußwaffengebrauch zur Verhinderung rechtswidriger Taten

Ein Vollzugsbeamter darf auf einzelne Personen schießen, um sie an der unmittelbar bevorstehenden Ausführung oder der Fortsetzung einer rechtswidrigen Tat zu hindern, die sich den Umständen nach als

a) ein Verbrechen
oder
b) ein Vergehen unter Anwendung oder Mitführung von Schußwaffen oder Explosivmitteln

darstellt.

§ 12
Schußwaffengebrauch zum Anhalten flüchtender Verdächtiger

Ein Vollzugsbeamter darf auf einzelne Personen schießen, um sie anzuhalten, wenn sie sich ihrer Festnahme oder Feststellung durch die Flucht zu entziehen versuchen und sie dringend verdächtig sind

a) eines Verbrechens
oder
b) eines Vergehens und Anhaltspunkte dafür vorhanden sind, daß sie auf der Flucht Schußwaffen oder Explosivmittel mit sich führen.

§ 13
Schußwaffengebrauch zum Anhalten flüchtender Straftäter

Ein Vollzugsbeamter darf auf einzelne Personen schießen, die zu Freiheitsstrafe verurteilt sind oder deren Sicherungsverwahrung angeordnet ist und gegen die ein Vorführungs- oder Haftbefehl oder ein Steckbrief zur Vollstreckung der verhängten Freiheitsstrafe oder zum Vollzug der Sicherungsverwahrung erlassen worden ist, wenn sie sich ihrer Festnahme durch die Flucht zu entziehen versuchen.

§ 14
Schußwaffengebrauch gegen Ausbrecher

Ein Vollzugsbeamter darf auf einzelne Personen schießen, um ihre Flucht zu vereiteln oder sie wiederzuergreifen, wenn sie sich in amtlichem Gewahrsam befinden oder befanden

a) zur Verbüßung einer Freiheitsstrafe,
b) zum Vollzug der Unterbringung in einer sozialtherapeutischen Anstalt oder der Sicherungsverwahrung,
c) auf Grund eines strafrichterlichen Haftbefehls oder eines Steckbriefes,
d) wegen des dringenden Verdachts eines Verbrechens oder
e) wegen des dringenden Verdachts eines Vergehens, wenn Anhaltspunkte dafür vorhanden sind, daß sie Schußwaffen oder Explosivmittel mit sich führen.

§ 15
Schußwaffengebrauch bei Befreiungsversuchen

Ein Vollzugsbeamter darf auf einzelne Personen schießen, die gewaltsam einen Gefangenen oder jemanden,

a) dessen Unterbringung in einem psychiatrischen Krankenhaus (§§ 63, 71 des Strafgesetzbuches, § 126a der Strafprozeßordnung),
b) dessen Unterbringung in einer Entziehungsanstalt (§§ 64, 71 des Strafgesetzbuches, § 126a der Strafprozeßordnung) oder
c) dessen Sicherungsverwahrung (§ 66 des Strafgesetzbuches)

angeordnet ist, aus dem amtlichen Gewahrsam zu befreien versuchen.

§ 16
Schußwaffengebrauch gegen eine Menschenmenge

(1) Schußwaffen dürfen gegen eine Menschenmenge nur dann gebraucht werden, wenn von ihr oder aus ihrer Mitte Gewalttaten begangen werden oder unmittelbar bevorstehen und andere Maßnahmen gegen sie oder einzelne nicht zum Ziele führen.

(2) Die Androhung des Schußwaffengebrauchs (§ 10) ist gegenüber einer Menschenmenge zu wiederholen.

§ 17
(aufgehoben)

§ 18
(aufgehoben)

DRITTER ABSCHNITT
Vorschriften über den Gebrauch von Hiebwaffen und Hilfsmitteln der körperlichen Gewalt

§ 19
Allgemeine Vorschriften

Der Gebrauch von Hiebwaffen und der in § 2 Abs. 3 einzeln genannten Hilfsmittel der körperlichen Gewalt ist nur den Vollzugsbeamten gestattet, die dienstlich damit ausgerüstet sind.

§ 20
Fesselung von Personen

(1) Personen, die im Gewahrsam von Vollzugsbeamten sind, dürfen gefesselt werden, wenn

a) die Gefahr besteht, daß sie Personen angreifen, Sachen beschädigen oder tätlichen Widerstand leisten;
b) sie zu fliehen versuchen oder besondere Umstände die Besorgnis begünden, daß sie sich aus dem Gewahrsam befreien werden oder von anderen Personen befreit werden sollen;
c) die Gefahr der Selbsttötung oder Selbstbeschädigung besteht.

(2) Bei Überführungen, Vorführungen und Ausführungen von Gefangenen, die wegen eines Verbrechens zu Freiheitsstrafe von 1 Jahr oder darüber verurteilt sind, und von Sicherungsverwahrten gelten die Voraussetzungen des Absatzes 1 Buchst. b als erfüllt.

§ 21
Androhung gegenüber einer Menschenmenge

Der Gebrauch von Hiebwaffen und Hilfsmitteln der körperlichen Gewalt mit Ausnahme der technischen Sperren gegen eine Menschenmenge ist wiederholt anzudrohen.

§ 21 a
Sprengmittel

Sprengmittel dürfen nicht gegen Personen angewendet werden.

§ 21 b
Reizstoffe

Als Reizstoffe werden Capsaicin und verwandte Stoffe (Pfefferspray) eingesetzt, sofern nicht der Einsatz herkömmlicher Reizstoffe (Tränengas) zwingend erforderlich ist.

VIERTER ABSCHNITT
Zwangsuntersuchung, Zwangsbehandlung und Zwangsernährung

§ 22
Zwangsuntersuchung und Zwangsbehandlung

(1) Gefangene dürfen auch gegen ihren Willen durch einen Arzt untersucht werden.

(2) Sie dürfen gegen ihren Willen medizinisch behandelt werden, wenn für sie selbst oder ihre Umgebung Gefahr für Leib oder Leben besteht.

(3) Die erforderlichen Maßnahmen dürfen nur auf Anordnung und unter Leitung eines Arztes getroffen werden. Ist ein Arzt nicht erreichbar und ein Aufschub mit Lebensgefahr verbunden, so dürfen Maßnahmen nur durchgeführt werden, wenn sie zumutbar und nicht mit Lebensgefahr verbunden sind.

§ 23
Zwangsernährung

(1) Die in § 22 Abs. 1 genannten Personen dürfen gegen ihren Willen nur ernährt werden, wenn für sie Gefahr für Leib oder Leben besteht.

(2) Für die erforderlichen Maßnahmen gilt § 22 Abs. 3 entsprechend.

FÜNFTER ABSCHNITT
Schlußvorschriften

§ 24
Verwaltungsvorschriften

Verwaltungsvorschriften[1] zur Ausführung dieses Gesetzes erläßt für die Polizeivollzugsbeamten das nach § 9 Abs. 2 des Allgemeinen Sicherheits- und Ordnungsgesetzes zuständige Mitglied des Senats. Im übrigen erläßt das jeweils zuständige Mitglied des Senats die Verwaltungsvorschriften im Einvernehmen mit dem nach Satz 1 zuständigen Senatsmitglied.

§ 25
(überholt)

§ 26
Inkrafttreten

Dieses Gesetz tritt am 1. September 1970 in Kraft.

18

1) Ausführungsvorschriften für Vollzugsbeamte der Polizeibehörde zum UZwG Bln (AV Pol UZwG Bln) vom 20. Juni 2016 (ABl. S. 2268). S. a. Gemeinsame Allgemeine Verfügung über die Anwendung unmittelbaren Zwanges durch Polizeibeamte auf Anordnung des Staatsanwalts vom 3. April 2013 (ABl. S. 559).

Verwaltungsgerichtsordnung (VwGO)

In der Fassung der Bekanntmachung vom 19. März 1991 (BGBl. I S. 686),
zuletzt geändert durch Artikel 7 des Gesetzes vom 12. Juli 2018
(BGBl. I S. 1151)

INHALTSÜBERSICHT

TEIL I
Gerichtsverfassung

1. ABSCHNITT
Gerichte

§ 1

Die Verwaltungsgerichtsbarkeit wird durch unabhängige, von den Verwaltungsbehörden getrennte Gerichte ausgeübt.

§ 2

Gerichte der Verwaltungsgerichtsbarkeit sind in den Ländern die Verwaltungsgerichte und je ein Oberverwaltungsgericht, im Bund das Bundesverwaltungsgericht mit Sitz in Leipzig.

§ 3

(1) Durch Gesetz werden angeordnet

1. die Errichtung und Aufhebung eines Verwaltungsgerichts oder eines Oberverwaltungsgerichts,
2. die Verlegung eines Gerichtssitzes,
3. Änderungen in der Abgrenzung der Gerichtsbezirke,
4. die Zuweisung einzelner Sachgebiete an ein Verwaltungsgericht für die Bezirke mehrerer Verwaltungsgerichte,

4.a die Zuweisung von Verfahren, bei denen sich die örtliche Zuständigkeit nach § 52 Nr. 2 Satz 1, 2 oder 5 bestimmt, an ein anderes Verwaltungsgericht oder an mehrere Verwaltungsgerichte des Landes,

5. die Errichtung einzelner Kammern des Verwaltungsgerichts oder einzelner Senate des Oberverwaltungsgerichts an anderen Orten,
6. der Übergang anhängiger Verfahren auf ein anderes Gericht bei Maßnahmen nach den Nummern 1, 3, 4 und 4a, wenn sich die Zuständigkeit nicht nach den bisher geltenden Vorschriften richten soll.

(2) Mehrere Länder können die Errichtung eines gemeinsamen Gerichts oder gemeinsamer Spruchkörper eines Gerichts oder die Ausdehnung von Gerichtsbezirken über die Landesgrenzen hinaus, auch für einzelne Sachgebiete, vereinbaren.

§ 4

Für die Gerichte der Verwaltungsgerichtsbarkeit gelten die Vorschriften des Zweiten Titels des Gerichtsfassungsgesetzes entsprechend. Die Mitglieder und drei Vertreter des für Entscheidungen nach § 99 Abs. 2 zuständigen Spruchkörpers bestimmt das Präsidium jeweils für die Dauer von vier Jahren. Die Mitglieder und ihre Vertreter müssen Richter auf Lebenszeit sein.

§ 5

(1) Das Verwaltungsgericht besteht aus dem Präsidenten und aus den Vorsitzenden Richtern und weiteren Richtern in erforderlicher Anzahl.

(2) Bei dem Verwaltungsgericht werden Kammern gebildet.

(3) Die Kammer des Verwaltungsgerichts entscheidet in der Besetzung von drei Richtern und zwei ehrenamtlichen Richtern, soweit nicht ein Einzelrichter entscheidet. Bei Beschlüssen außerhalb der mündlichen Verhandlung und bei Gerichtsbescheiden (§ 84) wirken die ehrenamtlichen Richter nicht mit.

§ 6

(1) Die Kammer soll in der Regel den Rechtsstreit einem ihrer Mitglieder als Einzelrichter zur Entscheidung übertragen, wenn

1. die Sache keine besonderen Schwierigkeiten tatsächlicher oder rechtlicher Art aufweist und
2. die Rechtssache keine grundsätzliche Bedeutung hat.

Ein Richter auf Probe darf im ersten Jahr nach seiner Ernennung nicht Einzelrichter sein.

(2) Der Rechtsstreit darf dem Einzelrichter nicht übertagen werden, wenn bereits vor der Kammer mündlich verhandelt worden ist, es sei denn, daß inzwischen ein Vorbehalts-, Teil- oder Zwischenurteil ergangen ist.

(3) Der Einzelrichter kann nach Anhörung der Beteiligten den Rechtsstreit auf die Kammer zurückübertragen, wenn sich aus einer wesentlichen Änderung der Prozeßlage ergibt, daß die Rechtssache grundsätzliche Bedeutung hat oder die Sache besondere Schwierigkeiten tatsächlicher oder rechtlicher Art aufweist. Eine erneute Übertragung auf den Einzelrichter ist ausgeschlossen.

(4) Beschlüsse nach den Absätzen 1 und 3 sind unanfechtbar. Auf eine unterlassene Übertragung kann ein Rechtsbehelf nicht gestützt werden.

§§ 7 und 8
(weggefallen)

§ 9

(1) Das Oberverwaltungsgericht besteht aus dem Präsidenten und aus den Vorsitzenden Richtern und weiteren Richtern in erforderlicher Anzahl.

(2) Bei dem Oberverwaltungsgericht werden Senate gebildet.

(3) Die Senate des Oberverwaltungsgerichts entscheiden in der Besetzung von drei Richtern; die Landesgesetzgebung[1)] kann vorsehen, daß die Senate in der Besetzung von fünf Richtern entscheiden, von denen zwei auch ehrenamtliche Richter sein können. Für die Fälle des § 48 Abs. 1 kann auch vorgesehen werden, daß die Senate in der Besetzung von fünf Richtern und zwei ehrenamtlichen Richtern entscheiden. Satz 1 Halbsatz 2 und Satz 2 gelten nicht für die Fälle des § 99 Abs. 2.

(4) (aufgehoben)

§ 10

(1) Das Bundesverwaltungsgericht besteht aus dem Präsidenten und aus den Vorsitzenden Richtern und weiteren Richtern in erforderlicher Anzahl.

1) Siehe AGVwGO (20).

(2) Bei dem Bundesverwaltungsgericht werden Senate gebildet.

(3) Die Senate des Bundesverwaltungsgerichts entscheiden in der Besetzung von fünf Richtern, bei Beschlüssen außerhalb der mündlichen Verhandlung in der Besetzung von drei Richtern.

§ 11

(1) Bei dem Bundesverwaltungsgericht wird ein Großer Senat gebildet.

(2) Der Große Senat entscheidet, wenn ein Senat in einer Rechtsfrage von der Entscheidung eines anderen Senats oder des Großen Senats abweichen will.

(3) Eine Vorlage an den Großen Senat ist nur zulässig, wenn der Senat, von dessen Entscheidung abgewichen werden soll, auf Anfrage des erkennenden Senats erklärt hat, daß er an seiner Rechtsauffassung festhält. Kann der Senat, von dessen Entscheidung abgewichen werden soll, wegen einer Änderung des Geschäftsverteilungsplanes mit der Rechtsfrage nicht mehr befaßt werden, tritt der Senat an seine Stelle, der nach dem Geschäftsverteilungsplan für den Fall, in dem abweichend entschieden wurde, nunmehr zuständig wäre. Über die Anfrage und die Antwort entscheidet der jeweilige Senat durch Beschluß in der für Urteile erforderlichen Besetzung.

(4) Der erkennende Senat kann eine Frage von grundsätzlicher Bedeutung dem Großen Senat zur Entscheidung vorlegen, wenn das nach seiner Auffassung zur Fortbildung des Rechts oder zur Sicherung einer einheitlichen Rechtssprechung erforderlich ist.

(5) Der große Senat besteht aus dem Präsidenten und je einem Richter der Revisionssenate, in denen der Präsident nicht den Vorsitz führt. Legt ein anderer als ein Revisionssenat vor oder soll von dessen Entscheidung abgewichen werden, ist auch ein Mitglied dieses Senats im Großen Senat vertreten. Bei einer Verhinderung des Präsidenten tritt ein Richter des Senats, dem er angehört, an seine Stelle.

(6) Die Mitglieder und die Vertreter werden durch das Präsidium für ein Geschäftsjahr bestellt. Das gilt auch für das Mitglied eines anderen Senats nach Absatz 5 Satz 2 und für seinen Vertreter. Den Vorsitz im Großen Senat führt der Präsident, bei Verhinderung das dienstälteste Mitglied. Bei Stimmengleichheit gibt die Stimme des Vorsitzenden den Ausschlag.

(7) Der Große Senat entscheidet nur über die Rechtsfrage. Er kann ohne mündliche Verhandlung entscheiden. Seine Entscheidung ist in der vorliegenden Sache für den erkennenden Senat bindend.

§ 12

(1) Die Vorschriften des § 11 gelten für das Oberverwaltungsgericht entsprechend, soweit es über eine Frage des Landesrechts endgültig entscheidet. An die Stelle der Revisionssenate treten die nach diesem Gesetz gebildeten Berufungssenate.

(2) Besteht ein Oberverwaltungsgericht nur aus zwei Berufungssenaten, so treten an die Stelle des Großen Senats die Vereinigten Senate.

(3) Durch Landesgesetz kann eine abweichende Zusammensetzung des Großen Senats bestimmt werden.

§ 13

Bei jedem Gericht wird eine Geschäftsstelle eingerichtet. Sie wird mit der erforderlichen Anzahl von Urkundsbeamten besetzt.

§ 14

Alle Gerichte und Verwaltungsbehörden leisten den Gerichten der Verwaltungsgerichtsbarkeit Rechts- und Amtshilfe.

2. ABSCHNITT
Richter

§ 15

(1) Die Richter werden auf Lebenszeit ernannt, soweit nicht in §§ 16 und 17 Abweichendes bestimmt ist.

(2) (weggefallen)

(3) Die Richter des Bundesverwaltungsgerichts müssen das fünfunddreißigste Lebensjahr vollendet haben.

§ 16

Bei dem Oberverwaltungsgericht und bei dem Verwaltungsgericht können auf Lebenszeit ernannte Richter anderer Gerichte und ordentliche Professoren des Rechts für eine bestimmte Zeit von mindestens zwei Jahren, längstens jedoch für die Dauer ihres Hauptamtes, zu Richtern im Nebenamt ernannt werden.

§ 17

Bei den Verwaltungsgerichten können auch folgende Richter verwendet werden:
1. Richter auf Probe,
2. Richter kraft Auftrags und
3. Richter auf Zeit.

§ 18

Zur Deckung eines nur vorübergehenden Personalbedarfs kann ein Beamter auf Lebenszeit mit der Befähigung zum Richteramt für die Dauer von mindestens zwei Jahren, längstens jedoch für die Dauer seines Hauptamts, zum Richter auf Zeit ernannt werden. § 15 Absatz 1 Satz 1 und 3 sowie Absatz 2 des Deutschen Richtergesetzes ist entsprechend anzuwenden.

3. ABSCHNITT
Ehrenamtliche Richter

§ 19

Der ehrenamtliche Richter wirkt bei der mündlichen Verhandlung und der Urteilsfindung mit gleichen Rechten wie der Richter mit.

§ 20

Der ehrenamtliche Richter muß Deutscher sein. Er soll das 25. Lebensjahr vollendet und seinen Wohnsitz innerhalb des Gerichtsbezirks haben.

§ 21

(1) Vom Amt des ehrenamtlichen Richters sind ausgeschlossen
1. Personen, die infolge Richterspruchs die Fähigkeit zur Bekleidung öffentlicher Ämter nicht besitzen oder wegen einer vorsätzlichen Tat zu einer Freiheitsstrafe von mehr als sechs Monaten verurteilt worden sind,
2. Personen, gegen die Anklage wegen einer Tat erhoben ist, die den Verlust der Fähigkeit zur Bekleidung öffentlicher Ämter zur Folge haben kann,
3. Personen, die nicht das Wahlrecht zu den gesetzgebenden Körperschaften des Landes besitzen.

(2) Personen, die in Vermögensverfall geraten sind, sollen nicht zu ehrenamtlichen Richtern berufen werden.

§ 22

Zu ehrenamtlichen Richtern können nicht berufen werden
1. Mitglieder des Bundestages, des Europäischen Parlaments, der gesetzgebenden Körperschaften eines Landes, der Bundesregierung oder einer Landesregierung,
2. Richter,
3. Beamte und Angestellte im öffentlichen Dienst, soweit sie nicht ehrenamtlich tätig sind,
4. Berufssoldaten und Soldaten auf Zeit,
5. Rechtsanwälte, Notare und Personen, die fremde Rechtsangelegenheiten geschäftsmäßig besorgen.

§ 23

(1) Die Berufung zum Amt des ehrenamtlichen Richters dürfen ablehnen
1. Geistliche und Religionsdiener,
2. Schöffen und andere ehrenamtliche Richter,
3. Personen, die zwei Amtsperioden lang als ehrenamtliche Richter bei Gerichten der allgemeinen Verwaltungsgerichtsbarkeit tätig gewesen sind,
4. Ärzte, Krankenpfleger, Hebammen,
5. Apothekenleiter, die keinen weiteren Apotheker beschäftigen,
6. Personen, die die Regelaltersgrenze nach dem Sechsten Buch Sozialgesetzbuch erreicht haben.

(2) In besonderen Härtefällen kann außerdem auf Antrag von der Übernahme des Amtes befreit werden.

§ 24

(1) Ein ehrenamtlicher Richter ist von seinem Amt zu entbinden, wenn er
1. nach §§ 20 bis 22 nicht berufen werden konnte oder nicht mehr berufen werden kann oder
2. seine Amtspflichten gröblich verletzt hat oder
3. einen Ablehnungsgrund nach § 23 Abs. 1 geltend macht oder
4. die zur Ausübung seines Amtes erforderlichen geistigen oder körperlichen Fähigkeiten nicht mehr besitzt oder
5. seinen Wohnsitz im Gerichtsbezirk aufgibt.

(2) In besonderen Härtefällen kann außerdem auf Antrag von der weiteren Ausübung des Amtes entbunden werden.

(3) Die Entscheidung trifft ein Senat des Oberverwaltungsgerichts in den Fällen des Absatzes 1 Nr. 1, 2 und 4 auf Antrag des Präsidenten des Verwaltungsgerichts, in den Fällen des Absatzes 1 Nr. 3 und 5 und des Absatzes 2 auf Antrag des ehrenamtlichen Richters. Die Entscheidung ergeht durch Beschluß nach Anhörung des ehrenamtlichen Richters. Sie ist unanfechtbar.

(4) Absatz 3 gilt entsprechend in den Fällen des § 23 Abs. 2.

(5) Auf Antrag des ehrenamtlichen Richters ist die Entscheidung nach Absatz 3 von dem Senat des Oberverwaltungsgerichts aufzuheben, wenn Anklage nach § 21 Nr. 2 erhoben war und der Angeschuldigte rechtskräftig außer Verfolgung gesetzt oder freigesprochen worden ist.

§ 25

Die ehrenamtlichen Richter werden auf fünf Jahre gewählt.

§ 26

(1) Bei jedem Verwaltungsgericht wird ein Ausschuß zur Wahl der ehrenamtlichen Richter bestellt.

(2) Der Ausschuß besteht aus dem Präsidenten des Verwaltungsgerichts als Vorsitzendem, einem von der Landesregierung bestimmten Verwaltungsbeamten und sieben Ver-

trauensleuten als Beisitzern. Die Vertrauensleute, ferner sieben Vertreter werden aus den Einwohnern des Verwaltungsgerichtsbezirks vom Landtag oder von einem durch ihn bestimmten Landtagausschuß oder nach Maßgabe eines Landesgesetzes gewählt. Sie müssen die Voraussetzungen zur Berufung als ehrenamtliche Richter erfüllen. Die Landesregierungen werden ermächtigt, durch Rechtsverordnung die Zuständigkeit für die Bestimmung des Verwaltungsbeamten abweichend von Satz 1 zu regeln. Sie können diese Ermächtigung auf oberste Landesbehörden übertragen. In den Fällen des § 3 Abs. 2 richtet sich die Zuständigkeit für die Bestellung des Verwaltungsbeamten sowie des Landes für die Wahl der Vertrauensleute nach dem Sitz des Gerichts. Die Landesgesetzgebung kann in diesen Fällen vorsehen, dass jede beteiligte Landesregierung einen Verwaltungsbeamten in den Ausschuss entsendet und dass jedes beteiligte Land mindestens zwei Vertrauensleute bestellt.

(3) Der Ausschuß ist beschlußfähig, wenn wenigstens der Vorsitzende, ein Verwaltungsbeamter und drei Vertrauensleute anwesend sind.

§ 27

Die für jedes Verwaltungsgericht erforderliche Zahl von ehrenamtlichen Richtern wird durch den Präsidenten so bestimmt, daß voraussichtlich jeder zu höchstens zwölf ordentlichen Sitzungstagen im Jahr herangezogen wird.

§ 28

Die Kreise und kreisfreien Städte stellen in jedem fünften Jahr eine Vorschlagsliste für ehrenamtliche Richter auf. Der Ausschuß bestimmt für jeden Kreis und für jede kreisfreie Stadt die Zahl der Personen, die in die Vorschlagsliste aufzunehmen sind. Hierbei ist die doppelte Anzahl der nach § 27 erforderlichen ehrenamtlichen Richter zugrunde zu legen. Für die Aufnahme in die Liste ist die Zustimmung von zwei Dritteln der anwesenden Mitglieder der Vertretungskörperschaft des Kreises oder der kreisfreien Stadt, mindestens jedoch die Hälfte der gesetzlichen Mitgliederzahl erforderlich. Die jeweiligen Regelungen zur Beschlussfassung der Vertretungskörperschaft bleiben unberührt. Die Vorschlagslisten sollen außer den Namen auch den Geburtsort, den Geburtstag und Beruf des Vorgeschlagenen enthalten; sie sind dem Präsidenten des zuständigen Verwaltungsgerichts zu übermitteln.

§ 29

(1) Der Ausschuß wählt aus den Vorschlagslisten mit einer Mehrheit von mindestens zwei Dritteln der Stimmen die erforderliche Zahl von ehrenamtlichen Richtern. 19

(2) Bis zur Neuwahl bleiben die bisherigen ehrenamtlichen Richter im Amt.

§ 30

(1) Das Präsidium des Verwaltungsgerichts bestimmt vor Beginn des Geschäftsjahres die Reihenfolge, in der die ehrenamtlichen Richter zu den Sitzungen heranzuziehen sind.

(2) Für die Heranziehung von Vertretern bei unvorhergesehener Verhinderung kann eine Hilfsliste aus ehrenamtlichen Richtern aufgestellt werden, die am Gerichtssitz oder in seiner Nähe wohnen.

§ 31
(weggefallen)

§ 32

Der ehrenamtliche Richter und der Vertrauensmann (§ 26) erhalten eine Entschädigung nach dem Justizvergütungs- und -entschädigungsgesetz[1].

1) Fundstelle des Gesetzes siehe Fußnote 1 zu § 20 Abs. 4 ASOG Bln (4).

§ 33

(1) Gegen einen ehrenamtlichen Richter, der sich ohne genügende Entschuldigung zu einer Sitzung nicht rechtzeitig einfindet oder der sich seinen Pflichten auf andere Weise entzieht, kann ein Ordnungsgeld festgesetzt werden. Zugleich können ihm die durch sein Verhalten verursachten Kosten auferlegt werden.

(2) Die Entscheidung trifft der Vorsitzende. Bei nachträglicher Entschuldigung kann er sie ganz oder zum Teil aufheben.

§ 34

§§ 19 bis 33 gelten für die ehrenamtlichen Richter bei dem Oberverwaltungsgericht entsprechend, wenn die Landesgesetzgebung bestimmt hat, daß bei diesem Gericht ehrenamtliche Richter mitwirken.

4. ABSCHNITT

Vertreter des öffentlichen Interesses

§ 35

(1) Die Bundesregierung bestellt einen Verteter des Bundesinteresses beim Bundesverwaltungsgericht und richtet ihn im Bundesministerium des Innern ein. Der Vertreter des Bundesinteresses beim Bundesverwaltungsgericht kann sich an jedem Verfahren vor dem Bundesverwaltungsgericht beteiligen; dies gilt nicht für Verfahren vor den Wehrdienstsenaten. Er ist an die Weisungen der Bundesregierung gebunden.

(2) Das Bundesverwaltungsgericht gibt dem Vertreter des Bundesinteresses beim Bundesverwaltungsgericht Gelegenheit zur Äußerung.

§ 36

(1) Bei dem Oberverwaltungsgericht und bei dem Verwaltungsgericht kann nach Maßgabe einer Rechtsverordnung der Landesregierung ein Vertreter des öffentlichen Interesses bestimmt werden. Dabei kann ihm allgemein oder für bestimmte Fälle die Vertretung des Landes oder von Landesbehörden übertragen werden.

(2) § 35 Abs. 2 gilt entsprechend.

§ 37

(1) Der Vertreter des Bundesinteresses beim Bundesverwaltungsgericht und seine hauptamtlichen Mitarbeiter des höheren Dienstes müssen die Befähigung zum Richteramt haben oder die Voraussetzungen des § 110 Satz 1 des Deutschen Richtergesetzes erfüllen.

(2) Der Vertreter des öffentlichen Interesses bei dem Oberverwaltungsgericht und bei dem Verwaltungsgericht muß die Befähigung zum Richteramt nach dem Deutschen Richtergesetz haben; § 174 bleibt unberührt.

5. ABSCHNITT

Gerichtsverwaltung

§ 38

(1) Der Präsident des Gerichts übt die Dienstaufsicht über die Richter, Beamten, Angestellten und Arbeiter aus.

(2) Übergeordnete Dienstaufsichtsbehörde für das Verwaltungsgericht ist der Präsident des Oberverwaltungsgerichts.

§ 39

Dem Gericht dürfen keine Verwaltungsgeschäfte außerhalb der Gerichtsverwaltung übertragen werden.

6. ABSCHNITT
Verwaltungsrechtsweg und Zuständigkeit

§ 40

(1) Der Verwaltungsrechtsweg ist in allen öffentlich-rechtlichen Streitigkeiten nichtverfassungsrechtlicher Art gegeben, soweit die Streitigkeiten nicht durch Bundesgesetz einem anderen Gericht ausdrücklich zugewiesen sind. Öffentlich-rechtliche Streitigkeiten auf dem Gebiet des Landesrechts können einem anderen Gericht auch durch Landesrecht zugewiesen werden.

(2) Für vermögensrechtliche Ansprüche aus Aufopferung für das gemeine Wohl und aus öffentlich-rechtlicher Verwahrung sowie für Schadensersatzansprüche aus der Verletzung öffentlich-rechtlicher Pflichten, die nicht auf einem öffentlich-rechtlichen Vertrag beruhen, ist der ordentliche Rechtsweg gegeben; dies gilt nicht für Streitigkeiten über das Bestehen und die Höhe eines Ausgleichsanspruchs im Rahmen des Artikels 14 Abs. 1 Satz 2 des Grundgesetzes. Die besonderen Vorschriften des Beamtenrechts sowie über den Rechtsweg bei Ausgleich von Vermögensnachteilen wegen Rücknahme rechtswidriger Verwaltungsakte bleiben unberührt.

§ 41
(weggefallen)

§ 42

(1) Durch Klage kann die Aufhebung eines Verwaltungsakts (Anfechtungsklage) sowie die Verurteilung zum Erlaß eines abgelehnten oder unterlassenen Verwaltungsakts (Verpflichtungsklage) begehrt werden.

(2) Soweit gesetzlich nichts anderes bestimmt ist, ist die Klage nur zulässig, wenn der Kläger geltend macht, durch den Verwaltungsakt oder seine Ablehnung oder Unterlassung in seinen Rechten verletzt zu sein.

§ 43

(1) Durch Klage kann die Feststellung des Bestehens oder Nichtbestehens eines Rechtsverhältnisses oder der Nichtigkeit eines Verwaltungsakts begehrt werden, wenn der Kläger ein berechtigtes Interesse an der baldigen Feststellung hat (Feststellungsklage).

(2) Die Feststellung kann nicht begehrt werden, soweit der Kläger seine Rechte durch Gestaltungs- oder Leistungsklage verfolgen kann oder hätte verfolgen können. Dies gilt nicht, wenn die Feststellung der Nichtigkeit eines Verwaltungsakts begehrt wird.

§ 44

Mehrere Klagebegehren können vom Kläger in einer Klage zusammen verfolgt werden, wenn sie sich gegen denselben Beklagten richten, im Zusammenhang stehen und dasselbe Gericht zuständig ist.

§ 44a

Rechtsbehelfe gegen behördliche Verfahrenshandlungen können nur gleichzeitig mit den gegen die Sachentscheidung zulässigen Rechtsbehelfen geltend gemacht werden. Dies gilt nicht, wenn behördliche Verfahrenshandlungen vollstreckt werden können oder gegen einen Nichtbeteiligten ergehen.

§ 45

Das Verwaltungsgericht entscheidet im ersten Rechtszug über alle Streitigkeiten, für die der Verwaltungrechtsweg offensteht.

§ 46

Das Oberverwaltungsgericht entscheidet über das Rechtsmittel

1. der Berufung gegen Urteile des Verwaltungsgerichts und
2. der Beschwerde gegen andere Entscheidungen des Verwaltungsgerichts.

§ 47

(1) Das Oberverwaltungsgericht entscheidet im Rahmen seiner Gerichtsbarkeit auf Antrag über die Gültigkeit

1. von Satzungen, die nach den Vorschriften des Baugesetzbuchs erlassen worden sind, sowie von Rechtsverordnungen auf Grund des § 246 Abs. 2 des Baugesetzbuchs,
2. von anderen im Rang unter dem Landesgesetz stehenden Rechtsvorschriften, sofern das Landesrecht dies bestimmt.

(2) Den Antrag kann jede natürliche oder juristische Person, die geltend macht, durch die Rechtsvorschrift oder deren Anwendung in ihren Rechten verletzt zu sein oder in absehbarer Zeit verletzt zu werden, sowie jede Behörde innerhalb eines Jahres[1] nach Bekanntmachung der Rechtsvorschrift stellen. Er ist gegen die Körperschaft, Anstalt oder Stiftung zu richten, welche die Rechtsvorschrift erlassen hat. Das Oberverwaltungsgericht kann dem Land und anderen juristischen Personen des öffentlichen Rechts, deren Zuständigkeit durch die Rechtsvorschrift berührt wird, Gelegenheit zur Äußerung binnen einer zu bestimmenden Frist geben. § 65 Abs. 1 und 4 und § 66 sind entsprechend anzuwenden.

(3) Das Oberverwaltungsgericht prüft die Vereinbarkeit der Rechtsvorschrift mit Landesrecht nicht, soweit gesetzlich vorgesehen ist, daß die Rechtsvorschrift ausschließlich durch das Verfassungsgericht eines Landes nachprüfbar ist.

(4) Ist ein Verfahren zur Überprüfung der Gültigkeit der Rechtsvorschrift bei einem Verfassungsgericht anhängig, so kann das Oberverwaltungsgericht anordnen, daß die Verhandlung bis zur Erledigung des Verfahrens vor dem Verfassungsgericht auszusetzen sei.

(5) Das Oberverwaltungsgericht entscheidet durch Urteil oder, wenn es eine mündliche Verhandlung nicht für erforderlich hält, durch Beschluß. Kommt das Oberverwaltungsgericht zu der Überzeugung, daß die Rechtsvorschrift ungültig ist, so erklärt es sie für unwirksam; in diesem Fall ist die Entscheidung allgemein verbindlich und die Entscheidungsformel vom Antragsgegner ebenso zu veröffentlichen wie die Rechtsvorschrift bekanntzumachen wäre. Für die Wirkung der Entscheidung gilt § 183 entsprechend.

(6) Das Gericht kann auf Antrag eine einstweilige Anordnung erlassen, wenn dies zur Abwehr schwerer Nachteile oder aus anderen wichtigen Gründen dringend geboten ist.

§ 48

(1) Das Oberverwaltungsgericht entscheidet im ersten Rechtszug über sämtliche Streitigkeiten, die betreffen

1. die Errichtung, den Betrieb, die sonstige Innehabung, die Veränderung, die Stilllegung, den sicheren Einschluß und den Abbau von Anlagen im Sinne der §§ 7 und 9a Abs. 3 des Atomgesetzes,

1a das Bestehen und die Höhe von Ausgleichsansprüchen auf Grund der §§ 7e und 7f des Atomgesetzes,

2. die Bearbeitung, Verarbeitung und sonstige Verwendung von Kernbrennstoffen außerhalb von Anlagen der in § 7 des Atomgesetzes bezeichneten Art (§ 9 des Atomgesetzes) und die wesentliche Abweichung oder die wesentliche Veränderung im Sinne des § 9 Abs. 1 Satz 2 des Atomgesetzes sowie die Aufbewahrung von Kernbrennstoffen außerhalb der staatlichen Verwahrung (§ 6 des Atomgesetzes),

---

1) Für Rechtsvorschriften im Sinne des § 47, die vor dem 1. Januar 2007 bekannt gemacht worden sind, gilt weiter die bisherige Frist von zwei Jahren (§ 195 Abs. 7).

3. die Errichtung, den Betrieb und die Änderung von Kraftwerken mit Feuerungsanlagen für feste, flüssige und gasförmige Brennstoffe mit einer Feuerungswärmeleistung von mehr als dreihundert Megawatt,
4. Planfeststellungsverfahren gemäß § 43 des Energiewirtschaftsgesetzes, soweit nicht die Zuständigkeit des Bundesverwaltungsgerichts nach § 50 Absatz 1 Nummer 6 begründet ist,
4a. Planfeststellungsverfahren für die Errichtung, den Betrieb und die Änderung von Einrichtungen nach § 45 Absatz 1 des Windenergie-auf-See-Gesetzes,
5. Planfeststellungsverfahren nach § 31 Abs. 2 des Kreislaufwirtschafts- und Abfallgesetzes sowie Genehmigungsverfahren nach § 10 des Bundes-Immissionsschutzgesetzes für die Errichtung, den Betrieb und die wesentliche Änderung von ortsfesten Anlagen zur Verbrennung oder thermischen Zersetzung von Abfällen mit einer jährlichen Durchsatzleistung (effektive Leistung) von mehr als einhunderttausend Tonnen und von ortsfesten Anlagen, in denen ganz oder teilweise Abfälle im Sinne des § 48 des Kreislaufwirtschaftsgesetzes gelagert oder abgelagert werden,
6. das Anlegen, die Erweiterung oder Änderung und den Betrieb von Verkehrsflughäfen und von Verkehrslandeplätzen mit beschränktem Bauschutzbereich,
7. Planfeststellungsverfahren für den Bau oder die Änderung der Strecken von Straßenbahnen, Magnetschwebebahnen und von öffentlichen Eisenbahnen sowie für den Bau oder die Änderung von Rangier- und Containerbahnhöfen,
8. Planfeststellungsverfahren für den Bau oder die Änderung von Bundesfernstraßen,
9. Planfeststellungsverfahren für den Neubau oder Ausbau von Bundeswasserstraßen und
10. Planfeststellungsverfahren für Maßnahmen des öffentlichen Küsten- oder Hochwasserschutzes.

Satz 1 gilt auch für Streitigkeiten über Genehmigungen, die anstelle einer Planfeststellung erteilt werden, sowie für Streitigkeiten über sämtliche für das Vorhaben erforderlichen Genehmigungen und Erlaubnisse, auch soweit sie Nebeneinrichtungen betreffen, die mit ihm in einem räumlichen und betrieblichen Zusammenhang stehen. Die Länder können durch Gesetz vorschreiben, daß über Streitigkeiten, die Besitzeinweisungen in den Fällen des Satzes 1 betreffen, das Oberverwaltungsgericht im ersten Rechtszug entscheidet.

(2) Das Oberverwaltungsgericht entscheidet im ersten Rechtszug ferner über Klagen gegen die von einer obersten Landesbehörde nach § 3 Abs. 2 Nr. 1 des Vereinsgesetzes ausgesprochenen Vereinsverbote und nach § 8 Abs. 2 Satz 1 des Vereinsgesetzes erlassenen Verfügungen. 19

§ 49

Das Bundesverwaltungsgericht entscheidet über das Rechtsmittel

1. der Revision gegen Urteile des Oberverwaltungsgerichts nach § 132,
2. der Revision gegen Urteile des Verwaltungsgerichts nach §§ 134 und 135,
3. der Beschwerde nach § 99 Abs. 2 und § 133 Abs. 1 dieses Gesetzes sowie nach § 17a Abs. 4 Satz 4 des Gerichtsverfassungsgesetzes.

§ 50

(1) Das Bundesverwaltungsgericht entscheidet im ersten und letzten Rechtszug

1. über öffentlich-rechtliche Streitigkeiten nichtverfassungsrechtlicher Art zwischen dem Bund und den Ländern und zwischen verschiedenen Ländern,
2. über Klagen gegen die vom Bundesminister des Innern nach § 3 Abs. 2 Nr. 2 des Vereinsgesetzes ausgesprochenen Vereinsverbote und nach § 8 Abs. 2 Satz 1 des Vereinsgesetzes erlassenen Verfügungen,

3. über Streitigkeiten gegen Abschiebungsanordnungen nach § 58a des Aufenthaltsgesetzes und ihre Vollziehung,
4. über Klagen, denen Vorgänge im Geschäftsbereich des Bundesnachrichtendienstes zugrunde liegen,
5. über Klagen gegen Maßnahmen und Entscheidungen nach § 44a des Abgeordnetengesetzes, nach den Verhaltensregeln für Mitglieder des Deutschen Bundestages, nach § 6b des Bundesministergesetzes und nach § 7 des Gesetzes über die Rechtsverhältnisse der Parlamentarischen Staatssekretäre in Verbindung mit § 6b des Bundesministergesetzes,
6. über sämtliche Streitigkeiten, die Planfeststellungsverfahren und Plangenehmigungsverfahren für Vorhaben betreffen, die in dem Allgemeinen Eisenbahngesetz, dem Bundesfernstraßengesetz, dem Bundeswasserstraßengesetz, dem Energieleitungsausbaugesetz, dem Bundesbedarfsplangesetz oder dem Magnetschwebebahnplanungsgesetz bezeichnet sind.

(2) (weggefallen)

(3) Hält das Bundesverwaltungsgericht nach Absatz 1 Nr. 1 eine Streitigkeit für verfassungsrechtlich, so legt es die Sache dem Bundesverfassungsgericht zur Entscheidung vor.

§ 51

(1) Ist gemäß § 5 Abs. 2 des Vereinsgesetzes das Verbot des Gesamtvereins an Stelle des Verbots eines Teilvereins zu vollziehen, so ist ein Verfahren über eine Klage dieses Teilvereins gegen das ihm gegenüber erlassene Verbot bis zum Erlaß der Entscheidung über eine Klage gegen das Verbot des Gesamtvereins auszusetzen.

(2) Eine Entscheidung des Bundesverwaltungsgerichts bindet im Falle des Absatzes 1 die Oberverwaltungsgerichte.

(3) Das Bundesverwaltungsgericht unterrichtet die Oberverwaltungsgerichte über die Klage eines Vereins nach § 50 Abs. 1 Nr. 2.

§ 52

Für die örtliche Zuständigkeit gilt folgendes:

1. In Streitigkeiten, die sich auf unbewegliches Vermögen oder ein ortsgebundenes Recht oder Rechtsverhältnis beziehen, ist nur das Verwaltungsgericht örtlich zuständig, in dessen Bezirk das Vermögen oder der Ort liegt.
2. Bei Anfechtungsklagen gegen den Verwaltungsakt einer Bundesbehörde oder einer bundesunmittelbaren Körperschaft, Anstalt oder Stiftung des öffentlichen Rechts ist das Verwaltungsgericht örtlich zuständig, in dessen Bezirk die Bundesbehörde, die Körperschaft, Anstalt oder Stiftung ihren Sitz hat, vorbehaltlich der Nummern 1 und 4. Dies gilt auch bei Verpflichtungsklagen in den Fällen des Satzes 1. In Streitigkeiten nach dem Asylgesetz ist jedoch das Verwaltungsgericht örtlich zuständig, in dessen Bezirk der Ausländer nach dem Asylgesetz seinen Aufenthalt zu nehmen hat; ist eine örtliche Zuständigkeit danach nicht gegeben, bestimmt sie sich nach Nummer 3. Soweit ein Land, in dem der Ausländer seinen Aufenthalt zu nehmen hat, von der Möglichkeit nach § 83 Absatz 3 des Asylgesetzes Gebrauch gemacht hat, ist das Verwaltungsgericht örtlich zuständig, das nach dem Landesrecht für Streitigkeiten nach dem Asylgesetz betreffend den Herkunftsstaat des Ausländers zuständig ist. Für Klagen gegen den Bund auf Gebieten, die in die Zuständigkeit der diplomatischen und konsularischen Auslandsvertretungen der Bundesrepublik Deutschland fallen, ist das Verwaltungsgericht örtlich zuständig, in dessen Bezirk die Bundesregierung ihren Sitz hat.
3. Bei allen anderen Anfechtungsklagen vorbehaltlich der Nummern 1 und 4 ist das Verwaltungsgericht örtlich zuständig, in dessen Bezirk der Verwaltungsakt erlassen wurde. Ist er von einer Behörde, deren Zuständigkeit sich auf mehrere Verwaltungs-

gerichtsbezirke erstreckt, oder von einer gemeinsamen Behörde mehrerer oder aller Länder erlassen, so ist das Verwaltungsgericht zuständig, in dessen Bezirk der Beschwerte seinen Sitz oder Wohnsitz hat. Fehlt ein solcher innerhalb des Zuständigkeitsbereichs der Behörde, so bestimmt sich die Zuständigkeit nach Nummer 5. Bei Anfechtungsklagen gegen Verwaltungsakte einer von den Ländern mit der Vergabe von Studienplätzen beauftragten Behörde ist jedoch das Verwaltungsgericht örtlich zuständig, in dessen Bezirk die Behörde ihren Sitz hat. Dies gilt auch bei Verpflichtungsklagen in den Fällen der Sätze 1, 2 und 4.

4. Für alle Klagen aus einem gegenwärtigen oder früheren Beamten-, Richter-, Wehrpflicht-, Wehrdienst- oder Zivildienstverhältnis und für Streitigkeiten, die sich auf die Entstehung eines solchen Verhältnisses beziehen, ist das Verwaltungsgericht örtlich zuständig, in dessen Bezirk der Kläger oder Beklagte seinen dienstlichen Wohnsitz oder in Ermangelung dessen seinen Wohnsitz hat. Hat der Kläger oder Beklagte keinen dienstlichen Wohnsitz oder keinen Wohnsitz innerhalb des Zuständigkeitsbereichs der Behörde, die den ursprünglichen Verwaltungsakt erlassen hat, so ist das Gericht örtlich zuständig, in dessen Bezirk diese Behörde ihren Sitz hat. Die Sätze 1 und 2 gelten für Klagen nach § 79 des Gesetzes zur Regelung der Rechtsverhältnisse der unter Artikel 131 des Grundgesetzes fallenden Personen entsprechend.
5. In allen anderen Fällen ist das Verwaltungsgericht örtlich zuständig, in dessen Bezirk der Beklagte seinen Sitz, Wohnsitz oder in Ermangelung dessen seinen Aufenthalt hat oder seinen letzten Wohnsitz oder Aufenthalt hatte.

§ 53

(1) Das zuständige Gericht innerhalb der Verwaltungsgerichtsbarkeit wird durch das nächsthöhere Gericht bestimmt,

1. wenn das an sich zuständige Gericht in einem einzelnen Fall an der Ausübung der Gerichtsbarkeit rechtlich oder tatsächlich verhindert ist,
2. wenn es wegen der Grenzen verschiedener Gerichtsbezirke ungewiß ist, welches Gericht für den Rechtsstreit zuständig ist,
3. wenn der Gerichtsstand sich nach § 52 richtet und verschiedene Gerichte in Betracht kommen,
4. wenn verschiedene Gerichte sich rechtskräftig für zuständig erklärt haben,
5. wenn verschiedene Gerichte, von denen eines für den Rechtsstreit zuständig ist, sich rechtskräftig für unzuständig erklärt haben.

(2) Wenn eine örtliche Zuständigkeit nach § 52 nicht gegeben ist, bestimmt das Bundesverwaltungsgericht das zuständige Gericht. 19

(3) Jeder am Rechtsstreit Beteiligte und jedes mit dem Rechtsstreit befaßte Gericht kann das im Rechtszug höhere Gericht oder das Bundesverwaltungsgericht anrufen. Das angerufene Gericht kann ohne mündliche Verhandlung entscheiden.

TEIL II
Verfahren

7. ABSCHNITT
Allgemeine Verfahrensvorschriften

§ 54

(1) Für die Ausschließung und Ablehnung der Gerichtspersonen gelten §§ 41 bis 49 der Zivilprozeßordnung entsprechend.

(2) Von der Ausübung des Amtes als Richter oder ehrenamtlicher Richter ist auch ausgeschlossen, wer bei dem vorausgegangenen Verwaltungsverfahren mitgewirkt hat.

(3) Besorgnis der Befangenheit nach § 42 der Zivilprozeßordnung ist stets dann begründet, wenn der Richter oder ehrenamtliche Richter der Vertretung einer Körperschaft angehört, deren Interessen durch das Verfahren berührt werden.

§ 55

§§ 169, 171a bis 198 des Gerichtsverfassungsgesetzes über die Öffentlichkeit, Sitzungspolizei, Gerichtssprache, Beratung und Abstimmung finden entsprechende Anwendung.

§ 55a

(1) Vorbereitende Schriftsätze und deren Anlagen, schriftlich einzureichende Anträge und Erklärungen der Beteiligten sowie schriftlich einzureichende Auskünfte, Aussagen, Gutachten, Übersetzungen und Erklärungen Dritter können nach Maßgabe der Absätze 2 bis 6 als elektronisches Dokument bei Gericht eingereicht werden.

(2) Das elektronische Dokument muss für die Bearbeitung durch das Gericht geeignet sein. Die Bundesregierung bestimmt durch Rechtsverordnung mit Zustimmung des Bundesrates die für die Übermittlung und Bearbeitung geeigneten technischen Rahmenbedingungen.

(3) Das elektronische Dokument muss mit einer qualifizierten elektronischen Signatur der verantwortenden Person versehen sein oder von der verantwortenden Person signiert und auf einem sicheren Übermittlungsweg eingereicht werden.

(4) Sichere Übermittlungswege sind

1. der Postfach- und Versanddienst eines De-Mail-Kontos, wenn der Absender bei Versand der Nachricht sicher im Sinne des § 4 Absatz 1 Satz 2 des De-Mail-Gesetzes angemeldet ist und er sich die sichere Anmeldung gemäß § 5 Absatz 5 des De-Mail-Gesetzes bestätigen lässt,
2. der Übermittlungsweg zwischen dem besonderen elektronischen Anwaltspostfach nach § 31a der Bundesrechtsanwaltsordnung oder einem entsprechenden, auf gesetzlicher Grundlage errichteten elektronischen Postfach und der elektronischen Poststelle des Gerichts,
3. der Übermittlungsweg zwischen einem nach Durchführung eines Identifizierungsverfahrens eingerichteten Postfach einer Behörde oder einer juristischen Person des öffentlichen Rechts und der elektronischen Poststelle des Gerichts; das Nähere regelt die Verordnung nach Absatz 2 Satz 2,
4. sonstige bundeseinheitliche Übermittlungswege, die durch Rechtsverordnung der Bundesregierung mit Zustimmung des Bundesrates festgelegt werden, bei denen die Authentizität und Integrität der Daten sowie die Barrierefreiheit gewährleistet sind.

(5) Ein elektronisches Dokument ist eingegangen, sobald es auf der für den Empfang bestimmten Einrichtung des Gerichts gespeichert ist. Dem Absender ist eine automatisierte Bestätigung über den Zeitpunkt des Eingangs zu erteilen. Die Vorschriften dieses Gesetzes über die Beifügung von Abschriften für die übrigen Beteiligten finden keine Anwendung.

(6) Ist ein elektronisches Dokument für das Gericht zur Bearbeitung nicht geeignet, ist dies dem Absender unter Hinweis auf die Unwirksamkeit des Eingangs und die geltenden technischen Rahmenbedingungen unverzüglich mitzuteilen. Das Dokument gilt als zum Zeitpunkt der früheren Einreichung eingegangen, sofern der Absender es unverzüglich in einer für das Gericht zur Bearbeitung geeigneten Form nachreicht und glaubhaft macht, dass es mit dem zuerst eingereichten Dokument inhaltlich übereinstimmt.

(7) Soweit eine handschriftliche Unterzeichnung durch den Richter oder den Urkundsbeamten der Geschäftsstelle vorgeschrieben ist, genügt dieser Form die Aufzeichnung als elektronisches Dokument, wenn die verantwortenden Personen am Ende des Dokuments ihren Namen hinzufügen und das Dokument mit einer qualifizierten elektronischen Signatur nach § 2 Nr. 3 des Signaturgesetzes versehen. Der in Satz 1 genannten Form genügt

auch ein elektronisches Dokument, in welches das handschriftlich unterzeichnete Schriftstück gemäß § 55b Absatz 6 Satz 4 übertragen worden ist.

§ 55b

(1) Die Prozessakten können elektronisch geführt werden. Die Bundesregierung und die Landesregierungen bestimmen jeweils für ihren Bereich durch Rechtsverordnung den Zeitpunkt, von dem an die Prozessakten elektronisch geführt werden. In der Rechtsverordnung sind die organisatorisch-technischen Rahmenbedingungen für die Bildung, Führung und Verwahrung der elektronischen Akten festzulegen. Die Landesregierungen können die Ermächtigung auf die für die Verwaltungsgerichtsbarkeit zuständigen obersten Landesbehörden übertragen. Die Zulassung der elektronischen Akte kann auf einzelne Gerichte oder Verfahren beschränkt werden; wird von dieser Möglichkeit Gebrauch gemacht, kann in der Rechtsverordnung bestimmt werden, dass durch Verwaltungsvorschrift, die öffentlich bekanntzumachen ist, geregelt wird, in welchen Verfahren die Prozessakten elektronisch zu führen sind. Die Rechtsverordnung der Bundesregierung bedarf nicht der Zustimmung des Bundesrates.

(1a) Die Prozessakten werden ab dem 1. Januar 2026 elektronisch geführt. Die Bundesregierung und die Landesregierungen bestimmen jeweils für ihren Bereich durch Rechtsverordnung die organisatorischen und dem Stand der Technik entsprechenden technischen Rahmenbedingungen für die Bildung, Führung und Verwahrung der elektronischen Akten einschließlich der einzuhaltenden Anforderungen der Barrierefreiheit. Die Bundesregierung und die Landesregierungen können jeweils für ihren Bereich durch Rechtsverordnung bestimmen, dass Akten, die in Papierform angelegt wurden, in Papierform weitergeführt werden. Die Landesregierungen können die Ermächtigungen nach den Sätzen 2 und 3 auf die für die Verwaltungsgerichtsbarkeit zuständigen obersten Landesbehörden übertragen. Die Rechtsverordnungen der Bundesregierung bedürfen nicht der Zustimmung des Bundesrates.

(2) Werden die Akten in Papierform geführt, ist von einem elektronischen Dokument ein Ausdruck für die Akten zu fertigen. Kann dies bei Anlagen zu vorbereitenden Schriftsätzen nicht oder nur mit unverhältnismäßigem Aufwand erfolgen, so kann ein Ausdruck unterbleiben. Die Daten sind in diesem Fall dauerhaft zu speichern; der Speicherort ist aktenkundig zu machen.

(3) Wird das elektronische Dokument auf einem sicheren Übermittlungsweg eingereicht, so ist dies aktenkundig zu machen. 19

(4) Ist das elektronische Dokument mit einer qualifizierten elektronischen Signatur versehen und nicht auf einem sicheren Übermittlungsweg eingereicht, muss der Ausdruck einen Vermerk darüber enthalten,

1. welches Ergebnis die Integritätsprüfung des Dokumentes ausweist,
2. wen die Signaturprüfung als Inhaber der Signatur ausweist,
3. welchen Zeitpunkt die Signaturprüfung für die Anbringung der Signatur ausweist.

(5) Ein eingereichtes elektronisches Dokument kann im Falle von Absatz 2 nach Ablauf von sechs Monaten gelöscht werden.

(6) Werden die Prozessakten elektronisch geführt, sind in Papierform vorliegende Schriftstücke und sonstige Unterlagen nach dem Stand der Technik zur Ersetzung der Urschrift in ein elektronisches Dokument zu übertragen. Es ist sicherzustellen, dass das elektronische Dokument mit den vorliegenden Schriftstücken und sonstigen Unterlagen bildlich und inhaltlich übereinstimmt. Das elektronische Dokument ist mit einem Übertragungsnachweis zu versehen, der das bei der Übertragung angewandte Verfahren und die bildliche und inhaltliche Übereinstimmung dokumentiert. Wird ein von den verantwortenden Personen handschriftlich unterzeichnetes gerichtliches Schriftstück übertragen, ist der

Übertragungsnachweis mit einer qualifizierten elektronischen Signatur des Urkundsbeamten der Geschäftsstelle zu versehen. Die in Papierform vorliegenden Schriftstücke und sonstigen Unterlagen können sechs Monate nach der Übertragung vernichtet werden, sofern sie nicht rückgabepflichtig sind.

§ 55c
Formulare; Verordnungsermächtigung

Das Bundesministerium der Justiz und für Verbraucherschutz kann durch Rechtsverordnung mit Zustimmung des Bundesrates elektronische Formulare einführen. Die Rechtsverordnung kann bestimmen, dass die in den Formularen enthaltenen Angaben ganz oder teilweise in strukturierter maschinenlesbarer Form zu übermitteln sind. Die Formulare sind auf einer in der Rechtsverordnung zu bestimmenden Kommunikationsplattform im Internet zur Nutzung bereitzustellen. Die Rechtsverordnung kann bestimmen, dass eine Identifikation des Formularverwenders abweichend von § 55a Absatz 3 auch durch Nutzung des elektronischen Identitätsnachweises nach § 18 des Personalausweisgesetzes oder § 78 Absatz 5 des Aufenthaltsgesetzes erfolgen kann.

§ 56

(1) Anordnungen und Entscheidungen, durch die eine Frist in Lauf gesetzt wird, sowie Terminbestimmungen und Ladungen sind zuzustellen, bei Verkündung jedoch nur, wenn es ausdrücklich vorgeschrieben ist.

(2) Zugestellt wird von Amts wegen nach den Vorschriften der Zivilprozessordnung.

(3) Wer nicht im Inland wohnt, hat auf Verlangen einen Zustellungsbevollmächtigten zu bestellen.

§ 56a

(1) Sind gleiche Bekanntgaben an mehr als fünfzig Personen erforderlich, kann das Gericht für das weitere Verfahren die Bekanntgabe durch öffentliche Bekanntmachung anordnen. In dem Beschluß muß bestimmt werden, in welchen Tageszeitungen die Bekanntmachungen veröffentlicht werden; dabei sind Tageszeitungen vorzusehen, die in dem Bereich verbreitet sind, in dem sich die Entscheidung voraussichtlich auswirken wird. Der Beschluß ist den Beteiligten zuzustellen. Die Beteiligten sind daraufhinzuweisen, auf welche Weise die weiteren Bekanntgaben bewirkt werden und wann das Dokument als zugestellt gilt. Der Beschluß ist unanfechtbar. Das Gericht kann den Beschluß jederzeit aufheben; es muß ihn aufheben, wenn die Voraussetzungen des Satzes 1 nicht vorlagen oder nicht mehr vorliegen.

(2) Die öffentliche Bekanntmachung erfolgt durch Aushang an der Gerichtstafel oder durch Einstellung in ein elektronisches Informationssystem, das im Gericht öffentlich zugänglich ist und durch Veröffentlichung im Bundesanzeiger sowie in den im Beschluss nach Absatz 1 Satz 2 bestimmten Tageszeitungen. Sie kann zusätzlich in einem von dem Gericht für Bekanntmachungen bestimmten Informations- und Kommunikationssystem erfolgen. Bei einer Entscheidung genügt die öffentliche Bekanntmachung der Entscheidungsformel und der Rechtsbehelfsbelehrung. Statt des bekannt zu machenden Dokuments kann eine Benachrichtigung öffentlich bekannt gemacht werden, in der angegeben ist, wo das Dokument eingesehen werden kann. Eine Terminbestimmung oder Ladung muss im vollständigen Wortlaut öffentlich bekannt gemacht werden.

(3) Das Dokument gilt als an dem Tage zugestellt, an dem seit dem Tage der Veröffentlichung im Bundesanzeiger zwei Wochen verstrichen sind; darauf ist in jeder Veröffentlichung hinzuweisen. Nach der öffentlichen Bekanntmachung einer Entscheidung können die Beteiligten eine Ausfertigung schriftlich anfordern; darauf ist in der Veröffentlichung gleichfalls hinzuweisen.

§ 57

(1) Der Lauf einer Frist beginnt, soweit nichts anderes bestimmt ist, mit der Zustellung oder, wenn diese nicht vorgeschrieben ist, mit der Eröffnung oder Verkündung.

(2) Für die Fristen gelten die Vorschriften der §§ 222, 224 Abs. 2 und 3, §§ 225 und 226 der Zivilprozeßordnung.

§ 58

(1) Die Frist für ein Rechtsmittel oder einen anderen Rechtsbehelf beginnt nur zu laufen, wenn der Beteiligte über den Rechtsbehelf, die Verwaltungsbehörde oder das Gericht, bei denen der Rechtsbehelf anzubringen ist, den Sitz und die einzuhaltende Frist schriftlich oder elektronisch belehrt worden ist.

(2) Ist die Belehrung unterblieben oder unrichtig erteilt, so ist die Einlegung des Rechtsbehelfs nur innerhalb eines Jahres seit Zustellung, Eröffnung oder Verkündung zulässig, außer wenn die Einlegung vor Ablauf der Jahresfrist infolge höherer Gewalt unmöglich war oder eine schriftliche oder elektronische Belehrung dahin erfolgt ist, daß ein Rechtsbehelf nicht gegeben sei. § 60 Abs. 2 gilt für den Fall höherer Gewalt entsprechend.

§ 59
(weggefallen)

§ 60

(1) Wenn jemand ohne Verschulden verhindert war, eine gesetzliche Frist einzuhalten, so ist ihm auf Antrag Wiedereinsetzung in den vorigen Stand zu gewähren.

(2) Der Antrag ist binnen zwei Wochen nach Wegfall des Hindernisses zu stellen; bei Versäumung der Frist zur Begründung der Berufung, des Antrags auf Zulassung der Berufung, der Revision, der Nichtzulassungsbeschwerde oder der Beschwerde beträgt die Frist einen Monat. Die Tatsachen zur Begründung des Antrags sind bei der Antragstellung oder im Verfahren über den Antrag glaubhaft zu machen. Innerhalb der Antragsfrist ist die versäumte Rechtshandlung nachzuholen. Ist dies geschehen, so kann die Wiedereinsetzung auch ohne Antrag gewährt werden.

(3) Nach einem Jahr seit dem Ende der versäumten Frist ist der Antrag unzulässig, außer wenn der Antrag vor Ablauf der Jahresfrist infolge höherer Gewalt unmöglich war.

(4) Über den Wiedereinsetzungsantrag entscheidet das Gericht, das über die versäumte Rechtshandlung zu befinden hat.

(5) Die Wiedereinsetzung ist unanfechtbar.

§ 61

Fähig, am Verfahren beteiligt zu sein, sind

1. natürliche und juristische Personen,
2. Vereinigungen, soweit ihnen ein Recht zustehen kann,
3. Behörden, sofern das Landesrecht dies bestimmt.

§ 62

(1) Fähig zur Vornahme von Verfahrenshandlungen sind

1. die nach bürgerlichem Recht Geschäftsfähigen,
2. die nach bürgerlichem Recht in der Geschäftsfähigkeit Beschränkten, soweit sie durch Vorschriften des bürgerlichen oder öffentlichen Rechts für den Gegenstand des Verfahrens als geschäftsfähig anerkannt sind.

(2) Betrifft ein Einwilligungsvorbehalt nach § 1903 des Bürgerlichen Gesetzbuchs den Gegenstand des Verfahrens, so ist ein geschäftsfähiger Betreuter nur insoweit zur Vornahme von Verfahrenshandlungen fähig, als er nach den Vorschriften des bürgerlichen Rechts ohne Einwilligung des Betreuers handeln kann oder durch Vorschriften des öffentlichen Rechts als handlungsfähig anerkannt ist.

(3) Für Vereinigungen sowie für Behörden handeln ihre gesetzlichen Vertreter und Vorstände.

(4) §§ 53 bis 58 der Zivilprozeßordnung gelten entsprechend.

§ 63

Beteiligte am Verfahren sind

1. der Kläger,
2. der Beklagte,
3. der Beigeladene (§ 65),
4. der Vertreter des Bundesinteresses beim Bundesverwaltungsgericht oder der Vertreter des öffentlichen Interesses, falls er von seiner Beteiligungsbefugnis Gebrauch macht.

§ 64

Die Vorschriften der §§ 59 bis 63 der Zivilprozeßordnung über die Streitgenossenschaft sind entsprechend anzuwenden.

§ 65

(1) Das Gericht kann, solange das Verfahren noch nicht rechtskräftig abgeschlossen oder in höherer Instanz anhängig ist, von Amts wegen oder auf Antrag andere, deren rechtliche Interessen durch die Entscheidung berührt werden, beiladen.

(2) Sind an dem streitigen Rechtsverhältnis Dritte derart beteiligt, daß die Entscheidung auch ihnen gegenüber nur einheitlich ergehen kann, so sind sie beizuladen (notwendige Beiladung).

(3) Kommt nach Absatz 2 die Beiladung von mehr als fünfzig Personen in Betracht, kann das Gericht durch Beschluß anordnen, daß nur solche Personen beigeladen werden, die dies innerhalb einer bestimmten Frist beantragen. Der Beschluß ist unanfechtbar. Er ist im Bundesanzeiger bekanntzumachen. Er muß außerdem in Tageszeitungen veröffentlicht werden, die in dem Bereich verbreitet sind, in dem sich die Entscheidung voraussichtlich auswirken wird. Die Bekanntmachung kann zusätzlich in einem von dem Gericht für Bekanntmachungen bestimmten Informations- und Kommunikationssystem erfolgen. Die Frist muß mindestens drei Monate seit Veröffentlichung im Bundesanzeiger betragen. In der Veröffentlichung in Tageszeitungen ist mitzuteilen, an welchem Tage die Frist abläuft. Für die Wiedereinsetzung in den vorigen Stand bei Versäumung der Frist gilt § 60 entsprechend. Das Gericht soll Personen, die von der Entscheidung erkennbar in besonderem Maße betroffen werden, auch ohne Antrag beiladen.

(4) Der Beiladungsbeschluß ist allen Beteiligten zuzustellen. Dabei sollen der Stand der Sache und der Grund der Beiladung angegeben werden. Die Beiladung ist unanfechtbar.

§ 66

Der Beigeladene kann innerhalb der Anträge eines Beteiligten selbständig Angriffs- und Verteidigungsmittel geltend machen und alle Verfahrenshandlungen wirksam vornehmen. Abweichende Sachanträge kann er nur stellen, wenn eine notwendige Beiladung vorliegt.

§ 67

(1) Die Beteiligten können vor dem Verwaltungsgericht den Rechtsstreit selbst führen.

(2) Die Beteiligten können sich durch einen Rechtsanwalt oder einen Rechtslehrer an einer staatlichen oder staatlich anerkannten Hochschule eines Mitgliedstaates der Europäischen Union, eines anderen Vertragsstaates des Abkommens über den Europäischen Wirtschaftsraum oder der Schweiz, der die Befähigung zum Richteramt besitzt, als Bevollmächtigten vertreten lassen. Darüber hinaus sind als Bevollmächtigte vor dem Verwaltungsgericht vertretungsbefugt nur

1. Beschäftigte des Beteiligten oder eines mit ihm verbundenen Unternehmens (§ 15 des Aktiengesetzes); Behörden und juristische Personen des öffentlichen Rechts einschließlich der von ihnen zur Erfüllung ihrer öffentlichen Aufgaben gebildeten Zusammenschlüsse können sich auch durch Beschäftigte anderer Behörden oder juristischer Personen des öffentlichen Rechts einschließlich der von ihnen zur Erfüllung ihrer öffentlichen Aufgaben gebildeten Zusammenschlüsse vertreten lassen,
2. volljährige Familienangehörige (§ 15 der Abgabenordnung, § 11 des Lebenspartnerschaftsgesetzes), Personen mit Befähigung zum Richteramt und Streitgenossen, wenn die Vertretung nicht im Zusammenhang mit einer entgeltlichen Tätigkeit steht,
3. Steuerberater, Steuerbevollmächtigte, Wirtschaftsprüfer und vereidigte Buchprüfer, Personen und Vereinigungen im Sinn des § 3a des Steuerberatungsgesetzes sowie Gesellschaften im Sinn des § 3 Nr. 2 und 3 des Steuerberatungsgesetzes, die durch Personen im Sinn des § 3 Nr. 1 des Steuerberatungsgesetzes handeln, in Abgabenangelegenheiten,
4. berufsständische Vereinigungen der Landwirtschaft für ihre Mitglieder,
5. Gewerkschaften und Vereinigungen von Arbeitgebern sowie Zusammenschlüsse solcher Verbände für ihre Mitglieder oder für andere Verbände oder Zusammenschlüsse mit vergleichbarer Ausrichtung und deren Mitglieder,
6. Vereinigungen, deren satzungsgemäße Aufgaben die gemeinschaftliche Interessenvertretung, die Beratung und Vertretung der Leistungsempfänger nach dem sozialen Entschädigungsrecht oder der behinderten Menschen wesentlich umfassen und die unter Berücksichtigung von Art und Umfang ihrer Tätigkeit sowie ihres Mitgliederkreises die Gewähr für eine sachkundige Prozessvertretung bieten, für ihre Mitglieder in Angelegenheiten der Kriegsopferfürsorge und des Schwerbehindertenrechts sowie der damit im Zusammenhang stehenden Angelegenheiten,
7. juristische Personen, deren Anteile sämtlich im wirtschaftlichen Eigentum einer der in den Nummern 5 und 6 bezeichneten Organisationen stehen, wenn die juristische Person ausschließlich die Rechtsberatung und Prozessvertretung dieser Organisation und ihrer Mitglieder oder anderer Verbände oder Zusammenschlüsse mit vergleichbarer Ausrichtung und deren Mitglieder entsprechend deren Satzung durchführt, und wenn die Organisation für die Tätigkeit der Bevollmächtigten haftet.

Bevollmächtigte, die keine natürlichen Personen sind, handeln durch ihre Organe und mit der Prozessvertretung beauftragten Vertreter.

(3) Das Gericht weist Bevollmächtigte, die nicht nach Maßgabe des Absatzes 2 vertretungsbefugt sind, durch unanfechtbaren Beschluss zurück. Prozesshandlungen eines nicht vertretungsbefugten Bevollmächtigten und Zustellungen oder Mitteilungen an diesen Bevollmächtigten sind bis zu seiner Zurückweisung wirksam. Das Gericht kann den in Absatz 2 Satz 2 Nr. 1 und 2 bezeichneten Bevollmächtigten durch unanfechtbaren Beschluss die weitere Vertretung untersagen, wenn sie nicht in der Lage sind, das Sach- und Streitverhältnis sachgerecht darzustellen.

(4) Vor dem Bundesverwaltungsgericht und dem Oberverwaltungsgericht müssen sich die Beteiligten, außer im Prozesskostenhilfeverfahren, durch Prozessbevollmächtigte ver-

treten lassen. Dies gilt auch für Prozesshandlungen, durch die ein Verfahren vor dem Bundesverwaltungsgericht oder einem Oberverwaltungsgericht eingeleitet wird. Als Bevollmächtigte sind nur die in Absatz 2 Satz 1 bezeichneten Personen zugelassen. Behörden und juristische Personen des öffentlichen Rechts einschließlich der von ihnen zur Erfüllung ihrer öffentlichen Aufgaben gebildeten Zusammenschlüsse können sich durch eigene Beschäftigte mit Befähigung zum Richteramt oder durch Beschäftigte mit Befähigung zum Richteramt anderer Behörden oder juristischer Personen des öffentlichen Rechts einschließlich der von ihnen zur Erfüllung ihrer öffentlichen Aufgaben gebildeten Zusammenschlüsse vertreten lassen. Vor dem Bundesverwaltungsgericht sind auch die in Absatz 2 Satz 2 Nr. 5 bezeichneten Organisationen einschließlich der von ihnen gebildeten juristischen Personen gemäß Absatz 2 Satz 2 Nr. 7 als Bevollmächtigte zugelassen, jedoch nur in Angelegenheiten, die Rechtsverhältnisse im Sinne des § 52 Nr. 4 betreffen, in Personalvertretungsangelegenheiten und in Angelegenheiten, die in einem Zusammenhang mit einem gegenwärtigen oder früheren Arbeitsverhältnis von Arbeitnehmern im Sinne des § 5 des Arbeitsgerichtsgesetzes stehen, einschließlich Prüfungsangelegenheiten. Die in Satz 5 genannten Bevollmächtigten müssen durch Personen mit der Befähigung zum Richteramt handeln. Vor dem Oberverwaltungsgericht sind auch die in Absatz 2 Satz 2 Nr. 3 bis 7 bezeichneten Personen und Organisationen als Bevollmächtigte zugelassen. Ein Beteiligter, der nach Maßgabe der Sätze 3, 5 und 7 zur Vertretung berechtigt ist, kann sich selbst vertreten.

(5) Richter dürfen nicht als Bevollmächtigte vor dem Gericht auftreten, dem sie angehören. Ehrenamtliche Richter dürfen, außer in den Fällen des Absatzes 2 Satz 2 Nr. 1, nicht vor einem Spruchkörper auftreten, dem sie angehören. Absatz 3 Satz 1 und 2 gilt entsprechend.

(6) Die Vollmacht ist schriftlich zu den Gerichtsakten einzureichen. Sie kann nachgereicht werden; hierfür kann das Gericht eine Frist bestimmen. Der Mangel der Vollmacht kann in jeder Lage des Verfahrens geltend gemacht werden. Das Gericht hat den Mangel der Vollmacht von Amts wegen zu berücksichtigen, wenn nicht als Bevollmächtigter ein Rechtsanwalt auftritt. Ist ein Bevollmächtigter bestellt, sind die Zustellungen oder Mitteilungen des Gerichts an ihn zu richten.

(7) In der Verhandlung können die Beteiligten mit Beiständen erscheinen. Beistand kann sein, wer in Verfahren, in denen die Beteiligten den Rechtsstreit selbst führen können, als Bevollmächtigter zur Vertretung in der Verhandlung befugt ist. Das Gericht kann andere Personen als Beistand zulassen, wenn dies sachdienlich ist und hierfür nach den Umständen des Einzelfalls ein Bedürfnis besteht. Absatz 3 Satz 1 und 3 und Absatz 5 gelten entsprechend. Das von dem Beistand Vorgetragene gilt als von dem Beteiligten vorgebracht, soweit es nicht von diesem sofort widerrufen oder berichtigt wird.

§ 67a

(1) Sind an einem Rechtsstreit mehr als zwanzig Personen im gleichen Interesse beteiligt, ohne durch einen Prozeßbevollmächtigten vertreten zu sein, kann das Gericht ihnen durch Beschluß aufgeben, innerhalb einer angemessenen Frist einen gemeinsamen Bevollmächtigten zu bestellen, wenn sonst die ordnungsgemäße Durchführung des Rechtsstreits beeinträchtigt wäre. Bestellen die Beteiligten einen gemeinsamen Bevollmächtigten nicht innerhalb der ihnen gesetzten Frist, kann das Gericht einen Rechtsanwalt als gemeinsamen Vertreter durch Beschluß bestellen. Die Beteiligten können Verfahrenshandlungen nur durch den gemeinsamen Bevollmächtigten oder Vertreter vornehmen. Beschlüsse nach den Sätzen 1 und 2 sind unanfechtbar.

(2) Die Vertretungsmacht erlischt, sobald der Vertreter oder der Vertretene dies dem Gericht schriftlich oder zu Protokoll des Urkundsbeamten der Geschäftstelle erklärt; der Vertreter kann die Erklärung nur hinsichtlich aller Vertretenen abgeben. Gibt der Vertretene eine solche Erklärung ab, so erlischt die Vertretungsmacht nur, wenn zugleich die Bestellung eines anderen Bevollmächtigten angezeigt wird.

8. ABSCHNITT
Besondere Vorschriften für Anfechtungs- und Verpflichtungsklagen

§ 68

(1) Vor Erhebung der Anfechtungsklage sind Rechtmäßigkeit und Zweckmäßigkeit des Verwaltungsakts in einem Vorverfahren nachzuprüfen[1]. Einer solchen Nachprüfung bedarf es nicht, wenn ein Gesetz dies bestimmt[2] oder wenn

1. der Verwaltungsakt von einer obersten Bundesbehörde oder von einer obersten Landesbehörde erlassen worden ist, außer wenn ein Gesetz die Nachprüfung vorschreibt, oder
2. der Abhilfebescheid oder der Widerspruchsbescheid erstmalig eine Beschwer enthält.

(2) Für die Verpflichtungsklage gilt der Absatz 1 entsprechend, wenn der Antrag auf Vornahme des Verwaltungsakts abgelehnt worden ist.

§ 69

Das Vorverfahren beginnt mit der Erhebung des Widerspruchs.

§ 70[3]

(1) Der Widerspruch ist innerhalb eines Monats, nachdem der Verwaltungsakt dem Beschwerten bekanntgegeben worden ist, schriftlich, in elektronischer Form nach § 3a Absatz 2 des Verwaltungsverfahrensgesetzes oder zur Niederschrift bei der Behörde zu erheben, die den Verwaltungsakt erlassen hat. Die Frist wird auch durch Einlegung bei der Behörde, die den Widerspruchsbescheid zu erlassen hat, gewahrt.

(2) §§ 58 und 60 Abs. 1 bis 4 gelten entsprechend.

§ 71
Anhörung

Ist die Aufhebung oder Änderung eines Verwaltungsakts im Widerspruchsverfahren erstmalig mit einer Beschwer verbunden, soll der Betroffene vor Erlaß des Abhilfebescheids oder des Widerspruchsbescheids gehört werden.

§ 72

Hält die Behörde den Widerspruch für begründet, so hilft sie ihm ab und entscheidet über die Kosten.

§ 73

(1) Hilft die Behörde dem Widerspruch nicht ab, so ergeht ein Widerspruchsbescheid. Diesen erläßt[4]

1. die nächsthöhere Behörde, soweit nicht durch Gesetz eine andere höhere Behörde bestimmt wird,
2. wenn die nächsthöhere Behörde eine oberste Bundes- oder oberste Landesbehörde ist, die Behörde, die den Verwaltungsakt erlassen hat,
3. in Selbstverwaltungsangelegenheiten die Selbstverwaltungsbehörde, soweit nicht durch Gesetz anderes bestimmt wird.

Abweichend von Satz 2 Nr. 1 kann durch Gesetz bestimmt werden, dass die Behörde, die den Verwaltungsakt erlassen hat, auch für die Entscheidung über den Widerspruch zuständig ist.

(2) Vorschriften, nach denen im Vorverfahren des Absatzes 1 Ausschüsse oder Beiräte an die Stelle einer Behörde treten, bleiben unberührt. Die Ausschüsse oder Beiräte können abweichend von Absatz 1 Nr. 1 auch bei der Behörde gebildet werden, die den Verwaltungsakt erlassen hat.

1) Vgl. §§ 26, 27 und 30 AZG (3), § 67 ASOG Bln (4).
2) Vgl. § 26 Abs. 2 Satz 1 und Abs. 3, § 30 Abs. 1 Satz 2 AZG (3), § 4 Abs. 2 AGVwGO (20) und § 93 Abs. 1 LBG (21).
3) Die ausdrückliche Regelung der elektronischen Form gilt erst ab 1. Januar 2018, s. Fußnote 1 Seite 277.
4) Vgl. §§ 27, 30 Abs. 2 AZG (3) und § 67 ASOG Bln (4) sowie Fußnote 2 zu § 27 AZG; dazu ferner § 185 Abs. 2 VwGO.

(3) Der Widerspruchsbescheid ist zu begründen, mit einer Rechtsmittelbelehrung zu versehen und zuzustellen. Zugestellt wird von Amts wegen nach den Vorschriften des Verwaltungszustellungsgesetzes. Der Widerspruchsbescheid bestimmt auch, wer die Kosten trägt.

§ 74

(1) Die Anfechtungsklage muß innerhalb eines Monats nach Zustellung des Widerspruchsbescheids erhoben werden. Ist nach § 68 ein Widerspruchsbescheid nicht erforderlich, so muß die Klage innerhalb eines Monats nach Bekanntgabe des Verwaltungsakts erhoben werden.

(2) Für die Verpflichtungsklage gilt Absatz 1 entsprechend, wenn der Antrag auf Vornahme des Verwaltungsakts abgelehnt worden ist.

§ 75

Ist über einen Widerspruch oder über einen Antrag auf Vornahme eines Verwaltungsakts ohne zureichenden Grund in angemessener Frist sachlich nicht entschieden worden, so ist die Klage abweichend von § 68 zulässig. Die Klage kann nicht vor Ablauf von drei Monaten seit der Einlegung des Widerspruchs oder seit dem Antrag auf Vornahme des Verwaltungsakts erhoben werden, außer wenn wegen besonderer Umstände des Falles eine kürzere Frist geboten ist. Liegt ein zureichender Grund dafür vor, daß über den Widerspruch noch nicht entschieden oder der beantragte Verwaltungsakt noch nicht erlassen ist, so setzt das Gericht das Verfahren bis zum Ablauf einer von ihm bestimmten Frist, die verlängert werden kann, aus. Wird dem Widerspruch innerhalb der vom Gericht gesetzten Frist stattgegeben oder der Verwaltungsakt innerhalb dieser Frist erlassen, so ist die Hauptsache für erledigt zu erklären.

§ 76
(weggefallen)

§ 77

(1) Alle bundesrechtlichen Vorschriften in anderen Gesetzen über Einspruchs- oder Beschwerdeverfahren sind durch die Vorschriften dieses Abschnitts ersetzt.

(2) Das gleiche gilt für landesrechtliche Vorschriften über Einspruchs- oder Beschwerdeverfahren als Voraussetzung der verwaltungsgerichtlichen Klage.

§ 78

(1) Die Klage ist zu richten

1. gegen den Bund, das Land oder die Körperschaft, deren Behörde den angefochtenen Verwaltungsakt erlassen oder den beantragten Verwaltungsakt unterlassen hat; zur Bezeichnung des Beklagten genügt die Angabe der Behörde,
2. sofern das Landesrecht dies bestimmt, gegen die Behörde selbst, die den angefochtenen Verwaltungsakt erlassen oder den beantragten Verwaltungsakt unterlassen hat.

(2) Wenn ein Widerspruchsbescheid erlassen ist, der erstmalig eine Beschwer enthält (§ 68 Abs. 1 Satz 2 Nr. 2), ist Behörde im Sinne des Absatzes 1 die Widerspruchsbehörde.

§ 79

(1) Gegenstand der Anfechtungsklage ist

1. der ursprüngliche Verwaltungsakt in der Gestalt, die er durch den Widerspruchsbescheid gefunden hat,
2. der Abhilfebescheid oder Widerspruchsbescheid, wenn dieser erstmalig eine Beschwer enthält.

(2) Der Widerspruchsbescheid kann auch dann alleiniger Gegenstand der Anfechtungsklage sein, wenn und soweit er gegenüber dem ursprünglichen Verwaltungsakt eine zusätzliche selbständige Beschwer enthält. Als eine zusätzliche Beschwer gilt auch die Verletzung einer wesentlichen Verfahrensvorschrift, sofern der Widerspruchsbescheid auf dieser Verletzung beruht. § 78 Abs. 2 gilt entsprechend.

§ 80[1)]

(1) Widerspruch und Anfechtungsklage haben aufschiebende Wirkung. Das gilt auch bei rechtsgestaltenden und feststellenden Verwaltungsakten sowie bei Verwaltungsakten mit Doppelwirkung (§ 80a).

(2) Die aufschiebende Wirkung entfällt nur

1. bei der Anforderung von öffentlichen Abgaben und Kosten,
2. bei unaufschiebbaren Anordnungen und Maßnahmen von Polizeivollzugsbeamten,
3. in anderen durch Bundesgesetz oder für Landesrecht durch Landesgesetz vorgeschriebenen Fällen, insbesondere für Widersprüche und Klagen Dritter gegen Verwaltungsakte, die Investitionen oder die Schaffung von Arbeitsplätzen betreffen,
4. in den Fällen, in denen die sofortige Vollziehung im öffentlichen Interesse oder im überwiegenden Interesse eines Beteiligten von der Behörde, die den Verwaltungsakt erlassen oder über den Widerspruch zu entscheiden hat, besonders angeordnet wird.

Die Länder können auch bestimmen, daß Rechtsbehelfe keine aufschiebende Wirkung haben, soweit sie sich gegen Maßnahmen richten, die in der Verwaltungsvollstreckung durch die Länder nach Bundesrecht getroffen werden.

(3) In den Fällen des Absatzes 2 Nr. 4 ist das besondere Interesse an der sofortigen Vollziehung des Verwaltungsakts schriftlich zu begründen. Einer besonderen Begründung bedarf es nicht, wenn die Behörde bei Gefahr im Verzug, insbesondere bei drohenden Nachteilen für Leben, Gesundheit oder Eigentum vorsorglich eine als solche bezeichnete Notstandsmaßnahme im öffentlichen Interesse trifft.

(4) Die Behörde, die den Verwaltungsakt erlassen oder über den Widerspruch zu entscheiden hat, kann in den Fällen des Absatzes 2 die Vollziehung aussetzen, soweit nicht bundesgesetzlich etwas anderes bestimmt ist. Bei der Anforderung von öffentlichen Abgaben und Kosten kann sie die Vollziehung auch gegen Sicherheit aussetzen. Die Aussetzung soll bei öffentlichen Abgaben und Kosten erfolgen, wenn ernstliche Zweifel an der Rechtmäßigkeit des angegriffenen Verwaltungsakts bestehen oder wenn die Vollziehung für den Abgaben- oder Kostenpflichtigen eine unbillige, nicht durch überwiegende öffentliche Interessen gebotene Härte zur Folge hätte. 19

(5) Auf Antrag kann das Gericht der Hauptsache die aufschiebende Wirkung in den Fällen des Absatzes 2 Nr. 1 bis 3 ganz oder teilweise anordnen, im Falle des Absatzes 2 Nr. 4 ganz oder teilweise wiederherstellen. Der Antrag ist schon vor Erhebung der Anfechtungsklage zulässig. Ist der Verwaltungsakt im Zeitpunkt der Entscheidung schon vollzogen, so kann das Gericht die Aufhebung der Vollziehung anordnen. Die Wiederherstellung der aufschiebenden Wirkung kann von der Leistung einer Sicherheit oder von anderen Auflagen abhängig gemacht werden. Sie kann auch befristet werden.

(6) In den Fällen des Absatzes 2 Nr. 1 ist der Antrag nach Absatz 5 nur zulässig, wenn die Behörde einen Antrag auf Aussetzung der Vollziehung ganz oder zum Teil abgelehnt hat. Das gilt nicht, wenn

1. die Behörde über den Antrag ohne Mitteilung eines zureichenden Grundes in angemessener Frist sachlich nicht entschieden hat oder
2. eine Vollstreckung droht.

---

1) Siehe dazu § 4 Abs. 1 AGVwGO (20), § 11 Abs. 13 BerlStrG (23) und § 93 Abs. 2 LBG (21).

(7) Das Gericht der Hauptsache kann Beschlüsse über Anträge nach Absatz 5 jederzeit ändern oder aufheben. Jeder Beteiligte kann die Änderung oder Aufhebung wegen veränderter oder im ursprünglichen Verfahren ohne Verschulden nicht geltend gemachter Umstände beantragen.

(8) In dringenden Fällen kann der Vorsitzende entscheiden.

§ 80a

(1) Legt ein Dritter einen Rechtsbehelf gegen den an einen anderen gerichteten, diesen begünstigenden Verwaltungsakt ein, kann die Behörde

1. auf Antrag des Begünstigten nach § 80 Abs. 2 Nr. 4 die sofortige Vollziehung anordnen,
2. auf Antrag des Dritten nach § 80 Abs. 4 die Vollziehung aussetzen und einstweilige Maßnahmen zur Sicherung der Rechte des Dritten treffen.

(2) Legt ein Betroffener gegen einen an ihn gerichteten belastenden Verwaltungsakt, der einen Dritten begünstigt, einen Rechtsbehelf ein, kann die Behörde auf Antrag des Dritten nach § 80 Abs. 2 Nr. 4 die sofortige Vollziehung anordnen.

(3) Das Gericht kann auf Antrag Maßnahmen nach den Absätzen 1 und 2 ändern oder aufheben oder solche Maßnahmen treffen. § 80 Abs. 5 bis 8 gilt entsprechend.

§ 80b

(1) Die aufschiebende Wirkung des Widerspruchs und der Anfechtungsklage endet mit der Unanfechtbarkeit oder, wenn die Anfechtungsklage im ersten Rechtszug abgewiesen worden ist, drei Monate nach Ablauf der gesetzlichen Begründungsfrist des gegen die abweisende Entscheidung gegebenen Rechtsmittels. Dies gilt auch, wenn die Vollziehung durch die Behörde ausgesetzt oder die aufschiebende Wirkung durch das Gericht wiederhergestellt oder angeordnet worden ist, es sei denn, die Behörde hat die Vollziehung bis zur Unanfechtbarkeit ausgesetzt.

(2) Das Oberverwaltungsgericht kann auf Antrag anordnen, daß die aufschiebende Wirkung fortdauert.

(3) § 80 Abs. 5 bis 8 und § 80a gelten entsprechend.

9. ABSCHNITT
Verfahren im ersten Rechtszug

§ 81

(1) Die Klage ist bei dem Gericht schriftlich zu erheben. Bei dem Verwaltungsgericht kann sie auch zu Protokoll des Urkundsbeamten der Geschäftsstelle erhoben werden.

(2) Der Klage und allen Schriftsätzen sollen vorbehaltlich des § 55a Absatz 5 Satz 3 Abschriften für die übrigen Beteiligten beigefügt werden.

§ 82

(1) Die Klage muß dem Kläger, den Beklagten und den Gegenstand des Klagebegehrens bezeichnen. Sie soll einen bestimmten Antrag enthalten. Die zur Begründung dienenden Tatsachen und Beweismittel sollen angegeben, die angefochtene Verfügung und der Widerspruchsbescheid sollen in Abschrift beigefügt werden.

(2) Entspricht die Klage diesen Anforderungen nicht, hat der Vorsitzende oder der nach § 21g des Gerichtsverfassungsgesetzes zuständige Berufsrichter (Berichterstatter) den Kläger zu der erforderlichen Ergänzung innerhalb einer bestimmten Frist aufzufordern. Er kann dem Kläger für die Ergänzung eine Frist mit ausschließender Wirkung setzen, wenn es an einem der in Absatz 1 Satz 1 genannten Erfordernisse fehlt. Für die Wiedereinsetzung in den vorigen Stand gilt § 60 entsprechend.

§ 83

Für die sachliche und örtliche Zuständigkeit gelten die §§ 17 bis 17b des Gerichtsverfassungsgesetzes entsprechend. Beschlüsse entsprechend § 17a Abs. 2 und 3 des Gerichtsverfassungsgesetzes sind unanfechtbar.

§ 84

(1) Das Gericht kann ohne mündliche Verhandlung durch Gerichtsbescheid entscheiden, wenn die Sache keine besonderen Schwierigkeiten tatsächlicher oder rechtlicher Art aufweist und der Sachverhalt geklärt ist. Die Beteiligten sind vorher zu hören. Die Vorschriften über Urteile gelten entsprechend.

(2) Die Beteiligten können innerhalb eines Monats nach Zustellung des Gerichtsbescheids

1. Berufung einlegen, wenn sie zugelassen worden ist (§ 124a),
2. Zulassung der Berufung oder mündliche Verhandlung beantragen; wird von beiden Rechtsbehelfen Gebrauch gemacht, findet mündliche Verhandlung statt,
3. Revision einlegen, wenn sie zugelassen worden ist,
4. Nichtzulassungsbeschwerde einlegen oder mündliche Verhandlung beantragen, wenn die Revision nicht zugelassen worden ist; wird von beiden Rechtsbehelfen Gebrauch gemacht, findet mündliche Verhandlung statt,
5. mündliche Verhandlung beantragen, wenn ein Rechtsmittel nicht gegeben ist.

(3) Der Gerichtsbescheid wirkt als Urteil; wird rechtzeitig mündliche Verhandlung beantragt, gilt er als nicht ergangen.

(4) Wird mündliche Verhandlung beantragt, kann das Gericht in dem Urteil von einer weiteren Darstellung des Tatbestandes und der Entscheidungsgründe absehen, soweit es der Begründung des Gerichtsbescheides folgt und dies in seiner Entscheidung feststellt.

§ 85

Der Vorsitzende verfügt die Zustellung der Klage an den Beklagten. Zugleich mit der Zustellung ist der Beklagte aufzufordern, sich schriftlich zu äußern; § 81 Abs. 1 Satz 2 gilt entsprechend. Hierfür kann eine Frist gesetzt werden.

§ 86

(1) Das Gericht erforscht den Sachverhalt von Amts wegen; die Beteiligten sind dabei heranzuziehen. Es ist an das Vorbringen und an die Beweisanträge der Beteiligten nicht gebunden.

(2) Ein in der mündlichen Verhandlung gestellter Beweisantrag kann nur durch einen Gerichtsbeschluß, der zu begründen ist, abgelehnt werden. 19

(3) Der Vorsitzende hat darauf hinzuwirken, daß Formfehler beseitigt, unklare Anträge erläutert, sachdienliche Anträge gestellt, ungenügende tatsächliche Angaben ergänzt, ferner alle für die Feststellung und Beurteilung des Sachverhalts wesentlichen Erklärungen abgegeben werden.

(4) Die Beteiligten sollen zur Vorbereitung der mündlichen Verhandung Schriftsätze einreichen. Hierzu kann sie der Vorsitzende unter Fristsetzung auffordern. Die Schriftsätze sind den Beteiligten von Amts wegen zu übermitteln.

(5) Den Schriftsätzen sind die Urkunden oder elektronischen Dokumente, auf die Bezug genommen wird, in Abschrift ganz oder im Auszug beizufügen. Sind die Urkunden dem Gegner bereits bekannt oder sehr umfangreich, so genügt die genaue Bezeichnung mit dem Anerbieten, Einsicht bei Gericht zu gewähren.

§ 87

(1) Der Vorsitzende oder der Berichterstatter hat schon vor der mündlichen Verhandlung alle Anordnungen zu treffen, die notwendig sind, um den Rechtsstreit möglichst in einer mündlichen Verhandlung zu erledigen. Er kann insbesondere

1. die Beteiligten zur Erörterung des Sach- und Streitstandes und zur gütlichen Beilegung des Rechtsstreits laden und einen Vergleich entgegennehmen;
2. den Beteiligten die Ergänzung oder Erläuterung ihrer vorbereitenden Schriftsätze, die Vorlegung von Urkunden, die Übermittlung von elektronischen Dokumenten und die Vorlegung von anderen zur Niederlegung bei Gericht geeigneten Gegenständen aufgeben, insbesondere eine Frist zur Erklärung über bestimmte klärungsbedürftige Punkte setzen;
3. Auskünfte einholen;
4. die Vorlage von Urkunden oder die Übermittlung von elektronischen Dokumenten anordnen;
5. das persönliche Erscheinen der Beteiligten anordnen; § 95 gilt entsprechend;
6. Zeugen und Sachverständige zur mündlichen Verhandlung laden.

(2) Die Beteiligten sind von jeder Anordnung zu benachrichtigen.

(3) Der Vorsitzende oder der Berichterstatter kann einzelne Beweise erheben. Dies darf nur insoweit geschehen, als es zur Vereinfachung der Verhandlung vor dem Gericht sachdienlich und von vornherein anzunehmen ist, daß das Gericht das Beweisergebnis auch ohne unmittelbaren Eindruck von dem Verlauf der Beweisaufnahme sachgemäß zu würdigen vermag.

§ 87a

(1) Der Vorsitzende entscheidet, wenn die Entscheidung im vorbereitenden Verfahren ergeht,

1. über die Aussetzung und das Ruhen des Verfahrens;
2. bei Zurücknahme der Klage, Verzicht auf den geltend gemachten Anspruch oder Anerkenntnis des Anspruchs, auch über einen Antrag auf Prozesskostenhilfe;
3. bei Erledigung des Rechtsstreits in der Hauptsache, auch über einen Antrag auf Prozesskostenhilfe;
4. über den Streitwert;
5. über Kosten;
6. über die Beiladung.

(2) Im Einverständnis der Beteiligten kann der Vorsitzende auch sonst anstelle der Kammer oder des Senats entscheiden.

(3) Ist ein Berichterstatter bestellt, so entscheidet dieser anstelle des Vorsitzenden.

§ 87b

(1) Der Vorsitzende oder der Berichterstatter kann dem Kläger eine Frist setzen zur Angabe der Tatsachen, durch deren Berücksichtigung oder Nichtberücksichtigung im Verwaltungsverfahren er sich beschwert fühlt. Die Fristsetzung nach Satz 1 kann mit der Fristsetzung nach § 82 Abs. 2 Satz 2 verbunden werden.

(2) Der Vorsitzende oder der Berichterstatter kann einem Beteiligten unter Fristsetzung aufgeben, zu bestimmten Vorgängen

1. Tatsachen anzugeben oder Beweismittel zu bezeichnen,
2. Urkunden oder andere bewegliche Sachen vorzulegen sowie elektronische Dokumente zu übermitteln, soweit der Beteiligte dazu verpflichtet ist.

(3) Das Gericht kann Erklärungen und Beweismittel, die erst nach Ablauf einer nach den Absätzen 1 und 2 gesetzten Frist vorgebracht werden, zurückweisen und ohne weitere Ermittlungen entscheiden, wenn

1. ihre Zulassung nach der freien Überzeugung des Gerichts die Erledigung des Rechtsstreits verzögern würde und
2. der Beteiligte die Verspätung nicht genügend entschuldigt und
3. der Beteiligte über die Folgen einer Fristversäumung belehrt worden ist.

Der Entschuldigungsgrund ist auf Verlangen des Gerichts glaubhaft zu machen. Satz 1 gilt nicht, wenn es mit geringem Aufwand möglich ist, den Sachverhalt auch ohne Mitwirkung des Beteiligten zu ermitteln.

§ 88

Das Gericht darf über das Klagebegehren nicht hinausgehen, ist aber an die Fassung der Anträge nicht gebunden.

§ 89

(1) Bei dem Gericht der Klage kann eine Widerklage erhoben werden, wenn der Gegenanspruch mit dem in der Klage geltend gemachten Anspruch oder mit den gegen ihn vorgebrachten Verteidigungsmitteln zusammenhängt. Dies gilt nicht, wenn in den Fällen des § 52 Nr. 1 für die Klage wegen des Gegenanspruchs ein anderes Gericht zuständig ist.

(2) Bei Anfechtungs- und Verpflichtungsklagen ist die Widerklage ausgeschlossen.

§ 90

Durch Erhebung der Klage wird die Streitsache rechtshängig. In Verfahren nach dem Siebzehnten Titel des Gerichtsverfassungsgesetzes wegen eines überlangen Gerichtsverfahrens wird die Streitsache erst mit Zustellung der Klage rechtshängig.

§ 91

(1) Eine Änderung der Klage ist zulässig, wenn die übrigen Beteiligten einwilligen oder das Gericht die Änderung für sachdienlich hält.

(2) Die Einwilligung des Beklagten in die Änderung der Klage ist anzunehmen, wenn er sich, ohne ihr zu widersprechen, in einem Schriftsatz oder in einer mündlichen Verhandlung auf die geänderte Klage eingelassen hat.

(3) Die Entscheidung, daß eine Änderung der Klage nicht vorliegt oder zuzulassen sei, ist nicht selbständig anfechtbar.

§ 92

(1) Der Kläger kann bis zur Rechtskraft des Urteils seine Klage zurücknehmen. Die Zurücknahme nach Stellung der Anträge in der mündlichen Verhandlung setzt die Einwilligung des Beklagten und, wenn ein Vertreter des öffentlichen Interesses an der mündlichen Verhandlung teilgenommen hat, auch seine Einwilligung voraus. Die Einwilligung gilt als erteilt, wenn der Klagerücknahme nicht innerhalb von zwei Wochen seit Zustellung des die Rücknahme enthaltenden Schriftsatzes widersprochen wird; das Gericht hat auf diese Folge hinzuweisen.

(2) Die Klage gilt als zurückgenommen, wenn der Kläger das Verfahren trotz Aufforderung des Gerichts länger als zwei Monate nicht betreibt. Absatz 1 Satz 2 und 3 gilt entsprechend. Der Kläger ist in der Aufforderung auf die sich aus Satz 1 und § 155 Abs. 2 ergebenden Rechtsfolgen hinzuweisen. Das Gericht stellt durch Beschluß fest, daß die Klage als zurückgenommen gilt.

(3) Ist die Klage zurückgenommen oder gilt sie als zurückgenommen, so stellt das Gericht das Verfahren durch Beschluß ein und spricht die sich nach diesem Gesetz ergebenden Rechtsfolgen der Zurücknahme aus. Der Beschluß ist unanfechtbar.

§ 93

Das Gericht kann durch Beschluß mehrere bei ihm anhängige Verfahren über den gleichen Gegenstand zu gemeinsamer Verhandlung und Entscheidung verbinden und wieder trennen. Es kann anordnen, daß mehrere in einem Verfahren erhobene Ansprüche in getrennten Verfahren verhandelt und entschieden werden.

§ 93a

(1) Ist die Rechtmäßigkeit einer behördlichen Maßnahme Gegenstand von mehr als zwanzig Verfahren, kann das Gericht eines oder mehrere geeignete Verfahren vorab durchführen (Musterverfahren) und die übrigen Verfahren aussetzen. Die Beteiligten sind vorher zu hören. Der Beschluß ist unanfechtbar.

(2) Ist über die durchgeführten Verfahren rechtskräftig entschieden worden, kann das Gericht nach Anhörung der Beteiligten über die ausgesetzten Verfahren durch Beschluß entscheiden, wenn es einstimmig der Auffassung ist, daß die Sachen gegenüber rechtskräftig entschiedenen Musterverfahren keine wesentlichen Besonderheiten tatsächlicher oder rechtlicher Art aufweisen und der Sachverhalt geklärt ist. Das Gericht kann in einem Musterverfahren erhobene Beweise einführen; es kann nach seinem Ermessen die wiederholte Vernehmung eines Zeugen oder eine neue Begutachtung durch denselben oder andere Sachverständige anordnen. Beweisanträge zu Tatsachen, über die bereits im Musterverfahren Beweis erhoben wurde, kann das Gericht ablehnen, wenn ihre Zulassung nach seiner freien Überzeugung nicht zum Nachweis neuer entscheidungserheblicher Tatsachen beitragen und die Erledigung des Rechtsstreits verzögern würde. Die Ablehnung kann in der Entscheidung nach Satz 1 erfolgen. Den Beteiligten steht gegen den Beschluß nach Satz 1 das Rechtsmittel zu, das zulässig wäre, wenn das Gericht durch Urteil entschieden hätte. Die Beteiligten sind über dieses Rechtsmittel zu belehren.

§ 94

Das Gericht kann, wenn die Entscheidung des Rechtstreits ganz oder zum Teil von dem Bestehen oder Nichtbestehen eines Rechtsverhältnisses abhängt, das den Gegenstand eines anderen anhängigen Rechtstreits bildet oder von einer Verwaltungsbehörde festzustellen ist, anordnen, daß die Verhandlung bis zur Erledigung des anderen Rechtsstreits oder bis zur Entscheidung der Verwaltungsbehörde auszusetzen sei.

§ 95

(1) Das Gericht kann das persönliche Erscheinen eines Beteiligten anordnen. Für den Fall des Ausbleibens kann es Ordnungsgeld wie gegen einen im Vernehmungstermin nicht erschienenen Zeugen androhen. Bei schuldhaftem Ausbleiben setzt das Gericht durch Beschluß das angedrohte Ordnungsgeld fest. Androhung und Festsetzung des Ordnungsgeldes können wiederholt werden.

(2) Ist Beteiligter eine juristische Person oder eine Vereinigung, so ist das Ordnungsgeld dem nach Gesetz oder Satzung Vertretungsberechtigten anzudrohen und gegen ihn festzusetzen.

(3) Das Gericht kann einer beteiligten öffentlich-rechtlichen Körperschaft oder Behörde aufgeben, zur mündlichen Verhandlung einen Beamten oder Angestellten zu entsenden, der mit einem schriftlichen Nachweis über die Vertretungsbefugnis versehen und über die Sach- und Rechtslage ausreichend unterrichtet ist.

§ 96

(1) Das Gericht erhebt Beweis in der mündlichen Verhandlung. Es kann insbesondere Augenschein einnehmen, Zeugen, Sachverständige und Beteiligte vernehmen und Urkunden heranziehen.

(2) Das Gericht kann in geeigneten Fällen schon vor der mündlichen Verhandlung durch eines seiner Mitglieder als beauftragten Richter Beweis erheben lassen oder durch Bezeichnung der einzelnen Beweisfragen ein anderes Gericht um die Beweisaufnahme ersuchen.

§ 97

Die Beteiligten werden von allen Beweisterminen benachrichtigt und können der Beweisaufnahme beiwohnen. Sie können an Zeugen und Sachverständige sachdienliche Fragen richten. Wird eine Frage beanstandet, so entscheidet das Gericht.

§ 98

Soweit dieses Gesetz nicht abweichende Vorschriften enthält, sind auf die Beweisaufnahme §§ 358 bis 444 und 450 bis 494 der Zivilprozeßordnung entsprechend anzuwenden.

§ 99

(1) Behörden sind zur Vorlage von Urkunden oder Akten, zur Übermittlung elektronischer Dokumente und zu Auskünften verpflichtet. Wenn das Bekanntwerden des Inhalts dieser Urkunden, Akten, elektronischen Dokumente oder dieser Auskünfte dem Wohl des Bundes oder eines Landes Nachteile bereiten würde oder wenn die Vorgänge nach einem Gesetz oder ihrem Wesen nach geheim gehalten werden müssen, kann die zuständige oberste Aufsichtsbehörde die Vorlage von Urkunden oder Akten, die Übermittlung der elektronischen Dokumente und die Erteilung der Auskünfte verweigern.

(2) Auf Antrag eines Beteiligten stellt das Oberverwaltungsgericht ohne mündliche Verhandlung durch Beschluss fest, ob die Verweigerung der Vorlage der Urkunden oder Akten, der Übermittlung der elektronischen Dokumente oder der Erteilung von Auskünften rechtmäßig ist. Verweigert eine oberste Bundesbehörde die Vorlage, Übermittlung oder Auskunft mit der Begründung, das Bekanntwerden des Inhalts der Urkunden, der Akten, der elektronischen Dokumente oder der Auskünfte würde dem Wohl des Bundes Nachteile bereiten, entscheidet das Bundesverwaltungsgericht; Gleiches gilt, wenn das Bundesverwaltungsgericht nach § 50 für die Hauptsache zuständig ist. Der Antrag ist bei dem für die Hauptsache zuständigen Gericht zu stellen. Dieses gibt den Antrag und die Hauptsacheakten an den nach § 189 zuständigen Spruchkörper ab. Die oberste Aufsichtsbehörde hat die nach Absatz 1 Satz 2 verweigerten Urkunden oder Akten auf Aufforderung dieses Spruchkörpers vorzulegen, die elektronischen Dokumente zu übermitteln oder die verweigerten Auskünfte zu erteilen. Sie ist zu diesem Verfahren beizuladen. Das Verfahren unterliegt den Vorschriften des materiellen Geheimschutzes. Können diese nicht eingehalten werden oder macht die zuständige Aufsichtsbehörde geltend, dass besondere Gründe der Geheimhaltung oder des Geheimschutzes der Übergabe der Urkunden oder Akten oder der Übermittlung der elektronischen Dokumente an das Gericht entgegenstehen, wird die Vorlage oder Übermittlung nach Satz 5 dadurch bewirkt, dass die Urkunden, Akten oder elektronischen Dokumente dem Gericht in von der obersten Aufsichtsbehörde bestimmten Räumlichkeiten zur Verfügung gestellt werden. Für die nach Satz 5 vorgelegten Akten, elektronischen Dokumente und für die gemäß Satz 8 geltend gemachten besonderen Gründe gilt § 100 nicht. Die Mitglieder des Gerichts sind zur Geheimhaltung verpflichtet; die Entscheidungsgründe dürfen Art und Inhalt der geheim gehaltenen Urkunden, Akten, elektronischen Dokumente und Auskünfte nicht erkennen lassen. Für das nichtrichterliche Personal gelten die Regelungen des personellen Geheimschutzes. Soweit nicht das Bundesverwaltungsgericht entschieden. hat, kann der Beschluss selbständig mit der Beschwerde angefochten werden. Über die Beschwerde gegen den Beschluss eines Oberverwaltungsgerichts entscheidet das Bundesverwaltungsgericht. Für das Beschwerdeverfahren gelten die Sätze 4 bis 11 sinngemäß.

§ 100[1)]

(1) Die Beteiligten können die Gerichtsakten und die dem Gericht vorgelegten Akten einsehen. Beteiligte können sich auf ihre Kosten durch die Geschäftsstelle Ausfertigungen, Auszüge, Ausdrucke und Abschriften erteilen lassen.

(2) Werden die Prozessakten elektronisch geführt, wird Akteneinsicht durch Bereitstellung des Inhalts der Akten zum Abruf gewährt. Auf besonderen Antrag wird Akteneinsicht durch Einsichtnahme in die Akten in Diensträumen gewährt. Ein Aktenausdruck oder ein Datenträger mit dem Inhalt der Akten wird auf besonders zu begründenden Antrag nur übermittelt, wenn der Antragsteller hieran ein berechtigtes Interesse darlegt. Stehen der Akteneinsicht in der nach Satz 1 vorgesehenen Form wichtige Gründe entgegen, kann die Akteneinsicht in der nach den Sätzen 2 und 3 vorgesehenen Form auch ohne Antrag gewährt werden. Über einen Antrag nach Satz 3 entscheidet der Vorsitzende; die Entscheidung ist unanfechtbar. § 87a Absatz 3 gilt entsprechend.

(3) Werden die Prozessakten in Papierform geführt, wird Akteneinsicht durch Einsichtnahme in die Akten in Diensträumen gewährt. Die Akteneinsicht kann, soweit nicht wichtige Gründe entgegenstehen, auch durch Bereitstellung des Inhalts der Akten zum Abruf gewährt werden. Nach dem Ermessen des Vorsitzenden kann der nach § 67 Absatz 2 Satz 1 und 2 Nummer 3 bis 6 bevollmächtigten Person die Mitnahme der Akten in die Wohnung oder Geschäftsräume gestattet werden. § 87a Absatz 3 gilt entsprechend.

(4) In die Entwürfe zu Urteilen, Beschlüssen und Verfügungen, die Arbeiten zu ihrer Vorbereitung und die Dokumente, die Abstimmungen betreffen, wird Akteneinsicht nach den Absätzen 1 bis 3 nicht gewährt.

§ 101

(1) Das Gericht entscheidet, soweit nichts anderes bestimmt ist, auf Grund mündlicher Verhandlung.

(2) Mit Einverständnis der Beteiligten kann das Gericht ohne mündliche Verhandlung entscheiden.

(3) Entscheidungen des Gerichts, die nicht Urteile sind, können ohne mündliche Verhandlung ergehen, soweit nichts anderes bestimmt ist.

§ 102

(1) Sobald der Termin zur mündlichen Verhandlung bestimmt ist, sind die Beteiligten mit einer Ladungsfrist von mindestens zwei Wochen, bei dem Bundesverwaltungsgericht von mindestens vier Wochen, zu laden. In dringenden Fällen kann der Vorsitzende die Frist abkürzen.

(2) Bei der Ladung ist darauf hinzuweisen, daß beim Ausbleiben eines Beteiligten auch ohne ihn verhandelt und entschieden werden kann.

(3) Die Gerichte der Verwaltungsgerichtsbarkeit können Sitzungen auch außerhalb des Gerichtssitzes abhalten, wenn dies zur sachdienlichen Erledigung notwendig ist.

(4) § 227 Abs. 3 Satz 1 der Zivilprozeßordnung ist nicht anzuwenden.

---

1) § 100 lautet in der bis zum 31.12.2017 geltenden Fassung wie folgt:

(1) Die Beteiligten können die Gerichtsakten und die dem Gericht vorgelegten Akten einsehen.

(2) Beteiligte können sich auf ihre Kosten durch die Geschäftsstelle Ausfertigungen, Auszüge, Ausdrucke und Abschriften erteilen lassen. Nach dem Ermessen des Vorsitzenden kann der nach § 67 Abs. 2 Satz 1 und 2 Nr. 3 bis 6 bevollmächtigten Person die Mitnahme der Akte in die Wohnung oder Geschäftsräume, der elektronische Zugriff auf den Inhalt der Akten gestattet oder der Inhalt der Akten elektronisch übermittelt werden. § 87a Abs. 3 gilt entsprechend. Bei einem elektronischen Zugriff auf den Inhalt der Akten ist sicherzustellen, dass der Zugriff nur durch die nach § 67 Abs. 2 Satz 1 und 2 Nr. 3 bis 6 bevollmächtigte Person erfolgt. Für die Übermittlung von elektronischen Dokumenten ist die Gesamtheit der Dokumente mit einer qualifizierten elektronischen Signatur zu versehen und gegen unbefugte Kenntnisnahme zu schützen.

(3) In die Entwürfe zu Urteilen, Beschlüssen und Verfügungen, die Arbeiten zu ihrer Vorbereitung und die Dokumente, die Abstimmungen betreffen, wird Akteneinsicht nach Absatz 1 und 2 nicht gewährt.

§ 102a

(1) Das Gericht kann den Beteiligten, ihren Bevollmächtigten und Beiständen auf Antrag oder von Amts wegen gestatten, sich während einer mündlichen Verhandlung an einem anderen Ort aufzuhalten und dort Verfahrenshandlungen vorzunehmen. Die Verhandlung wird zeitgleich in Bild und Ton an diesen Ort und in das Sitzungszimmer übertragen.

(2) Das Gericht kann auf Antrag gestatten, dass sich ein Zeuge, ein Sachverständiger oder ein Beteiligter während einer Vernehmung an einem anderen Ort aufhält. Die Vernehmung wird zeitgleich in Bild und Ton an diesen Ort und in das Sitzungszimmer übertragen. Ist Beteiligten, Bevollmächtigten und Beiständen nach Absatz 1 Satz 1 gestattet worden, sich an einem anderen Ort aufzuhalten, so wird die Vernehmung auch an diesen Ort übertragen.

(3) Die Übertragung wird nicht aufgezeichnet. Entscheidungen nach Absatz 1 Satz 1 und Absatz 2 Satz 1 sind unanfechtbar.

(4) Die Absätze 1 und 3 gelten entsprechend für Erörterungstermine (§ 87 Absatz 1 Satz 2 Nummer 1).

§ 103

(1) Der Vorsitzende eröffnet und leitet die mündliche Verhandlung.

(2) Nach Aufruf der Sache trägt der Vorsitzende oder der Berichterstatter den wesentlichen Inhalt der Akten vor.

(3) Hierauf erhalten die Beteiligten das Wort, um ihre Anträge zu stellen und zu begründen.

§ 104

(1) Der Vorsitzende hat die Streitsache mit den Beteiligten tatsächlich und rechtlich zu erörtern.

(2) Der Vorsitzende hat jedem Mitglied des Gerichts auf Verlangen zu gestatten, Fragen zu stellen. Wird eine Frage beanstandet, so entscheidet das Gericht.

(3) Nach Erörterung der Streitsache erklärt der Vorsitzende die mündliche Verhandlung für geschlossen. Das Gericht kann die Wiedereröffnung beschließen.

§ 105

Für das Protokoll gelten die §§ 159 bis 165 der Zivilprozeßordnung entsprechend.

§ 106

Um den Rechtstreit vollständig oder zum Teil zu erledigen, können die Beteiligten zu Protokoll des Gerichts oder des beauftragten oder ersuchten Richters einen Vergleich schließen, soweit sie über den Gegenstand des Vergleichs verfügen können. Ein gerichtlicher Vergleich kann auch dadurch geschlossen werden, daß die Beteiligten einen in der Form eines Beschlusses ergangenen Vorschlag des Gerichts, des Vorsitzenden oder des Berichterstatters schriftlich gegenüber dem Gericht annehmen.

10. ABSCHNITT
Urteile und andere Entscheidungen

§ 107

Über die Klage wird, soweit nichts anderes bestimmt ist, durch Urteil entschieden.

§ 108

(1) Das Gericht entscheidet nach seiner freien, aus dem Gesamtergebnis des Verfahrens gewonnenen Überzeugung. In dem Urteil sind die Gründe anzugeben, die für die richterliche Überzeugung leitend gewesen sind.

(2) Das Urteil darf nur auf Tatsachen und Beweisergebnissen gestützt werden, zu denen die Beteiligten sich äußern konnten.

§ 109

Über die Zulässigkeit der Klage kann durch Zwischenurteil vorab entschieden werden.

§ 110

Ist nur ein Teil des Streitgegenstands zur Entscheidung reif, so kann das Gericht ein Teilurteil erlassen.

§ 111

Ist bei einer Leistungsklage ein Anspruch nach Grund und Betrag streitig, so kann das Gericht durch Zwischenurteil über den Grund vorab entscheiden. Das Gericht kann, wenn der Anspruch für begründet erklärt ist, anordnen, daß über den Betrag zu verhandeln ist.

§ 112

Das Urteil kann nur von den Richtern und ehrenamtlichen Richtern gefällt werden, die an der dem Urteil zugrunde liegenden Verhandlung teilgenommen haben.

§ 113

(1) Soweit der Verwaltungsakt rechtswidrig und der Kläger dadurch in seinen Rechten verletzt ist, hebt das Gericht den Verwaltungsakt und den etwaigen Widerspruchsbescheid auf. Ist der Verwaltungsakt schon vollzogen, so kann das Gericht auf Antrag auch aussprechen, daß und wie die Verwaltungsbehörde die Vollziehung rückgängig zu machen hat. Dieser Ausspruch ist nur zulässig, wenn die Behörde dazu in der Lage und diese Frage spruchreif ist. Hat sich der Verwaltungsakt vorher durch Zurücknahme oder anders erledigt, so spricht das Gericht auf Antrag durch Urteil aus, daß der Verwaltungsakt rechtswidrig gewesen ist, wenn der Kläger ein berechtigtes Interesse an dieser Feststellung hat.

(2) Begehrt der Kläger die Änderung eines Verwaltungsakts, der einen Geldbetrag festsetzt oder eine darauf bezogene Feststellung trifft, kann das Gericht den Betrag in anderer Höhe festsetzen oder die Feststellung durch eine andere ersetzen. Erfordert die Ermittlung des festzusetzenden oder festzustellenden Betrags einen nicht unerheblichen Aufwand, kann das Gericht die Änderung des Verwaltungsakts durch Angabe der zu Unrecht berücksichtigten oder nicht berücksichtigten tatsächlichen oder rechtlichen Verhältnisse so bestimmen, daß die Behörde den Betrag auf Grund der Entscheidung errechnen kann. Die Behörde teilt den Beteiligten das Ergebnis der Neuberechnung unverzüglich formlos mit; nach Rechtskraft der Entscheidung ist der Verwaltungsakt mit dem geänderten Inhalt neu bekanntzugeben.

(3) Hält das Gericht eine weitere Sachaufklärung für erforderlich, kann es, ohne in der Sache selbst zu entscheiden, den Verwaltungsakt und den Widerspruchsbescheid aufheben, soweit nach Art oder Umfang die erforderlichen Ermittlungen erheblich sind und die Aufhebung auch unter Berücksichtigung der Belange des Beteiligten sachdienlich ist. Auf Antrag kann das Gericht bis zum Erlaß des neuen Verwaltungsakts eine einstweilige Regelung treffen, insbesondere bestimmen, daß Sicherheiten geleistet werden oder ganz oder zum Teil bestehen bleiben und Leistungen zunächst nicht zurückgewährt werden müssen. Der Beschluß kann jederzeit geändert oder aufgehoben werden. Eine Entscheidung nach Satz 1 kann nur binnen sechs Monaten seit Eingang der Akten der Behörde bei Gericht ergehen.

(4) Kann neben der Aufhebung eines Verwaltungsakts eine Leistung verlangt werden, so ist im gleichen Verfahren auch die Verurteilung zur Leistung zulässig.

(5) Soweit die Ablehnung oder Unterlassung des Verwaltungsakts rechtswidrig und der Kläger dadurch in seinen Rechten verletzt ist, spricht das Gericht die Verpflichtung der Verwaltungsbehörde aus, die beantragte Amtshandlung vorzunehmen, wenn die Sache spruchreif ist. Andernfalls spricht es die Verpflichtung aus, den Kläger unter Beachtung der Rechtsauffassung des Gerichts zu bescheiden.

§ 114

Soweit die Verwaltungsbehörde ermächtigt ist, nach ihrem Ermessen zu handeln, prüft das Gericht auch, ob der Verwaltungsakt oder die Ablehnung oder Unterlassung des Verwaltungsakts rechtswidrig ist, weil die gesetzlichen Grenzen des Ermessens überschritten sind oder von dem Ermessen in einer dem Zweck der Ermächtigung nicht entsprechenden Weise Gebrauch gemacht ist. Die Verwaltungsbehörde kann ihre Ermessenserwägungen hinsichtlich des Verwaltungsaktes auch noch im verwaltungsgerichtlichen Verfahren ergänzen.

§ 115

§§ 113 und 114 gelten entsprechend, wenn nach § 79 Abs. 1 Nr. 2 und Abs. 2 der Widerspruchsbescheid Gegenstand der Anfechtungsklage ist.

§ 116

(1) Das Urteil wird, wenn eine mündliche Verhandlung stattgefunden hat, in der Regel in dem Termin, in dem die mündliche Verhandlung geschlossen wird, verkündet, in besonderen Fällen in einem sofort anzuberaumenden Termin, der nicht über zwei Wochen hinaus angesetzt werden soll. Das Urteil ist den Beteiligten zuzustellen.

(2) Statt der Verkündung ist die Zustellung des Urteils zulässig; dann ist das Urteil binnen zwei Wochen nach der mündlichen Verhandlung der Geschäftsstelle zu übermitteln.

(3) Entscheidet das Gericht ohne mündliche Verhandlung, so wird die Verkündung durch Zustellung an die Beteiligten ersetzt.

§ 117

(1) Das Urteil ergeht „Im Namen des Volkes“. Es ist schriftlich abzufassen und von den Richtern, die bei der Entscheidung mitgewirkt haben, zu unterzeichnen. Ist ein Richter verhindert, seine Unterschrift beizufügen, so wird dies mit dem Hinderungsgrund vom Vorsitzenden oder, wenn er verhindert ist, vom dienstältesten beisitzenden Richter unter dem Urteil vermerkt. Der Unterschrift der ehrenamtlichen Richter bedarf es nicht.

(2) Das Urteil enthält

1. die Bezeichnung der Beteiligten, ihre gesetzlichen Vertreter und der Bevollmächtigten nach Namen, Beruf, Wohnort und ihrer Stellung im Verfahren,
2. die Bezeichnung des Gerichts und die Namen der Mitglieder, die bei der Entscheidung mitgewirkt haben,
3. die Urteilsformel,
4. den Tatbestand,
5. die Entscheidungsgründe,
6. die Rechtsmittelbelehrung.

(3) Im Tatbestand ist der Sach- und Streitstand unter Hervorhebung der gestellten Anträge seinem wesentlichen Inhalt nach gedrängt darzustellen. Wegen der Einzelheiten soll auf Schriftsätze, Protokolle und andere Unterlagen verwiesen werden, soweit sich aus ihnen der Sach- und Streitstand ausreichend ergibt.

(4) Ein Urteil, das bei der Verkündung noch nicht vollständig abgefaßt war, ist vor Ablauf von zwei Wochen, vom Tag der Verkündung an gerechnet, vollständig abgefaßt der

Geschäftsstelle zu übermitteln. Kann dies ausnahmsweise nicht geschehen, so ist innerhalb dieser zwei Wochen das von den Richtern unterschriebene Urteil ohne Tatbestand, Entscheidungsgründe und Rechtsmittelbelehrung der Geschäftsstelle zu übermitteln; Tatbestand, Entscheidungsgründe und Rechtsmittelbelehrung sind alsbald nachträglich niederzulegen, von den Richtern besonders zu unterschreiben und der Geschäftsstelle zu übermitteln.

(5) Das Gericht kann von einer weiteren Darstellung der Entscheidungsgründe absehen, soweit es der Begründung des Verwaltungsakts oder des Widerspruchsbescheids folgt und dies in seiner Entscheidung feststellt.

(6) Der Urkundsbeamte der Geschäftsstelle hat auf dem Urteil den Tag der Zustellung und im Falle des § 116 Abs. 1 Satz 1 den Tag der Verkündung zu vermerken und diesen Vermerk zu unterschreiben. Werden die Akten elektronisch geführt, hat der Urkundsbeamte der Geschäftstelle den Vermerk in einem gesonderten Dokument festzuhalten. Das Dokument ist mit dem Urteil untrennbar zu verbinden.

§ 118

(1) Schreibfehler, Rechenfehler und ähnliche offenbare Unrichtigkeiten im Urteil sind jederzeit vom Gericht zu berichtigen.

(2) Über die Berichtigung kann ohne vorgängige mündliche Verhandlung entschieden werden. Der Berichtigungsbeschluß wird auf dem Urteil und den Ausfertigungen vermerkt. Ist das Urteil elektronisch abgefasst, ist auch der Beschluss elektronisch abzufassen und mit dem Urteil untrennbar zu verbinden.

§ 119

(1) Enthält der Tatbestand des Urteils andere Unrichtigkeiten oder Unklarheiten, so kann die Berichtigung binnen zwei Wochen nach Zustellung des Urteils beantragt werden.

(2) Das Gericht entscheidet ohne Beweisaufnahme durch Beschluß. Der Beschluß ist unanfechtbar. Bei der Entscheidung wirken nur die Richter mit, die beim Urteil mitgewirkt haben. Ist ein Richter verhindert, so entscheidet bei Stimmengleichheit die Stimme des Vorsitzenden. Der Berichtigungsbeschluß wird auf dem Urteil und den Ausfertigungen vermerkt. Ist das Urteil elektronisch abgefasst, ist auch der Beschluss elektronisch abzufassen und mit dem Urteil untrennbar zu verbinden.

§ 120

(1) Wenn ein nach dem Tatbestand von einem Beteiligten gestellter Antrag oder die Kostenfolge bei der Entscheidung ganz oder zum Teil übergangen ist, so ist auf Antrag das Urteil durch nachträgliche Entscheidung zu ergänzen.

(2) Die Entscheidung muß binnen zwei Wochen nach Zustellung des Urteils beantragt werden.

(3) Die mündliche Verhandlung hat nur den nicht erledigten Teil des Rechtsstreits zum Gegenstand.

§ 121

Rechtkräftige Urteile binden, soweit über den Streitgegenstand entschieden worden ist,

1. die Beteiligten und ihre Rechtsnachfolger und
2. im Falle des § 65 Abs. 3 die Personen, die einen Antrag auf Beiladung nicht oder nicht fristgemäß gestellt haben.

§ 122

(1) §§ 88, 108 Abs. 1 Satz 1, §§ 118, 119 und 120 gelten entsprechend für Beschlüsse.

(2) Beschlüsse sind zu begründen, wenn sie durch Rechtsmittel angefochten werden können oder über einen Rechtsbehelf entscheiden. Beschlüsse über die Aussetzung der Vollziehung (§§ 80, 80a) und über einstweilige Anordnungen (§ 123) sowie Beschlüsse nach Erledigung des Rechtsstreits in der Hauptsache (§ 161 Abs. 2) sind stets zu begründen. Beschlüsse, die über ein Rechtsmittel entscheiden, bedürfen keiner weiteren Begründung, soweit das Gericht das Rechtsmittel aus den Gründen der angefochtenen Entscheidung als unbegründet zurückweist.

11. ABSCHNITT
Einstweilige Anordnung

§ 123

(1) Auf Antrag kann das Gericht, auch schon vor Klageerhebung, eine einstweilige Anordnung in bezug auf den Streitgegenstand treffen, wenn die Gefahr besteht, daß durch eine Veränderung des bestehenden Zustands die Verwirklichung eines Rechts des Antragstellers vereitelt oder wesentlich erschwert werden könnte. Einstweilige Anordnungen sind auch zur Regelung eines vorläufigen Zustands in bezug auf ein streitiges Rechtsverhältnis zulässig, wenn diese Regelung, vor allem bei dauernden Rechtsverhältnissen, um wesentliche Nachteile abzuwenden oder drohende Gewalt zu verhindern oder aus anderen Gründen nötig erscheint.

(2) Für den Erlaß einstweiliger Anordnungen ist das Gericht der Hauptsache zuständig. Dies ist das Gericht des ersten Rechtszugs und, wenn die Hauptsache im Berufungsverfahren anhängig ist, das Berufungsgericht. § 80 Abs. 8 ist entsprechend anzuwenden.

(3) Für den Erlaß einstweiliger Anordnungen gelten §§ 920, 921, 923, 926, 928 bis 932, 938, 939, 941 und 945 der Zivilprozeßordnung entsprechend.

(4) Das Gericht entscheidet durch Beschluß.

(5) Die Vorschriften der Absätze 1 bis 3 gelten nicht für die Fälle der §§ 80 und 80a.

TEIL III
Rechtsmittel und Wiederaufnahme des Verfahrens

12. ABSCHNITT
Berufung

§ 124

(1) Gegen Endurteile einschließlich der Teilurteile nach § 110 und gegen Zwischenurteile nach den §§ 109 und 111 steht den Beteiligten die Berufung zu, wenn sie von dem Verwaltungsgericht oder dem Oberverwaltungsgericht zugelassen wird.

(2) Die Berufung ist nur zuzulassen,

1. wenn ernstliche Zweifel an der Richtigkeit des Urteils bestehen,
2. wenn die Rechtssache besondere tatsächliche oder rechtliche Schwierigkeiten aufweist,
3. wenn die Rechtssache grundsätzliche Bedeutung hat,
4. wenn das Urteil von einer Entscheidung des Oberverwaltungsgerichts, des Bundesverwaltungsgerichts, des Gemeinsamen Senats der obersten Gerichtshöfe des Bundes oder des Bundesverfassungsgerichts abweicht und auf dieser Abweichung beruht oder
5. wenn ein der Beurteilung des Berufungsgerichts unterliegender Verfahrensmangel geltend gemacht wird und vorliegt, auf dem die Entscheidung beruhen kann.

§ 124a

(1) Das Verwaltungsgericht lässt die Berufung in dem Urteil zu, wenn die Gründe des § 124 Abs. 2 Nr. 3 oder Nr. 4 vorliegen. Das Oberverwaltungsgericht ist an die Zulassung gebunden. Zu einer Nichtzulassung der Berufung ist das Verwaltungsgericht nicht befugt.

(2) Die Berufung ist, wenn sie von dem Verwaltungsgericht zugelassen worden ist, innerhalb eines Monats nach Zustellung des vollständigen Urteils bei dem Verwaltungsgericht einzulegen. Die Berufung muss das angefochtene Urteil bezeichnen.

(3) Die Berufung ist in den Fällen des Absatzes 2 innerhalb von zwei Monaten nach Zustellung des vollständigen Urteils zu begründen. Die Begründung ist, sofern sie nicht zugleich mit der Einlegung der Berufung erfolgt, bei dem Oberverwaltungsgericht einzureichen. Die Begründungsfrist kann auf einen vor ihrem Ablauf gestellten Antrag von dem Vorsitzenden des Senats verlängert werden. Die Begründung muss einen bestimmten Antrag enthalten sowie die im Einzelnen anzuführenden Gründe der Anfechtung (Berufungsgründe). Mangelt es an einem dieser Erfordernisse, so ist die Berufung unzulässig.

(4) Wird die Berufung nicht in dem Urteil des Verwaltungsgerichts zugelassen, so ist die Zulassung innerhalb eines Monats nach Zustellung des vollständigen Urteils zu beantragen. Der Antrag ist bei dem Verwaltungsgericht zu stellen. Er muss das angefochtene Urteil bezeichnen. Innerhalb von zwei Monaten nach Zustellung des vollständigen Urteils sind die Gründe darzulegen, aus denen die Berufung zuzulassen ist. Die Begründung ist, soweit sie nicht bereits mit dem Antrag vorgelegt worden ist, bei dem Oberverwaltungsgericht einzureichen. Die Stellung des Antrags hemmt die Rechtskraft des Urteils.

(5) Über den Antrag entscheidet das Oberverwaltungsgericht durch Beschluss. Die Berufung ist zuzulassen, wenn einer der Gründe des § 124 Abs. 2 dargelegt ist und vorliegt. Der Beschluss soll kurz begründet werden. Mit der Ablehnung des Antrags wird das Urteil rechtskräftig. Lässt das Oberverwaltungsgericht die Berufung zu, wird das Antragsverfahren als Berufungsverfahren fortgesetzt; der Einlegung einer Berufung bedarf es nicht.

(6) Die Berufung ist in den Fällen des Absatzes 5 innerhalb eines Monats nach Zustellung, des Beschlusses über die Zulassung der Berufung zu begründen. Die Begründung ist bei dem Oberverwaltungsgericht einzureichen. Absatz 3 Satz 3 bis 5 gilt entsprechend.

§ 125

(1) Für das Berufungsverfahren gelten die Vorschriften des Teils II entsprechend, soweit sich aus diesem Abschnitt nichts anderes ergibt. § 84 findet keine Anwendung.

(2) Ist die Berufung unzulässig, so ist sie zu verwerfen. Die Entscheidung kann durch Beschluß ergehen. Die Beteiligten sind vorher zu hören. Gegen den Beschluß steht den Beteiligten das Rechtsmittel zu, das zulässig wäre, wenn das Gericht durch Urteil entschieden hätte. Die Beteiligten sind über dieses Rechtsmittel zu belehren.

§ 126

(1) Die Berufung kann bis zur Rechtskraft des Urteils zurückgenommen werden. Die Zurücknahme nach Stellung der Anträge in der mündlichen Verhandlung setzt die Einwilligung des Beklagten und, wenn ein Vertreter des öffentlichen Interesses an der mündlichen Verhandlung teilgenommen hat, auch seine Einwilligung voraus.

(2) Die Berufung gilt als zurückgenommen, wenn der Berufungskläger das Verfahren trotz Aufforderung des Gerichts länger als drei Monate nicht betreibt. Absatz 1 Satz 2 gilt entsprechend. Der Berufungskläger ist in der Aufforderung auf die sich aus Satz 1 und § 155 Abs. 2 ergebenden Rechtsfolgen hinzuweisen. Das Gericht stellt durch Beschluß fest, daß die Berufung als zurückgenommen gilt.

(3) Die Zurücknahme bewirkt den Verlust des eingelegten Rechtsmittels. Das Gericht entscheidet durch Beschluß über die Kostenfolge.

§ 127

(1) Der Berufungsbeklagte und die anderen Beteiligten können sich der Berufung anschließen. Die Anschlussberufung ist bei dem Oberverwaltungsgericht einzulegen.

(2) Die Anschließung ist auch statthaft, wenn der Beteiligte auf die Berufung verzichtet hat oder die Frist für die Berufung oder den Antrag auf Zulassung der Berufung verstrichen ist. Sie ist zulässig bis zum Ablauf eines Monats nach der Zustellung der Berufungsbegründungsschrift.

(3) Die Anschlussberufung muss in der Anschlussschrift begründet werden. § 124a Abs. 3 Satz 2, 4 und 5 gilt entsprechend.

(4) Die Anschlussberufung bedarf keiner Zulassung.

(5) Die Anschließung verliert ihre Wirkung, wenn die Berufung zurückgenommen oder als unzulässig verworfen wird.

§ 128

Das Oberverwaltungsgericht prüft den Streitfall innerhalb des Berufungsantrages im gleichen Umfang wie das Verwaltungsgericht. Es berücksichtigt auch neu vorgebrachte Tatsachen und Beweismittel.

§ 128a

(1) Neue Erklärungen und Beweismittel, die im ersten Rechtszug entgegen einer hierfür gesetzten Frist (§ 87b Abs. 1 und 2) nicht vorgebracht worden sind, sind nur zuzulassen, wenn nach der freien Überzeugung des Gerichts ihre Zulassung die Erledigung des Rechtsstreits nicht verzögert würde oder wenn der Beteiligte die Verspätung genügend entschuldigt. Der Entschuldigungsgrund ist auf Verlangen des Gerichts glaubhaft zu machen. Satz 1 gilt nicht, wenn der Beteiligte im ersten Rechtszug über die Folgen einer Fristversäumung nicht nach § 87b Abs. 3 Nr. 3 belehrt worden ist oder wenn es mit geringem Aufwand möglich ist, den Sachverhalt auch ohne Mitwirkung der Beteiligten zu ermitteln.

(2) Erklärungen und Beweismittel, die das Verwaltungsgericht zu Recht zurückgewiesen hat, bleiben auch im Berufungsverfahren ausgeschlossen.

§ 129

Das Urteil des Verwaltungsgerichts darf nur soweit geändert werden, als eine Änderung beantragt ist.

§ 130

(1) Das Oberverwaltungsgericht hat die notwendigen Beweise zu erheben und in der Sache selbst zu entscheiden. 19

(2) Das Oberverwaltungsgericht darf die Sache, soweit ihre weitere Verhandlung erforderlich ist, unter Aufhebung des Urteils und des Verfahrens an das Verwaltungsgericht nur zurückverweisen,

1. soweit das Verfahren vor dem Verwaltungsgericht an einem wesentlichen Mangel leidet und aufgrund dieses Mangels eine umfangreiche oder aufwändige Beweisaufnahme notwendig ist oder
2. wenn das Verwaltungsgericht noch nicht in der Sache selbst entschieden hat

und ein Beteiligter die Zurückverweisung beantragt.

(3) Das Verwaltungsgericht ist an die rechtliche Beurteilung der Berufungsentscheidung gebunden.

§ 130a

Das Oberverwaltungsgericht kann über die Berufung durch Beschluß entscheiden, wenn es sie einstimmig für begründet oder einstimmig für unbegründet hält und eine mündliche Verhandlung nicht für erforderlich hält. § 125 Abs. 2 Satz 3 bis 5 gilt entsprechend.

§ 130b

Das Oberverwaltungsgericht kann in dem Urteil über die Berufung auf den Tatbestand der angefochtenen Entscheidung Bezug nehmen, wenn es sich die Feststellungen des Verwaltungsgerichts in vollem Umfange zu eigen macht. Von einer weiteren Darstellung der Entscheidungsgründe kann es absehen, soweit es die Berufung aus den Gründen der angefochtenen Entscheidung als unbegründet zurückweist.

§ 131
(weggefallen)

13. ABSCHNITT
Revision

§ 132

(1) Gegen das Urteil des Oberverwaltungsgerichts (§ 49 Nr. 1) und gegen Beschlüsse nach § 47 Abs. 5 Satz 1 steht den Beteiligten die Revision an das Bundesverwaltungsgericht zu, wenn das Oberverwaltungsgericht oder auf Beschwerde gegen die Nichtzulassung das Bundesverwaltungsgericht sie zugelassen hat.

(2) Die Revision ist nur zuzulassen, wenn

1. die Rechtssache grundsätzliche Bedeutung hat,
2. das Urteil von einer Entscheidung des Bundesverwaltungsgerichts, des Gemeinsamen Senats der obersten Gerichtshöfe des Bundes oder des Bundesverfassungsgerichts abweicht und auf dieser Abweichung beruht oder
3. ein Verfahrensmangel geltend gemacht wird und vorliegt, auf dem die Entscheidung beruhen kann.

(3) Das Bundesverwaltungsgericht ist an die Zulassung gebunden.

§ 133

(1) Die Nichtzulassung der Revision kann durch Beschwerde angefochten werden.

(2) Die Beschwerde ist bei dem Gericht, gegen dessen Urteil Revision eingelegt werden soll, innerhalb eines Monats nach Zustellung des vollständigen Urteils einzulegen. Die Beschwerde muß das angefochtene Urteil bezeichnen.

(3) Die Beschwerde ist innerhalb von zwei Monaten nach der Zustellung des vollständigen Urteils zu begründen. Die Begründung ist bei dem Gericht, gegen dessen Urteil Revision eingelegt werden soll, einzureichen. In der Begründung muß die grundsätzliche Bedeutung der Rechtssache dargelegt oder die Entscheidung, von der das Urteil abweicht, oder der Verfahrensmangel bezeichnet werden.

(4) Die Einlegung der Beschwerde hemmt die Rechtskraft des Urteils.

(5) Wird der Beschwerde nicht abgeholfen, entscheidet das Bundesverwaltungsgericht durch Beschluß. Der Beschluß soll kurz begründet werden; von einer Begründung kann abgesehen werden, wenn sie nicht geeignet ist, zur Klärung der Voraussetzungen beizutragen, unter denen eine Revision zuzulassen ist. Mit der Ablehnung der Beschwerde durch das Bundesverwaltungsgericht wird das Urteil rechtskräftig.

(6) Liegen die Voraussetzungen des § 132 Abs. 2 Nr. 3 vor, kann das Bundesverwaltungsgericht in dem Beschluß das angefochtene Urteil aufheben und den Rechtsstreit zur anderweitigen Verhandlung und Entscheidung zurückverweisen.

§ 134

(1) Gegen das Urteil eines Verwaltungsgerichts (§ 49 Nr. 2) steht den Beteiligten die Revision unter Übergehung der Berufungsinstanz zu, wenn der Kläger und der Beklagte der Einlegung der Sprungrevision schriftlich zustimmen und wenn sie von dem Verwal-

tungsgericht im Urteil oder auf Antrag durch Beschluß zugelassen wird. Der Antrag ist innerhalb eines Monats nach Zustellung des vollständigen Urteils schriftlich zu stellen. Die Zustimmung zu der Einlegung der Sprungrevision ist dem Antrag oder, wenn die Revision im Urteil zugelassen ist, der Revisionsschrift beizufügen.

(2) Die Revision ist nur zuzulassen, wenn die Voraussetzungen des § 132 Abs. 2 Nr. 1 oder 2 vorliegen. Das Bundesverwaltungsgericht ist an die Zulassung gebunden. Die Ablehnung der Zulassung ist unanfechtbar.

(3) Lehnt das Verwaltungsgericht den Antrag auf Zulassung der Revision durch Beschluß ab, beginnt mit der Zustellung dieser Entscheidung der Lauf der Frist für den Antrag auf Zulassung der Berufung von neuem, sofern der Antrag in der gesetzlichen Frist und Form gestellt und die Zustimmungserklärung beigefügt war. Läßt das Verwaltungsgericht die Revision durch Beschluß zu, beginnt der Lauf der Revisionsfrist mit der Zustellung dieser Entscheidung.

(4) Die Revision kann nicht auf Mängel des Verfahrens gestützt werden.

(5) Die Einlegung der Revision und die Zustimmung gelten als Verzicht auf die Berufung, wenn das Verwaltungsgericht die Revision zugelassen hat.

§ 135

Gegen das Urteil eines Verwaltungsgerichts (§ 49 Nr. 2) steht den Beteiligten die Revision an das Bundesverwaltungsgericht zu, wenn durch Bundesgesetz die Berufung ausgeschlossen ist. Die Revision kann nur eingelegt werden, wenn das Verwaltungsgericht oder auf Beschwerde gegen die Nichtzulassung das Bundesverwaltungsgericht sie zugelasssen hat. Für die Zulassung gelten die §§ 132 und 133 entsprechend.

§ 136
(weggefallen)

§ 137

(1) Die Revision kann nur darauf gestützt werden, daß das angefochtene Urteil auf der Verletzung

1. von Bundesrecht oder
2. einer Vorschrift des Verwaltungsverfahrensgesetzes eines Landes, die ihrem Wortlaut nach mit dem Verwaltungsverfahrensgesetz des Bundes übereinstimmt,

beruht.

(2) Das Bundesverwaltungsgericht ist an die in dem angefochtenen Urteil getroffenen tatsächlichen Feststellungen gebunden, außer wenn in bezug auf diese Feststellungen zulässige und begründete Revisionsgründe vorgebracht sind.

(3) Wird die Revision auf Verfahrensmängel gestützt und liegt nicht zugleich eine der Voraussetzungen des § 132 Abs. 2 Nr. 1 und 2 vor, so ist nur über die geltend gemachten Verfahrensmängel zu entscheiden. Im übrigen ist das Bundesverwaltungsgericht an die geltend gemachten Revisionsgründe nicht gebunden.

§ 138

Ein Urteil ist stets als auf der Verletzung von Bundesrecht beruhend anzusehen, wenn

1. das erkennende Gericht nicht vorschriftsmäßig besetzt war,
2. bei der Entscheidung ein Richter mitgewirkt hat, der von der Ausübung des Richteramts kraft Gesetzes ausgeschlossen oder wegen Besorgnis der Befangenheit mit Erfolg abgelehnt war,
3. einem Beteiligten das rechtliche Gehör versagt war,
4. ein Beteiligter im Verfahren nicht nach Vorschrift des Gesetzes vertreten war, außer wenn er der Prozeßführung ausdrücklich oder stillschweigend zugestimmt hat,

5. das Urteil auf eine mündliche Verhandlung ergangen ist, bei der die Vorschriften über die Öffentlichkeit des Verfahrens verletzt worden sind, oder
6. die Entscheidung nicht mit Gründen versehen ist.

§ 139

(1) Die Revision ist bei dem Gericht, dessen Urteil angefochten wird, innerhalb eines Monats nach Zustellung des vollständigen Urteils oder des Beschlusses über die Zulassung der Revision nach § 134 Abs. 3 Satz 2 schriftlich einzulegen. Die Revisionsfrist ist auch gewahrt, wenn die Revision innerhalb der Frist bei dem Bundesverwaltungsgericht eingelegt wird. Die Revision muß das angefochtene Urteil bezeichnen.

(2) Wird der Beschwerde gegen die Nichtzulassung der Revision abgeholfen oder läßt das Bundesverwaltungsgericht die Revision zu, so wird das Beschwerdeverfahren als Revisionsverfahren fortgesetzt, wenn nicht das Bundesverwaltungsgericht das angefochtene Urteil nach § 133 Abs. 6 aufhebt; der Einlegung einer Revision durch den Beschwerdeführer bedarf es nicht. Darauf ist in dem Beschluß hinzuweisen.

(3) Die Revision ist innerhalb von zwei Monaten nach Zustellung des vollständigen Urteils oder des Beschlusses über die Zulassung der Revision nach § 134 Abs. 3 Satz 2 zu begründen; im Falle des Absatzes 2 beträgt die Begründungsfrist einen Monat nach Zustellung des Beschlusses über die Zulassung der Revision. Die Begründung ist bei dem Bundesverwaltungsgericht einzureichen. Die Begründungsfrist kann auf einen vor ihrem Ablauf gestellten Antrag von dem Vorsitzenden verlängert werden. Die Begründung muß einen bestimmten Antrag enthalten, die verletzte Rechtsnorm und, soweit Verfahrensmängel gerügt werden, die Tatsachen angeben, die den Mangel ergeben.

§ 140

(1) Die Revision kann bis zur Rechtskraft des Urteils zurückgenommen werden. Die Zurücknahme nach Stellung der Anträge in der mündlichen Verhandlung setzt die Einwilligung des Revisionsbeklagten und, wenn der Vertreter des Bundesinteresses beim Bundesverwaltungsgericht an der mündlichen Verhandlung teilgenommen hat, auch seine Einwilligung voraus.

(2) Die Zurücknahme bewirkt den Verlust des eingelegten Rechtsmittels. Das Gericht entscheidet durch Beschluß über die Kostenfolge.

§ 141

Für die Revision gelten die Vorschriften über die Berufung entsprechend, soweit sich aus diesem Abschnitt nichts anderes ergibt. Die §§ 87a, 130a und 130b finden keine Anwendung.

§ 142

(1) Klageänderungen und Beiladungen sind im Revisionsverfahren unzulässig. Das gilt nicht für Beiladungen nach § 65 Abs. 2.

(2) Ein im Revisionsverfahren nach § 65 Abs. 2 Beigeladener kann Verfahrensmängel nur innerhalb von zwei Monaten nach Zustellung des Beiladungsbeschlusses rügen. Die Frist kann auf einen vor ihrem Ablauf gestellten Antrag von dem Vorsitzenden verlängert werden.

§ 143

Das Bundesverwaltungsgericht prüft, ob die Revision statthaft und ob sie in der gesetzlichen Form und Frist eingelegt und begründet worden ist. Mangelt es an einem dieser Erfordernisse, so ist die Revision unzulässig.

§ 144

(1) Ist die Revision unzulässig, so verwirft sie das Bundesverwaltungsgericht durch Beschluß.

(2) Ist die Revision unbegründet, so weist das Bundesverwaltungsgericht die Revision zurück.

(3) Ist die Revision begründet, so kann das Bundesverwaltungsgericht

1. in der Sache selbst entscheiden,
2. das angefochtenen Urteil aufheben und die Sache zur anderweitigen Verhandlung und Entscheidung zurückverweisen.

Das Bundesverwaltungsgericht verweist den Rechtsstreit zurück, wenn der im Revisionsverfahren nach § 142 Abs. 1 Satz 2 Beigeladene ein berechtigtes Interesse daran hat.

(4) Ergeben die Entscheidungsgründe zwar eine Verletzung des bestehenden Rechts, stellt sich die Entscheidung selbst aber aus anderen Gründen als richtig dar, so ist die Revision zurückzuweisen.

(5) Verweist das Bundesverwaltungsgericht die Sache bei der Sprungrevision nach § 49 Nr. 2 und nach § 134 zur anderweitigen Verhandlung und Entscheidung zurück, so kann es nach seinem Ermessen auch an das Oberverwaltungsgericht zurückverweisen, das für die Berufung zuständig gewesen wäre. Für das Verfahren vor dem Oberverwaltungsgericht gelten dann die gleichen Grundsätze, wie wenn der Rechtsstreit auf eine ordnungsgemäß eingelegte Berufung bei dem Oberverwaltungsgericht anhängig geworden wäre.

(6) Das Gericht, an das die Sache zur anderweitigen Verhandlung und Entscheidung zurückverwiesen ist, hat seiner Entscheidung die rechtliche Beurteilung des Revisionsgerichts zugrunde zu legen.

(7) Die Entscheidung über die Revision bedarf keiner Begründung, soweit das Bundesverwaltungsgericht Rügen von Verfahrensmängeln nicht für durchgreifend hält. Das gilt nicht für Rügen nach § 138 und, wenn mit der Revision ausschließlich Verfahrensmängel geltend gemacht werden, für Rügen, auf denen die Zulassung der Revision beruht.

§ 145
(weggefallen)

14. ABSCHNITT
Beschwerde, Erinnerung, Anhörungsrüge

§ 146

(1) Gegen die Entscheidung des Verwaltungsgerichts, des Vorsitzenden oder des Berichterstatters, die nicht Urteile oder Gerichtsbescheide sind, steht den Beteiligten und den sonst von der Entscheidung Betroffenen die Beschwerde an das Oberverwaltungsgericht zu, soweit nicht in diesem Gesetz etwas anderes bestimmt ist.

(2) Prozeßleitende Verfügungen, Aufklärungsanordnungen, Beschlüsse über eine Vertagung oder die Bestimmung einer Frist, Beweisbeschlüsse, Beschlüsse über Ablehnung von Beweisanträgen, über Verbindung und Trennung von Verfahren und Ansprüchen und über die Ablehnung von Gerichtspersonen sowie Beschlüsse über die Ablehnung der Prozesskostenhilfe, wenn das Gericht ausschließlich die persönlichen oder wirtschaftlichen Voraussetzungen der Prozesskostenhilfe verneint, können nicht mit der Beschwerde angefochten werden.

(3) Außerdem ist vorbehaltlich einer gesetzlich vorgesehenen Beschwerde gegen die Nichtzulassung der Revision die Beschwerde nicht gegeben in Streitigkeiten über Kosten, Gebühren und Auslagen, wenn der Wert des Beschwerdegegenstands zweihundert Euro nicht übersteigt.

(4) Die Beschwerde gegen Beschlüsse des Verwaltungsgerichts in Verfahren des vorläufigen Rechtsschutzes (§§ 80, 80a und 123) ist innerhalb eines Monats nach Bekannt-

gabe der Entscheidung zu begründen. Die Begründung ist, sofern sie nicht bereits mit der Beschwerde vorgelegt worden ist, bei dem Oberverwaltungsgericht einzureichen. Sie muss einen bestimmten Antrag enthalten, die Gründe darlegen, aus denen die Entscheidung abzuändern oder aufzuheben ist, und sich mit der angefochtenen Entscheidung auseinander setzen. Mangelt es an einem dieser Erfordernisse, ist die Beschwerde als unzulässig zu verwerfen. Das Verwaltungsgericht legt die Beschwerde unverzüglich vor; § 148 Abs. 1 findet keine Anwendung. Das Oberverwaltungsgericht prüft nur die dargelegten Gründe.

§ 147

(1) Die Beschwerde ist bei dem Gericht, dessen Entscheidung angefochten wird, schriftlich oder zu Protokoll des Urkundsbeamten der Geschäftsstelle innerhalb von zwei Wochen nach Bekanntgabe der Entscheidung einzulegen. § 67 Abs. 4 bleibt unberührt.

(2) Die Beschwerdefrist ist auch gewahrt, wenn die Beschwerde innerhalb der Frist bei dem Beschwerdegericht eingeht.

§ 148

(1) Hält das Verwaltungsgericht, der Vorsitzende oder der Berichterstatter, dessen Entscheidung angefochten wird, die Beschwerde für begründet, so ist ihr abzuhelfen; sonst ist sie unverzüglich dem Oberverwaltungsgericht vorzulegen.

(2) Das Verwaltungsgericht soll die Beteiligten von der Vorlage der Beschwerde an das Oberverwaltungsgericht in Kenntnis setzen.

§ 149

(1) Die Beschwerde hat nur dann aufschiebende Wirkung, wenn sie die Festsetzung eines Ordnungs- oder Zwangsmittels zum Gegenstand hat. Das Gericht, der Vorsitzende oder der Berichterstatter, dessen Entscheidung angefochten wird, kann auch sonst bestimmen, daß die Vollziehung der angefochtenen Entscheidung einstweilen auszusetzen ist.

(2) §§ 178 und 181 Abs. 2 des Gerichtsverfassungsgesetzes bleiben unberührt.

§ 150

Über die Beschwerde entscheidet das Oberverwaltungsgericht durch Beschluß.

§ 151

Gegen die Entscheidung des beauftragten oder ersuchten Richters oder des Urkundsbeamten kann innerhalb von zwei Wochen nach Bekanntgabe die Entscheidung des Gerichts beantragt werden. Der Antrag ist schriftlich oder zu Protokoll des Urkundsbeamten der Geschäftsstelle des Gerichts zu stellen. §§ 147 bis 149 gelten entsprechend.

§ 152

(1) Entscheidungen des Oberverwaltungsgerichts können vorbehaltlich des § 99 Abs. 2 und des § 133 Abs. 1 dieses Gesetzes sowie des § 17a Abs. 4 Satz 4 des Gerichtsverfassungsgesetzes nicht mit der Beschwerde an das Bundesverwaltungsgericht angefochten werden.

(2) Im Verfahren vor dem Bundesverwaltungsgericht gilt für Entscheidungen des beauftragten oder ersuchten Richters oder des Urkundsbeamten der Geschäftsstelle § 151 entsprechend.

§ 152a

(1) Auf die Rüge eines durch eine gerichtliche Entscheidung beschwerten Beteiligten ist das Verfahren fortzuführen, wenn

1. ein Rechtsmittel oder ein anderer Rechtsbehelf gegen die Entscheidung nicht gegeben ist und

2. das Gericht den Anspruch dieses Beteiligten auf rechtliches Gehör in entscheidungserheblicher Weise verletzt hat.

Gegen eine der Endentscheidung vorausgehende Entscheidung findet die Rüge nicht statt.

(2) Die Rüge ist innerhalb von zwei Wochen nach Kenntnis von der Verletzung des rechtlichen Gehörs zu erheben; der Zeitpunkt der Kenntniserlangung ist glaubhaft zu machen. Nach Ablauf eines Jahres seit Bekanntgabe der angegriffenen Entscheidung kann die Rüge nicht mehr erhoben werden. Formlos mitgeteilte Entscheidungen gelten mit dem dritten Tage nach Aufgabe zur Post als bekannt gegeben. Die Rüge ist schriftlich oder zu Protokoll des Urkundsbeamten der Geschäftsstelle bei dem Gericht zu erheben, dessen Entscheidung angegriffen wird. § 67 Abs. 4 bleibt unberührt. Die Rüge muss die angegriffene Entscheidung bezeichnen und das Vorliegen der in Absatz 1 Satz 1 Nr. 2 genannten Voraussetzungen darlegen.

(3) Den übrigen Beteiligten ist, soweit erforderlich, Gelegenheit zur Stellungnahme zu geben.

(4) Ist die Rüge nicht statthaft oder nicht in der gesetzlichen Form oder Frist erhoben, so ist sie als unzulässig zu verwerfen. Ist die Rüge unbegründet, weist das Gericht sie zurück. Die Entscheidung ergeht durch unanfechtbaren Beschluss. Der Beschluss soll kurz begründet werden.

(5) Ist die Rüge begründet, so hilft ihr das Gericht ab, indem es das Verfahren fortführt, soweit dies aufgrund der Rüge geboten ist. Das Verfahren wird in die Lage zurückversetzt, in der es sich vor dem Schluss der mündlichen Verhandlung befand. In schriftlichen Verfahren tritt an die Stelle des Schlusses der mündlichen Verhandlung der Zeitpunkt, bis zu dem Schriftsätze eingereicht werden können. Für den Ausspruch des Gerichts ist § 343 der Zivilprozessordnung entsprechend anzuwenden.

(6) § 149 Abs. 1 Satz 2 ist entsprechend anzuwenden.

15. ABSCHNITT
Wiederaufnahme des Verfahrens

§ 153

(1) Ein rechtskräftig beendetes Verfahren kann nach den Vorschriften des Vierten Buchs der Zivilprozeßordnung wiederaufgenommen werden.

(2) Die Befugnis zur Erhebung der Nichtigkeitsklage und der Restitutionsklage steht auch dem Vertreter des öffentlichen Interesses, im Verfahren vor dem Bundesverwaltungsgericht im ersten und letzten Rechtszug auch dem Vertreter des Bundesinteresses beim Bundesverwaltungsgericht zu. 19

TEIL IV
Kosten und Vollstreckung

16. ABSCHNITT
Kosten

§ 154

(1) Der unterliegende Teil trägt die Kosten des Verfahrens.

(2) Die Kosten eines ohne Erfolg eingelegten Rechtsmittels fallen demjenigen zur Last, der das Rechtsmittel eingelegt hat.

(3) Dem Beigeladenen können Kosten nur auferlegt werden, wenn er Anträge gestellt oder Rechtsmittel eingelegt hat; § 155 Abs. 4 bleibt unberührt.

(4) Die Kosten des erfolgreichen Wiederaufnahmeverfahrens können der Staatskasse auferlegt werden, soweit sie nicht durch das Verschulden eines Beteiligten entstanden sind.

§ 155

(1) Wenn ein Beteiligter teils obsiegt, teils unterliegt, so sind die Kosten gegeneinander aufzuheben oder verhältnismäßig zu teilen. Sind die Kosten gegeneinander aufgehoben, so fallen die Gerichtskosten jedem Teil zur Hälfte zur Last. Einem Beteiligten können die Kosten ganz auferlegt werden, wenn der andere nur zu einem geringen Teil unterlegen ist.

(2) Wer einen Antrag, eine Klage, ein Rechtsmittel oder einen anderen Rechtsbehelf zurücknimmt, hat die Kosten zu tragen.

(3) Kosten, die durch einen Antrag auf Wiedereinsetzung in den vorigen Stand entstehen, fallen dem Antragsteller zur Last.

(4) Kosten, die durch Verschulden eines Beteiligten entstanden sind, können diesem auferlegt werden.

§ 156

Hat der Beklagte durch sein Verhalten keine Veranlassung zur Erhebung der Klage gegeben, so fallen dem Kläger die Prozeßkosten zur Last, wenn der Beklagte den Anspruch sofort anerkennt.

§ 157
(weggefallen)

§ 158

(1) Die Anfechtung der Entscheidung über die Kosten ist unzulässig, wenn nicht gegen die Entscheidung in der Hauptsache ein Rechtsmittel eingelegt wird.

(2) Ist eine Entscheidung in der Hauptsache nicht ergangen, so ist die Entscheidung über die Kosten unanfechtbar.

§ 159

Besteht der kostenpflichtige Teil aus mehreren Personen, so gilt § 100 der Zivilprozeßordnung entsprechend. Kann das streitige Rechtsverhältnis dem kostenpflichtigen Teil gegenüber nur einheitlich entschieden werden, so können die Kosten den mehreren Personen als Gesamtschuldner auferlegt werden.

§ 160

Wird der Rechtsstreit durch Vergleich erledigt und haben die Beteiligten keine Bestimmung über die Kosten getroffen, so fallen die Gerichtskosten jedem Teil zur Hälfte zur Last. Die außergerichtlichen Kosten trägt jeder Beteiligte selbst.

§ 161

(1) Das Gericht hat im Urteil oder, wenn das Verfahren in anderer Weise beendet worden ist, durch Beschluß über die Kosten zu entscheiden.

(2) Ist der Rechtsstreit in der Hauptsache erledigt, so entscheidet das Gericht außer in den Fällen des § 113 Abs. 1 Satz 4 nach billigem Ermessen über die Kosten des Verfahrens durch Beschluß; der bisherige Sach- und Streitstand ist zu berücksichtigen. Der Rechtsstreit ist auch in der Hauptsache erledigt, wenn der Beklagte der Erledigungserklärung des Klägers nicht innerhalb von zwei Wochen seit Zustellung des die Erledigungserklärung enthaltenden Schriftsatzes widerspricht und er vom Gericht auf diese Folge hingewiesen worden ist.

(3) In den Fällen des § 75 fallen die Kosten stets dem Beklagten zur Last, wenn der Kläger mit seiner Bescheidung vor Klageerhebung rechnen durfte.

§ 162

(1) Kosten sind die Gerichtskosten (Gebühren und Auslagen) und die zur zweckentsprechenden Rechtsverfolgung oder Rechtsverteidigung notwendigen Aufwendungen der Beteiligten einschließlich der Kosten des Vorverfahrens.

(2) Die Gebühren und Auslagen eines Rechtsanwalts oder eines Rechtsbeistands, in Abgabenangelegenheiten auch einer der in § 67 Abs. 2 Satz 2 Nr. 3 genannten Personen, sind stets erstattungsfähig. Soweit ein Vorverfahren geschwebt hat, sind Gebühren und Auslagen erstattungsfähig, wenn das Gericht die Zuziehung eines Bevollmächtigten für das Vorverfahren für notwendig erklärt. Juristische Personen des öffentlichen Rechts und Behörden können an Stelle ihrer tatsächlichen notwendigen Aufwendungen für Post- und Telekommunikationsdienstleistungen den in Nummer 7002 der Anlage 1 zum Rechtsanwaltsvergütungsgesetz bestimmten Höchstsatz der Pauschale fordern.

(3) Die außergerichtlichen Kosten des Beigeladenen sind nur erstattungsfähig, wenn sie das Gericht aus Billigkeit der unterliegenden Partei oder der Staatskasse auferlegt.

§ 163
(weggefallen)

§ 164

Der Urkundsbeamte des Gerichts des ersten Rechtszugs setzt auf Antrag den Betrag der zu erstattenden Kosten fest.

§ 165

Die Beteiligten können die Festsetzung der zu erstattenden Kosten anfechten. § 151 gilt entsprechend.

§ 165a

§ 110 der Zivilprozessordnung gilt entsprechend.

§ 166

(1) Die Vorschriften der Zivilprozeßordnung über die Prozesskostenhilfe sowie § 569 Abs. 3 Nr. 2 der Zivilprozessordnung gelten entsprechend. Einem Beteiligten, dem Prozesskostenhilfe bewilligt worden ist, kann auch ein Steuerberater, Steuerbevollmächtigter, Wirtschaftsprüfer oder vereidigter Buchprüfer beigeordnet werden. Die Vergütung richtet sich nach den für den beigeordneten Rechtsanwalt geltenden Vorschriften des Rechtsanwaltsvergütungsgesetzes.

(2) Die Prüfung der persönlichen und wirtschaftlichen Verhältnisse nach den §§ 114 bis 116 der Zivilprozessordnung einschließlich der in § 118 Absatz 2 der Zivilprozessordnung bezeichneten Maßnahmen, der Beurkundung von Vergleichen nach § 118 Absatz 1 Satz 3 der Zivilprozessordnung und der Entscheidungen nach § 118 Absatz 2 Satz 4 der Zivilprozessordnung obliegt dem Urkundsbeamten der Geschäftsstelle des jeweiligen Rechtszugs, wenn der Vorsitzende ihm das Verfahren insoweit überträgt. Liegen die Voraussetzungen für die Bewilligung der Prozesskostenhilfe hiernach nicht vor, erlässt der Urkundsbeamte die den Antrag ablehnende Entscheidung; anderenfalls vermerkt der Urkundsbeamte in den Prozessakten, dass dem Antragsteller nach seinen persönlichen und wirtschaftlichen Verhältnissen Prozesskostenhilfe gewährt werden kann und in welcher Höhe gegebenenfalls Monatsraten oder Beträge aus dem Vermögen zu zahlen sind.

(3) Dem Urkundsbeamten obliegen im Verfahren über die Prozesskostenhilfe ferner die Bestimmung des Zeitpunkts für die Einstellung und eine Wiederaufnahme der Zahlungen nach § 120 Absatz 3 der Zivilprozessordnung sowie die Änderung und die Aufhebung der

Bewilligung der Prozesskostenhilfe nach den §§ 120a und 124 Absatz 1 Nummer 2 bis 5 der Zivilprozessordnung.

(4) Der Vorsitzende kann Aufgaben nach den Absätzen 2 und 3 zu jedem Zeitpunkt an sich ziehen. § 5 Absatz 1 Nummer 1, die §§ 6, 7, 8 Absatz 1 bis 4 und § 9 des Rechtspflegergesetzes gelten entsprechend mit der Maßgabe, dass an die Stelle des Rechtspflegers der Urkundsbeamte der Geschäftsstelle tritt.

(5) § 87a Absatz 3 gilt entsprechend.

(6) Gegen Entscheidungen des Urkundsbeamten nach den Absätzen 2 und 3 kann innerhalb von zwei Wochen nach Bekanntgabe die Entscheidung des Gerichts beantragt werden.

(7) Durch Landesgesetz kann bestimmt werden, dass die Absätze 2 bis 6 für die Gerichte des jeweiligen Landes nicht anzuwenden sind.

17. ABSCHNITT
Vollstreckung

§ 167

(1) Soweit sich aus diesem Gesetz nichts anderes ergibt, gilt für die Vollstreckung das Achte Buch der Zivilprozeßordnung entsprechend. Vollstreckungsgericht ist das Gericht des ersten Rechtszugs.

(2) Urteile auf Anfechtungs- und Verpflichtungsklagen können nur wegen der Kosten für vorläufig vollstreckbar erklärt werden.

§ 168

(1) Vollstreckt wird

1. aus rechtskräftigen und aus vorläufig vollstreckbaren gerichtlichen Entscheidungen,
2. aus einstweiligen Anordnungen,
3. aus gerichtlichen Vergleichen,
4. aus Kostenfestsetzungsbeschlüssen,
5. aus den für vollstreckbar erklärten Schiedssprüchen öffentlich-rechtlicher Schiedsgerichte, sofern die Entscheidung über die Vollstreckbarkeit rechtskräftig oder für vorläufig vollstreckbar erklärt ist.

(2) Für die Vollstreckung können den Beteiligten auf ihren Antrag Ausfertigungen des Urteils ohne Tatbestand und ohne Entscheidungsgründe erteilt werden, deren Zustellung in den Wirkungen der Zustellung eines vollständigen Urteils gleichsteht.

§ 169

(1) Soll zugunsten des Bundes, eines Landes, eines Gemeindeverbands, einer Gemeinde oder einer Körperschaft, Anstalt oder Stiftung des öffentlichen Rechts vollstreckt werden, so richtet sich die Vollstreckung nach dem Verwaltungsvollstreckungsgesetz. Vollstreckungsbehörde im Sinne des Verwaltungsvollstreckungsgesetzes ist der Vorsitzende des Gerichts des ersten Rechtszugs; er kann für die Ausführung der Vollstreckung eine andere Vollstreckungsbehörde oder einen Gerichtsvollzieher in Anspruch nehmen.

(2) Wird die Vollstreckung zur Erzwingung von Handlungen, Duldungen und Unterlassungen im Wege der Amtshilfe von Organen der Länder vorgenommen, so ist sie nach landesrechtlichen Bestimmungen durchzuführen.

§ 170

(1) Soll gegen den Bund, ein Land, einen Gemeindeverband, eine Gemeinde, eine Körperschaft, eine Anstalt oder Stiftung des öffentlichen Rechts wegen einer Geldforderung vollstreckt werden, so verfügt auf Antrag des Gläubigers das Gericht des ersten Rechtszugs

die Vollstreckung. Es bestimmt die vorzunehmenden Vollstreckungsmaßnahmen und ersucht die zuständige Stelle um deren Vornahme. Die ersuchte Stelle ist verpflichtet, dem Ersuchen nach den für sie geltenden Vollstreckungsvorschriften nachzukommen.

(2) Das Gericht hat vor Erlaß der Vollstreckungsverfügung die Behörde oder bei Körperschaften, Anstalten und Stiftungen des öffentlichen Rechts, gegen die vollstreckt werden soll, die gesetzlichen Vertreter von der beabsichtigten Vollstreckung zu benachrichtigen mit der Aufforderung, die Vollstreckung innerhalb einer vom Gericht zu bemessenden Frist abzuwenden. Die Frist darf einen Monat nicht übersteigen.

(3) Die Vollstreckung ist unzulässig in Sachen, die für die Erfüllung öffentlicher Aufgaben unentbehrlich sind oder deren Veräußerung ein öffentliches Interesse entgegensteht. Über Einwendungen entscheidet das Gericht nach Anhörung der zuständigen Aufsichtsbehörde oder bei obersten Bundes- oder Landesbehörden des zuständigen Ministers.

(4) Für öffentlich-rechtliche Kreditinstitute gelten die Absätze 1 bis 3 nicht.

(5) Der Ankündigung der Vollstreckung und der Einhaltung einer Wartefrist bedarf es nicht, wenn es sich um den Vollzug einer einstweiligen Anordnung handelt.

§ 171

In den Fällen der §§ 169, 170 Abs. 1 bis 3 bedarf es einer Vollstreckungsklausel nicht.

§ 172

Kommt die Behörde in den Fällen des § 113 Abs. 1 Satz 2 und Abs. 5 und des § 123 der ihr im Urteil oder in der einstweiligen Anordnung auferlegten Verpflichtung nicht nach, so kann das Gericht des ersten Rechtszugs auf Antrag unter Fristsetzung gegen sie ein Zwangsgeld bis zehntausend Euro durch Beschluß androhen, nach fruchtlosem Fristablauf festsetzen und von Amts wegen vollstrecken. Das Zwangsgeld kann wiederholt angedroht, festgesetzt und vollstreckt werden.

TEIL V
Schluß- und Übergangsbestimmungen

§ 173

Soweit dieses Gesetz keine Bestimmungen über das Verfahren enthält, sind das Gerichtsverfassungsgesetz und die Zivilprozeßordnung einschließlich § 278 Absatz 5 und § 278a entsprechend anzuwenden, wenn die grundsätzlichen Unterschiede der beiden Verfahrensarten dies nicht ausschließen; Buch 6 der Zivilprozeßordnung ist nicht anzuwenden.[1] Die Vorschriften des Siebzehnten Titels des Gerichtsverfassungsgesetzes sind mit der Maßgabe entsprechend anzuwenden, dass an die Stelle des Oberlandesgerichts das Oberverwaltungsgericht, an die Stelle des Bundesgerichtshofs das Bundesverwaltungsgericht und an die Stelle der Zivilprozessordnung die Verwaltungsgerichtsordnung tritt. Gericht im Sinne des § 1062 der Zivilprozeßordnung ist das zuständige Verwaltungsgericht, Gericht im Sinne des § 1065 der Zivilprozeßordnung das zuständige Oberverwaltungsgericht.

§ 174

(1) Für den Vertreter des öffentlichen Interesses bei dem Oberverwaltungsgericht und bei dem Verwaltungsgericht steht der Befähigung zum Richteramt nach dem Deutschen Richtergesetz die Befähigung zum höheren Verwaltungsdienst gleich, wenn sie nach mindestens dreijährigem Studium der Rechtswissenschaft an einer Universität und dreijähriger Ausbildung im öffentlichen Dienst durch Ablegen der gesetzlich vorgeschriebenen Prüfungen erlangt worden ist.

1) Der letzte Halbsatz tritt am 1. November 2018 in Kraft.

(2) Bei Kriegsteilnehmern gilt die Voraussetzung des Absatzes 1 als erfüllt, wenn sie den für sie geltenden besonderen Vorschriften genügt haben.

§ 175

§ 43 des Einführungsgesetzes zum Gerichtsverfassungsgesetz gilt entsprechend.

§§ 176–177
(weggefallen)

§§ 178 und 179
(Änderungsvorschriften)

§ 180

Erfolgt die Vernehmung oder die Vereidigung von Zeugen und Sachverständigen nach dem Verwaltungsverfahrensgesetz oder nach dem Zehnten Buch Sozialgesetzbuch durch das Verwaltungsgericht, so findet sie vor dem dafür im Geschäftsverteilungsplan bestimmten Richter statt. Über die Rechtmäßigkeit einer Verweigerung des Zeugnisses, des Gutachtens oder der Eidesleistung nach dem Verwaltungsverfahrensgesetz oder nach dem Zehnten Buch Sozialgesetzbuch entscheidet das Verwaltungsgericht durch Beschluß.

§§ 181 und 182
(Änderungsvorschriften)

§ 183

Hat das Verfassungsgericht eines Landes die Nichtigkeit von Landesrecht festgestellt oder Vorschriften des Landesrechts für nichtig erklärt, so bleiben vorbehaltlich einer besonderen gesetzlichen Regelung durch das Land die nicht mehr anfechtbaren Entscheidungen der Gerichte der Verwaltungsgerichtsbarkeit, die auf der für nichtig erklärten Norm beruhen, unberührt. Die Vollstreckung aus einer solchen Entscheidung ist unzulässig. § 767 der Zivilprozeßordnung gilt entsprechend.

§ 184

Das Land kann bestimmen, daß das Oberverwaltungsgericht die bisherige Bezeichnung „Verwaltungsgerichtshof" weiterführt.

§ 185

(1) In den Ländern Berlin und Hamburg treten an die Stelle der Kreise im Sinne des § 28 die Bezirke.

(2) Die Länder Berlin, Brandenburg, Bremen, Hamburg, Mecklenburg-Vorpommern, Saarland und Schleswig-Holstein können Abweichungen von den Vorschriften des § 73 Abs. 1 Satz 2 zulassen.[1)]

§ 186

§ 22 Nr. 3 findet in den Ländern Berlin, Bremen und Hamburg auch mit der Maßgabe Anwendung, daß in der öffentlichen Verwaltung ehrenamtlich tätige Personen nicht zu ehrenamtlichen Richtern berufen werden können. § 6 des Einführungsgesetzes zum Gerichtsverfassungsgesetz gilt entsprechend.

---

1) S. Fußnote 1 zu § 73.

§ 187

(1) Die Länder können den Gerichten der Verwaltungsgerichtsbarkeit Aufgaben der Disziplinargerichtsbarkeit[1] und der Schiedsgerichtsbarkeit bei Vermögensauseinandersetzungen öffentlich-rechtlicher Verbände übertragen, diesen Gerichten Berufsgerichte angliedern sowie dabei die Besetzung und das Verfahren regeln.

(2) Die Länder können ferner für das Gebiet des Personalvertretungsrechts von diesem Gesetz abweichende Vorschriften über die Besetzung und das Verfahren der Verwaltungsgerichte und des Oberverwaltungsgerichts erlassen.[2]

§ 188

Die Sachgebiete in Angelegenheiten der Fürsorge mit Ausnahme der Angelegenheiten der Sozialhilfe und des Asylbewerberleistungsgesetzes, der Jugendhilfe, der Kriegsopferfürsorge, der Schwerbehindertenfürsorge sowie der Ausbildungsförderung sollen in einer Kammer oder in einem Senat zusammengefaßt werden. Gerichtskosten (Gebühren und Auslagen) werden in den Verfahren dieser Art nicht erhoben; dies gilt nicht für Erstattungsstreitigkeiten zwischen Sozialleistungsträgern.

§ 189

Für die nach § 99 Abs. 2 zu treffenden Entscheidungen sind bei den Oberverwaltungsgerichten und dem Bundesverwaltungsgericht Fachsenate zu bilden.

§ 190

(1) Die folgenden Gesetze, die von diesem Gesetz abweichen, bleiben unberührt:

1. Das Lastenausgleichsgesetz vom 14. August 1952 (Bundesgesetzbl. I S. 446) in der Fassung der dazu ergangenen Änderungsgesetze,
2. das Gesetz über die Errichtung eines Bundesaufsichtsamtes für das Versicherungs- und Bausparwesen vom 31. Juli 1951 (Bundesgesetzbl. I S. 480) in der Fassung des Gesetzes zur Ergänzung des Gesetzes über die Errichtung eines Bundesaufsichtsamtes für das Versicherungs- und Bausparwesen vom 22. Dezember 1954 (Bundesgesetzbl. I S. 501),
3. (weggefallen)
4. das Flurbereinigungsgesetz vom 14. Juli 1953 (Bundesgesetzbl. I S. 591),
5. das Personalvertretungsgesetz vom 5. August 1955 (Bundesgesetzbl. I S. 477),
6. die Wehrbeschwerdeordnung (WBO) vom 23. Dezember 1956 (Bundesgesetzbl. I S. 1066),
7. das Kriegsgefangenenentschädigungsgesetz (KgfEG) in der Fassung vom 8. Dezember 1956 (Bundesgesetzbl. I S. 908),
8. § 13 Abs. 2 des Patentgesetzes und die Vorschriften über das Verfahren vor dem Deutschen Patentamt.

(2) (weggefallen)

(3) (weggefallen)

§ 191

(1) (Änderungsvorschrift)

(2) § 127 des Beamtenrechtsrahmengesetzes und § 54 des Beamtenstatusgesetzes bleiben unberührt.

1) Siehe §§ 41 bis 43 des Disziplinargesetzes vom 29. Juni 2004 (GVBl. S. 263), geändert durch Artikel XII Nr. 18 des Gesetzes vom 19. März 2009 (GVBl. S. 70).
2) Siehe §§ 91 und 92 des Personalvertretungsgesetzes in der Fassung vom 14. Juli 1994 (GVBl. S. 337, GVBl. 1995 S. 24), zuletzt geändert durch Artikel 5 des Gesetzes vom 30. Mai 2016 (GVBl. S. 282).

§ 192
(Änderungsvorschrift)

§ 193

In einem Land, in dem kein Verfassungsgericht besteht, bleibt eine dem Oberverwaltungsgericht übertragene Zuständigkeit zur Entscheidung von Verfassungsstreitigkeiten innerhalb des Landes bis zur Errichtung eines Verfassungsgerichts unberührt.

§ 194

(1) Die Zulässigkeit der Berufungen richtet sich nach dem bis zum 31. Dezember 2001 geltenden Recht, wenn vor dem 1. Januar 2002

1. die mündliche Verhandlung, auf die das anzufechtende Urteil ergeht, geschlossen worden ist,
2. in Verfahren ohne mündliche Verhandlung die Geschäftsstelle die anzufechtende Entscheidung zum Zwecke der Zustellung an die Parteien herausgegeben hat.

(2) Im Übrigen richtet sich die Zulässigkeit eines Rechtsmittels gegen eine gerichtliche Entscheidung nach dem bis zum 31. Dezember 2001 geltenden Recht, wenn vor dem 1. Januar 2002 die gerichtliche Entscheidung bekannt gegeben oder verkündet oder von Amts wegen an Stelle einer Verkündung zugestellt worden ist.

(3) Fristgerecht vor dem 1. Januar 2002 eingelegte Rechtsmittel gegen Beschlüsse in Verfahren der Prozesskostenhilfe gelten als durch das Oberverwaltungsgericht zugelassen.

(4) In Verfahren, die vor dem 1. Januar 2002 anhängig geworden sind oder für die die Klagefrist vor diesem Tage begonnen hat, sowie in Verfahren über Rechtsmittel gegen gerichtliche Entscheidungen, die vor dem 1. Januar 2002 bekannt gegeben oder verkündet oder von Amts wegen an Stelle einer Verkündung zugestellt worden sind, gelten für die Prozessvertretung der Beteiligten die bis zu diesem Zeitpunkt geltenden Vorschriften.

(5) § 40 Abs. 2 Satz 1, § 154 Abs. 3, § 162 Abs. 2 Satz 3 und § 188 Satz 2 sind für die ab 1. Januar 2002 bei Gericht anhängig werdenden Verfahren in der zu diesem Zeitpunkt geltenden Fassung anzuwenden.

§ 195

(1) (Inkrafttreten)

(2) bis (6) (Aufhebungs-, Änderungs- und zeitlich überholte Vorschriften)

(7) Für Rechtsvorschriften im Sinne des § 47, die vor dem 1. Januar 2007 bekannt gemacht worden sind, gilt die Frist des § 47 Abs. 2 in der bis zum Ablauf des 31. Dezember 2006 geltenden Fassung.

Gesetz zur Ausführung der Verwaltungsgerichtsordnung (AGVwGO)

In der Fassung vom 22. Februar 1977 (GVBl. S. 557), zuletzt geändert durch Artikel 2 des Gesetzes vom 7. Juli 2016 (GVBl. S. 424)

§ 1
Aufbau der Verwaltungsgerichtsbarkeit

(1) Im Land Berlin bestehen als Gerichte der allgemeinen Verwaltungsgerichtsbarkeit das Oberverwaltungsgericht Berlin-Brandenburg als gemeinsames Fachobergericht beider Länder und das Verwaltungsgericht Berlin.

(2) Zuständig für die Aufsicht über die Gerichte der allgemeinen Verwaltungsgerichtsbarkeit und für ihre Verwaltungsangelegenheiten ist die Senatorin oder der Senator für Justiz.

(3) Für das gemeinsame Oberverwaltungsgericht Berlin-Brandenburg wird das Verfahren zur Bestimmung der Zahl der Senate staatsvertraglich geregelt. Die Präsidentin oder der Präsident des Verwaltungsgerichts Berlin bestimmt die Zahl der Kammern des Verwaltungsgerichts Berlin. Hierfür können Weisungen im Dienstaufsichtswege erteilt werden.

§ 2
Besetzung des Oberverwaltungsgerichts Berlin-Brandenburg

Die Senate des gemeinsamen Oberverwaltungsgerichts Berlin-Brandenburg entscheiden in der Besetzung von drei Richterinnen oder Richtern und zwei ehrenamtlichen Richterinnen oder ehrenamtlichen Richtern. Bei Beschlüssen außerhalb der mündlichen Verhandlung und bei Gerichtsbescheiden (§ 84 der Verwaltungsgerichtsordnung) wirken die ehrenamtlichen Richterinnen und ehrenamtlichen Richter außer in den Fällen des § 47 Absatz 5 Satz 1 und Absatz 6 Satz 1 der Verwaltungsgerichtsordnung nicht mit.

§ 3
(aufgehoben)

§ 4
Rechtsbehelfe[1]

(1) Rechtsbehelfe haben keine aufschiebende Wirkung, soweit sie sich gegen Maßnahmen richten, die in der Verwaltungsvollstreckung getroffen werden. § 80 Abs. 4, 5, 7 und 8 der Verwaltungsgerichtsordnung findet Anwendung.

(2) Gegen die eine Ausreisepflicht begründende oder bestätigende Ablehnung eines Antrags auf Erteilung oder Verlängerung eines Aufenthaltstitels durch die Behörden Berlins nach ausländerrechtlichen Bestimmungen findet kein Widerspruch statt. Das Widerspruchsverfahren entfällt auch bei Ausweisungen und sonstigen Verwaltungsakten, die die Rechtmäßigkeit des Aufenthalts beenden, sowie bei allen Maßnahmen und Entscheidungen zur Feststellung, Vorbereitung, Sicherung und Durchsetzung der Ausreisepflicht auf der Grundlage der in Satz 1 genannten Bestimmungen.

---

1) Vgl. Fußnote 1 zu § 80 VwGO (19).

§ 5
Revisibilität von Landesverfahrensrecht

Die Revision an das Bundesverwaltungsgericht kann auch darauf gestützt werden, daß das angefochtene Urteil auf der Verletzung des Gesetzes über das Verfahren der Berliner Verwaltung beruht.

§ 5a[1)]
Ausschluss der Verwaltungsgerichtsordnung

§ 166 Absatz 2 bis 6 der Verwaltungsgerichtsordnung findet keine Anwendung.

§ 6
Anwendbarkeit anderer Vorschriften

Zum Schutz personenbezogener Daten bei den Gerichten der allgemeinen Verwaltungsgerichtsbarkeit finden die §§ 21, 22, 24, 25, 28 des Gesetzes zur Ausführung des Gerichtsverfassungsgesetzes vom 23. März 1992 (GVBl. S. 73) in der jeweils geltenden Fassung Anwendung.

§ 7
Schlußvorschriften

(1) Dieses Gesetz tritt am 1. April 1960 in Kraft.

(2) Rechtsvorschriften des Landes Berlin gelten weiter, soweit die Verwaltungsgerichtsordnung die in ihnen getroffenen Regelungen durch Landesrecht zuläßt.

1) § 5a tritt mit Ablauf des 30. November 2018 außer Kraft, Artikel 3 des Gesetzes vom 7. Juli 2016 (GVBl. S. 424).

Landesbeamtengesetz (LBG)

Vom 19. März 2009 (GVBl. S. 70),
zuletzt geändert durch Artikel 2 des Gesetzes vom 9. April 2018
(GVBl. S. 202)[1]

INHALTSÜBERSICHT

1) S. auch Beamtenstatusgesetz (22).

ABSCHNITT 1
Allgemeine Vorschriften

§ 1
Geltungsbereich

(1) Ergänzend zum Beamtenstatusgesetz vom 17. Juni 2008 (BGBl. I S. 1010) in der jeweils geltenden Fassung gilt dieses Gesetz für die Landesbeamtinnen und Landesbeamten, soweit nicht ausdrücklich etwas anderes gesetzlich bestimmt ist. Es gilt ferner für Ruhestandsbeamtinnen und Ruhestandsbeamte sowie für frühere Beamtinnen und frühere Beamte, soweit für diese Personengruppen Regelungen getroffen werden.

(2) Dieses Gesetz gilt nicht für die Beamtinnen und Beamten der öffentlich-rechtlichen Religionsgemeinschaften und ihrer Verbände.

§ 2
Landesbeamtinnen und Landesbeamte

(1) Landesbeamtinnen und Landesbeamte sind solche, die zum Land Berlin oder zu einer landesunmittelbaren Körperschaft, Anstalt oder Stiftung des öffentlichen Rechts in einem Beamtenverhältnis stehen.

(2) Beamtinnen und Beamte, die das Land Berlin zum Dienstherrn haben, sind unmittelbare Landesbeamtinnen oder unmittelbare Landesbeamte. Beamtinnen und Beamte, die eine landesunmittelbare Körperschaft, Anstalt oder Stiftung des öffentlichen Rechts zum Dienstherrn haben, sind mittelbare Landesbeamtinnen oder mittelbare Landesbeamte.

§ 3
Oberste Dienstbehörde

(1) Oberste Dienstbehörde ist für die Beamtinnen und Beamten
1. der Hauptverwaltung: die Senatsverwaltung, zu deren Geschäftsbereich die Dienstbehörde gehört,
2. beim Abgeordnetenhaus: die Präsidentin oder der Präsident des Abgeordnetenhauses,
3. des Rechnungshofes: die Präsidentin oder der Präsident des Rechnungshofes,
4. des Verfassungsgerichtshofes des Landes Berlin: die Präsidentin oder der Präsident des Verfassungsgerichtshofes des Landes Berlin,
5. bei der oder dem Berliner Beauftragten für Datenschutz und Informationsfreiheit: die oder der Berliner Beauftragte für Datenschutz und Informationsfreiheit,
6. der Bezirksverwaltungen: die für grundsätzliche allgemeine beamtenrechtliche Angelegenheiten zuständige Senatsverwaltung, für Beamtinnen und Beamte des Volkshochschuldienstes die für das Schulwesen zuständige Senatsverwaltung,
7. der Körperschaften, Anstalten und Stiftungen des öffentlichen Rechts: das durch Gesetz, Satzung oder in sonstiger Weise berufene Organ.

Soweit Befugnisse von Dienstbehörden auf das Landesverwaltungsamt übertragen worden sind, ist die Senatsverwaltung, der das Landesverwaltungsamt nachgeordnet ist, oberste Dienstbehörde; soweit Befugnisse auf andere Behörden übertragen worden sind, ist oberste Dienstbehörde die für diese Behörde zuständige oberste Dienstbehörde.

(2) Bei Ansprüchen nach dem Beamtenversorgungsrecht aus einem Beamtenverhältnis als unmittelbare Landesbeamtin oder unmittelbarer Landesbeamter ist oberste Dienstbehörde die für das Beamtenversorgungsrecht zuständige Senatsverwaltung. Dies gilt nicht für Entscheidungen der obersten Dienstbehörde über die Ruhegehaltfähigkeit der Zeit einer Beurlaubung ohne Dienstbezüge, über die Bezüge für den Sterbemonat und das Sterbegeld beim Tode einer Beamtin oder eines Beamten, über die Unfallfürsorgeleistungen, soweit diese Leistungen neben den Dienstbezügen oder Anwärterbezügen zu gewähren sind, über Übergangsgelder sowie über den Ausgleich bei besonderen Altersgrenzen; die Zuständigkeit für diese Entscheidungen bestimmt sich nach Absatz 1.

(3) Ist die oberste Dienstbehörde weggefallen, so bestimmt die für grundsätzliche allgemeine beamtenrechtliche Angelegenheiten zuständige Senatsverwaltung die an ihre Stelle tretende

§ 4
Dienstbehörde

(1) Dienstbehörde ist die Behörde, die für beamtenrechtliche Entscheidungen unmittelbar zuständig ist.

(2) Für die Beamtinnen und Beamten beim Abgeordnetenhaus ist die Präsidentin oder der Präsident des Abgeordnetenhauses, für die Beamtinnen und Beamten des Rechnungshofes die Präsidentin oder der Präsident des Rechnungshofes, für die Beamtinnen und Beamten des Verfassungsgerichtshofes des Landes Berlin die Präsidentin oder der Präsident des Verfassungsgerichtshofes des Landes Berlin, für die Beamtinnen und Beamten bei der oder dem Berliner Beauftragten für Datenschutz und Informationsfreiheit die oder der Berliner Beauftragte für Datenschutz und Informationsfreiheit Dienstbehörde.

(3) Im Zuständigkeitsbereich der Bezirksverwaltungen ist das Bezirksamt Dienstbehörde.

(4) Für die Beamtinnen und Beamten einer Körperschaft, Anstalt oder Stiftung des öffentlichen Rechts ist Dienstbehörde das durch Gesetz, Satzung oder in sonstiger Weise mit Genehmigung der Aufsichtsbehörde hierzu berufene Organ.

(5) Die Dienstbehörden können mit Zustimmung ihrer obersten Dienstbehörde einzelne Befugnisse auf das Landesverwaltungsamt oder andere Behörden übertragen. Die Übertra-

gung auf das Landesverwaltungsamt bedarf des Einvernehmens der Senatsverwaltung, der das Landesverwaltungsamt nachgeordnet ist, die Übertragung auf andere Behörden des Einvernehmens der für sie zuständigen obersten Dienstbehörde.

(6) Für Ruhestandsbeamtinnen und Ruhestandsbeamte und sonstige Versorgungsempfängerinnen und Versorgungsempfänger sowie für frühere Beamtinnen und frühere Beamte gilt als Dienstbehörde die letzte Dienstbehörde. Besteht eine Dienstbehörde nicht mehr, so bestimmt die für das Beamtenversorgungsrecht zuständige Senatsverwaltung die an ihre Stelle tretende Behörde.

§ 5
Dienstvorgesetzte und Vorgesetzte

(1) Dienstvorgesetzte oder Dienstvorgesetzter ist, wer, ohne oberste Dienstbehörde oder Dienstbehörde zu sein, für beamtenrechtliche Entscheidungen zuständig ist. Wer Dienstvorgesetzte oder Dienstvorgesetzter ist, bestimmt

1. im Bereich der Hauptverwaltung: die zuständige Senatsverwaltung; sie kann die Befugnis auf nachgeordnete Behörden übertragen,
2. beim Abgeordnetenhaus: die Präsidentin oder der Präsident des Abgeordnetenhauses,
3. beim Rechnungshof: die Präsidentin oder der Präsident des Rechnungshofes,
4. beim Verfassungsgerichtshof des Landes Berlin: die Präsidentin oder der Präsident des Verfassungsgerichtshofes des Landes Berlin,
5. bei der oder dem Berliner Beauftragten für Datenschutz und Informationsfreiheit: die oder der Berliner Beauftragte für Datenschutz und Informationsfreiheit,
6. im Bereich der Bezirksverwaltungen: das Bezirksamt,
7. im Bereich der Körperschaften, Anstalten und Stiftungen des öffentlichen Rechts: das durch Gesetz, Satzung oder in sonstiger Weise berufene Organ.

Ist eine Dienstvorgesetzte oder ein Dienstvorgesetzter nicht vorhanden, so nimmt die zuständige Dienstbehörde die Befugnisse der oder des Dienstvorgesetzten wahr.

(2) Vorgesetzte oder Vorgesetzter ist, wer einer Beamtin oder einem Beamten für ihre oder seine Tätigkeit dienstliche Anordnungen erteilen kann.

ABSCHNITT 2
Beamtenverhältnis

§ 6
Regelungen über Arten des Beamtenverhältnisses

Die Fälle und mögliche besondere Voraussetzungen der Begründung von Beamtenverhältnissen nach § 4 Absatz 2 bis 4 des Beamtenstatusgesetzes werden gesetzlich bestimmt. 21

§ 7
Amtsbezeichnung

(1) Die Amtsbezeichnungen der Beamtinnen und Beamten werden durch Gesetz bestimmt. Über die Beifügung von Zusätzen zu Grundamtsbezeichnungen entscheidet die für grundsätzliche allgemeine beamtenrechtliche Angelegenheiten zuständige Senatsverwaltung.

(2) Die Beamtinnen und Beamten führen im Dienst die Amtsbezeichnung des ihnen übertragenen Amtes. Sie dürfen sie auch außerhalb des Dienstes führen. Nach der Beendigung des Beamtenverhältnisses oder beim Wechsel in ein anderes Amt dürfen sie die bisherige Amtsbezeichnung nicht mehr führen.

(3) Ruhestandsbeamtinnen und Ruhestandsbeamte dürfen die ihnen bei der Versetzung in den Ruhestand zustehende Amtsbezeichnung mit dem Zusatz „außer Dienst“ oder

„a. D.“ und die im Zusammenhang mit dem Amt verliehenen Titel führen. Satz 1 gilt auch im Falle der erneuten Berufung in das Beamtenverhältnis.

(4) Beamtinnen und Beamte, die in ein Amt mit geringerem Endgrundgehalt versetzt werden, dürfen die bisherige Amtsbezeichnung mit dem Zusatz „außer Dienst“ oder „a. D.“ und die im Zusammenhang mit dem Amt verliehenen Titel führen. Satz 1 gilt nicht bei einer Zurückstufung nach § 9 des Disziplinargesetzes.

(5) Bei der Entlassung kann die oberste Dienstbehörde die Zustimmung erteilen, die Amtsbezeichnung mit dem Zusatz „außer Dienst“ oder „a. D.“ und die im Zusammenhang mit dem Amt verliehenen Titel zu führen. Die Zustimmung kann zurückgenommen werden, wenn die Beamtin oder der Beamte oder die frühere Beamtin oder der frühere Beamte sich ihrer nicht würdig erweist.

(6) Ändert sich die Bezeichnung des früheren Amtes, darf in Fällen nach Absatz 3 bis 5 die geänderte Amtsbezeichnung geführt werden.

§ 8
Stellenausschreibung, Auswahlentscheidung, Feststellung der gesundheitlichen Eignung

(1) Die Bewerberinnen und Bewerber sind durch Stellenausschreibung[1] zu ermitteln; über Ausnahmen von der Pflicht zur Stellenausschreibung entscheidet der Landespersonalausschuss. Für die Auswahl der Bewerberinnen und Bewerber gelten die Kriterien des § 9 des Beamtenstatusgesetzes. Die Bestimmungen des Landesgleichstellungsgesetzes bleiben unberührt.

(2) Die gesundheitliche Eignung für die Berufung in ein Beamtenverhältnis auf Lebenszeit oder in ein anderes Beamtenverhältnis mit dem Ziel der späteren Verwendung im Beamtenverhältnis auf Lebenszeit ist auf Grund eines ärztlichen Gutachtens einer von der Dienstbehörde bestimmten Ärztin oder eines von der Dienstbehörde bestimmten Arztes festzustellen. Soll ein bestehendes Beamtenverhältnis in ein Beamtenverhältnis auf Lebenszeit oder in ein anderes Beamtenverhältnis mit dem Ziel der späteren Verwendung im Beamtenverhältnis auf Lebenszeit umgewandelt werden, so gilt Satz 1 entsprechend. § 45 gilt entsprechend.

(3) Auf ein ärztliches Gutachten kann abweichend von Absatz 2 Satz 1 vor Begründung eines Beamtenverhältnisses auf Probe verzichtet werden, wenn die gesundheitliche Eignung bereits für die Berufung in ein unmittelbar vorangegangenes Beamtenverhältnis auf Widerruf festgestellt worden ist und sich während des Beamtenverhältnisses auf Widerruf keine Anhaltspunkte für gesundheitliche Beeinträchtigungen ergeben haben. Absatz 2 Satz 1 findet keine Anwendung, wenn eine Richterin auf Lebenszeit oder ein Richter auf Lebenszeit in ein Beamtenverhältnis auf Lebenszeit oder in ein anderes Beamtenverhältnis mit dem Ziel der späteren Verwendung im Beamtenverhältnis auf Lebenszeit berufen werden soll.

§ 9
Ausnahmeentscheidungen bei Berufung in ein Beamtenverhältnis

Über Ausnahmen in den in § 7 Absatz 3 des Beamtenstatusgesetzes genannten Fällen entscheidet bei unmittelbaren Landesbeamtinnen oder unmittelbaren Landesbeamten der Senat. Bei mittelbaren Landesbeamtinnen oder mittelbaren Landesbeamten entscheidet in diesen Fällen das hierzu durch Gesetz, Satzung oder in sonstiger Weise berufene Organ, sofern gesetzlich nichts Abweichendes bestimmt ist.

---

1) Dazu Ausführungsvorschriften (AV Stellenausschreibung) vom 5. Juli 2007 (ABl. S. 2098, 2371), s. Hinweis zur Weiteranwendung ABl. 2013 S. 1205.

§ 10
Ernennung auf Lebenszeit

Eine Ernennung zur Beamtin auf Lebenszeit oder zum Beamten auf Lebenszeit während einer Beurlaubung ohne Dienstbezüge ist nur zulässig, wenn es sich um Elternzeit oder um eine Beurlaubung ohne Dienstbezüge nach dem Arbeitsplatzschutzgesetz oder dem Zivildienstgesetz handelt oder die oberste Dienstbehörde oder die von ihr bestimmte Stelle vor Beginn des Urlaubs anerkannt hat, dass dieser öffentlichen Belangen oder dienstlichen Interessen dient.

§ 11
Ernennung beim Wechsel der Laufbahngruppe

Einer Ernennung bedarf es – neben den in § 8 Absatz 1 Nummer 1 bis 3 des Beamtenstatusgesetzes geregelten Fällen – zur Verleihung eines anderen Amtes mit anderer Amtsbezeichnung beim Wechsel der Laufbahngruppe.

§ 12
Ernennungsbehörden

(1) Der Senat ernennt die Beamtinnen und Beamten der Hauptverwaltung (§ 2 Absatz 2 des Allgemeinen Zuständigkeitsgesetzes), soweit gesetzlich nichts anderes bestimmt ist. Er kann die Ernennung[1] oder die Auswahl der Bewerberinnen und Bewerber seinen Mitgliedern oder anderen Stellen übertragen[2]. Die übrigen unmittelbaren Landesbeamtinnen und Landesbeamten werden von den Dienstbehörden im Namen des Senats ernannt.

(2) Die Ernennungsurkunde[3] der vom Senat ernannten Beamtinnen und Beamten ist von der Regierenden Bürgermeisterin oder dem Regierenden Bürgermeister und der für die Dienstbehörde zuständigen Senatsverwaltung zu vollziehen. Dies gilt sinngemäß für die Beamtinnen und Beamten in den Bezirksverwaltungen.

(3) Die mittelbaren Landesbeamtinnen und Landesbeamten werden von dem durch Gesetz, Rechtsverordnung oder Satzung bestimmten Organ ernannt.

§ 13
Wirksamwerden der Ernennung

(1) Die Ernennung wird mit dem Tage der Aushändigung der Ernennungsurkunde wirksam, wenn nicht in der Urkunde ausdrücklich ein späterer Tag bestimmt ist.

(2) Mit der Berufung in das Beamtenverhältnis erlischt ein privatrechtliches Arbeitsverhältnis zum Dienstherrn. Es lebt auch bei Nichtigkeit oder Rücknahme der Ernennung nicht wieder auf.

§ 14
Feststellung und Folgen der Nichtigkeit der Ernennung

(1) Die Nichtigkeit der Ernennung nach § 11 des Beamtenstatusgesetzes wird von der Dienstbehörde festgestellt. Die Feststellung der Nichtigkeit ist der Beamtin oder dem Beamten oder den versorgungsberechtigten Hinterbliebenen schriftlich, aber nicht in elektronischer Form zuzustellen.

(2) In den Fällen des § 11 Absatz 1 des Beamtenstatusgesetzes hat die Dienstbehörde nach Kenntnis des Grundes der Nichtigkeit über die weitere Führung der Dienstgeschäfte der oder des Ernannten nach folgenden Maßgaben zu entscheiden:

1. Bei Nichtigkeit einer Ernennung nach § 8 Absatz 1 Nummer 1 des Beamtenstatusgesetzes ist der oder dem Ernannten jede weitere Führung der Dienstgeschäfte zu verbieten.

1) Dazu Ausführungsvorschriften (AV Ernennung) vom 18. November 2016 (ABl. S. 3304).
2) Vgl. Artikel 77 Abs. 1 Satz 1 VvB (1) und dort Fußnote 4.
3) S. Fußnote 1, in der AV Ernennung sind Muster für Ernennungsurkunden vorgegeben.

2. Bei Nichtigkeit einer Ernennung nach § 8 Absatz 1 Nummer 2 und 3 des Beamtenstatusgesetzes sowie nach § 11 kann die weitere Führung der Dienstgeschäfte im erforderlichen Umfang verboten werden.

Das Verbot der weiteren Amtsführung kann erst dann ausgesprochen werden, wenn im Fall
1. des § 11 Absatz 1 Nummer 1 des Beamtenstatusgesetzes die schriftliche Bestätigung der Wirksamkeit der Ernennung,
2. des § 11 Absatz 1 Nummer 2 des Beamtenstatusgesetzes die Bestätigung der Ernennung oder
3. des § 11 Absatz 1 Nummer 3 Buchstabe a des Beamtenstatusgesetzes die Zulassung einer Ausnahme

abgelehnt worden ist.

(3) Die bis zum Verbot der weiteren Führung der Dienstgeschäfte vorgenommenen Amtshandlungen der oder des Ernannten sind nicht wegen der bei ihrer oder seiner Ernennung vorliegenden Mängel ungültig. Die gezahlten Bezüge, Versorgungsbezüge oder sonstigen Geldleistungen können belassen werden; sie sollen belassen werden, wenn die Nichtigkeit der Ernennung nicht von der Beamtin oder dem Beamten zu vertreten ist.

§ 15
Rücknahme der Ernennung

(1) In den Fällen des § 12 des Beamtenstatusgesetzes muss die Rücknahme innerhalb einer Frist von sechs Monaten erfolgen, nachdem die Dienstbehörde von dem Grund der Rücknahme Kenntnis erlangt hat. Die Rücknahme wird von der Dienstbehörde erklärt; die Erklärung ist der Beamtin oder dem Beamten schriftlich, aber nicht in elektronischer Form zuzustellen. Gleichzeitig ist über die weitere Führung der Dienstgeschäfte nach folgenden Maßgaben zu entscheiden:
1. Bei Rücknahme einer Ernennung nach § 8 Absatz 1 Nummer 1 des Beamtenstatusgesetzes ist der oder dem Ernannten jede Weiterführung der Dienstgeschäfte zu verbieten.
2. Bei Rücknahme einer Ernennung nach § 8 Absatz 1 Nummer 2 und 3 des Beamtenstatusgesetzes sowie nach § 11 kann die weitere Führung der Dienstgeschäfte im erforderlichen Umfang verboten werden.

Bei Rücknahme nach § 12 Absatz 1 Nummer 4 des Beamtenstatusgesetzes kann das Verbot erst dann ausgesprochen werden, wenn die unabhängige Stelle oder die Aufsichtsbehörde es abgelehnt hat, die Ernennung zu bestätigen.

(2) § 14 Absatz 3 gilt entsprechend.

(3) Die Beendigung des Beamtenverhältnisses schließt die Rücknahme der Ernennung nicht aus.

ABSCHNITT 3
Landespersonalausschuss

§ 16
Errichtung

Zur einheitlichen Durchführung der beamtenrechtlichen Vorschriften wird ein Landespersonalausschuss errichtet, der seine Tätigkeit innerhalb der Gesetze unabhängig und in eigener Verantwortung ausübt.

§ 17
Besetzung

(1) Der Landespersonalausschuss besteht aus acht Mitgliedern und acht stellvertretenden Mitgliedern.

(2) Ständiges Mitglied ist die Präsidentin oder der Präsident des Rechnungshofes als Vorsitzende oder Vorsitzender für die Dauer der Bekleidung ihres oder seines Hauptamtes.

Sie oder er wird durch die jeweilige Vertreterin oder den jeweiligen Vertreter im Hauptamt vertreten. Ein Mitglied und seine Vertreterin oder sein Vertreter werden von der für grundsätzliche allgemeine beamtenrechtliche Angelegenheiten zuständigen Senatsverwaltung aus den in dieser Senatsverwaltung hauptamtlich tätigen Beamtinnen und Beamten, ein weiteres Mitglied und seine Vertreterin oder sein Vertreter von der Senatsverwaltung für Finanzen aus den in dieser Senatsverwaltung hauptamtlich tätigen Beamtinnen und Beamten, für die Dauer von vier Jahren bestellt. Die anderen Mitglieder und ihre Vertreterinnen oder Vertreter werden vom Senat für die Dauer von vier Jahren bestellt, und zwar

1. zwei Mitglieder und ihre Vertreterinnen oder Vertreter auf Grund einer Benennung durch den Rat der Bürgermeister,
2. zwei Mitglieder und ihre Vertreterinnen oder Vertreter auf Grund einer Benennung durch die Spitzenorganisationen der Gewerkschaften und der Berufsverbände,
3. ein Mitglied und seine Vertreterin oder sein Vertreter auf Grund einer Benennung durch den Hauptpersonalrat; die Benennung muss auf einer Dreiviertelmehrheit der gewählten Mitglieder beruhen.

(3) Werden Mitglieder und ihre Vertreterinnen oder Vertreter nicht oder nicht rechtzeitig benannt, so gilt der Landespersonalausschuss als ordnungsmäßig besetzt, wenn mindestens fünf Mitglieder und ihre Vertreterinnen oder Vertreter einschließlich der oder des Vorsitzenden bestellt sind.

(4) Sämtliche Mitglieder und ihre Vertreterinnen oder Vertreter müssen Landesbeamtinnen oder Landesbeamte sein. Die vom Rat der Bürgermeister benannten Mitglieder und ihre Vertreterinnen oder Vertreter müssen Beamtinnen oder Beamte eines Bezirksamtes sein.

(5) Bei Einzelentscheidungen über Personalangelegenheiten des Rechnungshofes tritt an die Stelle der Präsidentin oder des Präsidenten des Rechnungshofes als Vorsitzende oder Vorsitzender des Landespersonalausschusses das von dem für grundsätzliche allgemeine beamtenrechtliche Angelegenheiten zuständigen Mitglied des Senats bestellte Mitglied.

§ 18
Unabhängigkeit der Mitglieder

(1) Die Mitglieder des Landespersonalausschusses sind unabhängig und nur dem Gesetz unterworfen. Sie scheiden aus ihrem Amt als Mitglied des Landespersonalausschusses außer durch Zeitablauf nur unter den gleichen Voraussetzungen aus, unter denen Beamtenbeisitzerinnen oder Beamtenbeisitzer einer Kammer für Disziplinarsachen nach dem Disziplinargesetz vom Amt zu entbinden sind; § 39 des Beamtenstatusgesetzes findet keine Anwendung.

(2) Den Mitgliedern des Landespersonalausschusses dürfen aus ihrer Tätigkeit keine dienstlichen Nachteile entstehen.

§ 19
Aufgaben

(1) Der Landespersonalausschuss entscheidet außer in den sonst vom Gesetz vorgesehenen Fällen über

1. die Befähigung der freien Bewerberinnen und Bewerber,
2. die Ausnahmen von den Vorschriften über die Einstellung, Vorbildung und Laufbahnen der Beamtinnen und Beamten.

(2) Der Senat kann dem Landespersonalausschuss weitere Aufgaben übertragen.

§ 20
Geschäftsordnung

Der Landespersonalausschuss gibt sich eine Geschäftsordnung.

§ 21
Sitzungen

(1) Die Sitzungen des Landespersonalausschusses sind nicht öffentlich. Der Landespersonalausschuss kann Beauftragten beteiligter Verwaltungen, Vertreterinnen und Vertretern von Gewerkschaften und Berufsverbänden sowie anderen Personen die Anwesenheit bei der Verhandlung gestatten.

(2) Die Beauftragten der beteiligten Verwaltungen sind auf Verlangen zu hören.

(3) Beschlüsse werden mit Stimmenmehrheit gefasst; zur Beschlussfähigkeit ist die Anwesenheit von mindestens fünf Mitgliedern erforderlich. Bei Stimmengleichheit entscheidet die Stimme der Vorsitzenden oder des Vorsitzenden.

§ 22
Verhandlungsleitung, Vorbereitung der Verhandlungen

(1) Die Vorsitzende oder der Vorsitzende des Landespersonalausschusses oder die Vertreterin oder der Vertreter leiten die Verhandlungen. Sind beide verhindert, so tritt an ihre Stelle das dem Landespersonalausschuss am längsten angehörende Mitglied.

(2) Zur Vorbereitung der Verhandlungen und Durchführung der Beschlüsse bedient sich die Vorsitzende oder der Vorsitzende der für den Landespersonalausschuss in der für grundsätzliche allgemeine beamtenrechtliche Angelegenheiten zuständigen Senatsverwaltung einzurichtenden Geschäftsstelle.

§ 23
Beweiserhebung, Amtshilfe

(1) Der Landespersonalausschuss kann zur Durchführung seiner Aufgaben in entsprechender Anwendung des § 26 des Verwaltungsverfahrensgesetzes Beweise erheben.

(2) Alle Dienststellen haben dem Landespersonalausschuss unentgeltlich Amtshilfe zu leisten und ihm auf Verlangen Auskünfte zu erteilen und Akten vorzulegen, soweit dies zur Durchführung seiner Aufgaben erforderlich ist.

§ 24
Beschlüsse

(1) Die Beschlüsse des Landespersonalausschusses sind, soweit sie allgemeine Bedeutung haben, im Amtsblatt für Berlin bekannt zu geben, im Übrigen der zuständigen Senatsverwaltung und der für grundsätzliche allgemeine beamtenrechtliche Angelegenheiten zuständigen Senatsverwaltung mitzuteilen. Ablehnende Beschlüsse sind zu begründen.

(2) Soweit dem Landespersonalausschuss eine Entscheidungsbefugnis eingeräumt ist, binden seine Beschlüsse die beteiligten Verwaltungen.

§ 25
Dienstaufsicht

Die Dienstaufsicht über die Mitglieder des Landespersonalausschusses führt im Auftrage des Senats die Regierende Bürgermeisterin oder der Regierende Bürgermeister. Sie unterliegt den sich aus § 18 ergebenden Einschränkungen.

ABSCHNITT 4
Landesinterner Wechsel

§ 26
Grundsatz

Die Vorschriften des Abschnitts gelten für Abordnungen, Versetzungen und Umbildung von Körperschaften zwischen den und innerhalb der in § 2 genannten Dienstherren.

§ 27
Abordnung

(1) Beamtinnen und Beamte können aus dienstlichen Gründen vorübergehend ganz oder teilweise zu einer dem übertragenen Amt entsprechenden Tätigkeit an eine andere Dienststelle desselben oder eines anderen Dienstherrn abgeordnet werden.

(2) Aus dienstlichen Gründen ist eine Abordnung vorübergehend ganz oder teilweise auch zu einer nicht dem Amt entsprechenden Tätigkeit zulässig, wenn der Beamtin oder dem Beamten die Wahrnehmung der neuen Tätigkeit auf Grund der Vorbildung oder Berufsausbildung zuzumuten ist. Dabei ist auch die Abordnung zu einer Tätigkeit, die nicht einem Amt mit demselben Endgrundgehalt entspricht, zulässig. Die Abordnung nach den Sätzen 1 und 2 bedarf der Zustimmung der Beamtin oder des Beamten, wenn sie die Dauer von zwei Jahren übersteigt.

(3) Die Abordnung zu einem anderen Dienstherrn bedarf der Zustimmung der Beamtin oder des Beamten. Abweichend von Satz 1 ist die Abordnung auch ohne diese Zustimmung zulässig, wenn die neue Tätigkeit einem Amt mit demselben Endgrundgehalt entspricht und die Abordnung die Dauer von fünf Jahren nicht übersteigt.

(4) Zur Zahlung zustehender Bezüge ist auch der Dienstherr verpflichtet, zu dem die Abordnung erfolgt.

§ 28
Versetzung

(1) Beamtinnen und Beamte können auf ihren Antrag oder aus dienstlichen Gründen in ein Amt einer Laufbahn versetzt werden, für die sie die Befähigung besitzen.

(2) Aus dienstlichen Gründen können Beamtinnen und Beamte auch ohne ihre Zustimmung in ein Amt mit mindestens demselben Endgrundgehalt der bisherigen Laufbahn oder einer anderen Laufbahn, auch im Bereich eines anderen Dienstherrn, versetzt werden. Stellenzulagen gelten hierbei nicht als Bestandteile des Grundgehalts. Besitzen die Beamtinnen und Beamten nicht die Befähigung für die andere Laufbahn, sind sie verpflichtet, an Maßnahmen für den Erwerb der neuen Befähigung teilzunehmen.

(3) Bei der Auflösung oder einer wesentlichen Änderung des Aufbaus oder der Aufgaben einer Behörde oder der Verschmelzung von Behörden können Beamtinnen und Beamte, deren Aufgabengebiete davon berührt sind, auch ohne ihre Zustimmung in ein anderes Amt derselben oder einer anderen Laufbahn mit geringerem Endgrundgehalt im Bereich desselben Dienstherrn versetzt werden, wenn eine dem bisherigen Amt entsprechende Verwendung nicht möglich ist. Das Endgrundgehalt muss mindestens dem des Amtes entsprechen, das die Beamtin oder der Beamte vor dem bisherigen Amt innehatte; Absatz 2 Satz 2 und 3 ist anzuwenden.

(4) Wird die Beamtin oder der Beamte in ein Amt eines anderen Dienstherrn versetzt, wird das Beamtenverhältnis mit dem neuen Dienstherrn fortgesetzt.

§ 29
Umbildung einer Körperschaft

(1) Beamtinnen und Beamte einer juristischen Person des öffentlichen Rechts mit Dienstherrnfähigkeit (Körperschaft), die vollständig in eine andere Körperschaft eingegliedert wird, treten mit der Umbildung kraft Gesetzes in den Dienst der aufnehmenden Körperschaft über.

(2) Die Beamtinnen und Beamten einer Körperschaft, die vollständig in mehrere andere Körperschaften eingegliedert wird, sind anteilig in den Dienst der aufnehmenden Körperschaften zu übernehmen. Die beteiligten Körperschaften haben innerhalb einer Frist von sechs Monaten nach der Umbildung im Einvernehmen miteinander zu bestimmen, von welchen Körperschaften die einzelnen Beamtinnen und Beamten zu übernehmen sind. So-

lange eine Beamtin oder ein Beamter nicht übernommen ist, haften alle aufnehmenden Körperschaften für die ihr oder ihm zustehenden Bezüge als Gesamtschuldner.

(3) Die Beamtinnen und Beamten einer Körperschaft, die teilweise in eine oder mehrere andere Körperschaften eingegliedert wird, sind zu einem verhältnismäßigen Teil, bei mehreren Körperschaften anteilig, in den Dienst der aufnehmenden Körperschaften zu übernehmen. Absatz 2 Satz 2 ist entsprechend anzuwenden.

(4) Die Absätze 1 bis 3 gelten entsprechend, wenn eine Körperschaft mit einer oder mehreren anderen Körperschaften zu einer neuen Körperschaft zusammengeschlossen wird, wenn ein oder mehrere Teile verschiedener Körperschaften zu einem oder mehreren neuen Teilen einer Körperschaft zusammengeschlossen werden, wenn aus einer Körperschaft oder aus Teilen einer Körperschaft eine oder mehrere neue Körperschaften gebildet werden, oder wenn Aufgaben einer Körperschaft vollständig oder teilweise auf eine oder mehrere andere Körperschaften übergehen.

(5) Tritt eine Beamtin oder ein Beamter auf Grund des Absatzes 1 oder auf Grund von Absatz 4 in Verbindung mit Absatz 1 kraft Gesetzes in den Dienst einer anderen Körperschaft über oder wird sie oder er auf Grund der Absätze 2 bis 4 von einer anderen Körperschaft übernommen, so wird das Beamtenverhältnis mit dem neuen Dienstherrn fortgesetzt.

§ 30
Rechtsstellung der Beamtinnen und Beamten bei Umbildung

(1) Beamtinnen und Beamten, die nach § 29 in den Dienst einer anderen Körperschaft kraft Gesetzes übertreten oder übernommen werden, soll ein gleich zu bewertendes Amt übertragen werden, das ihrem bisherigen Amt nach Bedeutung und Inhalt ohne Rücksicht auf Dienststellung und Dienstalter entspricht.

(2) Die aufnehmende oder neue Körperschaft kann, wenn die Zahl der bei ihr nach der Umbildung vorhandenen Beamtinnen und Beamten den tatsächlichen Bedarf übersteigt, Beamtinnen und Beamte im Beamtenverhältnis auf Lebenszeit oder auf Zeit in den einstweiligen Ruhestand versetzen, wenn deren Aufgabengebiet von der Umbildung berührt wurde. Soweit landesgesetzlich nichts anderes bestimmt ist, finden § 31 des Beamtenstatusgesetzes und § 46 Absatz 2 und 3 entsprechende Anwendung.

§ 31
Rechtsstellung der Versorgungsempfängerinnen und Versorgungsempfänger

(1) Die Vorschriften des § 29 Absatz 1, 2 und 4 in Verbindung mit Absatz 1 oder Absatz 2 und Absatz 5 gelten entsprechend für die im Zeitpunkt der Umbildung bei der abgebenden Körperschaft vorhandenen Versorgungsempfängerinnen und Versorgungsempfänger.

(2) In den Fällen des § 29 Absatz 3 und 4 in Verbindung mit Absatz 3 bleiben die Ansprüche der im Zeitpunkt der Umbildung vorhandenen Versorgungsempfängerinnen und Versorgungsempfänger gegenüber der abgebenden Körperschaft bestehen.

§ 32
Anordnung und Mitteilung über einen Wechsel

(1) Abordnungen und Versetzungen werden von der abgebenden Stelle verfügt. Die Versetzungsverfügung ist der Beamtin oder dem Beamten schriftlich, aber nicht in elektronischer Form zuzustellen. Ist mit der Abordnung oder Versetzung ein Wechsel des Dienstherrn verbunden, darf sie nur mit schriftlichem Einverständnis des aufnehmenden Dienstherrn verfügt werden.

(2) Im Fall des § 29 Absatz 1 oder 4 in Verbindung mit Absatz 1 ist der Beamtin oder dem Beamten von der aufnehmenden oder neuen Körperschaft die Fortsetzung des Beamtenverhältnisses schriftlich zu bestätigen.

(3) In den Fällen des § 29 Absatz 2, 3 und 4 in Verbindung mit Absatz 2 oder 3 wird die Übernahme von der Körperschaft verfügt, in deren Dienst die Beamtin oder der Beamte treten soll. Die Übernahmeverfügung ist der Beamtin oder dem Beamten schriftlich, aber nicht in elektronischer Form zuzustellen und wird, soweit nichts Abweichendes bestimmt ist, mit der Zustellung wirksam. Die Beamtin oder der Beamte ist verpflichtet, der Übernahmeverfügung Folge zu leisten.

(4) Die Absätze 2 und 3 gelten für Versorgungsempfängerinnen und Versorgungsempfänger nach § 31 Absatz 1 entsprechend.

ABSCHNITT 5
Beendigung des Beamtenverhältnisses

Unterabschnitt 1
Entlassung

§ 33
Entlassungsentscheidung

(1) Die Entscheidung über die Entlassung liegt bei der für die beamtenrechtlichen Entscheidungen zuständigen Stelle; die Entscheidung über die Entlassung aus einem Amt im Sinne des § 46 Absatz 1 trifft der Senat. Die Entlassung ist der Beamtin oder dem Beamten schriftlich, aber nicht in elektronischer Form zuzustellen.

(2) Abweichend von Absatz 1 entscheidet die oberste Dienstbehörde darüber, ob die Voraussetzungen nach § 22 Absatz 1 Nummer 1 oder Absatz 2 Satz 1 des Beamtenstatusgesetzes vorliegen und stellt den Tag der Beendigung des Beamtenverhältnisses fest. Ferner entscheidet sie im Einvernehmen mit dem neuen Dienstherrn oder der Einrichtung und der für grundsätzliche allgemeine beamtenrechtliche Angelegenheiten zuständigen Senatsverwaltung über eine Anordnung zur Fortdauer des Beamtenverhältnisses nach § 22 Absatz 2 Satz 1 des Beamtenstatusgesetzes.

(3) Eine allgemeine Anordnung zur Fortdauer des Beamtenverhältnisses nach § 22 Absatz 2 Satz 1 zweite Alternative des Beamtenstatusgesetzes bedarf einer gesetzlichen Bestimmung.

(4) Abweichend von § 22 Absatz 2 des Beamtenstatusgesetzes führt die Begründung eines befristeten öffentlichrechtlichen Dienst- oder Amtsverhältnisses zu einer Einrichtung ohne Dienstherrneigenschaft nicht zu einer Entlassung der Beamtin oder des Beamten.

(5) Abweichend von § 22 Absatz 4 des Beamtenstatusgesetzes endet das Beamtenverhältnis auf Widerruf kraft Gesetzes mit Ablauf des Tages, an dem der Vorbereitungsdienst infolge des Ablegens der Prüfung oder des endgültigen Nichtbestehens der Prüfung endet.

§ 34
Fristen und Folgen der Entlassung

(1) Die Entlassung durch Verwaltungsakt nach § 23 des Beamtenstatusgesetzes tritt, soweit gesetzlich nichts anderes bestimmt ist, mit Ende des Monats ein, der auf die Zustellung der Entscheidung folgt.

(2) Die Entlassung nach § 23 Absatz 1 Satz 1 Nummer 1 des Beamtenstatusgesetzes tritt mit der Zustellung ein.

(3) Die Entlassung nach § 23 Absatz 1 Satz 1 Nummer 4 des Beamtenstatusgesetzes ist zum beantragten Zeitpunkt auszusprechen; sie kann jedoch so lange hinausgeschoben werden, bis die Beamtinnen oder Beamten ihre Amtsgeschäfte ordnungsgemäß erledigt haben, längstens drei Monate. Das Verlangen auf Entlassung nach § 23 Absatz 1 Satz 1 Nummer 4 des Beamtenstatusgesetzes kann, solange die Entlassungsentscheidung noch nicht zugegangen ist, innerhalb von zwei Wochen nach Zugang bei der zuständigen Behörde zurückgenommen werden, mit Zustimmung der zuständigen Behörde auch nach Ablauf dieser Frist.

(4) Bei der Entlassung nach § 23 Absatz 3 Nummer 2 und 3 des Beamtenstatusgesetzes sind folgende Fristen einzuhalten:
bei einer Beschäftigungszeit
bis zu drei Monaten zwei Wochen zum Monatsschluss,
von mehr als drei Monaten ein Monat zum Monatsschluss,
von mindestens einem Jahr sechs Wochen zum Schluss eines Kalendervierteljahres.
Als Beschäftigungszeit gilt die Zeit ununterbrochener Tätigkeit im Beamtenverhältnis auf Probe im Bereich desselben Dienstherrn.

(5) Nach der Entlassung hat die frühere Beamtin oder der frühere Beamte keinen Anspruch auf Besoldung, Versorgung oder sonstige Geldleistungen.

Unterabschnitt 2
Verlust der Beamtenrechte

§ 35
Folgen des Verlustes der Beamtenrechte

Endet das Beamtenverhältnis nach § 24 Absatz 1 des Beamtenstatusgesetzes, so hat die frühere Beamtin oder der frühere Beamte keinen Anspruch auf Leistungen des früheren Dienstherrn, soweit gesetzlich nichts anderes bestimmt ist.

§ 36
Wiederaufnahmeverfahren

(1) Ist auf Grund des im Wiederaufnahmeverfahren festgestellten Sachverhalts oder auf Grund eines rechtskräftigen Strafurteils, das nach der früheren Entscheidung ergangen ist, ein Disziplinarverfahren mit dem Ziel der Entfernung aus dem Beamtenverhältnis eingeleitet worden, so verliert die Beamtin oder der Beamte die ihr oder ihm auf Grund von § 24 Absatz 2 des Beamtenstatusgesetzes zustehenden Ansprüche, wenn auf Entfernung aus dem Beamtenverhältnis erkannt wird; bis zur rechtskräftigen Entscheidung können die Ansprüche nicht geltend gemacht werden.

(2) Absatz 1 gilt entsprechend in Fällen der Entlassung einer Beamtin auf Probe oder auf Widerruf oder eines Beamten auf Probe oder auf Widerruf wegen eines Verhaltens der in § 23 Absatz 3 Satz 1 Nummer 1 des Beamtenstatusgesetzes bezeichneten Art.

(3) Die Beamtin oder der Beamte muss sich auf die ihr oder ihm nach § 24 Absatz 2 des Beamtenstatusgesetzes zustehenden Bezüge ein anderes Arbeitseinkommen oder einen Unterhaltsbeitrag anrechnen lassen; sie oder er ist zur Auskunft hierüber verpflichtet.

§ 37
Gnadenerweis

Dem Senat steht hinsichtlich des Verlustes der Beamtenrechte nach § 24 Absatz 1 des Beamtenstatusgesetzes das Gnadenrecht zu. Wird im Gnadenweg der Verlust der Beamtenrechte in vollem Umfang beseitigt, so gilt von diesem Zeitpunkt ab § 36 entsprechend.

Unterabschnitt 3
Ruhestand

§ 38
Altersgrenze

(1) Für die Beamtinnen und Beamten bildet das vollendete 65. Lebensjahr die Altersgrenze. Für einzelne Gruppen von Beamtinnen und Beamten kann gesetzlich eine andere Altersgrenze bestimmt werden, jedoch nicht über das vollendete 68. Lebensjahr hinaus. Beamtinnen auf Lebenszeit und Beamte auf Lebenszeit treten mit dem Ende des Monats, in dem sie die Altersgrenze erreichen, in den Ruhestand, Lehrkräfte treten mit Ablauf des Schuljahres oder Semesters, in dem sie die Altersgrenze erreichen, in den Ruhestand. Sind für die Beamtin oder den Beamten voneinander abweichende Altersgrenzen maßgebend, so kann die Dienstbehörde anordnen, dass die Beamtin oder der Beamte aus dem Amt mit der früheren Altersgrenze zu dem gleichen Zeitpunkt wie aus dem anderen Amt wegen Erreichens der Altersgrenze in den Ruhestand tritt.

(2) Der Eintritt in den Ruhestand kann auf Antrag der Beamtin oder des Beamten, wenn es im dienstlichen Interesse liegt, über das vollendete 65. Lebensjahr hinaus um eine bestimmte Frist, die jeweils ein Jahr nicht übersteigen darf, hinausgeschoben werden, jedoch nicht länger als bis zum vollendeten 68. Lebensjahr. Zu den dienstlichen Interessen gehören auch organisatorische, personelle und fiskalische Interessen. Unter den gleichen Voraussetzungen kann bei einer gesetzlich vorgesehenen Altersgrenze unter dem 65. Lebensjahr der Eintritt in den Ruhestand jeweils bis zu einem Jahr, insgesamt höchstens drei Jahre, hinausgeschoben werden.

§ 39
Dienstunfähigkeit

(1) Die Frist zur vollen Wiederherstellung der Dienstfähigkeit nach § 26 Absatz 1 Satz 2 des Beamtenstatusgesetzes beträgt weitere sechs Monate. Bestehen Zweifel über die Dienstunfähigkeit der Beamtin oder des Beamten, ist sie oder er verpflichtet, sich nach Weisung der Dienstbehörde durch eine von dieser bestimmten Ärztin oder einen von dieser bestimmten Arzt untersuchen und, falls dies für erforderlich gehalten wird, auch beobachten zu lassen. Entzieht sich die Beamtin oder der Beamte trotz wiederholter schriftlicher Aufforderung ohne hinreichenden Grund der Verpflichtung, sich nach Weisung der Dienstbehörde untersuchen oder beobachten zu lassen, so kann sie oder er so behandelt werden, als ob die Dienstunfähigkeit ärztlich festgestellt worden wäre.

(2) Gesetzliche Vorschriften, die für einzelne Gruppen von Beamtinnen und Beamten andere Voraussetzungen für die Beurteilung der Dienstunfähigkeit bestimmen, bleiben unberührt. 21

(3) Beamtinnen auf Lebenszeit und Beamte auf Lebenszeit können auch ohne Nachweis der Dienstunfähigkeit auf ihren Antrag in den Ruhestand versetzt werden, wenn sie

1. das 60. Lebensjahr vollendet haben und schwerbehindert im Sinne des § 2 Absatz 2 des Neunten Buches Sozialgesetzbuch sind oder
2. das 63. Lebensjahr vollendet haben.

§ 40
Versetzung in den Ruhestand wegen Dienstunfähigkeit auf Antrag

(1) Beantragt die Beamtin oder der Beamte die Versetzung in den Ruhestand, so wird die Dienstunfähigkeit dadurch festgestellt, dass die oder der unmittelbare Dienstvorgesetzte auf Grund eines ärztlichen Gutachtens über den Gesundheitszustand, das durch eine oder einen von der Dienstbehörde bestimmte Ärztin oder bestimmten Arzt erstellt wurde,

erklärt, sie oder er halte die Beamtin oder den Beamten nach pflichtgemäßem Ermessen für dauernd unfähig, die Amtspflichten zu erfüllen.

(2) Die über die Versetzung in den Ruhestand entscheidende Behörde ist an die Erklärung der oder des unmittelbaren Dienstvorgesetzten nicht gebunden; sie kann auch andere Beweise erheben.

§ 41
Versetzung in den Ruhestand wegen Dienstunfähigkeit von Amts wegen

(1) Hält die oder der Dienstvorgesetzte oder die Dienstbehörde die Beamtin oder den Beamten für dienstunfähig und beantragt die Beamtin oder der Beamte die Versetzung in den Ruhestand nicht, so teilt die Dienstbehörde der Beamtin oder dem Beamten oder ihrer oder seiner Vertreterin oder ihrem oder seinem Vertreter mit, dass die Versetzung in den Ruhestand beabsichtigt ist. Dabei sind die Gründe für die Versetzung in den Ruhestand anzugeben.

(2) Die Beamtin oder der Beamte oder ihre oder seine Vertreterin oder ihr oder sein Vertreter kann sich innerhalb eines Monats äußern. Danach entscheidet die Dienstbehörde über die Versetzung in den Ruhestand. Wird die Dienstfähigkeit der Beamtin oder des Beamten festgestellt, so ist das Verfahren einzustellen. Wird die Dienstunfähigkeit festgestellt, so ist mit dem Ende des Monats, in dem die Versetzung in den Ruhestand der Beamtin oder dem Beamten oder ihrer oder seiner Vertreterin oder ihrem oder seinem Vertreter mitgeteilt worden ist, die die Versorgung übersteigende Besoldung einzubehalten.

§ 42
Versetzung in den Ruhestand aus dem Beamtenverhältnis auf Probe

Die Versetzung einer Beamtin auf Probe oder eines Beamten auf Probe in den Ruhestand bedarf der Zustimmung der obersten Dienstbehörde und des Einvernehmens der für das Beamtenversorgungsrecht zuständigen Senatsverwaltung; die oberste Dienstbehörde kann ihre Befugnis im Einvernehmen mit der für das Beamtenversorgungsrecht zuständigen Senatsverwaltung auf andere Behörden übertragen. § 29 des Beamtenstatusgesetzes und §§ 40, 41 und 44 finden entsprechende Anwendung.

§ 43
Entscheidung über die Versetzung in den Ruhestand, Beginn des Ruhestandes

(1) Die Entscheidung über die Versetzung in den Ruhestand ist der Beamtin oder dem Beamten schriftlich, aber nicht in elektronischer Form zuzustellen. Sie kann bis zum Beginn des Ruhestandes zurückgenommen werden.

(2) Der Ruhestand beginnt, abgesehen von den Fällen des § 39 Absatz 3 sowie von den Fällen der §§ 25, 30 und 31 des Beamtenstatusgesetzes, mit Ablauf des Monats, in dem der Beamtin oder dem Beamten die Versetzung in den Ruhestand mitgeteilt worden ist.

(3) Soweit gesetzlich nichts anderes bestimmt ist, erhält die Ruhestandsbeamtin oder der Ruhestandsbeamte auf Lebenszeit Ruhegehalt.

§ 44
Wiederverwendung aus dem Ruhestand

(1) Beamtinnen und Beamte, die wegen Dienstunfähigkeit in den Ruhestand versetzt wurden und das 63. Lebensjahr noch nicht vollendet haben, sind verpflichtet, einer erneuten Berufung in das Beamtenverhältnis Folge zu leisten.

(2) Beantragt die Ruhestandsbeamtin oder der Ruhestandsbeamte nach Wiederherstellung der Dienstfähigkeit und vor Ablauf von zehn Jahren seit dem Eintritt in den Ruhe-

stand die erneute Berufung in das Beamtenverhältnis, so ist diesem Antrag zu entsprechen, falls nicht zwingende dienstliche Gründe entgegenstehen.

(3) Die Beamtin oder der Beamte ist verpflichtet, sich nach Weisung der Dienstbehörde durch eine von dieser bestimmten Ärztin oder einen von dieser bestimmten Arzt untersuchen und, falls dies für erforderlich gehalten wird, auch beobachten zu lassen. § 39 Absatz 1 Satz 3 gilt mit der Maßgabe entsprechend, dass die Ruhestandsbeamtin oder der Ruhestandsbeamte so behandelt werden kann, als wäre die Dienstfähigkeit ärztlich festgestellt.

§ 45
Weitergabe von ärztlichen Gutachten

(1) Wird in den Fällen der §§ 26 bis 29 des Beamtenstatusgesetzes oder der §§ 39 bis 41 und 44 eine ärztliche Untersuchung durchgeführt, so teilt die Ärztin oder der Arzt im Einzelfall auf Anforderung der Dienstbehörde das die tragenden Feststellungen und Gründe enthaltende Gutachten mit, soweit deren Kenntnis für die Dienstbehörde unter Beachtung des Grundsatzes der Verhältnismäßigkeit für die von ihr zu treffende Entscheidung erforderlich ist.

(2) Die ärztliche Mitteilung über die Untersuchungsbefunde ist in einem gesonderten, verschlossenen und versiegelten Umschlag zu übersenden; sie ist verschlossen zu der Personalakte der Beamtin oder des Beamten zu nehmen. Die übermittelten Daten dürfen nur für die nach §§ 26 bis 29 des Beamtenstatusgesetzes oder §§ 39 bis 44 zu treffenden Entscheidungen verarbeitet oder genutzt werden.

(3) Zu Beginn der Untersuchung ist die Beamtin oder der Beamte auf deren Zweck und die Übermittlungsbefugnis an die Dienstbehörde hinzuweisen. Die Ärztin oder der Arzt übermittelt der Beamtin oder dem Beamten oder, soweit dem ärztliche Gründe entgegenstehen, der Vertreterin oder dem Vertreter eine Kopie der auf Grund dieser Vorschrift an die Dienstbehörde erteilten Auskünfte.

§ 46
Einstweiliger Ruhestand

(1) Ämter nach § 30 Absatz 1 Satz 1 des Beamtenstatusgesetzes sind die Ämter
1. der Staatssekretärinnen und Staatssekretäre,
2. der Leiterin oder des Leiters der Presse- und Informationsabteilung der Senatskanzlei,
3. der Leiterin oder des Leiters der Protokoll- und Auslandsabteilung der Senatskanzlei,
4. der Generalsekretärin oder des Generalsekretärs der Ständigen Konferenz der Kultusminister,
5. der Polizeipräsidentin oder des Polizeipräsidenten in Berlin.

Über die Versetzung in den einstweiligen Ruhestand entscheidet der Senat.

(2) Die Versetzung in den einstweiligen Ruhestand nach § 31 Absatz 1 Satz 1 des Beamtenstatusgesetzes setzt voraus, dass
1. eine Versetzung nach § 28 Absatz 3 innerhalb von zwölf Monaten nach der Auflösung oder Umbildung nicht möglich ist,
2. eine mindestens dem Amt der Beamtin oder des Beamten entsprechende Planstelle eingespart wird.

(3) Die Versetzung in den einstweiligen Ruhestand nach § 31 Absatz 1 Satz 1 des Beamtenstatusgesetzes muss innerhalb von zwölf Monaten nach der Umbildung oder Auflösung ausgesprochen werden. Beginnt der einstweilige Ruhestand erst nach Ende der Frist von zwölf Monaten nach der Umbildung oder Auflösung, so ist für die Voraussetzung nach Absatz 2 Nummer 1 dieser Zeitpunkt maßgeblich.

(4) Abweichende gesetzliche Vorschriften, nach denen Beamtinnen und Beamte in den einstweiligen Ruhestand versetzt werden können, bleiben unberührt.

§ 47
Beginn des einstweiligen Ruhestandes und Wiederverwendung

(1) Wenn nicht im Einzelfall ausdrücklich ein späterer Zeitpunkt festgesetzt wird, beginnt der einstweilige Ruhestand mit dem Zeitpunkt, zu dem die Versetzung in den einstweiligen Ruhestand der Beamtin oder dem Beamten bekannt gegeben wird, spätestens jedoch mit dem Ende des dritten Monats, der auf den Monat der Bekanntgabe folgt. Die Verfügung kann bis zum Beginn des Ruhestandes zurückgenommen werden.

(2) Die in den einstweiligen Ruhestand versetzte Beamtin oder der in den einstweiligen Ruhestand versetzte Beamte ist verpflichtet, einer erneuten Berufung in das Beamtenverhältnis auf Lebenszeit Folge zu leisten, wenn ihr oder ihm ein Amt im Dienstbereich ihres oder seines früheren Dienstherrn verliehen werden soll, das derselben oder einer mindestens gleichwertigen Laufbahn angehört wie das frühere Amt und mit mindestens demselben Endgrundgehalt verbunden ist.

(3) Auf eine erneute Berufung nach § 31 Absatz 2 Satz 1 des Beamtenstatusgesetzes kann verzichtet werden, wenn

1. die in den einstweiligen Ruhestand versetzte Beamtin oder der in den einstweiligen Ruhestand versetzte Beamte sich zum Zeitpunkt, in dem die erneute Berufung in das Beamtenverhältnis auf Lebenszeit wirksam würde, bereits seit einem Jahr im einstweiligen Ruhestand befindet,
2. die erneute Berufung in das Beamtenverhältnis auf Lebenszeit weniger als fünf Jahre vor Erreichen der Altersgrenze wirksam würde und
3. die in den einstweiligen Ruhestand versetzte Beamtin oder der in den einstweiligen Ruhestand versetzte Beamte auf die erneute Berufung verzichtet.

ABSCHNITT 6
Rechtliche Stellung im Beamtenverhältnis

Unterabschnitt 1
Allgemeine Pflichten

§ 48
Diensteid

(1) Beamtinnen und Beamte haben folgenden Diensteid zu leisten:
„Ich schwöre, dass ich mein Amt getreu dem Grundgesetz für die Bundesrepublik Deutschland und der Verfassung von Berlin in Übereinstimmung mit den Gesetzen zum Wohle der Allgemeinheit ausüben und meine Amtspflichten gewissenhaft erfüllen werde; so wahr mir Gott helfe."

(2) Der Eid kann auch ohne die Worte „so wahr mir Gott helfe" geleistet werden.

(3) Lehnt eine Beamtin oder ein Beamter aus Glaubens- oder Gewissensgründen die Ablegung des vorgeschriebenen Eides ab, können anstelle der Worte „Ich schwöre" die Worte „Ich gelobe" oder eine andere Beteuerungsformel gesprochen werden.

(4) In den Fällen, in denen nach § 9 eine Ausnahme nach § 7 Absatz 3 des Beamtenstatusgesetzes zugelassen worden ist, kann von einer Eidesleistung abgesehen werden. Sofern gesetzlich nichts anderes bestimmt ist, hat die Beamtin oder der Beamte zu geloben, ihre oder seine Amtspflichten gewissenhaft zu erfüllen.

§ 49
Beschränkung bei Vornahme von Amtshandlungen

Die Beamtinnen und Beamten dürfen Amtshandlungen nicht vornehmen, die sich gegen sie selbst oder einen Angehörigen richten würden.

§ 50
Außerdienstliche Stellen nach § 37 Absatz 2 des Beamtenstatusgesetzes und Versagung von Aussagegenehmigungen

(1) Die Bestimmung von weiteren Behörden und außerdienstlichen Stellen nach § 37 Absatz 2 Satz 1 Nummer 3 des Beamtenstatusgesetzes erfolgt durch Rechtsverordnung der für grundsätzliche allgemeine beamtenrechtliche Angelegenheiten zuständigen Senatsverwaltung.

(2) Über die Versagung einer Aussagegenehmigung entscheidet die oberste Dienstbehörde.

§ 51
Verbot der Annahme von Belohnungen und Geschenken

(1) Über Ausnahmen nach § 42 Absatz 1 Satz 2 des Beamtenstatusgesetzes entscheidet die gegenwärtige oder letzte oberste Dienstbehörde. Die Befugnis kann auf die Dienstbehörde oder die oder den Dienstvorgesetzten übertragen werden.[1]

(2) Für den Umfang des Herausgabeanspruchs nach § 42 Absatz 2 des Beamtenstatusgesetzes gelten die Vorschriften des Bürgerlichen Gesetzbuches über die Herausgabe einer ungerechtfertigten Bereicherung entsprechend. Die Herausgabepflicht nach Satz 1 umfasst auch die Pflicht, Auskunft über Art, Umfang und Verbleib des Erlangten zu geben.

Unterabschnitt 2
Arbeitszeit

§ 52
Arbeitszeit

(1) Die regelmäßige Arbeitszeit regelt der Senat durch Rechtsverordnung.[2]

(2) Die regelmäßige Arbeitszeit kann entsprechend den dienstlichen Bedürfnissen verlängert werden, wenn sie ganz oder teilweise in Bereitschaftsdienst besteht.

§ 53
Mehrarbeit

(1) Beamtinnen und Beamte sind verpflichtet, ohne Vergütung über die regelmäßige wöchentliche Arbeitszeit hinaus Dienst zu tun, wenn zwingende dienstliche Verhältnisse dies erfordern und sich die Mehrarbeit auf Ausnahmefälle beschränkt.

(2) Werden Beamtinnen oder Beamte durch eine dienstlich angeordnete oder genehmigte Mehrarbeit mehr als fünf Stunden im Monat über die regelmäßige Arbeitszeit hinaus beansprucht, ist ihnen innerhalb eines Jahres für die über die regelmäßige Arbeitszeit hinaus geleistete Mehrarbeit entsprechende Dienstbefreiung zu gewähren. Ist die Dienstbefreiung aus zwingenden dienstlichen Gründen nicht möglich, können an ihrer Stelle Beamtinnen und Beamte in Besoldungsgruppen mit aufsteigenden Gehältern für einen Zeitraum bis zu 480 Stunden im Jahr eine Mehrarbeitsvergütung nach den besoldungsrechtlichen Regelungen erhalten.

(3) Das Nähere regelt der Senat durch Rechtsverordnung.

§ 54
Teilzeitbeschäftigung

(1) Einer Beamtin oder einem Beamten mit Dienstbezügen soll auf Antrag Teilzeitbeschäftigung bis zur Hälfte der regelmäßigen Arbeitszeit und bis zur jeweils beantragten

1) S. Fußnote 1 zu § 113.
2) Arbeitszeitverordnung in der Fassung vom 16. Februar 2005 (GVBl. S. 114), zuletzt geändert durch Artikel 10 des Gesetzes vom 19. Dezember 2017 (GVBl. S. 695); s. a. Arbeitszeitverordnung Feuerwehr und Polizei vom 15. Januar 2008 (GVBl. S. 6).

Dauer bewilligt werden, soweit dienstliche Belange nicht entgegenstehen. Teilzeitbeschäftigung ist grundsätzlich in allen Laufbahnen, Aufgabenbereichen und Funktionen möglich.

(2) Dem Antrag nach Absatz 1 darf nur entsprochen werden, wenn die Beamtin oder der Beamte sich verpflichtet, während des Bewilligungszeitraums außerhalb des Beamtenverhältnisses berufliche Verpflichtungen nur in dem Umfang einzugehen, in dem nach den §§ 61 bis 63 den vollzeitbeschäftigten Beamtinnen und Beamten die Ausübung von Nebentätigkeiten gestattet ist. Ausnahmen hiervon sind nur zulässig, soweit dies mit dem Beamtenverhältnis vereinbar ist. § 62 Absatz 3 Satz 1 gilt mit der Maßgabe, dass von der regelmäßigen wöchentlichen Arbeitszeit ohne Rücksicht auf die Bewilligung von Teilzeitbeschäftigung auszugehen ist. Wird die Verpflichtung nach Satz 1 schuldhaft verletzt, soll die Bewilligung widerrufen werden.

(3) Die Dienstbehörde kann nachträglich die Dauer der Teilzeitbeschäftigung beschränken oder den Umfang der zu leistenden Arbeitszeit erhöhen, soweit zwingende dienstliche Belange dies erfordern. Sie soll eine Änderung des Umfangs der Teilzeitbeschäftigung oder den Übergang zur Vollzeitbeschäftigung zulassen, wenn der Beamtin oder dem Beamten die Teilzeitbeschäftigung im bisherigen Umfang nicht mehr zugemutet werden kann und dienstliche Belange nicht entgegenstehen.

(4) Stehen zwingende dienstliche Belange nicht entgegen, so ist einer Beamtin oder einem Beamten mit Dienstbezügen auf Antrag Teilzeitbeschäftigung bis zur Hälfte der regelmäßigen Arbeitszeit zu bewilligen, solange sie oder er

1. mindestens ein Kind unter 18 Jahren oder
2. eine pflegebedürftige sonstige Angehörige oder einen pflegebedürftigen sonstigen Angehörigen

tatsächlich betreut oder pflegt. Bei Beamtinnen und Beamten im Schul- und Hochschuldienst kann der Bewilligungszeitraum bis zum Ende des laufenden Schulhalbjahres oder Semesters ausgedehnt werden. Absatz 3 gilt entsprechend.

(5) Einer Beamtin oder einem Beamten mit Dienstbezügen kann Teilzeitbeschäftigung mit weniger als der Hälfte der regelmäßigen Arbeitszeit bis zur Dauer von zwölf Jahren bewilligt werden, wenn die Voraussetzungen des Absatzes 4 Satz 1 vorliegen und zwingende dienstliche Belange nicht entgegenstehen; jedoch sind mindestens 30 vom Hundert der regelmäßigen Arbeitszeit zu erbringen.

(6) Während einer Teilzeitbeschäftigung nach den Absätzen 4 und 5 dürfen nur solche Nebentätigkeiten genehmigt werden, die dem Zweck der Freistellung nicht zuwiderlaufen.

§ 55
Beurlaubung ohne Dienstbezüge

(1) Einer Beamtin oder einem Beamten mit Dienstbezügen ist auf Antrag, wenn zwingende dienstliche Belange nicht entgegenstehen, Urlaub ohne Dienstbezüge bis zur Dauer von zwölf Jahren zu gewähren, solange sie oder er

1. mindestens ein Kind unter 18 Jahren oder
2. eine pflegebedürftige sonstige Angehörige oder einen pflegebedürftigen sonstigen Angehörigen

tatsächlich betreut oder pflegt. Bei Beamtinnen und Beamten im Schul- oder Hochschuldienst kann der Bewilligungszeitraum bis zum Ende des laufenden Schulhalbjahres oder Semesters ausgedehnt werden. Der Antrag auf Verlängerung einer Beurlaubung ist spätestens sechs Monate vor Ablauf der genehmigten Beurlaubung zu stellen. § 54 Absatz 6 gilt entsprechend.

(2) Während der Zeit der Beurlaubung ohne Dienstbezüge nach Absatz 1 Satz 1 besteht ein Anspruch auf Leistungen der Krankheitsfürsorge in entsprechender Anwendung der Beihilferegelungen für Beamtinnen und Beamte mit Dienstbezügen. Dies gilt nicht, wenn die Beamtin oder der Beamte berücksichtigungsfähige Angehörige oder berücksichtigungsfähiger Angehöriger einer Beihilfeberechtigten oder eines Beihilfeberechtigten wird

oder in der gesetzlichen Krankenversicherung nach § 10 des Fünften Buches Sozialgesetzbuch versichert ist.

(3) Einer Beamtin oder einem Beamten mit Dienstbezügen kann in Bereichen, in denen wegen der Arbeitsmarktsituation ein außergewöhnlicher Bewerberüberhang besteht und deshalb ein dringendes öffentliches Interesse daran gegeben ist, verstärkt Bewerberinnen und Bewerber im öffentlichen Dienst zu beschäftigen,

1. auf Antrag Urlaub ohne Dienstbezüge bis zur Dauer von insgesamt sechs Jahren,
2. nach Vollendung des 55. Lebensjahres auf Antrag, der sich auf die Zeit bis zum Beginn des Ruhestands erstrecken muss, Urlaub ohne Dienstbezüge

bewilligt werden, wenn dienstliche Belange nicht entgegenstehen. Absatz 1 Satz 2 gilt entsprechend.

(4) Dem Antrag nach Absatz 3 Satz 1 darf nur entsprochen werden, wenn die Beamtin oder der Beamte erklärt, während der Dauer des Bewilligungszeitraums auf die Ausübung entgeltlicher Nebentätigkeiten zu verzichten und entgeltliche Tätigkeiten nach § 63 Absatz 1 nur in dem Umfang auszuüben, wie sie oder er sie bei Vollzeitbeschäftigung ohne Verletzung dienstlicher Pflichten ausüben könnte. Wird diese Verpflichtung schuldhaft verletzt, soll die Bewilligung widerrufen werden. Die Dienstbehörde darf trotz der Erklärung der Beamtin oder des Beamten nach Satz 1 Nebentätigkeiten genehmigen, soweit sie dem Zweck der Bewilligung des Urlaubs nicht zuwiderlaufen.

(5) Die Dienstbehörde kann eine Rückkehr aus dem Urlaub nach den Absätzen 1 und 3 zulassen, wenn der Beamtin oder dem Beamten eine Fortsetzung des Urlaubs nicht zugemutet werden kann und dienstliche Belange nicht entgegenstehen.

§ 56
Höchstdauer

Die Dauer von Teilzeitbeschäftigung mit weniger als der Hälfte der regelmäßigen Arbeitszeit nach § 54 Absatz 5 und von Beurlaubung ohne Dienstbezüge nach § 55 darf zwölf Jahre nicht überschreiten. In den Fällen des § 55 Absatz 3 Satz 1 Nummer 2 findet Satz 1 keine Anwendung, wenn es der Beamtin oder dem Beamten nicht mehr zuzumuten ist, zur Voll- oder Teilzeitbeschäftigung zurückzukehren.

§ 57
Benachteiligungsverbot bei Ermäßigung der Arbeitszeit, Hinweispflicht

(1) Die Ermäßigung der Arbeitszeit darf das berufliche Fortkommen nicht beeinträchtigen; eine unterschiedliche Behandlung von Beamtinnen und Beamten mit ermäßigter Arbeitszeit gegenüber Beamtinnen und Beamten mit regelmäßiger Arbeitszeit ist nur zulässig, wenn zwingende sachliche Gründe sie rechtfertigen.

(2) Wird eine Teilzeitbeschäftigung oder langfristige Beurlaubung beantragt, ist auf die Folgen hinzuweisen, insbesondere auf die Folgen für die Ansprüche auf Grund beamtenrechtlicher Regelungen.

§ 58
Widerruf der Bewilligung von Teilzeitbeschäftigung bei langfristiger ungleichmäßiger Verteilung der Arbeitszeit

Treten während des Bewilligungszeitraums einer Teilzeitbeschäftigung mit abweichender Einteilung der regelmäßigen Arbeitszeit Umstände ein, welche die vorgesehene Abwicklung der Freistellung vom Dienst unmöglich machen, so ist ein Widerruf in den folgenden Fällen auch mit Wirkung für die Vergangenheit zulässig:

1. bei Beendigung des Beamtenverhältnisses,
2. beim Dienstherrenwechsel,
3. bei Gewährung von Urlaub nach § 55 Absatz 1 oder von Elternzeit oder

4. in besonderen Härtefällen, wenn der Beamtin oder dem Beamten die Fortsetzung der Teilzeitbeschäftigung nicht mehr zuzumuten ist.

Ein Widerruf erfolgt nicht, soweit Zeiten aus der Ansparphase durch eine gewährte Freistellung bereits ausgeglichen wurden; dabei gelten die unmittelbar vor dem Eintritt in die Freistellungsphase liegenden Ansparzeiten als durch die Freistellung ausgeglichen. Gleichzeitig mit dem Widerruf wird der Arbeitszeitstatus der Beamtin oder des Beamten entsprechend dem in der Ansparphase geleisteten und nicht durch Freistellung ausgeglichenen Arbeitszeitumfang festgesetzt.

§ 59
Fernbleiben vom Dienst

(1) Beamtinnen und Beamte dürfen dem Dienst nicht ohne Genehmigung der oder des Dienstvorgesetzten fernbleiben. Dienstunfähigkeit infolge Krankheit ist unverzüglich anzuzeigen und auf Verlangen nachzuweisen. Auf Aufforderung ist die Dienstunfähigkeit durch eine oder einen von der Dienstbehörde bestimmte Ärztin oder bestimmten Arzt bestätigen zu lassen.

(2) Verlieren Beamtinnen oder Beamte wegen unentschuldigten Fernbleibens vom Dienst nach den besoldungsrechtlichen Regelungen ihren Anspruch auf Bezüge, so wird dadurch die Durchführung eines Disziplinarverfahrens nicht ausgeschlossen.

Unterabschnitt 3
Nebentätigkeit

§ 60
Nebentätigkeit

(1) Nebentätigkeit ist die Ausübung eines Nebenamtes oder einer Nebenbeschäftigung.

(2) Nebenamt ist ein nicht zu einem Hauptamt gehörender Kreis von Aufgaben, der auf Grund eines öffentlich-rechtlichen Dienstoder Amtsverhältnisses wahrgenommen wird.

(3) Nebenbeschäftigung ist jede sonstige, nicht zu einem Hauptamt gehörende Tätigkeit innerhalb oder außerhalb des öffentlichen Dienstes.

(4) Als Nebentätigkeit gilt nicht die Wahrnehmung öffentlicher Ehrenämter sowie einer unentgeltlichen Vormundschaft, Betreuung
oder Pflegschaft. Die Wahrnehmung öffentlicher Ehrenämter ist vor Beginn der Dienstbehörde schriftlich anzuzeigen.

§ 61
Nebentätigkeit im öffentlichen Dienst

Beamtinnen und Beamte sind verpflichtet, auf Verlangen ihrer Dienstbehörde oder obersten Dienstbehörde eine Nebentätigkeit im öffentlichen Dienst zu übernehmen, sofern diese Tätigkeit ihrer Vorbildung oder Berufsausbildung entspricht und sie nicht über Gebühr in Anspruch nimmt.

§ 62
Genehmigungspflichtige Nebentätigkeiten

(1) Beamtinnen und Beamte bedürfen zur Übernahme jeder entgeltlichen Nebentätigkeit, mit Ausnahme der in § 63 Absatz 1 abschließend aufgeführten Nebentätigkeiten, der vorherigen Genehmigung, soweit sie nicht nach § 61 zu ihrer Wahrnehmung verpflichtet sind. Gleiches gilt für folgende unentgeltliche Nebentätigkeiten:

1. Übernahme eines Nebenamtes,
2. Übernahme einer gewerblichen Tätigkeit, die Ausübung eines freien Berufes oder die Mitarbeit bei einer dieser Tätigkeiten und
3. Eintritt in ein Organ eines Unternehmens mit Ausnahme einer Genossenschaft.

(2) Die Genehmigung ist zu versagen, wenn zu besorgen ist, dass durch die Nebentätigkeit dienstliche Interessen beeinträchtigt werden. Ein solcher Versagungsgrund liegt insbesondere vor, wenn die Nebentätigkeit

1. nach Art und Umfang die Arbeitskraft der Beamtin oder des Beamten so stark in Anspruch nimmt, dass die ordnungsgemäße Erfüllung ihrer oder seiner dienstlichen Pflichten behindert werden kann,
2. die Beamtin oder den Beamten in einen Widerstreit mit ihren oder seinen dienstlichen Pflichten bringen kann,
3. in einer Angelegenheit ausgeübt wird, in der die Behörde, der die Beamtin oder der Beamte angehört, tätig wird oder tätig werden kann,
4. die Unparteilichkeit oder Unbefangenheit der Beamtin oder des Beamten beeinflussen kann,
5. zu einer wesentlichen Einschränkung der künftigen dienstlichen Verwendbarkeit der Beamtin oder des Beamten führen kann,
6. dem Ansehen der öffentlichen Verwaltung abträglich sein kann.

Ein solcher Versagungsgrund liegt in der Regel auch vor, wenn sich die Nebentätigkeit wegen gewerbsmäßiger Dienst- oder Arbeitsleistung oder sonst nach Art, Umfang, Dauer oder Häufigkeit als Ausübung eines Zweitberufs darstellt.

(3) Die Voraussetzung des Absatzes 2 Satz 2 Nummer 1 gilt in der Regel als erfüllt, wenn die zeitliche Beanspruchung durch eine oder mehrere Nebentätigkeiten in der Woche ein Fünftel der regelmäßigen wöchentlichen Arbeitszeit, bei Lehrerinnen und Lehrern ein Fünftel der regelmäßigen Pflichtstunden, überschreitet. Bei begrenzter Dienstfähigkeit ist ein Fünftel der nach § 27 Absatz 2 des Beamtenstatusgesetzes festgelegten Arbeitszeit zugrunde zu legen.

(4) Die Genehmigung ist auf längstens zwei Jahre zu befristen; sie kann mit Auflagen und Bedingungen versehen werden. Ergibt sich eine Beeinträchtigung dienstlicher Interessen nach Erteilung der Genehmigung, so ist diese zu widerrufen.

(5) Anträge auf Erteilung einer Genehmigung sowie Entscheidungen über diese Anträge bedürfen der Schriftform. Die Beamtin oder der Beamte hat dabei die für die Entscheidung erforderlichen Nachweise zu führen, insbesondere über Art und Umfang der Nebentätigkeit sowie die Entgelte und geldwerten Vorteile hieraus; jede Änderung ist unverzüglich schriftlich anzuzeigen.

§ 63
Nicht genehmigungspflichtige Nebentätigkeiten, Anzeigepflicht

(1) Nicht genehmigungspflichtig sind

1. die Verwaltung eigenen oder der Nutznießung der Beamtin oder des Beamten unterliegenden Vermögens,
2. schriftstellerische, wissenschaftliche, künstlerische oder Vortragstätigkeiten,
3. mit Lehr- oder Forschungsaufgaben zusammenhängende selbstständige Gutachtertätigkeiten von Lehrerinnen und Lehrern an öffentlichen Hochschulen und an Hochschulen der Bundeswehr sowie von Beamtinnen und Beamten an wissenschaftlichen Instituten und Anstalten und
4. Tätigkeiten zur Wahrung von Berufsinteressen in Gewerkschaften oder Berufsverbänden oder in Selbsthilfeeinrichtungen der Beamtinnen und Beamten.

(2) Beamtinnen und Beamte haben ein Hochschulstudium oder eine Berufsausbildung anzuzeigen.

(3) Tätigkeiten nach Absatz 1 Nummer 2 und 3 sowie eine Tätigkeit in Selbsthilfeeinrichtungen nach Absatz 1 Nummer 4 sind schriftlich vor ihrer Aufnahme anzuzeigen, wenn für sie ein Entgelt oder ein geldwerter Vorteil geleistet wird. Hierbei sind insbesondere Art und Umfang der Nebentätigkeit sowie die voraussichtliche Höhe der Entgelte und geldwerten Vorteile anzugeben. Jede Änderung ist unverzüglich schriftlich mitzuteilen.

(4) Die zuständige Stelle kann aus begründetem Anlass verlangen, dass über eine ausgeübte nicht genehmigungspflichtige Nebentätigkeit schriftlich Auskunft erteilt wird, insbesondere über deren Art und Umfang.

(5) Eine nicht genehmigungspflichtige Nebentätigkeit ist ganz oder teilweise zu untersagen, wenn die Beamtin oder der Beamte bei ihrer Ausübung dienstliche Pflichten verletzt.

§ 64
Ausübung von Nebentätigkeiten

(1) Nebentätigkeiten dürfen nur außerhalb der Arbeitszeit ausgeübt werden, es sei denn, sie werden auf Verlangen einer für beamtenrechtliche Entscheidungen zuständigen Stelle übernommen oder eine für beamtenrechtliche Entscheidungen zuständige Stelle hat ein dienstliches Interesse an der Übernahme der Nebentätigkeit anerkannt. Das dienstliche Interesse ist aktenkundig zu machen. Ausnahmen dürfen nur in besonders begründeten Fällen, insbesondere im öffentlichen Interesse, auf schriftlichen Antrag zugelassen werden, wenn dienstliche Gründe nicht entgegenstehen und die versäumte Arbeitszeit nachgeleistet wird.

(2) Bei der Ausübung von Nebentätigkeiten dürfen Einrichtungen, Personal oder Material des Dienstherrn nur bei Vorliegen eines öffentlichen oder wissenschaftlichen Interesses mit dessen Genehmigung und gegen Entrichtung eines angemessenen Entgelts in Anspruch genommen werden. Das Entgelt ist nach den dem Dienstherrn entstehenden Kosten zu bemessen und muss den besonderen Vorteil berücksichtigen, der der Beamtin oder dem Beamten durch die Inanspruchnahme entsteht.

§ 65
Rückgriffhaftung des Dienstherrn

Beamtinnen und Beamte, die aus einer auf Verlangen, Vorschlag oder Veranlassung des Dienstherrn übernommenen Tätigkeit im Vorstand, Aufsichtsrat, Verwaltungsrat oder in einem sonstigen Organ einer Gesellschaft, Genossenschaft oder eines in einer anderen Rechtsform betriebenen Unternehmens haftbar gemacht werden, haben gegen den Dienstherrn Anspruch auf Ersatz des ihnen entstandenen Schadens. Ist der Schaden vorsätzlich oder grob fahrlässig herbeigeführt, ist der Dienstherr nur dann ersatzpflichtig, wenn die Beamtin oder der Beamte auf Verlangen einer oder eines Vorgesetzten gehandelt hat.

§ 66
Erlöschen der mit dem Hauptamt verbundenen Nebentätigkeit

Endet das Beamtenverhältnis, enden, wenn im Einzelfall nichts anderes bestimmt wird, auch die Nebenämter und Nebenbeschäftigungen, die im Zusammenhang mit dem Hauptamt übertragen sind oder die auf Verlangen, Vorschlag oder Veranlassung des Dienstherrn übernommen worden sind.

§ 67
Erlass ausführender Rechtsverordnungen

Die zur Ausführung der §§ 61 bis 66 notwendigen Vorschriften über die Nebentätigkeit der Beamtinnen und Beamten erlässt der Senat durch Rechtsverordnung.[1] In ihr kann bestimmt werden,

1. welche Tätigkeiten als öffentlicher Dienst im Sinne dieser Vorschriften anzusehen sind oder ihm gleichstehen,

1) Nebentätigkeitsverordnung vom 12. August 1988 (GVBl. S. 1491, 1948), zuletzt geändert durch Artikel XII Nr. 15 des Gesetzes vom 19. März 2009 (GVBl. S. 70).

2. ob und inwieweit eine im öffentlichen Dienst ausgeübte oder auf Verlangen, Vorschlag oder Veranlassung des Dienstherrn übernommene Nebentätigkeit vergütet wird oder eine erhaltene Vergütung abzuführen ist; die Höchstbeträge, die zu belassen sind, können nach Besoldungsgruppen gestaffelt werden,
3. welche Beamtengruppen auch zu einer der in § 63 Absatz 1 Nummer 2 und 3 bezeichneten Nebentätigkeiten der Genehmigung bedürfen, soweit es nach der Natur des Dienstverhältnisses erforderlich ist,
4. unter welchen Voraussetzungen die Beamtin oder der Beamte zur Ausübung von Nebentätigkeiten Einrichtungen, Personal oder Material des Dienstherrn in Anspruch nehmen darf und in welcher Höhe hierfür ein Entgelt an die zuständige Stelle zu entrichten ist; das Entgelt kann pauschaliert in einem Prozentsatz des aus der Nebentätigkeit erzielten Bruttoeinkommens festgelegt werden und bei unentgeltlich ausgeübter Nebentätigkeit entfallen,
5. dass die Beamtin oder der Beamte verpflichtet werden kann, nach Ablauf eines jeden Kalenderjahres der zuständigen Stelle die ihr oder ihm zugeflossenen Entgelte und geldwerten Vorteile aus Nebentätigkeiten anzugeben.

§ 68
Anzeigepflicht und Verbot einer Tätigkeit nach Beendigung des Beamtenverhältnisses

(1) Ruhestandsbeamtinnen, Ruhestandsbeamte, frühere Beamtinnen mit Versorgungsbezügen und frühere Beamte mit Versorgungsbezügen, die nach Beendigung des Beamtenverhältnisses innerhalb eines Zeitraums von fünf Jahren oder, wenn die Beamtinnen und Beamten mit Erreichen der Altersgrenze in den Ruhestand treten, innerhalb eines Zeitraums von drei Jahren außerhalb des öffentlichen Dienstes eine Erwerbstätigkeit oder sonstige Beschäftigung aufnehmen, die mit ihrer dienstlichen Tätigkeit in den letzten fünf Jahren vor Beendigung des Beamtenverhältnisses im Zusammenhang steht und durch die dienstliche Interessen beeinträchtigt werden können, haben die Erwerbstätigkeit oder sonstige Beschäftigung der letzten Dienstbehörde anzuzeigen.

(2) Ein Verbot nach § 41 Satz 2 des Beamtenstatusgesetzes wird durch die letzte oberste Dienstbehörde ausgesprochen. Die oberste Dienstbehörde kann ihre Befugnisse auf nachgeordnete Behörden übertragen.

Unterabschnitt 4
Sonstige Pflichten

§ 69
Wohnung und Aufenthalt

(1) Beamtinnen und Beamte haben ihre Wohnung so zu nehmen, dass die ordnungsmäßige Wahrnehmung ihrer Dienstgeschäfte nicht beeinträchtigt wird.

(2) Wenn die dienstlichen Verhältnisse es erfordern, kann angeordnet werden, dass die Wohnung innerhalb einer bestimmten Entfernung von der Dienststelle zu nehmen oder eine Dienstwohnung zu beziehen ist.

(3) Wenn besondere dienstliche Verhältnisse es dringend erfordern, kann angeordnet werden, dass die Beamtin oder der Beamte sich während der dienstfreien Zeit in erreichbarer Nähe des Dienstortes aufzuhalten hat.

§ 70
Dienstkleidung

Beamtinnen und Beamte sind zum Tragen von Dienstkleidung verpflichtet, soweit es dienstlich erforderlich ist. Der Senat bestimmt durch Verwaltungsvorschrift den Kreis der

Dienstkleidungsträger. Die für grundsätzliche allgemeine beamtenrechtliche Angelegenheiten zuständige Senatsverwaltung bestimmt durch Verwaltungsvorschrift die Grundsätze, die für alle Dienstkleidungsträger gelten. Die Einzelheiten über die Dienstkleidung regeln die zuständigen obersten Dienstbehörden durch Verwaltungsvorschrift; sie können die Ausübung dieser Befugnis auf andere Stellen übertragen.

Unterabschnitt 5

Folgen der Dienstpflichtverletzung

§ 71

Dienstvergehen nach Beendigung des Beamtenverhältnisses

Bei Ruhestandsbeamtinnen und Ruhestandsbeamten oder früheren Beamtinnen und früheren Beamten, die Versorgungsbezüge erhalten, gilt es als Dienstvergehen, wenn sie

1. sich gegen die freiheitliche demokratische Grundordnung im Sinne der Verfassung von Berlin betätigen oder
2. an Bestrebungen teilnehmen, die darauf abzielen, den Bestand oder die Sicherheit des Landes Berlin zu beeinträchtigen oder
3. ihren Verpflichtungen nach § 29 Absatz 4 und 5 des Beamtenstatusgesetzes oder einer erneuten Berufung in das Beamtenverhältnis schuldhaft nicht nachkommen.

§ 72

Pflicht zum Schadensersatz

(1) Ansprüche nach § 48 des Beamtenstatusgesetzes verjähren in drei Jahren von dem Zeitpunkt an, in dem der Dienstherr von dem Schaden und der Person der oder des Ersatzpflichtigen Kenntnis erlangt hat, ohne Rücksicht auf diese Kenntnis in zehn Jahren von der Begehung der Handlung an. Hat der Dienstherr Dritten Geldersatz geleistet oder hat er zur Folgenbeseitigung Mittel aufgewendet, so tritt an die Stelle des Zeitpunktes, in dem der Dienstherr von dem Schaden Kenntnis erlangt, der Zeitpunkt, in dem der Anspruch auf Geldersatz oder Folgenbeseitigung anerkannt oder rechtskräftig festgestellt wird.

(2) Leistet die Beamtin oder der Beamte dem Dienstherrn Ersatz und hat dieser einen Ersatzanspruch gegen Dritte, so geht der Ersatzanspruch auf die Beamtin oder den Beamten über.

§ 73

Übermittlung bei Strafverfahren

Übermittlungen bei Strafverfahren nach § 49 des Beamtenstatusgesetzes sind an die zuständige Dienstbehörde zu richten und als „Vertrauliche Personalsache" zu kennzeichnen. Die Übermittlung erfolgt in einem verschlossenen Umschlag, der keine Rückschlüsse auf Betroffene ermöglicht.

Unterabschnitt 6

Rechte

§ 74

Fürsorge und Schutz

(1) Bei der dienstlichen Verwendung der Beamtin oder des Beamten sind die Belange der Betreuung von Kindern und Pflegebedürftigen zu berücksichtigen.

(2) Der Senat regelt durch Rechtsverordnung[1)] die der Eigenart des öffentlichen Dienstes entsprechende Anwendung der Vorschriften des Mutterschutzgesetzes auf Beamtinnen.

---

1) Mutterschutzverordnung in der Fassung vom 3. November 1999 (GVBl. S. 665), zuletzt geändert durch Artikel XII Nr. 13 des Gesetzes vom 19. März 2009 (GVBl. S. 70).

(3) Für die Gewährung von Elternzeit der Beamtinnen und Beamten finden die für die unmittelbaren Bundesbeamtinnen und Bundesbeamten jeweils geltenden Rechtsvorschriften entsprechende Anwendung.

(4) Die im Bereich des Arbeitsschutzes auf Grund der §§ 18 und 19 des Arbeitsschutzgesetzes erlassenen Verordnungen der Bundesregierung gelten für Beamtinnen und Beamte entsprechend, soweit nicht der Senat durch Verordnung Abweichendes regelt.[1] Der Senat kann durch Verordnung für bestimmte Tätigkeiten, insbesondere bei der Polizei, der Feuerwehr sowie der Zivil- und Katastrophenschutzdienste, regeln, dass Vorschriften des Arbeitsschutzes ganz oder zum Teil nicht anzuwenden sind, soweit öffentliche Belange dies zwingend erfordern, insbesondere zur Aufrechterhaltung oder Wiederherstellung der öffentlichen Sicherheit. In der Verordnung ist gleichzeitig festzulegen, wie die Sicherheit und der Gesundheitsschutz bei der Arbeit unter Berücksichtigung der Ziele des Arbeitsschutzgesetzes auf andere Weise gewährleistet werden.

(5) Das Jugendarbeitsschutzgesetz gilt für jugendliche Beamtinnen und Beamte entsprechend. Soweit die Eigenart des Polizeivollzugsdienstes und die Belange der inneren Sicherheit es erfordern, kann der Senat durch Rechtsverordnung Ausnahmen von den Vorschriften des Jugendarbeitsschutzgesetzes für jugendliche Polizeivollzugskräfte bestimmen.

(6) Die Vorschriften der §§ 19 bis 22 des Gendiagnostikgesetzes vom 31. Juli 2009 (BGBl. I S. 2529, 3672) gelten entsprechend für Beamtinnen und Beamte, für Bewerberinnen und Bewerber oder Personen, deren Beamtenverhältnis beendet ist sowie für das Land Berlin und sonstige landesunmittelbare Körperschaften, Anstalten und Stiftungen des öffentlichen Rechts, die Dienstherrnfähigkeit besitzen. Der Senat regelt durch Rechtsverordnung die entsprechende Anwendung der aufgrund von § 20 Absatz 3 des Gendiagnostikgesetzes erlassenen Rechtsverordnung auf Beamtinnen und Beamte.

§ 75
Besoldung, Versorgung, sonstige Geldleistungen

(1) Die Besoldung und die Versorgung der Beamtinnen und Beamten richten sich nach den besonderen gesetzlichen Regelungen.

(2) Für Geldleistungen, die nicht Besoldung oder Versorgung sind (Jubiläumszuwendungen, Beihilfen, Reise- und Umzugskosten sowie andere Leistungen), gelten § 3 Absatz 6 (Ausschluss von Verzugszinsen), § 11 (Abtretung, Verpfändung, Aufrechnung und Zurückbehaltung), § 12 (Rückforderung) und § 17a (Zahlungsweise) des Bundesbesoldungsgesetzes in der am 31. August 2006 geltenden Fassung entsprechend.

(3) Zusicherungen, Vereinbarungen und Vergleiche, die der Beamtin oder dem Beamten höhere Geldleistungen verschaffen sollen, als ihr oder ihm nach den maßgeblichen Rechts- und Verwaltungsvorschriften zustehen, sind unwirksam. Das gleiche gilt für Versicherungsverträge, die zu diesem Zweck geschlossen werden.

§ 75a
Dienstjubiläum

(1) Beamtinnen und Beamten, die das 25-, 40- oder 50-jährige Dienstjubiläum nach dieser Vorschrift nach dem Inkrafttreten dieses Gesetzes erreichen beziehungsweise erreicht haben, ist eine Dankurkunde auszuhändigen und eine Jubiläumszuwendung zu zahlen. Die Jubiläumszuwendung beträgt bei einer Dienstzeit

1. von 25 Jahren 350 Euro,
2. von 40 Jahren 450 Euro,
3. von 50 Jahren 550 Euro.

(2) Als Dienstzeit im Sinne des Absatzes 1 gelten alle Zeiten einer hauptberuflichen Tätigkeit im Dienst eines öffentlich-rechtlichen Dienstherrn nach § 29 des Bundesbesol-

1) Arbeitsschutzgesetzanwendungsverordnung vom 10. August 2006 (GVBl. S. 887).

dungsgesetzes in der Überleitungsfassung für Berlin nach Artikel III § 1 Nummer 3 des Gesetzes vom 21. Juni 2011 (GVBl. S. 266), das zuletzt durch Artikel 6 des Gesetzes vom 9. Mai 2016 (GVBl. S. 243) geändert worden ist, sowie Ausbildungszeiten und Zeiten des Vorbereitungsdienstes.

(3) Die Jubiläumszuwendung entfällt bei Beamtinnen und Beamten,

1. die aus demselben Anlass bereits eine Geldzuwendung aus öffentlichen Mitteln erhalten haben,
2. die von einem anderen Dienstherrn abgeordnet sind, wenn ihnen vom abordnenden Dienstherrn aus demselben Anlass eine Geldzuwendung gewährt worden ist oder gewährt werden kann,
3. gegen die eine Disziplinarmaßnahme verhängt worden ist, die am Jubiläumstag noch nicht dem Verwertungsverbot unterliegt, oder gegen die eine Disziplinarmaßnahme voraussichtlich verhängt worden wäre, wenn nicht die Voraussetzungen des § 14 des Disziplinargesetzes vom 29. Juni 2004 (GVBl. S. 263), das durch Artikel XII Nummer 18 des Gesetzes vom 19. März 2009 (GVBl. S. 70) geändert worden ist, vorgelegen hätten und die am Jubiläumstag noch nicht dem Verwertungsverbot unterläge.

(4) Die Aushändigung einer Dankurkunde entfällt bei Beamtinnen und Beamten,

1. die aus demselben Anlass bereits eine Dankurkunde erhalten haben,
2. die von einem anderen Dienstherrn abgeordnet sind, wenn ihnen vom abordnenden Dienstherrn aus demselben Anlass eine Dankurkunde ausgehändigt worden ist oder ausgehändigt werden kann,
3. gegen die eine Disziplinarmaßnahme verhängt worden ist, die am Jubiläumstag noch nicht dem Verwertungsverbot unterliegt, oder gegen die eine Disziplinarmaßnahme voraussichtlich verhängt worden wäre, wenn nicht die Voraussetzungen des § 14 des Disziplinargesetzes vom 29. Juni 2004 (GVBl. S. 263), das durch Artikel XII Nummer 18 des Gesetzes vom 19. März 2009 (GVBl. S. 70) geändert worden ist, vorgelegen hätten und die am Jubiläumstag noch nicht dem Verwertungsverbot unterläge.

(5) Die Entscheidung über die Gewährung einer Jubiläumszuwendung und einer Dankurkunde ist bei Beamtinnen und Beamten, gegen die am Jubiläumstag straf- oder disziplinarrechtliche Ermittlungen geführt werden oder gegen die Anklage im strafrechtlichen Verfahren erhoben wurde, bis zu einem rechtskräftigen Abschluss zurückzustellen.

(6) Die zu einem anderen Dienstherrn abgeordneten Beamtinnen und Beamten erhalten die Jubiläumszuwendung und die Dankurkunde vom abordnenden Dienstherrn.

§ 76
Beihilfen

(1) Beihilfe als ergänzende Fürsorgeleistung erhalten:

1. Beamtinnen und Beamte, die Anspruch auf Besoldung haben oder Elternzeit in Anspruch nehmen,
2. Versorgungsempfängerinnen und Versorgungsempfänger, die Anspruch auf Versorgungsbezüge haben,
3. frühere Beamtinnen und frühere Beamte, die wegen Dienstunfähigkeit oder Erreichens der Altersgrenze entlassen worden oder wegen Ablaufs der Dienstzeit ausgeschieden sind, während des Bezugs von Unterhaltsbeiträgen nach dem Beamtenversorgungsgesetz in der am 31. August 2006 geltenden Fassung.

Satz 1 gilt auch, wenn Bezüge wegen der Anwendung von Ruhens- und/oder Anrechnungsvorschriften nicht gezahlt werden. Für Aufwendungen der Ehegattin oder des Ehegatten oder der eingetragenen Lebenspartnerin oder des eingetragenen Lebenspartners der oder des Beihilfeberechtigten, die kein zur wirtschaftlichen Selbstständigkeit führendes Einkommen haben, und der im Familienzuschlag nach dem Bundesbesoldungsgesetz in der am 31. August 2006 geltenden Fassung berücksichtigungsfähigen Kinder wird ebenfalls

Beihilfe gewährt. Satz 3 gilt nicht für Fälle des § 23 des Beamtenversorgungsgesetzes in der am 31. August 2006 geltenden Fassung.

(2) Beihilfefähig sind grundsätzlich nur notwendige und der Höhe nach angemessene Aufwendungen

1. in Krankheits- und Pflegefällen,
2. zur Vorbeugung und Behandlung von Krankheiten oder Behinderungen,
3. in Geburtsfällen, zur Empfängnisverhütung, bei künstlicher Befruchtung sowie in Ausnahmefällen bei Sterilisation und Schwangerschaftsabbruch und
4. zur Früherkennung von Krankheiten und zu Schutzimpfungen.

(3) Die Beihilfe bemisst sich nach einem Prozentsatz der beihilfefähigen Aufwendungen (Bemessungssatz). Der Bemessungssatz beträgt für Aufwendungen, die entstanden sind für

1. Beamtinnen und Beamte und entpflichtete Hochschullehrerinnen und entpflichtete Hochschullehrer 50 Prozent,
2. Empfängerinnen und Empfängern von Versorgungsbezügen, die als solche beihilfeberechtigt sind, 70 Prozent,
3. die berücksichtigungsfähige Ehegattin oder den berücksichtigungsfähigen Ehegatten oder die eingetragene Lebenspartnerin oder den eingetragenen Lebenspartner 70 Prozent,
4. ein berücksichtigungsfähiges Kind sowie eine Waise, die als solche beihilfeberechtigt ist, 80 Prozent,
5. die Mutter eines nicht ehelichen Kindes des Beihilfeberechtigten hinsichtlich der Aufwendungen bei der Geburt 70 Prozent,

Sind zwei oder mehr Kinder berücksichtigungsfähig, beträgt der Bemessungssatz für den Beihilfeberechtigten nach Nummer 1 70 Prozent, bei mehreren Beihilfeberechtigten beträgt der Bemessungssatz nur bei einem von ihnen zu bestimmenden Berechtigten 70 Prozent. Die Beihilfe kann in Pflegefällen in Form einer Pauschale gewährt werden, deren Höhe sich am tatsächlichen Versorgungsaufwand orientiert. Beihilfe darf nur gewährt werden, soweit sie zusammen mit von dritter Seite zustehenden Erstattungen die dem Grunde nach beihilfefähigen Aufwendungen nicht überschreitet. Zustehende Leistungen zu Aufwendungen nach Absatz 2 sind von den beihilfefähigen Aufwendungen abzuziehen. Nicht beihilfefähig sind Aufwendungen von Beihilfeberechtigten, denen Leistungen nach § 70 Absatz 2 des Bundesbesoldungsgesetzes in der am 31. August 2006 geltenden Fassung zustehen.

(4) Aufwendungen für bei stationärer Krankenhausbehandlung erbrachte Wahlleistungen (Chefarztbehandlung, Zweibettzimmerzuschlag) sind nicht beihilfefähig.[1)]

(5) Der Senat kann durch Rechtsverordnung[2)] die Einzelheiten der Beihilfegewährung regeln. Insbesondere kann er die Beihilfeberechtigte oder den Beihilfeberechtigten nach § 76 Absatz 3 Satz 3 zweiter Halbsatz, Höchstbeträge, Belastungsgrenzen und den völligen oder teilweisen Ausschluss von Arznei-, Heil- und Hilfsmitteln in Anlehnung an das Fünfte Buch Sozialgesetzbuch festlegen.

§ 77
Reise- und Umzugskosten

(1) Beamtinnen und Beamte erhalten Reise- und Umzugskostenvergütung in entsprechender Anwendung der für die unmittelbaren Bundesbeamtinnen und unmittelbaren Bundesbeamten jeweils geltenden Rechtsvorschriften nach Maßgabe der Absätze 2 bis 8.

(2) Bei der Anwendung der in Absatz 1 genannten Rechtsvorschriften stehen eingetragene Lebenspartnerinnen und eingetragene Lebenspartner den Ehegatten gleich.

---

1) Dazu Übergangsregelungen in § 108.

2) Landesbeihilfeverordnung vom 8. September 2009 (GVBl. S. 436), zuletzt geändert durch Artikel 15 des Gesetzes vom 19. Dezember 2017 (GVBl. S. 695).

(3) Auf die Reisekostenvergütung und die Auslagenerstattung des Bundesreisekostengesetzes kann ganz oder teilweise verzichtet werden. Ein Verzicht auf Reisekostenvergütung und Auslagenersatz bedarf der Schriftform.

(4) Entstandene Kosten für Fahrten auf dem Land-, Luft- oder Wasserweg mit regelmäßig verkehrenden Beförderungsmitteln werden nur bis zur Höhe der niedrigsten Beförderungsklasse des wirtschaftlichsten Verkehrsmittels erstattet, es sei denn, eine höhere Beförderungsklasse ist im Gesamtergebnis preisgünstiger. Die Dienstbehörde kann Ausnahmen zulassen.

(5) Benutzt eine Beamtin oder ein Beamter für die Wahrnehmung eines Dienstgeschäftes ein privates Kraftfahrzeug, ohne dass ein dienstliches Interesse an der Benutzung des Kraftfahrzeuges besteht, so darf der Gesamtbetrag der Wegstreckenentschädigung die Kosten bei Benutzen der niedrigsten Beförderungsklasse eines regelmäßig verkehrenden Beförderungsmittels nicht übersteigen.

(6) Bei Dienstreisen sowie Abordnungen und Versetzungen innerhalb des Landes Berlin, in die an das Land Berlin angrenzenden Landkreise und in die kreisfreie Stadt Potsdam finden die §§ 6 und 15 des Bundesreisekostengesetzes (Tagegeld, Trennungsgeld) und § 12 des Bundesumzugskostengesetzes (Trennungsgeld) keine Anwendung.

(7) Für Fahrten zwischen Wohnung und regelmäßiger Dienststätte oder Einsatzort aus besonderem dienstlichem Anlass können die entstandenen notwendigen Fahrkosten erstattet werden.

§ 78
Sachschadenersatz

(1) Sind bei einem auf äußerer Einwirkung beruhenden plötzlichen, örtlich und zeitlich bestimmbaren Ereignis, das in Ausübung oder infolge des Dienstes eingetreten ist, Kleidungsstücke oder sonstige Gegenstände, die von der Beamtin oder dem Beamten notwendigerweise mitgeführt wurden, beschädigt oder zerstört worden oder abhandengekommen, so kann dafür Ersatz geleistet werden. Dies gilt nicht, wenn der Schaden durch die Beamtin oder den Beamten vorsätzlich oder grob fahrlässig herbeigeführt wurde. Zum Dienst gehören auch Dienstreisen und die dienstliche Tätigkeit am Bestimmungsort.

(2) Sind durch einen Gewaltakt, der sich gegen staatliche Amtsträgerinnen oder Amtsträger, Einrichtungen oder Maßnahmen richtet, Sachen einer Beamtin oder eines Beamten, von Familienangehörigen oder mit ihr oder ihm in häuslicher Gemeinschaft lebenden Personen beschädigt oder zerstört worden oder abhandengekommen, so kann dafür Ersatz geleistet werden, wenn der Gewaltakt im Zusammenhang mit der Ausübung des Dienstes oder der dienstlichen Stellung steht. Die Entscheidung trifft die oberste Dienstbehörde.

(3) Der Anspruch nach Absatz 1 und 2 entfällt, wenn nicht innerhalb einer Ausschlussfrist von drei Monaten nach Eintritt des Schadensereignisses die Gewährung von Sachschadenersatz schriftlich beantragt wird.

(4) Hat der Dienstherr Ersatz geleistet, so gehen insoweit Ansprüche gegen Dritte auf ihn über. Der Übergang der Ansprüche kann nicht zum Nachteil der oder des Geschädigten geltend gemacht werden.

§ 79
Forderungsübergang

Werden Beamtinnen, Beamte, Versorgungsberechtigte oder deren Angehörige körperlich verletzt oder getötet, so geht ein gesetzlicher Schadensersatzanspruch, der diesen Personen infolge der Körperverletzung oder der Tötung gegen einen Dritten zusteht, insoweit auf den Dienstherrn über, als dieser während einer auf der Körperverletzung beruhenden Aufhebung der Dienstfähigkeit oder infolge der Körperverletzung oder der Tötung zur Gewährung von Leistungen verpflichtet ist. Der Übergang des Anspruchs kann nicht zum Nachteil der Verletzten oder der Hinterbliebenen geltend gemacht werden.

§ 80
Erholungsurlaub

(1) Die Erteilung und Dauer des Erholungsurlaubs regelt der Senat durch Rechtsverordnung.[1)]

(2) Der Senat regelt ferner die Bewilligung von Urlaub aus anderen Anlässen und bestimmt, ob und inwieweit die Bezüge während eines solchen Urlaubs zu belassen sind; hierbei stehen eingetragene Lebenspartnerinnen oder eingetragene Lebenspartner Ehegatten gleich.[2)] Stimmen Beamtinnen oder Beamte ihrer Aufstellung als Bewerberinnen oder Bewerber für die Wahl zum Europäischen Parlament, zum Deutschen Bundestag oder zu der gesetzgebenden Körperschaft eines Landes zu, ist ihnen auf Antrag innerhalb der letzten zwei Monate vor dem Wahltag der zur Vorbereitung der Wahl erforderliche Urlaub unter Wegfall der Bezüge zu gewähren.

(3) Eine Urlaubsgenehmigung darf nicht versagt werden zur Wahrnehmung von Verpflichtungen, die gewerkschaftlichen, wissenschaftlichen oder fachlichen Zwecken von Berufsverbänden dienen, soweit nicht zwingende dienstliche Belange entgegenstehen.

§ 81
Dienstzeugnis

Beamtinnen und Beamten wird nach Beendigung des Beamtenverhältnisses oder beim Nachweis eines berechtigten Interesses auf Antrag ein Dienstzeugnis über Art und Dauer der von ihnen wahrgenommenen Ämter erteilt. Das Dienstzeugnis muss auf Verlangen auch über die ausgeübte Tätigkeit und die erbrachten Leistungen Auskunft geben.

§ 82
Personalvertretung

Die Personalvertretung der Beamtinnen und Beamten wird durch das Personalvertretungsgesetz geregelt.

§ 83
Beteiligung der Spitzenorganisationen

Bei der Vorbereitung allgemeiner Regelungen der beamtenrechtlichen Verhältnisse durch die obersten Landesbehörden sind die Spitzenorganisationen der zuständigen Gewerkschaften und Berufsverbände zu beteiligen. Den Spitzenorganisationen der Gewerkschaften und Berufsverbände sind die Entwürfe der allgemeinen Regelungen zu übersenden; ihnen ist eine angemessene Frist zur Abgabe einer Stellungnahme einzuräumen.

Unterabschnitt 7
Personalakte

§ 84
Inhalt und Zugang

(1) Der Dienstherr darf personenbezogene Daten über Bewerberinnen und Bewerber, Beamtinnen und Beamte sowie über ehemalige Beamtinnen und ehemalige Beamte nur erheben, soweit dies zur Begründung, Durchführung, Beendigung oder Abwicklung des Dienstverhältnisses oder zur Durchführung organisatorischer, personeller oder sozialer Maßnahmen, insbesondere auch zu Zwecken der Personalplanung und des Personaleinsat-

1) Erholungsurlaubsverordnung in der Fassung vom 26. April 1988 (GVBl. S. 846), zuletzt geändert durch Artikel II der Verordnung vom 26. August 2014 (GVBl. S. 323).
2) Sonderurlaubsverordnung in der Fassung vom 1. Januar 1971 (GVBl. S. 245), zuletzt geändert durch Artikel 9 des Gesetzes vom 19. Dezember 2017 (GVBl. S. 695); s.a. Ausführungsvorschriften (AV Sonderurlaub) vom 7. März 2007 (ABl. S. 666); s.a. Anordnung über die Zuständgkeit für die Zulassung von Ausnahmen bei der Bewilligung von Sonderurlaub vom 22. Mai 2007 (ABl. S. 1444).

zes erforderlich ist oder eine Rechtsvorschrift dies erlaubt. Eine Verwendung für andere als in Satz 1 genannte Zwecke liegt nicht vor, wenn Personalaktendaten ausschließlich für Zwecke der Datenschutzkontrolle verwendet werden. Gleiches gilt, soweit im Rahmen der Datensicherung oder der Sicherung des ordnungsgemäßen Betriebes eines Datenverarbeitungssystems eine nach dem Stand der Technik nicht oder nur mit unverhältnismäßigem Aufwand zu vermeidende Kenntnisnahme von Personalaktendaten erfolgt.

(2) Andere Unterlagen als Personalaktendaten dürfen in die Personalakte nicht aufgenommen werden. Die Akte kann in Teilen oder vollständig elektronisch geführt werden. Nicht Bestandteil der Personalakte sind Unterlagen, die besonderen, von der Person oder dem Dienstverhältnis sachlich zu trennenden Zwecken dienen, insbesondere Prüfungs-, Sicherheits- und Kindergeldakten. Kindergeldakten können mit Besoldungs- und Versorgungsakten verbunden geführt werden, wenn diese von der übrigen Personalakte getrennt sind und von einer von der Personalverwaltung getrennten Organisationseinheit bearbeitet werden; im Übrigen gelten § 35 des Ersten Buches Sozialgesetzbuch und die §§ 67 bis 78 des Zehnten Buches Sozialgesetzbuch.

(3) Die Personalakte kann nach sachlichen Gesichtspunkten in Grundakte und Teilakten gegliedert werden. Teilakten können bei der für den betreffenden Arbeitsbereich zuständigen Behörde geführt werden. Nebenakten (Unterlagen, die sich auch in der Grundakte oder in Teilakten befinden) dürfen nur geführt werden, wenn die personalverwaltende Behörde nicht zugleich Beschäftigungsbehörde ist oder wenn mehrere personalverwaltende Behörden für die Beamtin oder den Beamten zuständig sind; sie dürfen nur solche Unterlagen erhalten, deren Kenntnis zur rechtmäßigen Aufgabenerledigung der betreffenden Behörde erforderlich ist. In der Grundakte ist ein vollständiges Verzeichnis aller Teilakten und Nebenakten aufzunehmen. Wird die Personalakte nicht vollständig elektronisch oder in Schriftform geführt, legt die personalverwaltende Stelle jeweils fest, welche Teile in welcher Form geführt werden, und nimmt dies in das Verzeichnis nach Satz 4 auf.

(4) Zugang zur Personalakte dürfen nur Beschäftigte haben, die im Rahmen der Personalverwaltung mit der Bearbeitung von Personalangelegenheiten beauftragt sind, und nur soweit dies zu Zwecken der Personalverwaltung oder der Personalwirtschaft erforderlich ist; dies gilt auch für den Zugang im automatisierten Abrufverfahren. Auf Verlangen ist der oder dem behördlichen Datenschutzbeauftragten nach § 19a des Berliner Datenschutzgesetzes Zugang zur Personalakte zu gewähren. Jede Einsichtnahme nach Satz 2 ist aktenkundig zu machen.

§ 85
Beihilfeakte

Unterlagen über Beihilfen sind stets als Teilakte zu führen. Diese ist von der übrigen Personalakte getrennt aufzubewahren. Sie soll in einer von der übrigen Personalverwaltung getrennten Organisationseinheit bearbeitet werden. Die Organisationseinheit, in der die Beihilfeakte bearbeitet wird, darf mit den technischen Schritten zur Abbildung der Beihilfeanträge und der diesen zugrunde liegenden Belege geeignete Dritte beauftragen; dabei bleibt sie für den Schutz der Daten verantwortlich. Im Übrigen dürfen nur mit der Beihilfebearbeitung beauftragte Beschäftigte des Landes Berlin oder landesunmittelbarer Körperschaften, Anstalten oder Stiftungen des öffentlichen Rechts Zugang zu Beihilfevorgängen haben, und nur soweit dies zur Bearbeitung der Beihilfevorgänge erforderlich ist; dies gilt auch für den Zugang im automatisierten Abrufverfahren. Die Beihilfeakte darf für andere als Beihilfezwecke nur verwendet oder weitergegeben werden, wenn die oder der Beihilfeberechtigte und bei der Beihilfegewährung berücksichtigte Angehörige im Einzelfall einwilligen, die Einleitung oder Durchführung eines im Zusammenhang mit einem Beihilfeantrag stehenden behördlichen oder gerichtlichen Verfahrens dies erfordert oder soweit es zur Abwehr erheblicher Nachteile für das Gemeinwohl, einer sonst unmittelbar drohenden Gefahr für die öffentliche Sicherheit oder einer schwerwiegenden Beeinträchtigung der Rechte einer anderen Person erforderlich ist. Die Sätze 1 bis 6 gelten entsprechend für Unterlagen über Heilfürsorge und Heilverfahren.

§ 86
Anhörungspflicht

Beamtinnen und Beamte sind zu Beschwerden, Behauptungen und Bewertungen, die für sie ungünstig sind oder ihnen nachteilig werden können, vor deren Aufnahme in die Personalakte zu hören, soweit die Anhörung nicht nach anderen Rechtsvorschriften erfolgt. Ihre Äußerung ist zur Personalakte zu nehmen.

§ 87
Einsichtsrecht

(1) Beamtinnen und Beamte haben, auch nach Beendigung des Beamtenverhältnisses, ein Recht auf Einsicht in ihre vollständige Personalakte.

(2) Bevollmächtigten der Beamtin oder des Beamten ist Einsicht zu gewähren, soweit dienstliche Gründe nicht entgegenstehen. Dies gilt auch für Hinterbliebene und deren Bevollmächtigte, wenn ein berechtigtes Interesse glaubhaft gemacht wird. Für Auskünfte aus der Personalakte gelten die Sätze 1 und 2 entsprechend.

(3) Die personalaktenführende Behörde bestimmt, wo die Einsicht gewährt wird. Soweit dienstliche Gründe nicht entgegenstehen, können Auszüge, Abschriften, Ablichtungen oder Ausdrucke gefertigt werden; der Beamtin oder dem Beamten ist auf Verlangen ein Ausdruck der zu ihrer oder seiner Person automatisiert gespeicherten Personalaktendaten zu überlassen.

(4) Beamtinnen und Beamte haben ein Recht auf Einsicht auch in andere Akten, die personenbezogene Daten über sie enthalten und für ihr Dienstverhältnis verarbeitet oder genutzt werden, soweit gesetzlich nichts anderes bestimmt ist; dies gilt nicht für Sicherheitsakten. Die Einsichtnahme ist unzulässig, wenn die Daten der oder des Betroffenen mit Daten Dritter oder geheimhaltungsbedürftigen nicht personenbezogenen Daten derart verbunden sind, dass ihre Trennung nicht oder nur mit unverhältnismäßig großem Aufwand möglich ist. In diesem Fall ist der Beamtin oder dem Beamten Auskunft zu erteilen.

§ 88
Vorlage und Auskunft an Dritte

(1) Ohne Einwilligung der Beamtin oder des Beamten ist es zulässig, die Personalakte für Zwecke der Personalverwaltung oder Personalwirtschaft der obersten Dienstbehörde oder einer im Rahmen der Dienstaufsicht weisungsbefugten Behörde vorzulegen. Das Gleiche gilt für Behörden desselben Geschäftsbereichs, soweit die Vorlage zur Vorbereitung oder Durchführung einer Personalentscheidung notwendig ist, sowie für Behörden eines anderen Geschäftsbereichs desselben Dienstherrn, soweit diese an einer Personalentscheidung mitzuwirken haben. Ärztinnen und Ärzten, die im Auftrag der personalverwaltenden Behörde ein medizinisches Gutachten erstellen, darf die Personalakte ebenfalls ohne Einwilligung vorgelegt werden. Für Auskünfte aus der Personalakte gelten die Sätze 1 bis 3 entsprechend. Soweit eine Auskunft ausreicht, ist von einer Vorlage abzusehen. 21

(2) Auskünfte an Dritte dürfen nur mit Einwilligung der Beamtin oder des Beamten erteilt werden, es sei denn, dass die Abwehr einer erheblichen Beeinträchtigung des Gemeinwohls oder der Schutz berechtigter, höherrangiger Interessen der oder des Dritten die Auskunftserteilung zwingend erfordert. Soweit die Auskunft nicht mit Einwilligung der Beamtin oder des Beamten erfolgt, sind ihr oder ihm der Inhalt und die Empfängerin oder der Empfänger der Auskunft schriftlich mitzuteilen.

(2a) Ohne Einwilligung der Beamtin oder des Beamten ist es zur Erfüllung von Mitteilungs- und Auskunftspflichten im Rahmen der europäischen Verwaltungszusammenarbeit nach den §§ 8a bis 8e des Verwaltungsverfahrensgesetzes in Verbindung mit § 1 Absatz 1 des Gesetzes über das Verfahren der Berliner Verwaltung zulässig, auch Personalaktendaten im Wege der Auskunft zu übermitteln; dies gilt auch für Ruhestandsbeamtinnen und Ruhestandsbeamte.

(3) Vorlage und Auskunft sind auf den jeweils erforderlichen Umfang zu beschränken.

(4) Die Absätze 1 und 3 gelten entsprechend für Ruhestandsbeamtinnen und Ruhestandsbeamte, deren erneute Berufung in ein Beamtenverhältnis geprüft wird.

§ 89
Entfernung von Unterlagen

(1) Unterlagen über Beschwerden, Behauptungen und Bewertungen, auf die § 1 in Verbindung mit § 16 Absatz 3 und 4 Satz 1 des Disziplinargesetzes nicht anzuwenden ist, sind,

1. falls sie sich als unbegründet oder falsch erwiesen haben, mit Zustimmung der Beamtin oder des Beamten unverzüglich aus der Personalakte zu entfernen und zu vernichten,
2. falls sie für die Beamtin oder den Beamten ungünstig sind oder ihr oder ihm nachteilig werden können, auf Antrag nach einem Jahr zu entfernen und zu vernichten; dies gilt nicht für dienstliche Beurteilungen.

Die Frist nach Satz 1 Nummer 2 wird durch erneute Sachverhalte im Sinne dieser Vorschrift oder durch die Einleitung eines Straf- oder Disziplinarverfahrens unterbrochen. Stellt sich der erneute Vorwurf als unbegründet oder falsch heraus, gilt die Frist als nicht unterbrochen. Unterlagen, die nicht Personalaktendaten sind und deren Aufnahme in die Personalakten deshalb unzulässig war, sind mit Zustimmung der Beamtin oder des Beamten unverzüglich zu entfernen.

(2) Mitteilungen in Strafsachen, soweit sie nicht Bestandteil einer Disziplinarakte sind, sowie Auskünfte aus dem Bundeszentralregister sind mit Zustimmung der Beamtin oder des Beamten nach drei Jahren zu entfernen und zu vernichten. Absatz 1 Satz 2 und 3 gilt entsprechend.

§ 90
Aufbewahrungsfristen

(1) Die Personalakte ist nach ihrem Abschluss von der personalaktenführenden Behörde fünf Jahre aufzubewahren. Die Personalakte ist abgeschlossen,

1. wenn die Beamtin oder der Beamte ohne Versorgungsansprüche aus dem öffentlichen Dienst ausgeschieden ist, mit Ablauf des Jahres der Vollendung der Regelaltersgrenze, in den Fällen des § 24 des Beamtenstatusgesetzes und des § 1 in Verbindung mit § 10 des Disziplinargesetzes jedoch erst, wenn mögliche Versorgungsempfängerinnen und Versorgungsempfänger nicht mehr vorhanden sind,
2. wenn die Beamtin oder der Beamte ohne versorgungsrechtliche Hinterbliebene verstorben ist, mit Ablauf des Todesjahres,
3. wenn nach dem Tod der Beamtin oder des Beamten versorgungsberechtigte Hinterbliebene vorhanden sind, mit Ablauf des Jahres, in dem die letzte Versorgungsverpflichtung entfallen ist.

(2) Unterlagen über Beihilfen, Heilfürsorge, Heilverfahren, Unterstützung, Erholungsurlaub, Umzugs- und Reisekosten sind fünf Jahre nach Ablauf des Jahres, in dem die Bearbeitung des einzelnen Vorgangs abgeschlossen wurde, aufzubewahren. Unterlagen, aus denen die Art einer Erkrankung ersichtlich ist, sind unverzüglich zurückzugeben, wenn sie für den Zweck, zu dem sie vorgelegt worden sind, nicht mehr benötigt werden.

(3) Abweichend von Absatz 2 dürfen für Beihilfezwecke eingereichte Belege einbehalten werden; sie dürfen ausgesondert und vernichtet werden, wenn sie zur Aufgabenerfüllung nicht mehr benötigt werden. Satz 1 gilt nicht für Originalbelege, deren Vorlage vorgeschrieben oder ausdrücklich verlangt worden ist.

(4) Versorgungsakten sind sechs Jahre nach Ablauf des Jahres, in dem die letzte Versorgungszahlung geleistet worden ist, aufzubewahren; besteht die Möglichkeit eines Wiederauflebens des Anspruchs, sind die Akten 30 Jahre aufzubewahren.

(5) Die Personalakte wird nach Ablauf der Aufbewahrungsfrist vernichtet. Die Vorschriften des Archivgesetzes des Landes Berlin bleiben unberührt.

§ 91
Dateien

(1) Personalaktendaten dürfen in Dateien nur für Zwecke der Personalverwaltung oder der Personalwirtschaft verarbeitet oder genutzt werden. Ihre Übermittlung ist nur nach Maßgabe des § 88 zulässig. Ein automatisierter Datenabruf durch andere Behörden ist unzulässig, soweit durch besondere Rechtsvorschriften nichts anderes bestimmt ist.

(2) Personalaktendaten im Sinne des § 85 dürfen nur im Rahmen ihrer Zweckbestimmung und nur von den übrigen Personaldateien technisch und organisatorisch getrennt automatisiert verarbeitet und genutzt werden.

(3) Von den Unterlagen über medizinische oder psychologische Untersuchungen und Tests dürfen im Rahmen der Personalverwaltung nur die Ergebnisse automatisiert verarbeitet oder genutzt werden, soweit sie die Eignung betreffen und ihre Verarbeitung oder Nutzung dem Schutz der Beamtin oder des Beamten dient.

(4) Beamtenrechtliche Entscheidungen dürfen nicht ausschließlich auf Informationen und Erkenntnisse gestützt werden, die unmittelbar durch automatisierte Verarbeitung personenbezogener Daten gewonnen werden.

(5) Bei erstmaliger Speicherung ist den Betroffenen die Art der über sie nach Absatz 1 gespeicherten Daten mitzuteilen, bei wesentlichen Änderungen sind sie zu benachrichtigen. Ferner sind die Verarbeitungs- und Nutzungsformen automatisierter Personalverwaltungsverfahren zu dokumentieren und einschließlich des jeweiligen Verwendungszweckes sowie der regelmäßig empfangenden Stelle und des Inhalts automatisierter Datenübermittlung allgemein bekannt zu geben.

ABSCHNITT 7
Beschwerdeweg und Rechtsschutz

§ 92
Anträge und Beschwerden

(1) Beamtinnen und Beamte können Anträge und Beschwerden vorbringen. Hierbei ist der Dienstweg einzuhalten. Der Beschwerdeweg bis zur obersten Dienstbehörde steht offen.

(2) Richtet sich die Beschwerde gegen die unmittelbare Vorgesetzte oder den unmittelbaren Vorgesetzten, kann sie bei der oder dem nächsthöheren Vorgesetzten unmittelbar eingereicht werden.

§ 93
Verwaltungsrechtsweg

(1) Eines Vorverfahrens bedarf es nicht:

1. in Angelegenheiten, die die Auswahl und Ernennung bei der Bewerbung um eine Beamtenstelle betreffen,
2. in Angelegenheiten, die die dienstliche Beurteilung betreffen,
3. bei der Entscheidung über die Versetzung in den einstweiligen Ruhestand.

(2) Widerspruch und Anfechtungsklage gegen Abordnung, Versetzung, Übernahme bei Umbildung einer Körperschaft oder Verbot der Führung der Dienstgeschäfte nach § 39 des Beamtenstatusgesetzes haben keine aufschiebende Wirkung. Keine Versetzungen im Sinne von Satz 1 sind solche, die das Beamtenverhältnis beenden.[1]

1) S. auch § 54 Absatz 4 des BeamtStG (22).

§ 94
Vertretung des Dienstherrn

(1) Bei Klagen aus dem Beamtenverhältnis wird der Dienstherr durch die oberste Dienstbehörde vertreten, der die Beamtin oder der Beamte untersteht oder bei Beendigung des Beamtenverhältnisses unterstanden hat. Die oberste Dienstbehörde kann die Vertretung anderen Behörden übertragen.[1)]

(2) Besteht die oberste Dienstbehörde nicht mehr und ist eine andere Behörde nicht bestimmt, so tritt an ihre Stelle die für grundsätzliche allgemeine beamtenrechtliche Angelegenheiten zuständige Senatsverwaltung.

ABSCHNITT 8
Besondere Arten von Beamtenverhältnissen

Unterabschnitt 1
Beamtenverhältnisse auf Zeit

§ 95
Allgemeines

(1) Die Fälle, die Voraussetzungen und die Amtszeit eines Beamtenverhältnisses auf Zeit nach § 4 Absatz 2 Buchstabe a des Beamtenstatusgesetzes werden durch Gesetz geregelt.

(2) Die Vorschriften über die Laufbahnen finden keine Anwendung.

(3) Ein Beamtenverhältnis auf Zeit kann nicht in ein Beamtenverhältnis auf Lebenszeit, ein Beamtenverhältnis auf Lebenszeit nicht in ein Beamtenverhältnis auf Zeit umgewandelt werden.

(4) Eine Entlassung nach § 22 Absatz 3 des Beamtenstatusgesetzes tritt nicht ein, wenn ein Beamtenverhältnis nach § 4 Absatz 4 des Beamtenstatusgesetzes oder ein Ehrenbeamtenverhältnis nach § 5 des Beamtenstatusgesetzes begründet wird.

(5) Wird die Beamtin auf Zeit oder der Beamte auf Zeit im Anschluss an ihre oder seine Amtszeit erneut in dasselbe Amt berufen, gilt das Beamtenverhältnis als nicht unterbrochen. Sie oder er ist verpflichtet, das Amt weiterzuführen, wenn eine erneute Ernennung unter mindestens gleichgünstigen Bedingungen für eine weitere Amtszeit erfolgen soll.

§ 96
Beendigung des Beamtenverhältnisses auf Zeit

(1) Mit Ablauf der Zeit, für die die Beamtin auf Zeit oder der Beamte auf Zeit ernannt ist, tritt sie oder er in den Ruhestand, soweit gesetzlich nichts anderes bestimmt ist.

(2) Der Eintritt in den Ruhestand ist ausgeschlossen, wenn die Beamtin auf Zeit oder der Beamte auf Zeit der Verpflichtung nach § 95 Absatz 5 Satz 2, das Amt nach Ablauf der Amtszeit weiterzuführen, nicht nachkommt.

(3) Tritt die Beamtin auf Zeit oder der Beamte auf Zeit mit Ablauf der Zeit, für die sie oder er ernannt ist, nicht in den Ruhestand, so ist sie oder er mit diesem Zeitpunkt entlassen, sofern sie oder er nicht für eine weitere Amtszeit berufen wird.

(4) Der einstweilige Ruhestand einer Beamtin auf Zeit oder eines Beamten auf Zeit endet mit dem Ablauf der Amtszeit. Sie oder er gilt mit Ablauf der Amtszeit als dauernd in den Ruhestand getreten, wenn sie oder er bei Verbleiben im Amt mit Ablauf der Amtszeit in den Ruhestand getreten wäre.

---

1) S. Fußnote 1 zu § 113.

Unterabschnitt 2
Beamtenverhältnisse auf Probe für Leitungsfunktionen

§ 97
Ämter mit leitender Funktion im Beamtenverhältnis auf Probe

(1) Die mindestens der Besoldungsgruppe A 13 angehörenden Ämter

1. der Leiterinnen und Leiter von Leistungs- und Verantwortungszentren, Serviceeinheiten und Steuerungsdiensten sowie ihrer ständigen Vertreterinnen und Vertreter,
2. der Leiterinnen und Leiter von Behörden und nicht rechtsfähigen Anstalten, insbesondere der Leiterinnen und Leiter von Schulen, sowie ihrer ständigen Vertreterinnen und Vertreter, der Abteilungsleiterinnen und Abteilungsleiter, der Referatsleiterinnen und Referatsleiter sowie
3. mit einer mit Nummer 2 mindestens vergleichbaren Leitungsverantwortung

werden, soweit sie nicht richterliche Unabhängigkeit besitzen, in der Berliner Verwaltung (§ 2 Absatz 2 und 3 des Allgemeinen Zuständigkeitsgesetzes) sowie in den Bereichen der in § 3 Absatz 1 Satz 1 Nummer 2 bis 5 genannten obersten Dienstbehörden und in den Körperschaften, Anstalten und Stiftungen des öffentlichen Rechts zunächst im Beamtenverhältnis auf Probe übertragen. Die Probezeit beträgt zwei Jahre. Eine Verlängerung der Probezeit ist nicht zulässig. Satz 1 gilt nicht für Ämter, die auf Grund gesetzlicher Vorschriften im Beamtenverhältnis auf Zeit übertragen werden oder die in § 46 Absatz 1 Satz 1 genannt sind. § 13 Absatz 2 Satz 2 des Laufbahngesetzes findet keine Anwendung.

(2) In ein Amt im Sinne des Absatzes 1 darf nur berufen werden, wer

1. sich in einem Beamtenverhältnis auf Lebenszeit oder Richterverhältnis auf Lebenszeit befindet und
2. in dieses Amt auch als Beamtin auf Lebenszeit oder Beamter auf Lebenszeit berufen werden könnte, insbesondere zum Zeitpunkt der Berufung in das Beamtenverhältnis auf Probe die laufbahnrechtlichen Voraussetzungen für eine Berufung in dieses Amt im Beamtenverhältnis auf Lebenszeit erfüllen würde.

Vom Tage der Ernennung an ruhen für die Dauer der Probezeit die Rechte und Pflichten aus dem Amt, das der Beamtin oder dem Beamten zuletzt im Beamtenverhältnis auf Lebenszeit oder im Richterverhältnis auf Lebenszeit übertragen worden ist, mit Ausnahme der Pflicht zur Amtsverschwiegenheit und des Verbots der Annahme von Belohnungen und Geschenken; das Beamtenverhältnis auf Lebenszeit oder das Richterverhältnis auf Lebenszeit besteht fort. Dienstvergehen, die mit Bezug auf das Beamtenverhältnis auf Lebenszeit, das Richterverhältnis auf Lebenszeit oder das Beamtenverhältnis auf Probe begangen worden sind, werden so verfolgt, als stünde die Beamtin oder der Beamte nur im Beamtenverhältnis auf Lebenszeit oder im Richterverhältnis auf Lebenszeit.

(3) Der Landespersonalausschuss kann für einzelne Fälle Ausnahmen von Absatz 2 Satz 1 Nummer 2 zulassen.

(4) Mit erfolgreichem Abschluss der Probezeit ist der Beamtin oder dem Beamten das Amt nach Absatz 1 auf Dauer im Beamtenverhältnis auf Lebenszeit zu übertragen. Einer Richterin oder einem Richter darf das Amt nach Absatz 1 auf Dauer im Beamtenverhältnis auf Lebenszeit beim gleichen Dienstherrn nur übertragen werden, wenn sie oder er die zum Zeitpunkt des Wirksamwerdens der Ernennung im Beamtenverhältnis auf Lebenszeit erfolgende Entlassung aus dem Richteramt schriftlich nach § 21 Absatz 2 Nummer 4 des Deutschen Richtergesetzes verlangt hat. Eine Entlassung nach § 22 Absatz 5 des Beamtenstatusgesetzes ist abweichend von Absatz 1 Satz 2 bereits nach Ablauf von zwölf Monaten möglich, wenn innerhalb des ersten Jahres festgestellt wird, dass sich die Beamtin oder der Beamte in der Probezeit nicht bewähren wird. Bei Zweifeln an der erfolgreichen Bewäh-

rung sind regelmäßig, mindestens alle drei Monate seit Feststellung der begründeten Zweifel, Mitarbeiter- und Vorgesetztengespräche zu führen. Wird das Amt nicht auf Dauer übertragen, so endet der Anspruch auf Besoldung aus diesem Amt. Weitergehende Ansprüche bestehen nicht. Eine erneute Berufung der Beamtin oder des Beamten in ein Beamtenverhältnis auf Probe zur Übertragung dieses Amtes innerhalb eines Jahres ist nicht zulässig. Die oberste Dienstbehörde kann in Fällen, in denen die Probezeit erstmalig nur deshalb nicht erfolgreich abgeschlossen worden ist, weil das Amt mit leitender Funktion während eines langfristigen Zeitraums nicht wahrgenommen wurde, Ausnahmen von Satz 7 zulassen.

(5) Die Beamtin oder der Beamte führt während ihrer oder seiner Amtszeit im Dienst nur die Amtsbezeichnung des ihr oder ihm nach Absatz 1 übertragenen Amtes; sie oder er darf nur sie auch außerhalb des Dienstes führen.

(6) Erfüllt die Beamtin oder der Beamte die laufbahnrechtlichen Voraussetzungen nach Absatz 2 Satz 1 Nummer 2 für das auf Probe zu verleihende Amt nach Absatz 1 nicht, können ihr oder ihm die regelmäßig zu durchlaufenden Ämter im Beamtenverhältnis auf Lebenszeit übertragen werden, soweit die laufbahnrechtlichen Voraussetzungen für die Übertragung des jeweiligen Amtes erfüllt sind.

(7) Wird die Beamtin oder der Beamte in ein anderes Amt mit leitender Funktion nach Absatz 1 versetzt oder umgesetzt, das in dieselbe Besoldungsgruppe eingestuft ist wie das ihr oder ihm zuletzt übertragene Amt mit leitender Funktion, so läuft die Probezeit weiter.

(8) Wird der Beamtin oder dem Beamten während des Laufs der Probezeit eine leitende Funktion übertragen, die einem höherwertigen Amt nach Absatz 1 Satz 1 entspricht als das im Beamtenverhältnis auf Probe innegehabte Amt, endet die Probezeit. Das im Beamtenverhältnis auf Probe innegehabte niedrigerwertige Amt kann im Beamtenverhältnis auf Lebenszeit übertragen werden, sofern die laufbahnrechtlichen Voraussetzungen für die Übertragung dieses Amtes erfüllt sind. Dabei können die im Beamtenverhältnis auf Probe im niedrigerwertigen Amt verbrachten Zeiten auf die laufbahnrechtliche Erprobungszeit nach § 13 Absatz 2 Satz 2 des Laufbahngesetzes für das entsprechende Amt angerechnet werden.

(9) Wird die Beamtin oder der Beamte während des Laufs der Probezeit in ein Amt versetzt oder umgesetzt, das nicht von Absatz 1 Satz 1 erfasst wird, so endet die Probezeit.

Unterabschnitt 3
Ehrenbeamtenverhältnisse

§ 98
Ehrenbeamtinnen und Ehrenbeamte

(1) Für Ehrenbeamtinnen und Ehrenbeamte nach § 5 des Beamtenstatusgesetzes gelten die Vorschriften des Beamtenstatusgesetzes und dieses Gesetzes mit folgenden Maßgaben:

1. Keine Anwendung finden § 23 Absatz 1 Satz 1 Nummer 5 und §§ 25 bis 32 des Beamtenstatusgesetzes sowie die Regelungen in Abschnitt 5 Unterabschnitt 3 über den Ruhestand. Abweichend von § 22 Absatz 1 Nummer 2 des Beamtenstatusgesetzes können Ehrenbeamtinnen und Ehrenbeamte mit Erreichen der Altersgrenze durch Verwaltungsakt entlassen werden. Im Übrigen sind sie zu entlassen, wenn die Voraussetzungen gegeben sind, unter denen eine Beamtin auf Lebenszeit oder ein Beamter auf Lebenszeit in den Ruhestand oder in den einstweiligen Ruhestand zu versetzen ist oder versetzt werden kann.
2. Die Vorschriften des Abschnitts 6 Unterabschnitt 3 über Nebentätigkeiten finden mit Ausnahme von §§ 61, 65 und 66 keine Anwendung.

3. Keine Anwendung finden die Regelungen über die Kriterien der Ernennung nach § 9 des Beamtenstatusgesetzes, die Auswahl von Bewerberinnen und Bewerbern nach § 8 Absatz 1, das Erlöschen eines privatrechtlichen Arbeitsverhältnisses nach § 13 Absatz 2, die Arbeitszeit nach §§ 52 und 53, die Wohnung und den Aufenthalt nach § 69, die Beihilfe nach § 76, die Besoldung, Versorgung und sonstige Geldleistungen nach § 75, die Abordnung und Versetzung nach §§ 14 und 15 des Beamtenstatusgesetzes und nach §§ 27 und 28.

(2) Die Unfallfürsorge für Ehrenbeamtinnen und Ehrenbeamte und ihre Hinterbliebenen richtet sich nach § 68 des Beamtenversorgungsgesetzes in der am 31. August 2006 geltenden Fassung.

(3) Im Übrigen regeln sich die Rechtsverhältnisse der Ehrenbeamtinnen und Ehrenbeamten nach den besonderen für die einzelnen Gruppen der Ehrenbeamtenverhältnisse geltenden Vorschriften.

ABSCHNITT 9
Besondere Beamtengruppen

Unterabschnitt 1
Hochschulen

§ 99
Wissenschaftliches und künstlerisches Personal

Für das beamtete wissenschaftliche und künstlerische Personal an Hochschulen gelten die Vorschriften dieses Gesetzes, soweit im Berliner Hochschulgesetz nichts anderes bestimmt ist.

Unterabschnitt 2
Polizei

§ 100
Begriffsbestimmung

Polizeivollzugskräfte sind die Beamtinnen und Beamten der Schutzpolizei, der Kriminalpolizei und des Gewerbeaußendienstes.

§ 101
Pflichten der Polizeivollzugskräfte

Die Polizeivollzugskräfte haben neben den allgemeinen Beamtenpflichten die sich aus dem Wesen des Polizeivollzugsdienstes und ihrer dienstlichen Stellung ergebenden besonderen Pflichten. Sie haben das Ansehen der Polizei und Disziplin zu wahren und sich rückhaltlos für die öffentliche Sicherheit und Ordnung und für den Schutz der freiheitlichen demokratischen Grundordnung im Sinne des Grundgesetzes und der Verfassung von Berlin einzusetzen.

§ 102
Gemeinsames Wohnen

(1) Die Polizeivollzugskräfte können für die Dauer einer besonderen Verwendung oder Bereitstellung oder einer Übung zum Wohnen in einer Gemeinschaftsunterkunft und zur Teilnahme an einer Gemeinschaftsverpflegung verpflichtet werden.

(2) Das Nähere regelt die oberste Dienstbehörde durch Verwaltungsvorschriften.

§ 103
Heilfürsorge

(1) Polizeivollzugskräfte des mittleren Dienstes der Schutzpolizei haben für die Dauer des Vorbereitungsdienstes oder des Ausbildungsdienstes Anspruch auf freie Heilfürsorge. Diesen Anspruch haben alle Polizeivollzugskräfte für die Dauer einer besonderen Verwendung oder Bereitstellung.

(2) Das Nähere regelt der Senat durch Rechtsverordnung.

§ 104
Altersgrenze

(1) Abweichend von § 38 Absatz 1 Satz 1 bildet für Polizeivollzugskräfte des mittleren Dienstes das vollendete 61., für die des gehobenen Dienstes das vollendete 62. Lebensjahr die Altersgrenze. Ist die Laufbahnbefähigung im Aufstieg erworben worden, bildet für Polizeivollzugskräfte des gehobenen Dienstes das vollendete 61., für die des höheren Dienstes das vollendete 63. Lebensjahr die Altersgrenze. Dem Aufstieg steht der Wechsel in die nächsthöhere Dienstlaufbahn im Beitrittsgebiet vor dem 3. Oktober 1990 gleich.

(2) Der Eintritt in den Ruhestand kann auf Antrag der Polizeivollzugskraft, wenn es im dienstlichen Interesse liegt, um eine bestimmte Frist, die jeweils ein Jahr nicht übersteigen darf, um insgesamt drei Jahre hinausgeschoben werden.

§ 105
Polizeidienstunfähigkeit

(1) Dienstunfähigkeit liegt vor, wenn die Polizeivollzugskraft den besonderen gesundheitlichen Anforderungen für den Polizeivollzugsdienst nicht mehr genügt und nicht zu erwarten ist, dass sie ihre volle Verwendungsfähigkeit innerhalb zweier Jahre wiedererlangt (Polizeidienstunfähigkeit). Die Polizeidienstunfähigkeit wird auf Grund des Gutachtens einer oder eines von der Dienstbehörde bestimmten Ärztin oder Arztes festgestellt.

(2) Die Polizeivollzugskraft soll bei Polizeidienstunfähigkeit in ein Amt einer anderen Laufbahn versetzt werden, wenn

1. die gesundheitliche Eignung für eine Verwendung in Funktionen des Vollzugsdienstes, die die besonderen gesundheitlichen Anforderungen auf Dauer nicht mehr erfordern (funktionsbezogene Dienstfähigkeit), nicht gegeben oder eine Verwendung funktionsbezogen dienstfähiger Polizeivollzugskräfte in Funktionen des Polizeivollzugsdienstes aus zwingenden dienstlichen Gründen nicht möglich ist,
2. zwingende dienstliche Gründe einer Versetzung nicht entgegenstehen und
3. die sonstigen Voraussetzungen des § 28 erfüllt sind.

Besitzt sie die Befähigung für die neue Laufbahn nicht, so hat sie die ihr gebotene Gelegenheit wahrzunehmen, während ihrer Zugehörigkeit zum Polizeivollzugsdienst die für die Wahrnehmung der Aufgaben der neuen Laufbahn erforderlichen Kenntnisse und Fähigkeiten zu erwerben und die Befähigung für die neue Laufbahn nach Maßgabe der Rechtsverordnungen nach § 29 Absatz 2 des Laufbahngesetzes nachzuweisen. Soweit für die neue Laufbahn keine Rechtsverordnung nach § 29 Absatz 2 des Laufbahngesetzes erlassen wurde, weil nach § 9 Absatz 1 des Laufbahngesetzes andere gleichwertige Befähigungsvoraussetzungen vorgeschrieben worden sind, regelt das Nähere über den Nachweis der für die neue Laufbahn erforderlichen Kenntnisse und Fähigkeiten die für die Ordnung dieser Laufbahn zuständige oberste Dienstbehörde durch besondere Rechtsverordnung.

(3) Auch bei Polizeidienstunfähigkeit, funktionsbezogener Dienstfähigkeit nach Absatz 2 Satz 1 Nummer 1 oder aus anderen Gründen begrenzter Dienstfähigkeit nach § 27 des Beamtenstatusgesetzes ist eine erneute Berufung in das Beamtenverhältnis möglich; § 29 Absatz 2 des Beamtenstatusgesetzes gilt entsprechend.

Unterabschnitt 3
Feuerwehr

§ 106
Feuerwehrkräfte

(1) Feuerwehrkräfte sind die Beamtinnen und Beamten des feuerwehrtechnischen Dienstes.

(2) Feuerwehrtechnischen Einsatzdienst leisten Feuerwehrkräfte, deren Amt durch die Verwendung im unmittelbaren Brandbekämpfungs- und Hilfeleistungsdienst vor Ort geprägt wird. Der feuerwehrtechnische Einsatzdienst wird durch Urlaub, Krankheit, vorübergehende Feuerwehrdienstunfähigkeit und Kuraufenthalte nicht unterbrochen. Gleiches gilt für Verwendungen, die im besonderen dienstlichen oder im besonderen öffentlichen Interesse des Landes Berlin oder der Bundesrepublik Deutschland liegen; Einzelheiten regelt die oberste Dienstbehörde durch Verwaltungsvorschrift.

(3) Abweichend von § 38 Absatz 1 Satz 1 bildet im feuerwehrtechnischen Dienst, soweit mindestens 15 Jahre feuerwehrtechnischer Einsatzdienst geleistet worden sind, für Feuerwehrkräfte des mittleren Dienstes das vollendete 60. Lebensjahr, für Feuerwehrkräfte des gehobenen Dienstes das vollendete 61. Lebensjahr und für Feuerwehrkräfte des höheren Dienstes das vollendete 63. Lebensjahr die Altersgrenze. Soweit bei Erreichen der in Satz 1 genannten Altersgrenzen nicht mindestens 15 Jahre feuerwehrtechnischer Einsatzdienst geleistet worden sind, erreichen die Feuerwehrkräfte mit Beendigung des 15. Jahres Einsatzdienst die Altersgrenze, spätestens jedoch zu dem in § 38 Absatz 1 Satz 1 genannten Zeitpunkt. § 104 Absatz 2 und § 105 finden entsprechende Anwendung.

Unterabschnitt 4
Justizvollzug

§ 107
Justizvollzugskräfte

Auf Justizvollzugsbeamtinnen und Justizvollzugsbeamte (Justizvollzugskräfte) finden die §§ 104 und 105 entsprechende Anwendung.

ABSCHNITT 10
Übergangsvorschriften

§ 108
Übergangsvorschrift zum Haushaltsstrukturgesetz 1998

Für am 1. April 1998 vorhandene
1. Versorgungsempfängerinnen und Versorgungsempfänger,
2. Schwerbehinderte und
3. Personen, die das 55. Lebensjahr vollendet haben, bleiben Aufwendungen für Wahlleistungen bei stationärer Behandlung nach den bis zum 31. März 1998 geltenden Beihilfevorschriften beihilfefähig. Für beihilfeberechtigte Angehörige gilt Satz 1 entsprechend.

§ 109
Übergangsvorschrift zum 25. Landesbeamtenrechtsänderungsgesetz

(1) Abweichend von §§ 104 und 107 bildet für die dort genannten Beamtinnen und Beamten

1. des mittleren Dienstes
   des Geburtsjahrgangs 1948 der dem Vortag des vollendeten 60. Lebensjahres nach sechs Monaten folgende Tag und
   des Geburtsjahrgangs 1949 der dem Vortag des vollendeten 60. Lebensjahres nach neun Monaten folgende Tag,
2. des gehobenen Dienstes
   des Geburtsjahrgangs 1947 der dem Vortag des vollendeten 60. Lebensjahres nach sechs Monaten folgende Tag und, soweit die Laufbahnbefähigung nicht im Aufstieg erworben worden ist, darüber hinaus
   des Geburtsjahrgangs 1948 die Vollendung des 61. Lebensjahres und
   des Geburtsjahrgangs 1949 der dem Vortag des vollendeten 61. Lebensjahres nach sechs Monaten folgende Tag

die Altersgrenze.

(2) Abweichend von § 104 bildet für die dort genannten Beamtinnen und Beamten des höheren Dienstes
des Geburtsjahrgangs 1947 das vollendete 61. Lebensjahr,
des Geburtsjahrgangs 1948 das vollendete 62. Lebensjahr und, soweit die Laufbahnbefähigung nicht im Aufstieg erworben worden ist, darüber hinaus
des Geburtsjahrgangs 1949 das vollendete 63. Lebensjahr und
des Geburtsjahrgangs 1950 das vollendete 64. Lebensjahr
die Altergrenze.

(3) Abweichend von § 106 bildet für die dort genannten Beamtinnen und Beamten
1. des mittleren und gehobenen Dienstes, die die Voraussetzungen des § 108 des Landesbeamtengesetzes in der bis zum Inkrafttreten des Gesetzes vom 23. Juni 2005 (GVBl. S. 335) geltenden Fassung, nicht aber die des § 106 Absatz 3 Satz 1 und 2 erfüllen,
   des Geburtsjahrgangs 1948 das vollendete 62. Lebensjahr,
   des Geburtsjahrgangs 1949 das vollendete 63. Lebensjahr und
   des Geburtsjahrgangs 1950 das vollendete 64. Lebensjahr,
2. des höheren Dienstes, die die Voraussetzungen des § 108 des Landesbeamtengesetzes in der bis zum Inkrafttreten des Gesetzes vom 23. Juni 2005 (GVBl. S. 335) geltenden Fassung und die des § 106 Absatz 3 Satz 1 und 2 erfüllen,
   des Geburtsjahrgangs 1948 das vollendete 62. Lebensjahr,
3. des höheren Dienstes, die die Voraussetzungen des § 108 des Landesbeamtengesetzes in der bis zum Inkrafttreten des Gesetzes vom 23. Juni 2005 (GVBl. S. 335) geltenden Fassung, nicht aber die des § 106 Absatz 3 Satz 1 und 2 erfüllen,
   des Geburtsjahrgangs 1948 das vollendete 62. Lebensjahr,
   des Geburtsjahrgangs 1949 das vollendete 63. Lebensjahr und
   des Geburtsjahrgangs 1950 das vollendete 64. Lebensjahr

die Altersgrenze.

(4) Soweit Zeiten der Verwendung im feuerwehrtechnischen Einsatzdienst nicht zweifelsfrei nachgewiesen werden können, bildet für Zeiträume vor dem 1. Mai 2004 die Gewährung der Feuerwehrzulage beziehungsweise der entsprechenden nach tarifrechtlichen Regelungen gewährten Zulage den Nachweis einer Verwendung im feuerwehrtechnischen Einsatzdienst. Lassen die Personalakten der aus dem Organ Feuerwehr der Deutschen Demokratischen Republik übernommenen Beamtinnen und Beamten des feuerwehrtechnischen Dienstes oder andere amtliche Nachweise eine Feststellung des geleisteten Einsatzdienstes nach § 106 Absatz 2 Satz 1 nicht zu, so kann die Verwendung im feuerwehrtechnischen Einsatzdienst vor dem 3. Oktober 1990 durch Versicherung an Eides statt nach § 27 des Verwaltungsverfahrensgesetzes glaubhaft gemacht werden. Die Berliner Feuerwehr (§ 1 Absatz 2 des Feuerwehrgesetzes) ist zu dem in Satz 2 genannten Zweck befugt, Erklärungen nach § 27 des Verwaltungsverfahrensgesetzes abzunehmen.

§ 110
Übergangsvorschrift zum 26. Landesbeamtenrechtsänderungsgesetz

(1) Für Beamtinnen und Beamte, denen bis zum 26. April 2008 eine Altersteilzeitbeschäftigung bewilligt wurde, gelten § 35c des Landesbeamtengesetzes und § 11 Absatz 2 der Arbeitszeitverordnung in der jeweils bis zum Inkrafttreten des Sechsundzwanzigsten Landesbeamtenrechtsänderungsgesetzes vom 17. April 2008 (GVBl. S. 94) geltenden Fassung. Ferner gilt für diese abweichend von § 8 Absatz 1 des Landesbesoldungsgesetzes die Altersteilzeitzuschlagsverordnung in der Fassung der Bekanntmachung vom 23. August 2001 (BGBl. I S. 2239), die zuletzt durch Artikel 16 des Gesetzes vom 10. September 2003 (BGBl. I S. 1798) geändert worden ist, sowie abweichend von § 8 Absatz 2 des Landesbesoldungsgesetzes § 6 Absatz 1 Satz 3 Halbsatz 2 des Beamtenversorgungsgesetzes in der Fassung der Bekanntmachung vom 16. März 1999 (BGBl. I S. 322, 847, 2033), das zuletzt durch Artikel 6 des Gesetzes vom 19. Juli 2006 (BGBl. I S. 1652) geändert worden ist.

(2) Für Beamtinnen und Beamte, denen nach Artikel IV Absatz 2 des Sechsundzwanzigsten Landesbeamtenrechtsänderungsgesetzes vom 17. April 2008 (GVBl. S. 94) Altersteilzeit bewilligt wurde, gilt Absatz 1 entsprechend.

§ 110a
Übergangsvorschrift zum Dienstrechtsänderungsgesetz

Für Beamtenverhältnisse auf Widerruf der Laufbahnen des Steuerverwaltungsdienstes endet abweichend von § 33 Absatz 5 das Beamtenverhältnis kraft Gesetzes im Falle des Bestehens der Laufbahnprüfung mit Ablauf des Tages der schriftlichen Bekanntgabe des Prüfungsergebnisses durch den Prüfungsausschuss, frühestens jedoch mit Ablauf der für den Vorbereitungsdienst im Allgemeinen oder im Einzelfall festgesetzten Zeit. Es endet ferner mit Ablauf des Tages, an dem das endgültige Nichtbestehen einer laufbahnrechtlichen Prüfung durch den Prüfungsausschuss schriftlich bekannt gegeben wird.

§ 110b
Besondere Altersgrenze für Personalüberhangkräfte

Beamtinnen und Beamte der Berliner Verwaltung (§ 2 des Allgemeinen Zuständigkeitsgesetzes), die seit mindestens einem Jahr dem Personalüberhang zugeordnet sind, können, wenn sie das 60. Lebensjahr vollendet haben, auf Antrag in den Ruhestand versetzt werden, wenn es im dienstlichen Interesse liegt. § 38 Absatz 2 Satz 2 gilt entsprechend.

§ 111
Altersteilzeitbeschäftigung

(1) Einer Beamtin oder einem Beamten mit Dienstbezügen kann vorbehaltlich einer Entscheidung der obersten Dienstbehörde nach Absatz 4 auf Antrag, der sich auf die Zeit bis zum Beginn des Ruhestands erstrecken muss, Teilzeitbeschäftigung als Altersteilzeit mit der Hälfte der regelmäßigen Arbeitszeit bewilligt werden, wenn

1. sie oder er das 60. Lebensjahr vollendet hat,
2. sie oder er in den letzten fünf Jahren vor Beginn der Altersteilzeitbeschäftigung drei Jahre mindestens teilzeitbeschäftigt war,
3. die Altersteilzeitbeschäftigung vor dem 1. Januar 2010 beginnt,
4. dienstliche Belange, insbesondere die Aufrechterhaltung einer geordneten Verwaltung und Rechtspflege, nicht entgegenstehen und
5. die Finanzierung eines durch die Altersteilzeitgewährung erforderlichen zusätzlichen Personalbedarfs gesichert ist.

(2) Zeiten der Inanspruchnahme von Elternzeit nach § 1 Absatz 1 der Elternzeitverordnung in der Fassung der Bekanntmachung vom 11. November 2004 (BGBl. I S. 2841), die zuletzt durch Artikel 2 Absatz 22 des Gesetzes vom 5. Dezember 2006 (BGBl. I S. 2748) geändert worden ist, stehen einer Teilzeitbeschäftigung im Sinne von Absatz 1 Nummer 2 gleich.

(3) § 54 Absatz 2 und § 58 gelten entsprechend.

(4) Die oberste Dienstbehörde kann von der Anwendung der Vorschrift ganz absehen oder sie auf bestimmte Verwaltungsbereiche oder Beamtengruppen beschränken.

ABSCHNITT 11
Schlussvorschriften

§ 112
Mitwirkung der Aufsichtsbehörde von Körperschaften

Ist Dienstherr einer Beamtin oder eines Beamten eine der Aufsicht des Landes Berlin unterstehende Körperschaft, Anstalt oder Stiftung des öffentlichen Rechts, so kann die Aufsichtsbehörde in den Fällen, in denen nach diesem Gesetz oder dem Beamtenversorgungsgesetz in der am 31. August 2006 geltenden Fassung die oberste Dienstbehörde die Entscheidung hat, sich diese Entscheidung vorbehalten oder die Entscheidung von ihrer vorherigen Genehmigung abhängig machen; auch kann sie im Einvernehmen mit der für grundsätzliche allgemeine beamtenrechtliche Angelegenheiten zuständigen Senatsverwaltung verbindliche Grundsätze für die Entscheidungen der Dienstbehörde und obersten Dienstbehörde aufstellen.

§ 113
Übertragung von Befugnissen

Ist die oberste Dienstbehörde oder die Dienstbehörde in beamtenrechtlichen Gesetzen oder Rechtsverordnungen ermächtigt, Befugnisse auf andere Behörden zu übertragen, hat die Übertragung durch eine Anordnung zu erfolgen. Die Anordnung ist im Amtsblatt für Berlin zu veröffentlichen.[1)]

§ 114
Verwaltungsvorschriften

Die im Geltungsbereich dieses Gesetzes zur Ausführung des Beamtenstatusgesetzes oder dieses Gesetzes erforderlichen Verwaltungsvorschriften erlässt die für grundsätzliche allgemeine beamtenrechtliche Angelegenheiten zuständige Senatsverwaltung, soweit in diesem Gesetz nichts anderes bestimmt ist. Hiervon abweichend erlässt Verwaltungsvorschriften in speziellen Angelegenheiten der Beamtinnen und Beamten der Polizei und Feuerwehr die für diese zuständige oberste Dienstbehörde.

Anmerkung: Das Landesbeamtengesetz ist nach Artikel XIII § 6 Abs. 1 des Dienstrechtsänderungsgesetz vom 19. März 2009 (GVBl. S. 70) am 1. April 2009 in Kraft getreten.

1) Anordnungen zur Übertragung von Zuständigkeiten der Senatsverwaltung für Inneres und Sport als oberste Dienstbehörde auf
- den Polizeipräsidenten in Berlin, die Berliner Feuerwehr und das Landesamt für Bürger- und Ordnungsangelegenheiten vom 20. April 2009 (ABl. S. 1037)
- die Bezirksämter vom 29. April 2009 (ABl. S. 1189), geändert durch Anordnung vom 1. November 2010 (ABl. S. 1855).

Gesetz zur Regelung des Statusrechts der Beamtinnen und Beamten in den Ländern (Beamtenstatusgesetz – BeamtStG)

Vom 17. Juni 2008 (BGBl. I S. 1010),
zuletzt geändert durch Artikel 2 des Gesetzes vom 8. Juni 2017
(BGBl. I S. 1570)

INHALTSÜBERSICHT

ABSCHNITT 1
Allgemeine Vorschriften

§ 1
Geltungsbereich

Dieses Gesetz regelt das Statusrecht der Beamtinnen und Beamten der Länder, Gemeinden und Gemeindeverbände sowie der sonstigen der Aufsicht eines Landes unterstehenden Körperschaften, Anstalten und Stiftungen des öffentlichen Rechts.

§ 2
Dienstherrnfähigkeit

Das Recht, Beamtinnen und Beamte zu haben, besitzen

1. Länder, Gemeinden und Gemeindeverbände,
2. sonstige Körperschaften, Anstalten und Stiftungen des öffentlichen Rechts, die dieses Recht im Zeitpunkt des Inkrafttretens dieses Gesetzes besitzen oder denen es durch ein Landesgesetz oder aufgrund eines Landesgesetzes verliehen wird.

ABSCHNITT 2
Beamtenverhältnis

§ 3
Beamtenverhältnis

(1) Beamtinnen und Beamte stehen zu ihrem Dienstherrn in einem öffentlich-rechtlichen Dienst- und Treueverhältnis (Beamtenverhältnis).

(2) Die Berufung in das Beamtenverhältnis ist nur zulässig zur Wahrnehmung

1. hoheitsrechtlicher Aufgaben oder
2. solcher Aufgaben, die aus Gründen der Sicherung des Staates oder des öffentlichen Lebens nicht ausschließlich Personen übertragen werden dürfen, die in einem privatrechtlichen Arbeitsverhältnis stehen.

§ 4
Arten des Beamtenverhältnisses

(1) Das Beamtenverhältnis auf Lebenszeit dient der dauernden Wahrnehmung von Aufgaben nach § 3 Abs. 2. Es bildet die Regel.

(2) Das Beamtenverhältnis auf Zeit dient

a) der befristeten Wahrnehmung von Aufgaben nach § 3 Abs. 2 oder
b) der zunächst befristeten Übertragung eines Amtes mit leitender Funktion.

(3) Das Beamtenverhältnis auf Probe dient der Ableistung einer Probezeit
a) zur späteren Verwendung auf Lebenszeit oder
b) zur Übertragung eines Amtes mit leitender Funktion.

(4) Das Beamtenverhältnis auf Widerruf dient
a) der Ableistung eines Vorbereitungsdienstes oder
b) der nur vorübergehenden Wahrnehmung von Aufgaben nach § 3 Abs. 2.

§ 5
Ehrenbeamtinnen und Ehrenbeamte

(1) Als Ehrenbeamtin oder Ehrenbeamter kann berufen werden, wer Aufgaben im Sinne des § 3 Abs. 2 unentgeltlich wahrnehmen soll.

(2) Die Rechtsverhältnisse der Ehrenbeamtinnen und Ehrenbeamten können durch Landesrecht abweichend von den für Beamtinnen und Beamte allgemein geltenden Vorschriften geregelt werden, soweit es deren besondere Rechtsstellung erfordert.

(3) Ein Ehrenbeamtenverhältnis kann nicht in ein Beamtenverhältnis anderer Art, ein solches Beamtenverhältnis nicht in ein Ehrenbeamtenverhältnis umgewandelt werden.

§ 6
Beamtenverhältnis auf Zeit

Für die Rechtsverhältnisse der Beamtinnen auf Zeit und Beamten auf Zeit gelten die Vorschriften für Beamtinnen auf Lebenszeit und Beamte auf Lebenszeit entsprechend, soweit durch Landesrecht nichts anderes bestimmt ist.

§ 7
Voraussetzungen des Beamtenverhältnisses

(1) In das Beamtenverhältnis darf nur berufen werden, wer
1. Deutsche oder Deutscher im Sinne des Artikels 116 des Grundgesetzes ist oder die Staatsangehörigkeit
   a) eines anderen Mitgliedstaates der Europäischen Union oder
   b) eines anderen Vertragsstaates des Abkommens über den Europäischen Wirtschaftsraum oder
   c) eines Drittstaates, dem Deutschland und die Europäische Union vertraglich einen entsprechenden Anspruch auf Anerkennung von Berufsqualifikationen eingeräumt haben,

   besitzt,
2. die Gewähr dafür bietet, jederzeit für die freiheitliche demokratische Grundordnung im Sinne des Grundgesetzes einzutreten, und
3. die nach Landesrecht vorgeschriebene Befähigung besitzt.

(2) Wenn die Aufgaben es erfordern, darf nur eine Deutsche oder ein Deutscher im Sinne des Artikels 116 des Grundgesetzes in ein Beamtenverhältnis berufen werden.

(3) Ausnahmen von Absatz 1 Nr. 1 und Absatz 2 können nur zugelassen werden, wenn
1. für die Gewinnung der Beamtin oder des Beamten ein dringendes dienstliches Interesse besteht oder
2. bei der Berufung von Hochschullehrerinnen und Hochschullehrern und anderen Mitarbeiterinnen und Mitarbeitern des wissenschaftlichen und künstlerischen Personals in das Beamtenverhältnis andere wichtige Gründe vorliegen.

§ 8
Ernennung

(1) Einer Ernennung bedarf es zur
1. Begründung des Beamtenverhältnisses,

2. Umwandlung des Beamtenverhältnisses in ein solches anderer Art (§ 4),
3. Verleihung eines anderen Amtes mit anderem Grundgehalt oder
4. Verleihung eines anderen Amtes mit anderer Amtsbezeichnung, soweit das Landesrecht dies bestimmt.

(2) Die Ernennung erfolgt durch Aushändigung einer Ernennungsurkunde. In der Urkunde müssen enthalten sein

1. bei der Begründung des Beamtenverhältnisses die Wörter „unter Berufung in das Beamtenverhältnis“ mit dem die Art des Beamtenverhältnisses bestimmenden Zusatz „auf Lebenszeit“, „auf Probe“, „auf Widerruf“, „als Ehrenbeamtin“ oder „als Ehrenbeamter“ oder „auf Zeit“ mit der Angabe der Zeitdauer der Berufung,
2. bei der Umwandlung des Beamtenverhältnisses in ein solches anderer Art die diese Art bestimmenden Wörter nach Nummer 1 und
3. bei der Verleihung eines Amtes die Amtsbezeichnung.

(3) Mit der Begründung eines Beamtenverhältnisses auf Probe, auf Lebenszeit und auf Zeit wird gleichzeitig ein Amt verliehen.

(4) Eine Ernennung auf einen zurückliegenden Zeitpunkt ist unzulässig und insoweit unwirksam.

§ 9
Kriterien der Ernennung

Ernennungen sind nach Eignung, Befähigung und fachlicher Leistung ohne Rücksicht auf Geschlecht, Abstammung, Rasse oder ethnische Herkunft, Behinderung, Religion oder Weltanschauung, politische Anschauungen, Herkunft, Beziehungen oder sexuelle Identität vorzunehmen.

§ 10
Voraussetzung der Ernennung auf Lebenszeit

Die Ernennung zur Beamtin auf Lebenszeit oder zum Beamten auf Lebenszeit ist nur zulässig, wenn die Beamtin oder der Beamte sich in einer Probezeit von mindestens sechs Monaten und höchstens fünf Jahren bewährt hat. Von der Mindestprobezeit können durch Landesrecht Ausnahmen bestimmt werden.

§ 11
Nichtigkeit der Ernennung

(1) Die Ernennung ist nichtig, wenn

1. sie nicht der in § 8 Abs. 2 vorgeschriebenen Form entspricht,
2. sie von einer sachlich unzuständigen Behörde ausgesprochen wurde oder
3. zum Zeitpunkt der Ernennung
   a) nach § 7 Abs. 1 Nr. 1 keine Ernennung erfolgen durfte und keine Ausnahme nach § 7 Abs. 3 zugelassen war,
   b) nicht die Fähigkeit zur Bekleidung öffentlicher Ämter vorlag oder
   c) eine ihr zu Grunde liegende Wahl unwirksam ist.

(2) Die Ernennung ist von Anfang an als wirksam anzusehen, wenn

1. im Fall des Absatzes 1 Nr. 1 aus der Urkunde oder aus dem Akteninhalt eindeutig hervorgeht, dass die für die Ernennung zuständige Stelle ein bestimmtes Beamtenverhältnis begründen oder ein bestehendes Beamtenverhältnis in ein solches anderer Art umwandeln wollte, für das die sonstigen Voraussetzungen vorliegen, und die für die Ernennung zuständige Stelle die Wirksamkeit schriftlich bestätigt; das Gleiche gilt, wenn die Angabe der Zeitdauer fehlt, durch Landesrecht aber die Zeitdauer bestimmt ist,
2. im Fall des Absatzes 1 Nr. 2 die sachlich zuständige Behörde die Ernennung bestätigt oder

3. im Fall des Absatzes 1 Nr. 3 Buchstabe a eine Ausnahme nach § 7 Abs. 3 nachträglich zugelassen wird.

§ 12
Rücknahme der Ernennung

(1) Die Ernennung ist mit Wirkung für die Vergangenheit zurückzunehmen, wenn
1. sie durch Zwang, arglistige Täuschung oder Bestechung herbeigeführt wurde,
2. nicht bekannt war, dass die ernannte Person wegen eines Verbrechens oder Vergehens rechtskräftig zu einer Strafe verurteilt war oder wird, das sie für die Berufung in das Beamtenverhältnis nach § 8 Abs. 1 Nr. 1 als unwürdig erscheinen lässt,
3. die Ernennung nach § 7 Abs. 2 nicht erfolgen durfte und eine Ausnahme nach § 7 Abs. 3 nicht zugelassen war und die Ausnahme nicht nachträglich erteilt wird oder
4. eine durch Landesrecht vorgeschriebene Mitwirkung einer unabhängigen Stelle oder einer Aufsichtsbehörde unterblieben ist und nicht nachgeholt wurde.

(2) Die Ernennung soll zurückgenommen werden, wenn nicht bekannt war, dass gegen die ernannte Person in einem Disziplinarverfahren auf Entfernung aus dem Beamtenverhältnis oder auf Aberkennung des Ruhegehalts erkannt worden war. Dies gilt auch, wenn die Entscheidung gegen eine Beamtin oder einen Beamten der Europäischen Gemeinschaften oder eines Staates nach § 7 Abs. 1 Nr. 1 ergangen ist.

ABSCHNITT 3
Länderübergreifender Wechsel und Wechsel in die Bundesverwaltung

§ 13
Grundsatz

Die Vorschriften des nachfolgenden Abschnitts gelten nur bei landesübergreifender Abordnung, Versetzung und Umbildung von Körperschaften sowie bei einer Abordnung oder Versetzung aus einem Land in die Bundesverwaltung.

§ 14
Abordnung

(1) Beamtinnen und Beamte können aus dienstlichen Gründen vorübergehend ganz oder teilweise zu einer dem übertragenen Amt entsprechenden Tätigkeit in den Bereich eines Dienstherrn eines anderen Landes oder des Bundes abgeordnet werden.

(2) Aus dienstlichen Gründen ist eine Abordnung vorübergehend ganz oder teilweise auch zu einer nicht dem Amt entsprechenden Tätigkeit zulässig, wenn der Beamtin oder dem Beamten die Wahrnehmung der neuen Tätigkeit aufgrund der Vorbildung oder Berufsausbildung zuzumuten ist. Dabei ist auch die Abordnung zu einer Tätigkeit, die nicht einem Amt mit demselben Grundgehalt entspricht, zulässig.

(3) Die Abordnung bedarf der Zustimmung der Beamtin oder des Beamten. Abweichend von Satz 1 ist die Abordnung auch ohne Zustimmung zulässig, wenn die neue Tätigkeit zuzumuten ist und einem Amt mit demselben Grundgehalt entspricht und die Abordnung die Dauer von fünf Jahren nicht übersteigt.

(4) Die Abordnung wird von dem abgebenden im Einverständnis mit dem aufnehmenden Dienstherrn verfügt. Soweit zwischen den Dienstherren nichts anderes vereinbart ist, sind die für den Bereich des aufnehmenden Dienstherrn geltenden Vorschriften über die Pflichten und Rechte der Beamtinnen und Beamten mit Ausnahme der Regelungen über Diensteid, Amtsbezeichnung, Zahlung von Bezügen, Krankenfürsorgeleistungen und Versorgung entsprechend anzuwenden. Die Verpflichtung zur Bezahlung hat auch der Dienstherr, zu dem die Abordnung erfolgt ist.

§ 15
Versetzung

(1) Beamtinnen und Beamte können auf Antrag oder aus dienstlichen Gründen in den Bereich eines Dienstherrn eines anderen Landes oder des Bundes in ein Amt einer Laufbahn versetzt werden, für die sie die Befähigung besitzen.

(2) Eine Versetzung bedarf der Zustimmung der Beamtin oder des Beamten. Abweichend von Satz 1 ist die Versetzung auch ohne Zustimmung zulässig, wenn das neue Amt mit mindestens demselben Grundgehalt verbunden ist wie das bisherige Amt. Stellenzulagen gelten hierbei nicht als Bestandteile des Grundgehalts.

(3) Die Versetzung wird von dem abgebenden im Einverständnis mit dem aufnehmenden Dienstherrn verfügt. Das Beamtenverhältnis wird mit dem neuen Dienstherrn fortgesetzt.

§ 16
Umbildung einer Körperschaft

(1) Beamtinnen und Beamte einer juristischen Person des öffentlichen Rechts mit Dienstherrnfähigkeit (Körperschaft), die vollständig in eine andere Körperschaft eingegliedert wird, treten mit der Umbildung kraft Gesetzes in den Dienst der aufnehmenden Körperschaft über.

(2) Die Beamtinnen und Beamten einer Körperschaft, die vollständig in mehrere andere Körperschaften eingegliedert wird, sind anteilig in den Dienst der aufnehmenden Körperschaften zu übernehmen. Die beteiligten Körperschaften haben innerhalb einer Frist von sechs Monaten nach der Umbildung im Einvernehmen miteinander zu bestimmen, von welchen Körperschaften die einzelnen Beamtinnen und Beamten zu übernehmen sind. Solange eine Beamtin oder ein Beamter nicht übernommen ist, haften alle aufnehmenden Körperschaften für die ihr oder ihm zustehenden Bezüge als Gesamtschuldner.

(3) Die Beamtinnen und Beamten einer Körperschaft, die teilweise in eine oder mehrere andere Körperschaften eingegliedert wird, sind zu einem verhältnismäßigen Teil, bei mehreren Körperschaften anteilig, in den Dienst der aufnehmenden Körperschaften zu übernehmen. Absatz 2 Satz 2 ist entsprechend anzuwenden.

(4) Die Absätze 1 bis 3 gelten entsprechend, wenn eine Körperschaft mit einer oder mehreren anderen Körperschaften zu einer neuen Körperschaft zusammengeschlossen wird, wenn ein oder mehrere Teile verschiedener Körperschaften zu einem oder mehreren neuen Teilen einer Körperschaft zusammengeschlossen werden, wenn aus einer Körperschaft oder aus Teilen einer Körperschaft eine oder mehrere neue Körperschaften gebildet werden, oder wenn Aufgaben einer Körperschaft vollständig oder teilweise auf eine oder mehrere andere Körperschaften übergehen.

§ 17
Rechtsfolgen der Umbildung

(1) Tritt eine Beamtin oder ein Beamter aufgrund des § 16 Abs. 1 kraft Gesetzes in den Dienst einer anderen Körperschaft über oder wird sie oder er aufgrund des § 16 Abs. 2 oder 3 von einer anderen Körperschaft übernommen, wird das Beamtenverhältnis mit dem neuen Dienstherrn fortgesetzt.

(2) Im Fall des § 16 Abs. 1 ist der Beamtin oder dem Beamten von der aufnehmenden oder neuen Körperschaft die Fortsetzung des Beamtenverhältnisses schriftlich zu bestätigen.

(3) In den Fällen des § 16 Abs. 2 und 3 wird die Übernahme von der Körperschaft verfügt, in deren Dienst die Beamtin oder der Beamte treten soll. Die Verfügung wird mit der Zustellung an die Beamtin oder den Beamten wirksam. Die Beamtin oder der Beamte ist verpflichtet, der Übernahmeverfügung Folge zu leisten. Kommt die Beamtin oder der Beamte der Verpflichtung nicht nach, ist sie oder er zu entlassen.

(4) Die Absätze 1 bis 3 gelten entsprechend in den Fällen des § 16 Abs. 4.

§ 18
Rechtsstellung der Beamtinnen und Beamten

(1) Beamtinnen und Beamten, die nach § 16 in den Dienst einer anderen Körperschaft kraft Gesetzes übertreten oder übernommen werden, soll ein gleich zu bewertendes Amt übertragen werden, das ihrem bisherigen Amt nach Bedeutung und Inhalt ohne Rücksicht auf Dienststellung und Dienstalter entspricht. Wenn eine dem bisherigen Amt entsprechende Verwendung nicht möglich ist, kann ihnen auch ein anderes Amt mit geringerem Grundgehalt übertragen werden. Das Grundgehalt muss mindestens dem des Amtes entsprechen, das die Beamtinnen und Beamten vor dem bisherigen Amt innehatten. In diesem Fall dürfen sie neben der neuen Amtsbezeichnung die des früheren Amtes mit dem Zusatz „außer Dienst" („a. D.") führen.

(2) Die aufnehmende oder neue Körperschaft kann, wenn die Zahl der bei ihr nach der Umbildung vorhandenen Beamtinnen und Beamten den tatsächlichen Bedarf übersteigt, innerhalb einer Frist, deren Bestimmung dem Landesrecht vorbehalten bleibt, Beamtinnen und Beamte im Beamtenverhältnis auf Lebenszeit oder auf Zeit in den einstweiligen Ruhestand versetzen, wenn deren Aufgabengebiet von der Umbildung berührt wurde. Bei Beamtinnen auf Zeit und Beamten auf Zeit, die nach Satz 1 in den einstweiligen Ruhestand versetzt sind, endet der einstweilige Ruhestand mit Ablauf der Amtszeit; sie gelten in diesem Zeitpunkt als dauernd in den Ruhestand versetzt, wenn sie bei Verbleiben im Amt mit Ablauf der Amtszeit in den Ruhestand getreten wären.

§ 19
Rechtsstellung der Versorgungsempfängerinnen und Versorgungsempfänger

(1) Die Vorschriften des § 16 Abs. 1 und 2 und des § 17 gelten entsprechend für die im Zeitpunkt der Umbildung bei der abgebenden Körperschaft vorhandenen Versorgungsempfängerinnen und Versorgungsempfänger.

(2) In den Fällen des § 16 Abs. 3 bleiben die Ansprüche der im Zeitpunkt der Umbildung vorhandenen Versorgungsempfängerinnen und Versorgungsempfänger gegenüber der abgebenden Körperschaft bestehen.

(3) Die Absätze 1 und 2 gelten entsprechend in den Fällen des § 16 Abs. 4.

ABSCHNITT 4
Zuweisung einer Tätigkeit bei anderen Einrichtungen

§ 20
Zuweisung

(1) Beamtinnen und Beamten kann mit ihrer Zustimmung vorübergehend ganz oder teilweise eine ihrem Amt entsprechende Tätigkeit zugewiesen werden

1. bei einer öffentlichen Einrichtung ohne Dienstherrneigenschaft oder bei einer öffentlich-rechtlichen Religionsgemeinschaft im dienstlichen oder öffentlichen Interesse oder
2. bei einer anderen Einrichtung, wenn öffentliche Interessen es erfordern.

(2) Beamtinnen und Beamten einer Dienststelle, die ganz oder teilweise in eine öffentlich-rechtlich organisierte Einrichtung ohne Dienstherrneigenschaft oder eine privatrechtlich organisierte Einrichtung der öffentlichen Hand umgewandelt wird, kann auch ohne ihre Zustimmung ganz oder teilweise eine ihrem Amt entsprechende Tätigkeit bei dieser Einrichtung zugewiesen werden, wenn öffentliche Interessen es erfordern.

(3) Die Rechtsstellung der Beamtinnen und Beamten bleibt unberührt.

ABSCHNITT 5
Beendigung des Beamtenverhältnisses

§ 21
Beendigungsgründe

Das Beamtenverhältnis endet durch
1. Entlassung,
2. Verlust der Beamtenrechte,
3. Entfernung aus dem Beamtenverhältnis nach den Disziplinargesetzen oder
4. Eintritt oder Versetzung in den Ruhestand.

§ 22
Entlassung kraft Gesetzes

(1) Beamtinnen und Beamte sind entlassen, wenn
1. die Voraussetzungen des § 7 Abs. 1 Nr. 1 nicht mehr vorliegen oder
2. sie die Altersgrenze erreichen und das Beamtenverhältnis nicht durch Eintritt in den Ruhestand endet.

(2) Die Beamtin oder der Beamte ist entlassen, wenn ein öffentlich-rechtliches Dienst- oder Amtsverhältnis zu einem anderen Dienstherrn oder zu einer Einrichtung ohne Dienstherrneigenschaft begründet wird, sofern nicht im Einvernehmen mit dem neuen Dienstherrn oder der Einrichtung die Fortdauer des Beamtenverhältnisses neben dem neuen Dienst- oder Amtsverhältnis angeordnet oder durch Landesrecht etwas anderes bestimmt wird. Dies gilt nicht für den Eintritt in ein Beamtenverhältnis auf Widerruf oder als Ehrenbeamtin oder Ehrenbeamter.

(3) Die Beamtin oder der Beamte ist mit der Berufung in ein Beamtenverhältnis auf Zeit aus einem anderen Beamtenverhältnis bei demselben Dienstherrn entlassen, soweit das Landesrecht keine abweichenden Regelungen trifft.

(4) Das Beamtenverhältnis auf Widerruf endet mit Ablauf des Tages der Ablegung oder dem endgültigen Nichtbestehen der für die Laufbahn vorgeschriebenen Prüfung, sofern durch Landesrecht nichts anderes bestimmt ist.

(5) Das Beamtenverhältnis auf Probe in einem Amt mit leitender Funktion endet mit Ablauf der Probezeit oder mit Versetzung zu einem anderen Dienstherrn.

§ 23
Entlassung durch Verwaltungsakt

(1) Beamtinnen und Beamte sind zu entlassen, wenn sie
1. den Diensteid oder ein an dessen Stelle vorgeschriebenes Gelöbnis verweigern,
2. nicht in den Ruhestand oder einstweiligen Ruhestand versetzt werden können, weil eine versorgungsrechtliche Wartezeit nicht erfüllt ist,
3. dauernd dienstunfähig sind und das Beamtenverhältnis nicht durch Versetzung in den Ruhestand endet,
4. die Entlassung in schriftlicher Form verlangen oder
5. nach Erreichen der Altersgrenze berufen worden sind.

Im Fall des Satzes 1 Nr. 3 ist § 26 Abs. 2 entsprechend anzuwenden.

(2) Beamtinnen und Beamte können entlassen werden, wenn sie in Fällen des § 7 Abs. 2 die Eigenschaft als Deutsche oder Deutscher im Sinne des Artikels 116 des Grundgesetzes verlieren.

(3) Beamtinnen auf Probe und Beamte auf Probe können entlassen werden,
1. wenn sie eine Handlung begehen, die im Beamtenverhältnis auf Lebenszeit mindestens eine Kürzung der Dienstbezüge zur Folge hätte,
2. wenn sie sich in der Probezeit nicht bewährt haben oder

3. wenn ihr Aufgabengebiet bei einer Behörde von der Auflösung dieser Behörde oder einer auf landesrechtlicher Vorschrift beruhenden wesentlichen Änderung des Aufbaus oder Verschmelzung dieser Behörde mit einer anderen oder von der Umbildung einer Körperschaft berührt wird und eine andere Verwendung nicht möglich ist.

Im Fall des Satzes 1 Nr. 2 ist § 26 Abs. 2 bei allein mangelnder gesundheitlicher Eignung entsprechend anzuwenden.

(4) Beamtinnen auf Widerruf und Beamte auf Widerruf können jederzeit entlassen werden. Die Gelegenheit zur Beendigung des Vorbereitungsdienstes und zur Ablegung der Prüfung soll gegeben werden.

§ 24
Verlust der Beamtenrechte

(1) Wenn eine Beamtin oder ein Beamter im ordentlichen Strafverfahren durch das Urteil eines deutschen Gerichts

1. wegen einer vorsätzlichen Tat zu einer Freiheitsstrafe von mindestens einem Jahr oder
2. wegen einer vorsätzlichen Tat, die nach den Vorschriften über Friedensverrat, Hochverrat und Gefährdung des demokratischen Rechtsstaates, Landesverrat und Gefährdung der äußeren Sicherheit oder, soweit sich die Tat auf eine Diensthandlung im Hauptamt bezieht, Bestechlichkeit, strafbar ist, zu einer Freiheitsstrafe von mindestens sechs Monaten

verurteilt wird, endet das Beamtenverhältnis mit der Rechtskraft des Urteils. Entsprechendes gilt, wenn die Fähigkeit zur Bekleidung öffentlicher Ämter aberkannt wird oder wenn die Beamtin oder der Beamte aufgrund einer Entscheidung des Bundesverfassungsgerichts nach Artikel 18 des Grundgesetzes ein Grundrecht verwirkt hat.

(2) Wird eine Entscheidung, die den Verlust der Beamtenrechte zur Folge hat, in einem Wiederaufnahmeverfahren aufgehoben, gilt das Beamtenverhältnis als nicht unterbrochen.

§ 25
Ruhestand wegen Erreichens der Altersgrenze

Beamtinnen auf Lebenszeit und Beamte auf Lebenszeit treten nach Erreichen der Altersgrenze in den Ruhestand.

§ 26
Dienstunfähigkeit

(1) Beamtinnen auf Lebenszeit und Beamte auf Lebenszeit sind in den Ruhestand zu versetzen, wenn sie wegen ihres körperlichen Zustands oder aus gesundheitlichen Gründen zur Erfüllung ihrer Dienstpflichten dauernd unfähig (dienstunfähig) sind. Als dienstunfähig kann auch angesehen werden, wer infolge Erkrankung innerhalb eines Zeitraums von sechs Monaten mehr als drei Monate keinen Dienst getan hat und keine Aussicht besteht, dass innerhalb einer Frist, deren Bestimmung dem Landesrecht vorbehalten bleibt, die Dienstfähigkeit wieder voll hergestellt ist. Von der Versetzung in den Ruhestand soll abgesehen werden, wenn eine anderweitige Verwendung möglich ist. Für Gruppen von Beamtinnen und Beamten können besondere Voraussetzungen für die Dienstunfähigkeit durch Landesrecht geregelt werden.

(2) Eine anderweitige Verwendung ist möglich, wenn der Beamtin oder dem Beamten ein anderes Amt derselben oder einer anderen Laufbahn übertragen werden kann. In den Fällen des Satzes 1 ist die Übertragung eines anderen Amtes ohne Zustimmung zulässig, wenn das neue Amt zum Bereich desselben Dienstherrn gehört, es mit mindestens demselben Grundgehalt verbunden ist wie das bisherige Amt und wenn zu erwarten ist, dass

die gesundheitlichen Anforderungen des neuen Amtes erfüllt werden. Beamtinnen und Beamte, die nicht die Befähigung für die andere Laufbahn besitzen, haben an Qualifizierungsmaßnahmen für den Erwerb der neuen Befähigung teilzunehmen.

(3) Zur Vermeidung der Versetzung in den Ruhestand kann der Beamtin oder dem Beamten unter Beibehaltung des übertragenen Amtes ohne Zustimmung auch eine geringerwertige Tätigkeit im Bereich desselben Dienstherrn übertragen werden, wenn eine anderweitige Verwendung nicht möglich ist und die Wahrnehmung der neuen Aufgabe unter Berücksichtigung der bisherigen Tätigkeit zumutbar ist.

§ 27
Begrenzte Dienstfähigkeit

(1) Von der Versetzung in den Ruhestand wegen Dienstunfähigkeit soll abgesehen werden, wenn die Beamtin oder der Beamte unter Beibehaltung des übertragenen Amtes die Dienstpflichten noch während mindestens der Hälfte der regelmäßigen Arbeitszeit erfüllen kann (begrenzte Dienstfähigkeit).

(2) Die Arbeitszeit ist entsprechend der begrenzten Dienstfähigkeit herabzusetzen. Mit Zustimmung der Beamtin oder des Beamten ist auch eine Verwendung in einer nicht dem Amt entsprechenden Tätigkeit möglich.

§ 28
Ruhestand bei Beamtenverhältnis auf Probe

(1) Beamtinnen auf Probe und Beamte auf Probe sind in den Ruhestand zu versetzen, wenn sie infolge Krankheit, Verwundung oder sonstiger Beschädigung, die sie sich ohne grobes Verschulden bei Ausübung oder aus Veranlassung des Dienstes zugezogen haben, dienstunfähig geworden sind.

(2) Beamtinnen auf Probe und Beamte auf Probe können in den Ruhestand versetzt werden, wenn sie aus anderen Gründen dienstunfähig geworden sind.

(3) § 26 Abs. 1 Satz 3, Abs. 2 und 3 sowie § 27 sind entsprechend anzuwenden.

§ 29
Wiederherstellung der Dienstfähigkeit

(1) Wird nach der Versetzung in den Ruhestand wegen Dienstunfähigkeit die Dienstfähigkeit wiederhergestellt und beantragt die Ruhestandsbeamtin oder der Ruhestandsbeamte vor Ablauf einer Frist, deren Bestimmung dem Landesrecht vorbehalten bleibt, spätestens zehn Jahre nach der Versetzung in den Ruhestand, eine erneute Berufung in das Beamtenverhältnis, ist diesem Antrag zu entsprechen, falls nicht zwingende dienstliche Gründe entgegenstehen.

(2) Beamtinnen und Beamte, die wegen Dienstunfähigkeit in den Ruhestand versetzt worden sind, können erneut in das Beamtenverhältnis berufen werden, wenn im Dienstbereich des früheren Dienstherrn ein Amt mit mindestens demselben Grundgehalt übertragen werden soll und wenn zu erwarten ist, dass die gesundheitlichen Anforderungen des neuen Amtes erfüllt werden. Beamtinnen und Beamte, die nicht die Befähigung für die andere Laufbahn besitzen, haben an Qualifizierungsmaßnahmen für den Erwerb der neuen Befähigung teilzunehmen. Den wegen Dienstunfähigkeit in den Ruhestand versetzten Beamtinnen und Beamten kann unter Übertragung eines Amtes ihrer früheren Laufbahn nach Satz 1 auch eine geringerwertige Tätigkeit im Bereich desselben Dienstherrn übertragen werden, wenn eine anderweitige Verwendung nicht möglich ist und die Wahrnehmung der neuen Aufgabe unter Berücksichtigung ihrer früheren Tätigkeit zumutbar ist.

(3) Die erneute Berufung in ein Beamtenverhältnis ist auch in den Fällen der begrenzten Dienstfähigkeit möglich.

(4) Beamtinnen und Beamte, die wegen Dienstunfähigkeit in den Ruhestand versetzt worden sind, sind verpflichtet, sich geeigneten und zumutbaren Maßnahmen zur Wiederherstellung ihrer Dienstfähigkeit zu unterziehen; die zuständige Behörde kann ihnen entsprechende Weisungen erteilen.

(5) Die Dienstfähigkeit der Ruhestandsbeamtin oder des Ruhestandsbeamten kann nach Maßgabe des Landesrechts untersucht werden; sie oder er ist verpflichtet, sich nach Weisung der zuständigen Behörde ärztlich untersuchen zu lassen. Die Ruhestandsbeamtin oder der Ruhestandsbeamte kann eine solche Untersuchung verlangen, wenn sie oder er einen Antrag nach Absatz 1 zu stellen beabsichtigt.

(6) Bei einer erneuten Berufung gilt das frühere Beamtenverhältnis als fortgesetzt.

§ 30
Einstweiliger Ruhestand

(1) Beamtinnen auf Lebenszeit und Beamte auf Lebenszeit können jederzeit in den einstweiligen Ruhestand versetzt werden, wenn sie ein Amt bekleiden, bei dessen Ausübung sie in fortdauernder Übereinstimmung mit den grundsätzlichen politischen Ansichten und Zielen der Regierung stehen müssen. Die Bestimmung der Ämter nach Satz 1 ist dem Landesrecht vorbehalten.

(2) Beamtinnen und Beamte, die auf Probe ernannt sind und ein Amt im Sinne des Absatzes 1 bekleiden, können jederzeit entlassen werden.

(3) Für den einstweiligen Ruhestand gelten die Vorschriften über den Ruhestand. § 29 Abs. 2 und 6 gilt entsprechend. Der einstweilige Ruhestand endet bei erneuter Berufung in das Beamtenverhältnis auf Lebenszeit auch bei einem anderen Dienstherrn, wenn den Beamtinnen oder Beamten ein Amt verliehen wird, das derselben oder einer gleichwertigen Laufbahn angehört wie das frühere Amt und mit mindestens demselben Grundgehalt verbunden ist.

(4) Erreichen Beamtinnen und Beamte, die in den einstweiligen Ruhestand versetzt sind, die gesetzliche Altersgrenze, gelten sie mit diesem Zeitpunkt als dauernd in den Ruhestand versetzt.

§ 31
Einstweiliger Ruhestand bei Umbildung und Auflösung von Behörden

(1) Bei der Auflösung einer Behörde oder bei einer auf landesrechtlicher Vorschrift beruhenden wesentlichen Änderung des Aufbaus oder bei Verschmelzung einer Behörde mit einer oder mehreren anderen kann eine Beamtin auf Lebenszeit oder ein Beamter auf Lebenszeit in den einstweiligen Ruhestand versetzt werden, wenn das übertragene Aufgabengebiet von der Auflösung oder Umbildung berührt wird und eine Versetzung nach Landesrecht nicht möglich ist. Zusätzliche Voraussetzungen können geregelt werden.

(2) Die erneute Berufung der in den einstweiligen Ruhestand versetzten Beamtin oder des in den einstweiligen Ruhestand versetzten Beamten in ein Beamtenverhältnis ist vorzusehen, wenn ein der bisherigen Tätigkeit entsprechendes Amt zu besetzen ist, für das sie oder er geeignet ist. Für erneute Berufungen nach Satz 1, die weniger als fünf Jahre vor Erreichen der Altersgrenze (§ 25) wirksam werden, können durch Landesrecht abweichende Regelungen getroffen werden.

(3) § 29 Abs. 6 gilt entsprechend.

§ 32
Wartezeit

Die Versetzung in den Ruhestand setzt die Erfüllung einer versorgungsrechtlichen Wartezeit voraus.

ABSCHNITT 6
Rechtliche Stellung im Beamtenverhältnis

§ 33
Grundpflichten

(1) Beamtinnen und Beamte dienen dem ganzen Volk, nicht einer Partei. Sie haben ihre Aufgaben unparteiisch und gerecht zu erfüllen und ihr Amt zum Wohl der Allgemeinheit zu führen. Beamtinnen und Beamte müssen sich durch ihr gesamtes Verhalten zu der freiheitlichen demokratischen Grundordnung im Sinne des Grundgesetzes bekennen und für deren Erhaltung eintreten.

(2) Beamtinnen und Beamte haben bei politischer Betätigung diejenige Mäßigung und Zurückhaltung zu wahren, die sich aus ihrer Stellung gegenüber der Allgemeinheit und aus der Rücksicht auf die Pflichten ihres Amtes ergibt.

§ 34
Wahrnehmung der Aufgaben, Verhalten

Beamtinnen und Beamte haben sich mit vollem persönlichem Einsatz ihrem Beruf zu widmen. Sie haben die übertragenen Aufgaben uneigennützig nach bestem Gewissen wahrzunehmen. Ihr Verhalten muss der Achtung und dem Vertrauen gerecht werden, die ihr Beruf erfordert. Sie dürfen ihr Gesicht bei Ausübung des Dienstes oder bei einer Tätigkeit mit unmittelbarem Dienstbezug nicht verhüllen, es sei denn, dienstliche oder gesundheitliche Gründe erfordern dies.

§ 35
Weisungsgebundenheit

Beamtinnen und Beamte haben ihre Vorgesetzten zu beraten und zu unterstützen. Sie sind verpflichtet, deren dienstliche Anordnungen auszuführen und deren allgemeine Richtlinien zu befolgen. Dies gilt nicht, soweit die Beamtinnen und Beamten nach besonderen gesetzlichen Vorschriften an Weisungen nicht gebunden und nur dem Gesetz unterworfen sind.

§ 36
Verantwortung für die Rechtmäßigkeit

(1) Beamtinnen und Beamte tragen für die Rechtmäßigkeit ihrer dienstlichen Handlungen die volle persönliche Verantwortung.

(2) Bedenken gegen die Rechtmäßigkeit dienstlicher Anordnungen haben Beamtinnen und Beamte unverzüglich auf dem Dienstweg geltend zu machen. Wird die Anordnung aufrechterhalten, haben sie sich, wenn die Bedenken fortbestehen, an die nächst höhere Vorgesetzte oder den nächst höheren Vorgesetzten zu wenden. Wird die Anordnung bestätigt, müssen die Beamtinnen und Beamten sie ausführen und sind von der eigenen Verantwortung befreit. Dies gilt nicht, wenn das aufgetragene Verhalten die Würde des Menschen verletzt oder strafbar oder ordnungswidrig ist und die Strafbarkeit oder Ordnungswidrigkeit für die Beamtinnen oder Beamten erkennbar ist. Die Bestätigung hat auf Verlangen schriftlich zu erfolgen.

(3) Wird von den Beamtinnen oder Beamten die sofortige Ausführung der Anordnung verlangt, weil Gefahr im Verzug besteht und die Entscheidung der oder des höheren Vorgesetzten nicht rechtzeitig herbeigeführt werden kann, gilt Absatz 2 Satz 3 und 4 entsprechend.

§ 37
Verschwiegenheitspflicht

(1) Beamtinnen und Beamte haben über die ihnen bei oder bei Gelegenheit ihrer amtlichen Tätigkeit bekannt gewordenen dienstlichen Angelegenheiten Verschwiegenheit zu bewahren. Dies gilt auch über den Bereich eines Dienstherrn hinaus sowie nach Beendigung des Beamtenverhältnisses.

(2) Absatz 1 gilt nicht, soweit
1. Mitteilungen im dienstlichen Verkehr geboten sind,
2. Tatsachen mitgeteilt werden, die offenkundig sind oder ihrer Bedeutung nach keiner Geheimhaltung bedürfen, oder
3. gegenüber der zuständigen obersten Dienstbehörde, einer Strafverfolgungsbehörde oder einer durch Landesrecht bestimmten weiteren Behörde oder außerdienstlichen Stelle ein durch Tatsachen begründeter Verdacht einer Korruptionsstraftat nach den §§ 331 bis 337 des Strafgesetzbuches angezeigt wird.

Im Übrigen bleiben die gesetzlich begründeten Pflichten, geplante Straftaten anzuzeigen und für die Erhaltung der freiheitlichen demokratischen Grundordnung einzutreten, von Absatz 1 unberührt.

(3) Beamtinnen und Beamte dürfen ohne Genehmigung über Angelegenheiten, für die Absatz 1 gilt, weder vor Gericht noch außergerichtlich aussagen oder Erklärungen abgeben. Die Genehmigung erteilt der Dienstherr oder, wenn das Beamtenverhältnis beendet ist, der letzte Dienstherr. Hat sich der Vorgang, der den Gegenstand der Äußerung bildet, bei einem früheren Dienstherrn ereignet, darf die Genehmigung nur mit dessen Zustimmung erteilt werden. Durch Landesrecht kann bestimmt werden, dass an die Stelle des in den Sätzen 2 und 3 genannten jeweiligen Dienstherrn eine andere Stelle tritt.

(4) Die Genehmigung, als Zeugin oder Zeuge auszusagen, darf nur versagt werden, wenn die Aussage dem Wohl des Bundes oder eines deutschen Landes erhebliche Nachteile bereiten oder die Erfüllung öffentlicher Aufgaben ernstlich gefährden oder erheblich erschweren würde. Durch Landesrecht kann bestimmt werden, dass die Verweigerung der Genehmigung zur Aussage vor Untersuchungsausschüssen des Deutschen Bundestages oder der Volksvertretung eines Landes einer Nachprüfung unterzogen werden kann. Die Genehmigung, ein Gutachten zu erstatten, kann versagt werden, wenn die Erstattung den dienstlichen Interessen Nachteile bereiten würde.

(5) Sind Beamtinnen oder Beamte Partei oder Beschuldigte in einem gerichtlichen Verfahren oder soll ihr Vorbringen der Wahrnehmung ihrer berechtigten Interessen dienen, darf die Genehmigung auch dann, wenn die Voraussetzungen des Absatzes 4 Satz 1 erfüllt sind, nur versagt werden, wenn die dienstlichen Rücksichten dies unabweisbar erfordern. Wird sie versagt, ist Beamtinnen oder Beamten der Schutz zu gewähren, den die dienstlichen Rücksichten zulassen.

(6) Beamtinnen und Beamte haben, auch nach Beendigung des Beamtenverhältnisses, auf Verlangen des Dienstherrn oder des letzten Dienstherrn amtliche Schriftstücke, Zeichnungen, bildliche Darstellungen sowie Aufzeichnungen jeder Art über dienstliche Vorgänge, auch soweit es sich um Wiedergaben handelt, herauszugeben. Die gleiche Verpflichtung trifft ihre Hinterbliebenen und Erben.

§ 38
Diensteid

(1) Beamtinnen und Beamte haben einen Diensteid zu leisten. Der Diensteid hat eine Verpflichtung auf das Grundgesetz zu enthalten.

(2) In den Fällen, in denen Beamtinnen und Beamte erklären, dass sie aus Glaubens- oder Gewissensgründen den Eid nicht leisten wollen, kann für diese an Stelle des Eides ein Gelöbnis zugelassen werden.

(3) In den Fällen, in denen nach § 7 Abs. 3 eine Ausnahme von § 7 Abs. 1 Nr. 1 zugelassen worden ist, kann an Stelle des Eides ein Gelöbnis vorgeschrieben werden.

§ 39
Verbot der Führung der Dienstgeschäfte

Beamtinnen und Beamten kann aus zwingenden dienstlichen Gründen die Führung der Dienstgeschäfte verboten werden. Das Verbot erlischt, wenn nicht bis zum Ablauf von drei

Monaten gegen die Beamtin oder den Beamten ein Disziplinarverfahren oder ein sonstiges auf Rücknahme der Ernennung oder auf Beendigung des Beamtenverhältnisses gerichtetes Verfahren eingeleitet worden ist.

§ 40
Nebentätigkeit

Eine Nebentätigkeit ist grundsätzlich anzeigepflichtig. Sie ist unter Erlaubnis- oder Verbotsvorbehalt zu stellen, soweit sie geeignet ist, dienstliche Interessen zu beeinträchtigen.

§ 41
Tätigkeit nach Beendigung des Beamtenverhältnisses

Ruhestandsbeamtinnen und Ruhestandsbeamte sowie frühere Beamtinnen mit Versorgungsbezügen und frühere Beamte mit Versorgungsbezügen haben die Ausübung einer Erwerbstätigkeit oder sonstigen Beschäftigung außerhalb des öffentlichen Dienstes, die mit der dienstlichen Tätigkeit innerhalb eines Zeitraums, dessen Bestimmung dem Landesrecht vorbehalten bleibt, im Zusammenhang steht und durch die dienstliche Interessen beeinträchtigt werden können, anzuzeigen. Die Erwerbstätigkeit oder sonstige Beschäftigung ist zu untersagen, wenn zu besorgen ist, dass durch sie dienstliche Interessen beeinträchtigt werden. Das Verbot endet spätestens mit Ablauf von fünf Jahren nach Beendigung des Beamtenverhältnisses.

§ 42
Verbot der Annahme von Belohnungen, Geschenken und sonstigen Vorteilen

(1) Beamtinnen und Beamte dürfen, auch nach Beendigung des Beamtenverhältnisses, keine Belohnungen, Geschenke oder sonstigen Vorteile für sich oder eine dritte Person in Bezug auf ihr Amt fordern, sich versprechen lassen oder annehmen. Ausnahmen bedürfen der Zustimmung ihres gegenwärtigen oder letzten Dienstherrn.

(2) Wer gegen das in Absatz 1 genannte Verbot verstößt, hat das aufgrund des pflichtwidrigen Verhaltens Erlangte auf Verlangen dem Dienstherrn herauszugeben, soweit nicht die Einziehung von Taterträgen angeordnet worden oder es auf andere Weise auf den Staat übergegangen ist.

§ 43
Teilzeitbeschäftigung

Teilzeitbeschäftigung ist zu ermöglichen.

§ 44
Erholungsurlaub

Beamtinnen und Beamten steht jährlicher Erholungsurlaub unter Fortgewährung der Bezüge zu.

§ 45
Fürsorge

Der Dienstherr hat im Rahmen des Dienst- und Treueverhältnisses für das Wohl der Beamtinnen und Beamten und ihrer Familien, auch für die Zeit nach Beendigung des Beamtenverhältnisses, zu sorgen. Er schützt die Beamtinnen und Beamten bei ihrer amtlichen Tätigkeit und in ihrer Stellung.

§ 46
Mutterschutz und Elternzeit

Effektiver Mutterschutz und Elternzeit sind zu gewährleisten.

§ 47
Nichterfüllung von Pflichten

(1) Beamtinnen und Beamte begehen ein Dienstvergehen, wenn sie schuldhaft die ihnen obliegenden Pflichten verletzen. Ein Verhalten außerhalb des Dienstes ist nur dann ein Dienstvergehen, wenn es nach den Umständen des Einzelfalls in besonderem Maße geeignet ist, das Vertrauen in einer für ihr Amt bedeutsamen Weise zu beeinträchtigen.

(2) Bei Ruhestandsbeamtinnen und Ruhestandsbeamten oder früheren Beamtinnen mit Versorgungsbezügen und früheren Beamten mit Versorgungsbezügen gilt es als Dienstvergehen, wenn sie sich gegen die freiheitliche demokratische Grundordnung im Sinne des Grundgesetzes betätigen oder an Bestrebungen teilnehmen, die darauf abzielen, den Bestand oder die Sicherheit der Bundesrepublik zu beeinträchtigen, oder wenn sie schuldhaft gegen die in den §§ 37, 41 und 42 bestimmten Pflichten verstoßen. Bei sonstigen früheren Beamtinnen und früheren Beamten gilt es als Dienstvergehen, wenn sie schuldhaft gegen die in den §§ 37, 41 und 42 bestimmten Pflichten verstoßen. Für Beamtinnen und Beamte nach den Sätzen 1 und 2 können durch Landesrecht weitere Handlungen festgelegt werden, die als Dienstvergehen gelten.

(3) Das Nähere über die Verfolgung von Dienstvergehen regeln die Disziplinargesetze.

§ 48
Pflicht zum Schadensersatz

Beamtinnen und Beamte, die vorsätzlich oder grob fahrlässig die ihnen obliegenden Pflichten verletzen, haben dem Dienstherrn, dessen Aufgaben sie wahrgenommen haben, den daraus entstehenden Schaden zu ersetzen. Haben mehrere Beamtinnen oder Beamte gemeinsam den Schaden verursacht, haften sie als Gesamtschuldner.

§ 49
Übermittlungen bei Strafverfahren

(1) Das Gericht, die Strafverfolgungs- oder die Strafvollstreckungsbehörde hat in Strafverfahren gegen Beamtinnen und Beamte zur Sicherstellung der erforderlichen dienstrechtlichen Maßnahmen im Fall der Erhebung der öffentlichen Klage

1. die Anklageschrift oder eine an ihre Stelle tretende Antragsschrift,
2. den Antrag auf Erlass eines Strafbefehls und
3. die einen Rechtszug abschließende Entscheidung mit Begründung

zu übermitteln. Ist gegen die Entscheidung ein Rechtsmittel eingelegt worden, ist die Entscheidung unter Hinweis auf das eingelegte Rechtsmittel zu übermitteln. Der Erlass und der Vollzug eines Haftbefehls oder eines Unterbringungsbefehls sind mitzuteilen.

(2) In Verfahren wegen fahrlässig begangener Straftaten werden die in Absatz 1 Satz 1 bestimmten Übermittlungen nur vorgenommen, wenn

1. es sich um schwere Verstöße handelt, namentlich Vergehen der Trunkenheit im Straßenverkehr oder der fahrlässigen Tötung, oder
2. in sonstigen Fällen die Kenntnis der Daten aufgrund der Umstände des Einzelfalls erforderlich ist, um zu prüfen, ob dienstrechtliche Maßnahmen zu ergreifen sind.

(3) Entscheidungen über Verfahrenseinstellungen, die nicht bereits nach Absatz 1 oder 2 zu übermitteln sind, sollen übermittelt werden, wenn die in Absatz 2 Nr. 2 genannten Voraussetzungen erfüllt sind. Dabei ist zu berücksichtigen, wie gesichert die zu übermittelnden Erkenntnisse sind.

(4) Sonstige Tatsachen, die in einem Strafverfahren bekannt werden, dürfen mitgeteilt werden, wenn ihre Kenntnis aufgrund besonderer Umstände des Einzelfalls für dienstrechtliche Maßnahmen gegen eine Beamtin oder einen Beamten erforderlich ist und soweit nicht für die übermittelnde Stelle erkennbar ist, dass schutzwürdige Interessen der Beamtin oder des Beamten an dem Ausschluss der Übermittlung überwiegen. Erforderlich ist die

Kenntnis der Daten auch dann, wenn diese Anlass zur Prüfung bieten, ob dienstrechtliche Maßnahmen zu ergreifen sind. Absatz 3 Satz 2 ist entsprechend anzuwenden.

(5) Nach den Absätzen 1 bis 4 übermittelte Daten dürfen auch für die Wahrnehmung der Aufgaben nach dem Sicherheitsüberprüfungsgesetz oder einem entsprechenden Landesgesetz verwendet werden.

(6) Übermittlungen nach den Absätzen 1 bis 3 sind auch zulässig, soweit sie Daten betreffen, die dem Steuergeheimnis (§ 30 der Abgabenordnung) unterliegen. Übermittlungen nach Absatz 4 sind unter den Voraussetzungen des § 30 Abs. 4 Nr. 5 der Abgabenordnung zulässig.

§ 50
Personalakte

Für jede Beamtin und jeden Beamten ist eine Personalakte zu führen. Zur Personalakte gehören alle Unterlagen, die die Beamtin oder den Beamten betreffen, soweit sie mit dem Dienstverhältnis in einem unmittelbaren inneren Zusammenhang stehen (Personalaktendaten). Die Personalakte ist vertraulich zu behandeln. Personalaktendaten dürfen nur für Zwecke der Personalverwaltung oder Personalwirtschaft verwendet werden, es sei denn, die Beamtin oder der Beamte willigt in die anderweitige Verwendung ein. Für Ausnahmefälle kann landesrechtlich eine von Satz 4 abweichende Verwendung vorgesehen werden.

§ 51
Personalvertretung

Die Bildung von Personalvertretungen zum Zweck der vertrauensvollen Zusammenarbeit zwischen der Behördenleitung und dem Personal ist unter Einbeziehung der Beamtinnen und Beamten zu gewährleisten.

§ 52
Mitgliedschaft in Gewerkschaften und Berufsverbänden

Beamtinnen und Beamte haben das Recht, sich in Gewerkschaften oder Berufsverbänden zusammenzuschließen. Sie dürfen wegen Betätigung für ihre Gewerkschaft oder ihren Berufsverband nicht dienstlich gemaßregelt oder benachteiligt werden.

§ 53
Beteiligung der Spitzenorganisationen

Bei der Vorbereitung gesetzlicher Regelungen der beamtenrechtlichen Verhältnisse durch die obersten Landesbehörden sind die Spitzenorganisationen der zuständigen Gewerkschaften und Berufsverbände zu beteiligen. Das Beteiligungsverfahren kann auch durch Vereinbarung ausgestaltet werden.

ABSCHNITT 7
Rechtsweg

§ 54
Verwaltungsrechtsweg

(1) Für alle Klagen der Beamtinnen, Beamten, Ruhestandsbeamtinnen, Ruhestandsbeamten, früheren Beamtinnen, früheren Beamten und der Hinterbliebenen aus dem Beamtenverhältnis sowie für Klagen des Dienstherrn ist der Verwaltungsrechtsweg gegeben.

(2) Vor allen Klagen ist ein Vorverfahren nach den Vorschriften des 8. Abschnitts der Verwaltungsgerichtsordnung durchzuführen. Dies gilt auch dann, wenn die Maßnahme von

der obersten Dienstbehörde getroffen worden ist. Ein Vorverfahren ist nicht erforderlich, wenn ein Landesgesetz dieses ausdrücklich bestimmt.

(3) Den Widerspruchsbescheid erlässt die oberste Dienstbehörde. Sie kann die Entscheidung für Fälle, in denen sie die Maßnahme nicht selbst getroffen hat, durch allgemeine Anordnung auf andere Behörden übertragen. Die Anordnung ist zu veröffentlichen.[1)]

(4) Widerspruch und Anfechtungsklage gegen Abordnung oder Versetzung haben keine aufschiebende Wirkung.

ABSCHNITT 8
Spannungs- und Verteidigungsfall

§ 55
Anwendungsbereich

Beschränkungen, Anordnungen und Verpflichtungen nach den §§ 56 bis 59 sind nur nach Maßgabe des Artikels 80a des Grundgesetzes zulässig. Sie sind auf Personen im Sinne des § 5 Abs. 1 des Arbeitssicherstellungsgesetzes nicht anzuwenden.

§ 56
Dienstleistung im Verteidigungsfall

(1) Beamtinnen und Beamte können für Zwecke der Verteidigung auch ohne ihre Zustimmung zu einem anderen Dienstherrn abgeordnet oder zur Dienstleistung bei über- oder zwischenstaatlichen zivilen Dienststellen verpflichtet werden.

(2) Beamtinnen und Beamten können für Zwecke der Verteidigung auch Aufgaben übertragen werden, die nicht ihrem Amt oder ihrer Laufbahnbefähigung entsprechen, sofern ihnen die Übernahme nach ihrer Vor- und Ausbildung und im Hinblick auf die Ausnahmesituation zumutbar ist. Aufgaben einer Laufbahn mit geringeren Zugangsvoraussetzungen dürfen ihnen nur übertragen werden, wenn dies aus dienstlichen Gründen unabweisbar ist.

(3) Beamtinnen und Beamte haben bei der Erfüllung der ihnen für Zwecke der Verteidigung übertragenen Aufgaben Gefahren und Erschwernisse auf sich zu nehmen, soweit diese ihnen nach den Umständen und den persönlichen Verhältnissen zugemutet werden können.

(4) Beamtinnen und Beamte sind bei einer Verlegung der Behörde oder Dienststelle auch in das Ausland zur Dienstleistung am neuen Dienstort verpflichtet.

§ 57
Aufschub der Entlassung und des Ruhestands

Die Entlassung der Beamtinnen und Beamten auf ihren Antrag kann für Zwecke der Verteidigung hinausgeschoben werden, wenn dies im öffentlichen Interesse erforderlich ist und der Personalbedarf der öffentlichen Verwaltung im Bereich ihres Dienstherrn auf freiwilliger Grundlage nicht gedeckt werden kann. Satz 1 gilt entsprechend für den Ablauf der Amtszeit bei Beamtenverhältnissen auf Zeit. Der Eintritt der Beamtinnen und Beamten in den Ruhestand nach Erreichen der Altersgrenze und die vorzeitige Versetzung in den Ruhestand auf Antrag ohne Nachweis der Dienstunfähigkeit können unter den Voraussetzungen des Satzes 1 bis zum Ende des Monats hinausgeschoben werden, in dem die für Bundesbeamtinnen und Bundesbeamte geltende Regelaltersgrenze erreicht wird.

1) S. Fußnote 1 zu § 113 LBG.

§ 58
Erneute Berufung von Ruhestandsbeamtinnen und Ruhestandsbeamten

Ruhestandsbeamtinnen und Ruhestandsbeamte, die die für Bundesbeamtinnen und Bundesbeamte geltende Regelaltersgrenze noch nicht erreicht haben, können für Zwecke der Verteidigung erneut in ein Beamtenverhältnis berufen werden, wenn dies im öffentlichen Interesse erforderlich ist und der Personalbedarf der öffentlichen Verwaltung im Bereich ihres bisherigen Dienstherrn auf freiwilliger Grundlage nicht gedeckt werden kann. Das Beamtenverhältnis endet, wenn es nicht vorher beendet wird, mit dem Ende des Monats, in dem die für Bundesbeamtinnen und Bundesbeamte geltende Regelaltersgrenze erreicht wird.

§ 59
Verpflichtung zur Gemeinschaftsunterkunft und Mehrarbeit

(1) Wenn dienstliche Gründe es erfordern, können Beamtinnen und Beamte für Zwecke der Verteidigung verpflichtet werden, vorübergehend in einer Gemeinschaftsunterkunft zu wohnen und an einer Gemeinschaftsverpflegung teilzunehmen.

(2) Beamtinnen und Beamte sind verpflichtet, für Zwecke der Verteidigung über die regelmäßige Arbeitszeit hinaus ohne besondere Vergütung Dienst zu tun. Für die Mehrbeanspruchung wird ein Freizeitausgleich nur gewährt, soweit es die dienstlichen Erfordernisse gestatten.

ABSCHNITT 9
Sonderregelungen für Verwendungen im Ausland

§ 60
Verwendungen im Ausland

(1) Beamtinnen und Beamte, die zur Wahrnehmung des ihnen übertragenen Amtes im Ausland oder außerhalb des Deutschen Hoheitsgebiets auf Schiffen oder in Luftfahrzeugen verwendet werden und dabei wegen vom Inland wesentlich abweichender Verhältnisse erhöhten Gefahren ausgesetzt sind, können aus dienstlichen Gründen verpflichtet werden,

1. vorübergehend in einer Gemeinschaftsunterkunft zu wohnen und an einer Gemeinschaftsverpflegung teilzunehmen,
2. Schutzkleidung zu tragen,
3. Dienstkleidung zu tragen und
4. über die regelmäßige Arbeitszeit hinaus ohne besondere Vergütung Dienst zu tun.

In den Fällen des Satzes 1 Nr. 4 wird für die Mehrbeanspruchung ein Freizeitausgleich nur gewährt, soweit es die dienstlichen Erfordernisse gestatten.

(2) Sind nach Absatz 1 verwendete Beamtinnen und Beamte zum Zeitpunkt des vorgesehenen Eintritts in den Ruhestand nach den §§ 25 und 26 oder des vorgesehenen Ablaufs ihrer Amtszeit wegen Verschleppung, Gefangenschaft oder aus sonstigen mit dem Dienst zusammenhängenden Gründen, die sie nicht zu vertreten haben, dem Einflussbereich des Dienstherrn entzogen, verlängert sich das Dienstverhältnis bis zum Ablauf des auf die Beendigung dieses Zustands folgenden Monats.

ABSCHNITT 10
Sonderregelungen für wissenschaftliches Hochschulpersonal

§ 61
Hochschullehrerinnen und Hochschullehrer

Abweichend von den §§ 14 und 15 können Hochschullehrerinnen und Hochschullehrer nur mit ihrer Zustimmung in den Bereich eines Dienstherrn eines anderen Landes oder des

Bundes abgeordnet oder versetzt werden. Abordnung oder Versetzung im Sinne von Satz 1 sind auch ohne Zustimmung der Hochschullehrerinnen oder Hochschullehrer zulässig, wenn die Hochschule oder die Hochschuleinrichtung, an der sie tätig sind, aufgelöst oder mit einer anderen Hochschule zusammengeschlossen wird oder wenn die Studien- oder Fachrichtung, in der sie tätig sind, ganz oder teilweise aufgehoben oder an eine andere Hochschule verlegt wird. In diesen Fällen beschränkt sich eine Mitwirkung der aufnehmenden Hochschule oder Hochschuleinrichtung bei der Einstellung auf eine Anhörung. Die Vorschriften über den einstweiligen Ruhestand sind auf Hochschullehrerinnen und Hochschullehrer nicht anzuwenden.

ABSCHNITT 11
Schlussvorschriften

§ 62

(1) bis (19) (Änderungsvorschriften)

§ 63
Inkrafttreten, Außerkrafttreten

(1) Die §§ 25 und 50 treten am Tag nach der Verkündung in Kraft.

(2) § 62 Abs. 13 und 14 tritt für Bundesbeamtinnen und Bundesbeamte am 12. Februar 2009 in Kraft.

(3) Im Übrigen tritt das Gesetz am 1. April 2009 in Kraft.

(4) Die Länder können für die Zeit bis zum Inkrafttreten des § 11 Landesregelungen im Sinne dieser Vorschrift in Kraft setzen. In den Ländern, die davon Gebrauch machen, ist § 8 des Beamtenrechtsrahmengesetzes nicht anzuwenden.

Berliner Straßengesetz (BerlStrG)

Vom 13. Juli 1999 (GVBl. S. 380),
zuletzt geändert durch Artikel 2 des Gesetzes vom 5. Juli 2018
(GVBl. S. 464)

INHALTSVERZEICHNIS

ABSCHNITT I
Allgemeine Vorschriften

§ 1
Geltungsbereich

Das Gesetz regelt die Rechtsverhältnisse der öffentlichen Straßen. Für Bundesfernstraßen und für Privatstraßen gilt es nur, soweit dies im Folgenden ausdrücklich bestimmt ist.

§ 2
Öffentliche Straßen

(1) Öffentliche Straßen im Sinne dieses Gesetzes sind Straßen, Wege und Plätze, die dem öffentlichen Verkehr gewidmet sind.

(2) Zur öffentlichen Straße gehören

1. der Straßenkörper; das sind insbesondere
   a) der Untergrund, der Unterbau, der Oberbau, Brücken, Tunnel, Durchlässe, Dämme, Gräben, Böschungen, Stützbauwerke, Treppenanlagen, Lärmschutzanlagen, Straßenentwässerungs- und Straßenbeleuchtungsanlagen,
   b) Fahrbahnen, Gehwege, Radwege, Bushaltebuchten, Taxihalteplätze, Parkflächen einschließlich der Parkhäuser, Grünanlagen sowie Trenn-, Seiten-, Rand- und Sicherheitsstreifen,
2. der Luftraum über dem Straßenkörper,
3. das Zubehör; das sind insbesondere die Verkehrszeichen, Verkehrseinrichtungen und sonstigen Anlagen aller Art, die der Sicherheit oder Leichtigkeit des Verkehrs oder dem Schutz der Anlieger dienen, und die Bepflanzung.

ABSCHNITT II
Widmung, Einziehung und Benennung

§ 3
Widmung

(1) Eine Straße, ein Weg oder ein Platz erhält die Eigenschaft einer öffentlichen Straße durch Widmung.

(2) Voraussetzung für die Widmung ist, dass der Träger der Straßenbaulast Eigentümer der der Straße dienenden Grundstücke ist oder die Eigentümer und die sonst zur Nutzung dinglich Berechtigten der Widmung zugestimmt haben oder der Träger der Straßenbaulast den Besitz durch Vertrag, durch vorzeitige Besitzeinweisung nach § 22 oder in einem sonstigen gesetzlich geregelten Verfahren erlangt hat.

(3) Die Widmung kann unter Einschränkungen vorgenommen werden. In diesem Fall ist die Straßenverkehrsbehörde vorher zu hören.

(4) Die Widmung erfolgt durch Allgemeinverfügung und ist im Amtsblatt für Berlin bekannt zu machen. Die öffentliche Straße ist in das Straßenverzeichnis einzutragen, wenn die Widmung unanfechtbar geworden ist.

(5) Bei Straßen, die nach einem festgestellten oder genehmigten Plan gebaut oder geändert werden, wird die Widmung mit dem verfügenden Teil des Planfeststellungsbeschlusses oder der Plangenehmigung mit der Maßgabe verfügt, dass sie mit der Verkehrsübergabe wirksam wird, wenn die Voraussetzungen des Absatzes 2 zu diesem Zeitpunkt vorliegen. Der Träger der Straßenbaulast hat den Zeitpunkt der Verkehrsübergabe und Beschränkungen der Widmung öffentlich bekannt zu machen und der das Straßenverzeichnis führenden Behörde mitzuteilen.

(6) Wird eine öffentliche Straße verbreitert, begradigt, unerheblich verlegt oder ergänzt, so gilt der neue Straßenteil durch die Verkehrsübergabe als gewidmet, sofern die Voraussetzungen des Absatzes 2 vorliegen. In diesen Fällen bedarf es einer Bekanntmachung nach Absatz 4 Satz 1 nicht.

(7) Bei Straßen, Wegen und Plätzen, die vor Inkrafttreten dieses Gesetzes in das Straßenverzeichnis eingetragen worden sind, wird vermutet, dass sie öffentliche Straßen sind.

§ 4
Einziehung, Teileinziehung

(1) Wird eine öffentliche Straße für den öffentlichen Verkehr nicht mehr benötigt, so kann sie eingezogen werden. Parkhäuser können auch zum Zwecke der privaten Bewirtschaftung eingezogen werden, soweit der überwiegende Teil des betroffenen Parkraums für die Allgemeinheit zugänglich bleibt. Die Teileinziehung einer Straße ist zulässig, wenn nachträglich Beschränkungen auf bestimmte Benutzungsarten, Benutzungszwecke oder Benutzerkreise aus überwiegenden Gründen des öffentlichen Wohls festgelegt werden sollen. Von der Möglichkeit der Teileinziehung soll insbesondere dann Gebrauch gemacht werden, wenn zur Realisierung von Maßnahmen der Verkehrslenkung und Verkehrsberuhigung bestimmte Verkehrsarten auf Dauer von dem durch die Widmung der Verkehrsfläche festgelegten verkehrsüblichen Gemeingebrauch ausgeschlossen werden sollen.

(2) Vor der Einziehung oder Teileinziehung ist die Straßenverkehrsbehörde zu hören. Die Absicht, die Straße einzuziehen oder teileinzuziehen, ist mindestens einen Monat vorher im Amtsblatt für Berlin bekannt zu machen, um Gelegenheit zu Einwendungen zu geben. Von der Bekanntmachung kann abgesehen werden, wenn die zur Einziehung oder Teileinziehung vorgesehenen Flächen in den in einem Planfeststellungsverfahren ausgelegten Plänen als solche kenntlich gemacht worden sind.

(3) Die Einziehung oder Teileinziehung erfolgt durch Allgemeinverfügung und ist im Amtsblatt für Berlin bekannt zu machen. Die Straße ist im Straßenverzeichnis zu löschen, wenn die Einziehung im Sinne des Absatzes 1 Satz 1 unanfechtbar geworden ist.

(4) Die Einziehung oder Teileinziehung kann im verfügenden Teil eines Planfeststellungsbeschlusses mit der Maßgabe bekannt gemacht werden, dass sie mit der Sperrung oder Beschränkung wirksam wird. Einer Bekanntmachung nach Absatz 3 Satz 1 bedarf es nicht.

(5) Wird eine Straße begradigt, unerheblich verlegt oder durch sonstige straßenbauliche Maßnahmen den verkehrlichen Bedürfnissen angepasst und damit ein Teil der Straße dem Verkehr auf Dauer entzogen, so wird dieser Straßenteil durch die Sperrung eingezogen. In

diesen Fällen bedarf es einer Ankündigung und öffentlichen Bekanntmachung nach den Absätzen 2 und 3 nicht.

(6) Mit der Einziehung entfallen Gemeingebrauch und widerrufliche Sondernutzungen. Bei Teileinziehung werden Gemeingebrauch und widerrufliche Sondernutzungen entsprechend eingeschränkt.

§ 5[1)]
Benennung

(1) Die öffentlichen Straßen sind zu benennen, sobald es im öffentlichen Interesse, insbesondere im Verkehrsinteresse, erforderlich ist. Privatstraßen, -wege oder -plätze sollen auf Antrag und auf Kosten des Grundstückseigentümers öffentlich benannt werden, soweit dies zur Sicherstellung ausreichender Orientierungsmöglichkeiten notwendig ist. Hierzu kann vom Grundstückseigentümer ein Kostenvorschuss verlangt werden.

(2) Die Benennung erfolgt durch Allgemeinverfügung und ist im Amtsblatt für Berlin bekannt zu machen. Für öffentliche Straßen ist sie in das Straßenverzeichnis einzutragen, wenn sie unanfechtbar geworden ist.

(3) Werden Flächen Teil einer benannten öffentlichen Straße, so gilt die Benennung auch für diese Flächen. Einer Benennung nach Absatz 1 und einer Bekanntmachung nach Absatz 2 bedarf es nicht.

(4) Die Absätze 1 bis 3 gelten auch für die Bundesfernstraßen.

§ 6
Straßenverzeichnis

(1) Das Straßenverzeichnis ist ein Verzeichnis, in das alle öffentlichen Straßen einzutragen sind. Es kann von jedem eingesehen werden.

(2) In das Straßenverzeichnis sind mindestens die Bezeichnung und die Lage der Straße sowie Einschränkungen der Widmung einzutragen.

ABSCHNITT III
Straßenbaulast

§ 7[2)]
Straßenbaulast

(1) Träger der Straßenbaulast für die öffentlichen Straßen ist Berlin.

(2) Die Straßenbaulast umfasst alle mit dem Bau und der Unterhaltung der öffentlichen Straßen zusammenhängenden Aufgaben, auch die Bestimmung der Art, des Umfangs und des Zeitpunkts der Herstellung. Die öffentlichen Straßen sind im Rahmen der Leistungsfähigkeit des Trägers der Straßenbaulast so zu bauen, zu unterhalten, zu erweitern, zu verbessern oder zu ändern, dass sie dem regelmäßigen Verkehrsbedürfnis genügen. Dabei sind auch die Funktion der Straße als Aufenthaltsort, das Stadtbild und die Belange des Denkmal- und Umweltschutzes, der im Straßenverkehr besonders gefährdeten Personen sowie von Menschen mit Behinderungen zu berücksichtigen. Der Träger der Straßenbaulast hat im Falle eines nicht verkehrssicheren Zustands der Straße zu veranlassen, dass bis zur Wiederherstellung des verkehrssicheren Zustands durch Anordnung von Verkehrszeichen und Verkehrseinrichtungen eine Gefährdung der Verkehrsteilnehmer ausgeschlossen ist. Er hat ferner für eine alsbaldige Wiederherstellung des verkehrssicheren Zustands der Straße zu sorgen.

---

1) Zu § 5 AV Benennung vom 1. Februar 2017 (ABl. S. 763).
2) Zu § 7 u.a. AV Straßenüberwachung vom 14. Juli 2010 (ABl. S. 1649); AV Geh- und Radwege vom 2. Juli 2014 (ABl. S. 1349).

(3) Die Träger der Straßenbaulast gewährleisten im Rahmen des Absatzes 2 Satz 2, dass kontrastreiche und taktil wahrnehmbare Orientierungshilfen in den Gehwegbelag eingebaut werden. An den Straßenkreuzungen, Straßeneinmündungen und sonstigen für den Fußgängerverkehr bestimmten Übergangsstellen soll die Auftrittshöhe in der Regel 3 Zentimeter betragen.

(4) Zur Straßenbaulast gehört die Pflicht, die öffentlichen Straßen so zu reinigen, dass die Verkehrssicherheit erhalten bleibt (verkehrsmäßige Reinigung). Die verkehrsmäßige Reinigung entfällt für öffentliche Straßen, für die nach den jeweils geltenden Vorschriften eine ordnungsmäßige Reinigung stattfinden muss.

(5) Die öffentlichen Straßen sind in ihrer Gesamtheit zu beleuchten, soweit es im Interesse des Verkehrs und der Sicherheit erforderlich ist. Außerhalb der geschlossenen Ortslage ist eine Beleuchtung der öffentlichen Straßen in der Regel nicht erforderlich. Geschlossene Ortslage ist das Gebiet, das in geschlossener oder offener Bauweise zusammenhängend bebaut ist. Einzelne unbebaute Grundstücke, zur Bebauung ungeeignetes oder ihr entzogenes Gelände oder einseitige Bebauung unterbrechen den Zusammenhang nicht.

(6) Die mit dem Bau, der Unterhaltung und der Überwachung der Verkehrssicherheit der öffentlichen Straßen zusammenhängenden Aufgaben werden als eine Pflicht des öffentlichen Rechts wahrgenommen. Dazu gehört die Sorge dafür, dass die öffentlichen Straßen in der Baulast Berlins den Anforderungen der Absätze 2 bis 5 entsprechen.

(7) Bei der Erschließung durch Straßen, deren Ausbau nach dem Erschließungsbeitragsgesetz vom 12. Juli 1995 (GVBl. S. 444) überwiegend von den Anliegern getragen werden muss, sind der Ausbaugrad und der Ausbaustandard den örtlichen Gegebenheiten anzupassen. Es ist ein möglichst geringer Versiegelungsgrad anzustreben. Den Anliegern ist Gelegenheit zu geben, die Planungen einzusehen, Einwände zu äußern und Vorschläge einzubringen. Der Träger der Straßenbaulast soll in der Regel eine Ausbauvariante aufstellen und dabei kostengünstige Alternativen benennen. Vor der Entscheidung über die Ausbauvariante ist die Bezirksverordnetenversammlung zu befassen.

§ 8
Straßenbaulast Dritter

(1) § 7 Abs. 1 gilt nicht, soweit die Straßenbaulast nach anderen gesetzlichen Vorschriften oder auf Grund öffentlicher Verpflichtungen anderen Trägern obliegt oder durch Verwaltungsakt oder durch öffentlich-rechtlichen Vertrag einem anderen Träger auferlegt worden ist.

(2) Privatrechtliche Verpflichtungen Dritter zur Erfüllung von Aufgaben, die sich aus der Straßenbaulast ergeben, berühren die Straßenbaulast nicht.

§ 9
Gehwegüberfahrten

(1) Die nicht befahrbaren Straßenbestandteile dürfen mit Kraftfahrzeugen nur auf besonderen Überfahrten (Gehwegüberfahrten) überquert werden.

(2) Gehwegüberfahrten sind vom Träger der Straßenbaulast herzustellen, zu ändern und in Stand zu halten. Die Kosten der Herstellung und die Kosten von Änderungen trägt der Anlieger; das gilt nicht, soweit die Gehwegüberfahrten bei der erstmaligen endgültigen Herstellung der Straße im Sinne des Erschließungsbeitragsrechts angelegt werden. Werden Gehwegüberfahrten bei anderen Ausbaumaßnahmen hergestellt, geändert oder erneuert, so trägt der Anlieger die Mehrkosten. Die Kosten sind durch Leistungsbescheid festzusetzen. Widerspruch und Klage gegen den Leistungsbescheid haben keine aufschiebende Wirkung. Der Träger der Straßenbaulast ist berechtigt, angemessene Vorauszahlungen zu verlangen. Mit Zustimmung des Straßenbaulastträgers kann der Anlieger auf Wunsch die Herstellung oder Änderung der Gehwegüberfahrt durch eine anerkannte Fachfirma selbst ausführen lassen.

(3) Der Träger der Straßenbaulast ist berechtigt, nicht mehr benötigte Gehwegüberfahrten zu beseitigen. Absatz 2 Satz 2, 4, 5 und 6 gilt entsprechend.

(4) Gehwegüberfahrten für vorübergehende Zwecke dürfen von den Anliegern angelegt werden. Sie bedürfen der Genehmigung des Straßenbaulastträgers, auch hinsichtlich der Lage, Abmessung und Beschaffenheit. Nicht mehr benötigte Gehwegüberfahrten sind vom Anlieger zu beseitigen. Beseitigt er diese nicht, so gilt Absatz 3 entsprechend. Im Rahmen eines Baugenehmigungsverfahrens kann die Genehmigung von Gehwegüberfahrten für vorübergehende Zwecke bei der Bauaufsichtsbehörde beantragt werden. In diesem Fall entscheidet die Bauaufsichtsbehörde im Einvernehmen mit dem Träger der Straßenbaulast. Die Sätze 5 und 6 gelten auch für das Zustimmungsverfahren nach der Bauordnung für Berlin.

(5) Anlieger ist der Eigentümer eines Grundstücks, das an die öffentliche Straße angrenzt oder durch sie erschlossen wird. Ist an einem solchen Grundstück ein Erbbaurecht, ein Nießbrauch oder ein sonstiges dinglich gesichertes Nutzungsrecht bestellt, so ist der daraus Berechtigte ebenfalls Anlieger. Ist ein Grundstück von der öffentlichen Straße durch einen nicht zu ihr gehörenden Geländestreifen getrennt, bleibt dieser außer Betracht.

(6) Die Absätze 1 bis 5 gelten auch für Bundesstraßen, soweit im Bundesfernstraßengesetz nichts Abweichendes geregelt ist.

ABSCHNITT IV
Gemeingebrauch und Sondernutzung, Duldungspflichten der Eigentümer

§ 10
Eigentum und Gemeingebrauch

(1) Das Eigentum an öffentlichen Straßen ist Privateigentum, das durch die Bestimmung der Straße für den Gemeingebrauch beschränkt ist.

(2) Der Gebrauch der öffentlichen Straßen ist jedem im Rahmen der Widmung für den Verkehr (Gemeingebrauch) gestattet. Auf die Aufrechterhaltung des Gemeingebrauchs besteht kein Rechtsanspruch. Kein Gemeingebrauch liegt vor, wenn jemand die Straße nicht vorwiegend zum Verkehr, sondern zu anderen Zwecken benutzt.

(3) Das Recht des Anliegers, die öffentlichen Straßen über den Gemeingebrauch hinaus zu benutzen, soweit dies zur Nutzung des Grundstücks erforderlich ist und den Gemeingebrauch nicht dauernd ausschließt oder erheblich beeinträchtigt oder in den Straßenkörper eingreift (Anliegergebrauch), bleibt unberührt.

(4) Der Gemeingebrauch kann beschränkt oder vorübergehend aufgehoben werden, wenn es für die Durchführung von Bauarbeiten an der Straße wegen des baulichen Zustands, zur Vermeidung außerordentlicher Schäden an der Straße oder für die Sicherheit oder Ordnung des Verkehrs notwendig ist. Die Beschränkungen sind durch Verkehrszeichen und Verkehrseinrichtungen kenntlich zu machen.

§ 11
Sondernutzung

(1) Jeder Gebrauch der öffentlichen Straßen, der über den Gemeingebrauch hinausgeht, ist eine Sondernutzung und bedarf unbeschadet sonstiger Vorschriften der Erlaubnis der Straßenbaubehörde.

(2) Die Erlaubnis nach Absatz 1 soll in der Regel erteilt werden, wenn überwiegende öffentliche Interessen der Sondernutzung nicht entgegenstehen oder ihnen durch Nebenbestimmungen zur Erlaubnis entsprochen werden kann. Die Erlaubnis soll versagt werden,

wenn behinderte Menschen durch die Sondernutzung in der Ausübung des Gemeingebrauchs erheblich beeinträchtigt würden. Über die Erlaubnis ist, außer in den Fällen des Absatzes 3, innerhalb eines Monats nach Eingang des vollständigen Antrags bei der zuständigen Behörde zu entscheiden. Kann die Prüfung des Antrags in dieser Zeit nicht abgeschlossen werden, ist die Frist durch die Mitteilung an den Antragsteller um einen Monat zu verlängern. Die Erlaubnis gilt als widerruflich erteilt, wenn nicht innerhalb der Frist entschieden wird.

(2a) Werbeanlagen, die in unmittelbarem Zusammenhang mit Wahlen, Volksentscheiden und Bürgerentscheiden stehen, sind ausschließlich für einen Zeitraum von sieben Wochen vor bis spätestens eine Woche nach dem Wahl- oder Abstimmungstag zu erlauben. Werbeanlagen, die in unmittelbarem Zusammenhang mit Volksbegehren und Bürgerbegehren stehen, sind ausschließlich für die Dauer der Eintragungsfrist nach § 18 Absatz 3 des Abstimmungsgesetzes vom 11. Juni 1997 (GVBl. S. 304), das durch Artikel I des Gesetzes vom 20. Februar 2008 (GVBl. S. 22) geändert worden ist, oder der Frist nach § 45 Absatz 3 Satz 1 des Bezirksverwaltungsgesetzes in der Fassung vom 14. Dezember 2005 (GVBl. 2006 S. 2), das zuletzt durch Gesetz vom 22. Oktober 2008 (GVBl. S. 292) geändert worden ist, zuzüglich einer Woche nach Ablauf dieser Fristen zu erlauben. Unbeschadet des Absatzes 2 können Größe, Zahl und Standorte von Werbeanlagen nach Satz 2 zum Schutz des Stadt- und Ortsbildes und nach Satz 1 und 2 zum Schutz von Orten von städtebaulich, denkmalpflegerisch, kulturell oder historisch herausragender überregionaler Bedeutung beschränkt werden.

(3) Sondernutzungserlaubnisse für die Einrichtung von Baustellen dürfen nur erteilt werden, wenn eine wesentliche Beeinträchtigung des fließenden oder ruhenden Straßenverkehrs nicht zu erwarten ist, es sei denn, das Bauvorhaben kann ohne Inanspruchnahme des Straßenlandes nicht mit einem wirtschaftlich und technisch vertretbaren Aufwand durchgeführt werden. In diesem Fall ist die Inanspruchnahme des Straßenlandes auf das geringstmögliche Maß und den kürzesten Zeitraum zu beschränken. Die hierfür erforderlichen Nachweise hat der Bauherr zu erbringen. Die Erlaubnis von Sondernutzungen für Bauarbeiten, die sich auf den fließenden oder ruhenden Fahrzeugverkehr im übergeordneten Straßennetz auswirken, soll zwei Monate vor Baubeginn beantragt werden. Sondernutzungserlaubnisse nach Satz 4 dürfen nur im Einvernehmen mit der Verkehrslenkung Berlin erteilt werden. Äußert sich die Verkehrslenkung Berlin nicht innerhalb von sechs Wochen, so gilt das Einvernehmen gegenüber der für die Erteilung der Sondernutzungserlaubnis zuständigen Behörde als erklärt. Bei verspäteter Antragstellung kann der Nachweis für die Notwendigkeit einer Inanspruchnahme öffentlichen Straßenlandes nicht auf Umstände gestützt werden, die bei rechtzeitiger Antragstellung nicht vorgelegen hätten.

(4) Die Erlaubnis soll entweder unbefristet auf Widerruf oder befristet, auch mehrjährig, mit oder ohne Widerrufsvorbehalt erteilt werden. Bedingungen, Auflagen und Auflagenvorbehalte sind zulässig. Die Erteilung der Erlaubnis kann erforderlichenfalls von der Leistung einer Sicherheit abhängig gemacht werden. Die Erlaubnis darf nur mit Zustimmung der Straßenbaubehörde übertragen werden.

(5) Für den Widerruf der Erlaubnis gilt Absatz 2 entsprechend. Unbeschadet der Vorschriften über den Widerruf von Verwaltungsakten kann die Erlaubnis widerrufen werden, wenn die für die Sondernutzung zu entrichtenden Gebühren trotz Fälligkeit und Mahnung nicht oder nicht vollständig entrichtet werden. Im Falle des Widerrufs sowie bei der Beeinträchtigung der Sondernutzung durch Sperrung oder Änderung der Straße, durch Straßenschäden oder Straßenbaumaßnahmen oder bei Einziehung der Straße hat der Erlaubnisnehmer keinen Anspruch auf Entschädigung.

(6) Nach Beendigung der Sondernutzung oder Erlöschen der Erlaubnis hat der Erlaubnisnehmer unverzüglich etwa vorhandene Anlagen zu beseitigen. Der ordnungsgemäße Zustand der Straße wird durch den Träger der Straßenbaulast wiederhergestellt. Die Auf-

wendungen dafür sind von dem Erlaubnisnehmer zu erstatten. Der Erstattungsbetrag ist durch Verwaltungsakt festzusetzen.

(7) Der Sondernutzer hat dem Träger der Straßenbaulast die Kosten zu erstatten, die diesem durch die Sondernutzung zusätzlich erwachsen.

(8) In Fällen unerlaubter Sondernutzung für Veranstaltungswerbung gilt auch der Veranstalter als Sondernutzer.

(9) Für Sondernutzungen können Sondernutzungsgebühren erhoben werden. Bei ihrer Bemessung sind Art, Umfang, Dauer und der wirtschaftliche Vorteil der Sondernutzung zu berücksichtigen.

(10) Bei Sondernutzungen öffentlichen Straßenlandes, das nicht Eigentum Berlins ist, bleiben die Rechte des Eigentümers unberührt. Dazu gehört auch das Recht, für Sondernutzungen Entgelte erheben zu können.

(11) Sondernutzungen, die der Durchführung eines Bauvorhabens dienen, können nur vom Bauherrn beantragt werden. Der Erlaubnisnehmer hat Beginn, Umfang und Ende der Sondernutzung sowie den Namen und die Telefonnummer der Straßenbaubehörde an der Baustelle auf einem Schild nach außen hin deutlich lesbar zu kennzeichnen.

(12) Bestehende Sondernutzungen unterliegen mit dem Inkrafttreten[1] der Artikel I und III des Zweiten Gesetzes zur Rechtsvereinfachung und Entbürokratisierung vom 14. Dezember 2005 (GVBl. S. 754) dem Gebührenrecht des Absatzes 9 in Verbindung mit der Rechtsverordnung nach § 27 Abs. 2. Bis zum Erlass der die Sondernutzungsgebühren festsetzenden Bescheide, bei befristeten Sondernutzungen bis zum Ablauf der Frist, gelten die auf Grund der bisherigen Rechtslage geschlossenen Entgeltvereinbarungen übergangsweise fort. Bei unwiderruflich oder unbefristet erlaubten Sondernutzungen, für die eine privatrechtliche Entgeltvereinbarung in unveränderbarer Höhe besteht, dürfen Gebührenbescheide die vereinbarte Entgelthöhe nicht überschreiten. Soweit Entgelte für eine Sondernutzung bereits vollständig entrichtet sind (Ablösung), können Gebühren nicht mehr erhoben werden.

(13) Widerspruch und Anfechtungsklage eines Dritten gegen eine Sondernutzungserlaubnis haben keine aufschiebende Wirkung.

§ 12[2]

Sondernutzung für Zwecke der öffentlichen Versorgung

(1) Für die Sondernutzung zu Zwecken der öffentlichen Versorgung gilt § 11 entsprechend nach Maßgabe der folgenden Absätze. Den Unternehmen der öffentlichen Versorgung sind die Unternehmen des öffentlichen Personennahverkehrs, der Polizeipräsident in Berlin, das IT-Dienstleistungszentrum Berlin und die Berliner Feuerwehr gleichgestellt.

(2) Die Sondernutzung ist zu erlauben, soweit sie den Gemeingebrauch nicht dauerhaft beeinträchtigt oder andere überwiegende öffentliche Interessen nicht entgegenstehen und nach den örtlichen Gegebenheiten eine Unterbringung der Anlagen im Straßengrund möglich ist.

(3) Die Erlaubnis ist, außer in den Fällen des Absatzes 7, unbefristet auf Widerruf zu erteilen.

(4) Der Widerruf einer Erlaubnis ist nur zulässig, wenn er im überwiegenden öffentlichen Interesse erforderlich ist.

(5) Werden im öffentlichen Interesse durch die Änderung oder Verlegung der öffentlichen Straße oder durch Unterhaltungsmaßnahmen an ihr Änderungen von Versorgungsan-

1) In Kraft getreten am 25. Juni 2006.
2) Dazu Ausführungsvorschriften vom 24. Oktober 2013 (ABl. S. 2558).

lagen erforderlich, so haben die Versorgungsunternehmen diese Anlagen auf ihre Kosten der Straße anzupassen.

(6) Die Versorgungsunternehmen haben ihre Anlagen ordnungsgemäß zu errichten, ständig zu überwachen, zu unterhalten und stillgelegte Anlagen zu entfernen. Die Straßenbaubehörde kann die Entfernung zu einem späteren Zeitpunkt zulassen.

(7) Die Versorgungsunternehmen bedürfen für Aufgrabungen und Baumaßnahmen im Zusammenhang mit Maßnahmen nach den Absätzen 5 und 6 grundsätzlich der straßenrechtlichen Erlaubnis. § 11 Abs. 3 und 11 gilt entsprechend. Notfälle, in denen sofortiges Handeln zur Schadensabwehr geboten ist, sowie Fälle von unwesentlicher Beeinträchtigung des Gemeingebrauchs mit Ausnahme der Aufgrabungen und Baumaßnahmen auf Fahrbahnen des übergeordneten Straßennetzes sind der Straßenbaubehörde und der Verkehrslenkung Berlin lediglich anzuzeigen. Eine Sicherheitsleistung darf nur verlangt werden, soweit dies zur Sicherung einer ordnungsgemäßen Wiederherstellung der Straße erforderlich ist. Auch für die in Satz 1 genannten Aufgrabungen und Baumaßnahmen können Gebühren erhoben werden.

(8) Treffen Baumaßnahmen nach den Absätzen 5 und 6 an gleicher Stelle oder im räumlich-verkehrlichen Wirkungszusammenhang zeitlich zusammen, so kann die Straßenbaubehörde verlangen, dass ein gemeinsamer Bauentwurf und Bauablaufplan erstellt, die Bauvergabe auf Grund gemeinsamer Ausschreibung der Bauleistung vorgenommen und eine gemeinsame Bauleitung eingerichtet wird. Der Träger der Straßenbaulast kann diese Leistungen auch selbst erbringen. Für Sondernutzungsgebühren haften die Erlaubnisnehmer als Gesamtschuldner.

(9) Nach Beendigung der Arbeiten an ihren Anlagen haben die Versorgungsunternehmen die öffentliche Straße unverzüglich wieder instand zu setzen, sofern nicht der Straßenbaulastträger erklärt hat, die Instandsetzung selbst vornehmen zu wollen. Nimmt der Straßenbaulastträger die Wiederherstellung der öffentlichen Straße selbst vor, haben die Versorgungsunternehmen diesem die Auslagen für die von ihm vorgenommene Instandsetzung zu vergüten und den durch die Arbeiten an den Versorgungsanlagen entstandenen Schaden zu ersetzen.

(10) Ist eine öffentliche Straße eingezogen worden, so ist der Eigentümer verpflichtet, die auf Grund einer Erlaubnis errichteten Versorgungsanlagen gegen angemessene Vergütung und zu angemessenen Bedingungen weiterhin zu dulden und den Versorgungsunternehmen auf Verlangen eine Dienstbarkeit einzuräumen. Er ist jedoch berechtigt, die Beseitigung der Anlagen zu verlangen, die innerhalb einer angemessenen Frist von höchstens drei Jahren zu erfolgen hat, wenn durch ihren Bestand eine anderweitige wirtschaftliche Verwertung der Grundstücke wesentlich erschwert ist und kein überwiegendes öffentliches Interesse entgegensteht. Ist er verpflichtet, die Anlagen zu dulden, so kann er verlangen, dass der Nutzungsberechtigte die Grundstücke binnen derselben Frist erwirbt.

(11) Die Unternehmen sind zur gegenseitigen Rücksichtnahme verpflichtet. Sie haben unverzüglich die Verlegung ihrer Leitungen und Anlagen vorzunehmen, wenn dies durch den Neu- oder Umbau der Leitungen oder Anlagen eines anderen Unternehmens notwendig ist. Der Kostenausgleich findet unmittelbar zwischen den Unternehmen statt. Im Falle des Straßenbahn- und U-Bahnbaus auf Veranlassung Berlins gilt Absatz 5 sinngemäß.

(12) Von den Absätzen 2 bis 10 abweichende Regelungen in bestehenden Konzessionsverträgen bleiben während der Laufzeit dieser Konzessionsverträge unberührt. Bei künftigen Vertragsabschlüssen mit Unternehmen im Sinne des Absatzes 1 ist die Einhaltung der Absätze 2 bis 11 zu vereinbaren.

§ 13
Zuständigkeitskonzentration

Ist nach den Vorschriften des Straßenverkehrsrechts eine Erlaubnis für eine übermäßige Straßenbenutzung oder eine Ausnahmegenehmigung erforderlich, so bedarf es keiner Sondernutzungserlaubnis. Vor ihrer Entscheidung hat die hierfür zuständige Behörde die sonst für die Sondernutzungserlaubnis zuständige Straßenbaubehörde zu hören. Die von dieser geforderten Bedingungen, Auflagen, Auflagenvorbehalte und Sondernutzungsgebühren sind dem Antragsteller in der Erlaubnis oder Ausnahmegenehmigung aufzuerlegen. Nachträgliche Anordnungen bleiben unberührt. § 11 Abs. 3 und § 12 Abs. 7 gelten entsprechend.

§ 14
Unerlaubte Benutzung einer Straße

(1) Wird eine öffentliche Straße ohne die erforderliche Erlaubnis benutzt oder werden Gegenstände mit Ausnahme der Fahrzeuge nach Absatz 2 verbotswidrig abgestellt oder kommt ein Erlaubnisnehmer seinen Verpflichtungen nicht nach, so kann die Straßenbaubehörde die Beseitigung von unerlaubten Anlagen im öffentlichen Straßenraum oder die sonst erforderlichen Maßnahmen zur Beendigung der Benutzung oder zur Erfüllung der Auflagen anordnen. Sind solche Anordnungen nicht oder nur unter unverhältnismäßigem Aufwand möglich oder nicht erfolgversprechend, so kann sie den rechtswidrigen Zustand auf Kosten des Pflichtigen beseitigen oder beseitigen lassen. § 11 Abs. 6 Satz 2 bis 4 gilt entsprechend.

(2) Fahrzeuge ohne gültige amtliche Kennzeichen dürfen nicht auf öffentlichen Straßen abgestellt werden. Wer dagegen verstößt, hat die Folgen seines Verstoßes unverzüglich zu beseitigen. Kommt der Halter oder Eigentümer dieser Pflicht nicht nach, kann die zuständige Behörde nach Anbringung einer deutlich sichtbaren Aufforderung zur Beseitigung des Fahrzeuges die Beseitigung auf seine Kosten vornehmen lassen. Eines vollziehbaren Verwaltungsaktes oder einer förmlichen Androhung eines Zwangsmittels bedarf es nicht.

(3) Die zuständige Behörde kann die von der öffentlichen Straße entfernten Gegenstände nach Absatz 1 oder Fahrzeuge nach Absatz 2 bis zur Erstattung ihrer Aufwendungen zurückbehalten.

(4) Ist der Eigentümer oder Halter der von der öffentlichen Straße entfernten Gegenstände nach Absatz 1 oder Fahrzeuge nach Absatz 2 innerhalb angemessener Frist nicht zu ermitteln oder kommt er seinen Zahlungspflichten innerhalb von zwei Monaten nach Zahlungsaufforderung nicht nach oder holt er die Gegenstände innerhalb einer ihm schriftlich oder elektronisch gesetzten angemessenen Frist nicht ab, so kann die zuständige Behörde die Gegenstände verwerten oder entsorgen; in der Aufforderung zur Zahlung oder Abholung ist darauf hinzuweisen. Im Übrigen sind die Vorschriften des Allgemeinen Sicherheits- und Ordnungsgesetzes über die Verwertung sichergestellter Gegenstände entsprechend anzuwenden.

(5) Die Absätze 2 bis 4 gelten auch für Bundesfernstraßen.

§ 15
Unerlaubte Eingriffe

(1) Wer eine öffentliche Straße beschädigt hat, ist verpflichtet, dies unverzüglich dem zuständigen Bezirksamt zu melden. Der Schaden wird vom Träger der Straßenbaulast beseitigt. Die Aufwendungen dafür sind von dem Verursacher des Schadens zu erstatten. Die Kosten sind durch Leistungsbescheid festzusetzen. Widerspruch und Klage gegen den Leistungsbescheid haben keine aufschiebende Wirkung.

(2) Für unerlaubte Veränderungen oder Aufgrabungen gilt Absatz 1 Satz 2 bis 5 entsprechend.

(3) Der Anlieger an einer öffentlichen Straße ist verpflichtet, Störungen, die von seinem Grundstück auf den öffentlichen Straßenraum ausgehen, auf seine Kosten zu beseitigen. Kommt der Anlieger seiner Beseitigungspflicht nicht nach, so gilt Absatz 1 Satz 2 bis 5 entsprechend.

§ 16
Duldung von öffentlichen Zeichen und Einrichtungen sowie Bepflanzungen

(1) Die Anlieger im Sinne des § 9 Abs. 5 haben das Anbringen von Verkehrszeichen und Verkehrseinrichtungen, Meldeanlagen der Polizei und der Feuerwehr sowie von Halte- und Betriebsvorrichtungen für die Verkehrszeichen und Verkehrseinrichtungen zu dulden.

(2) Der Begünstigte hat Schäden, die dem Anlieger durch das Anbringen oder das Entfernen der in Absatz 1 bezeichneten Gegenstände entstehen, zu beseitigen; er kann stattdessen eine angemessene Entschädigung in Geld leisten.

(3) Bepflanzungen der Straßen, insbesondere mit Bäumen, sind grundsätzlich vorzusehen, zu erhalten und zu schützen. Die Eigentümer und die Besitzer von Grundstücken an öffentlichen Straßen haben die unvermeidbaren Einwirkungen von Pflanzungen im Bereich des Straßenkörpers und die Maßnahmen zu ihrer Erhaltung und Ergänzung zu dulden. Eingriffe von ihrer Seite bedürfen der Zustimmung der Straßenbaubehörde und der für die Pflege und Unterhaltung der öffentlichen Grünanlagen zuständigen Stelle.

§ 17
Umleitungen

(1) Bei vorübergehenden Verkehrsbeschränkungen auf öffentlichen Straßen sind die Eigentümer und Verfügungsberechtigten privater Straßen, Wege und Plätze, die dem öffentlichen Verkehr dienen, auf schriftliche Anordnung der Straßenbaubehörde zur Duldung der Umleitung verpflichtet, soweit eine andere Verkehrsführung nicht zweckmäßig ist.

(2) Die Straßenbaubehörde hat festzustellen, welche straßenbaulichen und sonstigen Maßnahmen notwendig sind, um die Umleitungsstrecke für die Aufnahme des zusätzlichen Verkehrs verkehrssicher zu machen. Sie hat die entsprechenden straßenverkehrsbehördlichen Anordnungen umzusetzen. Die hierfür notwendigen Mehraufwendungen sind dem Eigentümer vom Veranlasser zu erstatten.

(3) Der Träger der Straßenbaulast ist verpflichtet, auf Antrag des Eigentümers die private Straße oder den privaten Weg für die Aufnahme des Umleitungsverkehrs herzurichten und nach Aufhebung den früheren Zustand wieder herzustellen.

(4) Die Absätze 1 bis 3 gelten entsprechend, wenn neue öffentliche Straßen vorübergehend über private Straßen und Wege, die dem öffentlichen Verkehr dienen, an das Straßennetz angeschlossen werden müssen.

ABSCHNITT V
Kreuzungen mit Gewässern

§ 18
Kreuzungen mit Gewässern

(1) Werden Straßen neu angelegt oder ausgebaut und müssen dazu Kreuzungen mit Gewässern (Brücken oder Unterführungen) hergestellt oder bestehende Kreuzungen geändert werden, so hat der Träger der Straßenbaulast die dadurch entstehenden Kosten zu tragen. Kreuzungsanlagen sind so auszuführen, wie es unter Berücksichtigung der übersehbaren Entwicklung der wasserwirtschaftlichen Verhältnisse hinsichtlich des Wasserabflusses erforderlich ist.

(2) Werden Gewässer ausgebaut (§ 31 des Wasserhaushaltsgesetzes in der Fassung der Bekanntmachung vom 11. Dezember 1996 [BGBl. I S. 1695], das zuletzt durch Artikel 2 Abs. 1 des Gesetzes vom 30. April 1998 [BGBl. I S. 823] geändert worden ist) und werden dazu Kreuzungen mit Straßen hergestellt oder bestehende Kreuzungen geändert, so hat der Träger des Ausbauvorhabens die dadurch entstehenden Kosten zu tragen. Wird eine neue Kreuzung erforderlich, weil ein Gewässer hergestellt wird, so ist die übersehbare Ver-

kehrsentwicklung auf der Straße zu berücksichtigen. Wird die Herstellung oder Änderung einer Kreuzung erforderlich, weil das Gewässer wesentlich umgestaltet wird, so sind die gegenwärtigen Verkehrsbedürfnisse zu berücksichtigen.

(3) Wird eine Straße neu angelegt und wird gleichzeitig ein Gewässer hergestellt oder aus anderen als straßenbaulichen Gründen wesentlich umgestaltet, so dass eine neue Kreuzung entsteht, so haben der Träger der Straßenbaulast und der Träger des Gewässerausbaus die Kosten der Kreuzung je zur Hälfte zu tragen.

(4) Werden eine Straße und ein Gewässer gleichzeitig ausgebaut und wird infolgedessen eine bestehende Kreuzungsanlage geändert oder durch einen Neubau ersetzt, so haben der Träger des Gewässerausbaus und der Träger der Straßenbaulast die dadurch entstehenden Kosten für die Kreuzungsanlagen in dem Verhältnis zu tragen, in dem die Kosten bei getrennter Durchführung der Maßnahme zueinander stehen würden.

(5) Gleichzeitigkeit liegt vor, wenn einer der Beteiligten die Berücksichtigung seiner Planung so rechtzeitig verlangt, dass hierauf in zumutbarer Weise Rücksicht genommen werden kann. Wird die Maßnahme nach diesem Zeitpunkt dennoch gleichzeitig durchgeführt, so hat der Baulastträger, der die Berücksichtigung seiner Planung nicht rechtzeitig verlangt hat, dem anderen Baulastträger die daraus entstehenden Mehrkosten zu erstatten.

(6) Kommt über die Kreuzungsmaßnahme oder ihre Kosten eine Einigung, in der auch von den Regelungen in den vorstehenden Vorschriften abgewichen werden darf, nicht zu Stande, so ist darüber durch Planfeststellung zu entscheiden.

§ 19
Unterhaltung der Kreuzungen mit Gewässern

(1) Der Träger der Straßenbaulast hat die Kreuzungsanlagen von Straßen und Gewässern auf seine Kosten zu unterhalten, soweit nichts anderes vereinbart oder durch Planfeststellung bestimmt wird. Die Unterhaltungspflicht des Trägers der Straßenbaulast erstreckt sich nicht auf Leitwerke, Leitpfähle, Dalben, Absetzpfähle oder ähnliche Einrichtungen zur Sicherung der Durchfahrten unter Brücken im Zuge von Straßen für die Schifffahrt sowie auf Schifffahrtszeichen. Soweit diese Einrichtungen auf Kosten des Trägers der Straßenbaulast herzustellen waren, hat dieser dem Unterhaltungspflichtigen die Unterhaltungskosten und die Kosten des Betriebs dieser Einrichtungen zu ersetzen oder abzulösen.

(2) Wird im Falle des § 18 Abs. 2 eine neue Kreuzung hergestellt, hat der Träger des Ausbauvorhabens die Mehrkosten für die Unterhaltung und den Betrieb der Kreuzungsanlage zu erstatten oder abzulösen. Ersparte Unterhaltungskosten für den Fortfall vorhandener Kreuzungsanlagen sind anzurechnen.

ABSCHNITT VI
Planung von Straßen

§ 20
Straßenkategorien

Die öffentlichen Straßen werden nach ihrer Verkehrsbedeutung wie folgt eingeteilt:

1. Straßen I. Ordnung sind Straßen, die untereinander oder zusammen mit Bundesfernstraßen überwiegend dem großräumigen Verkehr, das heißt dem Fernverkehr oder Regionalverkehr, dienen oder zu dienen bestimmt sind,
2. Straßen II. Ordnung sind Straßen, die dem überbezirklichen Verkehr, dem Verkehr zwischen den Bezirken und den Nachbargemeinden Berlins oder dem Anschluss der Bezirke an Straßen I. Ordnung dienen oder zu dienen bestimmt sind,
3. sonstige öffentliche Straßen sind alle weiteren, dem öffentlichen Verkehr dienenden Straßen.

§ 21
Vorarbeiten

(1) Eigentümer und sonstige Nutzungsberechtigte haben zur Vorbereitung der Planung notwendige Vermessungen, Boden- und Grundwasseruntersuchungen einschließlich der Anbringung von Markierungszeichen und sonstige Vorarbeiten durch die Straßenbaubehörde oder von ihr Beauftragte zu dulden. Wohnungen dürfen nur mit Zustimmung des Wohnungsinhabers betreten werden. Satz 2 gilt nicht für Arbeits-, Betriebs- oder Geschäftsräume während der jeweiligen Arbeits-, Geschäfts- oder Aufenthaltszeiten.

(2) Die Absicht, solche Arbeiten auszuführen, ist dem Eigentümer und den sonstigen Nutzungsberechtigten mindestens zwei Wochen vorher durch die Straßenbaubehörde bekannt zu geben. Sind Eigentümer oder sonstige Nutzungsberechtigte von Person nicht bekannt oder ist deren Aufenthalt unbekannt und lassen sie sich in angemessener Frist nicht ermitteln, so kann die Benachrichtigung durch öffentliche Bekanntmachung erfolgen.

(3) Entstehen durch eine Maßnahme nach Absatz 1 einem Eigentümer oder sonstigen Nutzungsberechtigten unmittelbare Vermögensnachteile, so hat der Träger der Straßenbaulast eine angemessene Entschädigung in Geld zu leisten. Kommt eine Einigung über die Geldentschädigung nicht zu Stande, so setzt die Enteignungsbehörde auf Antrag der Straßenbaubehörde oder des Berechtigten die Entschädigung fest. Vor der Entscheidung sind die Beteiligten zu hören.

§ 22
Planfeststellung und Plangenehmigung

(1) Straßen I. Ordnung dürfen nur gebaut oder geändert, Straßen II. Ordnung sowie dem übergeordneten, insbesondere touristischen oder überbezirklichen Verkehr dienende selbstständige Geh- und Radwege oder Radschnellverbindungen nur gebaut werden, wenn der Plan vorher festgestellt worden ist. Für die Änderung von Straßen II. Ordnung kann die Planfeststellungsbehörde im Benehmen mit dem zuständigen Bezirk die Durchführung eines Planfeststellungsverfahrens anordnen, wenn dies zur sachgerechten Bewältigung der mit der Planung aufgeworfenen Konflikte erforderlich ist.

(2) Besteht nach dem Berliner Gesetz über die Umweltverträglichkeitsprüfung vom 7. Juni 2007 (GVBl. S. 222) in der jeweils geltenden Fassung für den Bau oder die Änderung einer Straße eine Verpflichtung zur Durchführung einer Umweltverträglichkeitsprüfung, ist ein Planfeststellungsverfahren durchzuführen.

(3) Unbeschadet der Absätze 1 und 2 ist für den Bau oder die Änderung einer öffentlichen Straße ein Planfeststellungsverfahren durchzuführen, wenn die geplante Maßnahme

1. den angemessenen Sicherheitsabstand zu Betrieben nach Artikel 2 der Richtlinie 2012/18/EU des Europäischen Parlaments und des Rates vom 4. Juli 2012 zur Beherrschung der Gefahren schwerer Unfälle mit gefährlichen Stoffen, zur Änderung und anschließenden Aufhebung der Richtlinie 96/82/EG des Rates (ABl. L 197 vom 24.7.2012, S. 1) nicht einhält und
2. Ursache von schweren Unfällen sein kann, durch sie das Risiko eines schweren Unfalls vergrößert werden kann oder durch sie die Folgen eines solchen Unfalls verschlimmert werden können.

Die Planaufstellungsbehörde gibt öffentlich bekannt, dass eine Planfeststellung unterbleibt, wenn ihre Prüfung ergibt, dass die Voraussetzungen nach Satz 1 Nummer 1, nicht aber nach Satz 1 Nummer 2 gegeben sind. Die Absätze 4 und 5 sowie § 74 Absatz 6 und 7 und § 76 Absatz 2 und 3 des Verwaltungsverfahrensgesetzes finden bei Maßnahmen nach Satz 1 keine Anwendung.

(4) An Stelle eines Planfeststellungsbeschlusses kann eine Plangenehmigung erteilt werden, wenn

1. Rechte anderer nicht oder nicht wesentlich beeinträchtigt werden oder die Betroffenen sich mit der Inanspruchnahme ihres Eigentums oder eines anderen Rechts schriftlich einverstanden erklärt haben,
2. mit den Trägern öffentlicher Belange, deren Aufgabenbereich berührt wird, das Benehmen hergestellt worden ist und
3. erhebliche nachteilige Auswirkungen auf ein in § 2 Abs. 1 Satz 2 des Gesetzes über die Umweltverträglichkeitsprüfung genanntes Schutzgut nicht zu besorgen sind.

Die Plangenehmigung hat die Rechtswirkungen der Planfeststellung; auf ihre Erteilung finden die Vorschriften über das Planfeststellungsverfahren keine Anwendung.

(5) Planfeststellung und Plangenehmigung entfallen in Fällen von unwesentlicher Bedeutung. Fälle von unwesentlicher Bedeutung liegen insbesondere vor, wenn

1. andere öffentliche Belange nicht berührt sind oder die erforderlichen behördlichen Entscheidungen vorliegen und sie dem Plan nicht entgegenstehen,
2. Rechte anderer nicht beeinflusst werden oder mit den vom Plan Betroffenen entsprechende Vereinbarungen getroffen worden sind und
3. das Vorhaben keine erheblichen nachteiligen Auswirkungen auf ein in § 2 Abs. 1 Satz2 des Gesetzes über die Umweltverträglichkeitsprüfung genanntes Schutzgut haben kann.

(6) Bebauungspläne nach § 9 des Baugesetzbuchs in der Fassung der Bekanntmachung vom 27. August 1997 (BGBl. I S. 2141, 1998 I S. 137), das zuletzt durch Artikel 2 Abs. 6 des Gesetzes vom 17. Dezember 1997 (BGBl. I S. 3108) geändert worden ist, die im Einvernehmen mit der Planfeststellungsbehörde festgesetzt worden sind oder werden, ersetzen die Planfeststellung nach Absatz 1. Wird eine Ergänzung notwendig oder soll von Festsetzungen des Bebauungsplans abgewichen werden, so ist die Planfeststellung insoweit zusätzlich durchzuführen. In diesen Fällen gelten die §§ 40, 43 Abs. 1, 2, 4 und 5 sowie § 44 Abs. 1 bis 4 des Baugesetzbuchs.

§ 22a
Verfahren bei Planfeststellung und Plangenehmigung

(1) Bei der Planaufstellung sind die frühzeitige Beteiligung und das Benehmen mit der für die vorbereitende Bauleitplanung zuständigen Senatsverwaltung sicherzustellen.

(2) Vor Einleitung eines Planfeststellungsverfahrens sind die Grundsätze der Planung bei Vorhaben nach § 22 Absatz 1 Satz 1 dem Abgeordnetenhaus, bei Vorhaben nach § 22 Absatz 1 Satz 2 der zuständigen Bezirksverordnetenversammlung zur Kenntnis zu geben. Über die Trassenauswahl ist vor Einleitung eines Verfahrens Benehmen mit den betroffenen Bezirken herzustellen.

(3) Bei Maßnahmen nach § 22 Absatz 3 Satz 1 hat der Plan neben den Zeichnungen und Erläuterungen nach § 73 Absatz 1 des Verwaltungsverfahrensgesetzes auch die Angaben nach Artikel 15 Absatz 3 der Richtlinie 2012/18/EU zu umfassen. § 73 Absatz 3 Satz 2 des Verwaltungsverfahrensgesetzes findet keine Anwendung. Die Bekanntmachung der Auslegung hat neben den Angaben nach § 73 Absatz 5 des Verwaltungsverfahrensgesetzes die in Artikel 15 Absatz 2 der Richtlinie 2012/18/EU genannten Informationen zu enthalten. Wenn die Planfeststellung ausschließlich auf Grund von § 22 Absatz 3 Satz 1 durchzuführen ist, kann die Anhörungsbehörde auf eine Erörterung verzichten.

(4) Bei der Änderung einer Straße kann von einer förmlichen Erörterung nach § 73 Absatz 6 des Verwaltungsverfahrensgesetzes und § 18 Absatz 1 Satz 2 des Gesetzes über die Umweltverträglichkeitsprüfung in der Fassung der Bekanntmachung vom 24. Februar 2010 (BGBl. I S. 94), das zuletzt durch Artikel 2 des Gesetzes vom 8. September 2017 (BGBl. I S. 3370) geändert worden ist, in der jeweils geltenden Fassung abgesehen werden. Vor dem Abschluss des Planfeststellungsverfahrens ist den Personen, die Einwendungen erhoben haben, Gelegenheit zur Äußerung zu geben. Die Anhörungsbehörde soll ihre Stellungnahme innerhalb von sechs Wochen nach Ablauf der Einwendungsfrist abgeben.

(5) Bei der Planfeststellung sind die von dem Vorhaben berührten öffentlichen und privaten Belange einschließlich einer Umweltverträglichkeitsprüfung nach den Vorschriften des Gesetzes über die Umweltverträglichkeitsprüfung im Rahmen der Abwägung zu berücksichtigen.

(6) Die Anfechtungsklage gegen einen Planfeststellungsbeschluss oder eine Plangenehmigung für den Bau oder die Änderung von Straßen I. Ordnung hat keine aufschiebende Wirkung.

(7) Wird mit der Durchführung des Plans nicht innerhalb von fünf Jahren nach Eintritt der Unanfechtbarkeit begonnen, so tritt er außer Kraft, es sei denn, er wird vorher von der Planfeststellungsbehörde um höchstens fünf Jahre verlängert. Vor der Entscheidung ist eine auf die Verlängerung begrenzte Anhörung nach dem für die Planfeststellung oder Plangenehmigung vorgeschriebenen Verfahren durchzuführen. Für die Zustellung und Auslegung sowie die Anfechtung der Entscheidung über die Verlängerung sind die Bestimmungen über den Planfeststellungsbeschluss oder die Plangenehmigung entsprechend anzuwenden.

§ 22b
Zuständigkeiten für Planfeststellung und Plangenehmigung

(1) Träger des Vorhabens und Planaufstellungsbehörde ist im Planfeststellungsverfahren für Straßen I. Ordnung sowie für den Bau von Straßen II. Ordnung sowie dem übergeordneten, insbesondere touristischen oder überbezirklichen Verkehr dienende selbstständige Geh- und Radwege oder Radschnellverbindungen die für den Tiefbau zuständige Senatsverwaltung. Im Planfeststellungsverfahren für die Änderung von Straßen II. Ordnung und sonstiger Straßen ist der zuständige Bezirk Träger des Vorhabens und Planaufstellungsbehörde.

(2) Anhörungsbehörde ist die für die Stadtentwicklung zuständige Senatsverwaltung.

(3) Planfeststellungsbehörde ist die für das Verkehrswesen zuständige Senatsverwaltung.

§ 23
Veränderungssperre

(1) Vom Beginn der Auslegung der Pläne im Planfeststellungsverfahren oder von dem Zeitpunkt an, zu dem den Betroffenen Gelegenheit gegeben wird, den Plan einzusehen, dürfen auf den vom Plan betroffenen Flächen bis zu ihrer Übernahme durch den Träger der Straßenbaulast wesentlich wertsteigernde oder den geplanten Straßenbau erheblich erschwerende Veränderungen nicht vorgenommen werden. Veränderungen, die in rechtlich zulässiger Weise vorher begonnen worden sind, Unterhaltungsarbeiten und die Fortführung einer bisher ausgeübten Nutzung werden hiervon nicht berührt.

(2) Dauert die Veränderungssperre länger als vier Jahre, so können die Eigentümer für die dadurch entstandenen Vermögensnachteile vom Träger der Straßenbaulast eine angemessene Entschädigung in Geld verlangen. Sie können ferner die Übernahme der vom Plan betroffenen Flächen verlangen, wenn es ihnen mit Rücksicht auf die Veränderungssperre wirtschaftlich nicht zuzumuten ist, die Grundstücke in der bisherigen oder einer anderen zulässigen Art zu benutzen. Kommt keine Einigung über die Übernahme zustande, so können die Eigentümer die Entziehung des Eigentums an den Flächen verlangen. Im Übrigen gilt § 25 (Enteignung).

(3) Um die Planung von Straßen I. und II. Ordnung zu sichern, kann die für das Verkehrswesen zuständige Senatsverwaltung für die Dauer von höchstens zwei Jahren Planungsgebiete festlegen. Auf die Planungsgebiete ist Absatz 1 sinngemäß anzuwenden. Die Frist kann, wenn besondere Umstände es erfordern, auf höchstens vier Jahre verlängert werden. Die Festlegung tritt mit Beginn der Auslegung der Pläne im Planfeststellungsverfahren außer Kraft. Ihre Dauer ist auf die Vierjahresfrist nach Absatz 2 anzurechnen.

(4) Die Festlegung eines Planungsgebiets ist öffentlich bekannt zu machen. Planungsgebiete sind in Karten einzutragen, die während der Geltungsdauer der Festlegung zur Einsicht auszulegen sind. Für die Anfechtungsklage gegen die Festlegung eines Planungsgebiets gilt § 22a Absatz 6 entsprechend.

(5) Die für das Verkehrswesen zuständige Senatsverwaltung kann Ausnahmen von der Veränderungssperre zulassen, wenn überwiegende öffentliche Belange nicht entgegenstehen.

(6) Wird das Vorhaben vor Erlass des Planfeststellungsbeschlusses endgültig aufgegeben, so stellt die Planfeststellungsbehörde das Verfahren durch Beschluss ein. Der Beschluss ist öffentlich bekannt zu machen. Mit der Bekanntmachung endet die Veränderungssperre.

§ 24
Vorzeitige Besitzeinweisung

(1) Ist der sofortige Beginn von Bauarbeiten geboten und weigert sich der Eigentümer oder Besitzer, den Besitz eines für die Straßenbaumaßnahme benötigten Grundstücks durch Vereinbarung unter Vorbehalt aller Entschädigungsansprüche zu überlassen, so hat die Enteignungsbehörde den Träger des Vorhabens auf Antrag nach Feststellung des Plans oder Erteilung der Plangenehmigung in den Besitz einzuweisen. Der Planfeststellungsbeschluss oder die Plangenehmigung muss vollziehbar sein. Weiterer Voraussetzungen bedarf es nicht.

(2) Die Enteignungsbehörde soll spätestens sechs Wochen nach Eingang des Antrags auf Besitzeinweisung mit den Beteiligten mündlich verhandeln. Hierzu sind der Träger des Vorhabens und die Betroffenen zu laden. Dabei ist den Betroffenen der Antrag auf Besitzeinweisung mitzuteilen. Die Ladungsfrist beträgt mindestens zwei Wochen. Mit der Ladung sind die Betroffenen aufzufordern, etwaige Einwendungen gegen den Antrag vor der mündlichen Verhandlung bei der Enteignungsbehörde einzureichen. Sie sind außerdem darauf hinzuweisen, dass auch bei Nichterscheinen über den Antrag auf Besitzeinweisung und andere im Verfahren zu erledigende Anträge entschieden werden kann.

(3) Soweit der Zustand des Grundstücks von Bedeutung ist, hat die Enteignungsbehörde diesen bis zum Wirksamwerden der vorzeitigen Besitzeinweisung in einer Niederschrift festzustellen oder durch einen Sachverständigen ermitteln zu lassen. Den Beteiligten ist eine Abschrift der Niederschrift oder des Ermittlungsergebnisses zu übersenden.

(4) Der Beschluss über die Besitzeinweisung soll dem Antragsteller und den Betroffenen spätestens zwei Wochen nach der mündlichen Verhandlung zugestellt werden. Die Besitzeinweisung wird in dem von der Enteignungsbehörde bezeichneten Zeitpunkt wirksam. Dieser Zeitpunkt soll auf höchstens zwei Wochen nach Zustellung des Beschlusses über die vorzeitige Besitzeinweisung an den unmittelbaren Besitzer festgesetzt werden. Durch die Besitzeinweisung wird dem Besitzer der Besitz entzogen und der Träger des Vorhabens Besitzer. Er darf auf dem Grundstück das planfestgestellte oder plangenehmigte Bauvorhaben ausführen und die dafür erforderlichen Maßnahmen treffen.

(5) Der Träger des Vorhabens hat für die durch die vorzeitige Besitzeinweisung entstehenden Vermögensnachteile Entschädigung zu leisten, soweit diese Nachteile nicht durch die Verzinsung der Geldentschädigung für die Entziehung oder Beschränkung des Eigentums oder eines anderen Rechts ausgeglichen werden. Art und Höhe der Entschädigung sind spätestens im Enteignungsbeschluss festzusetzen.

(6) Wird der festgestellte Plan oder die Plangenehmigung aufgehoben, so ist auch die vorzeitige Besitzeinweisung aufzuheben und der vorherige Besitzer wieder in den Besitz einzuweisen. Der Träger des Vorhabens hat für alle durch die vorzeitige Besitzeinweisung entstandenen besonderen Nachteile Entschädigung zu leisten.

(7) Ein Rechtsbehelf gegen eine vorzeitige Besitzeinweisung hat keine aufschiebende Wirkung.

§ 25
Enteignung

(1) Die Enteignung zu Gunsten des Trägers des Vorhabens ist zulässig, soweit sie zur Ausführung eines nach § 22 festgestellten oder genehmigten Plans notwendig ist. Einer weiteren Feststellung der Zulässigkeit der Enteignung bedarf es nicht.

(2) Der festgestellte oder genehmigte Plan ist dem Enteignungsverfahren zu Grunde zu legen und für die Enteignungsbehörde bindend.

(3) Wenn sich ein Betroffener mit der Übertragung oder Beschränkungen des Eigentums oder eines anderen Rechts schriftlich einverstanden erklärt hat, jedoch keine Einigung über die Entschädigung erzielt wurde, kann das Entschädigungsverfahren durch die Enteignungsbehörde auf Antrag eines Beteiligten unmittelbar durchgeführt werden.

(4) Soweit der Träger des Vorhabens auf Grund eines Planfeststellungsbeschlusses oder einer Plangenehmigung nach § 22 verpflichtet ist, eine Entschädigung in Geld zu leisten, und über die Höhe der Entschädigung keine Einigung zwischen dem Betroffenen und dem Träger des Vorhabens zu Stande kommt, entscheidet auf Antrag eines der Beteiligten die Enteignungsbehörde. Für das Verfahren gelten die enteignungsrechtlichen Vorschriften über die Feststellung von Entschädigungen entsprechend.

(5) Im Übrigen gilt das Berliner Enteignungsgesetz vom 14. Juli 1964 (GVBl. S. 737), geändert durch Gesetz vom 30. November 1984 (GVBl. S. 1664), in der jeweils geltenden Fassung.

ABSCHNITT VII
Zuständigkeitsregelungen, Ermächtigungen

§ 26
Zuständigkeiten und Straßenaufsicht, Zuständigkeit zum Erlass des Widerspruchsbescheids

(1) Die sich aus diesem Gesetz ergebenden Aufgaben werden von den Straßenbaubehörden wahrgenommen, soweit keine besondere Regelung getroffen ist. Die Erfüllung der Straßenbaulastaufgaben wird durch die Straßenaufsicht überwacht. Kommt der in Fällen des § 8 Abs. 1 bezeichnete Träger der Straßenbaulast seinen Verpflichtungen nicht nach, kann die zuständige Behörde die notwendigen Maßnahmen anordnen und erforderlichenfalls mit den Mitteln der Verwaltungsvollstreckung durchsetzen.

(2) Die für das Straßenwesen zuständige Senatsverwaltung entscheidet über den Widerspruch gegen einen Verwaltungsakt einer Bezirksverwaltung, wenn der Verwaltungsakt auf § 3 (Widmung), § 4 (Einziehung, Teileinziehung), § 11 (Sondernutzung) oder § 12 (Sondernutzung für Zwecke der öffentlichen Versorgung) gestützt wird und folgende Straßen betroffen sind:

1. Straßen innerhalb des zentralen Bereichs, in dem sich die Parlaments- und Regierungseinrichtungen des Bundes befinden; der zentrale Bereich wird umgrenzt durch die Invalidenstraße, Brunnenstraße, Rosenthaler Platz, Torstraße, Mollstraße, Platz der Vereinten Nationen, Lichtenberger Straße, Holzmarktstraße, Brückenstraße, Heinrich-Heine-Straße, Moritzplatz, Oranienstraße, Kochstraße, Wilhelmstraße, Anhalter Straße, Askanischer Platz, Schöneberger Straße, Schöneberger Ufer, Lützowufer, Lützowplatz, Klingelhöferstraße, Hofjägerallee, Großer Stern, Spreeweg, Paulstraße, Alt-Moabit unter Einbeziehung der genannten Straßen und Plätze;
2. Straßen in Gebieten von außergewöhnlicher stadtpolitischer Bedeutung sowie Straßen für die Industrie- und Gewerbeansiedlung von außergewöhnlicher stadtpolitischer Bedeutung;
3. Hauptverkehrsstraßen mit vorwiegend überbezirklicher Funktion.

§ 27
Rechtsverordnungen und Verwaltungsvorschriften

(1) Die für das Verkehrswesen zuständige Senatsverwaltung wird ermächtigt, in Abstimmung mit den Bezirken und im Benehmen mit der für die vorbereitende Bauleitplanung zuständigen Senatsverwaltung durch Rechtsverordnung die Straßen I. und II. Ordnung gemäß § 20 Nr. 1 und 2 festzulegen. Grundlage der Festlegung soll das sich aus dem Flächennutzungsplan ergebende übergeordnete Hauptverkehrsstraßennetz sein.

(2) Die für das Verkehrswesen zuständige Senatsverwaltung regelt die Erhebung und Höhe der Sondernutzungsgebühren durch Rechtsverordnung.[1)] Dies gilt auch für Sondernutzungsgebühren, die für Sondernutzungen auf der Grundlage des Bundesfernstraßengesetzes erhoben werden.

(3) Verwaltungsvorschriften zur Ausführung dieses Gesetzes erlässt die zuständige Senatsverwaltung.

ABSCHNITT VIII
Ordnungswidrigkeiten, Übergangs- und Schlussvorschriften

§ 28
Ordnungswidrigkeiten

(1) Ordnungswidrig handelt, wer vorsätzlich oder fahrlässig

1. entgegen § 9 Abs. 1 nicht befahrbare Straßenbestandteile außerhalb von Gehwegüberfahrten mit Kraftfahrzeugen überquert,
2. entgegen § 11 Abs. 1 eine öffentliche Straße ohne die erforderliche Erlaubnis zur Sondernutzung gebraucht oder die mit der Erlaubnis erteilten Auflagen nicht erfüllt,
3. entgegen § 11 Abs. 6 Satz 1 nach Beendigung der Sondernutzung oder Erlöschen der Erlaubnis etwa vorhandene Anlagen nicht unverzüglich beseitigt,
4. entgegen § 11 Abs. 11 Satz 2 kein entsprechend gekennzeichnetes Schild aufstellt,
5. entgegen § 14 Abs. 1 Gegenstände oder entgegen § 14 Abs. 2 Fahrzeuge ohne gültige amtliche Kennzeichen verbotswidrig abstellt,
6. entgegen § 15 Abs. 1 Satz 1 Beschädigungen dem Bezirksamt nicht unverzüglich meldet,
7. entgegen § 15 Abs. 2 unerlaubt eine öffentliche Straße verändert oder aufgräbt,
8. entgegen § 21 Abs. 1 Satz 1 Vorarbeiten nicht duldet sowie Pfähle, Pflöcke oder sonstige Markierungen, die Vorarbeiten dienen, wegnimmt, verändert, unkenntlich macht oder unrichtig setzt,
9. entgegen § 23 Abs. 1 auf den vom Plan betroffenen Flächen oder in dem nach § 23 Abs. 3 festgelegten Planungsgebiet unzulässige Veränderungen vornimmt,
10. einer vollziehbaren Anordnung nach § 26 Abs. 1 Satz 3 nicht nachkommt.

(2) Die Ordnungswidrigkeit kann mit einer Geldbuße bis zu 10 000 Euro geahndet werden.

(3) Gegenstände, auf die sich eine Ordnungswidrigkeit nach Absatz 1 Nr. 2, 5 oder 7 bezieht, können eingezogen werden.

(4) Verwaltungsbehörde im Sinne des § 36 Abs. 1 Nr. 1 des Gesetzes über Ordnungswidrigkeiten ist die Straßenbaubehörde.

---

1) Sondernutzungsgebührenverordnung vom 12. Juni 2006 (GVBl. S. 589), geändert durch Verordnung vom 16. Mai 2012 (GVBl. S. 160).

§ 29
Übergangsvorschriften

(1) Rechtsverordnungen und Verwaltungsvorschriften, die auf Grund des Berliner Straßengesetzes vom 28. Februar 1985 (GVBl. S. 518), zuletzt geändert durch Artikel I des Gesetzes vom 2. Juni 1999 (GVBl. S. 192), erlassen wurden, gelten weiterhin.

(2) Sondernutzungen, die bei Inkrafttreten dieses Gesetzes rechtmäßig ausgeübt werden, bleiben unberührt.

§ 30
Inkrafttreten, Außerkrafttreten

Dieses Gesetz tritt am Tage nach der Verkündung im Gesetz- und Verordnungsblatt für Berlin in Kraft. Gleichzeitig treten außer Kraft

1. das Berliner Straßengesetz vom 28. Februar 1985 (GVBl. S. 518), zuletzt geändert durch Artikel I des Gesetzes vom 2. Juni 1999 (GVBl. S. 192),
2. die Verordnung über die Einrichtung und Führung des Straßenverzeichnisses vom 5. April 1958 (GVBl. S. 345).

Bauordnung für Berlin (BauO Bln)*)

Vom 29. September 2005 (GVBl. S. 495), zuletzt geändert durch Gesetz vom 9. April 2018 (GVBl. S. 205, 381)

INHALTSVERZEICHNIS

ERSTER TEIL
Allgemeine Vorschriften

ZWEITER TEIL
Das Grundstück und seine Bebauung

DRITTER TEIL
Bauliche Anlagen

ERSTER ABSCHNITT
Gestaltung

ZWEITER ABSCHNITT
Allgemeine Anforderungen an die Bauausführung

*) Die Verpflichtungen aus der Richtlinie 98/34/EG des Europäischen Parlaments und des Rates vom 22. Juni 1998 über ein Informationsverfahren auf dem Gebiet der Normen und technischen Vorschriften und der Vorschriften für die Dienste der Informationsgesellschaft (ABl. EG Nr. L 204 S. 37), zuletzt geändert durch die Richtlinie 98/48/EG des Europäischen Parlaments und des Rates vom 20. Juli 1998 (ABl. EG Nr. L 217 S. 18), sind beachtet worden.

VIERTER TEIL
Die am Bau Beteiligten

FÜNFTER TEIL
Bauaufsichtsbehörden, Verfahren

ERSTER ABSCHNITT
Bauaufsichtsbehörden

ZWEITER ABSCHNITT
Genehmigungspflicht, Genehmigungsfreiheit

DRITTER ABSCHNITT
Genehmigungsverfahren

ERSTER TEIL
Allgemeine Vorschriften

§ 1
Anwendungsbereich

(1) Dieses Gesetz gilt für bauliche Anlagen und Bauprodukte. Es gilt auch für Grundstücke sowie für sonstige Anlagen und Einrichtungen, an die in diesem Gesetz oder in Vorschriften auf Grund dieses Gesetzes Anforderungen gestellt werden.

(2) Dieses Gesetz gilt nicht für

1. Anlagen des öffentlichen Verkehrs einschließlich Zubehör, Nebenanlagen und Nebenbetrieben, ausgenommen Gebäude,
2. Anlagen, die der Bergaufsicht unterliegen, ausgenommen Gebäude,
3. Leitungen, die der öffentlichen Versorgung mit Wasser, Gas, Elektrizität, Wärme, der öffentlichen Abwasserentsorgung oder der Telekommunikation dienen, einschließlich ihrer Masten, Unterstützungen sowie ihrer unterirdischen Anlagen und Einrichtungen,
4. Rohrleitungen, die dem Ferntransport von Stoffen dienen, einschließlich ihrer unterirdischen Anlagen und Einrichtungen,
5. Kräne und Krananlagen,
6. Messestände in Messe- und Ausstellungsgebäuden,
7. Regale und Regalanlagen in Gebäuden, die nicht Teil der Gebäudekonstruktion sind oder keine Erschließungsfunktion haben.

§ 2
Begriffe

(1) Anlagen sind bauliche Anlagen und sonstige Anlagen und Einrichtungen im Sinne des § 1 Abs. 1 Satz 2. Bauliche Anlagen sind mit dem Erdboden verbundene, aus Bauprodukten hergestellte Anlagen; eine Verbindung mit dem Boden besteht auch dann, wenn die Anlage durch eigene Schwere auf dem Boden ruht oder auf ortsfesten Bahnen begrenzt beweglich ist oder wenn die Anlage nach ihrem Verwendungszweck dazu bestimmt ist, überwiegend ortsfest benutzt zu werden. Bauliche Anlagen sind auch
1. Aufschüttungen und Abgrabungen,
2. Lagerplätze, Abstellplätze und Ausstellungsplätze,
3. Sport- und Spielflächen,
4. Campingplätze, Wochenendplätze und Zeltplätze,
5. Freizeit- und Vergnügungsparks,
6. Stellplätze für Kraftfahrzeuge, und Abstellplätze für Fahrräder
7. Gerüste,
8. Hilfseinrichtungen zur statischen Sicherung von Bauzuständen.

(2) Gebäude sind selbständig benutzbare, überdeckte bauliche Anlagen, die von Menschen betreten werden können und geeignet oder bestimmt sind, dem Schutz von Menschen, Tieren oder Sachen zu dienen.

(3) Gebäude werden in folgende Gebäudeklassen eingeteilt:
1. Gebäudeklasse 1:
   a) freistehende Gebäude mit einer Höhe bis zu 7 m und nicht mehr als zwei Nutzungseinheiten von insgesamt nicht mehr als 400 m² Brutto-Grundfläche und
   b) freistehende land- oder forstwirtschaftlich genutzte Gebäude.
2. Gebäudeklasse 2:
   Gebäude mit einer Höhe bis zu 7 m und nicht mehr als zwei Nutzungseinheiten von insgesamt nicht mehr als 400 m² Brutto-Grundfläche,
3. Gebäudeklasse 3:
   sonstige Gebäude mit einer Höhe bis zu 7 m,
4. Gebäudeklasse 4:
   Gebäude mit einer Höhe bis zu 13 m und Nutzungseinheiten mit jeweils nicht mehr als 400 m² Brutto-Grundfläche,
5. Gebäudeklasse 5:
   sonstige Gebäude einschließlich unterirdischer Gebäude.

Höhe im Sinne des Satzes 1 ist das Maß der Fußbodenoberkante des höchstgelegenen Geschosses, in dem ein Aufenthaltsraum möglich ist, über der Geländeoberfläche im Mittel. Die Brutto-Grundfläche umfasst die gesamte Fläche der Nutzungseinheit einschließlich der Umfassungswände; bei der Berechnung der Brutto-Grundfläche nach Satz 1 bleiben Flächen in Kellergeschossen außer Betracht. Wird ein Nebengebäude an Gebäude der Gebäudeklasse 1 angebaut, verändert sich die Gebäudeklasse nicht, wenn das Nebengebäude nach § 61 Absatz 1 Nummer 1 Buchstabe a oder b verfahrensfrei ist.

(4) Sonderbauten sind Anlagen und Räume besonderer Art oder Nutzung, die einen der nachfolgenden Tatbestände erfüllen:
1. Hochhäuser (Gebäude mit einer Höhe nach Absatz 3 Satz 2 von mehr als 22 m),
2. bauliche Anlagen mit einer Höhe von mehr als 30 m,
3. Gebäude mit mehr als 1 600 m² Brutto-Grundfläche des Geschosses mit der größten Ausdehnung, ausgenommen Wohngebäude und Garagen,
4. Verkaufsstätten, deren Verkaufsräume und Ladenstraßen eine Brutto-Grundfläche von insgesamt mehr als 800 m² haben,
5. Gebäude mit Räumen, die einer Büro- oder Verwaltungsnutzung dienen und einzeln eine Brutto-Grundfläche von mehr als 400 m² haben,

6. Gebäude mit Räumen, die einzeln für die Nutzung durch mehr als 100 Personen bestimmt sind,
7. Versammlungsstätten
   a) mit Versammlungsräumen, die insgesamt mehr als 200 Besucherinnen und Besucher fassen, wenn diese Versammlungsräume gemeinsame Rettungswege haben,
   b) im Freien mit Szenenflächen sowie Freisportanlagen jeweils mit Tribünen, die keine Fliegenden Bauten sind und insgesamt mehr als 1000 Besucherinnen und Besucher fassen,
8. Schank- und Speisegaststätten mit mehr als 40 Gastplätzen in Gebäuden oder mehr als 1000 Gastplätzen im Freien, Beherbergungsstätten mit mehr als 12 Betten und Spielhallen sowie Wettbüros mit jeweils mehr als 150 Quadratmeter Brutto-Grundfläche,
9. Gebäude mit Nutzungseinheiten zum Zwecke der Pflege oder Betreuung von Personen mit Pflegebedürftigkeit oder Behinderung, deren Selbstrettungsfähigkeit eingeschränkt ist, wenn die Nutzungseinheiten
   a) einzeln für mehr als acht Personen, oder
   b) für Personen mit Intensivpflegebedarf bestimmt sind, oder
   c) einen gemeinsamen Rettungsweg haben und für insgesamt mehr als 16 Personen bestimmt sind,
10. Krankenhäuser,
11. Wohnheime,
12. Tageseinrichtungen für Kinder, Menschen mit Behinderung und alte Menschen, sonstige Einrichtungen zur Unterbringung von Personen, ausgenommen Tageseinrichtungen einschließlich Tagespflege für nicht mehr als zehn Kinder,
13. Schulen, Hochschulen und ähnliche Einrichtungen,
14. Justizvollzugsanstalten und bauliche Anlagen für den Maßregelvollzug,
15. Camping- und Wochenendplätze,
16. Freizeit- und Vergnügungsparks,
17. Fliegende Bauten, soweit sie einer Ausführungsgenehmigung bedürfen,
18. Regallager mit einer Oberkante Lagerguthöhe von mehr als 7,50 m,
19. bauliche Anlagen, deren Nutzung durch Umgang mit oder Lagerung von Stoffen mit Explosions- oder erhöhter Brandgefahr verbunden ist,
20. Anlagen und Räume, die in den Nummern 1 bis 19 nicht aufgeführt und deren Art oder Nutzung mit vergleichbaren Gefahren verbunden sind.

(5) Aufenthaltsräume sind Räume, die zum nicht nur vorübergehenden Aufenthalt von Menschen bestimmt oder geeignet sind.

(6) Geschosse sind oberirdische Geschosse, wenn ihre Deckenoberkanten im Mittel mehr als 1,40 m über die Geländeoberfläche hinausragen; im Übrigen sind sie Kellergeschosse. Hohlräume zwischen der obersten Decke und der Bedachung, in denen Aufenthaltsräume nicht möglich sind, sind keine Geschosse.

(7) Stellplätze sind Flächen, die dem Abstellen von Kraftfahrzeugen außerhalb der öffentlichen Verkehrsflächen dienen. Garagen sind Gebäude oder Gebäudeteile zum Abstellen von Kraftfahrzeugen. Ausstellungs-, Verkaufs-, Werk- und Lagerräume für Kraftfahrzeuge sind keine Stellplätze oder Garagen. Die Nutzfläche einer Garage ist die Summe aller miteinander verbundenen Flächen der Garagenstellplätze und der Verkehrsflächen.

(8) Feuerstätten sind in oder an Gebäuden ortsfest benutzte Anlagen oder Einrichtungen, die dazu bestimmt sind, durch Verbrennung Wärme zu erzeugen.

(9) Barrierefrei sind bauliche Anlagen, wenn sie für Menschen mit Behinderung in der allgemein üblichen Weise ohne besondere Erschwernisse und grundsätzlich ohne fremde Hilfe zugänglich und nutzbar sind.

(10) Bauprodukte sind
1. Produkte, Baustoffe, Bauteile und Anlagen sowie Bausätze gemäß Artikel 2 Nummer 2 der Verordnung (EU) Nr. 305/2011 des Europäischen Parlaments und des Rates vom 9. März 2011 zur Festlegung harmonisierter Bedingungen für die Vermarktung von Bauprodukten und zur Aufhebung der Richtlinie 89/106/EWG des Rates (ABl. L 88 vom 4.4.2011, S. 5) die hergestellt werden, um dauerhaft in bauliche Anlagen eingebaut zu werden,
2. aus Produkten, Baustoffen, Bauteilen sowie Bausätzen gemäß Artikel 2 Nummer 2 der Verordnung (EU) Nr. 305/2011 vorgefertigte Anlagen, die hergestellt werden, um mit dem Erdboden verbunden zu werden und deren Verwendung sich auf die Anforderungen nach § 3 Satz 1 auswirken kann.

(11) Bauart ist das Zusammenfügen von Bauprodukten zu baulichen Anlagen oder Teilen von baulichen Anlagen.

(12) Vollgeschosse sind Geschosse, deren Oberkante im Mittel mehr als 1,40 m über die Geländeoberfläche hinausragt und die über mindestens zwei Drittel ihrer Grundfläche eine lichte Höhe von mindestens 2,30 m haben. Ein gegenüber den Außenwänden zurückgesetztes oberstes Geschoss (Staffelgeschoss) und Geschosse im Dachraum sind nur dann Vollgeschosse, wenn sie die lichte Höhe gemäß Satz 1 über mindestens zwei Drittel der Grundfläche des darunter liegenden Geschosses haben.

§ 3
Allgemeine Anforderungen

Anlagen sind so anzuordnen, zu errichten, zu ändern und instand zu halten, dass die öffentliche Sicherheit und Ordnung, insbesondere Leben, Gesundheit und die natürlichen Lebensgrundlagen, nicht gefährdet werden, die natürlichen Ressourcen nachhaltig genutzt werden, umweltverträgliche Rohstoffe und Sekundärstoffe verwendet werden, und sie die allgemeinen Anforderungen ihrem Zweck entsprechend dauerhaft erfüllen und die Nutzbarkeit für alle Menschen gewährleistet ist; dabei sind die Grundanforderungen an Bauwerke gemäß Anhang I der Verordnung (EU) Nr. 305/2011 zu beachten. Dies gilt auch für die Beseitigung von Anlagen und bei der Änderung ihrer Nutzung. Verwendete Baustoffe und Teile des Bauwerks müssen weitestmöglich nach dem Abbruch wiederverwendet oder recycelt werden können.

ZWEITER TEIL
Das Grundstück und seine Bebauung

§ 4
Bebauung der Grundstücke mit Gebäuden

(1) Gebäude dürfen nur errichtet werden, wenn das Grundstück in angemessener Breite an einer befahrbaren öffentlichen Verkehrsfläche liegt oder wenn das Grundstück eine befahrbare, öffentlich-rechtlich gesicherte Zufahrt zu einer befahrbaren öffentlichen Verkehrsfläche hat.

(2) Ein Gebäude auf mehreren Grundstücken ist nur zulässig, wenn öffentlich-rechtlich gesichert ist, dass dadurch keine Verhältnisse eintreten können, die Vorschriften dieses Gesetzes oder auf Grund dieses Gesetzes widersprechen. Satz 1 gilt nicht bei bestehenden Gebäuden für eine Außenwand- und Dachdämmung, die über die Bauteilanforderungen der Energieeinsparverordnung vom 24. Juli 2007 (BGBl. I S. 1519), die zuletzt durch Artikel 3 der Verordnung vom 24. Oktober 2015 (BGBl. I S. 1789) geändert worden ist, in der jeweils geltenden Fassung, für bestehende Gebäude nicht hinausgeht. Satz 2 gilt entsprechend für die mit der Wärmedämmung zusammenhängenden notwendigen Änderungen von Bauteilen.

§ 5
Zugänge und Zufahrten auf den Grundstücken

(1) Von öffentlichen Verkehrsflächen ist insbesondere für die Feuerwehr ein geradliniger Zu- oder Durchgang zu rückwärtigen Gebäuden zu schaffen; zu anderen Gebäuden ist er zu schaffen, wenn der zweite Rettungsweg dieser Gebäude über Rettungsgeräte der Feuerwehr führt. Zu Gebäuden, bei denen die Oberkante der Brüstung von zum Anleitern bestimmten Fenstern oder Stellen mehr als 8,00 m über Gelände liegt, ist in den Fällen des Satzes 1 anstelle eines Zu- oder Durchganges eine Zu- oder Durchfahrt zu schaffen. Ist für die Personenrettung der Einsatz von Hubrettungsfahrzeugen erforderlich, sind die dafür erforderlichen Aufstell- und Bewegungsflächen vorzusehen. Bei Gebäuden, die ganz oder mit Teilen mehr als 50 m von einer öffentlichen Verkehrsfläche entfernt sind, sind Zufahrten oder Durchfahrten nach Satz 2 zu den vor und hinter den Gebäuden gelegenen Grundstücksteilen und Bewegungsflächen herzustellen, wenn sie aus Gründen des Feuerwehreinsatzes erforderlich sind.

(2) Zu- und Durchfahrten, Aufstellflächen und Bewegungsflächen müssen für Feuerwehrfahrzeuge ausreichend befestigt und tragfähig sein; sie sind als solche zu kennzeichnen und ständig frei zu halten; die Kennzeichnung von Zufahrten muss von der öffentlichen Verkehrsfläche aus sichtbar sein. Fahrzeuge dürfen auf den Flächen nach Satz 1 nicht abgestellt werden.

§ 6
Abstandsflächen, Abstände

(1) Vor den Außenwänden und Dächern von Gebäuden sind Abstandsflächen von oberirdischen Gebäuden freizuhalten. Satz 1 gilt entsprechend für andere Anlagen, von denen Wirkungen wie von Gebäuden ausgehen, gegenüber Gebäuden und Grundstücksgrenzen. Eine Abstandsfläche ist nicht erforderlich vor Außenwänden, die an Grundstücksgrenzen errichtet werden, wenn nach planungsrechtlichen Vorschriften an die Grenze gebaut werden muss oder gebaut werden darf.

(2) Abstandsflächen sowie Abstände nach § 30 Abs. 2 Nr. 1 und § 32 Abs. 2 müssen auf dem Grundstück selbst liegen. Sie dürfen auch auf öffentlichen Verkehrs-, Grün- und Wasserflächen liegen, jedoch nur bis zu deren Mitte. Abstandsflächen sowie Abstände im Sinne des Satzes 1 dürfen sich ganz oder teilweise auf andere Grundstücke erstrecken, wenn öffentlich-rechtlich gesichert ist, dass sie nicht überbaut werden; Abstandsflächen dürfen auf die auf diesen Grundstücken erforderlichen Abstandsflächen nicht angerechnet werden.

(3) Die Abstandsflächen dürfen sich nicht überdecken; dies gilt nicht für

1. Außenwände, die in einem Winkel von mehr als 75 Grad zueinander stehen,
2. Außenwände zu einem fremder Sicht entzogenen Gartenhof bei Wohngebäuden der Gebäudeklassen 1 und 2,
3. Gebäude und andere bauliche Anlagen, die in den Abstandsflächen zulässig sind.

(4) Die Tiefe der Abstandsfläche bemisst sich nach der Höhe H. Die Höhe H ist das lotrechte Maß von jedem Punkt

a) des oberen Abschlusses der Wand oder
b) der Dachhaut

bis zur Geländeoberfläche. Die Abstandsfläche wird von dem Punkt der Geländeoberfläche, an dem H ermittelt wird, senkrecht zur Wand gemessen.

(5) Die Tiefe der Abstandsflächen beträgt 0,4 H, mindestens 3 m. In Gewerbe- und Industriegebieten genügt eine Tiefe von 0,2 H, mindestens 3 m. Vor den Außenwänden von Gebäuden der Gebäudeklassen 1 und 2 mit nicht mehr als drei oberirdischen Geschossen genügt als Tiefe der Abstandsfläche 3 m. Soweit sich durch Festsetzung der Grundflächen

der Gebäude mittels Baulinien oder Baugrenzen in Verbindung mit der Festsetzung der Zahl der Vollgeschosse oder durch andere ausdrückliche Festsetzungen in einem Bebauungsplan geringere Abstandsflächen ergeben, hat es damit sein Bewenden.

(6) Bei der Bemessung der Abstandsflächen bleiben außer Betracht

1. vor die Außenwand vortretende Bauteile wie Gesimse und Dachüberstände,
2. Vorbauten, wenn sie
   a) insgesamt nicht mehr als ein Drittel der Breite der jeweiligen Außenwand in Anspruch nehmen und
   b) nicht mehr als 1,50 m vor diese Außenwand vortreten und
   c) mindestens 2 Meter von der gegenüberliegenden Nachbargrenze entfernt bleiben,
3. bei Gebäuden an der Grundstücksgrenze die Seitenwände von Vorbauten und Dachaufbauten, auch wenn sie nicht an der Grundstücksgrenze errichtet werden.

(7) Bei der Bemessung der Abstandsflächen bleiben Maßnahmen zum Zwecke der Energieeinsparung und Solaranlagen an bestehenden Gebäuden unabhängig davon, ob diese den Anforderungen der Absätze 2 bis 6 entsprechen, außer Betracht, wenn sie

1. eine Stärke von nicht mehr als 0,30 Meter aufweisen und
2. mindestens 2,50 Meter von der Nachbargrenze zurückbleiben.

(8) In den Abstandsflächen eines Gebäudes sowie ohne eigene Abstandsflächen sind, auch wenn sie nicht an die Grundstücksgrenze oder an das Gebäude angebaut werden, zulässig

1. Garagen und Gebäude ohne Aufenthaltsräume und Feuerstätten mit einer mittleren Wandhöhe bis zu 3 m und einer Gebäudelänge einschließlich Dachüberstand je Grundstücksgrenze von 9 m; die Dachneigung darf 45 Grad nicht überschreiten,
2. gebäudeunabhängige Solaranlagen mit einer Höhe bis zu 3 m und einer Gesamtlänge je Grundstücksgrenze von 9 m,
3. Stützmauern und geschlossene Einfriedungen in Gewerbe- und Industriegebieten, außerhalb dieser Baugebiete mit einer Höhe bis zu 2 m.

Die Länge der die Abstandsflächentiefe gegenüber den Grundstücksgrenzen nicht einhaltenden Bebauung nach den Nummern 1 und 2 darf auf einem Grundstück insgesamt 15 m nicht überschreiten.

(9) Bei rechtmäßig bestehenden Gebäuden, die das Abstandsflächenrecht nicht einhalten, sind die Abstandsflächen in folgenden Fällen unbeachtlich:

1. Änderungen innerhalb des Gebäudes,
2. Nutzungsänderungen, wenn der Abstand des Gebäudes zu den Nachbargrenzen mindestens 2,50 Meter beträgt oder die Außenwand als Gebäudeabschlusswand ausgebildet ist,
3. die Errichtung und Änderung von Vor- und Anbauten, die für sich genommen die Tiefe der Abstandsflächen nach Absatz 5 einhalten,
4. die nachträgliche Errichtung von Dach- und Staffelgeschossen, wenn deren Abstandsflächen innerhalb der Abstandsflächen des bestehenden Gebäudes liegen,
5. der Ersatz von Dachräumen, Dach- oder Staffelgeschossen innerhalb der bisherigen Abmessungen, und
6. der Ersatz bestehender Gebäude innerhalb der bisherigen Abmessungen; bei Gebäuden mit Wohnraum der Ersatz nur unter der Voraussetzung der Beibehaltung des Maßes der baulichen Nutzung.

Satz 1 gilt nicht für Gebäude nach Absatz 8.

(10) An bestehenden Gebäuden können bei der nachträglichen Errichtung vor die Außenwand vortretender Aufzüge, Treppen und Treppenräume geringere Tiefen von Abstandsflächen zugelassen werden, wenn wesentliche Beeinträchtigungen angrenzender oder gegenüberliegender Räume nicht zu befürchten sind und zu Nachbargrenzen ein Abstand von mindestens 3 Meter eingehalten wird.

(11) Eine Abweichung von den Abstandsflächen und Abständen kann nach § 67 zugelassen werden, wenn deren Schutzziele gewahrt bleiben. Eine atypische Grundstückssituation ist nicht erforderlich.

§ 6a
Abstandsflächen, Abstände für Lauben in Kleingärten

(1) Lauben in Kleingärten im Sinne von § 1 des Bundeskleingartengesetzes dürfen innerhalb von Abschnitten mit höchstens 30 Lauben zu den Grenzen der Einzelgärten (Parzellengrenzen) in einem Abstand von mindestens 1,5 m errichtet werden. Zulässig ist auch die Errichtung von Lauben bis an die Parzellengrenzen, wenn auf andere Weise sichergestellt ist, dass der Abstand zwischen den benachbarten Lauben mindestens 3 m beträgt.

(2) Zwischen den Lauben verschiedener Abschnitte sind mindestens 8 m breite Flächen (freizuhaltende Flächen) vorzusehen, die von baulichen Anlagen, mit Ausnahme von Einfriedungen, sowie von Nadelgehölzen und Gartenabfällen freizuhalten sind.

(3) Die Vorschriften dieses Gesetzes über Abstände und Abstandsflächen zu angrenzenden Grundstücken, die nicht zu Kleingartenanlagen gehören, bleiben unberührt.

§ 7
Teilung von Grundstücken

Durch die Teilung eines Grundstücks, das bebaut ist oder auf Grund einer Baugenehmigung oder einer Genehmigungsfreistellung nach § 62 bebaut werden darf, dürfen keine Verhältnisse geschaffen werden, die den Vorschriften dieses Gesetzes oder auf Grund dieses Gesetzes widersprechen. Entspricht die Teilung eines Grundstücks, das bebaut oder dessen Bebauung genehmigt ist, nicht den Anforderungen des Satzes 1 oder des § 19 Absatz 2 des Baugesetzbuchs, so darf eine die Teilung vorbereitende Liegenschaftsvermessung nur vorgenommen werden, wenn die erforderliche Abweichung nach § 67 zugelassen oder die erforderliche Befreiung erteilt ist.

§ 8
Nicht überbaute Flächen der bebauten Grundstücke, Kinderspielplätze[1)]

(1) Die nicht mit Gebäuden oder vergleichbaren baulichen Anlagen überbauten Flächen der bebauten Grundstücke sind

1. wasseraufnahmefähig zu belassen oder herzustellen und
2. zu begrünen oder zu bepflanzen,

soweit dem nicht die Erfordernisse einer anderen zulässigen Verwendung der Flächen entgegenstehen. Satz 1 findet keine Anwendung, soweit Bebauungspläne oder andere Rechtsverordnungen abweichende Regelungen enthalten.

(2) Bei der Errichtung von Gebäuden mit mehr als sechs Wohnungen ist ein Spielplatz für Kinder anzulegen und instand zu halten (notwendiger Kinderspielplatz); Abweichungen können zugelassen werden, wenn nach der Zweckbestimmung des Gebäudes mit der Anwesenheit von Kindern nicht zu rechnen ist. Der Spielplatz muss auf dem Baugrundstück liegen; er kann auch auf einem unmittelbar angrenzenden Grundstück gestattet werden, wenn seine Benutzung zugunsten des Baugrundstücks öffentlich-rechtlich gesichert ist. Spielplätze sind zweckentsprechend und so anzulegen und instand zu halten, dass für die Kinder Gefahren oder unzumutbare Belästigungen nicht entstehen. Je Wohnung sollen mindestens 4 m² nutzbare Spielfläche vorhanden sein; der Spielplatz muss jedoch mindestens 50 m² groß und mindestens für Spiele von Kleinkindern geeignet sein. Bei

1) S. hierzu Ausführungsvorschriften zu § 8 Abs. 2 und 3 der Bauordnung für Berlin (AV Notwendige Kinderspielplätze) vom 16. Januar 2007 (ABl. S. 215).

Bauvorhaben mit mehr als 75 Wohnungen muss der Spielplatz auch für Spiele älterer Kinder geeignet sein. Bei bestehenden Gebäuden nach Satz 1 soll die Herstellung oder Erweiterung und die Instandhaltung von Kinderspielplätzen verlangt werden, wenn nicht im Einzelfall schwerwiegende Belange der Eigentümerin oder des Eigentümers entgegenstehen.

(3) Kann die Bauherrin oder der Bauherr den Kinderspielplatz nicht oder nur unter sehr großen Schwierigkeiten auf dem Baugrundstück herstellen, so kann die Bauaufsichtsbehörde durch öffentlich-rechtlichen Vertrag mit der Bauherrin oder dem Bauherrn vereinbaren, dass die Bauherrin oder der Bauherr ihre oder seine Verpflichtung nach Absatz 2 durch Zahlung eines Geldbetrags an das Land Berlin erfüllt. Der Geldbetrag soll den durchschnittlichen Herstellungs- und Instandhaltungskosten eines Kinderspielplatzes einschließlich der Kosten des Grunderwerbs entsprechen. Der Geldbetrag ist ausschließlich für die Herstellung, Erweiterung oder Instandhaltung eines der Allgemeinheit zugänglichen Kinderspielplatzes in der Nähe des Baugrundstücks zu verwenden.

DRITTER TEIL
Bauliche Anlagen

ERSTER ABSCHNITT
Gestaltung

§ 9
Gestaltung

(1) Bauliche Anlagen müssen nach Form, Maßstab, Verhältnis der Baumassen und Bauteile zueinander, Werkstoff und Farbe so gestaltet sein, dass sie nicht verunstaltet wirken.

(2) Bauliche Anlagen dürfen das Straßen-, Orts- oder Landschaftsbild nicht verunstalten.

(3) Farbschmierereien, unzulässige Beschriftungen, Beklebungen, Plakatierungen und Ähnliches an Außenflächen von Anlagen im Sinne des § 1, die von Verkehrswegen oder allgemein zugänglichen Stätten aus wahrnehmbar sind, sind verunstaltend und müssen entfernt werden. Hierzu kann die für das Bauwesen zuständige Senatsverwaltung auch durch Allgemeinverfügung anordnen, dass Eigentümerinnen oder Eigentümer und Nutzungsberechtigte Maßnahmen zur Beseitigung der Verunstaltungen nach Satz 1 zu dulden haben. Die Duldungsanordnung muss Art und Umfang der zu duldenden Maßnahmen umschreiben und angeben, von wem und in welcher Zeit die Maßnahmen durchgeführt werden. Auf Antrag kann eine Abweichung von der Pflicht nach Satz 1 zugelassen werden, soweit diese für die Verpflichtete oder den Verpflichteten eine besondere Härte darstellt und öffentliche Belange nicht entgegenstehen.

§ 10
Anlagen der Außenwerbung, Warenautomaten

(1) Anlagen der Außenwerbung (Werbeanlagen) sind alle ortsfesten Einrichtungen, die der Ankündigung oder Anpreisung oder als Hinweis auf Gewerbe oder Beruf dienen und vom öffentlichen Verkehrsraum aus sichtbar sind. Hierzu zählen insbesondere Schilder, Beschriftungen, Bemalungen, Lichtwerbungen, Schaukästen sowie für Zettelanschläge und Bogenanschläge oder Lichtwerbung bestimmte Säulen, Tafeln und Flächen.

(2) Für Werbeanlagen, die bauliche Anlagen sind, gelten die in diesem Gesetz an bauliche Anlagen gestellten Anforderungen. Werbeanlagen, die keine baulichen Anlagen sind, dürfen weder bauliche Anlagen noch das Straßen-, Orts- oder Landschaftsbild verunstalten oder die Sicherheit und Leichtigkeit des Verkehrs gefährden. Die störende Häufung von Werbeanlagen ist unzulässig. Baugerüste dürfen für Werbeanlagen höchstens für die Dauer

von sechs Monaten genutzt werden; dies gilt nicht für Werbeanlagen nach § 61 Absatz 1 Nummer 12 Buchstabe a und b.

(3) Außerhalb der im Zusammenhang bebauten Ortsteile sind Werbeanlagen unzulässig. Ausgenommen sind, soweit in anderen Vorschriften nichts anderes bestimmt ist,
1. Werbeanlagen an der Stätte der Leistung,
2. einzelne Hinweiszeichen an Verkehrsstraßen und Wegabzweigungen, die im Interesse des Verkehrs auf versteckt liegende Betriebe oder versteckt liegende Stätten aufmerksam machen,
3. Schilder, die Inhaberinnen oder Inhaber und Art gewerblicher Betriebe kennzeichnen (Hinweisschilder), wenn sie vor Ortsdurchfahrten auf einer Tafel zusammengefasst sind,
4. Werbeanlagen an und auf Flugplätzen, Sportanlagen und Versammlungsstätten, soweit sie nicht in die freie Landschaft wirken,
5. Werbeanlagen auf Ausstellungs- und Messegeländen,
6. Werbeanlagen auf öffentlichen Straßen und an Haltestellen des öffentlichen Personennahverkehrs.

(4) In Kleinsiedlungsgebieten, Dorfgebieten, reinen Wohngebieten und allgemeinen Wohngebieten sind Werbeanlagen nur zulässig an der Stätte der Leistung sowie Anlagen für amtliche Mitteilungen und zur Unterrichtung der Bevölkerung über kirchliche, kulturelle, politische, sportliche und ähnliche Veranstaltungen; die jeweils freie Fläche dieser Anlagen darf auch für andere Werbung verwendet werden. In reinen Wohngebieten darf an der Stätte der Leistung nur mit Hinweisschildern geworben werden. Auf öffentlichen Straßen und im unmittelbaren Bereich von Haltestellen des öffentlichen Personennahverkehrs sind auch andere Werbeanlagen zulässig, soweit diese die Eigenart des Gebietes und das Orts- oder Landschaftsbild nicht beeinträchtigen.

(5) Die Absätze 1, 2 und 4 gelten für Warenautomaten entsprechend.

(6) Die Vorschriften dieses Gesetzes sind nicht anzuwenden auf
1. Anschläge und Lichtwerbung an dafür genehmigten Säulen, Tafeln und Flächen,
2. Werbemittel an Zeitungsverkaufsstellen und Zeitschriftenverkaufsstellen,
3. Auslagen und Dekorationen in Fenstern und Schaukästen,
4. Wahlwerbung für die Dauer eines Wahlkampfes.

ZWEITER ABSCHNITT
Allgemeine Anforderungen an die Bauausführung

§ 11
Baustelle

(1) Baustellen sind so einzurichten, dass bauliche Anlagen ordnungsgemäß errichtet, geändert oder beseitigt werden können und Gefahren oder vermeidbare Belästigungen nicht entstehen.

(2) Bei Bauarbeiten, durch die unbeteiligte Personen gefährdet werden können, ist die Gefahrenzone abzugrenzen oder durch Warnzeichen zu kennzeichnen. Soweit erforderlich, sind Baustellen mit einem Bauzaun abzugrenzen, mit Schutzvorrichtungen gegen herabfallende Gegenstände zu versehen und zu beleuchten.

(3) Bei der Ausführung nicht verfahrensfreier Bauvorhaben hat die Bauherrin oder der Bauherr an der Baustelle ein Schild, das die Bezeichnung des Bauvorhabens sowie die Namen und Anschriften der Entwurfsverfasserin oder des Entwurfsverfassers, der Bauleiterin oder des Bauleiters und der Unternehmerin oder des Unternehmers für den Rohbau enthalten muss, dauerhaft und von der öffentlichen Verkehrsfläche aus sichtbar anzubringen.

(4) Bäume, Hecken und sonstige Bepflanzungen, die auf Grund anderer Rechtsvorschriften zu erhalten sind, müssen während der Bauausführung geschützt werden.

§ 12
Standsicherheit

(1) Jede bauliche Anlage muss im Ganzen und in ihren einzelnen Teilen für sich allein standsicher sein. Die Standsicherheit anderer baulicher Anlagen und die Tragfähigkeit des Baugrundes der Nachbargrundstücke dürfen nicht gefährdet werden.

(2) Die Verwendung gemeinsamer Bauteile für mehrere bauliche Anlagen ist zulässig, wenn öffentlich-rechtlich gesichert ist, dass die gemeinsamen Bauteile bei der Beseitigung einer der baulichen Anlagen bestehen bleiben können.

§ 13
Schutz gegen schädliche Einflüsse

Bauliche Anlagen müssen so angeordnet, beschaffen und gebrauchstauglich sein, dass durch Wasser, Feuchtigkeit, pflanzliche und tierische Schädlinge sowie andere chemische, physikalische oder biologische Einflüsse Gefahren oder unzumutbare Belästigungen nicht entstehen. Baugrundstücke müssen für bauliche Anlagen geeignet sein.

§ 14
Brandschutz

Bauliche Anlagen sind so anzuordnen, zu errichten, zu ändern und instand zu halten, dass der Entstehung eines Brandes und der Ausbreitung von Feuer und Rauch (Brandausbreitung) vorgebeugt wird und bei einem Brand die Rettung von Menschen und Tieren sowie wirksame Löscharbeiten möglich sind.

§ 15
Wärme-, Schall-, Erschütterungsschutz

(1) Gebäude müssen einen ihrer Nutzung und den klimatischen Verhältnissen entsprechenden Wärmeschutz haben.

(2) Gebäude müssen einen ihrer Nutzung entsprechenden Schallschutz haben. Geräusche, die von ortsfesten Einrichtungen in baulichen Anlagen oder auf Baugrundstücken ausgehen, sind so zu dämmen, dass Gefahren oder unzumutbare Belästigungen nicht entstehen.

(3) Erschütterungen oder Schwingungen, die von ortsfesten Einrichtungen in baulichen Anlagen oder auf Baugrundstücken ausgehen, sind so zu dämmen, dass Gefahren oder unzumutbare Belästigungen nicht entstehen.

§ 16
Verkehrssicherheit

(1) Bauliche Anlagen und die dem Verkehr dienenden nicht überbauten Flächen von bebauten Grundstücken müssen verkehrssicher sein.

(2) Die Sicherheit und Leichtigkeit des öffentlichen Verkehrs darf durch bauliche Anlagen oder deren Nutzung nicht gefährdet werden.

§ 16a
Bauarten

(1) Bauarten dürfen nur angewendet werden, wenn bei ihrer Anwendung die baulichen Anlagen bei ordnungsgemäßer Instandhaltung während einer dem Zweck entsprechenden angemessenen Zeitdauer die Anforderungen dieses Gesetzes oder auf Grund dieses Gesetzes erfüllen und für ihren Anwendungszweck tauglich sind.

(2) Bauarten, die von Technischen Baubestimmungen nach § 86a Absatz 2 Nummer 2 oder Nummer 3 Buchstabe a wesentlich abweichen oder für die es allgemein anerkannte Regeln der Technik nicht gibt, dürfen bei der Errichtung, Änderung und Instandhaltung baulicher Anlagen nur angewendet werden, wenn für sie

1. eine allgemeine Bauartgenehmigung durch das Deutsche Institut für Bautechnik oder
2. eine vorhabenbezogene Bauartgenehmigung durch die für das Bauwesen zuständige Senatsverwaltung

erteilt worden ist. § 18 Absatz 2 bis 7 gilt entsprechend.

(3) Anstelle einer allgemeinen Bauartgenehmigung genügt ein allgemeines bauaufsichtliches Prüfzeugnis für Bauarten, wenn die Bauart nach allgemein anerkannten Prüfverfahren beurteilt werden kann. In der Verwaltungsvorschrift nach § 86a Absatz 1 werden diese Bauarten mit der Angabe der maßgebenden technischen Regeln bekannt gemacht. § 19 Absatz 2 gilt entsprechend.

(4) Wenn Gefahren im Sinne des § 3 Satz 1 nicht zu erwarten sind, kann die für das Bauwesen zuständige Senatsverwaltung im Einzelfall oder für genau begrenzte Fälle allgemein festlegen, dass eine Bauartgenehmigung nicht erforderlich ist.

(5) Bauarten bedürfen einer Bestätigung ihrer Übereinstimmung mit den Technischen Baubestimmungen nach § 86a Absatz 2, den allgemeinen Bauartgenehmigungen, den allgemeinen bauaufsichtlichen Prüfzeugnissen für Bauarten oder den vorhabenbezogenen Bauartgenehmigungen; als Übereinstimmung gilt auch eine Abweichung, die nicht wesentlich ist. § 21 Absatz 2 gilt für den Anwender der Bauart entsprechend.

(6) Bei Bauarten, deren Anwendung in außergewöhnlichem Maß von der Sachkunde und Erfahrung der damit betrauten Personen oder von einer Ausstattung mit besonderen Vorrichtungen abhängt, kann in der Bauartgenehmigung oder durch Rechtsverordnung der für das Bauwesen zuständigen Senatsverwaltung vorgeschrieben werden, dass der Anwender über solche Fachkräfte und Vorrichtungen verfügt und den Nachweis hierüber gegenüber einer Prüfstelle nach § 24 Satz 1 Nummer 6 zu erbringen hat. In der Rechtsverordnung können Mindestanforderungen an die Ausbildung, die durch Prüfung nachzuweisende Befähigung und die Ausbildungsstätten einschließlich der Anerkennungsvoraussetzungen gestellt werden.

(7) Für Bauarten, die einer außergewöhnlichen Sorgfalt bei Ausführung oder Instandhaltung bedürfen, kann in der Bauartgenehmigung oder durch Rechtsverordnung der für das Bauwesen zuständigen Senatsverwaltung die Überwachung dieser Tätigkeiten durch eine Überwachungsstelle nach § 24 Satz 1 Nummer 5 vorgeschrieben werden.

DRITTER ABSCHNITT
Bauprodukte

§ 16b
Allgemeine Anforderungen für die Verwendung von Bauprodukten

(1) Bauprodukte dürfen nur verwendet werden, wenn bei ihrer Verwendung die baulichen Anlagen bei ordnungsgemäßer Instandhaltung während einer dem Zweck entsprechenden angemessenen Zeitdauer die Anforderungen dieses Gesetzes oder auf Grund dieses Gesetzes erfüllen und gebrauchstauglich sind.

(2) Bauprodukte, die in Vorschriften anderer Vertragsstaaten des Abkommens vom 2. Mai 1992 über den europäischen Wirtschaftsraum genannten technischen Anforderungen entsprechen, dürfen verwendet werden, wenn das geforderte Schutzniveau gemäß § 3 Satz 1 gleichermaßen dauerhaft erreicht wird.

§ 16c
Anforderungen für die Verwendung von CE-gekennzeichneten Bauprodukten

Ein Bauprodukt, das die CE-Kennzeichnung trägt, darf verwendet werden, wenn die erklärten Leistungen den in diesem Gesetz oder auf Grund dieses Gesetzes festgelegten Anforderungen für diese Verwendung entsprechen. Die §§ 17 bis 25 Absatz 1 gelten nicht für Bauprodukte, die die CE-Kennzeichnung auf Grund der Verordnung (EU) Nr. 305/2011 tragen.

§ 17
Verwendbarkeitsnachweise

(1) Ein Verwendbarkeitsnachweis (§§ 18 bis 20) ist für ein Bauprodukt erforderlich, wenn

1. es keine Technische Baubestimmung und keine allgemein anerkannte Regel der Technik gibt,
2. das Bauprodukt von einer Technischen Baubestimmung (§ 86a Absatz 2 Nummer 3) wesentlich abweicht oder
3. eine Verordnung nach § 86 Absatz 4a es vorsieht.

(2) Ein Verwendbarkeitsnachweis ist nicht erforderlich für ein Bauprodukt,

1. das von einer allgemein anerkannten Regel der Technik abweicht oder
2. das für die Erfüllung der Anforderungen dieses Gesetzes oder auf Grund dieses Gesetzes nur eine untergeordnete Bedeutung hat.

(3) Die Technischen Baubestimmungen nach § 86a enthalten eine nicht abschließende Liste von Bauprodukten, die keines Verwendbarkeitsnachweises nach Absatz 1 bedürfen.

§ 18
Allgemeine bauaufsichtliche Zulassung

(1) Das Deutsche Institut für Bautechnik erteilt unter den Voraussetzungen des § 17 Absatz 1 eine allgemeine bauaufsichtliche Zulassung für Bauprodukte, wenn deren Verwendbarkeit im Sinne des § 16b Absatz 1 nachgewiesen ist.

(2) Die zur Begründung des Antrags erforderlichen Unterlagen sind beizufügen. Soweit erforderlich, sind Probestücke von der Antragstellerin oder vom Antragsteller zur Verfügung zu stellen oder durch Sachverständige, die das Deutsche Institut für Bautechnik bestimmen kann, zu entnehmen oder Probeausführungen unter Aufsicht der Sachverständigen herzustellen. § 69 Absatz 1 Satz 3 und 4 gilt entsprechend.

(3) Das Deutsche Institut für Bautechnik kann für die Durchführung der Prüfung die sachverständige Stelle und für Probeausführungen die Ausführungsstelle und Ausführungszeit vorschreiben.

(4) Die allgemeine bauaufsichtliche Zulassung wird widerruflich und für eine bestimmte Frist erteilt, die in der Regel fünf Jahre beträgt. Die Zulassung kann mit Nebenbestimmungen erteilt werden. Sie kann auf Antrag in der Regel um fünf Jahre verlängert werden; § 73 Absatz 2 Satz 2 gilt entsprechend.

(5) Die Zulassung wird unbeschadet der privaten Rechte Dritter erteilt.

(6) Das Deutsche Institut für Bautechnik macht die von ihm erteilten allgemeinen bauaufsichtlichen Zulassungen nach Gegenstand und wesentlichem Inhalt öffentlich bekannt.

(7) Allgemeine bauaufsichtliche Zulassungen nach dem Recht anderer Länder gelten auch im Land Berlin.

§ 19
Allgemeines bauaufsichtliches Prüfzeugnis

(1) Bauprodukte, die nach allgemein anerkannten Prüfverfahren beurteilt werden, bedürfen anstelle einer allgemeinen bauaufsichtlichen Zulassung nur eines allgemeinen bau-

aufsichtlichen Prüfzeugnisses. Dies wird mit der Angabe der maßgebenden technischen Regeln in den Technischen Baubestimmungen nach § 86a bekannt gemacht.

(2) Ein allgemeines bauaufsichtliches Prüfzeugnis wird von einer Prüfstelle nach § 24 Satz 1 Nummer 1 für nicht geregelte Bauprodukte nach Absatz 1 erteilt, wenn deren Verwendbarkeit im Sinne des § 16b Absatz 1 nachgewiesen ist. § 18 Absatz 2, 4 bis 7 gilt entsprechend. Die Anerkennungsbehörde für Stellen nach § 24 Satz 1 Nummer 1, § 86 Absatz 4 Nummer 2 kann allgemeine bauaufsichtliche Prüfzeugnisse zurücknehmen oder widerrufen.

§ 20
Nachweis der Verwendbarkeit von Bauprodukten im Einzelfall

Mit Zustimmung der für das Bauwesen zuständigen Senatsverwaltung dürfen unter den Voraussetzungen des § 17 Absatz 1 im Einzelfall Bauprodukte verwendet werden, wenn ihre Verwendbarkeit im Sinne des § 16b Absatz 1 nachgewiesen ist. Wenn Gefahren im Sinne des § 3 Satz 1 nicht zu erwarten sind, kann die für das Bauwesen zuständige Senatsverwaltung im Einzelfall erklären, dass ihre Zustimmung nicht erforderlich ist.

§ 21
Übereinstimmungsbestätigung

(1) Bauprodukte bedürfen einer Bestätigung ihrer Übereinstimmung mit den Technischen Baubestimmungen nach § 86a Absatz 2, den allgemeinen bauaufsichtlichen Zulassungen, den allgemeinen bauaufsichtlichen Prüfzeugnissen oder den Zustimmungen im Einzelfall; als Übereinstimmung gilt auch eine Abweichung, die nicht wesentlich ist.

(2) Die Bestätigung der Übereinstimmung erfolgt durch Übereinstimmungserklärung des Herstellers (§ 22).

(3) Die Übereinstimmungserklärung hat die Herstellerin oder der Hersteller durch Kennzeichnung der Bauprodukte mit dem Übereinstimmungszeichen (Ü-Zeichen) unter Hinweis auf den Verwendungszweck abzugeben.

(4) Das Ü-Zeichen ist auf dem Bauprodukt, auf einem Beipackzettel oder auf seiner Verpackung oder, wenn dies Schwierigkeiten bereitet, auf dem Lieferschein oder auf einer Anlage zum Lieferschein anzubringen.

(5) Ü-Zeichen aus anderen Ländern und aus anderen Staaten gelten auch im Land Berlin.

§ 22
Übereinstimmungserklärung der Herstellerin oder des Herstellers

(1) Die Herstellerin oder der Hersteller darf eine Übereinstimmungserklärung nur abgeben, wenn sie oder er durch werkseigene Produktionskontrolle sichergestellt hat, dass das von ihr oder ihm hergestellte Bauprodukt den maßgebenden technischen Regeln, der allgemeinen bauaufsichtlichen Zulassung, dem allgemeinen bauaufsichtlichen Prüfzeugnis oder der Zustimmung im Einzelfall entspricht.

(2) In den Technischen Baubestimmungen nach § 86a, in den allgemeinen bauaufsichtlichen Zulassungen, in den allgemeinen bauaufsichtlichen Prüfzeugnissen oder in den Zustimmungen im Einzelfall kann eine Prüfung der Bauprodukte durch eine Prüfstelle vor Abgabe der Übereinstimmungserklärung vorgeschrieben werden, wenn dies zur Sicherung einer ordnungsgemäßen Herstellung erforderlich ist. In diesen Fällen hat die Prüfstelle das Bauprodukt daraufhin zu überprüfen, ob es den maßgebenden technischen Regeln, der allgemeinen bauaufsichtlichen Zulassung, dem allgemeinen bauaufsichtlichen Prüfzeugnis oder der Zustimmung im Einzelfall entspricht.

(3) In den Technischen Baubestimmungen nach § 86a, in den allgemeinen bauaufsichtlichen Zulassungen oder in den Zustimmungen im Einzelfall kann eine Zertifizierung vor Abgabe der Übereinstimmungserklärung vorgeschrieben werden, wenn dies zum Nachweis einer ordnungsgemäßen Herstellung eines Bauproduktes erforderlich ist. Die für das Bauwesen zuständige Senatsverwaltung kann im Einzelfall die Verwendung von Bauprodukten ohne Zertifizierung gestatten, wenn nachgewiesen ist, dass diese Bauprodukte den technischen Regeln, Zulassungen, Prüfzeugnissen oder Zustimmungen nach Absatz 1 entsprechen.

(4) Bauprodukte, die nicht in Serie hergestellt werden, bedürfen nur einer Übereinstimmungserklärung nach Absatz 1, sofern nichts anderes bestimmt ist.

§ 23
Zertifizierung

(1) Der Herstellerin oder dem Hersteller ist ein Übereinstimmungszertifikat von einer Zertifizierungsstelle nach § 24 zu erteilen, wenn das Bauprodukt

1. den Technischen Baubestimmungen nach § 86a Absatz 2, der allgemeinen bauaufsichtlichen Zulassung, dem allgemeinen bauaufsichtlichen Prüfzeugnis oder der Zustimmung im Einzelfall entspricht und
2. einer werkseigenen Produktionskontrolle sowie einer Fremdüberwachung nach Maßgabe des Absatzes 2 unterliegt.

(2) Die Fremdüberwachung ist von Überwachungsstellen nach § 24 durchzuführen. Die Fremdüberwachung hat regelmäßig zu überprüfen, ob das Bauprodukt den Technischen Baubestimmungen nach § 86a Absatz 2, der allgemeinen bauaufsichtlichen Zulassung, dem allgemeinen bauaufsichtlichen Prüfzeugnis oder der Zustimmung im Einzelfall entspricht.

§ 24
Prüf-, Zertifizierungs- und Überwachungsstellen

Die für das Bauwesen zuständige Senatsverwaltung kann eine natürliche oder juristische Person als

1. Prüfstelle für die Erteilung allgemeiner bauaufsichtlicher Prüfzeugnisse (§ 19 Absatz 2),
2. Prüfstelle für die Überprüfung von Bauprodukten vor Bestätigung der Übereinstimmung (§ 22 Absatz 2),
3. Zertifizierungsstelle (§ 23 Absatz 1),
4. Überwachungsstelle für die Fremdüberwachung (§ 23 Absatz 2),
5. Überwachungsstelle für die Überwachung nach § 16a Absatz 7 und § 25 Absatz 2 oder
6. Prüfstelle für die Überprüfung nach § 16a Absatz 6 und § 25 Absatz 1

anerkennen, wenn sie oder die bei ihr Beschäftigten nach ihrer Ausbildung, Fachkenntnis, persönlichen Zuverlässigkeit, ihrer Unparteilichkeit und ihren Leistungen die Gewähr dafür bieten, dass diese Aufgaben den öffentlich-rechtlichen Vorschriften entsprechend wahrgenommen werden, und wenn sie über die erforderlichen Vorrichtungen verfügen. Satz 1 ist entsprechend auf Behörden anzuwenden, wenn sie ausreichend mit geeigneten Fachkräften besetzt und mit den erforderlichen Vorrichtungen ausgestattet sind. Die Anerkennung von Prüf-, Zertifizierungs- und Überwachungsstellen anderer Länder gilt auch im Land Berlin. 24

§ 25
Besondere Sachkunde- und Sorgfaltsanforderungen

(1) Bei Bauprodukten, deren Herstellung in außergewöhnlichem Maß von der Sachkunde und Erfahrung der damit betrauten Personen oder von einer Ausstattung mit beson-

deren Vorrichtungen abhängt, kann in der allgemeinen bauaufsichtlichen Zulassung, in der Zustimmung im Einzelfall oder durch Rechtsverordnung der für das Bauwesen zuständigen Senatsverwaltung vorgeschrieben werden, dass der Hersteller über solche Fachkräfte und Vorrichtungen verfügt und den Nachweis hierüber gegenüber einer Prüfstelle nach § 24 Satz 1 Nummer 6 zu erbringen hat. In der Rechtsverordnung können Mindestanforderungen an die Ausbildung, die durch Prüfung nachzuweisende Befähigung und die Ausbildungsstätten einschließlich der Anerkennungsvoraussetzungen gestellt werden.

(2) Für Bauprodukte, die wegen ihrer besonderen Eigenschaften oder ihres besonderen Verwendungszwecks einer außergewöhnlichen Sorgfalt bei Einbau, Transport, Instandhaltung oder Reinigung bedürfen, kann in der allgemeinen bauaufsichtlichen Zulassung, in der Zustimmung im Einzelfall oder durch Rechtsverordnung der obersten Bauaufsichtsbehörde die Überwachung dieser Tätigkeiten durch eine Überwachungsstelle nach § 24 Satz 1 Nummer 5 vorgeschrieben werden, soweit diese Tätigkeiten nicht bereits durch die Verordnung (EU) Nr. 305/2011 erfasst sind.

VIERTER ABSCHNITT
Brandverhalten von Baustoffen und Bauteilen; Wände, Decken, Dächer

§ 26
Allgemeine Anforderungen an das Brandverhalten von Baustoffen und Bauteilen

(1) Baustoffe werden nach den Anforderungen an ihr Brandverhalten unterschieden in

1. nichtbrennbare Baustoffe,
2. schwerentflammbare Baustoffe,
3. normalentflammbare Baustoffe.

Baustoffe, die nicht mindestens normalentflammbar sind (leichtentflammbare Baustoffe), dürfen nicht verwendet werden; dies gilt nicht, wenn sie in Verbindung mit anderen Baustoffen nicht leichtentflammbar sind.

(2) Bauteile werden nach den Anforderungen an ihre Feuerwiderstandsfähigkeit unterschieden in

1. feuerbeständige Bauteile,
2. hochfeuerhemmende Bauteile,
3. feuerhemmende Bauteile;

die Feuerwiderstandsfähigkeit bezieht sich bei tragenden und aussteifenden Bauteilen auf deren Standsicherheit im Brandfall, bei raumabschließenden Bauteilen auf deren Widerstand gegen die Brandausbreitung. Bauteile werden zusätzlich nach dem Brandverhalten ihrer Baustoffe unterschieden in

1. Bauteile aus nichtbrennbaren Baustoffen,
2. Bauteile, deren tragende und aussteifende Teile aus nichtbrennbaren Baustoffen bestehen und die bei raumabschließenden Bauteilen zusätzlich eine in Bauteilebene durchgehende Schicht aus nichtbrennbaren Baustoffen haben,
3. Bauteile, deren tragende und aussteifende Teile aus brennbaren Baustoffen bestehen und die allseitig eine brandschutztechnisch wirksame Bekleidung aus nichtbrennbaren Baustoffen (Brandschutzbekleidung) und Dämmstoffe aus nichtbrennbaren Baustoffen haben,
4. Bauteile aus brennbaren Baustoffen.

Soweit in diesem Gesetz oder in Vorschriften auf Grund dieses Gesetzes nichts anderes bestimmt ist, müssen

1. Bauteile, die feuerbeständig sein müssen, mindestens den Anforderungen des Satzes 2 Nr. 2,
2. Bauteile, die hochfeuerhemmend sein müssen, mindestens den Anforderungen des Satzes 2 Nr. 3

entsprechen.

(3) Abweichend von Absatz 2 Satz 3 sind tragende oder aussteifende sowie raumabschließende Bauteile, die hochfeuerhemmend oder feuerbeständig sein müssen, in Holzbauweise zulässig, wenn die erforderliche Feuerwiderstandsfähigkeit gewährleistet wird.

§ 27
Tragende Wände, Stützen

(1) Tragende und aussteifende Wände und Stützen müssen im Brandfall ausreichend lange standsicher sein. Sie müssen

1. in Gebäuden der Gebäudeklasse 5 feuerbeständig,
2. in Gebäuden der Gebäudeklasse 4 hochfeuerhemmend,
3. in Gebäuden der Gebäudeklassen 2 und 3 feuerhemmend

sein. Satz 2 gilt

1. für Geschosse im Dachraum nur, wenn darüber noch Aufenthaltsräume möglich sind; § 29 Abs. 4 bleibt unberührt,
2. nicht für Balkone, ausgenommen offene Gänge, die als notwendige Flure dienen.

(2) Im Kellergeschoss müssen tragende und aussteifende Wände und Stützen

1. in Gebäuden der Gebäudeklassen 3 bis 5 feuerbeständig,
2. in Gebäuden der Gebäudeklassen 1 und 2 feuerhemmend

sein.

§ 28
Außenwände

(1) Außenwände und Außenwandteile wie Brüstungen und Schürzen sind so auszubilden, dass eine Brandausbreitung auf und in diesen Bauteilen ausreichend lange begrenzt ist.

(2) Nichttragende Außenwände und nichttragende Teile tragender Außenwände müssen aus nichtbrennbaren Baustoffen bestehen; sie sind aus brennbaren Baustoffen zulässig, wenn sie als raumabschließende Bauteile feuerhemmend sind. Satz 1 gilt nicht für

1. Türen und Fenster,
2. Fugendichtungen und
3. brennbare Dämmstoffe in nichtbrennbaren geschlossenen Profilen der Außenwandkonstruktionen.

(3) Oberflächen von Außenwänden sowie Außenwandbekleidungen müssen einschließlich der Dämmstoffe und Unterkonstruktionen schwerentflammbar sein; Unterkonstruktionen aus normalentflammbaren Baustoffen sind zulässig, wenn die Anforderungen nach Absatz 1 erfüllt sind. Balkonbekleidungen, die über die erforderliche Umwehrungshöhe hinaus hochgeführt werden, und mehr als zwei Geschosse überbrückende Solaranlagen an Außenwänden müssen schwerentflammbar sein. Baustoffe, die schwerentflammbar sein müssen, in Bauteilen nach Satz 1 Halbsatz 1 und Satz 2 dürfen nicht brennend abfallen oder abtropfen.

(4) Bei Außenwandkonstruktionen mit geschossübergreifenden Hohl- oder Lufträumen wie hinterlüfteten Außenwandbekleidungen sind gegen die Brandausbreitung besondere Vorkehrungen zu treffen. Satz 1 gilt für Doppelfassaden entsprechend.

(5) Die Absätze 2 und 3 und Absatz 4 Satz 1 gelten nicht für Gebäude der Gebäudeklassen 1 bis 3; Absatz 4 Satz 2 gilt nicht für Gebäude der Gebäudeklassen 1 und 2.

§ 29
Trennwände

(1) Trennwände nach Absatz 2 müssen als raumabschließende Bauteile von Räumen oder Nutzungseinheiten innerhalb von Geschossen ausreichend lange widerstandsfähig gegen die Brandausbreitung sein.

(2) Trennwände sind erforderlich

1. zwischen Nutzungseinheiten sowie zwischen Nutzungseinheiten und anders genutzten Räumen, ausgenommen notwendigen Fluren,
2. zum Abschluss von Räumen mit Explosions- oder erhöhter Brandgefahr,
3. zwischen Aufenthaltsräumen und anders genutzten Räumen im Kellergeschoss.

(3) Trennwände nach Absatz 2 Nr. 1 und 3 müssen die Feuerwiderstandsfähigkeit der tragenden und aussteifenden Bauteile des Geschosses haben, jedoch mindestens feuerhemmend sein. Trennwände nach Absatz 2 Nr. 2 müssen feuerbeständig sein.

(4) Die Trennwände nach Absatz 2 sind bis zur Rohdecke, im Dachraum bis unter die Dachhaut zu führen; werden in Dachräumen Trennwände nur bis zur Rohdecke geführt, ist diese Decke als raumabschließendes Bauteil einschließlich der sie tragenden und aussteifenden Bauteile feuerhemmend herzustellen.

(5) Öffnungen in Trennwänden nach Absatz 2 sind nur zulässig, wenn sie auf die für die Nutzung erforderliche Zahl und Größe beschränkt sind; sie müssen feuerhemmende, dicht- und selbstschließende Abschlüsse haben.

(6) Die Absätze 1 bis 5 gelten nicht für Wohngebäude der Gebäudeklassen 1 und 2.

§ 30
Brandwände

(1) Brandwände müssen als raumabschließende Bauteile zum Abschluss von Gebäuden (Gebäudeabschlusswand) oder zur Unterteilung von Gebäuden in Brandabschnitte (innere Brandwand) ausreichend lange die Brandausbreitung auf andere Gebäude oder Brandabschnitte verhindern.

(2) Brandwände sind erforderlich

1. als Gebäudeabschlusswand, ausgenommen von Gebäuden ohne Aufenthaltsräume und ohne Feuerstätten mit nicht mehr als 50 m³ Brutto-Rauminhalt, wenn diese Abschlusswände an oder mit einem Abstand von weniger als 2,50 Meter gegenüber der Grundstücksgrenze errichtet werden, es sei denn, dass ein Abstand von mindestens 5 m zu bestehenden oder nach den baurechtlichen Vorschriften zulässigen künftigen Gebäuden gesichert ist,
2. als innere Brandwand zur Unterteilung ausgedehnter Gebäude in Abständen von nicht mehr als 40 m,
3. als innere Brandwand zur Unterteilung landwirtschaftlich genutzter Gebäude in Brandabschnitte von nicht mehr als 10 000 m³ Brutto-Rauminhalt,
4. als Gebäudeabschlusswand zwischen Wohngebäuden und angebauten landwirtschaftlich genutzten Gebäuden sowie als innere Brandwand zwischen dem Wohnteil und dem landwirtschaftlich genutzten Teil eines Gebäudes.

(3) Brandwände müssen auch unter zusätzlicher mechanischer Beanspruchung feuerbeständig sein und aus nichtbrennbaren Baustoffen bestehen. Anstelle von Brandwänden nach Satz 1 sind in den Fällen des Absatzes 2 Nummer 1 bis 3 zulässig

1. für Gebäude der Gebäudeklasse 4 Wände, die auch unter zusätzlicher mechanischer Beanspruchung hochfeuerhemmend sind,
2. für Gebäude der Gebäudeklassen 1 bis 3 hochfeuerhemmende Wände,

3. für Gebäude der Gebäudeklassen 1 bis 3 Gebäudeabschlusswände, die jeweils von innen nach außen die Feuerwiderstandsfähigkeit der tragenden und aussteifenden Teile des Gebäudes, mindestens jedoch feuerhemmende Bauteile, und von außen nach innen die Feuerwiderstandsfähigkeit feuerbeständiger Bauteile haben.

In den Fällen des Absatzes 2 Nummer 4 sind anstelle von Brandwänden feuerbeständige Wände zulässig, wenn der Brutto-Rauminhalt des landwirtschaftlich genutzten Gebäudes oder Gebäudeteils nicht größer als 2000 Kubikmeter ist.

(4) Brandwände müssen bis zur Bedachung durchgehen und in allen Geschossen übereinander angeordnet sein. Abweichend davon dürfen anstelle innerer Brandwände Wände geschossweise versetzt angeordnet werden, wenn

1. die Wände im Übrigen Absatz 3 Satz 1 entsprechen,
2. die Decken, soweit sie in Verbindung mit diesen Wänden stehen, feuerbeständig sind, aus nichtbrennbaren Baustoffen bestehen und keine Öffnungen haben,
3. die Bauteile, die diese Wände und Decken unterstützen, feuerbeständig sind und aus nichtbrennbaren Baustoffen bestehen,
4. die Außenwände in der Breite des Versatzes in dem Geschoss oberhalb oder unterhalb des Versatzes feuerbeständig sind und
5. Öffnungen in den Außenwänden im Bereich des Versatzes so angeordnet oder andere Vorkehrungen so getroffen sind, dass eine Brandausbreitung in andere Brandabschnitte nicht zu befürchten ist.

(5) Brandwände sind 0,30 m über die Bedachung zu führen oder in Höhe der Dachhaut mit einer beiderseits 0,50 m auskragenden feuerbeständigen Platte aus nichtbrennbaren Baustoffen abzuschließen; darüber dürfen brennbare Teile des Daches nicht hinweggeführt werden. Bei Gebäuden der Gebäudeklassen 1 bis 3 sind Brandwände mindestens bis unter die Dachhaut zu führen. Verbleibende Hohlräume sind vollständig mit nichtbrennbaren Baustoffen auszufüllen.

(6) Müssen Gebäude oder Gebäudeteile, die über Eck zusammenstoßen, durch eine Brandwand getrennt werden, so muss der Abstand dieser Wand von der inneren Ecke mindestens 5 m betragen; das gilt nicht, wenn der Winkel der inneren Ecke mehr als 120 Grad beträgt oder mindestens eine Außenwand auf 5 m Länge als öffnungslose feuerbeständige Wand aus nichtbrennbaren Baustoffen, bei Gebäuden der Gebäudeklassen 1 bis 4 als öffnungslose hochfeuerhemmende Wand, ausgebildet ist.

(7) Bauteile mit brennbaren Baustoffen dürfen über Brandwände nicht hinweggeführt werden. Bei Außenwandkonstruktionen, die eine seitliche Brandausbreitung begünstigen können, wie hinterlüfteten Außenwandbekleidungen oder Doppelfassaden, sind gegen die Brandausbreitung im Bereich der Brandwände besondere Vorkehrungen zu treffen. Außenwandbekleidungen von Gebäudeabschlusswänden müssen einschließlich der Dämmstoffe und Unterkonstruktionen nichtbrennbar sein. Bauteile dürfen in Brandwände nur soweit eingreifen, dass deren Feuerwiderstandsfähigkeit nicht beeinträchtigt wird; für Leitungen, Leitungsschlitze und Schornsteine gilt dies entsprechend.

(8) Öffnungen in Brandwänden sind unzulässig. Sie sind in inneren Brandwänden nur zulässig, wenn sie auf die für die Nutzung erforderliche Zahl und Größe beschränkt sind; die Öffnungen müssen feuerbeständige, dicht- und selbstschließende Abschlüsse haben.

(9) In inneren Brandwänden sind feuerbeständige Verglasungen nur zulässig, wenn sie auf die für die Nutzung erforderliche Zahl und Größe beschränkt sind.

(10) Absatz 2 Nr. 1 gilt nicht für seitliche Wände von Vorbauten im Sinne des § 6 Abs. 6, wenn sie von dem Nachbargebäude oder der Nachbargrenze einen Abstand einhalten, der ihrer eigenen Ausladung entspricht, mindestens jedoch 1 m beträgt.

(11) Die Absätze 4 bis 10 gelten entsprechend auch für Wände, die nach Absatz 3 Satz 2 und 3 anstelle von Brandwänden zulässig sind.

§ 31
Decken

(1) Decken müssen als tragende und raumabschließende Bauteile zwischen Geschossen im Brandfall ausreichend lange standsicher und widerstandsfähig gegen die Brandausbreitung sein. Sie müssen

1. in Gebäuden der Gebäudeklasse 5 feuerbeständig,
2. in Gebäuden der Gebäudeklasse 4 hochfeuerhemmend,
3. in Gebäuden der Gebäudeklassen 2 und 3 feuerhemmend

sein. Satz 2 gilt

1. für Geschosse im Dachraum nur, wenn darüber Aufenthaltsräume möglich sind; § 29 Abs. 4 bleibt unberührt,
2. nicht für Balkone, ausgenommen offene Gänge, die als notwendige Flure dienen.

(2) Im Kellergeschoss müssen Decken

1. in Gebäuden der Gebäudeklassen 3 bis 5 feuerbeständig,
2. in Gebäuden der Gebäudeklassen 1 und 2 feuerhemmend

sein. Decken müssen feuerbeständig sein

1. unter und über Räumen mit Explosions- oder erhöhter Brandgefahr, ausgenommen in Wohngebäuden der Gebäudeklassen 1 und 2,
2. zwischen dem landwirtschaftlich genutzten Teil und dem Wohnteil eines Gebäudes.

(3) Der Anschluss der Decken an die Außenwand ist so herzustellen, dass er den Anforderungen nach Absatz 1 Satz 1 genügt.

(4) Öffnungen in Decken, für die eine Feuerwiderstandsfähigkeit vorgeschrieben ist, sind nur zulässig

1. in Gebäuden der Gebäudeklassen 1 und 2,
2. innerhalb derselben Nutzungseinheit mit nicht mehr als insgesamt 400 m² Brutto-Grundfläche in nicht mehr als zwei Geschossen,
3. im Übrigen, wenn sie auf die für die Nutzung erforderliche Zahl und Größe beschränkt sind und Abschlüsse mit der Feuerwiderstandsfähigkeit der Decke haben.

§ 32
Dächer

(1) Bedachungen müssen gegen eine Brandbeanspruchung von außen durch Flugfeuer und strahlende Wärme ausreichend lange widerstandsfähig sein (harte Bedachung).

(2) Bedachungen, die die Anforderungen nach Absatz 1 nicht erfüllen, sind zulässig bei Gebäuden der Gebäudeklassen 1 bis 3, wenn die Gebäude

1. einen Abstand von der Grundstücksgrenze von mindestens 12 m,
2. von Gebäuden auf demselben Grundstück mit harter Bedachung einen Abstand von mindestens 15 m,
3. von Gebäuden auf demselben Grundstück mit Bedachungen, die die Anforderungen nach Absatz 1 nicht erfüllen, einen Abstand von mindestens 24 m,
4. von Gebäuden auf demselben Grundstück ohne Aufenthaltsräume und ohne Feuerstätten mit nicht mehr als 50 m3 Brutto-Rauminhalt einen Abstand von mindestens 5 m

einhalten. Soweit Gebäude nach Satz 1 Abstand halten müssen, genügt bei Wohngebäuden der Gebäudeklassen 1 und 2 in den Fällen

1. des Satzes 1 Nr. 1 ein Abstand von mindestens 6 m,
2. des Satzes 1 Nr. 2 ein Abstand von mindestens 9 m,
3. des Satzes 1 Nr. 3 ein Abstand von mindestens 12 m.

(3) Die Absätze 1 und 2 gelten nicht für

1. Gebäude ohne Aufenthaltsräume und ohne Feuerstätten mit nicht mehr als 50 m³ Brutto-Rauminhalt,

2. lichtdurchlässige Bedachungen aus nichtbrennbaren Baustoffen; brennbare Fugendichtungen und brennbare Dämmstoffe in nichtbrennbaren Profilen sind zulässig,
3. Dachflächenfenster, Oberlichte und Lichtkuppeln von Wohngebäuden,
4. Eingangsüberdachungen und Vordächer aus nichtbrennbaren Baustoffen,
5. Eingangsüberdachungen aus brennbaren Baustoffen, wenn die Eingänge nur zu Wohnungen führen.

(4) Abweichend von den Absätzen 1 und 2 sind
1. lichtdurchlässige Teilflächen aus brennbaren Baustoffen in Bedachungen nach Absatz 1 und
2. begrünte Bedachungen

zulässig, wenn eine Brandentstehung bei einer Brandbeanspruchung von außen durch Flugfeuer und strahlende Wärme nicht zu befürchten ist oder Vorkehrungen hiergegen getroffen werden.

(5) Dachüberstände, Dachgesimse und Dachaufbauten, lichtdurchlässige Bedachungen, Dachflächenfenster, Lichtkuppeln und Oberlichte und Solaranlagen sind so anzuordnen und herzustellen, dass Feuer nicht auf andere Gebäudeteile und Nachbargrundstücke übertragen werden kann. Von Brandwänden und von Wänden, die anstelle von Brandwänden zulässig sind, müssen mindestens 1,25 m entfernt sein
1. Dachflächenfenster, Oberlichte, Lichtkuppeln und Öffnungen in der Bedachung, wenn diese Wände nicht mindestens 0,30 m über die Bedachung geführt sind,
2. Solaranlagen, Dachgauben und ähnliche Dachaufbauten aus brennbaren Baustoffen, wenn sie nicht durch diese Wände gegen Brandübertragung geschützt sind.

(6) Dächer von traufseitig aneinander gebauten Gebäuden müssen als raumabschließende Bauteile für eine Brandbeanspruchung von innen nach außen einschließlich der sie tragenden und aussteifenden Bauteile feuerhemmend sein. Öffnungen in diesen Dachflächen müssen waagerecht gemessen mindestens 2 m von der Brandwand oder der Wand, die anstelle der Brandwand zulässig ist, entfernt sein.

(7) Dächer von Anbauten, die an Außenwände mit Öffnungen oder ohne Feuerwiderstandsfähigkeit anschließen, müssen innerhalb eines Abstands von 5 m von diesen Wänden als raumabschließende Bauteile für eine Brandbeanspruchung von innen nach außen einschließlich der sie tragenden und aussteifenden Bauteile die Feuerwiderstandsfähigkeit der Decken des Gebäudeteils haben, an den sie angebaut werden. Dies gilt nicht für Anbauten an Wohngebäude der Gebäudeklassen 1 bis 3.

(8) Soweit geneigte Dächer an Verkehrsflächen angrenzen, müssen sie Vorrichtungen zum Schutz gegen das Herabfallen von Schnee und Eis haben. Für vom Dach aus vorzunehmende Arbeiten sind sicher benutzbare Vorrichtungen anzubringen.

FÜNFTER ABSCHNITT
Rettungswege, Öffnungen, Umwehrungen

§ 33
Erster und zweiter Rettungsweg

(1) Für Nutzungseinheiten mit mindestens einem Aufenthaltsraum wie Wohnungen, Praxen oder selbständige Betriebsstätten müssen in jedem Geschoss mindestens zwei voneinander unabhängige Rettungswege ins Freie vorhanden sein; beide Rettungswege dürfen jedoch innerhalb des Geschosses über denselben notwendigen Flur führen.

(2) Für Nutzungseinheiten nach Absatz 1, die nicht zu ebener Erde liegen, muss der erste Rettungsweg über eine notwendige Treppe führen. Der zweite Rettungsweg kann eine weitere notwendige Treppe oder eine mit Rettungsgeräten der Feuerwehr erreichbare Stelle der Nutzungseinheit sein. Ein zweiter Rettungsweg ist nicht erforderlich, wenn die Rettung über einen Sicherheitstreppenraum möglich ist.

(3) Gebäude, deren zweiter Rettungsweg über Rettungsgeräte der Feuerwehr führt und bei denen die Oberkante der Brüstung von zum Anleitern bestimmten Fenstern oder Stellen mehr als 8 Meter über der Geländeoberfläche liegt, dürfen nur errichtet werden, wenn die Feuerwehr über die erforderlichen Rettungsgeräte wie Hubrettungsfahrzeuge verfügt. Bei Sonderbauten ist der zweite Rettungsweg über Rettungsgeräte der Feuerwehr nur zulässig, wenn keine Bedenken wegen der Personenrettung bestehen.

§ 34
Treppen

(1) Jedes nicht zu ebener Erde liegende Geschoss und der benutzbare Dachraum eines Gebäudes müssen über mindestens eine Treppe zugänglich sein (notwendige Treppe). Statt notwendiger Treppen sind Rampen mit flacher Neigung zulässig.

(2) Einschiebbare Treppen und Rolltreppen sind als notwendige Treppen unzulässig. In Gebäuden der Gebäudeklassen 1 und 2 sind einschiebbare Treppen und Leitern als Zugang zu einem Dachraum ohne Aufenthaltsraum zulässig.

(3) Notwendige Treppen sind in einem Zuge zu allen angeschlossenen Geschossen zu führen; sie müssen mit den Treppen zum Dachraum unmittelbar verbunden sein. Dies gilt nicht für Treppen

1. in Gebäuden der Gebäudeklassen 1 bis 3,
2. nach § 35 Abs. 1 Satz 3 Nr. 2.

(4) Die tragenden Teile notwendiger Treppen müssen

1. in Gebäuden der Gebäudeklasse 5 feuerhemmend und aus nichtbrennbaren Baustoffen,
2. in Gebäuden der Gebäudeklasse 4 aus nichtbrennbaren Baustoffen,
3. in Gebäuden der Gebäudeklasse 3 aus nichtbrennbaren Baustoffen oder feuerhemmend

sein. Tragende Teile von Außentreppen nach § 35 Abs. 1 Satz 3 Nr. 3 für Gebäude der Gebäudeklassen 3 bis 5 müssen aus nichtbrennbaren Baustoffen bestehen.

(5) Die nutzbare Breite der Treppenläufe und Treppenabsätze notwendiger Treppen muss für den größten zu erwartenden Verkehr ausreichen.

(6) Treppen müssen einen festen und griffsicheren Handlauf haben. Für Treppen sind Handläufe auf beiden Seiten und Zwischenhandläufe vorzusehen, soweit die Verkehrssicherheit dies erfordert.

(7) Eine Treppe darf nicht unmittelbar hinter einer Tür beginnen, die in Richtung der Treppe aufschlägt; zwischen Treppe und Tür ist ein ausreichender Treppenabsatz anzuordnen.

§ 35
Notwendige Treppenräume, Ausgänge

(1) Jede notwendige Treppe muss zur Sicherstellung der Rettungswege aus den Geschossen ins Freie in einem eigenen, durchgehenden Treppenraum liegen (notwendiger Treppenraum). Notwendige Treppenräume müssen so angeordnet und ausgebildet sein, dass die Nutzung der notwendigen Treppen im Brandfall ausreichend lange möglich ist. Notwendige Treppen sind ohne eigenen Treppenraum zulässig

1. in Gebäuden der Gebäudeklassen 1 und 2,
2. für die Verbindung von höchstens zwei Geschossen innerhalb derselben Nutzungseinheit von insgesamt nicht mehr als 200 m² Brutto-Grundfläche, wenn in jedem Geschoss ein anderer Rettungsweg erreicht werden kann,
3. als Außentreppe, wenn ihre Nutzung ausreichend sicher ist und im Brandfall nicht gefährdet werden kann.

(2) Von jeder Stelle eines Aufenthaltsraumes sowie eines Kellergeschosses muss mindestens ein Ausgang in einen notwendigen Treppenraum oder ins Freie in höchstens 35 m

Entfernung erreichbar sein. Übereinanderliegende Kellergeschosse müssen jeweils mindestens zwei Ausgänge in notwendige Treppenräume oder ins Freie haben. Sind mehrere notwendige Treppenräume erforderlich, müssen sie so verteilt sein, dass sie möglichst entgegengesetzt liegen und dass die Rettungswege möglichst kurz sind.

(3) Jeder notwendige Treppenraum muss einen unmittelbaren Ausgang ins Freie haben. Sofern der Ausgang eines notwendigen Treppenraumes nicht unmittelbar ins Freie führt, muss der Raum zwischen dem notwendigen Treppenraum und dem Ausgang ins Freie

1. mindestens so breit sein wie die dazugehörigen Treppenläufe,
2. Wände haben, die die Anforderungen an die Wände des Treppenraumes erfüllen,
3. rauchdichte und selbstschließende Abschlüsse zu notwendigen Fluren haben und
4. ohne Öffnungen zu anderen Räumen, ausgenommen zu notwendigen Fluren, sein.

(4) Die Wände notwendiger Treppenräume müssen als raumabschließende Bauteile

1. in Gebäuden der Gebäudeklasse 5 die Bauart von Brandwänden haben,
2. in Gebäuden der Gebäudeklasse 4 auch unter zusätzlicher mechanischer Beanspruchung hochfeuerhemmend sein und
3. in Gebäuden der Gebäudeklasse 3 feuerhemmend sein.

Dies ist nicht erforderlich für Außenwände von Treppenräumen, die aus nichtbrennbaren Baustoffen bestehen und durch andere an diese Außenwände anschließende Gebäudeteile im Brandfall nicht gefährdet werden können. Der obere Abschluss notwendiger Treppenräume muss als raumabschließendes Bauteil die Feuerwiderstandsfähigkeit der Decken des Gebäudes haben; dies gilt nicht, wenn der obere Abschluss das Dach ist und die Treppenraumwände bis unter die Dachhaut reichen.

(5) In notwendigen Treppenräumen und in Räumen nach Absatz 3 Satz 2 müssen

1. Bekleidungen, Putze, Dämmstoffe, Unterdecken und Einbauten aus nichtbrennbaren Baustoffen bestehen,
2. Wände und Decken aus brennbaren Baustoffen eine Bekleidung aus nichtbrennbaren Baustoffen in ausreichender Dicke haben,
3. Bodenbeläge, ausgenommen Gleitschutzprofile, aus mindestens schwerentflammbaren Baustoffen bestehen.

(6) In notwendigen Treppenräumen müssen Öffnungen

1. zu Kellergeschossen, zu nicht ausgebauten Dachräumen, Werkstätten, Läden, Lager- und ähnlichen Räumen sowie zu sonstigen Räumen und Nutzungseinheiten mit einer Fläche von mehr als 200 m² Brutto-Grundfläche, ausgenommen Wohnungen, mindestens feuerhemmende, rauchdichte und selbstschließende Abschlüsse,
2. zu notwendigen Fluren rauchdichte und selbstschließende Abschlüsse,
3. zu sonstigen Räumen und Nutzungseinheiten mindestens dicht- und selbstschließende Abschlüsse

haben. Die Feuerschutz- und Rauchschutzabschlüsse dürfen lichtdurchlässige Seitenteile und Oberlichter enthalten, wenn der Abschluss insgesamt nicht breiter als 2,50 m ist.

(7) Notwendige Treppenräume müssen zu beleuchten sein. Notwendige Treppenräume ohne Fenster müssen in Gebäuden mit einer Höhe nach § 2 Absatz 3 Satz 2 von mehr als 13 m eine Sicherheitsbeleuchtung haben.

(8) Notwendige Treppenräume müssen belüftet und zur Unterstützung wirksamer Löscharbeiten entraucht werden können. Sie müssen

1. in jedem oberirdischen Geschoss unmittelbar ins Freie führende Fenster mit einem freien Querschnitt von mindestens 0,60 Meter × 0,90 Meter (Breite × Höhe) haben, die geöffnet werden können und eine Brüstung von nicht mehr als 1,20 Meter Höhe haben, oder
2. an der obersten Stelle eine Öffnung zur Rauchableitung haben.

In den Fällen des Satzes 2 Nummer 1 ist in Gebäuden der Gebäudeklasse 5 an der obersten Stelle eine Öffnung zur Rauchableitung erforderlich; in den Fällen des Satzes 2 Nummer 2 sind in Gebäuden der Gebäudeklassen 4 und 5, soweit dies zur Erfüllung der Anforderungen nach Satz 1 erforderlich ist, besondere Vorkehrungen zu treffen. Öffnungen zur Rauchableitung nach Satz 2 und 3 müssen in jedem Treppenraum einen freien Querschnitt von mindestens einem Quadratmeter und Vorrichtungen zum Öffnen ihrer Abschlüsse haben, die vom Erdgeschoss sowie vom obersten Treppenabsatz aus bedient werden können.

§ 36
Notwendige Flure, offene Gänge

(1) Flure, über die Rettungswege aus Aufenthaltsräumen oder aus Nutzungseinheiten mit Aufenthaltsräumen zu Ausgängen in notwendige Treppenräume oder ins Freie führen (notwendige Flure), müssen so angeordnet und ausgebildet sein, dass die Nutzung im Brandfall ausreichend lange möglich ist. Notwendige Flure sind nicht erforderlich

1. in Wohngebäuden der Gebäudeklassen 1 und 2,
2. in sonstigen Gebäuden der Gebäudeklassen 1 und 2, ausgenommen in Kellergeschossen,
3. innerhalb von Nutzungseinheiten mit nicht mehr als 200 Quadratmeter Brutto-Grundfläche und innerhalb von Wohnungen,
4. innerhalb von Nutzungseinheiten, die einer Büro- oder Verwaltungsnutzung dienen, mit nicht mehr als 400 Quadratmeter Brutto-Grundfläche; das gilt auch für Teile größerer Nutzungseinheiten, wenn
   a) diese Teile nicht mehr als 400 Quadratmeter Brutto-Grundfläche und Trennwände nach § 29 Absatz 2 Nummer 1 haben und
   b) jeder Teil unabhängig von anderen Teilen Rettungswege nach § 33 Absatz 1 hat.

(2) Notwendige Flure müssen so breit sein, dass sie für den größten zu erwartenden Verkehr ausreichen. In den Fluren ist eine Folge von weniger als drei Stufen unzulässig.

(3) Notwendige Flure sind durch nichtabschließbare, rauchdichte und selbstschließende Abschlüsse in Rauchabschnitte zu unterteilen. Die Rauchabschnitte sollen nicht länger als 30 m sein. Die Abschlüsse sind bis an die Rohdecke zu führen; sie dürfen bis an die Unterdecke der Flure geführt werden, wenn die Unterdecke feuerhemmend ist. Notwendige Flure mit nur einer Fluchtrichtung, die zu einem Sicherheitstreppenraum führen, dürfen nicht länger als 15 m sein. Die Sätze 1 bis 4 gelten nicht für offene Gänge nach Absatz 5.

(4) Die Wände notwendiger Flure müssen als raumabschließende Bauteile feuerhemmend, in Kellergeschossen, deren tragende und aussteifende Bauteile feuerbeständig sein müssen, feuerbeständig sein. Die Wände sind bis an die Rohdecke zu führen. Sie dürfen bis an die Unterdecke der Flure geführt werden, wenn die Unterdecke feuerhemmend und ein nach Satz 1 vergleichbarer Raumabschluss sichergestellt ist. Türen in diesen Wänden müssen dicht schließen; Öffnungen zu Lagerbereichen im Kellergeschoss müssen feuerhemmende, dicht- und selbstschließende Abschlüsse haben.

(5) Für Wände und Brüstungen notwendiger Flure mit nur einer Fluchtrichtung, die als offene Gänge vor den Außenwänden angeordnet sind, gilt Absatz 4 entsprechend. Fenster sind in diesen Außenwänden ab einer Brüstungshöhe von 0,90 m zulässig.

(6) In notwendigen Fluren sowie in offenen Gängen nach Absatz 5 müssen

1. Bekleidungen, Unterdecken und Dämmstoffe aus nichtbrennbaren Baustoffen bestehen,
2. Wände und Decken aus brennbaren Baustoffen eine Bekleidung aus nichtbrennbaren Baustoffen in ausreichender Dicke haben.

§ 37
Fenster, Türen, sonstige Öffnungen

(1) Können die Fensterflächen nicht gefahrlos vom Erdboden, vom Innern des Gebäudes, von Loggien oder Balkonen aus gereinigt werden, so sind Vorrichtungen, wie Aufzüge, Halterungen oder Stangen anzubringen, die eine Reinigung von außen ermöglichen.

(2) Glastüren und andere Glasflächen, die bis zum Fußboden allgemein zugänglicher

Verkehrsflächen herabreichen, sind so zu kennzeichnen, dass sie leicht erkannt werden können. Weitere Schutzmaßnahmen sind für größere Glasflächen vorzusehen, wenn dies die Verkehrssicherheit erfordert.

(3) Eingangstüren von Wohnungen, die über Aufzüge erreichbar sein müssen, müssen eine lichte Durchgangsbreite von mindestens 0,90 m haben.

(4) Jedes Kellergeschoss ohne Fenster muss mindestens eine Öffnung ins Freie haben, um eine Rauchableitung zu ermöglichen. Gemeinsame Kellerlichtschächte für übereinanderliegende Kellergeschosse sind unzulässig.

(5) Fenster, die als Rettungswege nach § 33 Abs. 2 Satz 2 dienen, müssen im Lichten mindestens 0,90 m × 1,20 m (Breite × Höhe) groß und dürfen nicht höher als 1,20 m über der Fußbodenoberkante angeordnet sein. Liegen diese Fenster in Dachschrägen oder Dachaufbauten, so darf ihre Unterkante oder ein davor liegender Austritt von der Traufkante horizontal gemessen nicht mehr als 1 m entfernt sein.

§ 38
Umwehrungen

(1) In, an und auf baulichen Anlagen sind zu umwehren:

1. Flächen, die im Allgemeinen zum Begehen bestimmt sind und unmittelbar an mehr als 1 m tiefer liegende Flächen angrenzen; dies gilt nicht, wenn die Umwehrung dem Zweck der Flächen widerspricht,
2. nicht begehbare Oberlichte und Glasabdeckungen in Flächen, die im Allgemeinen zum Begehen bestimmt sind, wenn sie weniger als 0,50 m aus diesen Flächen herausragen,
3. Dächer oder Dachteile, die zum auch nur zeitweiligen Aufenthalt von Menschen bestimmt sind,
4. Öffnungen in begehbaren Decken sowie in Dächern oder Dachteilen nach Nummer 3, wenn sie nicht sicher abgedeckt sind,
5. nicht begehbare Glasflächen in Decken sowie in Dächern oder Dachteilen nach Nummer 3,
6. die freien Seiten von Treppenläufen, Treppenabsätzen und Treppenöffnungen (Treppenaugen),
7. Kellerlichtschächte und Betriebsschächte, die an Verkehrsflächen liegen, wenn sie nicht verkehrssicher abgedeckt sind.

(2) In Verkehrsflächen liegende Kellerlichtschächte und Betriebsschächte sind in Höhe der Verkehrsfläche verkehrssicher abzudecken. An und in Verkehrsflächen liegende Abdeckungen müssen gegen unbefugtes Abheben gesichert sein. Fenster, die unmittelbar an Treppen liegen und deren Brüstung unter der notwendigen Umwehrungshöhe liegen, sind zu sichern.

(3) Fensterbrüstungen von Flächen mit einer Absturzhöhe bis zu 12 m müssen mindestens 0,80 m, von Flächen mit mehr als 12 m Absturzhöhe mindestens 0,90 m hoch sein. Geringere Brüstungshöhen sind zulässig, wenn durch andere Vorrichtungen wie Geländer die nach Absatz 4 vorgeschriebenen Mindesthöhen eingehalten werden. 24

(4) Andere notwendige Umwehrungen müssen folgende Mindesthöhen haben:

1. Umwehrungen zur Sicherung von Öffnungen in begehbaren Decken und Dächern sowie Umwehrungen von Flächen mit einer Absturzhöhe von 1 m bis zu 12 m 0,90 m,
2. Umwehrungen von Flächen mit mehr als 12 m Absturzhöhe 1,10 m.

(5) In, an und auf Gebäuden dürfen Öffnungen in Geländern, Brüstungen und anderen Umwehrungen mindestens in einer Richtung nicht breiter als 0,12 m sein. Sie sind so auszubilden, dass das Überklettern erschwert wird. Ein waagerechter Zwischenraum zwischen Umwehrung und der zu sichernden Fläche darf nicht größer als 0,04 m sein.

SECHSTER ABSCHNITT
Technische Gebäudeausrüstung

§ 39
Aufzüge

(1) Aufzüge im Innern von Gebäuden müssen eigene Fahrschächte haben, um eine Brandausbreitung in andere Geschosse ausreichend lange zu verhindern. In einem Fahrschacht dürfen bis zu drei Aufzüge liegen. Aufzüge ohne eigene Fahrschächte sind zulässig
1. innerhalb eines notwendigen Treppenraumes, ausgenommen in Hochhäusern,
2. innerhalb von Räumen, die Geschosse überbrücken,
3. zur Verbindung von Geschossen, die offen miteinander in Verbindung stehen dürfen,
4. in Gebäuden der Gebäudeklassen 1 und 2;

sie müssen sicher umkleidet sein.

(2) Die Fahrschachtwände müssen als raumabschließende Bauteile
1. in Gebäuden der Gebäudeklasse 5 feuerbeständig und aus nichtbrennbaren Baustoffen,
2. in Gebäuden der Gebäudeklasse 4 hochfeuerhemmend,
3. in Gebäuden der Gebäudeklasse 3 feuerhemmend

sein; Fahrschachtwände aus brennbaren Baustoffen müssen schachtseitig eine Bekleidung aus nichtbrennbaren Baustoffen in ausreichender Dicke haben. Fahrschachttüren und andere Öffnungen in Fahrschachtwänden mit erforderlicher Feuerwiderstandsfähigkeit sind so herzustellen, dass die Anforderungen nach Absatz 1 Satz 1 nicht beeinträchtigt werden.

(3) Fahrschächte müssen zu lüften sein und eine Öffnung zur Rauchableitung mit einem freien Querschnitt von mindestens 2,5 Prozent der Fahrschachtgrundfläche, mindestens jedoch 0,10 m² haben. Diese Öffnung darf einen Abschluss haben, der im Brandfall selbsttätig öffnet und von mindestens einer geeigneten Stelle aus bedient werden kann. Die Lage der Rauchaustrittsöffnungen muss so gewählt werden, dass der Rauchaustritt durch Windeinfluss nicht beeinträchtigt wird.

(4) Gebäude mit mehr als vier oberirdischen Geschossen müssen Aufzüge in ausreichender Zahl haben. Auf die Zahl der Geschosse wird das oberste Geschoss nur angerechnet, wenn es Aufenthaltsräume enthält oder in ihm Aufenthaltsräume möglich sind. Wird bei bestehenden Gebäuden ein oberstes Geschoss zu Wohnzwecken nachträglich errichtet oder ausgebaut, muss kein Aufzug hergestellt werden. Von den Aufzügen nach Satz 1 muss mindestens ein Aufzug Kinderwagen, Rollstühle, Krankentragen und Lasten aufnehmen können und Haltestellen in allen Geschossen haben. Dieser Aufzug muss von der öffentlichen Verkehrsfläche aus und von allen Geschossen mit Aufenthaltsräumen stufenlos erreichbar sein. Soweit Obergeschosse von Rollstuhlnutzerinnen und Rollstuhlnutzern stufenlos zu erreichen sein müssen, gelten die Sätze 1, 4 und 5 auch für Gebäude mit weniger als fünf oberirdischen Geschossen.

(5) Fahrkörbe zur Aufnahme einer Krankentrage müssen eine nutzbare Grundfläche von mindestens 1,10 m × 2,10 m, zur Aufnahme eines Rollstuhls von mindestens 1,10 m × 1,40 m haben; Türen müssen eine lichte Durchgangsbreite von mindestens 0,90 m haben. In einem Aufzug für Rollstühle und Krankentragen darf der für Rollstühle nicht erforderliche Teil der Fahrkorbgrundfläche durch eine verschließbare Tür abgesperrt werden. Vor den Aufzügen muss eine ausreichende Bewegungsfläche vorhanden sein.

§ 40
Leitungsanlagen, Installationsschächte und -kanäle

(1) Leitungen dürfen durch raumabschließende Bauteile, für die eine Feuerwiderstandsfähigkeit vorgeschrieben ist, nur hindurchgeführt werden, wenn eine Brandausbreitung

ausreichend lange nicht zu befürchten ist oder Vorkehrungen hiergegen getroffen sind; dies gilt nicht

1. für Gebäude der Gebäudeklassen 1 und 2,
2. innerhalb von Wohnungen,
3. innerhalb derselben Nutzungseinheit mit nicht mehr als insgesamt 400 m² Brutto-Grundfläche in nicht mehr als zwei Geschossen.

(2) In notwendigen Treppenräumen, in Räumen nach § 35 Absatz 3 Satz 2 und in notwendigen Fluren sind Leitungsanlagen nur zulässig, wenn eine Nutzung als Rettungsweg im Brandfall ausreichend lange möglich ist.

(3) Für Installationsschächte und -kanäle gelten Absatz 1 sowie § 41 Abs. 2 Satz 1 und Abs. 3 entsprechend.

§ 41
Lüftungsanlagen

(1) Lüftungsanlagen müssen betriebssicher und brandsicher sein; sie dürfen den ordnungsgemäßen Betrieb von Feuerungsanlagen nicht beeinträchtigen.

(2) Lüftungsleitungen sowie deren Bekleidungen und Dämmstoffe müssen aus nichtbrennbaren Baustoffen bestehen; brennbare Baustoffe sind zulässig, wenn ein Beitrag der Lüftungsleitung zur Brandentstehung und Brandweiterleitung nicht zu befürchten ist. Lüftungsleitungen dürfen raumabschließende Bauteile, für die eine Feuerwiderstandsfähigkeit vorgeschrieben ist, nur überbrücken, wenn eine Brandausbreitung ausreichend lange nicht zu befürchten ist oder wenn Vorkehrungen hiergegen getroffen sind.

(3) Lüftungsanlagen sind so herzustellen, dass sie Gerüche und Staub nicht in andere Räume übertragen.

(4) Lüftungsanlagen dürfen nicht in Abgasanlagen eingeführt werden; die gemeinsame Nutzung von Lüftungsleitungen zur Lüftung und zur Ableitung der Abgase von Feuerstätten ist zulässig, wenn keine Bedenken wegen der Betriebssicherheit und des Brandschutzes bestehen. Die Abluft ist ins Freie zu führen. Nicht zur Lüftungsanlage gehörende Einrichtungen sind in Lüftungsleitungen unzulässig.

(5) Die Absätze 2 und 3 gelten nicht

1. für Gebäude der Gebäudeklassen 1 und 2,
2. innerhalb von Wohnungen,
3. innerhalb derselben Nutzungseinheit mit nicht mehr als 400 m² Brutto-Grundfläche in nicht mehr als zwei Geschossen.

(6) Für raumlufttechnische Anlagen und Warmluftheizungen gelten die Absätze 1 bis 5 entsprechend.

§ 42
Feuerungsanlagen, sonstige Anlagen zur Wärmeerzeugung, Brennstoffversorgung

(1) Feuerstätten und Abgasanlagen (Feuerungsanlagen) müssen betriebssicher und brandsicher sein.

(2) Feuerstätten dürfen in Räumen nur aufgestellt werden, wenn nach der Art der Feuerstätte und nach Lage, Größe, baulicher Beschaffenheit und Nutzung der Räume Gefahren nicht entstehen.

(3) Abgase von Feuerstätten sind durch Abgasleitungen, Schornsteine und Verbindungsstücke (Abgasanlagen) so abzuführen, dass keine Gefahren oder unzumutbaren Belästigungen entstehen. Abgasanlagen sind in solcher Zahl und Lage und so herzustellen, dass die Feuerstätten des Gebäudes ordnungsgemäß angeschlossen werden können. Sie müssen leicht gereinigt werden können.

(4) Behälter und Rohrleitungen für brennbare Gase und Flüssigkeiten müssen betriebssicher und brandsicher sein. Diese Behälter sowie feste Brennstoffe sind so aufzustellen oder zu lagern, dass keine Gefahren oder unzumutbaren Belästigungen entstehen.

(5) Für die Aufstellung von ortsfesten Verbrennungsmotoren, Blockheizkraftwerken, Brennstoffzellen und Verdichtern sowie die Ableitung ihrer Verbrennungsgase gelten die Absätze 1 bis 3 entsprechend.

§ 43
Sanitäre Anlagen, Wasserzähler

(1) Fensterlose Bäder und Toiletten sind nur zulässig, wenn eine wirksame Lüftung gewährleistet ist.

(2) Verkaufsstätten mit einer Verkaufsfläche von mehr als 400 Quadratmeter müssen einen Toilettenraum für die Kundschaft haben.

(3) Jede Wohnung muss einen eigenen Kaltwasserzähler haben. Dies gilt nicht bei Nutzungsänderungen, wenn die Anforderung nach Satz 1 nur mit unverhältnismäßigem Mehraufwand erfüllt werden kann.

§ 44
Anlagen für Abwasser

(1) Grundstücke, auf denen Abwasser anfallen und die an betriebsfähig kanalisierten Straßen liegen oder die von solchen Straßen zugänglich sind, sind an die öffentliche Entwässerung anzuschließen, sobald die Entwässerungsleitungen betriebsfähig hergestellt sind (Anschlusszwang). Der Anschlusszwang gilt nicht für Niederschlagswasser, wenn Maßnahmen zu dessen Rückhaltung oder Versickerung durch Bebauungsplan festgesetzt, wasserrechtlich zulässig oder sonst angeordnet oder genehmigt sind. In Gebieten offener Bauweise soll Niederschlagswasser dem Untergrund zugeführt werden.

(2) Kleinkläranlagen und Abwassersammelbehälter müssen wasserdicht und ausreichend groß sein. Sie müssen eine dichte und sichere Abdeckung sowie Reinigungs- und Entleerungsöffnungen haben. Diese Öffnungen dürfen nur vom Freien aus zugänglich sein. Die Anlagen sind so zu entlüften, dass Gesundheitsschäden oder unzumutbare Belästigungen nicht entstehen. Die Zuleitungen zu Abwasserentsorgungsanlagen müssen geschlossen, dicht, und, soweit erforderlich, zum Reinigen eingerichtet sein.

§ 45
Aufbewahrung fester Abfallstoffe, Abfallschächte

(1) Für die vorübergehende Aufbewahrung fester Abfallstoffe sind Flächen in ausreichender Größe für die Aufstellung von Behältern für Abfälle zur Beseitigung und zur Verwertung zur Erfüllung der abfallrechtlichen Trennpflichten vorzuhalten.

(2) Feste Abfallstoffe dürfen innerhalb von Gebäuden vorübergehend aufbewahrt werden, in Gebäuden der Gebäudeklassen 3 bis 5 jedoch nur, wenn die dafür bestimmten Räume

1. Trennwände und Decken als raumabschließende Bauteile mit der Feuerwiderstandsfähigkeit der tragenden Wände haben,
2. Öffnungen vom Gebäudeinnern zum Aufstellraum mit feuerhemmenden, dicht- und selbstschließenden Abschlüssen haben,
3. unmittelbar vom Freien entleert werden können und
4. eine ständig wirksame Lüftung haben.

(3) Abfallschächte dürfen nicht errichtet werden. Bestehende Abfallschächte sind außer Betrieb zu nehmen, wenn die Einhaltung der abfallrechtlichen Trennpflichten und die brandschutzrechtlichen Belange nicht gewährleistet sind.

§ 46
Blitzschutzanlagen

Bauliche Anlagen, bei denen nach Lage, Bauart oder Nutzung Blitzschlag leicht eintreten oder zu schweren Folgen führen kann, sind mit dauernd wirksamen Blitzschutzanlagen zu versehen.

SIEBENTER ABSCHNITT
Nutzungsbedingte Anforderungen

§ 47
Aufenthaltsräume

(1) Aufenthaltsräume müssen eine lichte Raumhöhe von mindestens 2,50 m haben. Aufenthaltsräume im Dachraum müssen eine lichte Raumhöhe von mindestens 2,30 m über mindestens der Hälfte ihrer Netto-Grundfläche haben; Raumteile mit einer lichten Raumhöhe bis zu 1,50 m bleiben außer Betracht.

(2) Aufenthaltsräume müssen ausreichend belüftet und mit Tageslicht belichtet werden können. Sie müssen Fenster mit einem Rohbaumaß der Fensteröffnungen von mindestens einem Achtel der Netto-Grundfläche des Raumes einschließlich der Netto-Grundfläche verglaster Vorbauten und Loggien haben.

(3) Aufenthaltsräume, deren Nutzung eine Beleuchtung mit Tageslicht verbietet, sowie Verkaufsräume, Schank- und Speisegaststätten, ärztliche Behandlungs-, Sport-, Spiel-, Werk- und ähnliche Räume, sind ohne Fenster zulässig.

§ 48
Wohnungen

(1) Jede Wohnung muss eine Küche oder Kochnische haben. Fensterlose Küchen oder Kochnischen sind zulässig, wenn eine wirksame Lüftung gewährleistet ist.

(2) In Wohngebäuden der Gebäudeklassen 3 bis 5 sind

1. von den öffentlichen Verkehrsflächen und von barrierefreien Wohnungen nach § 50 Absatz 1 aus barrierefrei erreichbare und nutzbare Abstellräume für Rollstühle, Rollatoren, Kinderwagen und Fahrräder in ausreichender Größe und
2. für jede Wohnung ein ausreichend großer Abstellraum

herzustellen. Abstellräume nach Nummer 1 dürfen auch außerhalb des Gebäudes in zumutbarer Entfernung auf dem Baugrundstück hergestellt werden.

(3) Jede Wohnung muss ein Bad mit Badewanne oder Dusche und eine Toilette haben.

(4) In Wohnungen müssen

1. Aufenthaltsräume, ausgenommen Küchen, und
2. Flure, über die Rettungswege von Aufenthaltsräumen führen,

jeweils mindestens einen Rauchwarnmelder haben. Die Rauchwarnmelder müssen so eingebaut oder angebracht und betrieben werden, dass Brandrauch frühzeitig erkannt und gemeldet wird. Bestehende Wohnungen sind bis zum 31. Dezember 2020 entsprechend auszustatten. Die Sicherstellung der Betriebsbereitschaft obliegt den Mietern oder sonstigen Nutzungsberechtigten, es sei denn, die Eigentümerin oder der Eigentümer übernimmt diese Verpflichtung selbst.

§ 49
Stellplätze, Abstellplätze für Fahrräder

(1) Bei der Errichtung öffentlich zugänglicher baulicher Anlagen sind Stellplätze in ausreichender Anzahl und Größe für Menschen mit schwerer Gehbehinderung und für Rollstuhlnutzerinnen und Rollstuhlnutzer herzustellen. Sie müssen von den öffentlichen Stra-

ßen aus auf kurzem Wege zu erreichen und verkehrssicher sein. Werden öffentlich zugängliche bauliche Anlagen geändert oder ändert sich ihre Nutzung, so sind Stellplätze für Menschen mit Behinderung gemäß Satz 1 in solcher Anzahl und Größe herzustellen, dass sie die infolge der Änderung zusätzlich zu erwartenden Fahrzeuge aufnehmen können. Die Stellplätze können auf dem Baugrundstück oder in zumutbarer Entfernung davon auf einem geeigneten Grundstück hergestellt werden, dessen Benutzung für diesen Zweck öffentlich-rechtlich gesichert ist.

(2) Bei der Errichtung von baulichen Anlagen, die Fahrradverkehr erwarten lassen, sind Abstellplätze für Fahrräder in ausreichender Anzahl und Größe herzustellen. Absatz 1 Satz 3 gilt entsprechend. Die Abstellplätze sind auf dem Baugrundstück oder auf den davor gelegenen öffentlichen Flächen zu schaffen.

(3) Die Herstellung der Abstellplätze für Fahrräder nach Absatz 2 darf auch durch Zahlung eines Ablösebetrages vor Baubeginn erfüllt werden. Die für das Bauwesen zuständige Senatsverwaltung erlässt durch Rechtsverordnung Vorschriften über die Höhe der Ablösebeträge. Die Ablösebeträge dürfen 90 Prozent der durchschnittlichen Herstellungskosten unter Berücksichtigung anteiliger Grundstücksflächen nicht übersteigen. Die Ablösebeträge sind ausschließlich für den Bau von Fahrradabstellplätzen im Bereich von öffentlichen Verkehrsflächen oder anderen geeigneten Grundstücksflächen zu verwenden.

§ 50
Barrierefreies Bauen[1]

(1) In Gebäuden mit mehr als zwei Wohnungen müssen die Wohnungen eines Geschosses barrierefrei nutzbar und über den üblichen Hauptzugang barrierefrei erreichbar sein. Diese Verpflichtung kann auch durch barrierefrei nutzbare Wohnungen in mehreren Geschossen erfüllt werden. Eine Wohnung ist barrierefrei nutzbar, wenn insbesondere

1. die Wohnung stufen- und schwellenlos erreichbar ist,
2. die lichte Breite der Wohnungstür mindestens 0,90 Meter, die der übrigen Türen in der Wohnung mindestens 0,80 Meter betragen,
3. die Bewegungsflächen in Wohn- und Schlafräumen sowie Küchen und Bädern mindestens 1,20 Meter × 1,20 Meter betragen und
4. mindestens ein Bad einen bodengleichen Duschplatz hat.

In Gebäuden mit mehr als zwei Wohnungen und mit nach § 39 Absatz 4 Satz 1 erforderlichen Aufzügen muss ein Drittel der Wohnungen barrierefrei nutzbar sein, wenn bis zum 31. Dezember 2019 ein Bauvorhaben gemäß § 62 angezeigt oder ein bauaufsichtliches Verfahren gemäß § 63 oder § 64 beantragt wird; wird ab dem 1. Januar 2020 ein Bauvorhaben gemäß § 62 angezeigt oder ein bauaufsichtliches Verfahren gemäß § 63 oder § 64 beantragt, muss die Hälfte der Wohnungen barrierefrei nutzbar sein. § 39 Absatz 4 bleibt unberührt.

(2) Bauliche Anlagen, die öffentlich zugänglich sind, müssen in den dem allgemeinen Besucher- und Benutzerverkehr dienenden Teilen barrierefrei sein. Dies gilt insbesondere für

1. Einrichtungen der Kultur und des Bildungswesens,
2. Sport- und Freizeitstätten,
3. Einrichtungen des Gesundheitswesens,
4. Büro-, Verwaltungs- und Gerichtsgebäude,
5. Verkaufs-, Gast- und Beherbergungsstätten,
6. Stellplätze, Garagen und Toilettenanlagen.

Für die der zweckentsprechenden Nutzung dienenden Räume und Anlagen genügt es, wenn sie in dem erforderlichen Umfang barrierefrei sind.

---
1) S. hierzu AV Stellplätze vom 11. Dezember 2007 (ABl. S. 3398).

(3) Bauliche Anlagen nach Absatz 2 müssen durch einen Hauptzugang mit einer lichten Durchgangsbreite von mindestens 0,90 m stufenlos erreichbar sein. Vor Türen muss eine ausreichende Bewegungsfläche vorhanden sein. Rampen dürfen nicht mehr als 6 Prozent geneigt sein; sie müssen mindestens 1,20 m breit sein und beidseitig einen festen und griffsicheren Handlauf haben. Am Anfang und am Ende jeder Rampe ist ein Podest, alle 6 m ein Zwischenpodest anzuordnen. Die Podeste müssen eine Länge von mindestens 1,50 m haben. Treppen müssen an beiden Seiten Handläufe erhalten, die über Treppenabsätze und Fensteröffnungen sowie über die letzten Stufen zu führen sind. Die Treppen müssen Setzstufen haben. Flure müssen mindestens 1,50 m breit sein. Bei der Herstellung von Toilettenräumen müssen diese in der erforderlichen Anzahl barrierefrei sein; sie sind zu kennzeichnen. § 39 Abs. 4 gilt auch für Gebäude mit weniger als fünf oberirdischen Geschossen, soweit Geschosse mit Rollstühlen stufenlos erreichbar sein müssen.

(4) Sollen rechtmäßig bestehende bauliche Anlagen nach Absatz 2 in ihrer Nutzung geändert werden, gelten die in Absatz 2 genannten Anforderungen entsprechend.

(5) Von den Absätzen 1 bis 4 dürfen Abweichungen gemäß § 67 Absatz 1 nur zugelassen werden, soweit die Anforderungen

1. wegen schwieriger Geländeverhältnisse,
2. wegen des Einbaus eines sonst nicht erforderlichen Aufzugs oder
3. wegen ungünstiger vorhandener Bebauung

nur mit einem unverhältnismäßigen Mehraufwand erfüllt werden können.

§ 51
Sonderbauten

An Sonderbauten können im Einzelfall zur Verwirklichung der allgemeinen Anforderungen nach § 3 Satz 1 besondere Anforderungen gestellt werden. Erleichterungen können gestattet werden, soweit es der Einhaltung von Vorschriften wegen der besonderen Art oder Nutzung baulicher Anlagen oder Räume oder wegen besonderer Anforderungen nicht bedarf. Die Anforderungen und Erleichterungen nach den Sätzen 1 und 2 können sich insbesondere erstrecken auf

1. die Anordnung der baulichen Anlagen auf dem Grundstück,
2. die Abstände von Nachbargrenzen, von anderen baulichen Anlagen auf dem Grundstück und von öffentlichen Verkehrsflächen sowie auf die Größe der freizuhaltenden Flächen der Grundstücke,
3. die Öffnungen zu öffentlichen Verkehrsflächen und zu angrenzenden Grundstücken,
4. die Anlage von Zu- und Abfahrten,
5. die Anlage von Grünstreifen, Baumpflanzungen und anderen Pflanzungen sowie die Begrünung oder Beseitigung von Halden und Gruben,
6. die Bauart und Anordnung aller für die Stand- und Verkehrssicherheit, den Brand-, Wärme-, Schall- oder Gesundheitsschutz wesentlichen Bauteile und die Verwendung von Baustoffen,
7. Brandschutzanlagen, -einrichtungen und -vorkehrungen,
8. die Löschwasserrückhaltung,
9. die Anordnung und Herstellung von Aufzügen, Treppen, Treppenräumen, Fluren, Ausgängen und sonstigen Rettungswegen,
10. die Beleuchtung und Energieversorgung,
11. die Lüftung und Rauchableitung,
12. die Feuerungsanlagen und Heizräume,
13. die Wasserversorgung,
14. die Aufbewahrung und Entsorgung von Abwasser und festen Abfallstoffen,

15. die Stellplätze und Garagen,
16. die barrierefreie Nutzbarkeit,
17. die zulässige Zahl der Benutzerinnen und Benutzer, Anordnung und Zahl der zulässigen Sitz- und Stehplätze bei Versammlungsstätten, Tribünen und Fliegenden Bauten,
18. die Zahl der Toiletten für Besucherinnen und Besucher,
19. Umfang, Inhalt und Zahl besonderer Bauvorlagen, insbesondere eines Brandschutzkonzepts,
20. weitere zu erbringende Unterlagen und Bescheinigungen,
21. die Bestellung und Qualifikation der Bauleiterin oder des Bauleiters und der Fachbauleiterinnen und Fachbauleiter,
22. den Betrieb und die Nutzung einschließlich der Bestellung und der Qualifikation einer oder eines Brandschutzbeauftragten,
23. Erst-, Wiederholungs- und Nachprüfungen und die Bescheinigungen, die hierüber zu erbringen sind.

Erleichterungen von Satz 3 Nummer 16 dürfen nur unter den Voraussetzungen des § 50 Absatz 5 gestattet werden.

VIERTER TEIL
Die am Bau Beteiligten

§ 52
Grundpflichten

Bei der Errichtung, Änderung, Nutzungsänderung und der Beseitigung von Anlagen sind die Bauherrin oder der Bauherr und im Rahmen ihres Wirkungskreises die anderen am Bau Beteiligten dafür verantwortlich, dass die öffentlich-rechtlichen Vorschriften eingehalten werden.

§ 53
Bauherrin oder Bauherr

(1) Die Bauherrin oder der Bauherr hat zur Vorbereitung, Überwachung und Ausführung eines nicht verfahrensfreien Bauvorhabens sowie der Beseitigung von Anlagen geeignete Beteiligte nach Maßgabe der §§ 54 bis 56 zu bestellen, soweit sie oder er nicht selbst zur Erfüllung der Verpflichtungen nach diesen Vorschriften geeignet ist. Der Bauherrin oder dem Bauherrn obliegen außerdem die nach den öffentlich-rechtlichen Vorschriften erforderlichen Anträge, Anzeigen und Nachweise. Sie oder er hat die zur Erfüllung der Anforderungen dieses Gesetzes oder auf Grund dieses Gesetzes erforderlichen Nachweise und Unterlagen zu den verwendeten Bauprodukten und den angewandten Bauarten bereitzuhalten. Werden Bauprodukte verwendet, die die CE-Kennzeichnung nach der Verordnung (EU) Nr. 305/2011 tragen, ist die Leistungserklärung bereitzuhalten. Ein Wechsel der Entwurfsverfasserin oder des Entwurfsverfassers hat die Bauherrin oder der Bauherr der Bauaufsichtsbehörde mitzuteilen. Sie oder er hat vor Baubeginn den Namen der Bauleiterin oder des Bauleiters und während der Bauausführung einen Wechsel dieser Person unverzüglich der Bauaufsichtsbehörde mitzuteilen. Wechselt die Bauherrin oder der Bauherr, hat die neue Bauherrin oder der neue Bauherr dies der Bauaufsichtsbehörde unverzüglich mitzuteilen.

(2) Treten bei einem Bauvorhaben mehrere Personen als Bauherrin oder Bauherr auf, so kann die Bauaufsichtsbehörde verlangen, dass ihr gegenüber eine Vertreterin oder ein Vertreter bestellt wird, die oder der die der Bauherrin oder dem Bauherrn nach den öffentlich-rechtlichen Vorschriften obliegenden Verpflichtungen zu erfüllen hat. Im Übrigen fin-

det § 18 Abs. 1 Satz 2 und 3 sowie Abs. 2 des Verwaltungsverfahrensgesetzes entsprechende Anwendung.

§ 54
Entwurfsverfasserin oder Entwurfsverfasser

(1) Die Entwurfsverfasserin oder der Entwurfsverfasser muss nach Sachkunde und Erfahrung zur Vorbereitung des jeweiligen Bauvorhabens geeignet sein. Sie oder er ist für die Vollständigkeit und Brauchbarkeit ihres oder seines Entwurfs verantwortlich. Die Entwurfsverfasserin oder der Entwurfsverfasser hat dafür zu sorgen, dass die für die Ausführung notwendigen Einzelzeichnungen, Einzelberechnungen und Anweisungen den öffentlich-rechtlichen Vorschriften entsprechen.

(2) Hat die Entwurfsverfasserin oder der Entwurfsverfasser auf einzelnen Fachgebieten nicht die erforderliche Sachkunde und Erfahrung, so sind geeignete Fachplanerinnen und Fachplaner heranzuziehen. Diese sind für die von ihnen gefertigten Unterlagen verantwortlich. Für das ordnungsgemäße Ineinandergreifen aller Fachplanungen bleibt die Entwurfsverfasserin oder der Entwurfsverfasser verantwortlich.

§ 55
Unternehmerin oder Unternehmer

(1) Jede Unternehmerin oder jeder Unternehmer ist für die mit den öffentlich-rechtlichen Anforderungen übereinstimmende Ausführung der von ihr oder ihm übernommenen Arbeiten und insoweit für die ordnungsgemäße Einrichtung und den sicheren Betrieb der Baustelle verantwortlich. Sie oder er hat die erforderlichen Nachweise über die Verwendbarkeit der verwendeten Bauprodukte und Bauarten zu erbringen und auf der Baustelle bereitzuhalten. Sie oder er hat die zur Erfüllung der Anforderungen dieses Gesetzes oder auf Grund dieses Gesetzes erforderlichen Nachweise und Unterlagen zu den verwendeten Bauprodukten und den angewandten Bauarten zu erbringen und auf der Baustelle bereitzuhalten. Bei Bauprodukten, die die CE-Kennzeichnung nach der Verordnung (EU) Nr. 305/2011 tragen, ist die Leistungserklärung bereitzuhalten.

(2) Jede Unternehmerin oder jeder Unternehmer hat auf Verlangen der Bauaufsichtsbehörde für Arbeiten, bei denen die Sicherheit der Anlage in außergewöhnlichem Maße von der besonderen Sachkenntnis und Erfahrung der Unternehmerin oder des Unternehmers oder von einer Ausstattung des Unternehmens mit besonderen Vorrichtungen abhängt, nachzuweisen, dass sie oder er für diese Arbeiten geeignet ist und über die erforderlichen Vorrichtungen verfügt.

§ 56
Bauleiterin oder Bauleiter

(1) Die Bauleiterin oder der Bauleiter hat darüber zu wachen, dass die Baumaßnahme entsprechend den öffentlich-rechtlichen Anforderungen durchgeführt wird, und die dafür erforderlichen Weisungen zu erteilen. Sie oder er hat im Rahmen dieser Aufgabe auf den sicheren bautechnischen Betrieb der Baustelle, insbesondere auf das gefahrlose Ineinandergreifen der Arbeiten der Unternehmerinnen oder Unternehmer, zu achten. Die Verantwortlichkeit der Unternehmerinnen oder Unternehmer bleibt unberührt.

(2) Die Bauleiterin oder der Bauleiter muss über die für ihre oder seine Aufgabe erforderliche Sachkunde und Erfahrung verfügen. Verfügt sie oder er auf einzelnen Teilgebieten nicht über die erforderliche Sachkunde, so sind geeignete Fachbauleiterinnen oder Fachbauleiter heranzuziehen. Diese treten insoweit an die Stelle der Bauleiterin oder des Bauleiters. Die Bauleiterin oder der Bauleiter hat die Tätigkeit der Fachbauleiterinnen oder Fachbauleiter und ihre oder seine Tätigkeit aufeinander abzustimmen.

FÜNFTER TEIL
Bauaufsichtsbehörden, Verfahren[1)]

ERSTER ABSCHNITT
Bauaufsichtsbehörden

§ 57
Aufbau der Bauaufsichtsbehörden

Die Bauaufsichtsbehörden sind zur Durchführung ihrer Aufgaben ausreichend mit geeignetem Personal zu besetzen und mit den erforderlichen Vorrichtungen auszustatten. Den Bauaufsichtsbehörden sollen Bedienstete, die die Befähigung zum höheren bautechnischen Verwaltungsdienst und die erforderlichen Kenntnisse der Bautechnik, der Baugestaltung und des öffentlichen Baurechts haben, und Bedienstete, die die Befähigung zum Richteramt oder zum höheren Verwaltungsdienst haben, angehören.

§ 58
Aufgaben und Befugnisse der Bauaufsichtsbehörden

(1) Die Bauaufsichtsbehörden haben bei der Errichtung, Änderung, Nutzungsänderung und Beseitigung sowie bei der Nutzung und Instandhaltung von Anlagen darüber zu wachen, dass die öffentlich-rechtlichen Vorschriften eingehalten werden, soweit nicht andere Behörden zuständig sind. Sie haben, soweit erforderlich, in diesem Rahmen auch zu beraten. Die Beratung ist gebührenpflichtig, unabhängig davon, ob die Beratung schriftlich, mündlich oder in Textform erfolgt. In der Verordnung gemäß § 86 Absatz 3 Satz 1 Nummer 4 kann bestimmt werden, dass Beratungen mit geringem Verwaltungsaufwand gebührenfrei sind. Sie können in Wahrnehmung dieser Aufgaben die erforderlichen Maßnahmen treffen. Die Bauaufsichtsbehörde kann bei technisch schwierigen Bauausführungen für die Wahrnehmung ihrer Aufgaben und für die Bauüberwachung auf Kosten der Bauherrin oder des Bauherrn besondere Sachverständige und sachverständige Stellen heranziehen.

(2) Bauaufsichtliche Genehmigungen und sonstige Maßnahmen gelten auch für und gegen Rechtsnachfolgerinnen oder Rechtsnachfolger.

(3) Die mit dem Vollzug dieses Gesetzes beauftragten Personen sind, soweit dies zur Ausübung ihres Amtes erforderlich ist, berechtigt, Grundstücke und Anlagen sowie zur Verhütung dringender Gefahren für die öffentliche Sicherheit und Ordnung auch Wohnungen zu betreten. Das Grundrecht der Unverletzlichkeit der Wohnung (Artikel 13 des Grundgesetzes, Artikel 28 Abs. 2 der Verfassung von Berlin) wird insoweit eingeschränkt.

ZWEITER ABSCHNITT
Genehmigungspflicht, Genehmigungsfreiheit

§ 59
Grundsatz

(1) Die Errichtung, Änderung und Nutzungsänderung von Anlagen bedürfen der Baugenehmigung, die Beseitigung von Gebäuden mit Wohnraum bedarf der Genehmigung, soweit in den §§ 60 bis 62, 76 und 77 nichts anderes bestimmt ist.

(2) Die Genehmigungsfreiheit nach den §§ 60 bis 62, 76 und 77 Absatz 1 Satz 3 sowie die Beschränkung der bauaufsichtlichen Prüfung nach den §§ 63, 63a, 64, 66 Absatz 3 und § 77 Absatz 3 entbinden nicht von der Verpflichtung zur Einhaltung der Anforderungen, die durch öffentlich-rechtliche Vorschriften an Anlagen gestellt werden, und lassen die bauaufsichtlichen Eingriffsbefugnisse unberührt.

1) S. hierzu Bauverfahrensverordnung vom 15. November 2017 (GVBl. S. 636; 2018, 147) und Baugebührenordnung vom 17. Juni 2008 (GVBl. S. 156), zuletzt geändert durch Verordnung vom 10. Januar 2017 (GVBl. S. 192).

(3) Die Bauaufsichtsbehörde kann im Einzelfall bei geringfügigen genehmigungsbedürftigen Vorhaben von der Erteilung der Baugenehmigung absehen; die Antragstellerin oder der Antragsteller ist entsprechend zu bescheiden.

§ 60
Vorrang anderer Gestattungsverfahren

Keiner Baugenehmigung, Abweichung, Genehmigungsfreistellung, Zustimmung und Bauüberwachung nach diesem Gesetz bedürfen

1. nach anderen Rechtsvorschriften zulassungsbedürftige Anlagen in oder an oberirdischen Gewässern und Anlagen, die dem Ausbau, der Unterhaltung oder der Nutzung eines Gewässers dienen, oder als solche gelten, ausgenommen Gebäude,
2. nach anderen Rechtsvorschriften zulassungsbedürftige Anlagen für die öffentliche Versorgung mit Elektrizität, Gas, Wärme, Wasser und für die öffentliche Verwertung oder Entsorgung von Abwässern, ausgenommen Gebäude, die Sonderbauten sind,
3. Werbeanlagen, soweit sie einer Erlaubnis nach Landesstraßenrecht bedürfen,
4. Anlagen, die nach dem Kreislaufwirtschaftsgesetz einer Genehmigung bedürfen,
5. Anlagen, die nach Produktsicherheitsrecht einer Genehmigung oder Erlaubnis bedürfen,
6. Anlagen, die einer Errichtungsgenehmigung nach dem Atomgesetz bedürfen.

Die Zulassung, Genehmigung oder Erlaubnis im Sinne von Satz 1 ist im Einvernehmen mit der Bauaufsichtsbehörde zu erteilen. Das Einvernehmen gilt als hergestellt, wenn es nicht einen Monat nach Eingang der vollständigen Unterlagen verweigert wird. Wenn zur Beurteilung einer Anlage nach Satz 1 durch die Bauaufsichtsbehörde eine Behörde oder sonstige Stelle zu beteiligen ist, verlängert sich die Frist um einen Monat; § 69 Absatz 2 Satz 6 gilt entsprechend.

§ 61
Verfahrensfreie Bauvorhaben, Beseitigung von Anlagen

(1) Verfahrensfrei sind

1. folgende Gebäude:
   a) eingeschossige Gebäude mit einer Brutto-Grundfläche bis zu 10 m², außer im Außenbereich, sowie untergeordnete Gebäude wie Kioske, Verkaufswagen und Toiletten auf öffentlichen Verkehrsflächen,
   b) Garagen, überdachte Stellplätze und überdachte Abstellplätze für Fahrräder, jeweils sowie deren Abstellräume mit einer mittleren Wandhöhe bis zu 3 m je Wand und einer Brutto-Grundfläche bis zu 30 m², außer im Außenbereich,
   c) Gebäude ohne Feuerungsanlagen mit einer traufseitigen Wandhöhe bis zu 5 m, die einem land- oder forstwirtschaftlichen Betrieb im Sinne des § 35 Abs. 1 und § 201 des Baugesetzbuchs dienen, höchstens 100 m² Brutto-Grundfläche haben und nur zur Unterbringung von Sachen oder zum vorübergehenden Schutz von Tieren bestimmt sind,
   d) Gewächshäuser mit einer Firsthöhe bis zu 5 m, die einem landwirtschaftlichen Betrieb im Sinne des § 35 Abs. 1 und § 201 des Baugesetzbuchs dienen und höchstens 100 m² Brutto-Grundfläche haben,
   e) Fahrgastunterstände, die dem öffentlichen Personenverkehr oder der Schülerbeförderung dienen,
   f) Schutzhütten für Wanderinnen oder Wanderer, die jedem zugänglich sind und keine Aufenthaltsräume haben,
   g) Terrassenüberdachungen mit einer Fläche bis zu 30 m² und einer Tiefe bis zu 3 m,
   h) Gartenlauben mit höchstens 24 Quadratmetern Grundfläche einschließlich überdachtem Freisitz, die in Kleingartenanlagen im Sinne des § 1 Absatz 1 Nummer 2

des Bundeskleingartengesetzes liegen und in Ausführung und Beschaffenheit § 3 Absatz 2 des Bundeskleingartengesetzes entsprechen,
i) Wochenendhäuser auf Wochenendplätzen;
2. Anlagen der technischen Gebäudeausrüstung, ausgenommen freistehende Abgasanlagen mit einer Höhe von mehr als 10 Meter;
3. folgende Anlagen zur Nutzung erneuerbarer Energien:
a) Solaranlagen in, an und auf Dach- und Außenwandflächen, ausgenommen bei Hochhäusern, sowie die damit verbundene Änderung der Nutzung, oder der äußeren Gestalt des Gebäudes
b) gebäudeunabhängige Solaranlagen mit einer Höhe bis zu 3 m und einer Gesamtlänge bis zu 9 m,
c) Windenergieanlagen bis zu 10 Meter Höhe gemessen von der Geländeoberfläche bis zum höchsten Punkt der vom Rotor bestrichenen Fläche und einem Rotordurchmesser bis zu 3 Meter außer in reinen Wohngebieten;
4. folgende Anlagen der Ver- und Entsorgung:
a) Brunnen,
b) Anlagen, die der Telekommunikation, der öffentlichen Versorgung mit Elektrizität, Gas, Öl oder Wärme dienen, mit einer Höhe bis zu 5 m und einer Brutto-Grundfläche bis zu 10 m²;
5. folgende Masten, Antennen und ähnliche Anlagen:
a) unbeschadet der Nummer 4 Buchstabe b Antennen einschließlich der Masten mit einer Höhe bis zu 10 m und Parabolantennen mit einem Durchmesser bis zu 1,20 m und zugehöriger Versorgungseinheiten mit einem Brutto-Rauminhalt bis zu 10 m³ sowie, soweit sie in, auf oder an einer bestehenden baulichen Anlage errichtet werden, die damit verbundene Änderung der Nutzung oder der äußeren Gestalt der Anlage,
b) Masten und Unterstützungen für Fernsprechleitungen, für Leitungen zur Versorgung mit Elektrizität, für Seilbahnen und für Leitungen sonstiger Verkehrsmittel, für Sirenen und für Fahnen,
c) Masten, die aus Gründen des Brauchtums errichtet werden,
d) Signalhochbauten für die Landesvermessung,
e) Flutlichtmasten mit einer Höhe bis zu 10 m;
6. folgende Behälter:
a) ortsfeste Behälter für Flüssiggas mit einem Fassungsvermögen von weniger als 3 Tonnen, für nicht verflüssigte Gase mit einem Brutto-Rauminhalt bis zu 6 Kubikmeter,
b) ortsfeste Behälter für brennbare oder wassergefährdende Flüssigkeiten mit einem Brutto-Rauminhalt bis zu 10 Kubikmeter,
c) ortsfeste Behälter mit einem Brutto-Rauminhalt bis zu 50 m³ und einer Höhe bis zu 3 m,
d) Gärfutterbehälter mit einer Höhe bis zu 6 m und Schnitzelgruben,
e) Fahrsilos, Kompost- und ähnliche Anlagen,
f) Wasserbecken mit einem Beckeninhalt bis zu 100 m³;
7. folgende Mauern und Einfriedungen:
a) Mauern einschließlich Stützmauern und Einfriedungen mit einer Höhe bis zu 2 m, außer im Außenbereich,
b) offene, sockellose Einfriedungen für Grundstücke, die einem land- oder forstwirtschaftlichen Betrieb im Sinne des § 35 Abs. 1 und § 201 des Baugesetzbuchs dienen;
8. private Verkehrsanlagen einschließlich Brücken und Durchlässen mit einer lichten Weite bis zu 5 m und Untertunnelungen mit einem Durchmesser bis zu 3 m;

9. Aufschüttungen und Abgrabungen mit einer Höhe oder Tiefe bis zu 2 m und einer Grundfläche bis zu 30 m², im Außenbereich bis zu 300 m²;
10. folgende Anlagen in Gärten und zur Freizeitgestaltung:
    a) Schwimmbecken mit einem Beckeninhalt bis zu 100 m³ einschließlich dazugehöriger luftgetragener Überdachungen, außer im Außenbereich,
    b) Sprungschanzen, Sprungtürme und Rutschbahnen mit einer Höhe bis zu 10 m,
    c) Anlagen, die der zweckentsprechenden Einrichtung von Spiel-, Abenteuerspiel-, Bolz- und Sportplätzen, Reit- und Wanderwegen, Trimm- und Lehrpfaden dienen, ausgenommen Gebäude und Tribünen,
    d) Wohnwagen, Zelte und bauliche Anlagen, die keine Gebäude sind, auf Camping-, Zelt- und Wochenendplätzen,
    e) Anlagen, die der Gartennutzung, der Gartengestaltung oder der zweckentsprechenden Einrichtung von Gärten dienen, ausgenommen Gebäude und Einfriedungen;
11. folgende tragende und nichttragende Bauteile:
    a) nichttragende und nichtaussteifende Bauteile in baulichen Anlagen,
    b) die Änderung tragender oder aussteifender Bauteile innerhalb von Wohngebäuden der Gebäudeklassen 1 und 2,
    c) Fenster und Türen sowie die dafür bestimmten Öffnungen,
    d) Außenwandbekleidungen einschließlich Maßnahmen der Wärmedämmung, ausgenommen bei Hochhäusern, Verblendungen und Verputz baulicher Anlagen,
    e) Bedachung einschließlich Maßnahmen der Wärmedämmung, ausgenommen bei Hochhäusern;
12. folgende Werbeanlagen und Warenautomaten:
    a) Werbeanlagen mit einer Ansichtsfläche bis zu 1 m², an der Stätte der Leistung bis zu 2,50 m²,
    b) Werbeanlagen in durch Bebauungsplan festgesetzten Gewerbe-, Industrie- und vergleichbaren Sondergebieten an der Stätte der Leistung mit einer Höhe bis zu 3 m über der Geländeoberfläche, sowie, soweit sie in, auf oder an einer bestehenden baulichen Anlage errichtet werden, die damit verbundene Änderung der Nutzung oder der äußeren Gestalt der Anlage.
    c) Warenautomaten;
13. folgende vorübergehend aufgestellte oder benutzbare Anlagen:
    a) Baustelleneinrichtungen einschließlich der Lagerhallen, Schutzhallen, nicht dem Wohnen dienende Unterkünfte und Baustellenbüros,
    b) Gerüste,
    c) Toilettenwagen,
    d) Behelfsbauten, die der Landesverteidigung, dem Katastrophenschutz oder der Unfallhilfe dienen,
    e) bauliche Anlagen, die für höchstens drei Monate auf genehmigtem Messe- und Ausstellungsgelände errichtet werden, ausgenommen Fliegende Bauten,
    f) Verkaufsstände und andere bauliche Anlagen auf Straßenfesten, Volksfesten und Märkten, ausgenommen Fliegende Bauten;
14. folgende Plätze:
    a) unbefestigte Lager- und Abstellplätze, die einem land- oder forstwirtschaftlichen Betrieb im Sinne des § 35 Absatz 1 Nummer 1 und 2 und § 201 des Baugesetzbuchs dienen,
    b) nicht überdachte Stellplätze und nicht überdachte Abstellplätze für Fahrräder jeweils mit einer Fläche bis zu 30 m² und deren Zufahrten,
    c) Kinderspielplätze im Sinne des § 8 Abs. 2 Satz 1;
15. folgende sonstige Anlagen:
    a) Zapfsäulen und Tankautomaten genehmigter Tankstellen,

b) Regale mit einer Höhe bis zu 7,50 m Oberkante Lagergut,
c) Grabdenkmale auf Friedhöfen, Feldkreuze, Denkmäler und sonstige Kunstwerke jeweils mit einer Höhe bis zu 4 m,
d) andere unbedeutende Anlagen oder unbedeutende Teile von Anlagen wie Hauseingangsüberdachungen, Markisen, Rollläden, Terrassen, Straßenfahrzeugwaagen, Pergolen, Jagdstände, Wildfütterungen, Bienenfreistände, Taubenhäuser, Hofeinfahrten und Teppichstangen.

(2) Verfahrensfrei ist die Änderung der Nutzung von Anlagen, wenn
1. für die neue Nutzung keine anderen öffentlich-rechtlichen Anforderungen als für die bisherige Nutzung in Betracht kommen, die in einem Genehmigungsverfahren nach §§ 63, 63a und 64 geprüft werden, oder
2. die Errichtung oder Änderung der Anlagen nach Absatz 1 verfahrensfrei wäre.

(3) Verfahrensfrei ist die Beseitigung von
1. Anlagen nach Absatz 1,
2. freistehenden Gebäuden der Gebäudeklassen 1 und 3,
3. sonstigen Anlagen, die keine Gebäude sind, mit einer Höhe bis zu 10 m.

Im Übrigen ist die beabsichtigte Beseitigung von Anlagen mindestens einen Monat zuvor der Bauaufsichtsbehörde anzuzeigen. Die Sätze 1 und 2 gelten nicht für die Beseitigung von Gebäuden mit Wohnraum. Bei nicht freistehenden Gebäuden muss die Standsicherheit des Gebäudes oder der Gebäude, an die das zu beseitigende Gebäude angebaut ist, durch einen qualifizierten Tragwerksplaner im Sinn des § 66 Absatz 2 beurteilt und im erforderlichen Umfang überwacht werden; die Beseitigung ist, soweit notwendig, durch den qualifizierten Tragwerksplaner zu überwachen. Satz 4 gilt nicht, soweit an verfahrensfreie Gebäude angebaut ist. § 72 Absatz 1 und 2 Nummer 2 gilt entsprechend.

(4) Verfahrensfrei sind Instandhaltungsarbeiten.

(5) Verfahrensfreie Bauvorhaben und die Beseitigung von Anlagen müssen den öffentlich-rechtlichen Vorschriften entsprechen. Die Bauaufsichtsbehörde kann jederzeit bauaufsichtliche Maßnahmen ergreifen.

§ 62
Genehmigungsfreistellung

(1) Keiner Genehmigung bedarf unter den Voraussetzungen des Absatzes 2 die Errichtung, Änderung oder Nutzungsänderung baulicher Anlagen, die keine Sonderbauten sind. Satz 1 gilt nicht für die Schaffung von Ersatzwohnraum und für Werbeanlagen. Satz 1 gilt nicht für die Errichtung, Änderung oder Nutzungsänderung
1. eines oder mehrerer Gebäude, wenn dadurch dem Wohnen dienende Nutzungseinheiten mit einer Größe von insgesamt mehr als 2500 Quadratmeter Brutto-Grundfläche geschaffen werden, und
2. baulicher Anlagen, die öffentlich zugänglich sind, wenn dadurch die gleichzeitige Nutzung durch mehr als 50 zusätzliche Besucher ermöglicht wird,

die innerhalb des angemessenen Sicherheitsabstands eines Betriebsbereichs im Sinne des § 3 Absatz 5a des Bundes-Immissionsschutzgesetzes in der Fassung der Bekanntmachung vom 17. Mai 2013 (BGBl. I S. 1274), das zuletzt durch Artikel 3 des Gesetzes vom 18. Juli 2017 (BGBl. I S. 2771) geändert worden ist, in der jeweils geltenden Fassung liegen; ist der angemessene Sicherheitsabstand nicht bekannt, ist maßgeblich, ob sich das Vorhaben innerhalb des Achtungsabstands des Betriebsbereichs befindet.

(2) Nach Absatz 1 ist ein Bauvorhaben genehmigungsfrei gestellt, wenn
1. es
   a) im Geltungsbereich eines Bebauungsplans im Sinne des § 30 Abs. 1 oder 2 des Baugesetzbuchs liegt und den Festsetzungen des Bebauungsplans nicht widerspricht oder die erforderlichen Befreiungen und Ausnahmen nach § 31 des Baugesetzbuchs erteilt worden sind oder

b) in einem planungsrechtlichen Bescheid gemäß § 75 Absatz 2 abschließend als insgesamt planungsrechtlich zulässig festgestellt worden ist,
2. die Erschließung im Sinne des Baugesetzbuchs gesichert ist und
3. die Bauaufsichtsbehörde nicht innerhalb der Frist nach Absatz 3 Satz 2 erklärt, dass das vereinfachte Baugenehmigungsverfahren durchgeführt werden soll, oder eine vorläufige Untersagung nach § 15 Abs. 1 Satz 2 des Baugesetzbuchs ausspricht.

(3) Die Bauherrin oder der Bauherr hat die erforderlichen Unterlagen bei der Bauaufsichtsbehörde einzureichen. Mit dem Bauvorhaben darf einen Monat nach Vorlage der erforderlichen Unterlagen bei der Bauaufsichtsbehörde begonnen werden, sofern nicht die Frist um einen weiteren Monat verlängert oder sofern nicht die Bauausführung untersagt wird. Teilt die Bauaufsichtsbehörde der Bauherrin oder dem Bauherrn vor Ablauf der Frist mit, dass kein Genehmigungsverfahren durchgeführt werden soll und sie eine vorläufige Untersagung nach § 15 Abs. 1 Satz 2 des Baugesetzbuchs nicht aussprechen wird, darf die Bauherrin oder der Bauherr mit der Ausführung des Bauvorhabens beginnen. Will die Bauherrin oder der Bauherr mit der Ausführung des Bauvorhabens mehr als drei Jahre, nachdem die Bauausführung nach den Sätzen 2 und 3 zulässig geworden ist, beginnen, gelten die Sätze 1 bis 3 entsprechend.

(4) Die Erklärung der Bauaufsichtsbehörde nach Absatz 2 Nr. 3 erste Alternative kann insbesondere deshalb erfolgen, weil sie eine Überprüfung der sonstigen Voraussetzungen des Absatzes 2 oder des Bauvorhabens aus anderen Gründen für erforderlich hält. Darauf, dass die Bauaufsichtsbehörde von ihrer Erklärungsmöglichkeit keinen Gebrauch macht, besteht kein Rechtsanspruch. Erklärt die Bauaufsichtsbehörde, dass das vereinfachte Baugenehmigungsverfahren durchgeführt werden soll, hat sie der Bauherrin oder dem Bauherrn die vorgelegten Unterlagen zurückzureichen; dies gilt nicht, wenn die Bauherrin oder der Bauherr bei der Vorlage der Unterlagen bestimmt hat, dass ihre oder seine Vorlage im Fall der Erklärung nach Absatz 2 Nr. 3 als Bauantrag zu behandeln ist.

(5) § 66 bleibt unberührt. § 68 Absatz 2 Satz 1 sowie § 72 Absatz 1, 2 Nummer 2 und Absatz 3 sind entsprechend anzuwenden.

DRITTER ABSCHNITT
Genehmigungsverfahren

§ 63
Vereinfachtes Baugenehmigungsverfahren

Außer bei Sonderbauten werden geprüft
1. die Übereinstimmung mit den Vorschriften über die Zulässigkeit der baulichen Anlagen nach den §§ 29 bis 38 des Baugesetzbuchs,
2. beantragte Zulassungen von Abweichungen im Sinne des § 67 Absatz 1 und 2 Satz 2,
3. die Einhaltung anderer öffentlich-rechtlicher Anforderungen, soweit wegen der Baugenehmigung eine Entscheidung nach anderen öffentlich-rechtlichen Vorschriften entfällt oder ersetzt wird sowie
4. die Einhaltung der Vorschriften über das Verbot der Zweckentfremdung von Wohnraum.

§ 66 bleibt unberührt.

§ 63a
Vereinfachtes Baugenehmigungsverfahren für Werbeanlagen

Bei Werbeanlagen, die nicht gemäß § 61 Absatz 1 Nummer 12 verfahrensfrei sind, werden geprüft

1. die Übereinstimmung mit den Vorschriften über die Zulässigkeit der baulichen Anlagen nach den §§ 29 bis 38 des Baugesetzbuchs,
2. die Einhaltung der Regelungen in Gestaltungsverordnungen,
3. die Übereinstimmung mit den Anforderungen gemäß den §§ 6, 9 Absatz 1 und 2, §§ 10 und 16 Absatz 2 sowie beantragte Abweichungen im Sinne des § 67 Absatz 1 und 2 Satz 2 und
4. die Einhaltung anderer öffentlich-rechtlicher Anforderungen, soweit wegen der Baugenehmigung eine Entscheidung nach anderen öffentlich-rechtlichen Vorschriften entfällt oder ersetzt wird.

§ 66 bleibt unberührt.

§ 63b
Genehmigungsverfahren für die Beseitigung von Gebäuden mit Wohnraum

Bei der Beseitigung von Gebäuden mit Wohnraum werden geprüft
1. die Einhaltung der Vorschriften über das Verbot der Zweckentfremdung von Wohnraum und
2. die Einhaltung anderer öffentlich-rechtlicher Anforderungen, soweit wegen der Genehmigung eine Entscheidung nach anderen öffentlich-rechtlichen Vorschriften entfällt oder ersetzt wird.

Ist die Beseitigung von Gebäuden mit Wohnraum nur bei Schaffung von Ersatzwohnraum zulässig, ist die Genehmigung erst zu erteilen, wenn eine Baugenehmigung für das Gebäude mit Ersatzwohnraum vorliegt. Es gelten die §§ 61 Absatz 3 Satz 4 und 5; 68; 69 Absatz 1 bis 3; 71 bis 73 entsprechend.

§ 64
Baugenehmigungsverfahren

Bei Sonderbauten wird geprüft:
1. die Übereinstimmung mit den Vorschriften über die Zulässigkeit der baulichen Anlagen nach den §§ 29 bis 38 des Baugesetzbuchs,
2. die Einhaltung der Anforderungen nach den Vorschriften dieses Gesetzes und auf Grund dieses Gesetzes,
3. die Einhaltung anderer öffentlich-rechtlicher Anforderungen, soweit wegen der Baugenehmigung eine Entscheidung nach anderen öffentlich-rechtlichen Vorschriften entfällt oder ersetzt wird, sowie
4. die Einhaltung der Vorschriften über das Verbot der Zweckentfremdung von Wohnraum.

§ 66 bleibt unberührt.

§ 65
Bauvorlageberechtigung

(1) Bauvorlagen für die nicht verfahrensfreie Errichtung und Änderung von Gebäuden müssen von einer Entwurfsverfasserin oder einem Entwurfsverfasser erstellt sein, die oder der bauvorlageberechtigt ist. Dies gilt nicht für
1. Bauvorlagen, die üblicherweise von Fachkräften mit anderer Ausbildung als nach Absatz 2 verfasst werden, und
2. geringfügige oder technisch einfache Bauvorhaben.

(2) Bauvorlageberechtigt ist, wer
1. die Berufsbezeichnung „Architektin" oder „Architekt" führen darf,
2. in die von der Baukammer Berlin geführte Liste der Bauvorlageberechtigten eingetragen ist; Eintragungen anderer Länder gelten auch im Land Berlin,

3. die Berufsbezeichnung „Innenarchitektin" oder „Innenarchitekt" führen darf, für die mit der Berufsaufgabe der Innenarchitektin oder des Innenarchitekten verbundenen baulichen Änderungen von Gebäuden, oder
4. einen berufsqualifizierenden Hochschulabschluss eines Studiums der Fachrichtung Architektur oder des Bauingenieurwesens nachweist, nach dem Hochschulabschluss mindestens zwei Jahre auf dem Gebiet Gebäudeplanung praktisch tätig gewesen ist und Bedienstete oder Bediensteter einer juristischen Person des öffentlichen Rechts ist, für die dienstliche Tätigkeit.

(3) In die Liste der Bauvorlageberechtigten ist auf Antrag von der Baukammer Berlin einzutragen, wer

1. auf Grund eines berufsqualifizierenden Hochschulabschlusses eines Studiums des Bauingenieurwesens die Berufsbezeichnung „Ingenieurin“ oder „Ingenieur“ zu führen berechtigt ist und
2. nach dem Hochschulabschluss mindestens zwei Jahre auf dem Gebiet der Gebäudeplanung praktisch tätig gewesen ist;

bisherige rechtmäßige Eintragungen in die Liste der Bauvorlageberechtigten bleiben hiervon unberührt. Dem Antrag sind die zur Beurteilung erforderlichen Unterlagen beizufügen. Die Baukammer Berlin bestätigt unverzüglich den Eingang der Unterlagen und teilt gegebenenfalls mit, welche Unterlagen fehlen. Die Eingangsbestätigung muss folgende Angaben enthalten:

1. die in Satz 5 genannte Frist,
2. die verfügbaren Rechtsbehelfe,
3. die Erklärung, dass der Antrag als genehmigt gilt, wenn über ihn nicht rechtzeitig entschieden wird und
4. im Fall der Nachforderung von Unterlagen die Mitteilung, dass die Frist nach Satz 5 erst beginnt, wenn die Unterlagen vollständig sind.

Über den Antrag ist innerhalb von drei Monaten nach Vorlage der vollständigen Unterlagen zu entscheiden; die Baukammer Berlin kann die Frist gegenüber der Antragstellerin oder dem Antragsteller einmal um bis zu zwei Monate verlängern. Die Fristverlängerung und deren Ende sind ausreichend zu begründen und der Antragstellerin oder dem Antragsteller vor Ablauf der ursprünglichen Frist mitzuteilen. Der Antrag gilt als genehmigt, wenn über ihn nicht innerhalb der nach Satz 5 maßgeblichen Frist entschieden worden ist.

(4) Personen, die in einem anderen Mitgliedstaat der Europäischen Union oder einem nach dem Recht der Europäischen Gemeinschaften gleichgestellten Staat als Bauvorlageberechtigte niedergelassen sind, sind ohne Eintragung in die Liste nach Absatz 2 Nummer 2 bauvorlageberechtigt, wenn sie

1. eine im Staat ihrer Niederlassung vergleichbare Berechtigung besitzen und
2. dafür Anforderungen erfüllen mussten, die den in Absatz 3 Satz 1 Nummer 1 und 2 genannten Anforderungen vergleichbar sind.

Sie haben das erstmalige Tätigwerden als Bauvorlageberechtigte vorher der Baukammer Berlin anzuzeigen und dabei

1. eine Bescheinigung darüber, dass sie in einem Mitgliedstaat der Europäischen Union oder einem nach dem Recht der Europäischen Gemeinschaften gleichgestellten Staat rechtmäßig als Bauvorlageberechtigte niedergelassen sind und ihnen die Ausübung dieser Tätigkeiten zum Zeitpunkt der Vorlage der Bescheinigung nicht, auch nicht vorübergehend, untersagt ist, und
2. einen Nachweis darüber, dass sie im Staat ihrer Niederlassung für die Tätigkeit als Bauvorlageberechtigte mindestens die in Absatz 3 Satz 1 Nummer 1 und 2 genannten Anforderungen erfüllen mussten,

vorzulegen; sie sind in einem Verzeichnis zu führen. Die Baukammer Berlin hat auf Antrag zu bestätigen, dass die Anzeige nach Satz 2 erfolgt ist; sie kann das Tätigwerden als Bauvorlageberechtigte oder Bauvorlageberechtigter untersagen und die Eintragung in dem Verzeichnis nach Satz 2 löschen, wenn die Voraussetzungen des Satzes 1 nicht erfüllt sind.

(5) Personen, die in einem anderen Mitgliedstaat der Europäischen Union oder einem nach dem Recht der Europäischen Gemeinschaften gleichgestellten Staat als Bauvorlageberechtigte niedergelassen sind, ohne im Sinne des Absatzes 4 Satz 1 Nummer 2 vergleichbare Anforderungen zu erfüllen, sind bauvorlageberechtigt, wenn ihnen die Baukammer Berlin bescheinigt hat, dass sie die Anforderungen des Absatzes 3 Satz 1 Nummer 1 und 2 erfüllen; sie sind in einem Verzeichnis zu führen. Die Bescheinigung wird auf Antrag erteilt. Absatz 3 Satz 2 bis 7 ist entsprechend anzuwenden.

(6) Anzeigen und Bescheinigungen nach den Absätzen 4 und 5 sind nicht erforderlich, wenn bereits in einem anderen Land eine Anzeige erfolgt ist oder eine Bescheinigung erteilt wurde; eine weitere Eintragung in die von der Baukammer Berlin geführten Verzeichnisse erfolgt nicht. Verfahren nach den Absätzen 3 bis 5 können über eine einheitliche Stelle abgewickelt werden. Es gelten die Vorschriften des Teils V Abschnitt 1a des Verwaltungsverfahrensgesetzes in Verbindung mit § 1 Absatz 1 des Gesetzes über das Verfahren der Berliner Verwaltung.

(7) Bauvorlageberechtigt für

1. Gebäude mit nicht mehr als zwei Wohnungen und insgesamt nicht mehr als 250 m² Brutto-Grundfläche,
2. eingeschossige gewerbliche Gebäude bis zu 250 m² Brutto-Grundfläche und bis zu 5 m Wandhöhe, gemessen von der Geländeoberfläche bis zur Schnittlinie zwischen Dachhaut und Außenwand,
3. Garagen bis zu 250 m² Nutzfläche

sind ferner die Angehörigen der Fachrichtungen Architektur, Hochbau oder Bauingenieurwesen, die an einer deutschen Hochschule, einer deutschen öffentlichen oder staatlich anerkannten Ingenieurschule oder an einer dieser gleichrangigen deutschen Lehreinrichtung das Studium erfolgreich abgeschlossen haben, sowie die staatlich geprüften Technikerinnen oder Techniker der Fachrichtung Bautechnik mit Schwerpunkt Hochbau und die Handwerksmeisterinnen oder Handwerksmeister des Maurer- und Beton- oder Zimmererfachs. Staatsangehörige eines anderen Mitgliedstaates der Europäischen Union oder eines nach dem Recht der Europäischen Gemeinschaft gleichgestellten Staates sind im Sinne des Satzes 1 bauvorlageberechtigt, wenn sie in einem dieser Staaten eine vergleichbare Berechtigung besitzen und dafür dem Satz 1 vergleichbare Anforderungen erfüllen mussten. Die Absätze 4 bis 6 gelten entsprechend.

§ 66
Bautechnische Nachweise

(1) Die Einhaltung der Anforderungen an die Standsicherheit, den Brand-, Schall- und Erschütterungsschutz sowie an die Energieeinsparung ist nach näherer Maßgabe der Verordnung auf Grund des § 86 Absatz 3 nachzuweisen (bautechnische Nachweise); dies gilt nicht für verfahrensfreie Bauvorhaben, einschließlich der Beseitigung von Anlagen, soweit nicht in diesem Gesetz oder in der Rechtsverordnung auf Grund des § 86 Absatz 3 anderes bestimmt ist. Die Bauvorlageberechtigung nach § 65 Absatz 2 Nummer 1, 2 und 4 schließt die Berechtigung zur Erstellung der bautechnischen Nachweise ein, soweit nicht nachfolgend Abweichendes bestimmt ist. Für die Bauvorlageberechtigung nach § 65 Absatz 7 gilt die Berechtigung zur Erstellung der bautechnischen Nachweise nur für die dort unter den Nummern 1 bis 3 genannten Vorhaben.

(2) Bei

1. Gebäuden der Gebäudeklassen 1 bis 3,
2. sonstigen baulichen Anlagen, die keine Gebäude sind,

muss der Standsicherheitsnachweis von einer Person mit einem berufsqualifizierenden Hochschulabschluss eines Studiums der Fachrichtung Architektur, Hochbau oder des Bauingenieurwesens mit einer mindestens dreijährigen Berufserfahrung in der Tragwerksplanung erstellt sein, der unter Beachtung des § 65 Absatz 3 Satz 2 bis 7 in einer von der Baukammer Berlin zu führenden Liste eingetragen ist; Eintragungen anderer Länder gelten auch im Land Berlin. Auch bei anderen Bauvorhaben darf der Standsicherheitsnachweis von einer Tragwerksplanerin oder einem Tragwerksplaner nach Satz 1 erstellt werden.

(3) Der Standsicherheitsnachweis muss bauaufsichtlich geprüft sein

1. bei Gebäuden der Gebäudeklassen 4 und 5,
2. wenn dies nach Maßgabe eines in der Rechtsverordnung nach § 86 Absatz 3 geregelten Kriterienkatalogs erforderlich ist, bei
   a) Gebäuden der Gebäudeklassen 1 bis 3,
   b) Behältern, Brücken, Stützmauern, Tribünen,
   c) sonstigen baulichen Anlagen, die keine Gebäude sind, mit einer Höhe von mehr als 10 Metern;

das gilt nicht für Wohngebäude der Gebäudeklassen 1 und 2. Der Brandschutznachweis muss bauaufsichtlich geprüft sein bei

1. Sonderbauten,
2. Mittel- und Großgaragen,
3. Gebäuden der Gebäudeklassen 4 und 5.

(4) Außer in den Fällen des Absatzes 3 werden bautechnische Nachweise nicht geprüft; § 67 bleibt unberührt. Einer bauaufsichtlichen Prüfung bedarf es ferner nicht, soweit für das Bauvorhaben Standsicherheitsnachweise vorliegen, die von einem Prüfamt für Standsicherheit allgemein geprüft sind (Typenprüfung); Typenprüfungen anderer Länder gelten auch im Land Berlin.

§ 67
Abweichungen, Ausnahmen und Befreiungen

(1) Die Bauaufsichtsbehörde kann Abweichungen von Anforderungen dieses Gesetzes und auf Grund dieses Gesetzes erlassener Vorschriften zulassen, wenn sie unter Berücksichtigung des Zwecks der jeweiligen Anforderung und unter Würdigung der öffentlich-rechtlich geschützten nachbarlichen Belange mit den öffentlichen Belangen, insbesondere den Anforderungen des § 3 Satz 1, vereinbar sind. § 86a Absatz 1 Satz 4 bleibt unberührt. Der Zulassung einer Abweichung bedarf es nicht, wenn bautechnische Nachweise bauaufsichtlich geprüft werden, es sei denn, öffentlich-rechtlich geschützte nachbarliche Belange werden berührt.

(2) Die Zulassung von Abweichungen nach Absatz 1, von Ausnahmen und Befreiungen nach § 31 des Baugesetzbuchs, von Ausnahmen nach § 14 Abs. 2 des Baugesetzbuchs, von Abweichungen, die eine Ermessensentscheidung nach der Baunutzungsverordnung verlangen, sowie von Ausnahmen nach anderen Rechtsverordnungen ist gesondert zu beantragen; der Antrag ist zu begründen. Für Anlagen, die keiner Genehmigung bedürfen, sowie für Abweichungen von Vorschriften, die im Genehmigungsverfahren nicht geprüft werden, gilt Satz 1 entsprechend. Es gelten die §§ 68 bis 73 entsprechend. § 212a Absatz 1 des Baugesetzbuchs findet Anwendung.

(3) Ist eine Abweichung, Ausnahme oder Befreiung unter Bedingungen, befristet oder unter dem Vorbehalt des Widerrufs zugelassen worden, so ist die Genehmigung entsprechend einzuschränken.

§ 68
Bauantrag, Bauvorlagen

(1) Der Bauantrag ist bei der Bauaufsichtsbehörde einzureichen.

(2) Mit dem Bauantrag sind alle für die Beurteilung des Bauvorhabens und die Bearbeitung des Bauantrags erforderlichen Unterlagen (Bauvorlagen) einzureichen. Es kann gestattet werden, dass einzelne Bauvorlagen nachgereicht werden.

(3) In besonderen Fällen kann zur Beurteilung der Einwirkung der baulichen Anlage auf die Umgebung verlangt werden, dass die bauliche Anlage in geeigneter Weise auf dem Grundstück dargestellt wird.

(4) Ist die Bauherrin oder der Bauherr nicht Grundstückseigentümerin oder Grundstückseigentümer, kann die Zustimmung der Grundstückseigentümerin oder des Grundstückseigentümers zu dem Bauvorhaben gefordert werden.

§ 69
Behandlung des Bauantrags

(1) Die Bauaufsichtsbehörde prüft innerhalb von zwei Wochen nach Eingang des Bauantrags dessen Vollständigkeit. Ist der Bauantrag vollständig, ist dies der Bauherrin oder dem Bauherrn unverzüglich zu bestätigen. Ist der Bauantrag unvollständig oder weist er sonstige erhebliche Mängel auf, fordert die Bauaufsichtsbehörde die Bauherrin oder den Bauherrn unverzüglich zur Behebung der Mängel innerhalb einer angemessenen Frist auf. Werden die Mängel innerhalb der Frist nicht behoben, gilt der Antrag als zurückgenommen.

(2) Ist der Bauantrag vollständig, holt die Bauaufsichtsbehörde unverzüglich die Stellungnahmen der Behörden und sonstigen Stellen ein,

1. deren Beteiligung oder Anhörung für die Entscheidung über den Bauantrag durch Rechtsvorschrift vorgeschrieben ist oder
2. ohne deren Stellungnahme die Genehmigungsfähigkeit des Bauantrags nicht beurteilt werden kann, insbesondere der für die Beurteilung des Bauplanungsrechts zuständigen Stelle;

die Beteiligung oder Anhörung entfällt, wenn die jeweilige Behörde oder sonstige Stelle dem Bauantrag bereits vor Einleitung des Baugenehmigungsverfahrens zugestimmt hat. Bedarf die Erteilung der Baugenehmigung der Zustimmung oder des Einvernehmens einer Behörde oder sonstigen Stelle nach Satz 1 Nummer 1, so gilt diese als erteilt, wenn sie nicht einen Monat nach Eingang des Ersuchens verweigert wird; durch Rechtsvorschrift vorgeschriebene längere Zustimmungs- und Einvernehmensfristen bleiben unberührt. Die Frist verlängert sich um einen Monat, wenn das Einvernehmen mit der Denkmalfachbehörde herzustellen ist; sie verlängert sich um einen weiteren Monat, wenn die oberste Denkmalschutzbehörde die Entscheidung zu treffen hat. Äußern sich die Behörden und Stellen nach Satz 1 Nummer 2 nicht innerhalb eines Monats, so kann die Bauaufsichtsbehörde davon ausgehen, dass die von diesen Behörden und Stellen wahrzunehmenden öffentlichen Belange durch den Bauantrag nicht berührt werden. Die Bauaufsichtsbehörde kann die Stellungnahme-Frist für die Beurteilung des Bauplanungsrechts um einen Monat verlängern, insbesondere wenn weitere Stellen zu beteiligen sind. Wenn zur Beurteilung eines Vorhabens durch eine beteiligte Behörde oder sonstige Stelle noch zusätzliche Unterlagen oder Angaben erforderlich sind, werden die Fristen nach Satz 2 bis 4 bis zum Eingang der nachgeforderten Unterlagen oder Angaben unterbrochen. Sie werden auch bis zum Eingang eines erforderlichen Antrags auf Zulassung einer Ausnahme, Befreiung oder Abweichung unterbrochen.

(3) Die Bauaufsichtsbehörde entscheidet über den Bauantrag innerhalb einer Frist von einem Monat. Die Frist beginnt, sobald alle für die Entscheidung notwendigen Stellungnahmen und Nachweise vorliegen oder die Frist nach Absatz 2 Satz 3 abgelaufen ist.

(4) Im vereinfachten Baugenehmigungsverfahren nach § 63 und im vereinfachten Baugenehmigungsverfahren für Werbeanlagen nach § 63a sind die nach Absatz 1 Satz 3 fehlenden Unterlagen und Mängel abschließend zu benennen. Ein Bauantrag gilt in den Verfahren nach Satz 1 nach Ablauf von drei Wochen nach dessen Eingang als vollständig, wenn die Bauaufsichtsbehörde der Bauherrin oder dem Bauherrn entgegen Absatz 1 Satz 2 die Vollständigkeit des Bauantrags nicht bestätigt oder sie oder ihn entgegen Absatz 1

Satz 3 nicht zur Behebung von Mängeln des Bauantrags auffordert; Absatz 2 Satz 4 bleibt unberührt. Ist in den Verfahren nach Satz 1 nicht innerhalb einer Frist nach Absatz 3 Satz 1 entschieden worden, gilt die Baugenehmigung als erteilt; dies gilt im vereinfachten Baugenehmigungsverfahren nach § 63 nicht, wenn die Bauherrin oder der Bauherr auf diese Rechtsfolge verzichtet hat. Im vereinfachten Baugenehmigungsverfahren für Werbeanlagen nach § 63a tritt bei Werbeanlagen, die an Baugerüsten angebracht werden, die Genehmigungsfiktion nicht ein oder endet diese, wenn die Dauer von sechs Monaten gemäß § 10 Absatz 2 Satz 4 erreicht ist. Der Eintritt der Genehmigungsfiktion nach Satz 3 ist auf Verlangen der Bauherrin oder dem Bauherrn zu bescheinigen.

§ 70
Beteiligung der Nachbarn und der Öffentlichkeit

(1) Die Bauaufsichtsbehörde soll die Eigentümer benachbarter Grundstücke (Nachbarn) vor Zulassung von Abweichungen, Ausnahmen und Befreiungen benachrichtigen, wenn zu erwarten ist, dass öffentlich-rechtlich geschützte nachbarliche Belange berührt werden. Einwendungen sind innerhalb von zwei Monaten nach Zugang der Benachrichtigung bei der Bauaufsichtsbehörde vorzubringen. Die benachrichtigten Nachbarn werden mit allen Einwendungen ausgeschlossen, die im Rahmen der Beteiligung nicht fristgemäß geltend gemacht worden sind; auf diese Rechtsfolge ist in der Benachrichtigung hinzuweisen.

(2) Die Benachrichtigung entfällt, wenn die zu benachrichtigenden Nachbarn die Lagepläne und Bauzeichnungen unterschrieben oder dem Bauvorhaben auf andere Weise zugestimmt haben. Haben die Nachbarn dem Bauvorhaben nicht im Sinne von Satz 1 zugestimmt, sind ihnen die Baugenehmigung, Befreiung und Abweichungs- oder Ausnahmezulassung zuzustellen.

(3) Bei baulichen Anlagen, die auf Grund ihrer Beschaffenheit oder ihres Betriebs geeignet sind, die Allgemeinheit oder die Nachbarschaft zu gefährden, zu benachteiligen oder zu belästigen, kann die Bauaufsichtsbehörde auf Antrag der Bauherrin oder des Bauherrn das Bauvorhaben im Amtsblatt für Berlin und außerdem entweder im Internet oder in örtlichen Tageszeitungen, die im Bereich des Standorts der Anlage verbreitet sind, öffentlich bekannt machen. Bei der Errichtung, Änderung oder Nutzungsänderung

1. eines oder mehrerer Gebäude, wenn dadurch dem Wohnen dienende Nutzungseinheiten mit einer Größe von insgesamt mehr als 2500 Quadratmeter Bruttogrundfläche geschaffen werden,
2. baulicher Anlagen, die öffentlich zugänglich sind, wenn dadurch die gleichzeitige Nutzung durch mehr als 50 zusätzliche Besucher ermöglicht wird, und
3. von Sonderbauten nach § 2 Absatz 4 Nummer 9, 10, 12, 13, 15 oder 16,

ist das Bauvorhaben nach Satz 1 bekannt zu machen, wenn es innerhalb des angemessenen Sicherheitsabstands eines Betriebsbereichs im Sinne des § 3 Absatz 5a des Bundes-Immissionsschutzgesetzes liegt; ist der angemessene Sicherheitsabstand nicht bekannt, ist maßgeblich, ob sich das Vorhaben innerhalb des Achtungsabstands des Betriebsbereichs befindet. Satz 2 gilt nicht, wenn die für die Stadtplanung zuständige Stelle zu dem Ergebnis kommt, dass dem Gebot, den angemessenen Sicherheitsabstand zu wahren, bereits in einem Bebauungsplan Rechnung getragen ist. Verfährt die Bauaufsichtsbehörde nach Satz 1 oder 2, finden Absatz 1 und 2 keine Anwendung.

(4) In der Bekanntmachung nach Absatz 3 Satz 1 und 2 ist über Folgendes zu informieren:

1. über den Gegenstand des Vorhabens,
2. über die für die Genehmigung zuständige Behörde, bei der der Antrag nebst Unterlagen zur Einsicht ausgelegt wird, sowie wo und wann Einsicht genommen werden kann,

3. darüber, dass Personen, deren Belange berührt sind, und Vereinigungen, welche die Anforderungen von § 3 Absatz 1 oder § 2 Absatz 2 des Umwelt-Rechtsbehelfsgesetzes in der Fassung der Bekanntmachung vom 23. August 2017 (BGBl. I S. 3290), das durch Artikel 2 Absatz 18 des Gesetzes vom 20. Juli 2017 (BGBl. I S. 2808) geändert worden ist, in der jeweils geltenden Fassung erfüllen (betroffene Öffentlichkeit), Einwendungen bei einer in der Bekanntmachung bezeichneten Stelle bis zu zwei Wochen nach Ablauf der Auslegungsfrist nach Absatz 5 Satz 1 erheben können; dabei ist darauf hinzuweisen, dass mit Ablauf der Frist alle öffentlich-rechtlichen Einwendungen ausgeschlossen sind und der Ausschluss von umweltbezogenen Einwendungen nur für das Genehmigungsverfahren gilt,
4. dass die Zustellung der Entscheidung über die Einwendungen durch öffentliche Bekanntmachung ersetzt werden kann.

Bei der Bekanntmachung nach Absatz 3 Satz 2 ist zusätzlich über Folgendes zu informieren:

1. gegebenenfalls die Feststellung der Pflicht zur Durchführung einer Umweltverträglichkeitsprüfung (UVP-Pflicht) des Vorhabens nach § 5 des Gesetzes über die Umweltverträglichkeitsprüfung in der Fassung der Bekanntmachung vom 24. Februar 2010 (BGBl. I S. 94), das zuletzt durch Artikel 2 des Gesetzes vom 8. September 2017 (BGBl. I S. 3370) geändert worden ist, in der jeweils geltenden Fassung, § 3 des Berliner Gesetzes über die Umweltverträglichkeitsprüfung vom 7. Juni 2007 (GVBl. S. 222) in der jeweils geltenden Fassung und § 8 des Landeswaldgesetzes vom 16. September 2004 (GVBl. S. 391), das zuletzt durch Artikel 3 des Gesetzes vom 4. Februar 2016 (GVBl. S. 26, 55) geändert worden ist, in der jeweils geltenden Fassung sowie erforderlichenfalls die Durchführung einer grenzüberschreitenden Beteiligung nach den §§ 54 bis 59 des Gesetzes über die Umweltverträglichkeitsprüfung,
2. die Art möglicher Entscheidungen oder, soweit vorhanden, den Entscheidungsentwurf,
3. gegebenenfalls weitere Einzelheiten des Verfahrens zur Unterrichtung der Öffentlichkeit und Anhörung der betroffenen Öffentlichkeit.

(5) Nach der Bekanntmachung sind der Antrag und die Bauvorlagen sowie die entscheidungserheblichen Berichte und Empfehlungen, die der Bauaufsichtsbehörde im Zeitpunkt der Bekanntmachung vorliegen, einen Monat zur Einsicht auszulegen. Bauvorlagen, die Geschäfts- oder Betriebsgeheimnisse enthalten, sind nicht auszulegen; für sie gilt § 10 Absatz 2 des Bundes-Immissionsschutzgesetzes entsprechend. Bis zu zwei Wochen nach Ablauf der Auslegungsfrist kann die Öffentlichkeit gegenüber der zuständigen Behörde schriftlich Einwendungen erheben; mit Ablauf dieser Frist sind alle öffentlich-rechtlichen Einwendungen ausgeschlossen. Satz 2 gilt für umweltbezogene Einwendungen nur für das Genehmigungsverfahren.

(6) Bei mehr als 20 Nachbarn, denen die Bescheide nach Absatz 2 Satz 2 zuzustellen sind, kann die Zustellung durch öffentliche Bekanntmachung ersetzt werden; wurde eine Öffentlichkeitsbeteiligung nach Absatz 4 durchgeführt, sind die Bescheide öffentlich bekannt zu machen. Die öffentliche Bekanntmachung wird dadurch bewirkt, dass der verfügende Teil der Bescheide und die Rechtsbehelfsbelehrung in entsprechender Anwendung des Absatzes 3 Satz 1 bekannt gemacht werden; auf Nebenbestimmungen ist hinzuweisen. Eine Ausfertigung des gesamten Bescheids ist vom Tage nach der Bekanntmachung an zwei Wochen zur Einsicht auszulegen. Ist eine Öffentlichkeitsbeteiligung nach Absatz 3 Satz 2 erfolgt, sind die wesentlichen tatsächlichen und rechtlichen Gründe, die die Behörde zu ihrer Entscheidung bewogen haben, die Behandlung der Einwendungen sowie Angaben über das Verfahren zur Beteiligung der Öffentlichkeit zugänglich zu machen; § 71 Absatz 2 bleibt unberührt. In der öffentlichen Bekanntmachung ist anzugeben, wo und wann die Bescheide und die ihnen zugrunde liegenden Gründe eingesehen und nach Satz 7 angefordert werden können. Mit dem Ende der Auslegungsfrist gelten die Bescheide auch Dritten ge-

genüber, die keine Einwendungen erhoben haben, als zugestellt; darauf ist in der Bekanntmachung hinzuweisen. Nach der öffentlichen Bekanntmachung können die Bescheide und ihre Begründungen bis zum Ablauf der Widerspruchsfrist von den Personen, die Einwendungen erhoben haben, angefordert werden.

§ 71
Baugenehmigung

(1) Die Baugenehmigung ist zu erteilen, wenn dem Bauvorhaben keine öffentlich-rechtlichen Vorschriften entgegenstehen, die im bauaufsichtlichen Genehmigungsverfahren zu prüfen sind. Die durch eine Umweltverträglichkeitsprüfung ermittelten, beschriebenen und bewerteten Umweltauswirkungen sind nach Maßgabe der hierfür geltenden Vorschriften zu berücksichtigen. Die Bauaufsichtsbehörde darf den Bauantrag ablehnen, wenn das Bauvorhaben gegen sonstige öffentlich-rechtliche Vorschriften verstößt.

(2) Die Baugenehmigung ist nur insoweit zu begründen als Abweichungen, Ausnahmen oder Befreiungen von nachbarschützenden Vorschriften zugelassen werden und die Nachbarin oder der Nachbar nicht nach § 70 Absatz 2 zugestimmt hat.

(3) Die Baugenehmigung kann unter Auflagen, Bedingungen und dem Vorbehalt der nachträglichen Aufnahme, Änderung oder Ergänzung einer Auflage sowie befristet erteilt werden.

(4) Die Baugenehmigung wird unbeschadet der Rechte Dritter erteilt.

§ 72
Baubeginn

(1) Die Bauherrin oder der Bauherr hat den Ausführungsbeginn nicht verfahrensfreier Vorhaben mindestens eine Woche vorher der Bauaufsichtsbehörde mitzuteilen (Baubeginnanzeige).

(2) Mit der Bauausführung oder mit der Ausführung des jeweiligen Bauabschnitts darf erst begonnen werden, wenn

1. die Baugenehmigung der Bauherrin oder dem Bauherrn zugegangen ist oder die Frist nach § 69 Absatz 4 Satz 3 Halbsatz 1 abgelaufen ist sowie
2. die bautechnischen Nachweise und das Ergebnis der Prüfung nach § 66 Absatz 3 und
3. die Baubeginnanzeige

der Bauaufsichtsbehörde vorliegen.

(3) Vor Baubeginn eines Gebäudes müssen die Grundrissfläche abgesteckt und seine Höhenlage festgelegt sein. Baugenehmigungen, Bauvorlagen sowie bautechnische Nachweise und Ergebnisse der Prüfung nach § 66 Absatz 3 müssen an der Baustelle von Baubeginn an vorliegen.

§ 73
Geltungsdauer der Baugenehmigung

(1) Die Baugenehmigung und die Teilbaugenehmigung erlöschen, wenn

1. innerhalb von zwei Jahren nach ihrer Erteilung mit der Ausführung des Bauvorhabens nicht begonnen wurde, oder
2. das Bauvorhaben nach Ablauf von sechs Jahren nach ihrer Erteilung nicht fertig gestellt worden ist.

Satz 1 gilt auch für die Entscheidungen über andere öffentlich-rechtliche Anforderungen, die in die Baugenehmigung eingeschlossen werden.

(2) Die Frist nach Absatz 1 Satz 1 Nummer 1 kann auf Antrag dreimal, jeweils bis zu einem Jahr verlängert werden. Sie kann auch rückwirkend verlängert werden, wenn der Antrag vor Fristablauf bei der Bauaufsichtsbehörde eingegangen ist.

§ 74
Teilbaugenehmigung

Ist ein Bauantrag eingereicht, so kann der Beginn der Bauarbeiten für die Baugrube und für einzelne Bauteile oder Bauabschnitte auf Antrag schon vor Erteilung der Baugenehmigung gestattet werden (Teilbaugenehmigung). §§ 71 und 72 gelten entsprechend.

§ 75
Vorbescheid, planungsrechtlicher Bescheid

(1) Ist die Erteilung einer Baugenehmigung vorgeschrieben, ist vor Einreichung des Bauantrags auf Antrag der Bauherrin oder des Bauherrn zu einzelnen in der Baugenehmigung zu entscheidenden Fragen des Bauvorhabens ein Vorbescheid zu erteilen. Der Vorbescheid gilt zwei Jahre. Die Frist kann auf Antrag zweimal jeweils bis zu einem Jahr verlängert werden. § 58 Absatz 2, §§ 68, 69 Absatz 1 bis 3 und § 73 Absatz 2 Satz 2 gelten entsprechend.

(2) Für ein Bauvorhaben, welches dem vereinfachten Baugenehmigungsverfahren nach § 63 unterfällt, ist auf Antrag der Bauherrin oder des Bauherrn ein planungsrechtlicher Bescheid zu erteilen. Das Vorhaben wird in die Genehmigungsfreistellung nach § 62 übergeleitet, wenn durch diesen Bescheid insgesamt die planungsrechtliche Zulässigkeit des Vorhabens festgestellt worden ist. Absatz 1 Satz 2 bis 4 gilt sinngemäß.

§ 76
Genehmigung Fliegender Bauten

(1) Fliegende Bauten sind bauliche Anlagen, die geeignet und bestimmt sind, an verschiedenen Orten wiederholt aufgestellt und zerlegt zu werden. Baustelleneinrichtungen und Baugerüste sind keine Fliegenden Bauten.

(2) Fliegende Bauten bedürfen, bevor sie erstmals aufgestellt und in Gebrauch genommen werden, einer Ausführungsgenehmigung. Dies gilt nicht für

1. Fliegende Bauten mit einer Höhe bis zu 5 m, die nicht dazu bestimmt sind, von Besucherinnen und Besuchern betreten zu werden,
2. Fliegende Bauten mit einer Höhe bis zu 5 m, die für Kinder betrieben werden und eine Geschwindigkeit von höchstens 1 m/s haben,
3. Bühnen, die Fliegende Bauten sind, einschließlich Überdachungen und sonstiger Aufbauten mit einer Höhe bis zu 5 m, mit einer Brutto-Grundfläche bis zu 100 m² und einer Fußbodenhöhe bis zu 1,50 m,
4. erdgeschossige Zelte und betretbare Verkaufsstände, die Fliegende Bauten sind, jeweils mit einer Grundfläche bis zu 75 m² ,
5. aufblasbare Spielgeräte mit einer Höhe des betretbaren Bereichs von bis zu 5 Meter oder mit überdachten Bereichen, bei denen die Entfernung zum Ausgang nicht mehr als 3 Meter, sofern ein Absinken der Überdachung konstruktiv verhindert wird, nicht mehr als 10 Meter, beträgt.

(3) Die Ausführungsgenehmigung wird von der Bauaufsichtsbehörde erteilt, in deren Bereich die Antragstellerin oder der Antragsteller ihre oder seine Hauptwohnung oder gewerbliche Niederlassung hat. Hat die Antragstellerin oder der Antragsteller ihre oder seine Hauptwohnung oder gewerbliche Niederlassung außerhalb der Bundesrepublik Deutschland, so ist die Bauaufsichtsbehörde zuständig, in deren Bereich der Fliegende Bau erstmals aufgestellt und in Gebrauch genommen werden soll.

(4) Die Genehmigung wird für eine bestimmte Frist erteilt, die höchstens fünf Jahre betragen soll; sie kann auf Antrag von der für die Erteilung der Ausführungsgenehmigung zuständigen Behörde jeweils bis zu fünf Jahren verlängert werden; § 73 Absatz 2 Satz 2 gilt entsprechend. Die Genehmigungen werden in ein Prüfbuch eingetragen, dem eine Aus-

fertigung der mit einem Genehmigungsvermerk zu versehenden Bauvorlagen beizufügen ist. Ausführungsgenehmigungen anderer Länder gelten auch im Land Berlin.

(5) Die Inhaberin oder der Inhaber der Ausführungsgenehmigung hat den Wechsel ihres oder seines Wohnsitzes oder ihrer oder seiner gewerblichen Niederlassung oder die Übertragung eines Fliegenden Baus an Dritte der Bauaufsichtsbehörde anzuzeigen, die die Ausführungsgenehmigung erteilt hat. Die Behörde hat die Änderungen in das Prüfbuch einzutragen und sie, wenn mit den Änderungen ein Wechsel der Zuständigkeit verbunden ist, der nunmehr zuständigen Behörde mitzuteilen.

(6) Fliegende Bauten, die nach Absatz 2 Satz 1 einer Ausführungsgenehmigung bedürfen, dürfen unbeschadet anderer Vorschriften nur in Gebrauch genommen werden, wenn ihre Aufstellung der Bauaufsichtsbehörde des Aufstellungsortes unter Vorlage des Prüfbuches angezeigt ist. Die Bauaufsichtsbehörde kann die Inbetriebnahme dieser Fliegenden Bauten von einer Gebrauchsabnahme abhängig machen. Das Ergebnis der Abnahme ist in das Prüfbuch einzutragen. In der Ausführungsgenehmigung kann bestimmt werden, dass Anzeigen nach Satz 1 nicht erforderlich sind, wenn eine Gefährdung im Sinne des § 3 Satz 1 nicht zu erwarten ist.

(7) Die für die Erteilung der Gebrauchsabnahme zuständige Bauaufsichtsbehörde kann Auflagen machen oder die Aufstellung oder den Gebrauch Fliegender Bauten untersagen, soweit dies nach den örtlichen Verhältnissen oder zur Abwehr von Gefahren erforderlich ist, insbesondere weil die Betriebssicherheit oder Standsicherheit nicht oder nicht mehr gewährleistet ist oder weil von der Ausführungsgenehmigung abgewichen wird. Wird die Aufstellung oder der Gebrauch untersagt, ist dies in das Prüfbuch einzutragen. Die ausstellende Behörde ist zu benachrichtigen, das Prüfbuch ist einzuziehen und der ausstellenden Behörde zuzuleiten, wenn die Herstellung ordnungsgemäßer Zustände innerhalb angemessener Frist nicht zu erwarten ist.

(8) Bei Fliegenden Bauten, die von Besucherinnen und Besuchern betreten und längere Zeit an einem Aufstellungsort betrieben werden, kann die für die Gebrauchsabnahme zuständige Bauaufsichtsbehörde aus Gründen der Sicherheit Nachabnahmen durchführen. Das Ergebnis der Nachabnahme ist in das Prüfbuch einzutragen.

(9) § 68 Absatz 1, 2 und 4 sowie § 82 Absatz 1 und 4 gelten entsprechend.

§ 77
Bauaufsichtliche Zustimmung

(1) Nicht verfahrensfreie Bauvorhaben bedürfen keiner Genehmigung, Genehmigungsfreistellung und Bauüberwachung, wenn

1. die Leitung der Entwurfsarbeiten und die Bauüberwachung einer innerhalb einer Behörde für die Vorbereitung und Durchführung von Bauaufgaben zuständigen Stelle des Bundes oder eines Landes (Baudienststelle) übertragen ist und
2. die Baudienststelle mindestens mit einer oder einem Bediensteten mit der Befähigung zum höheren bautechnischen Verwaltungsdienst und mit sonstigen geeigneten Fachkräften ausreichend besetzt ist.

Solche baulichen Anlagen bedürfen jedoch der Zustimmung der für das Bauwesen zuständigen Senatsverwaltung, außer bei

1. der Beseitigung baulicher Anlagen und
2. Baumaßnahmen in oder an bestehenden Gebäuden, die
   a) nicht zu einer Erweiterung des Bauvolumens oder
   b) zu einer nicht verfahrensfreien Nutzungsänderung

führen. Die Zustimmung der für das Bauwesen zuständigen Senatsverwaltung entfällt, wenn

1. keine Nachbarn in ihren öffentlich-rechtlich geschützten Belangen von Abweichungen, Ausnahmen und Befreiungen berührt sind oder

2. die Nachbarn, deren öffentlich-rechtlich geschützte Belange von Abweichungen, Ausnahmen und Befreiungen berührt sein können, dem Vorhaben zustimmen.

Satz 3 gilt nicht für bauliche Anlagen, für die nach § 70 Absatz 3 eine Öffentlichkeitsbeteiligung durchzuführen ist.

(2) Der Antrag auf Zustimmung ist bei der für das Bauwesen zuständigen Senatsverwaltung einzureichen. Für das Zustimmungsverfahren gelten die §§ 66 bis 74 sinngemäß; eine Prüfung bautechnischer Nachweise findet nicht statt.

(3) Die für das Bauwesen zuständige Senatsverwaltung prüft

1. die Übereinstimmung mit den Vorschriften über die Zulässigkeit der baulichen Anlagen nach den §§ 29 bis 38 des Baugesetzbuchs,
2. die Einhaltung anderer öffentlich-rechtlicher Anforderungen, soweit wegen der Zustimmung eine Entscheidung nach anderen öffentlich-rechtlichen Vorschriften entfällt oder ersetzt wird und
3. die beantragten Zulassungen von Abweichungen (§ 67 Absatz 1) von nachbarschützenden Vorschriften.

Sie führt bei den in Absatz 1 Satz 4 genannten Anlagen die Öffentlichkeitsbeteiligung nach § 70 Absatz 3 bis 6 durch. Die für das Bauwesen zuständige Senatsverwaltung entscheidet über die Zulassung von Ausnahmen, Befreiungen sowie Abweichungen nach Satz 1 Nummer 3. Im Übrigen bedarf die Zulässigkeit von Abweichungen keiner bauaufsichtlichen Entscheidung.

(4) Anlagen, die der Landesverteidigung, dienstlichen Zwecken der Bundespolizei oder dem zivilen Bevölkerungsschutz dienen, sind abweichend von den Absätzen 1 bis 3 der für das Bauwesen zuständigen Senatsverwaltung vor Baubeginn in geeigneter Weise zur Kenntnis zu bringen. Im Übrigen wirken die Bauaufsichtsbehörden nicht mit. § 76 Absatz 2 bis 9 findet auf Fliegende Bauten, die der Landesverteidigung, dienstlichen Zwecken der Bundespolizei oder dem zivilen Bevölkerungsschutz dienen, keine Anwendung.

(5) Die für das Bauwesen zuständige Senatsverwaltung kann bestimmen, dass Absatz 1 auf Vorhaben Berlins ganz oder teilweise nicht anzuwenden ist.

VIERTER ABSCHNITT
Bauaufsichtliche Maßnahmen

§ 78
Verbot unrechtmäßig gekennzeichneter Bauprodukte

Sind Bauprodukte entgegen § 21 mit dem Ü-Zeichen gekennzeichnet, kann die Bauaufsichtsbehörde die Verwendung dieser Bauprodukte untersagen und deren Kennzeichnung entwerten oder beseitigen lassen.

§ 79
Einstellung von Arbeiten

(1) Werden Anlagen im Widerspruch zu öffentlich-rechtlichen Vorschriften errichtet, geändert oder beseitigt, kann die Bauaufsichtsbehörde die Einstellung der Arbeiten anordnen. Dies gilt auch dann, wenn

1. die Ausführung eines Vorhabens entgegen den Vorschriften des § 72 Absatz 1 und 2 begonnen wurde,
2. bei der Ausführung
   a) eines genehmigungsbedürftigen Bauvorhabens von den genehmigten Bauvorlagen,
   b) eines genehmigungsfreigestellten Bauvorhabens von den eingereichten Unterlagen

abgewichen wird,

3. Bauprodukte verwendet werden, die entgegen der Verordnung (EU) Nr. 305/2011 keine CE-Kennzeichnung oder entgegen § 21 kein Ü-Zeichen tragen,

4. Bauprodukte verwendet werden, die unberechtigt mit der CE-Kennzeichnung oder dem Ü-Zeichen (§ 21 Absatz 3) gekennzeichnet sind.

(2) Werden unzulässige Arbeiten trotz einer verfügten Einstellung fortgesetzt, kann die Bauaufsichtsbehörde die Baustelle versiegeln oder die an der Baustelle vorhandenen Bauprodukte, Geräte, Maschinen und Bauhilfsmittel in amtlichen Gewahrsam bringen.

§ 80
Beseitigung von Anlagen, Nutzungsuntersagung

Werden Anlagen im Widerspruch zu öffentlich-rechtlichen Vorschriften errichtet oder geändert, kann die Bauaufsichtsbehörde die teilweise oder vollständige Beseitigung der Anlagen anordnen, wenn nicht auf andere Weise rechtmäßige Zustände hergestellt werden können. Werden Anlagen im Widerspruch zu öffentlich-rechtlichen Vorschriften genutzt, kann diese Nutzung untersagt werden.

§ 81
Bestehende bauliche Anlagen

(1) Rechtmäßig bestehende bauliche Anlagen sind, soweit sie nicht den Vorschriften dieses Gesetzes oder den auf Grund dieses Gesetzes erlassenen Vorschriften genügen, mindestens in dem Zustand zu erhalten, der den bei ihrer Errichtung geltenden Vorschriften entspricht. Sie sind so zu erhalten, dass ihre Verunstaltung sowie eine Störung des Straßen-, Orts- oder Landschaftsbildes vermieden werden. Satz 2 gilt auch für Baugrundstücke.

(2) Werden in diesem Gesetz oder in auf Grund dieses Gesetzes erlassenen Vorschriften andere Anforderungen als nach dem bisherigen Recht gestellt, so kann verlangt werden, dass rechtmäßig bestehende oder nach genehmigten Bauvorlagen bereits begonnene bauliche Anlagen angepasst werden, wenn dies zur Vermeidung einer Gefährdung der öffentlichen Sicherheit oder Ordnung, insbesondere von Leben oder Gesundheit, erforderlich ist. Für Aufenthaltsräume im Kellergeschoss können die Vorschriften dieses Gesetzes und die auf Grund dieses Gesetzes erlassenen Vorschriften jedoch auch dann angewendet werden, wenn ihr baulicher Zustand den heutigen Anforderungen nicht entspricht, insbesondere der Fußboden 1,50 m oder mehr unter dem anschließenden Gelände liegt.

(3) Sollen rechtmäßig bestehende bauliche Anlagen wesentlich geändert werden, so kann gefordert werden, dass auch die nicht unmittelbar berührten Teile der baulichen Anlage mit diesem Gesetz oder den auf Grund dieses Gesetzes erlassenen Vorschriften in Einklang gebracht werden, wenn die Bauteile, die diesen Vorschriften nicht mehr entsprechen, mit den beabsichtigten Arbeiten in einem konstruktiven Zusammenhang stehen und die Durchführung dieser Vorschriften bei den von den Arbeiten nicht berührten Teilen der baulichen Anlage keine unzumutbaren Mehrkosten verursacht.

(4) Bei Modernisierungsvorhaben ist Absatz 3 nicht anzuwenden, es sei denn, dass anderenfalls Gefahren eintreten.

FÜNFTER ABSCHNITT
Bauüberwachung

§ 82
Bauüberwachung[1)]

(1) Die Bauaufsichtsbehörde kann die Einhaltung der öffentlich-rechtlichen Vorschriften und Anforderungen und die ordnungsgemäße Erfüllung der Pflichten der am Bau Beteiligten überprüfen.

(2) Die Bauaufsichtsbehörde überwacht nach näherer Maßgabe der Rechtsverordnung nach § 86 Absatz 2 die Bauausführung bei baulichen Anlagen

1) S. hierzu AV Baulasten vom 31. März 2011 (ABl. S. 657).

1. nach § 66 Absatz 3 Satz 1 hinsichtlich des von ihr bauaufsichtlich geprüften Standsicherheitsnachweises,
2. nach § 66 Absatz 3 Satz 2 hinsichtlich des von ihr bauaufsichtlich geprüften Brandschutznachweises.

(3) Im Rahmen der Bauüberwachung können Proben von Bauprodukten, soweit erforderlich, auch aus fertigen Bauteilen zu Prüfzwecken entnommen werden.

(4) Im Rahmen der Bauüberwachung ist jederzeit Einblick in die Genehmigungen, Zulassungen, Prüfzeugnisse, Übereinstimmungserklärungen, Übereinstimmungszertifikate, Überwachungsnachweise, Zeugnisse und Aufzeichnungen über die Prüfungen von Bauprodukten, in die CE-Kennzeichnungen und Leistungserklärungen nach der Verordnung (EU) Nr. 305/2011, in die Bautagebücher und andere vorgeschriebene Aufzeichnungen zu gewähren.

(5) Die Bauaufsichtsbehörde soll, soweit sie im Rahmen der Bauüberwachung Erkenntnisse über systematische Rechtsverstöße gegen die Verordnung (EU) Nr. 305/2011 erlangt, diese der für die Marktüberwachung zuständigen Senatsverwaltung mitteilen.

(6) Die Kosten für die Probenentnahmen und Prüfungen nach Absatz 3 sowie für Prüfungen, Überwachungen und Nachweise auf Grund dieses Gesetzes oder der Rechtsverordnung nach § 86 Absatz 2 trägt die Bauherrin oder der Bauherr.

§ 83
Bauzustandsanzeigen, Aufnahme der Nutzung

(1) Die Bauaufsichtsbehörde kann verlangen, dass ihr Beginn und Beendigung bestimmter Bauarbeiten angezeigt werden. Die Bauarbeiten dürfen erst fortgesetzt werden, wenn die Bauaufsichtsbehörde der Fortführung der Bauarbeiten zugestimmt hat.

(2) Die Bauherrin oder der Bauherr hat die beabsichtigte Aufnahme der Nutzung einer nicht verfahrensfreien baulichen Anlage mindestens zwei Wochen vorher der Bauaufsichtsbehörde anzuzeigen. Mit der Anzeige nach Satz 1 sind vorzulegen

1. bei Bauvorhaben nach § 66 Absatz 3 Satz 1 das Ergebnis der Überwachung der ordnungsgemäßen Bauausführung hinsichtlich der Standsicherheit gemäß § 82 Absatz 2 Satz 1 Nummer 1,
2. bei Bauvorhaben nach § 66 Absatz 3 Satz 2 das Ergebnis der Überwachung der ordnungsgemäßen Bauausführung hinsichtlich des Brandschutzes gemäß § 82 Absatz 2 Satz 1 Nummer 2.

Eine bauliche Anlage darf erst benutzt werden, wenn sie selbst, Zufahrtswege, Wasserversorgungs- und Abwasserentsorgungs- sowie Gemeinschaftsanlagen in dem erforderlichen Umfang sicher benutzbar sind, nicht jedoch vor dem in Satz 1 bezeichneten Zeitpunkt.

(3) Feuerstätten dürfen erst in Betrieb genommen werden, wenn die bevollmächtigte Bezirksschornsteinfegerin oder der bevollmächtigte Bezirksschornsteinfeger die Tauglichkeit und die sichere Benutzbarkeit der Abgasanlagen bescheinigt hat; Verbrennungsmotoren und Blockheizkraftwerke dürfen erst dann in Betrieb genommen werden, wenn sie oder er die Tauglichkeit und sichere Benutzbarkeit der Leitungen zur Abführung von Verbrennungsgasen bescheinigt hat.

SECHSTER ABSCHNITT
Baulasten

§ 84
Baulasten, Baulastenverzeichnis

(1) Durch Erklärung gegenüber der Bauaufsichtsbehörde können Grundstückseigentümerinnen oder Grundstückseigentümer öffentlich-rechtliche Verpflichtungen zu einem ihre Grundstücke betreffenden Tun, Dulden oder Unterlassen übernehmen, die sich nicht schon aus öffentlich-rechtlichen Vorschriften ergeben. Erbbauberechtigte können ihr Erb-

baurecht in entsprechender Weise belasten. Baulasten werden unbeschadet der Rechte Dritter mit der Eintragung in das Baulastenverzeichnis wirksam und wirken auch gegenüber Rechtsnachfolgerinnen oder Rechtsnachfolgern.

(2) Die Erklärung nach Absatz 1 bedarf der Schriftform. Die Unterschrift muss öffentlich beglaubigt oder von einer Vermessungsstelle nach § 2 des Gesetzes über das Vermessungswesen in Berlin in der Fassung vom 9. Januar 1996 (GVBl. S. 56), das zuletzt durch Artikel I des Gesetzes vom 18. Dezember 2004 (GVBl. S. 524) geändert worden ist, in der jeweils geltenden Fassung beglaubigt sein, wenn sie nicht vor der Bauaufsichtsbehörde geleistet oder vor ihr anerkannt wird.

(3) Die Baulast geht durch Verzicht der Bauaufsichtsbehörde unter. Der Verzicht ist zu erklären, wenn ein öffentliches Interesse an der Baulast nicht mehr besteht. Vor dem Verzicht sollen die oder der Verpflichtete und die durch die Baulast Begünstigten angehört werden. Der Verzicht wird mit der Löschung der Baulast im Baulastenverzeichnis wirksam.

(4) Das Baulastenverzeichnis wird von der Bauaufsichtsbehörde geführt. In das Baulastenverzeichnis können auch eingetragen werden

1. andere baurechtliche Verpflichtungen der Grundstückseigentümerin oder des Grundstückseigentümers zu einem ihr oder sein Grundstück betreffenden Tun, Dulden oder Unterlassen,
2. Auflagen, Bedingungen, Befristungen und Widerrufsvorbehalte.

(5) Wer ein berechtigtes Interesse darlegt, kann in das Baulastenverzeichnis Einsicht nehmen oder sich Abschriften erteilen lassen.

SECHSTER TEIL
Ordnungswidrigkeiten, Rechtsvorschriften, Zuständigkeit

§ 85
Ordnungswidrigkeiten

(1) Ordnungswidrig handelt, wer vorsätzlich oder fahrlässig

1. einer vollziehbaren Anordnung der Bauaufsichtsbehörde zuwiderhandelt, die auf Grund dieses Gesetzes oder auf Grund einer nach diesem Gesetz zulässigen Rechtsverordnung erlassen worden ist, sofern die Anordnung auf diese Bußgeldvorschrift verweist,
2. Bauprodukte entgegen § 21 Absatz 3 ohne das Ü-Zeichen verwendet,
3. Bauarten entgegen § 16a ohne Bauartgenehmigung oder allgemeines bauaufsichtliches Prüfzeugnis für Bauarten anwendet,
4. Bauprodukte mit dem Ü-Zeichen kennzeichnet, ohne dass dafür die Voraussetzungen nach § 21 Absatz 3 vorliegen,
5. den Vorschriften dieses Gesetzes über die barrierefreie bauliche Gestaltung in § 39 Abs. 4 und 5, § 49 Absatz 1 Satz 1 und § 50 zuwiderhandelt,
6. als Bauherrin oder Bauherr, Entwurfsverfasserin oder Entwurfsverfasser, Unternehmerin oder Unternehmer, Bauleiterin oder Bauleiter oder als deren Vertreterin oder Vertreter den Vorschriften des § 53 Absatz 1 Satz 1, 2, 4 bis 7, § 54 Absatz 1 Satz 3, § 55 Absatz 1 Satz 1 und 2 oder § 56 Absatz 1 zuwiderhandelt, 24
7. ohne die erforderliche Baugenehmigung (§ 59 Absatz 1), Teilbaugenehmigung (§ 74) oder Abweichung, Ausnahmen oder Befreiungen (§ 67) oder abweichend davon bauliche Anlagen errichtet, ändert, benutzt oder ohne die erforderliche Genehmigung (§ 63b) oder entgegen § 61 Absatz 3 Satz 2 bis 5 beseitigt,
8. entgegen der Vorschrift des § 72 Absatz 2 Bauarbeiten beginnt, entgegen der Vorschrift des § 61 Absatz 3 Satz 6 und des § 63b Satz 3 mit der Beseitigung einer Anlage

beginnt, entgegen den Vorschriften des § 83 Absatz 1 Bauarbeiten fortsetzt oder entgegen der Vorschrift des § 83 Absatz 2 bauliche Anlagen nutzt,
9. entgegen der Vorschrift des § 62 Absatz 3 Satz 2 bis 4 mit der Ausführung eines Bauvorhabens beginnt,
10. die Baubeginnanzeige (§ 72 Absatz 1, § 62 Absatz 5, § 61 Absatz 3 Satz 2) nicht oder nicht fristgerecht erstattet,
11. Fliegende Bauten ohne Ausführungsgenehmigung (§ 76 Absatz 2) in Gebrauch nimmt oder ohne Anzeige und Abnahme (§ 76 Absatz 6) in Gebrauch nimmt,
12. einer nach § 86 Absatz 1 bis 3 erlassenen Rechtsverordnung zuwiderhandelt, sofern die Rechtsverordnung für einen bestimmten Tatbestand auf diese Bußgeldvorschrift verweist.

Ist eine Ordnungswidrigkeit nach Satz 1 Nummer 2 bis 4 begangen worden, können Gegenstände, auf die sich die Ordnungswidrigkeit bezieht, eingezogen werden; § 19 des Gesetzes über Ordnungswidrigkeiten ist anzuwenden.

(2) Ordnungswidrig handelt, wer wider besseres Wissen
1. unrichtige Angaben macht oder unrichtige Pläne oder Unterlagen vorlegt, um einen nach diesem Gesetz vorgesehenen Verwaltungsakt zu erwirken oder zu verhindern,
2. als Prüfingenieurin oder Prüfingenieur unrichtige Prüfberichte erstellt,
3. unrichtige Erklärungen zum Kriterienkatalog nach § 66 Absatz 3 Satz 1 Nummer 2 abgibt.

(3) Die Ordnungswidrigkeit kann mit einer Geldbuße bis zu 500 000 Euro geahndet werden.

(4) Verwaltungsbehörde im Sinne des § 36 Abs. 1 Nr. 1 des Gesetzes über Ordnungswidrigkeiten sind in den Fällen des Absatzes 1 Satz 1 Nr. 2 bis 4 und des Absatzes 2 Nr. 2 die für das Bauwesen zuständige Senatsverwaltung und in den übrigen Fällen die Bezirksämter.

§ 86
Rechtsverordnungen und Verwaltungsvorschriften

(1) Zur Verwirklichung der in § 3 Satz 1, § 16a Absatz 1 und § 16b Absatz 1 bezeichneten Anforderungen wird die für das Bauwesen zuständige Senatsverwaltung ermächtigt, durch Rechtsverordnung Vorschriften zu erlassen über
1. die nähere Bestimmung allgemeiner Anforderungen der §§ 4 bis 48,
2. Anforderungen an Feuerungsanlagen, sonstige Anlagen zur Wärmeerzeugung, Brennstoffversorgung,
3. Anforderungen an Garagen und Stellplätze, und Abstellplätze für Fahrräder
4. besondere Anforderungen oder Erleichterungen, die sich aus der besonderen Art oder Nutzung von Anlagen oder Räumen für Errichtung, Änderung, Unterhaltung, Betrieb und Benutzung ergeben (§§ 50 und 51), sowie über die Anwendung solcher Anforderungen auf bestehende bauliche Anlagen dieser Art,
5. Erst-, Wiederholungs- und Nachprüfung von Anlagen, die zur Verhütung erheblicher Gefahren oder Nachteile ständig ordnungsgemäß unterhalten werden müssen, und die Erstreckung dieser Nachprüfungspflicht auf bestehende Anlagen,
6. die Anwesenheit fachkundiger Personen beim Betrieb technisch schwieriger baulicher Anlagen und Einrichtungen wie Bühnenbetriebe und technisch schwierige Fliegende Bauten einschließlich des Nachweises der Befähigung dieser Personen.

(2) Die für das Bauwesen zuständige Senatsverwaltung wird ermächtigt, durch Rechtsverordnung Vorschriften zu erlassen über
1. Prüfingenieurinnen oder Prüfingenieure und Prüfämter, denen bauaufsichtliche Prüfaufgaben einschließlich der Bauüberwachung und der Bauzustandsbesichtigung nach Bauanzeige übertragen werden, sowie

2. Prüfsachverständige, Sachverständige, sachverständige Personen oder Stellen, die im Auftrag der Bauherrin oder des Bauherrn oder der oder des sonstigen nach Bauordnungsrecht Verantwortlichen die Einhaltung bauordnungsrechtlicher Anforderungen prüfen und bescheinigen.

Die Rechtsverordnung nach Satz 1 regelt, soweit erforderlich,

1. die Fachbereiche und die Fachrichtungen, in denen Prüfingenieurinnen oder Prüfingenieure, Prüfämter, Prüfsachverständige, Sachverständige und sachverständige Personen oder Stellen tätig werden,
2. die Anerkennungsvoraussetzungen und das Anerkennungsverfahren,
3. Erlöschen, Rücknahme und Widerruf der Anerkennung einschließlich der Festlegung einer Altersgrenze,
4. die Aufgabenerledigung,
5. die Vergütung einschließlich des Erlasses von Gebührenbescheiden durch die Prüfingenieurinnen oder Prüfingenieure selbst,
6. die Einrichtung einer Stelle zur gemeinsamen und einheitlichen Bewertung, Berechnung und Erhebung der Kosten der Prüfingenieurinnen und Prüfingenieure und die Aufsicht über diese Stelle,
7. die Übertragung der Aufgaben einer Widerspruchsbehörde für Entscheidungen über Widersprüche gegen Gebührenbescheide der Prüfingenieurinnen und Prüfingenieure auf einen zu bildenden Widerspruchsausschuss bei der nach Nummer 6 eingerichteten Stelle.

Die für das Bauwesen zuständige Senatsverwaltung kann durch Rechtsverordnung ferner

1. den Leiterinnen oder den Leitern und den stellvertretenden Leiterinnen oder den stellvertretenden Leitern von Prüfämtern sowie den Leiterinnen oder den Leitern und den stellvertretenden Leiterinnen oder den stellvertretenden Leitern von Brandschutzdienststellen die Stellung einer oder eines Prüfsachverständigen nach Satz 1 Nummer 2 zuweisen,
2. soweit für bestimmte Fachbereiche und Fachrichtungen Prüfsachverständige nach Satz 1 Nummer 2 noch nicht in ausreichendem Umfang anerkannt sind, anordnen, dass die von solchen Prüfsachverständigen zu prüfenden und zu bescheinigenden bauordnungsrechtlichen Anforderungen bauaufsichtlich geprüft werden können,
3. soweit Tragwerksplanerinnen oder Tragwerksplaner nach § 66 Absatz 2 Satz 1 noch nicht in ausreichendem Umfang eingetragen sind, anordnen, dass die Standsicherheitsnachweise bauaufsichtlich geprüft werden und die Bauausführung bauaufsichtlich überwacht wird.

(3) Die für das Bauwesen zuständige Senatsverwaltung wird ermächtigt, durch Rechtsverordnung Vorschriften zu erlassen über

1. Form, Umfang, Inhalt und Zahl der erforderlichen Unterlagen einschließlich der Vorlagen bei der Anzeige der beabsichtigten Beseitigung von Anlagen nach § 61 Absatz 3 Satz 2 und bei der Genehmigungsfreistellung nach § 62,
2. die erforderlichen Anträge, Anzeigen, Nachweise, Bescheinigungen und Bestätigungen einschließlich deren Formerfordernissen, auch bei verfahrensfreien Bauvorhaben,
3. das Verfahren im Einzelnen, insbesondere über die Vorprüfung von Anträgen, Beteiligungsverfahren und Fristen,
4. die Beratungsgebühr nach § 58 Absatz 1 Satz 3 und Gebührenfreiheit bei Beratungen mit geringem Verwaltungsaufwand.

Sie kann dabei für verschiedene Arten von Bauvorhaben unterschiedliche Anforderungen und Verfahren festlegen.

(4) Die für das Bauwesen zuständige Senatsverwaltung wird ermächtigt, durch Rechtsverordnung

1. die Zuständigkeit für die vorhabenbezogene Bauartgenehmigung nach § 16a Absatz 2 Satz 1 Nummer 2 und den Verzicht darauf im Einzelfall nach § 16a Absatz 4 sowie

die Zustimmung und den Verzicht auf Zustimmung im Einzelfall (§ 20) ganz oder teilweise auf andere Stellen zu übertragen,

2. die Zuständigkeit für die Anerkennung von Prüf-, Zertifizierungs- und Überwachungsstellen (§ 24) auf andere Stellen zu übertragen; die Zuständigkeit kann auch auf eine Behörde eines anderen Landes übertragen werden, die der Aufsicht einer obersten Bauaufsichtsbehörde untersteht oder an deren Willensbildung die oberste Bauaufsichtsbehörde mitwirkt,
3. das Ü-Zeichen festzulegen und zu diesem Zeichen zusätzliche Angaben zu verlangen,
4. das Anerkennungsverfahren nach § 24, die Voraussetzungen für die Anerkennung, ihre Rücknahme, ihren Widerruf und ihr Erlöschen zu regeln, insbesondere auch Altersgrenzen festzulegen, sowie eine ausreichende Haftpflichtversicherung zu fordern.

(4a) Die für das Bauwesen zuständige Senatsverwaltung kann durch Rechtsverordnung vorschreiben, dass für bestimmte Bauprodukte und Bauarten, auch soweit sie Anforderungen nach anderen Rechtsvorschriften unterliegen, hinsichtlich dieser Anforderungen § 16a Absatz 2 und die §§ 17 bis 25 ganz oder teilweise anwendbar sind, wenn die anderen Rechtsvorschriften dies verlangen oder zulassen.

(5) Die für das Bauwesen zuständige Senatsverwaltung wird ermächtigt, durch Rechtsverordnung zu bestimmen, dass die Anforderungen der auf Grund des § 34 des Produktsicherheitsgesetzes vom 8. November 2011 (BGBl. I S. 2178, 2179; 2012 I S. 131), das durch Artikel 435 der Verordnung vom 31. August 2015 (BGBl. I S. 1474) geändert worden ist, in der jeweils geltenden Fassung und des § 49 Abs. 4 des Energiewirtschaftsgesetzes erlassenen Rechtsverordnungen entsprechend für Anlagen gelten, die weder gewerblichen noch wirtschaftlichen Zwecken dienen und in deren Gefahrenbereich auch keine Arbeitnehmerinnen oder Arbeitnehmer beschäftigt werden. Sie kann auch die Verfahrensvorschriften dieser Verordnungen für anwendbar erklären oder selbst das Verfahren bestimmen sowie Zuständigkeiten und Gebühren regeln. Dabei kann sie auch vorschreiben, dass danach zu erteilende Erlaubnisse die Baugenehmigung oder die Zustimmung nach § 77 einschließlich der zugehörigen Abweichungen einschließen und dass § 35 Absatz 2 des Produktsicherheitsgesetzes insoweit Anwendung findet.

(6) Die für das Bauwesen zuständige Senatsverwaltung wird ermächtigt, durch Rechtsverordnung im Einvernehmen mit der für das Verkehrswesen und der für Umweltschutz zuständigen Senatsverwaltung Bereiche festzulegen, in denen aus Gründen der vorherrschenden Nutzung, des Umweltschutzes, der straßenverkehrlichen Belange oder der Erschließungsqualität durch den öffentlichen Personennahverkehr die Herstellung von Stellplätzen eingeschränkt oder ausgeschlossen wird. Bei Vorhaben, die wegen der Nutzungsart oder des Nutzungsumfangs das Vorhandensein von Stellplätzen in besonderem Maße erfordern, können abweichende Regelungen vorgesehen werden. Die Rechtsverordnungen werden im Benehmen mit den davon berührten Bezirksverwaltungen erlassen.

(7) Die für das Bauwesen zuständige Senatsverwaltung wird ermächtigt, durch Rechtsverordnung Vorschriften zu erlassen über die Erhebung und Höhe der Widerspruchsgebühr im Falle von Drittwidersprüchen.

(8) Die für das Bauwesen zuständige Senatsverwaltung wird ermächtigt, durch Rechtsverordnung zu bestimmen, dass für Fliegende Bauten die Aufgaben der Bauaufsichtsbehörde nach § 76 Absatz 1 bis 9 ganz oder teilweise auf andere Stellen übertragen werden können und diese Stellen für ihre Tätigkeit Gebühren erheben können.

(9) Die für das Bauwesen zuständige Senatsverwaltung erlässt die zur Ausführung dieses Gesetzes erforderlichen Verwaltungsvorschriften.

§ 86a
Technische Baubestimmungen

(1) Die Anforderungen nach § 3 können durch Verwaltungsvorschrift der für das Bauwesen zuständigen Senatsverwaltung über Technische Baubestimmungen nach Anhörung

der beteiligten Kreise konkretisiert werden. Soweit bereits eine Anhörung der beteiligten Kreise vor der Bekanntmachung des Musters der Verwaltungsvorschrift über Technische Baubestimmungen nach Absatz 5 erfolgt ist, ist die Anhörung entbehrlich. Die Technischen Baubestimmungen sind zu beachten. Von den in den Technischen Baubestimmungen enthaltenen Planungs-, Bemessungs- und Ausführungsregelungen kann formlos abgewichen werden, wenn mit einer anderen Lösung in gleichem Maße die Anforderungen erfüllt werden und in der Technischen Baubestimmung eine Abweichung nicht ausgeschlossen ist; § 16a Absatz 2, § 17 Absatz 1 und § 67 Absatz 1 bleiben unberührt.

(2) Die Konkretisierungen können durch Bezugnahmen auf technische Regeln und deren Fundstellen oder auf andere Weise erfolgen, insbesondere in Bezug auf:

1. bestimmte bauliche Anlagen oder ihre Teile,
2. die Planung, Bemessung und Ausführung baulicher Anlagen und ihrer Teile,
3. die Leistung von Bauprodukten in bestimmten baulichen Anlagen oder ihren Teilen, insbesondere:
   a) Planung, Bemessung und Ausführung baulicher Anlagen bei Einbau eines Bauprodukts,
   b) Merkmale von Bauprodukten, die sich für einen Verwendungszweck auf die Erfüllung der Anforderungen nach § 3 Satz 1 auswirken,
   c) Verfahren für die Feststellung der Leistung eines Bauproduktes im Hinblick auf Merkmale, die sich für einen Verwendungszweck auf die Erfüllung der Anforderungen nach § 3 Satz 1 auswirken,
   d) zulässige oder unzulässige besondere Verwendungszwecke,
   e) die Festlegung von Klassen und Stufen in Bezug auf bestimmte Verwendungszwecke,
   f) die für einen bestimmten Verwendungszweck anzugebende oder erforderliche und anzugebende Leistung in Bezug auf ein Merkmal, das sich für einen Verwendungszweck auf die Erfüllung der Anforderungen nach § 3 Satz 1 auswirkt, soweit vorgesehen in Klassen und Stufen,
4. die Bauarten und die Bauprodukte, die nur eines allgemeinen bauaufsichtlichen Prüfzeugnisses nach § 16a Absatz 3 oder nach § 19 Absatz 1 bedürfen,
5. Voraussetzungen zur Abgabe der Übereinstimmungserklärung für ein Bauprodukt nach § 22,
6. die Art, den Inhalt und die Form technischer Dokumentation.

(3) Die Technischen Baubestimmungen sollen nach den Grundanforderungen gemäß Anhang I der Verordnung (EU) Nr. 305/2011 gegliedert sein.

(4) Die Technischen Baubestimmungen enthalten die in § 17 Absatz 3 genannte Liste.

(5) Das Deutsche Institut für Bautechnik macht nach Anhörung der beteiligten Kreise im Einvernehmen mit der für das Bauwesen zuständigen Senatsverwaltung ein Muster einer Verwaltungsvorschrift über Technische Baubestimmungen bekannt und hat das bekannt gemachte Muster dauerhaft allgemein zugänglich zu machen. Die für das Bauwesen zuständige Senatsverwaltung kann sich bei dem Erlass der Verwaltungsvorschrift über Technische Baubestimmungen auf das bekannt gemachte Muster beziehen.

§ 87
Verarbeitung personenbezogener Daten

(1) Die Bauaufsichtsbehörden sind befugt, zur Wahrnehmung ihrer Aufgaben nach § 58 einschließlich der Erhebung von Gebühren, zur Führung des Baulastenverzeichnisses nach § 84 sowie zur Verfolgung von Ordnungswidrigkeiten nach § 85 die erforderlichen personenbezogenen Daten von den nach den §§ 53 bis 56 am Bau verantwortlich Beteiligten, Grundstückseigentümerinnen oder Grundstückseigentümern, Nachbarinnen oder Nachbarn, Baustoffproduzentinnen oder Baustoffproduzenten, Nutzungsberechtigten so-

wie sonstigen am Verfahren zu Beteiligenden zu verarbeiten. Darüber hinaus ist eine Verarbeitung personenbezogener Daten nur mit Einwilligung der oder des Betroffenen zulässig.

(2) Die Daten sind grundsätzlich bei den in Absatz 1 Satz 1 genannten Betroffenen mit deren Kenntnis zu erheben. Die Betroffenen sind verpflichtet, den Bauaufsichtsbehörden sowie den sonst am Verfahren beteiligten Behörden und Stellen auf Verlangen die erforderlichen Auskünfte zu erteilen; hierauf sind sie hinzuweisen. Die Bauaufsichtsbehörden dürfen die Daten bei Dritten ohne Kenntnis der Betroffenen erheben, wenn

1. eine Rechtsvorschrift dies erlaubt,
2. die oder der Betroffene in diese Form der Datenerhebung eingewilligt hat oder
3. anderenfalls die Erfüllung der Aufgaben nach § 58 gefährdet wäre.

(3) Die Übermittlung der personenbezogenen Daten an die am Verfahren beteiligten Behörden, öffentlichen und privaten Stellen und Personen ist zulässig. Die Übermittlung an andere Behörden, Stellen und Personen ist nur zulässig, wenn

1. dies zur Erfüllung der gesetzlichen Aufgaben dieser Behörden oder Stellen erforderlich ist,
2. diese ein rechtliches Interesse an der Kenntnis der Daten glaubhaft machen und die schutzwürdigen Interessen der oder des Betroffenen nicht überwiegen oder
3. die oder der Betroffene in die Datenübermittlung eingewilligt hat.

Gesetzliche Übermittlungsvorschriften bleiben unberührt.

(4) Die für das Bauwesen zuständige Senatsverwaltung erlässt durch Rechtsverordnung nähere Bestimmungen über Art, Umfang und Zweck

1. der Datenerhebung in den verschiedenen Verfahren,
2. regelmäßiger Datenübermittlungen unter Festlegung des Anlasses, der Empfängerinnen oder Empfänger und der zu übermittelnden Daten.

(5) Im Übrigen gelten die Bestimmungen des Berliner Datenschutzgesetzes.

§ 88
Zuständigkeit für den Erlass des Widerspruchsbescheides

Die für das Bauwesen zuständige Senatsverwaltung entscheidet über den Widerspruch gegen einen Verwaltungsakt einer Bezirksverwaltung und damit verbundene Maßnahmen der Verwaltungsvollstreckung, wenn der Verwaltungsakt im bauaufsichtlichen Verfahren ergangen ist

1. im Geltungsbereich von Bebauungsplänen von außergewöhnlicher stadtpolitischer Bedeutung, von Bebauungsplänen der Hauptstadtplanung, von Bebauungsplänen, bei denen die für das Bauwesen zuständige Senatsverwaltung das Verfahren wegen dringender Gesamtinteressen Berlins an sich gezogen hat, sowie von entsprechenden vorhabenbezogenen Bebauungsplänen,
2. zu Vorhaben mit einer Geschossfläche von mehr als 1 500 m²,
3. zur Festsetzung von besonderen Anforderungen zur Gefahrenabwehr, die auf § 51 oder auf zu diesem Zweck erlassene Rechtsverordnungen gestützt sind.

§ 89
Abwicklung eingeleiteter Verfahren, Übergangsvorschriften

(1) Die vor dem Inkrafttreten dieses Gesetzes eingeleiteten Verfahren sind nach den bis zum Inkrafttreten geltenden Vorschriften fortzuführen; die Vorschriften dieses Gesetzes sind mit Ausnahme des Fünften Teils jedoch anzuwenden, soweit diese für die Bauherrin oder den Bauherrn günstiger sind.

(2) Die vor dem 1. Januar 2017 eingeleiteten Verfahren sind nach den bis zu diesem Zeitpunkt geltenden Vorschriften fortzuführen; die nach diesem Zeitpunkt geltenden Vorschriften sind mit Ausnahme des Fünften Teils jedoch anzuwenden, soweit diese für die Bauherrin oder den Bauherrn günstiger sind.

(3) Die vor dem 20. April 2018 eingeleiteten Verfahren sind nach den bis zu diesem Zeitpunkt geltenden Vorschriften fortzuführen; die nach diesem Zeitpunkt geltenden Vorschriften sind mit Ausnahme des Fünften Teils jedoch anzuwenden, soweit diese für die Bauherrin oder den Bauherrn günstiger sind.

(4) Die Verwendung des Ü-Zeichens auf Bauprodukten, die die CE-Kennzeichnung auf Grund der Verordnung (EU) Nr. 305/2011 tragen, ist ab dem 20. April 2018 nicht mehr zulässig. Sind bereits in Verkehr gebrachte Bauprodukte, die die CE-Kennzeichnung auf Grund der Verordnung (EU) Nr. 305/2011 tragen, mit dem Ü-Zeichen gekennzeichnet, verliert das Ü-Zeichen ab diesem Zeitpunkt seine Gültigkeit.

(5) Bis zum 20. April 2018 für Bauarten erteilte allgemeine bauaufsichtliche Zulassungen oder Zustimmungen im Einzelfall gelten als Bauartgenehmigung fort.

(6) Bestehende Anerkennungen als Prüf-, Überwachungs- und Zertifizierungsstehen bleiben in dem bis zum 20. April 2018 geregelten Umfang wirksam. Vor diesem Zeitpunkt gestellte Anträge gelten als Anträge nach diesem Gesetz.

Gesetz zum Schutz personenbezogener Daten in der Berliner Verwaltung (Berliner Datenschutzgesetz – BlnDSG)[1)]

Vom 13. Juni 2018 (GVBl. S. 418)

INHALTSÜBERSICHT

1) Das Gesetz wurde als Artikel 1 des Gesetzes vom 13. Juni 2018 (GVB. S. 418) beschlossen und ist nach Artikel 4 dieses Gesetzes am 24. Juni 2018 in Kraft getreten.
2) S. 25.1 (EU-Datenschutz-Grundverordnung).

KAPITEL 3

Rechte der betroffenen Person

KAPITEL 4

Pflichten der Verantwortlichen und Auftragsverarbeiter

KAPITEL 5

Datenübermittlungen an Drittstaaten und an internationale Organisationen

TEIL 1
Gemeinsame Bestimmungen

KAPITEL 1
Allgemeine Bestimmungen

§ 1
Zweck

(1) Dieses Gesetz trifft in den Teilen 1 und 2 sowohl ergänzende als auch abweichende Regelungen zur Durchführung der Verordnung (EU) 2016/679 des Europäischen Parlaments und des Rates vom 27. April 2016 zum Schutz natürlicher Personen bei der Verarbeitung personenbezogener Daten, zum freien Datenverkehr und zur Aufhebung der Richtlinie 95/46/EG (Datenschutz-Grundverordnung) (ABl. L 119 vom 4.5.2016, S. 1; L 314 vom 22.11.2016, S. 72).[1)]

(2) Darüber hinaus erfolgt in den Teilen 1 und 3 dieses Gesetzes die Umsetzung der Richtlinie (EU) 2016/680 des Europäischen Parlaments und des Rates vom 27. April 2016 zum Schutz natürlicher Personen bei der Verarbeitung personenbezogener Daten durch die zuständigen Behörden zum Zwecke der Verhütung, Ermittlung, Aufdeckung oder Verfolgung von Straftaten oder der Strafvollstreckung sowie zum freien Datenverkehr und zur Aufhebung des Rahmenbeschlusses 2008/977/JI des Rates (ABl. L 119 vom 4.5.2016, S. 89).

(3) In den Teilen 1 und 4 trifft dieses Gesetz Regelungen für die Verarbeitung personenbezogener Daten, die weder in den Anwendungsbereich der Verordnung (EU) 2016/679 noch der Richtlinie (EU) 2016/680 fallen.

1) S. 25.1.

§ 2
Anwendungsbereich

(1) Dieses Gesetz gilt für die Verarbeitung personenbezogener Daten durch Behörden und sonstige öffentliche Stellen (insbesondere nichtrechtsfähige Anstalten, Krankenhausbetriebe, Eigenbetriebe und Gerichte) des Landes Berlin und der landesunmittelbaren Körperschaften, Anstalten und Stiftungen des öffentlichen Rechts im Sinne des § 28 des Allgemeinen Zuständigkeitsgesetzes (öffentliche Stellen).

(2) Als öffentliche Stellen gelten ungeachtet der Beteiligung nicht-öffentlicher Stellen auch Vereinigungen des privaten Rechts, die Aufgaben der öffentlichen Verwaltung wahrnehmen und an denen das Land Berlin mit absoluter Mehrheit der Anteile oder mit absoluter Mehrheit der Stimmen beteiligt ist. Nehmen nicht-öffentliche Stellen hoheitliche Aufgaben der öffentlichen Verwaltung wahr, sind sie insoweit öffentliche Stellen im Sinne dieses Gesetzes.

(3) Das Abgeordnetenhaus, seine Mitglieder, die Fraktionen sowie ihre jeweiligen Verwaltungen und Beschäftigten unterliegen nicht den Bestimmungen dieses Gesetzes, soweit sie zur Wahrnehmung parlamentarischer Aufgaben personenbezogene Daten verarbeiten.

(4) Für die Verarbeitung personenbezogener Daten durch die für die Verhütung, Ermittlung, Aufdeckung, Verfolgung oder Ahndung von Straftaten oder Ordnungswidrigkeiten einschließlich des Schutzes vor und der Abwehr von Gefahren für die öffentliche Sicherheit zuständigen öffentlichen Stellen gelten nur Teil 1 und Teil 3 dieses Gesetzes, soweit diese Stellen personenbezogene Daten zum Zweck der Erfüllung dieser Aufgaben verarbeiten.

(5) Die Vorschriften dieses Gesetzes finden keine Anwendung, soweit das Recht der Europäischen Union, im Besonderen die Verordnung (EU) 2016/679 in der jeweils geltenden Fassung, unmittelbar gilt.

(6) Abweichend von den Absätzen 1 und 2 gelten öffentliche Stellen, soweit diese als Unternehmen am Wettbewerb teilnehmen, als nicht-öffentliche Stellen. Insoweit sind für sie nur die Regelungen der §§ 4 bis 6 und § 20 sowie § 22 anwendbar. Im Übrigen finden für sie die für nicht-öffentliche Stellen geltenden Vorschriften des Bundesdatenschutzgesetzes vom 30. Juni 2017 (BGBl. I S. 2097) in der jeweils geltenden Fassung Anwendung mit Ausnahme von § 4 und § 38 des Bundesdatenschutzgesetzes.

(7) Abweichend von Absatz 1 gilt § 19 auch für nicht-öffentliche Stellen, soweit diese personenbezogene Daten in Ausübung des Rechts auf freie Meinungsäußerung und Informationsfreiheit zu journalistischen, künstlerischen oder literarischen Zwecken verarbeiten. Dies gilt nicht, soweit die Verarbeitung ausschließlich zur Ausübung persönlicher oder familiärer Tätigkeiten erfolgt.

(8) Besondere Rechtsvorschriften über den Datenschutz gehen den Bestimmungen dieses Gesetzes vor. Regeln sie einen Sachverhalt, für den dieses Gesetz gilt, nicht oder nicht abschließend, finden die Vorschriften dieses Gesetzes Anwendung.

(9) Für Verarbeitungen personenbezogener Daten im Rahmen von Tätigkeiten, die nicht in den Anwendungsbereich der Verordnung (EU) 2016/679 und der Richtlinie (EU) 2016/680 fallen, finden die Verordnung (EU) 2016/679 und Teil 1 und 2 dieses Gesetzes entsprechend Anwendung, soweit nicht in Teil 4 oder in einem anderen Gesetz Abweichendes geregelt ist.

(10) Bei Verarbeitungen zu Zwecken gemäß Artikel 2 der Verordnung (EU) 2016/679 stehen die Vertragsstaaten des Abkommens über den Europäischen Wirtschaftsraum und die Schweiz den Mitgliedsstaaten der Europäischen Union gleich. Andere Staaten gelten insoweit als Drittstaaten.

(11) Bei Verarbeitungen zu Zwecken gemäß Artikel 1 Absatz 1 der Richtlinie (EU) 2016/680 stehen die bei der Umsetzung, Anwendung und Entwicklung des Schengen-Besitzstands assoziierten Staaten den Mitgliedstaaten der Europäischen Union gleich. Andere Staaten gelten insoweit als Drittstaaten.

KAPITEL 2
Rechtsgrundlagen der Verarbeitung personenbezogener Daten

§ 3
Verarbeitung personenbezogener Daten

Die Verarbeitung personenbezogener Daten ist zulässig, wenn sie zur Erfüllung der in der Zuständigkeit des Verantwortlichen liegenden Aufgabe oder in Ausübung öffentlicher Gewalt, die dem Verantwortlichen übertragen wurde, erforderlich ist. Diese Regelung tritt am 30. Juni 2020 außer Kraft.

KAPITEL 3
Datenschutzbeauftragte öffentlicher Stellen

§ 4
Benennung

(1) Öffentliche Stellen benennen eine Datenschutzbeauftragte oder einen Datenschutzbeauftragten. Dies gilt auch für öffentliche Stellen, die am Wettbewerb teilnehmen.

(2) Für mehrere öffentliche Stellen kann unter Berücksichtigung ihrer Organisationsstruktur und ihrer Größe eine gemeinsame Datenschutzbeauftragte oder ein gemeinsamer Datenschutzbeauftragter benannt werden.

(3) Für die auf Grund Absatz 1 Satz 1 oder Absatz 2 benannte Person wird eine Vertreterin oder ein Vertreter benannt. Für die Vertreterin oder den Vertreter gelten die Vorschriften dieses Kapitels entsprechend.

(4) Die oder der Datenschutzbeauftragte wird auf der Grundlage der beruflichen Qualifikation und insbesondere des Fachwissens benannt, das sie oder er auf dem Gebiet des Datenschutzrechts und der Datenschutzpraxis besitzt, sowie auf der Grundlage ihrer oder seiner Fähigkeit zur Erfüllung der in § 6 genannten Aufgaben.

(5) Die oder der Datenschutzbeauftragte kann Beschäftigte oder Beschäftigter der öffentlichen Stelle sein oder ihre oder seine Aufgaben auf der Grundlage eines Dienstleistungsvertrags erfüllen.

(6) Die öffentliche Stelle veröffentlicht die Kontaktdaten der oder des Datenschutzbeauftragten und teilt diese Daten der oder dem Berliner Beauftragten für Datenschutz und Informationsfreiheit mit.

§ 5
Stellung

(1) Die öffentliche Stelle stellt sicher, dass die oder der Datenschutzbeauftragte ordnungsgemäß und frühzeitig in alle mit dem Schutz personenbezogener Daten zusammenhängenden Fragen eingebunden wird.

(2) Die öffentliche Stelle unterstützt die Datenschutzbeauftragte oder den Datenschutzbeauftragten bei der Erfüllung ihrer oder seiner Aufgaben gemäß § 6, indem sie die für die Erfüllung dieser Aufgaben erforderlichen Ressourcen und den Zugang zu personenbezogenen Daten und Verarbeitungsvorgängen sowie die zur Erhaltung ihres oder seines Fachwissens erforderlichen Ressourcen zur Verfügung stellt.

(3) Die öffentliche Stelle stellt sicher, dass die oder der Datenschutzbeauftragte bei der Erfüllung ihrer oder seiner Aufgaben keine Anweisungen bezüglich der Ausübung dieser Aufgaben erhält. Die oder der Datenschutzbeauftragte berichtet unmittelbar der höchsten Leitungsebene der öffentlichen Stelle. Die oder der Datenschutzbeauftragte darf von der öffentlichen Stelle wegen der Erfüllung ihrer oder seiner Aufgaben nicht abberufen oder benachteiligt werden.

(4) Die Abberufung der oder des Datenschutzbeauftragten ist nur in entsprechender Anwendung des § 626 des Bürgerlichen Gesetzbuchs zulässig. Die Kündigung des Arbeitsverhältnisses ist unzulässig, es sei denn, dass Tatsachen vorliegen, welche die öffentliche Stelle zur Kündigung aus wichtigem Grund ohne Einhaltung einer Kündigungsfrist berechtigen. Nach dem Ende der Tätigkeit als Datenschutzbeauftragte oder als Datenschutzbeauftragter ist die Kündigung des Arbeitsverhältnisses innerhalb eines Jahres unzulässig, es sei denn, dass die öffentliche Stelle zur Kündigung aus wichtigem Grund ohne Einhaltung einer Kündigungsfrist berechtigt ist.

(5) Betroffene Personen können die Datenschutzbeauftragte oder den Datenschutzbeauftragten zu allen mit der Verarbeitung ihrer personenbezogenen Daten und mit der Wahrnehmung ihrer Rechte gemäß der Verordnung (EU) 2016/679, diesem Gesetz sowie anderen Rechtsvorschriften über den Datenschutz im Zusammenhang stehenden Fragen zu Rate ziehen. Die oder der Datenschutzbeauftragte ist zur Verschwiegenheit über die Identität der betroffenen Personen sowie über Umstände, die Rückschlüsse auf die betroffenen Personen zulassen, verpflichtet, soweit sie oder er nicht davon durch die betroffenen Personen befreit wird.

(6) Wenn die oder der Datenschutzbeauftragte bei ihrer oder seiner Tätigkeit Kenntnis von Daten erhält, für die der Leitung oder einer bei der öffentlichen Stelle beschäftigten Person aus beruflichen Gründen ein Zeugnisverweigerungsrecht zusteht, steht dieses Recht auch der oder dem Datenschutzbeauftragten und den ihr oder ihm unterstellten Beschäftigten zu. Über die Ausübung dieses Rechts entscheidet die Person, der das Zeugnisverweigerungsrecht aus beruflichen Gründen zusteht, es sei denn, dass diese Entscheidung in absehbarer Zeit nicht herbeigeführt werden kann. Soweit das Zeugnisverweigerungsrecht der oder des Datenschutzbeauftragten reicht, unterliegen ihre oder seine Akten und andere Dokumente einem Beschlagnahmeverbot.

§ 6
Aufgaben

(1) Der oder dem Datenschutzbeauftragten obliegen zumindest folgende Aufgaben:

1. Unterrichtung und Beratung der öffentlichen Stelle und der Beschäftigten, die Verarbeitungen durchführen, hinsichtlich ihrer Pflichten nach diesem Gesetz und sonstigen Vorschriften über den Datenschutz, einschließlich der zur Umsetzung der Richtlinie (EU) 2016/680 erlassenen Rechtsvorschriften;
2. Überwachung der Einhaltung dieses Gesetzes und sonstiger Vorschriften über den Datenschutz, einschließlich der zur Umsetzung der Richtlinie (EU) 2016/680 erlassenen Rechtsvorschriften, sowie der Strategien der öffentlichen Stelle für den Schutz personenbezogener Daten, einschließlich der Zuweisung von Zuständigkeiten, der Sensibilisierung und der Schulung der an den Verarbeitungsvorgängen beteiligten Beschäftigten und der diesbezüglichen Überprüfungen;
3. Beratung im Zusammenhang mit der Datenschutz-Folgenabschätzung und Überwachung ihrer Durchführung gemäß § 53;
4. Zusammenarbeit mit der Aufsichtsbehörde;
5. Tätigkeit als Anlaufstelle für die Aufsichtsbehörde in mit der Verarbeitung zusammenhängenden Fragen, einschließlich der vorherigen Konsultation gemäß § 55 und gegebenenfalls Beratung zu allen sonstigen Fragen.

(2) Die in Absatz 1 genannten Aufgaben der oder des Datenschutzbeauftragten beziehen sich nicht auf die Verarbeitung von personenbezogenen Daten durch Gerichte im Rahmen ihrer justiziellen Tätigkeit und durch den Rechnungshof im Rahmen seiner unabhängigen Tätigkeit.

(3) Die oder der Datenschutzbeauftragte kann andere Aufgaben und Pflichten wahrnehmen. Die öffentliche Stelle stellt sicher, dass derartige Aufgaben und Pflichten nicht zu einem Interessenkonflikt führen.

(4) Die oder der Datenschutzbeauftragte trägt bei der Erfüllung ihrer oder seiner Aufgaben dem mit den Verarbeitungsvorgängen verbundenen Risiko gebührend Rechnung, wobei sie oder er die Art, den Umfang, die Umstände und die Zwecke der Verarbeitung berücksichtigt.

KAPITEL 4
Berliner Beauftragte oder Beauftragter für Datenschutz und Informationsfreiheit

§ 7
Errichtung

Die oder der Berliner Beauftragte für Datenschutz und Informationsfreiheit ist eine oberste Landesbehörde.

§ 8
Zuständigkeit

(1) Die oder der Berliner Beauftragte für Datenschutz und Informationsfreiheit ist Aufsichtsbehörde für die öffentlichen Stellen des Landes Berlin. Die Vorschriften dieses Kapitels gelten auch für Auftragsverarbeiter, soweit sie nicht-öffentliche Stellen sind, bei denen dem Land die Mehrheit der Anteile gehört oder die Mehrheit der Stimmen zusteht und der Auftraggeber eine öffentliche Stelle des Landes ist.

(2) Die oder der Berliner Beauftragte für Datenschutz und Informationsfreiheit ist Aufsichtsbehörde nach § 40 des Bundesdatenschutzgesetzes für die Datenverarbeitung nicht-öffentlicher Stellen und öffentlicher Stellen, soweit diese am Wettbewerb teilnehmen.

(3) Die oder der Berliner Beauftragte für Datenschutz und Informationsfreiheit ist nicht zuständig für die Aufsicht über die von den Gerichten im Rahmen ihrer justiziellen Tätigkeit oder über die vom Rechnungshof in unabhängiger Tätigkeit vorgenommenen Verarbeitungen personenbezogener Daten.

§ 9
Ernennung und Beendigung des Amtsverhältnisses

(1) Die oder der Berliner Beauftragte für Datenschutz und Informationsfreiheit wird vom Abgeordnetenhaus mit den Stimmen der Mehrheit seiner Mitglieder gewählt und von der Präsidentin oder dem Präsidenten des Abgeordnetenhauses ernannt. Sie oder er nimmt zugleich die Aufgaben der oder des Landesbeauftragten für das Recht auf Akteneinsicht nach § 18 Absatz 1 des Berliner Informationsfreiheitsgesetzes vom 15. Oktober 1999 (GVBl. S. 561), das zuletzt durch Artikel 21 des Gesetzes vom 2. Februar 2018 (GVBl. S. 160) geändert worden ist, wahr und führt die Amts- und Funktionsbezeichnung „Berliner Beauftragter für Datenschutz und Informationsfreiheit“ in weiblicher oder männlicher Form. Die oder der Berliner Beauftragte für Datenschutz und Informationsfreiheit muss über die zur Erfüllung ihrer oder seiner Aufgaben und Ausübung ihrer oder seiner Befugnisse erforderliche Qualifikation, Erfahrung und Sachkunde insbesondere im Bereich des Schutzes personenbezogener Daten verfügen. Sie oder er muss über durch einschlägige Berufserfahrung erworbene Kenntnisse des Datenschutzrechts verfügen und die Befähigung zum Richteramt oder höheren Verwaltungsdienst besitzen.

(2) Die oder der Berliner Beauftragte für Datenschutz und Informationsfreiheit leistet vor der Präsidentin oder dem Präsidenten des Abgeordnetenhauses folgenden Eid: „Ich schwöre, mein Amt gerecht und unparteiisch getreu dem Grundgesetz, der Verfassung von Berlin und den Gesetzen zu führen und meine ganze Kraft dafür einzusetzen, so wahr mir Gott helfe.“ Der Eid kann auch ohne religiöse Beteuerung geleistet werden.

(3) Die Amtszeit beträgt fünf Jahre. Das Amtsverhältnis endet mit Ablauf der Amtszeit, durch Entlassung oder Rücktritt. Nach dem Ende der Amtszeit bleibt die oder der Berliner Beauftragte für Datenschutz und Informationsfreiheit auf Aufforderung des Präsidiums des Abgeordnetenhauses bis zur Ernennung einer Nachfolgerin oder eines Nachfolgers im Amt, längstens jedoch für neun Monate. Die einmalige Wiederwahl ist zulässig. Vor Ablauf der Amtszeit kann die oder der Berliner Beauftragte für Datenschutz und Informationsfreiheit entlassen werden, wenn sie oder er eine schwere Verfehlung begangen hat oder die Voraussetzungen für die Wahrnehmung der Aufgaben nicht mehr erfüllt sind.

§ 10
Rechtsstellung

(1) Die oder der Berliner Beauftragte für Datenschutz und Informationsfreiheit steht nach Maßgabe dieses Gesetzes in einem öffentlich-rechtlichen Amtsverhältnis.

(2) Die oder der Berliner Beauftragte für Datenschutz und Informationsfreiheit handelt bei der Erfüllung ihrer oder seiner Aufgaben und bei der Ausübung ihrer oder seiner Befugnisse völlig unabhängig. Sie oder er unterliegt weder direkter noch indirekter Beeinflussung von außen und ersucht weder um Weisung noch nimmt sie oder er Weisungen entgegen.

(3) Die oder der Berliner Beauftragte für Datenschutz und Informationsfreiheit untersteht der Rechnungsprüfung des Rechnungshofs, soweit hierdurch ihre oder seine Unabhängigkeit nicht beeinträchtigt wird.

(4) Die oder der Berliner Beauftragte für Datenschutz und Informationsfreiheit sieht von allen mit den Aufgaben dieses Amtes nicht zu vereinbarenden Handlungen ab und übt während der Amtszeit keine andere mit diesem Amt nicht zu vereinbarende entgeltliche oder unentgeltliche Tätigkeit aus. Insbesondere darf sie oder er neben diesem Amt kein weiteres besoldetes Amt, kein Gewerbe und keinen Beruf ausüben und weder der Leitung, dem Aufsichtsrat oder dem Verwaltungsrat eines auf Erwerb gerichteten Unternehmens noch einer Regierung oder einer gesetzgebenden Körperschaft des Bundes oder eines Landes angehören. Sie oder er darf nicht gegen Entgelt außergerichtliche Gutachten abgeben.

(5) Die oder der Berliner Beauftragte für Datenschutz ist, auch nach Beendigung des Amtsverhältnisses, verpflichtet, über die ihr oder ihm amtlich bekanntgewordenen Angelegenheiten Verschwiegenheit zu bewahren. Dies gilt nicht für Mitteilungen im dienstlichen Verkehr oder über Tatsachen, die offenkundig sind oder ihrer Bedeutung nach keiner Geheimhaltung bedürfen. Die oder der Berliner Beauftragte für Datenschutz und Informationsfreiheit entscheidet nach pflichtgemäßem Ermessen, ob und inwieweit sie oder er über solche Angelegenheiten vor Gericht oder außergerichtlich aussagt oder Erklärungen abgibt; wenn sie oder er nicht mehr im Amt ist, ist die Genehmigung der oder des amtierenden Berliner Beauftragten für Datenschutz und Informationsfreiheit erforderlich.

(6) Im Übrigen wird die Rechtsstellung der oder des Berliner Beauftragten für Datenschutz und Informationsfreiheit durch Vertrag geregelt. Soweit in diesem Gesetz und im Vertrag keine abweichenden Bestimmungen getroffen worden sind, finden die für Beamtinnen und Beamte des Landes Berlin geltenden Vorschriften in dem Umfang sinngemäß Anwendung, als sie dem Wesen des Amtsverhältnisses entsprechen.

§ 11
Aufgaben

(1) Die oder der Berliner Beauftragte für Datenschutz und Informationsfreiheit hat unbeschadet anderer in der Verordnung (EU) 2016/679 genannten Aufgaben die Aufgaben,

1. die Anwendung dieses Gesetzes und sonstiger Vorschriften über den Datenschutz, einschließlich der zur Umsetzung der Richtlinie (EU) 2016/680 erlassenen Rechtsvorschriften, zu überwachen und durchzusetzen,

2. die Öffentlichkeit für die Risiken, Vorschriften, Garantien und Rechte im Zusammenhang mit der Verarbeitung personenbezogener Daten zu sensibilisieren und sie darüber aufzuklären, wobei spezifische Maßnahmen für Kinder besondere Beachtung finden,
3. das Abgeordnetenhaus, den Senat und andere Einrichtungen und Gremien über legislative und administrative Maßnahmen zum Schutz der Rechte und Freiheiten natürlicher Personen in Bezug auf die Verarbeitung personenbezogener Daten zu beraten,
4. die Verantwortlichen und die Auftragsverarbeiter für die ihnen aus diesem Gesetz und sonstigen Vorschriften über den Datenschutz, einschließlich den zur Umsetzung der Richtlinie (EU) 2016/680 erlassenen Rechtsvorschriften, entstehenden Pflichten zu sensibilisieren,
5. auf Anfrage jeder betroffenen Person Informationen über die Ausübung ihrer Rechte auf Grund dieses Gesetzes und sonstiger Vorschriften über den Datenschutz, einschließlich der zur Umsetzung der Richtlinie (EU) 2016/680 erlassenen Rechtsvorschriften, zur Verfügung zu stellen und gegebenenfalls zu diesem Zweck mit den Aufsichtsbehörden des Bundes, der Länder oder anderer Mitgliedstaaten der Europäischen Union zusammenzuarbeiten,
6. sich mit Beschwerden einer betroffenen Person oder Beschwerden einer Stelle, einer Organisation oder eines Verbandes gemäß Artikel 55 der Richtlinie (EU) 2016/680 zu befassen, den Gegenstand der Beschwerde in angemessenem Umfang zu untersuchen und den Beschwerdeführenden innerhalb einer angemessenen Frist über den Fortgang und das Ergebnis der Untersuchung zu unterrichten, insbesondere, wenn eine weitere Untersuchung oder Koordinierung mit einer anderen Aufsichtsbehörde notwendig ist,
7. mit anderen Aufsichtsbehörden zusammenzuarbeiten, auch durch Informationsaustausch, und ihnen Amtshilfe zu leisten, um die einheitliche Anwendung und Durchsetzung dieses Gesetzes und sonstiger Vorschriften über den Datenschutz, einschließlich der zur Umsetzung der Richtlinie (EU) 2016/680 erlassenen Rechtsvorschriften, zu gewährleisten,
8. Untersuchungen über die Anwendung dieses Gesetzes und sonstiger Vorschriften über den Datenschutz, einschließlich der zur Umsetzung der Richtlinie (EU) 2016/680 erlassenen Rechtsvorschriften, durchzuführen, auch auf der Grundlage von Informationen einer anderen Aufsichtsbehörde oder einer anderen Behörde,
9. maßgebliche Entwicklungen zu verfolgen, soweit sie sich auf den Schutz personenbezogener Daten auswirken, insbesondere die Entwicklung der Informations- und Kommunikationstechnologie und der Geschäftspraktiken,
10. Beratung in Bezug auf die in § 55 genannten Verarbeitungsvorgänge zu leisten und
11. Beiträge zur Tätigkeit des Europäischen Datenschutzausschusses zu leisten.

Im Anwendungsbereich der Richtlinie (EU) 2016/680 nimmt die oder der Berliner Beauftragte für Datenschutz und Informationsfreiheit zudem die Aufgabe nach § 46 wahr.

(2) Zur Erfüllung der in Absatz 1 Satz 1 Nummer 3 genannten Aufgabe kann die oder der Berliner Beauftragte für Datenschutz und Informationsfreiheit zu allen Fragen, die im Zusammenhang mit dem Schutz personenbezogener Daten stehen, von sich aus oder auf Anfrage Stellungnahmen an das Abgeordnetenhaus oder einen seiner Ausschüsse, den Senat, sonstige Einrichtungen und Stellen sowie an die Öffentlichkeit richten.

(3) Die oder der Berliner Beauftragte für Datenschutz und Informationsfreiheit erleichtert das Einreichen der in Absatz 1 Satz 1 Nummer 6 genannten Beschwerden durch Maßnahmen wie etwa die Bereitstellung eines Beschwerdeformulars, das auch elektronisch ausgefüllt werden kann, ohne dass andere Kommunikationsmittel ausgeschlossen werden.

(4) Die Erfüllung der Aufgaben der oder des Berliner Beauftragten für Datenschutz und Informationsfreiheit ist für die betroffene Person unentgeltlich. Bei offenkundig unbegründeten oder exzessiven Anfragen, insbesondere im Fall von häufiger Wiederholung, kann die oder der Berliner Beauftragte für Datenschutz und Informationsfreiheit eine angemessene Gebühr auf der Grundlage der Verwaltungskosten verlangen oder sich weigern, auf

Grund der Anfrage tätig zu werden. In diesem Fall trägt die oder der Berliner Beauftragte für Datenschutz und Informationsfreiheit die Beweislast für den offenkundig unbegründeten oder exzessiven Charakter der Anfrage.

§ 12
Tätigkeitsbericht

(1) Die oder der Berliner Beauftragte für Datenschutz und Informationsfreiheit erstellt einen Jahresbericht über ihre oder seine Tätigkeit, der eine Liste der Arten der gemeldeten Verstöße und der Arten der getroffenen Maßnahmen, einschließlich der verhängten Sanktionen und der Maßnahmen nach Artikel 58 Absatz 2 der Verordnung (EU) 2016/679, enthalten kann. Die oder der Berliner Beauftragte für Datenschutz und Informationsfreiheit übermittelt den Bericht dem Abgeordnetenhaus und dem Senat und macht ihn der Öffentlichkeit, der Europäischen Kommission und dem Europäischen Datenschutzausschuss zugänglich.

(2) Der Senat legt dem Abgeordnetenhaus zu dem Tätigkeitsbericht innerhalb von sechs Monaten nach dessen Vorlage eine Stellungnahme vor, soweit der Tätigkeitsbericht seinen Zuständigkeitsbeziehungsweise Verantwortungsbereich betrifft.

§ 13
Befugnisse

(1) Die oder der Berliner Beauftragte für Datenschutz und Informationsfreiheit nimmt im Anwendungsbereich der Verordnung (EU) 2016/679 die Befugnisse gemäß Artikel 58 der Verordnung (EU) 2016/679 wahr. Die oder der Berliner Beauftragte für Datenschutz und Informationsfreiheit kann im Falle von Verstößen gegen Vorschriften der Verordnung (EU) 2016/679, dieses Gesetzes sowie andere Vorschriften über den Datenschutz, diese mit der Aufforderung beanstanden, innerhalb einer bestimmten, angemessenen Frist Stellung zu nehmen sowie Maßnahmen darzustellen, die die Verstöße beseitigen sollen.

(2) Stellt die oder der Berliner Beauftragte für Datenschutz und Informationsfreiheit bei Datenverarbeitungen durch öffentliche Stellen zu Zwecken außerhalb des Anwendungsbereichs der Verordnung (EU) 2016/679 Verstöße gegen die Vorschriften dieses Gesetzes oder gegen andere Vorschriften über den Datenschutz oder sonstige Mängel bei der Verarbeitung oder Nutzung personenbezogener Daten fest, so beanstandet sie oder er dies gegenüber dem Verantwortlichen und fordert diesen zur Stellungnahme innerhalb einer von ihr oder ihm zu bestimmenden angemessenen Frist auf. Die oder der Berliner Beauftragte für Datenschutz und Informationsfreiheit kann von einer Beanstandung absehen oder auf eine Stellungnahme verzichten, insbesondere wenn es sich um unerhebliche oder inzwischen beseitigte Mängel handelt. Die Stellungnahme soll auch eine Darstellung der Maßnahmen enthalten, die auf Grund der Beanstandung der oder des Berliner Beauftragten für Datenschutz und Informationsfreiheit getroffen worden sind. Die oder der Berliner Beauftragte für Datenschutz und Informationsfreiheit kann den Verantwortlichen auch davor warnen, dass beabsichtigte Verarbeitungsvorgänge voraussichtlich gegen in diesem Gesetz enthaltene und andere auf die jeweilige Datenverarbeitung anzuwendende Vorschriften über den Datenschutz verstoßen.

(3) Sofern in den Fällen des Absatzes 1 Satz 2 und Absatz 2 Satz 1 die beanstandeten Verstöße oder Mängel auch unter Berücksichtigung der Stellungnahme weiterhin bestehen, kann die oder der Berliner Beauftragte für Datenschutz und Informationsfreiheit dem für die öffentliche Stelle jeweils zuständigen Ausschuss des Abgeordnetenhauses Bericht erstatten und hierfür die Aufnahme auf die Tagesordnung einer Sitzung des Ausschusses verlangen, wenn ein vorheriger Einigungsversuch mit der öffentlichen Stelle erfolglos geblieben ist. Dieses Recht besteht auch ohne vorherigen Einigungsversuch, wenn die Stel-

lungnahme nicht innerhalb der bestimmten Frist erfolgt; dies gilt auch, wenn die oder der Berliner Beauftragte für Datenschutz und Informationsfreiheit die öffentliche Stelle zu einer weiteren Stellungnahme unter Setzung einer angemessenen Frist auffordert. Verfahren, Form und Frist für die Aufnahme auf die Tagesordnung des jeweils zuständigen Ausschusses richten sich nach den durch das Abgeordnetenhaus festgelegten Regelungen. Die Rechte der Abgeordneten, insbesondere zur Gestaltung der Sitzung in dem Ausschuss, bleiben unberührt. Andere Rechte der oder des Berliner Beauftragten für Datenschutz und Informationsfreiheit, insbesondere das Recht aus Artikel 58 Absatz 3 Buchstabe b der Verordnung (EU) 2016/679 und aus § 11 Absatz 2, bleiben unberührt.

(4) Die öffentlichen Stellen sind verpflichtet, der oder dem Berliner Beauftragten für Datenschutz und Informationsfreiheit und ihren oder seinen Beauftragten

1. jederzeit Zugang zu den Diensträumen, einschließlich aller Datenverarbeitungsanlagen und -geräte, zu gewähren und
2. alle Informationen, die für die Erfüllung ihrer oder seiner Aufgaben erforderlich sind, bereitzustellen.

(5) Die oder der Berliner Beauftragte für Datenschutz und Informationsfreiheit ist befugt, die durch sie oder ihn festgestellten Verstöße gegen Vorschriften der Verordnung (EU) 2016/679, dieses Gesetzes sowie anderer Vorschriften über den Datenschutz bei den zuständigen Justizbehörden zur Kenntnis zu bringen und personenbezogene Daten zu übermitteln, soweit dies zur Durchführung des jeweiligen Ermittlungsverfahrens erforderlich ist.

(6) Soweit es für die Erfüllung ihrer oder seiner Aufgaben erforderlich ist, kann die oder der Berliner Beauftragte für Datenschutz und Informationsfreiheit personenbezogene Daten verarbeiten. Dies gilt auch für die Verarbeitung von besonderen Kategorien personenbezogener Daten im Sinne von Artikel 9 Absatz 1 der Verordnung (EU) 2016/679, soweit ein erhebliches öffentliches Interesse dies erfordert. Ein erhebliches öffentliches Interesse nach Satz 2 liegt insbesondere vor, wenn die oder der Berliner Beauftragte für Datenschutz und Informationsfreiheit Aufgaben nach Artikel 57 Absatz 1 Buchstaben a, d bis h, l, o und t der Verordnung (EU) 2016/679 und nach § 11 Absatz 1 Nummern 1, 4 bis 8 und 10 bis 11 sowie § 46 und § 68 wahrnimmt.

(7) Soweit die oder der Berliner Beauftragte für Datenschutz und Informationsfreiheit Adressatin oder Adressat eines Beschlusses des Europäischen Datenschutzausschusses ist, hat sie oder er das Recht, unter den in Artikel 263 des Vertrages über die Arbeitsweise der Europäischen Union genannten Voraussetzungen binnen zwei Monaten nach dessen Übermittlung beim Europäischen Gerichtshof eine Klage auf Nichtigerklärung des Beschlusses zu erheben.

(8) Für die Verpflichtung nach Absatz 4 wird das Grundrecht der Unverletzlichkeit der Wohnung (Artikel 13 des Grundgesetzes, Artikel 28 Absatz 2 Satz 1 der Verfassung von Berlin) für die Betriebs- und Geschäftszeit eingeschränkt.

TEIL 2
Durchführungsbestimmungen für Verarbeitungen zu Zwecken gemäß Artikel 2 der Verordnung (EU) 2016/679

KAPITEL 1
Grundsätze der Verarbeitung personenbezogener Daten

§ 14
Verarbeitung besonderer Kategorien personenbezogener Daten

(1) Neben den in Artikel 9 Absatz 2 der Verordnung (EU) 2016/679 unmittelbar genannten Ausnahmen vom Verarbeitungsverbot können besondere Kategorien personenbezoge-

ner Daten im Sinne des Artikels 9 Absatz 1 der Verordnung (EU) 2016/679 in Ausgestaltung von Artikel 9 Absatz 2 Buchstaben b, h und i verarbeitet werden, wenn dies erforderlich ist

1. damit der Verantwortliche oder die betroffene Person die ihm oder ihr aus dem Dienst- und Arbeitsrecht und dem Recht der sozialen Sicherheit und des Sozialschutzes erwachsenden Rechte ausüben und seinen oder ihren diesbezüglichen Pflichten nachkommen kann,
2. zum Zweck der Gesundheitsvorsorge oder der Arbeitsmedizin, für die Beurteilung der Arbeitsfähigkeit der Beschäftigten, für die medizinische Diagnostik, die Versorgung oder Behandlung im Gesundheits- oder Sozialbereich oder für die Verwaltung von Systemen oder Diensten im Gesundheits- oder Sozialbereich unter den Voraussetzungen des Artikels 9 Absatz 3 der Verordnung (EU) 2016/679 oder
3. aus Gründen des öffentlichen Interesses im Bereich der öffentlichen Gesundheit, wie dem Schutz vor schwerwiegenden grenzüberschreitenden Gesundheitsgefahren oder zur Gewährleistung hoher Qualitäts- und Sicherheitsstandards bei der Gesundheitsversorgung und bei Arzneimitteln und Medizinprodukten; ergänzend zu den in Absatz 3 genannten Maßnahmen sind insbesondere die berufsrechtlichen und strafrechtlichen Vorgaben zur Wahrung des Berufsgeheimnisses einzuhalten.

(2) Die Verarbeitung besonderer Kategorien personenbezogener Daten ist über Absatz 1 hinaus in Ausgestaltung von Artikel 9 Absatz 2 Buchstabe g der Verordnung (EU) 2016/679 zulässig, wenn sie erforderlich ist

1. zur Abwehr einer erheblichen Gefahr für die öffentliche Sicherheit oder
2. zur Abwehr erheblicher Nachteile für das Gemeinwohl oder zur Wahrung erheblicher Belange des Gemeinwohls,

und die Interessen des Verantwortlichen an der Datenverarbeitung die Interessen der betroffenen Person überwiegen.

(3) Bei der Verarbeitung besonderer Kategorien personenbezogener Daten im Sinne des Artikels 9 Absatz 1 der Verordnung (EU) 2016/679 sind angemessene und spezifische Maßnahmen zur Wahrung der Interessen der betroffenen Person vorzusehen. Unter Berücksichtigung des Stands der Technik, der Implementierungskosten und der Art, des Umfangs, der Umstände und der Zwecke der Verarbeitung sowie der unterschiedlichen Eintrittswahrscheinlichkeit und Schwere der mit der Verarbeitung verbundenen Risiken für die Rechte und Freiheiten natürlicher Personen können dazu insbesondere gehören:

1. die Maßnahmen gemäß § 26,
2. Sensibilisierung der an Verarbeitungsvorgängen Beteiligten,
3. Beschränkung des Zugangs für dem Verantwortlichen oder dem Auftragsverarbeiter unterstellte Personen zu personenbezogenen Daten und
4. spezifische Verfahrensregelungen, die im Falle einer Übermittlung oder Verarbeitung für andere Zwecke, die Einhaltung der Vorgaben dieses Gesetzes sowie der Verordnung (EU) 2016/679 sicherstellen.

§ 15
Verarbeitung zu anderen Zwecken

(1) Die Verarbeitung personenbezogener Daten zu einem anderen Zweck, als demjenigen, zu dem die personenbezogenen Daten erhoben wurden, ist auf Grund von Artikel 6 Absatz 4 Satz 1 1. Halbsatz der Verordnung (EU) 2016/679 in Verbindung mit den in Artikel 23 Absatz 1 der Verordnung (EU) 2016/679 genannten Zielen zulässig, wenn

1. sie zum Schutz lebenswichtiger Interessen einer natürlichen Person erforderlich und die betroffene Person aus rechtlichen oder tatsächlichen Gründen nicht in der Lage ist, die Einwilligung zu erteilen;

2. sie zur Abwehr erheblicher Nachteile für das Gemeinwohl oder einer unmittelbar drohenden Gefahr für die öffentliche Sicherheit oder zur Sicherung des Steuer- und Zollaufkommens erforderlich ist;
3. sich bei Gelegenheit der rechtmäßigen Aufgabenerfüllung Anhaltspunkte für Straftaten oder Ordnungswidrigkeiten ergeben und die Unterrichtung der für die Verfolgung oder Vollstreckung zuständigen Behörden erforderlich erscheint;
4. die Daten aus allgemein zugänglichen Quellen erhoben werden können oder die verantwortliche Stelle sie veröffentlichen dürfte, soweit nicht schutzwürdige Interessen der betroffenen Person offensichtlich entgegenstehen;
5. sie der Wahrnehmung von Aufsichts- und Kontrollbefugnissen, der internen Revision, der Rechnungsprüfung oder der Durchführung von Organisationsuntersuchungen dient; der Zugriff auf personenbezogene Daten ist insoweit nur zulässig, als er für die Ausübung dieser Befugnisse erforderlich ist;
6. sie zu Aus- und Fortbildungszwecken erforderlich ist und schutzwürdige Belange der betroffenen Person dem nicht entgegenstehen; zu Test- und Prüfungszwecken dürfen personenbezogene Daten nicht verarbeitet werden.

Personenbezogene Daten, die ausschließlich zu Zwecken der Datenschutzkontrolle, der Datensicherung oder zur Sicherstellung des ordnungsgemäßen Betriebs einer Datenverarbeitungsanlage gespeichert werden, dürfen nicht für andere Zwecke verarbeitet werden.

(2) Absatz 1 Satz 1 Nummer 2 und 3 findet keine Anwendung, wenn die personenbezogenen Daten einem Berufs- oder besonderen Amtsgeheimnis unterliegen und sie der datenverarbeitenden Stelle von der zur Verschwiegenheit verpflichteten Person in Ausübung ihrer Berufs- oder Amtspflicht übermittelt worden sind.

(3) In den Fällen des Absatzes 1 Satz 1 Nummer 2, 3 und 5 unterbleibt abweichend von Artikel 13 Absatz 3 und Artikel 14 Absatz 4 der Verordnung (EU) 2016/679 eine Information der betroffenen Person über die Verarbeitung personenbezogener Daten, soweit und solange der Zweck der Verarbeitung gefährdet würde. Die Gründe für ein Absehen von der Information sind zu protokollieren. § 23 Absatz 3 gilt entsprechend.

(4) Sind personenbezogene Daten derart verbunden, dass ihre Trennung nach verschiedenen Zwecken auch durch Vervielfältigen und Unkenntlichmachung nicht oder nur mit unverhältnismäßig großem Aufwand möglich ist, so tritt an die Stelle der Trennung ein Verwertungsverbot nach Maßgabe des Absatzes 1 für die Daten, die nicht dem Zweck der jeweiligen Verarbeitung dienen.

(5) Die Verarbeitung besonderer Kategorien personenbezogener Daten im Sinne des Artikels 9 Absatz 1 der Verordnung (EU) 2016/679 zu einem anderen Zweck als zu demjenigen, zu dem die Daten erhoben wurden, ist zulässig, wenn die Voraussetzungen nach § 14 Absatz 2 und ein Ausnahmetatbestand nach Artikel 9 Absatz 2 der Verordnung (EU) 2016/679 oder nach § 14 Absatz 1 vorliegen.

§ 16
Verantwortlichkeit bei der Übermittlung personenbezogener Daten

(1) Erfolgt die Übermittlung auf Grund eines Ersuchens einer öffentlichen Stelle, trägt diese die Verantwortung für die Rechtmäßigkeit der Übermittlung. Die übermittelnde Stelle hat lediglich zu prüfen, ob das Übermittlungsersuchen im Rahmen der Aufgaben der ersuchenden Stelle liegt. Die Rechtmäßigkeit des Ersuchens prüft sie nur, wenn im Einzelfall hierzu Anlass besteht. Die ersuchende Stelle hat in dem Ersuchen die für diese Prüfung erforderlichen Angaben zu machen.

(2) Erfolgt die Übermittlung durch ein automatisiertes Verfahren auf Abruf nach § 21, trägt die abrufende Stelle die Verantwortung für die Rechtmäßigkeit der Übermittlung. Die übermittelnde Stelle prüft die Zulässigkeit der Abrufe nur, wenn dazu Anlass besteht. Die übermittelnde Stelle gewährleistet, dass die Übermittlung personenbezogener Daten zumindest durch geeignete Stichprobenverfahren festgestellt und überprüft werden kann.

KAPITEL 2
Besondere Verarbeitungssituationen

§ 17
Verarbeitung personenbezogener Daten zu wissenschaftlichen oder historischen Forschungszwecken und zu statistischen Zwecken

(1) Die Verarbeitung personenbezogener Daten, einschließlich besonderer Kategorien personenbezogener Daten im Sinne von Artikel 9 Absatz 1 der Verordnung (EU) 2016/679, ist auch ohne Einwilligung für die Erfüllung einer Aufgabe zu im öffentlichen Interesse liegenden wissenschaftlichen oder historischen Forschungszwecken oder für statistische Zwecke zulässig, wenn das öffentliche Interesse an der Durchführung des Vorhabens die schutzwürdigen Belange der betroffenen Person erheblich überwiegt und der Zweck nicht auf andere Weise erreicht werden kann. Nach Satz 1 übermittelte Daten dürfen nicht für andere Zwecke verarbeitet werden.

(2) Die Daten sind zu anonymisieren, sobald dies nach dem Forschungszweck oder dem statistischen Zweck möglich ist, es sei denn, berechtigte Interessen der betroffenen Person stehen dem entgegen. Bis eine Anonymisierung erfolgt, sind die Merkmale gesondert zu speichern, mit denen Einzelangaben über persönliche oder sachliche Verhältnisse einer bestimmten oder bestimmbaren Person zugeordnet werden können; sie dürfen mit den Einzelangaben nur zusammengeführt werden, soweit der Forschungs- oder Statistikzweck dies erfordert. Die Daten sind zu löschen, sobald der Zweck erreicht ist. Für die Verarbeitung besonderer Kategorien personenbezogener Daten im Sinne von Artikel 9 Absatz 1 der Verordnung (EU) 2016/679 bleibt § 14 Absatz 3 unberührt.

(3) Öffentliche Stellen, die wissenschaftliche und historische Forschung betreiben, dürfen personenbezogene Daten nur veröffentlichen, wenn

1. die betroffene Person eingewilligt hat oder
2. die Veröffentlichung für die Darstellung von Forschungsergebnissen über Ereignisse der Zeitgeschichte erforderlich ist, es sei denn, dass schutzwürdige Interessen der betroffenen Person überwiegen.

(4) Die in Artikel 15, 16, 18 und 21 der Verordnung (EU) 2016/679 vorgesehenen Rechte der betroffenen Person sind insoweit beschränkt, als diese Rechte voraussichtlich die Verwirklichung der Forschungs- oder Statistikzwecke unmöglich machen oder ernsthaft beeinträchtigen und die Beschränkung für die Erfüllung der Forschungs- oder Statistikzwecke notwendig ist. Das Recht auf Auskunft gemäß Artikel 15 der Verordnung (EU) 2016/679 besteht darüber hinaus nicht, wenn die Daten für Zwecke der wissenschaftlichen Forschung erforderlich sind und die Auskunftserteilung einen unverhältnismäßigen Aufwand erfordern würde.

§ 18
Verarbeitung personenbezogener Beschäftigtendaten

Verarbeiten öffentliche Stellen personenbezogene Beschäftigtendaten im Beschäftigungskontext, gelten in Ergänzung zur Verordnung (EU) 2016/679 §§ 26, 32 bis 37, 41, 43 und 44 des Bundesdatenschutzgesetzes in der jeweils geltenden Fassung entsprechend.

§ 19
Verarbeitung personenbezogener Daten zu Zwecken der freien Meinungsäußerung und der Informationsfreiheit

(1) Soweit personenbezogene Daten in Ausübung des Rechts auf freie Meinungsäußerung und Informationsfreiheit zu journalistischen, künstlerischen oder literarischen Zwe-

cken, einschließlich der rechtmäßigen Verarbeitung auf Grund der §§ 22 und 23 des Gesetzes betreffend das Urheberrecht an Werken der bildenden Künste und der Photographie in der im Bundesgesetzblatt Teil III, Gliederungsnummer 440-3, veröffentlichten bereinigten Fassung, das zuletzt durch Artikel 3 § 31 des Gesetzes vom 16. Februar 2001 (BGBl. I S. 266) geändert worden ist, verarbeitet werden, gelten von Kapitel II bis VII sowie IX der Verordnung (EU) 2016/679 nur Artikel 5 Absatz 1 Buchstabe f sowie Artikel 24 und 32. Artikel 82 der Verordnung (EU) 2016/679 gilt mit der Maßgabe, dass die Haftung nur Schäden umfasst, die durch eine Verletzung des Datengeheimnisses oder durch unzureichende technische oder organisatorische Maßnahmen im Sinne des Artikels 5 Absatz 1 Buchstabe f der Verordnung (EU) 2016/679 eintreten.

(2) Führt die Verarbeitung personenbezogener Daten gemäß Absatz 1 Satz 1 zur Verbreitung von Gegendarstellungen der betroffenen Person oder zu Verpflichtungserklärungen, Beschlüssen oder Urteilen über die Unterlassung der Verbreitung oder über den Widerruf des Inhalts der Daten, sind diese zu den gespeicherten Daten zu nehmen und dort für dieselbe Zeitdauer aufzubewahren, wie die Daten selbst, und bei einer Übermittlung der Daten gemeinsam zu übermitteln.

§ 20
Videoüberwachung

(1) Die Verarbeitung personenbezogener Daten in öffentlich zugänglichen Räumen mit Hilfe optisch-elektronischer Einrichtungen (Videoüberwachung) ist zulässig, soweit sie zur Erfüllung einer im öffentlichen Interesse liegenden Aufgabe oder zur Wahrnehmung des Hausrechts erforderlich ist und keine Anhaltspunkte bestehen, dass schutzwürdige Interessen der betroffenen Personen überwiegen.

(2) Videoüberwachte Bereiche sind so zu kennzeichnen, dass Personen vor dem Betreten über den Umstand der Videoüberwachung sowie über den Namen und die Kontaktdaten des Verantwortlichen informiert werden.

(3) Eine Verarbeitung zu anderen Zwecken ist nur zulässig, soweit dies zur Abwehr von Gefahren für die öffentliche Sicherheit oder zur Verfolgung von Straftaten erforderlich ist.

(4) Für die Verarbeitung personenbezogener Daten aus öffentlich zugänglichen Räumen des öffentlichen Personennahverkehrs gilt abweichend von Absatz 3, dass

1. sie für einen anderen Zweck nur verarbeitet werden dürfen, soweit dies für die Verhütung oder Verfolgung von Straftaten erforderlich ist, und
2. für diesen Zweck ihre Übermittlung ausschließlich an den Polizeipräsidenten in Berlin und an die Strafverfolgungsbehörden zulässig ist.

Der Verantwortliche hat durch ein mit dem Polizeipräsidenten in Berlin abzustimmendes Sicherheitskonzept zu gewährleisten, dass Aufzeichnungen spätestens nach 48 Stunden gelöscht werden, sofern deren Speicherung nicht für einen der Zwecke des Satzes 1 Nummer 1 erforderlich ist.

(5) Unbeschadet der Verpflichtung des Verantwortlichen zur Löschung auf Grund anderer Vorschriften sind nach Absatz 1 erhobene personenbezogene Daten unverzüglich zu löschen, wenn schutzwürdige Interessen der betroffenen Person einer weiteren Speicherung entgegenstehen.

§ 21
Gemeinsames Verfahren und automatisiertes Verfahren auf Abruf

(1) Die Einrichtung eines automatisierten Verfahrens, das mehreren öffentlichen Stellen die Verarbeitung personenbezogener Daten in oder aus einem gemeinsamen Datenbestand (gemeinsames Verfahren) oder die Übermittlung an Dritte auf Abruf (automatisiertes Verfahren auf Abruf) ermöglicht, ist nur zulässig, soweit dieses Verfahren unter Berücksichtigung der Rechte und Freiheiten der betroffenen Personen und der Aufgaben der beteiligten

Stellen angemessen ist und durch technische und organisatorische Maßnahmen Risiken für die Rechte und Freiheiten der betroffenen Personen vermieden werden können. Die oder der Berliner Beauftragte für Datenschutz und Informationsfreiheit ist vor der Einrichtung zu unterrichten. Verfahren nach Satz 1, die ein hohes Risiko für die Rechte und Freiheiten der betroffenen Personen beinhalten können, sind nur zulässig, wenn die Einrichtung durch Gesetz oder auf Grund eines Gesetzes zugelassen ist.

(2) Unbeschadet des Artikels 26 der Verordnung (EU) 2016/679 ist für gemeinsame Verfahren insbesondere festzulegen, welche Verfahrensweise angewendet wird und welche Stelle jeweils für die Festlegung, Änderung, Fortentwicklung und Einhaltung von fachlichen und technischen Vorgaben für das gemeinsame Verfahren verantwortlich ist.

(3) Nicht-öffentliche Stellen können sich an gemeinsamen Verfahren und automatisierten Abrufverfahren beteiligen, wenn eine Rechtsvorschrift dies zulässt und sie sich insoweit den Vorschriften dieses Gesetzes unterwerfen.

(4) Für die Einrichtung gemeinsamer Verfahren und automatisierter Abrufverfahren für verschiedene Zwecke innerhalb einer öffentlichen Stelle gelten die Absätze 1 und 2 entsprechend.

(5) Die Absätze 1 bis 4 gelten nicht für Datenbestände, die jedermann ohne oder nach besonderer Zulassung offen stehen oder deren Veröffentlichung zulässig wäre.

(6) Die Absätze 1, 3 und 5 gelten für die Zulassung regelmäßiger automatisierter Datenübermittlungen entsprechend.

§ 22
Fernmess- und Fernwirkdienste

(1) Öffentliche Stellen dürfen ferngesteuerte Messungen oder Beobachtungen (Fernmessdienste) in Wohnungen oder Geschäftsräumen nur vornehmen oder mittels einer Übertragungseinrichtung in Wohnungen oder Geschäftsräumen andere Wirkungen nur auslösen (Fernwirkdienste), wenn die betroffene Person zuvor über den Verwendungszweck sowie über Art, Umfang und Zeitraum des Einsatzes der Dienste unterrichtet worden ist und nach der Unterrichtung schriftlich oder elektronisch eingewilligt hat. Die betroffene Person kann ihre Einwilligung jederzeit widerrufen. Das Abschalten eines Dienstes gilt im Zweifel als Widerruf der Einwilligung.

(2) Die Einrichtung von Fernmess- und Fernwirkdiensten ist nur zulässig, wenn die betroffene Person in zumutbarer Weise erkennen kann, wann ein Dienst in Anspruch genommen wird und welcher Art dieser Dienst ist, und wenn der Teilnehmer den Dienst jederzeit abschalten kann, soweit dies mit dem Vertragszweck vereinbar ist.

(3) Eine Leistung, der Abschluss oder die Abwicklung eines Vertragsverhältnisses dürfen nicht davon abhängig gemacht werden, dass die betroffene Person nach Absatz 1 Satz 1 einwilligt. Wird die Einwilligung verweigert oder widerrufen, dürfen der betroffenen Person keine Nachteile entstehen, die über die unmittelbaren Folgekosten hinausgehen.

(4) Soweit im Rahmen von Fernmess- und Fernwirkdiensten personenbezogene Daten erhoben werden, dürfen diese nur zu den vereinbarten Zwecken verarbeitet werden. Artikel 7 und 8 der Verordnung (EU) 2016/679 bleiben unberührt.

KAPITEL 3
Rechte der betroffenen Personen

§ 23
Informationspflicht bei Erhebung von personenbezogenen Daten

(1) Neben den in Artikel 13 Absatz 4 und Artikel 14 Absatz 5 der Verordnung (EU) 2016/679 genannten Ausnahmen besteht keine Pflicht zur Information der betroffenen Per-

son über die Erhebung ihrer personenbezogenen Daten, sofern die Erteilung der Information hinter dem öffentlichen Interesse an der Geheimhaltung oder einem überwiegenden Geheimhaltungsinteresse Dritter aus zwingenden Gründen zurücktreten muss. Ein Fall des Satzes 1 liegt insbesondere vor, wenn die Erteilung der Information

1. die öffentliche Sicherheit gefährden oder sonst dem Wohle des Bundes oder eines Landes erhebliche Nachteile bereiten würde,
2. die Verfolgung von Straftaten und Ordnungswidrigkeiten gefährden würde oder
3. dazu führen würde, dass Tatsachen, die nach einer öffentlichen Interessen dienenden Rechtsvorschrift oder zum Schutz der Rechte und Freiheiten anderer Personen geheim zu halten sind, aufgedeckt werden.

(2) Die Entscheidung über das Absehen von der Information trifft die Leitung der öffentlichen Stelle oder eine von ihr bestimmte, bei der öffentlichen Stelle beschäftigte Person. Die Gründe für ein Absehen von der Information sind zu dokumentieren und der oder dem behördlichen Datenschutzbeauftragten mitzuteilen. Der Verantwortliche ergreift auch weitere geeignete Maßnahmen zum Schutz der berechtigten Interessen der betroffenen Person, einschließlich der Bereitstellung der in Artikel 13 Absatz 1 und 2 und Artikel 14 Absatz 1 und 2 der Verordnung (EU) 2016/679 genannten Informationen für die Öffentlichkeit in präziser, transparenter, verständlicher und leicht zugänglicher Form in einer klaren und einfachen Sprache.

(3) Unterbleibt die Information in den Fällen des Absatzes 1 wegen eines vorübergehenden Hinderungsgrundes, kommt der Verantwortliche der Informationspflicht unter Berücksichtigung der spezifischen Umstände der Verarbeitung innerhalb einer angemessenen Frist ab Fortfall des Hinderungsgrundes nach, spätestens jedoch nach Ablauf von zwei Wochen.

(4) Der Rechnungshof ist zur Erteilung von Informationen nach Artikel 14 der Verordnung (EU) 2016/679 nicht verpflichtet, soweit er im Rahmen seiner unabhängigen Tätigkeit personenbezogene Daten verarbeitet.

§ 24
Auskunftsrecht der betroffenen Person

(1) Unbeschadet von § 17 Absatz 4 besteht das Recht der betroffenen Person auf Auskunft gemäß Artikel 15 der Verordnung (EU) 2016/679 nicht, sofern die Erteilung der Auskunft hinter dem öffentlichen Interesse an der Geheimhaltung oder einem überwiegenden Geheimhaltungsinteresse Dritter aus zwingenden Gründen zurücktreten muss. Ein Fall des Satzes 1 liegt insbesondere vor, wenn die Erteilung der Auskunft

1. die öffentliche Sicherheit gefährden oder sonst dem Wohle des Bundes oder eines Landes erhebliche Nachteile bereiten würde,
2. die Verfolgung von Straftaten und Ordnungswidrigkeiten gefährden würde oder
3. dazu führen würde, dass Tatsachen, die nach einer öffentlichen Interessen dienenden Rechtsvorschrift oder zum Schutz der Rechte und Freiheiten anderer Personen geheim zu halten sind, aufgedeckt werden.

Die betroffene Person kann keine Auskunft über personenbezogene Daten verlangen, die ausschließlich zu Zwecken der Datensicherung oder der Datenschutzkontrolle gespeichert sind und deren Verarbeitung durch geeignete technische und organisatorische Maßnahmen ausgeschlossen ist.

(2) Bezieht sich das Auskunftsersuchen auf personenbezogene Daten, die von Stellen des Verfassungsschutzes, der Gerichte, der Staatsanwaltschaft und der Polizei oder von Landesfinanzbehörden, soweit diese personenbezogene Daten für Zwecke der Verhütung, Ermittlung, Aufdeckung oder Verfolgung von Straftaten oder zu Zwecken der Strafverfolgung speichern, sowie vom Bundesnachrichtendienst, des Amtes für den Militärischen Ab-

schirmdienst und, soweit die Sicherheit des Bundes berührt wird, von anderen Behörden im Geschäftsbereich des für Verteidigung zuständigen Bundesministeriums übermittelt wurden, ist eine Auskunft nur mit Zustimmung dieser Stellen zulässig. Gleiches gilt für die Erteilung einer Auskunft, die sich auf die Übermittlung personenbezogener Daten an diese Stellen bezieht. Hierfür dürfen personenbezogene Daten der betroffenen Person im erforderlichen Umfang verarbeitet werden. Die Zustimmung nach Satz 1 und 2 darf nur versagt werden, wenn dies zum Schutz der in Artikel 23 Absatz 1 Buchstabe a bis e der Verordnung (EU) 2016/679 genannten Rechtsgüter notwendig ist.

(3) Die vollständige oder teilweise Ablehnung eines Antrags auf Auskunft bedarf keiner Begründung, soweit durch die Begründung der Zweck der Ablehnung gefährdet würde. Sowohl die Entscheidung über die Ablehnung des Antrags auf Auskunft als auch die Entscheidung über das Absehen von der Begründung obliegt der Leiterin oder dem Leiter des für die Datenverarbeitung Verantwortlichen. Die Entscheidung kann an eine der Leitung unmittelbar nachgeordnete Person übertragen werden. Die Gründe der Ablehnung sind zu dokumentieren. Soweit der Antrag auf Auskunft abgelehnt wird, hat der Verantwortliche die betroffene Person darauf hinzuweisen, dass sie ihr Auskunftsrecht auch über die Berliner Beauftragte oder den Berliner Beauftragten für Datenschutz und Informationsfreiheit ausüben kann. Macht die betroffene Person von ihrem Recht nach Satz 5 Gebrauch, ist auf ihr Verlangen der oder dem Berliner Beauftragten für Datenschutz und Informationsfreiheit die Auskunft zu erteilen, soweit nicht die jeweils zuständige oberste Landesbehörde im Einzelfall feststellt, dass dadurch die Sicherheit des Bundes oder eines Landes gefährdet würde. Die oder der Berliner Beauftragte für Datenschutz und Informationsfreiheit hat die betroffene Person zumindest darüber zu unterrichten, dass alle erforderlichen Prüfungen erfolgt sind oder eine Überprüfung durch sie oder ihn stattgefunden hat. Diese Mitteilung kann die Information enthalten, ob datenschutzrechtliche Verstöße festgestellt wurden. Die Mitteilung der oder des Berliner Beauftragten für Datenschutz und Informationsfreiheit an die betroffene Person darf keine Rückschlüsse auf den Erkenntnisstand des Verantwortlichen zulassen, sofern dieser nicht einer weitergehenden Ausnahme zugestimmt hat.

(4) Unterbleibt die Auskunft in den Fällen des Absatzes 1 wegen eines vorübergehenden Hinderungsgrundes, kommt der Verantwortliche der Auskunftspflicht unter Berücksichtigung der spezifischen Umstände der Verarbeitung innerhalb einer angemessenen Frist ab Fortfall des Hinderungsgrundes nach, spätestens jedoch nach Ablauf von zwei Wochen.

(5) Das Recht der betroffenen Person auf Auskunft über personenbezogene Daten, die durch eine öffentliche Stelle nicht automatisiert verarbeitet werden, besteht nur, soweit die betroffene Person Angaben macht, die das Auffinden der Daten ermöglichen, und der für die Erteilung der Auskunft erforderliche Aufwand nicht außer Verhältnis zu dem von der betroffenen Person geltend gemachten Informationsinteresse steht.

(6) Sind personenbezogene Daten in Akten gespeichert, so kann die betroffene Person bei der datenverarbeitenden Stelle zusätzlich zu der Auskunft nach Artikel 15 der Verordnung (EU) 2016/679 Einsicht in die Akten verlangen. Werden die Akten nicht zur betroffenen Person geführt, so können Hinweise zum Auffinden der zur betroffenen Person gespeicherten personenbezogenen Daten gefordert werden, wenn das Auffinden auf andere Weise nicht oder nur mit unverhältnismäßigem Aufwand möglich wäre. Die Einsichtnahme ist grundsätzlich unzulässig, wenn die Daten der betroffenen Person mit Daten Dritter oder geheimhaltungsbedürftigen nicht personenbezogenen Daten derart verbunden sind, dass ihre Trennung nach verschiedenen Zwecken auch durch Vervielfältigen und Unkenntlichmachung nicht oder nur mit unverhältnismäßig großem Aufwand möglich ist. Im Übrigen gelten für die Verweigerung der Einsicht in die Akten die Absätze 1 bis 3 entsprechend. 25

(7) Der Senat legt dem Abgeordnetenhaus bis zum 30. Juni 2020 einen Bericht über die Anwendung der Absätze 1 bis 5 vor.

(8) Der Rechnungshof ist zur Erteilung von Auskünften nach Artikel 15 der Verordnung (EU) 2016/679 nicht verpflichtet, soweit er im Rahmen seiner unabhängigen Tätigkeit personenbezogene Daten verarbeitet.

§ 25
Recht auf Löschung

Soweit öffentliche Stellen verpflichtet sind, Unterlagen einem öffentlichen Archiv zur Übernahme anzubieten, sind personenbezogene Daten zu löschen, wenn die Übernahme der angebotenen Unterlagen von dem öffentlichen Archiv als nicht archivwürdig abgelehnt oder wenn nach Ablauf der in § 7 Absatz 1 Satz 2 des Archivgesetzes des Landes Berlin vom 14. März 2016 (GVBl. S. 96) bestimmten Frist nach dem Angebot keine Entscheidung über die Archivwürdigkeit getroffen wurde. Soweit eine Verpflichtung nach Satz 1 besteht, tritt an die Stelle des Rechts auf Löschung nach Artikel 17 Absatz 1 Buchstabe a der Verordnung (EU) 2016/679 die Verpflichtung des Verantwortlichen, die Unterlagen unverzüglich dem öffentlichen Archiv anzubieten.

KAPITEL 4
Pflichten der Verantwortlichen und Auftragsverarbeiter

§ 26
Spezifische technische und organisatorische Maßnahmen zur Gewährleistung einer rechtmäßigen Verarbeitung

(1) Soweit die Verarbeitung personenbezogener Daten automatisiert erfolgt, hat der Verantwortliche unter Berücksichtigung des Stands der Technik, der Implementierungskosten und der Art, des Umfangs, der Umstände und der Zwecke der Verarbeitung Maßnahmen zu ergreifen, die gewährleisten, dass

1. personenbezogene Daten jederzeit ihrem Ursprung zugeordnet werden können,
2. festgestellt werden kann, wer wann welche personenbezogenen Daten in welcher Weise verarbeitet hat,
3. die Verfahrensweisen bei der Verarbeitung personenbezogener Daten vollständig, aktuell und in einer Weise dokumentiert sind, dass sie in zumutbarer Zeit nachvollzogen werden können und
4. bei der Bereitstellung personenbezogener Daten eine Trennung der Daten nach den jeweils verfolgten Zwecken und betroffenen Personen möglich ist.

(2) Vor einer Entscheidung über den Einsatz oder eine wesentliche Änderung einer automatisierten Verarbeitung personenbezogener Daten sind die zu treffenden technischen und organisatorischen Maßnahmen auf der Grundlage einer Risikoanalyse zu ermitteln und in einem Datenschutzkonzept zu dokumentieren. Entsprechend der technischen Entwicklung und bei Änderungen der mit den Verarbeitungsvorgängen verbundenen Risiken ist die Ermittlung der Maßnahmen in angemessenen Abständen zu wiederholen.

(3) Werden Systeme und Dienste, die für Verarbeitungen nach Absatz 1 genutzt werden, gewartet, so ist durch geeignete technische und organisatorische Maßnahmen sicherzustellen, dass nur auf die für die Wartung erforderlichen personenbezogenen Daten zugegriffen werden kann. Diese Maßnahmen müssen insbesondere Folgendes gewährleisten:

1. die Wartung darf nur durch autorisiertes Personal erfolgen,
2. jeder Wartungsvorgang darf nur mit Wissen und Wollen der speichernden Stelle erfolgen,

3. die unbefugte Entfernung oder Übertragung personenbezogener Daten im Rahmen der Wartung ist zu verhindern und
4. es ist sicherzustellen, dass alle Wartungsvorgänge kontrolliert und nach der Durchführung nachvollzogen werden können.

Soweit eine Wartung durch Auftragsverarbeiter erfolgt, muss der Vertrag oder das Rechtsinstrument nach Artikel 28 Absatz 3 der Verordnung (EU) 2016/679 Regelungen enthalten, die sicherstellen, dass der Auftragsverarbeiter keine personenbezogenen Daten, die ihm zur Kenntnis gelangen, an andere Stellen übermittelt. Die Durchführung von Wartungsarbeiten mit der Möglichkeit der Kenntniserlangung personenbezogener Daten durch Stellen außerhalb des Geltungsbereichs der Verordnung (EU) 2016/679 ist nur zulässig, wenn sie erforderlich sind und bei einer Übermittlung die Voraussetzungen des Artikels 45 oder 46 der Verordnung (EU) 2016/679 vorliegen.

(4) Die Regelungen der Verordnung (EU) 2016/679 werden durch die Absätze 1 bis 3 nicht eingeschränkt.

§ 27
Benachrichtigung der von einer Verletzung des Schutzes personenbezogener Daten betroffenen Person

Ergänzend zu Artikel 34 Absatz 3 der Verordnung (EU) 2016/679 gilt § 23 Absatz 1 für die Verpflichtung des Verantwortlichen, die von einer Verletzung des Schutzes personenbezogener Daten betroffene Person zu benachrichtigen, entsprechend.

KAPITEL 5
Sanktionen

§ 28
Geldbußen

Gegen öffentliche Stellen im Sinne des § 2 Absatz 1 und 2 sowie Stellen, die nach § 2 Absatz 3 den Bestimmungen dieses Gesetzes unterliegen, werden keine Geldbußen verhängt.

§ 29
Ordnungswidrigkeiten, Strafvorschriften

(1) Ordnungswidrig handelt, wer entgegen den Vorschriften der Verordnung (EU) 2016/679, dieses Gesetzes sowie anderer Vorschriften über den Datenschutz personenbezogene Daten, die nicht offenkundig sind, unbefugt verarbeitet. Die Ordnungswidrigkeit kann mit einer Geldbuße bis zu 50 000 Euro geahndet werden.

(2) Wer die in Absatz 1 bezeichneten Handlungen gegen Entgelt oder in der Absicht begeht, sich oder eine andere Person zu bereichern oder zu schädigen, wird mit Freiheitsstrafe bis zu zwei Jahren oder Geldstrafe bestraft.

(3) Die Tat nach Absatz 2 wird nur auf Antrag verfolgt. Antragsberechtigt ist die betroffene Person, der Verantwortliche und die oder der Berliner Beauftragte für Datenschutz und Informationsfreiheit.

(4) Eine Meldung nach Artikel 33 der Verordnung (EU) 2016/679 oder eine Benachrichtigung nach Artikel 34 Absatz 1 der Verordnung (EU) 2016/679 darf in einem Straf- oder Bußgeldverfahren gegen die meldepflichtige oder benachrichtigende Person oder deren in § 52 Absatz 1 der Strafprozessordnung bezeichneten Angehörigen nur mit Zustimmung der meldepflichtigen oder benachrichtigenden Person verwendet werden.

TEIL 3
Bestimmungen für Verarbeitungen zu Zwecken gemäß Artikel 1 Absatz 1 der Richtlinie (EU) 2016/680

KAPITEL 1
Anwendungsbereich, Begriffsbestimmungen und allgemeine Grundsätze für die Verarbeitung personenbezogener Daten

§ 30
Anwendungsbereich

(1) Die Vorschriften dieses Teils gelten für die Verarbeitung personenbezogener Daten durch die für die Verhütung, Ermittlung, Aufdeckung, Verfolgung oder Ahndung von Straftaten oder Ordnungswidrigkeiten, einschließlich des Schutzes vor und der Abwehr von Gefahren für die öffentliche Sicherheit, zuständigen öffentlichen Stellen, soweit sie Daten zum Zweck der Erfüllung dieser Aufgaben verarbeiten. Die öffentlichen Stellen gelten dabei als Verantwortliche.

(2) Absatz 1 findet zudem Anwendung auf diejenigen öffentlichen Stellen, die für die Vollstreckung von Strafen, von Maßnahmen im Sinne des § 11 Absatz 1 Nummer 8 des Strafgesetzbuches, von Erziehungsmaßregeln oder Zuchtmitteln im Sinne des Jugendgerichtsgesetzes und von Geldbußen zuständig sind.

(3) Soweit Teil 3 Vorschriften für Auftragsverarbeiter enthält, gilt er auch für diese.

§ 31
Begriffsbestimmungen

Es bezeichnen die Begriffe:

1. „personenbezogene Daten“ alle Informationen, die sich auf eine identifizierte oder identifizierbare natürliche Person (betroffene Person) beziehen; als identifizierbar wird eine natürliche Person angesehen, die direkt oder indirekt, insbesondere mittels Zuordnung zu einer Kennung wie einem Namen, zu einer Kennnummer, zu Standortdaten, zu einer Online-Kennung oder zu einem oder mehreren besonderen Merkmalen, die Ausdruck der physischen, physiologischen, genetischen, psychischen, wirtschaftlichen, kulturellen oder sozialen Identität dieser Person sind, identifiziert werden kann;
2. „Verarbeitung“ jeden mit oder ohne Hilfe automatisierter Verfahren ausgeführten Vorgang oder jede solche Vorgangsreihe im Zusammenhang mit personenbezogenen Daten wie das Erheben, das Erfassen, die Organisation, das Ordnen, die Speicherung, die Anpassung, die Veränderung, das Auslesen, das Abfragen, die Verwendung, die Offenlegung durch Übermittlung, Verbreitung oder eine andere Form der Bereitstellung, den Abgleich, die Verknüpfung, die Einschränkung, das Löschen oder die Vernichtung;
3. „Einschränkung der Verarbeitung“ die Markierung gespeicherter personenbezogener Daten mit dem Ziel, ihre künftige Verarbeitung einzuschränken;
4. „Profiling“ jede Art der automatisierten Verarbeitung personenbezogener Daten, bei der diese Daten verwendet werden, um bestimmte persönliche Aspekte, die sich auf eine natürliche Person beziehen, zu bewerten, insbesondere um Aspekte der Arbeitsleistung, der wirtschaftlichen Lage, der Gesundheit, der persönlichen Vorlieben, der Interessen, der Zuverlässigkeit, des Verhaltens, der Aufenthaltsorte oder der Ortswechsel dieser natürlichen Person zu analysieren oder vorherzusagen;
5. „Pseudonymisierung“ die Verarbeitung personenbezogener Daten in einer Weise, in der die Daten ohne Hinzuziehung zusätzlicher Informationen nicht mehr einer spezi-

fischen betroffenen Person zugeordnet werden können, sofern diese zusätzlichen Informationen gesondert aufbewahrt werden und technischen und organisatorischen Maßnahmen unterliegen, die gewährleisten, dass die Daten keiner betroffenen Person zugewiesen werden können;

6. „Dateisystem" jede strukturierte Sammlung personenbezogener Daten, die nach bestimmten Kriterien zugänglich sind, unabhängig davon, ob diese Sammlung zentral, dezentral oder nach funktionalen oder geografischen Gesichtspunkten geordnet geführt wird;
7. „Verantwortlicher" die juristische Person, Behörde, Einrichtung oder andere Stelle, die allein oder gemeinsam mit anderen über die Zwecke und Mittel der Verarbeitung von personenbezogenen Daten entscheidet;
8. „Auftragsverarbeiter" eine natürliche oder juristische Person, Behörde, Einrichtung oder andere Stelle, die personenbezogene Daten im Auftrag des Verantwortlichen verarbeitet;
9. „Empfänger" eine natürliche oder juristische Person, Behörde, Einrichtung oder andere Stelle, der personenbezogene Daten offengelegt werden, unabhängig davon, ob es sich bei ihr um einen Dritten handelt oder nicht; Behörden, die im Rahmen eines bestimmten Untersuchungsauftrags nach dem Unionsrecht oder anderen Rechtsvorschriften personenbezogene Daten erhalten, gelten jedoch nicht als Empfänger; die Verarbeitung dieser Daten durch die genannten Behörden erfolgt im Einklang mit den geltenden Datenschutzvorschriften gemäß den Zwecken der Verarbeitung;
10. „Verletzung des Schutzes personenbezogener Daten" eine Verletzung der Sicherheit, die zur unbeabsichtigten oder unrechtmäßigen Vernichtung, zum Verlust, zur Veränderung oder zur unbefugten Offenlegung von oder zum unbefugten Zugang zu personenbezogenen Daten geführt hat, die verarbeitet wurden;
11. „genetische Daten" personenbezogene Daten zu den ererbten oder erworbenen genetischen Eigenschaften einer natürlichen Person, die eindeutige Informationen über die Physiologie oder die Gesundheit dieser Person liefern, insbesondere solche, die aus der Analyse einer biologischen Probe der Person gewonnen wurden;
12. „biometrische Daten" mit speziellen technischen Verfahren gewonnene personenbezogene Daten zu den physischen, physiologischen oder verhaltenstypischen Merkmalen einer natürlichen Person, die die eindeutige Identifizierung dieser natürlichen Person ermöglichen oder bestätigen, insbesondere Gesichtsbilder oder daktyloskopische Daten;
13. „Gesundheitsdaten" personenbezogene Daten, die sich auf die körperliche oder geistige Gesundheit einer natürlichen Person, einschließlich der Erbringung von Gesundheitsdienstleistungen, beziehen und aus denen Informationen über deren Gesundheitszustand hervorgehen;
14. „besondere Kategorien personenbezogener Daten"
    a) Daten, aus denen die rassische oder ethnische Herkunft, politische Meinungen, religiöse oder weltanschauliche Überzeugungen oder die Gewerkschaftszugehörigkeit hervorgehen,
    b) genetische Daten,
    c) biometrische Daten zur eindeutigen Identifizierung einer natürlichen Person,
    d) Gesundheitsdaten und
    e) Daten zum Sexualleben oder zur sexuellen Orientierung;
15. „Aufsichtsbehörde" eine von einem Mitgliedstaat gemäß Artikel 41 der Richtlinie (EU) 2016/680 eingerichtete unabhängige staatliche Stelle;
16. „internationale Organisation" eine völkerrechtliche Organisation und ihre nachgeordneten Stellen sowie jede sonstige Einrichtung, die durch eine von zwei oder mehr Staaten geschlossene Übereinkunft oder auf der Grundlage einer solchen Übereinkunft geschaffen wurde;

17. „Einwilligung“ jede freiwillig für den bestimmten Fall, in informierter Weise und unmissverständlich abgegebene Willensbekundung in Form einer Erklärung oder einer sonstigen eindeutigen bestätigenden Handlung, mit der die betroffene Person zu verstehen gibt, dass sie mit der Verarbeitung der sie betreffenden personenbezogenen Daten einverstanden ist.

§ 32
Allgemeine Grundsätze für die Verarbeitung personenbezogener Daten

(1) Personenbezogene Daten müssen

1. auf rechtmäßige Weise und nach Treu und Glauben verarbeitet werden,
2. für festgelegte, eindeutige und rechtmäßige Zwecke erhoben und dürfen nicht in einer mit diesen Zwecken nicht zu vereinbarenden Weise verarbeitet werden,
3. dem Verarbeitungszweck entsprechen, für das Erreichen des Verarbeitungszwecks erforderlich sein und ihre Verarbeitung darf nicht außer Verhältnis zu diesem Zweck stehen,
4. sachlich richtig und erforderlichenfalls auf dem neuesten Stand sein; dabei sind alle angemessenen Maßnahmen zu treffen, damit personenbezogene Daten, die im Hinblick auf die Zwecke ihrer Verarbeitung unrichtig sind, unverzüglich gelöscht oder berichtigt werden und
5. in einer Weise verarbeitet werden, die eine angemessene Sicherheit der personenbezogenen Daten gewährleistet; hierzu gehört auch ein durch geeignete technische und organisatorische Maßnahmen zu gewährleistender Schutz vor unbefugter oder unrechtmäßiger Verarbeitung, unbeabsichtigtem Verlust, unbeabsichtigter Zerstörung oder unbeabsichtigter Schädigung.

(2) Personenbezogene Daten dürfen nicht länger als es für die Zwecke, für die sie verarbeitet werden, erforderlich ist, in einer Form gespeichert werden, die die Identifizierung der betroffenen Personen ermöglicht.

(3) Der Verantwortliche ist für die Einhaltung der Absätze 1 und 2 verantwortlich und muss deren Einhaltung nachweisen können. Dies gilt entsprechend für die Regelungen in § 34 und § 35 Absatz 1 bis 3.

KAPITEL 2
Rechtsgrundlagen der Verarbeitung

§ 33
Verarbeitung besonderer Kategorien personenbezogener Daten

(1) Die Verarbeitung besonderer Kategorien personenbezogener Daten ist nur zulässig, wenn sie erforderlich ist

1. zur Aufgabenerfüllung,
2. zur Wahrung lebenswichtiger Interessen einer natürlichen Person oder
3. wenn sie sich auf Daten bezieht, die von der betroffenen Person offensichtlich öffentlich gemacht wurden.

(2) Werden besondere Kategorien personenbezogener Daten verarbeitet, sind geeignete Garantien für die Rechtsgüter der betroffenen Personen vorzusehen. Geeignete Garantien können insbesondere sein

1. verbindliche Verfahrensvorschriften, die spezifische Anforderungen an die Datensicherheit oder die Datenschutzkontrolle festlegen,
2. die Festlegung von besonderen Aussonderungsprüffristen,
3. die Sensibilisierung der an Verarbeitungsvorgängen Beteiligten,

4. die Beschränkung des Zugangs zu den personenbezogenen Daten innerhalb der verantwortlichen Stelle,
5. die von anderen Daten getrennte Verarbeitung,
6. die Pseudonymisierung personenbezogener Daten,
7. die Verschlüsselung personenbezogener Daten oder
8. spezifische Verfahrensregelungen, die im Fall einer Übermittlung oder Verarbeitung für andere Zwecke die Rechtmäßigkeit der Verarbeitung sicherstellen.

§ 34
Verarbeitung zu anderen Zwecken

Eine Verarbeitung personenbezogener Daten zu einem anderen Zweck als zu demjenigen, zu dem sie erhoben wurden, ist zulässig, wenn es sich bei dem anderen Zweck um einen der in § 30 Absatz 1 und 2 genannten Zwecke handelt, der Verantwortliche befugt ist, Daten zu diesem Zweck zu verarbeiten, und die Verarbeitung zu diesem Zweck erforderlich und verhältnismäßig ist. Die Verarbeitung personenbezogener Daten zu einem anderen, in § 30 Absatz 1 und 2 nicht genannten Zweck ist zulässig, wenn sie in einer Rechtsvorschrift vorgesehen ist.

§ 35
Verarbeitung zu wissenschaftlichen, historischen, archivarischen und statistischen Zwecken

(1) Die Verarbeitung personenbezogener Daten, einschließlich besonderer Kategorien personenbezogener Daten, ist auch ohne Einwilligung für die Erfüllung einer der in § 30 Absatz 1 und 2 genannten Aufgaben zu im öffentlichen Interesse liegenden, wissenschaftlichen oder historischen Forschungszwecken oder für archivarische oder statistische Zwecke zulässig, wenn das öffentliche Interesse an der Durchführung des Vorhabens die schutzwürdigen Belange der betroffenen Person erheblich überwiegt und der jeweilige Zweck nicht auf andere Weise erreicht werden kann. Nach Satz 1 übermittelte Daten dürfen nicht für andere Zwecke verarbeitet werden.

(2) Der Verantwortliche sieht geeignete Garantien für die Rechte und Freiheiten der betroffenen Personen vor. Die Daten sind insbesondere zu anonymisieren, sobald dies nach dem jeweiligen Zweck möglich ist, es sei denn, berechtigte Interessen der betroffenen Person stehen dem entgegen. Bis eine Anonymisierung erfolgt, sind die Merkmale gesondert zu speichern, mit denen Einzelangaben über persönliche oder sachliche Verhältnisse einer bestimmten oder bestimmbaren Person zugeordnet werden können. Sie dürfen mit den Einzelangaben nur zusammengeführt werden, soweit der jeweilige Zweck dies erfordert. Sie sind zu löschen, sobald der jeweilige Zweck erreicht ist.

(3) Die in den §§ 41 bis 44 vorgesehenen Rechte der betroffenen Person sind insoweit beschränkt, als diese Rechte voraussichtlich die Verwirklichung der Forschungs- oder Statistikzwecke unmöglich machen oder ernsthaft beeinträchtigen und die Beschränkung für die Erfüllung der Forschungs- oder Statistikzwecke notwendig ist. Das Auskunftsrecht nach § 43 besteht darüber hinaus nicht, wenn die Daten für Zwecke der wissenschaftlichen Forschung erforderlich sind und die Auskunftserteilung einen unverhältnismäßigen Aufwand erfordern würde. 25

(4) Diese Regelung tritt am 30. September 2025 außer Kraft.

§ 36
Einwilligung

(1) Soweit die Verarbeitung personenbezogener Daten nach einer Rechtsvorschrift auf der Grundlage einer Einwilligung erfolgen kann, muss der Verantwortliche die Einwilligung der betroffenen Person nachweisen können.

(2) Erfolgt die Einwilligung der betroffenen Person durch schriftliche oder elektronische Erklärung und betrifft diese Erklärung noch andere Sachverhalte, muss das Ersuchen um Einwilligung in verständlicher und leicht zugänglicher Form in einer klaren und einfachen Sprache so erfolgen, dass es von den anderen Sachverhalten klar zu unterscheiden ist.

(3) Die betroffene Person hat das Recht, ihre Einwilligung jederzeit zu widerrufen. Durch den Widerruf der Einwilligung wird die Rechtmäßigkeit der auf Grund der Einwilligung bis zum Widerruf erfolgten Verarbeitung nicht berührt. Die betroffene Person ist vor Abgabe der Einwilligung hiervon in Kenntnis zu setzen.

(4) Die Einwilligung ist nur wirksam, wenn sie auf der freien Entscheidung der betroffenen Person beruht. Bei der Beurteilung, ob die Einwilligung freiwillig erteilt wurde, müssen die Umstände der Erteilung berücksichtigt werden. Die betroffene Person ist auf den vorgesehenen Zweck der Verarbeitung hinzuweisen. Die betroffene Person ist unter Darlegung der Rechtsfolgen darauf hinzuweisen, dass sie die Einwilligung verweigern kann.

(5) Soweit besondere Kategorien personenbezogener Daten verarbeitet werden, muss sich die Einwilligung ausdrücklich auf diese Daten beziehen.

§ 37
Verarbeitung auf Weisung des Verantwortlichen

Jede einem Verantwortlichen oder einem Auftragsverarbeiter unterstellte Person, die Zugang zu personenbezogenen Daten hat, darf diese Daten ausschließlich auf Weisung des Verantwortlichen verarbeiten, es sei denn, dass sie nach einer Rechtsvorschrift zur Verarbeitung verpflichtet ist.

§ 38
Datengeheimnis

Mit Datenverarbeitung befasste Personen dürfen personenbezogene Daten nicht unbefugt verarbeiten (Datengeheimnis). Sie sind bei der Aufnahme ihrer Tätigkeit auf das Datengeheimnis zu verpflichten. Das Datengeheimnis besteht auch nach der Beendigung ihrer Tätigkeit fort.

§ 39
Automatisierte Einzelentscheidung

(1) Eine ausschließlich auf einer automatischen Verarbeitung beruhende Entscheidung, die mit einer nachteiligen Rechtsfolge für die betroffene Person verbunden ist oder sie erheblich beeinträchtigt, ist nur zulässig, wenn sie in einer Rechtsvorschrift vorgesehen ist, die geeignete Garantien für die Rechte und Freiheiten der betroffenen Person bietet, zumindest aber das Recht auf persönliches Eingreifen seitens des Verantwortlichen.

(2) Entscheidungen nach Absatz 1 dürfen nicht auf besonderen Kategorien personenbezogener Daten beruhen, sofern nicht geeignete Maßnahmen zum Schutz der Rechtsgüter sowie der berechtigten Interessen der betroffenen Personen getroffen wurden.

(3) Profiling, das zur Folge hat, dass betroffene Personen auf der Grundlage von besonderen Kategorien personenbezogener Daten diskriminiert werden, ist verboten.

§ 40
Gemeinsames Verfahren und automatisiertes Verfahren auf Abruf

Die Vorschrift des § 21 findet mit der Maßgabe Anwendung, dass § 49 an die Stelle des Artikels 26 der Verordnung (EU) 2016/679 tritt. Zudem findet § 16 Absatz 2 Anwendung.

KAPITEL 3
Rechte der betroffenen Person

§ 41
Allgemeine Informationen zu Datenverarbeitungen

Der Verantwortliche hat für jedermann zugänglich zumindest Informationen zur Verfügung zu stellen über
1. die Zwecke der von ihm vorgenommenen Verarbeitungen,
2. die im Hinblick auf die Verarbeitung ihrer personenbezogenen Daten bestehenden Rechte der betroffenen Personen auf Auskunft, Berichtigung, Löschung und Einschränkung der Verarbeitung,
3. den Namen und die Kontaktdaten des Verantwortlichen und der oder des Datenschutzbeauftragten,
4. das Recht, die Berliner Beauftragte oder den Berliner Beauftragten für Datenschutz und Informationsfreiheit anzurufen und
5. die Erreichbarkeit der oder des Berliner Beauftragten für Datenschutz und Informationsfreiheit.

§ 42
Benachrichtigung betroffener Personen

(1) Ist die Benachrichtigung betroffener Personen über die Verarbeitung sie betreffender personenbezogener Daten in speziellen Rechtsvorschriften, insbesondere bei verdeckten Maßnahmen, vorgesehen oder angeordnet, so hat diese Benachrichtigung zumindest die folgenden Angaben zu enthalten:
1. die in § 41 genannten Angaben,
2. die Rechtsgrundlage der Verarbeitung,
3. die für die Daten geltende Speicherdauer oder, falls dies nicht möglich ist, die Kriterien für die Festlegung dieser Dauer,
4. gegebenenfalls die Kategorien von Empfängern der personenbezogenen Daten, bei Übermittlungen an Empfänger in Drittländern oder internationale Organisationen auch Angaben dazu sowie
5. erforderlichenfalls weitere Informationen, insbesondere, wenn die personenbezogenen Daten ohne Wissen der betroffenen Person erhoben wurden.

(2) In den Fällen des Absatzes 1 kann der Verantwortliche die Benachrichtigung insoweit und solange aufschieben, einschränken oder unterlassen, wie andernfalls
1. die Erfüllung der in § 30 Absatz 1 und 2 genannten Aufgaben,
2. die öffentliche Sicherheit oder
3. Rechtsgüter Dritter

gefährdet würden, wenn das Interesse an der Vermeidung dieser Gefahren das Informationsinteresse der betroffenen Person überwiegt.

(3) Bezieht sich die Benachrichtigung auf die Übermittlung personenbezogener Daten an Verfassungsschutzbehörden, den Bundesnachrichtendienst, den Militärischen Abschirmdienst und, soweit die Sicherheit des Bundes berührt wird, andere Behörden des Bundesministeriums der Verteidigung, ist sie nur mit Zustimmung dieser Stellen zulässig.

(4) Im Fall der Einschränkung nach Absatz 2 gilt § 43 Absatz 7 entsprechend.

§ 43
Auskunftsrecht

(1) Der Verantwortliche hat betroffenen Personen auf Antrag Auskunft darüber zu erteilen, ob er sie betreffende Daten verarbeitet. Betroffene Personen haben darüber hinaus das Recht, Informationen zu erhalten über

1. die personenbezogenen Daten, die Gegenstand der Verarbeitung sind, und die Kategorie, zu der sie gehören,
2. die verfügbaren Informationen über die Herkunft der Daten,
3. die Zwecke der Verarbeitung und deren Rechtsgrundlage,
4. die Empfänger oder die Kategorien von Empfängern, gegenüber denen die Daten offengelegt worden sind, bei Übermittlungen an Empfänger in Drittländern oder internationale Organisationen auch Angaben dazu,
5. die für die Daten geltende Speicherdauer oder, falls dies nicht möglich ist, die Kriterien für die Festlegung dieser Dauer,
6. das Bestehen eines Rechts auf Berichtigung, Löschung oder Einschränkung der Verarbeitung der Daten durch den Verantwortlichen,
7. das Recht nach § 46, die Berliner Beauftragte oder den Berliner Beauftragten für Datenschutz und Informationsfreiheit anzurufen,
8. Angaben zur Erreichbarkeit der oder des Berliner Beauftragten für Datenschutz und Informationsfreiheit sowie
9. das Bestehen einer automatisierten Entscheidungsfindung und Informationen über die involvierte Logik.

(2) Absatz 1 gilt nicht für personenbezogene Daten, die in der Verarbeitung eingeschränkt sind und die nur deshalb verarbeitet werden, weil sie auf Grund gesetzlicher Aufbewahrungsvorschriften nicht gelöscht werden dürfen, oder die ausschließlich Zwecken der Datensicherung oder der Datenschutzkontrolle dienen, wenn die Auskunftserteilung einen unverhältnismäßigen Aufwand erfordern würde und eine Verarbeitung zu anderen Zwecken durch geeignete technische und organisatorische Maßnahmen ausgeschlossen ist.

(3) Das Recht der betroffenen Person auf Auskunft über personenbezogene Daten, die durch eine öffentliche Stelle nicht automatisiert verarbeitet werden, besteht nur, soweit die betroffene Person Angaben macht, die das Auffinden der Daten ermöglichen, und der für die Erteilung der Auskunft erforderliche Aufwand nicht außer Verhältnis zu dem von der betroffenen Person geltend gemachten Informationsinteresse steht.

(4) Der Verantwortliche kann unter den Voraussetzungen des § 42 Absatz 2 von der Auskunft nach Absatz 1 Satz 1 absehen oder die Auskunftserteilung nach Absatz 1 Satz 2 teilweise oder vollständig einschränken.

(5) Bezieht sich die Auskunftserteilung auf die Übermittlung personenbezogener Daten an Verfassungsschutzbehörden, den Bundesnachrichtendienst, den Militärischen Abschirmdienst und, soweit die Sicherheit des Bundes berührt wird, andere Behörden des Bundesministeriums der Verteidigung, ist sie nur mit Zustimmung dieser Stellen zulässig.

(6) Der Verantwortliche hat die betroffene Person über das Absehen von oder die Einschränkung einer Auskunft unverzüglich schriftlich zu unterrichten. Dies gilt nicht, wenn bereits die Erteilung dieser Informationen eine Gefährdung im Sinne des § 42 Absatz 2 mit sich bringen würde. Die Unterrichtung nach Satz 1 ist zu begründen, es sei denn, dass die Mitteilung der Gründe den mit dem Absehen von oder der Einschränkung der Auskunft verfolgten Zweck gefährden würde.

(7) Wird die betroffene Person nach Absatz 6 über das Absehen von oder die Einschränkung der Auskunft unterrichtet, kann sie ihr Auskunftsrecht auch über die Berliner Beauftragte oder den Berliner Beauftragten für Datenschutz und Informationsfreiheit ausüben. Der Verantwortliche hat die betroffene Person über diese Möglichkeit sowie darüber zu unterrichten, dass sie gemäß § 46 die Berliner Beauftragte oder den Berliner Beauftragten für Datenschutz und Informationsfreiheit anrufen oder gerichtlichen Rechtsschutz suchen kann. Macht die betroffene Person von ihrem Recht nach Satz 1 Gebrauch, ist die Auskunft auf ihr Verlangen der oder dem Berliner Beauftragten für Datenschutz und Informationsfreiheit zu erteilen, soweit nicht die zuständige oberste Landesbehörde im Einzelfall feststellt, dass dadurch die Sicherheit des Bundes oder eines Landes gefährdet würde. Die oder der Berliner Beauftragte für Datenschutz und Informationsfreiheit hat die betroffene Per-

son zumindest darüber zu unterrichten, dass alle erforderlichen Prüfungen erfolgt sind oder eine Überprüfung durch sie oder ihn stattgefunden hat. Diese Mitteilung kann die Information enthalten, ob datenschutzrechtliche Verstöße festgestellt wurden. Die Mitteilung der oder des Berliner Beauftragten für Datenschutz und Informationsfreiheit an die betroffene Person darf keine Rückschlüsse auf den Erkenntnisstand des Verantwortlichen zulassen, sofern dieser keiner weitergehenden Auskunft zustimmt. Der Verantwortliche darf die Zustimmung nur insoweit und solange verweigern, wie er nach Absatz 4 von einer Auskunft absehen oder sie einschränken könnte. Die oder der Berliner Beauftragte für Datenschutz und Informationsfreiheit hat zudem die betroffene Person über ihr Recht auf gerichtlichen Rechtsschutz zu unterrichten.

(8) Der Verantwortliche hat die sachlichen und rechtlichen Gründe für die Entscheidung zu dokumentieren.

§ 44
Rechte auf Berichtigung und Löschung sowie Einschränkung der Verarbeitung

(1) Die betroffene Person hat das Recht, von dem Verantwortlichen unverzüglich die Berichtigung sie betreffender unrichtiger personenbezogener Daten zu verlangen. Insbesondere im Fall von Aussagen oder Beurteilungen betrifft die Frage der Richtigkeit nicht den Inhalt der Aussage oder Beurteilung. Wenn die Richtigkeit oder Unrichtigkeit der Daten nicht festgestellt werden kann, tritt an die Stelle der Berichtigung eine Einschränkung der Verarbeitung. In diesem Fall hat der Verantwortliche die betroffene Person zu unterrichten, bevor er die Einschränkung wieder aufhebt. Die betroffene Person kann zudem die Vervollständigung unvollständiger personenbezogener Daten verlangen, wenn dies unter Berücksichtigung der Verarbeitungszwecke angemessen ist.

(2) Die betroffene Person hat das Recht, von dem Verantwortlichen unverzüglich die Löschung sie betreffender Daten zu verlangen, wenn deren Verarbeitung unzulässig ist, deren Kenntnis für die Aufgabenerfüllung nicht mehr erforderlich ist oder diese zur Erfüllung einer rechtlichen Verpflichtung gelöscht werden müssen.

(3) Anstatt die personenbezogenen Daten zu löschen, kann der Verantwortliche deren Verarbeitung einschränken, wenn

1. Grund zu der Annahme besteht, dass eine Löschung schutzwürdige Interessen einer betroffenen Person beeinträchtigen würde,
2. die Daten zu Beweiszwecken in Verfahren, die Zwecken des § 30 Absatz 1 oder 2 dienen, weiter aufbewahrt werden müssen oder
3. eine Löschung wegen der besonderen Art der Speicherung nicht oder nur mit unverhältnismäßigem Aufwand möglich ist.

In ihrer Verarbeitung nach Satz 1 eingeschränkte Daten dürfen nur zu dem Zweck, der ihrer Löschung entgegenstand oder sonst mit Einwilligung der betroffenen Person verarbeitet werden.

(4) Bei automatisierten Dateisystemen ist technisch sicherzustellen, dass eine Einschränkung der Verarbeitung eindeutig erkennbar ist und eine Verarbeitung für andere Zwecke nicht ohne weitere Prüfung möglich ist.

(5) Hat der Verantwortliche eine Berichtigung vorgenommen, hat er der öffentlichen Stelle, die ihm die personenbezogenen Daten zuvor übermittelt hat, die Berichtigung mitzuteilen. In Fällen der Berichtigung, Löschung oder Einschränkung der Verarbeitung nach den Absätzen 1 bis 3 hat der Verantwortliche Empfängern, denen die Daten übermittelt wurden, diese Maßnahmen mitzuteilen. Die Empfänger haben die Daten in eigener Verantwortung zu berichtigen, zu löschen oder ihre Verarbeitung einzuschränken.

(6) Der Verantwortliche hat die betroffene Person über ein Absehen von der Berichtigung, Vervollständigung oder Löschung personenbezogener Daten oder über die an deren Stelle tretende Einschränkung der Verarbeitung schriftlich zu unterrichten. Dies gilt nicht, wenn bereits die Erteilung dieser Informationen eine Gefährdung im Sinne des § 42 Ab-

satz 2 mit sich bringen würde. Die Unterrichtung nach Satz 1 ist zu begründen, es sei denn, dass die Mitteilung der Gründe den mit dem Absehen von der Unterrichtung verfolgten Zweck gefährden würde.

(7) § 43 Absatz 7 und 8 findet entsprechende Anwendung.

§ 45
Verfahren für die Ausübung der Rechte der betroffenen Person

(1) Der Verantwortliche hat mit betroffenen Personen unter Verwendung einer klaren und einfachen Sprache in präziser, verständlicher und leicht zugänglicher Form zu kommunizieren. Unbeschadet besonderer Formvorschriften und insbesondere der Anforderungen gemäß § 50 Absatz 3 Satz 1 Nummer 8 soll er bei der Beantwortung von Anträgen grundsätzlich die für den Antrag gewählte Form verwenden.

(2) Bei Anträgen hat der Verantwortliche die betroffene Person unbeschadet des § 43 Absatz 6 und des § 44 Absatz 6 unverzüglich schriftlich darüber in Kenntnis zu setzen, wie verfahren wurde.

(3) Die Erteilung von Informationen nach § 41, die Benachrichtigungen nach den §§ 42 und 52 und die Bearbeitung von Anträgen nach den §§ 43 und 44 erfolgen unentgeltlich. Bei offenkundig unbegründeten oder exzessiven Anträgen nach den §§ 43 und 44 kann der Verantwortliche entweder eine angemessene Gebühr auf der Grundlage der Verwaltungskosten verlangen oder sich weigern, auf Grund des Antrags tätig zu werden. In diesem Fall muss der Verantwortliche den offenkundig unbegründeten oder exzessiven Charakter des Antrags belegen können.

(4) Hat der Verantwortliche begründete Zweifel an der Identität einer betroffenen Person, die einen Antrag nach den §§ 43 oder 44 gestellt hat, soll er von ihr zusätzliche Informationen anfordern, die zur Bestätigung ihrer Identität erforderlich sind.

§ 46
Anrufung der oder des Berliner Beauftragten für Datenschutz und Informationsfreiheit

(1) Jede betroffene Person kann sich unbeschadet anderweitiger Rechtsbehelfe mit einer Beschwerde an die Berliner Beauftragte oder den Berliner Beauftragten für Datenschutz und Informationsfreiheit wenden, wenn sie der Auffassung ist, bei der Verarbeitung ihrer personenbezogenen Daten durch öffentliche Stellen zu den in § 30 genannten Zwecken in ihren Rechten verletzt worden zu sein. Dies gilt nicht für die Verarbeitung von personenbezogenen Daten durch die Gerichte, soweit diese die Daten im Rahmen ihrer justiziellen Tätigkeit verarbeitet haben. Die oder der Berliner Beauftragte für Datenschutz und Informationsfreiheit hat die betroffene Person über den Stand und das Ergebnis der Beschwerde zu unterrichten und sie hierbei auf die Möglichkeit gerichtlichen Rechtsschutzes nach § 47 hinzuweisen.

(2) Die oder der Berliner Beauftragte für Datenschutz und Informationsfreiheit hat eine bei ihr oder ihm eingelegte Beschwerde über eine Verarbeitung, die in die Zuständigkeit einer Aufsichtsbehörde des Bundes, eines anderen Landes oder in einem anderen Mitgliedstaat der Europäischen Union fällt, unverzüglich an die zuständige Aufsichtsbehörde weiterzuleiten. Sie oder er hat in diesem Fall die betroffene Person über die Weiterleitung zu unterrichten und ihr auf deren Ersuchen weitere Unterstützung zu leisten.

§ 47
Rechtsschutz gegen Entscheidungen oder bei Untätigkeit der oder des Berliner Beauftragten für Datenschutz und Informationsfreiheit

(1) Jede natürliche oder juristische Person kann unbeschadet anderer Rechtsbehelfe gerichtlich gegen eine sie betreffende verbindliche Entscheidung der oder des Berliner Beauftragten für Datenschutz und Informationsfreiheit vorgehen.

(2) Absatz 1 gilt entsprechend zugunsten betroffener Personen, wenn sich die oder der Berliner Beauftragte für Datenschutz und Informationsfreiheit mit einer Beschwerde nach § 46 nicht befasst oder die betroffene Person nicht innerhalb von drei Monaten nach Einlegung der Beschwerde über den Stand oder das Ergebnis der Beschwerde in Kenntnis gesetzt hat.

KAPITEL 4
Pflichten der Verantwortlichen und Auftragsverarbeiter

§ 48
Auftragsverarbeitung

(1) Werden personenbezogene Daten im Auftrag eines Verantwortlichen durch andere Personen oder Stellen verarbeitet, hat der Verantwortliche für die Einhaltung der Vorschriften dieses Gesetzes und anderer Vorschriften über den Datenschutz zu sorgen. Die Rechte der betroffenen Personen auf Auskunft, Berichtigung, Löschung, Einschränkung der Verarbeitung und Schadensersatz sind in diesem Fall gegenüber dem Verantwortlichen geltend zu machen.

(2) Ein Verantwortlicher darf nur solche Auftragsverarbeiter mit der Verarbeitung personenbezogener Daten beauftragen, die mit geeigneten technischen und organisatorischen Maßnahmen sicherstellen, dass die Verarbeitung im Einklang mit den gesetzlichen Anforderungen erfolgt und der Schutz der Rechte der betroffenen Personen gewährleistet wird.

(3) Auftragsverarbeiter dürfen ohne vorherige schriftliche Genehmigung des Verantwortlichen keine weiteren Auftragsverarbeiter hinzuziehen. Hat der Verantwortliche dem Auftragsverarbeiter eine allgemeine Genehmigung zur Hinzuziehung weiterer Auftragsverarbeiter erteilt, hat der Auftragsverarbeiter den Verantwortlichen über jede beabsichtigte Hinzuziehung oder Ersetzung zu informieren. Der Verantwortliche kann in diesem Fall die Hinzuziehung oder Ersetzung untersagen.

(4) Zieht ein Auftragsverarbeiter einen weiteren Auftragsverarbeiter hinzu, so hat er diesem dieselben Verpflichtungen aus seinem Vertrag mit dem Verantwortlichen nach Absatz 5 aufzuerlegen, die auch für ihn gelten, soweit diese Pflichten für den weiteren Auftragsverarbeiter nicht schon auf Grund anderer Vorschriften verbindlich sind. Erfüllt ein weiterer Auftragsverarbeiter diese Verpflichtungen nicht, so haftet der ihn beauftragende Auftragsverarbeiter gegenüber dem Verantwortlichen für die Einhaltung der Pflichten des weiteren Auftragsverarbeiters.

(5) Die Verarbeitung durch einen Auftragsverarbeiter hat auf der Grundlage eines Vertrags oder eines anderen Rechtsinstruments zu erfolgen, der oder das den Auftragsverarbeiter an den Verantwortlichen bindet und der oder das den Gegenstand, die Dauer, die Art und den Zweck der Verarbeitung, die Art der personenbezogenen Daten, die Kategorien betroffener Personen und die Rechte und Pflichten des Verantwortlichen festlegt. Der Vertrag oder das andere Rechtsinstrument haben insbesondere vorzusehen, dass der Auftragsverarbeiter

1. nur auf dokumentierte Weisung des Verantwortlichen handelt; ist der Auftragsverarbeiter der Auffassung, dass eine Weisung rechtswidrig ist, hat er den Verantwortlichen unverzüglich zu informieren;
2. gewährleistet, dass sich die zur Verarbeitung der personenbezogenen Daten befugten Personen zur Vertraulichkeit verpflichtet haben, soweit sie keiner angemessenen gesetzlichen Verschwiegenheitspflicht unterliegen;
3. den Verantwortlichen mit geeigneten Mitteln dabei unterstützt, die Einhaltung der Bestimmungen über die Rechte der betroffenen Person zu gewährleisten;
4. alle personenbezogenen Daten nach Abschluss der Erbringung der Verarbeitungsleistungen nach Wahl des Verantwortlichen zurückgibt oder löscht und bestehende Kopien

vernichtet, wenn nicht nach einer Rechtsvorschrift eine Verpflichtung zur Speicherung der Daten besteht;

5. dem Verantwortlichen alle erforderlichen Informationen, insbesondere die gemäß § 62 erstellten Protokolle, zum Nachweis der Einhaltung seiner Pflichten zur Verfügung stellt;
6. Überprüfungen, die von dem Verantwortlichen oder einer oder einem von diesem beauftragten Prüferin oder Prüfer durchgeführt werden, ermöglicht und dazu beiträgt;
7. die in den Absätzen 3 und 4 aufgeführten Bedingungen für die Inanspruchnahme der Dienste eines weiteren Auftragsverarbeiters einhält;
8. alle gemäß § 50 erforderlichen Maßnahmen ergreift und
9. unter Berücksichtigung der Art der Verarbeitung und der ihm zur Verfügung stehenden Informationen den Verantwortlichen bei der Einhaltung der in §§ 50 bis 53 und 55 genannten Pflichten unterstützt.

(6) Der Vertrag im Sinne des Absatzes 5 ist schriftlich oder elektronisch abzufassen.

(7) Die Absätze 1 bis 6 gelten entsprechend, wenn die Wartung automatisierter Verfahren durch Dritte im Auftrag vorgenommen wird und dabei ein Zugriff auf personenbezogene Daten nicht ausgeschlossen werden kann.

(8) Ein Auftragsverarbeiter, der die Zwecke und Mittel der Verarbeitung unter Verstoß gegen diese Vorschrift bestimmt, gilt in Bezug auf diese Verarbeitung als Verantwortlicher.

§ 49
Gemeinsam Verantwortliche

Legen zwei oder mehr Verantwortliche gemeinsam die Zwecke und die Mittel der Verarbeitung fest, gelten sie als gemeinsam Verantwortliche. Gemeinsam Verantwortliche haben ihre jeweiligen Aufgaben und datenschutzrechtlichen Verantwortlichkeiten in transparenter Form in einer Vereinbarung festzulegen, soweit diese nicht bereits in Rechtsvorschriften festgelegt sind. Aus der Vereinbarung muss insbesondere hervorgehen, wer welchen Informationspflichten nachzukommen hat und wie und gegenüber wem betroffene Personen ihre Rechte wahrnehmen können. Eine entsprechende Vereinbarung hindert die betroffene Person nicht, ihre Rechte gegenüber jedem der gemeinsam Verantwortlichen geltend zu machen.

§ 50
Anforderungen an die Sicherheit der Datenverarbeitung

(1) Der Verantwortliche und der Auftragsverarbeiter haben unter Berücksichtigung des Stands der Technik, der Implementierungskosten, der Art, des Umfangs, der Umstände und der Zwecke der Verarbeitung sowie der Eintrittswahrscheinlichkeit und der Schwere der mit der Verarbeitung verbundenen Gefahren für die Rechtsgüter der betroffenen Personen die erforderlichen technischen und organisatorischen Maßnahmen zu treffen, um bei der Verarbeitung personenbezogener Daten ein dem Risiko angemessenes Schutzniveau zu gewährleisten, insbesondere im Hinblick auf die Verarbeitung besonderer Kategorien personenbezogener Daten.

(2) Die in Absatz 1 genannten Maßnahmen können unter anderem die Pseudonymisierung und Verschlüsselung personenbezogener Daten umfassen, soweit solche Mittel in Anbetracht der Verarbeitungszwecke möglich sind. Die Maßnahmen nach Absatz 1 sollen dazu führen, dass

1. die Vertraulichkeit, Integrität, Verfügbarkeit und Belastbarkeit der Systeme und Dienste im Zusammenhang mit der Verarbeitung auf Dauer sichergestellt werden und
2. die Verfügbarkeit der personenbezogenen Daten und der Zugang zu ihnen bei einem physischen oder technischen Zwischenfall rasch wiederhergestellt werden können.

(3) Im Fall einer automatisierten Verarbeitung haben der Verantwortliche und der Auftragsverarbeiter nach einer Risikobewertung Maßnahmen zu ergreifen, die Folgendes bezwecken:

1. Verwehrung des Zugangs zu Verarbeitungsanlagen, mit denen die Verarbeitung durchgeführt wird, für Unbefugte (Zugangskontrolle),
2. Verhinderung des unbefugten Lesens, Kopierens, Veränderns, Löschens oder Entfernens von Datenträgern (Datenträgerkontrolle),
3. Verhinderung der unbefugten Eingabe von personenbezogenen Daten sowie der unbefugten Kenntnisnahme, Veränderung und Löschung von gespeicherten personenbezogenen Daten (Speicherkontrolle),
4. Verhinderung der Nutzung automatisierter Verarbeitungssysteme mit Hilfe von Einrichtungen zur Datenübertragung durch Unbefugte (Benutzerkontrolle),
5. Gewährleistung, dass die zur Benutzung eines automatisierten Verarbeitungssystems Berechtigten ausschließlich zu den von ihrer Zugangsberechtigung umfassten personenbezogenen Daten Zugang haben (Zugriffskontrolle),
6. Gewährleistung, dass überprüft und festgestellt werden kann, an welche Stellen personenbezogene Daten mit Hilfe von Einrichtungen zur Datenübertragung übermittelt oder zur Verfügung gestellt wurden oder werden können (Übertragungskontrolle),
7. Gewährleistung, dass nachträglich überprüft und festgestellt werden kann, welche personenbezogenen Daten zu welcher Zeit und von wem in automatisierte Verarbeitungssysteme eingegeben oder verändert worden sind (Eingabekontrolle),
8. Gewährleistung, dass bei der Übermittlung personenbezogener Daten sowie beim Transport von Datenträgern die Vertraulichkeit und Integrität der Daten geschützt werden (Transportkontrolle),
9. Gewährleistung, dass eingesetzte Systeme im Störungsfall wiederhergestellt werden können (Wiederherstellbarkeit),
10. Gewährleistung, dass alle Funktionen des Systems zur Verfügung stehen und auftretende Fehlfunktionen gemeldet werden (Zuverlässigkeit),
11. Gewährleistung, dass gespeicherte personenbezogene Daten nicht durch Fehlfunktionen des Systems beschädigt werden können (Datenintegrität),
12. Gewährleistung, dass personenbezogene Daten, die im Auftrag verarbeitet werden, nur entsprechend den Weisungen des Auftraggebers verarbeitet werden können (Auftragskontrolle),
13. Gewährleistung, dass personenbezogene Daten gegen Zerstörung oder Verlust geschützt sind (Verfügbarkeitskontrolle),
14. Gewährleistung, dass zu unterschiedlichen Zwecken erhobene personenbezogene Daten getrennt verarbeitet werden können (Trennbarkeit).

Eine geeignete Maßnahme, die zur Verwirklichung der Zwecke nach Satz 1 Nummer 2 bis 5 und 8 beiträgt, besteht in der Verwendung von dem Stand der Technik entsprechenden Verschlüsselungsverfahren.

(4) Vor einer Entscheidung über den Einsatz oder eine wesentliche Änderung einer automatisierten Verarbeitung personenbezogener Daten sind die zu treffenden technischen und organisatorischen Maßnahmen auf der Grundlage einer Risikoanalyse zu ermitteln und in einem Datenschutzkonzept zu dokumentieren. Entsprechend der technischen Entwicklung und bei Änderungen der mit den Verarbeitungsvorgängen verbundenen Risiken ist die Ermittlung der Maßnahmen in angemessenen Abständen zu wiederholen.

(5) Werden Systeme und Dienste, die für automatisierte Verarbeitungen genutzt werden, gewartet, so ist durch geeignete technische und organisatorische Maßnahmen sicherzustellen, dass nur auf die für die Wartung unbedingt erforderlichen personenbezogenen Daten zugegriffen werden kann. Diese Maßnahmen müssen insbesondere Folgendes gewährleisten:

1. die Wartung darf nur durch autorisiertes Personal erfolgen,
2. jeder Wartungsvorgang darf nur mit Wissen und Wollen der speichernden Stelle erfolgen,
3. die unbefugte Entfernung oder Übertragung personenbezogener Daten im Rahmen der Wartung ist zu verhindern,
4. es ist sicherzustellen, dass alle Wartungsvorgänge kontrolliert und nach der Durchführung nachvollzogen werden können.

Soweit eine Wartung durch Auftragsverarbeiter erfolgt, muss der Vertrag oder das Rechtsinstrument nach § 48 Absatz 5 Regelungen enthalten, die sicherstellen, dass der Auftragsverarbeiter keine personenbezogenen Daten, die ihm zur Kenntnis gelangen, an andere Stellen übermittelt. Die Durchführung von Wartungsarbeiten mit der Möglichkeit der Kenntniserlangung personenbezogener Daten durch Stellen außerhalb des Geltungsbereichs der Richtlinie (EU) 2016/680 ist nur zulässig, wenn sie erforderlich sind und bei einer Übermittlung die Voraussetzungen des § 64 oder 65 vorliegen.

§ 51
Meldung von Verletzungen des Schutzes personenbezogener Daten an die Berliner Beauftragte oder den Berliner Beauftragten für Datenschutz und Informationsfreiheit

(1) Der Verantwortliche hat eine Verletzung des Schutzes personenbezogener Daten unverzüglich und möglichst innerhalb von 72 Stunden, nachdem sie ihm bekannt geworden ist, der oder dem Berliner Beauftragten für Datenschutz und Informationsfreiheit zu melden, es sei denn, dass die Verletzung voraussichtlich zu keiner Gefahr für die Rechtsgüter natürlicher Personen führt. Erfolgt die Meldung an die Berliner Beauftragte oder den Berliner Beauftragten für Datenschutz und Informationsfreiheit nicht innerhalb von 72 Stunden, ist die Verzögerung zu begründen.

(2) Ein Auftragsverarbeiter hat eine Verletzung des Schutzes personenbezogener Daten unverzüglich dem Verantwortlichen zu melden.

(3) Die Meldung nach Absatz 1 hat zumindest folgende Informationen zu enthalten:
1. eine Beschreibung der Art der Verletzung des Schutzes personenbezogener Daten, die, soweit möglich, Angaben zu den Kategorien und der ungefähren Anzahl der betroffenen Personen, zu den betroffenen Kategorien personenbezogener Daten und zu der ungefähren Anzahl der betroffenen personenbezogenen Datensätze zu enthalten hat,
2. den Namen und die Kontaktdaten der oder des Datenschutzbeauftragten oder einer sonstigen Person oder Stelle, die weitere Informationen erteilen kann,
3. eine Beschreibung der wahrscheinlichen Folgen der Verletzung und
4. eine Beschreibung der von dem Verantwortlichen ergriffenen oder vorgeschlagenen Maßnahmen zur Behandlung der Verletzung und der getroffenen Maßnahmen zur Abmilderung ihrer möglichen nachteiligen Auswirkungen.

(4) Wenn die Informationen nach Absatz 3 nicht zusammen mit der Meldung übermittelt werden können, hat der Verantwortliche sie unverzüglich nachzureichen, sobald sie ihm vorliegen.

(5) Der Verantwortliche hat Verletzungen des Schutzes personenbezogener Daten zu dokumentieren. Die Dokumentation hat alle mit den Vorfällen zusammenhängenden Tatsachen, deren Auswirkungen und die ergriffenen Abhilfemaßnahmen zu umfassen.

(6) Soweit von einer Verletzung des Schutzes personenbezogener Daten personenbezogene Daten betroffen sind, die von einem oder an einen Verantwortlichen in einem anderen Mitgliedstaat der Europäischen Union übermittelt wurden, sind die in Absatz 3 genannten Informationen dem dortigen Verantwortlichen unverzüglich zu übermitteln.

(7) Weitere Pflichten des Verantwortlichen zu Benachrichtigungen über Verletzungen des Schutzes personenbezogener Daten bleiben unberührt.

§ 52
Benachrichtigung betroffener Personen bei Verletzungen des Schutzes personenbezogener Daten

(1) Hat eine Verletzung des Schutzes personenbezogener Daten voraussichtlich eine erhebliche Gefahr für Rechtsgüter betroffener Personen zur Folge, so hat der Verantwortliche die betroffenen Personen unverzüglich über den Vorfall zu benachrichtigen.

(2) Die Benachrichtigung nach Absatz 1 hat in klarer und einfacher Sprache die Art der Verletzung des Schutzes personenbezogener Daten zu beschreiben und zumindest die in § 51 Absatz 3 Nummer 2 bis 4 genannten Informationen und Maßnahmen zu enthalten.

(3) Von der Benachrichtigung nach Absatz 1 kann abgesehen werden, wenn

1. der Verantwortliche geeignete technische und organisatorische Sicherheitsvorkehrungen getroffen hat und diese Vorkehrungen auf die von der Verletzung des Schutzes personenbezogener Daten betroffenen Daten angewandt wurden; dies gilt insbesondere für Vorkehrungen, durch die die Daten für unbefugte Personen unzugänglich gemacht wurden;
2. der Verantwortliche durch im Anschluss an die Verletzung getroffene Maßnahmen sichergestellt hat, dass aller Wahrscheinlichkeit nach keine erhebliche Gefahr im Sinne des Absatzes 1 mehr besteht, oder
3. dies mit einem unverhältnismäßigen Aufwand verbunden wäre; in diesem Fall hat stattdessen eine öffentliche Bekanntmachung oder eine ähnliche Maßnahme zu erfolgen, durch die die betroffenen Personen vergleichbar wirksam informiert werden.

(4) Wenn der Verantwortliche die betroffenen Personen über eine Verletzung des Schutzes personenbezogener Daten nicht benachrichtigt hat, kann die oder der Berliner Beauftragte für Datenschutz und Informationsfreiheit förmlich feststellen, dass ihrer oder seiner Auffassung nach die in Absatz 3 genannten Voraussetzungen nicht erfüllt sind. Hierbei hat sie oder er die Wahrscheinlichkeit zu berücksichtigen, dass die Verletzung eine erhebliche Gefahr im Sinne des Absatzes 1 zur Folge hat.

(5) Die Benachrichtigung der betroffenen Personen nach Absatz 1 kann unter den in § 42 Absatz 2 genannten Voraussetzungen aufgeschoben, eingeschränkt oder unterlassen werden, soweit nicht die Interessen der betroffenen Person auf Grund der von der Verletzung ausgehenden erheblichen Gefahr im Sinne des Absatzes 1 überwiegen.

§ 53
Durchführung einer Datenschutz-Folgenabschätzung

(1) Hat eine Form der Verarbeitung, insbesondere bei Verwendung neuer Technologien, auf Grund der Art, des Umfangs, der Umstände und der Zwecke der Verarbeitung voraussichtlich eine erhebliche Gefahr für die Rechtsgüter betroffener Personen zur Folge, so hat der Verantwortliche vorab eine Abschätzung der Folgen der vorgesehenen Verarbeitungsvorgänge für die betroffenen Personen durchzuführen.

(2) Für die Untersuchung mehrerer ähnlicher Verarbeitungsvorgänge mit ähnlich hohem Gefahrenpotential kann eine gemeinsame Datenschutz-Folgenabschätzung vorgenommen werden.

(3) Der Verantwortliche hat die Datenschutzbeauftragte oder den Datenschutzbeauftragten an der Durchführung der Folgenabschätzung zu beteiligen. 25

(4) Die Folgenabschätzung hat den Rechten der von der Verarbeitung betroffenen Personen Rechnung zu tragen und zumindest Folgendes zu enthalten:

1. eine systematische Beschreibung der geplanten Verarbeitungsvorgänge und der Zwecke der Verarbeitung,
2. eine Bewertung der Notwendigkeit und Verhältnismäßigkeit der Verarbeitungsvorgänge in Bezug auf deren Zweck,
3. eine Bewertung der Gefahren für die Rechtsgüter der betroffenen Personen und

4. die Maßnahmen, mit denen bestehenden Gefahren abgeholfen werden soll, einschließlich der Garantien, der Sicherheitsvorkehrungen und der Verfahren, durch die der Schutz personenbezogener Daten sichergestellt und die Einhaltung der gesetzlichen Vorgaben nachgewiesen werden sollen.

(5) Soweit erforderlich, hat der Verantwortliche eine Überprüfung durchzuführen, ob die Verarbeitung den Maßgaben folgt, die sich aus der Folgenabschätzung ergeben haben.

§ 54
Zusammenarbeit mit der oder dem Berliner Beauftragten für Datenschutz und Informationsfreiheit

Der Verantwortliche hat mit der oder dem Berliner Beauftragten für Datenschutz und Informationsfreiheit bei der Erfüllung ihrer oder seiner Aufgaben zusammenzuarbeiten.

§ 55
Anhörung der oder des Berliner Beauftragten für Datenschutz und Informationsfreiheit

(1) Der Verantwortliche hat vor der Inbetriebnahme von neu anzulegenden Dateisystemen die Berliner Beauftragte oder den Berliner Beauftragten für Datenschutz und Informationsfreiheit anzuhören, wenn

1. aus einer Datenschutz-Folgenabschätzung nach § 53 hervorgeht, dass die Verarbeitung trotz Abhilfemaßnahmen eine erhebliche Gefahr für die Rechtsgüter der betroffenen Personen zur Folge hätte oder
2. die Form der Verarbeitung, insbesondere bei der Verwendung neuer Technologien, Mechanismen oder Verfahren, eine erhebliche Gefahr für die Rechtsgüter der betroffenen Personen zur Folge hat.

Die oder der Berliner Beauftragte für Datenschutz und Informationsfreiheit kann eine Liste der Verarbeitungsvorgänge erstellen, die der Pflicht zur Anhörung nach Satz 1 unterliegen.

(2) Der oder dem Berliner Beauftragten für Datenschutz und Informationsfreiheit sind im Falle des Absatzes 1 vorzulegen:

1. die nach § 53 durchgeführte Datenschutz-Folgenabschätzung,
2. gegebenenfalls Angaben zu den jeweiligen Zuständigkeiten des Verantwortlichen, der gemeinsam Verantwortlichen und der an der Verarbeitung beteiligten Auftragsverarbeiter,
3. Angaben zu den Zwecken und Mitteln der beabsichtigten Verarbeitung,
4. Angaben zu den zum Schutz der Rechtsgüter der betroffenen Personen vorgesehenen Maßnahmen und Garantien und
5. Name und Kontaktdaten der oder des Datenschutzbeauftragten. Auf Anforderung sind ihr oder ihm zudem alle sonstigen Informationen zu übermitteln, die sie oder er benötigt, um die Rechtmäßigkeit der Verarbeitung sowie insbesondere die in Bezug auf den Schutz der personenbezogenen Daten der betroffenen Personen bestehenden Gefahren und die diesbezüglichen Garantien bewerten zu können.

(3) Falls die oder der Berliner Beauftragte für Datenschutz und Informationsfreiheit der Auffassung ist, dass die geplante Verarbeitung gegen gesetzliche Vorgaben verstoßen würde, insbesondere weil der Verantwortliche das Risiko nicht ausreichend ermittelt oder keine ausreichenden Abhilfemaßnahmen getroffen hat, kann sie oder er dem Verantwortlichen und gegebenenfalls dem Auftragsverarbeiter innerhalb eines Zeitraums von sechs Wochen nach Einleitung der Anhörung schriftliche Empfehlungen unterbreiten, welche Maßnahmen noch ergriffen werden sollten. Die oder der Berliner Beauftragte für Datenschutz und Informationsfreiheit kann diese Frist um einen Monat verlängern, wenn die ge-

plante Verarbeitung besonders komplex ist. Sie oder er hat in diesem Fall innerhalb eines Monats nach Einleitung der Anhörung den Verantwortlichen und gegebenenfalls den Auftragsverarbeiter über die Fristverlängerung zu informieren.

(4) Hat die beabsichtigte Verarbeitung erhebliche Bedeutung für die Aufgabenerfüllung des Verantwortlichen und ist sie daher besonders dringlich, kann er mit der Verarbeitung nach Beginn der Anhörung, aber vor Ablauf der in Absatz 3 Satz 1 genannten Frist beginnen. In diesem Fall sind die Empfehlungen der oder des Berliner Beauftragten für Datenschutz und Informationsfreiheit im Nachhinein zu berücksichtigen und sind die Art und Weise der Verarbeitung daraufhin gegebenenfalls anzupassen.

§ 56
Verzeichnis von Verarbeitungstätigkeiten

(1) Der Verantwortliche hat ein Verzeichnis aller Kategorien von Verarbeitungstätigkeiten zu führen, die in seine Zuständigkeit fallen. Dieses Verzeichnis hat die folgenden Angaben zu enthalten:

1. den Namen und die Kontaktdaten des Verantwortlichen und gegebenenfalls des gemeinsam mit ihm Verantwortlichen sowie den Namen und die Kontaktdaten der oder des Datenschutzbeauftragten,
2. die Zwecke der Verarbeitung,
3. die Herkunft regelmäßig empfangener personenbezogener Daten,
4. Angaben über die Rechtsgrundlage der Verarbeitung,
5. die Kategorien von Empfängern, gegenüber denen die personenbezogenen Daten offengelegt worden sind oder noch offengelegt werden sollen,
6. eine Beschreibung der Kategorien betroffener Personen und der Kategorien personenbezogener Daten,
7. gegebenenfalls die Verwendung von Profiling,
8. gegebenenfalls die Kategorien von Übermittlungen personenbezogener Daten an Stellen in einem Drittstaat oder an eine internationale Organisation sowie geplante Übermittlungen,
9. die vorgesehenen Fristen für die Löschung oder die Überprüfung der Erforderlichkeit der Speicherung der verschiedenen Kategorien personenbezogener Daten,
10. eine allgemeine Beschreibung der technischen und organisatorischen Maßnahmen gemäß § 50 und
11. Kategorien zugriffsberechtigter Personen oder Personengruppen.

(2) Der Auftragsverarbeiter hat ein Verzeichnis aller Kategorien von Verarbeitungen zu führen, die er im Auftrag eines Verantwortlichen durchführt, das Folgendes zu enthalten hat:

1. den Namen und die Kontaktdaten des Auftragsverarbeiters, jedes Verantwortlichen, in dessen Auftrag der Auftragsverarbeiter tätig ist, sowie gegebenenfalls der oder des Datenschutzbeauftragten,
2. gegebenenfalls Übermittlungen von personenbezogenen Daten an Stellen in einem Drittstaat oder an eine internationale Organisation unter Angabe des Staates oder der Organisation und
3. eine allgemeine Beschreibung der technischen und organisatorischen Maßnahmen gemäß § 50.

(3) Die in den Absätzen 1 und 2 genannten Verzeichnisse sind schriftlich oder elektronisch zu führen.

(4) Verantwortliche und Auftragsverarbeiter haben auf Anforderung ihre Verzeichnisse der oder dem Berliner Beauftragten für Datenschutz und Informationsfreiheit zur Verfügung zu stellen.

§ 57
Datenschutz durch Technikgestaltung und datenschutzfreundliche Voreinstellungen

(1) Der Verantwortliche hat sowohl zum Zeitpunkt der Festlegung der Mittel für die Verarbeitung als auch zum Zeitpunkt der Verarbeitung selbst angemessene Vorkehrungen zu treffen, die geeignet sind, die Datenschutzgrundsätze wirksam umzusetzen, und die sicherstellen, dass die gesetzlichen Anforderungen eingehalten und die Rechte der betroffenen Personen geschützt werden. Er hat hierbei den Stand der Technik, die Implementierungskosten und die Art, den Umfang, die Umstände und die Zwecke der Verarbeitung sowie die unterschiedliche Eintrittswahrscheinlichkeit und Schwere der mit der Verarbeitung verbundenen Gefahren für die Rechtsgüter der betroffenen Personen zu berücksichtigen. Insbesondere sind die Verarbeitung personenbezogener Daten und die Auswahl und Gestaltung von Datenverarbeitungssystemen an dem Ziel auszurichten, so wenig personenbezogene Daten wie möglich zu verarbeiten (Datensparsamkeit). Personenbezogene Daten sind zum frühestmöglichen Zeitpunkt zu anonymisieren oder zu pseudonymisieren, soweit dies nach dem Verarbeitungszweck möglich ist.

(2) Der Verantwortliche hat geeignete technische und organisatorische Maßnahmen zu treffen, die sicherstellen, dass durch Voreinstellungen grundsätzlich nur solche personenbezogenen Daten verarbeitet werden können, deren Verarbeitung für den jeweiligen bestimmten Verarbeitungszweck erforderlich ist. Dies betrifft die Menge der erhobenen Daten, den Umfang ihrer Verarbeitung, ihre Speicherfrist und ihre Zugänglichkeit. Die Maßnahmen müssen insbesondere gewährleisten, dass die Daten durch Voreinstellungen nicht automatisiert einer unbestimmten Anzahl von Personen zugänglich gemacht werden können.

§ 58
Unterscheidung zwischen verschiedenen Kategorien betroffener Personen

Der Verantwortliche hat bei der Verarbeitung personenbezogener Daten so weit wie möglich zwischen den verschiedenen Kategorien betroffener Personen zu unterscheiden. Dies betrifft insbesondere folgende Kategorien:

1. Personen, gegen die ein begründeter Verdacht besteht, dass sie eine Straftat begangen haben,
2. Personen, gegen die ein begründeter Verdacht besteht, dass sie in naher Zukunft eine Straftat begehen werden,
3. strafrechtlich Verurteilte,
4. Opfer einer Straftat oder Personen, bei denen bestimmte Tatsachen darauf hindeuten, dass sie Opfer einer Straftat sein könnten, und
5. andere Personen im Zusammenhang mit einer Straftat oder Personen, die mit den in den Nummern 1 bis 3 genannten Personen in Kontakt oder in Verbindung stehen.

§ 59
Unterscheidung zwischen Tatsachen und persönlichen Einschätzungen

Der Verantwortliche hat bei der Verarbeitung so weit wie möglich danach zu unterscheiden, ob personenbezogene Daten auf Tatsachen oder auf persönlichen Einschätzungen beruhen. Zu diesem Zweck soll er, soweit dies im Rahmen der jeweiligen Verarbeitung möglich und angemessen ist, Beurteilungen, die auf persönlichen Einschätzungen beruhen, als solche kenntlich machen. Es muss außerdem feststellbar sein, welche Stelle die Unterlagen führt, die der auf einer persönlichen Einschätzung beruhenden Beurteilung zugrunde liegen.

§ 60
Verfahren bei Übermittlungen

(1) Der Verantwortliche hat angemessene Maßnahmen zu ergreifen, um zu gewährleisten, dass personenbezogene Daten, die unrichtig oder nicht mehr aktuell sind, nicht übermittelt oder sonst zur Verfügung gestellt werden. Zu diesem Zweck hat er, soweit dies mit angemessenem Aufwand möglich ist, die Qualität der Daten vor ihrer Übermittlung oder Bereitstellung zu überprüfen. Bei jeder Übermittlung personenbezogener Daten hat er zudem, soweit dies möglich und angemessen ist, Informationen beizufügen, die es dem Empfänger gestatten, die Richtigkeit, die Vollständigkeit und die Zuverlässigkeit der Daten sowie deren Aktualität zu beurteilen.

(2) Gelten für die Verarbeitung von personenbezogenen Daten besondere Bedingungen, so hat bei Datenübermittlungen die übermittelnde Stelle den Empfänger auf diese Bedingungen und die Pflicht zu ihrer Beachtung hinzuweisen. Die Hinweispflicht kann dadurch erfüllt werden, dass die Daten entsprechend markiert werden.

(3) Die übermittelnde Stelle darf auf Empfänger in anderen Mitgliedstaaten der Europäischen Union und auf Einrichtungen und sonstige Stellen, die nach den Kapiteln 4 und 5 des Titels V des Dritten Teils des Vertrags über die Arbeitsweise der Europäischen Union errichtet wurden, keine Bedingungen anwenden, die nicht auch für entsprechende innerstaatliche Datenübermittlungen gelten.

§ 61
Berichtigung und Löschung personenbezogener Daten sowie Einschränkung der Verarbeitung

(1) Der Verantwortliche hat personenbezogene Daten zu berichtigen, wenn sie unrichtig sind und unvollständige Daten zu vervollständigen, wenn dies unter Berücksichtigung der Verarbeitungszwecke angemessen ist.

(2) Der Verantwortliche hat personenbezogene Daten unverzüglich zu löschen, wenn ihre Verarbeitung unzulässig ist, sie zur Erfüllung einer rechtlichen Verpflichtung gelöscht werden müssen oder ihre Kenntnis für seine Aufgabenerfüllung nicht mehr erforderlich ist.

(3) § 44 Absatz 3 bis 5 ist entsprechend anzuwenden. Sind unrichtige personenbezogene Daten oder personenbezogene Daten unrechtmäßig übermittelt worden, ist auch dies dem Empfänger mitzuteilen.

(4) Unbeschadet von in Rechtsvorschriften festgesetzten Höchstspeicher- oder Löschfristen hat der Verantwortliche für die Löschung von personenbezogenen Daten oder eine regelmäßige Überprüfung der Notwendigkeit ihrer Speicherung angemessene Fristen vorzusehen und durch verfahrensrechtliche Vorkehrungen sicherzustellen, dass diese Fristen eingehalten werden.

§ 62
Protokollierung

(1) In automatisierten Verarbeitungssystemen haben Verantwortliche und Auftragsverarbeiter mindestens die folgenden Verarbeitungsvorgänge zu protokollieren:

1. Erhebung,
2. Veränderung,
3. Abfrage,
4. Offenlegung einschließlich Übermittlung,
5. Kombination und
6. Löschung.

(2) Die Protokolle über Abfragen und Offenlegungen müssen es ermöglichen, die Begründung, das Datum und die Uhrzeit dieser Vorgänge und so weit wie möglich die Identität der Person, die die personenbezogenen Daten abgefragt oder offengelegt hat, und die Identität des Empfängers der Daten festzustellen.

(3) Die Protokolle dürfen ausschließlich für die Überprüfung der Rechtmäßigkeit der Datenverarbeitung durch die Datenschutzbeauftragte oder den Datenschutzbeauftragten, die Berliner Beauftragte oder den Berliner Beauftragten für Datenschutz und Informationsfreiheit und die betroffene Person sowie für die Eigenüberwachung, für die Gewährleistung der Integrität und Sicherheit der personenbezogenen Daten und für Strafverfahren verwendet werden.

(4) Die Protokolldaten sind nach Ablauf von zwei Jahren seit ihrer Erstellung zu löschen.

(5) Der Verantwortliche und der Auftragsverarbeiter haben die Protokolle der oder dem Berliner Beauftragten für Datenschutz und Informationsfreiheit auf Anforderung zur Verfügung zu stellen.

§ 63
Vertrauliche Meldung von Verstößen

Der Verantwortliche hat zu ermöglichen, dass ihm vertrauliche Meldungen über in seinem Verantwortungsbereich erfolgende Verstöße gegen Datenschutzvorschriften zugeleitet werden können.

KAPITEL 5
Datenübermittlungen an Drittstaaten und an internationale Organisationen

§ 64
Allgemeine Voraussetzungen

(1) Die Übermittlung personenbezogener Daten an Stellen in Drittstaaten oder an internationale Organisationen ist bei Vorliegen der übrigen für Datenübermittlungen geltenden Voraussetzungen zulässig, wenn

1. die Stelle oder internationale Organisation für die in § 30 Absatz 1 und 2 genannten Zwecke zuständig ist und
2. die Europäische Kommission gemäß Artikel 36 Absatz 3 der Richtlinie (EU) 2016/680 einen Angemessenheitsbeschluss gefasst hat.

(2) Die Übermittlung personenbezogener Daten hat trotz des Vorliegens eines Angemessenheitsbeschlusses im Sinne des Absatzes 1 Nummer 2 und des zu berücksichtigenden öffentlichen Interesses an der Datenübermittlung zu unterbleiben, wenn im Einzelfall ein datenschutzrechtlich angemessener und die elementaren Menschenrechte wahrender Umgang mit den Daten beim Empfänger nicht hinreichend gesichert ist oder sonst überwiegende schutzwürdige Interessen einer betroffenen Person entgegenstehen. Bei seiner Beurteilung hat der Verantwortliche maßgeblich zu berücksichtigen, ob der Empfänger im Einzelfall einen angemessenen Schutz der übermittelten Daten garantiert.

(3) Wenn personenbezogene Daten, die aus einem anderen Mitgliedstaat der Europäischen Union übermittelt oder zur Verfügung gestellt wurden, nach Absatz 1 übermittelt werden sollen, muss diese Übermittlung zuvor von der zuständigen Stelle des anderen Mitgliedstaats genehmigt werden. Übermittlungen ohne vorherige Genehmigung sind nur dann zulässig, wenn die Übermittlung erforderlich ist, um eine unmittelbare und ernsthafte Gefahr für die öffentliche Sicherheit eines Staates oder für die wesentlichen Interessen eines Mitgliedstaats abzuwehren, und die vorherige Genehmigung nicht rechtzeitig eingeholt werden kann. Im Fall des Satzes 2 ist die Stelle des anderen Mitgliedstaats, die für die Erteilung der Genehmigung zuständig gewesen wäre, unverzüglich über die Übermittlung zu unterrichten.

(4) Der Verantwortliche, der Daten nach Absatz 1 übermittelt, hat durch geeignete Maßnahmen sicherzustellen, dass der Empfänger die übermittelten Daten nur dann an andere Drittstaaten oder andere internationale Organisationen weiterübermittelt, wenn der Verant-

wortliche diese Übermittlung zuvor genehmigt hat. Bei der Entscheidung über die Erteilung der Genehmigung hat der Verantwortliche alle maßgeblichen Faktoren zu berücksichtigen, insbesondere die Schwere der Straftat, den Zweck der ursprünglichen Übermittlung und das in dem Drittstaat oder der internationalen Organisation, an den oder an die die Daten weiterübermittelt werden sollen, bestehende Schutzniveau für personenbezogene Daten. Eine Genehmigung darf nur dann erfolgen, wenn auch eine direkte Übermittlung an den anderen Drittstaat oder die andere internationale Organisation zulässig wäre. Die Zuständigkeit für die Erteilung der Genehmigung kann auch abweichend geregelt werden.

§ 65
Datenübermittlung bei geeigneten Garantien

(1) Liegt entgegen § 64 Absatz 1 Nummer 2 kein Beschluss nach Artikel 36 Absatz 3 der Richtlinie (EU) 2016/680 vor, ist eine Übermittlung bei Vorliegen der übrigen Voraussetzungen des § 64 auch dann zulässig, wenn

1. in einem rechtsverbindlichen Instrument geeignete Garantien für den Schutz personenbezogener Daten vorgesehen sind oder
2. der Verantwortliche nach Beurteilung aller Umstände, die bei der Übermittlung eine Rolle spielen, zu der Auffassung gelangt ist, dass geeignete Garantien für den Schutz personenbezogener Daten bestehen.

(2) Der Verantwortliche hat Übermittlungen nach Absatz 1 Nummer 2 zu dokumentieren. Die Dokumentation hat den Zeitpunkt der Übermittlung, die Identität des Empfängers, den Grund der Übermittlung und die übermittelten personenbezogenen Daten zu enthalten. Sie ist der oder dem Berliner Beauftragten für Datenschutz und Informationsfreiheit auf Anforderung zur Verfügung zu stellen.

(3) Der Verantwortliche hat die Berliner Beauftragte oder den Berliner Beauftragten für Datenschutz und Informationsfreiheit jährlich über Übermittlungen zu unterrichten, die auf Grund einer Beurteilung nach Absatz 1 Nummer 2 erfolgt sind. In der Unterrichtung kann er die Empfänger und die Übermittlungszwecke angemessen kategorisieren.

§ 66
Datenübermittlung ohne geeignete Garantien

(1) Liegt entgegen § 64 Absatz 1 Nummer 2 kein Beschluss nach Artikel 36 Absatz 3 der Richtlinie (EU) 2016/680 vor und liegen auch keine geeigneten Garantien im Sinne des § 65 Absatz 1 vor, ist eine Übermittlung bei Vorliegen der übrigen Voraussetzungen des § 64 auch dann zulässig, wenn die Übermittlung erforderlich ist

1. zum Schutz lebenswichtiger Interessen einer natürlichen Person,
2. zur Wahrung berechtigter Interessen der betroffenen Person,
3. zur Abwehr einer gegenwärtigen und erheblichen Gefahr für die öffentliche Sicherheit eines Staates,
4. im Einzelfall für die in § 30 genannten Zwecke oder
5. im Einzelfall zur Geltendmachung, Ausübung oder Verteidigung von Rechtsansprüchen im Zusammenhang mit den in § 30 genannten Zwecken.

(2) Der Verantwortliche hat von einer Übermittlung nach Absatz 1 abzusehen, wenn die Grundrechte der betroffenen Person das öffentliche Interesse an der Übermittlung überwiegen.

(3) Für Übermittlungen nach Absatz 1 gilt § 65 Absatz 2 und 3 entsprechend.

§ 67
Sonstige Datenübermittlung an Empfänger in Drittstaaten

(1) Der Verantwortliche kann bei Vorliegen der übrigen für die Datenübermittlung in Drittstaaten geltenden Voraussetzungen im besonderen Einzelfall personenbezogene Daten

unmittelbar an nicht in § 64 Absatz 1 Nummer 1 genannte Stellen in Drittstaaten übermitteln, wenn die Übermittlung für die Erfüllung seiner Aufgaben erforderlich ist und

1. im konkreten Fall keine Grundrechte der betroffenen Person das öffentliche Interesse an einer Übermittlung überwiegen,
2. er die Übermittlung an die in § 64 Absatz 1 Nummer 1 genannten Stellen für wirkungslos oder ungeeignet hält, insbesondere weil sie nicht rechtzeitig durchgeführt werden kann, und
3. er dem Empfänger die Zwecke der Verarbeitung mitteilt und ihn darauf hinweist, dass die übermittelten Daten nur in dem Umfang verarbeitet werden dürfen, in dem ihre Verarbeitung für diese Zwecke erforderlich ist.

(2) Im Fall des Absatzes 1 hat der Verantwortliche die in § 64 Absatz 1 Nummer 1 genannten Behörden unverzüglich über die Übermittlung zu unterrichten, sofern dies nicht wirkungslos oder ungeeignet ist.

(3) Für Übermittlungen nach Absatz 1 gilt § 65 Absatz 2 und 3 entsprechend.

(4) Bei Übermittlungen nach Absatz 1 hat der Verantwortliche den Empfänger zu verpflichten, die übermittelten personenbezogenen Daten nur für den Zweck zu verarbeiten, für den sie übermittelt worden sind.

(5) Abkommen im Bereich der justiziellen Zusammenarbeit in Strafsachen und der polizeilichen Zusammenarbeit bleiben unberührt.

KAPITEL 6
Zusammenarbeit der Aufsichtsbehörden

§ 68
Gegenseitige Amtshilfe

(1) Die oder der Berliner Beauftragte für Datenschutz und Informationsfreiheit hat den Datenschutzaufsichtsbehörden des Bundes und der Länder sowie in den anderen Mitgliedstaaten der Europäischen Union Informationen zu übermitteln und Amtshilfe zu leisten, soweit dies für eine einheitliche Umsetzung und Anwendung der Richtlinie (EU) 2016/680 erforderlich ist. Die Amtshilfe betrifft insbesondere Auskunftsersuchen und aufsichtsbezogene Maßnahmen, beispielsweise Ersuchen um Konsultation oder um Vornahme von Nachprüfungen und Untersuchungen.

(2) Die oder der Berliner Beauftragte für Datenschutz und Informationsfreiheit hat alle geeigneten Maßnahmen zu ergreifen, um Amtshilfeersuchen unverzüglich und spätestens innerhalb eines Monats nach deren Eingang nachzukommen.

(3) Die oder der Berliner Beauftragte für Datenschutz und Informationsfreiheit darf Amtshilfeersuchen nur ablehnen, wenn

1. sie oder er für den Gegenstand des Ersuchens oder für die Maßnahmen, die sie oder er durchführen soll, nicht zuständig ist oder
2. ein Eingehen auf das Ersuchen gegen Rechtsvorschriften verstoßen würde.

(4) Die oder der Berliner Beauftragte für Datenschutz und Informationsfreiheit hat die ersuchende Aufsichtsbehörde des anderen Staates über die Ergebnisse oder gegebenenfalls über den Fortgang der Maßnahmen zu informieren, die getroffen wurden, um dem Amtshilfeersuchen nachzukommen. Sie oder er hat im Fall des Absatzes 3 die Gründe für die Ablehnung des Ersuchens zu erläutern.

(5) Die oder der Berliner Beauftragte für Datenschutz und Informationsfreiheit hat die Informationen, um die sie oder er von der Aufsichtsbehörde des anderen Staates ersucht wurde, in der Regel elektronisch und in einem standardisierten Format zu übermitteln.

(6) Die oder der Berliner Beauftragte für Datenschutz und Informationsfreiheit hat Amtshilfeersuchen kostenfrei zu erledigen, soweit sie oder er nicht im Einzelfall mit der

Aufsichtsbehörde des Bundes, des jeweiligen Landes oder des anderen Mitgliedstaates der Europäischen Union die Erstattung entstandener Ausgaben vereinbart hat.

(7) Ein Amtshilfeersuchen der oder des Berliner Beauftragten für Datenschutz und Informationsfreiheit hat alle erforderlichen Informationen zu enthalten; hierzu gehören insbesondere der Zweck und die Begründung des Ersuchens. Die auf das Ersuchen übermittelten Informationen dürfen ausschließlich zu dem Zweck verwendet werden, zu dem sie angefordert wurden.

KAPITEL 7
Haftung und Sanktionen

§ 69
Schadensersatz und Entschädigung

(1) Hat ein Verantwortlicher einer betroffenen Person durch eine Verarbeitung personenbezogener Daten, die nach einer nach Maßgabe der Richtlinie (EU) 2016/680 erlassenen Vorschrift rechtswidrig war, einen Schaden zugefügt, ist er oder sein Rechtsträger der betroffenen Person zum Schadensersatz verpflichtet. Die Ersatzpflicht entfällt, soweit bei einer nicht-automatisierten Verarbeitung der Schaden nicht auf ein Verschulden des Verantwortlichen zurückzuführen ist.

(2) Wegen eines Schadens, der nicht Vermögensschaden ist, kann die betroffene Person eine angemessene Entschädigung in Geld verlangen.

(3) Lässt sich bei einer automatisierten Verarbeitung personenbezogener Daten nicht ermitteln, welcher von mehreren beteiligten Verantwortlichen den Schaden verursacht hat, so haftet jeder Verantwortliche beziehungsweise sein Rechtsträger.

(4) Hat bei der Entstehung des Schadens ein Verschulden der betroffenen Person mitgewirkt, ist § 254 des Bürgerlichen Gesetzbuchs entsprechend anzuwenden.

(5) Auf die Verjährung finden die für unerlaubte Handlungen geltenden Verjährungsvorschriften des Bürgerlichen Gesetzbuchs entsprechende Anwendung.

§ 70
Ordnungswidrigkeiten, Strafvorschriften

Für Verarbeitungen personenbezogener Daten durch öffentliche Stellen im Rahmen von Tätigkeiten nach § 30 Absatz 1 Satz 1 oder Absatz 2 findet § 29 entsprechende Anwendung.

TEIL 4
Besondere Verarbeitungssituationen außerhalb des Anwendungsbereichs der Verordnung (EU) 2016/679 und der Richtlinie (EU) 2016/680

§ 71
Öffentliche Auszeichnungen und Ehrungen

(1) Zur Vorbereitung und Durchführung öffentlicher Auszeichnungen oder Ehrungen dürfen die zuständigen Stellen sowie die von ihnen besonders beauftragten Stellen die dazu erforderlichen personenbezogenen Daten einschließlich besonderer Kategorien personenbezogener Daten auch ohne Kenntnis der betroffenen Person verarbeiten. Die Verarbeitung dieser Daten für andere Zwecke ist nur mit Einwilligung der betroffenen Person zulässig.

(2) Auf Anforderung der in Absatz 1 genannten Stellen dürfen andere öffentliche Stellen die zur Vorbereitung der Auszeichnung oder Ehrung erforderlichen Daten übermitteln.

(3) Die Artikel 13, 14, 15 und 19 der Verordnung (EU) 2016/679 sind nicht anzuwenden.

TEIL 5
Schlussvorschrift

§ 72
Übergangsvorschriften

(1) Vor dem 6. Mai 2016 eingerichtete automatisierte Verarbeitungssysteme sind in Ausnahmefällen, in denen dies mit einem unverhältnismäßigen Aufwand verbunden ist, spätestens bis zum 6. Mai 2023 mit § 62 Absatz 1 und 2 in Einklang zu bringen.

(2) Die oder der zum Zeitpunkt des Inkrafttretens dieses Gesetzes im Amt befindliche Berliner Beauftragte für Datenschutz und Informationsfreiheit gilt als nach § 9 Absatz 1 Satz 1 ernannt. Ihre oder seine statusrechtliche Stellung bleibt unberührt. Die Amtszeit gilt nach § 9 Absatz 3 Satz 1 als zum 28. Januar 2016 begonnen. Der Aushändigung einer Ernennungsurkunde bedarf es nicht.

VERORDNUNG (EU) 2016/679 DES EUROPÄISCHEN PARLAMENTS UND DES RATES

vom 27. April 2016

zum Schutz natürlicher Personen bei der Verarbeitung personenbezogener Daten, zum freien Datenverkehr und zur Aufhebung der Richtlinie 95/46/EG (Datenschutz-Grundverordnung)

(ABl. L 119 vom 4.5.2016, S. 1; L 314 vom 22.11.2016, S. 72; L 127 vom 23.5.2018, S. 2)

KAPITEL I[1)]
Allgemeine Bestimmungen

Artikel 1
Gegenstand und Ziele

(1) Diese Verordnung enthält Vorschriften zum Schutz natürlicher Personen bei der Verarbeitung personenbezogener Daten und zum freien Verkehr solcher Daten.

(2) Diese Verordnung schützt die Grundrechte und Grundfreiheiten natürlicher Personen und insbesondere deren Recht auf Schutz personenbezogener Daten.

(3) Der freie Verkehr personenbezogener Daten in der Union darf aus Gründen des Schutzes natürlicher Personen bei der Verarbeitung personenbezogener Daten weder eingeschränkt noch verboten werden.

Artikel 2
Sachlicher Anwendungsbereich

(1) Diese Verordnung gilt für die ganz oder teilweise automatisierte Verarbeitung personenbezogener Daten sowie für die nichtautomatisierte Verarbeitung personenbezogener Daten, die in einem Dateisystem gespeichert sind oder gespeichert werden sollen.

(2) Diese Verordnung findet keine Anwendung auf die Verarbeitung personenbezogener Daten

a) im Rahmen einer Tätigkeit, die nicht in den Anwendungsbereich des Unionsrechts fällt,

b) durch die Mitgliedstaaten im Rahmen von Tätigkeiten, die in den Anwendungsbereich von Titel V Kapitel 2 EUV fallen,

c) durch natürliche Personen zur Ausübung ausschließlich persönlicher oder familiärer Tätigkeiten,

d) durch die zuständigen Behörden zum Zwecke der Verhütung, Ermittlung, Aufdeckung oder Verfolgung von Straftaten oder der Strafvollstreckung, einschließlich des Schutzes vor und der Abwehr von Gefahren für die öffentliche Sicherheit.

1) Vom Abdruck der Erwägungsgründe wurde abgesehen.

(3) Für die Verarbeitung personenbezogener Daten durch die Organe, Einrichtungen, Ämter und Agenturen der Union gilt die Verordnung (EG) Nr. 45/2001. Die Verordnung (EG) Nr. 45/2001 und sonstige Rechtsakte der Union, die diese Verarbeitung personenbezogener Daten regeln, werden im Einklang mit Artikel 98 an die Grundsätze und Vorschriften der vorliegenden Verordnung angepasst.

(4) Die vorliegende Verordnung lässt die Anwendung der Richtlinie 2000/31/EG und speziell die Vorschriften der Artikel 12 bis 15 dieser Richtlinie zur Verantwortlichkeit der Vermittler unberührt.

Artikel 3
Räumlicher Anwendungsbereich

(1) Diese Verordnung findet Anwendung auf die Verarbeitung personenbezogener Daten, soweit diese im Rahmen der Tätigkeiten einer Niederlassung eines Verantwortlichen oder eines Auftragsverarbeiters in der Union erfolgt, unabhängig davon, ob die Verarbeitung in der Union stattfindet.

(2) Diese Verordnung findet Anwendung auf die Verarbeitung personenbezogener Daten von betroffenen Personen, die sich in der Union befinden, durch einen nicht in der Union niedergelassenen Verantwortlichen oder Auftragsverarbeiter, wenn die Datenverarbeitung im Zusammenhang damit steht

a) betroffenen Personen in der Union Waren oder Dienstleistungen anzubieten, unabhängig davon, ob von diesen betroffenen Personen eine Zahlung zu leisten ist;

b) das Verhalten betroffener Personen zu beobachten, soweit ihr Verhalten in der Union erfolgt.

(3) Diese Verordnung findet Anwendung auf die Verarbeitung personenbezogener Daten durch einen nicht in der Union niedergelassenen Verantwortlichen an einem Ort, der aufgrund Völkerrechts dem Recht eines Mitgliedstaats unterliegt.

Artikel 4
Begriffsbestimmungen

Im Sinne dieser Verordnung bezeichnet der Ausdruck:

1. „personenbezogene Daten" alle Informationen, die sich auf eine identifizierte oder identifizierbare natürliche Person (im Folgenden „betroffene Person") beziehen; als identifizierbar wird eine natürliche Person angesehen, die direkt oder indirekt, insbesondere mittels Zuordnung zu einer Kennung wie einem Namen, zu einer Kennnummer, zu Standortdaten, zu einer Online-Kennung oder zu einem oder mehreren besonderen Merkmalen, die Ausdruck der physischen, physiologischen, genetischen, psychischen, wirtschaftlichen, kulturellen oder sozialen Identität dieser natürlichen Person sind, identifiziert werden kann;
2. „Verarbeitung" jeden mit oder ohne Hilfe automatisierter Verfahren ausgeführten Vorgang oder jede solche Vorgangsreihe im Zusammenhang mit personenbezogenen Daten wie das Erheben, das Erfassen, die Organisation, das Ordnen, die Speicherung, die Anpassung oder Veränderung, das Auslesen, das Abfragen, die Verwendung, die Offenlegung durch Übermittlung, Verbreitung oder eine andere Form der Bereitstellung, den Abgleich oder die Verknüpfung, die Einschränkung, das Löschen oder die Vernichtung;
3. „Einschränkung der Verarbeitung" die Markierung gespeicherter personenbezogener Daten mit dem Ziel, ihre künftige Verarbeitung einzuschränken;
4. „Profiling" jede Art der automatisierten Verarbeitung personenbezogener Daten, die darin besteht, dass diese personenbezogenen Daten verwendet werden, um bestimmte persönliche Aspekte, die sich auf eine natürliche Person beziehen, zu bewerten, ins-

besondere um Aspekte bezüglich Arbeitsleistung, wirtschaftliche Lage, Gesundheit, persönliche Vorlieben, Interessen, Zuverlässigkeit, Verhalten, Aufenthaltsort oder Ortswechsel dieser natürlichen Person zu analysieren oder vorherzusagen;

5. „Pseudonymisierung" die Verarbeitung personenbezogener Daten in einer Weise, dass die personenbezogenen Daten ohne Hinzuziehung zusätzlicher Informationen nicht mehr einer spezifischen betroffenen Person zugeordnet werden können, sofern diese zusätzlichen Informationen gesondert aufbewahrt werden und technischen und organisatorischen Maßnahmen unterliegen, die gewährleisten, dass die personenbezogenen Daten nicht einer identifizierten oder identifizierbaren natürlichen Person zugewiesen werden;
6. „Dateisystem" jede strukturierte Sammlung personenbezogener Daten, die nach bestimmten Kriterien zugänglich sind, unabhängig davon, ob diese Sammlung zentral, dezentral oder nach funktionalen oder geografischen Gesichtspunkten geordnet geführt wird;
7. „Verantwortlicher" die natürliche oder juristische Person, Behörde, Einrichtung oder andere Stelle, die allein oder gemeinsam mit anderen über die Zwecke und Mittel der Verarbeitung von personenbezogenen Daten entscheidet; sind die Zwecke und Mittel dieser Verarbeitung durch das Unionsrecht oder das Recht der Mitgliedstaaten vorgegeben, so kann der Verantwortliche beziehungsweise können die bestimmten Kriterien seiner Benennung nach dem Unionsrecht oder dem Recht der Mitgliedstaaten vorgesehen werden;
8. „Auftragsverarbeiter" eine natürliche oder juristische Person, Behörde, Einrichtung oder andere Stelle, die personenbezogene Daten im Auftrag des Verantwortlichen verarbeitet;
9. „Empfänger" eine natürliche oder juristische Person, Behörde, Einrichtung oder andere Stelle, der personenbezogene Daten offengelegt werden, unabhängig davon, ob es sich bei ihr um einen Dritten handelt oder nicht. Behörden, die im Rahmen eines bestimmten Untersuchungsauftrags nach dem Unionsrecht oder dem Recht der Mitgliedstaaten möglicherweise personenbezogene Daten erhalten, gelten jedoch nicht als Empfänger; die Verarbeitung dieser Daten durch die genannten Behörden erfolgt im Einklang mit den geltenden Datenschutzvorschriften gemäß den Zwecken der Verarbeitung;
10. „Dritter" eine natürliche oder juristische Person, Behörde, Einrichtung oder andere Stelle, außer der betroffenen Person, dem Verantwortlichen, dem Auftragsverarbeiter und den Personen, die unter der unmittelbaren Verantwortung des Verantwortlichen oder des Auftragsverarbeiters befugt sind, die personenbezogenen Daten zu verarbeiten;
11. „Einwilligung" der betroffenen Person jede freiwillig für den bestimmten Fall, in informierter Weise und unmissverständlich abgegebene Willensbekundung in Form einer Erklärung oder einer sonstigen eindeutigen bestätigenden Handlung, mit der die betroffene Person zu verstehen gibt, dass sie mit der Verarbeitung der sie betreffenden personenbezogenen Daten einverstanden ist;
12. „Verletzung des Schutzes personenbezogener Daten" eine Verletzung der Sicherheit, die, ob unbeabsichtigt oder unrechtmäßig, zur Vernichtung, zum Verlust, zur Veränderung, oder zur unbefugten Offenlegung von beziehungsweise zum unbefugten Zugang zu personenbezogenen Daten führt, die übermittelt, gespeichert oder auf sonstige Weise verarbeitet wurden;
13. „genetische Daten" personenbezogene Daten zu den ererbten oder erworbenen genetischen Eigenschaften einer natürlichen Person, die eindeutige Informationen über die Physiologie oder die Gesundheit dieser natürlichen Person liefern und insbesondere aus der Analyse einer biologischen Probe der betreffenden natürlichen Person gewonnen wurden;

14. „biometrische Daten“ mit speziellen technischen Verfahren gewonnene personenbezogene Daten zu den physischen, physiologischen oder verhaltenstypischen Merkmalen einer natürlichen Person, die die eindeutige Identifizierung dieser natürlichen Person ermöglichen oder bestätigen, wie Gesichtsbilder oder daktyloskopische Daten;
15. „Gesundheitsdaten“ personenbezogene Daten, die sich auf die körperliche oder geistige Gesundheit einer natürlichen Person, einschließlich der Erbringung von Gesundheitsdienstleistungen, beziehen und aus denen Informationen über deren Gesundheitszustand hervorgehen;
16. „Hauptniederlassung“
    a) im Falle eines Verantwortlichen mit Niederlassungen in mehr als einem Mitgliedstaat den Ort seiner Hauptverwaltung in der Union, es sei denn, die Entscheidungen hinsichtlich der Zwecke und Mittel der Verarbeitung personenbezogener Daten werden in einer anderen Niederlassung des Verantwortlichen in der Union getroffen und diese Niederlassung ist befugt, diese Entscheidungen umsetzen zu lassen; in diesem Fall gilt die Niederlassung, die derartige Entscheidungen trifft, als Hauptniederlassung;
    b) im Falle eines Auftragsverarbeiters mit Niederlassungen in mehr als einem Mitgliedstaat den Ort seiner Hauptverwaltung in der Union oder, sofern der Auftragsverarbeiter keine Hauptverwaltung in der Union hat, die Niederlassung des Auftragsverarbeiters in der Union, in der die Verarbeitungstätigkeiten im Rahmen der Tätigkeiten einer Niederlassung eines Auftragsverarbeiters hauptsächlich stattfinden, soweit der Auftragsverarbeiter spezifischen Pflichten aus dieser Verordnung unterliegt;
17. „Vertreter“ eine in der Union niedergelassene natürliche oder juristische Person, die von dem Verantwortlichen oder Auftragsverarbeiter schriftlich gemäß Artikel 27 bestellt wurde und den Verantwortlichen oder Auftragsverarbeiter in Bezug auf die ihnen jeweils nach dieser Verordnung obliegenden Pflichten vertritt;
18. „Unternehmen“ eine natürliche oder juristische Person, die eine wirtschaftliche Tätigkeit ausübt, unabhängig von ihrer Rechtsform, einschließlich Personengesellschaften oder Vereinigungen, die regelmäßig einer wirtschaftlichen Tätigkeit nachgehen;
19. „Unternehmensgruppe“ eine Gruppe, die aus einem herrschenden Unternehmen und den von diesem abhängigen Unternehmen besteht;
20. „verbindliche interne Datenschutzvorschriften“ Maßnahmen zum Schutz personenbezogener Daten, zu deren Einhaltung sich ein im Hoheitsgebiet eines Mitgliedstaats niedergelassener Verantwortlicher oder Auftragsverarbeiter verpflichtet im Hinblick auf Datenübermittlungen oder eine Kategorie von Datenübermittlungen personenbezogener Daten an einen Verantwortlichen oder Auftragsverarbeiter derselben Unternehmensgruppe oder derselben Gruppe von Unternehmen, die eine gemeinsame Wirtschaftstätigkeit ausüben, in einem oder mehreren Drittländern;
21. „Aufsichtsbehörde“ eine von einem Mitgliedstaat gemäß Artikel 51 eingerichtete unabhängige staatliche Stelle;
22. „betroffene Aufsichtsbehörde“ eine Aufsichtsbehörde, die von der Verarbeitung personenbezogener Daten betroffen ist, weil
    a) der Verantwortliche oder der Auftragsverarbeiter im Hoheitsgebiet des Mitgliedstaats dieser Aufsichtsbehörde niedergelassen ist,
    b) diese Verarbeitung erhebliche Auswirkungen auf betroffene Personen mit Wohnsitz im Mitgliedstaat dieser Aufsichtsbehörde hat oder haben kann oder
    c) eine Beschwerde bei dieser Aufsichtsbehörde eingereicht wurde;
23. „grenzüberschreitende Verarbeitung“ entweder
    a) eine Verarbeitung personenbezogener Daten, die im Rahmen der Tätigkeiten von Niederlassungen eines Verantwortlichen oder eines Auftragsverarbeiters in der

Union in mehr als einem Mitgliedstaat erfolgt, wenn der Verantwortliche oder Auftragsverarbeiter in mehr als einem Mitgliedstaat niedergelassen ist, oder

b) eine Verarbeitung personenbezogener Daten, die im Rahmen der Tätigkeiten einer einzelnen Niederlassung eines Verantwortlichen oder eines Auftragsverarbeiters in der Union erfolgt, die jedoch erhebliche Auswirkungen auf betroffene Personen in mehr als einem Mitgliedstaat hat oder haben kann;

24. „maßgeblicher und begründeter Einspruch" einen Einspruch gegen einen Beschlussentwurf im Hinblick darauf, ob ein Verstoß gegen diese Verordnung vorliegt oder ob beabsichtigte Maßnahmen gegen den Verantwortlichen oder den Auftragsverarbeiter im Einklang mit dieser Verordnung steht, wobei aus diesem Einspruch die Tragweite der Risiken klar hervorgeht, die von dem Beschlussentwurf in Bezug auf die Grundrechte und Grundfreiheiten der betroffenen Personen und gegebenenfalls den freien Verkehr personenbezogener Daten in der Union ausgehen;

25. „Dienst der Informationsgesellschaft" eine Dienstleistung im Sinne des Artikels 1 Nummer 1 Buchstabe b der Richtlinie (EU) 2015/1535 des Europäischen Parlaments und des Rates[1)];

26. „internationale Organisation" eine völkerrechtliche Organisation und ihre nachgeordneten Stellen oder jede sonstige Einrichtung, die durch eine zwischen zwei oder mehr Ländern geschlossene Übereinkunft oder auf der Grundlage einer solchen Übereinkunft geschaffen wurde.

KAPITEL II
Grundsätze

Artikel 5
Grundsätze für die Verarbeitung personenbezogener Daten

(1) Personenbezogene Daten müssen

a) auf rechtmäßige Weise, nach Treu und Glauben und in einer für die betroffene Person nachvollziehbaren Weise verarbeitet werden („Rechtmäßigkeit, Verarbeitung nach Treu und Glauben, Transparenz");

b) für festgelegte, eindeutige und legitime Zwecke erhoben werden und dürfen nicht in einer mit diesen Zwecken nicht zu vereinbarenden Weise weiterverarbeitet werden; eine Weiterverarbeitung für im öffentlichen Interesse liegende Archivzwecke, für wissenschaftliche oder historische Forschungszwecke oder für statistische Zwecke gilt gemäß Artikel 89 Absatz 1 nicht als unvereinbar mit den ursprünglichen Zwecken („Zweckbindung");

c) dem Zweck angemessen und erheblich sowie auf das für die Zwecke der Verarbeitung notwendige Maß beschränkt sein („Datenminimierung");

d) sachlich richtig und erforderlichenfalls auf dem neuesten Stand sein; es sind alle angemessenen Maßnahmen zu treffen, damit personenbezogene Daten, die im Hinblick auf die Zwecke ihrer Verarbeitung unrichtig sind, unverzüglich gelöscht oder berichtigt werden („Richtigkeit");

e) in einer Form gespeichert werden, die die Identifizierung der betroffenen Personen nur so lange ermöglicht, wie es für die Zwecke, für die sie verarbeitet werden, erforderlich ist; personenbezogene Daten dürfen länger gespeichert werden, soweit die personenbezogenen Daten vorbehaltlich der Durchführung geeigneter technischer und organisatorischer Maßnahmen, die von dieser Verordnung zum Schutz der Rechte und

1) Richtlinie (EU) 2015/1535 des Europäischen Parlaments und des Rates vom 9. September 2015 über ein Informationsverfahren auf dem Gebiet der technischen Vorschriften und der Vorschriften für die Dienste der Informationsgesellschaft (ABl. L 241 vom 17.9.2015, S. 1).

Freiheiten der betroffenen Person gefordert werden, ausschließlich für im öffentlichen Interesse liegende Archivzwecke oder für wissenschaftliche und historische Forschungszwecke oder für statistische Zwecke gemäß Artikel 89 Absatz 1 verarbeitet werden („Speicherbegrenzung");

f) in einer Weise verarbeitet werden, die eine angemessene Sicherheit der personenbezogenen Daten gewährleistet, einschließlich Schutz vor unbefugter oder unrechtmäßiger Verarbeitung und vor unbeabsichtigtem Verlust, unbeabsichtigter Zerstörung oder unbeabsichtigter Schädigung durch geeignete technische und organisatorische Maßnahmen („Integrität und Vertraulichkeit");

(2) Der Verantwortliche ist für die Einhaltung des Absatzes 1 verantwortlich und muss dessen Einhaltung nachweisen können („Rechenschaftspflicht").

Artikel 6
Rechtmäßigkeit der Verarbeitung

(1) Die Verarbeitung ist nur rechtmäßig, wenn mindestens eine der nachstehenden Bedingungen erfüllt ist:

a) Die betroffene Person hat ihre Einwilligung zu der Verarbeitung der sie betreffenden personenbezogenen Daten für einen oder mehrere bestimmte Zwecke gegeben;

b) die Verarbeitung ist für die Erfüllung eines Vertrags, dessen Vertragspartei die betroffene Person ist, oder zur Durchführung vorvertraglicher Maßnahmen erforderlich, die auf Anfrage der betroffenen Person erfolgen;

c) die Verarbeitung ist zur Erfüllung einer rechtlichen Verpflichtung erforderlich, der der Verantwortliche unterliegt;

d) die Verarbeitung ist erforderlich, um lebenswichtige Interessen der betroffenen Person oder einer anderen natürlichen Person zu schützen;

e) die Verarbeitung ist für die Wahrnehmung einer Aufgabe erforderlich, die im öffentlichen Interesse liegt oder in Ausübung öffentlicher Gewalt erfolgt, die dem Verantwortlichen übertragen wurde;

f) die Verarbeitung ist zur Wahrung der berechtigten Interessen des Verantwortlichen oder eines Dritten erforderlich, sofern nicht die Interessen oder Grundrechte und Grundfreiheiten der betroffenen Person, die den Schutz personenbezogener Daten erfordern, überwiegen, insbesondere dann, wenn es sich bei der betroffenen Person um ein Kind handelt.

Unterabsatz 1 Buchstabe f gilt nicht für die von Behörden in Erfüllung ihrer Aufgaben vorgenommene Verarbeitung.

(2) Die Mitgliedstaaten können spezifischere Bestimmungen zur Anpassung der Anwendung der Vorschriften dieser Verordnung in Bezug auf die Verarbeitung zur Erfüllung von Absatz 1 Buchstaben c und e beibehalten oder einführen, indem sie spezifische Anforderungen für die Verarbeitung sowie sonstige Maßnahmen präziser bestimmen, um eine rechtmäßig und nach Treu und Glauben erfolgende Verarbeitung zu gewährleisten, einschließlich für andere besondere Verarbeitungssituationen gemäß Kapitel IX.

(3) Die Rechtsgrundlage für die Verarbeitungen gemäß Absatz 1 Buchstaben c und e wird festgelegt durch

a) Unionsrecht oder

b) das Recht der Mitgliedstaaten, dem der Verantwortliche unterliegt.

Der Zweck der Verarbeitung muss in dieser Rechtsgrundlage festgelegt oder hinsichtlich der Verarbeitung gemäß Absatz 1 Buchstabe e für die Erfüllung einer Aufgabe erforderlich sein, die im öffentlichen Interesse liegt oder in Ausübung öffentlicher Gewalt erfolgt, die dem Verantwortlichen übertragen wurde. Diese Rechtsgrundlage kann spezifische Bestimmungen zur Anpassung der Anwendung der Vorschriften dieser Verordnung enthalten, unter anderem Bestimmungen darüber, welche allgemeinen Bedingungen für die Regelung der

Rechtmäßigkeit der Verarbeitung durch den Verantwortlichen gelten, welche Arten von Daten verarbeitet werden, welche Personen betroffen sind, an welche Einrichtungen und für welche Zwecke die personenbezogenen Daten offengelegt werden dürfen, welcher Zweckbindung sie unterliegen, wie lange sie gespeichert werden dürfen und welche Verarbeitungsvorgänge und -verfahren angewandt werden dürfen, einschließlich Maßnahmen zur Gewährleistung einer rechtmäßig und nach Treu und Glauben erfolgenden Verarbeitung, wie solche für sonstige besondere Verarbeitungssituationen gemäß Kapitel IX. Das Unionsrecht oder das Recht der Mitgliedstaaten müssen ein im öffentlichen Interesse liegendes Ziel verfolgen und in einem angemessenen Verhältnis zu dem verfolgten legitimen Zweck stehen.

(4) Beruht die Verarbeitung zu einem anderen Zweck als zu demjenigen, zu dem die personenbezogenen Daten erhoben wurden, nicht auf der Einwilligung der betroffenen Person oder auf einer Rechtsvorschrift der Union oder der Mitgliedstaaten, die in einer demokratischen Gesellschaft eine notwendige und verhältnismäßige Maßnahme zum Schutz der in Artikel 23 Absatz 1 genannten Ziele darstellt, so berücksichtigt der Verantwortliche — um festzustellen, ob die Verarbeitung zu einem anderen Zweck mit demjenigen, zu dem die personenbezogenen Daten ursprünglich erhoben wurden, vereinbar ist — unter anderem

a) jede Verbindung zwischen den Zwecken, für die die personenbezogenen Daten erhoben wurden, und den Zwecken der beabsichtigten Weiterverarbeitung,
b) den Zusammenhang, in dem die personenbezogenen Daten erhoben wurden, insbesondere hinsichtlich des Verhältnisses zwischen den betroffenen Personen und dem Verantwortlichen,
c) die Art der personenbezogenen Daten, insbesondere ob besondere Kategorien personenbezogener Daten gemäß Artikel 9 verarbeitet werden oder ob personenbezogene Daten über strafrechtliche Verurteilungen und Straftaten gemäß Artikel 10 verarbeitet werden,
d) die möglichen Folgen der beabsichtigten Weiterverarbeitung für die betroffenen Personen,
e) das Vorhandensein geeigneter Garantien, wozu Verschlüsselung oder Pseudonymisierung gehören kann.

Artikel 7
Bedingungen für die Einwilligung

(1) Beruht die Verarbeitung auf einer Einwilligung, muss der Verantwortliche nachweisen können, dass die betroffene Person in die Verarbeitung ihrer personenbezogenen Daten eingewilligt hat.

(2) Erfolgt die Einwilligung der betroffenen Person durch eine schriftliche Erklärung, die noch andere Sachverhalte betrifft, so muss das Ersuchen um Einwilligung in verständlicher und leicht zugänglicher Form in einer klaren und einfachen Sprache so erfolgen, dass es von den anderen Sachverhalten klar zu unterscheiden ist. Teile der Erklärung sind dann nicht verbindlich, wenn sie einen Verstoß gegen diese Verordnung darstellen.

(3) Die betroffene Person hat das Recht, ihre Einwilligung jederzeit zu widerrufen. Durch den Widerruf der Einwilligung wird die Rechtmäßigkeit der aufgrund der Einwilligung bis zum Widerruf erfolgten Verarbeitung nicht berührt. Die betroffene Person wird vor Abgabe der Einwilligung hiervon in Kenntnis gesetzt. Der Widerruf der Einwilligung muss so einfach wie die Erteilung der Einwilligung sein.

(4) Bei der Beurteilung, ob die Einwilligung freiwillig erteilt wurde, muss dem Umstand in größtmöglichem Umfang Rechnung getragen werden, ob unter anderem die Erfüllung eines Vertrags, einschließlich der Erbringung einer Dienstleistung, von der Einwilligung zu einer Verarbeitung von personenbezogenen Daten abhängig ist, die für die Erfüllung des Vertrags nicht erforderlich sind.

Artikel 8
Bedingungen für die Einwilligung eines Kindes in Bezug auf Dienste der Informationsgesellschaft

(1) Gilt Artikel 6 Absatz 1 Buchstabe a bei einem Angebot von Diensten der Informationsgesellschaft, das einem Kind direkt gemacht wird, so ist die Verarbeitung der personenbezogenen Daten des Kindes rechtmäßig, wenn das Kind das sechzehnte Lebensjahr vollendet hat. Hat das Kind noch nicht das sechzehnte Lebensjahr vollendet, so ist diese Verarbeitung nur rechtmäßig, sofern und soweit diese Einwilligung durch den Träger der elterlichen Verantwortung für das Kind oder mit dessen Zustimmung erteilt wird.

Die Mitgliedstaaten können durch Rechtsvorschriften zu diesen Zwecken eine niedrigere Altersgrenze vorsehen, die jedoch nicht unter dem vollendeten dreizehnten Lebensjahr liegen darf.

(2) Der Verantwortliche unternimmt unter Berücksichtigung der verfügbaren Technik angemessene Anstrengungen, um sich in solchen Fällen zu vergewissern, dass die Einwilligung durch den Träger der elterlichen Verantwortung für das Kind oder mit dessen Zustimmung erteilt wurde.

(3) Absatz 1 lässt das allgemeine Vertragsrecht der Mitgliedstaaten, wie etwa die Vorschriften zur Gültigkeit, zum Zustandekommen oder zu den Rechtsfolgen eines Vertrags in Bezug auf ein Kind, unberührt.

Artikel 9
Verarbeitung besonderer Kategorien personenbezogener Daten

(1) Die Verarbeitung personenbezogener Daten, aus denen die rassische und ethnische Herkunft, politische Meinungen, religiöse oder weltanschauliche Überzeugungen oder die Gewerkschaftszugehörigkeit hervorgehen, sowie die Verarbeitung von genetischen Daten, biometrischen Daten zur eindeutigen Identifizierung einer natürlichen Person, Gesundheitsdaten oder Daten zum Sexualleben oder der sexuellen Orientierung einer natürlichen Person ist untersagt.

(2) Absatz 1 gilt nicht in folgenden Fällen:

a) Die betroffene Person hat in die Verarbeitung der genannten personenbezogenen Daten für einen oder mehrere festgelegte Zwecke ausdrücklich eingewilligt, es sei denn, nach Unionsrecht oder dem Recht der Mitgliedstaaten kann das Verbot nach Absatz 1 durch die Einwilligung der betroffenen Person nicht aufgehoben werden,

b) die Verarbeitung ist erforderlich, damit der Verantwortliche oder die betroffene Person die ihm bzw. ihr aus dem Arbeitsrecht und dem Recht der sozialen Sicherheit und des Sozialschutzes erwachsenden Rechte ausüben und seinen bzw. ihren diesbezüglichen Pflichten nachkommen kann, soweit dies nach Unionsrecht oder dem Recht der Mitgliedstaaten oder einer Kollektivvereinbarung nach dem Recht der Mitgliedstaaten, das geeignete Garantien für die Grundrechte und die Interessen der betroffenen Person vorsieht, zulässig ist,

c) die Verarbeitung ist zum Schutz lebenswichtiger Interessen der betroffenen Person oder einer anderen natürlichen Person erforderlich und die betroffene Person ist aus körperlichen oder rechtlichen Gründen außerstande, ihre Einwilligung zu geben,

d) die Verarbeitung erfolgt auf der Grundlage geeigneter Garantien durch eine politisch, weltanschaulich, religiös oder gewerkschaftlich ausgerichtete Stiftung, Vereinigung oder sonstige Organisation ohne Gewinnerzielungsabsicht im Rahmen ihrer rechtmäßigen Tätigkeiten und unter der Voraussetzung, dass sich die Verarbeitung ausschließlich auf die Mitglieder oder ehemalige Mitglieder der Organisation oder auf Personen, die im Zusammenhang mit deren Tätigkeitszweck regelmäßige Kontakte mit ihr unterhalten, bezieht und die personenbezogenen Daten nicht ohne Einwilligung der betroffenen Personen nach außen offengelegt werden,

e) die Verarbeitung bezieht sich auf personenbezogene Daten, die die betroffene Person offensichtlich öffentlich gemacht hat,

f) die Verarbeitung ist zur Geltendmachung, Ausübung oder Verteidigung von Rechtsansprüchen oder bei Handlungen der Gerichte im Rahmen ihrer justiziellen Tätigkeit erforderlich,

g) die Verarbeitung ist auf der Grundlage des Unionsrechts oder des Rechts eines Mitgliedstaats, das in angemessenem Verhältnis zu dem verfolgten Ziel steht, den Wesensgehalt des Rechts auf Datenschutz wahrt und angemessene und spezifische Maßnahmen zur Wahrung der Grundrechte und Interessen der betroffenen Person vorsieht, aus Gründen eines erheblichen öffentlichen Interesses erforderlich,

h) die Verarbeitung ist für Zwecke der Gesundheitsvorsorge oder der Arbeitsmedizin, für die Beurteilung der Arbeitsfähigkeit des Beschäftigten, für die medizinische Diagnostik, die Versorgung oder Behandlung im Gesundheits- oder Sozialbereich oder für die Verwaltung von Systemen und Diensten im Gesundheits- oder Sozialbereich auf der Grundlage des Unionsrechts oder des Rechts eines Mitgliedstaats oder aufgrund eines Vertrags mit einem Angehörigen eines Gesundheitsberufs und vorbehaltlich der in Absatz 3 genannten Bedingungen und Garantien erforderlich,

i) die Verarbeitung ist aus Gründen des öffentlichen Interesses im Bereich der öffentlichen Gesundheit, wie dem Schutz vor schwerwiegenden grenzüberschreitenden Gesundheitsgefahren oder zur Gewährleistung hoher Qualitäts- und Sicherheitsstandards bei der Gesundheitsversorgung und bei Arzneimitteln und Medizinprodukten, auf der Grundlage des Unionsrechts oder des Rechts eines Mitgliedstaats, das angemessene und spezifische Maßnahmen zur Wahrung der Rechte und Freiheiten der betroffenen Person, insbesondere des Berufsgeheimnisses, vorsieht, erforderlich, oder

j) die Verarbeitung ist auf der Grundlage des Unionsrechts oder des Rechts eines Mitgliedstaats, das in angemessenem Verhältnis zu dem verfolgten Ziel steht, den Wesensgehalt des Rechts auf Datenschutz wahrt und angemessene und spezifische Maßnahmen zur Wahrung der Grundrechte und Interessen der betroffenen Person vorsieht, für im öffentlichen Interesse liegende Archivzwecke, für wissenschaftliche oder historische Forschungszwecke oder für statistische Zwecke gemäß Artikel 89 Absatz 1 erforderlich.

(3) Die in Absatz 1 genannten personenbezogenen Daten dürfen zu den in Absatz 2 Buchstabe h genannten Zwecken verarbeitet werden, wenn diese Daten von Fachpersonal oder unter dessen Verantwortung verarbeitet werden und dieses Fachpersonal nach dem Unionsrecht oder dem Recht eines Mitgliedstaats oder den Vorschriften nationaler zuständiger Stellen dem Berufsgeheimnis unterliegt, oder wenn die Verarbeitung durch eine andere Person erfolgt, die ebenfalls nach dem Unionsrecht oder dem Recht eines Mitgliedstaats oder den Vorschriften nationaler zuständiger Stellen einer Geheimhaltungspflicht unterliegt.

(4) Die Mitgliedstaaten können zusätzliche Bedingungen, einschließlich Beschränkungen, einführen oder aufrechterhalten, soweit die Verarbeitung von genetischen, biometrischen oder Gesundheitsdaten betroffen ist.

Artikel 10

Verarbeitung von personenbezogenen Daten über strafrechtliche Verurteilungen und Straftaten

Die Verarbeitung personenbezogener Daten über strafrechtliche Verurteilungen und Straftaten oder damit zusammenhängende Sicherungsmaßregeln aufgrund von Artikel 6

Absatz 1 darf nur unter behördlicher Aufsicht vorgenommen werden oder wenn dies nach dem Unionsrecht oder dem Recht der Mitgliedstaaten, das geeignete Garantien für die Rechte und Freiheiten der betroffenen Personen vorsieht, zulässig ist. Ein umfassendes Register der strafrechtlichen Verurteilungen darf nur unter behördlicher Aufsicht geführt werden.

Artikel 11
Verarbeitung, für die eine Identifizierung der betroffenen Person nicht erforderlich ist

(1) Ist für die Zwecke, für die ein Verantwortlicher personenbezogene Daten verarbeitet, die Identifizierung der betroffenen Person durch den Verantwortlichen nicht oder nicht mehr erforderlich, so ist dieser nicht verpflichtet, zur bloßen Einhaltung dieser Verordnung zusätzliche Informationen aufzubewahren, einzuholen oder zu verarbeiten, um die betroffene Person zu identifizieren.

(2) Kann der Verantwortliche in Fällen gemäß Absatz 1 des vorliegenden Artikels nachweisen, dass er nicht in der Lage ist, die betroffene Person zu identifizieren, so unterrichtet er die betroffene Person hierüber, sofern möglich. In diesen Fällen finden die Artikel 15 bis 20 keine Anwendung, es sei denn, die betroffene Person stellt zur Ausübung ihrer in diesen Artikeln niedergelegten Rechte zusätzliche Informationen bereit, die ihre Identifizierung ermöglichen.

KAPITEL III
Rechte der betroffenen Person

ABSCHNITT 1
Transparenz und Modalitäten

Artikel 12
Transparente Information, Kommunikation und Modalitäten für die Ausübung der Rechte der betroffenen Person

(1) Der Verantwortliche trifft geeignete Maßnahmen, um der betroffenen Person alle Informationen gemäß den Artikeln 13 und 14 und alle Mitteilungen gemäß den Artikeln 15 bis 22 und Artikel 34, die sich auf die Verarbeitung beziehen, in präziser, transparenter, verständlicher und leicht zugänglicher Form in einer klaren und einfachen Sprache zu übermitteln; dies gilt insbesondere für Informationen, die sich speziell an Kinder richten. Die Übermittlung der Informationen erfolgt schriftlich oder in anderer Form, gegebenenfalls auch elektronisch. Falls von der betroffenen Person verlangt, kann die Information mündlich erteilt werden, sofern die Identität der betroffenen Person in anderer Form nachgewiesen wurde.

(2) Der Verantwortliche erleichtert der betroffenen Person die Ausübung ihrer Rechte gemäß den Artikeln 15 bis 22. In den in Artikel 11 Absatz 2 genannten Fällen darf sich der Verantwortliche nur dann weigern, aufgrund des Antrags der betroffenen Person auf Wahrnehmung ihrer Rechte gemäß den Artikeln 15 bis 22 tätig zu werden, wenn er glaubhaft macht, dass er nicht in der Lage ist, die betroffene Person zu identifizieren.

(3) Der Verantwortliche stellt der betroffenen Person Informationen über die auf Antrag gemäß den Artikeln 15 bis 22 ergriffenen Maßnahmen unverzüglich, in jedem Fall aber innerhalb eines Monats nach Eingang des Antrags zur Verfügung. Diese Frist kann um weitere zwei Monate verlängert werden, wenn dies unter Berücksichtigung der Komplexität und der Anzahl von Anträgen erforderlich ist. Der Verantwortliche unterrichtet die betroffene

Person innerhalb eines Monats nach Eingang des Antrags über eine Fristverlängerung, zusammen mit den Gründen für die Verzögerung. Stellt die betroffene Person den Antrag elektronisch, so ist sie nach Möglichkeit auf elektronischem Weg zu unterrichten, sofern sie nichts anderes angibt.

(4) Wird der Verantwortliche auf den Antrag der betroffenen Person hin nicht tätig, so unterrichtet er die betroffene Person ohne Verzögerung, spätestens aber innerhalb eines Monats nach Eingang des Antrags über die Gründe hierfür und über die Möglichkeit, bei einer Aufsichtsbehörde Beschwerde einzulegen oder einen gerichtlichen Rechtsbehelf einzulegen.

(5) Informationen gemäß den Artikeln 13 und 14 sowie alle Mitteilungen und Maßnahmen gemäß den Artikeln 15 bis 22 und Artikel 34 werden unentgeltlich zur Verfügung gestellt. Bei offenkundig unbegründeten oder – insbesondere im Fall von häufiger Wiederholung – exzessiven Anträgen einer betroffenen Person kann der Verantwortliche entweder

a) ein angemessenes Entgelt verlangen, bei dem die Verwaltungskosten für die Unterrichtung oder die Mitteilung oder die Durchführung der beantragten Maßnahme berücksichtigt werden, oder
b) sich weigern, aufgrund des Antrags tätig zu werden.

Der Verantwortliche hat den Nachweis für den offenkundig unbegründeten oder exzessiven Charakter des Antrags zu erbringen.

(6) Hat der Verantwortliche begründete Zweifel an der Identität der natürlichen Person, die den Antrag gemäß den Artikeln 15 bis 21 stellt, so kann er unbeschadet des Artikels 11 zusätzliche Informationen anfordern, die zur Bestätigung der Identität der betroffenen Person erforderlich sind.

(7) Die Informationen, die den betroffenen Personen gemäß den Artikeln 13 und 14 bereitzustellen sind, können in Kombination mit standardisierten Bildsymbolen bereitgestellt werden, um in leicht wahrnehmbarer, verständlicher und klar nachvollziehbarer Form einen aussagekräftigen Überblick über die beabsichtigte Verarbeitung zu vermitteln. Werden die Bildsymbole in elektronischer Form dargestellt, müssen sie maschinenlesbar sein.

(8) Der Kommission wird die Befugnis übertragen, gemäß Artikel 92 delegierte Rechtsakte zur Bestimmung der Informationen, die durch Bildsymbole darzustellen sind, und der Verfahren für die Bereitstellung standardisierter Bildsymbole zu erlassen.

ABSCHNITT 2
Informationspflicht und Recht auf Auskunft zu personenbezogenen Daten

Artikel 13
Informationspflicht bei Erhebung von personenbezogenen Daten bei der betroffenen Person

(1) Werden personenbezogene Daten bei der betroffenen Person erhoben, so teilt der Verantwortliche der betroffenen Person zum Zeitpunkt der Erhebung dieser Daten Folgendes mit:

a) den Namen und die Kontaktdaten des Verantwortlichen sowie gegebenenfalls seines Vertreters;
b) gegebenenfalls die Kontaktdaten des Datenschutzbeauftragten;
c) die Zwecke, für die die personenbezogenen Daten verarbeitet werden sollen, sowie die Rechtsgrundlage für die Verarbeitung;
d) wenn die Verarbeitung auf Artikel 6 Absatz 1 Buchstabe f beruht, die berechtigten Interessen, die von dem Verantwortlichen oder einem Dritten verfolgt werden;

e) gegebenenfalls die Empfänger oder Kategorien von Empfängern der personenbezogenen Daten und
f) gegebenenfalls die Absicht des Verantwortlichen, die personenbezogenen Daten an ein Drittland oder eine internationale Organisation zu übermitteln, sowie das Vorhandensein oder das Fehlen eines Angemessenheitsbeschlusses der Kommission oder im Falle von Übermittlungen gemäß Artikel 46 oder Artikel 47 oder Artikel 49 Absatz 1 Unterabsatz 2 einen Verweis auf die geeigneten oder angemessenen Garantien und die Möglichkeit, wie eine Kopie von ihnen zu erhalten ist, oder wo sie verfügbar sind.

(2) Zusätzlich zu den Informationen gemäß Absatz 1 stellt der Verantwortliche der betroffenen Person zum Zeitpunkt der Erhebung dieser Daten folgende weitere Informationen zur Verfügung, die notwendig sind, um eine faire und transparente Verarbeitung zu gewährleisten:

a) die Dauer, für die die personenbezogenen Daten gespeichert werden oder, falls dies nicht möglich ist, die Kriterien für die Festlegung dieser Dauer;
b) das Bestehen eines Rechts auf Auskunft seitens des Verantwortlichen über die betreffenden personenbezogenen Daten sowie auf Berichtigung oder Löschung oder auf Einschränkung der Verarbeitung oder eines Widerspruchsrechts gegen die Verarbeitung sowie des Rechts auf Datenübertragbarkeit;
c) wenn die Verarbeitung auf Artikel 6 Absatz 1 Buchstabe a oder Artikel 9 Absatz 2 Buchstabe a beruht, das Bestehen eines Rechts, die Einwilligung jederzeit zu widerrufen, ohne dass die Rechtmäßigkeit der aufgrund der Einwilligung bis zum Widerruf erfolgten Verarbeitung berührt wird;
d) das Bestehen eines Beschwerderechts bei einer Aufsichtsbehörde;
e) ob die Bereitstellung der personenbezogenen Daten gesetzlich oder vertraglich vorgeschrieben oder für einen Vertragsabschluss erforderlich ist, ob die betroffene Person verpflichtet ist, die personenbezogenen Daten bereitzustellen, und welche mögliche Folgen die Nichtbereitstellung hätte und
f) das Bestehen einer automatisierten Entscheidungsfindung einschließlich Profiling gemäß Artikel 22 Absätze 1 und 4 und – zumindest in diesen Fällen – aussagekräftige Informationen über die involvierte Logik sowie die Tragweite und die angestrebten Auswirkungen einer derartigen Verarbeitung für die betroffene Person.

(3) Beabsichtigt der Verantwortliche, die personenbezogenen Daten für einen anderen Zweck weiterzuverarbeiten als den, für den die personenbezogenen Daten erhoben wurden, so stellt er der betroffenen Person vor dieser Weiterverarbeitung Informationen über diesen anderen Zweck und alle anderen maßgeblichen Informationen gemäß Absatz 2 zur Verfügung.

(4) Die Absätze 1, 2 und 3 finden keine Anwendung, wenn und soweit die betroffene Person bereits über die Informationen verfügt.

Artikel 14
Informationspflicht, wenn die personenbezogenen Daten nicht bei der betroffenen Person erhoben wurden

(1) Werden personenbezogene Daten nicht bei der betroffenen Person erhoben, so teilt der Verantwortliche der betroffenen Person Folgendes mit:

a) den Namen und die Kontaktdaten des Verantwortlichen sowie gegebenenfalls seines Vertreters;
b) zusätzlich die Kontaktdaten des Datenschutzbeauftragten;
c) die Zwecke, für die die personenbezogenen Daten verarbeitet werden sollen, sowie die Rechtsgrundlage für die Verarbeitung;

d) die Kategorien personenbezogener Daten, die verarbeitet werden;

e) gegebenenfalls die Empfänger oder Kategorien von Empfängern der personenbezogenen Daten;

f) gegebenenfalls die Absicht des Verantwortlichen, die personenbezogenen Daten an einen Empfänger in einem Drittland oder einer internationalen Organisation zu übermitteln, sowie das Vorhandensein oder das Fehlen eines Angemessenheitsbeschlusses der Kommission oder im Falle von Übermittlungen gemäß Artikel 46 oder Artikel 47 oder Artikel 49 Absatz 1 Unterabsatz 2 einen Verweis auf die geeigneten oder angemessenen Garantien und die Möglichkeit, eine Kopie von ihnen zu erhalten, oder wo sie verfügbar sind.

(2) Zusätzlich zu den Informationen gemäß Absatz 1 stellt der Verantwortliche der betroffenen Person die folgenden Informationen zur Verfügung, die erforderlich sind, um der betroffenen Person gegenüber eine faire und transparente Verarbeitung zu gewährleisten:

a) die Dauer, für die die personenbezogenen Daten gespeichert werden oder, falls dies nicht möglich ist, die Kriterien für die Festlegung dieser Dauer;

b) wenn die Verarbeitung auf Artikel 6 Absatz 1 Buchstabe f beruht, die berechtigten Interessen, die von dem Verantwortlichen oder einem Dritten verfolgt werden;

c) das Bestehen eines Rechts auf Auskunft seitens des Verantwortlichen über die betreffenden personenbezogenen Daten sowie auf Berichtigung oder Löschung oder auf Einschränkung der Verarbeitung und eines Widerspruchsrechts gegen die Verarbeitung sowie des Rechts auf Datenübertragbarkeit;

d) wenn die Verarbeitung auf Artikel 6 Absatz 1 Buchstabe a oder Artikel 9 Absatz 2 Buchstabe a beruht, das Bestehen eines Rechts, die Einwilligung jederzeit zu widerrufen, ohne dass die Rechtmäßigkeit der aufgrund der Einwilligung bis zum Widerruf erfolgten Verarbeitung berührt wird;

e) das Bestehen eines Beschwerderechts bei einer Aufsichtsbehörde;

f) aus welcher Quelle die personenbezogenen Daten stammen und gegebenenfalls ob sie aus öffentlich zugänglichen Quellen stammen;

g) das Bestehen einer automatisierten Entscheidungsfindung einschließlich Profiling gemäß Artikel 22 Absätze 1 und 4 und – zumindest in diesen Fällen – aussagekräftige Informationen über die involvierte Logik sowie die Tragweite und die angestrebten Auswirkungen einer derartigen Verarbeitung für die betroffene Person.

(3) Der Verantwortliche erteilt die Informationen gemäß den Absätzen 1 und 2

a) unter Berücksichtigung der spezifischen Umstände der Verarbeitung der personenbezogenen Daten innerhalb einer angemessenen Frist nach Erlangung der personenbezogenen Daten, längstens jedoch innerhalb eines Monats,

b) falls die personenbezogenen Daten zur Kommunikation mit der betroffenen Person verwendet werden sollen, spätestens zum Zeitpunkt der ersten Mitteilung an sie, oder,

c) falls die Offenlegung an einen anderen Empfänger beabsichtigt ist, spätestens zum Zeitpunkt der ersten Offenlegung.

(4) Beabsichtigt der Verantwortliche, die personenbezogenen Daten für einen anderen Zweck weiterzuverarbeiten als den, für den die personenbezogenen Daten erlangt wurden, so stellt er der betroffenen Person vor dieser Weiterverarbeitung Informationen über diesen anderen Zweck und alle anderen maßgeblichen Informationen gemäß Absatz 2 zur Verfügung. 25.1

(5) Die Absätze 1 bis 4 finden keine Anwendung, wenn und soweit

a) die betroffene Person bereits über die Informationen verfügt,

b) die Erteilung dieser Informationen sich als unmöglich erweist oder einen unverhältnismäßigen Aufwand erfordern würde; dies gilt insbesondere für die Verarbeitung für im öffentlichen Interesse liegende Archivzwecke, für wissenschaftliche oder historische Forschungszwecke oder für statistische Zwecke vorbehaltlich der in Artikel 89 Absatz 1 genannten Bedingungen und Garantien oder soweit die in Absatz 1 des vorliegenden Artikels genannte Pflicht voraussichtlich die Verwirklichung der Ziele dieser Verarbeitung unmöglich macht oder ernsthaft beeinträchtigt In diesen Fällen ergreift der Verantwortliche geeignete Maßnahmen zum Schutz der Rechte und Freiheiten sowie der berechtigten Interessen der betroffenen Person, einschließlich der Bereitstellung dieser Informationen für die Öffentlichkeit,

c) die Erlangung oder Offenlegung durch Rechtsvorschriften der Union oder der Mitgliedstaaten, denen der Verantwortliche unterliegt und die geeignete Maßnahmen zum Schutz der berechtigten Interessen der betroffenen Person vorsehen, ausdrücklich geregelt ist oder

d) die personenbezogenen Daten gemäß dem Unionsrecht oder dem Recht der Mitgliedstaaten dem Berufsgeheimnis, einschließlich einer satzungsmäßigen Geheimhaltungspflicht, unterliegen und daher vertraulich behandelt werden müssen.

Artikel 15
Auskunftsrecht der betroffenen Person

(1) Die betroffene Person hat das Recht, von dem Verantwortlichen eine Bestätigung darüber zu verlangen, ob sie betreffende personenbezogene Daten verarbeitet werden; ist dies der Fall, so hat sie ein Recht auf Auskunft über diese personenbezogenen Daten und auf folgende Informationen:

a) die Verarbeitungszwecke;

b) die Kategorien personenbezogener Daten, die verarbeitet werden;

c) die Empfänger oder Kategorien von Empfängern, gegenüber denen die personenbezogenen Daten offengelegt worden sind oder noch offengelegt werden, insbesondere bei Empfängern in Drittländern oder bei internationalen Organisationen;

d) falls möglich die geplante Dauer, für die die personenbezogenen Daten gespeichert werden, oder, falls dies nicht möglich ist, die Kriterien für die Festlegung dieser Dauer;

e) das Bestehen eines Rechts auf Berichtigung oder Löschung der sie betreffenden personenbezogenen Daten oder auf Einschränkung der Verarbeitung durch den Verantwortlichen oder eines Widerspruchsrechts gegen diese Verarbeitung;

f) das Bestehen eines Beschwerderechts bei einer Aufsichtsbehörde;

g) wenn die personenbezogenen Daten nicht bei der betroffenen Person erhoben werden, alle verfügbaren Informationen über die Herkunft der Daten;

h) das Bestehen einer automatisierten Entscheidungsfindung einschließlich Profiling gemäß Artikel 22 Absätze 1 und 4 und – zumindest in diesen Fällen – aussagekräftige Informationen über die involvierte Logik sowie die Tragweite und die angestrebten Auswirkungen einer derartigen Verarbeitung für die betroffene Person.

(2) Werden personenbezogene Daten an ein Drittland oder an eine internationale Organisation übermittelt, so hat die betroffene Person das Recht, über die geeigneten Garantien gemäß Artikel 46 im Zusammenhang mit der Übermittlung unterrichtet zu werden.

(3) Der Verantwortliche stellt eine Kopie der personenbezogenen Daten, die Gegenstand der Verarbeitung sind, zur Verfügung. Für alle weiteren Kopien, die die betroffene Person beantragt, kann der Verantwortliche ein angemessenes Entgelt auf der Grundlage der Verwaltungskosten verlangen. Stellt die betroffene Person den Antrag elektronisch, so sind die Informationen in einem gängigen elektronischen Format zur Verfügung zu stellen, sofern sie nichts anderes angibt.

(4) Das Recht auf Erhalt einer Kopie gemäß Absatz 3 darf die Rechte und Freiheiten anderer Personen nicht beeinträchtigen.

ABSCHNITT 3
Berichtigung und Löschung

Artikel 16
Recht auf Berichtigung

Die betroffene Person hat das Recht, von dem Verantwortlichen unverzüglich die Berichtigung sie betreffender unrichtiger personenbezogener Daten zu verlangen. Unter Berücksichtigung der Zwecke der Verarbeitung hat die betroffene Person das Recht, die Vervollständigung unvollständiger personenbezogener Daten – auch mittels einer ergänzenden Erklärung – zu verlangen.

Artikel 17
Recht auf Löschung („Recht auf Vergessenwerden")

(1) Die betroffene Person hat das Recht, von dem Verantwortlichen zu verlangen, dass sie betreffende personenbezogene Daten unverzüglich gelöscht werden, und der Verantwortliche ist verpflichtet, personenbezogene Daten unverzüglich zu löschen, sofern einer der folgenden Gründe zutrifft:

a) Die personenbezogenen Daten sind für die Zwecke, für die sie erhoben oder auf sonstige Weise verarbeitet wurden, nicht mehr notwendig.
b) Die betroffene Person widerruft ihre Einwilligung, auf die sich die Verarbeitung gemäß Artikel 6 Absatz 1 Buchstabe a oder Artikel 9 Absatz 2 Buchstabe a stützte, und es fehlt an einer anderweitigen Rechtsgrundlage für die Verarbeitung.
c) Die betroffene Person legt gemäß Artikel 21 Absatz 1 Widerspruch gegen die Verarbeitung ein und es liegen keine vorrangigen berechtigten Gründe für die Verarbeitung vor, oder die betroffene Person legt gemäß Artikel 21 Absatz 2 Widerspruch gegen die Verarbeitung ein.
d) Die personenbezogenen Daten wurden unrechtmäßig verarbeitet.
e) Die Löschung der personenbezogenen Daten ist zur Erfüllung einer rechtlichen Verpflichtung nach dem Unionsrecht oder dem Recht der Mitgliedstaaten erforderlich, dem der Verantwortliche unterliegt.
f) Die personenbezogenen Daten wurden in Bezug auf angebotene Dienste der Informationsgesellschaft gemäß Artikel 8 Absatz 1 erhoben.

(2) Hat der Verantwortliche die personenbezogenen Daten öffentlich gemacht und ist er gemäß Absatz 1 zu deren Löschung verpflichtet, so trifft er unter Berücksichtigung der verfügbaren Technologie und der Implementierungskosten angemessene Maßnahmen, auch technischer Art, um für die Datenverarbeitung Verantwortliche, die die personenbezogenen Daten verarbeiten, darüber zu informieren, dass eine betroffene Person von ihnen die Löschung aller Links zu diesen personenbezogenen Daten oder von Kopien oder Replikationen dieser personenbezogenen Daten verlangt hat.

(3) Die Absätze 1 und 2 gelten nicht, soweit die Verarbeitung erforderlich ist

a) zur Ausübung des Rechts auf freie Meinungsäußerung und Information;
b) zur Erfüllung einer rechtlichen Verpflichtung, die die Verarbeitung nach dem Recht der Union oder der Mitgliedstaaten, dem der Verantwortliche unterliegt, erfordert, oder zur Wahrnehmung einer Aufgabe, die im öffentlichen Interesse liegt oder in Ausübung öffentlicher Gewalt erfolgt, die dem Verantwortlichen übertragen wurde;
c) aus Gründen des öffentlichen Interesses im Bereich der öffentlichen Gesundheit gemäß Artikel 9 Absatz 2 Buchstaben h und i sowie Artikel 9 Absatz 3;
d) für im öffentlichen Interesse liegende Archivzwecke, wissenschaftliche oder historische Forschungszwecke oder für statistische Zwecke gemäß Artikel 89 Absatz 1, soweit das in Absatz 1 genannte Recht voraussichtlich die Verwirklichung der Ziele dieser Verarbeitung unmöglich macht oder ernsthaft beeinträchtigt, oder
e) zur Geltendmachung, Ausübung oder Verteidigung von Rechtsansprüchen.

Artikel 18
Recht auf Einschränkung der Verarbeitung

(1) Die betroffene Person hat das Recht, von dem Verantwortlichen die Einschränkung der Verarbeitung zu verlangen, wenn eine der folgenden Voraussetzungen gegeben ist:

a) die Richtigkeit der personenbezogenen Daten von der betroffenen Person bestritten wird, und zwar für eine Dauer, die es dem Verantwortlichen ermöglicht, die Richtigkeit der personenbezogenen Daten zu überprüfen,
b) die Verarbeitung unrechtmäßig ist und die betroffene Person die Löschung der personenbezogenen Daten ablehnt und stattdessen die Einschränkung der Nutzung der personenbezogenen Daten verlangt;
c) der Verantwortliche die personenbezogenen Daten für die Zwecke der Verarbeitung nicht länger benötigt, die betroffene Person sie jedoch zur Geltendmachung, Ausübung oder Verteidigung von Rechtsansprüchen benötigt, oder
d) die betroffene Person Widerspruch gegen die Verarbeitung gemäß Artikel 21 Absatz 1 eingelegt hat, solange noch nicht feststeht, ob die berechtigten Gründe des Verantwortlichen gegenüber denen der betroffenen Person überwiegen.

(2) Wurde die Verarbeitung gemäß Absatz 1 eingeschränkt, so dürfen diese personenbezogenen Daten – von ihrer Speicherung abgesehen – nur mit Einwilligung der betroffenen Person oder zur Geltendmachung, Ausübung oder Verteidigung von Rechtsansprüchen oder zum Schutz der Rechte einer anderen natürlichen oder juristischen Person oder aus Gründen eines wichtigen öffentlichen Interesses der Union oder eines Mitgliedstaats verarbeitet werden.

(3) Eine betroffene Person, die eine Einschränkung der Verarbeitung gemäß Absatz 1 erwirkt hat, wird von dem Verantwortlichen unterrichtet, bevor die Einschränkung aufgehoben wird.

Artikel 19
Mitteilungspflicht im Zusammenhang mit der Berichtigung oder Löschung personenbezogener Daten oder der Einschränkung der Verarbeitung

Der Verantwortliche teilt allen Empfängern, denen personenbezogenen Daten offengelegt wurden, jede Berichtigung oder Löschung der personenbezogenen Daten oder eine Einschränkung der Verarbeitung nach Artikel 16, Artikel 17 Absatz 1 und Artikel 18 mit, es sei denn, dies erweist sich als unmöglich oder ist mit einem unverhältnismäßigen Aufwand verbunden. Der Verantwortliche unterrichtet die betroffene Person über diese Empfänger, wenn die betroffene Person dies verlangt.

Artikel 20
Recht auf Datenübertragbarkeit

(1) Die betroffene Person hat das Recht, die sie betreffenden personenbezogenen Daten, die sie einem Verantwortlichen bereitgestellt hat, in einem strukturierten, gängigen und maschinenlesbaren Format zu erhalten, und sie hat das Recht, diese Daten einem anderen Verantwortlichen ohne Behinderung durch den Verantwortlichen, dem die personenbezogenen Daten bereitgestellt wurden, zu übermitteln, sofern

a) die Verarbeitung auf einer Einwilligung gemäß Artikel 6 Absatz 1 Buchstabe a oder Artikel 9 Absatz 2 Buchstabe a oder auf einem Vertrag gemäß Artikel 6 Absatz 1 Buchstabe b beruht und
b) die Verarbeitung mithilfe automatisierter Verfahren erfolgt.

(2) Bei der Ausübung ihres Rechts auf Datenübertragbarkeit gemäß Absatz 1 hat die betroffene Person das Recht, zu erwirken, dass die personenbezogenen Daten direkt von ei-

nem Verantwortlichen einem anderen Verantwortlichen übermittelt werden, soweit dies technisch machbar ist.

(3) Die Ausübung des Rechts nach Absatz 1 des vorliegenden Artikels lässt Artikel 17 unberührt. Dieses Recht gilt nicht für eine Verarbeitung, die für die Wahrnehmung einer Aufgabe erforderlich ist, die im öffentlichen Interesse liegt oder in Ausübung öffentlicher Gewalt erfolgt, die dem Verantwortlichen übertragen wurde.

(4) Das Recht gemäß Absatz 1 darf die Rechte und Freiheiten anderer Personen nicht beeinträchtigen.

ABSCHNITT 4
Widerspruchsrecht und automatisierte Entscheidungsfindung im Einzelfall

Artikel 21
Widerspruchsrecht

(1) Die betroffene Person hat das Recht, aus Gründen, die sich aus ihrer besonderen Situation ergeben, jederzeit gegen die Verarbeitung sie betreffender personenbezogener Daten, die aufgrund von Artikel 6 Absatz 1 Buchstaben e oder f erfolgt, Widerspruch einzulegen; dies gilt auch für ein auf diese Bestimmungen gestütztes Profiling. Der Verantwortliche verarbeitet die personenbezogenen Daten nicht mehr, es sei denn, er kann zwingende schutzwürdige Gründe für die Verarbeitung nachweisen, die die Interessen, Rechte und Freiheiten der betroffenen Person überwiegen, oder die Verarbeitung dient der Geltendmachung, Ausübung oder Verteidigung von Rechtsansprüchen.

(2) Werden personenbezogene Daten verarbeitet, um Direktwerbung zu betreiben, so hat die betroffene Person das Recht, jederzeit Widerspruch gegen die Verarbeitung sie betreffender personenbezogener Daten zum Zwecke derartiger Werbung einzulegen; dies gilt auch für das Profiling, soweit es mit solcher Direktwerbung in Verbindung steht.

(3) Widerspricht die betroffene Person der Verarbeitung für Zwecke der Direktwerbung, so werden die personenbezogenen Daten nicht mehr für diese Zwecke verarbeitet.

(4) Die betroffene Person muss spätestens zum Zeitpunkt der ersten Kommunikation mit ihr ausdrücklich auf das in den Absätzen 1 und 2 genannte Recht hingewiesen werden; dieser Hinweis hat in einer verständlichen und von anderen Informationen getrennten Form zu erfolgen.

(5) Im Zusammenhang mit der Nutzung von Diensten der Informationsgesellschaft kann die betroffene Person ungeachtet der Richtlinie 2002/58/EG ihr Widerspruchsrecht mittels automatisierter Verfahren ausüben, bei denen technische Spezifikationen verwendet werden.

(6) Die betroffene Person hat das Recht, aus Gründen, die sich aus ihrer besonderen Situation ergeben, gegen die sie betreffende Verarbeitung sie betreffender personenbezogener Daten, die zu wissenschaftlichen oder historischen Forschungszwecken oder zu statistischen Zwecken gemäß Artikel 89 Absatz 1 erfolgt, Widerspruch einzulegen, es sei denn, die Verarbeitung ist zur Erfüllung einer im öffentlichen Interesse liegenden Aufgabe erforderlich.

Artikel 22
Automatisierte Entscheidungen im Einzelfall einschließlich Profiling

(1) Die betroffene Person hat das Recht, nicht einer ausschließlich auf einer automatisierten Verarbeitung – einschließlich Profiling – beruhenden Entscheidung unterworfen zu werden, die ihr gegenüber rechtliche Wirkung entfaltet oder sie in ähnlicher Weise erheblich beeinträchtigt.

(2) Absatz 1 gilt nicht, wenn die Entscheidung
a) für den Abschluss oder die Erfüllung eines Vertrags zwischen der betroffenen Person und dem Verantwortlichen erforderlich ist,
b) aufgrund von Rechtsvorschriften der Union oder der Mitgliedstaaten, denen der Verantwortliche unterliegt, zulässig ist und diese Rechtsvorschriften angemessene Maßnahmen zur Wahrung der Rechte und Freiheiten sowie der berechtigten Interessen der betroffenen Person enthalten oder
c) mit ausdrücklicher Einwilligung der betroffenen Person erfolgt.

(3) In den in Absatz 2 Buchstaben a und c genannten Fällen trifft der Verantwortliche angemessene Maßnahmen, um die Rechte und Freiheiten sowie die berechtigten Interessen der betroffenen Person zu wahren, wozu mindestens das Recht auf Erwirkung des Eingreifens einer Person seitens des Verantwortlichen, auf Darlegung des eigenen Standpunkts und auf Anfechtung der Entscheidung gehört.

(4) Entscheidungen nach Absatz 2 dürfen nicht auf besonderen Kategorien personenbezogener Daten nach Artikel 9 Absatz 1 beruhen, sofern nicht Artikel 9 Absatz 2 Buchstabe a oder g gilt und angemessene Maßnahmen zum Schutz der Rechte und Freiheiten sowie der berechtigten Interessen der betroffenen Person getroffen wurden.

ABSCHNITT 5
Beschränkungen

Artikel 23
Beschränkungen

(1) Durch Rechtsvorschriften der Union oder der Mitgliedstaaten, denen der Verantwortliche oder der Auftragsverarbeiter unterliegt, können die Pflichten und Rechte gemäß den Artikeln 12 bis 22 und Artikel 34 sowie Artikel 5, insofern dessen Bestimmungen den in den Artikeln 12 bis 22 vorgesehenen Rechten und Pflichten entsprechen, im Wege von Gesetzgebungsmaßnahmen beschränkt werden, sofern eine solche Beschränkung den Wesensgehalt der Grundrechte und Grundfreiheiten achtet und in einer demokratischen Gesellschaft eine notwendige und verhältnismäßige Maßnahme darstellt, die Folgendes sicherstellt:
a) die nationale Sicherheit;
b) die Landesverteidigung;
c) die öffentliche Sicherheit;
d) die Verhütung, Ermittlung, Aufdeckung oder Verfolgung von Straftaten oder die Strafvollstreckung, einschließlich des Schutzes vor und der Abwehr von Gefahren für die öffentliche Sicherheit;
e) den Schutz sonstiger wichtiger Ziele des allgemeinen öffentlichen Interesses der Union oder eines Mitgliedstaats, insbesondere eines wichtigen wirtschaftlichen oder finanziellen Interesses der Union oder eines Mitgliedstaats, etwa im Währungs-, Haushalts- und Steuerbereich sowie im Bereich der öffentlichen Gesundheit und der sozialen Sicherheit;
f) den Schutz der Unabhängigkeit der Justiz und den Schutz von Gerichtsverfahren;
g) die Verhütung, Aufdeckung, Ermittlung und Verfolgung von Verstößen gegen die berufsständischen Regeln reglementierter Berufe;
h) Kontroll-, Überwachungs- und Ordnungsfunktionen, die dauernd oder zeitweise mit der Ausübung öffentlicher Gewalt für die unter den Buchstaben a bis e und g genannten Zwecke verbunden sind;
i) den Schutz der betroffenen Person oder der Rechte und Freiheiten anderer Personen;
j) die Durchsetzung zivilrechtlicher Ansprüche.

(2) Jede Gesetzgebungsmaßnahme im Sinne des Absatzes 1 muss insbesondere gegebenenfalls spezifische Vorschriften enthalten zumindest in Bezug auf

a) die Zwecke der Verarbeitung oder die Verarbeitungskategorien,
b) die Kategorien personenbezogener Daten,
c) den Umfang der vorgenommenen Beschränkungen,
d) die Garantien gegen Missbrauch oder unrechtmäßigen Zugang oder unrechtmäßige Übermittlung;
e) die Angaben zu dem Verantwortlichen oder den Kategorien von Verantwortlichen,
f) die jeweiligen Speicherfristen sowie die geltenden Garantien unter Berücksichtigung von Art, Umfang und Zwecken der Verarbeitung oder der Verarbeitungskategorien,
g) die Risiken für die Rechte und Freiheiten der betroffenen Personen und
h) das Recht der betroffenen Personen auf Unterrichtung über die Beschränkung, sofern dies nicht dem Zweck der Beschränkung abträglich ist.

KAPITEL IV
Verantwortlicher und Auftragsverarbeiter

ABSCHNITT 1
Allgemeine Pflichten

Artikel 24
Verantwortung des für die Verarbeitung Verantwortlichen

(1) Der Verantwortliche setzt unter Berücksichtigung der Art, des Umfangs, der Umstände und der Zwecke der Verarbeitung sowie der unterschiedlichen Eintrittswahrscheinlichkeit und Schwere der Risiken für die Rechte und Freiheiten natürlicher Personen geeignete technische und organisatorische Maßnahmen um, um sicherzustellen und den Nachweis dafür erbringen zu können, dass die Verarbeitung gemäß dieser Verordnung erfolgt. Diese Maßnahmen werden erforderlichenfalls überprüft und aktualisiert.

(2) Sofern dies in einem angemessenen Verhältnis zu den Verarbeitungstätigkeiten steht, müssen die Maßnahmen gemäß Absatz 1 die Anwendung geeigneter Datenschutzvorkehrungen durch den Verantwortlichen umfassen.

(3) Die Einhaltung der genehmigten Verhaltensregeln gemäß Artikel 40 oder eines genehmigten Zertifizierungsverfahrens gemäß Artikel 42 kann als Gesichtspunkt herangezogen werden, um die Erfüllung der Pflichten des Verantwortlichen nachzuweisen.

Artikel 25
Datenschutz durch Technikgestaltung und durch datenschutzfreundliche Voreinstellungen

(1) Unter Berücksichtigung des Stands der Technik, der Implementierungskosten und der Art, des Umfangs, der Umstände und der Zwecke der Verarbeitung sowie der unterschiedlichen Eintrittswahrscheinlichkeit und Schwere der mit der Verarbeitung verbundenen Risiken für die Rechte und Freiheiten natürlicher Personen trifft der Verantwortliche sowohl zum Zeitpunkt der Festlegung der Mittel für die Verarbeitung als auch zum Zeitpunkt der eigentlichen Verarbeitung geeignete technische und organisatorische Maßnahmen – wie z. B. Pseudonymisierung –, die dafür ausgelegt sind, die Datenschutzgrundsätze wie etwa Datenminimierung wirksam umzusetzen und die notwendigen Garantien in die Verarbeitung aufzunehmen, um den Anforderungen dieser Verordnung zu genügen und die Rechte der betroffenen Personen zu schützen. 25.1

(2) Der Verantwortliche trifft geeignete technische und organisatorische Maßnahmen, die sicherstellen, dass durch Voreinstellung nur personenbezogene Daten, deren Verarbei-

tung für den jeweiligen bestimmten Verarbeitungszweck erforderlich ist, verarbeitet werden. Diese Verpflichtung gilt für die Menge der erhobenen personenbezogenen Daten, den Umfang ihrer Verarbeitung, ihre Speicherfrist und ihre Zugänglichkeit. Solche Maßnahmen müssen insbesondere sicherstellen, dass personenbezogene Daten durch Voreinstellungen nicht ohne Eingreifen der Person einer unbestimmten Zahl von natürlichen Personen zugänglich gemacht werden.

(3) Ein genehmigtes Zertifizierungsverfahren gemäß Artikel 42 kann als Faktor herangezogen werden, um die Erfüllung der in den Absätzen 1 und 2 des vorliegenden Artikels genannten Anforderungen nachzuweisen.

Artikel 26
Gemeinsam Verantwortliche

(1) Legen zwei oder mehr Verantwortliche gemeinsam die Zwecke der und die Mittel zur Verarbeitung fest, so sind sie gemeinsam Verantwortliche. Sie legen in einer Vereinbarung in transparenter Form fest, wer von ihnen welche Verpflichtung gemäß dieser Verordnung erfüllt, insbesondere was die Wahrnehmung der Rechte der betroffenen Person angeht, und wer welchen Informationspflichten gemäß den Artikeln 13 und 14 nachkommt, sofern und soweit die jeweiligen Aufgaben der Verantwortlichen nicht durch Rechtsvorschriften der Union oder der Mitgliedstaaten, denen die Verantwortlichen unterliegen, festgelegt sind. In der Vereinbarung kann eine Anlaufstelle für die betroffenen Personen angegeben werden.

(2) Die Vereinbarung gemäß Absatz 1 muss die jeweiligen tatsächlichen Funktionen und Beziehungen der gemeinsam Verantwortlichen gegenüber betroffenen Personen gebührend widerspiegeln. Das wesentliche der Vereinbarung wird der betroffenen Person zur Verfügung gestellt.

(3) Ungeachtet der Einzelheiten der Vereinbarung gemäß Absatz 1 kann die betroffene Person ihre Rechte im Rahmen dieser Verordnung bei und gegenüber jedem einzelnen der Verantwortlichen geltend machen.

Artikel 27
Vertreter von nicht in der Union niedergelassenen Verantwortlichen oder Auftragsverarbeitern

(1) In den Fällen gemäß Artikel 3 Absatz 2 benennt der Verantwortliche oder der Auftragsverarbeiter schriftlich einen Vertreter in der Union.

(2) Die Pflicht gemäß Absatz 1 des vorliegenden Artikels gilt nicht für

a) eine Verarbeitung, die gelegentlich erfolgt, nicht die umfangreiche Verarbeitung besonderer Datenkategorien im Sinne des Artikels 9 Absatz 1 oder die umfangreiche Verarbeitung von personenbezogenen Daten über strafrechtliche Verurteilungen und Straftaten im Sinne des Artikels 10 einschließt und unter Berücksichtigung der Art, der Umstände, des Umfangs und der Zwecke der Verarbeitung voraussichtlich nicht zu einem Risiko für die Rechte und Freiheiten natürlicher Personen führt, oder

b) Behörden oder öffentliche Stellen.

(3) Der Vertreter muss in einem der Mitgliedstaaten niedergelassen sein, in denen die betroffenen Personen, deren personenbezogene Daten im Zusammenhang mit den ihnen angebotenen Waren oder Dienstleistungen verarbeitet werden oder deren Verhalten beobachtet wird, sich befinden.

(4) Der Vertreter wird durch den Verantwortlichen oder den Auftragsverarbeiter beauftragt, zusätzlich zu diesem oder an seiner Stelle insbesondere für Aufsichtsbehörden und betroffene Personen bei sämtlichen Fragen im Zusammenhang mit der Verarbeitung zur Gewährleistung der Einhaltung dieser Verordnung als Anlaufstelle zu dienen.

(5) Die Benennung eines Vertreters durch den Verantwortlichen oder den Auftragsverarbeiter erfolgt unbeschadet etwaiger rechtlicher Schritte gegen den Verantwortlichen oder den Auftragsverarbeiter selbst.

Artikel 28
Auftragsverarbeiter

(1) Erfolgt eine Verarbeitung im Auftrag eines Verantwortlichen, so arbeitet dieser nur mit Auftragsverarbeitern, die hinreichend Garantien dafür bieten, dass geeignete technische und organisatorische Maßnahmen so durchgeführt werden, dass die Verarbeitung im Einklang mit den Anforderungen dieser Verordnung erfolgt und den Schutz der Rechte der betroffenen Person gewährleistet.

(2) Der Auftragsverarbeiter nimmt keinen weiteren Auftragsverarbeiter ohne vorherige gesonderte oder allgemeine schriftliche Genehmigung des Verantwortlichen in Anspruch. Im Fall einer allgemeinen schriftlichen Genehmigung informiert der Auftragsverarbeiter den Verantwortlichen immer über jede beabsichtigte Änderung in Bezug auf die Hinzuziehung oder die Ersetzung anderer Auftragsverarbeiter, wodurch der Verantwortliche die Möglichkeit erhält, gegen derartige Änderungen Einspruch zu erheben.

(3) Die Verarbeitung durch einen Auftragsverarbeiter erfolgt auf der Grundlage eines Vertrags oder eines anderen Rechtsinstruments nach dem Unionsrecht oder dem Recht der Mitgliedstaaten, der bzw. das den Auftragsverarbeiter in Bezug auf den Verantwortlichen bindet und in dem Gegenstand und Dauer der Verarbeitung, Art und Zweck der Verarbeitung, die Art der personenbezogenen Daten, die Kategorien betroffener Personen und die Pflichten und Rechte des Verantwortlichen festgelegt sind. Dieser Vertrag bzw. dieses andere Rechtsinstrument sieht insbesondere vor, dass der Auftragsverarbeiter

a) die personenbezogenen Daten nur auf dokumentierte Weisung des Verantwortlichen – auch in Bezug auf die Übermittlung personenbezogener Daten an ein Drittland oder eine internationale Organisation – verarbeitet, sofern er nicht durch das Recht der Union oder der Mitgliedstaaten, dem der Auftragsverarbeiter unterliegt, hierzu verpflichtet ist; in einem solchen Fall teilt der Auftragsverarbeiter dem Verantwortlichen diese rechtlichen Anforderungen vor der Verarbeitung mit, sofern das betreffende Recht eine solche Mitteilung nicht wegen eines wichtigen öffentlichen Interesses verbietet;
b) gewährleistet, dass sich die zur Verarbeitung der personenbezogenen Daten befugten Personen zur Vertraulichkeit verpflichtet haben oder einer angemessenen gesetzlichen Verschwiegenheitspflicht unterliegen;
c) alle gemäß Artikel 32 erforderlichen Maßnahmen ergreift;
d) die in den Absätzen 2 und 4 genannten Bedingungen für die Inanspruchnahme der Dienste eines weiteren Auftragsverarbeiters einhält;
e) angesichts der Art der Verarbeitung den Verantwortlichen nach Möglichkeit mit geeigneten technischen und organisatorischen Maßnahmen dabei unterstützt, seiner Pflicht zur Beantwortung von Anträgen auf Wahrnehmung der in Kapitel III genannten Rechte der betroffenen Person nachzukommen;
f) unter Berücksichtigung der Art der Verarbeitung und der ihm zur Verfügung stehenden Informationen den Verantwortlichen bei der Einhaltung der in den Artikeln 32 bis 36 genannten Pflichten unterstützt; 25.1
g) nach Abschluss der Erbringung der Verarbeitungsleistungen alle personenbezogenen Daten nach Wahl des Verantwortlichen entweder löscht oder zurückgibt und die vorhandenen Kopien löscht, sofern nicht nach dem Unionsrecht oder dem Recht der Mitgliedstaaten eine Verpflichtung zur Speicherung der personenbezogenen Daten besteht;

h) dem Verantwortlichen alle erforderlichen Informationen zum Nachweis der Einhaltung der in diesem Artikel niedergelegten Pflichten zur Verfügung stellt und Überprüfungen – einschließlich Inspektionen –, die vom Verantwortlichen oder einem anderen von diesem beauftragten Prüfer durchgeführt werden, ermöglicht und dazu beiträgt.

Mit Blick auf Unterabsatz 1 Buchstabe h informiert der Auftragsverarbeiter den Verantwortlichen unverzüglich, falls er der Auffassung ist, dass eine Weisung gegen diese Verordnung oder gegen andere Datenschutzbestimmungen der Union oder der Mitgliedstaaten verstößt.

(4) Nimmt der Auftragsverarbeiter die Dienste eines weiteren Auftragsverarbeiters in Anspruch, um bestimmte Verarbeitungstätigkeiten im Namen des Verantwortlichen auszuführen, so werden diesem weiteren Auftragsverarbeiter im Wege eines Vertrags oder eines anderen Rechtsinstruments nach dem Unionsrecht oder dem Recht des betreffenden Mitgliedstaats dieselben Datenschutzpflichten auferlegt, die in dem Vertrag oder anderen Rechtsinstrument zwischen dem Verantwortlichen und dem Auftragsverarbeiter gemäß Absatz 3 festgelegt sind, wobei insbesondere hinreichende Garantien dafür geboten werden muss, dass die geeigneten technischen und organisatorischen Maßnahmen so durchgeführt werden, dass die Verarbeitung entsprechend den Anforderungen dieser Verordnung erfolgt. Kommt der weitere Auftragsverarbeiter seinen Datenschutzpflichten nicht nach, so haftet der erste Auftragsverarbeiter gegenüber dem Verantwortlichen für die Einhaltung der Pflichten jenes anderen Auftragsverarbeiters.

(5) Die Einhaltung genehmigter Verhaltensregeln gemäß Artikel 40 oder eines genehmigten Zertifizierungsverfahrens gemäß Artikel 42 durch einen Auftragsverarbeiter kann als Faktor herangezogen werden, um hinreichende Garantien im Sinne der Absätze 1 und 4 des vorliegenden Artikels nachzuweisen.

(6) Unbeschadet eines individuellen Vertrags zwischen dem Verantwortlichen und dem Auftragsverarbeiter kann der Vertrag oder das andere Rechtsinstrument im Sinne der Absätze 3 und 4 des vorliegenden Artikels ganz oder teilweise auf den in den Absätzen 7 und 8 des vorliegenden Artikels genannten Standardvertragsklauseln beruhen, auch wenn diese Bestandteil einer dem Verantwortlichen oder dem Auftragsverarbeiter gemäß den Artikeln 42 und 43 erteilten Zertifizierung sind.

(7) Die Kommission kann im Einklang mit dem Prüfverfahren gemäß Artikel 93 Absatz 2 Standardvertragsklauseln zur Regelung der in den Absätzen 3 und 4 des vorliegenden Artikels genannten Fragen festlegen.

(8) Eine Aufsichtsbehörde kann im Einklang mit dem Kohärenzverfahren gemäß Artikel 63 Standardvertragsklauseln zur Regelung der in den Absätzen 3 und 4 des vorliegenden Artikels genannten Fragen festlegen.

(9) Der Vertrag oder das andere Rechtsinstrument im Sinne der Absätze 3 und 4 ist schriftlich abzufassen, was auch in einem elektronischen Format erfolgen kann.

(10) Unbeschadet der Artikel 82, 83 und 84 gilt ein Auftragsverarbeiter, der unter Verstoß gegen diese Verordnung die Zwecke und Mittel der Verarbeitung bestimmt, in Bezug auf diese Verarbeitung als Verantwortlicher.

Artikel 29

Verarbeitung unter der Aufsicht des Verantwortlichen oder des Auftragsverarbeiters

Der Auftragsverarbeiter und jede dem Verantwortlichen oder dem Auftragsverarbeiter unterstellte Person, die Zugang zu personenbezogenen Daten hat, dürfen diese Daten ausschließlich auf Weisung des Verantwortlichen verarbeiten, es sei denn, dass sie nach dem Unionsrecht oder dem Recht der Mitgliedstaaten zur Verarbeitung verpflichtet sind.

Artikel 30
Verzeichnis von Verarbeitungstätigkeiten

(1) Jeder Verantwortliche und gegebenenfalls sein Vertreter führen ein Verzeichnis aller Verarbeitungstätigkeiten, die ihrer Zuständigkeit unterliegen. Dieses Verzeichnis enthält sämtliche folgenden Angaben:

a) den Namen und die Kontaktdaten des Verantwortlichen und gegebenenfalls des gemeinsam mit ihm Verantwortlichen, des Vertreters des Verantwortlichen sowie eines etwaigen Datenschutzbeauftragten;
b) die Zwecke der Verarbeitung;
c) eine Beschreibung der Kategorien betroffener Personen und der Kategorien personenbezogener Daten;
d) die Kategorien von Empfängern, gegenüber denen die personenbezogenen Daten offengelegt worden sind oder noch offengelegt werden, einschließlich Empfänger in Drittländern oder internationalen Organisationen;
e) gegebenenfalls Übermittlungen von personenbezogenen Daten an ein Drittland oder an eine internationale Organisation, einschließlich der Angabe des betreffenden Drittlands oder der betreffenden internationalen Organisation, sowie bei den in Artikel 49 Absatz 1 Unterabsatz 2 genannten Datenübermittlungen die Dokumentierung geeigneter Garantien;
f) wenn möglich, die vorgesehenen Fristen für die Löschung der verschiedenen Datenkategorien;
g) wenn möglich, eine allgemeine Beschreibung der technischen und organisatorischen Maßnahmen gemäß Artikel 32 Absatz 1.

(2) Jeder Auftragsverarbeiter und gegebenenfalls sein Vertreter führen ein Verzeichnis zu allen Kategorien von im Auftrag eines Verantwortlichen durchgeführten Tätigkeiten der Verarbeitung, die Folgendes enthält:

a) den Namen und die Kontaktdaten des Auftragsverarbeiters oder der Auftragsverarbeiter und jedes Verantwortlichen, in dessen Auftrag der Auftragsverarbeiter tätig ist, sowie gegebenenfalls des Vertreters des Verantwortlichen oder des Auftragsverarbeiters und eines etwaigen Datenschutzbeauftragten;
b) die Kategorien von Verarbeitungen, die im Auftrag jedes Verantwortlichen durchgeführt werden;
c) gegebenenfalls Übermittlungen von personenbezogenen Daten an ein Drittland oder an eine internationale Organisation, einschließlich der Angabe des betreffenden Drittlands oder der betreffenden internationalen Organisation, sowie bei den in Artikel 49 Absatz 1 Unterabsatz 2 genannten Datenübermittlungen die Dokumentierung geeigneter Garantien;
d) wenn möglich, eine allgemeine Beschreibung der technischen und organisatorischen Maßnahmen gemäß Artikel 32 Absatz 1.

(3) Das in den Absätzen 1 und 2 genannte Verzeichnis ist schriftlich zu führen, was auch in einem elektronischen Format erfolgen kann.

(4) Der Verantwortliche oder der Auftragsverarbeiter sowie gegebenenfalls der Vertreter des Verantwortlichen oder des Auftragsverarbeiters stellen der Aufsichtsbehörde das Verzeichnis auf Anfrage zur Verfügung.

(5) Die in den Absätzen 1 und 2 genannten Pflichten gelten nicht für Unternehmen oder Einrichtungen, die weniger als 250 Mitarbeiter beschäftigen, es sei denn, die von ihnen vorgenommene Verarbeitung birgt ein Risiko für die Rechte und Freiheiten der betroffenen Personen, die Verarbeitung erfolgt nicht nur gelegentlich oder es erfolgt eine Verarbeitung besonderer Datenkategorien gemäß Artikel 9 Absatz 1 bzw. die Verarbeitung von personenbezogenen Daten über strafrechtliche Verurteilungen und Straftaten im Sinne des Artikels 10.

Artikel 31
Zusammenarbeit mit der Aufsichtsbehörde

Der Verantwortliche und der Auftragsverarbeiter und gegebenenfalls deren Vertreter arbeiten auf Anfrage mit der Aufsichtsbehörde bei der Erfüllung ihrer Aufgaben zusammen.

ABSCHNITT 2
Sicherheit personenbezogener Daten

Artikel 32
Sicherheit der Verarbeitung

(1) Unter Berücksichtigung des Stands der Technik, der Implementierungskosten und der Art, des Umfangs, der Umstände und der Zwecke der Verarbeitung sowie der unterschiedlichen Eintrittswahrscheinlichkeit und Schwere des Risikos für die Rechte und Freiheiten natürlicher Personen treffen der Verantwortliche und der Auftragsverarbeiter geeignete technische und organisatorische Maßnahmen, um ein dem Risiko angemessenes Schutzniveau zu gewährleisten; diese Maßnahmen schließen gegebenenfalls unter anderem Folgendes ein:

a) die Pseudonymisierung und Verschlüsselung personenbezogener Daten;
b) die Fähigkeit, die Vertraulichkeit, Integrität, Verfügbarkeit und Belastbarkeit der Systeme und Dienste im Zusammenhang mit der Verarbeitung auf Dauer sicherzustellen;
c) die Fähigkeit, die Verfügbarkeit der personenbezogenen Daten und den Zugang zu ihnen bei einem physischen oder technischen Zwischenfall rasch wiederherzustellen;
d) ein Verfahren zur regelmäßigen Überprüfung, Bewertung und Evaluierung der Wirksamkeit der technischen und organisatorischen Maßnahmen zur Gewährleistung der Sicherheit der Verarbeitung.

(2) Bei der Beurteilung des angemessenen Schutzniveaus sind insbesondere die Risiken zu berücksichtigen, die mit der Verarbeitung verbunden sind, insbesondere durch – ob unbeabsichtigt oder unrechtmäßig – Vernichtung, Verlust, Veränderung oder unbefugte Offenlegung von beziehungsweise unbefugten Zugang zu personenbezogenen Daten, die übermittelt, gespeichert oder auf andere Weise verarbeitet wurden.

(3) Die Einhaltung genehmigter Verhaltensregeln gemäß Artikel 40 oder eines genehmigten Zertifizierungsverfahrens gemäß Artikel 42 kann als Faktor herangezogen werden, um die Erfüllung der in Absatz 1 des vorliegenden Artikels genannten Anforderungen nachzuweisen.

(4) Der Verantwortliche und der Auftragsverarbeiter unternehmen Schritte, um sicherzustellen, dass ihnen unterstellte natürliche Personen, die Zugang zu personenbezogenen Daten haben, diese nur auf Anweisung des Verantwortlichen verarbeiten, es sei denn, sie sind nach dem Recht der Union oder der Mitgliedstaaten zur Verarbeitung verpflichtet.

Artikel 33
Meldung von Verletzungen des Schutzes personenbezogener Daten an die Aufsichtsbehörde

(1) Im Falle einer Verletzung des Schutzes personenbezogener Daten meldet der Verantwortliche unverzüglich und möglichst binnen 72 Stunden, nachdem ihm die Verletzung bekannt wurde, diese der gemäß Artikel 55 zuständigen Aufsichtsbehörde, es sei denn, dass die Verletzung des Schutzes personenbezogener Daten voraussichtlich nicht zu einem Risiko für die Rechte und Freiheiten natürlicher Personen führt. Erfolgt die Meldung an die Aufsichtsbehörde nicht binnen 72 Stunden, so ist ihr eine Begründung für die Verzögerung beizufügen.

(2) Wenn dem Auftragsverarbeiter eine Verletzung des Schutzes personenbezogener Daten bekannt wird, meldet er diese dem Verantwortlichen unverzüglich.

(3) Die Meldung gemäß Absatz 1 enthält zumindest folgende Informationen:

a) eine Beschreibung der Art der Verletzung des Schutzes personenbezogener Daten, soweit möglich mit Angabe der Kategorien und der ungefähren Zahl der betroffenen Personen, der betroffenen Kategorien und der ungefähren Zahl der betroffenen personenbezogenen Datensätze;

b) den Namen und die Kontaktdaten des Datenschutzbeauftragten oder einer sonstigen Anlaufstelle für weitere Informationen;

c) eine Beschreibung der wahrscheinlichen Folgen der Verletzung des Schutzes personenbezogener Daten;

d) eine Beschreibung der von dem Verantwortlichen ergriffenen oder vorgeschlagenen Maßnahmen zur Behebung der Verletzung des Schutzes personenbezogener Daten und gegebenenfalls Maßnahmen zur Abmilderung ihrer möglichen nachteiligen Auswirkungen.

(4) Wenn und soweit die Informationen nicht zur gleichen Zeit bereitgestellt werden können, kann der Verantwortliche diese Informationen ohne unangemessene weitere Verzögerung schrittweise zur Verfügung stellen.

(5) Der Verantwortliche dokumentiert Verletzungen des Schutzes personenbezogener Daten einschließlich aller im Zusammenhang mit der Verletzung des Schutzes personenbezogener Daten stehenden Fakten, von deren Auswirkungen und der ergriffenen Abhilfemaßnahmen. Diese Dokumentation muss der Aufsichtsbehörde die Überprüfung der Einhaltung der Bestimmungen dieses Artikels ermöglichen.

Artikel 34
Benachrichtigung der von einer Verletzung des Schutzes personenbezogener Daten betroffenen Person

(1) Hat die Verletzung des Schutzes personenbezogener Daten voraussichtlich ein hohes Risiko für die persönlichen Rechte und Freiheiten natürlicher Personen zur Folge, so benachrichtigt der Verantwortliche die betroffene Person unverzüglich von der Verletzung.

(2) Die in Absatz 1 genannte Benachrichtigung der betroffenen Person beschreibt in klarer und einfacher Sprache die Art der Verletzung des Schutzes personenbezogener Daten und enthält zumindest die in Artikel 33 Absatz 3 Buchstaben b, c und d genannten Informationen und Maßnahmen.

(3) Die Benachrichtigung der betroffenen Person gemäß Absatz 1 ist nicht erforderlich, wenn eine der folgenden Bedingungen erfüllt ist:

a) der Verantwortliche geeignete technische und organisatorische Sicherheitsvorkehrungen getroffen hat und diese Vorkehrungen auf die von der Verletzung betroffenen personenbezogenen Daten angewandt wurden, insbesondere solche, durch die die personenbezogenen Daten für alle Personen, die nicht zum Zugang zu den personenbezogenen Daten befugt sind, unzugänglich gemacht werden, etwa durch Verschlüsselung;

b) der Verantwortliche durch nachfolgende Maßnahmen sichergestellt hat, dass das hohe Risiko für die Rechte und Freiheiten der betroffenen Personen gemäß Absatz 1 aller Wahrscheinlichkeit nach nicht mehr besteht; 25.1

c) dies mit einem unverhältnismäßigen Aufwand verbunden wäre. In diesem Fall hat stattdessen eine öffentliche Bekanntmachung oder eine ähnliche Maßnahme zu erfolgen, durch die die betroffenen Personen vergleichbar wirksam informiert werden.

(4) Wenn der Verantwortliche die betroffene Person nicht bereits über die Verletzung des Schutzes personenbezogener Daten benachrichtigt hat, kann die Aufsichtsbehörde unter Berücksichtigung der Wahrscheinlichkeit, mit der die Verletzung des Schutzes perso-

nenbezogener Daten zu einem hohen Risiko führt, von dem Verantwortlichen verlangen, dies nachzuholen, oder sie kann mit einem Beschluss feststellen, dass bestimmte der in Absatz 3 genannten Voraussetzungen erfüllt sind.

ABSCHNITT 3
Datenschutz-Folgenabschätzung und vorherige Konsultation

Artikel 35
Datenschutz-Folgenabschätzung

(1) Hat eine Form der Verarbeitung, insbesondere bei Verwendung neuer Technologien, aufgrund der Art, des Umfangs, der Umstände und der Zwecke der Verarbeitung voraussichtlich ein hohes Risiko für die Rechte und Freiheiten natürlicher Personen zur Folge, so führt der Verantwortliche vorab eine Abschätzung der Folgen der vorgesehenen Verarbeitungsvorgänge für den Schutz personenbezogener Daten durch. Für die Untersuchung mehrerer ähnlicher Verarbeitungsvorgänge mit ähnlich hohen Risiken kann eine einzige Abschätzung vorgenommen werden.

(2) Der Verantwortliche holt bei der Durchführung einer Datenschutz-Folgenabschätzung den Rat des Datenschutzbeauftragten, sofern ein solcher benannt wurde, ein.

(3) Eine Datenschutz-Folgenabschätzung gemäß Absatz 1 ist insbesondere in folgenden Fällen erforderlich:

a) systematische und umfassende Bewertung persönlicher Aspekte natürlicher Personen, die sich auf automatisierte Verarbeitung einschließlich Profiling gründet und die ihrerseits als Grundlage für Entscheidungen dient, die Rechtswirkung gegenüber natürlichen Personen entfalten oder diese in ähnlich erheblicher Weise beeinträchtigen;
b) umfangreiche Verarbeitung besonderer Kategorien von personenbezogenen Daten gemäß Artikel 9 Absatz 1 oder von personenbezogenen Daten über strafrechtliche Verurteilungen und Straftaten gemäß Artikel 10 oder
c) systematische umfangreiche Überwachung öffentlich zugänglicher Bereiche.

(4) Die Aufsichtsbehörde erstellt eine Liste der Verarbeitungsvorgänge, für die gemäß Absatz 1 eine Datenschutz-Folgenabschätzung durchzuführen ist, und veröffentlicht diese. Die Aufsichtsbehörde übermittelt diese Listen dem in Artikel 68 genannten Ausschuss.

(5) Die Aufsichtsbehörde kann des Weiteren eine Liste der Arten von Verarbeitungsvorgängen erstellen und veröffentlichen, für die keine Datenschutz-Folgenabschätzung erforderlich ist. Die Aufsichtsbehörde übermittelt diese Listen dem Ausschuss.

(6) Vor Festlegung der in den Absätzen 4 und 5 genannten Listen wendet die zuständige Aufsichtsbehörde das Kohärenzverfahren gemäß Artikel 63 an, wenn solche Listen Verarbeitungstätigkeiten umfassen, die mit dem Angebot von Waren oder Dienstleistungen für betroffene Personen oder der Beobachtung des Verhaltens dieser Personen in mehreren Mitgliedstaaten im Zusammenhang stehen oder die den freien Verkehr personenbezogener Daten innerhalb der Union erheblich beeinträchtigen könnten.

(7) Die Folgenabschätzung enthält zumindest Folgendes:

a) eine systematische Beschreibung der geplanten Verarbeitungsvorgänge und der Zwecke der Verarbeitung, gegebenenfalls einschließlich der von dem Verantwortlichen verfolgten berechtigten Interessen;
b) eine Bewertung der Notwendigkeit und Verhältnismäßigkeit der Verarbeitungsvorgänge in Bezug auf den Zweck;
c) eine Bewertung der Risiken für die Rechte und Freiheiten der betroffenen Personen gemäß Absatz 1 und
d) die zur Bewältigung der Risiken geplanten Abhilfemaßnahmen, einschließlich Garantien, Sicherheitsvorkehrungen und Verfahren, durch die der Schutz personenbezogener Daten sichergestellt und der Nachweis dafür erbracht wird, dass diese Verordnung

eingehalten wird, wobei den Rechten und berechtigten Interessen der betroffenen Personen und sonstiger Betroffener Rechnung getragen wird.

(8) Die Einhaltung genehmigter Verhaltensregeln gemäß Artikel 40 durch die zuständigen Verantwortlichen oder die zuständigen Auftragsverarbeiter ist bei der Beurteilung der Auswirkungen der von diesen durchgeführten Verarbeitungsvorgänge, insbesondere für die Zwecke einer Datenschutz-Folgenabschätzung, gebührend zu berücksichtigen.

(9) Der Verantwortliche holt gegebenenfalls den Standpunkt der betroffenen Personen oder ihrer Vertreter zu der beabsichtigten Verarbeitung unbeschadet des Schutzes gewerblicher oder öffentlicher Interessen oder der Sicherheit der Verarbeitungsvorgänge ein.

(10) Falls die Verarbeitung gemäß Artikel 6 Absatz 1 Buchstabe c oder e auf einer Rechtsgrundlage im Unionsrecht oder im Recht des Mitgliedstaats, dem der Verantwortliche unterliegt, beruht und falls diese Rechtsvorschriften den konkreten Verarbeitungsvorgang oder die konkreten Verarbeitungsvorgänge regeln und bereits im Rahmen der allgemeinen Folgenabschätzung im Zusammenhang mit dem Erlass dieser Rechtsgrundlage eine Datenschutz-Folgenabschätzung erfolgte, gelten die Absätze 1 bis 7 nur, wenn es nach dem Ermessen der Mitgliedstaaten erforderlich ist, vor den betreffenden Verarbeitungstätigkeiten eine solche Folgenabschätzung durchzuführen.

(11) Erforderlichenfalls führt der Verantwortliche eine Überprüfung durch, um zu bewerten, ob die Verarbeitung gemäß der Datenschutz-Folgenabschätzung durchgeführt wird; dies gilt zumindest, wenn hinsichtlich des mit den Verarbeitungsvorgängen verbundenen Risikos Änderungen eingetreten sind.

Artikel 36
Vorherige Konsultation

(1) Der Verantwortliche konsultiert vor der Verarbeitung die Aufsichtsbehörde, wenn aus einer Datenschutz-Folgenabschätzung gemäß Artikel 35 hervorgeht, dass die Verarbeitung ein hohes Risiko zur Folge hätte, sofern der Verantwortliche keine Maßnahmen zur Eindämmung des Risikos trifft.

(2) Falls die Aufsichtsbehörde der Auffassung ist, dass die geplante Verarbeitung gemäß Absatz 1 nicht im Einklang mit dieser Verordnung stünde, insbesondere weil der Verantwortliche das Risiko nicht ausreichend ermittelt oder nicht ausreichend eingedämmt hat, unterbreitet sie dem Verantwortlichen und gegebenenfalls dem Auftragsverarbeiter innerhalb eines Zeitraums von bis zu acht Wochen nach Erhalt des Ersuchens um Konsultation entsprechende schriftliche Empfehlungen und kann ihre in Artikel 58 genannten Befugnisse ausüben. Diese Frist kann unter Berücksichtigung der Komplexität der geplanten Verarbeitung um sechs Wochen verlängert werden. Die Aufsichtsbehörde unterrichtet den Verantwortlichen oder gegebenenfalls den Auftragsverarbeiter über eine solche Fristverlängerung innerhalb eines Monats nach Eingang des Antrags auf Konsultation zusammen mit den Gründen für die Verzögerung. Diese Fristen können ausgesetzt werden, bis die Aufsichtsbehörde die für die Zwecke der Konsultation angeforderten Informationen erhalten hat.

(3) Der Verantwortliche stellt der Aufsichtsbehörde bei einer Konsultation gemäß Absatz 1 folgende Informationen zur Verfügung:

a) gegebenenfalls Angaben zu den jeweiligen Zuständigkeiten des Verantwortlichen, der gemeinsam Verantwortlichen und der an der Verarbeitung beteiligten Auftragsverarbeiter, insbesondere bei einer Verarbeitung innerhalb einer Gruppe von Unternehmen; 25.1
b) die Zwecke und die Mittel der beabsichtigten Verarbeitung;
c) die zum Schutz der Rechte und Freiheiten der betroffenen Personen gemäß dieser Verordnung vorgesehenen Maßnahmen und Garantien;
d) gegebenenfalls die Kontaktdaten des Datenschutzbeauftragten;
e) die Datenschutz-Folgenabschätzung gemäß Artikel 35 und
f) alle sonstigen von der Aufsichtsbehörde angeforderten Informationen.

(4) Die Mitgliedstaaten konsultieren die Aufsichtsbehörde bei der Ausarbeitung eines Vorschlags für von einem nationalen Parlament zu erlassende Gesetzgebungsmaßnahmen oder von auf solchen Gesetzgebungsmaßnahmen basierenden Regelungsmaßnahmen, die die Verarbeitung betreffen.

(5) Ungeachtet des Absatzes 1 können Verantwortliche durch das Recht der Mitgliedstaaten verpflichtet werden, bei der Verarbeitung zur Erfüllung einer im öffentlichen Interesse liegenden Aufgabe, einschließlich der Verarbeitung zu Zwecken der sozialen Sicherheit und der öffentlichen Gesundheit, die Aufsichtsbehörde zu konsultieren und deren vorherige Genehmigung einzuholen.

ABSCHNITT 4
Datenschutzbeauftragter

Artikel 37
Benennung eines Datenschutzbeauftragten

(1) Der Verantwortliche und der Auftragsverarbeiter benennen auf jeden Fall einen Datenschutzbeauftragten, wenn

a) die Verarbeitung von einer Behörde oder öffentlichen Stelle durchgeführt wird, mit Ausnahme von Gerichten, soweit sie im Rahmen ihrer justiziellen Tätigkeit handeln,
b) die Kerntätigkeit des Verantwortlichen oder des Auftragsverarbeiters in der Durchführung von Verarbeitungsvorgängen besteht, welche aufgrund ihrer Art, ihres Umfangs und/oder ihrer Zwecke eine umfangreiche regelmäßige und systematische Überwachung von betroffenen Personen erforderlich machen, oder
c) die Kerntätigkeit des Verantwortlichen oder des Auftragsverarbeiters in der umfangreichen Verarbeitung besonderer Kategorien von Daten gemäß Artikel 9 oder von personenbezogenen Daten über strafrechtliche Verurteilungen und Straftaten gemäß Artikel 10 besteht.

(2) Eine Unternehmensgruppe darf einen gemeinsamen Datenschutzbeauftragten ernennen, sofern von jeder Niederlassung aus der Datenschutzbeauftragte leicht erreicht werden kann.

(3) Falls es sich bei dem Verantwortlichen oder dem Auftragsverarbeiter um eine Behörde oder öffentliche Stelle handelt, kann für mehrere solcher Behörden oder Stellen unter Berücksichtigung ihrer Organisationsstruktur und ihrer Größe ein gemeinsamer Datenschutzbeauftragter benannt werden.

(4) In anderen als den in Absatz 1 genannten Fällen können der Verantwortliche oder der Auftragsverarbeiter oder Verbände und andere Vereinigungen, die Kategorien von Verantwortlichen oder Auftragsverarbeitern vertreten, einen Datenschutzbeauftragten benennen; falls dies nach dem Recht der Union oder der Mitgliedstaaten vorgeschrieben ist, müssen sie einen solchen benennen. Der Datenschutzbeauftragte kann für derartige Verbände und andere Vereinigungen, die Verantwortliche oder Auftragsverarbeiter vertreten, handeln.

(5) Der Datenschutzbeauftragte wird auf der Grundlage seiner beruflichen Qualifikation und insbesondere des Fachwissens benannt, das er auf dem Gebiet des Datenschutzrechts und der Datenschutzpraxis besitzt, sowie auf der Grundlage seiner Fähigkeit zur Erfüllung der in Artikel 39 genannten Aufgaben.

(6) Der Datenschutzbeauftragte kann Beschäftigter des Verantwortlichen oder des Auftragsverarbeiters sein oder seine Aufgaben auf der Grundlage eines Dienstleistungsvertrags erfüllen.

(7) Der Verantwortliche oder der Auftragsverarbeiter veröffentlicht die Kontaktdaten des Datenschutzbeauftragten und teilt diese Daten der Aufsichtsbehörde mit.

Artikel 38
Stellung des Datenschutzbeauftragten

(1) Der Verantwortliche und der Auftragsverarbeiter stellen sicher, dass der Datenschutzbeauftragte ordnungsgemäß und frühzeitig in alle mit dem Schutz personenbezogener Daten zusammenhängenden Fragen eingebunden wird.

(2) Der Verantwortliche und der Auftragsverarbeiter unterstützen den Datenschutzbeauftragten bei der Erfüllung seiner Aufgaben gemäß Artikel 39, indem sie die für die Erfüllung dieser Aufgaben erforderlichen Ressourcen und den Zugang zu personenbezogenen Daten und Verarbeitungsvorgängen sowie die zur Erhaltung seines Fachwissens erforderlichen Ressourcen zur Verfügung stellen.

(3) Der Verantwortliche und der Auftragsverarbeiter stellen sicher, dass der Datenschutzbeauftragte bei der Erfüllung seiner Aufgaben keine Anweisungen bezüglich der Ausübung dieser Aufgaben erhält. Der Datenschutzbeauftragte darf von dem Verantwortlichen oder dem Auftragsverarbeiter wegen der Erfüllung seiner Aufgaben nicht abberufen oder benachteiligt werden. Der Datenschutzbeauftragte berichtet unmittelbar der höchsten Managementebene des Verantwortlichen oder des Auftragsverarbeiters.

(4) Betroffene Personen können den Datenschutzbeauftragten zu allen mit der Verarbeitung ihrer personenbezogenen Daten und mit der Wahrnehmung ihrer Rechte gemäß dieser Verordnung im Zusammenhang stehenden Fragen zu Rate ziehen.

(5) Der Datenschutzbeauftragte ist nach dem Recht der Union oder der Mitgliedstaaten bei der Erfüllung seiner Aufgaben an die Wahrung der Geheimhaltung oder der Vertraulichkeit gebunden.

(6) Der Datenschutzbeauftragte kann andere Aufgaben und Pflichten wahrnehmen. Der Verantwortliche oder der Auftragsverarbeiter stellt sicher, dass derartige Aufgaben und Pflichten nicht zu einem Interessenkonflikt führen.

Artikel 39
Aufgaben des Datenschutzbeauftragten

(1) Dem Datenschutzbeauftragten obliegen zumindest folgende Aufgaben:

a) Unterrichtung und Beratung des Verantwortlichen oder des Auftragsverarbeiters und der Beschäftigten, die Verarbeitungen durchführen, hinsichtlich ihrer Pflichten nach dieser Verordnung sowie nach sonstigen Datenschutzvorschriften der Union bzw. der Mitgliedstaaten;

b) Überwachung der Einhaltung dieser Verordnung, anderer Datenschutzvorschriften der Union bzw. der Mitgliedstaaten sowie der Strategien des Verantwortlichen oder des Auftragsverarbeiters für den Schutz personenbezogener Daten einschließlich der Zuweisung von Zuständigkeiten, der Sensibilisierung und Schulung der an den Verarbeitungsvorgängen beteiligten Mitarbeiter und der diesbezüglichen Überprüfungen;

c) Beratung – auf Anfrage – im Zusammenhang mit der Datenschutz-Folgenabschätzung und Überwachung ihrer Durchführung gemäß Artikel 35;

d) Zusammenarbeit mit der Aufsichtsbehörde;

e) Tätigkeit als Anlaufstelle für die Aufsichtsbehörde in mit der Verarbeitung zusammenhängenden Fragen, einschließlich der vorherigen Konsultation gemäß Artikel 36, und gegebenenfalls Beratung zu allen sonstigen Fragen.

(2) Der Datenschutzbeauftragte trägt bei der Erfüllung seiner Aufgaben dem mit den Verarbeitungsvorgängen verbundenen Risiko gebührend Rechnung, wobei er die Art, den Umfang, die Umstände und die Zwecke der Verarbeitung berücksichtigt.

ABSCHNITT 5
Verhaltensregeln und Zertifizierung

Artikel 40
Verhaltensregeln

(1) Die Mitgliedstaaten, die Aufsichtsbehörden, der Ausschuss und die Kommission fördern die Ausarbeitung von Verhaltensregeln, die nach Maßgabe der Besonderheiten der einzelnen Verarbeitungsbereiche und der besonderen Bedürfnisse von Kleinstunternehmen sowie kleinen und mittleren Unternehmen zur ordnungsgemäßen Anwendung dieser Verordnung beitragen sollen.

(2) Verbände und andere Vereinigungen, die Kategorien von Verantwortlichen oder Auftragsverarbeitern vertreten, können Verhaltensregeln ausarbeiten oder ändern oder erweitern, mit denen die Anwendung dieser Verordnung beispielsweise zu dem Folgenden präzisiert wird:

a) faire und transparente Verarbeitung;
b) die berechtigten Interessen des Verantwortlichen in bestimmten Zusammenhängen;
c) Erhebung personenbezogener Daten;
d) Pseudonymisierung personenbezogener Daten;
e) Unterrichtung der Öffentlichkeit und der betroffenen Personen;
f) Ausübung der Rechte betroffener Personen;
g) Unterrichtung und Schutz von Kindern und Art und Weise, in der die Einwilligung des Trägers der elterlichen Verantwortung für das Kind einzuholen ist;
h) die Maßnahmen und Verfahren gemäß den Artikeln 24 und 25 und die Maßnahmen für die Sicherheit der Verarbeitung gemäß Artikel 32;
i) die Meldung von Verletzungen des Schutzes personenbezogener Daten an Aufsichtsbehörden und die Benachrichtigung der betroffenen Person von solchen Verletzungen des Schutzes personenbezogener Daten;
j) die Übermittlung personenbezogener Daten an Drittländer oder an internationale Organisationen oder
k) außergerichtliche Verfahren und sonstige Streitbeilegungsverfahren zur Beilegung von Streitigkeiten zwischen Verantwortlichen und betroffenen Personen im Zusammenhang mit der Verarbeitung, unbeschadet der Rechte betroffener Personen gemäß den Artikeln 77 und 79.

(3) Zusätzlich zur Einhaltung durch die unter diese Verordnung fallenden Verantwortlichen oder Auftragsverarbeiter können Verhaltensregeln, die gemäß Absatz 5 des vorliegenden Artikels genehmigt wurden und gemäß Absatz 9 des vorliegenden Artikels allgemeine Gültigkeit besitzen, auch von Verantwortlichen oder Auftragsverarbeitern, die gemäß Artikel 3 nicht unter diese Verordnung fallen, eingehalten werden, um geeignete Garantien im Rahmen der Übermittlung personenbezogener Daten an Drittländer oder internationale Organisationen nach Maßgabe des Artikels 46 Absatz 2 Buchstabe e zu bieten. Diese Verantwortlichen oder Auftragsverarbeiter gehen mittels vertraglicher oder sonstiger rechtlich bindender Instrumente die verbindliche und durchsetzbare Verpflichtung ein, die geeigneten Garantien anzuwenden, auch im Hinblick auf die Rechte der betroffenen Personen.

(4) Die Verhaltensregeln gemäß Absatz 2 des vorliegenden Artikels müssen Verfahren vorsehen, die es der in Artikel 41 Absatz 1 genannten Stelle ermöglichen, die obligatorische Überwachung der Einhaltung ihrer Bestimmungen durch die Verantwortlichen oder die Auftragsverarbeiter, die sich zur Anwendung der Verhaltensregeln verpflichten, vorzunehmen, unbeschadet der Aufgaben und Befugnisse der Aufsichtsbehörde, die nach Artikel 55 oder 56 zuständig ist.

(5) Verbände und andere Vereinigungen gemäß Absatz 2 des vorliegenden Artikels, die beabsichtigen, Verhaltensregeln auszuarbeiten oder bestehende Verhaltensregeln zu ändern

oder zu erweitern, legen den Entwurf der Verhaltensregeln bzw. den Entwurf zu deren Änderung oder Erweiterung der Aufsichtsbehörde vor, die nach Artikel 55 zuständig ist. Die Aufsichtsbehörde gibt eine Stellungnahme darüber ab, ob der Entwurf der Verhaltensregeln bzw. der Entwurf zu deren Änderung oder Erweiterung mit dieser Verordnung vereinbar ist und genehmigt diesen Entwurf der Verhaltensregeln bzw. den Entwurf zu deren Änderung oder Erweiterung, wenn sie der Auffassung ist, dass er ausreichende geeignete Garantien bietet.

(6) Wird durch die Stellungnahme nach Absatz 5 der Entwurf der Verhaltensregeln bzw. der Entwurf zu deren Änderung oder Erweiterung genehmigt und beziehen sich die betreffenden Verhaltensregeln nicht auf Verarbeitungstätigkeiten in mehreren Mitgliedstaaten, so nimmt die Aufsichtsbehörde die Verhaltensregeln in ein Verzeichnis auf und veröffentlicht sie.

(7) Bezieht sich der Entwurf der Verhaltensregeln auf Verarbeitungstätigkeiten in mehreren Mitgliedstaaten, so legt die nach Artikel 55 zuständige Aufsichtsbehörde – bevor sie den Entwurf der Verhaltensregeln bzw. den Entwurf zu deren Änderung oder Erweiterung genehmigt – ihn nach dem Verfahren gemäß Artikel 63 dem Ausschuss vor, der zu der Frage Stellung nimmt, ob der Entwurf der Verhaltensregeln bzw. der Entwurf zu deren Änderung oder Erweiterung mit dieser Verordnung vereinbar ist oder – im Fall nach Absatz 3 dieses Artikels – geeignete Garantien vorsieht.

(8) Wird durch die Stellungnahme nach Absatz 7 bestätigt, dass der Entwurf der Verhaltensregeln bzw. der Entwurf zu deren Änderung oder Erweiterung mit dieser Verordnung vereinbar ist oder – im Fall nach Absatz 3 – geeignete Garantien vorsieht, so übermittelt der Ausschuss seine Stellungnahme der Kommission.

(9) Die Kommission kann im Wege von Durchführungsrechtsakten beschließen, dass die ihr gemäß Absatz 8 übermittelten genehmigten Verhaltensregeln bzw. deren genehmigte Änderung oder Erweiterung allgemeine Gültigkeit in der Union besitzen. Diese Durchführungsrechtsakte werden gemäß dem Prüfverfahren nach Artikel 93 Absatz 2 erlassen.

(10) Die Kommission trägt dafür Sorge, dass die genehmigten Verhaltensregeln, denen gemäß Absatz 9 allgemeine Gültigkeit zuerkannt wurde, in geeigneter Weise veröffentlicht werden.

(11) Der Ausschuss nimmt alle genehmigten Verhaltensregeln bzw. deren genehmigte Änderungen oder Erweiterungen in ein Register auf und veröffentlicht sie in geeigneter Weise.

Artikel 41
Überwachung der genehmigten Verhaltensregeln

(1) Unbeschadet der Aufgaben und Befugnisse der zuständigen Aufsichtsbehörde gemäß den Artikeln 57 und 58 kann die Überwachung der Einhaltung von Verhaltensregeln gemäß Artikel 40 von einer Stelle durchgeführt werden, die über das geeignete Fachwissen hinsichtlich des Gegenstands der Verhaltensregeln verfügt und die von der zuständigen Aufsichtsbehörde zu diesem Zweck akkreditiert wurde.

(2) Eine Stelle gemäß Absatz 1 kann zum Zwecke der Überwachung der Einhaltung von Verhaltensregeln akkreditiert werden, wenn sie

a) ihre Unabhängigkeit und ihr Fachwissen hinsichtlich des Gegenstands der Verhaltensregeln zur Zufriedenheit der zuständigen Aufsichtsbehörde nachgewiesen hat; 25.1
b) Verfahren festgelegt hat, die es ihr ermöglichen, zu bewerten, ob Verantwortliche und Auftragsverarbeiter die Verhaltensregeln anwenden können, die Einhaltung der Verhaltensregeln durch die Verantwortlichen und Auftragsverarbeiter zu überwachen und die Anwendung der Verhaltensregeln regelmäßig zu überprüfen;
c) Verfahren und Strukturen festgelegt hat, mit denen sie Beschwerden über Verletzungen der Verhaltensregeln oder über die Art und Weise, in der die Verhaltensregeln von

dem Verantwortlichen oder dem Auftragsverarbeiter angewendet werden oder wurden, nachgeht und diese Verfahren und Strukturen für betroffene Personen und die Öffentlichkeit transparent macht, und

d) zur Zufriedenheit der zuständigen Aufsichtsbehörde nachgewiesen hat, dass ihre Aufgaben und Pflichten nicht zu einem Interessenkonflikt führen.

(3) Die zuständige Aufsichtsbehörde übermittelt den Entwurf der Anforderungen an die Akkreditierung einer Stelle nach Absatz 1 gemäß dem Kohärenzverfahren nach Artikel 63 an den Ausschuss.

(4) Unbeschadet der Aufgaben und Befugnisse der zuständigen Aufsichtsbehörde und der Bestimmungen des Kapitels VIII ergreift eine Stelle gemäß Absatz 1 vorbehaltlich geeigneter Garantien im Falle einer Verletzung der Verhaltensregeln durch einen Verantwortlichen oder einen Auftragsverarbeiter geeignete Maßnahmen, einschließlich eines vorläufigen oder endgültigen Ausschlusses des Verantwortlichen oder Auftragsverarbeiters von den Verhaltensregeln. Sie unterrichtet die zuständige Aufsichtsbehörde über solche Maßnahmen und deren Begründung.

(5) Die zuständige Aufsichtsbehörde widerruft die Akkreditierung einer Stelle gemäß Absatz 1, wenn die Anforderungen an ihre Akkreditierung nicht oder nicht mehr erfüllt sind oder wenn die Stelle Maßnahmen ergreift, die nicht mit dieser Verordnung vereinbar sind.

(6) Dieser Artikel gilt nicht für die Verarbeitung durch Behörden oder öffentliche Stellen.

Artikel 42
Zertifizierung

(1) Die Mitgliedstaaten, die Aufsichtsbehörden, der Ausschuss und die Kommission fördern insbesondere auf Unionsebene die Einführung von datenschutzspezifischen Zertifizierungsverfahren sowie von Datenschutzsiegeln und -prüfzeichen, die dazu dienen, nachzuweisen, dass diese Verordnung bei Verarbeitungsvorgängen von Verantwortlichen oder Auftragsverarbeitern eingehalten wird. Den besonderen Bedürfnissen von Kleinstunternehmen sowie kleinen und mittleren Unternehmen wird Rechnung getragen.

(2) Zusätzlich zur Einhaltung durch die unter diese Verordnung fallenden Verantwortlichen oder Auftragsverarbeiter können auch datenschutzspezifische Zertifizierungsverfahren, Siegel oder Prüfzeichen, die gemäß Absatz 5 des vorliegenden Artikels genehmigt worden sind, vorgesehen werden, um nachzuweisen, dass die Verantwortlichen oder Auftragsverarbeiter, die gemäß Artikel 3 nicht unter diese Verordnung fallen, im Rahmen der Übermittlung personenbezogener Daten an Drittländer oder internationale Organisationen nach Maßgabe von Artikel 46 Absatz 2 Buchstabe f geeignete Garantien bieten. Diese Verantwortlichen oder Auftragsverarbeiter gehen mittels vertraglicher oder sonstiger rechtlich bindender Instrumente die verbindliche und durchsetzbare Verpflichtung ein, diese geeigneten Garantien anzuwenden, auch im Hinblick auf die Rechte der betroffenen Personen.

(3) Die Zertifizierung muss freiwillig und über ein transparentes Verfahren zugänglich sein.

(4) Eine Zertifizierung gemäß diesem Artikel mindert nicht die Verantwortung des Verantwortlichen oder des Auftragsverarbeiters für die Einhaltung dieser Verordnung und berührt nicht die Aufgaben und Befugnisse der Aufsichtsbehörden, die gemäß Artikel 55 oder 56 zuständig sind.

(5) Eine Zertifizierung nach diesem Artikel wird durch die Zertifizierungsstellen nach Artikel 43 oder durch die zuständige Aufsichtsbehörde anhand der von dieser zuständigen Aufsichtsbehörde gemäß Artikel 58 Absatz 3 oder – gemäß Artikel 63 – durch den Ausschuss genehmigten Kriterien erteilt. Werden die Kriterien vom Ausschuss genehmigt, kann dies zu einer gemeinsamen Zertifizierung, dem Europäischen Datenschutzsiegel, führen.

(6) Der Verantwortliche oder der Auftragsverarbeiter, der die von ihm durchgeführte Verarbeitung dem Zertifizierungsverfahren unterwirft, stellt der Zertifizierungsstelle nach Artikel 43 oder gegebenenfalls der zuständigen Aufsichtsbehörde alle für die Durchführung des Zertifizierungsverfahrens erforderlichen Informationen zur Verfügung und gewährt ihr den in diesem Zusammenhang erforderlichen Zugang zu seinen Verarbeitungstätigkeiten.

(7) Die Zertifizierung wird einem Verantwortlichen oder einem Auftragsverarbeiter für eine Höchstdauer von drei Jahren erteilt und kann unter denselben Bedingungen verlängert werden, sofern die einschlägigen Kriterien weiterhin erfüllt werden. Die Zertifizierung wird gegebenenfalls durch die Zertifizierungsstellen nach Artikel 43 oder durch die zuständige Aufsichtsbehörde widerrufen, wenn die Kriterien für die Zertifizierung nicht oder nicht mehr erfüllt werden.

(8) Der Ausschuss nimmt alle Zertifizierungsverfahren und Datenschutzsiegel und -prüfzeichen in ein Register auf und veröffentlicht sie in geeigneter Weise.

Artikel 43
Zertifizierungsstellen

(1) Unbeschadet der Aufgaben und Befugnisse der zuständigen Aufsichtsbehörde gemäß den Artikeln 57 und 58 erteilen oder verlängern Zertifizierungsstellen, die über das geeignete Fachwissen hinsichtlich des Datenschutzes verfügen, nach Unterrichtung der Aufsichtsbehörde – damit diese erforderlichenfalls von ihren Befugnissen gemäß Artikel 58 Absatz 2 Buchstabe h Gebrauch machen kann – die Zertifizierung. Die Mitgliedstaaten stellen sicher, dass diese Zertifizierungsstellen von einer oder beiden der folgenden Stellen akkreditiert werden:

a) der gemäß Artikel 55 oder 56 zuständigen Aufsichtsbehörde;
b) der nationalen Akkreditierungsstelle, die gemäß der Verordnung (EG) Nr. 765/2008 des Europäischen Parlaments und des Rates[1] im Einklang mit EN-ISO/IEC 17065/2012 und mit den zusätzlichen von der gemäß Artikel 55 oder 56 zuständigen Aufsichtsbehörde festgelegten Anforderungen benannt wurde.

(2) Zertifizierungsstellen nach Absatz 1 dürfen nur dann gemäß dem genannten Absatz akkreditiert werden, wenn sie

a) ihre Unabhängigkeit und ihr Fachwissen hinsichtlich des Gegenstands der Zertifizierung zur Zufriedenheit der zuständigen Aufsichtsbehörde nachgewiesen haben;
b) sich verpflichtet haben, die Kriterien nach Artikel 42 Absatz 5, die von der gemäß Artikel 55 oder 56 zuständigen Aufsichtsbehörde oder – gemäß Artikel 63 – von dem Ausschuss genehmigt wurden, einzuhalten;
c) Verfahren für die Erteilung, die regelmäßige Überprüfung und den Widerruf der Datenschutzzertifizierung sowie der Datenschutzsiegel und -prüfzeichen festgelegt haben;
d) Verfahren und Strukturen festgelegt haben, mit denen sie Beschwerden über Verletzungen der Zertifizierung oder die Art und Weise, in der die Zertifizierung von dem Verantwortlichen oder dem Auftragsverarbeiter umgesetzt wird oder wurde, nachgehen und diese Verfahren und Strukturen für betroffene Personen und die Öffentlichkeit transparent machen, und
e) zur Zufriedenheit der zuständigen Aufsichtsbehörde nachgewiesen haben, dass ihre Aufgaben und Pflichten nicht zu einem Interessenkonflikt führen.

(3) Die Akkreditierung von Zertifizierungsstellen nach den Absätzen 1 und 2 erfolgt anhand der Anforderungen, die von der gemäß Artikel 55 oder 56 zuständigen Aufsichtsbehörde oder – gemäß Artikel 63 – von dem Ausschuss genehmigt wurden. Im Fall einer Akkreditierung nach Absatz 1 Buchstabe b des vorliegenden Artikels ergänzen diese An-

1) Verordnung (EG) Nr. 765/2008 des Europäischen Parlaments und des Rates vom 9. Juli 2008 über die Vorschriften für die Akkreditierung und Marktüberwachung im Zusammenhang mit der Vermarktung von Produkten und zur Aufhebung der Verordnung (EWG) Nr. 339/93 des Rates (ABl. L 218 vom 13.8.2008, S. 30).

forderungen diejenigen, die in der Verordnung (EG) Nr. 765/2008 und in den technischen Vorschriften, in denen die Methoden und Verfahren der Zertifizierungsstellen beschrieben werden, vorgesehen sind.

(4) Die Zertifizierungsstellen nach Absatz 1 sind unbeschadet der Verantwortung, die der Verantwortliche oder der Auftragsverarbeiter für die Einhaltung dieser Verordnung hat, für die angemessene Bewertung, die der Zertifizierung oder dem Widerruf einer Zertifizierung zugrunde liegt, verantwortlich. Die Akkreditierung wird für eine Höchstdauer von fünf Jahren erteilt und kann unter denselben Bedingungen verlängert werden, sofern die Zertifizierungsstelle die Anforderungen dieses Artikels erfüllt.

(5) Die Zertifizierungsstellen nach Absatz 1 teilen den zuständigen Aufsichtsbehörden die Gründe für die Erteilung oder den Widerruf der beantragten Zertifizierung mit.

(6) Die Anforderungen nach Absatz 3 des vorliegenden Artikels und die Kriterien nach Artikel 42 Absatz 5 werden von der Aufsichtsbehörde in leicht zugänglicher Form veröffentlicht. Die Aufsichtsbehörden übermitteln diese Anforderungen und Kriterien auch dem Ausschuss.

(7) Unbeschadet des Kapitels VIII widerruft die zuständige Aufsichtsbehörde oder die nationale Akkreditierungsstelle die Akkreditierung einer Zertifizierungsstelle nach Absatz 1, wenn die Voraussetzungen für die Akkreditierung nicht oder nicht mehr erfüllt sind oder wenn eine Zertifizierungsstelle Maßnahmen ergreift, die nicht mit dieser Verordnung vereinbar sind.

(8) Der Kommission wird die Befugnis übertragen, gemäß Artikel 92 delegierte Rechtsakte zu erlassen, um die Anforderungen festzulegen, die für die in Artikel 42 Absatz 1 genannten datenschutzspezifischen Zertifizierungsverfahren zu berücksichtigen sind.

(9) Die Kommission kann Durchführungsrechtsakte erlassen, mit denen technische Standards für Zertifizierungsverfahren und Datenschutzsiegel und -prüfzeichen sowie Mechanismen zur Förderung und Anerkennung dieser Zertifizierungsverfahren und Datenschutzsiegel und -prüfzeichen festgelegt werden. Diese Durchführungsrechtsakte werden gemäß dem in Artikel 93 Absatz 2 genannten Prüfverfahren erlassen.

KAPITEL V

Übermittlungen personenbezogener Daten an Drittländer oder an internationale Organisationen

Artikel 44

Allgemeine Grundsätze der Datenübermittlung

Jedwede Übermittlung personenbezogener Daten, die bereits verarbeitet werden oder nach ihrer Übermittlung an ein Drittland oder eine internationale Organisation verarbeitet werden sollen, ist nur zulässig, wenn der Verantwortliche und der Auftragsverarbeiter die in diesem Kapitel niedergelegten Bedingungen einhalten und auch die sonstigen Bestimmungen dieser Verordnung eingehalten werden; dies gilt auch für die etwaige Weiterübermittlung personenbezogener Daten aus dem betreffenden Drittland oder der betreffenden internationalen Organisation an ein anderes Drittland oder eine andere internationale Organisation. Alle Bestimmungen dieses Kapitels sind anzuwenden, um sicherzustellen, dass das durch diese Verordnung gewährleistete Schutzniveau für natürliche Personen nicht untergraben wird.

Artikel 45

Datenübermittlung auf der Grundlage eines Angemessenheitsbeschlusses

(1) Eine Übermittlung personenbezogener Daten an ein Drittland oder eine internationale Organisation darf vorgenommen werden, wenn die Kommission beschlossen hat, dass

das betreffende Drittland, ein Gebiet oder ein oder mehrere spezifische Sektoren in diesem Drittland oder die betreffende internationale Organisation ein angemessenes Schutzniveau bietet. Eine solche Datenübermittlung bedarf keiner besonderen Genehmigung.

(2) Bei der Prüfung der Angemessenheit des gebotenen Schutzniveaus berücksichtigt die Kommission insbesondere das Folgende:

a) die Rechtsstaatlichkeit, die Achtung der Menschenrechte und Grundfreiheiten, die in dem betreffenden Land bzw. bei der betreffenden internationalen Organisation geltenden einschlägigen Rechtsvorschriften sowohl allgemeiner als auch sektoraler Art – auch in Bezug auf öffentliche Sicherheit, Verteidigung, nationale Sicherheit und Strafrecht sowie Zugang der Behörden zu personenbezogenen Daten – sowie die Anwendung dieser Rechtsvorschriften, Datenschutzvorschriften, Berufsregeln und Sicherheitsvorschriften einschließlich der Vorschriften für die Weiterübermittlung personenbezogener Daten an ein anderes Drittland bzw. eine andere internationale Organisation, die Rechtsprechung sowie wirksame und durchsetzbare Rechte der betroffenen Person und wirksame verwaltungsrechtliche und gerichtliche Rechtsbehelfe für betroffene Personen, deren personenbezogene Daten übermittelt werden,

b) die Existenz und die wirksame Funktionsweise einer oder mehrerer unabhängiger Aufsichtsbehörden in dem betreffenden Drittland oder denen eine internationale Organisation untersteht und die für die Einhaltung und Durchsetzung der Datenschutzvorschriften, einschließlich angemessener Durchsetzungsbefugnisse, für die Unterstützung und Beratung der betroffenen Personen bei der Ausübung ihrer Rechte und für die Zusammenarbeit mit den Aufsichtsbehörden der Mitgliedstaaten zuständig sind, und

c) die von dem betreffenden Drittland bzw. der betreffenden internationalen Organisation eingegangenen internationalen Verpflichtungen oder andere Verpflichtungen, die sich aus rechtsverbindlichen Übereinkünften oder Instrumenten sowie aus der Teilnahme des Drittlands oder der internationalen Organisation an multilateralen oder regionalen Systemen insbesondere in Bezug auf den Schutz personenbezogener Daten ergeben.

(3) Nach der Beurteilung der Angemessenheit des Schutzniveaus kann die Kommission im Wege eines Durchführungsrechtsaktes beschließen, dass ein Drittland, ein Gebiet oder ein oder mehrere spezifische Sektoren in einem Drittland oder eine internationale Organisation ein angemessenes Schutzniveau im Sinne des Absatzes 2 des vorliegenden Artikels bieten. In dem Durchführungsrechtsakt ist ein Mechanismus für eine regelmäßige Überprüfung, die mindestens alle vier Jahre erfolgt, vorzusehen, bei der allen maßgeblichen Entwicklungen in dem Drittland oder bei der internationalen Organisation Rechnung getragen wird. Im Durchführungsrechtsakt werden der territoriale und der sektorale Anwendungsbereich sowie gegebenenfalls die in Absatz 2 Buchstabe b des vorliegenden Artikels genannte Aufsichtsbehörde bzw. genannten Aufsichtsbehörden angegeben. Der Durchführungsrechtsakt wird gemäß dem in Artikel 93 Absatz 2 genannten Prüfverfahren erlassen.

(4) Die Kommission überwacht fortlaufend die Entwicklungen in Drittländern und bei internationalen Organisationen, die die Wirkungsweise der nach Absatz 3 des vorliegenden Artikels erlassenen Beschlüsse und der nach Artikel 25 Absatz 6 der Richtlinie 95/46/EG erlassenen Feststellungen beeinträchtigen könnten.

(5) Die Kommission widerruft, ändert oder setzt die in Absatz 3 des vorliegenden Artikels genannten Beschlüsse im Wege von Durchführungsrechtsakten aus, soweit dies nötig ist und ohne rückwirkende Kraft, soweit entsprechende Informationen – insbesondere im Anschluss an die in Absatz 3 des vorliegenden Artikels genannte Überprüfung – dahingehend vorliegen, dass ein Drittland, ein Gebiet oder ein oder mehrere spezifischer Sektor in einem Drittland oder eine internationale Organisation kein angemessenes Schutzniveau im Sinne des Absatzes 2 des vorliegenden Artikels mehr gewährleistet. Diese Durchführungsrechtsakte werden gemäß dem Prüfverfahren nach Artikel 93 Absatz 2 erlassen.

In hinreichend begründeten Fällen äußerster Dringlichkeit erlässt die Kommission gemäß dem in Artikel 93 Absatz 3 genannten Verfahren sofort geltende Durchführungsrechtsakte.

(6) Die Kommission nimmt Beratungen mit dem betreffenden Drittland bzw. der betreffenden internationalen Organisation auf, um Abhilfe für die Situation zu schaffen, die zu dem gemäß Absatz 5 erlassenen Beschluss geführt hat.

(7) Übermittlungen personenbezogener Daten an das betreffende Drittland, das Gebiet oder einen oder mehrere spezifische Sektoren in diesem Drittland oder an die betreffende internationale Organisation gemäß den Artikeln 46 bis 49 werden durch einen Beschluss nach Absatz 5 des vorliegenden Artikels nicht berührt.

(8) Die Kommission veröffentlicht im Amtsblatt der Europäischen Union und auf ihrer Website eine Liste aller Drittländer beziehungsweise Gebiete und spezifischen Sektoren in einem Drittland und aller internationalen Organisationen, für die sie durch Beschluss festgestellt hat, dass sie ein angemessenes Schutzniveau gewährleisten bzw. nicht mehr gewährleisten.

(9) Von der Kommission auf der Grundlage von Artikel 25 Absatz 6 der Richtlinie 95/46/EG erlassene Feststellungen bleiben so lange in Kraft, bis sie durch einen nach dem Prüfverfahren gemäß den Absätzen 3 oder 5 des vorliegenden Artikels erlassenen Beschluss der Kommission geändert, ersetzt oder aufgehoben werden.

Artikel 46
Datenübermittlung vorbehaltlich geeigneter Garantien

(1) Falls kein Beschluss nach Artikel 45 Absatz 3 vorliegt, darf ein Verantwortlicher oder ein Auftragsverarbeiter personenbezogene Daten an ein Drittland oder eine internationale Organisation nur übermitteln, sofern der Verantwortliche oder der Auftragsverarbeiter geeignete Garantien vorgesehen hat und sofern den betroffenen Personen durchsetzbare Rechte und wirksame Rechtsbehelfe zur Verfügung stehen.

(2) Die in Absatz 1 genannten geeigneten Garantien können, ohne dass hierzu eine besondere Genehmigung einer Aufsichtsbehörde erforderlich wäre, bestehen in

a) einem rechtlich bindenden und durchsetzbaren Dokument zwischen den Behörden oder öffentlichen Stellen,
b) verbindlichen internen Datenschutzvorschriften gemäß Artikel 47,
c) Standarddatenschutzklauseln, die von der Kommission gemäß dem Prüfverfahren nach Artikel 93 Absatz 2 erlassen werden,
d) von einer Aufsichtsbehörde angenommenen Standarddatenschutzklauseln, die von der Kommission gemäß dem Prüfverfahren nach Artikel 93 Absatz 2 genehmigt wurden,
e) genehmigten Verhaltensregeln gemäß Artikel 40 zusammen mit rechtsverbindlichen und durchsetzbaren Verpflichtungen des Verantwortlichen oder des Auftragsverarbeiters in dem Drittland zur Anwendung der geeigneten Garantien, einschließlich in Bezug auf die Rechte der betroffenen Personen, oder
f) einem genehmigten Zertifizierungsmechanismus gemäß Artikel 42 zusammen mit rechtsverbindlichen und durchsetzbaren Verpflichtungen des Verantwortlichen oder des Auftragsverarbeiters in dem Drittland zur Anwendung der geeigneten Garantien, einschließlich in Bezug auf die Rechte der betroffenen Personen.

(3) Vorbehaltlich der Genehmigung durch die zuständige Aufsichtsbehörde können die geeigneten Garantien gemäß Absatz 1 auch insbesondere bestehen in

a) Vertragsklauseln, die zwischen dem Verantwortlichen oder dem Auftragsverarbeiter und dem Verantwortlichen, dem Auftragsverarbeiter oder dem Empfänger der personenbezogenen Daten im Drittland oder der internationalen Organisation vereinbart wurden, oder

b) Bestimmungen, die in Verwaltungsvereinbarungen zwischen Behörden oder öffentlichen Stellen aufzunehmen sind und durchsetzbare und wirksame Rechte für die betroffenen Personen einschließen.

(4) Die Aufsichtsbehörde wendet das Kohärenzverfahren nach Artikel 63 an, wenn ein Fall gemäß Absatz 3 des vorliegenden Artikels vorliegt.

(5) Von einem Mitgliedstaat oder einer Aufsichtsbehörde auf der Grundlage von Artikel 26 Absatz 2 der Richtlinie 95/46/EG erteilte Genehmigungen bleiben so lange gültig, bis sie erforderlichenfalls von dieser Aufsichtsbehörde geändert, ersetzt oder aufgehoben werden. Von der Kommission auf der Grundlage von Artikel 26 Absatz 4 der Richtlinie 95/46/EG erlassene Feststellungen bleiben so lange in Kraft, bis sie erforderlichenfalls mit einem nach Absatz 2 des vorliegenden Artikels erlassenen Beschluss der Kommission geändert, ersetzt oder aufgehoben werden.

Artikel 47
Verbindliche interne Datenschutzvorschriften

(1) Die zuständige Aufsichtsbehörde genehmigt gemäß dem Kohärenzverfahren nach Artikel 63 verbindliche interne Datenschutzvorschriften, sofern diese

a) rechtlich bindend sind, für alle betreffenden Mitglieder der Unternehmensgruppe oder einer Gruppe von Unternehmen, die eine gemeinsame Wirtschaftstätigkeit ausüben, gelten und von diesen Mitgliedern durchgesetzt werden, und dies auch für ihre Beschäftigten gilt,
b) den betroffenen Personen ausdrücklich durchsetzbare Rechte in Bezug auf die Verarbeitung ihrer personenbezogenen Daten übertragen und
c) die in Absatz 2 festgelegten Anforderungen erfüllen.

(2) Die verbindlichen internen Datenschutzvorschriften nach Absatz 1 enthalten mindestens folgende Angaben:

a) Struktur und Kontaktdaten der Unternehmensgruppe oder Gruppe von Unternehmen, die eine gemeinsame Wirtschaftstätigkeit ausüben, und jedes ihrer Mitglieder;
b) die betreffenden Datenübermittlungen oder Reihen von Datenübermittlungen einschließlich der betreffenden Arten personenbezogener Daten, Art und Zweck der Datenverarbeitung, Art der betroffenen Personen und das betreffende Drittland beziehungsweise die betreffenden Drittländer;
c) interne und externe Rechtsverbindlichkeit der betreffenden internen Datenschutzvorschriften;
d) die Anwendung der allgemeinen Datenschutzgrundsätze, insbesondere Zweckbindung, Datenminimierung, begrenzte Speicherfristen, Datenqualität, Datenschutz durch Technikgestaltung und durch datenschutzfreundliche Voreinstellungen, Rechtsgrundlage für die Verarbeitung, Verarbeitung besonderer Kategorien von personenbezogenen Daten, Maßnahmen zur Sicherstellung der Datensicherheit und Anforderungen für die Weiterübermittlung an nicht an diese internen Datenschutzvorschriften gebundene Stellen;
e) die Rechte der betroffenen Personen in Bezug auf die Verarbeitung und die diesen offenstehenden Mittel zur Wahrnehmung dieser Rechte einschließlich des Rechts, nicht einer ausschließlich auf einer automatisierten Verarbeitung – einschließlich Profiling – beruhenden Entscheidung nach Artikel 22 unterworfen zu werden sowie des in Artikel 79 niedergelegten Rechts auf Beschwerde bei der zuständigen Aufsichtsbehörde beziehungsweise auf Einlegung eines Rechtsbehelfs bei den zuständigen Gerichten der Mitgliedstaaten und im Falle einer Verletzung der verbindlichen internen Datenschutzvorschriften Wiedergutmachung und gegebenenfalls Schadenersatz zu erhalten;
f) die von dem in einem Mitgliedstaat niedergelassenen Verantwortlichen oder Auftragsverarbeiter übernommene Haftung für etwaige Verstöße eines nicht in der Union nie-

dergelassenen betreffenden Mitglieds der Unternehmensgruppe gegen die verbindlichen internen Datenschutzvorschriften; der Verantwortliche oder der Auftragsverarbeiter ist nur dann teilweise oder vollständig von dieser Haftung befreit, wenn er nachweist, dass der Umstand, durch den der Schaden eingetreten ist, dem betreffenden Mitglied nicht zur Last gelegt werden kann;

g) die Art und Weise, wie die betroffenen Personen über die Bestimmungen der Artikel 13 und 14 hinaus über die verbindlichen internen Datenschutzvorschriften und insbesondere über die unter den Buchstaben d, e und f dieses Absatzes genannten Aspekte informiert werden;

h) die Aufgaben jedes gemäß Artikel 37 benannten Datenschutzbeauftragten oder jeder anderen Person oder Einrichtung, die mit der Überwachung der Einhaltung der verbindlichen internen Datenschutzvorschriften in der Unternehmensgruppe oder Gruppe von Unternehmen, die eine gemeinsame Wirtschaftstätigkeit ausüben, sowie mit der Überwachung der Schulungsmaßnahmen und dem Umgang mit Beschwerden befasst ist;

i) die Beschwerdeverfahren;

j) die innerhalb der Unternehmensgruppe oder Gruppe von Unternehmen, die eine gemeinsame Wirtschaftstätigkeit ausüben, bestehenden Verfahren zur Überprüfung der Einhaltung der verbindlichen internen Datenschutzvorschriften. Derartige Verfahren beinhalten Datenschutzüberprüfungen und Verfahren zur Gewährleistung von Abhilfemaßnahmen zum Schutz der Rechte der betroffenen Person. Die Ergebnisse derartiger Überprüfungen sollten der in Buchstabe h genannten Person oder Einrichtung sowie dem Verwaltungsrat des herrschenden Unternehmens einer Unternehmensgruppe oder der Gruppe von Unternehmen, die eine gemeinsame Wirtschaftstätigkeit ausüben, mitgeteilt werden und sollten der zuständigen Aufsichtsbehörde auf Anfrage zur Verfügung gestellt werden;

k) die Verfahren für die Meldung und Erfassung von Änderungen der Vorschriften und ihre Meldung an die Aufsichtsbehörde;

l) die Verfahren für die Zusammenarbeit mit der Aufsichtsbehörde, die die Befolgung der Vorschriften durch sämtliche Mitglieder der Unternehmensgruppe oder Gruppe von Unternehmen, die eine gemeinsame Wirtschaftstätigkeit ausüben, gewährleisten, insbesondere durch Offenlegung der Ergebnisse von Überprüfungen der unter Buchstabe j genannten Maßnahmen gegenüber der Aufsichtsbehörde;

m) die Meldeverfahren zur Unterrichtung der zuständigen Aufsichtsbehörde über jegliche für ein Mitglied der Unternehmensgruppe oder Gruppe von Unternehmen, die eine gemeinsame Wirtschaftstätigkeit ausüben, in einem Drittland geltenden rechtlichen Bestimmungen, die sich nachteilig auf die Garantien auswirken könnten, die die verbindlichen internen Datenschutzvorschriften bieten, und

n) geeignete Datenschutzschulungen für Personal mit ständigem oder regelmäßigem Zugang zu personenbezogenen Daten.

(3) Die Kommission kann das Format und die Verfahren für den Informationsaustausch über verbindliche interne Datenschutzvorschriften im Sinne des vorliegenden Artikels zwischen Verantwortlichen, Auftragsverarbeitern und Aufsichtsbehörden festlegen. Diese Durchführungsrechtsakte werden gemäß dem Prüfverfahren nach Artikel 93 Absatz 2 erlassen.

Artikel 48
Nach dem Unionsrecht nicht zulässige Übermittlung oder Offenlegung

Jegliches Urteil eines Gerichts eines Drittlands und jegliche Entscheidung einer Verwaltungsbehörde eines Drittlands, mit denen von einem Verantwortlichen oder einem Auftragsverarbeiter die Übermittlung oder Offenlegung personenbezogener Daten verlangt wird, dürfen unbeschadet anderer Gründe für die Übermittlung gemäß diesem Kapitel jedenfalls nur dann anerkannt oder vollstreckbar werden, wenn sie auf eine in Kraft befindliche internationale Übereinkunft wie etwa ein Rechtshilfeabkommen zwischen dem ersuchenden Drittland und der Union oder einem Mitgliedstaat gestützt sind.

Artikel 49
Ausnahmen für bestimmte Fälle

(1) Falls weder ein Angemessenheitsbeschluss nach Artikel 45 Absatz 3 vorliegt noch geeignete Garantien nach Artikel 46, einschließlich verbindlicher interner Datenschutzvorschriften, bestehen, ist eine Übermittlung oder eine Reihe von Übermittlungen personenbezogener Daten an ein Drittland oder an eine internationale Organisation nur unter einer der folgenden Bedingungen zulässig:

a) die betroffene Person hat in die vorgeschlagene Datenübermittlung ausdrücklich eingewilligt, nachdem sie über die für sie bestehenden möglichen Risiken derartiger Datenübermittlungen ohne Vorliegen eines Angemessenheitsbeschlusses und ohne geeignete Garantien unterrichtet wurde,
b) die Übermittlung ist für die Erfüllung eines Vertrags zwischen der betroffenen Person und dem Verantwortlichen oder zur Durchführung von vorvertraglichen Maßnahmen auf Antrag der betroffenen Person erforderlich,
c) die Übermittlung ist zum Abschluss oder zur Erfüllung eines im Interesse der betroffenen Person von dem Verantwortlichen mit einer anderen natürlichen oder juristischen Person geschlossenen Vertrags erforderlich,
d) die Übermittlung ist aus wichtigen Gründen des öffentlichen Interesses notwendig,
e) die Übermittlung ist zur Geltendmachung, Ausübung oder Verteidigung von Rechtsansprüchen erforderlich,
f) die Übermittlung ist zum Schutz lebenswichtiger Interessen der betroffenen Person oder anderer Personen erforderlich, sofern die betroffene Person aus physischen oder rechtlichen Gründen außerstande ist, ihre Einwilligung zu geben,
g) die Übermittlung erfolgt aus einem Register, das gemäß dem Recht der Union oder der Mitgliedstaaten zur Information der Öffentlichkeit bestimmt ist und entweder der gesamten Öffentlichkeit oder allen Personen, die ein berechtigtes Interesse nachweisen können, zur Einsichtnahme offensteht, aber nur soweit die im Recht der Union oder der Mitgliedstaaten festgelegten Voraussetzungen für die Einsichtnahme im Einzelfall gegeben sind.

Falls die Übermittlung nicht auf eine Bestimmung der Artikel 45 oder 46 – einschließlich der verbindlichen internen Datenschutzvorschriften – gestützt werden könnte und keine der Ausnahmen für einen bestimmten Fall gemäß dem ersten Unterabsatz anwendbar ist, darf eine Übermittlung an ein Drittland oder eine internationale Organisation nur dann erfolgen, wenn die Übermittlung nicht wiederholt erfolgt, nur eine begrenzte Zahl von betroffenen Personen betrifft, für die Wahrung der zwingenden berechtigten Interessen des Verantwortlichen erforderlich ist, sofern die Interessen oder die Rechte und Freiheiten der betroffenen Person nicht überwiegen, und der Verantwortliche alle Umstände der Datenübermittlung beurteilt und auf der Grundlage dieser Beurteilung geeignete Garantien in Bezug auf den Schutz personenbezogener Daten vorgesehen hat. Der Verantwortliche setzt die Aufsichtsbehörde von der Übermittlung in Kenntnis. Der Verantwortliche unterrichtet die betroffene Person über die Übermittlung und seine zwingenden berechtigten Interessen; dies erfolgt zusätzlich zu den der betroffenen Person nach den Artikeln 13 und 14 mitgeteilten Informationen.

(2) Datenübermittlungen gemäß Absatz 1 Unterabsatz 1 Buchstabe g dürfen nicht die Gesamtheit oder ganze Kategorien der im Register enthaltenen personenbezogenen Daten umfassen. Wenn das Register der Einsichtnahme durch Personen mit berechtigtem Interesse

dient, darf die Übermittlung nur auf Anfrage dieser Personen oder nur dann erfolgen, wenn diese Personen die Adressaten der Übermittlung sind.

(3) Absatz 1 Unterabsatz 1 Buchstaben a, b und c und sowie Absatz 1 Unterabsatz 2 gelten nicht für Tätigkeiten, die Behörden in Ausübung ihrer hoheitlichen Befugnisse durchführen.

(4) Das öffentliche Interesse im Sinne des Absatzes 1 Unterabsatz 1 Buchstabe d muss im Unionsrecht oder im Recht des Mitgliedstaats, dem der Verantwortliche unterliegt, anerkannt sein.

(5) Liegt kein Angemessenheitsbeschluss vor, so können im Unionsrecht oder im Recht der Mitgliedstaaten aus wichtigen Gründen des öffentlichen Interesses ausdrücklich Beschränkungen der Übermittlung bestimmter Kategorien von personenbezogenen Daten an Drittländer oder internationale Organisationen vorgesehen werden. Die Mitgliedstaaten teilen der Kommission derartige Bestimmungen mit.

(6) Der Verantwortliche oder der Auftragsverarbeiter erfasst die von ihm vorgenommene Beurteilung sowie die angemessenen Garantien im Sinne des Absatzes 1 Unterabsatz 2 des vorliegenden Artikels in der Dokumentation gemäß Artikel 30.

Artikel 50
Internationale Zusammenarbeit zum Schutz personenbezogener Daten

In Bezug auf Drittländer und internationale Organisationen treffen die Kommission und die Aufsichtsbehörden geeignete Maßnahmen zur

a) Entwicklung von Mechanismen der internationalen Zusammenarbeit, durch die die wirksame Durchsetzung von Rechtsvorschriften zum Schutz personenbezogener Daten erleichtert wird,

b) gegenseitigen Leistung internationaler Amtshilfe bei der Durchsetzung von Rechtsvorschriften zum Schutz personenbezogener Daten, unter anderem durch Meldungen, Beschwerdeverweisungen, Amtshilfe bei Untersuchungen und Informationsaustausch, sofern geeignete Garantien für den Schutz personenbezogener Daten und anderer Grundrechte und Grundfreiheiten bestehen,

c) Einbindung maßgeblicher Interessenträger in Diskussionen und Tätigkeiten, die zum Ausbau der internationalen Zusammenarbeit bei der Durchsetzung von Rechtsvorschriften zum Schutz personenbezogener Daten dienen,

d) Förderung des Austauschs und der Dokumentation von Rechtsvorschriften und Praktiken zum Schutz personenbezogener Daten einschließlich Zuständigkeitskonflikten mit Drittländern.

KAPITEL VI
Unabhängige Aufsichtsbehörden

ABSCHNITT 1
Unabhängigkeit

Artikel 51
Aufsichtsbehörde

(1) Jeder Mitgliedstaat sieht vor, dass eine oder mehrere unabhängige Behörden für die Überwachung der Anwendung dieser Verordnung zuständig sind, damit die Grundrechte und Grundfreiheiten natürlicher Personen bei der Verarbeitung geschützt werden und der freie Verkehr personenbezogener Daten in der Union erleichtert wird (im Folgenden „Aufsichtsbehörde“).

(2) Jede Aufsichtsbehörde leistet einen Beitrag zur einheitlichen Anwendung dieser Verordnung in der gesamten Union. Zu diesem Zweck arbeiten die Aufsichtsbehörden untereinander sowie mit der Kommission gemäß Kapitel VII zusammen.

(3) Gibt es in einem Mitgliedstaat mehr als eine Aufsichtsbehörde, so bestimmt dieser Mitgliedstaat die Aufsichtsbehörde, die diese Behörden im Ausschuss vertritt, und führt ein Verfahren ein, mit dem sichergestellt wird, dass die anderen Behörden die Regeln für das Kohärenzverfahren nach Artikel 63 einhalten.

(4) Jeder Mitgliedstaat teilt der Kommission bis spätestens 25. Mai 2018 die Rechtsvorschriften, die er aufgrund dieses Kapitels erlässt, sowie unverzüglich alle folgenden Änderungen dieser Vorschriften mit.

Artikel 52
Unabhängigkeit

(1) Jede Aufsichtsbehörde handelt bei der Erfüllung ihrer Aufgaben und bei der Ausübung ihrer Befugnisse gemäß dieser Verordnung völlig unabhängig.

(2) Das Mitglied oder die Mitglieder jeder Aufsichtsbehörde unterliegen bei der Erfüllung ihrer Aufgaben und der Ausübung ihrer Befugnisse gemäß dieser Verordnung weder direkter noch indirekter Beeinflussung von außen und ersuchen weder um Weisung noch nehmen sie Weisungen entgegen.

(3) Das Mitglied oder die Mitglieder der Aufsichtsbehörde sehen von allen mit den Aufgaben ihres Amtes nicht zu vereinbarenden Handlungen ab und üben während ihrer Amtszeit keine andere mit ihrem Amt nicht zu vereinbarende entgeltliche oder unentgeltliche Tätigkeit aus.

(4) Jeder Mitgliedstaat stellt sicher, dass jede Aufsichtsbehörde mit den personellen, technischen und finanziellen Ressourcen, Räumlichkeiten und Infrastrukturen ausgestattet wird, die sie benötigt, um ihre Aufgaben und Befugnisse auch im Rahmen der Amtshilfe, Zusammenarbeit und Mitwirkung im Ausschuss effektiv wahrnehmen zu können.

(5) Jeder Mitgliedstaat stellt sicher, dass jede Aufsichtsbehörde ihr eigenes Personal auswählt und hat, das ausschließlich der Leitung des Mitglieds oder der Mitglieder der betreffenden Aufsichtsbehörde untersteht.

(6) Jeder Mitgliedstaat stellt sicher, dass jede Aufsichtsbehörde einer Finanzkontrolle unterliegt, die ihre Unabhängigkeit nicht beeinträchtigt und dass sie über eigene, öffentliche, jährliche Haushaltspläne verfügt, die Teil des gesamten Staatshaushalts oder nationalen Haushalts sein können.

Artikel 53
Allgemeine Bedingungen für die Mitglieder der Aufsichtsbehörde

(1) Die Mitgliedstaaten sehen vor, dass jedes Mitglied ihrer Aufsichtsbehörden im Wege eines transparenten Verfahrens ernannt wird, und zwar
- vom Parlament,
- von der Regierung,
- vom Staatsoberhaupt oder
- von einer unabhängigen Stelle, die nach dem Recht des Mitgliedstaats mit der Ernennung betraut wird.

(2) Jedes Mitglied muss über die für die Erfüllung seiner Aufgaben und Ausübung seiner Befugnisse erforderliche Qualifikation, Erfahrung und Sachkunde insbesondere im Bereich des Schutzes personenbezogener Daten verfügen.

(3) Das Amt eines Mitglieds endet mit Ablauf der Amtszeit, mit seinem Rücktritt oder verpflichtender Versetzung in den Ruhestand gemäß dem Recht des betroffenen Mitgliedstaats.

(4) Ein Mitglied wird seines Amtes nur enthoben, wenn es eine schwere Verfehlung begangen hat oder die Voraussetzungen für die Wahrnehmung seiner Aufgaben nicht mehr erfüllt.

Artikel 54
Errichtung der Aufsichtsbehörde

(1) Jeder Mitgliedstaat sieht durch Rechtsvorschriften Folgendes vor:

a) die Errichtung jeder Aufsichtsbehörde;
b) die erforderlichen Qualifikationen und sonstigen Voraussetzungen für die Ernennung zum Mitglied jeder Aufsichtsbehörde;
c) die Vorschriften und Verfahren für die Ernennung des Mitglieds oder der Mitglieder jeder Aufsichtsbehörde;
d) die Amtszeit des Mitglieds oder der Mitglieder jeder Aufsichtsbehörde von mindestens vier Jahren; dies gilt nicht für die erste Amtszeit nach 24. Mai 2016, die für einen Teil der Mitglieder kürzer sein kann, wenn eine zeitlich versetzte Ernennung zur Wahrung der Unabhängigkeit der Aufsichtsbehörde notwendig ist;
e) die Frage, ob und – wenn ja – wie oft das Mitglied oder die Mitglieder jeder Aufsichtsbehörde wiederernannt werden können;
f) die Bedingungen im Hinblick auf die Pflichten des Mitglieds oder der Mitglieder und der Bediensteten jeder Aufsichtsbehörde, die Verbote von Handlungen, beruflichen Tätigkeiten und Vergütungen während und nach der Amtszeit, die mit diesen Pflichten unvereinbar sind, und die Regeln für die Beendigung des Beschäftigungsverhältnisses.

(2) Das Mitglied oder die Mitglieder und die Bediensteten jeder Aufsichtsbehörde sind gemäß dem Unionsrecht oder dem Recht der Mitgliedstaaten sowohl während ihrer Amts- beziehungsweise Dienstzeit als auch nach deren Beendigung verpflichtet, über alle vertraulichen Informationen, die ihnen bei der Wahrnehmung ihrer Aufgaben oder der Ausübung ihrer Befugnisse bekannt geworden sind, Verschwiegenheit zu wahren. Während dieser Amts- beziehungsweise Dienstzeit gilt diese Verschwiegenheitspflicht insbesondere für die von natürlichen Personen gemeldeten Verstößen gegen diese Verordnung.

ABSCHNITT 2
Zuständigkeit, Aufgaben und Befugnisse

Artikel 55
Zuständigkeit

(1) Jede Aufsichtsbehörde ist für die Erfüllung der Aufgaben und die Ausübung der Befugnisse, die ihr mit dieser Verordnung übertragen wurden, im Hoheitsgebiet ihres eigenen Mitgliedstaats zuständig.

(2) Erfolgt die Verarbeitung durch Behörden oder private Stellen auf der Grundlage von Artikel 6 Absatz 1 Buchstabe c oder e, so ist die Aufsichtsbehörde des betroffenen Mitgliedstaats zuständig. In diesem Fall findet Artikel 56 keine Anwendung.

(3) Die Aufsichtsbehörden sind nicht zuständig für die Aufsicht über die von Gerichten im Rahmen ihrer justiziellen Tätigkeit vorgenommenen Verarbeitungen.

Artikel 56
Zuständigkeit der federführenden Aufsichtsbehörde

(1) Unbeschadet des Artikels 55 ist die Aufsichtsbehörde der Hauptniederlassung oder der einzigen Niederlassung des Verantwortlichen oder des Auftragsverarbeiters gemäß dem

Verfahren nach Artikel 60 die zuständige federführende Aufsichtsbehörde für die von diesem Verantwortlichen oder diesem Auftragsverarbeiter durchgeführte grenzüberschreitende Verarbeitung.

(2) Abweichend von Absatz 1 ist jede Aufsichtsbehörde dafür zuständig, sich mit einer bei ihr eingereichten Beschwerde oder einem etwaigen Verstoß gegen diese Verordnung zu befassen, wenn der Gegenstand nur mit einer Niederlassung in ihrem Mitgliedstaat zusammenhängt oder betroffene Personen nur ihres Mitgliedstaats erheblich beeinträchtigt.

(3) In den in Absatz 2 des vorliegenden Artikels genannten Fällen unterrichtet die Aufsichtsbehörde unverzüglich die federführende Aufsichtsbehörde über diese Angelegenheit. Innerhalb einer Frist von drei Wochen nach der Unterrichtung entscheidet die federführende Aufsichtsbehörde, ob sie sich mit dem Fall gemäß dem Verfahren nach Artikel 60 befasst oder nicht, wobei sie berücksichtigt, ob der Verantwortliche oder der Auftragsverarbeiter in dem Mitgliedstaat, dessen Aufsichtsbehörde sie unterrichtet hat, eine Niederlassung hat oder nicht.

(4) Entscheidet die federführende Aufsichtsbehörde, sich mit dem Fall zu befassen, so findet das Verfahren nach Artikel 60 Anwendung. Die Aufsichtsbehörde, die die federführende Aufsichtsbehörde unterrichtet hat, kann dieser einen Beschlussentwurf vorlegen. Die federführende Aufsichtsbehörde trägt diesem Entwurf bei der Ausarbeitung des Beschlussentwurfs nach Artikel 60 Absatz 3 weitestgehend Rechnung.

(5) Entscheidet die federführende Aufsichtsbehörde, sich mit dem Fall nicht selbst zu befassen, so befasst die Aufsichtsbehörde, die die federführende Aufsichtsbehörde unterrichtet hat, sich mit dem Fall gemäß den Artikeln 61 und 62.

(6) Die federführende Aufsichtsbehörde ist der einzige Ansprechpartner der Verantwortlichen oder der Auftragsverarbeiter für Fragen der von diesem Verantwortlichen oder diesem Auftragsverarbeiter durchgeführten grenzüberschreitenden Verarbeitung.

Artikel 57
Aufgaben

(1) Unbeschadet anderer in dieser Verordnung dargelegter Aufgaben muss jede Aufsichtsbehörde in ihrem Hoheitsgebiet

a) die Anwendung dieser Verordnung überwachen und durchsetzen;

b) die Öffentlichkeit für die Risiken, Vorschriften, Garantien und Rechte im Zusammenhang mit der Verarbeitung sensibilisieren und sie darüber aufklären. Besondere Beachtung finden dabei spezifische Maßnahmen für Kinder;

c) im Einklang mit dem Recht des Mitgliedsstaats das nationale Parlament, die Regierung und andere Einrichtungen und Gremien über legislative und administrative Maßnahmen zum Schutz der Rechte und Freiheiten natürlicher Personen in Bezug auf die Verarbeitung beraten;

d) die Verantwortlichen und die Auftragsverarbeiter für die ihnen aus dieser Verordnung entstehenden Pflichten sensibilisieren;

e) auf Anfrage jeder betroffenen Person Informationen über die Ausübung ihrer Rechte aufgrund dieser Verordnung zur Verfügung stellen und gegebenenfalls zu diesem Zweck mit den Aufsichtsbehörden in anderen Mitgliedstaaten zusammenarbeiten; 25.1

f) sich mit Beschwerden einer betroffenen Person oder Beschwerden einer Stelle, einer Organisation oder eines Verbandes gemäß Artikel 80 befassen, den Gegenstand der Beschwerde in angemessenem Umfang untersuchen und den Beschwerdeführer innerhalb einer angemessenen Frist über den Fortgang und das Ergebnis der Untersuchung unterrichten, insbesondere, wenn eine weitere Untersuchung oder Koordinierung mit einer anderen Aufsichtsbehörde notwendig ist;

g) mit anderen Aufsichtsbehörden zusammenarbeiten, auch durch Informationsaustausch, und ihnen Amtshilfe leisten, um die einheitliche Anwendung und Durchsetzung dieser Verordnung zu gewährleisten;
h) Untersuchungen über die Anwendung dieser Verordnung durchführen, auch auf der Grundlage von Informationen einer anderen Aufsichtsbehörde oder einer anderen Behörde;
i) maßgebliche Entwicklungen verfolgen, soweit sie sich auf den Schutz personenbezogener Daten auswirken, insbesondere die Entwicklung der Informations- und Kommunikationstechnologie und der Geschäftspraktiken;
j) Standardvertragsklauseln im Sinne des Artikels 28 Absatz 8 und des Artikels 46 Absatz 2 Buchstabe d festlegen;
k) eine Liste der Verarbeitungsarten erstellen und führen, für die gemäß Artikel 35 Absatz 4 eine Datenschutz-Folgenabschätzung durchzuführen ist;
l) Beratung in Bezug auf die in Artikel 36 Absatz 2 genannten Verarbeitungsvorgänge leisten;
m) die Ausarbeitung von Verhaltensregeln gemäß Artikel 40 Absatz 1 fördern und zu diesen Verhaltensregeln, die ausreichende Garantien im Sinne des Artikels 40 Absatz 5 bieten müssen, Stellungnahmen abgeben und sie billigen;
n) die Einführung von Datenschutzzertifizierungsmechanismen und von Datenschutzsiegeln und -prüfzeichen nach Artikel 42 Absatz 1 anregen und Zertifizierungskriterien nach Artikel 42 Absatz 5 billigen;
o) gegebenenfalls die nach Artikel 42 Absatz 7 erteilten Zertifizierungen regelmäßig überprüfen;
p) die Anforderungen an die Akkreditierung einer Stelle für die Überwachung der Einhaltung der Verhaltensregeln gemäß Artikel 41 und einer Zertifizierungsstelle gemäß Artikel 43 abfassen und veröffentlichen;
q) die Akkreditierung einer Stelle für die Überwachung der Einhaltung der Verhaltensregeln gemäß Artikel 41 und einer Zertifizierungsstelle gemäß Artikel 43 vornehmen;
r) Vertragsklauseln und Bestimmungen im Sinne des Artikels 46 Absatz 3 genehmigen;
s) verbindliche interne Vorschriften gemäß Artikel 47 genehmigen;
t) Beiträge zur Tätigkeit des Ausschusses leisten;
u) interne Verzeichnisse über Verstöße gegen diese Verordnung und gemäß Artikel 58 Absatz 2 ergriffene Maßnahmen und
v) jede sonstige Aufgabe im Zusammenhang mit dem Schutz personenbezogener Daten erfüllen.

(2) Jede Aufsichtsbehörde erleichtert das Einreichen von in Absatz 1 Buchstabe f genannten Beschwerden durch Maßnahmen wie etwa die Bereitstellung eines Beschwerdeformulars, das auch elektronisch ausgefüllt werden kann, ohne dass andere Kommunikationsmittel ausgeschlossen werden.

(3) Die Erfüllung der Aufgaben jeder Aufsichtsbehörde ist für die betroffene Person und gegebenenfalls für den Datenschutzbeauftragten unentgeltlich.

(4) Bei offenkundig unbegründeten oder – insbesondere im Fall von häufiger Wiederholung – exzessiven Anfragen kann die Aufsichtsbehörde eine angemessene Gebühr auf der Grundlage der Verwaltungskosten verlangen oder sich weigern, aufgrund der Anfrage tätig zu werden. In diesem Fall trägt die Aufsichtsbehörde die Beweislast für den offenkundig unbegründeten oder exzessiven Charakter der Anfrage.

Artikel 58
Befugnisse

(1) Jede Aufsichtsbehörde verfügt über sämtliche folgenden Untersuchungsbefugnisse, die es ihr gestatten,

a) den Verantwortlichen, den Auftragsverarbeiter und gegebenenfalls den Vertreter des Verantwortlichen oder des Auftragsverarbeiters anzuweisen, alle Informationen bereitzustellen, die für die Erfüllung ihrer Aufgaben erforderlich sind,
b) Untersuchungen in Form von Datenschutzüberprüfungen durchzuführen,
c) eine Überprüfung der nach Artikel 42 Absatz 7 erteilten Zertifizierungen durchzuführen,
d) den Verantwortlichen oder den Auftragsverarbeiter auf einen vermeintlichen Verstoß gegen diese Verordnung hinzuweisen,
e) von dem Verantwortlichen und dem Auftragsverarbeiter Zugang zu allen personenbezogenen Daten und Informationen, die zur Erfüllung ihrer Aufgaben notwendig sind, zu erhalten,
f) gemäß dem Verfahrensrecht der Union oder dem Verfahrensrecht des Mitgliedstaats Zugang zu den Räumlichkeiten, einschließlich aller Datenverarbeitungsanlagen und -geräte, des Verantwortlichen und des Auftragsverarbeiters zu erhalten.

(2) Jede Aufsichtsbehörde verfügt über sämtliche folgenden Abhilfebefugnisse, die es ihr gestatten,
a) einen Verantwortlichen oder einen Auftragsverarbeiter zu warnen, dass beabsichtigte Verarbeitungsvorgänge voraussichtlich gegen diese Verordnung verstoßen,
b) einen Verantwortlichen oder einen Auftragsverarbeiter zu verwarnen, wenn er mit Verarbeitungsvorgängen gegen diese Verordnung verstoßen hat,
c) den Verantwortlichen oder den Auftragsverarbeiter anzuweisen, den Anträgen der betroffenen Person auf Ausübung der ihr nach dieser Verordnung zustehenden Rechte zu entsprechen,
d) den Verantwortlichen oder den Auftragsverarbeiter anzuweisen, Verarbeitungsvorgänge gegebenenfalls auf bestimmte Weise und innerhalb eines bestimmten Zeitraums in Einklang mit dieser Verordnung zu bringen,
e) den Verantwortlichen anzuweisen, die von einer Verletzung des Schutzes personenbezogener Daten betroffene Person entsprechend zu benachrichtigen,
f) eine vorübergehende oder endgültige Beschränkung der Verarbeitung, einschließlich eines Verbots, zu verhängen,
g) die Berichtigung oder Löschung von personenbezogenen Daten oder die Einschränkung der Verarbeitung gemäß den Artikeln 16, 17 und 18 und die Unterrichtung der Empfänger, an die diese personenbezogenen Daten gemäß Artikel 17 Absatz 2 und Artikel 19 offengelegt wurden, über solche Maßnahmen anzuordnen,
h) eine Zertifizierung zu widerrufen oder die Zertifizierungsstelle anzuweisen, eine gemäß den Artikel 42 und 43 erteilte Zertifizierung zu widerrufen, oder die Zertifizierungsstelle anzuweisen, keine Zertifizierung zu erteilen, wenn die Voraussetzungen für die Zertifizierung nicht oder nicht mehr erfüllt werden,
i) eine Geldbuße gemäß Artikel 83 zu verhängen, zusätzlich zu oder anstelle von in diesem Absatz genannten Maßnahmen, je nach den Umständen des Einzelfalls,
j) die Aussetzung der Übermittlung von Daten an einen Empfänger in einem Drittland oder an eine internationale Organisation anzuordnen.

(3) Jede Aufsichtsbehörde verfügt über sämtliche folgenden Genehmigungsbefugnisse und beratenden Befugnisse, die es ihr gestatten,
a) gemäß dem Verfahren der vorherigen Konsultation nach Artikel 36 den Verantwortlichen zu beraten,
b) zu allen Fragen, die im Zusammenhang mit dem Schutz personenbezogener Daten stehen, von sich aus oder auf Anfrage Stellungnahmen an das nationale Parlament, die Regierung des Mitgliedstaats oder im Einklang mit dem Recht des Mitgliedstaats an sonstige Einrichtungen und Stellen sowie an die Öffentlichkeit zu richten,
c) die Verarbeitung gemäß Artikel 36 Absatz 5 zu genehmigen, falls im Recht des Mitgliedstaats eine derartige vorherige Genehmigung verlangt wird,

d) eine Stellungnahme abzugeben und Entwürfe von Verhaltensregeln gemäß Artikel 40 Absatz 5 zu billigen,
e) Zertifizierungsstellen gemäß Artikel 43 zu akkreditieren,
f) im Einklang mit Artikel 42 Absatz 5 Zertifizierungen zu erteilen und Kriterien für die Zertifizierung zu billigen,
g) Standarddatenschutzklauseln nach Artikel 28 Absatz 8 und Artikel 46 Absatz 2 Buchstabe d festzulegen,
h) Vertragsklauseln gemäß Artikel 46 Absatz 3 Buchstabe a zu genehmigen,
i) Verwaltungsvereinbarungen gemäß Artikel 46 Absatz 3 Buchstabe b zu genehmigen
j) verbindliche interne Vorschriften gemäß Artikel 47 zu genehmigen.

(4) Die Ausübung der der Aufsichtsbehörde gemäß diesem Artikel übertragenen Befugnisse erfolgt vorbehaltlich geeigneter Garantien einschließlich wirksamer gerichtlicher Rechtsbehelfe und ordnungsgemäßer Verfahren gemäß dem Unionsrecht und dem Recht des Mitgliedstaats im Einklang mit der Charta.

(5) Jeder Mitgliedstaat sieht durch Rechtsvorschriften vor, dass seine Aufsichtsbehörde befugt ist, Verstöße gegen diese Verordnung den Justizbehörden zur Kenntnis zu bringen und gegebenenfalls die Einleitung eines gerichtlichen Verfahrens zu betreiben oder sich sonst daran zu beteiligen, um die Bestimmungen dieser Verordnung durchzusetzen.

(6) Jeder Mitgliedstaat kann durch Rechtsvorschriften vorsehen, dass seine Aufsichtsbehörde neben den in den Absätzen 1, 2 und 3 aufgeführten Befugnissen über zusätzliche Befugnisse verfügt. Die Ausübung dieser Befugnisse darf nicht die effektive Durchführung des Kapitels VII beeinträchtigen.

Artikel 59
Tätigkeitsbericht

Jede Aufsichtsbehörde erstellt einen Jahresbericht über ihre Tätigkeit, der eine Liste der Arten der gemeldeten Verstöße und der Arten der getroffenen Maßnahmen nach Artikel 58 Absatz 2 enthalten kann. Diese Berichte werden dem nationalen Parlament, der Regierung und anderen nach dem Recht der Mitgliedstaaten bestimmten Behörden übermittelt. Sie werden der Öffentlichkeit, der Kommission und dem Ausschuss zugänglich gemacht.

KAPITEL VII
Zusammenarbeit und Kohärenz

ABSCHNITT 1
Zusammenarbeit

Artikel 60
Zusammenarbeit zwischen der federführenden Aufsichtsbehörde und den anderen betroffenen Aufsichtsbehörden

(1) Die federführende Aufsichtsbehörde arbeitet mit den anderen betroffenen Aufsichtsbehörden im Einklang mit diesem Artikel zusammen und bemüht sich dabei, einen Konsens zu erzielen. Die federführende Aufsichtsbehörde und die betroffenen Aufsichtsbehörden tauschen untereinander alle zweckdienlichen Informationen aus.

(2) Die federführende Aufsichtsbehörde kann jederzeit andere betroffene Aufsichtsbehörden um Amtshilfe gemäß Artikel 61 ersuchen und gemeinsame Maßnahmen gemäß Artikel 62 durchführen, insbesondere zur Durchführung von Untersuchungen oder zur Überwachung der Umsetzung einer Maßnahme in Bezug auf einen Verantwortlichen oder einen Auftragsverarbeiter, der in einem anderen Mitgliedstaat niedergelassen ist.

(3) Die federführende Aufsichtsbehörde übermittelt den anderen betroffenen Aufsichtsbehörden unverzüglich die zweckdienlichen Informationen zu der Angelegenheit. Sie legt

den anderen betroffenen Aufsichtsbehörden unverzüglich einen Beschlussentwurf zur Stellungnahme vor und trägt deren Standpunkten gebührend Rechnung.

(4) Legt eine der anderen betroffenen Aufsichtsbehörden innerhalb von vier Wochen, nachdem sie gemäß Absatz 3 des vorliegenden Artikels konsultiert wurde, gegen diesen Beschlussentwurf einen maßgeblichen und begründeten Einspruch ein und schließt sich die federführende Aufsichtsbehörde dem maßgeblichen und begründeten Einspruch nicht an oder ist der Ansicht, dass der Einspruch nicht maßgeblich oder nicht begründet ist, so leitet die federführende Aufsichtsbehörde das Kohärenzverfahren gemäß Artikel 63 für die Angelegenheit ein.

(5) Beabsichtigt die federführende Aufsichtsbehörde, sich dem maßgeblichen und begründeten Einspruch anzuschließen, so legt sie den anderen betroffenen Aufsichtsbehörden einen überarbeiteten Beschlussentwurf zur Stellungnahme vor. Der überarbeitete Beschlussentwurf wird innerhalb von zwei Wochen dem Verfahren nach Absatz 4 unterzogen.

(6) Legt keine der anderen betroffenen Aufsichtsbehörden Einspruch gegen den Beschlussentwurf ein, der von der federführenden Aufsichtsbehörde innerhalb der in den Absätzen 4 und 5 festgelegten Frist vorgelegt wurde, so gelten die federführende Aufsichtsbehörde und die betroffenen Aufsichtsbehörden als mit dem Beschlussentwurf einverstanden und sind an ihn gebunden.

(7) Die federführende Aufsichtsbehörde erlässt den Beschluss und teilt ihn der Hauptniederlassung oder der einzigen Niederlassung des Verantwortlichen oder gegebenenfalls des Auftragsverarbeiters mit und setzt die anderen betroffenen Aufsichtsbehörden und den Ausschuss von dem betreffenden Beschluss einschließlich einer Zusammenfassung der maßgeblichen Fakten und Gründe in Kenntnis. Die Aufsichtsbehörde, bei der eine Beschwerde eingereicht worden ist, unterrichtet den Beschwerdeführer über den Beschluss.

(8) Wird eine Beschwerde abgelehnt oder abgewiesen, so erlässt die Aufsichtsbehörde, bei der die Beschwerde eingereicht wurde, abweichend von Absatz 7 den Beschluss, teilt ihn dem Beschwerdeführer mit und setzt den Verantwortlichen in Kenntnis.

(9) Sind sich die federführende Aufsichtsbehörde und die betreffenden Aufsichtsbehörden darüber einig, Teile der Beschwerde abzulehnen oder abzuweisen und bezüglich anderer Teile dieser Beschwerde tätig zu werden, so wird in dieser Angelegenheit für jeden dieser Teile ein eigener Beschluss erlassen. Die federführende Aufsichtsbehörde erlässt den Beschluss für den Teil, der das Tätigwerden in Bezug auf den Verantwortlichen betrifft, teilt ihn der Hauptniederlassung oder einzigen Niederlassung des Verantwortlichen oder des Auftragsverarbeiters im Hoheitsgebiet ihres Mitgliedstaats mit und setzt den Beschwerdeführer hiervon in Kenntnis, während die für den Beschwerdeführer zuständige Aufsichtsbehörde den Beschluss für den Teil erlässt, der die Ablehnung oder Abweisung dieser Beschwerde betrifft, und ihn diesem Beschwerdeführer mitteilt und den Verantwortlichen oder den Auftragsverarbeiter hiervon in Kenntnis setzt.

(10) Nach der Unterrichtung über den Beschluss der federführenden Aufsichtsbehörde gemäß den Absätzen 7 und 9 ergreift der Verantwortliche oder der Auftragsverarbeiter die erforderlichen Maßnahmen, um die Verarbeitungstätigkeiten all seiner Niederlassungen in der Union mit dem Beschluss in Einklang zu bringen. Der Verantwortliche oder der Auftragsverarbeiter teilt der federführenden Aufsichtsbehörde die Maßnahmen mit, die zur Einhaltung des Beschlusses ergriffen wurden; diese wiederum unterrichtet die anderen betroffenen Aufsichtsbehörden. 25.1

(11) Hat – in Ausnahmefällen – eine betroffene Aufsichtsbehörde Grund zu der Annahme, dass zum Schutz der Interessen betroffener Personen dringender Handlungsbedarf besteht, so kommt das Dringlichkeitsverfahren nach Artikel 66 zur Anwendung.

(12) Die federführende Aufsichtsbehörde und die anderen betroffenen Aufsichtsbehörden übermitteln einander die nach diesem Artikel geforderten Informationen auf elektronischem Wege unter Verwendung eines standardisierten Formats.

Artikel 61
Gegenseitige Amtshilfe

(1) Die Aufsichtsbehörden übermitteln einander maßgebliche Informationen und gewähren einander Amtshilfe, um diese Verordnung einheitlich durchzuführen und anzuwenden, und treffen Vorkehrungen für eine wirksame Zusammenarbeit. Die Amtshilfe bezieht sich insbesondere auf Auskunftsersuchen und aufsichtsbezogene Maßnahmen, beispielsweise Ersuchen um vorherige Genehmigungen und eine vorherige Konsultation, um Vornahme von Nachprüfungen und Untersuchungen.

(2) Jede Aufsichtsbehörde ergreift alle geeigneten Maßnahmen, um einem Ersuchen einer anderen Aufsichtsbehörde unverzüglich und spätestens innerhalb eines Monats nach Eingang des Ersuchens nachzukommen. Dazu kann insbesondere auch die Übermittlung maßgeblicher Informationen über die Durchführung einer Untersuchung gehören.

(3) Amtshilfeersuchen enthalten alle erforderlichen Informationen, einschließlich Zweck und Begründung des Ersuchens. Die übermittelten Informationen werden ausschließlich für den Zweck verwendet, für den sie angefordert wurden.

(4) Die ersuchte Aufsichtsbehörde lehnt das Ersuchen nur ab, wenn

a) sie für den Gegenstand des Ersuchens oder für die Maßnahmen, die sie durchführen soll, nicht zuständig ist oder

b) ein Eingehen auf das Ersuchen gegen diese Verordnung verstoßen würde oder gegen das Unionsrecht oder das Recht der Mitgliedstaaten, dem die Aufsichtsbehörde, bei der das Ersuchen eingeht, unterliegt.

(5) Die ersuchte Aufsichtsbehörde informiert die ersuchende Aufsichtsbehörde über die Ergebnisse oder gegebenenfalls über den Fortgang der Maßnahmen, die getroffen wurden, um dem Ersuchen nachzukommen. Die ersuchte Aufsichtsbehörde erläutert gemäß Absatz 4 die Gründe für die Ablehnung des Ersuchens.

(6) Die ersuchten Aufsichtsbehörden übermitteln die Informationen, um die von einer anderen Aufsichtsbehörde ersucht wurde, in der Regel auf elektronischem Wege unter Verwendung eines standardisierten Formats.

(7) Ersuchte Aufsichtsbehörden verlangen für Maßnahmen, die sie aufgrund eines Amtshilfeersuchens getroffen haben, keine Gebühren. Die Aufsichtsbehörden können untereinander Regeln vereinbaren, um einander in Ausnahmefällen besondere aufgrund der Amtshilfe entstandene Ausgaben zu erstatten.

(8) Erteilt eine ersuchte Aufsichtsbehörde nicht binnen eines Monats nach Eingang des Ersuchens einer anderen Aufsichtsbehörde die Informationen gemäß Absatz 5, so kann die ersuchende Aufsichtsbehörde eine einstweilige Maßnahme im Hoheitsgebiet ihres Mitgliedstaats gemäß Artikel 55 Absatz 1 ergreifen. In diesem Fall wird von einem dringenden Handlungsbedarf gemäß Artikel 66 Absatz 1 ausgegangen, der einen im Dringlichkeitsverfahren angenommenen verbindlichen Beschluss des Ausschuss gemäß Artikel 66 Absatz 2 erforderlich macht.

(9) Die Kommission kann im Wege von Durchführungsrechtsakten Form und Verfahren der Amtshilfe nach diesem Artikel und die Ausgestaltung des elektronischen Informationsaustauschs zwischen den Aufsichtsbehörden sowie zwischen den Aufsichtsbehörden und dem Ausschuss, insbesondere das in Absatz 6 des vorliegenden Artikels genannte standardisierte Format, festlegen. Diese Durchführungsrechtsakte werden gemäß dem in Artikel 93 Absatz 2 genannten Prüfverfahren erlassen.

Artikel 62
Gemeinsame Maßnahmen der Aufsichtsbehörden

(1) Die Aufsichtsbehörden führen gegebenenfalls gemeinsame Maßnahmen einschließlich gemeinsamer Untersuchungen und gemeinsamer Durchsetzungsmaßnahmen durch, an denen Mitglieder oder Bedienstete der Aufsichtsbehörden anderer Mitgliedstaaten teilnehmen.

(2) Verfügt der Verantwortliche oder der Auftragsverarbeiter über Niederlassungen in mehreren Mitgliedstaaten oder werden die Verarbeitungsvorgänge voraussichtlich auf eine bedeutende Zahl betroffener Personen in mehr als einem Mitgliedstaat erhebliche Auswirkungen haben, ist die Aufsichtsbehörde jedes dieser Mitgliedstaaten berechtigt, an den gemeinsamen Maßnahmen teilzunehmen. Die gemäß Artikel 56 Absatz 1 oder Absatz 4 zuständige Aufsichtsbehörde lädt die Aufsichtsbehörde jedes dieser Mitgliedstaaten zur Teilnahme an den gemeinsamen Maßnahmen ein und antwortet unverzüglich auf das Ersuchen einer Aufsichtsbehörde um Teilnahme.

(3) Eine Aufsichtsbehörde kann gemäß dem Recht des Mitgliedstaats und mit Genehmigung der unterstützenden Aufsichtsbehörde den an den gemeinsamen Maßnahmen beteiligten Mitgliedern oder Bediensteten der unterstützenden Aufsichtsbehörde Befugnisse einschließlich Untersuchungsbefugnisse übertragen oder, soweit dies nach dem Recht des Mitgliedstaats der einladenden Aufsichtsbehörde zulässig ist, den Mitgliedern oder Bediensteten der unterstützenden Aufsichtsbehörde gestatten, ihre Untersuchungsbefugnisse nach dem Recht des Mitgliedstaats der unterstützenden Aufsichtsbehörde auszuüben. Diese Untersuchungsbefugnisse können nur unter der Leitung und in Gegenwart der Mitglieder oder Bediensteten der einladenden Aufsichtsbehörde ausgeübt werden. Die Mitglieder oder Bediensteten der unterstützenden Aufsichtsbehörde unterliegen dem Recht des Mitgliedstaats der einladenden Aufsichtsbehörde.

(4) Sind gemäß Absatz 1 Bedienstete einer unterstützenden Aufsichtsbehörde in einem anderen Mitgliedstaat im Einsatz, so übernimmt der Mitgliedstaat der einladenden Aufsichtsbehörde nach Maßgabe des Rechts des Mitgliedstaats, in dessen Hoheitsgebiet der Einsatz erfolgt, die Verantwortung für ihr Handeln, einschließlich der Haftung für alle von ihnen bei ihrem Einsatz verursachten Schäden.

(5) Der Mitgliedstaat, in dessen Hoheitsgebiet der Schaden verursacht wurde, ersetzt diesen Schaden so, wie er ihn ersetzen müsste, wenn seine eigenen Bediensteten ihn verursacht hätten. Der Mitgliedstaat der unterstützenden Aufsichtsbehörde, deren Bedienstete im Hoheitsgebiet eines anderen Mitgliedstaats einer Person Schaden zugefügt haben, erstattet diesem anderen Mitgliedstaat den Gesamtbetrag des Schadenersatzes, den dieser an die Berechtigten geleistet hat.

(6) Unbeschadet der Ausübung seiner Rechte gegenüber Dritten und mit Ausnahme des Absatzes 5 verzichtet jeder Mitgliedstaat in dem Fall des Absatzes 1 darauf, den in Absatz 4 genannten Betrag des erlittenen Schadens anderen Mitgliedstaaten gegenüber geltend zu machen.

(7) Ist eine gemeinsame Maßnahme geplant und kommt eine Aufsichtsbehörde binnen eines Monats nicht der Verpflichtung nach Absatz 2 Satz 2 des vorliegenden Artikels nach, so können die anderen Aufsichtsbehörden eine einstweilige Maßnahme im Hoheitsgebiet ihres Mitgliedstaats gemäß Artikel 55 ergreifen. In diesem Fall wird von einem dringenden Handlungsbedarf gemäß Artikel 66 Absatz 1 ausgegangen, der eine im Dringlichkeitsverfahren angenommene Stellungnahme oder einen im Dringlichkeitsverfahren angenommenen verbindlichen Beschluss des Ausschusses gemäß Artikel 66 Absatz 2 erforderlich macht.

ABSCHNITT 2
Kohärenz

Artikel 63
Kohärenzverfahren

Um zur einheitlichen Anwendung dieser Verordnung in der gesamten Union beizutragen, arbeiten die Aufsichtsbehörden im Rahmen des in diesem Abschnitt beschriebenen Kohärenzverfahrens untereinander und gegebenenfalls mit der Kommission zusammen.

Artikel 64
Stellungnahme des Ausschusses

(1) Der Ausschuss gibt eine Stellungnahme ab, wenn die zuständige Aufsichtsbehörde beabsichtigt, eine der nachstehenden Maßnahmen zu erlassen. Zu diesem Zweck übermittelt die zuständige Aufsichtsbehörde dem Ausschuss den Entwurf des Beschlusses, wenn dieser

a) der Annahme einer Liste der Verarbeitungsvorgänge dient, die der Anforderung einer Datenschutz-Folgenabschätzung gemäß Artikel 35 Absatz 4 unterliegen,
b) eine Angelegenheit gemäß Artikel 40 Absatz 7 und damit die Frage betrifft, ob ein Entwurf von Verhaltensregeln oder eine Änderung oder Ergänzung von Verhaltensregeln mit dieser Verordnung in Einklang steht,
c) der Billigung der Anforderungen an die Akkreditierung einer Stelle nach Artikel 41 Absatz 3, einer Zertifizierungsstelle nach Artikel 43 Absatz 3 oder der Kriterien für die Zertifizierung gemäß Artikel 42 Absatz 5 dient,
d) der Festlegung von Standard-Datenschutzklauseln gemäß Artikel 46 Absatz 2 Buchstabe d und Artikel 28 Absatz 8 dient,
e) der Genehmigung von Vertragsklauseln gemäß Artikels 46 Absatz 3 Buchstabe a dient, oder
f) der Annahme verbindlicher interner Vorschriften im Sinne von Artikel 47 dient.

(2) Jede Aufsichtsbehörde, der Vorsitz des Ausschuss oder die Kommission können beantragen, dass eine Angelegenheit mit allgemeiner Geltung oder mit Auswirkungen in mehr als einem Mitgliedstaat vom Ausschuss geprüft wird, um eine Stellungnahme zu erhalten, insbesondere wenn eine zuständige Aufsichtsbehörde den Verpflichtungen zur Amtshilfe gemäß Artikel 61 oder zu gemeinsamen Maßnahmen gemäß Artikel 62 nicht nachkommt.

(3) In den in den Absätzen 1 und 2 genannten Fällen gibt der Ausschuss eine Stellungnahme zu der Angelegenheit ab, die ihm vorgelegt wurde, sofern er nicht bereits eine Stellungnahme zu derselben Angelegenheit abgegeben hat. Diese Stellungnahme wird binnen acht Wochen mit der einfachen Mehrheit der Mitglieder des Ausschusses angenommen. Diese Frist kann unter Berücksichtigung der Komplexität der Angelegenheit um weitere sechs Wochen verlängert werden. Was den in Absatz 1 genannten Beschlussentwurf angeht, der gemäß Absatz 5 den Mitgliedern des Ausschusses übermittelt wird, so wird angenommen, dass ein Mitglied, das innerhalb einer vom Vorsitz angegebenen angemessenen Frist keine Einwände erhoben hat, dem Beschlussentwurf zustimmt.

(4) Die Aufsichtsbehörden und die Kommission übermitteln unverzüglich dem Ausschuss auf elektronischem Wege unter Verwendung eines standardisierten Formats alle zweckdienlichen Informationen, einschließlich – je nach Fall – einer kurzen Darstellung des Sachverhalts, des Beschlussentwurfs, der Gründe, warum eine solche Maßnahme ergriffen werden muss, und der Standpunkte anderer betroffener Aufsichtsbehörden.

(5) Der Vorsitz des Ausschusses unterrichtet unverzüglich auf elektronischem Wege

a) unter Verwendung eines standardisierten Formats die Mitglieder des Ausschusses und die Kommission über alle zweckdienlichen Informationen, die ihm zugegangen sind. Soweit erforderlich stellt das Sekretariat des Ausschusses Übersetzungen der zweckdienlichen Informationen zur Verfügung und
b) je nach Fall die in den Absätzen 1 und 2 genannte Aufsichtsbehörde und die Kommission über die Stellungnahme und veröffentlicht sie.

(6) Die in Absatz 1 genannte zuständige Aufsichtsbehörde nimmt den in Absatz 1 genannten Beschlussentwurf nicht vor Ablauf der in Absatz 3 genannten Frist an.

(7) Die in Absatz 1 genannte zuständige Aufsichtsbehörde trägt der Stellungnahme des Ausschusses weitestgehend Rechnung und teilt dessen Vorsitz binnen zwei Wochen nach Eingang der Stellungnahme auf elektronischem Wege unter Verwendung eines standardisierten Formats mit, ob sie den Beschlussentwurf beibehalten oder ändern wird; gegebenenfalls übermittelt sie den geänderten Beschlussentwurf.

(8) Teilt die in Absatz 1 genannte zuständige Aufsichtsbehörde dem Vorsitz des Ausschusses innerhalb der Frist nach Absatz 7 des vorliegenden Artikels unter Angabe der maßgeblichen Gründe mit, dass sie beabsichtigt, der Stellungnahme des Ausschusses insgesamt oder teilweise nicht zu folgen, so gilt Artikel 65 Absatz 1.

Artikel 65
Streitbeilegung durch den Ausschuss

(1) Um die ordnungsgemäße und einheitliche Anwendung dieser Verordnung in Einzelfällen sicherzustellen, erlässt der Ausschuss in den folgenden Fällen einen verbindlichen Beschluss:

a) wenn eine betroffene Aufsichtsbehörde in einem Fall nach Artikel 60 Absatz 4 einen maßgeblichen und begründeten Einspruch gegen einen Beschlussentwurf der federführenden Aufsichtsbehörde eingelegt hat und sich die federführende Aufsichtsbehörde dem Einspruch nicht angeschlossen hat oder den Einspruch als nicht maßgeblich oder nicht begründet abgelehnt hat. Der verbindliche Beschluss betrifft alle Angelegenheiten, die Gegenstand des maßgeblichen und begründeten Einspruchs sind, insbesondere die Frage, ob ein Verstoß gegen diese Verordnung vorliegt,

b) wenn es widersprüchliche Standpunkte dazu gibt, welche der betroffenen Aufsichtsbehörden für die Hauptniederlassung zuständig ist,

c) wenn eine zuständige Aufsichtsbehörde in den in Artikel 64 Absatz 1 genannten Fällen keine Stellungnahme des Ausschusses einholt oder der Stellungnahme des Ausschusses gemäß Artikel 64 nicht folgt. In diesem Fall kann jede betroffene Aufsichtsbehörde oder die Kommission die Angelegenheit dem Ausschuss vorlegen.

(2) Der in Absatz 1 genannte Beschluss wird innerhalb eines Monats nach der Befassung mit der Angelegenheit mit einer Mehrheit von zwei Dritteln der Mitglieder des Ausschusses angenommen. Diese Frist kann wegen der Komplexität der Angelegenheit um einen weiteren Monat verlängert werden. Der in Absatz 1 genannte Beschluss wird begründet und an die federführende Aufsichtsbehörde und alle betroffenen Aufsichtsbehörden übermittelt und ist für diese verbindlich.

(3) War der Ausschuss nicht in der Lage, innerhalb der in Absatz 2 genannten Fristen einen Beschluss anzunehmen, so nimmt er seinen Beschluss innerhalb von zwei Wochen nach Ablauf des in Absatz 2 genannten zweiten Monats mit einfacher Mehrheit der Mitglieder des Ausschusses an. Bei Stimmengleichheit zwischen den Mitgliedern des Ausschusses gibt die Stimme des Vorsitzes den Ausschlag.

(4) Die betroffenen Aufsichtsbehörden nehmen vor Ablauf der in den Absätzen 2 und 3 genannten Fristen keinen Beschluss über die dem Ausschuss vorgelegte Angelegenheit an.

(5) Der Vorsitz des Ausschusses unterrichtet die betroffenen Aufsichtsbehörden unverzüglich über den in Absatz 1 genannten Beschluss. Er setzt die Kommission hiervon in Kenntnis. Der Beschluss wird unverzüglich auf der Website des Ausschusses veröffentlicht, nachdem die Aufsichtsbehörde den in Absatz 6 genannten endgültigen Beschluss mitgeteilt hat.

(6) Die federführende Aufsichtsbehörde oder gegebenenfalls die Aufsichtsbehörde, bei der die Beschwerde eingereicht wurde, trifft den endgültigen Beschluss auf der Grundlage des in Absatz 1 des vorliegenden Artikels genannten Beschlusses unverzüglich und spätestens einen Monat, nachdem der Europäische Datenschutzausschuss seinen Beschluss mitgeteilt hat. Die federführende Aufsichtsbehörde oder gegebenenfalls die Aufsichtsbehörde, bei der die Beschwerde eingereicht wurde, setzt den Ausschuss von dem Zeitpunkt, zu dem ihr endgültiger Beschluss dem Verantwortlichen oder dem Auftragsverarbeiter bzw. der betroffenen Person mitgeteilt wird, in Kenntnis. Der endgültige Beschluss der betroffenen Aufsichtsbehörden wird gemäß Artikel 60 Absätze 7, 8 und 9 angenommen. Im endgültigen Beschluss wird auf den in Absatz 1 genannten Beschluss verwiesen und festgelegt, dass der in Absatz 1 des vorliegenden Artikels genannte Beschluss gemäß Absatz 5 auf der Web-

site des Ausschusses veröffentlicht wird. Dem endgültigen Beschluss wird der in Absatz 1 des vorliegenden Artikels genannte Beschluss beigefügt.

Artikel 66
Dringlichkeitsverfahren

(1) Unter außergewöhnlichen Umständen kann eine betroffene Aufsichtsbehörde abweichend vom Kohärenzverfahren nach Artikel 63, 64 und 65 oder dem Verfahren nach Artikel 60 sofort einstweilige Maßnahmen mit festgelegter Geltungsdauer von höchstens drei Monaten treffen, die in ihrem Hoheitsgebiet rechtliche Wirkung entfalten sollen, wenn sie zu der Auffassung gelangt, dass dringender Handlungsbedarf besteht, um Rechte und Freiheiten von betroffenen Personen zu schützen. Die Aufsichtsbehörde setzt die anderen betroffenen Aufsichtsbehörden, den Ausschuss und die Kommission unverzüglich von diesen Maßnahmen und den Gründen für deren Erlass in Kenntnis.

(2) Hat eine Aufsichtsbehörde eine Maßnahme nach Absatz 1 ergriffen und ist sie der Auffassung, dass dringend endgültige Maßnahmen erlassen werden müssen, kann sie unter Angabe von Gründen im Dringlichkeitsverfahren um eine Stellungnahme oder einen verbindlichen Beschluss des Ausschusses ersuchen.

(3) Jede Aufsichtsbehörde kann unter Angabe von Gründen, auch für den dringenden Handlungsbedarf, im Dringlichkeitsverfahren um eine Stellungnahme oder gegebenenfalls einen verbindlichen Beschluss des Ausschusses ersuchen, wenn eine zuständige Aufsichtsbehörde trotz dringenden Handlungsbedarfs keine geeignete Maßnahme getroffen hat, um die Rechte und Freiheiten von betroffenen Personen zu schützen.

(4) Abweichend von Artikel 64 Absatz 3 und Artikel 65 Absatz 2 wird eine Stellungnahme oder ein verbindlicher Beschluss im Dringlichkeitsverfahren nach den Absätzen 2 und 3 binnen zwei Wochen mit einfacher Mehrheit der Mitglieder des Ausschusses angenommen.

Artikel 67
Informationsaustausch

Die Kommission kann Durchführungsrechtsakte von allgemeiner Tragweite zur Festlegung der Ausgestaltung des elektronischen Informationsaustauschs zwischen den Aufsichtsbehörden sowie zwischen den Aufsichtsbehörden und dem Ausschuss, insbesondere des standardisierten Formats nach Artikel 64, erlassen.

Diese Durchführungsrechtsakte werden gemäß dem Prüfverfahren nach Artikel 93 Absatz 2 erlassen.

ABSCHNITT 3
Europäischer Datenschutzausschuss

Artikel 68
Europäischer Datenschutzausschuss

(1) Der Europäische Datenschutzausschuss (im Folgenden „Ausschuss“) wird als Einrichtung der Union mit eigener Rechtspersönlichkeit eingerichtet.

(2) Der Ausschuss wird von seinem Vorsitz vertreten.

(3) Der Ausschuss besteht aus dem Leiter einer Aufsichtsbehörde jedes Mitgliedstaats und dem Europäischen Datenschutzbeauftragten oder ihren jeweiligen Vertretern.

(4) Ist in einem Mitgliedstaat mehr als eine Aufsichtsbehörde für die Überwachung der Anwendung der nach Maßgabe dieser Verordnung erlassenen Vorschriften zuständig, so wird im Einklang mit den Rechtsvorschriften dieses Mitgliedstaats ein gemeinsamer Vertreter benannt.

(5) Die Kommission ist berechtigt, ohne Stimmrecht an den Tätigkeiten und Sitzungen des Ausschusses teilzunehmen. Die Kommission benennt einen Vertreter. Der Vorsitz des Ausschusses unterrichtet die Kommission über die Tätigkeiten des Ausschusses.

(6) In den in Artikel 65 genannten Fällen ist der Europäische Datenschutzbeauftragte nur bei Beschlüssen stimmberechtigt, die Grundsätze und Vorschriften betreffen, die für die Organe, Einrichtungen, Ämter und Agenturen der Union gelten und inhaltlich den Grundsätzen und Vorschriften dieser Verordnung entsprechen.

Artikel 69
Unabhängigkeit

(1) Der Ausschuss handelt bei der Erfüllung seiner Aufgaben oder in Ausübung seiner Befugnisse gemäß den Artikeln 70 und 71 unabhängig.

(2) Unbeschadet der Ersuchen der Kommission gemäß Artikel 70 Absätze 1 und 2 ersucht der Ausschuss bei der Erfüllung seiner Aufgaben oder in Ausübung seiner Befugnisse weder um Weisung noch nimmt er Weisungen entgegen.

Artikel 70
Aufgaben des Ausschusses

(1) Der Ausschuss stellt die einheitliche Anwendung dieser Verordnung sicher. Hierzu nimmt der Ausschuss von sich aus oder gegebenenfalls auf Ersuchen der Kommission insbesondere folgende Tätigkeiten wahr:

a) Überwachung und Sicherstellung der ordnungsgemäßen Anwendung dieser Verordnung in den in den Artikeln 64 und 65 genannten Fällen unbeschadet der Aufgaben der nationalen Aufsichtsbehörden;
b) Beratung der Kommission in allen Fragen, die im Zusammenhang mit dem Schutz personenbezogener Daten in der Union stehen, einschließlich etwaiger Vorschläge zur Änderung dieser Verordnung;
c) Beratung der Kommission über das Format und die Verfahren für den Austausch von Informationen zwischen den Verantwortlichen, den Auftragsverarbeitern und den Aufsichtsbehörden in Bezug auf verbindliche interne Datenschutzvorschriften;
d) Bereitstellung von Leitlinien, Empfehlungen und bewährten Verfahren zu Verfahren für die Löschung gemäß Artikel 17 Absatz 2 von Links zu personenbezogenen Daten oder Kopien oder Replikationen dieser Daten aus öffentlich zugänglichen Kommunikationsdiensten;
e) Prüfung – von sich aus, auf Antrag eines seiner Mitglieder oder auf Ersuchen der Kommission – von die Anwendung dieser Verordnung betreffenden Fragen und Bereitstellung von Leitlinien, Empfehlungen und bewährten Verfahren zwecks Sicherstellung einer einheitlichen Anwendung dieser Verordnung;
f) Bereitstellung von Leitlinien, Empfehlungen und bewährten Verfahren gemäß Buchstabe e des vorliegenden Absatzes zur näheren Bestimmung der Kriterien und Bedingungen für die auf Profiling beruhenden Entscheidungen gemäß Artikel 22 Absatz 2;
g) Bereitstellung von Leitlinien, Empfehlungen und bewährten Verfahren gemäß Buchstabe e des vorliegenden Absatzes für die Feststellung von Verletzungen des Schutzes personenbezogener Daten und die Festlegung der Unverzüglichkeit im Sinne des Artikels 33 Absätze 1 und 2, und zu den spezifischen Umständen, unter denen der Verantwortliche oder der Auftragsverarbeiter die Verletzung des Schutzes personenbezogener Daten zu melden hat;
h) Bereitstellung von Leitlinien, Empfehlungen und bewährten Verfahren gemäß Buchstabe e des vorliegenden Absatzes zu den Umständen, unter denen eine Verletzung des Schutzes personenbezogener Daten voraussichtlich ein hohes Risiko für die Rechte und Freiheiten natürlicher Personen im Sinne des Artikels 34 Absatz 1 zur Folge hat;

i) Bereitstellung von Leitlinien, Empfehlungen und bewährten Verfahren gemäß Buchstabe e des vorliegenden Absatzes zur näheren Bestimmung der in Artikel 47 aufgeführten Kriterien und Anforderungen für die Übermittlungen personenbezogener Daten, die auf verbindlichen internen Datenschutzvorschriften von Verantwortlichen oder Auftragsverarbeitern beruhen, und der dort aufgeführten weiteren erforderlichen Anforderungen zum Schutz personenbezogener Daten der betroffenen Personen;
j) Bereitstellung von Leitlinien, Empfehlungen und bewährten Verfahren gemäß Buchstabe e des vorliegenden Absatzes zur näheren Bestimmung der Kriterien und Bedingungen für die Übermittlungen personenbezogener Daten gemäß Artikel 49 Absatz 1;
k) Ausarbeitung von Leitlinien für die Aufsichtsbehörden in Bezug auf die Anwendung von Maßnahmen nach Artikel 58 Absätze 1, 2 und 3 und die Festsetzung von Geldbußen gemäß Artikel 83;
l) Überprüfung der praktischen Anwendung der Leitlinien, Empfehlungen und bewährten Verfahren;
m) Bereitstellung von Leitlinien, Empfehlungen und bewährten Verfahren gemäß Buchstabe e des vorliegenden Absatzes zur Festlegung gemeinsamer Verfahren für die von natürlichen Personen vorgenommene Meldung von Verstößen gegen diese Verordnung gemäß Artikel 54 Absatz 2;
n) Förderung der Ausarbeitung von Verhaltensregeln und der Einrichtung von datenschutzspezifischen Zertifizierungsverfahren sowie Datenschutzsiegeln und -prüfzeichen gemäß den Artikeln 40 und 42;
o) Genehmigung der Zertifizierungskriterien gemäß Artikel 42 Absatz 5 und Führung eines öffentlichen Registers der Zertifizierungsverfahren sowie von Datenschutzsiegeln und -prüfzeichen gemäß Artikel 42 Absatz 8 und der in Drittländern niedergelassenen zertifizierten Verantwortlichen oder Auftragsverarbeiter gemäß Artikel 42 Absatz 7;
p) Genehmigung der in Artikel 43 Absatz 3 genannten Anforderungen im Hinblick auf die Akkreditierung von Zertifizierungsstellen gemäß Artikel 43;
q) Abgabe einer Stellungnahme für die Kommission zu den Zertifizierungsanforderungen gemäß Artikel 43 Absatz 8;
r) Abgabe einer Stellungnahme für die Kommission zu den Bildsymbolen gemäß Artikel 12 Absatz 7;
s) Abgabe einer Stellungnahme für die Kommission zur Beurteilung der Angemessenheit des in einem Drittland oder einer internationalen Organisation gebotenen Schutzniveaus einschließlich zur Beurteilung der Frage, ob das Drittland, das Gebiet, ein oder mehrere spezifische Sektoren in diesem Drittland oder eine internationale Organisation kein angemessenes Schutzniveau mehr gewährleistet. Zu diesem Zweck gibt die Kommission dem Ausschuss alle erforderlichen Unterlagen, darunter den Schriftwechsel mit der Regierung des Drittlands, dem Gebiet oder spezifischen Sektor oder der internationalen Organisation;
t) Abgabe von Stellungnahmen im Kohärenzverfahren gemäß Artikel 64 Absatz 1 zu Beschlussentwürfen von Aufsichtsbehörden, zu Angelegenheiten, die nach Artikel 64 Absatz 2 vorgelegt wurden und um Erlass verbindlicher Beschlüsse gemäß Artikel 65, einschließlich der in Artikel 66 genannten Fälle;
u) Förderung der Zusammenarbeit und eines wirksamen bilateralen und multilateralen Austauschs von Informationen und bewährten Verfahren zwischen den Aufsichtsbehörden;
v) Förderung von Schulungsprogrammen und Erleichterung des Personalaustausches zwischen Aufsichtsbehörden sowie gegebenenfalls mit Aufsichtsbehörden von Drittländern oder mit internationalen Organisationen;
w) Förderung des Austausches von Fachwissen und von Dokumentationen über Datenschutzvorschriften und -praxis mit Datenschutzaufsichtsbehörden in aller Welt;

x) Abgabe von Stellungnahmen zu den auf Unionsebene erarbeiteten Verhaltensregeln gemäß Artikel 40 Absatz 9 und
y) Führung eines öffentlich zugänglichen elektronischen Registers der Beschlüsse der Aufsichtsbehörden und Gerichte in Bezug auf Fragen, die im Rahmen des Kohärenzverfahrens behandelt wurden.

(2) Die Kommission kann, wenn sie den Ausschuss um Rat ersucht, unter Berücksichtigung der Dringlichkeit des Sachverhalts eine Frist angeben.

(3) Der Ausschuss leitet seine Stellungnahmen, Leitlinien, Empfehlungen und bewährten Verfahren an die Kommission und an den in Artikel 93 genannten Ausschuss weiter und veröffentlicht sie.

(4) Der Ausschuss konsultiert gegebenenfalls interessierte Kreise und gibt ihnen Gelegenheit, innerhalb einer angemessenen Frist Stellung zu nehmen. Unbeschadet des Artikels 76 macht der Ausschuss die Ergebnisse der Konsultation der Öffentlichkeit zugänglich.

Artikel 71
Berichterstattung

(1) Der Ausschuss erstellt einen Jahresbericht über den Schutz natürlicher Personen bei der Verarbeitung in der Union und gegebenenfalls in Drittländern und internationalen Organisationen. Der Bericht wird veröffentlicht und dem Europäischen Parlament, dem Rat und der Kommission übermittelt.

(2) Der Jahresbericht enthält eine Überprüfung der praktischen Anwendung der in Artikel 70 Absatz 1 Buchstabe l genannten Leitlinien, Empfehlungen und bewährten Verfahren sowie der in Artikel 65 genannten verbindlichen Beschlüsse.

Artikel 72
Verfahrensweise

(1) Sofern in dieser Verordnung nichts anderes bestimmt ist, fasst der Ausschuss seine Beschlüsse mit einfacher Mehrheit seiner Mitglieder.

(2) Der Ausschuss gibt sich mit einer Mehrheit von zwei Dritteln seiner Mitglieder eine Geschäftsordnung und legt seine Arbeitsweise fest.

Artikel 73
Vorsitz

(1) Der Ausschuss wählt aus dem Kreis seiner Mitglieder mit einfacher Mehrheit einen Vorsitzenden und zwei stellvertretende Vorsitzende.

(2) Die Amtszeit des Vorsitzenden und seiner beiden Stellvertreter beträgt fünf Jahre; ihre einmalige Wiederwahl ist zulässig.

Artikel 74
Aufgaben des Vorsitzes

(1) Der Vorsitz hat folgende Aufgaben:
a) Einberufung der Sitzungen des Ausschusses und Erstellung der Tagesordnungen,
b) Übermittlung der Beschlüsse des Ausschusses nach Artikel 65 an die federführende Aufsichtsbehörde und die betroffenen Aufsichtsbehörden,
c) Sicherstellung einer rechtzeitigen Ausführung der Aufgaben des Ausschusses, insbesondere der Aufgaben im Zusammenhang mit dem Kohärenzverfahren nach Artikel 63.

(2) Der Ausschuss legt die Aufteilung der Aufgaben zwischen dem Vorsitzenden und dessen Stellvertretern in seiner Geschäftsordnung fest.

Artikel 75
Sekretariat

(1) Der Ausschuss wird von einem Sekretariat unterstützt, das von dem Europäischen Datenschutzbeauftragten bereitgestellt wird.

(2) Das Sekretariat führt seine Aufgaben ausschließlich auf Anweisung des Vorsitzes des Ausschusses aus.

(3) Das Personal des Europäischen Datenschutzbeauftragten, das an der Wahrnehmung der dem Ausschuss gemäß dieser Verordnung übertragenen Aufgaben beteiligt ist, unterliegt anderen Berichtspflichten als das Personal, das an der Wahrnehmung der dem Europäischen Datenschutzbeauftragten übertragenen Aufgaben beteiligt ist.

(4) Soweit angebracht, erstellen und veröffentlichen der Ausschuss und der Europäische Datenschutzbeauftragte eine Vereinbarung zur Anwendung des vorliegenden Artikels, in der die Bedingungen ihrer Zusammenarbeit festgelegt sind und die für das Personal des Europäischen Datenschutzbeauftragten gilt, das an der Wahrnehmung der dem Ausschuss gemäß dieser Verordnung übertragenen Aufgaben beteiligt ist.

(5) Das Sekretariat leistet dem Ausschuss analytische, administrative und logistische Unterstützung.

(6) Das Sekretariat ist insbesondere verantwortlich für

a) das Tagesgeschäft des Ausschusses,
b) die Kommunikation zwischen den Mitgliedern des Ausschusses, seinem Vorsitz und der Kommission,
c) die Kommunikation mit anderen Organen und mit der Öffentlichkeit,
d) den Rückgriff auf elektronische Mittel für die interne und die externe Kommunikation,
e) die Übersetzung sachdienlicher Informationen,
f) die Vor- und Nachbereitung der Sitzungen des Ausschusses,
g) die Vorbereitung, Abfassung und Veröffentlichung von Stellungnahmen, von Beschlüssen über die Beilegung von Streitigkeiten zwischen Aufsichtsbehörden und von sonstigen vom Ausschuss angenommenen Dokumenten.

Artikel 76
Vertraulichkeit

(1) Die Beratungen des Ausschusses sind gemäß seiner Geschäftsordnung vertraulich, wenn der Ausschuss dies für erforderlich hält.

(2) Der Zugang zu Dokumenten, die Mitgliedern des Ausschusses, Sachverständigen und Vertretern von Dritten vorgelegt werden, wird durch die Verordnung (EG) Nr. 1049/2001 des Europäischen Parlaments und des Rates[1)] geregelt.

KAPITEL VIII
Rechtsbehelfe, Haftung und Sanktionen

Artikel 77
Recht auf Beschwerde bei einer Aufsichtsbehörde

(1) Jede betroffene Person hat unbeschadet eines anderweitigen verwaltungsrechtlichen oder gerichtlichen Rechtsbehelfs das Recht auf Beschwerde bei einer Aufsichtsbehörde, insbesondere in dem Mitgliedstaat ihres gewöhnlichen Aufenthaltsorts, ihres Arbeitsplatzes oder des Orts des mutmaßlichen Verstoßes, wenn die betroffene Person der Ansicht ist, dass

1) Verordnung (EG) Nr. 1049/2001 des Europäischen Parlaments und des Rates vom 30. Mai 2001 über den Zugang der Öffentlichkeit zu Dokumenten des Europäischen Parlaments, des Rates und der Kommission (ABl. L 145 vom 31.5.2001, S. 43).

die Verarbeitung der sie betreffenden personenbezogenen Daten gegen diese Verordnung verstößt.

(2) Die Aufsichtsbehörde, bei der die Beschwerde eingereicht wurde, unterrichtet den Beschwerdeführer über den Stand und die Ergebnisse der Beschwerde einschließlich der Möglichkeit eines gerichtlichen Rechtsbehelfs nach Artikel 78.

Artikel 78
Recht auf wirksamen gerichtlichen Rechtsbehelf gegen eine Aufsichtsbehörde

(1) Jede natürliche oder juristische Person hat unbeschadet eines anderweitigen verwaltungsrechtlichen oder außergerichtlichen Rechtsbehelfs das Recht auf einen wirksamen gerichtlichen Rechtsbehelf gegen einen sie betreffenden rechtsverbindlichen Beschluss einer Aufsichtsbehörde.

(2) Jede betroffene Person hat unbeschadet eines anderweitigen verwaltungsrechtlichen oder außergerichtlichen Rechtbehelfs das Recht auf einen wirksamen gerichtlichen Rechtsbehelf, wenn die nach den Artikeln 55 und 56 zuständige Aufsichtsbehörde sich nicht mit einer Beschwerde befasst oder die betroffene Person nicht innerhalb von drei Monaten über den Stand oder das Ergebnis der gemäß Artikel 77 erhobenen Beschwerde in Kenntnis gesetzt hat.

(3) Für Verfahren gegen eine Aufsichtsbehörde sind die Gerichte des Mitgliedstaats zuständig, in dem die Aufsichtsbehörde ihren Sitz hat.

(4) Kommt es zu einem Verfahren gegen den Beschluss einer Aufsichtsbehörde, dem eine Stellungnahme oder ein Beschluss des Ausschusses im Rahmen des Kohärenzverfahrens vorangegangen ist, so leitet die Aufsichtsbehörde diese Stellungnahme oder diesen Beschluss dem Gericht zu.

Artikel 79
Recht auf wirksamen gerichtlichen Rechtsbehelf gegen Verantwortliche oder Auftragsverarbeiter

(1) Jede betroffene Person hat unbeschadet eines verfügbaren verwaltungsrechtlichen oder außergerichtlichen Rechtsbehelfs einschließlich des Rechts auf Beschwerde bei einer Aufsichtsbehörde gemäß Artikel 77 das Recht auf einen wirksamen gerichtlichen Rechtsbehelf, wenn sie der Ansicht ist, dass die ihr aufgrund dieser Verordnung zustehenden Rechte infolge einer nicht im Einklang mit dieser Verordnung stehenden Verarbeitung ihrer personenbezogenen Daten verletzt wurden.

(2) Für Klagen gegen einen Verantwortlichen oder gegen einen Auftragsverarbeiter sind die Gerichte des Mitgliedstaats zuständig, in dem der Verantwortliche oder der Auftragsverarbeiter eine Niederlassung hat. Wahlweise können solche Klagen auch bei den Gerichten des Mitgliedstaats erhoben werden, in dem die betroffene Person ihren gewöhnlichen Aufenthaltsort hat, es sei denn, es handelt sich bei dem Verantwortlichen oder dem Auftragsverarbeiter um eine Behörde eines Mitgliedstaats, die in Ausübung ihrer hoheitlichen Befugnisse tätig geworden ist.

Artikel 80
Vertretung von betroffenen Personen

(1) Die betroffene Person hat das Recht, eine Einrichtung, Organisationen oder Vereinigung ohne Gewinnerzielungsabsicht, die ordnungsgemäß nach dem Recht eines Mitgliedstaats gegründet ist, deren satzungsmäßige Ziele im öffentlichem Interesse liegen und die im Bereich des Schutzes der Rechte und Freiheiten von betroffenen Personen in Bezug auf den Schutz ihrer personenbezogenen Daten tätig ist, zu beauftragen, in ihrem Namen

eine Beschwerde einzureichen, in ihrem Namen die in den Artikeln 77, 78 und 79 genannten Rechte wahrzunehmen und das Recht auf Schadensersatz gemäß Artikel 82 in Anspruch zu nehmen, sofern dieses im Recht der Mitgliedstaaten vorgesehen ist.

(2) Die Mitgliedstaaten können vorsehen, dass jede der in Absatz 1 des vorliegenden Artikels genannten Einrichtungen, Organisationen oder Vereinigungen unabhängig von einem Auftrag der betroffenen Person in diesem Mitgliedstaat das Recht hat, bei der gemäß Artikel 77 zuständigen Aufsichtsbehörde eine Beschwerde einzulegen und die in den Artikeln 78 und 79 aufgeführten Rechte in Anspruch zu nehmen, wenn ihres Erachtens die Rechte einer betroffenen Person gemäß dieser Verordnung infolge einer Verarbeitung verletzt worden sind.

Artikel 81
Aussetzung des Verfahrens

(1) Erhält ein zuständiges Gericht in einem Mitgliedstaat Kenntnis von einem Verfahren zu demselben Gegenstand in Bezug auf die Verarbeitung durch denselben Verantwortlichen oder Auftragsverarbeiter, das vor einem Gericht in einem anderen Mitgliedstaat anhängig ist, so nimmt es mit diesem Gericht Kontakt auf, um sich zu vergewissern, dass ein solches Verfahren existiert.

(2) Ist ein Verfahren zu demselben Gegenstand in Bezug auf die Verarbeitung durch denselben Verantwortlichen oder Auftragsverarbeiter vor einem Gericht in einem anderen Mitgliedstaat anhängig, so kann jedes später angerufene zuständige Gericht das bei ihm anhängige Verfahren aussetzen.

(3) Sind diese Verfahren in erster Instanz anhängig, so kann sich jedes später angerufene Gericht auf Antrag einer Partei auch für unzuständig erklären, wenn das zuerst angerufene Gericht für die betreffenden Klagen zuständig ist und die Verbindung der Klagen nach seinem Recht zulässig ist.

Artikel 82
Haftung und Recht auf Schadenersatz

(1) Jede Person, der wegen eines Verstoßes gegen diese Verordnung ein materieller oder immaterieller Schaden entstanden ist, hat Anspruch auf Schadenersatz gegen den Verantwortlichen oder gegen den Auftragsverarbeiter.

(2) Jeder an einer Verarbeitung beteiligte Verantwortliche haftet für den Schaden, der durch eine nicht dieser Verordnung entsprechende Verarbeitung verursacht wurde. Ein Auftragsverarbeiter haftet für den durch eine Verarbeitung verursachten Schaden nur dann, wenn er seinen speziell den Auftragsverarbeitern auferlegten Pflichten aus dieser Verordnung nicht nachgekommen ist oder unter Nichtbeachtung der rechtmäßig erteilten Anweisungen des für die Datenverarbeitung Verantwortlichen oder gegen diese Anweisungen gehandelt hat.

(3) Der Verantwortliche oder der Auftragsverarbeiter wird von der Haftung gemäß Absatz 2 befreit, wenn er nachweist, dass er in keinerlei Hinsicht für den Umstand, durch den der Schaden eingetreten ist, verantwortlich ist.

(4) Ist mehr als ein Verantwortlicher oder mehr als ein Auftragsverarbeiter bzw. sowohl ein Verantwortlicher als auch ein Auftragsverarbeiter an derselben Verarbeitung beteiligt und sind sie gemäß den Absätzen 2 und 3 für einen durch die Verarbeitung verursachten Schaden verantwortlich, so haftet jeder Verantwortliche oder jeder Auftragsverarbeiter für den gesamten Schaden, damit ein wirksamer Schadensersatz für die betroffene Person sichergestellt ist.

(5) Hat ein Verantwortlicher oder Auftragsverarbeiter gemäß Absatz 4 vollständigen Schadenersatz für den erlittenen Schaden gezahlt, so ist dieser Verantwortliche oder Auf-

tragsverarbeiter berechtigt, von den übrigen an derselben Verarbeitung beteiligten für die Datenverarbeitung Verantwortlichen oder Auftragsverarbeitern den Teil des Schadenersatzes zurückzufordern, der unter den in Absatz 2 festgelegten Bedingungen ihrem Anteil an der Verantwortung für den Schaden entspricht.

(6) Mit Gerichtsverfahren zur Inanspruchnahme des Rechts auf Schadenersatz sind die Gerichte zu befassen, die nach den in Artikel 79 Absatz 2 genannten Rechtsvorschriften des Mitgliedstaats zuständig sind.

Artikel 83
Allgemeine Bedingungen für die Verhängung von Geldbußen

(1) Jede Aufsichtsbehörde stellt sicher, dass die Verhängung von Geldbußen gemäß diesem Artikel für Verstöße gegen diese Verordnung gemäß den Absätzen 4, 5 und 6 in jedem Einzelfall wirksam, verhältnismäßig und abschreckend ist.

(2) Geldbußen werden je nach den Umständen des Einzelfalls zusätzlich zu oder anstelle von Maßnahmen nach Artikel 58 Absatz 2 Buchstaben a bis h und j verhängt. Bei der Entscheidung über die Verhängung einer Geldbuße und über deren Betrag wird in jedem Einzelfall Folgendes gebührend berücksichtigt:

a) Art, Schwere und Dauer des Verstoßes unter Berücksichtigung der Art, des Umfangs oder des Zwecks der betreffenden Verarbeitung sowie der Zahl der von der Verarbeitung betroffenen Personen und des Ausmaßes des von ihnen erlittenen Schadens;
b) Vorsätzlichkeit oder Fahrlässigkeit des Verstoßes;
c) jegliche von dem Verantwortlichen oder dem Auftragsverarbeiter getroffenen Maßnahmen zur Minderung des den betroffenen Personen entstandenen Schadens;
d) Grad der Verantwortung des Verantwortlichen oder des Auftragsverarbeiters unter Berücksichtigung der von ihnen gemäß den Artikeln 25 und 32 getroffenen technischen und organisatorischen Maßnahmen;
e) etwaige einschlägige frühere Verstöße des Verantwortlichen oder des Auftragsverarbeiters;
f) Umfang der Zusammenarbeit mit der Aufsichtsbehörde, um dem Verstoß abzuhelfen und seine möglichen nachteiligen Auswirkungen zu mindern;
g) Kategorien personenbezogener Daten, die von dem Verstoß betroffen sind;
h) Art und Weise, wie der Verstoß der Aufsichtsbehörde bekannt wurde, insbesondere ob und gegebenenfalls in welchem Umfang der Verantwortliche oder der Auftragsverarbeiter den Verstoß mitgeteilt hat;
i) Einhaltung der nach Artikel 58 Absatz 2 früher gegen den für den betreffenden Verantwortlichen oder Auftragsverarbeiter in Bezug auf denselben Gegenstand angeordneten Maßnahmen, wenn solche Maßnahmen angeordnet wurden;
j) Einhaltung von genehmigten Verhaltensregeln nach Artikel 40 oder genehmigten Zertifizierungsverfahren nach Artikel 42 und
k) jegliche anderen erschwerenden oder mildernden Umstände im jeweiligen Fall, wie unmittelbar oder mittelbar durch den Verstoß erlangte finanzielle Vorteile oder vermiedene Verluste.

(3) Verstößt ein Verantwortlicher oder ein Auftragsverarbeiter bei gleichen oder miteinander verbundenen Verarbeitungsvorgängen vorsätzlich oder fahrlässig gegen mehrere Bestimmungen dieser Verordnung, so übersteigt der Gesamtbetrag der Geldbuße nicht den Betrag für den schwerwiegendsten Verstoß.

(4) Bei Verstößen gegen die folgenden Bestimmungen werden im Einklang mit Absatz 2 Geldbußen von bis zu 10 000 000 EUR oder im Fall eines Unternehmens von bis zu 2 % seines gesamten weltweit erzielten Jahresumsatzes des vorangegangenen Geschäftsjahrs verhängt, je nachdem, welcher der Beträge höher ist:

a) die Pflichten der Verantwortlichen und der Auftragsverarbeiter gemäß den Artikeln 8, 11, 25 bis 39, 42 und 43;
b) die Pflichten der Zertifizierungsstelle gemäß den Artikeln 42 und 43;
c) die Pflichten der Überwachungsstelle gemäß Artikel 41 Absatz 4.

(5) Bei Verstößen gegen die folgenden Bestimmungen werden im Einklang mit Absatz 2 Geldbußen von bis zu 20 000 000 EUR oder im Fall eines Unternehmens von bis zu 4 % seines gesamten weltweit erzielten Jahresumsatzes des vorangegangenen Geschäftsjahrs verhängt, je nachdem, welcher der Beträge höher ist:
a) die Grundsätze für die Verarbeitung, einschließlich der Bedingungen für die Einwilligung, gemäß den Artikeln 5, 6, 7 und 9;
b) die Rechte der betroffenen Person gemäß den Artikeln 12 bis 22;
c) die Übermittlung personenbezogener Daten an einen Empfänger in einem Drittland oder an eine internationale Organisation gemäß den Artikeln 44 bis 49;
d) alle Pflichten gemäß den Rechtsvorschriften der Mitgliedstaaten, die im Rahmen des Kapitels IX erlassen wurden;
e) Nichtbefolgung einer Anweisung oder einer vorübergehenden oder endgültigen Beschränkung oder Aussetzung der Datenübermittlung durch die Aufsichtsbehörde gemäß Artikel 58 Absatz 2 oder Nichtgewährung des Zugangs unter Verstoß gegen Artikel 58 Absatz 1.

(6) Bei Nichtbefolgung einer Anweisung der Aufsichtsbehörde gemäß Artikel 58 Absatz 2 werden im Einklang mit Absatz 2 des vorliegenden Artikels Geldbußen von bis zu 20 000 000 EUR oder im Fall eines Unternehmens von bis zu 4 % seines gesamten weltweit erzielten Jahresumsatzes des vorangegangenen Geschäftsjahrs verhängt, je nachdem, welcher der Beträge höher ist.

(7) Unbeschadet der Abhilfebefugnisse der Aufsichtsbehörden gemäß Artikel 58 Absatz 2 kann jeder Mitgliedstaat Vorschriften dafür festlegen, ob und in welchem Umfang gegen Behörden und öffentliche Stellen, die in dem betreffenden Mitgliedstaat niedergelassen sind, Geldbußen verhängt werden können.

(8) Die Ausübung der eigenen Befugnisse durch eine Aufsichtsbehörde gemäß diesem Artikel muss angemessenen Verfahrensgarantien gemäß dem Unionsrecht und dem Recht der Mitgliedstaaten, einschließlich wirksamer gerichtlicher Rechtsbehelfe und ordnungsgemäßer Verfahren, unterliegen.

(9) Sieht die Rechtsordnung eines Mitgliedstaats keine Geldbußen vor, kann dieser Artikel so angewandt werden, dass die Geldbuße von der zuständigen Aufsichtsbehörde in die Wege geleitet und von den zuständigen nationalen Gerichten verhängt wird, wobei sicherzustellen ist, dass diese Rechtsbehelfe wirksam sind und die gleiche Wirkung wie die von Aufsichtsbehörden verhängten Geldbußen haben. In jeden Fall müssen die verhängten Geldbußen wirksam, verhältnismäßig und abschreckend sein. Die betreffenden Mitgliedstaaten teilen der Kommission bis zum 25. Mai 2018 die Rechtsvorschriften mit, die sie aufgrund dieses Absatzes erlassen, sowie unverzüglich alle späteren Änderungsgesetze oder Änderungen dieser Vorschriften.

Artikel 84
Sanktionen

(1) Die Mitgliedstaaten legen die Vorschriften über andere Sanktionen für Verstöße gegen diese Verordnung – insbesondere für Verstöße, die keiner Geldbuße gemäß Artikel 83 unterliegen – fest und treffen alle zu deren Anwendung erforderlichen Maßnahmen. Diese Sanktionen müssen wirksam, verhältnismäßig und abschreckend sein.

(2) Jeder Mitgliedstaat teilt der Kommission bis zum 25. Mai 2018 die Rechtsvorschriften, die er aufgrund von Absatz 1 erlässt, sowie unverzüglich alle späteren Änderungen dieser Vorschriften mit.

KAPITEL IX
Vorschriften für besondere Verarbeitungssituationen

Artikel 85
Verarbeitung und Freiheit der Meinungsäußerung und Informationsfreiheit

(1) Die Mitgliedstaaten bringen durch Rechtsvorschriften das Recht auf den Schutz personenbezogener Daten gemäß dieser Verordnung mit dem Recht auf freie Meinungsäußerung und Informationsfreiheit, einschließlich der Verarbeitung zu journalistischen Zwecken und zu wissenschaftlichen, künstlerischen oder literarischen Zwecken, in Einklang.

(2) Für die Verarbeitung, die zu journalistischen Zwecken oder zu wissenschaftlichen, künstlerischen oder literarischen Zwecken erfolgt, sehen die Mitgliedstaaten Abweichungen oder Ausnahmen von Kapitel II (Grundsätze), Kapitel III (Rechte der betroffenen Person), Kapitel IV (Verantwortlicher und Auftragsverarbeiter), Kapitel V (Übermittlung personenbezogener Daten an Drittländer oder an internationale Organisationen), Kapitel VI (Unabhängige Aufsichtsbehörden), Kapitel VII (Zusammenarbeit und Kohärenz) und Kapitel IX (Vorschriften für besondere Verarbeitungssituationen) vor, wenn dies erforderlich ist, um das Recht auf Schutz der personenbezogenen Daten mit der Freiheit der Meinungsäußerung und der Informationsfreiheit in Einklang zu bringen.

(3) Jeder Mitgliedstaat teilt der Kommission die Rechtsvorschriften, die er aufgrund von Absatz 2 erlassen hat, sowie unverzüglich alle späteren Änderungsgesetze oder Änderungen dieser Vorschriften mit.

Artikel 86
Verarbeitung und Zugang der Öffentlichkeit zu amtlichen Dokumenten

Personenbezogene Daten in amtlichen Dokumenten, die sich im Besitz einer Behörde oder einer öffentlichen Einrichtung oder einer privaten Einrichtung zur Erfüllung einer im öffentlichen Interesse liegenden Aufgabe befinden, können von der Behörde oder der Einrichtung gemäß dem Unionsrecht oder dem Recht des Mitgliedstaats, dem die Behörde oder Einrichtung unterliegt, offengelegt werden, um den Zugang der Öffentlichkeit zu amtlichen Dokumenten mit dem Recht auf Schutz personenbezogener Daten gemäß dieser Verordnung in Einklang zu bringen.

Artikel 87
Verarbeitung der nationalen Kennziffer

Die Mitgliedstaaten können näher bestimmen, unter welchen spezifischen Bedingungen eine nationale Kennziffer oder andere Kennzeichen von allgemeiner Bedeutung Gegenstand einer Verarbeitung sein dürfen. In diesem Fall darf die nationale Kennziffer oder das andere Kennzeichen von allgemeiner Bedeutung nur unter Wahrung geeigneter Garantien für die Rechte und Freiheiten der betroffenen Person gemäß dieser Verordnung verwendet werden.

Artikel 88
Datenverarbeitung im Beschäftigungskontext

(1) Die Mitgliedstaaten können durch Rechtsvorschriften oder durch Kollektivvereinbarungen spezifischere Vorschriften zur Gewährleistung des Schutzes der Rechte und Freiheiten hinsichtlich der Verarbeitung personenbezogener Beschäftigtendaten im Beschäftigungskontext, insbesondere für Zwecke der Einstellung, der Erfüllung des Arbeitsvertrags einschließlich der Erfüllung von durch Rechtsvorschriften oder durch Kollektivvereinbarungen festgelegten Pflichten, des Managements, der Planung und der Organisation der Arbeit, der Gleichheit und Diversität am Arbeitsplatz, der Gesundheit und Sicherheit am

Arbeitsplatz, des Schutzes des Eigentums der Arbeitgeber oder der Kunden sowie für Zwecke der Inanspruchnahme der mit der Beschäftigung zusammenhängenden individuellen oder kollektiven Rechte und Leistungen und für Zwecke der Beendigung des Beschäftigungsverhältnisses vorsehen.

(2) Diese Vorschriften umfassen geeignete und besondere Maßnahmen zur Wahrung der menschlichen Würde, der berechtigten Interessen und der Grundrechte der betroffenen Person, insbesondere im Hinblick auf die Transparenz der Verarbeitung, die Übermittlung personenbezogener Daten innerhalb einer Unternehmensgruppe oder einer Gruppe von Unternehmen, die eine gemeinsame Wirtschaftstätigkeit ausüben, und die Überwachungssysteme am Arbeitsplatz.

(3) Jeder Mitgliedstaat teilt der Kommission bis zum 25. Mai 2018 die Rechtsvorschriften, die er aufgrund von Absatz 1 erlässt, sowie unverzüglich alle späteren Änderungen dieser Vorschriften mit.

Artikel 89

Garantien und Ausnahmen in Bezug auf die Verarbeitung zu im öffentlichen Interesse liegenden Archivzwecken, zu wissenschaftlichen oder historischen Forschungszwecken und zu statistischen Zwecken

(1) Die Verarbeitung zu im öffentlichen Interesse liegenden Archivzwecken, zu wissenschaftlichen oder historischen Forschungszwecken oder zu statistischen Zwecken unterliegt geeigneten Garantien für die Rechte und Freiheiten der betroffenen Person gemäß dieser Verordnung. Mit diesen Garantien wird sichergestellt, dass technische und organisatorische Maßnahmen bestehen, mit denen insbesondere die Achtung des Grundsatzes der Datenminimierung gewährleistet wird. Zu diesen Maßnahmen kann die Pseudonymisierung gehören, sofern es möglich ist, diese Zwecke auf diese Weise zu erfüllen. In allen Fällen, in denen diese Zwecke durch die Weiterverarbeitung, bei der die Identifizierung von betroffenen Personen nicht oder nicht mehr möglich ist, erfüllt werden können, werden diese Zwecke auf diese Weise erfüllt.

(2) Werden personenbezogene Daten zu wissenschaftlichen oder historischen Forschungszwecken oder zu statistischen Zwecken verarbeitet, können vorbehaltlich der Bedingungen und Garantien gemäß Absatz 1 des vorliegenden Artikels im Unionsrecht oder im Recht der Mitgliedstaaten insoweit Ausnahmen von den Rechten gemäß der Artikel 15, 16, 18 und 21 vorgesehen werden, als diese Rechte voraussichtlich die Verwirklichung der spezifischen Zwecke unmöglich machen oder ernsthaft beeinträchtigen und solche Ausnahmen für die Erfüllung dieser Zwecke notwendig sind.

(3) Werden personenbezogene Daten für im öffentlichen Interesse liegende Archivzwecke verarbeitet, können vorbehaltlich der Bedingungen und Garantien gemäß Absatz 1 des vorliegenden Artikels im Unionsrecht oder im Recht der Mitgliedstaaten insoweit Ausnahmen von den Rechten gemäß der Artikel 15, 16, 18, 19, 20 und 21 vorgesehen werden, als diese Rechte voraussichtlich die Verwirklichung der spezifischen Zwecke unmöglich machen oder ernsthaft beeinträchtigen und solche Ausnahmen für die Erfüllung dieser Zwecke notwendig sind.

(4) Dient die in den Absätzen 2 und 3 genannte Verarbeitung gleichzeitig einem anderen Zweck, gelten die Ausnahmen nur für die Verarbeitung zu den in diesen Absätzen genannten Zwecken.

Artikel 90

Geheimhaltungspflichten

(1) Die Mitgliedstaaten können die Befugnisse der Aufsichtsbehörden im Sinne des Artikels 58 Absatz 1 Buchstaben e und f gegenüber den Verantwortlichen oder den Auftrags-

verarbeitern, die nach Unionsrecht oder dem Recht der Mitgliedstaaten oder nach einer von den zuständigen nationalen Stellen erlassenen Verpflichtung dem Berufsgeheimnis oder einer gleichwertigen Geheimhaltungspflicht unterliegen, regeln, soweit dies notwendig und verhältnismäßig ist, um das Recht auf Schutz der personenbezogenen Daten mit der Pflicht zur Geheimhaltung in Einklang zu bringen. Diese Vorschriften gelten nur in Bezug auf personenbezogene Daten, die der Verantwortliche oder der Auftragsverarbeiter bei einer Tätigkeit erlangt oder erhoben hat, die einer solchen Geheimhaltungspflicht unterliegt.

(2) Jeder Mitgliedstaat teilt der Kommission bis zum 25. Mai 2018 die Vorschriften mit, die er aufgrund von Absatz 1 erlässt, und setzt sie unverzüglich von allen weiteren Änderungen dieser Vorschriften in Kenntnis.

Artikel 91
Bestehende Datenschutzvorschriften von Kirchen und religiösen Vereinigungen oder Gemeinschaften

(1) Wendet eine Kirche oder eine religiöse Vereinigung oder Gemeinschaft in einem Mitgliedstaat zum Zeitpunkt des Inkrafttretens dieser Verordnung umfassende Regeln zum Schutz natürlicher Personen bei der Verarbeitung an, so dürfen diese Regeln weiter angewandt werden, sofern sie mit dieser Verordnung in Einklang gebracht werden.

(2) Kirchen und religiöse Vereinigungen oder Gemeinschaften, die gemäß Absatz 1 umfassende Datenschutzregeln anwenden, unterliegen der Aufsicht durch eine unabhängige Aufsichtsbehörde, die spezifischer Art sein kann, sofern sie die in Kapitel VI niedergelegten Bedingungen erfüllt.

KAPITEL X
Delegierte Rechtsakte und Durchführungsrechtsakte

Artikel 92
Ausübung der Befugnisübertragung

(1) Die Befugnis zum Erlass delegierter Rechtsakte wird der Kommission unter den in diesem Artikel festgelegten Bedingungen übertragen.

(2) Die Befugnis zum Erlass delegierter Rechtsakte gemäß Artikel 12 Absatz 8 und Artikel 43 Absatz 8 wird der Kommission auf unbestimmte Zeit ab dem 24. Mai 2016 übertragen.

(3) Die Befugnisübertragung gemäß Artikel 12 Absatz 8 und Artikel 43 Absatz 8 kann vom Europäischen Parlament oder vom Rat jederzeit widerrufen werden. Der Beschluss über den Widerruf beendet die Übertragung der in diesem Beschluss angegebenen Befugnis. Er wird am Tag nach seiner Veröffentlichung im Amtsblatt der Europäischen Union oder zu einem im Beschluss über den Widerruf angegebenen späteren Zeitpunkt wirksam. Die Gültigkeit von delegierten Rechtsakten, die bereits in Kraft sind, wird von dem Beschluss über den Widerruf nicht berührt.

(4) Sobald die Kommission einen delegierten Rechtsakt erlässt, übermittelt sie ihn gleichzeitig dem Europäischen Parlament und dem Rat.

(5) Ein delegierter Rechtsakt, der gemäß Artikel 12 Absatz 8 und Artikel 43 Absatz 8 erlassen wurde, tritt nur in Kraft, wenn weder das Europäische Parlament noch der Rat innerhalb einer Frist von drei Monaten nach Übermittlung dieses Rechtsakts an das Europäische Parlament und den Rat Einwände erhoben haben oder wenn vor Ablauf dieser Frist das Europäische Parlament und der Rat beide der Kommission mitgeteilt haben, dass sie keine Einwände erheben werden. Auf Veranlassung des Europäischen Parlaments oder des Rates wird diese Frist um drei Monate verlängert.

Artikel 93
Ausschussverfahren

(1) Die Kommission wird von einem Ausschuss unterstützt. Dieser Ausschuss ist ein Ausschuss im Sinne der Verordnung (EU) Nr. 182/2011.

(2) Wird auf diesen Absatz Bezug genommen, so gilt Artikel 5 der Verordnung (EU) Nr. 182/2011.

(3) Wird auf diesen Absatz Bezug genommen, so gilt Artikel 8 der Verordnung (EU) Nr. 182/2011 in Verbindung mit deren Artikel 5.

KAPITEL XI
Schlussbestimmungen

Artikel 94
Aufhebung der Richtlinie 95/46/EG

(1) Die Richtlinie 95/46/EG wird mit Wirkung vom 25. Mai 2018 aufgehoben.

(2) Verweise auf die aufgehobene Richtlinie gelten als Verweise auf die vorliegende Verordnung. Verweise auf die durch Artikel 29 der Richtlinie 95/46/EG eingesetzte Gruppe für den Schutz von Personen bei der Verarbeitung personenbezogener Daten gelten als Verweise auf den kraft dieser Verordnung errichteten Europäischen Datenschutzausschuss.

Artikel 95
Verhältnis zur Richtlinie 2002/58/EG

Diese Verordnung erlegt natürlichen oder juristischen Personen in Bezug auf die Verarbeitung in Verbindung mit der Bereitstellung öffentlich zugänglicher elektronischer Kommunikationsdienste in öffentlichen Kommunikationsnetzen in der Union keine zusätzlichen Pflichten auf, soweit sie besonderen in der Richtlinie 2002/58/EG festgelegten Pflichten unterliegen, die dasselbe Ziel verfolgen.

Artikel 96
Verhältnis zu bereits geschlossenen Übereinkünften

Internationale Übereinkünfte, die die Übermittlung personenbezogener Daten an Drittländer oder internationale Organisationen mit sich bringen, die von den Mitgliedstaaten vor dem 24. Mai 2016 abgeschlossen wurden und die im Einklang mit dem vor diesem Tag geltenden Unionsrecht stehen, bleiben in Kraft, bis sie geändert, ersetzt oder gekündigt werden.

Artikel 97
Berichte der Kommission

(1) Bis zum 25. Mai 2020 und danach alle vier Jahre legt die Kommission dem Europäischen Parlament und dem Rat einen Bericht über die Bewertung und Überprüfung dieser Verordnung vor. Die Berichte werden öffentlich gemacht.

(2) Im Rahmen der Bewertungen und Überprüfungen nach Absatz 1 prüft die Kommission insbesondere die Anwendung und die Wirkungsweise

a) des Kapitels V über die Übermittlung personenbezogener Daten an Drittländer oder an internationale Organisationen insbesondere im Hinblick auf die gemäß Artikel 45 Absatz 3 der vorliegenden Verordnung erlassenen Beschlüsse sowie die gemäß Artikel 25 Absatz 6 der Richtlinie 95/46/EG erlassenen Feststellungen,

b) des Kapitels VII über Zusammenarbeit und Kohärenz.

(3) Für den in Absatz 1 genannten Zweck kann die Kommission Informationen von den Mitgliedstaaten und den Aufsichtsbehörden anfordern.

(4) Bei den in den Absätzen 1 und 2 genannten Bewertungen und Überprüfungen berücksichtigt die Kommission die Standpunkte und Feststellungen des Europäischen Parlaments, des Rates und anderer einschlägiger Stellen oder Quellen.

(5) Die Kommission legt erforderlichenfalls geeignete Vorschläge zur Änderung dieser Verordnung vor und berücksichtigt dabei insbesondere die Entwicklungen in der Informationstechnologie und die Fortschritte in der Informationsgesellschaft.

Artikel 98
Überprüfung anderer Rechtsakte der Union zum Datenschutz

Die Kommission legt gegebenenfalls Gesetzgebungsvorschläge zur Änderung anderer Rechtsakte der Union zum Schutz personenbezogener Daten vor, damit ein einheitlicher und kohärenter Schutz natürlicher Personen bei der Verarbeitung sichergestellt wird. Dies betrifft insbesondere die Vorschriften zum Schutz natürlicher Personen bei der Verarbeitung solcher Daten durch die Organe, Einrichtungen, Ämter und Agenturen der Union und zum freien Verkehr solcher Daten.

Artikel 99
Inkrafttreten und Anwendung

(1) Diese Verordnung tritt am zwanzigsten Tag nach ihrer Veröffentlichung im Amtsblatt der Europäischen Union in Kraft.

(2) Sie gilt ab dem 25. Mai 2018.

Diese Verordnung ist in allen ihren Teilen verbindlich und gilt unmittelbar in jedem Mitgliedstaat.

Gesetz zur Förderung der Informationsfreiheit im Land Berlin (Berliner Informationsfreiheitsgesetz – IFG)

Vom 15. Oktober 1999 (GVBl. S. 561),
zuletzt geändert durch Artikel 21 des Gesetzes vom 2. Februar 2018
(GVBl. S. 160)

ABSCHNITT 1
Informationsrecht

§ 1
Zweck des Gesetzes

Zweck dieses Gesetzes ist es, durch ein umfassendes Informationsrecht das in Akten festgehaltene Wissen und Handeln öffentlicher Stellen unter Wahrung des Schutzes personenbezogener Daten unmittelbar der Allgemeinheit zugänglich zu machen, um über die bestehenden Informationsmöglichkeiten hinaus die demokratische Meinungs- und Willensbildung zu fördern und eine Kontrolle des staatlichen Handelns zu ermöglichen.

§ 2
Anwendungsbereich

(1) Dieses Gesetz regelt die Informationsrechte gegenüber den Behörden und sonstigen öffentlichen Stellen (insbesondere nicht rechtsfähige Anstalten, Krankenhausbetriebe, Eigenbetriebe und Gerichte) des Landes Berlin, den landesunmittelbaren Körperschaften, Anstalten und Stiftungen des öffentlichen Rechts (§ 28 des Allgemeinen Zuständigkeitsgesetzes) und gegenüber Privaten, die mit der Ausübung hoheitlicher Befugnisse betraut sind (öffentliche Stellen). Für die Gerichte und die Behörden der Staatsanwaltschaft gilt dieses Gesetz nur, soweit sie Verwaltungsaufgaben erledigen.

(2) Der Zugang zu Informationen über die Umwelt bestimmt sich nach den Regelungen in § 18a.

§ 3
Informationsrecht

(1) Jeder Mensch hat nach Maßgabe dieses Gesetzes gegenüber den in § 2 genannten öffentlichen Stellen nach seiner Wahl ein Recht auf Einsicht in oder Auskunft über den Inhalt der von der öffentlichen Stelle geführten Akten. Die Rechte nach Satz 1 können auch von juristischen Personen geltend gemacht werden.

(2) Akten im Sinne dieses Gesetzes sind alle schriftlich, elektronisch, optisch, akustisch oder auf andere Weise festgehaltenen Gedankenverkörperungen und sonstige Aufzeichnungen, insbesondere Schriftstücke, Magnetbänder, Disketten, Filme, Fotos, Tonbänder, Pläne, Diagramme, Bilder und Karten, soweit sie amtlichen Zwecken dienen.

(3) Weitergehende Ansprüche nach anderen Rechtsvorschriften bleiben unberührt.

§ 4
Umfang der Informationsfreiheit

(1) Akteneinsicht oder Aktenauskunft ist in dem beantragten Umfang zu gewähren, es sei denn, eine der in Abschnitt 2 geregelten Ausnahmen findet Anwendung.

(2) Die öffentlichen Stellen im Sinne von § 2 Absatz 1 haben beim Abschluss von Verträgen sicherzustellen, dass die Bestimmungen des Vertrages dem Recht auf Akteneinsicht oder Aktenauskunft nach diesem Gesetz nicht entgegenstehen. Die öffentlichen Stellen im Sinne von § 2 Absatz 1 weisen bei Verträgen nach § 7a die Vertragspartner vor Vertragsschluss auf die Regelung des § 17 Absatz 3 hin.

ABSCHNITT 2
Einschränkungen des Informationsrechts

§ 5
Amtsverschwiegenheit

Mit der Entscheidung, Akteneinsicht oder Aktenauskunft zu erteilen, ist die Genehmigung nach § 37 Absatz 3 des Beamtenstatusgesetzes zu verbinden. Sie darf nur in den Fällen des § 11 versagt werden.

§ 6
Schutz personenbezogener Daten

(1) Das Recht auf Akteneinsicht oder Aktenauskunft besteht nicht, soweit durch die Akteneinsicht oder Aktenauskunft personenbezogene Daten veröffentlicht werden und tatsächliche Anhaltspunkte dafür vorhanden sind, dass überwiegend Privatinteressen verfolgt werden oder der Offenbarung schutzwürdige Belange der Betroffenen entgegenstehen und das Informationsinteresse (§ 1) das Interesse der Betroffenen an der Geheimhaltung nicht überwiegt.

(2) Der Offenbarung personenbezogener Daten stehen schutzwürdige Belange der Betroffenen in der Regel nicht entgegen, wenn die Betroffenen zustimmen oder soweit sich aus einer Akte

1. ergibt, dass
   a) die Betroffenen an einem Verwaltungsverfahren oder einem sonstigen Verfahren beteiligt sind,
   b) eine gesetzlich oder behördlich vorgeschriebene Erklärung abgegeben oder eine Anzeige, Anmeldung, Auskunft oder vergleichbare Mitteilung durch die Betroffenen gegenüber einer Behörde erfolgt ist,
   c) gegenüber den Betroffenen überwachende oder vergleichbare Verwaltungstätigkeiten erfolgt sind,
   d) die Betroffenen Eigentümer, Pächter, Mieter oder Inhaber eines vergleichbaren Rechts sind,
   e) die Betroffenen als Gutachter, sachverständige Personen oder in vergleichbarer Weise eine Stellungnahme abgegeben haben,

   und durch diese Angaben mit Ausnahme von
   - Namen,
   - Titel, akademischem Grad,
   - Geburtsdatum,
   - Beruf, Branchen- oder Geschäftsbezeichnung,
   - innerbetrieblicher Funktionsbezeichnung,
   - Anschrift,
   - Rufnummer

   nicht zugleich weitere personenbezogene Daten offenbart werden;
2. die Mitwirkung eines bestimmten Amtsträgers oder einer bestimmten Amtsträgerin an Verwaltungsvorgängen, dessen oder deren Name, Titel, akademischer Grad, Beruf, innerdienstliche Funktionsbezeichnung, dienstliche Anschrift und Rufnummer ergeben.

Satz 1 gilt auch, wenn die Betroffenen im Rahmen eines Arbeits- oder Anstellungsverhältnisses oder als Vertreter oder Vertreterin oder Organ einer juristischen Person an einem Verwaltungsverfahren beteiligt sind, die Mitteilungen machen oder die Verwaltungstätigkeit ihnen gegenüber in einer solchen Eigenschaft erfolgt.

§ 7
Schutz von Betriebs- und Geschäftsgeheimnissen

Das Recht auf Akteneinsicht oder Aktenauskunft besteht nicht, soweit dadurch ein Betriebs- oder Geschäftsgeheimnis offenbart wird oder den Betroffenen durch die Offenbarung ein nicht nur unwesentlicher wirtschaftlicher Schaden entstehen kann, es sei denn, das Informationsinteresse überwiegt das schutzwürdige Interesse der Betroffenen an der Geheimhaltung. Gegenüber der Offenbarung tatsächlicher Anhaltspunkte für das Vorliegen einer strafbaren Handlung können sich die Betroffenen und die öffentliche Stelle nicht auf Satz 1 berufen.

§ 7a
Schutz von Betriebs- und Geschäftsgeheimnissen bei besonderen Verträgen

(1) Übertragen öffentliche Stellen im Sinne von § 2 Absatz 1 Beteiligungen an Unternehmen in den Bereichen
- Wasserversorgung und Abwasserentsorgung,
- Abfallentsorgung,
- öffentlicher Nahverkehr,
- Energieversorgung,
- Krankenhauswesen oder
- Verarbeitung von Daten, die im Zusammenhang mit hoheitlicher Tätigkeit stehen,

vollständig oder teilweise, mittelbar oder unmittelbar auf Private, so unterliegen die geschlossenen Verträge grundsätzlich dem Informationsrecht des § 3. Das gleiche gilt für die Übertragung von Eigentum, Besitz, eines Erbbaurechts oder einer Dienstbarkeit an einer Sache, die zu einer in Satz 1 genannten Infrastruktur gehört, wenn die Übertragung die dauerhafte Erbringung der Infrastrukturleistung durch den Privaten ermöglichen soll.

(2) Das Recht auf Akteneinsicht oder Aktenauskunft besteht nicht hinsichtlich solcher Verträge oder Vertragsbestandteile, die Betriebs- oder Geschäftsgeheimnisse beinhalten und durch deren Offenbarung dem Vertragspartner ein wesentlicher wirtschaftlicher Schaden entstehen würde, sofern nicht das Informationsinteresse das schutzwürdige Geheimhaltungsinteresse des privaten Vertragspartners überwiegt. Das Informationsinteresse überwiegt in der Regel das schutzwürdige Geheimhaltungsinteresse, wenn der private Vertragspartner im Geltungsbereich dieses Gesetzes ohne Wettbewerber ist oder keinem wesentlichen Wettbewerb ausgesetzt ist. Das Vorliegen der Voraussetzungen des Satzes 1 ist durch den privaten Vertragspartner darzulegen.

(3) Wird ein Antrag auf Akteneinsicht oder Aktenauskunft bezogen auf einen Vertrag im Sinne des Absatzes 1 gestellt, der vor dem Inkrafttreten des Zweiten Gesetzes zur Änderung des Berliner Informationsfreiheitsgesetzes vom 8. Juli 2010 (GVBl. S. 358) geschlossen wurde, und stehen der Gewährung von Akteneinsicht oder Aktenauskunft Bestimmungen des Vertrages entgegen, so hat die vertragschließende öffentliche Stelle den privaten Vertragspartner zu Nachverhandlungen und zur Anpassung des Vertrages aufzufordern. Kann innerhalb eines Zeitraums von sechs Monaten nach Zugang der Aufforderung zur Nachverhandlung keine Einigung erzielt werden, so wird Akteneinsicht oder Aktenauskunft gewährt, wenn das Informationsinteresse das private Geheimhaltungsinteresse erheblich überwiegt. Der Abwägungsmaßstab des Absatzes 2 ist zu berücksichtigen. Das Vorliegen des schutzwürdigen Geheimhaltungsinteresses ist durch den privaten Vertragspartner darzulegen. § 14 bleibt unberührt.

(4) Die übrigen Einschränkungen des Informationsrechts nach Abschnitt 2 bleiben unberührt.

§ 8
Angaben über Gesundheitsgefährdungen

Der Offenbarung von personenbezogenen Daten oder von Betriebs- und Geschäftsgeheimnissen durch Akteneinsicht oder Aktenauskunft stehen schutzwürdige Belange der Betroffenen nach § 6 Abs. 1 und § 7 in der Regel nicht entgegen, soweit diese Angaben im Zusammenhang mit Angaben über Gesundheitsgefährdungen sowie im Zusammenhang mit den von den Betroffenen dagegen eingesetzten Schutzvorkehrungen stehen.

§ 9
Schutz besonderer öffentlicher Belange, der Rechtsdurchsetzung und der Strafverfolgung

(1) Das Recht auf Akteneinsicht oder Aktenauskunft besteht nicht, soweit und solange durch das vorzeitige Bekanntwerden des Akteninhalts der Erfolg bevorstehender behördlicher Maßnahmen, insbesondere von Überwachungs- und Aufsichtsmaßnahmen, ordnungsbehördlichen Anordnungen und Maßnahmen der Verwaltungsvollstreckung vereitelt wird oder ein vorzeitiges Bekanntwerden des Akteninhalts nach der besonderen Art der Verwaltungstätigkeit mit einer ordnungsgemäßen Aufgabenerfüllung unvereinbar ist. Das Gleiche gilt, soweit und solange durch das vorzeitige Bekanntwerden des Akteninhalts der Erfolg eines Ermittlungsverfahrens wegen einer Straftat oder einer Ordnungswidrigkeit gefährdet werden kann oder nachteilige Auswirkungen für das Land Berlin bei der Durchführung eines laufenden Gerichtsverfahrens zu befürchten sind.

(2) Die öffentliche Stelle kann die Akteneinsicht oder Aktenauskunft unter Berufung auf Absatz 1 nur für die Dauer von drei Monaten verweigern, wegen laufender Gerichtsverfahren nur bis zu deren rechtskräftigem Abschluss. Die Entscheidung ist entsprechend zu befristen. Nach Ablauf der Frist hat die öffentliche Stelle auf Antrag erneut zu entscheiden. Eine weitere Vorenthaltung der Akteneinsicht oder Aktenauskunft ist nur zulässig, wenn die Voraussetzungen nach Absatz 1 weiterhin vorliegen.

§ 10
Schutz des behördlichen Entscheidungsprozesses

(1) Das Recht auf Akteneinsicht oder Aktenauskunft besteht bis zum Abschluss eines Verwaltungsverfahrens nicht für Entwürfe zu Entscheidungen sowie für Arbeiten zu ihrer unmittelbaren Vorbereitung. Dies gilt nicht für die Ergebnisse von abgeschlossenen Verfahrenshandlungen eines Verwaltungsverfahrens, die für die Entscheidung verbindlich sind. Hierzu gehören insbesondere Ergebnisse von Beweiserhebungen sowie bei mitwirkungsbedürftigen Verwaltungsverfahren verbindliche Stellungnahmen anderer Behörden.

(2) Die Akten zur Vorbereitung und Durchführung der Bauleitplanung sind einsehbar, sobald der Beschluss, einen Bauleitplan aufzustellen, gefasst ist. Für die Akten der Landschaftsplanung sowie für die Akten zur Aufstellung der in § 17 genannten Pläne gilt Satz 1 entsprechend. Die Akten zur Durchführung von städtebaulichen Sanierungsmaßnahmen sind einsehbar, sobald der Beginn der vorbereitenden Untersuchung beschlossen worden ist.

(3) Das Recht auf Akteneinsicht oder Aktenauskunft besteht nicht,

1. soweit sich Akten auf die Beratung des Senats und der Bezirksämter sowie deren Vorbereitung beziehen,
2. soweit durch das Bekanntwerden des Akteninhalts Angaben und Mitteilungen öffentlicher Stellen, die nicht dem Anwendungsbereich dieses Gesetzes unterfallen, ohne deren Zustimmung offenbart werden.

(4) Die Akteneinsicht oder Aktenauskunft soll versagt werden, wenn sich der Inhalt der Akten auf den Prozess der Willensbildung innerhalb von und zwischen Behörden bezieht.

§ 11
Gefährdung des Gemeinwohls

Außer in den Fällen der §§ 5 bis 10 darf die Akteneinsicht oder Aktenauskunft nur versagt werden, wenn das Bekanntwerden des Akteninhalts dem Wohle des Bundes oder eines deutschen Landes schwerwiegende Nachteile bereiten oder zu einer schwerwiegenden Gefährdung des Gemeinwohls führen würde.

§ 12
Beschränkte Akteneinsicht oder Aktenauskunft

Soweit die Voraussetzungen für Einschränkungen der Informationsfreiheit nach den §§ 5 bis 11 nur bezüglich eines Teils einer Akte vorliegen, besteht ein Recht auf Akteneinsicht oder Aktenauskunft hinsichtlich der anderen Aktenteile. Wird Akteneinsicht beantragt, so sind die geheimhaltungsbedürftigen Aktenteile unkenntlich zu machen oder abzutrennen; die Abtrennung kann auch durch Ablichtung der nicht geheimhaltungsbedürftigen Aktenteile erfolgen. Art und Umfang der Abtrennung oder Unkenntlichmachung sind in der Akte zu vermerken.

ABSCHNITT 3
Verfahren

§ 13
Antragstellung, Durchführung der Akteneinsicht und Aktenauskunft

(1) Der Antrag auf Akteneinsicht oder Aktenauskunft ist mündlich, schriftlich oder elektronisch bei der öffentlichen Stelle zu stellen, die die Akten führt. Im Antrag soll die betreffende Akte bezeichnet werden. Sofern dem Antragsteller oder der Antragstellerin Angaben zur hinreichenden Bestimmung einer Akte fehlen, ist er oder sie durch die öffentliche Stelle zu beraten und zu unterstützen. Wird ein Antrag schriftlich oder elektronisch bei einer unzuständigen öffentlichen Stelle gestellt, so ist diese verpflichtet, den Antrag unverzüglich an die zuständige Stelle weiterzuleiten und den Antragsteller oder die Antragstellerin entsprechend zu unterrichten.

(2) Die Akteneinsicht erfolgt bei der öffentlichen Stelle, die die Akten führt. Die öffentliche Stelle ist verpflichtet, dem Antragsteller oder der Antragstellerin ausreichende räumliche und sachliche Möglichkeiten zur Durchführung der Akteneinsicht zur Verfügung zu stellen.

(3) Aktenauskunft kann mündlich, schriftlich oder elektronisch erteilt werden.

(4) Bei Gewährung von Akteneinsicht und Aktenauskunft ist dem Antragsteller oder der Antragstellerin die Anfertigung von Notizen gestattet.

(5) Auf Verlangen sind dem Antragsteller oder der Antragstellerin Ablichtungen der Akten oder von Teilen derselben anzufertigen und zur Verfügung zu stellen. Soweit der Überlassung von Ablichtungen Urheberrechte entgegenstehen, ist von der öffentlichen Stelle die Einwilligung der Berechtigten einzuholen. Verweigern die Berechtigten die Einwilligung, so besteht kein Anspruch nach Satz 1. Das Recht auf Akteneinsicht und Aktenauskunft bleibt davon unberührt. 26

(6) Sofern die Einsicht von Daten begehrt wird, die auf Magnetbändern oder anderen Datenträgern der automatischen Datenverarbeitung gespeichert sind, ist dem Antragsteller oder der Antragstellerin ein lesbarer Ausdruck und auf Antrag eine elektronische Kopie zu überlassen.

§ 14
Entscheidung, Anhörung der Betroffenen

(1) Über einen Antrag auf Akteneinsicht oder Aktenauskunft ist unverzüglich zu entscheiden. Der Entscheidung hat eine Prüfung des Antrags auf Zulässigkeit und Umfang der Akteneinsicht oder Aktenauskunft nach den Vorschriften dieses Gesetzes vorauszugehen. Ergibt die Prüfung, dass dem Antrag stattgegeben werden kann und Rechte Betroffener nicht berührt sind, so soll bei mündlicher Antragstellung Akteneinsicht oder Aktenauskunft sofort gewährt werden. Bei schriftlicher Antragstellung ist dem Antragsteller oder der Antragstellerin die Entscheidung mitzuteilen und darauf hinzuweisen, dass die Akteneinsicht oder Aktenauskunft innerhalb der allgemeinen Sprechzeiten oder der allgemeinen Dienstzeiten gewährt wird. Wird durch die sofortige Gewährung der Akteneinsicht oder Aktenauskunft im Einzelfall die ordnungsgemäße Erfüllung der Aufgabe der öffentlichen Stelle beeinträchtigt, so kann ein späterer Termin bestimmt werden.

(2) Kommt die öffentliche Stelle bei der Prüfung eines Antrags auf Akteneinsicht oder Aktenauskunft zu der Auffassung, dass der Offenbarung von personenbezogenen Daten oder Betriebs- und Geschäftsgeheimnissen keine schutzwürdigen Belange Betroffener entgegenstehen oder dass der Gewährung der Akteneinsicht oder Aktenauskunft zwar schutzwürdige Belange Betroffener entgegenstehen, das Informationsinteresse aber das Interesse der Betroffenen an der Geheimhaltung überwiegt, so hat sie den Betroffenen unter Hinweis auf Gegenstand und Rechtsgrundlage der Erteilung der Akteneinsicht oder Aktenauskunft Gelegenheit zu geben, sich innerhalb von zwei Wochen zu den für die Entscheidung erheblichen Tatsachen zu äußern. Die Entscheidung ist auch den Betroffenen bekannt zu geben. Über den Antrag ist unverzüglich nach Ablauf der Äußerungsfrist zu entscheiden. Die Akteneinsicht oder Aktenauskunft darf erst nach Eintritt der Bestandskraft der Entscheidung gegenüber den Betroffenen oder zwei Wochen nach Anordnung der sofortigen Vollziehung, die auch den Betroffenen bekannt zu geben ist, erteilt werden. Gegen die Entscheidung können die Betroffenen Widerspruch einlegen.

(3) Gegen eine Entscheidung, durch die ein Antrag auf Akteneinsicht oder Aktenauskunft ganz oder teilweise zurückgewiesen wird, ist der Widerspruch nach den §§ 68 ff. der Verwaltungsgerichtsordnung auch dann zulässig, wenn die Entscheidung von einer obersten Landesbehörde erlassen worden ist.

§ 15
Begründungspflicht, Bescheidungsfristen

(1) Die Verweigerung oder Beschränkung der Akteneinsicht oder Aktenauskunft ist schriftlich oder elektronisch zu begründen. Ist der Antrag mündlich gestellt worden, so gilt dies nur auf ausdrückliches Verlangen des Antragstellers oder der Antragstellerin.

(2) In der Begründung hat die öffentliche Stelle, soweit dies ohne Preisgabe der geheimhaltungsbedürftigen Angaben möglich ist, den Antragsteller oder die Antragstellerin über den Inhalt der vorenthaltenen Akten zu informieren.

(3) Im Falle der vollständigen Verweigerung der Akteneinsicht oder Aktenauskunft hat die Behörde auch zu begründen, weshalb keine beschränkte Akteneinsicht oder Aktenauskunft nach § 12 erteilt werden kann.

(4) Lehnt die öffentliche Stelle die Akteneinsicht unter Berufung auf § 9 oder § 10 ab, so hat sie dem Antragsteller oder der Antragstellerin mitzuteilen, zu welchem Zeitpunkt eine Einsichtnahme voraussichtlich erfolgen kann.

(5) Will die öffentliche Stelle den Antrag zurückweisen, so ist der Antragsteller oder die Antragstellerin innerhalb von zwei Wochen nach Antragstellung nach Absatz 1 zu bescheiden.

§ 16
Kosten

Die Akteneinsicht oder Aktenauskunft und das Widerspruchsverfahren sind gebührenpflichtig. Das Gesetz über Gebühren und Beiträge vom 22. Mai 1957 (GVBl. S. 516) gilt in der jeweils geltenden Fassung entsprechend.

§ 17
Veröffentlichungspflichten, Aktenverzeichnisse

(1) Emissionskataster (§ 46 des Bundes-Immissionsschutzgesetzes), Luftreinhaltepläne (§ 47 des Bundes-Immissionsschutzgesetzes), Abfallwirtschaftspläne (§ 29 des Kreislaufwirtschafts- und Abfallgesetzes), Abwasserbeseitigungspläne (§ 18a Abs. 3 des Wasserhaushaltsgesetzes), wasserwirtschaftliche Rahmenpläne (§ 36 des Wasserhaushaltsgesetzes), Wasserbewirtschaftungspläne (§ 36b des Wasserhaushaltsgesetzes), die forstliche Rahmenplanung (§ 4 Abs. 1 des Landeswaldgesetzes) und vergleichbare Pläne sind zu veröffentlichen; Wasserbücher (§ 37 des Wasserhaushaltsgesetzes) sind allgemein zugänglich zu machen.

(2) Die Ergebnisse von Messungen, Beobachtungen und sonstigen Erhebungen über schädliche Umwelteinwirkungen, Umweltgefährdungen sowie über den Zustand der Umwelt, die von einer Behörde außerhalb ihrer Überwachungstätigkeit im Einzelfall durchgeführt werden, sind allgemein zugänglich zu machen.

(3) Verträge nach § 7a sind zu veröffentlichen, soweit die Voraussetzungen eines Akteneinsichtsrechts oder Aktenauskunftsrechts nach § 7a vorliegen und ein öffentliches Informationsinteresse besteht. Dem Berliner Beauftragten für Datenschutz und Informationsfreiheit ist vor einer Entscheidung Gelegenheit zur Stellungnahme zu geben.

(4) Auf Bundesrecht beruhende Geheimhaltungspflichten bleiben unberührt.

(5) Jede öffentliche Stelle hat Verzeichnisse zu führen, die geeignet sind, die Aktenordnung und den Aktenbestand sowie den Zweck der geführten Akten erkennen zu lassen. Jede öffentliche Stelle hat Register, Aktenpläne, Aktenordnungen, Aktenverzeichnisse, Einsenderverzeichnisse, Tagebücher und Verzeichnisse im Sinne von Satz 1 allgemein zugänglich zu machen und im Internet zu veröffentlichen.

§ 18
Beauftragter für das Recht auf Akteneinsicht

(1) Zur Wahrung des Rechts auf Akteneinsicht und Informationszugang wird ein Beauftragter für das Recht auf Akteneinsicht bestellt. Diese Aufgabe wird vom Berliner Datenschutzbeauftragten wahrgenommen. Die Wahl und die Rechtsstellung des Beauftragten für das Recht auf Akteneinsicht richten sich nach den §§ 21 und 22 des Berliner Datenschutzgesetzes[1)]. Der Beauftragte führt die Amts- und Funktionsbezeichnung „Berliner Beauftragter für Datenschutz und Informationsfreiheit“ in männlicher oder weiblicher Form.

(2) Jeder Mensch hat das Recht, den Beauftragten für Datenschutz und Informationsfreiheit anzurufen. In diesem Fall hat der Beauftragte die Befugnisse des § 24 des Berliner Datenschutzgesetzes.

(3) Der Beauftragte für Datenschutz und Informationsfreiheit berichtet dem Abgeordnetenhaus entsprechend § 29 des Berliner Datenschutzgesetzes.

1) Siehe Nr. 25.

§ 18a
Umweltinformationen

(1) Für den Zugang zu Umweltinformationen im Land Berlin sowie für die Verbreitung dieser Umweltinformationen gilt mit Ausnahme der §§ 11 bis 14 das Umweltinformationsgesetz vom 22. Dezember 2004 (BGBl. I S. 3704) in der jeweils geltenden Fassung entsprechend.

(2) Bei Entscheidungen einer informationspflichtigen öffentlichen Stelle des Landes Berlin im Sinne des § 2 Abs. 1 Nr. 1 des Umweltinformationsgesetzes findet § 14 Abs. 3 Anwendung.

(3) Für Streitigkeiten um Ansprüche gegen private informationspflichtige Stellen im Sinne von § 2 Abs. 1 Nr. 2 des Umweltinformationsgesetzes ist der Rechtsweg zu den Verwaltungsgerichten gegeben.

(4) Für die Übermittlung von Umweltinformationen werden Kosten (Gebühren und Auslagen) erhoben. § 16 findet insoweit Anwendung. Abweichend von § 16 Abs. 1 Satz 1 werden Gebühren nicht erhoben für

1. die Akteneinsicht in Umweltinformationen vor Ort,
2. die Übermittlung der Ergebnisse der Überwachung von Emissionen nach den §§ 26, 28 und 29 des Bundes-Immissionsschutzgesetzes,
3. die Übermittlung der bei der zuständigen Behörde vorliegenden Ergebnisse der Überwachung der von einer Deponie ausgehenden Emissionen.

(5) Private informationspflichtige Stellen im Sinne von § 2 Abs. 1 Nr. 2 des Umweltinformationsgesetzes können für die Übermittlung von Umweltinformationen nach diesem Gesetz von der antragstellenden Person Kostenerstattung verlangen, soweit kein Fall nach Absatz 4 Satz 3 vorliegt. Die Höhe der erstattungsfähigen Kosten bemisst sich neben den Auslagen nach den festgelegten Gebührensätzen für Amtshandlungen von informationspflichtigen Stellen des Landes und der landesunmittelbaren juristischen Personen des öffentlichen Rechts.

ABSCHNITT 4
Schlussvorschriften

§§ 19 bis 21
Änderung von Rechtsvorschriften

§ 22
(aufgehoben)

§ 23
Inkrafttreten

Landeshaushaltsordnung (LHO)

In der Fassung vom 30. Januar 2009 (GVBl. S. 31, 486),
zuletzt geändert durch Artikel 10 des Gesetzes vom 2. Februar 2018
(GVBl. S. 160)

ÜBERSICHT

TEIL I
Allgemeine Vorschriften zum Haushaltsplan

§ 1
Bedeutung des Haushaltsplans

Der Haushaltsplan dient der Feststellung und Deckung des Finanzbedarfs, der zur Erfüllung der Aufgaben Berlins im Bewilligungszeitraum voraussichtlich notwendig ist. Der Haushaltsplan ist Grundlage für die Haushalts- und Wirtschaftsführung. Bei seiner Aufstellung und Ausführung ist den Erfordernissen des gesamtwirtschaftlichen Gleichgewichts Rechnung zu tragen.

§ 2
Feststellung des Haushaltsplans

Der Haushaltsplan wird für ein Rechnungsjahr oder zwei Rechnungsjahre, nach Jahren getrennt, vor Beginn des ersten Rechnungsjahres durch das Haushaltsgesetz festgestellt. Mit dem Haushaltsgesetz wird nur der Gesamtplan (§ 13 Absatz 4) verkündet.

§ 3
Wirkungen des Haushaltsplans

(1) Der Haushaltsplan ermächtigt die Verwaltung, Ausgaben zu leisten und Verpflichtungen einzugehen.

(2) Durch den Haushaltsplan werden Ansprüche oder Verbindlichkeiten weder begründet noch aufgehoben.

§ 4
Haushaltsjahr

Rechnungsjahr (Haushaltsjahr) ist das Kalenderjahr. Die Senatsverwaltung für Finanzen kann für einzelne Bereiche etwas anderes bestimmen.

§ 5
Verwaltungsvorschriften, Auskünfte

(1) Die Verwaltungsvorschriften zur Ausführung dieses Gesetzes (Ausführungsvorschriften) und zur vorläufigen und endgültigen Haushalts- und Wirtschaftsführung erlässt die Senatsverwaltung für Finanzen.[1] Für die Haushalts- und Wirtschaftsführung des Bezirks kann auch das Bezirksamt Verwaltungsvorschriften erlassen. Sie dürfen nicht im Gegensatz zu Verwaltungsvorschriften der Senatsverwaltung für Finanzen stehen.

(2) In Angelegenheiten des Haushaltswesens einschließlich der Kosten- und Leistungsrechnung kann die Senatsverwaltung für Finanzen zur Erfüllung ihrer Aufgaben unter Beachtung datenschutzrechtlicher Vorschriften von allen Stellen der Berliner Verwaltung Auskünfte und die Vorlage von Unterlagen verlangen. Dies gilt auch für Daten, die durch automatisierte Verfahren erhoben werden. Auf Daten des Haushaltswesens einschließlich der Kosten- und Leistungsrechnung ist der Senatsverwaltung für Finanzen der unmittelbare Zugriff zu Informationszwecken zu ermöglichen.

(3) Absatz 2 gilt nicht für die Einzelpläne des Abgeordnetenhauses, des Verfassungsgerichtshofes, des Rechnungshofes und des Berliner Beauftragten für Datenschutz und Informationsfreiheit.

§ 6
Notwendigkeit der Ausgaben und Verpflichtungsermächtigungen

Bei Aufstellung und Ausführung des Haushaltsplans sind nur die Ausgaben und die Ermächtigungen zum Eingehen von Verpflichtungen zur Leistung von Ausgaben in künftigen Jahren (Verpflichtungsermächtigungen) zu berücksichtigen, die zur Erfüllung der Aufgaben Berlins notwendig sind.

§ 7
Wirtschaftlichkeit und Sparsamkeit, Kosten- und Leistungsrechnung

(1) Bei Aufstellung und Ausführung des Haushaltsplans sind die Grundsätze der Wirtschaftlichkeit und Sparsamkeit zu beachten. Diese Grundsätze verpflichten auch zur Prüfung, inwieweit staatliche Aufgaben oder öffentlichen Zwecken dienende wirtschaftliche Tätigkeiten durch Ausgliederung und Entstaatlichung oder Privatisierung erfüllt werden können.

(2) Für alle finanzwirksamen Maßnahmen sind angemessene Wirtschaftlichkeitsuntersuchungen durchzuführen. In geeigneten Fällen ist privaten Anbietern die Möglichkeit zu geben, darzulegen, ob und inwieweit sie staatliche Aufgaben oder öffentlichen Zwecken

---

1) Ausführungsvorschriften zur LHO (AV LHO) veröffentlicht in der Loseblattsammlung „Berliner Haushaltsrecht", siehe www.berlin.de/sen/finanzen/haushalt/downloads/Haushaltsrecht

dienende wirtschaftliche Tätigkeiten ebenso gut oder besser erbringen können (Interessenbekundungsverfahren).

(3) In der unmittelbaren Landesverwaltung wird die Haushaltsplanung und -wirtschaft durch eine Kosten- und Leistungsrechnung sowie ein standardisiertes Berichtswesen nach betriebswirtschaftlichen Grundsätzen ergänzt. Bei der Bemessung von Einnahmen und Ausgaben sind die betriebswirtschaftlichen Daten zu berücksichtigen.

(4) Absatz 3 ist auf die Gerichte entsprechend anzuwenden, soweit verfassungsrechtliche Grundsätze nicht entgegenstehen und die richterliche Unabhängigkeit gewahrt bleibt.

§ 7a
Leistungsbezogene Planaufstellung und -bewirtschaftung

(1) Die Einnahmen, Ausgaben und Verpflichtungsermächtigungen sollen im Rahmen eines Systems der dezentralen Verantwortung der Organisationseinheiten veranschlagt werden. Dabei ist die Finanzverantwortung auf der Grundlage der Haushaltsermächtigung auf die Organisationseinheiten übertragen, die die Fach- und Ressourcenverantwortung haben. Durch Informations- und Steuerungsinstrumente ist sicherzustellen, dass das jeweils verfügbare Ausgabevolumen nicht überschritten wird. Einzelheiten zu Art und Umfang der von den Organisationseinheiten zu erbringenden Leistungen sind durch Zielvereinbarungen festzulegen. Die wesentlichen Leistungen sind in den Erläuterungen darzulegen.

(2) In den Fällen des Absatzes 1 soll durch den Haushaltsplan für die jeweilige Organisationseinheit bestimmt werden, welche

1. Einnahmen für bestimmte Zwecke verwendet werden sollen,
2. Ausgaben übertragbar sind und
3. Ausgaben und Verpflichtungsermächtigungen jeweils gegenseitig oder einseitig deckungsfähig sind.

(3) Die Senatsverwaltung für Finanzen kann mit Einwilligung des Hauptausschusses des Abgeordnetenhauses zur Erprobung betriebswirtschaftlicher Steuerungsinstrumente weitergehende Regelungen treffen. Absatz 1 Satz 3 gilt entsprechend.

§ 8
Grundsatz der Gesamtdeckung

Alle Einnahmen dienen als Deckungsmittel für alle Ausgaben. Auf die Verwendung für bestimmte Zwecke dürfen Einnahmen beschränkt werden, soweit dies durch Gesetz vorgeschrieben, im Haushaltsplan zugelassen ist oder die Mittel von anderer Seite zweckgebunden zur Verfügung gestellt werden.

§ 9
Beauftragter für den Haushalt

(1) Für jeden Einzelplan, bei den Bezirken für jeden Bezirkshaushaltsplan, ist eine Organisationseinheit zu bestimmen, die den Leiter des Verwaltungszweigs, in den Bezirken das Bezirksamt, in der Wahrnehmung der Leitungsbefugnisse bei Aufstellung und Ausführung des Haushaltsplans einschließlich des Stellenplans unterstützt.

(2) Bei jeder Organisationseinheit, die Einnahmen oder Ausgaben bewirtschaftet, ist ein Beauftragter für den Haushalt zu bestellen, soweit der Leiter der Organisationseinheit diese Aufgabe nicht selbst wahrnimmt. Der Beauftragte soll dem Leiter der Organisationseinheit unmittelbar unterstellt werden.

(3) Dem Beauftragten obliegen die Aufstellung der Unterlagen für die Finanzplanung und der Unterlagen für den Entwurf des Haushaltsplans (Voranschläge) sowie die Ausführung des Haushaltsplans. Im Übrigen ist der Beauftragte bei allen Maßnahmen von finanzieller Bedeutung zu beteiligen. Er kann Aufgaben bei der Ausführung des Haushaltsplans übertragen. 27

§ 10
Unterrichtung des Abgeordnetenhauses und der Bezirksverordnetenversammlung

(1) Der Senat fügt seinen Vorlagen an das Abgeordnetenhaus einen Überblick über die Auswirkungen auf den Haushaltsplan und die Finanzplanung bei. Bei Vorlagen, die zu Mehrausgaben oder zu Mindereinnahmen führen können, soll außerdem angegeben werden, auf welche Weise ein Ausgleich gefunden werden kann.

(2) Der Senat unterrichtet den Hauptausschuss des Abgeordnetenhauses im standardisierten Berichtswesen regelmäßig über die Haushalts- und Kostenentwicklung, erhebliche Änderungen und die Auswirkungen auf die Finanzplanung.

(3) Der Senat leistet den Mitgliedern des Abgeordnetenhauses, die einen einnahmemindernden oder ausgabeerhöhenden Antrag zu stellen beabsichtigen, Hilfe bei der Ermittlung der finanziellen Auswirkungen.

(4) Vor Anmeldungen für gemeinsame Rahmenplanungen für Gemeinschaftsaufgaben von Bund und Ländern unterrichtet der Senat das Abgeordnetenhaus in zweckentsprechender Form. Entsprechendes gilt für Anmeldungen zur Änderung der Rahmenpläne. Der Senat unterrichtet das Abgeordnetenhaus ferner, wenn sich auf Grund der Beratungen in den Planungsausschüssen Abweichungen von den Anmeldungen ergeben. Die Sätze 1 und 2 gelten nicht, wenn sofortiges Handeln zur Abwendung von erheblichen Nachteilen für Berlin erforderlich ist; in diesen Fällen ist das Abgeordnetenhaus unverzüglich nachträglich zu unterrichten.

(5) Absatz 4 gilt für Vereinbarungen über Gemeinschaftsaufgaben von Bund und Ländern entsprechend.

(6) Die Absätze 1 bis 3 gelten im Verhältnis des Bezirksamtes zur Bezirksverordnetenversammlung entsprechend.

TEIL II
Aufstellung des Haushaltsplans

§ 11
Vollständigkeit und Einheit, Fälligkeitsprinzip

(1) Für jedes Haushaltsjahr ist ein Haushaltsplan aufzustellen.

(2) Der Haushaltsplan enthält alle im Haushaltsjahr
1. zu erwartenden Einnahmen,
2. voraussichtlich zu leistenden Ausgaben und
3. voraussichtlich benötigten Verpflichtungsermächtigungen.

§ 12
Geltungsdauer der Haushaltspläne

(1) Der Haushaltsplan kann für zwei Haushaltsjahre, nach Jahren getrennt, aufgestellt werden.

(2) Der Haushaltsplan kann in einen Verwaltungshaushalt und in einen Finanzhaushalt gegliedert werden; beide können jeweils für zwei Haushaltsjahre, nach Jahren getrennt, aufgestellt werden. Die Bewilligungszeiträume für beide Haushalte können in aufeinanderfolgenden Haushaltsjahren beginnen.

(3) Wird der Haushaltsplan in einen Verwaltungshaushalt und in einen Finanzhaushalt gegliedert, enthält der Verwaltungshaushalt
1. die zu erwartenden Verwaltungseinnahmen,
2. die voraussichtlich zu leistenden Verwaltungsausgaben (Personalausgaben und sächliche Verwaltungsausgaben),

3. die voraussichtlich benötigten Verpflichtungsermächtigungen zur Leistung von Verwaltungsausgaben.

§ 13
Einzelpläne, Gesamtplan, Gruppierungsplan

(1) Der Haushaltsplan besteht aus den Einzelplänen und dem Gesamtplan. Die Einzelpläne der Bezirke werden zu Bezirkshaushaltsplänen zusammengefasst.

(2) Die Einzelpläne enthalten die Einnahmen, Ausgaben und Verpflichtungsermächtigungen eines einzelnen Verwaltungszweigs oder bestimmte Gruppen von Einnahmen, Ausgaben und Verpflichtungsermächtigungen. Die Einzelpläne sind in Kapitel und Titel einzuteilen. Die Einteilung in Titel richtet sich nach Ausführungsvorschriften über die Gruppierung der Einnahmen und Ausgaben des Haushaltsplans nach Arten (Gruppierungsplan).

(3) In dem Gruppierungsplan sind mindestens gesondert darzustellen

1. bei den Einnahmen: Steuern, Verwaltungseinnahmen, Einnahmen aus Vermögensveräußerungen, Darlehensrückflüsse, Zuweisungen und Zuschüsse, Einnahmen aus Krediten, wozu nicht Kredite zur Aufrechterhaltung einer ordnungsmäßigen Kassenwirtschaft (Kassenverstärkungskredite) zählen, Entnahmen aus Rücklagen;
2. bei den Ausgaben: Personalausgaben, sächliche Verwaltungsausgaben, Zinsausgaben, Zuweisungen an Gebietskörperschaften, Zuschüsse an Unternehmen, Tilgungsausgaben, Schuldendiensthilfen, Zuführungen an Rücklagen, Ausgaben für Investitionen. Ausgaben für Investitionen sind die Ausgaben für
   a) Baumaßnahmen,
   b) den Erwerb von beweglichen Sachen, soweit sie nicht als sächliche Verwaltungsausgaben veranschlagt werden,
   c) den Erwerb von unbeweglichen Sachen,
   d) den Erwerb von Beteiligungen und sonstigem Kapitalvermögen, von Forderungen und Anteilsrechten an Unternehmen, von Wertpapieren sowie für die Heraufsetzung des Kapitals von Unternehmen,
   e) Darlehen,
   f) die Inanspruchnahme aus Gewährleistungen,
   g) Zuweisungen und Zuschüsse zur Finanzierung von Ausgaben für die in den Buchstaben a bis f genannten Zwecke.

(4) Der Gesamtplan enthält

1. eine Zusammenfassung der Einnahmen, Ausgaben und Verpflichtungsermächtigungen der Einzelpläne (Haushaltsübersicht),
2. eine Berechnung des Finanzierungssaldos (Finanzierungsübersicht); der Finanzierungssaldo ergibt sich aus einer Gegenüberstellung der Einnahmen mit Ausnahme der Einnahmen aus Krediten vom Kreditmarkt, der Entnahmen aus Rücklagen, der Einnahmen aus kassenmäßigen Überschüssen einerseits und der Ausgaben mit Ausnahme der Ausgaben zur Schuldentilgung am Kreditmarkt, der Zuführungen an Rücklagen und der Ausgaben zur Deckung eines kassenmäßigen Fehlbetrags andererseits,
3. eine Darstellung der Einnahmen aus Krediten und der Tilgungsausgaben (Kreditfinanzierungsplan).

§ 14
Übersichten zum Haushaltsplan, Funktionenplan

(1) Der Haushaltsplan hat folgende Anlagen:

1. Darstellungen der Einnahmen, Ausgaben
   a) in einer Gruppierung nach bestimmten Arten (Gruppierungsübersicht),
   b) in einer Gliederung nach bestimmten Aufgabengebieten (Funktionenübersicht),
   c) in einer Zusammenfassung nach Buchstabe a und Buchstabe b (Haushaltsquerschnitt),

2. eine Übersicht über die den Haushalt in Einnahmen und Ausgaben durchlaufenden Posten,
3. eine Übersicht über die Stellen,
4. eine Übersicht über die Sonderabgaben,
5. eine Übersicht über Investitionen im Sonderfinanzierungsverfahren,
6. eine Übersicht über Bürgschaften und Garantien und deren Inanspruchnahme.

Die Anlagen sind den Entwürfen des Haushaltsplans und der Bezirkshaushaltspläne beizufügen.

(2) Die Funktionenübersicht richtet sich nach den Ausführungsvorschriften über die Gliederung der Einnahmen und Ausgaben des Haushaltsplans nach Aufgabengebieten (Funktionenplan).

§ 15
Bruttoveranschlagung, Selbstbewirtschaftungsmittel

(1) Die Einnahmen und Ausgaben sind in voller Höhe und getrennt voneinander zu veranschlagen. Dies gilt nicht für die Veranschlagung der Einnahmen aus Krediten vom Kreditmarkt und der hiermit zusammenhängenden Tilgungsausgaben. Darüber hinaus können Ausnahmen von Satz 1 im Haushaltsplan zugelassen werden, insbesondere für Nebenkosten und Nebenerlöse bei Erwerbsoder Veräußerungsgeschäften. In den Fällen des Satzes 3 ist die Berechnung des veranschlagten Betrages in die Erläuterungen aufzunehmen.

(2) Ausgaben können zur Selbstbewirtschaftung veranschlagt werden, wenn hierdurch eine sparsame Bewirtschaftung gefördert wird. Selbstbewirtschaftungsmittel stehen über das laufende Haushaltsjahr hinaus zur Verfügung. Bei der Bewirtschaftung aufkommende Einnahmen fließen den Selbstbewirtschaftungsmitteln zu. Bei der Rechnungslegung ist nur die Zuweisung der Mittel an die beteiligten Stellen als Ausgabe nachzuweisen.

§ 16
Verpflichtungsermächtigungen

Die Verpflichtungsermächtigungen sind bei den jeweiligen Ausgaben gesondert zu veranschlagen. Wenn Verpflichtungen zulasten mehrerer Haushaltsjahre eingegangen werden können, sollen die Jahresbeträge im Haushaltsplan angegeben werden.

§ 17
Einzelveranschlagung, Erläuterungen, Stellen

(1) Die Einnahmen sind nach dem Entstehungsgrund, die Ausgaben und Verpflichtungsermächtigungen nach Zwecken getrennt zu veranschlagen und, soweit erforderlich, zu erläutern. Daten der Kosten- und Leistungsrechnung, die der Bemessung von Einnahmen, Ausgaben und Verpflichtungsermächtigungen zugrunde liegen, sind anzugeben. Erläuterungen können für verbindlich erklärt werden.

(2) Bei Ausgaben für eine sich auf mehrere Jahre erstreckende Maßnahme sind bei der ersten Veranschlagung im Haushaltsplan die voraussichtlichen Gesamtkosten und bei jeder folgenden Veranschlagung außerdem die finanzielle Abwicklung darzulegen.

(3) Zweckgebundene Einnahmen und die dazugehörigen Ausgaben sind kenntlich zu machen.

(4) Für denselben Zweck sollen Ausgaben und Verpflichtungsermächtigungen nicht bei verschiedenen Titeln veranschlagt werden.

(5) Stellen sind nach Besoldungsgruppen und Amtsbezeichnungen beziehungsweise nach Vergütungs-, Lohn- oder Entgeltgruppen im Haushaltsplan in Stellenplänen auszubringen. Stellen für Beamte dürfen nur für Aufgaben eingerichtet werden, zu deren Wahrnehmung die Begründung eines Beamtenverhältnisses zulässig ist und die in der Regel Daueraufgaben sind.

§ 18
Kreditermächtigungen

(1) Einnahmen aus Krediten dürfen nur bis zur Höhe der Summe der Ausgaben für Investitionen in den Haushaltsplan eingestellt werden. Ausnahmen sind nur zulässig zur Abwehr einer Störung des gesamtwirtschaftlichen Gleichgewichts; in diesen Fällen ist im Gesetzgebungsverfahren zur Feststellung des Haushaltsplans insbesondere darzulegen, dass

1. das gesamtwirtschaftliche Gleichgewicht ernsthaft und nachhaltig gestört ist oder eine solche Störung unmittelbar bevorsteht,
2. die erhöhte Kreditaufnahme dazu bestimmt und geeignet ist, die Störung des gesamtwirtschaftlichen Gleichgewichts abzuwehren.

(2) Das Haushaltsgesetz bestimmt, bis zu welcher Höhe die Senatsverwaltung für Finanzen Kredite aufnehmen darf

1. zur Deckung von Ausgaben,
2. zur Aufrechterhaltung einer ordnungsmäßigen Kassenwirtschaft (Kassenverstärkungskredite). Soweit diese Kredite zurückgezahlt sind, kann die Ermächtigung wiederholt in Anspruch genommen werden. Kassenverstärkungskredite dürfen nicht später als sechs Monate nach Ablauf des Haushaltsjahres, für das sie aufgenommen worden sind, fällig werden.

(3) Die Ermächtigungen nach Absatz 2 Nummer 1 gelten bis zum Ende des nächsten Haushaltsjahres und, wenn das Haushaltsgesetz für das zweitnächste Haushaltsjahr nicht rechtzeitig verkündet wird, bis zur Verkündung dieses Haushaltsgesetzes. Die Ermächtigungen nach Absatz 2 Nummer 2 gelten bis zum Ende des laufenden Haushaltsjahres und, wenn das Haushaltsgesetz für das nächste Haushaltsjahr nicht rechtzeitig verkündet wird, bis zur Verkündung dieses Haushaltsgesetzes.

§ 19
Übertragbarkeit

Ausgaben für Investitionen und Ausgaben aus zweckgebundenen Einnahmen sind übertragbar. Andere Ausgaben können im Haushaltsplan für übertragbar erklärt werden, wenn dies ihre wirtschaftliche und sparsame Verwendung fördert.

§ 20
Deckungsfähigkeit

(1) Innerhalb des Kapitels eines Leistungs- und Verantwortungszentrums oder einer Serviceeinheit und, wenn darüber hinaus ein verwaltungsmäßiger oder sachlicher Zusammenhang besteht, innerhalb eines Einzelplans oder eines Bezirkshaushaltsplans sind jeweils deckungsfähig

1. die Personalausgaben gegenseitig,
2. die konsumtiven Sachausgaben gegenseitig,
3. die konsumtiven Sachausgaben einseitig (deckungsberechtigt) gegenüber den Personalausgaben,
4. die Investitionsausgaben einseitig (deckungsberechtigt) gegenüber den Personalausgaben und den konsumtiven Sachausgaben,
5. Personalausgaben (ausgenommen Ausgaben für planmäßige Dienstkräfte) einseitig (deckungsberechtigt) gegenüber konsumtiven Sachausgaben, falls eine bestimmte notwendige Verwaltungsleistung damit insgesamt wirtschaftlicher oder wirksamer erbracht wird und dies, im Einzelnen durchgerechnet, schriftlich oder elektronisch nachgewiesen ist,

soweit eine Gegen- oder Ergänzungsfinanzierung durch Dritte nicht zu Einnahmeverlusten führt.

(2) Abweichend von Absatz 1 können Ausgaben im Haushaltsplan für gegenseitig oder einseitig deckungsfähig erklärt werden, wenn ein verwaltungsmäßiger oder sachlicher Zusammenhang besteht oder eine wirtschaftliche und sparsame Verwendung gefördert wird; dies gilt für Verpflichtungsermächtigungen entsprechend.

(3) Ausgaben und Verpflichtungsermächtigungen, die ohne nähere Angabe des Verwendungszwecks veranschlagt werden, sind nicht deckungsfähig.

§ 21
Wegfall- und Umwandlungsvermerke

(1) Ausgaben und Stellen sind als künftig wegfallend zu bezeichnen, soweit sie in den folgenden Haushaltsjahren voraussichtlich nicht mehr benötigt werden.

(2) Planstellen sind als künftig umzuwandeln zu bezeichnen, soweit sie in den folgenden Haushaltsjahren voraussichtlich in Planstellen einer niedrigeren Besoldungsgruppe oder in Stellen für Arbeitnehmer umgewandelt werden können.

§ 22
Sperrvermerk

Ausgaben, die aus besonderen Gründen zunächst noch nicht geleistet oder zu deren Lasten noch keine Verpflichtungen eingegangen, sowie Stellen, die zunächst noch nicht besetzt werden sollen, sind im Haushaltsplan als gesperrt zu bezeichnen. Entsprechendes gilt für Verpflichtungsermächtigungen. In Ausnahmefällen kann durch Sperrvermerk bestimmt werden, dass die Leistung von Ausgaben, die Besetzung von Stellen oder die Inanspruchnahme von Verpflichtungsermächtigungen der Einwilligung des Hauptausschusses des Abgeordnetenhauses bedarf (qualifizierter Sperrvermerk). In den Bezirkshaushaltsplänen kann die Einwilligung der Bezirksverordnetenversammlung oder des Haushaltsausschusses vorgesehen werden; Satz 3 bleibt unberührt.

§ 23
Zuwendungen

Ausgaben und Verpflichtungsermächtigungen für Leistungen an Stellen außerhalb der Verwaltung Berlins zur Erfüllung bestimmter Zwecke (Zuwendungen) dürfen nur veranschlagt werden, wenn Berlin an der Erfüllung durch solche Stellen ein erhebliches Interesse hat, das ohne die Zuwendungen nicht oder nicht im notwendigen Umfang befriedigt werden kann.

§ 24
Baumaßnahmen, größere Beschaffungen, größere Entwicklungsvorhaben

(1) Ausgaben und Verpflichtungsermächtigungen für Baumaßnahmen dürfen erst veranschlagt werden, wenn Pläne, Kostenermittlungen und Erläuterungen vorliegen, aus denen die Art der Ausführung, die Kosten der Baumaßnahme, des Grunderwerbs und der Einrichtungen sowie die vorgesehene Finanzierung und ein Zeitplan ersichtlich sind. Den Unterlagen ist eine Schätzung der nach Fertigstellung der Maßnahme entstehenden Haushaltsbelastungen beizufügen. Für kleine Maßnahmen kann die Senatsverwaltung für Finanzen besondere Regelungen treffen.

(2) Ausgaben und Verpflichtungsermächtigungen für größere Beschaffungen und größere Entwicklungsvorhaben dürfen erst veranschlagt werden, wenn Planungen und Schätzungen der Kosten und Kostenbeteiligungen vorliegen. Absatz 1 Satz 2 gilt entsprechend.

(3) Ausnahmen von den Absätzen 1 und 2 sind nur zulässig, wenn es im Einzelfall nicht möglich ist, die Unterlagen rechtzeitig fertig zu stellen, und aus einer späteren Veranschlagung Berlin ein Nachteil erwachsen würde. Die Notwendigkeit einer Ausnahme ist in den

Erläuterungen zu begründen. Die Ausgaben und Verpflichtungsermächtigungen für Maßnahmen, für welche die Unterlagen noch nicht vorliegen, sind gesperrt.

(4) Auf Zuwendungen für Baumaßnahmen, größere Beschaffungen und größere Entwicklungsvorhaben sind die Absätze 1 bis 3 entsprechend anzuwenden. Die Senatsverwaltung für Finanzen kann Ausnahmen zulassen.

(5) Baukosten sind vor Veranschlagung auf den voraussichtlichen Fertigstellungszeitpunkt jährlich um die durchschnittlichen statistischen Baukostensteigerungen der letzten fünf Jahre fortzuschreiben. Nach Veranschlagung vorgenommene Änderungen des Bedarfsprogramms bedürfen der Zustimmung der Senatsverwaltung für Finanzen; soweit sie insgesamt mehr als 10 Prozent des veranschlagten Betrages ausmachen, des Hauptausschusses des Abgeordnetenhauses.

§ 25
Überschuss, Fehlbetrag

(1) Der Überschuss oder der Fehlbetrag ist der Unterschied zwischen den tatsächlich eingegangenen Einnahmen (Ist-Einnahmen) und den tatsächlich geleisteten Ausgaben (Ist-Ausgaben).

(2) Ein Überschuss ist insbesondere zur Verminderung des Kreditbedarfs oder zur Tilgung von Schulden zu verwenden oder der Konjunkturausgleichsrücklage zuzuführen. Wird der Überschuss zur Schuldentilgung verwendet oder der Konjunkturausgleichsrücklage zugeführt, ist er in den nächsten festzustellenden Haushaltsplan einzustellen. § 6 Absatz 1 Satz 3 in Verbindung mit § 14 des Gesetzes zur Förderung der Stabilität und des Wachstums der Wirtschaft bleibt unberührt.

(3) Ein Fehlbetrag ist spätestens in den Haushaltsplan für das zweitnächste Haushaltsjahr einzustellen. Er darf durch Einnahmen aus Krediten nur gedeckt werden, soweit die Möglichkeiten einer Kreditaufnahme nicht ausgeschöpft sind.

§ 26
Betriebe, Sondervermögen, Zuwendungsempfänger

(1) Betriebe Berlins haben einen Wirtschaftsplan aufzustellen, wenn ein Wirtschaften nach Einnahmen und Ausgaben des Haushaltsplans nicht zweckmäßig ist. Der Wirtschaftsplan oder eine Übersicht über den Wirtschaftsplan ist dem Haushaltsplan als Anlage beizufügen oder in die Erläuterungen aufzunehmen. Im Haushaltsplan sind nur die Zuführungen oder die Ablieferungen zu veranschlagen. Planstellen sind nach Besoldungsgruppen und Amtsbezeichnungen im Stellenplan auszubringen.

(2) Bei Sondervermögen sind nur die Zuführungen oder die Ablieferungen im Haushaltsplan zu veranschlagen. Über die Einnahmen, Ausgaben und Verpflichtungsermächtigungen der Sondervermögen sind Übersichten dem Haushaltsplan als Anlagen beizufügen oder in die Erläuterungen aufzunehmen.

(3) Über die Einnahmen und Ausgaben von

1. juristischen Personen des öffentlichen Rechts, die von Berlin ganz oder zum Teil zu unterhalten sind, und
2. Stellen außerhalb der Verwaltung Berlins, die von Berlin Zuwendungen zur Deckung der gesamten Ausgaben oder eines nicht abgegrenzten Teils der Ausgaben erhalten,

sind Übersichten in die Erläuterungen aufzunehmen. Die Senatsverwaltung für Finanzen kann Ausnahmen zulassen.

§ 26a
Globalzuweisungen an die Bezirke

(1) Für die Bezirke werden in Einnahmen und Ausgaben ausgeglichene Bezirkshaushaltspläne aufgestellt. Sie enthalten die bei der Wahrnehmung der Bezirksaufgaben entstehenden Einnahmen, Ausgaben und Verpflichtungsermächtigungen, die Globalzuweisungen

sowie die Abwicklung der Ergebnisse aus Vorjahren. Die Bezirksverordnetenversammlung kann die Beschlussfassung über den Bezirkshaushaltsplan mit Ersuchen für die Haushalts- und Wirtschaftsführung des Bezirks verbinden.

(2) Der Bemessung der Globalsummen sind unter Beachtung des Artikels 85 Absatz 2 der Verfassung von Berlin der Umfang der Bezirksaufgaben und der eigenen Einnahmemöglichkeiten zugrunde zu legen. Übergeordnete Zielvorstellungen von Abgeordnetenhaus und Senat sowie die Deckungsmöglichkeiten des Gesamthaushalts sind zu berücksichtigen.

§ 27
Voranschläge

(1) Die Voranschläge für die Einzelpläne 01 bis 29 sind von der für den Einzelplan zuständigen Stelle, die von den Bezirksverordnetenversammlungen beschlossenen Bezirkshaushaltspläne vom Bezirksamt, der Senatsverwaltung für Finanzen zu dem von ihr zu bestimmenden Zeitpunkt zu übersenden. Die Senatsverwaltung für Finanzen kann bestimmen, dass besondere Unterlagen oder Anmeldungen vorweg eingereicht oder den Voranschlägen beigefügt werden.

(2) Die nach Absatz 1 Satz 1 zuständigen Stellen übersenden die Unterlagen auf Verlangen auch dem Rechnungshof. Er kann hierzu Stellung nehmen.

§ 28
Aufstellung des Entwurfs des Haushaltsplans

(1) Die Senatsverwaltung für Finanzen prüft die Voranschläge und stellt den Entwurf des Haushaltsplans (ohne Bezirkshaushaltspläne) auf. Die Voranschläge können nach Benehmen mit den beteiligten Stellen geändert werden.

(2) Änderungen der Voranschläge des Präsidenten des Abgeordnetenhauses, des Rechnungshofes und des Berliner Beauftragten für Datenschutz und Informationsfreiheit bedürfen des Einvernehmens der Präsidenten oder des Berliner Beauftragten für Datenschutz und Informationsfreiheit.

§ 29
Beschluss über den Entwurf des Haushaltsplans

(1) Der Entwurf des Haushaltsgesetzes wird mit dem Entwurf des Haushaltsplans (ohne Bezirkshaushaltspläne) vom Senat beschlossen.

(2) Einnahmen, Ausgaben, Verpflichtungsermächtigungen und Vermerke, die die Senatsverwaltung für Finanzen in den Entwurf des Haushaltsplans nicht aufgenommen hat, unterliegen auf Antrag des zuständigen Mitglieds des Senats der Beschlussfassung des Senats, wenn es sich um Angelegenheiten von grundsätzlicher oder erheblicher finanzieller Bedeutung handelt. Dasselbe gilt für Vorschriften des Entwurfs des Haushaltsgesetzes. Entscheidet der Senat gegen oder ohne die Stimme des Senators für Finanzen, so steht dem Senator für Finanzen ein Widerspruchsrecht zu. Das Nähere regelt die Geschäftsordnung des Senats.

(3) Der Senat unterrichtet das Abgeordnetenhaus, wenn er Änderungen in den Einzelplänen des Abgeordnetenhauses, des Rechnungshofes oder des Berliner Beauftragten für Datenschutz und Informationsfreiheit für erforderlich hält. Der Senat unterrichtet das Abgeordnetenhaus auch über das Ergebnis seiner Prüfung der Bezirkshaushaltspläne und teilt von ihm für erforderlich gehaltene Änderungen mit.

§ 30
Vorlagefrist

Der Entwurf des Haushaltsgesetzes ist mit dem Entwurf des Haushaltsplans vor Beginn des Haushaltsjahres beim Abgeordnetenhaus einzubringen, in der Regel in der ersten Sitzung des Abgeordnetenhauses im September. Die von den Bezirksverordnetenversammlungen beschlossenen Bezirkshaushaltspläne sind dem Abgeordnetenhaus von den Bezirksämtern unmittelbar zuzuleiten.

§ 31
Finanzplanung, Berichterstattung zur Finanzwirtschaft

(1) Die fünfjährige Finanzplanung stellt die Senatsverwaltung für Finanzen auf. Sie bestimmt, welche Unterlagen ihr dazu einzureichen sind.

(2) Die Finanzplanung wird vom Senat beschlossen und dem Abgeordnetenhaus im Zusammenhang mit dem Haushaltsplan vorgelegt.

(3) Die Senatsverwaltung für Finanzen unterrichtet das Abgeordnetenhaus im Zusammenhang mit der Vorlage des Haushaltsplans und der Finanzplanung über Stand und voraussichtliche Entwicklung der Finanzwirtschaft.

§ 32
Ergänzungen zum Entwurf des Haushaltsplans

Auf Ergänzungen zum Entwurf des Haushaltsgesetzes und des Haushaltsplans sind die Teile I und II entsprechend anzuwenden.

§ 33
Nachtragshaushaltsgesetze, Ergänzungspläne der Bezirke

(1) Auf Nachträge zum Haushaltsgesetz und zum Haushaltsplan sind die Teile I und II mit der Maßgabe entsprechend anzuwenden, dass sich Nachträge auf einzelne Einnahmen, Ausgaben, Verpflichtungsermächtigungen und Stellen beschränken können. Entwürfe sind rechtzeitig, spätestens zur Beschlussfassung vor Ende des Haushaltsjahres einzubringen.

(2) Bei wesentlicher Änderung der Einnahmen, Ausgaben oder Verpflichtungsermächtigungen des Bezirkshaushaltsplans kann das Bezirksamt der Bezirksverordnetenversammlung dazu einen Ergänzungsplan zur Beschlussfassung vorlegen. Dies gilt nicht in den Fällen des § 37 Absatz 6 und 7, § 38 Absatz 1 Satz 2 und des § 46. Der Ergänzungsplan muss in Einnahmen und Ausgaben ausgeglichen sein; er darf übergeordneten Zielvorstellungen von Abgeordnetenhaus und Senat nicht widersprechen. Der Ergänzungsplan ist nach der Beschlussfassung durch die Bezirksverordnetenversammlung vom Bezirksamt dem Abgeordnetenhaus und der Senatsverwaltung für Finanzen zuzuleiten.

TEIL III
Ausführung des Haushaltsplans

§ 34
Erhebung der Einnahmen, Bewirtschaftung der Ausgaben

(1) Einnahmen sind rechtzeitig und vollständig zu erheben.

(2) Ausgaben dürfen nur soweit und nicht eher geleistet werden, als sie zur wirtschaftlichen und sparsamen Verwaltung erforderlich sind. Die Ausgabemittel sind so zu bewirtschaften, dass sie zur Deckung aller Ausgaben ausreichen, die unter die einzelne Zweckbestimmung fallen.

(3) Absatz 2 gilt für die Inanspruchnahme von Verpflichtungsermächtigungen entsprechend.

§ 35
Bruttonachweis, Einzelnachweis

(1) Alle Einnahmen und Ausgaben sind mit ihrem vollen Betrag bei dem hierfür vorgesehenen Titel zu buchen, soweit sich aus § 15 Absatz 1 Satz 2 und 3 nichts anderes ergibt. Die Senatsverwaltung für Finanzen kann im Einvernehmen mit dem Rechnungshof zulassen, dass Rückzahlungen von den jeweiligen Einnahmen oder Ausgaben abgesetzt werden.

(2) Für denselben Zweck dürfen Ausgaben aus verschiedenen Titeln nur geleistet werden, soweit der Haushaltsplan dies zulässt. Entsprechendes gilt für die Inanspruchnahme von Verpflichtungsermächtigungen.

§ 36
Aufhebung der Sperre

(1) Nur mit vorheriger Zustimmung (Einwilligung) der Senatsverwaltung für Finanzen dürfen Ausgaben, die durch Gesetz oder im Haushaltsplan als gesperrt bezeichnet sind, geleistet sowie Verpflichtungen zur Leistung solcher Ausgaben eingegangen werden. Bei Sperren im Bezirkshaushaltsplan, die vom Bezirk in eigener Verantwortung angebracht worden sind, tritt an die Stelle der Senatsverwaltung für Finanzen das Bezirksamt. In den Fällen des § 22 Satz 3 ist die Einwilligung des Hauptausschusses des Abgeordnetenhauses durch die jeweils zuständige Senatsverwaltung, in den Fällen des § 22 Satz 4 die Einwilligung der Bezirksverordnetenversammlung oder des Haushaltsausschusses durch das Bezirksamt einzuholen.

(2) Absatz 1 gilt für Verpflichtungsermächtigungen und Stellen entsprechend. Bei Sperren an Stellen in den Bezirkshaushaltsplänen, die vom Bezirk in eigener Verantwortung angebracht worden sind, tritt an die Stelle der Senatsverwaltung für Finanzen das Bezirksamt.

§ 37
Über- und außerplanmäßige Ausgaben

(1) Überplanmäßige und außerplanmäßige Ausgaben bedürfen der Einwilligung der Senatsverwaltung für Finanzen. Sie darf nur im Falle eines unvorhergesehenen und unabweisbaren Bedürfnisses erteilt werden. Eine Unabweisbarkeit liegt insbesondere nicht vor, wenn die Ausgaben bis zur Verabschiedung des nächsten Haushaltsgesetzes oder des nächsten Nachtrages zum Haushaltsgesetz zurückgestellt werden können. Eines Nachtrages bedarf es nicht, wenn die überplanmäßigen oder außerplanmäßigen Ausgaben im Einzelfall einen im jeweiligen Haushaltsgesetz festzusetzenden Betrag nicht übersteigen oder der Erfüllung rechtlicher Verpflichtungen dienen.

(2) Absatz 1 gilt auch für Maßnahmen, durch die für Berlin Verpflichtungen entstehen können, für die Ausgaben im Haushaltsplan nicht veranschlagt sind.

(3) Über- und außerplanmäßige Ausgaben sollen durch Einsparungen bei anderen Ausgaben in demselben Einzelplan oder Bezirkshaushaltsplan ausgeglichen werden.

(4) Die nachträgliche Genehmigung des Abgeordnetenhauses für über- und außerplanmäßige Ausgaben wird unverzüglich nach dem Abschluss der Bücher (§ 76 Absatz 1) eingeholt. Davon unabhängig sind dem Abgeordnetenhaus nach Ablauf des ersten Halbjahres die bis dahin zugelassenen über- und außerplanmäßigen Ausgaben mitzuteilen.

(5) Ausgaben, die ohne nähere Angabe des Verwendungszwecks veranschlagt sind, dürfen nicht überschritten werden.

(6) Höhere oder neue Ausgaben aus Bewilligungsmitteln oder aus zweckgebundenen Einnahmen sind keine über- oder außerplanmäßigen Ausgaben. Höhere oder neue Ausgaben aus Verstärkungsmitteln oder Verfügungsmitteln dürfen nur im Falle eines dringlichen Bedürfnisses geleistet werden.

(7) In den Bezirkshaushaltsplänen tritt bei über- und außerplanmäßigen Ausgaben an die Stelle der Senatsverwaltung für Finanzen das Bezirksamt; über- und außerplanmäßige Ausgaben sind auch der Bezirksverordnetenversammlung zur Genehmigung vorzulegen.

Die Senatsverwaltung für Finanzen kann über- und außerplanmäßige Ausgaben in den Bezirkshaushaltsplänen von ihrer Einwilligung abhängig machen.

(8) Ein Leistungs- und Verantwortungszentrum oder eine Serviceeinheit kann innerhalb des Kapitels höhere oder neue Einnahmen des laufenden Geschäftsbetriebs, die durch eigene Managementmaßnahmen, insbesondere Leistungsausweitungen, erzielt werden, für höhere oder neue Ausgaben (ausgenommen Ausgaben für planmäßige Dienstkräfte) im Zusammenhang mit diesen Maßnahmen verwenden. Darüber hinaus können die Bezirke höhere oder neue Ausgaben aus höheren oder neuen Einnahmen leisten, die ihnen in bezirklichen Angelegenheiten entstehen. Höhere oder neue Ausgaben in den Fällen der Sätze 1 und 2 sind keine über- oder außerplanmäßigen Ausgaben. Wenn die höheren oder neuen Ausgaben in künftigen Haushaltsjahren Folgekosten verursachen, bedarf dies der Zustimmung der Senatsverwaltung für Finanzen.

§ 38
Verpflichtungsermächtigungen

(1) Maßnahmen, die zur Leistung von Ausgaben in künftigen Haushaltsjahren verpflichten können, sind nur zulässig, wenn der Haushaltsplan dazu ermächtigt. § 37 Absatz 1, 4 und 7 gilt entsprechend.

(2) Die Inanspruchnahme von Verpflichtungsermächtigungen bedarf der Einwilligung der Senatsverwaltung für Finanzen, soweit sie nicht darauf verzichtet.

(3) Die Senatsverwaltung für Finanzen ist bei Maßnahmen nach Absatz 1 von grundsätzlicher oder erheblicher finanzieller Bedeutung über den Beginn und Verlauf von Verhandlungen zu unterrichten.

(4) Verpflichtungen für laufende Geschäfte dürfen eingegangen werden, ohne dass die Voraussetzungen der Absätze 1 und 2 vorliegen. Einer Verpflichtungsermächtigung bedarf es auch dann nicht, wenn zulasten übertragbarer Ausgaben Verpflichtungen eingegangen werden, die im folgenden Haushaltsjahr zu Ausgaben führen.

§ 39
Gewährleistungen, Kreditzusagen

(1) Die Übernahme von Bürgschaften, Garantien oder sonstigen Gewährleistungen bedarf einer Ermächtigung durch Gesetz, die der Höhe nach bestimmt ist.

(2) Kreditzusagen sowie die Übernahme von Bürgschaften, Garantien oder sonstigen Gewährleistungen bedürfen der Einwilligung der Senatsverwaltung für Finanzen. Sie ist an den Verhandlungen zu beteiligen. Sie kann auf ihre Befugnisse verzichten.

(3) Bei Maßnahmen nach Absatz 2 haben die zuständigen Dienststellen auszubedingen, dass sie oder ihre Beauftragten bei den Beteiligten jederzeit prüfen können,

1. ob die Voraussetzungen für die Kreditzusage oder ihre Erfüllung vorliegen oder vorgelegen haben,
2. ob im Falle der Übernahme einer Gewährleistung eine Inanspruchnahme in Betracht kommen kann oder die Voraussetzungen für eine solche vorliegen oder vorgelegen haben.

Von der Ausbedingung eines Prüfungsrechts kann ausnahmsweise mit Einwilligung der Senatsverwaltung für Finanzen abgesehen werden.

§ 40
Andere Maßnahmen von finanzieller Bedeutung

(1) Der Erlass von Rechtsverordnungen und Verwaltungsvorschriften, der Abschluss von Tarifverträgen und die Gewährung von über- oder außertariflichen Leistungen sowie die Festsetzung oder Änderung von Entgelten für Verwaltungsleistungen bedürfen der Einwilligung der Senatsverwaltung für Finanzen, wenn diese Regelungen zu Einnahmemin-

derungen oder zu zusätzlichen Ausgaben im laufenden Haushaltsjahr oder in künftigen Haushaltsjahren führen können. Satz 1 ist auf sonstige Maßnahmen von grundsätzlicher oder erheblicher finanzieller Bedeutung anzuwenden, wenn sie zu Einnahmeminderungen oder zu zusätzlichen Ausgaben im laufenden Haushaltsjahr oder in künftigen Haushaltsjahren führen können.

(2) Auf die Mitwirkung Berlins an Maßnahmen überstaatlicher oder zwischenstaatlicher Einrichtungen ist Absatz 1 Satz 1 entsprechend anzuwenden.

(3) Maßnahmen bezirklicher Abteilungen, die zu erkennbaren Einnahmeminderungen oder zusätzlichen Ausgaben im laufenden Haushaltsjahr oder in künftigen Haushaltsjahren führen können, bedürfen der Einwilligung des Bezirksamtes, wenn sie von grundsätzlicher oder erheblicher finanzieller Bedeutung sind. Absatz 1 bleibt unberührt.

§ 41
Haushaltswirtschaftliche Sperre

(1) Wenn die Entwicklung der Einnahmen oder Ausgaben es erfordert, kann die Senatsverwaltung für Finanzen es von ihrer Einwilligung abhängig machen, ob Verpflichtungen eingegangen oder Ausgaben geleistet werden. Die Senatsverwaltung für Finanzen nimmt im Einvernehmen mit der für die Wirtschaft zuständigen Senatsverwaltung auch die Zuständigkeiten nach § 6 Absatz 1 in Verbindung mit § 14 des Gesetzes zur Förderung der Stabilität und des Wachstums der Wirtschaft wahr.

(2) Die Rechte nach Absatz 1 Satz 1 stehen auch dem Bezirksamt zu.

(3) In den Einzelplänen des Abgeordnetenhauses, des Rechnungshofes und des Berliner Beauftragten für Datenschutz und Informationsfreiheit werden Maßnahmen nach Absatz 1 von den Präsidenten oder dem Berliner Beauftragten für Datenschutz und Informationsfreiheit getroffen.

§ 42
Konjunkturpolitisch bedingte zusätzliche Ausgaben

(1) Konjunkturpolitisch bedingte zusätzliche Ausgaben sind in einen Nachtragshaushaltsplan aufzunehmen. Als über- oder außerplanmäßige Ausgaben dürfen die zusätzlichen Ausgaben nur geleistet werden, wenn ein Nachtragshaushaltsplan nicht rechtzeitig verabschiedet werden kann. Dabei nimmt die Senatsverwaltung für Finanzen im Einvernehmen mit der für die Wirtschaft zuständigen Senatsverwaltung auch die Zuständigkeiten nach den §§ 6 Absatz 2 und 7 Absatz 2 in Verbindung mit § 14 des Gesetzes zur Förderung der Stabilität und des Wachstums der Wirtschaft wahr.

(2) Soweit die zusätzlichen Ausgaben nicht aus der Konjunkturausgleichsrücklage gedeckt werden können, darf die Senatsverwaltung für Finanzen Kredite über die im Haushaltsgesetz erteilte Kreditermächtigung hinaus aufnehmen.

§ 43
Kassenmittel

Die Senatsverwaltung für Finanzen soll nicht sofort benötigte Kassenmittel so anlegen, dass über sie bei Bedarf verfügt werden kann.

§ 44
Zuwendungen, Verwaltung von Mitteln oder Vermögensgegenständen

(1) Zuwendungen dürfen nur unter den Voraussetzungen des § 23 gewährt werden. Dabei ist zu bestimmen, wie die zweckentsprechende Verwendung der Zuwendungen nachzuweisen ist. Außerdem ist ein Prüfungsrecht der zuständigen Dienststelle oder ihrer

Beauftragten festzulegen. Ausführungsvorschriften, welche die Regelung des Verwendungsnachweises und die Prüfung durch den Rechnungshof (§ 91) betreffen, werden im Einvernehmen mit dem Rechnungshof erlassen.

(2) Die Verwaltung von Mitteln oder Vermögensgegenständen Berlins darf Stellen außerhalb der Verwaltung Berlins übertragen werden. Absatz 1 ist entsprechend anzuwenden.

(3) Juristischen Personen kann mit ihrem Einverständnis durch Verwaltungsakt oder öffentlich-rechtlichen Vertrag die Befugnis verliehen werden, Berlin obliegende Aufgaben bei der Gewährung von Zuwendungen in den Handlungsformen des öffentlichen Rechts wahrzunehmen, wenn daran ein erhebliches Interesse Berlins besteht und die sachgerechte Erfüllung der übertragenen Aufgaben gewährleistet ist. Verleihung und Entziehung der Befugnis sowie die Fachaufsicht hinsichtlich der übertragenen Aufgaben über die juristischen Personen obliegen der für die Aufgabe zuständigen Dienststelle. Widerspruchsbescheide, die sich auf Widersprüche gegen Verwaltungsakte der juristischen Personen beziehen, erlässt die für die Aufgabe zuständige Dienststelle.

§ 45
Sachliche und zeitliche Bindung

(1) Ausgaben und Verpflichtungsermächtigungen dürfen nur zu dem im Haushaltsplan bezeichneten Zweck, soweit und solange er fortdauert, und nur bis zum Ende des Haushaltsjahres geleistet oder in Anspruch genommen werden. Nicht in Anspruch genommene Verpflichtungsermächtigungen gelten, wenn das Haushaltsgesetz für das nächste Haushaltsjahr nicht rechtzeitig verkündet wird, bis zur Verkündung dieses Haushaltsgesetzes.

(2) Bei übertragbaren Ausgaben können Ausgabereste gebildet werden, die für die jeweilige Zweckbestimmung über das Haushaltsjahr hinaus bis zum Ende des auf die Bewilligung folgenden zweitnächsten Haushaltsjahres verfügbar bleiben. Bei Bauten tritt an die Stelle des Haushaltsjahres der Bewilligung das Haushaltsjahr, in dem der Bau in seinen wesentlichen Teilen in Gebrauch genommen ist. Die Senatsverwaltung für Finanzen kann im Einzelfall Ausnahmen zulassen.

(3) Die Bildung und Inanspruchnahme von Ausgaberesten bedarf der Einwilligung der Senatsverwaltung für Finanzen, soweit sie nicht darauf verzichtet.

(4) Die Senatsverwaltung für Finanzen kann in besonders begründeten Einzelfällen die Übertragbarkeit von Ausgaben zulassen, soweit Ausgaben für bereits bewilligte Maßnahmen noch im nächsten Haushaltsjahr zu leisten sind.

§ 46
Deckungsfähigkeit

Deckungsfähige Ausgaben dürfen, solange sie verfügbar sind, nach Maßgabe des § 20 Absatz 1 oder des Deckungsvermerks zugunsten einer anderen Ausgabe verwendet werden; dies gilt für Verpflichtungsermächtigungen entsprechend. Die Senatsverwaltung für Finanzen kann die Verwendung von ihrer Einwilligung abhängig machen, wenn die Entwicklung der Einnahmen oder Ausgaben es erfordert.

§ 47
Wegfall- und Umwandlungsvermerke

(1) Über Ausgaben, die der Haushaltsplan als künftig wegfallend bezeichnet, darf von dem Zeitpunkt an, mit dem die im Haushaltsplan bezeichnete Voraussetzung für den Wegfall erfüllt ist, nicht mehr verfügt werden. Entsprechendes gilt für Stellen mit Wegfallvermerk.

(2) Ist eine Stelle ohne nähere Angabe als künftig wegfallend bezeichnet, so ist der Stelleninhaber in die nächste innerhalb der Verwaltung Berlins entsprechend besetzbare Stelle zu übernehmen. Die Senatsverwaltung für Finanzen kann Ausnahmen zulassen.

(3) Ist eine Stelle ohne Bestimmung der Voraussetzungen als künftig umzuwandeln bezeichnet, so ist der Stelleninhaber in die nächste innerhalb des Einzelplans oder des Bezirkshaushaltsplans entsprechend besetzbare Stelle zu übernehmen. Die Senatsverwaltung für Finanzen kann Ausnahmen zulassen.

§ 48
Einstellung und Versetzung von Beamten

Einstellung und Versetzung von Beamten in den Dienst Berlins bedürfen der Einwilligung der für das Beamtenversorgungsrecht zuständigen Senatsverwaltung, wenn der Bewerber ein vom Senat allgemein festzusetzendes Lebensalter überschritten hat.

§ 49
Bewirtschaftung von Stellen

(1) Ein Amt darf nur zusammen mit der Einweisung in eine besetzbare Planstelle verliehen werden. Andere Stellen dürfen in gleichwertige Planstellen mit Umwandlungsvermerk umgewandelt werden, wenn sie aus zwingenden dienstlichen Gründen mit vorhandenen Beamten besetzt werden sollen. Haben Personen auf Grund von Rechtsvorschriften Anspruch auf Wiederverwendung oder Beförderung als Beamte, so dürfen Planstellen mit Wegfall- oder Umwandlungsvermerken geschaffen werden, wenn geeignete besetzbare Stellen nicht vorhanden sind.

(2) Wer als Beamter befördert wird, kann mit Wirkung vom Ersten des Monats, in dem seine Ernennung wirksam geworden ist, in die entsprechende, zu diesem Zeitpunkt besetzbare Planstelle eingewiesen werden.

(3) Eine Stelle darf auch mit mehreren teilzeitbeschäftigten Dienstkräften besetzt werden. Dabei darf die insgesamt maßgebende Arbeitszeit nicht überschritten werden.

(4) Die Senatsverwaltung für Finanzen kann Maßnahmen nach Absatz 1 Satz 2 oder 3 oder Absatz 3 Satz 1 und die Besetzung von Stellen mit Dienstkräften anderer Art von ihrer Einwilligung abhängig machen.

§ 50
Umsetzung von Mitteln und Stellen

(1) Der Senat kann Mittel und Stellen umsetzen, wenn Aufgaben von einer Organisationseinheit auf eine andere übergehen; eines Beschlusses des Senats bedarf es nicht, wenn Aufgaben innerhalb eines Verwaltungszweigs auf eine andere Organisationseinheit übergehen oder beim Übergang auf einen anderen Verwaltungszweig die Leiter der beteiligten Verwaltungszweige und die Senatsverwaltung für Finanzen über die Umsetzung einig sind. Abweichend von Satz 1 bedürfen Umsetzungen innerhalb eines Bezirkshaushaltsplans der Einwilligung des Bezirksamtes. Gehen Aufgaben von der Hauptverwaltung auf die Bezirksverwaltung über, sind die Mittel und Stellen umzusetzen.

(2) Eine Stelle darf mit Einwilligung der Senatsverwaltung für Finanzen in ein anderes Kapitel umgesetzt werden, wenn dort ein unvorhergesehener und unabweisbarer vordringlicher Personalbedarf besteht. Der Einwilligung bedarf es nicht bei der Umsetzung von Stellen innerhalb des Zuständigkeitsbereichs eines Senatsmitglieds oder innerhalb eines Bezirkshaushaltsplans. Über den weiteren Verbleib der Stelle ist spätestens im übernächsten Haushaltsplan zu bestimmen.

(3) Die Personalausgaben für abgeordnete Dienstkräfte werden von der abordnenden Dienststelle vorübergehend weitergeleistet, soweit die Senatsverwaltung für Finanzen, innerhalb eines Bezirkshaushaltsplans auch die Serviceeinheit Finanzen, nichts anderes bestimmt.

§ 50a
Einrichtung von Stellen für Dienstkräfte des Ehemaligen Zentralen Personalüberhangmanagements (EZeP)

Für Dienstkräfte, die nach § 3 des Stellenpoolauflösungsgesetzes vom 5. November 2012 (GVBl. S. 354) vom Ehemaligen Zentralen Personalüberhangmanagement (EZeP) in die Dienstbehörden des Landes Berlin versetzt werden, werden in den dezentralen Überhangkapiteln entsprechende Stellen mit Wegfallvermerk unter Wegfall der entsprechenden Stelle bei Kapitel 2809 eingerichtet.

§ 51
Besondere Personalausgaben

Personalausgaben, die nicht auf Gesetz oder Tarifvertrag beruhen, dürfen nur geleistet werden, wenn dafür Ausgabemittel besonders zur Verfügung gestellt sind.

§ 52
Nutzungen und Sachbezüge

Nutzungen und Sachbezüge dürfen Angehörigen des öffentlichen Dienstes nur gegen angemessenes Entgelt gewährt werden, soweit nicht durch Gesetz oder Tarifvertrag oder im Haushaltsplan etwas anderes bestimmt ist. Der Senat kann für die Benutzung von Dienstfahrzeugen Ausnahmen zulassen. Die Dienstwohnungen sind im Haushaltsplan auszubringen.

§ 53
Billigkeitsleistungen

Leistungen aus Gründen der Billigkeit dürfen nur gewährt werden, wenn dafür Ausgabemittel besonders zur Verfügung gestellt sind.

§ 54
Baumaßnahmen, größere Beschaffungen, größere Entwicklungsvorhaben

(1) Bei der Ausführung von Baumaßnahmen, größeren Beschaffungen und größeren Entwicklungsvorhaben darf von den Unterlagen nach § 24 nur mit Einwilligung der Senatsverwaltung für Finanzen abgewichen werden. Soweit die Unterlagen nach § 24 bei Maßnahmen der Bezirke nicht der Prüfung durch Senatsverwaltungen unterliegen, tritt an die Stelle der Senatsverwaltung für Finanzen das Bezirksamt.

(2) Sind Ausgaben nach § 24 Absatz 3 Satz 1 in den Haushaltsplan aufgenommen worden, so darf das Vorhaben erst in Angriff genommen werden, wenn die Unterlagen nach § 24 vorliegen.

§ 55
Öffentliche Ausschreibungen, Verträge

(1) Dem Abschluss von Verträgen über Lieferungen und Leistungen muss eine öffentliche Ausschreibung vorausgehen, sofern nicht die Natur des Geschäfts oder besondere Umstände eine Ausnahme rechtfertigen.

(2) Beim Abschluss von Verträgen ist nach einheitlichen Richtlinien zu verfahren.

§ 55a
Beschaffung von Leistungen der Daseinsvorsorge

Dem Abschluss von Verträgen für Leistungen, die der sozialen oder gesundheitlichen Daseinsvorsorge dienen, muss eine öffentliche Ausschreibung vorausgehen, die die für die

Sicherung der Grundversorgung notwendigen Leistungs- und Qualitätsmaßstäbe definiert; diese sind bei der Entscheidung über die Vergabe angemessen zu berücksichtigen. Satz 1 gilt nicht, sofern die Natur des Geschäfts oder besondere Umstände eine Ausnahme rechtfertigen.

§ 56
Vorleistungen

(1) Leistungen Berlins vor Empfang der Gegenleistung dürfen nur vereinbart oder bewirkt werden, wenn dies allgemein üblich oder durch besondere Umstände gerechtfertigt ist.

(2) Werden Zahlungen vor Fälligkeit an Berlin entrichtet, kann ein angemessener Abzug gewährt werden.

§ 57
Verträge mit Angehörigen des öffentlichen Dienstes

Zwischen Angehörigen des öffentlichen Dienstes und ihrer Dienststelle dürfen Verträge nur mit Einwilligung des zuständigen Leiters des Verwaltungszweigs abgeschlossen werden. Er kann seine Befugnisse übertragen. Satz 1 gilt nicht bei öffentlichen Ausschreibungen und Versteigerungen sowie in Fällen, für die allgemein Entgelte festgesetzt sind.

§ 58
Änderung von Verträgen, Vergleiche

(1) Der zuständige Leiter des Verwaltungszweigs darf

1. Verträge nur in besonders begründeten Ausnahmefällen zum Nachteil Berlins aufheben oder ändern,
2. einen Vergleich nur abschließen, wenn dies für Berlin zweckmäßig und wirtschaftlich ist.

Er kann seine Befugnisse übertragen.

(2) Maßnahmen nach Absatz 1 bedürfen der Einwilligung der Senatsverwaltung für Finanzen, soweit sie nicht darauf verzichtet.

§ 59
Veränderung von Ansprüchen

(1) Der zuständige Leiter des Verwaltungszweigs darf Ansprüche nur

1. stunden, wenn die sofortige Einziehung mit erheblichen Härten für den Anspruchsgegner verbunden wäre und der Anspruch durch die Stundung nicht gefährdet wird; die Stundung soll gegen angemessene Verzinsung und in der Regel nur gegen Sicherheitsleistung gewährt werden,
2. niederschlagen, wenn feststeht, dass die Einziehung keinen Erfolg haben wird, oder wenn die Kosten der Einziehung außer Verhältnis zur Höhe des Anspruchs stehen,
3. erlassen, wenn die Einziehung nach Lage des einzelnen Falles für den Anspruchsgegner eine besondere Härte bedeuten würde; das Gleiche gilt für die Erstattung oder Anrechnung von geleisteten Beträgen und für die Freigabe von Sicherheiten.

Er kann seine Befugnisse übertragen.

(2) Maßnahmen nach Absatz 1 bedürfen der Einwilligung der Senatsverwaltung für Finanzen, soweit sie nicht darauf verzichtet.

(3) Andere Regelungen in Rechtsvorschriften bleiben unberührt.

§ 60
Vorschüsse, Verwahrungen

(1) Als Vorschuss darf eine Ausgabe nur gebucht werden, wenn die Verpflichtung zur Leistung zwar feststeht, die Ausgabe aber noch nicht endgültig gebucht werden kann. Ein

Vorschuss ist bis zum Ende des zweiten auf seine Entstehung folgenden Haushaltsjahres endgültig zu buchen; Ausnahmen bedürfen der Einwilligung der Senatsverwaltung für Finanzen.

(2) In Verwahrung darf eine Einzahlung nur genommen werden, solange sie nicht endgültig gebucht werden kann. Aus den Verwahrgeldern dürfen nur die mit ihnen im Zusammenhang stehenden Auszahlungen geleistet werden.

(3) Kassenverstärkungskredite sind wie Verwahrungen zu behandeln.

§ 61
Interne Verrechnungen, Wertausgleich

(1) Die Senatsverwaltung für Finanzen bestimmt, ob und unter welchen Voraussetzungen Zahlungen innerhalb des Haushalts (interne Verrechnungen) vorgenommen werden, insbesondere für die Abgabe oder Nutzung von Vermögensgegenständen und den Ausgleich von Aufwendungen.

(2) Für die Abgabe oder Nutzung von Vermögensgegenständen, für Aufwendungen und den Ausgleich von Schäden ist stets ein Wertausgleich vorzunehmen, wenn Betriebe oder Sondervermögen Berlins beteiligt sind. Die Senatsverwaltung für Finanzen kann Ausnahmen zulassen.

§ 62
Rücklagen

(1) Zur Aufrechterhaltung einer ordnungsmäßigen Kassenwirtschaft ohne Inanspruchnahme von Kreditermächtigungen (§ 18 Absatz 2 Nummer 2) soll durch möglichst regelmäßige Zuführung von Haushaltsmitteln eine Kassenverstärkungsrücklage angesammelt werden.

(2) Andere Rücklagen können gebildet werden, soweit Haushaltsmittel für einen bestimmten Zweck angesammelt werden sollen.

(3) Hat ein Leistungs- und Verantwortungszentrum oder eine Serviceeinheit durch eigene Managementmaßnahmen des laufenden Geschäftsbetriebs Haushaltsmittel wirtschaftlicher eingesetzt oder höhere oder neue Einnahmen erzielt (eigene Erfolgsverbesserung), so kann dafür innerhalb des Kapitels eine Rücklage (Erfolgsrücklage) nach näherer Bestimmung der Senatsverwaltung für Finanzen gebildet werden. Höhere oder neue Ausgaben für die Zuführung an die Erfolgsrücklage und ihre Verwendung in späteren Haushaltsjahren sind keine über- oder außerplanmäßigen Ausgaben.

(4) Andere Regelungen in Rechtsvorschriften bleiben unberührt.

§ 63
Erwerb und Veräußerung von Vermögensgegenständen

(1) Vermögensgegenstände sollen nur erworben werden, soweit sie zur Erfüllung der Aufgaben Berlins in absehbarer Zeit erforderlich sind.

(2) Vermögensgegenstände dürfen nur veräußert werden, soweit sie zur Erfüllung der Aufgaben Berlins in absehbarer Zeit nicht benötigt werden. Die Veräußerung von Grundstücken mit dem Ziel der weiteren langfristigen Eigennutzung ist im Einzelfall zulässig, wenn dies ausschließlich der wirtschaftlichen Sanierung dieser Grundstücke dient und die Möglichkeit eines Rückerwerbs gewährleistet ist. Ein Portfolioausschuss bewertet die landeseigenen Grundstücke nach Maßgabe einer vom Abgeordnetenhaus genehmigten und auf dem Prinzip des Einvernehmens beruhenden Geschäftsordnung unter Beteiligung aller Fachverwaltungen. Dissensfälle entscheidet der Hauptausschuss des Abgeordnetenhauses.

(3) Vermögensgegenstände dürfen nur zu ihrem vollen Wert veräußert werden. Ausnahmen können im Haushaltsplan zugelassen werden.

(4) Ist der Wert gering oder besteht ein dringendes Interesse Berlins, so kann die Senatsverwaltung für Finanzen oder der Hauptausschuss des Abgeordnetenhauses Ausnah-

men zulassen. Eine solche Ausnahme kann beispielsweise vorliegen bei der Veräußerung von Grundstücken im Rahmen eines konzeptorientierten Entwicklungsverfahrens oder etwa bei Direktvergaben nach einem vom Abgeordnetenhaus genehmigten Liegenschaftskonzept. Solche Geschäfte stellen stets ein dringendes Interesse Berlins dar.

(5) Für die Überlassung der Nutzung eines Vermögensgegenstandes gelten die Absätze 2 bis 4 entsprechend.

§ 64
Grundstücke

(1) Grundstücke dürfen nur mit Einwilligung der Senatsverwaltung für Finanzen erworben, belastet oder veräußert werden, soweit nicht die Bezirke nach § 4 Absatz 1 des Allgemeinen Zuständigkeitsgesetzes zuständig sind.

(2) Der Einwilligung des Abgeordnetenhauses bedürfen

1. der Erwerb von Grundstücken und Erbbaurechten,
   a) wenn der Kaufpreis 3 000 000 Euro übersteigt,
   b) wenn der Kaufpreis 125 000 Euro übersteigt und sie beträchtlich über Wert erworben werden sollen,
2. der Erwerb von Vorkaufsrechten, wenn der Wert des Grundstücks 3 000 000 Euro übersteigt,
3. die Veräußerung von Grundstücken und Erbbaurechten,
   a) wenn der Kaufpreis 3 000 000 Euro übersteigt,
   b) wenn der Wert 125 000 Euro übersteigt und sie unentgeltlich oder beträchtlich unter Wert veräußert werden sollen,
4. die Bestellung von Erbbaurechten oder Grundpfandrechten,
   a) wenn der Grundstückswert 3 000 000 Euro übersteigt,
   b) wenn Laufzeiten von mehr als 40 Jahren (inklusive Verlängerungsoptionen) vereinbart werden sollen,
5. der Verzicht auf Zuordnung oder Rückerstattung nach dem Einigungsvertrag bei Grundstücken mit einem Wert von mehr als 125 000 Euro, wenn auf eine Gegenleistung verzichtet wird oder die Gegenleistung beträchtlich unter dem Grundstückswert liegt,
6. die Veräußerung von Grundstücken nach § 63 Absatz 2 Satz2,
7. städtebauliche Verträge oder ähnliche Geschäfte, soweit sie eine unmittelbare oder mittelbare Verpflichtung zum Erwerb, zur Belastung oder zur Veräußerung von Grundstücken beinhalten, wenn die Grundstückswerte insgesamt 3 000 000 Euro übersteigen,
8. Erwerb, Belastung oder Veräußerung von Grundstücken, wenn der Hauptausschuss des Abgeordnetenhauses die Einwilligungsbedürftigkeit aufgrund der besonderen politischen Bedeutung des Geschäfts durch Beschluss feststellt.

Die Einwilligung ist nicht erforderlich, soweit kein Fall nach Satz 1 Nummer 8 vorliegt,

1. bei Ausübung des Vorkaufsrechts,
2. bei Erwerb im Wege der von einem anderen beantragten Zwangsversteigerung, soweit das Land Berlin an diesem anderen nicht beteiligt ist,
3. bei Enteignungen oder Umlegungen,
4. bei Erwerb von Grundstücken
   a) für die Gewerbe- oder Industrieansiedlung,
   b) für den Wohnungsbau,
   c) von herausragender städtebaulicher Bedeutung oder
   d) zur Erhaltung mietgünstigen Wohnraums,
5. bei Gewerbe- oder Industrieansiedlung, wenn Grundstücke zu einem ihrem Wert entsprechenden Kaufpreis veräußert oder Erbbaurechte bestellt werden.

(3) Dem Abgeordnetenhaus ist halbjährlich über die Grundstücksgeschäfte Berlins zu berichten. Es ist darüber hinaus in den Fällen des Absatzes 2 Satz 2 vierteljährlich zu unterrichten.

(4) Der zuständige Ausschuss des Abgeordnetenhauses ist vor Abschluss des Kaufvertrages oder des Erbbaurechtsvertrages mit Kaufoption zu beteiligen, wenn

1. in den Fällen des Absatzes 2 Satz 2 Nummer 4 der Kaufpreis den Wert des Grundstücks überschreitet oder
2. es sich in den Fällen des Absatzes 2 Satz 2 Nummer 5 um Grundstücke
   a) von herausragender städtebaulicher Bedeutung oder
   b) in einer exponierten Lage von besonderem öffentlichen Interesse

   handelt und der Wert des Grundstücks 3 000 000 Euro übersteigt.

(5) Für zu erwerbende, zu belastende oder zu veräußernde Grundstücke ist eine Wertermittlung aufzustellen. Bei der Veräußerung von Grundstücken kann die Wertermittlung auch über ein allgemeines, transparentes und bedingungsfreies Bieterverfahren erfolgen; Gebote im Rahmen eines Bieterverfahrens sind zumindest am Ergebnis einer Verkehrswertaussage (gestrafftes Wertermittlungsverfahren) zu messen. Das Recht des Abgeordnetenhauses, durch Beschluss andere Werte zugrunde zu legen, bleibt unberührt.

(6) Beim Erwerb von Grundstücken können Hypotheken, Grund- und Rentenschulden unter Anrechnung auf den Kaufpreis ohne die Voraussetzungen des § 38 Absatz 1 übernommen werden.

(7) Die Wertgrenzen umfassen den Wert ohne Wertminderungen, die sich aus grundstücksbedingten Sachverhalten ergeben (Kontaminierungen, vorhandene bauliche Anlagen, Dienstbarkeiten, Anrechnungen auf den Kaufpreis und Ähnliches), soweit sie zum Zeitpunkt der Wertermittlung bekannt sind.

(8) Dingliche Rechte dürfen an Grundstücken Berlins nur gegen angemessenes Entgelt bestellt werden. Die Bestellung bedarf der Einwilligung der Senatsverwaltung für Finanzen, soweit nicht die Bezirke nach § 4 Absatz 1 des Allgemeinen Zuständigkeitsgesetzes zuständig sind.

(9) Zur Prüfung einer Beschlussfassung nach Absatz 2 Satz 1 Nummer 8 ist der zuständige Ausschuss des Abgeordnetenhauses vorab geeignet zu unterrichten. Das Grundstücksgeschäft gilt als nicht einwilligungsbedürftig, wenn der Hauptausschuss des Abgeordnetenhauses keinen Beschluss nach Absatz 2 Satz 1 Nummer 8 innerhalb eines Monats ab dem Zeitpunkt der Unterrichtung gefasst hat.

§ 65
Beteiligung an privatrechtlichen Unternehmen

(1) Berlin soll sich, außer in den Fällen des Absatzes 4, an der Gründung eines Unternehmens in einer Rechtsform des privaten Rechts oder an einem bestehenden Unternehmen in einer solchen Rechtsform nur beteiligen, wenn

1. ein wichtiges Interesse Berlins vorliegt und sich der von Berlin angestrebte Zweck nicht besser und wirtschaftlicher auf andere Weise erreichen lässt,
2. die Einzahlungsverpflichtung Berlins auf einen bestimmten Betrag begrenzt ist,
3. Berlin einen angemessenen Einfluss, insbesondere im Aufsichtsrat oder in einem entsprechenden Überwachungsorgan, erhält,
4. gewährleistet ist, dass der Jahresabschluss und der Lagebericht, soweit nicht weitergehende gesetzliche Vorschriften gelten oder andere gesetzliche Vorschriften entgegenstehen, in entsprechender Anwendung der Vorschriften des Dritten Buchs des Handelsgesetzbuchs für große Kapitalgesellschaften aufgestellt und geprüft werden,
5. gewährleistet ist, dass der Anhang in entsprechender Anwendung der Vorschriften des § 285 Satz 1 Nummer 9 Buchstabe a Satz 5 bis 9 des Handelsgesetzbuches für börsennotierte Gesellschaften aufgestellt und geprüft wird,

6. bei Mehrheitsbeteiligungen gewährleistet ist und bei Minderheitsbeteiligungen darauf hingewirkt wird, dass für jedes namentlich benannte Mitglied aller Organe des jeweiligen Unternehmens die für die Tätigkeit im Geschäftsjahr gewährten Gesamtbezüge, jeweils einzeln aufgegliedert nach festen und variablen Bestandteilen und Auflistung der Einzelbestandteile (Gehälter, Gewinnbeteiligungen, Aufwandsentschädigungen, Versicherungsentgelte, Provisionen und Nebenleistungen jeder Art, vertragliche Vereinbarungen über Ruhegehälter), im Anhang zum Jahresabschluss oder an anderer geeigneter Stelle angegeben werden. Dies gilt auch für Abfindungen, gewährte Zulagen und Kredite.

(2) Beteiligungen an privatrechtlichen Unternehmen erwirbt, verwaltet und veräußert für Aufgaben der Hauptverwaltung die Senatsverwaltung für Finanzen, für Bezirksaufgaben das Bezirksamt (Abteilung Finanzen). Der Senat unterrichtet das Abgeordnetenhaus in zweckentsprechender Form.

(3) Die Senatsverwaltung für Finanzen oder das Bezirksamt soll darauf hinwirken, dass ein Unternehmen, an dem Berlin unmittelbar oder mittelbar mit Mehrheit beteiligt ist, nur mit ihrer Einwilligung eine Beteiligung von mehr als dem vierten Teil der Anteile eines anderen Unternehmens erwirbt, eine solche Beteiligung erhöht oder sie ganz oder zum Teil veräußert. Bei der Berechnung der Mehrheitsverhältnisse an mittelbaren Beteiligungen werden die verschiedenen Beteiligungsstränge zusammengezählt. Die Grundsätze des Absatzes 1 Nummer 3 und 4 sowie des Absatzes 2 Satz 2 gelten entsprechend.

(4) An einer Genossenschaft soll sich Berlin nur beteiligen, wenn die Haftpflicht der Mitglieder für die Verbindlichkeit der Genossenschaft dieser gegenüber im Voraus auf eine bestimmte Summe beschränkt ist.

(5) Die Senatsverwaltung für Finanzen oder das Bezirksamt soll darauf hinwirken, dass die auf Veranlassung Berlins gewählten oder entsandten Mitglieder der Aufsichtsorgane der Unternehmen bei ihrer Tätigkeit auch die besonderen Interessen Berlins berücksichtigen.

(6) Der Einwilligung des Abgeordnetenhauses bedürfen

1. die Beteiligung an Unternehmen, wenn die Mehrheit der Anteile Berlin gehören soll oder für die Beteiligung ein Gegenwert von mehr als 100 Millionen Euro aufgebracht werden soll,
2. die Veräußerung von Anteilen an Unternehmen, wenn dadurch der Einfluss Berlins wesentlich verringert wird,
3. die Umwandlung und Auflösung von Unternehmen, wenn die Mehrheit der Anteile Berlin gehört.

Die Einwilligung ist nicht erforderlich, wenn der Haushaltsplan die Einnahmen oder Ausgaben für ein bestimmtes Vermögensgeschäft vorsieht.

(7) Das Bezirksamt bedarf zum Erwerb und zur Veräußerung von Beteiligungen der vorherigen Zustimmung der Bezirksverordnetenversammlung und, falls nach Absatz 6 Satz 1 keine Einwilligung des Abgeordnetenhauses erforderlich ist, des Einvernehmens der Senatsverwaltung für Finanzen. Wird kein Einvernehmen erzielt, so entscheidet das Abgeordnetenhaus. Absatz 6 Satz 2 gilt für die Zustimmung der Bezirksverordnetenversammlung entsprechend.

§ 65a
Offenlegung der Vergütung der Mitglieder aller Unternehmensorgane

Bei Unternehmen in einer Rechtsform des privaten Rechts, an denen das Land Berlin mehrheitlich beteiligt ist, stellt das Land Berlin sicher, bei Minderheitsbeteiligungen wirkt es darauf hin, dass in den Gesellschaftsverträgen oder Satzungen der Beteiligungsgesellschaften die Verpflichtung aufgenommen wird, dass für jedes namentlich benannte Mitglied aller Organe des jeweiligen Unternehmens die für die Tätigkeit im Geschäftsjahr gewährten Gesamtbezüge, jeweils einzeln aufgegliedert nach festen und variablen Bestandteilen und Auflistung der Einzelbestandteile (Gehälter, Gewinnbeteiligungen, Aufwandsentschädigungen, Versicherungsentgelte, Provisionen und Nebenleistungen jeder Art, vertragliche Vereinbarungen über Ruhegehälter), im Anhang zum Jahresabschluss oder an anderer geeigneter Stelle angegeben werden. Dies gilt auch für Abfindungen, gewährte Zulagen und Kredite. Die auf Veranlassung des Landes Berlin gewählten oder entsandten Mitglieder der Aufsichtsorgane der Unternehmen wirken auf die Einhaltung dieser Verpflichtung hin.

§ 65b
Offenlegung von Vergütungen bei Landesbetrieben und Sondervermögen

Landesbetriebe und Sondervermögen haben die Angaben nach § 65 a zu veröffentlichen.

§ 65c
Offenlegung von Vergütungen bei Zuwendungsempfängern

Bei Zuwendungen zur institutionellen Förderung hat der Zuwendungsempfänger für jedes namentlich benannte Mitglied der Geschäftsleitung mit außertariflicher Vergütung die für die Tätigkeit im Geschäftsjahr gewährten Bezüge (Gehälter, Gewinnbeteiligungen, Aufwandsentschädigungen, Versicherungsentgelte, Provisionen und Nebenleistungen jeder Art), einzeln und aufgegliedert nach erfolgsunabhängigen und erfolgsbezogenen Bestandteilen, im Verwendungsnachweis anzugeben. Dies gilt auch für Abfindungen, gewährte Zulagen und Kredite.

§ 65d
Offenlegung von Vergütungen bei Körperschaften, Stiftungen und Anstalten des öffentlichen Rechts

Körperschaften, Stiftungen und Anstalten des öffentlichen Rechts haben die Angaben nach § 65a zu veröffentlichen. Selbstverwaltungskörperschaften fallen nicht unter den Anwendungsbereich des Zweiten Vergütungs- und Transparenzgesetzes vom 19. April 2011 (GVBl. S. 174).

§ 66
Unterrichtung des Rechnungshofes

Besteht eine Mehrheitsbeteiligung im Sinne des § 53 des Haushaltsgrundsätzegesetzes, so hat die Senatsverwaltung für Finanzen oder das Bezirksamt darauf hinzuwirken, dass dem Rechnungshof die in § 54 des Haushaltsgrundsätzegesetzes bestimmten Befugnisse eingeräumt werden.

§ 67
Prüfungsrecht durch Vereinbarung

Besteht keine Mehrheitsbeteiligung im Sinne des § 53 des Haushaltsgrundsätzegesetzes, so soll die Senatsverwaltung für Finanzen oder das Bezirksamt, soweit das Interesse Berlins dies erfordert, bei Unternehmen, die nicht Aktiengesellschaften, Kommanditgesellschaften auf Aktien oder Genossenschaften sind, darauf hinwirken, dass Berlin in der Satzung oder im Gesellschaftsvertrag die Befugnisse nach den §§ 53 und 54 des Haushaltsgrundsätzegesetzes eingeräumt werden. Bei mittelbaren Beteiligungen gilt dies nur, wenn die Beteiligung den vierten Teil der Anteile übersteigt und einem Unternehmen zusteht, an dem Berlin allein oder zusammen mit anderen Gebietskörperschaften mit Mehrheit im Sinne des § 53 des Haushaltsgrundsätzegesetzes beteiligt ist. Bei der Berechnung der Mehrheitsverhältnisse an mittelbaren Beteiligungen werden die verschiedenen Beteiligungsstränge zusammengezählt.

§ 68
Zuständigkeitsregelungen

(1) Die Rechte nach § 53 Absatz 1 des Haushaltsgrundsätzegesetzes übt die Senatsverwaltung für Finanzen oder das Bezirksamt aus. Bei der Wahl oder Bestellung der Prüfer nach § 53 Absatz 1 Nummer 1 des Haushaltsgrundsätzegesetzes werden die Rechte Berlins im Einvernehmen mit dem Rechnungshof ausgeübt.

(2) Auf die Ausübung der Rechte nach § 53 Absatz 1 des Haushaltsgrundsätzegesetzes darf nur im Einvernehmen mit dem Rechnungshof verzichtet werden.

§ 69
Unterrichtung des Rechnungshofes

Die Senatsverwaltung für Finanzen oder das Bezirksamt übersendet dem Rechnungshof innerhalb von drei Monaten nach der Hauptoder Gesellschafterversammlung, die den Jahresabschluss für das abgelaufene Geschäftsjahr entgegennimmt oder festzustellen hat,

1. die Unterlagen, die Berlin als Aktionär oder Gesellschafter zugänglich sind,
2. die Berichte, welche die auf ihre Veranlassung gewählten oder entsandten Mitglieder des Überwachungsorgans unter Beifügung aller ihnen über das Unternehmen zur Verfügung stehenden Unterlagen zu erstatten haben,
3. die ihr nach § 53 des Haushaltsgrundsätzegesetzes und nach § 67 zu übersendenden Prüfungsberichte.

Dabei wird das Ergebnis der eigenen Prüfung mitgeteilt.

TEIL IV
Zahlungen, Buchführung und Rechnungslegung

§ 70
Zahlungen

Zahlungen dürfen nur von Kassen und Zahlstellen angenommen oder geleistet werden. Die Anordnung der Zahlung muss durch den zuständigen Leiter des Verwaltungszweigs oder die von ihm ermächtigte Dienststelle schriftlich oder auf elektronischem Wege erteilt werden. Die Senatsverwaltung für Finanzen kann Ausnahmen zulassen.

§ 71
Buchführung

(1) Über Zahlungen ist nach der im Haushaltsplan oder sonst vorgesehenen Ordnung in zeitlicher Folge Buch zu führen. Die Senatsverwaltung für Finanzen kann für eingegangene Verpflichtungen, Geldforderungen und andere Bewirtschaftungsvorgänge die Buchführung anordnen. Die Buchführung kann nach Abstimmung mit der Senatsverwaltung für Finanzen zusätzlich nach den Grundsätzen ordnungsgemäßer Buchführung und Bilanzierung in sinngemäßer Anwendung der Vorschriften des Handelsgesetzbuches erfolgen.

(2) Einnahmen und Ausgaben auf Einnahme- und Ausgabereste (Haushaltsreste) aus Vorjahren,

1. für die im Haushaltsplan des laufenden Haushaltsjahres wiederum ein Titel vorgesehen ist, sind bei diesem zu buchen,

2. für die im Haushaltsplan des laufenden Haushaltsjahres kein Titel vorgesehen ist, sind an der Stelle zu buchen, an der sie im Falle der Veranschlagung im Haushaltsplan vorzusehen gewesen wären.

(3) Absatz 2 Nummer 2 gilt entsprechend für neue Einnahmen und Ausgaben.

§ 72
Buchung nach Haushaltsjahren

(1) Zahlungen sowie eingegangene Verpflichtungen, Geldforderungen und andere Bewirtschaftungsvorgänge, für die nach § 71 Absatz 1 Satz 2 die Buchführung angeordnet ist, sind nach Haushaltsjahren getrennt zu buchen.

(2) Alle Zahlungen mit Ausnahme der Fälle nach den Absätzen 3 und 4 sind für das Haushaltsjahr zu buchen, in dem sie eingegangen oder geleistet worden sind.

(3) Zahlungen, die im abgelaufenen Haushaltsjahr fällig waren, jedoch erst später eingehen oder geleistet werden, sind in den Büchern des abgelaufenen Haushaltsjahres zu buchen, solange die Bücher nicht abgeschlossen sind.

(4) Für das neue Haushaltsjahr sind zu buchen:

1. Einnahmen, die im neuen Haushaltsjahr fällig werden, jedoch vorher eingehen,
2. Ausgaben, die im neuen Haushaltsjahr fällig werden, jedoch wegen des fristgerechten Eingangs beim Empfänger vorher gezahlt werden müssen,
3. im Voraus zu zahlende Dienst-, Versorgungs- und entsprechende Bezüge sowie Renten für den ersten Monat des neuen Haushaltsjahres.

(5) Die Absätze 3 und 4 Nummer 1 gelten nicht für Steuern, Gebühren, andere Abgaben, Geldstrafen, Geldbußen sowie damit zusammenhängende Kosten.

(6) Die Senatsverwaltung für Finanzen kann Ausnahmen von den Absätzen 2 bis 4 zulassen.

§ 73
Vermögensnachweis

Über das Vermögen und die Schulden ist ein Nachweis zu erbringen. Inwieweit Vermögensgegenstände oder Verpflichtungen zum Vermögen oder zu den Schulden nach Satz 1 gehören, bestimmt die Senatsverwaltung für Finanzen.

§ 74
Buchführung bei Betrieben

(1) Betriebe, die nach § 26 Absatz 1 Satz 1 einen Wirtschaftsplan aufstellen und bei denen eine Buchführung nach den §§ 71 bis 79 nicht zweckmäßig ist, haben nach den Regeln der kaufmännischen doppelten Buchführung zu buchen.

(2) Die Senatsverwaltung für Finanzen kann im Einvernehmen mit dem Rechnungshof anordnen, dass bei Betrieben ein betriebliches Rechnungswesen eingerichtet wird, wenn dies aus betriebswirtschaftlichen Gründen zweckmäßig ist.

(3) Geschäftsjahr ist das Haushaltsjahr. Ausnahmen kann die Senatsverwaltung für Finanzen zulassen.

§ 75
Belegpflicht

Alle Buchungen sind zu belegen.

§ 76
Abschluss der Bücher

(1) Die Bücher sind jährlich abzuschließen. Die Senatsverwaltung für Finanzen bestimmt den Zeitpunkt des Abschlusses.

(2) Nach dem Abschluss der Bücher dürfen Einnahmen oder Ausgaben nicht mehr für den abgelaufenen Zeitraum gebucht werden.

§ 77
Kassensicherheit

Wer Anordnungen im Sinne des § 70 erteilt oder an ihnen verantwortlich mitwirkt, darf an Zahlungen oder Buchungen nicht beteiligt sein. Die Senatsverwaltung für Finanzen kann Ausnahmen zulassen, wenn die Kassensicherheit auf andere Weise gewährleistet bleibt.

§ 78
Unvermutete Prüfungen

Für Zahlungen oder Buchungen zuständige Stellen sind mindestens jährlich, für die Verwaltung von Vorräten zuständige Stellen mindestens alle zwei Jahre unvermutet zu prüfen; die Senatsverwaltung für Finanzen kann Ausnahmen zulassen. Die Prüfstellen bestimmt die Senatsverwaltung für Finanzen.

§ 79
Einheitskasse

Die Aufgaben bei der Annahme und der Leistung von Zahlungen werden von der Landeshauptkasse wahrgenommen, soweit die Senatsverwaltung für Finanzen nichts anderes bestimmt.

§ 80
Rechnungslegung

(1) Die zuständigen Stellen haben für jedes Haushaltsjahr auf der Grundlage der abgeschlossenen Bücher Rechnung zu legen. Die Senatsverwaltung für Finanzen kann im Einvernehmen mit dem Rechnungshof bestimmen, dass für einen anderen Zeitraum Rechnung zu legen ist.

(2) Die Rechnungslegung erstreckt sich auch auf das Vermögen und die Schulden und, soweit sie nach § 71 Absatz 1 Satz 2 der Buchführung unterliegen, auf eingegangene Verpflichtungen, Geldforderungen und andere Bewirtschaftungsvorgänge.

(3) Auf der Grundlage der abgeschlossenen Bücher und der abgeschlossenen Vermögensnachweise stellt die Senatsverwaltung für Finanzen für jedes Haushaltsjahr die Haushaltsrechnung und die Vermögensrechnung auf.

§ 81
Gliederung der Haushaltsrechnung

(1) In der Haushaltsrechnung sind die Einnahmen und Ausgaben nach der in § 71 bezeichneten Ordnung den Ansätzen des Haushaltsplans unter Berücksichtigung der Haushaltsreste gegenüberzustellen.

(2) Bei den einzelnen Titeln und entsprechend bei den Schlusssummen sind besonders anzugeben:

1. bei den Einnahmen
   a) die Ist-Einnahmen,
   b) die zu übertragenden Einnahmereste,
   c) die Summe der Ist-Einnahmen und der zu übertragenden Einnahmereste,
   d) die veranschlagten Einnahmen,
   e) die aus dem Vorjahr übertragenen Einnahmereste,
   f) die Summe der veranschlagten Einnahmen und der übertragenen Einnahmereste,

   g) der Mehr- oder Minderbetrag der Summe aus Buchstabe c gegenüber der Summe aus Buchstabe f;
2. bei den Ausgaben
   a) die Ist-Ausgaben,
   b) die zu übertragenden Ausgabereste,
   c) die Summe der Ist-Ausgaben und der zu übertragenden Ausgabereste,
   d) die veranschlagten Ausgaben,
   e) die aus dem Vorjahr übertragenen Ausgabereste,
   f) die Summe der veranschlagten Ausgaben und der übertragenen Ausgabereste,
   g) der Mehr- oder Minderbetrag der Summe aus Buchstabe c gegenüber der Summe aus Buchstabe f,
   h) der Betrag der über- oder außerplanmäßigen Ausgaben.

(3) Für die jeweiligen Titel und entsprechend für die Schlusssummen ist die Höhe der eingegangenen Verpflichtungen und der Geldforderungen besonders anzugeben, soweit sie nach § 71 Absatz 1 Satz 2 der Buchführung unterliegen.

(4) In den Fällen des § 25 Absatz 2 ist die Verminderung des Kreditbedarfs zugleich mit dem Nachweis des Überschusses darzustellen.

§ 82
Kassenmäßiger Abschluss

In dem kassenmäßigen Abschluss sind nachzuweisen:
1. a) die Summe der Ist-Einnahmen,
   b) die Summe der Ist-Ausgaben,
   c) der Unterschied aus Buchstabe a und Buchstabe b (kassenmäßiges Jahresergebnis),
   d) die haushaltsmäßig noch nicht abgewickelten kassenmäßigen Jahresergebnisse früherer Jahre,
   e) das kassenmäßige Gesamtergebnis aus Buchstabe c und Buchstabe d;
2. a) die Summe der Ist-Einnahmen mit Ausnahme der Einnahmen aus Krediten vom Kreditmarkt, der Entnahmen aus Rücklagen und der Einnahmen aus kassenmäßigen Überschüssen,
   b) die Summe der Ist-Ausgaben mit Ausnahme der Ausgaben zur Schuldentilgung am Kreditmarkt, der Zuführungen an Rücklagen und der Ausgaben zur Deckung eines kassenmäßigen Fehlbetrags,
   c) der Finanzierungssaldo aus Buchstabe a und Buchstabe b.

§ 83
Haushaltsabschluss

In dem Haushaltsabschluss sind nachzuweisen:
1. a) das kassenmäßige Jahresergebnis nach § 82 Nummer 1 Buchstabe c,
   b) das kassenmäßige Gesamtergebnis nach § 82 Nummer 1 Buchstabe e;
2. a) die aus dem Vorjahr übertragenen Einnahmereste und Ausgabereste,
   b) die in das folgende Haushaltsjahr zu übertragenden Einnahmereste und Ausgabereste,
   c) der Unterschied aus Buchstabe a und Buchstabe b,
   d) das rechnungsmäßige Jahresergebnis aus Nummer 1 Buchstabe a und Nummer 2 Buchstabe c,
   e) das rechnungsmäßige Gesamtergebnis aus Nummer 1 Buchstabe b und Nummer 2 Buchstabe b;
3. die Höhe der eingegangenen Verpflichtungen und der Geldforderungen, soweit sie nach § 71 Absatz 1 Satz 2 der Buchführung unterliegen.

§ 84
Abschlussbericht

Der kassenmäßige Abschluss und der Haushaltsabschluss sind in einem Bericht zu erläutern.

§ 85
Übersichten zur Haushaltsrechnung

Der Haushaltsrechnung sind Übersichten beizufügen über
1. die über- und außerplanmäßigen Ausgaben und Verpflichtungsermächtigungen und ihre Begründung,
2. die Einnahmen, Ausgaben und den Bestand der Sondervermögen und Rücklagen,
3. die Jahresabschlüsse der Betriebe, die nach § 26 Absatz 1 Satz 1 einen Wirtschaftsplan aufstellen.

§ 86
Vermögensrechnung

In der Vermögensrechnung sind der Bestand des Vermögens und der Schulden zu Beginn des Haushaltsjahres, die Veränderungen während des Haushaltsjahres und der Bestand zum Ende des Haushaltsjahres nachzuweisen.

§ 87
Rechnungslegung der Betriebe

(1) Betriebe, die nach den Regeln der kaufmännischen doppelten Buchführung buchen, stellen einen Jahresabschluss sowie einen Lagebericht in entsprechender Anwendung des § 264 Absatz 1 Satz 1 des Handelsgesetzbuches auf. Die zuständige Senatsverwaltung oder das Bezirksamt kann im Einvernehmen mit der Senatsverwaltung für Finanzen zulassen, dass Lageberichte nicht aufgestellt werden. Die §§ 80 bis 85 sollen angewandt werden, soweit sie mit den Regeln der kaufmännischen doppelten Buchführung zu vereinbaren sind.

(2) Ist ein betriebliches Rechnungswesen nach § 74 Absatz 2 eingerichtet, so ist die Betriebsergebnisabrechnung der Senatsverwaltung für Finanzen und dem Rechnungshof zu übersenden.

TEIL V
Rechnungsprüfung

§ 88
Aufgaben des Rechnungshofes

(1) Die gesamte Haushalts- und Wirtschaftsführung Berlins einschließlich seiner Sondervermögen und Betriebe wird vom Rechnungshof geprüft.

(2) Der Rechnungshof kann auf Grund von Prüfungserfahrungen das Abgeordnetenhaus, den Senat und einzelne Senatsverwaltungen beraten. Soweit der Rechnungshof das Abgeordnetenhaus berät, unterrichtet er gleichzeitig den Senat.

§ 89
Prüfung

(1) Der Rechnungshof prüft insbesondere
1. die Einnahmen, Ausgaben, Verpflichtungen zur Leistung von Ausgaben, das Vermögen und die Schulden,
2. Maßnahmen, die sich finanziell auswirken können,

3. Verwahrungen und Vorschüsse,
4. die Verwendung der Mittel, die zur Selbstbewirtschaftung zugewiesen sind.

(2) Der Rechnungshof kann nach seinem Ermessen die Prüfung beschränken und Rechnungen ungeprüft lassen.

§ 90
Inhalt der Prüfung

Die Prüfung erstreckt sich auf die Einhaltung der für die Haushalts- und Wirtschaftsführung geltenden Vorschriften und Grundsätze, insbesondere darauf, ob

1. das Haushaltsgesetz und der Haushaltsplan eingehalten worden sind,
2. die Einnahmen und Ausgaben begründet und belegt sind und die Haushaltsrechnung und die Vermögensrechnung ordnungsgemäß aufgestellt sind,
3. wirtschaftlich und sparsam verfahren wird,
4. die Aufgabe mit geringerem Personal- oder Sachaufwand oder auf andere Weise wirksamer erfüllt werden kann.

§ 91
Prüfung bei Stellen außerhalb der Verwaltung

(1) Der Rechnungshof ist unbeschadet weitergehender rechtlicher Bestimmungen berechtigt, bei Stellen außerhalb der Verwaltung Berlins zu prüfen, wenn sie

1. Teile des Haushaltsplans ausführen oder von Berlin Ersatz von Aufwendungen erhalten,
2. Mittel oder Vermögensgegenstände Berlins verwalten,
3. von Berlin Zuwendungen erhalten,
4. Fördermittel nach dem Krankenhausfinanzierungsgesetz, dem Landeskrankenhausgesetz oder dem Landespflegeeinrichtungsgesetz erhalten,
5. für Nutzungen oder Sachbezüge auf Grund besonderer Abrechnung Entgelte an Berlin abzuführen haben oder
6. als juristische Personen des privaten Rechts, an denen Berlin einschließlich seiner Sondervermögen unmittelbar oder mittelbar mit Mehrheit beteiligt ist, nicht im Wettbewerb stehen, bestimmungsgemäß ganz oder überwiegend öffentliche Aufgaben erfüllen oder diesem Zweck dienen und hierfür Haushaltsmittel oder Gewährleistungen Berlins oder eines seiner Sondervermögen erhalten.

Leiten diese Stellen die Mittel an Dritte weiter, so kann der Rechnungshof auch bei ihnen prüfen.

(2) Die Prüfung erstreckt sich auf die bestimmungsmäßige und wirtschaftliche Verwaltung und Verwendung, im Falle des Absatzes 1 Satz 1 Nummer 5 auf die bestimmungsmäßige Abrechnung. Bei Zuwendungen kann sie sich auch auf die sonstige Haushalts- und Wirtschaftsführung des Empfängers erstrecken, soweit es der Rechnungshof für seine Prüfung für notwendig hält.

(3) Bei der Gewährung von Krediten aus Haushaltsmitteln sowie bei der Übernahme von Bürgschaften, Garantien oder sonstigen Gewährleistungen durch Berlin kann der Rechnungshof bei den Beteiligten prüfen, ob sie ausreichende Vorkehrungen gegen Nachteile für Berlin getroffen oder ob die Voraussetzungen für eine Inanspruchnahme Berlins vorgelegen haben.

(4) Bei den juristischen Personen im Sinne des Absatzes 1 Satz 1 Nummer 6 erstreckt sich die Prüfung auf die gesamte Haushaltsund Wirtschaftsführung. Handelt es sich bei der juristischen Person des privaten Rechts im Sinne des Absatzes 1 Satz 1 Nummer 6 um ein Unternehmen, erfolgt die Prüfung unter Beachtung kaufmännischer Grundsätze.

§ 92
Prüfung staatlicher Betätigung bei privatrechtlichen Unternehmen

(1) Der Rechnungshof prüft die Betätigung Berlins bei Unternehmen in einer Rechtsform des privaten Rechts, an denen Berlin unmittelbar oder mittelbar beteiligt ist, unter Beachtung kaufmännischer Grundsätze.

(2) Absatz 1 gilt entsprechend bei Genossenschaften, in denen Berlin Mitglied ist.

§ 93
Gemeinsame Prüfung

Ist für die Prüfung sowohl der Rechnungshof von Berlin als auch ein anderer Rechnungshof zuständig, so soll gemeinsam geprüft werden. Soweit nicht Artikel 95 Absatz 3 der Verfassung von Berlin die Prüfung durch den Rechnungshof von Berlin vorschreibt, kann der Rechnungshof durch Vereinbarung Prüfungsaufgaben auf andere Rechnungshöfe übertragen. Der Rechnungshof kann durch Vereinbarung auch Prüfungsaufgaben von anderen Rechnungshöfen übernehmen.

§ 94
Zeit und Art der Prüfung

(1) Der Rechnungshof bestimmt Zeit und Art der Prüfung und lässt erforderliche örtliche Erhebungen durch Beauftragte vornehmen.

(2) Der Rechnungshof kann Sachverständige hinzuziehen.

(3) Die Jahresabschlüsse und die Lageberichte der Betriebe, die nach den Regeln der kaufmännischen doppelten Buchführung buchen, sind von Wirtschaftsprüfern zu prüfen, die im Benehmen mit den Betrieben vom Rechnungshof bestimmt werden. Der Rechnungshof erteilt den Auftrag zur Prüfung und legt ihren Umfang fest. Die Kosten der Prüfung trägt der Betrieb.

§ 95
Auskunftspflicht

(1) Unterlagen, die der Rechnungshof zur Erfüllung seiner Aufgaben für erforderlich hält, sind ihm auf Verlangen innerhalb einer bestimmten Frist zu übersenden oder seinen Beauftragten vorzulegen.

(2) Dem Rechnungshof und seinen Beauftragten sind die erbetenen Auskünfte zu erteilen.

§ 96
Prüfungsergebnis

(1) Der Rechnungshof teilt das Prüfungsergebnis den zuständigen Verwaltungszweigen zur Äußerung innerhalb einer von ihm zu bestimmenden Frist mit. Er kann es auch anderen Dienststellen mitteilen, soweit er dies aus besonderen Gründen für erforderlich hält.

(2) Prüfungsergebnisse von grundsätzlicher oder erheblicher finanzieller Bedeutung teilt der Rechnungshof der Senatsverwaltung für Finanzen mit.

(3) Der Rechnungshof ist zu hören, wenn die Verwaltung Ansprüche Berlins, die in Prüfungsmitteilungen erörtert worden sind, nicht verfolgen will. Er kann auf die Anhörung verzichten.

§ 97
Bemerkungen

(1) Der Rechnungshof fasst das Ergebnis seiner Prüfung, soweit es für die Entlastung des Senats wegen der Haushaltsrechnung und der Vermögensrechnung von Bedeutung sein

kann (Bemerkungen), jährlich für das Abgeordnetenhaus in einem Bericht zusammen, den er dem Abgeordnetenhaus und dem Senat zuleitet.

(2) In den Bemerkungen ist insbesondere mitzuteilen,

1. ob die in der Haushaltsrechnung und der Vermögensrechnung und die in den Büchern und Vermögensnachweisen aufgeführten Beträge übereinstimmen und die geprüften Einnahmen und Ausgaben ordnungsgemäß belegt sind,
2. in welchen Fällen von Bedeutung die für die Haushalts- und Wirtschaftsführung geltenden Vorschriften und Grundsätze nicht beachtet worden sind,
3. welche wesentlichen Beanstandungen sich aus der Prüfung der Betätigung bei Unternehmen mit eigener Rechtspersönlichkeit ergeben haben,
4. welche Maßnahmen für die Zukunft empfohlen werden.

(3) In die Bemerkungen können Feststellungen auch über spätere oder frühere Haushaltsjahre aufgenommen werden.

(4) Bemerkungen zu geheim zu haltenden Angelegenheiten werden dem Präsidenten des Abgeordnetenhauses, dem Regierenden Bürgermeister und der Senatsverwaltung für Finanzen mitgeteilt.

§ 98
Aufforderung zum Schadensausgleich

Der Rechnungshof macht der zuständigen Stelle unverzüglich Mitteilung, wenn nach seiner Auffassung ein Schadenersatzanspruch geltend zu machen ist.

§ 99
Angelegenheiten von besonderer Bedeutung

Über die Angelegenheiten von besonderer Bedeutung kann der Rechnungshof das Abgeordnetenhaus und den Senat jederzeit unterrichten. Berichtet er dem Abgeordnetenhaus, so unterrichtet er gleichzeitig den Senat.

§ 100
Vorprüfung
(entfallen)

§ 101
Rechnung des Rechnungshofes

Die Rechnung des Rechnungshofes wird vom Abgeordnetenhaus geprüft, das auch die Entlastung erteilt.

§ 102
Unterrichtung des Rechnungshofes

(1) Der Rechnungshof ist unverzüglich zu unterrichten, wenn

1. der Senat oder eine Senatsverwaltung allgemeine Vorschriften erlässt oder erläutert, die sich auf Einnahmen oder Ausgaben auswirken oder ihre Bewirtschaftung betreffen,
2. den Haushalt berührende Verwaltungseinrichtungen oder Betriebe geschaffen, wesentlich geändert oder aufgelöst werden,
3. unmittelbare Beteiligungen Berlins oder mittelbare Beteiligungen im Sinne des § 65 Absatz 3 an Unternehmen begründet, wesentlich geändert oder aufgegeben werden,
4. Vereinbarungen mit einer Stelle außerhalb der Verwaltung Berlins oder einer Dienststelle eines anderen Verwaltungszweigs über die Bewirtschaftung von Haushaltsmitteln getroffen werden,

5. organisatorische oder sonstige Maßnahmen von erheblicher finanzieller Tragweite getroffen werden.

(2) Dem Rechnungshof sind auf Anforderung Vorschriften oder Erläuterungen nach Absatz 1 Nummer 1 auch dann mitzuteilen, wenn andere Stellen Berlins sie erlassen.

(3) Der Rechnungshof kann sich jederzeit zu den in den Absätzen 1 und 2 genannten Maßnahmen äußern.

§ 103
Beteiligung des Rechnungshofes

(1) Der Rechnungshof ist vor dem Erlass von Ausführungsvorschriften nach § 5 und Regelungen nach § 71 Absatz 1 Satz 2, § 73 Satz 2 und § 79 zu hören.

(2) Ausführungsvorschriften, die die Rechnungslegung betreffen, sind im Einvernehmen mit dem Rechnungshof zu erlassen.

§ 104
Prüfung der juristischen Personen des privaten Rechts

(1) Der Rechnungshof prüft die Haushalts- und Wirtschaftsführung der juristischen Personen des privaten Rechts, wenn

1. sie auf Grund eines Gesetzes von Berlin Zuschüsse erhalten oder eine Garantieverpflichtung Berlins gesetzlich begründet ist oder
2. sie von Berlin oder einer von Berlin bestellten Person allein oder überwiegend verwaltet werden oder
3. mit dem Rechnungshof eine Prüfung durch ihn vereinbart ist oder
4. sie nicht Unternehmen sind und in ihrer Satzung mit Zustimmung des Rechnungshofes eine Prüfung durch ihn vorgesehen ist.

(2) Absatz 1 ist auf die von Berlin verwalteten Treuhandvermögen anzuwenden.

(3) Steht Berlin vom Gewinn eines Unternehmens, an dem es nicht beteiligt ist, mehr als der vierte Teil zu, so prüft der Rechnungshof den Abschluss und die Geschäftsführung daraufhin, ob die Interessen Berlins nach den bestehenden Bestimmungen gewahrt worden sind.

TEIL VI
Landesunmittelbare juristische Personen des öffentlichen Rechts

§ 105
Grundsatz

(1) Für landesunmittelbare juristische Personen des öffentlichen Rechts gelten

1. die §§ 106 bis 110,
2. die §§ 1 bis 87 einschließlich der dazu erlassenen Verwaltungsvorschriften sowie sonst für die Berliner Verwaltung geltende Vorschriften über die Zulässigkeit oder Höhe von Ausgaben entsprechend,

soweit nicht durch Gesetz oder auf Grund eines Gesetzes etwas anderes bestimmt ist.

(2) Für landesunmittelbare juristische Personen des öffentlichen Rechts kann die zuständige Senatsverwaltung im Einvernehmen mit der Senatsverwaltung für Finanzen und dem Rechnungshof Ausnahmen von den in Absatz 1 bezeichneten Vorschriften zulassen, soweit kein erhebliches finanzielles Interesse Berlins besteht.

§ 106
Haushaltsplan

(1) Das zur Geschäftsführung berufene Organ einer landesunmittelbaren juristischen Person des öffentlichen Rechts hat vor Beginn jedes Haushaltsjahres einen Haushaltsplan

festzustellen. Er muss alle im Haushaltsjahr zu erwartenden Einnahmen, voraussichtlich zu leistenden Ausgaben und voraussichtlich benötigten Verpflichtungsermächtigungen enthalten und ist in Einnahme und Ausgabe auszugleichen. In den Haushaltsplan dürfen nur die Ausgaben und Verpflichtungsermächtigungen eingestellt werden, die zur Erfüllung der Aufgaben der juristischen Person notwendig sind.

(2) Hat die juristische Person neben dem zur Geschäftsführung berufenen Organ ein besonderes Beschlussorgan, das in wichtigen Verwaltungsangelegenheiten zu entscheiden oder zuzustimmen oder die Geschäftsführung zu überwachen hat, so hat dieses den Haushaltsplan festzustellen. Das zur Geschäftsführung berufene Organ hat den Entwurf dem Beschlussorgan vorzulegen.

§ 107
Umlagen, Beiträge

Ist die landesunmittelbare juristische Person des öffentlichen Rechts berechtigt, von ihren Mitgliedern Umlagen oder Beiträge zu erheben, so ist die Höhe der Umlagen oder der Beiträge für das neue Haushaltsjahr gleichzeitig mit der Feststellung des Haushaltsplans festzusetzen.

§ 108
Genehmigung des Haushaltsplans

Der Haushaltsplan und die Festsetzung der Umlagen oder der Beiträge bedürfen bei landesunmittelbaren juristischen Personen des öffentlichen Rechts der Genehmigung der zuständigen Senatsverwaltung. Der Haushaltsplan und der Beschluss über die Festsetzung der Umlagen oder der Beiträge sind der zuständigen Senatsverwaltung spätestens einen Monat vor Beginn des Haushaltsjahres vorzulegen. Der Haushaltsplan und der Beschluss können nur gleichzeitig in Kraft treten.

§ 109
Rechnungslegung, Prüfung, Entlastung

(1) Nach Ende des Haushaltsjahres hat das zur Geschäftsführung berufene Organ der landesunmittelbaren juristischen Person des öffentlichen Rechts eine Rechnung aufzustellen.

(2) Die Rechnung ist, unbeschadet einer Prüfung durch den Rechnungshof nach § 111, von der durch Gesetz oder Satzung bestimmten Stelle zu prüfen. Die Satzungsvorschrift über die Durchführung der Prüfung bedarf der Zustimmung der zuständigen Senatsverwaltung im Einvernehmen mit dem Rechnungshof.

(3) Die Entlastung erteilt die zuständige Senatsverwaltung. Ist ein besonderes Beschlussorgan vorhanden, obliegt ihm die Entlastung; die Entlastung bedarf dann der Genehmigung der zuständigen Senatsverwaltung.

§ 110
Wirtschaftsplan

Landesunmittelbare juristische Personen des öffentlichen Rechts, bei denen ein Wirtschaften nach Einnahmen und Ausgaben des Haushaltsplans nicht zweckmäßig ist, haben einen Wirtschaftsplan aufzustellen. Buchen sie nach den Regeln der kaufmännischen doppelten Buchführung, stellen sie einen Jahresabschluss sowie einen Lagebericht in entsprechender Anwendung des § 264 Absatz 1 Satz 1 des Handelsgesetzbuchs auf. § 94 Absatz 3 Satz 1 bis 3 ist entsprechend anzuwenden; die zuständige Senatsverwaltung kann im Einvernehmen mit dem Rechnungshof etwas anderes bestimmen.

§ 111
Prüfung durch den Rechnungshof

(1) Der Rechnungshof prüft die Haushalts- und Wirtschaftsführung der landesunmittelbaren juristischen Personen des öffentlichen Rechts. Die §§ 89 bis 99, 102 und 103 sind entsprechend anzuwenden.

(2) Die Haushalts- und Wirtschaftsführung der Kammern der Selbstverwaltung der Wirtschaft unterliegt nicht der Prüfung durch den Rechnungshof, wenn durch Gesetz, Rechtsverordnung oder Satzung eine den Grundsätzen dieses Gesetzes entsprechende Prüfung gewährleistet ist. Für andere landesunmittelbare juristische Personen des öffentlichen Rechts kann die zuständige Senatsverwaltung im Einvernehmen mit der Senatsverwaltung für Finanzen und dem Rechnungshof Ausnahmen von Absatz 1 zulassen, soweit kein erhebliches finanzielles Interesse Berlins besteht.

§ 112
Sonderregelungen

(1) Auf die landesunmittelbaren Träger der gesetzlichen Krankenversicherung, der sozialen Pflegeversicherung, der gesetzlichen Unfallversicherung und der gesetzlichen Rentenversicherung einschließlich der Altershilfe für Landwirte ist nur § 111 anzuwenden, und zwar nur dann, wenn sie auf Grund eines Gesetzes von Berlin Zuschüsse erhalten oder eine Garantieverpflichtung Berlins gesetzlich begründet ist. Auf die Verbände der in Satz 1 genannten Sozialversicherungsträger ist unabhängig von ihrer Rechtsform § 111 anzuwenden, wenn Mitglieder dieser Verbände der Prüfung durch den Rechnungshof unterliegen. Auf sonstige Vereinigungen auf dem Gebiet der Sozialversicherung finden die Vorschriften dieses Gesetzes keine Anwendung.

(2) Auf Unternehmen in der Rechtsform einer juristischen Person des öffentlichen Rechts sind unabhängig von der Höhe der Beteiligung Berlins § 65 Absatz 1 Nummer 3 und 4 und Absatz 2 und 3, § 68 Absatz 1 und § 69 entsprechend, § 111 unmittelbar anzuwenden, soweit nicht durch Gesetz oder auf Grund eines Gesetzes etwas anderes bestimmt ist. Für Unternehmen in der Rechtsform einer juristischen Person des privaten Rechts, an denen die in Satz 1 genannten Unternehmen unmittelbar oder mittelbar mit Mehrheit beteiligt sind, gelten die §§ 53 und 54 des Haushaltsgrundsätzegesetzes und die §§ 65 bis 69 entsprechend. Für die Veräußerung von Grundstücken, die sich im Eigentum von Anstalten, Körperschaften und Stiftungen des öffentlichen oder privaten Rechts sowie Unternehmen in der Rechtsform einer juristischen Person des öffentlichen oder privaten Rechts – ab einer mehrheitlichen Beteiligung Berlins – befinden, sind die dafür in den §§ 63 bis 69 festgelegten Regelungen einzuhalten. § 1 Absatz 2 Satz 1 des Berliner Betriebe-Gesetzes ist entsprechend anzuwenden.

(3) Die §§ 105 und 111 gelten nicht für Kirchen und Religionsgesellschaften.

TEIL VII
Sondervermögen

§ 113
Grundsatz

(1) Auf Sondervermögen sind die Teile I bis IV, VIII und IX dieses Gesetzes einschließlich der dazu erlassenen Verwaltungsvorschriften entsprechend, die Zuständigkeitsregelungen in den §§ 64 und 65 unmittelbar anzuwenden, soweit nicht durch Gesetz oder auf Grund eines Gesetzes etwas anderes bestimmt ist. Der Rechnungshof prüft die Haushalts- und Wirtschaftsführung der Sondervermögen; Teil V dieses Gesetzes ist entsprechend anzuwenden.

(2) Für die Eigenbetriebe gelten die Vorschriften des Eigenbetriebsgesetzes. Die Vorschriften der Landeshaushaltsordnung gelten bis auf die §§ 88 bis 90, 92 und 94 bis 99 nicht. In der Hauptverwaltung kann die Senatsverwaltung für Finanzen, in der Bezirksverwaltung das Bezirksamt (Abteilung Finanzen) zulassen, dass ein Eigenbetrieb in Wahrnehmung seiner Aufgaben Beteiligungen an einem privatrechtlichen Unternehmen erwirbt, verwaltet und veräußert; die Vorschriften der §§ 65 bis 69 der Landeshaushaltsordnung gelten mit der Maßgabe, dass die Geschäftsleitung des Eigenbetriebs die in diesen Vorschriften begründeten Rechte und Pflichten wahrnimmt.

TEIL VIII
Entlastung

§ 114
Entlastung

(1) Der Senat hat dem Abgeordnetenhaus über alle Einnahmen und Ausgaben sowie über das Vermögen und die Schulden im Laufe der ersten neun Monate des folgenden Rechnungsjahres zu seiner Entlastung Rechnung zu legen. Der Rechnungshof berichtet unmittelbar dem Abgeordnetenhaus und dem Senat.

(2) Das Abgeordnetenhaus stellt die wesentlichen Sachverhalte fest und beschließt über einzuleitende Maßnahmen.

(3) An den Rechnungshof können einzelne Sachverhalte zur weiteren Aufklärung zurückverwiesen werden.

(4) Das Abgeordnetenhaus bestimmt einen Termin, zu dem der Senat über die eingeleiteten Maßnahmen dem Abgeordnetenhaus zu berichten hat. Soweit Maßnahmen nicht zu dem beabsichtigten Erfolg geführt haben, kann das Abgeordnetenhaus die Sachverhalte wieder aufgreifen.

(5) Das Abgeordnetenhaus kann bestimmte Sachverhalte ausdrücklich missbilligen.

TEIL IX
Übergangs- und Schlussbestimmungen

§ 115
Öffentlich-rechtliche Dienst- oder Amtsverhältnisse

Vorschriften dieses Gesetzes für Beamte sind auf andere öffentlich-rechtliche Dienst- oder Amtsverhältnisse entsprechend anzuwenden.

§ 116
Sprachliche Gleichbehandlung

Alle Amts-, Funktions- und Personenbezeichnungen in diesem Gesetz gelten sowohl in der weiblichen als auch in der entsprechenden männlichen Sprachform.

§ 117
Endgültige Entscheidung

(1) Soweit dieses Gesetz Befugnisse der Senatsverwaltung für Finanzen enthält, kann das zuständige Mitglied des Senats über Maßnahmen der Senatsverwaltung für Finanzen die Entscheidung des Senats einholen; der Senat entscheidet anstelle der Senatsverwaltung für Finanzen endgültig. Entscheidet der Senat gegen oder ohne die Stimme des Senators für Finanzen, so gilt § 29 Absatz 2 Sätze 3 und 4 entsprechend. Erhebt der Senator für Finanzen Einspruch gegen einen Beschluss des Senats, durch den über- oder außerplanmä-

ßigen Ausgaben oder Verpflichtungsermächtigungen zugestimmt wird, so ist ein Beschluss des Abgeordnetenhauses herbeizuführen.

(2) Der Einwilligung der Senatsverwaltung für Finanzen nach § 37 Absatz 1 Satz 1 bedarf es ausnahmsweise nicht, wenn sofortiges Handeln zur Abwendung einer Berlin drohenden unmittelbar bevorstehenden Gefahr erforderlich ist, das durch die Notlage gebotene Maß nicht überschritten wird und die Einwilligung nicht rechtzeitig eingeholt werden kann. Zu den getroffenen Maßnahmen ist die Genehmigung der Senatsverwaltung für Finanzen unverzüglich einzuholen.

§ 118
Datenverarbeitung

(1) Das Verarbeiten personenbezogener Daten ist zulässig, wenn ihre Kenntnis für die rechtmäßige Erfüllung der den zuständigen Stellen bei der Erhebung von Einnahmen, insbesondere Gebühren, Kostenbeiträgen, Bußgeldern, Zwangsgeldern und privatrechtlichen Entgelten sowie der Leistung von Ausgaben obliegenden Aufgaben erforderlich ist.

(2) Die Senatsverwaltung für Finanzen wird ermächtigt, durch Rechtsverordnung nähere Regelungen über die Verarbeitung personenbezogener Daten zu treffen, insbesondere über Art und Umfang der Daten, ihre Verarbeitung in Dateien und auf sonstigen Datenträgern, ihre Löschung sowie die Datensicherung.

§ 119
Übertragung von Befugnissen

(1) Die Senatsverwaltung für Finanzen darf Befugnisse, die ihr nach diesem Gesetz zustehen, allgemein oder im Einzelfall anderen Senatsverwaltungen und den Bezirksämtern zur Wahrnehmung übertragen, soweit dadurch die Haushalts- und Wirtschaftsführung auf der Grundlage von Globalsummen gefördert und die Einheitlichkeit des Haushaltswesens nicht gefährdet wird.

(2) Absatz 1 gilt auch gegenüber dem Präsidenten des Abgeordnetenhauses, dem Präsidenten des Verfassungsgerichtshofs, dem Präsidenten des Rechnungshofes und dem Berliner Beauftragten für Datenschutz und Informationsfreiheit, sofern diese ihr Einverständnis erklärt haben.

§ 120[1)]
Inkrafttreten

Dieses Gesetz tritt für die Aufstellung des Haushaltsplans für das Rechnungsjahr 1980 am Tage nach der Verkündung im Gesetz- und Verordnungsblatt für Berlin, im Übrigen am 1. Januar 1980 in Kraft. Die Landeshaushaltsordnung (LHO) in der Fassung vom 8. Januar 1973 (GVBl. S. 402, 564), geändert durch Gesetz vom 13. Dezember 1974 (GVBl. S. 2810), tritt entsprechend Satz 1 außer Kraft.

1) Diese Bestimmung betrifft das Inkrafttreten der Landeshaushaltsordnung in der ursprünglichen Fassung vom 5. Oktober 1978 (GVBl. S. 1961).

Landesgleichstellungsgesetz (LGG)

In der Fassung der Bekanntmachung vom 6. September 2002
(GVBl. S. 280),
zuletzt geändert durch Artikel 6 des Gesetzes
vom 30. Mai 2016 (GVBl. S. 282, 287)

INHALTSÜBERSICHT

§ 1
Geltungsbereich

Dieses Gesetz gilt für die Berliner Verwaltung (§ 2 des Allgemeinen Zuständigkeitsgesetzes), für landesunmittelbare öffentlich-rechtliche Körperschaften, Anstalten und Stiftungen (§ 28 des Allgemeinen Zuständigkeitsgesetzes), für die Gerichte des Landes Berlin, für den Präsidenten des Abgeordnetenhauses von Berlin, den Rechnungshof von Berlin und den Berliner Beauftragten für Datenschutz und Informationsfreiheit.

§ 1a
Geltung bei Beteiligungen des Landes

(1) Soweit das Land Berlin unmittelbar oder mittelbar Mehrheitsbeteiligungen an juristischen Personen des Privatrechts oder Personengesellschaften hält oder erwirbt, stellt es sicher, dass die Regelungen dieses Gesetzes auch von diesen entsprechend angewendet werden. Das gilt insbesondere für die Erstellung eines Frauenförderplans, für Stellenbesetzungsverfahren einschließlich der Besetzung von Vorstands- und Geschäftsführungspositionen sowie für die Wahl von Frauenvertreterinnen.

(2) Einzelheiten sind mit Inkrafttreten dieses Gesetzes im Rahmen der jeweiligen Rechtsgrundlage zu regeln.

(3) Soweit das Land Berlin keine Mehrheitsbeteiligungen an juristischen Personen des privaten Rechts oder Personengesellschaften unmittelbar oder mittelbar hält oder erwirbt, wirkt es darauf hin, dass Maßnahmen entsprechend den Regelungen dieses Gesetzes auch von den juristischen Personen des privaten Rechts und Personengesellschaften angewendet werden.

§ 1b
Geltung bei Umwandlung, Errichtung und Veräußerung von Einrichtungen des Landes

(1) Wandelt das Land Berlin Teile der Berliner Verwaltung, eine Körperschaft oder Anstalt des öffentlichen Rechts oder eine andere Einrichtung, die in den Geltungsbereich von § 1 dieses Gesetzes fällt, oder einen Teil davon in eine juristische Person des privaten Rechts oder eine Personengesellschaft um oder errichtet es juristische Personen des privaten Rechts oder Personengesellschaften, so ist in den Umwandlungs- oder Errichtungsrechtsakten und in den jeweiligen Rechtsgrundlagen festzulegen und sicherzustellen, dass die Regelungen dieses Gesetzes auch zukünftig Anwendung finden.

(2) Erfolgt eine teilweise oder vollständige Veräußerung einer juristischen Person oder Personengesellschaft, sind Erwerbende zu verpflichten, die entsprechende Anwendung der Vorschriften dieses Gesetzes zu gewährleisten und eine entsprechende Verpflichtung bei etwaigen Weiterveräußerungen auch späteren Erwerbenden aufzuerlegen.

§ 2
Grundsatz

(1) Frauen und Männer sind gleichzustellen. Zur Verwirklichung der Gleichstellung werden nach Maßgabe dieses Gesetzes Frauen gefördert und bestehende Benachteiligungen von Frauen abgebaut.

(2) Frauen und Männer dürfen wegen ihres Geschlechts oder ihres Familienstandes nicht diskriminiert werden.

§ 3
Gleichstellungsverpflichtung

(1) Die Einrichtungen nach § 1 sind verpflichtet, aktiv auf die Gleichstellung von Männern und Frauen in der Beschäftigung und auf die Beseitigung bestehender Unterrepräsentanzen hinzuwirken. Die Erfüllung dieser Verpflichtung ist besondere Aufgabe der Beschäftigten mit Vorgesetzten- und Leitungsfunktionen. Sie ist in den jeweiligen vertraglichen Vereinbarungen als Leistungskriterium festzuschreiben sowie bei der Beurteilung ihrer Leistung einzubeziehen.

(2) Frauen sind unterrepräsentiert, wenn in Vorgesetzten- oder Leitungsfunktionen, in einer Besoldungs-, Vergütungs-, Entgelt- oder Lohngruppe einer Laufbahn bzw. Berufsfachrichtung in einer Einrichtung nach § 1 mehr Männer als Frauen beschäftigt sind.

(3) Führen personalwirtschaftliche Maßnahmen zu einem Stellenabbau, so ist sicherzustellen, dass sich der Anteil von Frauen in Bereichen, in denen sie unterrepräsentiert sind, nicht verringert. Dies gilt auch für den Fall, dass personalwirtschaftliche Maßnahmen eine Unterrepräsentanz von Frauen begründen und für Vorgesetzten- und Leitungspositionen.

(4) Besteht eine Einrichtung nach § 1 aus mehreren Dienststellen im Sinne des Personalvertretungsgesetzes, so gelten die Absätze 1 bis 3 in diesen entsprechend.

(5) Soweit in übergeordneten Dienststellen Entscheidungen für nachgeordnete Dienststellen getroffen werden, hat jede beteiligte Dienststelle die Aufgaben nach diesem Gesetz wahrzunehmen.

§ 4
Frauenförderplan

(1) Jede Einrichtung nach § 1 erstellt auf der Grundlage einer Bestandsaufnahme und Analyse der Beschäftigtenstruktur sowie der zu erwartenden Fluktuation oder Einsparungsmaßnahmen einen Frauenförderplan. Bestehen in einer Einrichtung nach § 1 mehrere Dienststellen im Sinne des Personalvertretungsgesetzes, so können diese Frauenförderpläne erlassen. Der Frauenförderplan ist für einen Zeitraum von sechs Jahren zu erstellen und danach fortzuschreiben. Spätestens nach zwei Jahren ist er an die aktuelle Entwicklung anzupassen.

(2) Im Frauenförderplan ist mindestens festzulegen, in welcher Zeit und mit welchen personellen, organisatorischen und fortbildenden Maßnahmen die Gleichstellungsverpflichtung nach § 3 innerhalb der jeweiligen Einrichtung oder Dienststelle gefördert werden kann. Dazu ist für jede einzelne Besoldungs-, Vergütungs-, Entgelt- und Lohngruppe sowie jede Vorgesetzten- und Leitungsebene festzustellen, ob Frauen unterrepräsentiert sind. Für jeweils zwei Jahre sind verbindliche Zielvorgaben zur Erhöhung des Frauenanteils in den einzelnen Besoldungs-, Vergütungs-, Entgelt- oder Lohngruppen der einzelnen Laufbahn oder Berufsfachrichtung sowie auf den Vorgesetzten- und Leitungsebenen festzulegen. Bei der Festlegung von Zielvorgaben ist festzustellen, welche für die Besetzung von Stellen in Bereichen, in denen Frauen unterrepräsentiert sind, erforderlichen Qualifikationen die beschäftigten Frauen bereits aufweisen, erwerben oder erwerben können (Personalentwicklungsplanung). Dabei sind insbesondere solche Stellen zu berücksichtigen, die voraussichtlich neu zu besetzen sind. Es ist festzulegen, wie viele Frauen an Qualifikationsmaßnahmen teilnehmen, die für die Besetzung einer Stelle in Bereichen, in denen Frauen unterrepräsentiert sind, förderlich sind.

(3) Die Zahl der Auszubildenden, getrennt nach Geschlechtern, Laufbahn oder Berufsfachrichtung und Ausbildungsberuf ist darzustellen und in die Personalentwicklungsplanung einzubeziehen.

(4) An der Erstellung des Frauenförderplans ist die Frauenvertreterin zu beteiligen; die Rechte des Personalrats bleiben unberührt.

(5) Besteht eine Einrichtung nach § 1 aus mehreren Dienststellen im Sinne des Personalvertretungsgesetzes, so sind an der Erstellung, Fortschreibung und Anpassung des dienststellenübergreifenden Frauenförderplans alle betroffenen Frauenvertreterinnen mit dem Ziel einer einvernehmlichen Regelung frühzeitig zu beteiligen; die Rechte der Personalräte bleiben unberührt. Dies gilt auch für die Entscheidung gemäß Absatz 1 Satz 2.

(6) Frauenförderpläne sowie deren Fortschreibungen oder Anpassungen sind dem für Frauenpolitik zuständigen Mitglied des Senats zur Kenntnis zu geben.

(7) Die Festlegungen im Frauenförderplan sind Bestandteil der Personalentwicklungsplanung.

(8) Wird ein Frauenförderplan nicht erstellt, angepasst oder fortgeschrieben oder ein bestehender nicht umgesetzt, so kann die zuständige Frauenvertreterin das unmittelbar gegenüber dem für Frauenpolitik zuständigen Senatsmitglied beanstanden.

§ 5
Stellen- und Funktionsausschreibungen, öffentliche Bekanntmachungen

(1) Alle Stellen und Funktionen sind intern auszuschreiben. In Bereichen oberhalb der Besoldungsgruppe A 9 bzw. der entsprechenden tarifvertraglichen Regelungen, in denen Frauen unterrepräsentiert sind, sind Stellen und Funktionen öffentlich auszuschreiben.

(2) Zur gezielten Ansprache von Frauen kann zusätzlich in der Tagespresse oder in anderen geeigneten Publikationsorganen ausgeschrieben werden.

(3) Zu besetzende Vorstands- und Geschäftsleitungspositionen der Anstalten, Körperschaften und Stiftungen des öffentlichen Rechts sind in Form einer Ausschreibung öffentlich bekannt zu machen, sofern eine Unterrepräsentanz von Frauen besteht. Entsprechendes gilt nach § 1a für solche Positionen der juristischen Personen des privaten Rechts und Personengesellschaften mit Mehrheitsbeteiligungen des Landes Berlin.

(4) Die öffentliche Bekanntmachung für die in Absatz 3 genannten Positionen erfolgt überregional in der Tages- und Wochenpresse oder in anderen geeigneten Publikationsorganen wie Fachzeitschriften und im Internet. Sie erfolgt auf der Grundlage eines Anforderungsprofils zu den fachlichen und persönlichen Voraussetzungen für die zu besetzenden Positionen.

(5) Bei Stellen- und Funktionsausschreibungen und öffentlichen Bekanntmachungen ist sowohl die männliche als auch die weibliche Sprachform zu verwenden, es sei denn, ein bestimmtes Geschlecht ist unverzichtbare Voraussetzung für die Tätigkeit. Sofern eine Einrichtung im Sinne des § 1 oder Dienststelle nach dem Personalvertretungsgesetz verpflichtet ist, den Anteil von Frauen zu erhöhen, ist das in der Ausschreibung oder Bekanntmachung zu erwähnen und darauf hinzuweisen, dass Bewerbungen von Frauen ausdrücklich erwünscht sind.

(6) Von der Verpflichtung zur Bekanntmachung können Wiederbestellungen von Vorständen und Geschäftsleitungen ausgenommen werden. Von der Verpflichtung zur Bekanntmachung oder Ausschreibung werden ebenfalls herausragende künstlerische Positionen ausgenommen sowie Arbeitsbereiche im Leitungsbereich der Einrichtungen gemäß § 1, die regelmäßig an die laufende Legislatur oder Bestellung gebunden sind und ein besonderes persönliches Vertrauensverhältnis erfordern, insbesondere persönliche Referentinnen und Referenten sowie Pressesprecherinnen und Pressesprecher.

(7) Ausschreibungspflichten und Ausnahmen hiervon aufgrund beamtenrechtlicher Vorschriften bleiben von den vorstehenden Regelungen unberührt.

§ 6
Auswahlverfahren

(1) In Bereichen, in denen Frauen unterrepräsentiert sind, sind entweder alle Bewerberinnen oder mindestens ebenso viele Frauen wie Männer zum Vorstellungsgespräch einzuladen, sofern sie die in der Ausschreibung vorgegebene Qualifikation für die Stelle oder Funktion besitzen und Bewerbungen von Frauen in ausreichender Zahl vorliegen.

(2) Entsprechendes gilt für die Besetzung von Vorstands- und Geschäftsleitungspositionen der Anstalten, Körperschaften und Stiftungen des öffentlichen Rechts und der juristischen Personen des privaten Rechts und Personengesellschaften mit Mehrheitsbeteiligungen des Landes Berlin.

(3) Die Berücksichtigung von Frauen im Auswahlverfahren ist in Bereichen, in denen sie unterrepräsentiert sind, in geeigneter Form zu dokumentieren und den an der Personalfindung Beteiligten rechtzeitig vor der Auswahlentscheidung zur Kenntnis zu bringen.

(4) Soweit Dritte mit der Personalfindung beauftragt werden, ist sicherzustellen, dass die Regelungen dieses Gesetzes Beachtung finden.

§ 7
Ausbildung

(1) Der Zugang zu Ausbildungsplätzen muss diskriminierungsfrei gestaltet sein.

(2) Ausbildungsplätze sind in Bereichen, in denen Frauen unterrepräsentiert sind, in jeder Einrichtung nach § 1 oder Dienststelle im Sinne des Personalvertretungsgesetzes je Ausbildungsgang und Vergaberunde mindestens zur Hälfte an Frauen zu vergeben.

(3) Wenn für die Besetzung von Ausbildungsplätzen nicht genügend Bewerbungen von Frauen vorliegen, die die in der Ausschreibung vorgegebene Qualifikation besitzen, ist die Ausschreibung zu wiederholen. Haben sich nach einer erneuten Ausschreibung nicht genügend geeignete Kandidatinnen beworben, so werden die Ausbildungsplätze nach der Bewerbungslage vergeben.

(4) Frauen, die in einem Beruf ausgebildet wurden, in dem der Frauenanteil bisher unter 20 vom Hundert liegt (Männerberuf), sind vorrangig in ein Beschäftigungsverhältnis im erlernten Beruf zu übernehmen.

§ 8
Einstellungen und Beförderungen

(1) Frauen, die eine zur Ausfüllung der Stelle oder Funktion gleichwertige Qualifikation (Eignung, Befähigung und fachliche Leistung) besitzen wie männliche Mitbewerber, sind diesen gegenüber unter Wahrung der Einzelfallgerechtigkeit solange bevorzugt einzustellen oder zu übernehmen, bis der Anteil der Frauen in der betreffenden Laufbahn, Berufsfachrichtung, Vorgesetzten- oder Leitungsebene und Funktionsstelle der jeweiligen Einrichtung nach § 1 oder Dienststelle im Sinne des Personalvertretungsgesetzes mindestens 50 vom Hundert beträgt.

(2) Frauen, deren Qualifikation der der männlichen Mitbewerber gleichwertig ist, sind gegenüber männlichen Mitbewerbern unter Wahrung der Einzelfallgerechtigkeit solange bevorzugt zu befördern, bis in den jeweils höheren Besoldungs-, Vergütungs-, Lohn- oder Entgeltgruppen der betreffenden Laufbahn, Berufsfachrichtung, Vorgesetzten- oder Leitungsebene und Funktionsstelle der Einrichtung nach § 1 oder Dienststelle im Sinne des Personalvertretungsgesetzes der Anteil der Frauen mindestens 50 vom Hundert beträgt.

(3) Die Qualifikation ist ausschließlich an den Anforderungen des Berufs, der zu besetzenden Stelle, Funktion oder der Laufbahn zu messen. Spezifische, zum Beispiel durch Familienarbeit, durch soziales Engagement oder ehrenamtliche Tätigkeit erworbene Erfahrungen und Fähigkeiten sind Teil der Qualifikation im Sinne der Absätze 1 und 2.

(4) Bei der Auswahlentscheidung ist unbeschadet sozialer Kriterien dem Recht der Frauen auf Gleichstellung im Erwerbsleben Rechnung zu tragen. Folgende und ähnliche Kriterien dürfen daher nicht herangezogen werden:

1. Unterbrechungen der Erwerbstätigkeit, Reduzierungen der Arbeitszeit oder Verzögerungen beim Abschluss einzelner Ausbildungsgänge aufgrund der Betreuung von Kindern oder pflegebedürftigen Angehörigen oder wegen Haushaltsführung,
2. Lebensalter oder Familienstand,
3. eigene Einkünfte des Partners oder der Partnerin einer Bewerberin oder die Einkommenslosigkeit der Partnerin oder des Partners eines Bewerbers, sofern sie nicht auf Arbeitslosigkeit beruht,
4. zeitliche Belastungen durch die Betreuung von Kindern oder pflegebedürftigen Angehörigen und die Absicht, von der Möglichkeit der Arbeitszeitreduzierung Gebrauch zu machen.

(5) Für die Besetzung von Vorstands- und Geschäftsleitungspositionen der Anstalten, Körperschaften und Stiftungen des öffentlichen Rechts gilt Absatz 1 entsprechend.

§ 9
Fort- und Weiterbildung

(1) Beschäftigte mit Vorgesetzten- und Leitungsfunktionen sind verpflichtet, Frauen auf Maßnahmen, die für das berufliche Fortkommen förderlich sind, aufmerksam zu machen und ihnen die Teilnahme entsprechend dem Frauenförderplan zu ermöglichen.

(2) Auf die Auswahl von Beschäftigten zur Teilnahme an Fortbildungsveranstaltungen, die zur Übernahme höherwertiger und Leitungspositionen qualifizieren, ist § 8 Absatz 1 durch die entsendenden Einrichtungen nach § 1 oder Dienststellen im Sinne des Personalvertretungsgesetzes entsprechend anzuwenden.

(3) Die Fortbildungsgrundsätze und -angebote der Verwaltungsakademie werden regelmäßig daraufhin überprüft, wie frauenspezifische Inhalte besser berücksichtigt und die Förderung von Frauen verbessert werden können.

(4) Die Themen Frauendiskriminierung und Frauenförderung sind Teil des Fortbildungsprogramms und gehen auch in passende Fortbildungsveranstaltungen ein. Sie sind insbesondere Bestandteil der Fortbildungsmaßnahmen für Beschäftigte mit Vorgesetzten- und Leitungsfunktionen. Für diese Themenkreise werden bevorzugt Referentinnen eingesetzt.

(5) Fort- und Weiterbildungsmaßnahmen finden nach Möglichkeit während der regelmäßigen Arbeitszeit der Dienststellen statt. Fortbildungsmaßnahmen sollen so angeboten werden, dass auch Beschäftigte mit betreuungsbedürftigen Kindern oder pflegebedürftigen Angehörigen und Teilzeitbeschäftigte teilnehmen können. Liegt die Teilnahme an Fort- und Weiterbildungsmaßnahmen außerhalb der vereinbarten Arbeitszeit, so ist hierfür entsprechender Freizeitausgleich zu gewähren.

(6) Entstehen durch die Teilnahme an Fort- und Weiterbildungsmaßnahmen unvermeidlich erhöhte Kosten für die Betreuung von Kindern unter zwölf Jahren oder pflegebedürftigen Angehörigen, so sind diese Aufwendungen zu erstatten. Falls erforderlich, sollen sich die Fort- und Weiterbildungseinrichtungen um eine Kinderbetreuungsmöglichkeit in den städtischen Kindertagesstätten oder um andere Kinderbetreuungsmöglichkeiten für die Dauer der Maßnahme bemühen.

§ 10
Arbeitszeit und Rahmenbedingungen

(1) Unter Beachtung der dienstlichen Belange soll das Interesse der Beschäftigten an flexibler, auf die individuellen Bedürfnisse zugeschnittener Gestaltung der Arbeitszeit sowie familienfreundlichen Rahmenbedingungen berücksichtigt werden. Vorgesetztenverhalten soll darauf ausgerichtet sein, den Beschäftigten familienfreundliche Arbeitszeiten und Rahmenbedingungen zu ermöglichen. Sofern ein ordnungsgemäßer Ablauf des Schichtdienstes gewährleistet werden kann, soll diese Regelung auch für Beschäftigte im Schichtdienst Anwendung finden. Teilzeitarbeitsverhältnisse unterhalb der Grenze des § 8 Absatz 1 des Vierten Buches Sozialgesetzbuch werden in der Regel nicht begründet. Ausnahmen sind bei Einstellungen in befristete Arbeitsverhältnisse für eine Dauer von nicht mehr als drei Monaten zulässig.

(2) Wird eine Reduzierung der Arbeitszeit beantragt, so sind die Beschäftigten auf die Folgen reduzierter Arbeitszeit hinzuweisen, insbesondere auf die Folgen für Ansprüche aus der Sozialversicherung und aufgrund beamten- und tarifrechtlicher Regelungen.

(3) Die Reduzierung der wöchentlichen Arbeitszeit zur Betreuung von Kindern oder pflegebedürftigen Angehörigen steht der Wahrnehmung von gehobenen und Leitungspositionen nicht entgegen.

(4) Bei befristeten Arbeitszeitverkürzungen zur Betreuung von Kindern oder pflegebedürftigen Angehörigen ist den Beschäftigten nach Ablauf der Frist ein gleichwertiger Voll-

zeitarbeitsplatz anzubieten. Unbefristet Teilzeitbeschäftigte sind bei der Neubesetzung von Vollzeitarbeitsplätzen vorrangig zu berücksichtigen. Besteht bei befristeter Arbeitszeitverkürzung vor Ablauf der Frist der Wunsch nach Rückkehr auf einen Vollzeitarbeitsplatz, so gilt Satz 2 entsprechend.

(5) Bei individueller Arbeitszeitreduzierung werden die Dienstaufgaben nach dem Maß der für die Zukunft festgesetzten Arbeitszeit neu bemessen.

(6) Die Rechte des Personalrats bleiben unberührt.

§ 11
Beurlaubung aus familiären Gründen

(1) Aus familiären Gründen beurlaubten Beschäftigten ist die Teilnahme an Fort- und Weiterbildungsveranstaltungen von der jeweiligen Einrichtung nach § 1 oder Dienststelle im Sinne des Personalvertretungsgesetzes anzubieten. Ihnen sind, sofern sie es nicht selbst für bestimmte Zeit ausgeschlossen haben, Urlaubs- und Krankheitsvertretungen vorrangig anzubieten.

(2) Aus familiären Gründen beurlaubten Beschäftigten, die in die Beschäftigung zurückkehren wollen, sind die Ausschreibungen der jeweiligen Einrichtungen nach § 1 oder Dienststellen im Sinne des Personalvertretungsgesetzes auf Wunsch bekannt zu geben.

§ 12
Sexuelle Belästigung am Arbeitsplatz

(1) Sexuelle Belästigungen sind Diskriminierungen. Es gehört zur Dienstpflicht von Beschäftigten mit Vorgesetzten- und Leitungsfunktionen, sexuellen Belästigungen von Beschäftigten entgegenzuwirken und bekannt gewordenen Fällen sexueller Belästigung nachzugehen.

(2) Sexuelle Belästigungen sind insbesondere unerwünschter Körperkontakt, unerwünschte Bemerkungen, Kommentare und Witze sexuellen Inhalts, Zeigen pornographischer Darstellungen am Arbeitsplatz sowie die Aufforderung zu sexuellen Handlungen, die bezwecken oder bewirken, dass die Würde der betreffenden Person verletzt wird, insbesondere wenn ein von Einschüchterungen, Anfeindungen, Erniedrigungen, Entwürdigungen oder Beleidigungen gekennzeichnetes Umfeld geschaffen wird.

(3) Sexuelle Belästigungen sind Dienstpflichtverletzungen.

(4) Die Beschwerde von Betroffenen darf nicht zu Benachteiligungen führen.

§ 13
Frauenförderung durch öffentliche Auftragsvergabe

(1) Beim Abschluss von Verträgen über Leistungen mit einem Auftragswert von voraussichtlich mindestens 25 000 Euro oder über Bauleistungen mit einem Auftragswert von voraussichtlich mindestens 200 000 Euro sind in den jeweiligen Verträgen die Verpflichtungen der Auftragnehmenden festzuschreiben, Maßnahmen zur Frauenförderung und zur Förderung der Vereinbarkeit von Beruf und Familie im eigenen Unternehmen durchzuführen sowie das geltende Gleichbehandlungsrecht zu beachten. Diese Regelung gilt nicht für Auftragnehmende, die in der Regel zehn oder weniger Arbeitnehmer und Arbeitnehmerinnen, ausschließlich der zu ihrer Berufsbildung Beschäftigten, beschäftigen.

(2) Die Vergabestellen der in § 1 genannten Einrichtungen oder Dienststellen im Sinne des Personalvertretungsgesetzes erfassen regelmäßig die im Zusammenhang mit der Durchführung der Maßnahmen zur Frauenförderung und zur Förderung der Vereinbarkeit von Beruf und Familie anfallenden Daten.

28

(3) Der Senat wird ermächtigt, durch Rechtsverordnung insbesondere den Inhalt der Maßnahmen zur Frauenförderung und zur Förderung der Vereinbarkeit von Beruf und Fa-

milie, die Kontrolle der Durchführung, die Folgen der Nichterfüllung von Verpflichtungen sowie den Kreis der betroffenen Unternehmen zu regeln.[1]

§ 14
Frauenförderung bei staatlicher Leistungsgewährung

(1) Die Gewährung von Leistungen aus Landesmitteln, auf die kein Anspruch besteht, ist ab einem Betrag von 25 000 Euro von der Verpflichtung des Leistungsempfangenden zur Durchführung von Maßnahmen zur aktiven Förderung der Beschäftigung von Frauen im Sinne des Grundsatzes von § 3 Absatz 1 abhängig zu machen. Von dieser Bedingung können Leistungsempfangende ausgenommen werden, bei denen die Beschäftigung von Männern aus rechtlichen oder tatsächlichen Gründen unabdingbar ist. Satz 1 gilt nicht für Leistungsempfangende, die in der Regel zehn oder weniger Arbeitnehmer und Arbeitnehmerinnen, ausschließlich der zu ihrer Berufsbildung Beschäftigten, beschäftigen.

(2) Der Bewilligungsbescheid ist mit einer entsprechenden Auflage zu versehen.

(3) § 13 Absatz 2 und 3 gilt entsprechend.

§ 15
Gremien

(1) Gremien sind geschlechtsparitätisch zu besetzen, soweit für deren Zusammensetzung keine besonderen gesetzlichen Vorgaben gelten.

(2) Werden bei Einrichtungen nach § 1 oder Dienststellen im Sinne des Personalvertretungsgesetzes Gremien gebildet, benennen die entsendenden Einrichtungen oder Dienststellen mindestens ebenso viele Frauen wie Männer. Dürfen sie nur eine Person benennen, ist für das Mandat nach Ablauf der Amtsperiode eine dem jeweils anderen Geschlecht angehörende Person zu benennen.

(3) Absatz 2 gilt für die Entsendung von Vertreterinnen und Vertretern in Aufsichtsräte und andere Gremien außerhalb der Verwaltung entsprechend.

§ 16
Frauenvertreterin

(1) In jeder Dienststelle im Sinne des Personalvertretungsgesetzes mit Ausnahme der Hochschulen im Sinne des § 1 des Berliner Hochschulgesetzes in der Fassung vom 13. Februar 2003 (GVBl. S. 82), das zuletzt durch Artikel XII Nummer 29 des Gesetzes vom 19. März 2009 (GVBl. S. 70) geändert worden ist, wird eine Frauenvertreterin und eine Stellvertreterin gewählt. In den Hochschulen ist die Frauenbeauftragte nach § 59 des Berliner Hochschulgesetzes gleichzeitig die Frauenvertreterin. Es findet eine geheime, unmittelbare Mehrheitswahl statt. Frauenvertreterin und Stellvertreterin werden die Kandidatinnen mit der jeweils höchsten Stimmenzahl. Die Stellvertreterin rückt mit allen Rechten und Pflichten in das Amt der Frauenvertreterin nach, wenn die Frauenvertreterin vor Ablauf der Wahlperiode aus dem Amt scheidet. Scheidet die stellvertretende Frauenvertreterin vorzeitig aus, so rückt die mit der nächsthöheren Stimmenzahl gewählte Stellvertreterin mit allen Rechten und Pflichten nach. Sofern das Amt der Frauenvertreterin und der Stellvertreterin nach den für die Wahl der Frauenvertreterin geltenden Vorschriften nicht besetzt werden kann, bestellt die Dienststelle auf Vorschlag von drei volljährigen Wahlberechtigten die Amtsinhaberinnen aus dem Kreis der in § 16a Absatz 1 und 2 genannten weiblichen Beschäftigten für die Zeit bis zur nächsten regelmäßigen Wahl.

(2) Ist die Frauenvertreterin an der Ausübung ihres Amtes durch Abwesenheit oder sonstige Gründe gehindert, so wird sie von der Stellvertreterin vertreten. Diese hat in diesem Fall die gleichen Rechte und Pflichten wie die Frauenvertreterin.

---

1) Frauenförderverordnung vom 23. August 1999 (GVBl. S. 498), zuletzt geändert durch Verordnung vom 19. Juli 2011 (GVBl. S. 362, 467).

(3) Die Frauenvertreterin ist im erforderlichen Umfang von ihren Dienstgeschäften freizustellen und mit den zur Erfüllung ihrer Aufgaben notwendigen personellen und sachlichen Mitteln auszustatten; unter Berücksichtigung der jeweiligen Struktur der Dienststelle beträgt die Freistellung in der Regel
- in Dienststellen mit mehr als 200 Beschäftigten mindestens die Hälfte der regelmäßigen Arbeitszeit,
- in Dienststellen mit mehr als 500 Beschäftigten die volle regelmäßige Arbeitszeit;

für die Freistellung im Hochschulbereich gilt § 59 Absatz 10 des Berliner Hochschulgesetzes. Satz 1 erster Halbsatz gilt entsprechend für die Teilnahme an Schulungs- und Bildungsveranstaltungen, soweit diese Kenntnisse vermitteln, die für die Wahrnehmung des Amtes der Frauenvertreterin erforderlich sind. Überschreitet der erforderliche Umfang der Freistellung die vereinbarte Arbeitszeit, so ist die Stellvertreterin ergänzend ebenfalls freizustellen. Unabhängig von der Anzahl der Beschäftigten, ist die Stellvertreterin mindestens einen Tag im Monat freizustellen, damit der erforderliche Informationsaustausch mit der Frauenvertreterin gewährleistet werden kann.

(4) Die Frauenvertreterin darf in der Ausübung ihres Amtes nicht behindert und wegen ihres Amtes nicht benachteiligt oder begünstigt werden; dies gilt auch für ihre berufliche Entwicklung. Sie wird vor Kündigung, Versetzung und Abordnung in gleicher Weise geschützt wie ein Mitglied des Personalrats. Im Rahmen ihrer Aufgabenstellung und der damit zusammenhängenden Erledigung ist sie von Weisungen frei.

(5) Die Frauenvertreterin und ihre Stellvertreterin sind verpflichtet, über die persönlichen Verhältnisse von Beschäftigten, die ihnen aufgrund ihres Amtes bekannt geworden sind, sowie über Angelegenheiten, die ihrer Bedeutung oder ihrem Inhalt nach einer vertraulichen Behandlung bedürfen, Stillschweigen zu bewahren. Dies gilt auch über ihre Amtszeit hinaus. Diese Verpflichtung besteht bei Einwilligung der Beschäftigten nicht gegenüber der Dienststellenleitung, der Personalvertretung und der Gesamtfrauenvertreterin.

(6) Das für Frauenpolitik zuständige Mitglied des Senats koordiniert und organisiert den Informationsaustausch und die Fortbildung der Frauenvertreterinnen und Gesamtfrauenvertreterinnen.

§ 16a
Wahl

(1) Wahlberechtigt sind alle weiblichen Beschäftigten der Dienststelle. Abgeordnete oder nach § 20 des Beamtenstatusgesetzes zugewiesene Beschäftigte, Beamtinnen im Vorbereitungsdienst und Beschäftigte in entsprechender Ausbildung sind nur bei ihrer Stammbehörde wahlberechtigt.

(2) Wählbar sind alle weiblichen Beschäftigten, die am Wahltag das 18. Lebensjahr vollendet haben, seit einem Jahr im öffentlichen Dienst und seit drei Monaten im Dienst des Landes Berlin oder einer landesunmittelbaren Körperschaft, Anstalt oder Stiftung des öffentlichen Rechts beschäftigt sind. Nicht wählbar sind Beschäftigte, die infolge Richterspruchs die Fähigkeit, Rechte aus öffentlichen Wahlen zu erlangen, nicht besitzen, sowie
1. Leiterinnen von Einrichtungen nach § 1 oder Dienststellen im Sinne des Personalvertretungsgesetzes sowie deren ständige Vertreterinnen,
2. Beschäftigte, die zu selbständigen Entscheidungen in Personalangelegenheiten von nicht untergeordneter Bedeutung befugt sind,
3. Beschäftigte, die sich ausschließlich zum Zweck einer über- und außerbetrieblichen Ausbildung in einer Einrichtung des öffentlichen Dienstes befinden und
4. die Mitglieder des Wahlvorstands.

Satz 1 dritter Halbsatz findet keine Anwendung
1. auf Referendarinnen und Lehramtsanwärterinnen,
2. wenn die Dienststelle weniger als drei Jahre besteht,
3. wenn nicht mindestens fünf wählbare Dienstkräfte vorhanden sind.

(3) Die regelmäßigen Wahlen finden entsprechend den Regelungen im Personalvertretungsgesetz alle vier Jahre statt. Außerhalb dieses Zeitraums finden Wahlen statt, wenn

1. das Amt der Frauenvertreterin vorzeitig erlischt und keine Stellvertreterin nachrückt oder
2. die jeweilige Wahl mit Erfolg angefochten worden ist oder
3. Dienststellen ganz oder wesentliche Teile von Dienststellen zu einer neuen Dienststelle zusammengeschlossen werden oder in einer neuen Dienststelle keine Frauenvertreterin vorhanden ist.

(4) In den Fällen des Absatzes 3 Satz 2 Nummer 3 führen die bisherigen Frauenvertreterinnen unter Beibehaltung ihrer Freistellung die Geschäfte gemeinsam weiter bis zur Bekanntgabe des Wahlergebnisses der Neuwahl und der Annahmeerklärung der jeweils neu gewählten Frauenvertreterinnen, längstens jedoch bis zur Dauer von sechs Monaten. Der Wahlvorstand wird von den Frauenvertreterinnen gemeinsam bestellt. Im Falle der Schaffung einer neuen Dienststelle im Sinne des Absatzes 3 Satz 2 Nummer 3 führt die Frauenvertreterin der abgebenden Dienststelle die Geschäfte weiter und bestellt den Wahlvorstand; Satz 1 gilt entsprechend. Die Neuwahl der Frauenvertreterinnen soll jeweils zeitgleich mit der Personalratswahl durchgeführt werden.

(5) Hat außerhalb der Wahlen des für die regelmäßigen Wahlen der Frauenvertreterinnen festgelegten Zeitraums eine Wahl zur Frauenvertreterin stattgefunden, so ist die Frauenvertreterin in dem auf die Wahl folgenden nächsten Zeitraum der regelmäßigen Wahlen der Frauenvertreterinnen neu zu wählen. Hat die Amtszeit der Frauenvertreterin zu Beginn des für die regelmäßigen Wahlen der Frauenvertreterinnen festgelegten Zeitraums noch nicht ein Jahr betragen, so ist die Frauenvertreterin in dem übernächsten Zeitraum der regelmäßigen Wahlen der Frauenvertreterinnen neu zu wählen.

(6) Die Amtszeit der Frauenvertreterin beträgt entsprechend den Regelungen im Personalvertretungsgesetz vier Jahre. Sie beginnt mit dem Ablauf der Amtszeit der Vorgängerin, jedoch nicht vor Bekanntgabe des Wahlergebnisses der Neuwahl und der Annahmeerklärung der neu gewählten Frauenvertreterin. Das Amt erlischt vorzeitig, wenn die Frauenvertreterin es niederlegt, aus dem Arbeits- oder Dienstverhältnis ausscheidet oder die Wählbarkeit verliert. Auf Antrag eines Viertels der Wahlberechtigten kann das Verwaltungsgericht das Erlöschen des Amtes der Frauenvertreterin wegen grober Verletzung ihrer Pflichten beschließen.

(7) Die Wahl kann durch mindestens drei Wahlberechtigte beim Verwaltungsgericht angefochten werden, wenn gegen wesentliche Vorschriften über das Wahlrecht, die Wählbarkeit oder das Wahlverfahren verstoßen worden ist und eine Berichtigung nicht erfolgt ist, es sei denn, dass durch den Verstoß das Wahlergebnis nicht geändert oder beeinflusst werden konnte. Die Wahlanfechtung ist nur binnen einer Frist von zwei Wochen, vom Tage der Bekanntgabe des Wahlergebnisses an gerechnet, zulässig. Bis zur rechtskräftigen Entscheidung über die Anfechtung bleibt die Frauenvertreterin, deren Wahl angefochten ist, im Amt. Wird die Ungültigkeit der Wahl festgestellt, so sind unverzüglich Neuwahlen anzuberaumen.

(8) Der Senat wird ermächtigt, durch Rechtsverordnung nähere Vorschriften über die Vorbereitung und Durchführung der Wahl oder Bestellung der Frauenvertreterin und der Gesamtfrauenvertreterin sowie ihrer Vertreterinnen zu erlassen, in denen insbesondere die Bestellung eines Wahlvorstands, die Aufgaben des Wahlvorstands, die Durchführung einer Wahlausschreibung und die Möglichkeit einer Briefwahl geregelt werden.

§ 17
Aufgaben und Rechte der Frauenvertreterin

(1) Die Frauenvertreterin ist bei allen sozialen, organisatorischen und personellen Maßnahmen, sowie bei allen Vorlagen, Berichten und Stellungnahmen zu Fragen der Frauenförderung zu beteiligen.

(2) Dazu hat sie insbesondere die folgenden Rechte:
- Beteiligung an Stellenausschreibungen,
- Beteiligung am Auswahlverfahren,
- Teilnahme an Bewerbungsgesprächen,
- Beteiligung an Beurteilungen,
- Einsicht in die Personalakten, sofern und soweit auf deren Inhalt zur Begründung von Entscheidungen Bezug genommen wird oder die Einwilligung von den betroffenen Beschäftigten vorliegt,
- Einsicht in Bewerbungsunterlagen einschließlich der Unterlagen von Bewerberinnen und Bewerbern, die nicht in die engere Auswahl einbezogen wurden.

Die Frauenvertreterin hat ein Recht auf Auskunft in allen mit ihren Aufgaben in Zusammenhang stehenden Angelegenheiten, einschließlich des Rechts auf entsprechende Akteneinsicht. Das Recht auf Beteiligung umfasst über die in Satz 1 genannten Rechte hinaus die frühzeitige und umfassende Unterrichtung der Frauenvertreterin durch die Dienststelle in allen in Absatz 1 genannten Angelegenheiten sowie die Gewährung einer Gelegenheit zur Stellungnahme durch die Frauenvertreterin vor Entscheidungen. Die Beteiligung der Frauenvertreterin erfolgt vor dem Personalrat, in dringenden Fällen zeitgleich.

(3) Wird die Frauenvertreterin nicht oder nicht rechtzeitig beteiligt, so ist die Entscheidung über eine Maßnahme für zwei Wochen auszusetzen und die Beteiligung nachzuholen. In dringenden Fällen ist die Frist auf eine Woche, bei außerordentlichen Kündigungen auf drei Arbeitstage zu verkürzen.

(4) Bei der Besetzung von Vorstands- und Geschäftsleitungspositionen der Anstalten, Körperschaften und Stiftungen des öffentlichen Rechts, prüft die jeweils zuständige Frauenvertreterin, ob die Vorgaben dieses Gesetzes in Bezug auf
- das Erfordernis sowie die Art und den Inhalt der öffentlichen Bekanntmachung (§ 5 Absatz 3, § 5 Absatz 4 und 5),
- die Anzahl der zu einem Vorstellungsgespräch einzuladenden Bewerberinnen (§ 6 Absatz 2 in Verbindung mit § 6 Absatz 1),
- die Dokumentation des Verfahrens (§ 6 Absatz 3) sowie
- die Einbeziehung von Dritten in das Personalfindungsverfahren (§ 6 Absatz 4)

eingehalten wurden.

Dazu sind ihr alle hierfür wesentlichen, anonymisierten Informationen rechtzeitig in geeigneter Form zur Verfügung zu stellen. Sie legt das Ergebnis ihrer Prüfung innerhalb einer Woche vor der Besetzungsentscheidung dem dafür zuständigen Organ vor.

(5) Die Frauenvertreterin kann Sprechstunden während der Arbeitszeit einrichten. Zeit und Ort bestimmt sie im Einvernehmen mit der Dienststellenleitung. Sie führt einmal jährlich eine Versammlung der weiblichen Beschäftigten durch (Frauenversammlung). Bei dieser Gelegenheit erstattet sie einen Tätigkeitsbericht. Auf die Frauenversammlung sind die Regelungen des Personalvertretungsgesetzes zur Personalversammlung entsprechend anzuwenden.

(6) Unbeschadet der Rechte auf Beteiligung ist die Frauenvertreterin in allen mit ihren Aufgaben in Zusammenhang stehenden Angelegenheiten durch die Dienststellenleitung frühzeitig zu informieren. Geschieht dies nicht, so findet Absatz 3 entsprechend Anwendung.

(7) Die Frauenvertreterin nimmt Beschwerden über sexuelle Belästigungen entgegen, berät die Betroffenen und leitet Mitteilungen über sexuelle Belästigungen mit Einverständnis der Betroffenen der Dienststellenleitung zu.

(8) Die Vorschriften des § 92a Absatz 1 des Personalvertretungsgesetzes in der Fassung vom 14. Juli 1994 (GVBl. S. 337, 1995 S. 24), das zuletzt durch Artikel III des Gesetzes vom 25. Januar 2010 (GVBl. S. 22) geändert worden ist, über die Behandlung der Verschlusssachen der Verfassungsschutzbehörde gelten für die Frauenvertreterin der Verfassungsschutzabteilung bei der für Inneres zuständigen Senatsverwaltung entsprechend. 28

§ 18
Beanstandungen

(1) Beanstandet die Frauenvertreterin bei personellen oder sonstigen Maßnahmen einen Verstoß gegen dieses Gesetz, ist der Vorgang von der Dienststellenleitung unverzüglich erneut zu entscheiden. Die Beanstandung erfolgt spätestens 14 Tage, nachdem die Frauenvertreterin durch die Dienststelle schriftlich von der Maßnahme unterrichtet wurde. § 17 Absatz 3 Satz 2 gilt entsprechend.

(2) Die Frauenvertreterin kann die erneute Entscheidung innerhalb von 14 Tagen nach schriftlicher Unterrichtung durch die Dienststelle bei dem für Frauenpolitik zuständigen Mitglied des Senats beanstanden. Dieses legt der Dienststellenleitung einen Entscheidungsvorschlag vor. § 17 Absatz 3 Satz 2 gilt entsprechend.

(3) Bis zur Entscheidung durch die Dienststellenleitung und bis zur Vorlage des Entscheidungsvorschlags durch das für Frauenpolitik zuständige Mitglied des Senats wird die Entscheidung über die Maßnahme ausgesetzt. Der Vollzug der beanstandeten Maßnahme vor Ablauf der in Absatz 1 und 2 genannten Beanstandungsfristen ist unzulässig.

(4) Hält im Bereich der Berliner Hauptverwaltung (§ 2 Absatz 1 und 2 des Allgemeinen Zuständigkeitsgesetzes) eine Dienststellenleitung trotz gegenteiligen Entscheidungsvorschlags des für Frauenpolitik zuständigen Mitglieds des Senats an einer beanstandeten Maßnahme fest, so hat diese unverzüglich Mitteilung an das für Frauenpolitik zuständige Mitglied des Senats zu erstatten. Dieses legt den Vorgang dem Senat zur Beratung und Beschlussfassung vor. Die Beratung und Beschlussfassung erfolgt durch die Personalkommission des Senats. Bis zur Beschlussfassung der Personalkommission wird die Entscheidung über die Maßnahme weiterhin ausgesetzt.

(5) Die Absätze 1 bis 4 gelten nicht in den von § 17 Absatz 4 erfassten Fällen.

(6) Das für Frauenpolitik zuständige Mitglied des Senats ist Mitglied der Personalkommission des Senats.

§ 18a
Gesamtfrauenvertreterin

(1) Für diejenigen Dienststellen im Sinne des Personalvertretungsgesetzes mit Ausnahme der Hochschulen im Sinne des § 1 des Berliner Hochschulgesetzes, die einen Gesamtpersonalrat bilden, ist eine Gesamtfrauenvertreterin zu wählen. Für die Wahl, das aktive und passive Wahlrecht, den Wahlzeitraum, die Amtszeit, die Wahlanfechtung sowie die Vorbereitung und Durchführung der Wahl gelten § 16a sowie die Verordnung über die Wahl zur Frauenvertreterin vom 3. Juni 1993 (GVBl. S. 246) in der jeweiligen Fassung entsprechend.

(2) Der Gesamtwahlvorstand wird, wenn keine Gesamtfrauenvertreterin gewählt ist, von den Frauenvertreterinnen der zuständigen Dienststellen gemeinsam bestellt.

(3) Die Freistellung und die Vertretung der Gesamtfrauenvertreterin richten sich nach den für die Frauenvertreterin geltenden Vorschriften. Die gleichzeitige Ausübung des Amtes der Frauenvertreterin und des Amtes der Gesamtfrauenvertreterin ist ausgeschlossen.

(4) Die Gesamtfrauenvertreterin ist zuständig für die Beteiligung an den Angelegenheiten, an denen der Gesamtpersonalrat zu beteiligen ist, sowie für die Beteiligung bei allen sozialen, organisatorischen und personellen Maßnahmen, für die die Zuständigkeit einer Frauenvertreterin nicht gegeben ist, sowie für Angelegenheiten, für die die Zuständigkeit des Hauptpersonalrats begründet wurde. Die §§ 17, 18 und 20 gelten entsprechend.

§ 19
Berichtspflicht

(1) Der Senat berichtet dem Abgeordnetenhaus im Abstand von zwei Jahren über die Durchführung dieses Gesetzes.

(2) Die Berichtspflicht umfasst die bisherigen und geplanten Maßnahmen zur Durchführung dieses Gesetzes, insbesondere die Auskunft über die Entwicklung des Frauenanteils in den Besoldungs-, Vergütungs-, Entgelt- und Lohngruppen der einzelnen Laufbahn- und Berufsfachgruppen im öffentlichen Dienst, die Maßnahmen zur Frauenförderung und zur Förderung der Vereinbarkeit von Beruf und Familie bei der öffentlichen Auftragsvergabe und staatlichen Leistungsgewährung sowie die Dokumentation der Besetzungsverfahren von Vorstands- und Geschäftsleitungspositionen der Anstalten, Körperschaften und Stiftungen des öffentlichen Rechts.

(3) Die Einrichtungen nach § 1 oder Dienststellen im Sinne des Personalvertretungsgesetzes erstellen als Grundlage des Berichts des Senats eine Analyse der Beschäftigtenstruktur und erheben dazu insbesondere Angaben über

1. die Zahl der Beschäftigten,
2. die Einstellungen, Beförderungen und Höhergruppierungen sowie die Positionen mit Vorgesetzten- und Leitungsfunktionen, jeweils gegliedert nach Geschlecht sowie Voll- und Teilzeittätigkeit, und
3. a) die Gremien der Einrichtungen,
   b) die Gremienmitglieder sowie die in Gremien außerhalb der Verwaltung des Landes Berlin entsandten Mitglieder jeweils getrennt nach Geschlecht.

Die Anstalten, Körperschaften und Stiftungen des öffentlichen Rechts erheben bei der Besetzung von Vorstands- und Geschäftsleitungspositionen die Art der öffentlichen Bekanntmachung, die Einbeziehung von Dritten in den Personalfindungsprozess, die Anzahl der Bewerbungen von Frauen und Männern sowie die Anzahl der zu einem Vorstellungsgespräch eingeladenen Bewerberinnen und Bewerber. Die statistischen Angaben sowie die Analyse der Beschäftigtenstruktur sind alle zwei Jahre jeweils sechs Monate vor Abgabe des Berichts an das Abgeordnetenhaus der für Frauenpolitik zuständigen Senatsverwaltung zu übermitteln.

(4) Der Senat wird ermächtigt, durch Rechtsverordnung die einzelnen Vorgaben für die Erhebung der statistischen Angaben sowie die Berichterstattung zur Analyse der Beschäftigtenstruktur und zur Besetzung von Gremien zu regeln.

§ 20
Gerichtliches Verfahren

Die Frauenvertreterin kann das Verwaltungsgericht anrufen, um geltend zu machen, dass die Dienststelle ihre Rechte aus diesem Gesetz verletzt hat oder keinen oder einen nicht den Vorschriften dieses Gesetzes entsprechenden Frauenförderplan aufgestellt hat. Die Anrufung hat keine aufschiebende Wirkung.

§ 21
Verwirklichung des Gleichstellungsgebots in den Bezirken

(1) Der Verfassungsauftrag der Gleichstellung und der gleichberechtigten Teilhabe von Frauen und Männern ist bei der Wahrnehmung von Aufgaben und der Planung von Vorhaben in der Verwaltung zu beachten und gehört zu den Aufgaben der Berliner Bezirksverwaltungen. Ausschließlich dazu bestellen die Bezirksämter eine hauptamtlich tätige Frauen- oder Gleichstellungsbeauftragte. Die Dienstaufsicht über die Frauen- oder Gleichstellungsbeauftragte übt die Bezirksbürgermeisterin oder der Bezirksbürgermeister aus. Zur Erfüllung ihrer Aufgaben ist die Frauen- oder Gleichstellungsbeauftragte mit den notwendigen personellen und sachlichen Mitteln auszustatten.

(2) Das Bezirksamt informiert die Frauen- oder Gleichstellungsbeauftragte unverzüglich über Vorhaben, Programme, Maßnahmen und Entscheidungen, die ihre Aufgaben berühren, und gibt ihr vor einer Entscheidung innerhalb einer angemessenen Frist Gelegenheit zur Stellungnahme.

(3) Die Frauen- oder Gleichstellungsbeauftragte regt Vorhaben und Maßnahmen zur Verbesserung der Arbeits- und Lebensbedingungen von Frauen im Bezirk an. Sie arbeitet insbesondere mit gesellschaftlich relevanten Gruppen, Behörden und Betrieben zusammen. Die Frauen- oder Gleichstellungsbeauftragte informiert die Öffentlichkeit über Angelegenheiten ihres Aufgabenbereichs.

(4) Die Frauen- oder Gleichstellungsbeauftragte gibt dem Bezirksamt Empfehlungen zur Verwirklichung des Gebots zur Gleichstellung von Frauen und Männern. Dazu kann sie das Bezirksamt innerhalb einer angemessenen Frist zur Stellungnahme auffordern.

(5) In Angelegenheiten, die frauenpolitische Belange oder Fragen der Gleichstellung berühren, kann die Frauen- oder Gleichstellungsbeauftragte über das Bezirksamt Vorlagen zur Kenntnisnahme in die Bezirksverordnetenversammlung einbringen.

§ 22
Verwaltungsvorschriften

Die zur Durchführung dieses Gesetzes erforderlichen Verwaltungsvorschriften erlässt das für Frauenpolitik zuständige Mitglied des Senats.

§ 23
Inkrafttreten

Dieses Gesetz tritt am Tage nach der Verkündung im Gesetz- und Verordnungsblatt für Berlin in Kraft.

Berliner Pressegesetz

Vom 15. Juni 1965 (GVBl. S. 744),
zuletzt geändert durch Artikel 1 des Gesetzes vom 4. April 2016
(GVBl. S. 150)

§ 1
Freiheit der Presse

(1) Die Presse ist frei. Sie dient der freiheitlichen demokratischen Grundordnung.

(2) Die Freiheit der Presse unterliegt nur den Beschränkungen, die durch das Grundgesetz unmittelbar und in diesem Rahmen durch die geltenden Gesetze zugelassen sind.

(3) Sondermaßnahmen jeder Art, die die Pressefreiheit beeinträchtigen, sind verboten.

(4) Berufsorganisationen der Presse mit Zwangsmitgliedschaft und eine mit hoheitlicher Gewalt ausgestattete Standesgerichtsbarkeit der Presse sind unzulässig.

§ 2
Zulassungsfreiheit

Die Pressetätigkeit einschließlich der Errichtung eines Verlagsunternehmens oder eines sonstigen Betriebes des Pressegewerbes darf nicht von irgendeiner Zulassung abhängig gemacht werden.

§ 3
Öffentliche Aufgabe der Presse

(1) Die Presse erfüllt eine öffentliche Aufgabe.

(2) Die Presse hat alle Nachrichten vor ihrer Verbreitung mit der nach den Umständen gebotenen Sorgfalt auf Inhalt, Wahrheit und Herkunft zu prüfen.

(3) Die Presse nimmt berechtigte Interessen im Sinne des § 193 StGB wahr, wenn sie in Angelegenheiten von öffentlichem Interesse Nachrichten beschafft und verbreitet, Stellung nimmt, Kritik übt oder in anderer Weise an der Meinungsbildung mitwirkt.

§ 4
Informationsrecht der Presse

(1) Die Behörden sind verpflichtet, den Vertretern der Presse, die sich als solche ausweisen, zur Erfüllung ihrer öffentlichen Aufgabe Auskünfte zu erteilen.

(2) Auskünfte können nur verweigert werden, soweit

1. Vorschriften über die Geheimhaltung entgegenstehen oder
2. Maßnahmen ihrem Wesen nach dauernd oder zeitweise geheimgehalten werden müssen, weil ihre Bekanntgabe oder ihre vorzeitige Bekanntgabe die öffentlichen Interessen schädigen oder gefährden würde oder
3. hierdurch die sachgerechte Durchführung eines schwebenden Verfahrens vereitelt, erschwert, verzögert oder gefährdet werden könnte oder
4. ein schutzwürdiges privates Interesse verletzt würde.

(3) Allgemeine Anordnungen, die einer Behörde Auskünfte an die Presse verbieten, sind unzulässig.

(4) Die Verleger einer Zeitung oder Zeitschrift können von den Behörden verlangen, dass ihnen deren amtliche Bekanntmachungen nicht später als ihren Mitbewerbern zur Verwendung zugeleitet werden.

(5) Die Vorschriften des Berliner Informationsfreiheitsgesetzes vom 15. Oktober 1999 (GVBl. S. 561), das zuletzt durch Gesetz vom 23. Juni 2015 (GVBl. S. 285) geändert worden ist, in der jeweils geltenden Fassung, bleiben unberührt.

§ 5
(aufgehoben)

§ 6
Begriffsbestimmungen

(1) Druckwerke im Sinne dieses Gesetzes sind alle mittels der Buchdruckerpresse oder eines sonstigen zur Massenherstellung geeigneten Vervielfältigungsverfahrens hergestellten und zur Verbreitung bestimmten Schriften, besprochene Tonträger, bildlichen Darstellungen mit und ohne Schrift und Musikalien mit Text oder Erläuterungen.

(2) Zu den Druckwerken gehören auch die vervielfältigten Mitteilungen, mit denen Nachrichtenagenturen, Pressekorrespondenzen, Materndienste und ähnliche Unternehmungen die Presse mit Beiträgen in Wort, Bild oder ähnlicher Weise versorgen. Als Druckwerke gelten ferner die von einem presseredaktionellen Hilfsunternehmen gelieferten Mitteilungen ohne Rücksicht auf die technische Form, in der sie geliefert werden.

(3) Den Bestimmungen dieses Gesetzes über Druckwerke unterliegen nicht

1. amtliche Druckwerke, soweit sie ausschließlich amtliche Mitteilungen enthalten,
2. die nur Zwecken des Gewerbes und Verkehrs, des häuslichen und geselligen Lebens dienenden Druckwerke, wie Formulare, Preislisten, Werbedrucksachen, Familienanzeigen, Geschäfts-, Jahres- und Verwaltungsberichte und dergleichen, sowie Stimmzettel für Wahlen.

(4) Periodische Druckwerke sind Zeitungen, Zeitschriften und andere in ständiger, wenn auch unregelmäßiger Folge und im Abstand von nicht mehr als sechs Monaten erscheinende Druckwerke.

§ 7
Impressum

(1) Auf jedem im Geltungsbereich dieses Gesetzes erscheinenden Druckwerk müssen Name oder Firma und Wohnort oder Geschäftssitz der Drucker und der Verleger, beim Selbstverlag der Verfasser oder der Herausgeber, genannt sein.

(2) Auf den periodischen Druckwerken sind ferner der Name und die Anschrift der verantwortlichen Redakteure anzugeben. Sind mehrere Redakteure verantwortlich, so muß das Impressum die in Satz 1 geforderten Angaben für jeden von ihnen enthalten. Hierbei ist kenntlich zu machen, für welchen Teil oder sachlichen Bereich des Druckwerks jeder einzelne verantwortlich ist. Für den Anzeigenteil ist eine verantwortliche Person zu benennen; für diese gelten die Vorschriften über die verantwortlichen Redakteure entsprechend.

(3) Zeitungen und Anschlußzeitungen, die regelmäßig Sachgebiete oder ganze Seiten des redaktionellen Teils fertig übernehmen, haben im Impressum auch die für den übernommenen Teil verantwortlichen Redakteure und Verleger zu benennen.

§ 7a
Offenlegung der Inhaber- und Beteiligungsverhältnisse

(1) Die Verleger eines periodischen Druckwerks müssen in regelmäßigen Zeitabständen im Druckwerk die Inhaber- und Beteiligungsverhältnisse ihres Verlags und ihre Rechtsbeziehungen zu mit ihnen verbundenen Presse- und Rundfunkunternehmen (§ 15 des Aktiengesetzes) offen legen. Die Bekanntgabe erfolgt

1. bei täglich oder wöchentlich erscheinenden Druckwerken in dem Impressum der ersten Ausgabe jedes Kalenderhalbjahres,
2. bei anderen periodischen Druckwerken in dem Impressum der ersten Ausgabe jedes Kalenderjahres.

Änderungen der Inhaber- und Beteiligungsverhältnisse sind unverzüglich bekannt zu machen.

(2) Bei der Offenlegung sind mindestens anzugeben:

1. bei Einzelkaufleuten: Vorname, Name, Beruf und Wohnort der Inhaber;
2. bei offenen Handelsgesellschaften: Vorname, Name, Beruf und Wohnort jedes Gesellschafters;
3. bei Kommanditgesellschaften: Vorname, Name, Beruf und Wohnort der persönlich haftenden Gesellschafter und der Kommanditisten;
4. bei Aktiengesellschaften: Vorname, Name und Wohnort derjenigen Aktionäre, die mehr als 25 vom Hundert des Aktienkapitals besitzen, sowie der Mitglieder der Aufsichtsräte unter Benennung ihrer Vorsitzenden;
5. bei Kommanditgesellschaften auf Aktien: Vorname, Name, Beruf und Wohnort der persönlich haftenden Gesellschafter, der Aktionäre, die mehr als 25 vom Hundert des Aktienkapitals besitzen, sowie der Mitglieder des Aufsichtsrats unter Benennung seines Vorsitzenden;
6. bei Gesellschaften mit beschränkter Haftung: Vorname, Name, Beruf und Wohnort aller Gesellschafter mit einer Stammeinlage von mehr als 5 vom Hundert des Stammkapitals unter bruchteilsmäßiger Angabe der geleisteten Stammeinlage;
7. bei Genossenschaften: Vorname, Name, Beruf und Wohnort der Mitglieder der Vorstände und der Aufsichtsräte unter Benennung ihrer Vorsitzenden.

(3) Außerdem sind alle stillen Beteiligungen und Anteilstreuhandschaften aufzuführen unter genauer Bezeichnung der stillen Gesellschafter und Treugeber. Ferner haben die Gesellschafter auch gegenüber der Gesellschaft Anteilstreuhandschaften mit Dritten offen zu legen unter genauer Bezeichnung der Treugeber.

(4) Ist an einer Verlagsgesellschaft eine andere Gesellschaft zu mehr als einem Viertel beteiligt, so sind über diese Gesellschaft die gleichen Angaben zu machen wie sie in Absatz 2 für die Verleger vorgeschrieben sind.

(5) Die Bezeichnung des Berufs muss bei Bestehen eines Dienstverhältnisses die jeweiligen Dienstgeber erkennen lassen; bei Personen, die Inhaber oder Mitinhaber anderer wirtschaftlicher Unternehmungen sind, müssen die Unternehmungen mit den Angaben über den Beruf genannt werden.

§ 8
Persönliche Anforderungen an die verantwortlichen Redakteure

(1) Als verantwortliche Redakteure können diejenigen nicht tätig sein und beschäftigt werden, die

1. ihren ständigen Aufenthalt außerhalb der Mitgliedstaaten der Europäischen Union und der Vertragsstaaten des Abkommens über den Europäischen Wirtschaftsraum haben,
2. infolge Richterspruchs die Fähigkeit, öffentliche Ämter zu bekleiden, Rechte aus öffentlichen Wahlen zu erlangen oder in öffentlichen Angelegenheiten zu wählen oder zu stimmen, nicht besitzen,
3. nicht unbeschränkt geschäftsfähig sind,
4. nicht unbeschränkt strafgerichtlich verfolgt werden können.

(2) Die Vorschrift des Absatzes 1 Nummer 3 gilt nicht für Druckwerke, die von Jugendlichen für Jugendliche herausgegeben werden.

(3) Die Vorschriften des Absatzes 1 Nummer 1 und 4 gelten nicht für periodisch erscheinende Zeitschriften, die Zwecken der Wissenschaft oder der Kunst dienen. Für diese Zeitschriften muss eine verantwortliche Person im Geltungsbereich des Grundgesetzes benannt werden; diese braucht nicht die verantwortliche Person für den redaktionellen Teil zu sein.

Auf diese Verantwortlichen finden im Übrigen die Vorschriften dieses Gesetzes über die verantwortlichen Redakteure Anwendung.

(4) Die Vorschrift des Absatzes 1 Nr. 2 gilt nicht für Druckwerke, die in Justizvollzugsanstalten im Rahmen der Gefangenenmitverantwortung für Gefangene herausgegeben werden.

§ 9
Kennzeichnung entgeltlicher Veröffentlichungen

Haben die Verleger eines periodischen Druckwerks oder die Verantwortlichen (§ 7 Abs. 2 Satz 4) für eine Veröffentlichung ein Entgelt erhalten, gefordert oder sich versprechen lassen, so haben sie diese Veröffentlichung, soweit sie nicht schon durch Anordnung und Gestaltung allgemein als Anzeige zu erkennen ist, deutlich mit dem Wort „Anzeige" zu bezeichnen.

§ 10
Gegendarstellungsanspruch

(1) Die verantwortlichen Redakteure und die Verleger eines periodischen Druckwerks sind verpflichtet, eine Gegendarstellung von Personen oder Stellen zum Abdruck zu bringen, die durch eine in dem Druckwerk aufgestellte Tatsachenbehauptung betroffen sind. Die Verpflichtung erstreckt sich auf alle Nebenausgaben des Druckwerks, in denen die Tatsachenbehauptung erschienen ist.

(2) Die Pflicht zum Abdruck einer Gegendarstellung besteht nicht, wenn die betroffene Person oder Stelle kein berechtigtes Interesse an der Veröffentlichung hat, wenn die Gegendarstellung ihrem Umfang nach nicht angemessen ist oder bei Anzeigen, die ausschließlich dem geschäftlichen Verkehr dienen. Überschreitet die Gegendarstellung nicht den Umfang des beanstandeten Textes, so gilt sie als angemessen. Die Gegendarstellung muß sich auf tatsächliche Angaben beschränken und darf keinen strafbaren Inhalt haben. Der Abdruck der Gegendarstellung kann von den betroffenen Personen oder Stellen oder ihren Vertretern nur verlangt werden, wenn die Gegendarstellung den verantwortlichen Redakteuren oder den Verlegern unverzüglich, spätestens innerhalb von drei Monaten nach der Veröffentlichung, zugeht. Die Gegendarstellung bedarf der Schriftform.

(3) Die Gegendarstellung muß in der nach Empfang der Einsendung nächstfolgenden, für den Druck nicht abgeschlossenen Nummer in dem gleichen Teil des Druckwerks und mit gleicher Schrift wie der beanstandete Text ohne Einschaltungen und Weglassungen abgedruckt werden; die Gegendarstellung darf nicht in Form eines Leserbriefs erscheinen. Der Abdruck ist kostenfrei; dies gilt nicht für Anzeigen. Wer sich zu der Gegendarstellung in derselben Nummer äußert, muß sich auf tatsächliche Angaben beschränken.

(4) Für die Durchsetzung des vergeblich geltendgemachten Gegendarstellungsanspruchs ist der ordentliche Rechtsweg gegeben. Auf Antrag der betroffenen Personen oder Stellen kann das Gericht anordnen, daß die verantwortlichen Redakteure und die Verleger in der Form des Absatzes 3 eine Gegendarstellung veröffentlichen. Auf dieses Verfahren sind die Vorschriften der Zivilprozeßordnung über das Verfahren auf Erlaß einer einstweiligen Verfügung entsprechend anzuwenden. Eine Gefährdung des Anspruchs braucht nicht glaubhaft gemacht zu werden. Ein Verfahren zur Hauptsache findet nicht statt.

(5) Die Absätze 1 bis 4 gelten nicht für wahrheitsgetreue Berichte über öffentliche Sitzungen der gesetzgebenden oder beschließenden Organe des Bundes, der Länder, der Gemeinden (Gemeindeverbände), der Bezirke sowie der Gerichte.

(6) Auf den Rundfunk (Hörfunk und Fernsehen) finden die Absätze 1 bis 5 entsprechende Anwendung. Der Gegendarstellungsanspruch richtet sich gegen die Rundfunkanstalt, die für die redaktionelle Gestaltung der Sendung verantwortlich ist. Die Gegendarstellung muß unverzüglich für den gleichen Bereich sowie zu einer gleichwertigen Sendezeit wie die beanstandete Sendung verbreitet werden.

§ 11
(aufgehoben)

§ 12
(aufgehoben)

§ 13
(aufgehoben)

§ 14
Verbreitungsverbot für beschlagnahmte Druckwerke

(1) Während der Dauer einer Beschlagnahme ist die Verbreitung des von ihr betroffenen Druckwerks oder der Wiederabdruck des die Beschlagnahme veranlassenden Teiles dieses Druckwerks verboten.

(2) Auf die Beschlagnahme einzelner Stücke eines Druckwerks zur Sicherung des Beweises findet Absatz 1 keine Anwendung.

§ 15
(aufgehoben)

§ 16
(aufgehoben)

§ 17
(aufgehoben)

§ 18
(aufgehoben)

§ 19
Strafrechtliche Verantwortung

(1) Die Verantwortlichkeit für Straftaten, die mittels eines Druckwerks begangen werden, bestimmt sich nach den allgemeinen Gesetzen.

(2) Ist mittels eines Druckwerks eine rechtswidrige Tat begangen worden, die den Tatbestand eines Strafgesetzes verwirklicht, so werden, soweit sie nicht wegen dieser Handlung schon nach Absatz 1 als Täter oder Teilnehmer strafbar sind,

1. bei periodischen Druckwerken die verantwortlichen Redakteure, wenn sie ihre Verpflichtung verletzt haben, Druckwerke von strafbarem Inhalt freizuhalten,
2. bei sonstigen Druckwerken die Verleger, wenn sie ihre Aufsichtspflicht verletzt haben und die rechtswidrige Tat hierauf beruht,

mit Freiheitsstrafe bis zu einem Jahr oder mit Geldstrafe bestraft. Wird die rechtswidrige Tat nur auf Antrag oder mit Ermächtigung verfolgt, so ist eine Strafverfolgung nach den Nummern 1 und 2 nur auf Antrag oder mit Ermächtigung zulässig.

§ 20
Strafbare Verletzung der Presseordnung

Mit Freiheitsstrafe bis zu sechs Monaten oder mit Geldstrafe bis zu einhundertachtzig Tagessätzen werden diejenigen bestraft, die

1. als Verleger Personen zu verantwortlichen Redakteuren oder Verantwortlichen (§ 7 Absatz 2 und § 8 Absatz 3) bestellen, die nicht den Anforderungen des § 8 entsprechen,
2. als verantwortliche Redakteure zeichnen, obwohl sie die Voraussetzungen des § 8 nicht erfüllen,
3. als verantwortliche Redakteure oder Verleger – beim Selbstverlag als Verfasser oder Herausgeber – bei einem Druckwerk strafbaren Inhalts den Vorschriften über das Impressum (§ 7) zuwiderhandeln,
4. entgegen dem Verbot des § 14 ein beschlagnahmtes Druckwerk verbreiten oder wieder abdrucken.

§ 21
Ordnungswidrigkeiten

(1) Ordnungswidrig handeln diejenigen, die vorsätzlich oder fahrlässig
1. als verantwortliche Redakteure oder Verleger – beim Selbstverlag als Verfasser oder Herausgeber – den Vorschriften über das Impressum (§ 7) zuwiderhandeln oder als Unternehmer Druckwerke verbreiten, in denen die nach § 7 vorgeschriebenen Angaben (Impressum) ganz oder teilweise fehlen,
2. gegen die Verpflichtung aus § 7a verstoßen,
3. als Verleger oder als Verantwortliche (§ 7 Absatz 2 Satz 4) eine Veröffentlichung gegen Entgelt nicht als Anzeige kenntlich machen oder kenntlich machen lassen (§ 9),
4. gegen die Verpflichtung aus § 10 Absatz 3 Satz 3 verstoßen.

(2) Ordnungswidrig handelt auch, wer fahrlässig eine der in § 19 Abs. 2 oder § 20 bezeichneten Handlungen begeht.

(3) Die Ordnungswidrigkeit kann mit einer Geldbuße bis zu 5 000 Euro geahndet werden.

(4) Verwaltungsbehörde im Sinne des § 36 Abs. 1 Nr. 1 des Gesetzes über Ordnungswidrigkeiten ist der Polizeipräsident.

§ 22
Verjährung

(1) Die Verfolgung von Straftaten nach diesem Gesetz oder von Straftaten, die mittels eines Druckwerks begangen werden, verjährt bei Verbrechen in einem Jahr, bei Vergehen in sechs Monaten.

(2) Die Verfolgung der in § 21 genannten Ordnungswidrigkeiten verjährt in drei Monaten.

(3) Die Verjährung beginnt mit der Veröffentlichung oder Verbreitung des Druckwerks. Wird das Druckwerk in Teilen veröffentlicht oder verbreitet oder wird es neu aufgelegt, so beginnt die Verjährung erneut mit der Veröffentlichung oder Verbreitung der weiteren Teile oder Auflagen.

(4) Bei Vergehen nach den §§ 86, 86a und 129a Absatz 5, auch in Verbindung mit § 129b Abs. 1, sowie nach den §§ 130, 131 und 184a, 184b und 184c des Strafgesetzbuches gelten die Vorschriften des Strafgesetzbuches über die Verfolgungsverjährung.

§ 22a
Anwendbarkeit des Bundesdatenschutzgesetzes

Soweit Unternehmen oder Hilfsunternehmen der Presse personenbezogene Daten ausschließlich zu eigenen journalistisch-redaktionellen oder literarischen Zwecken erheben, verarbeiten oder nutzen, gelten nur die §§ 5, 9 und 38a des Bundesdatenschutzgesetzes vom 20. Dezember 1990 (BGBl. I S. 2954), das zuletzt durch Artikel 1 des Gesetzes vom

25. Februar 2015 (BGBl. I S. 162) geändert worden ist, in der jeweils geltenden Fassung, entsprechend. § 7 des Bundesdatenschutzgesetzes gilt mit der Maßgabe, dass nur für Schäden gehaftet wird, die durch eine Verletzung des Datengeheimnisses nach § 5 des Bundesdatenschutzgesetzes oder durch unzureichende technische oder organisatorische Maßnahmen im Sinne des § 9 des Bundesdatenschutzgesetzes eintreten.

§ 23
Geltung für den Rundfunk

(1) Für den Rundfunk (Hörfunk und Fernsehen) gelten die §§ 1, 3, 4, 8, 14, § 19 Absatz 1 und Absatz 2 Nummer 1, § 20 Nummer 1 bis 4, § 21 Absatz 1 Nummer 4 und Absatz 2 bis 4 sowie § 22a entsprechend. § 22 gilt entsprechend mit der Maßgabe, dass auch bei Vergehen nach § 184d in Verbindung mit den §§ 184a bis 184c des Strafgesetzbuches die Vorschriften des Strafgesetzbuches über die Verfolgungsverjährung anzuwenden sind.

(2) Der Staatsvertrag über die Errichtung der Anstalt des öffentlichen Rechts „Zweites Deutsches Fernsehen" vom 6. Juni 1961 (GVBl. S. 1641) bleibt unberührt.

§ 24
Schlußbestimmungen

(1) Dieses Gesetz tritt am 1. August 1965 in Kraft.

(2) Gleichzeitig tritt außer Kraft das Reichsgesetz über die Presse vom 7. Mai 1874 (RGBl. S. 65) in der Fassung der Änderungsgesetze vom 1. Juli 1883 (RGBl. S. 159), vom 3. Juni 1914 (RGBl. S. 195), vom 4. März 1931 (RGBl. I S. 29), vom 28. Juni 1935 (RGBl. I S. 839) und vom 4. August 1953 (BGBl. I S. 735).

Gesetz zum Schutz von Denkmalen in Berlin (Denkmalschutzgesetz Berlin – DSchG Bln)

Vom 24. April 1995 (GVBl. S. 274),
zuletzt geändert durch Artikel 30 des Gesetzes vom 2. Februar 2018
(GVBl. S. 160)

ERSTER ABSCHNITT
Aufgaben, Gegenstand und Organisation des Denkmalschutzes

§ 1
Aufgaben

(1) Es ist Aufgabe von Denkmalschutz und Denkmalpflege, Denkmale nach Maßgabe dieses Gesetzes zu schützen, zu erhalten, zu pflegen, wissenschaftlich zu erforschen und den Denkmalgedanken und das Wissen über Denkmale zu verbreiten.

(2) Die Belange des Denkmalschutzes und der Denkmalpflege sind in die städtebauliche Entwicklung, Landespflege und Landesplanung einzubeziehen und bei öffentlichen Planungen und Maßnahmen angemessen zu berücksichtigen.

§ 2
Begriffsbestimmungen

(1) Denkmale im Sinne dieses Gesetzes sind Baudenkmale, Denkmalbereiche, Gartendenkmale sowie Bodendenkmale.

(2) Ein Baudenkmal ist eine bauliche Anlage oder ein Teil einer baulichen Anlage, deren oder dessen Erhaltung wegen der geschichtlichen, künstlerischen, wissenschaftlichen oder städtebaulichen Bedeutung im Interesse der Allgemeinheit liegt. Zu einem Baudenkmal gehören sein Zubehör und seine Ausstattung, soweit sie mit dem Baudenkmal eine Einheit von Denkmalwert bilden.

(3) Ein Denkmalbereich (Ensemble, Gesamtanlage) ist eine Mehrheit baulicher Anlagen einschließlich der mit ihnen verbundenen Straßen und Plätze sowie Grünanlagen und Frei- und Wasserflächen, deren Erhaltung aus in Absatz 2 genannten Gründen im Interesse der Allgemeinheit liegt, und zwar auch dann, wenn nicht jeder einzelne Teil des Denkmalbereichs ein Denkmal ist. Auch Siedlungen können Denkmalbereiche sein.

(4) Ein Gartendenkmal ist eine Grünanlage, eine Garten- oder Parkanlage, ein Friedhof, eine Allee oder ein sonstiges Zeugnis der Garten- und Landschaftsgestaltung, deren oder dessen Erhaltung aus in Absatz 2 genannten Gründen im Interesse der Allgemeinheit liegt. Zu einem Gartendenkmal gehören sein Zubehör und seine Ausstattung, soweit sie mit dem Gartendenkmal eine Einheit von Denkmalwert bilden.

(5) Ein Bodendenkmal ist eine bewegliche oder unbewegliche Sache, die sich im Boden oder in Gewässern befindet oder befunden hat und deren Erhaltung aus in Absatz 2 genannten Gründen im Interesse der Allgemeinheit liegt.

§ 3
Bodendenkmale

(1) Wer ein Bodendenkmal entdeckt, hat die Arbeiten an der Fundstelle sofort einzustellen und die Entdeckung unverzüglich der unteren Denkmalschutzbehörde anzuzeigen. Zur Anzeige verpflichtet sind der Entdecker und der Verfügungsberechtigte; wird das Boden-

denkmal bei der Durchführung eines Bauvorhabens entdeckt, so ist auch der Bauleiter zur Anzeige verpflichtet. Der Fund und die Fundstelle sind bis zum Ablauf von vier Werktagen nach der Anzeige in unverändertem Zustand zu belassen. Die oberste Denkmalschutzbehörde kann diese Frist angemessen verlängern, wenn die sachgerechte Untersuchung oder die Bergung des Bodendenkmals dies erfordert. Ist das Bodendenkmal bei laufenden Arbeiten entdeckt worden, soll die Frist von vier Werktagen nur überschritten werden, wenn der Betroffene hierdurch nicht wirtschaftlich unzumutbar belastet wird. Die zuständige Denkmalbehörde ist unbeschadet des Eigentumsrechts berechtigt, den Bodenfund auszuwerten und, soweit es sich um bewegliche Bodendenkmale handelt, zu bergen und zur wissenschaftlichen Bearbeitung in Besitz zu nehmen, grundsätzlich jedoch nicht länger als sechs Monate vom Eingang der Anzeige an gerechnet.

(2) Bewegliche Bodendenkmale, deren Eigentümer nicht mehr zu ermitteln sind, werden mit der Entdeckung Eigentum des Landes Berlin.

(3) Das Graben nach Bodendenkmalen bedarf unbeschadet sonstiger Erlaubnisse der Genehmigung der zuständigen Denkmalbehörde. Die Genehmigung ist zu versagen, wenn nicht Gewähr dafür gegeben ist, daß die Durchführung der Grabung dem Schutze und der Pflege der Bodendenkmale gerecht wird.

(4) Abgegrenzte Flächen, in denen Bodendenkmale vorhanden sind oder vermutet werden, kann die zuständige Senatsverwaltung durch Rechtsverordnung zu Grabungsschutzgebieten erklären. In Grabungsschutzgebieten bedürfen Arbeiten, die Bodendenkmale zu Tage fördern oder gefährden können, der Genehmigung der zuständigen Denkmalbehörde. § 13 gilt entsprechend. Eine bisherige land- und forstwirtschaftliche Nutzung bleibt ohne Genehmigung zulässig, sofern sie bodendenkmalverträglich ist.

§ 4
Denkmalliste

(1) Denkmale sind nachrichtlich in ein öffentliches Verzeichnis (Denkmalliste) einzutragen. Bewegliche Bodendenkmale im Eigentum staatlicher oder kommunaler Museen und Sammlungen sind nur in den dort zu führenden Inventaren einzutragen.

(2) Die Eintragung erfolgt von Amts wegen oder auf Anregung des Verfügungsberechtigten. Eintragungen in den Denkmallisten werden von Amts wegen oder auf Anregung des Verfügungsberechtigten gelöscht, wenn die Eintragungsvoraussetzungen entfallen sind. Dies gilt nicht, wenn die Wiederherstellung eines Denkmals angeordnet ist. Die Verfügungsberechtigten werden umgehend von der Eintragung sowie der Löschung unterrichtet.

(3) Die Denkmallisten werden ortsüblich bekannt gemacht. Die Einsicht in die Denkmallisten ist jedermann gestattet.

§ 5
Denkmalfachbehörde

(1) Denkmalfachbehörde ist eine der zuständigen Senatsverwaltung nachgeordnete Behörde.

(2) Der Denkmalfachbehörde obliegen insbesondere folgende Aufgaben:

1. Mitwirkung beim Vollzug dieses Gesetzes und nach Maßgabe weiterer einschlägiger Bestimmungen,
2. systematische Erfassung von Denkmalen (Inventarisierung) und Erstellen einer Denkmaltopographie sowie deren Veröffentlichung,
3. nachrichtliche Aufnahme von Denkmalen in ein Verzeichnis (Denkmalliste) und dessen Führung,
4. wissenschaftliche Untersuchungen der Denkmale und Unterhaltung denkmalfachlicher Sammlungen als Beitrag zur Landesgeschichte,
5. Beratung und Unterstützung der Eigentümer und Besitzer von Denkmalen bei Pflege, Unterhaltung und Wiederherstellung,

6. Hinwirken auf die Berücksichtigung von Denkmalen bei der städtebaulichen Entwicklung,
7. Herausgabe von Rundschreiben zur Pflege von Denkmalen,
8. fachliche Beratung und Erstattung von Gutachten in allen Angelegenheiten der Denkmalpflege,
9. Vergabe von Denkmalpflegezuschüssen,
10. Veröffentlichung und Verbreitung von denkmalfachlichen Erkenntnissen,
11. Vertretung öffentlicher Belange des Denkmalschutzes und der Denkmalpflege,
12. Wahrnehmung von Ordnungsaufgaben nach diesem Gesetz, soweit Aufgaben der Hauptverwaltung,
13. Entscheidung über die Zustimmung nach § 6 Abs. 5 Satz 1.

(3) Die Denkmalfachbehörde untersteht der Fachaufsicht der zuständigen Senatsverwaltung (oberste Denkmalschutzbehörde).

§ 6
Denkmalschutzbehörden

(1) Den Denkmalschutzbehörden als Sonderordnungsbehörden obliegt der Schutz der Denkmale im Sinne des § 2 Abs. 1.

(2) Oberste Denkmalschutzbehörde ist die zuständige Senatsverwaltung.

(3) Untere Denkmalschutzbehörden sind die Bezirksämter; sie sind für alle Ordnungsaufgaben nach diesem Gesetz zuständig, soweit nichts anderes bestimmt ist.

(4) Der Stiftung Preußische Schlösser und Gärten Berlin-Brandenburg obliegen in bezug auf denkmalgeschütztes Stiftungsvermögen die Aufgaben einer unteren Denkmalschutzbehörde nach Absatz 3. Absatz 5 gilt entsprechend.

(5) Die unteren Denkmalschutzbehörden entscheiden im Einvernehmen[1)] mit der Denkmalfachbehörde. Das Einvernehmen gilt als hergestellt, wenn nicht innerhalb von vier Wochen eine Stellungnahme der Denkmalfachbehörde vorliegt. Kommt kein Einvernehmen zustande, so trifft die oberste Denkmalschutzbehörde als zuständige Behörde innerhalb von zwei Wochen die Entscheidung. Bei Gefahr im Verzug können die unteren Denkmalschutzbehörden vorläufig ohne Einvernehmen mit der Fachbehörde zum Schutze der Denkmale entscheiden. In diesen Fällen ist eine einvernehmliche Entscheidung mit der Fachbehörde unverzüglich nachzuholen. Satz 3 gilt entsprechend.

(6) Die Denkmalfachbehörde berichtet vor Einvernehmenserteilung der obersten Denkmalschutzbehörde regelmäßig über überwiegend Wohnzwecken (Neubau- oder Sanierungsmaßnahmen) dienende Vorhaben, für die eine denkmalrechtliche Genehmigungspflicht besteht und für die eine Erteilung des Einzeleinvernehmens erforderlich wird.

§ 7
Landesdenkmalrat

(1) Der Landesdenkmalrat berät das zuständige Mitglied des Senats. In allen Angelegenheiten von grundsätzlicher Bedeutung ist er zu hören.

(2) In den Landesdenkmalrat werden auf Vorschlag des zuständigen Mitglieds des Senats vom Senat für die Dauer von vier Jahren zwölf Mitglieder berufen. Der Landesdenkmalrat soll sich aus Vertretern der Fachgebiete der Denkmalpflege, der Geschichte und der Architektur sowie paritätisch aus sachberührten Bürgern und Institutionen Berlins zusammensetzen.

(3) Die Mitglieder des Landesdenkmalrates sind ehrenamtlich tätig. Sie sind an Weisungen nicht gebunden.

(4) Der Landesdenkmalrat wählt aus seiner Mitte den Vorsitzenden und dessen Stellvertreter.

1) Siehe hierzu Ausführungsvorschriften (AV-Einvernehmen) vom 30. Juli 2014 (www.stadtentwicklung.berlin.de/service).

(5) Das Nähere regelt die Geschäftsordnung des Landesdenkmalrates, die vom Senat erlassen wird.

ZWEITER ABSCHNITT
Allgemeine Schutzvorschriften

§ 8
Erhaltung von Denkmalen

(1) Der Verfügungsberechtigte ist verpflichtet, ein Denkmal im Rahmen des Zumutbaren instand zu halten und instand zu setzen, es sachgemäß zu behandeln und vor Gefährdungen zu schützen. Mängel, die die Erhaltung des Denkmals gefährden, hat er der zuständigen Denkmalbehörde unverzüglich anzuzeigen.

(2) Der Verfügungsberechtigte kann durch die zuständige Denkmalbehörde verpflichtet werden, bestimmte Maßnahmen zur Erhaltung des Denkmals durchzuführen. Kommt der Verfügungsberechtigte seiner Verpflichtung nach Absatz 1 Satz 1 nicht nach und droht hierdurch eine unmittelbare Gefahr für den Bestand eines Denkmals, kann die zuständige Denkmalbehörde die gebotenen Maßnahmen selbst durchführen oder durchführen lassen. Der Verfügungsberechtigte kann im Rahmen des Zumutbaren zur Erstattung der entstandenen Kosten herangezogen werden. Mieter, Pächter und sonstige Nutzungsberechtigte haben die Durchführung der Maßnahmen zu dulden.

(3) Für Denkmale kann die Erstellung von Denkmalpflegeplänen durch den Verfügungsberechtigten von der zuständigen Denkmalbehörde angeordnet werden, sofern dies zur dauerhaften Erhaltung der Denkmale sowie zur Vermittlung des Denkmalgedankens und des Wissens über Denkmale erforderlich ist. Denkmale sind nach diesen Denkmalpflegeplänen im Rahmen des Zumutbaren zu erhalten und zu pflegen.

§ 9
Nutzung von Denkmalen

Denkmale sind so zu nutzen, daß ihre Erhaltung auf Dauer gewährleistet ist.

§ 10
Schutz der unmittelbaren Umgebung

(1) Die unmittelbare Umgebung eines Denkmals, soweit sie für dessen Erscheinungsbild von prägender Bedeutung ist, darf durch Errichtung oder Änderung baulicher Anlagen, durch die Gestaltung der unbebauten öffentlichen und privaten Flächen oder in anderer Weise nicht so verändert werden, daß die Eigenart und das Erscheinungsbild des Denkmals wesentlich beeinträchtigt werden.

(2) Die unmittelbare Umgebung eines Denkmals ist der Bereich, innerhalb dessen sich die bauliche oder sonstige Nutzung von Grundstücken oder von öffentlichen Flächen auf das Denkmal prägend auswirkt.

DRITTER ABSCHNITT
Maßnahmen des Denkmalschutzes; öffentliche Förderung; Verfahrensvorschriften

§ 11
Genehmigungspflichtige Maßnahmen

(1) Ein Denkmal darf nur mit Genehmigung der zuständigen Denkmalbehörde
1. in seinem Erscheinungsbild verändert,
2. ganz oder teilweise beseitigt,
3. von seinem Standort oder Aufbewahrungsort entfernt oder
4. instand gesetzt und wiederhergestellt.

Dies gilt auch für das Zubehör und die Ausstattung eines Denkmals. Die Genehmigung nach Satz 1 ist zu erteilen, wenn Gründe des Denkmalschutzes nicht entgegenstehen oder ein überwiegendes öffentliches Interesse die Maßnahme verlangt.

(2) Einer Genehmigung bedarf ferner die Veränderung der unmittelbaren Umgebung eines Denkmals, wenn diese sich auf den Zustand oder das Erscheinungsbild des Denkmals auswirkt. Die Genehmigung ist zu erteilen, wenn die Eigenart und das Erscheinungsbild des Denkmals durch die Maßnahme nicht wesentlich beeinträchtigt werden.

(3) Bei Werbeanlagen sind entgegenstehende Gründe des Denkmalschutzes gemäß Absatz 1 Satz 3 oder eine wesentliche Beeinträchtigung gemäß Absatz 2 Satz 2 nicht anzunehmen, wenn sie für höchstens sechs Monate angebracht werden und der Werbeinhalt vorrangig im öffentlichen Interesse liegende Ziele verfolgt.

(4) Die Genehmigung kann unter Bedingungen und Auflagen sowie unter dem Vorbehalt des Widerrufs oder befristet erteilt werden. Gebietet es die besondere Eigenart eines Denkmals, kann die Genehmigung auch mit der Bedingung verbunden werden, daß bestimmte Arbeiten nur durch Fachleute oder unter der Leitung von Sachverständigen ausgeführt werden, die die zuständige Denkmalbehörde bestimmt.

(5) Alle Veränderungen und Maßnahmen an Denkmalen sind zu dokumentieren. Die Dokumentationspflicht obliegt dem Eigentümer, dem sonstigen Nutzungsberechtigten oder dem Veranlasser nach zumutbarer Maßgabe der zuständigen Denkmalbehörde.

(6) Die Denkmalbehörden berücksichtigen bei ihren Entscheidungen die Belange mobilitätsbehinderter Personen.

§ 12
Genehmigungsverfahren

(1) Der Genehmigungsantrag ist der zuständigen Denkmalbehörde in Schriftform oder elektronisch und mit aus denkmalfachlicher Sicht prüffähigen Unterlagen einzureichen; bei bauordnungsrechtlich genehmigungspflichtigen Vorhaben ist der Antrag bei der Bauaufsichtsbehörde einzureichen. Im Falle eines bauordnungsrechtlichen Genehmigungsverfahrens kann eine Genehmigung nach § 11 Abs. 1 und 2 auch gesondert beantragt werden. Im Ausnahmefall kann die beantragte Genehmigung bis zu zwölf Monate ausgesetzt werden, soweit vorbereitende Untersuchungen am Denkmal oder seiner unmittelbaren Umgebung erforderlich sind. Satz 2 gilt entsprechend für das Zustimmungsverfahren nach der Bauordnung für Berlin.

(2) Die Genehmigung erlischt, wenn nicht innerhalb von zwei Jahren nach ihrer Erteilung mit der Ausführung begonnen oder wenn die Ausführung ein Jahr unterbrochen worden ist. Die Fristen nach Satz 1 können auf schriftlichen oder elektronischen Antrag jeweils bis zu einem Jahr verlängert werden.

(3) Durch die Erteilung von Genehmigungen auf Grund dieses Gesetzes werden Genehmigungen, die auf Grund anderer Rechtsvorschriften erforderlich sind, nicht ersetzt. Wird im Falle eines bauordnungsrechtlichen Genehmigungs- oder Zustimmungsverfahrens eine Genehmigung nach § 11 Abs. 1 und 2 nicht gesondert beantragt, schließt die Baugenehmigung oder bauordnungsrechtliche Zustimmung die denkmalrechtliche Genehmigung ein. Die Entscheidung ergeht im Einvernehmen mit der zuständigen Denkmalbehörde. Im bauaufsichtlichen Verfahren beteiligt die Bauaufsichtsbehörde die Denkmalschutzbehörde dann, wenn in der Denkmalliste eingetragene Denkmale betroffen sind. Diese Regelung gilt entsprechend für Entscheidungen, die die unmittelbare Umgebung eines Denkmals betreffen (§ 10 Abs. 1).

§ 13
Wiederherstellung; Stillegung

(1) Ist ein Denkmal ohne Genehmigung verändert und dadurch in seinem Denkmalwert gemindert worden oder ist es ganz oder teilweise beseitigt oder zerstört worden, so kann

die zuständige Denkmalbehörde anordnen, daß derjenige, der die Veränderung, Beseitigung oder Zerstörung zu vertreten hat, den früheren Zustand wiederherstellt. Die Denkmalbehörde kann die erforderlichen Arbeiten auf Kosten des Verpflichteten durchführen lassen, wenn die denkmalgerechte Wiederherstellung sonst nicht gesichert erscheint. Sie kann von dem Verpflichteten einen angemessenen Kostenvorschuß verlangen. Verfügungsberechtigte, Mieter, Pächter und sonstige Nutzungsberechtigte haben die Durchführung der Maßnahmen zu dulden.

(2) Werden genehmigungspflichtige Maßnahmen ohne Genehmigung begonnen, so kann die zuständige Denkmalbehörde die vorläufige Einstellung anordnen. Werden unzulässige Bauarbeiten trotz einer schriftlich oder mündlich verfügten Einstellung fortgesetzt, so kann die zuständige Denkmalbehörde die Baustelle versiegeln oder die an der Baustelle vorhandenen Baustoffe, Bauteile, Geräte, Maschinen und Bauhilfsmittel in amtlichen Gewahrsam bringen. Die vorläufige Einstellung gilt für höchstens einen Monat.

§ 14
Auskunfts- und Duldungspflichten

(1) Verfügungs- und Nutzungsberechtigte sind verpflichtet, zur Erfüllung der Aufgaben nach diesem Gesetz den Denkmalbehörden oder ihren Beauftragten auf Verlangen die erforderlichen Auskünfte zu erteilen und Unterlagen vorzulegen. Notare, andere Personen und Stellen haben Urkunden, die sich auf ein Denkmal beziehen, den Denkmalbehörden vorzulegen und Auskünfte zu erteilen.

(2) Die Verfügungs- oder Nutzungsberechtigten haben zu ermöglichen, daß die Beauftragten der Denkmalbehörden in Wahrnehmung der Aufgaben nach diesem Gesetz auf Verlangen Grundstücke, Gebäude und Räume zu angemessener Tageszeit betreten können. Wohnungen dürfen gegen den Willen des Nutzungsberechtigten nur zur Verhütung einer dringenden Gefahr für ein Denkmal betreten werden. Das Grundrecht der Unverletzlichkeit der Wohnung (Artikel 13 des Grundgesetzes, Artikel 19 der Verfassung von Berlin) wird insoweit eingeschränkt.

(3) Die zuständigen Denkmalbehörden und ihre Beauftragten sind berechtigt, Bodendenkmale zu bergen und die notwendigen Maßnahmen zur Klärung der Fundumstände sowie zur Sicherung weiterer auf dem Grundstück vorhandener Bodenfunde durchzuführen.

(4) Der Wechsel des Eigentums an einem Denkmal ist unverzüglich der unteren Denkmalschutzbehörde von dem Veräußerer und im Falle der Erbfolge von dem Erben anzuzeigen.

§ 15
Öffentliche Förderung

(1) Für Maßnahmen zur Erhaltung, Unterhaltung und Wiederherstellung von Bau-, Garten- und Bodendenkmalen sowie sonstigen Anlagen von denkmalpflegerischem Interesse können im Rahmen der im Haushaltsplan von Berlin bereitgestellten Mittel Darlehen oder Zuschüsse gewährt werden.[1)]

(2) Die Gewährung eines Darlehens oder eines Zuschusses kann mit Auflagen und Bedingungen verbunden werden. Auflagen und Bedingungen, die sich auf den Bestand oder das Erscheinungsbild der Anlagen beziehen, sind auf Ersuchen der Denkmalfachbehörde als Baulasten in das Baulastenverzeichnis nach der Bauordnung für Berlin einzutragen. Das Nähere regelt die zuständige Senatsverwaltung durch Förderrichtlinien.

1) S. Förderrichtlinie zur Erhaltung von Denkmalen vom 4. April 2014 (www.stadtentwicklung.berlin.de/service).

VIERTER ABSCHNITT
Ausgleichspflichtige Eigentumsbeschränkung, Enteignung, Vorkaufsrecht

§ 16
Ausgleichspflichtige Eigentumsbeschränkung

(1) Soweit durch die Anordnung von Maßnahmen nach § 8 und § 9 besondere Aufwendungen erforderlich werden, die in der Eigenschaft des Denkmals begründet sind und über das auch bei einem Denkmal wirtschaftlich zumutbare Maß hinausgehen, kann der Verfügungsberechtigte für die dadurch entstehenden Vermögensnachteile einen angemessenen Ausgleich in Geld verlangen. Unzumutbar ist eine wirtschaftliche Belastung insbesondere, soweit die Kosten der Erhaltung und Bewirtschaftung dauerhaft nicht durch die Erträge oder den Gebrauchswert des Denkmals aufgewogen werden können. Ein Anspruch auf Ausgleich besteht nicht, soweit der Verfügungsberechtigte oder sein Rechtsvorgänger die besonderen Aufwendungen durch mangelnde Instandhaltung selbst zu verantworten hat.

(2) Wird durch die Versagung einer nach § 11 Abs. 1 oder 2 erforderlichen Genehmigung oder durch sonstige behördliche Maßnahmen auf Grund dieses Gesetzes eine bisher rechtmäßig ausgeübte wirtschaftliche Nutzung eines Denkmals oder seiner unmittelbaren Umgebung wirtschaftlich unzumutbar erschwert, so kann ebenfalls ein angemessener Ausgleich in Geld verlangt werden.

(3) § 254 des Bürgerlichen Gesetzbuches gilt sinngemäß. Öffentliche Fördermaßnahmen und staatliche Begünstigungen sind auf den Ausgleich anzurechnen.

(4) Würde der Ausgleich nach Absatz 1 oder 2 mehr als 50 vom Hundert des Verkehrswertes des Grundstücks oder des Verfügungsrechts betragen, so kann das Land Berlin die Übertragung des Eigentums oder sonstigen Verfügungsrechts verlangen. Kommt eine Einigung über die Übertragung nicht zustande, so kann das Land Berlin die Enteignung zu seinen Gunsten verlangen.

§ 17
Enteignung

(1) Kann eine Gefahr für den Bestand, die Eigenart oder das Erscheinungsbild eines Denkmals auf andere Weise nicht nachhaltig abgewehrt werden, so ist die Enteignung zugunsten des Landes Berlin zulässig.

(2) Der Eigentümer von Zubehör und Ausstattung im Sinne von § 2 Abs. 2 Satz 2 und Abs. 4 Satz 2, der nicht zugleich Verfügungsberechtigter des Bau- oder Gartendenkmals ist, kann zur Aufrechterhaltung der Einheit von Denkmalwert verpflichtet werden, die Zubehör- und Ausstattungsstücke auch nach Beendigung seines Nutzungsrechts in dem Bau- oder Gartendenkmal zu belassen. Soweit ihm hierdurch wirtschaftlich nicht zumutbare Nachteile entstehen, kann er einen angemessenen Ausgleich in Geld verlangen. Eine Enteignung zugunsten des Verfügungsberechtigten des Bau- oder Gartendenkmals ist zulässig, wenn die Einheit von Denkmalwert auf andere Weise nicht sichergestellt werden kann.

(3) Für die Enteignung und Entschädigung, auch bei beweglichen Sachen, gelten die Vorschriften des Berliner Enteignungsgesetzes vom 14. Juli 1964 (GVBl. S. 737), geändert durch Artikel I des Gesetzes vom 30. November 1984 (GVBl. S. 1664), soweit in diesem Gesetz nicht etwas anderes bestimmt ist.

§ 18
(aufgehoben)

FÜNFTER ABSCHNITT

Bußgeldvorschriften

§ 19
Ordnungswidrigkeiten

(1) Ordnungswidrig handelt, wer vorsätzlich oder fahrlässig

1. entgegen § 3 Abs. 1 Satz 1 nach Entdeckung eines Bodendenkmals die Arbeiten an der Fundstelle nicht sofort einstellt oder die Entdeckung der zuständigen Behörde nicht unverzüglich anzeigt,
2. entgegen § 3 Abs. 1 Satz 3 den Fund oder die Fundstelle bis zum Ablauf von vier Werktagen nach Abgabe der Anzeige nicht in unverändertem Zustand beläßt, sofern die oberste Denkmalschutzbehörde der Fortsetzung der Arbeit nicht zugestimmt hat,
3. entgegen § 3 Abs. 3 Satz 1 ohne Einwilligung der zuständigen Denkmalbehörde nach Bodendenkmalen gräbt,
4. entgegen § 8 Abs. 2 einer von der zuständigen Denkmalbehörde zur Erhaltung des Denkmals getroffenen vollziehbaren Anordnung nicht nachkommt oder deren Durchführung nicht duldet,
5. entgegen § 8 Abs. 3 Satz 2 ein Gartendenkmal nicht erhält oder pflegt,
6. ohne die nach § 11 Abs. 1 oder Abs. 2 Satz 1 erforderliche Genehmigung eine dort genannte Handlung vornimmt oder eine gemäß § 11 Abs. 3 mit der Genehmigung verbundene Auflage oder Bedingung nicht erfüllt,
7. einer zur Wiederherstellung eines Denkmals von der zuständigen Denkmalbehörde erlassenen vollziehbaren Anordnung nach § 13 Abs. 1 Satz 1 zuwiderhandelt oder entgegen § 13 Abs. 1 Satz 4 die Durchführung der Maßnahmen nicht duldet,
8. entgegen § 14 Abs. 1 der Auskunfts- oder Vorlagepflicht nicht vollständig oder nicht richtig nachkommt oder entgegen § 14 Abs. 2 einem Beauftragten einer Denkmalbehörde das Betreten eines Grundstücks oder Besichtigen eines Denkmals nicht gestattet,
9. entgegen § 14 Abs. 4 den Eigentumswechsel nicht unverzüglich anzeigt.

(2) Die Ordnungswidrigkeit kann mit einer Geldbuße bis zu 500 000 Euro geahndet werden.

SECHSTER ABSCHNITT

Übergangs- und Schlußvorschriften

§ 20
Verwaltungsvorschriften

Die für den Denkmalschutz zuständige Senatsverwaltung erlässt die zur Ausführung des Gesetzes erforderlichen Verwaltungsvorschriften.

§ 21
Religionsgemeinschaften

(1) Entscheidungen und Maßnahmen der zuständigen Denkmalbehörde über Denkmale, die unmittelbar gottesdienstlichen Zwecken anerkannter Religionsgemeinschaften dienen, sind im Benehmen mit den zuständigen Behörden der Religionsgemeinschaften und unter Berücksichtigung der von diesen festgestellten gottesdienstlichen Belange zu treffen.

(2) § 16 Abs. 4 und § 17 finden auf Denkmale, die unmittelbar gottesdienstlichen Zwecken dienen, keine Anwendung.

§ 22
Überleitungsvorschrift

Die in dem Baudenkmalbuch und in dem Bodendenkmalbuch bislang eingetragenen Denkmale sowie die als in das Baudenkmalbuch eingetragen geltenden Denkmale gelten mit dem Inkrafttreten dieses Gesetzes als in die Denkmalliste nachrichtlich eingetragen. Bestands- und rechtskräftige Entscheidungen wirken gegenüber den Verfügungsberechtigten und Dritten fort.

§ 23
Inkrafttreten

(1) Dieses Gesetz tritt am Tage nach der Verkündung im Gesetz- und Verordnungsblatt für Berlin in Kraft.

(2) Mit dem Inkrafttreten dieses Gesetzes tritt das Denkmalschutzgesetz Berlin vom 22. Dezember 1977 (GVBl. S. 2540), geändert durch Artikel I des Gesetzes vom 30. November 1981 (GVBl. S. 1470), außer Kraft.

(3) Die nach § 17 des Denkmalschutzgesetzes Berlin vom 22. Dezember 1977 (GVBl. S. 2540) erlassenen Rechtsverordnungen treten spätestens fünf Jahre nach Inkrafttreten dieses Gesetzes außer Kraft.

Gesetz zum Schutz vor den Gefahren des Passivrauchens in der Öffentlichkeit (Nichtraucherschutzgesetz – NRSG)

Vom 16. November 2007 (GVBl. S. 578),
zuletzt geändert durch § 34 Absatz 1 des Gesetzes vom 3. Juni 2010
(GVBl. S. 285)

§ 1
Gesetzeszweck

Zweck des Gesetzes ist es, die Bevölkerung vor den Gesundheitsgefahren durch Passivrauchen zu schützen.

§ 2
Rauchverbot

(1) Das Tabakrauchen ist nach Maßgabe des Absatzes 2 und des § 4 in

1. dem Sitzungsgebäude des Abgeordnetenhauses von Berlin,
2. öffentlichen Einrichtungen im Sinne des § 3 Abs. 1,
3. Gesundheitseinrichtungen im Sinne des § 3 Abs. 2,
4. Kultur- und Freizeiteinrichtungen im Sinne des § 3 Absatz 3,
5. Sporteinrichtungen im Sinne des § 3 Abs. 4,
6. Bildungseinrichtungen im Sinne des § 3 Abs. 5,
7. stationären Einrichtungen im Sinne des § 3 Absatz 6,
8. Gaststätten im Sinne des § 3 Abs. 7, einschließlich Clubs und Diskotheken und
9. Verkehrsflughäfen im Sinne des § 3 Abs. 8

verboten.

(2) Das Rauchverbot gemäß Absatz 1 gilt in Gebäuden und sonstigen vollständig umschlossenen Räumen.

(3) Das Rauchverbot nach § 9 Abs. 4 des Kindertagesförderungsgesetzes vom 23. Juni 2005 (GVBl. S. 322) in der jeweils geltenden Fassung und das Rauchverbot nach § 52 Abs. 4 des Schulgesetzes vom 26. Januar 2004 (GVBl. S. 26), das zuletzt durch Artikel V des Gesetzes vom 11. Juli 2006 (GVBl. S. 812) geändert worden ist, in der jeweils geltenden Fassung bleiben unberührt. Die §§ 5 bis 7 finden entsprechende Anwendung.

§ 3
Begriffsbestimmungen

(1) Öffentliche Einrichtungen im Sinne dieses Gesetzes sind

1. Behörden der Berliner Verwaltung, der Rechnungshof von Berlin und der Berliner Beauftragte für Datenschutz und Informationsfreiheit,
2. Gerichte und andere Organe der Rechtspflege des Landes Berlin und
3. sonstige Einrichtungen von Trägern der öffentlichen Verwaltung des Landes Berlin unabhängig von ihrer Rechtsform, insbesondere Anstalten, Stiftungen und Körperschaften des öffentlichen Rechts.

Satz 1 gilt auch für die in Berlin gelegenen Dienststellen gemeinsamer Einrichtungen der Länder Berlin und Brandenburg.

(2) Gesundheitseinrichtungen im Sinne dieses Gesetzes sind, unabhängig von ihrer Trägerschaft, Krankenhäuser sowie Vorsorge- und Rehabilitationseinrichtungen nach § 107

des Fünften Buches Sozialgesetzbuch vom 20. Dezember 1988 (BGBl. I S. 2477, 2482), das zuletzt durch Artikel 28 des Gesetzes vom 7. September 2007 (BGBl. I S. 2246) geändert worden ist, in der jeweils geltenden Fassung.

(3) Kultur- und Freizeiteinrichtungen im Sinne dieses Gesetzes sind Einrichtungen, die der Bewahrung, Vermittlung, Aufführung und Ausstellung künstlerischer, unterhaltender, wissenschaftlicher oder historischer Inhalte oder Werke oder der Freizeitgestaltung dienen und der Öffentlichkeit zugänglich sind, unabhängig von ihrer Trägerschaft.

(4) Sporteinrichtungen im Sinne dieses Gesetzes sind Sportanlagen gemäß § 2 Abs. 2 des Sportförderungsgesetzes vom 6. Januar 1989 (GVBl. S. 122), das zuletzt durch Artikel II des Gesetzes vom 10. Mai 2007 (GVBl. S. 195) geändert worden ist, in der jeweils geltenden Fassung, sowie sonstige Räumlichkeiten, in denen Sport ausgeübt wird.

(5) Bildungseinrichtungen im Sinne des Gesetzes sind außer den vom Rauchverbot gemäß § 2 Abs. 3 erfassten Einrichtungen Ergänzungsschulen im Sinne des Schulgesetzes in der jeweils geltenden Fassung, Hoch- und Fachhochschulen, Einrichtungen des Zweiten Bildungsweges und der Erwachsenenbildung des Landes Berlin sowie Einrichtungen der Kinder- und Jugendhilfe im Sinne des Achten Buches Sozialgesetzbuch in der Fassung der Bekanntmachung vom 14. Dezember 2006 (BGBl. I S. 3134), geändert durch Artikel 2 Abs. 23 des Gesetzes vom 19. Februar 2007 (BGBl. I S. 122), in der jeweils geltenden Fassung, unabhängig von ihrer Trägerschaft.

(6) Stationäre Einrichtungen im Sinne dieses Gesetzes sind Einrichtungen nach § 3 Absatz 1 und 3 Nummer 1 des Wohnteilhabegesetzes in der jeweils geltenden Fassung.

(7) Gaststätten im Sinne dieses Gesetzes sind Einrichtungen nach § 1 des Gaststättengesetzes in der Fassung der Bekanntmachung vom 20. November 1998 (BGBl. I S. 3418), das zuletzt durch Artikel 10 des Gesetzes vom 7. September 2007 (BGBl. I S. 2246) geändert worden ist, in der jeweils geltenden Fassung.

(8) Verkehrsflughäfen im Sinne des Gesetzes sind Einrichtungen nach § 38 Abs. 2 Nr. 1 der Luftverkehrs-Zulassungs-Ordnung in der Fassung vom 27. März 1999 (BGBl. I S. 610), zuletzt geändert durch Artikel 1 der Verordnung vom 13. Juni 2007 (BGBl. I S. 1048), in der jeweils geltenden Fassung.

§ 4
Ausnahmeregelungen

(1) Das Rauchverbot gilt nicht

1. in Räumen, die privaten Wohnzwecken dienen oder den Bewohnerinnen und Bewohnern zur alleinigen Nutzung überlassen sind,
2. in besonders ausgewiesenen Räumen eines psychiatrischen Krankenhauses im Sinne des § 63 des Strafgesetzbuches oder einer Entziehungsanstalt im Sinne des § 64 des Strafgesetzbuches,
3. in Justizvollzugsanstalten und im Abschiebungsgewahrsam in den Hafträumen der Gefangenen und der Abschiebungshäftlinge und in anderen besonders ausgewiesenen Räumen,
4. in besonders ausgewiesenen Wartebereichen in Gerichtsgebäuden sowie in besonders ausgewiesenen Warte- und Vernehmungsbereichen in Polizeidienststellen,
5. in besonders ausgewiesenen Räumen in Gesundheitseinrichtungen, insbesondere in der Psychiatrie und der Palliativversorgung, für Patientinnen oder Patienten, denen die behandelnden Ärztinnen oder Ärzte das Rauchen aus therapeutischen Gründen erlauben,
6. in besonders ausgewiesenen Räumen in stationären Einrichtungen, in denen den Bewohnerinnen und Bewohnern das Rauchen in den für Wohnzwecke genutzten Räumen nicht gestattet ist,
7. in besonders ausgewiesenen Räumen in Einrichtungen der Behindertenhilfe, soweit andernfalls ein betreuerischer Auftrag gefährdet ist,

8. für Darsteller und Mitwirkende auf Bühnen und Szenenflächen gemäß § 18 Abs. 1 Satz 2 der Sonderbau-Betriebs-Verordnung vom 18. April 2005 (GVBl. S. 230),
9. in Gaststätten, die im Eingangsbereich von außen deutlich sichtbar als Shisha-Gaststätten gekennzeichnet sind. Shisha-Gaststätten sind solche Gaststätten, in denen überwiegend das Rauchen von Wasserpfeifen angeboten wird und keine alkoholischen Getränke verabreicht werden. Personen unter 18 Jahren haben zu einer Shisha-Gaststätte keinen Zutritt,
10. in Gaststätten oder Vereinsgaststätten in Sporteinrichtungen, die nach § 4a Absatz 1 als Rauchergaststätten gekennzeichnet sind.

(2) Im Rahmen einer Befragung oder Vernehmung kann abweichend von § 2 Abs. 1 und 2 der zu befragenden oder zu vernehmenden Person das Rauchen gestattet werden. Über die Gestattung entscheidet die Person, die die Befragung oder Vernehmung durchführt.

(3) Abweichend von § 2 Abs. 1 und 2 können die Betreiberin oder der Betreiber in der Gaststätte oder der Vereinsgaststätte in Sporteinrichtungen abgetrennte Nebenräume einrichten, in denen das Rauchen erlaubt ist, wenn voneinander getrennte und abgeschlossene Räume sowohl für rauchende Gäste als auch für nicht rauchende Gäste zur Verfügung stehen. Die Betreiberin oder der Betreiber einer Gaststätte darf Personen unter 18 Jahren den Aufenthalt in einem Raucherraum nicht gestatten. Satz 1 gilt nicht für Diskotheken, zu denen Personen mit nicht vollendetem 18. Lebensjahr Zutritt haben.

(4) Den Beschäftigten der in § 2 Abs. 1 genannten Einrichtungen kann, wenn Außenflächen nicht zur Verfügung stehen und auch sonst keine Möglichkeiten des Rauchens außerhalb der Gebäude und umschlossenen Räume bestehen oder geschaffen werden können, in besonders ausgewiesenen und abgeschlossenen Räumen das Rauchen erlaubt werden.

(5) Gesundheitsgefahren durch Passivrauchen sind bei allen Ausnahmeregelungen auszuschließen.

§ 4a
Ausnahme für Rauchergaststätten

(1) Die Betreiberin oder der Betreiber darf eine Gaststätte als Rauchergaststätte kennzeichnen, wenn die Gaststätte nicht über einen abgetrennten Nebenraum verfügt und die Grundfläche des Gastraumes weniger als 75 Quadratmeter beträgt.

(2) Die Betreiberin oder der Betreiber einer als Rauchergaststätte gekennzeichneten Gaststätte darf Personen unter 18 Jahren den Zutritt zu der Gaststätte und den Aufenthalt in der Gaststätte nicht gestatten.

(3) In einer als Rauchergaststätte gekennzeichneten Gaststätte dürfen keine vor Ort zubereiteten Speisen verabreicht werden.

(4) Die Kennzeichnung einer Rauchergaststätte nach Absatz 1 muss durch deutlich sichtbare Hinweisschilder im Eingangsbereich erfolgen. Auf die gleiche Weise ist auf das Zutrittsverbot für Personen unter 18 Jahren hinzuweisen.

(5) Die Betreiberin oder der Betreiber hat die Kennzeichnung der Gaststätte als Rauchergaststätte der zuständigen Behörde in einem Zeitraum von vier Wochen anzuzeigen. Gleiches gilt für den Wegfall der Voraussetzungen für die Kennzeichnung.

(6) Die zuständige Behörde soll den Betrieb einer Gaststätte als Rauchergaststätte untersagen, wenn die Voraussetzungen des Absatzes 1 nicht vorliegen, wenn entgegen Absatz 3 vor Ort zubereitete Speisen verabreicht werden oder wenn entgegen Absatz 2 Personen unter 18 Jahren der Zutritt zu der Gaststätte und der Aufenthalt in der Gaststätte gestattet wird.

(7) Die Vorschriften der Absätze 1 bis 6 gelten auch für Vereinsgaststätten in Sporteinrichtungen.

§ 5
Hinweispflichten

Die Beschäftigten der in § 2 Abs. 1 genannten Einrichtungen sind darüber hinaus in geeigneter Form über das Rauchverbot und die jeweils gültigen Ausnahmen nach § 4 zu unterrichten. Räume und Wartebereiche, in denen Ausnahmen vom Rauchverbot gelten, sind kenntlich zu machen.

§ 6
Verantwortlichkeiten

(1) Die Ausweisung von Räumen und Wartebereichen nach § 4 Abs. 1 Nr. 2 bis 7 und Abs. 3 und 4 sowie die Erfüllung der Pflichten nach § 5 obliegen
1. den Inhaberinnen oder Inhabern des Hausrechts der Einrichtungen nach § 2 Abs. 1 Nr. 1 bis 7 sowie
2. den Betreiberinnen oder Betreibern von Gaststätten und Vereinsgaststätten in Sporteinrichtungen.

(2) Wird den in Absatz 1 Genannten ein Verstoß gegen das Rauchverbot bekannt, haben sie die notwendigen Maßnahmen zu ergreifen, um den Verstoß zu unterbinden und weitere Verstöße zu verhindern.

§ 7
Ordnungswidrigkeiten

(1) Ordnungswidrig handelt, wer vorsätzlich oder fahrlässig
1. entgegen § 2 raucht oder
2. als Inhaberin oder Inhaber des Hausrechts einer Einrichtung nach § 3 Abs. 1 Satz 1 Nr. 3, Satz 2 und Abs. 2 bis 6 oder als Betreiberin oder Betreiber einer Gaststätte oder einer Vereinsgaststätte in Sporteinrichtungen
   a) der Pflicht nach § 5 nicht nachkommt,
   b) entgegen § 6 Abs. 2 eine notwendige Maßnahme nicht ergreift, um einen Verstoß gegen das Rauchverbot zu unterbinden,
   c) einer Person unter 18 Jahren entgegen § 4 Absatz 3 Satz 2 den Aufenthalt in einem Raucherraum oder entgegen § 4a Absatz 2 den Zutritt zu einer Gaststätte oder den Aufenthalt in einer Gaststätte gestattet,
   d) eine Gaststätte als Rauchergaststätte kennzeichnet, ohne dass die Voraussetzungen des § 4a Absatz 1 vorliegen,
   e) in einer Rauchergaststätte entgegen § 4a Absatz 3 vor Ort zubereitete Speisen verabreicht,
   f) entgegen § 4a Absatz 4 die Kennzeichnung der Gaststätte als Rauchergaststätte oder den Wegfall der Voraussetzungen für die Kennzeichnung nicht fristgerecht der zuständigen Behörde anzeigt,
   g) eine Gaststätte als Shisha-Gaststätte kennzeichnet, ohne dass die Voraussetzungen des § 4 Absatz 1 Nummer 9 Satz 2 vorliegen,
   h) einer Person unter 18 Jahren entgegen § 4 Absatz 1 Nummer 9 Satz 3 den Zutritt zu oder den Aufenthalt in einer Shisha-Gaststätte gestattet oder
   i) in einer Shisha-Gaststätte entgegen § 4 Absatz 1 Nummer 9 Satz 2 alkoholische Getränke anbietet.

(2) Die Ordnungswidrigkeit nach Absatz 1 Nr. 1 kann mit einer Geldbuße bis zu 100 Euro, die Ordnungswidrigkeit nach Absatz 1 Nr. 2 mit einer Geldbuße bis zu 1 000 Euro geahndet werden.

(3) Verwaltungsbehörde im Sinne des § 36 Abs. 1 Nr. 1 des Gesetzes über Ordnungswidrigkeiten ist das örtlich zuständige Bezirksamt; für Ordnungswidrigkeiten, die im Sitzungsgebäude des Abgeordnetenhauses von Berlin begangen wurden, der Präsident des Abgeordnetenhauses.

§ 8
Inkrafttreten, Außerkrafttreten

(1) Dieses Gesetz tritt vorbehaltlich des Absatzes 2 am 1. Januar 2008 in Kraft.

(2) Abweichend von Absatz 1 tritt § 7 am 1. Juli 2008 in Kraft.

(3) § 5 Satz 1 tritt am 1. Januar 2009 außer Kraft.

Landes-Immissionsschutzgesetz Berlin (LImSchG Bln)

Vom 5. Dezember 2005 (GVBl. S. 735, 2006 S. 42),
geändert durch Gesetz vom 3. Februar 2010
(GVBl. S. 38)

INHALTSÜBERSICHT

SIEBENTER ABSCHNITT
Schlussbestimmungen

ERSTER ABSCHNITT
Allgemeine Vorschriften

§ 1
Geltungsbereich und Begriffsbestimmungen

(1) Dieses Gesetz gilt für die Errichtung, den Betrieb, die Änderung, die Stilllegung und die Beseitigung von nicht genehmigungsbedürftigen Anlagen im Sinne des § 22 des Bundes-Immissionsschutzgesetzes sowie für das Verhalten von Personen, soweit hierdurch schädliche Umwelteinwirkungen verursacht werden können.

(2) Die Begriffe der schädlichen Umwelteinwirkung, der Immission, der Emission, der Luftverunreinigung, der Anlage, des Betriebsbereiches und des Standes der Technik werden im Sinne von § 3 Abs. 1 bis 6 des Bundes-Immissionsschutzgesetzes verwendet. Anlagen im Sinne dieses Gesetzes sind auch Fahrzeuge, soweit sie nicht zum Personen- oder Güterverkehr auf öffentlichen Verkehrswegen oder im Luftraum eingesetzt werden.

§ 2
Immissionsschutzpflichten

(1) Jeder hat sich so zu verhalten, dass schädliche Umwelteinwirkungen vermieden werden, soweit dies nach den Umständen des Einzelfalles möglich und zumutbar ist. Wer einen anderen zu einer Verrichtung bestellt, hat durch geeignete Maßnahmen für die Einhaltung der Vorschriften dieses Gesetzes zu sorgen.

(2) Tiere sind so zu halten, dass niemand durch die Immissionen, die durch sie hervorgerufen werden, erheblich belästigt wird. Vorschriften für die landwirtschaftliche Tierhaltung bleiben unberührt.

(3) Es ist nicht zulässig, lärm- oder abgaserzeugende Motoren unnötig zu betreiben.

(4) Bei der Errichtung und dem Betrieb von Anlagen ist Vorsorge gegen schädliche Umwelteinwirkungen insbesondere durch die dem Stand der Technik entsprechenden Maßnahmen zu treffen, soweit dies nach der Art der Anlage zumutbar und im Einzelfall nicht unverhältnismäßig ist.

ZWEITER ABSCHNITT
Schutz vor Geräuschen

§ 3
Schutz der Nachtruhe

Von 22.00 bis 6.00 Uhr ist es verboten, Lärm zu verursachen, durch den jemand in seiner Nachtruhe gestört werden kann.

§ 4
Schutz der Sonn- und Feiertagsruhe

An Sonn- und gesetzlichen Feiertagen ist es verboten, Lärm zu verursachen, durch den jemand in seiner Ruhe erheblich gestört wird.

§ 5
Tonwiedergabegeräte und Musikinstrumente

Tonwiedergabegeräte und Musikinstrumente dürfen nicht in einer Lautstärke benutzt werden, durch die jemand erheblich gestört wird. Weitergehende Einschränkungen nach den §§ 3 und 4 gehen vor.

§ 6
Einschränkungen

(1) Störende Geräusche, die von Kindern ausgehen, sind als Ausdruck selbstverständlicher kindlicher Entfaltung und zur Erhaltung kindgerechter Entwicklungsmöglichkeiten grundsätzlich sozialadäquat und damit zumutbar.

(2) Die Verbote der §§ 3 und 4 gelten nicht für Geräusche, die verursacht werden durch

1. das Glockenläuten zu kirchlichen Zwecken,
2. Maßnahmen, die der Verhütung oder Beseitigung einer Notlage dienen,
3. Maßnahmen, die der Winterglätte- und Schneebekämpfung dienen,
4. Ernte- und Bestellungsarbeiten landwirtschaftlicher Betriebe zwischen 5.00 und 6.00 Uhr sowie zwischen 22.00 und 23.00 Uhr.

(3) Die Regelungen des § 7 Abs. 1 Satz 1 der Geräte- und Maschinenlärmschutzverordnung vom 29. August 2002 (BGBl. I S. 3478), die durch Artikel 23 des Gesetzes vom 6. Januar 2004 (BGBl. I S. 2) geändert worden ist, in der jeweils geltenden Fassung gelten für öffentliche Straßen im Sinne des § 2 des Berliner Straßengesetzes undnicht bundeseigene Schienenwege nur für die Zeit zwischen 22.00 und 6.00 Uhr. Weitergehende Einschränkungen nach § 4 gehen vor.

§ 7
Öffentliche Veranstaltungen im Freien

(1) Öffentliche Veranstaltungen im Freien bedürfen einer Genehmigung nach § 11, wenn von ihnen störende Geräusche für Dritte zu erwarten sind.

(2) Öffentliche Motorsportveranstaltungen außerhalb von Anlagen nach dem Bundes-Immissionsschutzgesetz bedürfen einer Genehmigung nach § 11, wenn von ihnen störende Geräusche für Dritte zu erwarten sind. Dies gilt nicht für Motorsportveranstaltungen, die ausschließlich auf nicht für diese Veranstaltungen gesperrten öffentlichen Straßen stattfinden und bei denen nur Fahrzeuge eingesetzt werden, die den allgemeinen straßenverkehrsrechtlichen Zulassungsvorschriften entsprechen, oder von denen offensichtlich keine störenden Geräusche für Dritte zu erwarten sind.

DRITTER ABSCHNITT
Schutz vor sonstigen Immissionen und Emissionen

§ 8
Sonstige Immissionen

Zur Abwehr anderer Immissionen als Luftverunreinigungen oder Geräusche gelten für Anlagen, die nicht gewerblichen Zwecken dienen und nicht im Rahmen wirtschaftlicher Unternehmungen Verwendung finden, § 22 Abs. 1 Satz 1, die §§ 24 bis 26, 29 Abs. 2 und § 31 des Bundes-Immissionsschutzgesetzes entsprechend.

§ 9
Begrenzung von Staubemissionen

Bei der Errichtung, dem Betrieb, der Änderung, Stilllegung und Beseitigung von Anlagen und bei sonstigen Betätigungen sind die Entstehung und Ausbreitung von Stäuben durch geeignete Maßnahmen zu unterbinden. Soweit die Entstehung und Ausbreitung von Stäuben nicht verhindert werden können, sind diese durch geeignete Maßnahmen zu vermindern.

VIERTER ABSCHNITT
Behördliche Maßnahmen

§ 10
Zulassung von Ausnahmen

(1) Die zuständige Behörde kann für den Betrieb von Anlagen auf Antrag Ausnahmen von den Verboten der §§ 3 bis 5 widerruflich zulassen, wenn die Störung unbedeutend ist oder das Vorhaben Vorrang vor den Ruheschutzinteressen Dritter hat.

(2) Die zuständige Behörde kann für den Betrieb von Schankvorgärten auf Antrag Ausnahmen von den Verboten der §§ 3 bis 5 widerruflich zulassen, soweit schutzwürdige Belange Dritter angesichts der örtlichen Gegebenheiten nicht erheblich beeinträchtigt werden.

(3) Ausnahmen nach den Absätzen 1 und 2 sollen zum Schutz der Allgemeinheit und der Nachbarschaft vor schädlichen Umwelteinwirkungen mit Nebenbestimmungen erteilt werden.

§ 11
Genehmigung von öffentlichen Veranstaltungen im Freien

Die zuständige Behörde kann bei Vorliegen eines öffentlichen Bedürfnisses für öffentliche Veranstaltungen im Freien und für öffentliche Motorsportveranstaltungen außerhalb von Anlagen nach dem Bundes-Immissionsschutzgesetz auf Antrag widerruflich eine Genehmigung erteilen, wenn dies im Einzelfall unter Berücksichtigung des Schutzbedürfnisses der Nachbarschaft zumutbar ist. Ein öffentliches Bedürfnis liegt in der Regel vor, wenn das Vorhaben auf historischen, kulturellen oder sportlichen Umständen beruht oder sonst von besonderer Bedeutung ist. Genehmigungen sollen zum Schutz der Allgemeinheit und der Nachbarschaft vor schädlichen Umwelteinwirkungen mit Nebenbestimmungen erteilt werden. In dem Umfang, in dem eine Genehmigung erteilt ist, gelten die Vorschriften der §§ 3 bis 5 nicht.

§ 12
Anordnungen im Einzelfall

Die zuständige Behörde kann im Einzelfall die erforderlichen Anordnungen zur Durchführung dieses Gesetzes und der auf Grund dieses Gesetzes erlassenen Rechtsverordnungen treffen.

FÜNFTER ABSCHNITT
Ermächtigungen

§ 13
Verordnungsermächtigung[1)]

(1) Die für den Umweltschutz zuständige Senatsverwaltung wird ermächtigt, durch Rechtsverordnung zur Vorsorge sowie zum Schutz der Allgemeinheit und der Nachbarschaft vor schädlichen Umwelteinwirkungen zu bestimmen, dass die Errichtung, die Beschaffenheit und der Betrieb nicht genehmigungsbedürftiger Anlagen bestimmten Anforderungen genügen müssen. Durch diese Verordnung können insbesondere

---

1) S. Veranstaltungslärm-Verordnung vom 30. September 2015 (GVBl. S. 371).

1. zur Minderung von Emissionen technische Anforderungen an nicht genehmigungsbedürftige Anlagen festgelegt und organisatorische Regelungen getroffen werden,
2. Emissionsgrenzwerte festgesetzt werden,
3. Immissionsrichtwerte festgesetzt werden,
4. Ausnahmen zugelassen werden, wenn schädliche Einwirkungen nicht zu befürchten sind oder überwiegende öffentliche Belange eine Ausnahme erfordern.

(2) Um die Entstehung und Ausbreitung von Stäuben zu unterbinden oder zu begrenzen, wird die für den Umweltschutz zuständige Senatsverwaltung ermächtigt, durch Rechtsverordnung zur Vorsorge sowie zum Schutz der Allgemeinheit und der Nachbarschaft vor schädlichen Umwelteinwirkungen Maßnahmen zu bestimmen sowie Emissionsgrenzwerte und Immissionsrichtwerte festzusetzen.

§ 14
Ausführungsvorschriften

Die für den Umweltschutz zuständige Senatsverwaltung wird ermächtigt, zur Durchführung dieses Gesetzes und der hierzu erlassenen Rechtsverordnungen Ausführungsvorschriften zu erlassen.[1)]

SECHSTER ABSCHNITT
Ordnungswidrigkeiten

§ 15
Bußgeldvorschriften

(1) Ordnungswidrig handelt, wer vorsätzlich oder fahrlässig

1. entgegen § 2 Abs. 2 ein Tier außerhalb landwirtschaftlicher Tierhaltungen so hält, dass jemand durch Immissionen, die durch das Tier hervorgerufen werden, erheblich belästigt wird,
2. entgegen § 2 Abs. 3 einen lärm- oder abgaserzeugenden Motor unnötig betreibt,
3. entgegen § 3 ohne eine zugelassene Ausnahme nach § 10 oder eine Genehmigung nach § 11 Lärm verursacht, durch den jemand in seiner Nachtruhe gestört werden kann,
4. entgegen § 4 ohne eine zugelassene Ausnahme nach § 10 oder eine Genehmigung nach § 11 Lärm verursacht, durch den jemand in seiner Ruhe erheblich gestört wird,
5. entgegen § 5 ohne eine zugelassene Ausnahme nach § 10 oder eine Genehmigung nach § 11 durch die Benutzung eines Tonwiedergabegerätes oder Musikinstrumentes Lärm erzeugt, durch den jemand erheblich gestört wird,
6. entgegen § 7 Abs. 1 ohne eine Genehmigung nach § 11 eine öffentliche Veranstaltung im Freien durchführt,
7. entgegen § 7 Abs. 2 Satz 1 ohne eine Genehmigung nach § 11 eine öffentliche Motorsportveranstaltung durchführt,
8. einer vollziehbaren Auflage zu einer zugelassenen Ausnahme nach § 10 oder zu einer Genehmigung nach § 11 zuwiderhandelt oder sie nicht rechtzeitig oder nicht vollständig erfüllt,
9. einer vollziehbaren Anordnung nach § 12 zuwiderhandelt,
10. einer auf Grund dieses Gesetzes erlassenen Rechtsverordnung zuwiderhandelt, soweit die Rechtsverordnung für einen bestimmten Tatbestand auf diese Bußgeldvorschrift verweist.

---

1) S. Ausführungsvorschriften – AV LImSchG Bln vom 9. Dezember 2015 (ABl. 2011 S. 2982).

(2) Die Ordnungswidrigkeit kann mit einer Geldbuße bis zu fünfzigtausend Euro geahndet werden.

§ 16
Einziehung

Sachen, auf die sich eine Ordnungswidrigkeit nach § 15 bezieht, dürfen eingezogen werden. Hierzu zählen insbesondere:
1. Musikinstrumente,
2. elektroakustische Übertragungs- und Verstärkeranlagen oder Teile davon,
3. Tonwiedergabegeräte oder Teile davon,
4. Schreckschusspistolen,
5. Motorsportgeräte oder Teile davon,
6. elektrisch oder mit Verbrennungsmotoren angetriebene Werkzeuge,
7. Baumaschinen oder Teile davon,
8. Fahrgeschäfte oder Teile davon,
9. mit Druckluft oder Gas betriebene Signalhörner.

Tiere dürfen ebenfalls eingezogen werden.

SIEBENTER ABSCHNITT
Schlussbestimmungen

§ 17
Änderung von Rechtsvorschriften

§ 18
Inkrafttreten, Außerkrafttreten

Dieses Gesetz tritt am Tage nach der Verkündung im Gesetz- und Verordnungsblatt für Berlin in Kraft. Gleichzeitig tritt die Verordnung zur Bekämpfung des Lärms vom 23. März 2004 (GVBl. S. 148) außer Kraft.

Sachverzeichnis

Die Zahlen in Fettdruck bezeichnen die Gesetze oder Verordnungen mit der Nummer des Inhaltsverzeichnisses, die mageren Zahlen den Artikel, Paragraphen oder die sonstige Untergliederung, hochgestellte Zahlen den Absatz oder die sonstige weitere Untergliederung, z. B.

3 14^{2} = Allgemeines Zuständigkeitsgesetz (AZG) § 14 Abs. 2
3.1 16^{5} = Anlage zum Allgemeinen Zuständigkeitsgesetz (ZustKat AZG) Nr. 16 Abs. 5
4.1 10^{1} = Anlage zum Allgemeinen Sicherheits- und Ordnungsgesetz (ZustKat Ord) Nr. 10 Abs. 1

A

B

D

E